경찰 시험대비 **최신개정판**

박문각 경찰

기본서

합격까지 함께 경찰학 만점 기본서

출제범위를 충실히 반영

175개의 테마로 경찰학 완벽 정리

최신 개정법령 및 출제경향 반영

한상기 편저

한쌤의 이해하는 경찰학개론 각론

박문각

한쌤의 이해하는
경찰학개론

이 책의 머리말

경찰학개론 2026 발간에 즈음하여

경찰시험에서 대부분의 수험생들은 처음에 형사법에 애로사항을 느끼지만 나중에는 경찰학에서 애로를 느끼게 되는 것이 일반적입니다. 이는 지방학원에서 공부하는 경우도 마찬가지입니다. 형사법이나 경찰학이 모두 40%의 비중을 가지고 있으나, 경찰학의 경우 실무과목으로 어떤 부분을 공부해야 하는지에 대해 정확한 정보를 가지고 있지 않은 경우가 많고, 지금까지의 기출만을 바탕으로 해서 대충 공부하는 경우가 대부분이기 때문입니다. 그러나 경찰학만큼은 실무적인 마인드를 가지고 공부해야 하며, 정확한 범위에서 공부함으로써 에너지를 낭비하지 않는 경우 가장 효과적으로 합격을 보장하는 과목이기도 합니다.

필자는 출제위원 경험을 살려서 노량진에서 14년간 경찰학을 강의해 왔으며, 가장 높은 비중으로 합격생을 배출해왔다고 자부하고 있습니다.

형사법만을 중심으로 공부하면서 경찰학은 대충 포기 상태로 유명 형사법 강사와 함께 강의를 진행하면 그냥 들어보겠다는 엉터리 마인드를 버려야 합니다.
모든 정보가 출처의 신뢰성이 중요하지만, 경찰학만큼은 출처의 신뢰성이 더더욱 중요한 과목으로 이러한 곳에 대해 대충 마인드와 눈 먼 장님과 같은 수험생이 많이 앉아 있다고 그 강의를 아무런 생각없이 듣다보면, 수험생활은 눈덩이처럼 불어날 수밖에 없습니다.

한쌤 경찰학은 실무경험과 출제위원 경험을 살려서

첫째 출제범위를 정확히 반영하고 있습니다.
둘째 실무과목의 특성을 살려 정확한 이해를 돕고 있습니다.
셋째 효과적인 학습법을 도입하여 이해한 내용을 오래 기억하도록 돕고 있습니다.

순경 공채 시장은 아무 강사나 쉽게 강의를 할 수 있는 시장이 아닙니다. 한쌤 경찰학은 수험생들이 압도적인 합격률을 이어갈 수 있도록 최선, 최고의 교재와 강의로 함께 하겠습니다.

2025년 2월

편저자 한상기

CONTENTS

이 책의 차례

제3편 경비경찰

제4편 교통경찰

CONTENTS

이 책의 차례

제7편 외사경찰

한쌤의 이해하는 경찰학개론 각론

합격까지 박문각

PART

01

생활안전경찰

CHAPTER 01 생활안전경찰 일반<08 · 09승진 · 01채용>

(1) **생활안전경찰의 조직**

<table>
<tr><td rowspan="3">생활안전 경찰 조직</td><td>경찰청</td><td>생활안전국내 생활안전과, 생활질서과, 여성청소년과</td></tr>
<tr><td>시 · 도경찰청</td><td>생활안전부내 생활안전과, 생활질서과, 생활질서과내 여성청소년계</td></tr>
<tr><td>경찰서</td><td>생활안전과내 생활안전계, 생활질서계, 여성청소년계</td></tr>
</table>

(2) **생활안전경찰의 임무**(경찰청과 그 소속기관 직제 제11조 제3항)

<table>
<tr><td rowspan="13">생활안전 경찰 임무</td><td rowspan="3">생활 안전</td><td>생활안전</td><td>1. 범죄예방에 관한 기획 · 조정 · 연구 등 예방적 경찰활동 총괄
6. 즉결심판청구업무의 지도
7. 각종 안전사고의 예방에 관한 사항<22.2채용>
[♣청원경찰의 운영 및 지도(×) ⇨ 경비국 업무], [♣민방위업무 협조(×) ⇨ 경비국 업무]</td></tr>
<tr><td>지역경찰</td><td>3. 범죄예방진단 및 범죄예방순찰 · 기획 · 운영
※ 지구대 · 파출소 외근업무기획, 112제도, 112종합상황실</td></tr>
<tr><td>협력방범</td><td>2. 경비업에 관한 연구 및 지도<22.2채용></td></tr>
<tr><td rowspan="2">생활 질서</td><td>생활질서</td><td>4. 풍속 사범에 대한 지도 및 단속</td></tr>
<tr><td>총포 · 화약</td><td>5. 총포 · 도검, 화약류 등의 지도 · 단속</td></tr>
<tr><td rowspan="2">여성 청소년</td><td>여성업무</td><td>4. 성매매(아동 · 청소년 대상 성매매 제외) 사범에 대한 지도 및 단속[♣아동 · 청소년 대상 성매매 단속은 생활안전국 업무(×)]<22.2채용>
13. 여성 대상 범죄와 관련된 주요 정책의 총괄 수립 · 조정
14. 여성 대상 범죄 유관기관과의 협력 업무
15. 성폭력 및 가정폭력 예방 및 피해자 보호에 관한 업무
16. 스토킹 · 성매매 예방 및 피해자 보호에 관한 업무</td></tr>
<tr><td>청소년 업무</td><td>8. 소년비행 방지에 관한 업무
9. 소년 대상 범죄의 예방에 관한 업무
10. 아동학대의 예방 및 피해자 보호에 관한 업무
11. 가출인 및 「실종아동등의 보호 및 지원에 관한 법률」 제2조 제2호에 따른 실종아동등과 관련된 업무
12. 실종아동등 찾기를 위한 신고체계 운영</td></tr>
</table>

CHAPTER

02 생활안전과 업무

1 지역경찰업무

Ⅰ 지역경찰 일반

Ⅰ. 지역경찰의 의의

(1) **범위 :** 지역경찰은 지역 내의 건전한 공동체 의식을 증진시켜 지역안전을 추구함으로써 **국민의 삶의 질을 향상**시키는 것을 목적으로, **지구대와 파출소 등 지역경찰관서를 활동거점**으로 하여 일정한 담당구역을 가지고, 24시간 **제반 경찰사고에 즉응하는 활동**으로 경찰업무를 **일반적, 일차적으로 수행**하며, 이와 같은 임무와 활동을 적정하고 효율적으로 실시하기 위한 **관리업무를 포함**한다.

※ **지역경찰 업무의 구성 ➡ ① 일반적 · 초기적인 경찰활동, ② 대민서비스 활동, ③ 관리업무**

※ **초동조치(初動措置) ➡** 범죄현장을 중심으로 한 기초적 조치와 수사를 의미

예 신고출동, 피해신고 수리, 현장보존과 증거수집, 경찰서상황실에 보고, 부상자 구호 등

(2) **지역경찰과 전담경찰비교**<96승진>

구분	지역경찰	전담경찰
기준	**지역이 기준**: 주민과 직접 접촉	담당**업무의 성질이 기준**(교통 · 수사 등)
범위	업무 전반의 기초적 · 초동적 단계 담당(업무의 **넓이를 추구)**	특정업무에 대하여 **전문성을 추구**: 업무의 깊이를 추구
방법	정형화된 근무방법, 24시간 경찰서비스 체제	일과 중 업무처리

Ⅱ. **지역경찰활동 평가기준**<02 · 03 · 06 · 07승진>

방범활동의 평가기준과 동일한 의미

① 지역경찰활동의 효율성을 측정할 수 있는 평가기준을 설정하여 범죄예방활동을 측정함으로써 지역경찰활동의 효율화와 발전을 도모하는 것을 의미한다.

② 지역경찰활동의 평가기준은 많은 변수가 개입되어 **명확한 정립이 어렵고, 범죄 진압 활동의 평가보다 기준의 설정에 어려움**이 있다.[♣평가기준의 명확한 정립 가능(×)][♣범죄진압활동보다 평가기준 설정이 용이(×)]<03승진>

③ 방범활동의 평가기준에는 ㉠ 안전도, ㉡ 경찰력의 수준, ㉢ 경찰활동 결과의 수준 등이 있다.[♣전적으로 경찰력에 의존(×)]

※ **안전도 ➡** 범죄의 위협과 범죄에 의한 피해로부터의 안전의 정도, 사회의 안녕질서의 확보정도를 의미하며, **방범활동의 가장 중요한 평가기준**이다.[☺안경결]

안전도	객관적 안전성지표	**범죄발생률**, 범죄악질률, 범죄에 의한 피해확률[♣피해 회복률(×)]<04·05·07승진>
	주관적 안전성지표	시민들의 **불안감 평균치(치안지수)**[♣객관적 안전성지표(×)]<96·04·05·07승진>
경찰력의 수준	방범활동 자체의 수준	인구 당 경찰관의 수, 지역경찰관의 수
	순찰빈도	도보순찰 및 순찰차의 순찰횟수<06승진>
경찰활동결과의 수준		검거율, 피해회복율, 범죄발생통보율 범죄감소율, 경찰에 대한 시민협력의 정도[♣순찰횟수(×)]

Ⅱ 테마 122 지역경찰기관

Ⅰ. 지역경찰관서

1. 의의

(1) **"지역경찰관서"**란 「국가경찰과 자치경찰의 조직 및 운영에 관한 법률」 제30조 제3항 및 「경찰청과 그 소속기관 직제」 제43조에 규정된 **지구대 및 파출소**를 말한다.[♣치안센터(×)](제2조 제1호)<17·19경위·23승진·14.2채용>

♣ "지역경찰관서"란 「국가경찰과 자치경찰의 조직 및 운영에 관한 법률」 제30조 및 「경찰청과 그 소속기관 직제」 제44조에 규정된 지구대 및 파출소 및 치안센터를 말한다.(×)<17경위>

(2) **시·도경찰청장은**[♣경찰청장은(×)] 인구, 면적, 행정구역, 교통·지리적 여건, 각종 사건사고 발생 등을 고려하여 경찰서의 관할구역을 나누어 **지역경찰관서를 설치**한다.(제4조 제1항)<17·19경위·14.2·22.1·23.2채용>

2. 조직

(1) **지역경찰관서장 :** 지구대장 및 파출소장을 의미한다.

지역경찰관서의 사무를 통할하고 소속 지역경찰을 지휘·감독하기 위해 지역경찰관서에는 지역경찰관서장(지구대장, 파출소장)을 둔다.(제5조 제1항)<11경위>

(2) **순찰팀 :** 순찰팀은 범죄예방 순찰, 각종 사건사고에 대한 초동조치 등 **현장 치안활동을 담당**하며, 팀장은 **경감 또는 경위**로 보한다.(제8조 제1항)<23.2채용>

① 지역경찰관서에는 관리팀과 상시교대근무로 운영되는 복수의 순찰팀을 둔다.(제6조 제1항)

② **순찰팀의 수**는 지역 치안수요 및 인력여건 등을 고려하여 **시·도경찰청장이 결정**한다.[♣경찰서장이 결정(×)](제6조 제2항)<17·19·23경위·18.2채용>

③ **관리팀 및 순찰팀의 인원**은 지역 치안수요·인력여건을 고려하여 **경찰서장이 결정**한다.[♣시·도경찰청장이 결정(×)](제6조 제3항)<17·23경위·18.2채용>

(3) **관리팀 :** 관리팀은 **문서의 접수 및 처리, 시설 및 장비의 관리, 예산의 집행** 등 지역경찰관서의 **행정업무를 담당**한다.[♣순찰팀장 직무(×)](제7조)<16승진·04채용>

3. 직무(지역경찰 조직 및 운영에 관한 규칙 제5, 8, 14조)<17 · 19 · 21경위 · 07 · 16 · 20승진 · 05 · 17.1 · 18.2 · 22.1채용>

지역경찰관서장의 직무 (제5조 제3항)	순찰팀장의 직무(제8조 제2항)	치안센터장의 임무(제14조)
① 관내치안상황 **분석 · 대책수립** <22.1채용> ② 지역경찰 **시설 · 예산 · 장비 관리** ③ 지역경찰근무관련 **제반** 사항 **지휘 및 감독**<22.1채용> ④ 경찰 중요시책의 **홍보 및 협력치안 활동** [☻분대관리 지휘 · 감독, 홍보 · 협력]	① 관내 중요사건 발생시 **현장지휘**(제3호)<21경위 · 22.1채용> ② 지역경찰관서장 부재시 **업무대행**(4호) ③ 관리팀원 · 순찰팀원에 대한 **일일 근무 지정, 지휘 · 감독**[♣지역경찰관서장의 업무(×)](제2호)<20승진 · 18.2 · 22.1채용> ④ 근무교대 시 취급사항 및 장비 등의 **인수인계** 확인(제1호) ⑤ **순찰팀원**의 업무역량 향상을 위한 **교육** [☻현대일지인수인계]	① 경찰**민원 접수 · 처리** ② 주민**여론 수렴 · 보고** ③ 타 기관 협조 등 **협력방범활동** ④ 치안센터 운영과 관련된 **문제점 및 개선대책 수립 및 보고** [☻민원 · 여론 협력, 문개]

※ 부팀장 ⇒ 순찰팀장을 보좌하고 순찰팀장 부재 시 업무를 대행

(1) **지휘 및 감독**

① **경찰서장**[♣지역경찰관서장(×)] : 지역경찰관서의 운영에 관하여 **총괄 지휘 · 감독**(제9조 제1호)<23.2채용>

② **지역경찰관서장** : 지역경찰관서의 시설 · 장비 · 예산 및 소속 지역경찰의 근무에 관한 **제반사항**을 **지휘 · 감독**(제3호)

③ **순찰팀장** : 근무시간 중 **소속 지역경찰**을 지휘 · 감독(제3호)

II. 치안센터(지역경찰의 조직 및 운영에 관한 규칙 제10조 이하)

설치 · 폐지	**시 · 도경찰청장**은 지역치안을 효율적으로 수행하기 위하여 **지역경찰관서장 소속하에 치안센터를 설치할 수** 있다.(지역경찰의 조직 및 운영에 관한 규칙 제10조 제1항)<06채용> ※ 치안센터 명칭은 "00지구대(파출소) 00치안센터"로 한다.
소속 · 관할	① 치안센터는 지역경찰관서장의 소속하에 두며, 치안센터의 인원 · 장비 · 예산 등은 지역경찰관서에서 **통합관리**한다.(제11조 제1항) ② 치안센터의 관할구역은 소속 지역경찰관서 관할구역의 일부로 한다.(제11조 제2항) ③ 치안센터 **관할구역의 크기는 설치목적, 배치 인원 및 장비, 교통 · 지리적 요건 등을 고려**하여 **경찰서장이 정한다.**(지구대 · 파출소 · 출장소의 명칭 위치 · 관할구역 크기 · 기타-시 · 도경찰청장이 정함)(제11조 제3항)<23경위>
치안센터 종류	① 치안센터는 설치목적에 따라 **검문소형과 출장소형으로 구분**한다.(제15조 제1항) ② **출장소형 치안센터**는 지리적 여건 · 치안수요 등을 고려하여 필요한 경우 **직주일체형으로 운영할 수** 있다.(제15조 제2항)

1. 검문소형 치안센터(지역경찰의 조직 및 운영에 관한 규칙 제16조)

(1) **설치목적 :** 검문소형 치안센터는 **적의 침투 예상로 또는 주요간선도로의 취약요소 등에 교통통제 요소 등을 고려하여 설치**한다.[♣지역치안의 효율성과 주민편의 등을 고려(×)]<11경위>

♣ 지역치안활동의 효율성 및 주민편의 등을 고려하여 필요한 지역에는 검문소형 치안센터를 설치한다.(×)

※ 시 · 도경찰청 및 경찰서 관할의 경계에는 인접 관서장과 협의하여 하나의 치안센터를 설치하는 것을 원칙으로 한다.

2. 출장소형 치안센터(지역경찰의 조직 및 운영에 관한 규칙 제17조)

(1) **설치목적 :** 출장소형 치안센터는 **지역 치안활동의 효율성 및 주민 편의 등을 고려**하여 필요한 지역에 설치한다.(제17조 제1항) 필요한 경우 직주일체형으로 운영할 수 있다.[♣검문소형 치안센터는(×)]<11경위>

(2) **직주일체형 치안센터**(지역경찰의 조직 및 운영에 관한 규칙 제18조)<22.1채용>

① 직주일체형 치안센터는 **출장소형 치안센터 중** 근무자가 치안센터 내에서 거주하면서 근무하는 형태의 치안센터를 말한다.(제18조 제1항)

② 직주일체형 치안센터에는 **배우자와 함께 거주함을 원칙**으로 하며, 배우자는 근무자 부재시 방문민원 접수 · 처리 등 보조역할을 수행한다.(제18조 제2항)

③ 직주일체형 치안센터에 배치된 근무자는 **근무 종료 후**에도 **관할구역 내에 위치**하며 지역경찰관서와 연락체계를 유지하여야 한다. 다만, 휴무일은 제외한다.[♣휴무일 포함(×)](제18조 제3항)<22.1채용>

④ **근무자 특례**

㉠ 경찰서장은 직주일체형 치안센터에서 거주하는 근무자의 배우자에게 **조력사례금을 지급하여야** 하며, 지급기준 및 금액은 경찰청장이 정한다.(제19조 제1항)<11경위>

㉡ 직주일체형 치안센터 근무자의 근무기간은 1년 이상으로 하며, 임기를 마친 경찰관은 희망부서로 배치하고, 차기 경비부서의 차출순서에서 1회 면제한다.

Ⅲ 지역경찰관리

Ⅰ. 인사관리(지역경찰의 조직 및 운영에 관한 규칙 제5장 인사관리)

정원 관리	① 경찰서장은 지역경찰관서의 관할면적, 치안수요 등을 고려하여 지역경찰관서에 적정한 인원을 배치하여야 한다.(제37조 제1항) ② 경찰서장은 지역경찰의 정원을 다른 부서에 **우선하여 충원하여야** 한다.[♣할 수(×)](제37조 제2항) ③ **시 · 도경찰청장은** 소속 시 · 도경찰청의 지역경찰 정원 충원 현황을 **연 2회 이상 점검**하고 현원이 정원에 미달할 경우, 지역경찰 **정원충원 대책을 수립, 시행하여야** 한다.(제37조 제3항)<18경위>

II. **교육 및 평가**(지역경찰의 조직 및 운영에 관한 규칙 제6장 교육 및 평가)

교육	① 시 · 도경찰청장 및 경찰서장은 지역경찰의 올바른 직무수행 및 자질 향상을 위해 필요한 교육을 실시하여야 한다.(제39조 제1항)<18경위> ② 교육시간, 방법, 내용 등 지역경찰 교육과 관련된 **세부적인 기준**은 **경찰청장이** 따로 정한다. [♣시 · 도경찰청장이(×)](제39조 제2항)<18경위>
지도 방문	시 · 도경찰청장 및 경찰서장은 소속 지역경찰의 업무 지도 및 현장 의견 수렴, 사기관리 등을 위해 지도방문 계획을 수립 · 시행하여야 한다.(제40조)

Ⅳ 테마 123 지역경찰근무

(1) **정의**

① "**상시근무**"라 함은 일상적으로 **24시간 계속**하여 대응 · 처리해야 하는 업무를 수행하거나 긴급하고 중대한 치안상황에 대비하기 위하여 야간, 토요일 및 공휴일에 관계없이 상시적으로 업무를 수행하는 근무형태를 말한다.(경찰기관 상시근무 공무원의 근무시간 등에 관한 규칙 제2조 제1호)<21경위>

② "**교대근무**"라 함은 **근무조**를 나누어 일정한 계획에 의한 **반복주기에 따라 교대**로 업무를 수행하는 근무형태를 말한다.[♣상시근무(×)](제2조 제2호)<21경위>

③ "**휴무**"라 함은 근무일에 해당함에도 불구하고 누적된 피로 회복 등 건강유지를 위하여 일정시간 동안 **근무에서 벗어나 자유롭게 쉬는 것**을 말한다.[♣휴게시간(×)](제2조 제3호)<21경위>

④ "**비번**"이라 함은 교대근무자가 일정한 계획에 따라 **다음 근무시작 전**까지 **자유롭게 쉬는 것**을 말한다.(제2조 제4호)<21경위>

⑤ "**휴게시간**"이라 함은 **근무도중 자유롭게 쉬는 시간**을 말하며 **식사시간을 포함**한다.[♣대기(×)](제2조 제5호)<21경위>

⑥ "**대기**"라 함은 신고사건 출동 등 치안상황에 대응하기 위하여 일정시간 **지정된 장소에서 근무태세를 갖추고 있는 형태**의 근무를 말한다.[♣식사시간을 포함(×)](제2조 제6호)<21경위>

(2) **근무형태 및 시간**

① **지역경찰관서장 : 일근근무를 원칙**으로 한다. 다만, **경찰서장**은 필요하다고 인정되는 경우에는 지역경찰관서장의 **근무시간을 조정**하거나, **시간외 · 휴일 근무 등을 명할 수** 있다.(제21조 제1항)

② **관리팀 : 일근근무를 원칙**으로 한다. 다만, 지역경찰관서장은 필요하다고 인정되는 경우에는 근무시간을 조정하거나, 시간외 · 휴일 근무 등을 명할 수 있다.(제21조 제2항)<14.2채용>

③ **순찰팀장 및 순찰팀원 : 상시 · 교대근무를 원칙**으로 하며, **근무교대 시간 및 휴게시간, 휴무횟수 등 구체적인 사항**은 「국가공무원 복무규정」 및 「경찰기관 상시근무 공무원의 근무시간 등에 관한 규칙」이 규정한 범위 안에서 **시 · 도경찰청장이** 정한다.[♣일근근무 원칙(×), ♣경찰서장이 정한다.(×)](제21조 제3항)<14.2 · 21.1채용>

④ **치안센터 전담근무자 : 근무형태 및 근무시간**은 치안센터의 종류 및 운영시간 등을 고려하여 제1항부터 제3항까지의 규정을 준용하여 **경찰서장이** 정한다.(제21조 제4항)<23경위>

⑤ **의무경찰 :** 근무형태 및 시간은 지역 치안여건 등을 고려하여 「의무경찰 등 관리규칙」에 규정한 범위 내에서 지역경찰관서장이 정한다.(지역경찰의 조직 및 운영에 관한 규칙 제21조)

Ⅰ. 지역경찰근무의 종류<12·15·16승진·14.1·2채용>[☺행상순경대기]

(1) **근무의 종류** – 지역경찰의 근무는 **행정근무, 상황근무, 순찰근무, 경계근무, 대기근무, 기타근무로 구분**한다.(지역경찰의 조직 및 운영에 관한 규칙 제22조)<14.1·2·18.2채용>

(2) **일일근무 지정**

① 지역경찰관서장은 지역경찰관서 및 치안센터의 설치목적, 근무인원, 치안수요, 기타 업무량 등을 고려하여 근무의 종류 및 실시 기준을 정한다.(지역경찰의 조직 및 운영에 관한 규칙 제29조 제1항)

② 순찰팀장은 지역경찰관서장이 정한 기준을 준수하여 당해 근무시간 내 관리팀원 및 순찰팀원의 개인별 근무 종류, 근무 장소, 중점 근무사항 등을 근무일지(갑지)에 구체적으로 지정하여야 한다.(규칙 제29조 제2항)

③ 순찰팀장은 **관리팀원에게 행정근무**를 지정하고, **순찰팀원에게 상황 또는 순찰근무** 지정하는 것을 원칙으로 하되, **필요한 경우에는 다른 근무를 지정하거나 병행하여 수행하도록 지정할 수 있다**.(규칙 제29조 제3항)<22승진>

④ 순찰근무의 **근무종류 및 근무구역**은 지역치안이 효율적으로 수행될 수 있도록 다음 각 호의 사항을 고려하여 지정하여야 한다.(규칙 제29조 제4항)

1. 시간대별·장소별 **치안수요** / 2. 각종 사건사고 **발생**

3. 순찰 **인원** 및 가용 **장비** / 4. 관할 **면적** 및 교통·지리적 **여건**

⑤ 치안센터 전담근무자는 지역경찰관서장이 정한 기준을 준수하여 근무일지에 자율적으로 근무지정을 하고 근무를 수행한다.(규칙 제29조 제5항)

(3) **지역경찰은 근무** 중 주요사항을 **근무일지(을지)에 기재하여야** 한다.(제42조 제1항)<23승진>

① **근무일지**는 **3년간 보관**한다.[♣사용종료시 즉시 폐기(×)](규칙 제42조 제3항)<23승진>

구분	근무 내용
행정근무	행정근무를 지정받은 지역경찰은 지역경찰관서 내에서 다음 각 호의 업무를 수행한다.(지역경찰의 조직 및 운영에 관한 규칙 제23조)<15·16승진·18·19경위·21.1채용> 1. **문서의 접수 및 처리**[♣상황근무(×)]<23승진> 2. 시설·장비의 관리 및 예산의 집행[♣순찰팀장의 직무(×)]<16승진> 3. **각종 현황, 통계, 자료, 부책 관리**[♣순찰근무(×)]<11·15승진·21.1채용> 4. 기타 행정업무 및 지역경찰관서장이 지시한 업무 [♣중요사건·사고발생시 보고 및 전파(×)]
상황근무 <12승진·14채용>	① 상황근무를 지정받은 지역경찰은 지역경찰관서 및 치안센터 내에서 다음 각 호의 업무를 수행한다.(지역경찰의 조직 및 운영에 관한 규칙 제24조 제1항)<18·19경위·12·22승진·14.1·21.1·22.1채용> 1. **시설 및 장비의 작동여부 확인**[♣순찰근무(×)](제1호)<12승진·21.1채용> 2. **방문민원** 및 각종 **신고사건의 접수·처리**[♣행정근무(×)](제2호)<12·22승진·14.1·22.1·23.2채용>

<table>
<tr><td>상황 근무
<12승진 · 14채용></td><td>
3. 요보호자 또는 피의자에 대한 보호 · 감시(제3호)<22승진 · 14.1채용>
4. 중요 사건 · 사고 발생 시 보고 및 전파[♣행정근무(×)](제4호)<19경위 · 11승진 · 14.1채용>
5. 기타 필요한 문서의 작성(제5호)
♣ 지역경찰의 행정근무는 각종 현황 · 통계 · 부책 관리 및 중요 사건 · 사고 발생 시 보고 · 전파 업무를 수행한다.(×)<14.1채용>
② 지역경찰은 근무 중 주요사항을 근무일지(을지)에 기재하여야 한다.(지역경찰의 조직 및 운영에 관한 규칙 제42조 제1항)
※ 민원 · 사건 접수처리 유의사항
1. 범죄 신고는 관할불문 접수[♣타 관할의 범죄피해신고는 친절하게 안내(×)]<09승진>
2. 고소 · 고발장은 본서 전달<09승진>
3. 긴급할 시 지체 없이 현장출동 필요조치<09승진>
4. 신고인의 안내인 활용[♣신고자 안내인 활용 지양(×)]<09승진>
♣ 지구대 상황근무 중 신고접수 시 민원인은 흥분한 상태에 있으므로 안내인으로 활용하는 것은 지양하여야 한다.(×)<09승진>
</td></tr>
<tr><td>순찰 근무
<15승진></td><td>
① 순찰근무를 지정받은 지역경찰은 지정된 근무구역에서 다음 각 호의 업무를 수행한다.(규칙 제25조 제3항)<11 · 15 · 19승진 · 14.1 · 21.1채용>
1. 주민여론 및 범죄첩보 수집<14.1채용>
2. 사건사고 발생 시 초동조치, 보고 · 전파<15 · 19승진>
3. 범죄 예방 및 위험발생 방지 활동<11 · 15승진>
4. 범법자의 단속 및 검거<15 · 19승진 · 21.1채용>
5. 경찰방문 및 방범진단<11승진 · 21.1채용>
6. 통행인 및 차량에 대한 검문검색 등<19승진>
※ 112 순찰근무 및 야간 순찰근무는 반드시 2인 이상 합동으로 지정하여야 한다. [♣4인 이상(×) / ♣부득이한 경우 1인이 수행(×)](제25조 제2항)<11승진>
♣ 112순찰근무 및 야간 순찰근무 시 인원 부족 등 부득이한 경우 1인이 수행하여도 무방하다.(×)
② 순찰근무의 근무종류 및 근무구역은 지역 치안이 효율적으로 수행될 수 있도록 다음 각 호의 사항을 고려하여 지정하여야 한다.(규칙 제29조 제4항)<18경위>
1. 시간대별 · 장소별 치안수요 / 2. 각종 사건사고 발생 /
3. 순찰 인원 및 가용 장비 / 4. 관할 면적 및 교통 · 지리적 여건
③ 지역경찰은 근무 중 주요사항을 근무일지(을지)에 기재하여야 한다.(규칙 제42조 제1항)
※ 순찰근무를 할 때 유의사항
1. 문제의식을 가지고 면밀하게 관찰 2. 주민에 대한 정중하고 친절한 예우
3. 돌발 상황 대비 및 경계 철저 4. 지속적인 치안상황 확인 및 신속 대응
</td></tr>
</table>

<table>
<tr><td>경계
근무
(제26조)</td><td>① 경계근무는 반드시 2인 이상 합동으로 지정하여야 한다.[♣4인 이상(×)](제26조 제1항)<11 · 12승진 · 14.2채용>
② 경계근무를 지정받은 지역경찰은 지정된 장소에서 다음 각 호의 업무를 수행한다.(제26조 제1항)<12 · 19 · 20승진 · 14.1채용>
1. 범법자 등을 단속 · 검거하기 위한 통행인 및 차량, 선박 등에 대한 검문검색 및 후속조치<12 · 19승진>
2. 비상 및 작전사태 등 발생 시 차량, 선박 등의 통행 통제[♣순찰근무(×)]<20승진 · 14.1채용></td></tr>
<tr><td>대기
근무</td><td>① 대기 근무를 지정받은 지역경찰은 지정된 장소에서 휴식을 취하되, 무전기를 청취하며 10분 이내 출동이 가능한 상태를 유지하여야 한다.[♣치안상황에 효과적으로 대응하기 위해 지역경찰관리자가 지정하는 근무(×)](제27조 제3항)<12 · 23승진>
② 지역경찰관리자는 신고출동태세 유지 등을 위해 필요한 경우에는 휴게 및 식사시간도 대기 근무로 지정할 수 있다.[♣기타근무로 지정할 수(×)](규칙 제29조 제6항)<22승진></td></tr>
<tr><td>기타
근무</td><td>기타근무란 행정근무, 상황근무, 순찰근무, 경계근무, 대기근무(제23조부터 제27조)를 제외하고 치안상황에 효과적으로 대응하기 위하여 지역경찰 관리자가 지정하는 근무를 말한다.[♣대기근무(×)](제28조 제1항)<12승진></td></tr>
</table>

※ 지역경찰 동원은 **근무자 동원을 원칙으로** 하되, **불가피한 경우에 한하여 비번자, 휴무자 순**으로 **동원할 수** 있다.(제31조 제2항)<22승진>

II. 순찰근무

1. 순찰의 종류

(1) 기동력에 의한 구분<03승진>

<table>
<tr><th>구분</th><th>장점</th><th>단점</th></tr>
<tr><td>도보
순찰</td><td>① 사고발생시 신속한 대처
② 순찰노선 부근 상세한 정황관찰이 가능
③ 야간 등 청력이 필요한 경우에 유리
④ 특별한 경비가 불필요 ⇨ 비용 최소화
⑤ 주민과 접촉도가 높음(주민접촉 빈번).</td><td>① 순찰자의 피로 ⇨ 순찰노선의 단축과 순찰횟수 감소[♣증대(×)]<01승진>
♣ 도보순찰의 장점으로 '순찰횟수의 증대'를 들 수 있다.(×)
② 기동성 부족과 장비휴대의 한계
③ 통행자가 다수일 경우 기동성이 떨어짐.<03승진></td></tr>
<tr><td>자동차
순찰</td><td>① 높은 가시적 방범효과<02승진>
② 기동성에 의한 신속한 사건 · 사고의 처리
③ 안전성 높고, 다양한 장비의 적재 가능</td><td>① 좁은 골목길 주행이 불가능
② 정황관찰의 범위가 제한
③ 많은 경비의 소요</td></tr>
<tr><td>사이카
순찰</td><td>① 기동성 양호 ⇨ 좁은 골목길 순찰 용이
② 가시효과가 높음.</td><td>① 안전성이 미흡함.
② 은밀한 순행이 불가능함.</td></tr>
<tr><td>자전거
순찰</td><td>① 도보순찰보다 피로가 적고, 넓은 범위의 순찰이 가능
② 정황관찰과 시민접촉이 비교적 용이
③ 경제적이고 특별한 기술이 필요 없음.</td><td>① 싸이카나 자동차에 비해 기동성 저하
② 장비적재에 한계가 있음.</td></tr>
</table>

2. 순찰에 대한 연구

구분	C. D. Hale	S. Walker(워커)
순찰 기능	① **교통지도단속**[☻교대범법질] ② **대민 서비스 제공**<05채용> ③ **범죄예방과 범인검거** ④ **법집행** ⑤ **질서유지**<03 · 05승진 · 01채용>	① 범죄의 **억제** ② **대민 서비스** 제공 ③ 공공 **안전감의 증진**[♣교통지도단속(×)]<04경위 · 05 · 21.1채용> [☻억대안]
순찰의 중요성	'범죄예방활동을 포함한 모든 경찰활동의 목적이 순찰을 통하여 달성된다.'라고 주장	① 순찰은 '경찰활동의 핵심'이며, 순찰경찰관이 관할지역 내에 있음으로써 시민의 서비스 요청에 보다 적절히 대응할 수 있음을 강조 ② 주민에게 **심리적 안전감**을 주기 위한 가시적(可視的) 순찰의 필요성을 강조

3. 순찰효과 연구(미국경찰)

뉴욕경찰 25구역 순찰실험	① 1954년과 1966년에 뉴욕(New York)시에서 순찰의 효과를 과학적으로 측정하고자 했던 **최초의 연구**이다. ② 순찰의 증가와 범죄감소의 **상관관계를 밝혔으나,** 과학적 연구가 갖추어야 할 기본적인 조건들을 갖추지 못한 불완전한 실험이었다.
캔자스(Kansas)시 예방순찰실험	① **차량순찰** 수준을 증가해도 범죄는 감소하지 않았고, 일상적인 순찰을 생략해도 범죄는 증가하지 않았으며, 대부분의 시민들은 순찰수준의 변화조차 인식하지 못했다.(1972~1973)<02 · 05승진 · 07경위> ② 차량순찰의 효과가 과장되어 있고 매우 비효율적이라는 점을 시사한 실험이다. ㉠ **차량순찰과 범죄예방의 무관련성** ⇨ 순찰의 증감은 범죄율과 관련성이 없다. ㉡ **순찰의 심리적 효과부정** ⇨ 순찰은 시민의 안전감에 영향을 미치지 못함.
뉴왁(Newark)시 도보순찰실험	① **도보순찰**을 증가하여도 **범죄발생은 감소되지 않으나**, 주민들은 자신들의 구역 내에서 범죄가 줄어들고 있다고 생각하여 **높은 만족감**을 보였다.(1978~1979)<05승진 · 06 · 08 · 21.1채용> ② 도보순찰은 주민과 경찰 모두에게 매우 긍정적인 효과가 있었음을 입증 ※ 도보순찰의 심리적 효과 긍정<04승진>
플린트 시 도보순찰실험	실험기간 중 **범죄발생 건수가 증가했음에도** 불구하고, 도보순찰 결과 **시민들은 더 안전하다고 느끼고** 있었다.(1979)

정리 도보순찰의 심리적 효과 긍정<07채용>

구분	순찰증감	범죄증감(안전도-객)	시민생각(안전도-주)	비고
뉴욕경찰 25구역순찰실험	증가	감소	-	최초실험
캔자스 시 예방순찰실험	증가(감소)	그대로(그대로)	무관심	차량실험
뉴왁 시 도보순찰실험	증가	그대로	감소(안도)	도보순찰
플린트 시 도보순찰실험	증가	증가	감소(안도)	도보순찰

Ⅲ. 112 신고사건 처리

112신고의 운영 및 처리에 관한 법률 / 112치안종합상황실 운영 및 신고처리규칙[경찰청예규]	
정의	1. "112치안종합상황실"이란 112신고의 처리와 대응 등을 위해 **경찰청, 시·도경찰청 및 경찰서**에 설치·운영하는 부서를 말한다.(규칙 제2조 제2호) ※ **경찰청장, 시·도경찰청장 및 경찰서장**("경찰청장등")은 112신고의 신속한 접수·처리와 이를 위한 112신고 정보의 분석·판단·전파와 공유·이관, 상황관리, 현장 지휘·조정·통제 및 공동대응 등의 업무를 수행하기 위하여 **112치안종합상황실을 설치·운영하여야** 한다.(법 제6조 제1항)<24.2채용> 2. "112시스템"이란 112신고의 접수, 지령, 전파 및 순찰차 배치에 활용하는 전산 시스템을 말한다.(제6호) 3. "**출동경찰관**"이란 112치안종합상황실의 지령을 받아 현장에 **출동하여 112신고를 조치하는 경찰관**을 말한다.[♣112치안종합상황실에 근무하는 112신고 및 치안상황 처리 업무에 종사하는 자(×)](제5호)<24경위>
근무기간	① 시·도경찰청장 및 경찰서장은 112요원을 배치할 때에는 관할구역 내 지리감각, 언어 능력 및 상황 대처능력이 뛰어난 경찰공무원을 선발·배치해야 한다.(조문 삭제)<11경위·22.2채용> ② **근무요원의 전문성 확보**: 112요원의 근무기간은 **2년 이상**으로 한다.[♣최소 1년으로(×)](제25조 제1항)<11경위·22.2채용>
신고접수	① 경찰청장등은 112신고를 받으면 「국가경찰과 자치경찰의 조직 및 운영에 관한 법률」 제4조 제1항에 따른 경찰사무의 구분이나 현장 출동이 필요한 지역의 **관할에 관계없이** 해당 112신고를 신속하게 접수하여 처리하여야 한다.[♣관할과의 관계를 고려하여(×), ♣관할에서 접수(×)](법 제7조 제1항)<24경위·24.2채용> ※ 112신고는 현장출동이 필요한 지역의 **관할과 관계없이** 신고를 받은 경찰관서에서 신속하게 접수한다.[♣관할과의 관계를 고려하여(×)](규칙 제6조 제1항) ② 경찰관서 방문 등 112신고 외의 방법으로 범죄나 각종 사건·사고 등 위급한 상황이 발생하였거나 발생할 것이 예상된다는 **신고를 접수**한 경찰관은 소속 경찰관서의 **112시스템에 신고내용을 입력해야** 한다.(제6조 제2항)<22.2채용> ③ 경찰청장등은 112신고의 처리를 종결한 후, 112신고를 한 사람(이하 "112신고자")이 처리결과 통보를 **요청하는 경우**에는 관계 **법령에 따라 통보할 수 없는 경우를 제외**하고는 112신고 처리 결과를 **통보해야** 한다.(령 제3조 제5항)

112신고 분류	① 경찰청장은 영 제3조 제2항에 따라 112신고 내용의 긴급성과 출동 필요성 등을 고려하여 112신고 대응 코드(code)를 다음 각 호와 같이 분류한다.(112치안종합상황실 운영 및 신고처리규칙 제7조 제1항)<23 · 24승진 · 22.2채용> 1. **코드 0 신고**: 코드 1 신고 중 **이동성 범죄, 강력범죄 현행범인 등** 신고 대응을 위해 **실시간 전파가 필요**한 경우<24승진> 2. **코드 1 신고**: **생명 · 신체**에 대한 위험 발생이 **임박하거나 진행 중 또는 그 직후**인 경우 및 **현행범**인인 경우 3. **코드 2 신고**: **생명 · 신체**에 대한 **잠재적 위험**이 있는 경우 및 범죄예방 등을 위해 필요한 경우 4. **코드 3 신고**: 즉각적인 현장조치는 불필요하나 **수사, 전문상담 등이 필요**한 경우[♣출동요소에 지령하지 않고 자체 종결, 담당부서에 통보(×)]<23 · 24승진 · 22.2채용> 5. **코드 4 신고**: 긴급성이 없는 민원 · 상담 신고 ② 112근무요원은 **112시스템에 신고내용을 입력할 경우** 112신고 내용의 긴급성과 출동 필요성 등을 고려하여 **112신고 대응 코드를 부여**한다.(제7조 제2항) ③ 112근무요원은 112신고가 완전하게 수신되지 않는 경우와 같이 정확한 신고내용을 **파악하기 힘든 경우**라도 신속한 처리를 위해 우선 **임의의 112신고 대응 코드를 부여할 수** 있다. [♣임의의 코드로 분류해서는 안되며(×)](제7조 제3항)<24승진> ④ 112근무요원 및 출동 경찰관은 112신고 대응 코드를 변경할 만한 **사실을 추가로 확인**한 경우 이미 분류된 112신고 대응 코드를 다른 112신고 대응 코드로 **변경할 수** 있다.(제7조 제4항)<23승진>
지령	① 112신고를 접수한 112근무요원은 접수한 신고의 내용이 **코드 0 신고부터 코드 3 신고의 유형**에 해당하는 경우에는 출동 경찰관에게 출동할 장소, 신고내용, 신고유형 등을 **고지**하고 신고의 현장**출동, 조치, 종결하도록 지령해야** 한다.(규칙 제8조 제1항) ② 112근무요원은 접수한 신고의 내용이 **코드 4** 신고의 유형에 해당하는 경우에는 출동 경찰관에게 지령하지 않고 **자체 종결**하거나, 담당 부서 또는 112신고 관계 기관에 신고내용을 **통보하여 처리하도록 조치해야** 한다.[♣코드3(×)](규칙 제8조 제2항)<24승진>
신고이첩	① 112신고를 접수한 112근무요원은 **다른 관할 지역에서의 출동조치가 필요**한 때에는 지체 없이 **관할** 112치안종합상황실에 **통보하여 그 112신고를 이첩**한다.(제9조 제1항) ② 이첩된 112신고는 접수된 것과 동일하게 처리한다.(제9조 제2항) ③ 통보는 112시스템에 의한 방법이나 유선 · 무선 및 팩스 등에 의한 방법으로 시행한다. 다만, 유선 · 무선 및 팩스에 의한 방법으로 통보한 경우에는 112시스템에 그 사실을 입력해야 한다.(제9조 제3항)
신고공조	① 112신고를 접수한 112근무요원은 접수한 신고의 처리와 관련하여 **다른 경찰관서의 출동 등 협력이 필요**한 경우에는 해당 경찰관서의 관할 112치안종합상황실에 **공조를 요청할 수** 있다.(제10조 제1항) ② 공조 요청을 받은 관할 112치안종합상황실에서는 요청받은 사항에 대해 조치를 취하고 그 결과를 통보해야 한다. 이때 통보의 방법은 **유선 · 무선 및 팩스 등**에 의한 방법을 따른다.(제10조 제2항)

현장출동	① 지령을 받은 출동 경찰관은 신고유형에 따라 다음 각 호의 기준에 따라 현장에 출동해야 한다.(제13조 제1항) 1. **코드 0 신고 및 코드 1 신고**: 코드 2 신고, 코드 3 신고 및 다른 업무의 처리에 우선하여 출동 2. **코드 2 신고**: 코드 0 신고, 코드 1 신고 및 다른 중요한 업무의 처리에 지장을 초래하지 않는 범위 내에서 출동 3. **코드 3 신고**: 당일 근무시간 내에 출동 ② 출동 경찰관은 **소관 업무나 관할 등을 이유**로 출동을 **거부하거나 지연 출동해서는 안 된다**.(제13조 제2항) ※ 모든 출동경찰관은 사건 장소와의 거리, 사건의 유형 등을 고려하여 신고 대응에 가장 적합한 상태에 있다고 판단될 경우 별도의 출동 지령이 없더라도 스스로 출동의사를 밝히고 출동하는 등 112신고에 적극적으로 대응해야 한다.(조문삭제)<24경위>
현장보고	① 출동 경찰관은 112치안종합상황실에 다음 각 호의 보고를 해야 한다.(제14조 제1항) 1. **최초보고**: 출동 경찰관은 112신고 현장에 도착한 즉시 도착 사실과 함께 현장 상황을 간략히 보고 2. **수시보고**: 현장 상황에 변화가 발생하거나 지원이 필요한 경우 수시로 보고 3. **종결보고**: 현장 초동조치가 종결된 경우 확인된 사건의 진상, 사건의 처리내용 및 결과 등을 상세히 보고 ② 현장 상황이 급박하여 신속한 현장 조치가 필요한 경우 **우선 조치 후 보고할 수** 있다.(제14조 제2항)<23승진>
조치	① 경찰청장등은 112신고가 접수된 때에는 경찰관을 현장에 신속하게 출동시켜 위험 발생의 방지, 범죄의 예방·진압, 구호대상자의 구조 등 **필요한 조치를 하게 하여야** 한다.(법 제8조 제1항) ② 필요한 조치를 한 경찰관은 해당 112신고와 관련하여 범죄의 혐의가 있다고 인정할 만한 상당한 이유가 있어 계속 수사할 필요가 있는 경우 지체 없이 해당 수사기관에 인계하여야 한다.(법 제8조 제2항) ③ 경찰관은 필요한 조치를 할 때 사람의 생명·신체 또는 재산에 대한 **급박한 위해가 발생할 우려**가 있는 경우에는 그 위해를 방지하거나 피해자를 구조하기 위하여 부득이하다고 인정하면 합리적으로 판단하여 필요한 한도에서 **다른 사람의 토지·건물 또는 그 밖의 물건을 일시사용, 사용의 제한 또는 처분**을 하거나 **다른 사람의 토지·건물·배 또는 차에 출입할 수** 있다.(법 제8조 제3항) ④ 경찰청장등은 112신고를 처리하는 과정에서 재난·재해, 범죄 또는 그 밖의 **위급한 상황이 발생**하여 사람의 **생명·신체를 위험**하게 할 것으로 인정할 때에는 일정한 구역을 정하여 그 구역에 있는 사람에게 그 구역 밖으로 **피난할 것을 명할 수** 있다.(법 제8조 제4항)<24.2채용> ⑤ 경찰관은 제3항에 따라 출입 등 조치를 할 때에는 그 신분을 표시하는 **증표를 제시**하여야 하며, **소속과 성명**을 밝히고 조치의 **목적과 이유**를 **설명하여야** 한다.(법 제8조 제5항)

공동대응 협력	① 경찰청장등은 **112신고 처리**에 있어 다른 기관과의 **공동대응 또는 협력이 필요**한 경우에는 **관계 기관에 이를 요청할 수** 있다. 이 경우 **요청을 받은 기관의 장은 특별한 사유가 없으면 이에 따라야** 한다.(법 제9조 제1항) ② 공동대응 또는 협력을 **요청받은 관계 기관**은 신속하고 안전하게 위험 발생의 방지, 범죄의 예방·진압, 구호대상자의 구조 등 **필요한 조치를 하여야** 한다.(법 제9조 제2항) ③ 필요한 조치를 한 관계 기관은 해당 112신고와 관련하여 범죄의 혐의가 있다고 인정할 만한 상당한 이유가 있어 **계속 수사할 필요**가 있다고 판단되는 경우 지체없이 해당 **수사기관에 인계하여야** 한다.(법 제9조 제3항) ④ 공동대응·협력 요청, 관계 기관의 조치, 수사기관 인계 및 그 밖에 필요한 사항은 **대통령령으로** 정한다.(법 제9조 제4항)
112 신고처리 종결	112근무요원은 다음의 경우 112신고처리를 종결할 수 있다.(제16조)<23승진> 1. 사건이 해결된 경우 2. 신고자가 신고를 취소한 경우. 다만, 신고자와 취소자가 동일인인지 여부 및 취소의 사유 등을 파악하여 신고취소의 진의 여부를 확인해야 한다. 3. 허위·오인으로 인한 신고인 경우 또는 신고내용이 경찰 소관이 아님이 확인된 경우 4. 현장에 출동하였으나 사건 내용을 확인할 수 없으며, 사건이 실제 발생하였다는 사실도 확인되지 않는 경우 5. **주무부서의 계속적 조치가 필요**한 경우 및 추가적 수사의 필요 등으로 사건 해결에 장시간이 소요되어 **해당 부서로 인계하여 처리하는 것이 효과적**인 경우[♣별도의 인계없이 종결할 수(×)]<23승진> 6. 그 밖에 112치안종합상황실장(상황팀장)이 초동조치가 종결된 것으로 판단하는 경우
자료보존	112신고 접수·처리자료의 보존기간은 다음 각 구분에 따른다.(규칙 제20조 제1항)<24승진·22.2채용> 1. **112시스템 입력자료**: 112신고 대응 **코드 0·코드 1·코드 2**로 분류한 자료는 **3년**간, / **코드 3·코드 4**로 분류한 자료는 **1년**간 보존<22.2채용> ※ 시행령 – 112신고 접수 및 처리와 관련된 112시스템 입력자료: 3년. 다만, 단순 민원·상담 등 경찰청장이 정하는 경미한 내용의 112신고의 경우에는 1년으로 한다. / 112신고 접수 및 처리와 관련된 녹음·녹화자료: 3개월(시행령 제6조 제1항)<24.2채용> 2. **녹음·녹화자료**: **3개월간** 보존 3. 그 밖에 문서 및 일지:「공공기록물 관리에 관한 법률」에서 정하는 바에 따라 보존

1. 112신고 접수 시 기본자세 및 유의사항(경찰청 112신고 접수 · 지령 매뉴얼)

신고자 특성	① 신고자는 급박감 · 공포감 등으로 인해 당황 · 흥분된 상태이므로 경찰이 빨리 와주기를 바라는 마음에서 **무엇이든 "예"라고 대답하는 경우가 많으므로 주의**해야 한다.<15승진> ② 일반적으로 신고자는 무슨 일이 발생했는지는 알고 있으나, 경찰에게 이를 신고하는 방법을 잘 모름.
질문 요령	① **신고자의 이름, 주소, 전화번호, 현재 위치 등** 간략하면서도 구체적인 사안에 대하여 **우선적으로 질문** ② 경찰이 신고자를 반드시 도와준다는 믿음을 줄 수 있도록 질문
접수 요령	① 알맞은 음량으로 침착하면서도 명료하게 신고를 접수한다. ② 일반시민들이 사용하는 **일상적인 언어를 사용하고, 법률용어 등 전문용어 사용은 지양**한다.[♣법률용어 등 전문용어를 사용(×)]<15승진> ♣ 신고자에게 경찰의 전문성에 대해 신뢰를 줄 수 있도록 법률용어 등 전문용어를 사용하며 신고접수를 받는다.(×)<15승진> ③ 어떤 경우에도 경찰이 반드시 도와준다는 신뢰가 가도록 대화한다. ④ 상습 악성 신고자의 경우에는 다음과 같이 한다. ㉠ **신고 이력을 확인해 상습 악성 신고자 여부 판단** ㉡ **불만사항이나 욕설이 있는 경우 관련내용을 반드시 입력,** 출동한 경우에도 종결내용에 상세히 입력 ㉢ "이곳은 긴급한 범죄신고를 받는 곳입니다. 다른 전화를 받기 위해 전화를 끊겠습니다." 라고 안내 맨트를 고지한 후 전화 종료 ※ 상습악성 신고자가 **이유 없이 무조건 욕설을 하는 경우**에는 '**신고내용이 없으면, 다른 신고 전화를 받겠다.'는 내용을 고지하고 전화를 종료**한다.
개별 상황 처리	① **성폭력 신고**의 경우, 신고자가 신고취소하더라도 **반드시 현장 임장**하여 신고내용의 진위여부를 확인, 보고하도록 조치한다.[♣출동하지 않고 신고취소로 종결(×)] ♣ 성폭력 신고의 경우, 현장 도착 전 신고자가 신고 취소한 경우 신고자의 의사를 존중하여 출동하지 않고 신고취소로 종결한다.(×) ※ 강제추행 등 모든 성폭력범죄는 비친고죄화되어 피해자의 고소는 필요하지 않다.[♣고소장을 제출받아 경찰서에 전달해야 한다.(×)]<20승진> ♣ 지역경찰관은 강제추행사건을 처리하는 경우 피해자에게 친고죄에 해당함을 설명하고, 피해자로부터 고소장을 제출받아 경찰서에 전달해야 한다.(×)<20승진> ② **가정폭력 신고**의 경우, 급박한 경우 **우선 위치파악 출동지령**하고, **통화를 유지**하면서 **피해자의 안전확보를 위한 조치**를 한다.[♣신속히 통화를 종료(×)] ♣ 가정폭력 신고의 경우, 현장경찰이 신고자와 통화할 수 있도록 신속히 통화를 종료한다.(×) ③ **총기사용 관련 신고**의 경우, 현장 경찰관 안전의 담보를 위해 '**범인의 현재성, 총기종류, 사용여부 등' 정보를 확인**해야 한다.

구분	내용
개별 상황 처리	④ **인질강도 사건**의 경우, **피해자의 안전확보가 최우선**이므로, **인질사건 전문 대응팀 위주의 현장출동**을 지시한다.[♣피의자의 신속 · 안전검거가 최우선(×), ♣강력팀 위주 현장출동 지시(×)] ♣ 인질강도 사건의 경우, 피의자의 신속 · 안전검거가 최우선이므로 강력팀 위주의 현장출동을 지시하고, 인접 순찰차량은 현장통제와 피해확산 방지에 주력하도록 한다.(×) ⑤ 순찰중 '3명이 강도를 하고 도주 중'이라는 신고를 접수한 경우, **피해자 구호가 우선**하며, 피해자 후송 중 범행상황, 범인의 인상 · 착의 등을 청취 · 전파하고, **예상도주로, 인상 · 착의, 도주수단을 파악하여 비상배치를 요청**한다. ※ **피해자를 이동**시킬 경우 그 **위치를 분필 등으로 표시**한다. ⑥ **폭파협박 신고**접수의 경우(요령) ㉠ 공사장, 지하철 등 전화 속 **주변소음을 파악**한다. ㉡ 가능한 한 **길게 통화하여 녹음**하고, 전 직원이 들을 수 있도록 **공청하여, 상황을 전파**한다.[♣짧게 전화(×)] ♣ 폭파협박 신고의 경우 가능한 짧게 신고사항을 접수하여 상황전파에 주력한다.(×) ㉢ 술이나 약물 등에 취한 목소리인지 여부를 파악한다. ㉣ 협박범인을 자극하는 것은 금물이다.
법령 적용	① **아파트 층간소음** 신고 – '**경범죄처벌법**' 제3조 제21호(**인근소란 등**) **적용을 고려**할 수 있다.(**반복된 의도적 소음은 스토킹범죄처벌법 적용가능**) ② **택시 승차거부** 신고 – '**도로교통법**' 제50조(**특정 운전자의 준수사항**) 위반으로 단속할 수 있다. ③ **도로공사로 인한 교통혼잡** 신고 – '도로교통법' 제69조(**도로공사의 신고 및 안전조치** 등)에 따른 공사업체 측의 **사전 신고 여부를 확인해야** 한다. ④ **사유지 내 불법주차 신고** – 사유지나 주차장은 도로교통법상 도로가 아니므로 **도로교통법으로 단속할 수 없다.**[♣도교법상 불법주차 단속가능(×)] ⑤ **음주소란 신고** – 50만원 이하 벌금, 구류, 과료에 해당하여 **주거부정**인 경우에 한하여 **현행범 체포가 가능**하다.[♣현행범 체포할 수 있는 경우는 없다.(×)] ※ **관공서 주취소란**의 경우 법정형이 60만원 이하로 **현행범 체포가 가능**하다.

2. 지령 자세 · 유의사항<112종합상황실 운영 및 신고처리규칙-경찰청 예규 제416호, 매뉴얼>

기본 자세	① **가장 중요한 요소는 '자신감'**이다. ※ 자신감이 결여된 무전지령은 듣는 사람에게 지령자에 대한 신뢰를 약화시키므로 자신감을 갖고 지령해야 한다. ② 듣는 사람이 알아듣기 쉽게 무전한다. ③ 간단명료하되 정확하게 전달되도록 무전한다.
유의 사항	① **주소가 명확**한 경우에도 **건물의 층수, 정 · 후문 등 구체적으로 위치를 지령**해야 한다.[♣구체적으로 지령할 필요는 없다.(×)]<15승진> ♣ 주소가 명확한 경우에는 건물의 층수, 정 · 후문 등까지 구체적으로 지령할 필요는 없다.(×)<15승진> ② 출동 시 상황 대비할 수 있도록 **방검복 · 테이저건 등 경찰장구 휴대를 지시**해야 한다.<15승진> ③ 인질강도의 경우에는 개인차량 · 사복 · 무전기 이어폰 등을 사전에 준비하고, 비노출 현장 출동을 지시해야 한다. ④ 현장상황(피해자 안전 여부 등)에 따라 경광등/사이렌 취명 여부를 판단해야 한다. ⑤ 가해자 도주 등 필요시 긴급배치를 실시해야 한다. ⑥ 가해자 수, 흉기휴대 기타 현장상황 고려하여 112순찰차 추가 출동 명령한다. ⑦ 중요사건일 경우 현장책임자(경찰서장, 형사과장)를 지정 · 통보한다. ※ **다수 경력이 사건에 동원되거나 현장에 배치된 경우에는 사건 지휘를 해야** 하고, 현장 **지휘관이 배치되었다면 사건 모니터링 및 지원을 실시**한다. ⑧ 필요시 군, 소방, 한전, 가스안전공사, 문화재관리기관 등 유관기관에 통보한다. ⑨ **타 시 · 도 사건**의 경우도 **관할구분 없이 접수를 원칙**으로 하며, 신고자로부터 가급적 많은 정보를 수집하여 신고내용에 기록 후 **공조 · 이첩해야** 한다.[♣신고자에게 관할 서 연락처를 알려주는 등 이첩조치(×)]

(1) 112신고 접수 지령시 위치정보 조회(112신고 접수 · 지령 매뉴얼)<21승진>

구분	통신수사	위치정보조회
관련근거	**통신비밀보호법** 제13조 : 통신사실 확인자료 제공요청	**위치정보보호 및 이용 등에 관한 법률** 제29조
요 건	검사, 사법경찰관이 수사 또는 형의 집행을 위해 필요한 경우	**112, 119를 통해 긴급구조요청이 접수**된 경우[♣통신비밀 보호법에 의거(×)]<21승진>
조회대상	대상자가 통신한 **기지국 주소**	대상자가 현재 위치한 **기지국 주소, 또는 GPS 등 위치정보**[♣기지국 주소 정보만 조회대상(×)]
절 차	지방법원, 지원 허가, 긴급한 경우(사후허가 가능)	**112신고 접수시스템 연계** 위치정보 **요청 및 정보수신**<21승진>
소요시간	약 30분 내외(FAX 전송 등)	수초 이내

(2) **112위치추적 시스템**<20승진>

LBS	Lcation Based Service의 약자로 휴대전화 등의 위치를 기반으로 한 서비스를 통칭하는 용어이며, 일반적으로 **휴대전화 위치추적의 의미**로도 사용된다.<20승진>
Cell	휴대전화가 접속한 **기지국의 위치를 기반**으로 위치를 판단하며 112시스템 상에 LBS(C)로 표시된다.<20승진> ※ Cell(세포, 전지)방식은 모든 휴대전화에 사용가능하고, 실내·지하 등에서 측위가 가능하지만, 도심지, 개활지 등 위치에 따라 수 Km까지 오차가 발생한다.
GPS	(global positioning system) **인공위성을 통해** 휴대전화에 내장된 GPS의 위치를 측정하며 112시스템상에 LBS(G)로 표시된다.<20승진> ※ GPS방식은 정확한 측위가 가능하나 휴대전화에 GPS가 설치되지 않거나 꺼 놓은 경우에는 측위가 불가능하고 건물내부·지하 등에서 측위가 불가능하다. ※ 단, 신고자가 아파트 등 건물의 창가, 베란다 옥상과 같이 개방된 곳에 위치시 측위 가능하므로 GPS위치 결과값이 건물과 근접한 경우에는 건물내부에 신고자가 위치한 경우도 있음에 유의
Wi-Fi	Wi-Fi방식은 휴대전화의 Wi-Fi가 연결된 **무선AP**(Access Point, 무선인터넷 공유기)**의 위치를 통한 측위**를 나타내며, 112시스템상에 LBS(W)로 표시된다.[♣LBS(F)로 표시(×)] ※ Wi-Fi방식은 GPS방식보다 떨어지나 상대적으로 CELL 방식보다 정확(기본 오차 수십m)하고 지하나 건물 내에서도 측위가 가능하다. 무선인터넷 공유기(Ap)가 많이 설치되어 있지 않은 시외 지역에서는 측위가 곤란하다. ※ 주의 **CELL값과 Wi-Fi 위치가 현격히 차이**나는 경우에는 **CELL값의 위치를 신고자 위치로 추정**한다.[♣Wi-Fi값 위치를 신고자의 위치로 추정(×)]<20승진> - CELL값은 서울, Wi-Fi값은 부산으로 확인되는 경우는 Wi-Fi AP(인터넷무선공유기) 소유자가 부산에 거주하다가 서울로 이주를 하였으나 통신사 데이터베이스 갱신이 되지 않은 경우 등은 CELL값과 Wi-Fi값 위치가 현격히 차이나는 경우 있음.

(3) **112신고로 접수시 위치정보 조회가 가능한 경우**(112신고 접수·지령 매뉴얼)<21승진>

상황별 구분	내용
범죄 피해자 (요구조자)	**납치·감금, 강도, 성폭력 등 생명·신체를 위협하는 범죄 피해**를 입거나 예상되는 경우<21승진>
치매환자, 지적장애인 실종아동(18세 미만)	보호자의 보호 없이는 정상적인 생활이 불가능한 자로써 현재 보호 상태를 이탈하여 생명·신체에 대한 위험이 예상
자살기도	**자살을 암시**하는 유서가 발견되거나, 음성·문자 등을 타인에게 전송한 경우<21승진>
조난	자연재해로 인하거나 산중·해상 등 자연적 환경에 적절한 보호수단이 없이 방치되어 **생명·신체에 대한 위험이 예상**[♣생명신체에 위험징후 없더라도 갑자기 연락두절된 가출인(×)]

※ 112신고로 접수시 위치정보 조회가 곤란한 경우

추가단서 확보 시까지 위치정보 조회 곤란	**단순가출, 행방불명, 연락두절**: 단순가출, 행방불명, 연락두절 – 보호자의 보호상태를 이탈하기는 하였으나, **생명 · 신체에 대한 위험을 추정할 특별한 징후를 발견하지 못한 경우** ⇨ 조회 ×

3. 현장출동

(1) **범인검거 5대 안전수칙**(지역경찰업무 매뉴얼 제5장 현장초동조치 비교)

① 2인 1조, 권총 들고, 현장임장

② **총구 공중**, 사주경계, 범인대항[♣총구전방(×)]

③ **범인과 3m**, 투기 · 투항명령, 공포발사

④ 기선제압, 범행포기, 항거불능 조치

⑤ **1명은 경계, 1명은 몸수색** 후, 검거연행

2 민경협력방법

Ⅰ 민간경비

(1) **의의 :** 특정한 의뢰인인 고객으로부터 보수를 받고 안전 · 경비에 관련된 서비스를 제공하는 개인이나 단체 · 영리기업을 의미한다.(Private Security)

(2) **유형 :** 우리의 **청원경찰과 경비업법에 의한 경비업**이 이러한 민간경비에 해당한다.

① 1962년 범아실업공사와 한국석유저장주식회사의 경비계약 체결을 시작으로 **청원경찰법**이 제정되었으며 1976년 **용역경비업법** 제정으로 민간경비가 본격화되었다.<12경위>

※ 대륙법계에서의 경비책임은 원칙적으로 국가에 있다고 보기 때문에 민간경비의 영역이 좁아지게 된다.<01승진>

1. 특성(경찰경비와 비교) [☻ 한계영민]

(1) **한정된 권한, 각종 제약 :** 공권력을 집행하는 경찰에 비해 **한정된 권한과 각종 제약**을 받는다.

(2) **계약에 의한 서비스 :** 일반국민이 아니라 특정의뢰자와의 **계약(契約)에 의하여 받은 보수만큼 서비스를 제공**하여 **경합적 소비**가 가능하다.[♣비경합적 소비(×)]

(3) **영리기업 :** 업무주체 면에서 **기업에 의한 영리활동**에 해당한다.

(4) **민간재 :** 정부예산에 의한 공공재가 아니라, 수요에 따라 공급하는 **민간재(사유재 · 경제재)에 해당**한다.[♣공공재(×)]<13승진>

(5) **예방강조 :** 고객의 손실감소, 재산보호 같은 **예방적 측면을 중요시**한다.

Ⅱ 테마 124 경비업법

(1) **경비업** ⇒ 경비업무의 전부 또는 일부를 **도급받아** 행하는 영업을 의미한다.<07승진>

※ 개인적으로 경비원을 사용하는 것은 현행 경비업법상 경비원에 해당하지 않는다.

① 선진국의 경우는 시설경비·신변보호경비·개인정보조사·손실방지·보안지도·호송경비 등 우리의 경비업보다 다양한 업무를 수행하고 있다.

(2) **경비업 유형**(경비업법 제2조 제1호, 시행령 별표1)<16·17승진·11·12·14경위·12·15·16·17채용>

<table>
<tr><td rowspan="2">신변보호</td><td>의의</td><td>사람의 생명·신체에 대한 위해의 발생을 방지하고 신변을 보호하는 업무[♣재산(×), ♣호송경비(×)](경비업법 제2조 제1호, 다.)<14·19경위·17승진·12.1·15.3·16.1·17.1·22.1채용>
♣ '신변보호업무'란 사람의 생명·신체·재산에 대한 위해의 발생을 방지하고 그 신변을 보호하는 업무를 말한다.(×)<22.1채용>
※ 개인의 신변보호는 민간경비의 영역에 해당하나, 요인경호경비는 공경비인 경찰의 업무에 해당한다.</td></tr>
<tr><td>기준</td><td>① 경비인력 – 무술유단자 5인 이상
② 추가 장비 등(아래 공통장비 외에 추가로 필요) – 통신장비</td></tr>
<tr><td rowspan="2">호송경비</td><td>의의</td><td>운반 중에 있는 현금·유가증권·귀금속·상품 그 밖의 물건에 대하여 도난·화재 등 위험발생을 방지하는 업무(경비업법 제2조 제1호, 나)<15.3·22.1채용></td></tr>
<tr><td>기준</td><td>① 경비인력 – 무술유단자 5인 이상
② 추가 장비 등 – 호송용 차량 1대 이상, 현금호송백 1개 이상</td></tr>
<tr><td rowspan="2">시설경비</td><td>의의</td><td>[♣혼잡경비는(×)] 경비를 필요로 하는 시설 및 장소(경비대상시설)에서의 도난·화재 그 밖의 혼잡 등으로 인한 위험발생을 방지하는 업무[♣기계경비(×)](경비업법 제2조 제1호, 가)<19경위·13·17승진·12.1·15.3·16.1·22.1채용></td></tr>
<tr><td>기준</td><td>(추가요건) 경비인력 – 20인 이상</td></tr>
<tr><td rowspan="2">특수경비</td><td>의의</td><td>공항(항공기를 포함)[♣항공기를 제외(×)] 등 대통령령이 정하는 국가중요시설의 경비 및 도난·화재 그 밖의 위험발생을 방지하는 업무[♣기계경비업무(×)](경비업법 제2조 제1호, 마)<19경위·16·17승진·12·15.3·16.1·17.1채용>
♣ 특수경비업무는 공항(항공기를 제외한다) 등 대통령령이 정하는 국가중요시설의 경비 및 도난·화재 그 밖의 위험발생을 방지하는 업무이다.(×)<12.1채용></td></tr>
<tr><td>기준</td><td>(추가요건) 경비인력 – 특수경비원 20인 이상</td></tr>
<tr><td rowspan="2">기계경비</td><td>의의</td><td>경비대상시설에 설치한 기기에 의하여 감지·송신된 정보를 그 경비대상 시설 외의 장소에[♣경비대상 시설 장소에(×)] 설치한 관제시설의 기기로 수신하여 도난·화재 등 위험발생을 방지하는 업무[♣시설경비업무(×)](경비업법 제2조 제1호, 라)<19경위·13·17승진·12.1·15.3·16.1·17.1·22.1채용></td></tr>
<tr><td>기준</td><td>① (추가요건) 경비인력 – 전자·통신분야 기술자격증 소지자 5인을 포함한 10인 이상
② (추가요건) 감지장치·송신장치·수신장치 및 관제시설 / 출동차량: 출장소별 2대 이상</td></tr>
<tr><td colspan="2">혼잡·교통유도경비</td><td>도로에 접속한 공사현장 및 사람과 차량의 통행에 위험이 있는 장소 또는 도로를 점유하는 행사장 등에서 교통사고나 그 밖의 혼잡 등으로 인한 위험발생을 방지하는 업무(경비업법 제2조 제1호, 바)</td></tr>
</table>

공통요건 (시설, 장비 기준)	① 경비업은 **법인(法人)이 아니면 이를 영위할 수 없다.**(제3조)<03 · 07승진 · 18.1채용> ② 자본금 – **1억원 이상**(**특수경비업무**는 **3억원 이상**)[♣특수경비 이외 자본금 액수기준 동일(○)](경비업법 시행령 별표1, 자본금)<12경위> ③ 인력요건: 시설경비업무 – **경비원 10명 이상** 및 **경비지도사 1명 이상**<24승진> ※ 기타 대통령령으로 규정(시행령 별표1)(호송신변–일반경비원5, 경비지도사1 / 기계경비 – 일반경비원10, 경비지도사1 / 특수경비 – 특수경비원 20명 이상, 경비지도사 1명 이상) ④ 시설 등 ㉠ (공통)시설: 기준경비인력 수 이상의 사람을 동시에 교육할 수 있는 **교육장**(경비업법 시행령 별표1, 시설)<12경위> ㉡ (공통)장비 등: 기준 경비인력 수 이상의 경비원 **복장** 및 **경적, 단봉, 분사기**[♣제복 및 장구(×)](경비업법 시행령 별표1, 장비 등)<11경위> ㉢ (별도)**장비 등**: **신변보호업무**(기준 경비인력 수 이상의 무전기 등 통신장비), **호송경비**(호송용 차량 1대 이상, 현금 호송백 1개 이상), **기계경비업무**(감지장치 · 송신장치 및 수신장치, 출장소별로 출동차량 2대 이상)(경비업법 시행령 별표1, 장비 등)<11경위> [☻신호시 특기]

(3) **경비원의 유형**

일반 경비원 · 경비 지도사	① 특수경비 이외의 업무를 담당하는 자로서 무기휴대가 금지된다. ② 일반경비원의 결격사유(제10조 제1항)<02 · 03 · 04 · 05승진> 1. **18세 미만**인 사람 또는 피성년후견인 2. **파산선고를 받고 복권되지 아니**한 자[♣파산선고는 특수경비원 결격사유에만 해당(×)] 3. **금고** 이상의 **실형**의 선고를 받고 그 집행이 **종료**(집행이 종료된 것으로 보는 경우를 포함한다)되거나 집행이 **면제**된 날부터 **5년이 지나지 아니**한 자 4. **금고** 이상의 형의 **집행유예선고**를 받고 그 유예**기간 중**에 있는 자[♣금고 이상의 형의 선고유예를 받고 그 유예기간 중(×)]<24승진>.... 등
특수 경비원	① 특수경비업무를 담당하는 자로서 무기휴대가 가능함. ② 특수경비원 결격사유(제10조 제2항) ㉠ **만 18세 미만 또는 만 60세 이상**인 사람 또는 피성년후견인 ㉡ **심신상실자, 알코올 중독자 등** 대통령령으로 정하는 정신적 제약이 있는 자 ㉢ **일반경비원의 결격사유** 중 일정한 사유에 해당되는 자(제1항 제2호부터 제8호까지 어느 하나) ㉣ **금고** 이상의 형의 **선고유예**를 받고 그 유예기간 중에 있는 자 ㉤ 행정안전부령이 정하는 신체조건에 미달되는 자

⑷ **경비업의 허가 :** 경비업을 영위하고자 하는 법인(1억원 이상의 자본금, 특수경비업은 3억원 이상-별표1)은 도급받아 행하고자 하는 경비업무를 특정하여 그 **법인의 주사무소의 소재지를 관할하는 시ㆍ도경찰청장의 허가**를 받아야 한다. 도급받아 행하고자 하는 경비업무를 변경하는 경우에도 또한 같다.[♣서장(×)](경비업법 제4조 제1항)<13ㆍ24승진ㆍ14경위ㆍ18.1채용>

① **경비업의 허가 및 신고사항**(법 제4조)

허가	① 허가권자 : 법인의 주사무소의 소재지를 관할하는 **시ㆍ도경찰청장**(시ㆍ도경찰청장에게 허가 신청) ② 허가대상 : 경비업을 **영위**하고자 하는 법인(도급받아 행하고자 하는 경비업무를 특정하여), 도급받아 행하고자 하는 **경비업무**를 **변경**하는 경우
신고	① **시ㆍ도경찰청장**에게 다음 사항을 **신고**한다.[♣도급받아 행하고자 하는 경비업무를 변경하는 경우(×)](제4조 제3항)<14ㆍ18경위> 1. 영업을 폐업하거나 휴업한 때<18경위> 2. 법인의 **명칭**이나 **대표자ㆍ임원을 변경**한 때<14경위> 3. 법인의 주사무소나 출장소를 신설ㆍ이전 또는 폐지한 때<18경위> 4. 기계경비업무의 수행을 위한 **관제시설을 신설ㆍ이전 또는 폐지**한 때[♣시도청장 허가(×)] 5. 특수경비업무를 개시하거나 종료한 때<18경위> 6. 그 밖에 대통령령이 정하는 **중요사항을 변경**한 때

② **허가의 유효기간 :** 경비업 허가의 유효기간은 **허가받은 날부터 5년**으로 한다.[♣허가받은 다음 날로부터(×), ♣3년(×)](제6조 제1항)<18.1채용>

③ **청문 :** 경찰청장 또는 시ㆍ도경찰청장은 경비업 허가의 취소 또는 영업정지에 해당하는 처분을 하고자 하는 경우에는 **청문을 실시하여야** 한다.(제21조)

④ 누구든지 집단민원현장에 경비인력을 **20명 이상 배치**하려고 할 때에는 그 **경비인력을 직접 고용하여서는 아니** 되고, 경비업자에게 **경비업무를 도급하여야** 한다.(제7조의2 제2항)

※ 다만, 시설주 등이 **집단민원현장 발생 3개월 전까지 직접 고용**하여 경비업무를 수행하는 피고용인의 경우에는 그러하지 아니하다.(제7조의2 제2항 단서)

⑸ **경비원의 의무 등**

① 경비업자가 경비원으로 하여금 **분사기를 휴대**하여 직무를 수행하게 하는 경우에는 「총포ㆍ도검ㆍ화약류 등 단속법」에 따라 미리 **분사기의 소지허가를 받아야** 한다.(제16조의2 제2항)

② 경비원은 경비업무를 위하여 필요하다고 인정되는 상당한 이유가 있을 때에는 **필요한 최소한도**에서 경비원 휴대장비를 사용할 수 있다.(제16조의2 제4항)<20경위>

⑹ **경비업자의 의무**

① 경비업자는 경비업무를 성실하게 수행하여야 하고, 도급을 의뢰받은 경비업무가 **위법 또는 부당**한 것일 때에는 이를 **거부하여야** 한다.(제7조 제2항)

② 경비업자는 **경찰공무원 또는 군인의 제복과 색상 및 디자인 등이 명확히 구별되는 소속 경비원의 복장을 정**하고 이를 확인할 수 있는 사진을 첨부하여 주된 사무소를 관할하는 시ㆍ도경찰청장에게 행정안전부령으로 정하는 바에 따라 신고하여야 한다.(제16조 제1항)<20경위>

③ 경비업자는 **집단민원현장에 경비원을 배치**하는 때에는 **경비지도사를 선임**하고 그 장소에 배치하여 행정안전부령으로 정하는 바에 따라 경비원을 지도·감독하게 하여야 한다.(제7조 제6항)<18.1채용>

※ "**집단민원현장**"이란 다음 각 장소를 말한다.[♣시위장소(×), ♣집회 시위 금지장소(×)]<24승진>

가. 「노동조합 및 노동관계조정법」에 따라 노동관계 당사자가 **노동쟁의** 조정신청을 한 **사업장** 또는 쟁의행위가 발생한 사업장

나. 「도시 및 주거환경정비법」에 따른 **정비사업과 관련**하여 이해대립이 있어 **다툼이 있는 장소**

다. **특정 시설물의 설치**와 관련하여 **민원이 있는 장소**

라. **주주총회**와 관련하여 이해대립이 있어 **다툼이 있는 장소**<24승진>

마. **건물·토지 등 부동산 및 동산**에 대한 소유권·운영권·관리권·점유권 등 법적 권리에 대한 이해대립이 있어 **다툼이 있는 장소**

바. **100명 이상**의 사람이 모이는 **국제·문화·예술·체육 행사장**<24승진>

사. 「행정대집행법」에 따라 **대집행**을 하는 **장소**<24승진>

CHAPTER

03 생활질서과 업무

1 풍속영업의 규제

Ⅰ 풍속영업의 규제에 관한 법률<03채용>

'풍속영업 규제에 관한 법률'의 목적 : 풍속영업을 영위하는 장소에서의 **선량한 풍속을 해하거나 청소년의 건전한 육성**을 저해하는 행위 등을 규제하여 **미풍양속의 보존과 청소년의 보호**에 이바지함을 목적으로 한다.<99승진>

※ 경찰관직무집행법은 풍속사범의 단속근거가 될 수 없다.<99 · 07승진>

Ⅰ. 풍속영업자 준수(금지)사항<허가나 신고기준이 아닌 실제영업기준>

성매매	의의	**불특정인을 상대**로 / **금품 기타 재산상 이익**을 받거나 받을 것을 약속하고 / **성행위 또는 유사성교행위**를 하거나 그 상대방이 되는 것(성매매알선 등 행위의 처벌에 관한 법률 제2조) ※ 남녀 모두 주체가 될 수 있다.<97 · 04승진> ※ 3년 이하의 징역 또는 3천만원 이하의 벌금(풍속법 제3조, 제10조)
	단속근거	풍속영업의 규제에 관한 법률 제3조 [여타 단속근거 – 성매매알선 등 행위의 처벌에 관한 법률, 아동 · 청소년 성보호법, 식품위생법, 아동복지법, 공중위생관리법]<98 · 99승진>
	규율	금지주의 / 규제주의 / (규제)폐지주의
음란행위	의의	성욕의 흥분 또는 만족을 목적으로 하는 행위로서 선량한 풍속에 반하여 정상인에게 **성적 수치감 · 혐오감을 주는 행위**를 의미한다. ※ 3년 이하의 징역 또는 2천만원 이하의 벌금(풍속법 제3조, 제10조)
	판단기준	**평균인의 감정을 기준**으로 사안에 따라 **객관적 · 구체적 · 개별적**으로 판단해야 한다.(∴추상적이고 일률적인 기준은 적합하지 않다.)
	근거	풍속영업의 규제에 관한 법률(제3조) [여타 단속근거 – 형법 / 경범죄처벌법]
사행행위	의의	우연의 사실에 재물의 득실을 걸어 재산상의 이익을 취하는 행위 ※ 3년 이하의 징역 또는 2천만원 이하의 벌금(풍속법 제3조, 제10조)
	특성	반사회성(단속의 필요성) / 다양성 / 요행성<96 · 01승진>
	근거	풍속영업의 규제에 관한 법률(제3조) [여타 단속근거 – "사행행위 등 규제 및 처벌특례법"]

II. 풍속영업의 범위(제2조, 동시행령 제2조)<07승진 · 06 · 11 · 17경위> [☻공식음영체게 청소]

공중위생관리법	**숙박업** (민박 제외) / **목욕장업**[♣미용업(×)]<17경위>
식품위생법	**유흥주점영업, 단란주점영업**[♣티켓다방(×)]<06 · 11경위>
음악산업 진흥에 관한 법률	**노래연습장업**(노래방)
영화 및 비디오물 진흥에 관한 법률	**비디오감상실업**(비디오방)<07승진>
체육시설의 설치 · 이용에 관한 법률	**무도학원업 / 무도장업**
게임산업 진흥에 관한 법률	**게임제공업**(일반게임장, 청소년게임장), **복합유통게임제공업**
청소년보호법	**청소년 출입 · 고용금지업소(여성가족부장관이 고시한 영업)**

※ 풍속영업의 범위에 해당하지 않는 것 ⇨ 일반음식점, 카페, 다방, 민박, 당구장, 만화대여업, 소극장, 음반 및 비디오물의 제작업 · 판매업 · 대여업 등<02 · 03승진>

(1) 주요내용(풍속영업규제에 관한 법률)

풍속영업자	풍속영업자 - **허가 또는 인가를 받지 아니하거나 등록 또는 신고를 하지 아니하고 풍속영업을 영위하는 자를 포함**한다.[♣허가 또는 인가 받지 않은 사람 제외(×)]**(사실적 개념)**(풍속법 제3조)<10채용 · 11경위> ♣ 풍속영업자에 허가 또는 인가를 받지 않고 풍속영업을 영위하는 자는 포함되지 않는다.(×)
종사자	풍속영업소의 종사자 - **명칭에 관계없이 영업자를 대리하거나 영업자의 지시를 받아** 상시 또는 일시 영업행위를 하는 **대리인, 사용인 그 밖의 종업원(무도학원업의 경우 강사 · 강사보조원**을 포함)을 말한다.[동법시행령 제3조]
풍속영업통보	① 다른 법률에 따라 **풍속영업의 허가를 한 자는 풍속영업소의 소재지를 관할하는 경찰서장에게** 다음 각 호의 사항을 알려야 한다. 1. 풍속영업자의 성명 및 주소(법인인 경우에는 대표자의 성명과 주소를 포함한다) 2. 풍속영업소의 명칭 및 주소 3. 풍속영업의 종류 ② 허가관청은 풍속영업자가 휴업 · 폐업하거나 그 영업내용이 변경된 경우와 그 밖에 대통령령으로 정하는 사유가 발생한 경우에는 경찰서장에게 그 사실을 알려야 한다.(제4조)
위반사항통보	① **경찰서장은 풍속영업자나 대통령령으로 정하는 종사자가 준수사항**(제3조)**을 위반하면 그 사실을 허가관청에 알리고** 과세에 필요한 자료를 국세청장에게 통보하여야 한다.[♣허가관청이 서장에게 통보(×)]<11경위> ② 제1항에 따른 통보를 받은 허가관청은 그 내용에 따라 허가취소 · 영업정지 · 시설개수 명령 등 필요한 행정처분을 한 후 그 결과를 경찰서장에게 알려야 한다.(제6조)

출입 조사	① 경찰서장은 특별히 필요한 경우 **국가경찰공무원에게 풍속영업소에 출입하여 풍속영업자와 종사자**[대리인, 사용인, 그 밖의 종업원(무도학원업의 경우 강사·강사보조원을 포함)]**가** (제3조의) **준수사항을 지키고 있는지를 검사하게 할 수** 있다.(제9조 제1항) ㉠ 출입에서 경찰공무원의 준수사항 이행여부 등을 검사하기 위해 **출입할 수 있는 근거조항이 마련되어 있지만**, 업주나 종사자가 이를 거부할 경우 동법에서는 **벌칙조항을 별도로 규정하지 않고** 있다.[♣동법으로 형사처벌(×)] ㉡ **풍속영업규제에 관한 법률, 사행행위 등 규제 및 처벌특례법, 사격 및 사격장단속법** 등이 지역경찰관이 대상 업소에 출입조사 할 수 있는 법적 근거가 된다.<09승진> ② 제1항에 따라 풍속영업소에 출입하여 검사하는 **국가경찰공무원은 그 권한을 표시하는 증표를 지니고 이를 관계인에게 내보여야** 한다.(제9조 제2항) 판례 [풍속영업소 출입 ⇨ 행정조사(○), 수사(×)] 풍속영업의 규제에 관한 법률 제9조(**풍속영업소 출입**)는 경찰관이 수사기관으로서 강제수사를 하기 위하여 풍속영업소에 출입하는 경우에 적용되는 것이 아니라 경찰행정조사자로서 행정처분 등에 필요한 자료를 수집하는 **행정조사를 하기 위하여 풍속영업소에 출입하는 경우에 적용되는 규정**에 해당한다고 봄이 상당하다.(제주지방법원 2017노112)

※ 처벌규정 ⇨ '풍속영업의 규제에 관한 법률'에는 영업자(종사자 포함) 준수사항 위반에 대한 처벌규정만 있고, 기타 구체적 행위에 대한 처벌규정은 각 개별법에서 규정하고 있다.

판례 1) [유흥주점 허가, 노래연습장 영업 ⇨ 유흥주점 준수사항(×)] 유흥주점 영업허가를 받았다고 하더라도 **실제로는 노래연습장 영업을 하고 있다면 유흥주점영업에 따른 영업자 준수사항을 지켜야 할 의무가 있다고 할 수 없다.**[♣준수사항을 지켜야 할 의무가 있다.(×)](대판 1997.9.30, 97도1873)<19경위·12.1채용>

♣ 유흥주점 영업허가를 받고 실제로는 노래연습장 영업을 하고 있더라도 유흥주점 영업에 따른 영업자 준수사항을 지켜야 한다.(×)<12.1채용>

판례 2) [음란한 위성방송, 일정 차단장치 ⇨ 음란한 물건 관람(○)] 숙박업소에서 위성방송수신장치를 이용하여 수신한 외국의 음란한 위성방송프로그램을 투숙객 등에게 제공한 행위가, (구 풍속영업의 규제에 관한 법률 제3조 제2호에 규정한 '음란한 물건'을 관람하게 하는 행위에 해당하는지 여부,) **일정한 시청차단장치를 설치하였다는 등의 사정만으로는**, 형법 제16조의 정당한 이유가 있다고 볼 수 없다.(음란한 물건을 관람하게 하는 행위에 해당한다.)[♣풍속법 위반으로 처벌할 수 없다.(×), ♣음란한 물건을 관람하게 하는 행위에 해당하지 않는다.(×).](2008도11679)<19경위·12.1채용>

♣ 숙박업소에서 위성방송수신기를 이용하여 수신한 외국의 음란한 위성방송프로그램에 대해 일정한 잠금장치를 설치하여 관람을 원하는 성인만을 상대로 방송을 시청하게 한 경우, 그 시청 대상자가 관람을 원하는 성인에 한정되므로, 풍속영업의 규제에 관한 법률위반으로 처벌할 수 없다.(×)<12.1채용>

판례 2-1) [동영상 재생장치, 비밀번호 가르쳐 줌 ⇨ 음란물 관람(○)] 모텔에 **동영상 파일 재생장치인 디빅플레이어(DivX Player)를 설치**하고 투숙객에게 그 **비밀번호를 가르쳐 주어 저장된 음란 동영상을 관람하게 한 사안**에서, 이는 풍속영업의 규제에 관한 법률 제3조 제2호가 금지하고 있는 **음란한 비디오물을 풍속영업소에서 관람하게 한 행위에 해당**한다.(대법원 2008도3975 판결 [풍속영업의 규제에 관한 법률위반])<19경위>

판례 3) [일시 오락 정도 도박 ⇨ 위법성 조각] 풍속영업자가 자신이 운영하는 여관에서 친구들과 **일시 오락 정도에 불과한 도박을 한 경우** 형법상 도박죄는 성립하지 아니하고 풍속영업의 규제에 관한 법률 위반죄의 **구성요건에는 해당하나 사회상규에 위배되지 않는 행위로서 위법성이 조각**된다.[♣풍속법위반으로 처벌된다.(×)](2003도6351)<12.1채용>

♣ 풍속영업자가 자신이 운영하는 여관에서 친구들과 일시 오락 정도에 불과한 도박을 한 경우, 형법상 도박죄는 성립되지 않는다 할지라도 형법과 그 제정목적이 다른 풍속영업의 규제에 관한 법률 제3조 제4호의 '도박이나 그 밖의 사행행위를 하게 하는 행위'에는 해당되고 위법성도 조각되지 않으므로 이를 처벌할 수 있다.(×)<12.1채용>

판례 4) [브래지어만 착용, 허벅지, 가슴 보일 정도로 치마 올리고, 어깨끈 내림 ⇨ 음란행위(×)] 유흥주점 여종업원들이 **웃옷을 벗고 브래지어만 착용**하거나 **치마를 허벅지가 다 드러나도록 걷어 올리고 가슴이 보일 정도로 어깨 끈을 밑으로 내린 채** 손님을 접대하였다는 정황만으로는 위 종업원들의 행위와 노출 정도가 형사법상 규제의 대상으로 삼을 만큼 사회적으로 유해한 영향을 끼칠 위험성이 있다고 평가할 수 있을 정도로 노골적인 방법에 의하여 성적 부위를 노출하거나 성적 행위를 표현한 것이라고 단정하기에 부족하므로 풍속영업의 규제에 관한 법률 제3조에 정한 **'음란행위'에 해당한다고 판단하기 어렵다.**(2006도3119 판결)<12.1채용>

판례 5) [성행위와 유사동작, 모조성기 노출 ⇨ 음란한 행위] 나이트클럽 무용수인 피고인이 무대에서 공연하면서 겉옷을 모두 벗고 **성행위와 유사한 동작**을 연출하거나 속옷에 부착되어 있던 **모조성기를 수차례 노출**한 경우, 풍속영업의 규제에 관한 법률상 음란행위에 해당한다.(대법원 2011.9.8. 2010도10171 나이트클럽 모조성기 사건)

2 테마 125 기초질서 위반사범 단속

(1) **기초질서 위반사범**: 사람들이 일상생활에서 흔히 범하기 쉬운 경미한 법익의 침해로서, 경범죄처벌법과 도로교통법 등에 행위유형이 규정되어 있으며, 제재수단이 '범칙금 부과'로 되어 있는 행위(경범)를 말한다.[♣일정금액 이하의 벌금·구류·과료에 대해서는 특별한 규정이 없어도 범칙금 부과가 가능(×) ⇨ 경범죄처벌법 제6조, 도로교통법 제162조]

예 경범죄처벌법 제5조, 도로교통법 제162조

(2) **단속의 필요성: '깨진 유리창 이론**(Broken Window Theory)'<01경위·01·02채용>

① '경미한 범죄의 단속이 중범죄의 발생저지에 효과가 있음'을 강조하는 이론

② **무관용 정책과 집합효율성의 강화가 범죄를 예방하는 데 중요한 수단**임을 강조한다.

(3) **기초질서위반사범 단속대상**

경범죄처벌법	**10만원 또는 20만원 이하의 벌금·구류·과료에 처할 사건(법정형)**(제6조) 예 오물방지·방뇨, 음주소란, 새치기, 금연 장소에서의 흡연, 허위신고 등
도로교통법	**20만원 이하의 벌금·구류·과료에 처할 사건(법정형)**(도로교통법 제162조) 예 차도 무단횡단, 차도에서 차 잡는 행위, 노상시비 등<04승진·02채용>

I 경범죄처벌법<04승진 · 06경위>

(1) **광의의 형법, 일반법, 형법의 보충법**: 광의의 형법이며 형법의 보충법으로, 형법의 특별법이 아니다. 즉 형법과 충돌할 경우 형법이 우선적으로 적용된다는 말이다.

(2) **형사실체법**: 통고처분 절차규정이 있으므로 일부 절차법적 성격도 가지고 있지만 전체적으로는 처벌대상을 구체적으로 규정하는 형사실체법이다.

Ⅰ. 특 색

(1) 대상범죄의 성격이 **추상적 위험범**이므로 바로 기수가 되어 **미수범 처벌규정이 없다.**[♣미수범 처벌(×)]<02 · 03 · 07승진 · 03 · 21.1채용>

(2) 경범죄처벌법 위반에 대해 **10만원 또는 20만원 또는 60만원 이하의 벌금, 구류 또는 과료**의 형을 규정하고 있다.(법정형)<99 · 00승진 · 01채용>

※ 경범죄처벌법상의 형의 가중 ⇨ **장기 또는 다액의 1/2까지 가중이 가능**

(3) 처벌 시 **형을 면제**하거나 또는 **구류와 과료를** 함께 **병과할 수** 있다.[♣가중할 수(×)](제5조)<09승진 · 08 · 14.2채용>

(4) 벌금 · 구류 · 과료의 형으로 규정되어 있어 **집행유예가 가능**하고,[♣집행유예는 할 수 없고(×)] 벌금형의 선고 시 **선고유예도 가능**하다.<09승진 · 08채용>

※ 집행유예의 대상 ⇨ **3년 이하의 징역 · 금고, 500만원 이하의 벌금**을 선고할 경우(1년 이상 5년 이하 기간)(형법 제62조)

※ 선고유예의 대상 ⇨ **1년 이하의 징역 · 금고 · 자격정지 · 벌금**을 선고할 경우(2년이 경과 시 면소 간주)(형법 제59조)

(5) **법인**에 대해서도 **벌금형 처벌이 가능**하다.

(6) **종범에 정범의 형**: 죄를 짓도록 **시키거나(교사범) 도와준 사람(방조범)**은 죄를 지은 사람에 준하여 벌한다.[♣형을 감경한다.(×)](경범죄처벌법 제4조)<21경위 · 09 · 23승진 · 08 · 16.2 · 20.2 · 21.1채용>

※ 제4조(교사 · 방조) 제3조의 죄를 짓도록 시키거나 도와준 사람은 죄를 지은 사람에 준하여 벌한다.<98 · 02승진 · 16.2채용>

(7) 본법의 죄를 범한 범인을 은닉 · 도피하게 한 경우 **범인은닉죄가 성립**한다.<09승진 · 08채용>

※ 범인은닉죄의 대상 ⇨ 벌금 이상의 형에 해당하는 죄를 범한 자

[☻ 일보실추 미안, 10만원 이하 벌구가면 집안선 병과, 법인 정종 은닉]

II. 경범죄 처벌대상 – 경범죄처벌법 규정<04 · 05 · 07 · 14승진 · 11경위 · 13.2채용>

☞ 경범죄 처벌대상[경범죄처벌법 제3조] [시행 2017. 10. 24.] [법률 제14908호]<02 · 03 · 04 · 05 · 16승진>		
① 다음 각 호의 어느 하나에 해당하는 사람은 10만원 이하의 벌금, 구류 또는 과료(科料)의 형으로 처벌한다.(모두 통고처분 가능)[♣출판물 부당게재 등(×)](경범죄처벌법 제3조 제1항)<22승진 · 21.1채용> ※ 미납으로 인한 가산 범칙금은 최대 10만원이다.		
1. 빈집 등에의 침입	다른 사람이 살지 않고 관리하지 않는 집 또는 그 울타리 · 건조물(建造物) · 배 · 자동차 안에 정당한 이유 없이 들어간 경우	8만원
2. 흉기의 은닉휴대	칼 · 쇠몽둥이 · 쇠톱 등 사람의 생명 또는 신체에 중대한 위해를 끼치거나 집이나 그 밖의 건조물에 침입하는 데에 사용될 수 있는 연장이나 기구를 정당한 이유 없이 숨겨서 지니고 다니는 경우<21.1채용>	8만원
3. 폭행 등 예비	다른 사람의 신체에 위해를 끼칠 것을 공모(共謀)하여 예비행위를 한 사람이 있는 경우 그 공모를 한 경우[♣10만원 이하 벌금 · 구류 · 과료(○)]<22승진>	8만원
4. 삭제		
5. 시체 현장변경 등	사산아(死産兒)를 감추거나 정당한 이유 없이 변사체 또는 사산아가 있는 현장을 바꾸어 놓은 경우	8만원
6. 도움이 필요한 사람 등의 신고불이행	자기가 관리하고 있는 곳에 도움을 받아야 할 노인, 어린이, 장애인, 다친 사람 또는 병든 사람이 있거나 시체 또는 사산아가 있는 것을 알면서 이를 관계 공무원에게 지체 없이 신고하지 않은 경우	8만원
7. 관명사칭 등	국내외의 공직(公職), 계급, 훈장, 학위 또는 그 밖에 법령에 따라 정해진 명칭이나 칭호 등을 거짓으로 꾸며대거나 자격이 없으면서 법령에 따라 정해진 제복, 훈장, 기장 또는 기념장(記念章), 그 밖의 표장(標章) 또는 이와 비슷한 것을 사용한 경우	8만원
8. 물품강매 · 호객행위	가. 요청하지 않은 물품을 억지로 사라고 한 사람, 요청하지 않은 일을 해주거나 재주 등을 부리고 그 대가로 돈을 달라고 한 경우	8만원
	나. 여러 사람이 모이거나 다니는 곳에서 영업을 목적으로 떠들썩하게 손님을 부른 경우	5만원
9. 광고물 무단부착 등	가. 다른 사람 또는 단체의 집이나 그 밖의 인공구조물과 자동차 등에 함부로 광고물 등을 붙이거나 내걸거나 끼우거나 글씨 또는 그림을 쓰거나 그리거나 새기는 행위 등을 한 사람 또는 공공장소에서 광고물 등을 함부로 뿌린 경우<21.1채용>	5만원
	나. 다른 사람이나 단체의 간판, 그 밖의 표시물 또는 인공구조물을 함부로 옮기거나 더럽히거나 훼손한 경우	8만원
10. 마시는 물 사용방해	사람이 마시는 물을 더럽히거나 사용하는 것을 방해한 경우	8만원
11. 쓰레기 등 투기	가. 쓰레기, 죽은 짐승, 그 밖의 더러운 물건(나목에 규정된 것은 제외한다)이나 못쓰게 된 물건을 함부로 아무 곳에나 버린 경우	5만원
	나. 담배꽁초, 껌, 휴지를 아무 곳에나 버린 경우	3만원
12. 노상방뇨 등	가. 길, 공원, 그 밖에 여러 사람이 모이거나 다니는 곳에서 대소변을 보거나 또는 그렇게 하도록 시키거나 개 등 짐승을 끌고 와서 대변을 보게 하고 이를 치우지 않은 경우	5만원
	나. 길, 공원, 그 밖에 여러 사람이 모이거나 다니는 곳에서 함부로 침을 뱉은 경우	3만원

13. 의식방해	공공기관이나 그 밖의 단체 또는 개인이 하는 행사나 의식을 못된 장난 등으로 방해하거나 행사나 의식을 하는 경우 또는 그 밖에 관계있는 사람이 말려도 듣지 않고 행사나 의식을 방해할 우려가 뚜렷한 물건을 가지고 행사장 등에 들어간 경우	8만원
14. 단체가입 강요	싫다고 하는 데도 되풀이하여 단체가입을 억지로 강요한 경우	5만원
15. 자연훼손	공원·명승지·유원지나 그 밖의 녹지구역 등에서 풀·꽃·나무·돌 등을 함부로 꺾거나 캔 경우 또는 바위·나무 등에 글씨를 새기거나 하여 자연을 훼손한 경우	5만원
16. 타인의 가축·기계 등 무단조작	다른 사람 또는 단체의 소나 말, 그 밖의 짐승 또는 매어 놓은 배·뗏목 등을 함부로 풀어 놓거나 자동차 등의 기계를 조작한 경우	8만원
17. 물길의 흐름 방해	개천·도랑이나 그 밖의 물길의 흐름에 방해될 행위를 한 경우	2만원
18. 구걸행위 등	가. 다른 사람에게 구걸하도록 시켜 올바르지 않은 이익을 얻은 경우	8만원
	나. 공공장소에서 구걸을 하여 다른 사람의 통행을 방해하거나 귀찮게 한 경우	5만원
19. 불안감조성	정당한 이유 없이 길을 막거나 시비를 걸거나 주위에 모여들거나 뒤따르거나 몹시 거칠게 겁을 주는 말이나 행동으로 다른 사람을 불안하게 하거나 귀찮고 불쾌하게 한 경우 또는 여러 사람이 이용하거나 다니는 도로·공원 등 공공장소에서 고의로 험악한 문신(文身)을 드러내어 다른 사람에게 혐오감을 준 경우[♣소매치기할 생각으로 따라다닌 경우(×)]<14.2·18.3채용>	5만원
20. 음주소란 등	공회당·극장·음식점 등 여러 사람이 모이거나 다니는 곳 또는 여러 사람이 타는 기차·자동차·배 등에서 몹시 거친 말이나 행동으로 주위를 시끄럽게 하거나 술에 취하여 이유 없이 다른 사람에게 주정한 경우[♣현행범 체포 불가능(×)](경범죄처벌법 제3조 제1항 제20호)<11·23승진·13.2채용>	5만원
21. 인근소란 등	악기·라디오·텔레비전·전축·종·확성기·전동기(電動機) 등의 소리를 지나치게 크게 내거나 큰소리로 떠들거나 노래를 불러 이웃을 시끄럽게 한 경우<22승진>	3만원
22. 위험한 불씨 사용	충분한 주의를 하지 않고 건조물, 수풀, 그 밖에 불붙기 쉬운 물건 가까이에서 불을 피우거나 휘발유 또는 그 밖에 불이 옮아붙기 쉬운 물건 가까이에서 불씨를 사용한 경우	8만원
23. 물건 던지기 등 위험행위	다른 사람의 신체나 다른 사람 또는 단체의 물건에 해를 끼칠 우려가 있는 곳에 충분한 주의를 하지 않고 물건을 던지거나 붓거나 또는 쏜 경우	3만원
24. 인공구조물 등의 관리소홀	무너지거나 넘어지거나 떨어질 우려가 있는 인공구조물이나 그 밖의 물건에 대하여 관계 공무원으로부터 고칠 것을 요구받고도 필요한 조치를 게을리하여 여러 사람을 위험에 빠트릴 우려가 있게 한 경우	5만원
25. 위험한 동물의 관리 소홀	사람이나 가축에 해를 끼치는 버릇이 있는 개나 그 밖의 동물을 함부로 풀어놓거나 제대로 살피지 않아 나다니게 한 경우	5만원
26. 동물 등에 의한 행패 등	가. 소나 말을 놀라게 하여 달아나게 한 경우	5만원
	나. 개나 그 밖의 동물을 시켜 사람이나 가축에게 달려들게 한 경우	8만원
27. 무단소등	여러 사람이 다니거나 모이는 곳에 켜 놓은 등불이나 다른 사람 또는 단체가 표시를 하기 위하여 켜 놓은 등불을 함부로 끈 경우	5만원
28. 공중통로 안전관리 소홀	여러 사람이 다니는 곳에서 위험한 사고가 발생하는 것을 막을 의무가 있으면서도 등불을 켜 놓지 않거나 그 밖의 예방조치를 게을리한 경우	5만원

29. 공무원 원조불응	눈·비·바람·해일·지진 등으로 인한 재해, 화재·교통사고·범죄, 그 밖의 급작스러운 사고가 발생하였을 때에 현장에 있으면서도 정당한 이유 없이 관계 공무원 또는 이를 돕는 사람의 현장출입에 관한 지시에 따르지 않거나 공무원이 도움을 요청하여도 도움을 주지 않은 경우	5만원
30. 거짓 인적사항 사용	성명, 주민등록번호, 등록기준지, 주소, 직업 등을 거짓으로 꾸며대고 배나 비행기를 타거나 인적사항을 물을 권한이 있는 공무원이 적법한 절차를 거쳐 묻는 상황에서 정당한 이유 없이 다른 사람의 인적사항을 자기의 것으로 거짓으로 꾸며댄 경우(제30호)<23승진>	8만원
31. 미신요법	근거 없이 신기하고 용한 약방문인 것처럼 내세우거나 그 밖의 미신적인 방법으로 병을 진찰·치료·예방한다고 하여 사람들의 마음을 홀리게 한 경우	2만원
32. 야간통행제한 위반	전시·사변·천재지변, 그 밖에 사회에 위험이 생길 우려가 있는 상황에서 경찰청장이나 해양경찰청장이 정하는 야간통행제한을 위반한 경우	3만원
33. 과다노출	공개된 장소에서 공공연하게 성기·엉덩이 등 신체의 주요한 부위를 노출하여 다른 사람에게 부끄러운 느낌이나 불쾌감을 준 경우	5만원
34. 지문채취 불응	범죄 피의자로 입건된 사람의 신원을 지문조사 외의 다른 방법으로는 확인할 수 없어 경찰공무원이나 검사가 지문을 채취하려고 할 때에 정당한 이유 없이 이를 거부한 경우	5만원
35. 자릿세 징수 등	여러 사람이 모이거나 쓸 수 있도록 개방된 시설 또는 장소에서 좌석이나 주차할 자리를 잡아 주기로 하거나 잡아주면서, 돈을 받거나 요구하거나 돈을 받으려고 다른 사람을 귀찮게 따라다니는 경우	8만원
36. 행렬방해	공공장소에서 승차·승선, 입장·매표 등을 위한 행렬에 끼어들거나 떠밀거나 하여 그 행렬의 질서를 어지럽힌 경우<21.1채용>	5만원
37. 무단 출입	출입이 금지된 구역이나 시설 또는 장소에 정당한 이유 없이 들어간 경우	2만원
38. 총포 등 조작장난	여러 사람이 모이거나 다니는 곳에서 충분한 주의를 하지 않고 총포, 화약류, 그 밖에 폭발의 우려가 있는 물건을 다루거나 이를 가지고 장난한 경우	8만원
39. 무임승차 및 무전취식	영업용 차 또는 배 등을 타거나 다른 사람이 파는 음식을 먹고 정당한 이유 없이 제값을 치르지 않은 경우	5만원
40. 장난전화 등	정당한 이유 없이 다른 사람에게 전화·문자메시지·편지·전자우편·전자문서 등을 여러 차례 되풀이하여 괴롭힌 경우<21.1채용>	8만원
41. 지속적 괴롭힘	상대방의 명시적 의사에 반하여 지속적으로 접근을 시도하여 면회 또는 교제를 요구하거나 지켜보기, 따라다니기, 잠복하여 기다리기 등의 행위를 반복하여 하는 경우[♣20만원 이하 벌금, 구류, 과료(×)](경범죄처벌법 제3조 제1항 제41호)<14·23승진·14.2채용>	8만원
② **다음 각 호의 어느 하나에 해당하는 사람은 20만원 이하의 벌금, 구류 또는 과료의 형으로 처벌한다. (모두 통고처분 가능)**[♣지속적 괴롭힘(×), ♣거짓신고(×)](경범죄처벌법 제3조 제2항)<20·22승진·22경위·16.2채용> — 통고처분 범칙금미납으로 인한 가산 범칙금 최대 20만원		
1. **출판물의 부당게재 등**	올바르지 않은 이익을 얻을 목적으로 다른 사람 또는 단체의 사업이나 사사로운 일에 관하여 신문, 잡지, 그 밖의 출판물에 어떤 사항을 싣거나 싣지 않을 것을 약속하고 돈이나 물건을 받은 경우[♣10만원 이하 벌금, 구류, 과료(×)]<20승진·23.1채용>	16만원
2. **거짓 광고**	여러 사람에게 물품을 팔거나 나누어 주거나 일을 해주면서 다른 사람을 속이거나 잘못 알게 할 만한 사실을 들어 광고한 경우[♣10만원 이하 벌금, 구류, 과료(×)](경범죄처벌법 제3조 제2항 제2호)<14·22승진·22경위·23.1채용>	16만원

3. **업무방해**	못된 장난 등으로 다른 사람, 단체 또는 공무수행 중인 자의 업무를 방해한 경우 <20승진 · 23.1채용>	16만원
4. **암표매매** [☻ 암방거부]	흥행장, 경기장, 역, 나루터, 정류장, 그 밖에 정해진 요금을 받고 입장시키거나 승차 또는 승선시키는 곳에서 웃돈을 받고 입장권 · 승차권 또는 승선권을 다른 사람에게 되판 경우<20승진 · 23.1 · 24.2채용>	16만원

③ 다음 각 호의 어느 하나에 해당하는 사람은 **60만원 이하의 벌금, 구류 또는 과료**의 형으로 처벌한다. [♣주거일정 시, 현행범 체포 불가(×), ♣100만 원이하 벌금 · 구류 · 과료(×)](경범죄처벌법 제3조 제3항)<21경위 · 14 · 18 · 20 · 22 · 23승진 · 17.1 · 20.2 · 24.2채용>

1. **관공서에서의 주취소란 :** 술에 취한 채로 관공서에서 몹시 거친 말과 행동으로 주정하거나 시끄럽게 한 사람<21경위 · 14 · 16 · 18 · 22승진 · 13.2 · 14.2 · 17.1 · 20.2 · 24.2채용>
2. **거짓신고 :** 있지 아니한 범죄나 재해 사실을 공무원에게 거짓으로 신고한 사람<14 · 18 · 20 · 22승진 · 17.1 · 24.2채용>

♣ 있지 아니한 범죄나 재해 사실을 공무원에게 거짓으로 신고한 사람에 대해서는 주거가 분명한 경우 현행범 체포가 불가능하므로, 즉결심판 청구나 통고처분을 해야 한다.(×)

※ 관공서 주취소란과 거짓신고에 대해 주거가 일정해도 현행범 체포가 가능하다.[♣어떤 경우에도 불가능(×)]<14 · 22승진 · 13.2 · 16.2 · 17.1채용>

♣ 경범죄 처벌법 위반에 대해서는 어떤 경우에도 현행범 체포가 불가능하다.(×)

※ 다액 **50만원 이하의 벌금, 구류 또는 과료**에 해당하는 죄의 현행범인에 대해서는 범인의 **주거가 분명하지 않은 경우**에 한하여 **현행범체포가 가능**하다.(형사소송법 제214조)<20 · 22승진>

판례 1) **[전동차 내 선교활동 ⇨ 인근소란(×)] 지하철 전동차 내에서 선교활동**을 하기 위해 큰 소리로 "하나님을 믿으면 천국에 갈 수 있으니 하나님을 믿어라"라고 한 행위는 헌법 제20조 종교의 자유중 종교선전의 자유, 선교의 자유에 의한 행위로........선교행위가 「경범죄처벌법」상 소정의 인근소란행위에 해당된다고 판단하기 위해서는 제반 정황을 **종합**하여 그러한 행위가 통상의 범위를 일탈하여 다른 법익의 침해에 이를 정도가 된 것인지 여부 등 법익 간의 **비교교량을 통하여 사안별로 엄격하게 판단해야** 한다.......위 소정의 행위가 **경범죄처벌법에 위반된다고 단정할 수 없다.**(대판 2003도4148)<11승진>

판례 2) **[지문채취불응처벌 ⇨ 영장주의 위배(×)]** (1) 조사과정에서 **지문채취에 불응하는 경우 처벌하는 경범죄처벌법 제3조 ①항 제34호의 규정**은 ...강제로 지문을 찍도록 허용하는 규정은 아니며 … 형벌로 심리적 · 간접적 지문채취를 강요하는 것으로 피의자 본인 판단으로 수용여부를 결정한다는 점에서 **영장주의에 반한다고 할 수 없다.**

(2) 경범죄처벌법 제3조 ① 제34호[지문채취불응]규정은 범죄 및 전과사실 은폐 등을 차단하고 형사사법제도를 적정하게 운영하기 위해 필수적이라는 점에서 목적의 정당성은 인정되며 … 지문 거부행위의 가장 중한 처벌인 벌금의 경우에도 그 금액은 5만원 이상 10만원 이하에 불과하여 최소한에 해당하므로, **지문채취 거부행위에 대한 형벌부과의 합리성이 인정된다.** [♣헌법불합치(×)](헌재, 2002헌가17)

♣ 헌법재판소에 의하면 지문채취에 불응하는 경우 처벌하는 경범죄처벌법 제1조 제42호는 최소 침해성의 원칙에 반하여 헌법에 합치되지 아니한다고 하였다.(×)

※ **경합범 :** 노상에서 성기를 꺼내놓고 방뇨를 한 행위는 **과다노출과 노상방뇨의 상상적 경합범**이 성립한다.<99승진>

3 테마 126 유실물 처리

Ⅰ 유실물<03 · 04 · 08승진>

(1) **의의 :** 점유자의 의사에 의하지 않고 타인에게 절취된 것이 아니면서 우연히 그 지배에서 벗어난 동산으로 버리거나 증여한 물건, 도난 · 피탈된 물건은 유실물에 해당하지 않는다.<18경위>

(2) **법적근거**

① **유실물 처리의 근거법규 ⇨ 유실물법, 형법(점유이탈물 횡령), 민법**<04경위>

※ **습득물(유실물) 매각절차 – "국가를 당사자로 하는 계약에 관한 법률"**에 규정[♣민사소송법(×)]

※ 민법 제250조(도품 · 유실물에 대한 특례) – (금전이 아닌) 동산을 유실하였을 경우 **유실자는 2년 이내에 물건의 (무상)반환을 청구할 수** 있다.[♣1년 이내에(×)]

② **유실물 · 준유실물 · 습득물 · 매장물 ➡ 유실물법을** 적용한다.

– **준유실물 ➡ 착오로 점유한 물건, 타인이 놓고 간 물건**이나 **일실(逸失)한 가축[준유실물]**에 관하여는 유실물법 및 「민법」 제253조를 준용한다. 다만, **착오로 점유**한 물건에 대하여는 **보상금을 청구할 수 없다.**(유실물법 제12조)[♣일실한 가축은 자치단체 인계(×) ⇨ 경찰서에서 유실물로 처리]

♣ 일실한 가축은 동물보호법이 우선 적용되므로 자치단체에 신속히 인계한다.(×)

※ **불법체류 외국인이 소지하고 있던 물건을 놓고 도망간 경우** ⇨ 몰수대상 물건이 아니라면 유실물법이 적용되어야 한다.

③ **표류물 · 침몰물 ➡ 수상에서의 수색 · 구조 등에 관한 법률의 적용**을 받는다.<01 · 02 · 04 · 08승진>

④ **유기견, 유기동물 ➡ 동물보호법의 적용**을 받는다.[♣일실한 가축(×)]

⑤ **장물, 유류물, 임의제출물 ➡ 형법과 형소법**의 적용을 받는다.

※ 범죄자가 놓고 간 것으로 인정되는 물건(유류물, 장물)을 습득한 자는 신속히 그 물건을 경찰서에 제출하여야 한다.(제11조 제1항)<18경위>

⑥ **잡상인이 도로에 방치한 물건** ⇨ 유실물법이 아니라 **도로교통법이 적용**된다.

(3) **유실물 처리매뉴얼**

① **자동차등록번호판 분실신고**를 접수한 경우 ⇨ 유실자가 제시하는 **차량등록증 및 신분증을 복사**하여 첨부하고, 신고인이 차량의 소유자와 다를 경우에는 **위임장을 제출하도록** 한다.

※ **분실신고 접수증** ⇨ 접수증의 **법적 성질, 유의사항 등이 반드시 기재**되어야 하며, 순찰지구대에서는 지구대장 명의로 교부할 수 있고, 타 법령에서 경찰서장의 분실신고 접수증을 요구할 경우에는 경찰서장 명의로 교부하여야 한다. 다만, 분실신고 접수증은 내용적으로 분실 사실을 입증하는 것이 아니라, **분실신고를 하였다는 사실을 입증해 주는 것**이다.

② **습득 신고된 핸드폰** 중 소유자가 확인이 안 될 경우 ⇨ 산업통상자원부 산하단체인 **한국정보통신산업협회의 핸드폰 찾기 콜센터에 조회**하여 처리할 수 있다.

③ **어음이나 수표**와 같은 민법상 **지시채권의 경우 공시최고 절차에 의하여 무효로 하지 않는 이상 보상금 지급의무를 부담**하게 된다.

※ 지시채권 : 특정한 사람 또는 그 사람으로부터 순차적으로 지시받은 사람(채권자)에게 변제할 증권적 채권으로, 지시는 보통 배서에 의해서 한다.

④ 습득신고 접수 후 ⇨ **분실 및 습득물처리대장에 등재**를 해야 하나, **우체국 이첩 건은 접수문서로 갈음할 수** 있다.

Ⅰ. 습득자 등의 의무

⑴ **반환 · 제출 :** 타인이 유실한 물건을 습득한 자는 이를 급속히 유실자 또는 소유자 기타 물건회복의 청구권을 가진 자에게 반환하거나 경찰서(지구대 · 파출소 · 출장소를 포함) 또는 제주특별자치도의 자치경찰단에 제출하여야 한다.

※ 단, 법률에 의하여 소유 또는 소지가 금지된 물건은 그 반환을 요하지 아니한다.

⑵ **신고의무**

① 습득물이나 그 밖에 이 법의 규정을 준용하는 물건을 횡령함으로써 처벌을 받은 자 및 **습득일부터 7일 이내에** 경찰서 제출(제1조 제1항) 또는 장물습득자의 제출(제11조 제1항)의 절차를 밟지 아니한 자는 비용(제3조)과 **보상금**(제4조)을 받을 권리 및 습득물의 **소유권**을 취득할 **권리를 상실**한다.[♣10일 이내(×)](제9조)<18경위 · 08승진>

② 이 경우 물건을 반환 받을 자의 성명이나 주거를 알 수 없을 때에는 경찰관서는 제출받은 날로부터 아래 어느 하나에 해당하는 날까지 **공고하여야** 한다.

1. 습득물유실자 또는 소유자, 그 밖에 물건회복의 "청구권자" 또는 습득자가 습득물을 찾아간 날
2. 습득물이 법 제15조에 따라 국고 또는 제주특별자치도의 금고에 귀속하게 된 날

※ **습득물의 매각** : 경찰서장 또는 제주자치도지사는 보관한 물건이 '**멸실되거나 훼손된 우려**'가 있을 때 또는 '**보관에 과다한 비용**'이나 '**불편**'이 수반될 때에는 이를 매각할 수 있다.[♣경제적 가치가 떨어질 때(×)](습득물 매각 시 "**국가를 당사자로 하는 계약에 관한 법률**" 적용)(제2조 제1항)<01승진>

Ⅱ. 유실자의 권리 의무 등(유실물법 제4조, 제6조, 제8조)

구분	내용
유실자	① **습득물을 반환받을 권리 및 보상금 지급의무** : 물건을 반환받는 자(유실자)는 물건가액의 **100분의 5 이상 100분의 20 이하의 범위**에서 보상금을 습득자에게 지급하여야 한다.(제4조)<08승진 · 15.2채용> ※ 다만, 국가 · 지방자치단체 · 기타 공공기관은 보상금을 청구할 수 없다. ② **비용부담의무** : 습득물의 보관비, 공고비, 그 밖에 필요한 비용은 물건을 반환받는 자나 물건의 소유권을 취득하여 이를 인도받는 자가 부담한다.(제3조) ③ **소유권을 포기할 권리** : 물건을 반환받을 자(**유실자**)는 **그 권리를 포기하고 비용과 보상금 지급의 의무를 지지 아니할 수** 있다.(제7조)
습득자	① 보상금 **청구기한** : 비용이나 보상금은 물건을 반환한 후 **1월 경과하면** 이를 청구할 수 없다.(제6조)<03 · 07승진> ② 관리자가 있는 선박 · 차량이나 건축물 기타 공중의 통행을 금지한 구내에서 타인의 물건을 습득한 자는 그 물건을 관리자에게 교부해야 하고, 이 경우 보상금은 **점유자(관리자)와 실제로 물건을 습득한 자가 절반**하여야 한다.(제10조)<04승진> 예 **당구장 손님이 당구장에서 습득하여 주인에게 제출한 경우** 보상금은 습득자와 당구장 주인이 반분 ③ 보상금을 받은 습득자는 **소득세와 주민세를 납부하여야** 한다. ④ 습득자가 습득신고 후 **공고기간 중 사망**하였을 경우 습득자의 **상속인은 습득자의 지위를 승계**한다. ⑤ 습득자는 **미리 신고**하여 습득물에 관한 모든 **권리를 포기하고 의무를 지지 아니할 수** 있다.(제7조)

청구 불가 사유	① 습득일로부터 **7일 이내에 습득물을 반환 또는 제출하지 않은 자** ② **습득자가 국가 · 지방자치단체 기타 공공기관**인 경우 ③ **착오로 인하여 점유한 타인의 물건**을 신고한 자[♣타인이 놓고 간 물건(×)](제12조) ④ 습득한 **유실물 · 장물 등을 횡령함으로써 처벌당한 자**<01 · 03 · 05 · 08승진>

※ 유실자가 나타나면 습득자와 보상금 협의 등의 반환절차를 진행시킨 다음 수령증을 받고 유실자에게 습득물을 인도한다.

판례 1) 유실물법상 유실자 또는 소유자 기타 물건회복의 청구권을 가진 자라고 인정되어 습득자 또는 경찰서장 등으로부터 **유실물을 실제로 수령한 자가 유실물법상 보상금 지급의무를 부담하는 자**에 해당한다. ....

2) **유실물법상 보상**은 물건의 유실자가 습득자로부터 그 유실물을 반환받음으로써 물건의 유실로 인하여 발생하였을지도 모르는 손해, 즉 **위험성을 방지할 수 있었다는 데 대한 보상**이다. ....

3) (양도성 예금증서의 액면금은 예금증서 자체의 가치가 아니라 예금증서가 표창하는 은행에 대한 정기예금 반환청구권의 가치인바).......무기명식 양도성 예금증서의 습득자에게 지급할 보상금 산정의 기준이 되는 유실물의 가액은 그 액면금액의 5%(절대적 기준 아님)에 해당한다.[♣증서의 액면금 기준(×)]....[2008가합21793]

III. 소유권의 취득

(1) **습득자의 소유권취득 :** 습득물을 공고하였음에도 **공고종료 익일로부터 6개월 내에** 소유자가 권리를 주장하지 아니하거나 물건을 반환받을 권리자가 권리를 포기하면 습득자가 그 물건의 소유권을 취득한다.(제11조 제2항)<10승진>

(2) **물건 수취기간 :** 이 법 및 「민법」(제253조, 제254조)에 따라 물건의 소유권을 취득한 자가 그 취득한 날부터 **3개월 이내에** 물건을 경찰서 또는 자치경찰단으로부터 **받아가지 아니할 때**에는 그 **소유권을 상실**한다.[♣2개월 이내(×)](제14조)<18경위 · 04 · 07승진>

(3) **국고귀속 :** 경찰서가 보관한 물건으로서 교부를 받은 자가 없을 때에는 소유권은 국고에 귀속된다.

♣ 습득물 공고 후 1년 6개월 이내에 소유자가 권리를 주장하지 아니하거나 물건의 반환을 받을 권리자가 권리를 포기한 때에는 습득자가 소유권을 취득한다.(×)

참고 **기간별 정리**

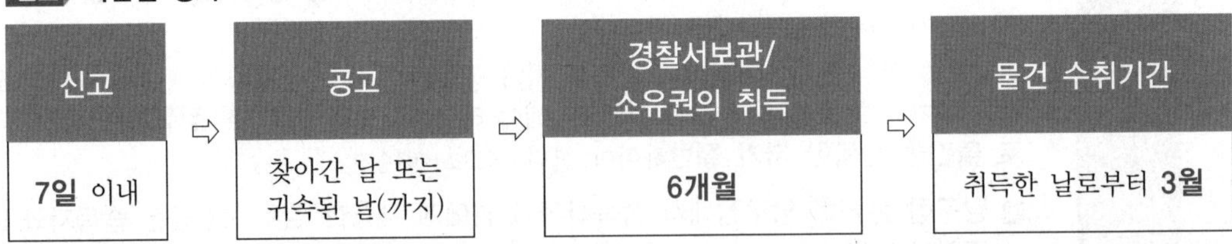

① 보상금 ⇨ 습득물 가액의 **5/100~20/100의 범위 내**

② 비용 · 보상금의 청구기한 ⇨ 물건을 반환한 후 1월 이내

4 총포 · 도검 · 화약류 등의 관리 · 단속

☞ 용어정리 – 총포 · 도검 · 화약류 등의 안전관리에 관한 법률 제2조 [법률 제16670호]

<table>
<tr><td rowspan="4">총포</td><td rowspan="2">의의</td><td colspan="2">총포란 권총, 소총, 기관총, 포, 엽총, 금속성 탄알이나 가스 등을 쏠 수 있는 장약총포(裝藥銃砲), 공기총(가스를 이용하는 것을 포함) 및 총포신 · 기관부 등 그 부품으로서 대통령령으로 정하는 것(‘소총’, ‘권총’, ‘공기총’ 등)을 말한다.[♣총포신 · 기관부등 부품 제외(×)](법 제2조 제1항)<14경위 · 18.1채용></td></tr>
<tr><td colspan="2">♣ ‘총포’란 권총 · 소총 · 기관총 · 포 · 엽총, 금속성 탄알이나 가스 등을 쏠 수 있는 장약총포, 공기총으로 대통령령이 정하는 것을 말한다. 단, 총포신 · 기관부등 그 부품은 제외한다.(×)<14경위></td></tr>
<tr><td rowspan="2">종류</td><td>총</td><td>권총(기관권총 포함), 소총, 기관총(구경 20밀리미터 미만, 기관권총 제외)[♣기관권총 포함(×)], 엽총, 사격총, 어획총, 마취총, 도살총, 산업용총, 구난 구명총, 가스발사총, 폭발물분쇄총, 기타 뇌관의 원리를 이용한 장약총[법 시행령 제3조 제1호]<13승진></td></tr>
<tr><td>포</td><td>소구경포, 중구경포, 대구경포, 박격포, 포경포(소구경포에 한함.)[법시행령 제3조 제1항 제2호]</td></tr>
<tr><td rowspan="4">도검</td><td rowspan="2">의의</td><td colspan="2">칼날의 길이가 15cm 이상 되는 칼 · 검 · 창 · 치도 · 비수 등으로서 성질상 흉기로 쓰이는 것과 칼날의 길이가 15cm 미만이라 할지라도 흉기로 사용될 위험성이 뚜렷한 것 중에서 대통령령이 정하는 것[♣칼날 18cm 성질상 흉기(○), ♣성질상 흉기로 쓰이는 것만(×), ♣칼날 길이 10cm이고 흉기로 쓰이는 것(○)](제2조 제2항)<14경위></td></tr>
<tr><td colspan="2">♣ ‘도검’이란 칼날의 길이가 15cm 이상 되는 칼 · 검 · 창 · 치도 · 비수 등으로서 성질상 흉기로 쓰이는 것만을 의미한다.(×)<14경위></td></tr>
<tr><td rowspan="2">종류</td><td colspan="2">월도, 장도, 단도, 검, 창, 치도, 비수, 재크나이프(칼날의 길이가 6cm 이상의 것에 한함.), 비출나이프(칼날의 길이가 5.5cm 이상[♣5cm 이상(×)]이고, 45° 이상 자동으로 펴지는 장치가 있는 것에 한함.), 그 밖의 6cm 이상의 칼날이 있는 것으로서 흉기로 사용될 위험성이 뚜렷이 있는 도검[♣재크나이프 제외(×)](시행령 제4조 제1항)<08승진 · 08채용></td></tr>
<tr><td colspan="2">♣ 칼날의 길이가 5cm 이상이고 45° 이상 자동으로 펴지는 장치가 있는 비출나이프는 도검이다.(×)</td></tr>
<tr><td rowspan="3">화약류</td><td colspan="3">‘화약류’란 화약, 폭약 및 화공품을 말한다.[♣화공품 제외(×)]</td></tr>
<tr><td>화약</td><td colspan="2">가. 흑색화약 또는 질산염을 주성분으로 하는 화약
나. 무연화약 또는 질산에스테르를 주성분으로 하는 화약
다. 그 밖에 가목 및 나목의 화약과 비슷한 추진적 폭발에 사용될 수 있는 것으로서 대통령령으로 정하는 것(제2조 제3항 제1호)</td></tr>
<tr><td>폭약</td><td colspan="2">가. 뇌홍(雷汞) · 아지화연 · 로단염류 · 테트라센 등의 기폭제
나. 초안폭약, 염소산칼리폭약, 카리트, 그 밖에 질산염 · 염소산염 또는 과염소산염을 주성분으로 하는 폭약
다. 니트로글리세린, 니트로글리콜, 그 밖에 폭약으로 사용되는 질산에스테르
라. 다이너마이트, 그 밖에 질산에스테르를 주성분으로 하는 폭약
마. 폭발에 쓰이는 트리니트로벤젠, 트리니트로톨루엔, 피크린산, 트리니트로클로로벤젠, 테트릴, 트리니트로아니졸, 핵사니트로디페닐아민, 트리메틸렌트리니트라민, 펜트리트, 그 밖에 니트로기 3 이상이 들어 있는 니트로화합물과 이들을 주성분으로 하는 폭약
바. 액체산소폭약, 그 밖의 액체폭약
사. 그 밖에 가목부터 바목까지의 폭약과 비슷한 파괴적 폭발에 사용될 수 있는 것으로서 대통령령으로 정하는 것(제2조 제3항 제2호)</td></tr>
</table>

화약류	화공품	가. 공업용뇌관 · 전기뇌관 · 비전기뇌관 · 전자뇌관 · 총용뇌관 · 신호뇌관 및 그 밖에 대통령령으로 정하는 뇌관류(시그널튜브 등 부품류를 포함한다)[♣폭약에 속한다.(×)]<13승진> 나. 실탄(實彈)(산탄을 포함한다. 이하 같다) 및 공포탄(空砲彈) 다. 신관 및 화관 / 라. 도폭선, 미진동파쇄기, 도화선 및 전기도화선 마. 신호염관, 신호화전 및 신호용 화공품 / 바. 시동약(始動藥) / 사. 꽃불 아. 장난감용 꽃불 등으로서 행정안전부령으로 정하는 것 자. 자동차 긴급신호용 불꽃신호기 / 차. 자동차 에어백용등 인체보호용 가스발생기 카. 그 밖에 화약이나 폭약을 사용한 화공품으로 대통령령으로 정하는 것[♣화약류는 화공품 제외(×)](제2조 제3항 제3호)<14경위> ♣ '화약류'라 함은 화약 · 폭약을 말한다. 단, 화공품은 제외한다.(×)<14경위>
기타	분사기	① 의의: 사람의 활동을 일시적으로 곤란하게 하는 **최루(催淚) 또는 질식 등을 유발하는 작용제를 분사할 수 있는 기기**로서 대통령령으로 정하는 것(제2조 제4항) ② 종류: **총포형 분사기, 막대형 분사기**, 만년필형 분사기, 기타 휴대형 분사기(살균 · 살충용 및 산업용 분사기를 제외)(시행령 제6조의2)
	전자충격기	① 의의: 사람의 **활동을 일시적으로 곤란하게 하거나** 인명에 위해**를 가하는 전류를 방류**할 수 있는 기기로서 대통령령이 정하는 것을 말한다.(제2조 제5항)<14경위> ② 종류: 총포형 전자충격기, 막대형 전자충격기, 기타 휴대형 전자충격기
	석궁	① 의의: 활과 총의 원리를 이용하여 **화살 등의 물체를 발사하여 인명에 위해를 줄 수 있는 것**으로서 대통령령으로 정하는 것(국궁 또는 양궁에 속하는 것 제외)(제2조 제6항) <13승진> ② 종류: 일반형 석궁, 도르래형 석궁(지렛대의 원리를 이용한 것), 권총형 석궁

[I] 총포 · 도검 · 화약류 등 허가 – 총포 · 도검 · 화약류 등의 안전관리에 관한 법률

I. 허가권자<06 · 07승진 · 09경위 · 02 · 08채용>

제조업 및 수출입	경찰청장	총(권총 · 소총 · 기관총), 포, 화약류(화약 · 폭약)(제4조 제1항, 제9조 제1항) ※ 총포 · 화약류의 제조업(총포의 개조 · 수리업과 화약류의 변형 · 가공업을 포함)을 하려는 자는 제조소마다 행정안전부령으로 정하는바에 따라 경찰청장의 허가를 받아야 한다. 제조소의 위치 · 구조 · 시설 또는 설비를 변경하거나 제조하는 총포 · 화약류의 종류 또는 제조방법을 변경하려는 경우에도 또한 같다.(제4조 제1항), 수출입 동일(제9조 제1항)
	시 · 도 경찰청장	(1) 경찰청에게서 위임 받은 것 ① 제조업 – 가스발사총, 엽총, 마취총, 산업용총, 어획총, 사격총, 도살총, 구난구명총, 그 부품, 화공품(시행령 제83조 제1항 제1호)[☻ 가엽 마산 어사도구 부화] ② 수출 · 입 – 권총 · 소총 · 기관총을 제외한 총 및 그 부품과 화공품(시행령 제83조 제1항 제2호)

구분	권자	내용
제조업 및 수출입	시·도 경찰청장	(2) 원래 시·도경찰청장 권한[☻ 도전분석] ① 제조·수출입 – 도검, 전자충격기, 분사기, 석궁(원래 지청장 권한)(제4조 제2항, 제9조 제2항) ※ 도검·분사기·전자충격기·석궁의 제조업을 하려는 자는 제조소마다 행정안전부령으로 정하는바에 따라 제조소의 소재지를 관할하는 시·도경찰청장의 허가를 받아야 한다. 제조소의 위치·구조·시설 또는 설비를 변경하거나 제조하는 도검·분사기·전자충격기·석궁의 종류 또는 제조방법을 변경하려는 경우에도 또한 같다.(제4조 제2항)
	서장	① 모의총포 등(고무줄 또는 스프링 등의 탄성을 이용하여 금속 또는 금속 외의 재질로 된 물체를 발사하여 인명·신체·재산상 위해를 가할 우려가 있는 발사장치로서 대통령령으로 정하는 것) 제조, 판매 또는 소지 금지(제11조 제2항) ② **예외 : 수출**하기 위한 목적인 경우 그러하지 아니하다.(제11조 제2항 단서) ※ 수출하기 위한 목적으로 모의총포 등을 제조하는 경우에는 행정안전부령으로 정하는바에 따라 제조소의 소재지를 관할하는 **경찰서장에게 신고**하여야 한다.(제11조 제3항)
판매		시·도경찰청장이 전담
소지	시·도 경찰청장	① **총(권총, 소총, 기관총, 어획총, 사격총**[♣엽총(×)])<13승진> ② **포**(제12조 제1항 제1호) [☻ 권소기어사 포]
	경찰서장	① **가스발사총**, 엽총, 마취총, 산업용총, 공기총, (부품), **도살총, 구난구명총**[♣어획총(×)](제12조 제1항 제2호, 제2항)<10·13승진·08승진·09경위> ♣ 전자충격기, 가스분사기, 석궁, 어획총은 모두 경찰서장의 소지허가를 필요로 한다.(×) ② **화약류**, 도검, **전자충격기**, 분사기, **석궁** [♣총포(×)](제12조 제1항 제3호) [☻ 가엽마산공부도구, 화도전 분석] ※ 분사기에는 총포형·막대형·만년필형·기타 휴대형 분사기가 있다.<13승진>
화약류 허가 권자		① **화약류 사용(발파·연소)·양수의 허가** ⇨ 화약류 사용지 **관할경찰서장**[♣시·도경찰청장(×)](제18조 제1항)<07승진·03채용> ② **화약류 운반 :** 화약류를 운반하려는 사람은 특별한 사정이 없는 한 **1시간 전**까지 **발송지를 관할하는 경찰서장에게 신고하여야** 한다. 다만, 대통령령으로 정하는 **수량 이하**의 화약류를 운반하는 경우에는 그러하지 아니하다.(제26조 제1항, 규칙 제38조 제1항)<18.1채용> ※ 화약류운반신고를 하려는 사람은 화약류운반신고서를 특별한 사정이 없는 한 운반개시 1시간 전까지 발송지를 관할하는 경찰서장에게 제출하여야 한다.(시행규칙 제38조 제1항) ③ **화약류저장소 설치허가**<04·05·07승진> – **시·도경찰청장** ⇨ 1급·2급·도화선·수중·실탄·꽃불류·장난감용 꽃불류 저장소 – **경찰서장** ⇨ **3급 저장소 및 간이저장소**(시행령 제28조 제1항) [☻ 3급지로 간 서장]
기타		① 국제경기에 참가하기 위해 입국하는 외국인에 대한 허가권자 – **시·도경찰청장** ② **사격장 설치허가권자 ➡ 공기총·석궁은 경찰서장** / 나머지는 모두 시·도경찰청장<08채용> [☻ 서장 공석] ③ **모의총포** – 수출목적 외의 제조·판매·소지를 금지 / 예외사항 – **서장 신고**(제11조 제1항, 제3항)

♣ 화살은 총포·도검·화약류 등 안전관리에 관한 법률 적용대상이다.(×)

Ⅱ. 관련 규율

1. 제조 · 판매 등

(1) **제조나 판매의 경우 : 제조소나 판매소마다** 경찰청장(시 · 도경찰청장)의 허가를 받아야 한다.(제4조, 제6조)<03승진>

(2) **수출입 :** 총포 · 화약류를 수출 또는 수입하려는 자는 행정안전부령으로 정하는바에 따라 수출 또는 수입하려는 **때마다** 관련 증명서류 등을 경찰청장에게 제출하고 **경찰청장의 허가를 받아야** 한다. 이 경우 경찰청장은 수출 허가를 하기 전에 수입국이 수입 허가 등을 하였는지 여부 및 경유국이 동의하였는지 여부 등을 확인하여야 한다.(제9조 제1항)

(3) **처벌 :** (제8조의2를 위반하여) **총포 · 화약류의 제조 방법이나 설계도 등의 정보를 인터넷 등 정보통신망에 게시 · 유포한 자**는 **3년 이하의 징역 또는 700만원 이하의 벌금**에 처한다.(제72조 제1의2호)

예 甲이 총포 · 화약류를 제조할 수 있는 **방법이나 설계도 등**의 정보를 인터넷에 게시 · 유포한 경우

2. 불법무기 등 처리

(1) **발견 · 습득의 신고 :** 누구든지 유실(遺失) · 매몰(埋沒) 또는 정당하게 관리되고 있지 아니하는 총포 · 도검 · 화약류 · 분사기 · 전자충격기 · 석궁이라고 인정되는 물건을 발견하거나 습득하였을 때에는 **24시간 이내에** 가까운 경찰관서에 **신고하여야** 하며, 국가경찰공무원(의무경찰을 포함한다)의 지시 없이 이를 만지거나 옮기거나 두들기거나 해체하여서는 아니 된다.(제23조)<18.1채용>

(2) **불법무기 자진신고 기간 및 효력**(경찰업무편람 3020 불법무기 자진신고 및 단속)

① **기간** : **법무부, 국방부, 행정안전부 3부 장관이 협의**하여 **불법무기 자진신고 기간을 설정**하며 운영하며 **경찰청이 주관**한다.

② **대상 : 총기, 탄약, 폭발물류 및 도검류 등 일체**가 자진신고의 대상이 된다.

③ **신고소** : 경찰관서 및 각급 군부대

④ **신고절차**

㉠ **제출 : 신고자가** 무기 등 현품을 신고소에 **직접제출하거나 대리제출도 가능**하다[♣신고자가 직접 제출하여야 한다.(×)].

㉡ **신고자 신분보장 및 출처불문 면책 :** 신고자의 **신분을 보장**하고 및 **출처를 불문**하여 **익명신고, 구두 · 전화 · 우편신고 후 사후제출도 접수**하며, **형사책임을 면할 수** 있다.

CHAPTER

04 여성 · 청소년과 업무

I 테마 127 '성매매알선 등 행위의 처벌'

이 법은 성매매를 방지하고, 성매매피해자 및 성을 파는 행위를 한 사람의 보호와 자립을 지원하는 것을 목적으로 한다.

☞ **용어정리 – 성매매 알선 등 행위의 처벌에 관한 법률**<15승진>

구분	내용
성매매	**불특정인을 상대로** 금품 그 밖의 **재산상의 이익을 수수·약속**하고 **성교나 유사성교 행위**를 하거나 그 **상대방이 되는 것**을 말한다.[♣성매매 장소제공 행위(×), ♣유사성교행위 제외(×)](제2조 제1항 1호)<15승진·15.2·21.2채용> ♣ 성매매의 장소제공 행위는 "성매매"에 해당한다. (×) – 행위: 성교행위, 유사성교(구강·항문 등 신체의 일부 또는 도구를 이용) **판례** [불특정인 ⇨ 행위 당시 상대불특정(×)] '**불특정인을 상대로**'라는 것은 **행위 당시에 상대방이 특정되지 않았다는 의미가 아니**라, 그 행위의 대가인 **금품 기타 재산상의 이익에 주목적**을 두고 **상대방의 특정성을 중시하지 않는다는 의미**라고 보아야 한다.(대법원 2015도1185 판결 [성매매알선등 행위의 처벌에 관한 법률위반(성매매)])
성매매 알선 등 행위	① 성매매를 **알선·권유·유인 또는 강요**하는 행위<15·18승진·21.2채용> ② 성매매의 **장소를 제공**하는 행위[♣성매매장소제공과 성매매알선등 행위는 별도개념(×)]<15.2·21.2채용> ③ 성매매에 제공되는 사실을 **알면서 자금·토지, 건물을 제공**하는 행위[♣모르고 건물 제공(×), ♣정보통신망을 제공(×)](제2조 제1항 제2호)<15·18승진> **판례** [성매매알선, 건물제공 ⇨ 포괄일죄(×)] A가 영업으로 **성매매를 알선**하고, **성매매에 이용되는 건물을 제공**한 행위도 하였다면, '성매매 알선등' 행위에 포함되지만 사실관계의 주체, 행위태양이 다르고, 두 행위가 **필연적 관련성이 있다고 볼 수 없으므로**, 두 행위 모두 '성매매 알선 등'의 범위에 포함된다는 이유로 **단순히 포괄일죄로 볼 수는 없다**.(대법원 2010도6090) **판례** [성매매 알선, 성교× ⇨ 일산행위 기수] 성매매업소 업주 A가 **성매매를 알선**하였으나 손님이 성매매 여성이 마음에 들지 않는다며 거절하여 **성교에 이르지 못한 경우**, 당사자 간에 의사연결로 **더이상 알선자의 개입 없이도 윤락행위에 이를 정도**라면, 업주 A는 '**알선**'**행위로 처벌할 수** 있다(**알선등 행위 기수**).[♣처벌할 수 없다.(×)](2004도8808)

성매매 피해자	① **위계 · 위력** 그 밖에 이에 준하는 방법으로 성매매를 **강요당한 사람**<21.2채용> ② 업무관계, 고용관계 그 밖의 관계로 인하여 보호 또는 **감독하는 사람에 의하여** 마약 · 향정신성의약품 또는 대마에 **중독되어** 성매매를 한 사람[♣포함되지 않는다.(×)]<21.2채용> ③ **청소년**, 사물을 변별하거나 의사를 결정할 능력이 없거나 미약한 자 또는 대통령령이 정하는 중대한 장애가 있는 자로서 성매매를 하도록 **알선 · 유인된 사람** ④ 성매매 목적의 **인신매매를 당한 사람**(제2조 제1항 제4호)<21.2채용> [☻강요 중 알 유인]

⇒ 이 법에서 규정한 사항에 관하여 **'아동 · 청소년의 성보호에 관한 법률'에 특별한 규정이 있는 경우**에는 **그 법이 정하는바에 따른다.**(제5조)

Ⅰ. 금지행위(제4조)

(1) **성매매 : 위계 또는 위력으로 청소년**, 사물을 변별하거나 의사를 결정할 능력이 없거나 미약한 자 또는 대통령령이 정하는 중대한 장애가 있는 자로 하여금 **성을 파는 행위를 하게** 한 자 ⇨ 1년 이상 유기징역으로 규정 ⇨ 19세 미만 청소년의 경우 **'아동 · 청소년의 성보호에 관한 법률'을 적용**한다.(동법 제18조 제2항 2호)

(2) 성매매**알선 등 행위 :** 업주의 **알선 후 성매매가 이루어졌으나 성행위가 미수**에 그쳤을 경우

① 업주는 알선(제19조)의 **기수로 처벌**한다.

♣ 업주의 알선 후 성매매가 이루어졌으나 성행위가 미수에 그쳤을 경우, 업주는 성매매알선의 미수로 처벌한다.(×)

② 성매매자 – 이 법률의 미수로 처벌할 수 없다. ⇨ 성매매의 미수는 처벌의 대상이 아니다.

(3) 성매매 목적의 **인신매매**

(4) 성을 파는 행위를 하게 할 목적으로 타인을 고용 · 모집하거나 성매매가 행하여진다는 사실을 알고 **직업을 소개 · 알선**하는 행위

(5) 금지행위 및 그 행위가 행하여지는 업소에 대한 **광고행위**

Ⅱ. 특례

처벌 특례 제6조	(1) **성매매피해자**의 성매매는 **처벌하지 아니**한다.[♣형을 감경하거나 면제할 수(×)](제6조 제1항)<15.2 · 21.2채용> ※ 성매매피해자가 아닌 일반 성매매여성은 1년 이하의 징역 300만원 이하의 벌금 · 구류 또는 과료에 처한다. (2) 검사 또는 사법경찰관은 수사과정에서 피의자 또는 참고인이 성매매피해자에 해당한다고 볼 만한 상당한 이유가 있을 때에는 지체 없이 법정대리인 · 친족 또는 변호인에게 **통지**하고, **신변보호, 수사의 비공개,** 친족 또는 지원시설 · 성매매피해상담소에의 **인계 등 그 보호에 필요한 조치를 하여야** 한다.(제6조 제2항)<21.2채용> ※ 다만, 피의자 또는 참고인의 사생활 보호 등 부득이한 사유가 있는 경우에는 통지하지 아니할 수 있다.(제6조 제2항 단서)<21.2채용>

신뢰 관계자 동석 제8조	(1) **법원**은 신고자등을 증인으로 신문하는 때에는 직권 또는 본인·법정대리인이나 검사의 신청에 의하여 신뢰관계에 있는 자를 **동석하게 할 수** 있다. (2) **수사기관**은 신고자등을 조사하는 때에는 직권 또는 본인·법정대리인의 신청에 의하여 신뢰관계에 있는 자를 **동석하게 할 수** 있다. (3) **청소년, 사물을 변별하거나 의사를 결정할 능력이 없거나 미약한 자 또는 대통령령이 정하는 중대한 장애가 있는 자**에 대하여는 규정에 따른 **신청**이 있는 경우에는 재판 또는 수사에 지장을 초래할 우려가 있는 등 **특별한 사유가 없는 한 신뢰관계에 있는 자를 동석하게 하여야** 한다.(제8조)<04채용>
심리 비공개 제9조	법원은 신고자등의 사생활 또는 신변보호를 위하여 필요한 때에는 결정으로 **심리를 공개하지 아니할 수** 있다. 증인으로 소환 받은 신고자등과 그 가족은 사생활 또는 신변보호를 위하여 증인신문의 비공개를 신청할 수 있다.
불법 원인 채권 무효 제10조	성매매알선 등 행위를 한 자, 성을 파는 행위를 할 자를 고용·모집하거나 그 직업을 소개·알선한 자 또는 성매매 목적의 인신매매를 한 자가 그 행위와 관련하여 성을 파는 행위를 하였거나 할 자에게 가지는 채권은 그 **계약의 형식이나 명목에 관계없이 이를 무효**로 한다.(제10조)<07승진·10채용> 판례 단순고용관계를 전제로 하였다 해도 객관적인 행위가 성을 파는 행위와 관련되는 선불금이라면 계약의 형식·명목과 관계없이 무효가 된다. ※ 불법원인과 관련된 의심이 있는 채무의 불이행을 이유로 고소·고발된 사건을 수사할 때에는 금품 그 밖의 재산상의 이익 제공이 성매매의 유인·강요나 성매매 업소로부터의 이탈방지수단으로 이용되었는지 여부를 **확인하여 수사에 참작하여야** 한다.
감면 제26조	이 법에 규정된 죄를 범한 사람이 수사기관에 **신고**하거나 **자수**한 경우에는 형을 **감경하거나 면제할 수** 있다.[♣하여야 한다.(×)](제26조)<15.2채용>
신고 의무 제7조	**지원시설 및 성매매피해상담소의 장이나 종사자가 업무와 관련하여 성매매 피해사실을 알게 되었을 때**에는 지체 없이 **수사기관에 신고하여야** 한다.(제7조 제1항) ※ 처벌규정은 없다.

Ⅱ 테마 128 '성폭력범죄의 처벌 등에 관한 특례법'

개념변화: 종전의 성기 중심적, 물리적 강제행위 중심 ⇨ **신체적, 정신적, 언어적 폭력을 포괄**

1. 피해자별 적용법률

(1) **만 13세 미만(강간, 강제추행, 준강간, 준강제추행): 성폭력범죄의 처벌 등에 관한 특례법위반**[♣아청법 적용(×)](강간의 경우 10년 이상 유기징역, 강제추행은 5년 이상 유기징역)

♣ 甲이 욕정을 못 이겨 10세 여아의 바지를 벗기고 엉덩이를 만진 경우, '성폭력범죄의 처벌 등에 관한 특례법'위반의 친고죄로 범인을 안날로부터 6월 이내 고소하여야 한다.(×)

♣ 만 13세 미만 자에 대한 강간, 강제추행, 준강간, 준강제추행 등의 죄는 아동청소년의 성보호에 관한 법률이 적용된다.(×)

(2) **연 19세 미만: 아동 · 청소년의 성보호에 관한 법률위반**(강간의 경우 5년 이상 유기징역, 강제추행은 2년 이상 유기징역 1천만원 이상, 3천만원 이하 벌금)<08.2채용 · 09경위>

예 **8세 여아 성추행사건 ⇨ 성폭력범죄의 처벌 등에 관한 특례법위반죄 적용**[♣아청법 적용(×)]

(3) **연 19세 이상:** 형법(비친고죄)

2. 성폭력범죄 [성폭력범죄의 처벌 등에 관한 특례법 상]

(1) 모두 비친고죄로 처벌된다.	
특수 강도강간 등 (성폭처법 제3조)	주거침입, **야간주거침입절도, 특수절도,**<09경위> **특수강도가** 강간, 유사강간, 준강간, 강제추행, 준강간, 준강제추행**(강간 등)**한 경우 ※ 미수범이 성범죄 저지른 경우 포함(주거침입은 미수범 제외) 예 야간주거침입절도범이 강간한 경우 ⓐ 피해자의 **고소 없이도 처벌가능**하며, ⓑ 적용법조는 성폭력범죄의 처벌 등에 관한 특례법 제3조 제1항, 형법 제330조(야간주거침입절도), 제297조(강간)로 기재하고, ⓒ 죄명은 '**성폭력범죄의 처벌 등에 관한 특례법위반(절도강간)으로 표기**하며,[♣ '성폭력범죄의 처벌 등에 관한 특례법위반(야간주거침입절도강간 등)'으로 기재(×)] ⓓ 피해자 조사 시 부득이한 경우가 아닌 한 신청이 있으면 신뢰관계인을 동석시켜야 한다. 예 **주거 침입**하여 자고 있는 피해자의 음부를 만지고 자신의 **성기를 삽입하려다 뒤척임으로 그만 둔** 경우 ⇨ 죄명은 '성폭력범죄의 처벌 등에 관한 특례법위반(주거침입강간 등)'으로 기재

특수강간 (제4조)	**흉기 기타 위험한 물건**을 휴대 또는 2인 이상이 합동하여 강간 등 예 **2명이 공동하여 강간한 경우** ⇨ 죄명은 **성폭력범죄처벌 등에 관한 특례법위반(특수강간)으로 기재**한다.(○) 예 甲이 乙녀를 강간한 후 乙녀의 핸드백에 돈이 있는 것을 알고 이를 강취하였을 경우 ⇨ 강도죄와 강간죄의 실체적 경합범이다.
친족관계에 의한 강간·추행 (제5조)	친족관계에 있는 자가 강간, 강제추행, 준강간, 준강제추행의 죄를 범한 경우 ※ 친족 – **4촌 이내의 혈족 및 인척**(사실상 친족 포함)을 강간 등<07채용> 예 처제를 강간한 경우 ⇨ **성폭력범죄의 처벌 등에 관한 특례법위반(친족관계에 의한 강간)으로 기재**한다.
장애인에 대한 강간 등(제6조)	**신체장애, 정신장애가 있는 사람**을 강간·강제추행, 준강간·준강제추행, 위계·위력에 의한 간음·추행의 경우(보호시설장 또는 종사자 – 형 2분의 1 가중) 예 노상에서 만 20세 장애인 여성을 폭행·협박으로 강간한 경우 ⇨ 성폭처법(○)
13세 미만 미성년자 강간 등(제7조)	① **13세 미만의 사람**을 강간, 강제추행, 준강간, 준강제추행, 위계·위력에 의해 간음하거나 추행 ② 13세 미만의 사람에 대한 **폭행, 협박으로 아래 유사강간행위** 1. 구강·항문 등 신체(성기는 제외한다)의 내부에 성기를 넣는 행위 2. 성기·항문에 손가락 등 신체(성기는 제외한다)의 일부나 도구를 넣는 행위 예 **13세 미만의 미성년자를 단순히 간음한 경우** ⇨ **형법상 미성년자 의제강간**(형법 제305조)**에 해당한다.**[♣'성폭력범죄의 처벌 등에 관한 특례법' 적용(×)]
강간 등 상해·치상 강간 등 살인·치사	① 강간 등 상해·치상(무기징역 또는 10년 이상의 징역)(제8조) / 강간 등 살인·치사(사형 또는 무기징역)(제9조) ② 형법보다 가중처벌
업무상 위력 등에 의한 추행(제10조)	① 업무, 고용이나 그 밖의 관계로 인하여 자기의 **보호, 감독을 받는 사람**에 대하여 **위계 또는 위력으로 추행**한 사람(3년 이하의 징역 또는 1천500만원 이하의 벌금)(제10조 제1항) ② **비친고죄**(업무, 고용 기타 관계), [♣미수범처벌(×), ♣업무고용 그밖의 관계는 긴급체포대상(×), ♣법률에 따라 구금된 사람을 감호하는 자가 추행한 경우 긴급체포대상(○)]
공중밀집 장소추행	① 대중교통수단, 공연·집회 장소, 그 밖에 **공중(公衆)이 밀집하는 장소**에서 사람을 **추행**한 사람(3년 이하의 징역 또는 3천만원 이하의 벌금)(제11조) ② **비친고죄** [♣긴급체포(×), ♣미수범처벌(×)]
성적 목적을 위한 공공장소 침입행위	**자기의 성적 욕망을 만족시킬 목적**으로 화장실, 목욕장·목욕실 또는 발한실(發汗室), 모유수유시설, 탈의실 등 불특정 다수가 이용하는 **다중이용장소에 침입**하거나 같은 장소에서 **퇴거의 요구를 받고 응하지 아니**하는 사람(1년 이하의 징역 또는 1천만원 이하의 벌금)[♣긴급체포(×), ♣미수범처벌(×)](제12조)

<table>
<tr><td>통신매체
이용 음란</td><td>① 자기 또는 다른 사람의 성적 욕망을 유발하거나 만족시킬 목적으로 전화, 우편, 컴퓨터, 그 밖의 통신매체를 통하여 성적 수치심이나 혐오감을 일으키는 말, 음향, 글, 그림, 영상 또는 물건을 상대방에게 도달하게 한 사람(2년 이하의 징역 또는 2천만원 이하의 벌금)(제13조)
② 성적 욕망을 유발하거나 만족시킬 목적 / 비친고죄[♣긴급체포(×), ♣미수범처벌(×)]
예 인터넷 게시판에 음란 동영상을 올려놓은 경우 ⇨ 정보통신망이용촉진 및 정보보호 등에 관한 법률위반(음란물 유포)으로 처벌된다.[♣통신매체이용음란(×)]</td></tr>
<tr><td>카메라 등
이용촬영</td><td>① 카메라나 그 밖에 이와 유사한 기능을 갖춘 기계장치를 이용하여 성적 욕망 또는 수치심을 유발할 수 있는 사람의 신체를 촬영대상자의 의사에 반하여 촬영한 자(7년 이하의 징역 또는 5천만원 이하의 벌금)(제14조 제1항)
예 수영장 여자 탈의실에서 몰래카메라로 여자나체를 촬영한 경우 '성폭력범죄의 처벌 등에 관한 특례법'상 '카메라 등 이용촬영'으로 의율한다.<01.101단>
② 별도의 배포행위가 없어도 촬영행위만으로 형사입건하며 현장에서 발견된 촬영테이프들은 모두 압수한다.
③ 긴급체포 가능, 비친고죄[♣반드시 고소장을 받아 입건(×)]<02 · 05 · 07채용>
예 카메라 등 이용촬영에 대해 처벌을 원하지 않는 경우 ⇨ 비친고죄로 처벌가능하며, 처벌에 고소도 필요 없음.[♣공소권 없음 송치(×)]<03.101단>
예 비디오방에서 손님의 애무행위를 몰래카메라로 촬영한 경우 ⇨ 성폭력범죄의 처벌 등에 관한 특례법위반('카메라 등 이용촬영')으로 표기[♣성폭력범죄의 처벌 등에 관한 특례법위반(사진촬영)으로 표기(×)]</td></tr>
<tr><td>허위영상물
등의 반포 등</td><td>① 반포 등을 할 목적으로 사람의 얼굴 · 신체 또는 음성을 대상으로 한 촬영물 · 영상물 또는 음성물("영상물 등")을 영상물 등의 대상자의 의사에 반하여 성적 욕망 또는 수치심을 유발할 수 있는 형태로 편집 · 합성 또는 가공("편집 등"이라 한다)한 자(제14조의2 제1항)
② 편집물 · 합성물 · 가공물("편집물 등") 또는 복제물(복제물의 복제물을 포함)을 반포 등을 한 자 또는 편집 등을 할 당시에는 영상물 등의 대상자의 의사에 반하지 아니한 경우에도 사후에 그 편집물 등 또는 복제물을 영상물 등의 대상자의 의사에 반하여 반포 등을 한 자(제14조의2 제2항)
③ 영리를 목적으로 영상물 등의 대상자의 의사에 반하여 정보통신망을 이용하여 반포 등(제2항)의 죄를 범한 자(제14조의2 제3항)
④ 상습으로 편집 등, 반포 등, 영리목적 반포 등(제1항부터 제3항까지의)의 죄를 범한 때에는 그 죄에 정한 형의 2분의 1까지 가중한다.(제14조의2 제4항)</td></tr>
<tr><td>촬영물 등을
이용한
협박 · 강요</td><td>① 성적 욕망 또는 수치심을 유발할 수 있는 촬영물 또는 복제물(복제물의 복제물을 포함)을 이용하여 사람을 협박한 자(1년 이상의 유기징역)(제14조의3 제1항)
② (제1항에 따른) 협박으로 사람의 권리행사를 방해하거나 의무 없는 일을 하게 한 자(3년 이상의 유기징역)(제14조의3 제2항)
③ 상습으로 촬영물 · 복제물 이용협박, 강요 등(제1항 및 제2항)의 죄를 범한 경우에는 그 죄에 정한 형의 2분의 1까지 가중한다.(제14조의3 제3항)</td></tr>
</table>

3. 특례(성폭력범죄의 처벌 등에 관한 특례법 및 성폭력범죄의 수사 및 피해자 보호에 관한 규칙)

구분	내용
감경 특례	**음주 또는 약물로 인한 심신장애 상태**에서 성폭력범죄(공연음란, 음화제조 및 반포 제외)를 범한 때에는 형법상 심신장애로 인한 감경규정(형법 제10조 제1항·제2항 및 제11조)을 **적용하지 아니할 수** 있다.[♣적용하지 아니한다.(×)](제20조)
공소 시효 특례	① 미성년자에 대한 성폭력범죄의 공소시효는 해당 성폭력범죄로 피해를 당한 **미성년자가 성년에 달한 날부터 진행**한다.(제21조 제1항)<17경위> ② **강간 및 강제추행, 업무상 위력 간음, 미성년자 간음추행**(제2조 제3호 및 제4호의 죄와 제3조부터 제9조까지의)의 죄는 **디엔에이(DNA) 증거 등 그 죄를 증명할 수 있는 과학적인 증거가 있는 때**에는 **공소시효가 10년 연장**된다.[♣카메라 등 이용 촬영죄는(×)](제21조 제2항)<19승진> ♣ 카메라 등 이용 촬영죄는 디엔에이(DNA)증거 등 그 죄를 증명할 수 있는 과학적인 증거가 있는 때에는 공소시효가 10년 연장된다.(×)<19승진> ③ **13세 미만의 사람 및 신체적인 또는 정신적인 장애가 있는 사람**에 대하여 **강간, 강제추행 등**(다음 각 호)의 죄를 범한 경우에는 **공소시효를 적용하지 아니**한다.[♣10년 연장(×), ♣13세(×)](제21조 제3항)<19승진·17·19경위> 1. 「형법」 제297조(강간), 제298조(강제추행), 제299조(준강간, 준강제추행), 제301조(강간 등 상해·치상) 또는 제301조의2(강간 등 살인·치사)의 죄 2. 제6조 제2항, 제7조 제2항, 제8조, 제9조의 죄 3. 「아동·청소년의 성보호에 관한 법률」 제9조 또는 제10조의 죄 ④ **강간 등 살인·치사**(다음 각 호)**의 죄**를 범한 경우에는 **공소시효를 적용하지 아니**한다.(제21조 제4항) 1. 「형법」 제301조의2(강간 등 살인·치사)의 죄(강간 등 살인에 한정한다) 2. 제9조 제1항의 죄(강간 등 살인·치사) 3. 「아동·청소년의 성보호에 관한 법률」 제10조 제1항의 죄(강간 등 살인·치사) 4. 「군형법」 제92조의8의 죄(강간 등 살인에 한정)
신분 비공개 수사	① 사법경찰관리는 "**디지털 성범죄**"에 대하여 신분을 비공개하고 범죄현장(정보통신망을 포함) 또는 범인으로 추정되는 자들에게 접근하여 범죄행위의 증거 및 자료 등을 수집("**신분비공개수사**")**할 수** 있다.(제22조의2 제1항) ※ 신분비공개수사의 방법 등에 필요한 사항은 대통령령으로 정한다.(제22조의2 제3항) ※ 디지털 성범죄 ㉠ **카메라 이용촬영**(제14조 제1항) – 촬영물 또는 복제물(복제물의 복제물을 포함)을 **반포·판매·임대·제공 또는 공공연하게 전시·상영**(이하 "반포등")한 자 또는 촬영이 촬영 당시에는 촬영대상자의 의사에 반하지 아니한 경우(자신의 신체를 직접 촬영한 경우를 포함)에도 사후에 그 촬영물 또는 복제물을 촬영대상자의 **의사에 반하여 반포등**을 한 자(제14조 제2항), **영리를 목적**으로 촬영대상자의 의사에 반하여 정보통신망을 이용하여 제2항의 죄(**반포·판매·임대·제공 또는 공공연하게 전시·상영, 의사에 반하여 반포등**)를 범한 자(제14조 제3항), 촬영물 또는 복제물을 **소지·구입·저장 또는 시청**한 자(제14조 제4항), 위 행위를 **상습**으로 한 자(제14조 제5항)

신분 비공개 수사	㉡ **허위영상물 등의 반포 등** – 사람의 얼굴 · 신체 또는 음성을 대상으로 한 촬영물 · 영상물 또는 음성물(이하 "영상물등")을 영상물등의 대상자의 의사에 반하여 성적 욕망 또는 수치심을 유발할 수 있는 형태로 **편집 · 합성 또는 가공**(이하 "편집등")한 자(제14조의2 제1항), 허위로 편집물 · 합성물 · 가공물(이하 이 조에서 "편집물등") 또는 복제물(복제물의 복제물을 포함)을 **반포등**을 한 자 또는 편집등을 할 당시에는 영상물등의 대상자의 의사에 반하지 아니한 경우에도 사후에 그 편집물등 또는 복제물을 영상물등의 대상자의 **의사에 반하여 반포등**을 한 자(제14조의2 제2항), **영리를 목적**으로 영상물등의 대상자의 의사에 반하여 정보통신망을 이용하여 **반포등**의 죄를 범한 자(제14조의2 제3항), 편집물등 또는 복제물을 소지 · 구입 · 저장 또는 시청한 자(제14조의2 제4항), 상습으로 편집등 죄를 범한 자(제14조의2 제5항) ㉢ **촬영물과 편집물 등을 이용한 협박 · 강요** – 성적 욕망 또는 수치심을 유발할 수 있는 촬영물 또는 복제물(복제물의 복제물을 포함), 편집물등 또는 복제물(복제물의 복제물을 포함)을 이용하여 사람을 협박한 자(제14조의3 제1항), 같은 협박으로 사람의 권리행사를 방해하거나 의무 없는 일을 하게 한 자(제14조의3 제2항), 상습으로 한 자(제14조의3 제3항) ② 사법경찰관리가 신분비공개수사를 진행하고자 할 때에는 사전에 **상급 경찰관서 수사부서의 장의 승인을 받아야** 한다. 이 경우 그 **수사기간은 3개월을 초과할 수 없다**.(제22조의3 제1항) ※ 승인의 절차 및 방법 등에 필요한 사항은 대통령령으로 정한다.(제22조의3 제2항)
긴급 신분 비공개 수사	① 사법경찰관리는 디지털 성범죄에 대하여 (제22조의3제1항 및 제2항에 따른) 절차를 거칠 수 없는 **긴급을 요하는 때**에는 상급 경찰관서 수사부서의 장의 **승인 없이 신분비공개수사를 할 수 있다**.(제22조의4 제1항) ② 사법경찰관리는 긴급신분비공개수사 **개시 후 지체 없이 상급 경찰관서 수사부서의 장에게 보고하여야** 하고, 사법경찰관리는 **48시간 이내에 상급 경찰관서 수사부서의 장의 승인을 받지 못한 때**에는 **즉시 신분비공개수사를 중지하여야** 한다.(제22조의4 제2항) ③ 이 경우 그 **수사기간은 3개월을 초과할 수 없다**.(제22조의3 제1항 준용)
신분 위장 수사	① 사법경찰관리는 **디지털 성범죄**를 계획 또는 실행하고 있거나 실행하였다고 의심할 만한 충분한 이유가 있고, 다른 방법으로는 그 **범죄의 실행을 저지**하거나 **범인의 체포 또는 증거의 수집이 어려운 경우**에 한정하여 수사 목적을 달성하기 위하여 부득이한 때에는 다음 각 호의 행위(**"신분위장수사"**)를 할 수 있다.(제22조의2 제2항) 1. 신분을 위장하기 위한 문서, 도화 및 전자기록 등의 **작성, 변경 또는 행사** 2. 위장 신분을 사용한 **계약 · 거래** 3. 다음 각 목에 해당하는 촬영물 또는 복제물 등의 **소지, 제공, 판매 또는 광고**. 다만, 제공이나 판매는 피해자가 없거나 피해자가 성년이고 그 동의를 받은 경우로 한정한다. 가. **카메라 이용촬영**(제14조)에 따른 **촬영물 또는 복제물**(복제물의 복제물을 포함) 나. **허위영상물 등의 반포 등**(제14조의2)에 따른 **편집물 · 합성물 · 가공물 또는 복제물**(복제물의 복제물을 포함) 다. 「아동 · 청소년의 성보호에 관한 법률」제2조 제5호에 따른 **아동 · 청소년성착취물**

구분	내용
신분위장수사	라. 「정보통신망 이용촉진 및 정보보호 등에 관한 법률」 제44조의7제1항제1호에 따른 정보(**음란한 부호·문언·음향·화상 또는 영상**을 **배포·판매·임대**하거나 **공공연하게 전시**하는 내용의 정보) ② 사법경찰관리는 신분위장수사를 하려는 경우에는 **검사에게** 신분위장수사에 대한 **허가를 신청**하고, **검사는 법원에 그 허가를 청구**한다.(제22조의3 제3항) ③ 신분위장수사 **허가 신청**은 필요한 신분위장수사의 **종류·목적·대상·범위·기간·장소·방법** 및 해당 신분위장수사가 제22조의2제2항의 **요건을 충족하는 사유 등의 신청사유**를 기재한 서면으로 하여야 하며, 신청사유에 대한 **소명자료를 첨부하여야** 한다.(제22조의3 제4항) ④ 법원은 신분위장수가 허가의 신청이 **이유 있다**고 인정하는 경우에는 신분위장수사를 허가하고, 이를 증명하는 서류("**허가서**")를 **신청인에게 발부**한다.(제22조의3 제5항) ⑤ **허가서**에는 신분위장수사의 **종류·목적·대상·범위·기간·장소·방법 등을 특정**하여 기재하여야 한다.(제22조의3 제6항) ⑥ 신분위장수사의 기간은 **3개월을 초과할 수 없으며**, 그 수사기간 중 수사의 **목적이 달성**되었을 경우에는 **즉시 종료하여야** 한다.(제22조의3 제7항) ⑦ 신분위장수사의 요건이 존속하여 그 수사기간을 연장할 필요가 있는 경우에는 사법경찰관리는 소명자료를 첨부하여 **3개월의 범위에서 수사기간의 연장을 검사에게 신청**하고, **검사는 법원에 그 연장을 청구**한다. 이 경우 신분위장수사의 **총 기간은 1년을 초과할 수 없다.** (제22조의3 제8항)
긴급신분위장수사	① 사법경찰관리는 **요건을 구비**하고, 절차를 거칠 수 없는 **긴급**을 요하는 때에는 **법원의 허가 없이 신분위장수사를 할 수** 있다.(제22조의5 제1항) ② 사법경찰관리는 긴급신분위장수사 개시 후 **지체 없이 검사에게 허가를 신청하여야** 하고, 사법경찰관리는 **48시간 이내에 법원의 허가를 받지 못한 때**에는 **즉시** 신분위장수사를 **중지하여야** 한다.(제22조의5 제2항) ③ 긴급신분위장수사의 기간은 **3개월을 초과할 수 없으며**, 그 수사기간 중 수사의 **목적이 달성**되었을 경우에는 **즉시 종료하여야** 한다.(제22조의3 제7항 준용) ④ 긴급신분위장수사의 요건이 존속하여 그 수사기간을 연장할 필요가 있는 경우에는 사법경찰관리는 소명자료를 첨부하여 **3개월의 범위에서 수사기간의 연장을 검사에게 신청**하고, **검사는 법원에 그 연장을 청구**한다. 이 경우 신분위장수사의 **총 기간은 1년을 초과할 수 없다.**(제22조의3 제8항 준용)
증거등 사용 제한	사법경찰관리가 **신분비공개수사와 신분위장수사의 규정**에 **따라 수집한 증거 및 자료 등**은 다음 각 호의 어느 하나에 해당하는 경우 외에는 사용할 수 없다.(제22조의6) 1. 신분비공개수사 또는 신분위장수사의 목적이 된 **디지털 성범죄나 이와 관련되는 범죄**를 **수사·소추**하거나 그 **범죄를 예방**하기 위하여 사용하는 경우 2. 신분비공개수사 또는 신분위장수사의 목적이 된 **디지털 성범죄나 이와 관련되는 범죄**로 인한 **징계절차**에 사용하는 경우 3. 증거 및 자료 수집의 대상자가 제기하는 **손해배상청구소송**에서 사용하는 경우 4. 그 밖에 **다른 법률의 규정**에 의하여 사용하는 경우

신분 비공개 수사 통제	① **국가수사본부장**은 **신분비공개수사가 종료된 즉시** 대통령령으로 정하는 바에 따라 **국가경찰위원회**에 수사 관련 자료를 **보고하여야** 한다.(제22조의7 제1항) ② **국가수사본부장**은 대통령령으로 정하는 바에 따라 **국회 소관 상임위원회**에 신분비공개수사 관련 자료를 **반기별로 보고하여야** 한다.(제22조의7 제1항)
함정 수사 금지등	사법경찰관리는 이 법의 신분비공개수사 또는 신분위장수사를 할 때에는 수사 관련 법령을 준수하고, **본래 범의(犯意)를 가지지 아니한 자에게 범의를 유발하는 행위**를 **하지 아니하는 등 적법한 절차와 방식을 따라야** 한다.
면책	① 사법경찰관리가 신분비공개수사 또는 신분위장수사 중 **부득이한 사유로 위법행위**를 한 경우 그 행위에 **고의나 중대한 과실이 없는 경우**에는 **벌하지 아니**한다.(제22조의10 제1항) ② 위법행위가 (「국가공무원법」 제78조제1항에 따른) **징계 사유**에 해당하더라도 그 행위에 **고의나 중대한 과실이 없는 경우**에는 **징계 요구 또는 문책 요구 등 책임을 묻지 아니한다**.(제22조의10 제2항) ③ 신분비공개수사 또는 신분위장수사 행위로 **타인에게 손해가 발생**한 경우라도 사법경찰관리는 그 행위에 **고의나 중대한 과실이 없는 경우**에는 그 손해에 대한 **책임을 지지 아니**한다.(제22조의10 제3항)
지원 교육	**상급 경찰관서 수사부서의 장**은 **신분비공개수사 또는 신분위장수사를 승인하거나 보고**받은 경우 사법경찰관리에게 수사에 필요한 **인적 · 물적 지원**을 하고, 전문지식과 피해자 보호를 위한 **수사방법 및 수사절차 등에 관한 교육을 실시하여야** 한다.(제22조의11)
전담 조사제	① **경찰청장은** 각 경찰서장으로 하여금 **성폭력범죄 전담 사법경찰관을 지정하도록 하여 특별한 사정이 없으면** 이들로 하여금 **피해자를 조사**하게 **하여야** 한다.[♣피의자를 조사(×)](제26조 제2항)<19경위 · 17 · 18 · 19승진 · 20.2채용> ♣ 경찰청장은 각 경찰서장으로 하여금 성폭력범죄 전담 사법경찰관을 지정하도록 하여 특별한 사정이 없으면 이들로 하여금 피의자를 조사하게 하여야 한다.(×)<19승진> ② 국가는 검사 및 사법경찰관에게 성폭력범죄의 수사에 필요한 전문지식과 피해자보호를 위한 수사방법 및 수사절차 등에 관한 **교육을 실시하여야** 한다.(제26조 제3항)
변호인 선임 특례	검사는 **피해자에게 변호사가 없는 경우 국선변호사를 선정**하여 형사절차에서 피해자의 권익을 보호**할 수 있다**. 다만, **19세 미만 피해자등**에게 변호사가 없는 경우에는 **국선변호사**를 선정**하여야** 한다.(제27조 제6항)
조사 유의 사항	① 시 · 도경찰청장 및 경찰서장은 특별한 사정이 없는 한 성폭력 피해여성을 **여성 성폭력범죄 전담조사관이 조사하도록 하여야** 한다. 다만, 피해자가 원하는 경우에는 신뢰관계자, 진술조력인 또는 다른 경찰관으로 하여금 입회하게 하고 별지 제1호 서식에 의해 서면으로 **동의**를 받아 **남성 성폭력범죄 전담조사관으로 하여금 조사하게 할 수** 있다.(규칙 제18조 제1항)<22.2채용> ② 경찰관은 성폭력 피해자를 조사할 때에는 준비를 거쳐 **1회에** 수사상 필요한 모든 내용을 조사하는 등 **조사 횟수를 최소화하기 위하여 노력하여야** 한다.(규칙 제18조 제2항) ③ 경찰관은 피해자의 입장을 최대한 존중하여 가급적 피해자가 원하는 시간에 진술녹화실 등 평온하고 **공개되지 않은 장소에서 조사**하고, 공개된 장소에서의 조사로 인하여 **신분이 노출되지 않도록 유의하여야** 한다.(규칙 제18조 제3항)

조사 유의 사항

④ 경찰관은 성폭력 피해자에 대한 조사와 피의자에 대한 **신문을 분리하여 실시**하고, **대질**신문은 **반드시 필요한 경우에만 예외적으로 실시**하되, 시기・장소 및 방법에 관하여 피해자의 의사를 최대한 존중하여야 한다.(규칙 제18조 제4항)

⑤ 경찰관은 피해자로 하여금 가해자를 확인하게 할 때는 **반드시 범인식별실 또는 진술녹화실을 활용**하여 피해자와 가해자가 대면하지 않도록 하고, **동시에 다수의 사람 중에서 가해자를 확인하도록 하여야** 한다.(규칙 제18조 제5항)

영상물 촬영 보존

① 검사 또는 사법경찰관은 **19세미만피해자등(피해자와 법정대리인)**의 진술 내용과 조사 과정을 **영상녹화**(녹음 포함)**하고**, 그 영상녹화물을 **보존하여야** 한다.[♣21세 미만(×), ♣모든 성폭력범죄 피해자 촬영・보존하여야(×)](제30조 제1항)<17경위・20.2채용>

※ 경찰관은 영상녹화를 할 때에는 피해자등에게 영상녹화의 취지 등을 **설명하고 동의 여부를 확인하여야** 한다.(규칙 제22조 제2항)<22.2채용>

② 검사 또는 사법경찰관은 **19세미만피해자등을 조사하기 전**에 다음 각 호의 사실을 피해자의 나이, 인지적 발달 단계, 심리 상태, 장애 정도 등을 고려한 적절한 방식으로 피해자에게 **설명하여야** 한다.(제30조 제2항)

1. 조사 과정이 **영상녹화된다는 사실**
2. 영상녹화된 영상녹화물이 **증거로 사용될 수 있다는 사실**

③ **19세미만피해자등 또는 그 법정대리인**이 이를 **원하지 아니하는 의사를 표시**하는 경우에는 **영상녹화를 하여서는 아니** 된다.(제30조 제2항, 규칙 제22조 제2항)<22.2채용>

※ 법정대리인이 가해자이거나 가해자의 배우자인 경우는 제외한다.(제30조 제2항 괄호, 규칙 제22조 제2항)<22.2채용>

④ 검사 또는 사법경찰관은 영상녹화를 마쳤을 때에는 지체 없이 **피해자 또는 변호사 앞에서 봉인**하고 피해자로 하여금 **기명날인 또는 서명하게 하여야** 한다.(제30조 제4항)

⑤ 검사 또는 사법경찰관은 **영상녹화 과정**의 진행 경과를 **조서**(별도의 서면을 포함)에 기록한 후 수사기록에 **편철하여야** 한다.(제30조 제5항)

※ 영상녹화 과정의 진행 경과를 기록할 때에는 다음 각 호의 사항을 구체적으로 적어야 한다.(제30조 제6항)

1. 피해자가 영상녹화 장소에 도착한 시각
2. 영상녹화를 시작하고 마친 시각
3. 그 밖에 영상녹화 과정의 진행경과를 확인하기 위하여 필요한 사항

⑥ 19세미만피해자등의 진술이 **영상녹화된 영상녹화물**은 법정(같은 조 제4항부터 제6항까지에서 정한) 절차와 방식에 따라 영상녹화된 것으로서 다음 각 호의 어느 하나의 경우에 증거로 할 수 있다.(제30조의2 제1항)

1. 증거보전기일, 공판준비기일 또는 공판기일에 그 내용에 대하여 **피의자, 피고인 또는 변호인이 피해자를 신문할 수 있었던 경우**. 다만, **증거보전기일**에서의 신문의 경우 법원이 피의자나 피고인의 방어권이 보장된 상태에서 피해자에 대한 **반대신문이 충분히 이루어졌다고 인정하는 경우로 한정**한다.

영상물 촬영 보존	2. 19세미만피해자등이 다음 각 목의 어느 하나에 해당하는 사유로 공판준비기일 또는 공판기일에 출석하여 진술할 수 없는 경우. 다만, 영상녹화된 진술 및 영상녹화가 **특별히 신빙(信憑)할 수 있는 상태**에서 이루어졌음이 **증명**된 경우로 한정한다. 가. 사망 / 나. 외국 거주 / 다. 신체적, 정신적 질병 · 장애 라. 소재불명 / 마. 그 밖에 이에 준하는 경우
신뢰 관계인 동석	법원은 다음 각 호의 어느 하나에 해당하는 피해자를 증인으로 신문하는 경우에 검사, 피해자 또는 그 법정대리인이 신청할 때에는 재판에 지장을 줄 우려가 있는 등 부득이한 경우가 아니면 피해자와 **신뢰관계에 있는 사람을 동석하게 하여야** 한다.(제34조 제1항)<20.2채용> 1. 제3조부터 제8조까지, 제10조, 제14조, 제14조의2, 제14조의3, 제15조(제9조의 미수범은 제외한다) 및 제15조의2에 따른(특수강도강간 등..) 범죄의 피해자 2. 19세미만피해자등 ※ 이 경우 수사기관은 피해자와 신뢰관계에 있는 사람이 피해자에게 불리하거나 피해자가 원하지 아니하는 경우에는 동석하게 하여서는 아니 된다.(제34조 제3항)<20.2채용>
진술 조력인	① 검사 또는 사법경찰관은 성폭력범죄의 피해자가 **19세미만피해자등**인 경우 형사사법절차에서의 조력과 원활한 조사를 위하여 직권이나 피해자, 그 법정대리인 또는 변호사의 신청에 따라 **진술조력인**으로 하여금 조사과정에 참여하여 의사소통을 **중개하거나 보조하게 할 수** 있다.[♣보조하게 하여야(×)] 다만, 피해자 또는 그 법정대리인이 이를 원하지 아니하는 의사를 표시한 경우에는 그러하지 아니하다.(제36조 제1항) ② 경찰관은 성폭력범죄의 피해자가 **13세 미만**이거나 신체적인 또는 정신적인 장애로 **의사소통이나 의사표현에 어려움**이 있는 경우 직권이나 피해자등 또는 변호사의 **신청에 따라** 진술조력인이 조사과정에 **참여하게 할 수** 있다.[♣참여하게 하여야(×)] 다만, 피해자등이 이를 원하지 않을 때는 그러하지 아니하다.(규칙 제28조 제1항)<22.2채용> ③ 경찰관은 제1항의 피해자를 조사하기 전에 피해자등 또는 변호사에게 진술조력인에 의한 의사소통 중개나 보조를 신청할 수 있음을 고지하여야 한다.(규칙 제28조 제2항) ④ 경찰관은 피의자 또는 피해자의 친족이거나 친족이었던 사람, 법정대리인, 대리인 또는 변호사를 진술조력인으로 선정해서는 아니 된다.(규칙 제28조 제3항)
전문가 의견 조회	수사기관은 **정신건강의학과의사, 심리학자, 사회복지학자, 그 밖의 관련 전문가로부터** 행위자 또는 피해자의 정신 · 심리 상태에 대한 진단 소견 및 피해자의 진술 내용에 관한 **의견을 조회할 수** 있다. 다만, 피해자가 **13세 미만이거나 신체적인 또는 정신적인 장애로 사물을 변별하거나 의사를 결정할 능력이 미약**한 경우에는 관련 전문가에게 피해자의 정신 · 심리 상태에 대한 진단 소견 및 진술 내용에 관한 의견을 **조회하여야**[♣조회할 수(×)] 한다.(제33조 제4항) ※ 전문가와 진술조력인의 조회 결과(의견서) 제출에 대한 강제규정은 없다.[♣의무사항이다.(×)]
피해자 후송 치료	① 경찰관은 피해자의 치료가 필요한 경우에는 즉시 피해자를 가까운 통합지원센터 또는 성폭력 전담의료기관으로 후송한다. 다만, 피해자가 원하지 않는 경우에는 그러하지 아니하다.(규칙 제11조 제1항) ② 경찰관은 성폭력범죄의 피해자가 **13세 미만**이거나 **신체적인 또는 정신적인 장애**로 **사물을 변별하거나 의사를 결정할 능력이 미약**한 경우에는 통합지원센터나 성폭력 전담의료기관과 연계하여 **치료, 상담 및 조사를 병행**한다. 다만, 피해자가 원하지 않는 경우에는 그러하지 아니하다.(규칙 제11조 제2항)<22.2채용> ※ 제1항 및 제2항에도 불구하고 통합지원센터나 성폭력 전담의료기관의 거리가 멀어 신속한 치료가 어려운 경우에는 가까운 의료기관과 연계할 수 있다.(규칙 제11조 제3항)

증거 보전 특례	① 피해자나 그 법정대리인 또는 사법경찰관은 **피해자가 공판기일에 출석하여 증언하는 것에 현저히 곤란한 사정**이 있을 때에는 그 사유를 소명하여 영상녹화된 영상녹화물 또는 그 밖의 다른 증거에 대하여 해당 성폭력범죄를 수사하는 **검사에게** 증거보전 절차(「형사소송법」 제184조 제1항)에 따른 **증거보전의 청구를 할 것을 요청할 수** 있다.(제41조 제1항) ※ 이 경우 **피해자가** 19세미만피해자등인 **경우**에는 공판기일에 출석하여 증언하는 것에 현저히 곤란한 사정이 있는 것으로 본다.(제41조 제1항 단서) ② 증거보전의 요청을 받은 검사는 그 요청이 타당하다고 인정할 때에는 증거보전의 청구를 할 수 있다.(제41조 제2항) ※ 다만, **19세미만피해자등이나 그 법정대리인이 증거보전의 요청**을 하는 경우에는 특별한 사정이 없는 한 관할 지방법원판사에게 **증거보전을 청구하여야** 한다.(제41조 제2항 단서)
기타 피해자 조사	① 성폭력 피해 아동 및 장애인의 진술은 **비일관, 비논리적인 특성**이 있다. ② 수사기관과 법원은 성폭력범죄의 피해자를 조사하거나 심리·재판할 때 피해자가 편안한 상태에서 진술할 수 있는 **환경을 조성하여야** 하며, **조사 및 심리·재판 횟수**는 **필요한 범위에서 최소한으로 하여야** 한다.[♣조사 횟수는 1회로 마쳐야(×)](제29조 제2항)<20.2채용>

참고 성범죄자 신상정보 관리제도 및 전자장치 부착제도

① 형법이 아닌 보안처분에 해당되어 소급효가 인정된다.

② 범죄자를 체계적으로 관리하여 **재범을 방지하는 목적**으로 도입되었다.

③ 신상정보 관리제도의 대상 범죄는 성폭력 범죄로 제한되어 있다.

④ **신상정보 관리제도**는 **등록업무는 법무부**, **공개업무는 여성가족부**, 관리업무는 경찰로 나누어져 있는 반면, **전자장치(전자발찌)부착제도는** 보호관찰관(법무부) 전속업무에 해당한다.[♣관리업무는 모두 경찰이 담당(×)]

※ **전자장치 부착제도의 대상 범죄**는 **성폭력, 미성년자 유괴, 살인, 강도 등**으로 그 범위가 넓다.

참고 **신상정보 등록 및 공개 – 유죄판결이 확정된 자가 대상**

등록대상범죄	**강간, 강제추행, 준강간, 준강제추행, 미성년자등 간음, 업무상위력등 간음, 미성년자 간음추행죄, 업무상위력 추행, 공중밀집장소 추행, 성적목적 다중이용장소 침입, 통신매체이용음란행위, 카메라 등을 이용한 촬영, 허위영상물 등 반포, 촬영물 이용 협박·강요** **아동청소년 성착취물 제작·배포, 아동청소년 매매행위, 아동청소년의 성을 사는 행위, 아동·청소년에 대한 강요행위, 알선영업행위, 아동 성적학대행위** ① 「형법」 제2편 제32장 강간과 추행의 죄 중 제297조(강간), 제297조의2(유사강간), 제298조(강제추행), 제299조(준강간, 준강제추행), 제300조(미수범), 제301조(강간등 상해·치상), 제301조의2(강간등 살인·치사), 제302조(미성년자등에 대한 간음), 제303조(업무상위력등에 의한 간음) 및 제305조(미성년자에 대한 간음, 추행)의 죄 ② 「형법」 제339조(강도강간)의 죄 및 제342조(제339조의 미수범으로 한정한다)의 죄 ③ 성폭력범죄(①, ②)로서 다른 법률에 따라 가중처벌되는 죄 ④ 특수강도강간 등(제3조), 특수강간 등(제4조), 친족관계에 의한 강간 등(제5조), 장애인에 대한 강간·강제추행 등(제6조), 13세 미만의 미성년자에 대한 강간, 강제추행 등(제7조), 강간 등 상해·치상(제8조), 강간 등 살인·치사(제9조), 업무상 위력 등에 의한 추행(제10조), 공중 밀집 장소에서의 추행(제11조), 성적 목적을 위한 다중이용장소 침입행위(제12조), 통신매체를 이용한 음란행위(제13조), 카메라 등을 이용한 촬영(제14조), 허위영상물 등의 반포등(제14조의2), 촬영물 등을 이용한 협박·강요(제14조의3) ※ 제3조부터 제9조까지, 제14조, 제14조의2 및 제14조의3의 미수범 ⑤ 아동·청소년의 성보호에 관한 법률위반[가 – 아동·청소년에 대한 강간·강제추행 등 및 예비·음모(제7조, 제7조의2), 장애인인 아동·청소년에 대한 간음 등(제8조), 13세 이상 16세 미만 아동·청소년에 대한 간음 등(제8조의2), 강간 등 상해·치상(제9조), 강간 등 살인·치사(제10조), 아동·청소년성착취물의 제작·배포 등(제11조), 아동·청소년 매매행위(제12조), 아동·청소년의 성을 사는 행위 등(제13조), 아동·청소년에 대한 강요행위 등(제14조), 알선영업행위 등(제15조), 라 – 아동복지법 위반(아동에게 음란한 행위를 시키거나 이를 매개하는 행위 또는 아동에게 성적 수치심을 주는 성희롱 등의 성적 학대행위 – 제17조 제2호)]
등록대상자	등록대상 성범죄(강간 등)로 **유죄판결이나 약식명령이 확정**된 자 또는 **공개명령이 확정**된 자는 신상정보 등록대상자가 된다. 다만, 제12조(**성적 목적을 위한 다중이용장소 침입행위**) 제13조(통신매체를 이용한 음란행위) 및 「아동·청소년의 성보호에 관한 법률」 제11조 제3항(**아동·청소년성착취물 배포·제공, 광고·소개, 전시·상영**), 제5항(**아동·청소년성착취물 구입 소지·시청**)의 범죄로 **벌금형을 선고받은 자는 제외**한다.[♣아동·청소년성착취물 전시·상영으로 벌금형을 선고받은 자 포함(×)](법 제42조)
등록면제	신상정보 등록의 원인이 된 성범죄로 형의 선고를 유예받은 사람이 **선고유예를 받은 날부터 2년이 경과**하여 「형법」 제60조에 따라 **면소된 것으로 간주되면 신상정보 등록을 면제**한다.(제45조의2)<18.1채용>
정보제출	등록대상자는 판결이 확정된 날부터 **30일 이내**에 다음의 **신상정보**를 자신의 주소지를 **관할하는 경찰관서의 장에게 제출하여야** 한다.(법 제43조) ① 성명 ② 주민등록번호 ③ 주소 및 실제거주지 ④ 직업 및 직장 등의 소재지 ⑤ 신체정보(키와 몸무게) ⑥ 소유차량의 등록번호

<table>
<tr><td>신고 의무</td><td>① 등록대상자가 6개월 이상 국외에 체류하기 위하여 출국하는 경우에는 미리 관할경찰관서의 장에게 체류국가 및 체류기간 등을 신고하여야 한다.[♣허가를 받아야(×)](제43조의2 제1항)<19경위 · 18.1채용>
② 제1항에 따라 신고한 등록대상자가 입국하였을 때에는 특별한 사정이 없으면 14일 이내에 관할경찰관서의 장에게 입국 사실을 신고하여야 한다. 제1항에 따른 신고를 하지 아니하고 출국하여 6개월 이상 국외에 체류한 등록대상자가 입국하였을 때에도 또한 같다.
③ 관할경찰관서의 장은 제1항 및 제2항에 따른 신고를 받았을 때에는 지체 없이 법무부장관에게 해당 정보를 송달하여야 한다.</td></tr>
<tr><td>등록 및 관리</td><td>① 법무부장관은 등록대상자 정보를 등록하여야 한다.(제44조 제1항)
② 법무부장관은 기본신상정보를 최초로 등록한 날(이하 "최초등록일"이라 한다)부터 다음 각 호의 구분에 따른 기간(이하 "등록기간"이라 한다) 동안 등록정보를 보존·관리하여야 한다. 다만, 법원이 등록기간을 정한 경우에는 그 기간 동안 등록정보를 보존·관리하여야 한다.(제45조 제1항)
1. 신상정보 등록의 원인이 된 성범죄로 사형, 무기징역 · 무기금고형 또는 10년 초과의 징역 · 금고형을 선고받은 사람: 30년
2. 신상정보 등록의 원인이 된 성범죄로 3년 초과 10년 이하의 징역 · 금고형을 선고받은 사람: 20년
3. 신상정보 등록의 원인이 된 성범죄로 3년 이하의 징역 · 금고형을 선고받은 사람 또는 (아청법에 따라) 공개명령이 확정된 사람: 15년
4. 신상정보 등록의 원인이 된 성범죄로 벌금형을 선고받은 사람: 10년
③ 신상정보 등록의 원인이 된 성범죄와 다른 범죄가 경합되어 형이 선고된 경우에는 그 선고형 전부를 신상정보 등록의 원인이 된 성범죄로 인한 선고형으로 본다.(제45조 제2항)
④ 등록정보 활용 - 법무부장관은 등록정보를 등록대상 성범죄와 관련한 범죄 예방 및 수사에 활용하게 하기 위하여 검사 또는 각급 경찰관서의 장에게 배포할 수 있다.(제46조 제1항)</td></tr>
<tr><td>등록 정보 공개</td><td>① 등록정보의 공개에 관하여는 「아동 · 청소년의 성보호에 관한 법률」의 관련규정을 적용하고(제47조 제1항), 등록정보의 공개는 여성가족부장관이 집행하며(제47조 제2항), 법무부장관은 등록정보의 공개에 필요한 정보를 여성가족부장관에게 송부하여야 한다.(제47조 제3항)<18.1채용>
② 공개정보를 정보통신망을 이용하여 열람하고자 하는 자는 실명인증 절차를 거쳐야 한다.(아청법 제49조 제5항, 성폭처법 제47조 제1항-준용규정)</td></tr>
<tr><td>기타</td><td>등록대상자의 신상정보의 등록 · 보존 및 관리 업무에 종사하거나 종사하였던 자는 직무상 알게 된 등록정보를 누설하여서는 아니 된다.(제48조)<18.1채용></td></tr>
</table>

참고 성폭력 피해자 상담기법 중 선택이론(현실요법)

ⓐ **바램 탐색하기** - 피해자가 원하는 것이 무엇인가를 질문 ⇨

ⓑ **행동 탐색하기** - 피해자가 지금까지 해 온 행동패턴을 탐색 ⇨

ⓒ **바램 · 행동에 대한 자기평가** - 피해자의 행동이 어떤 도움이 되었는지 스스로 평가하게 함. ⇨

ⓓ **계획수립** - 피해자가 구체적으로 실천할 수 있는 계획수립

Ⅲ 테마 129 '아동 · 청소년의 성보호'

이 법은 아동·청소년 대상 성범죄의 처벌과 절차에 관한 특례를 규정하고 피해아동·청소년을 위한 구제 및 지원절차를 마련하며 아동·청소년대상 성범죄자를 체계적으로 관리함으로써 아동·청소년을 성범죄로부터 보호하고 아동·청소년이 건강한 사회구성원으로 성장할 수 있도록 함을 목적으로 한다.

(1) **용어정리**('아동·청소년의 성보호에 관한 법률')

용어	내용
"아동 · 청소년"	**19세 미만의 사람**[♣20세(×)](제2조 제1호)<02승진 · 11.1 · 23.2채용>
"아동 · 청소년의 성을 사는 행위"	알선한 자 또는 보호·감독하는 자 등에게 금품이나 그 밖의 재산상 이익, 직무·편의제공 등 **대가를 제공**하거나 약속하고 아래 행위를 아동·청소년을 대상으로 하거나 아동·청소년으로 하여금 하게 하는 것을 말한다.(제2조 제4호)<05 · 20승진 · 01 · 07경위> – **성교 행위, 구강 · 항문 등 신체의 일부나 도구를 이용**한 **유사성교행위** – 신체의 전부 또는 일부를 **접촉 · 노출**(일반인의 성적 수치심이나 혐오감을 일으키는 행위)[♣노래, 춤 등으로 유흥을 돋구는 유흥접객행위(×) → 청소년 보호법의 청소년유해행위] – **자위행위**<08경위> ※ 청소년의 성적 접대행위 ⇨ '청소년의 성보호에 관한 법률'이 아닌 '청소년 보호법'에서 규제하고 있음. 예 목욕보조 · 알몸접대 · 퇴폐적 안마<05승진 · 01 · 07경위>
피해아동 · 청소년	"피해아동·청소년"이란 **성매매 · 성폭력**(제2호 나목부터 라목까지, 제7조부터 제15조까지)의 죄의 **피해자가 된 아동 · 청소년**(**아동청소년의 성을 사는 행위**<제13조 제1항의 죄>**의 상대방이 된 아동 · 청소년을 포함**)을 말한다.(제2조 제6호)
성매매 피해 아동청소년	"성매매 피해아동·청소년"이란 피해아동·청소년 중 **아동청소년의 성을 사는 행위**(제13조 제1항의 죄)**의 상대방** 또는 성을 사기 위한 유인이나 팔도록 권유(제13조 제2항) · **아동 · 청소년에 대한 강요행위 등**(제14조) · **알선영업행위 등**(제15조)의 죄의 **피해자**가 된 아동·청소년을 말한다.(제2조 제6의2호)
"강요행위 등" (제14조)	① **폭행이나 협박**으로 청소년으로 하여금 청소년의 성을 사는 행위의 상대방이 되게 한 자 ② 선불금(先拂金), 그 밖의 채무를 이용하는 등의 방법으로 아동·청소년을 곤경에 빠뜨리거나 **위계 · 선불금 그 밖의 채무를 이용**하는 등의 방법으로 청소년을 곤경에 빠뜨려 청소년으로 하여금 청소년의 성을 사는 행위의 상대방이 되게 한 자 ③ **업무 · 고용이나 그 밖의 관계**로 자신의 **보호 또는 감독**을 받는 것을 이용하여 청소년으로 하여금 청소년의 성을 사는 행위의 상대방이 되게 한 자 ④ **영업으로** 청소년을 청소년의 성을 사는 행위의 상대방이 되도록 유인·권유한 자 – [①②③④ 모두 5년 이상 유기징역으로 처벌, 미수처벌] ⑤ 아동·청소년의 성을 사는 행위의 상대방이 되도록 유인·권유한 자[7년 이하의 징역 또는 5천만원 이하의 벌금][♣미수처벌(×)]

(2) **개념비교(성매매와 아동 · 청소년 성매매 개념)**

구분	성매매	아동 · 청소년 성매매
대상	① **불특정인** ② **연령**: 제한 없음.	① **특정인, 불특정인** 모두 해당 ② **연령**: 연 19세 미만의 자(아동 · 청소년)
약속	**금품 기타 재산상 이익을 수수 · 약속**	
행위	① **성교행위** ② **성교유사행위**[♣성교 이외의 방법 포함 여부에 있어 청소년 성매매와 차이(×)]	① **성교**행위<15승진> ② **(구강 · 항문 등 신체의 일부나 도구를 이용) 유사성교**행위<15승진> ③ **접촉 · 노출**(일반인의 수치 · 혐오유발)<15승진> ④ **자위행위**[♣노래 · 춤 등으로 손님의 유흥을 돋구는 행위(×)]<15 · 20승진>
형량	1년 이하 징역 또는 3백만원 이하 벌금 · 구류 · 과료(매수, 매도자 모두 처벌)(법 제21조)	1년 이상 10년 이하 징역 또는 2천만원 이상 5천만원 이하 벌금(동법 제13조)

Ⅰ. 주요 규율내용

1. 처벌대상

(1) 아동 · 청소년에 대한 **강간 · 강제추행 등**(준강간, 준강제추행, 위계 · 위력에 의한 추행)[제7조]

※ 미수(제7조 제6항), 예비 · 음모 처벌(3년이하 징역)(제7조의2)<24.1채용>

참고 **아동 · 청소년(13세 미만)에 대한 강간 · 강제추행 등**(성폭처법 적용)

① **'아동 · 청소년성보호에 관한 법률 제7조'** – 강간(**5년 이상** 유기징역), 강제추행 · 준강간 · 준강제추행(3년 이상 혹은 1년 이상), 위계 · 위력에 의한 간음 · 추행(강간 · 강제추행의 예에 따름.)[♣적용(×)](제4항)

※ 강간, 강제추행 · 준강간 · 준강제추행, 위계 · 위력에 의한 간음 · 추행 **미수처벌**(제6항)<23.2채용>

② **'성폭력범죄의 처벌 등에 관한 특례법 제7조**(13세 미만의 미성년자에 대한 강간, 강제추행 등)' – 13세 미만자에 대한 강간(10년 이상 유기징역), 강제추행 · 준강간 · 준강제추행(7년 이상 혹은 5년 이상), 위계 · 위력에 의한 간음 · 추행(강간 · 강제추행의 예에 따름.)

♣ 13세 미만 아동 · 청소년에 대한 강간 · 강제추행(준강간 · 준강제추행, 위계 · 위력에 의한 추행)에 대해서는 '성폭력범죄의 처벌 등에 관한 특례법'보다 형이 중한 '아동 · 청소년의 성보호에 관한 법률'위반으로 처벌한다.(×)

(2) 아동 · 청소년에 대한 **강간 · 강제추행 등** 죄를 범한자의 **강간 등 상해 · 치상**(제9조)

※ **16세 미만 미성년자를 단순히 간음**한 경우는 제2조의 '아동 · 청소년대상 성범죄'에 해당하나 따로 가중처벌 규정이 없어 **형법 제305조 미성년자 의제 강간에 해당**한다.

(3) **장애인**인 13세 이상 아동 · 청소년에 대한 **간음 등(추행)**(제8조)

> **판례** **[동의, 사적보관목적 ⇨ 아동 · 청소년성착취물에 해당, 제작한 것]** 객관적으로 아동 · 청소년이 등장하여 성적 행위를 하는 내용을 표현한 영상물을 제작하는 한, 대상이 된 **아동 · 청소년의 동의하에 촬영한 것**이라거나 **사적인 소지 · 보관을 1차적 목적으로 제작**한 것이라고 하여 위 조항의 **'아동 · 청소년성착취물'에 해당하지 아니한다거나 이를 '제작'한 것이 아니라고 할 수 없다.**(대법원 2014도17346 판결 [아동 · 청소년의 성보호에 관한 법률위반(장애인간음) · 아동 · 청소년의 성보호에 관한 법률위반(음란물제작 · 배포 등)) * 장애여중생과 성관계 사건

(4) **13세 이상 16세 미만 아동 · 청소년에 대한 간음 등**

① **19세 이상의 사람**이 **13세 이상 16세 미만인 아동 · 청소년**(제8조에 따른 장애 아동 · 청소년으로서 16세 미만인 자는 제외)의 **궁박(窮迫)한 상태를 이용**하여 해당 아동 · 청소년을 **간음하거나** 해당 아동 · 청소년으로 하여금 다른 사람을 **간음하게 하는 경우**에는 **3년 이상의 유기징역**에 처한다.(제8조의2 제1항)

② **19세 이상의 사람**이 **13세 이상 16세 미만인 아동 · 청소년**의 **궁박한 상태를 이용**하여 해당 아동 · 청소년을 **추행**한 경우 또는 해당 아동 · 청소년으로 하여금 **다른 사람을 추행하게** 하는 경우에는 **10년 이하의 징역 또는 5천만 원 이하의 벌금**에 처한다.(제8조의2 제2항)

(5) 아동 · 청소년**성착취물의 제작 · 배포**행위[**제작 · 수입 · 수출** – **무기징역 또는 5년 이상의 유기징역** / 판매, 대여, 배포, 소지, 운반, 전시, 상영/ 미수처벌](제11조 제1항)<20승진>

> **판례** **[아동 · 청소년 부근에서 자위행위하는 내용 ⇨ 아동청소년성착취물(×)]** 피고인이 **아동 · 청소년 또는 아동 · 청소년으로 인식될 수 있는 사람 부근에서 그들 몰래 본인의 신체 일부를 노출하거나 또는 자위행위를 하는 내용**일 뿐 아동 · 청소년이 성적 행위를 하는 내용을 표현한 것이 아닌 필름 또는 동영상은 **아동 · 청소년성착취물에 해당한다고 보기 어렵다.**(대법원 2013도502 판결)

(6) **아동 · 청소년성착취물을 이용한 협박 · 강요** – **아동 · 청소년성착취물을 이용하여 그 아동 · 청소년을 협박한 자**는 3년 이상의 유기징역에 처한다.(제11조의2 제1항)(협박으로 그 아동 · 청소년의 권리행사를 방해하거나 의무 없는 일을 하게 한 자는 5년 이상의 유기징역 – 제2항)

(7) (성을 사는 행위나 음란물 제작대상이 될 것을 알면서) 아동 · 청소년 **매매행위**(제12조)

(8) 아동 · 청소년의 성을 **사는 행위 등(유인 · 권유 포함)**[**사는 행위 – 1년 이상 10년 이하의 징역 또는 2천 만원 이상 5천 만원 이하의 벌금 /** 유인하거나 성을 팔도록 권유한 자 – 3년 이하의 징역 또는 3천만 원 이하의 벌금][♣유인 · 권유 또는 강요를 영업으로 하지 않은 경우 처벌할 수 없다.(×)](제13조)

예 아동 · 청소년에게 **성매매 권유**한 경우 ⇨ 아청법 위반으로 처벌

※ 16세 미만의 아동 · 청소년 및 장애 아동 · 청소년을 대상으로 아동 · 청소년의 성을 사는 행위 등(유인 · 권유 포함)의 죄를 범한 경우에는 그 죄에 정한 형의 **2분의 1까지 가중**처벌한다.

> **판례** **1)** **[아동 · 청소년이 성매매의사(○) ⇨ 성을 팔도록 권유하는 행위(○)]** **아동 · 청소년이 이미 성매매 의사를 가지고 있었던 경우에도** 그러한 아동 · 청소년에게 금품이나 그 밖의 재산상 이익, 직무 · 편의제공 등 대가를 제공하거나 약속하는 등의 방법으로 성을 팔도록 권유하는 행위도 위 규정에서 말하는 **'성을 팔도록 권유하는 행위'에 포함**된다고 보아야 한다.(대법원 2011도3934 판결 [아동 · 청소년의 성보호에 관한 법률위반(성매수 등)])<21승진> * 님아 혹시 만남? 사건

판례 2) [실제 성관계(×) ⇨ 성을 팔도록 권유하는 행위(○)] 사전에 **성매매 의사를 가진 청소년**이었고, **실제 성관계를 하지 못했다** 하더라도 **'성을 팔도록 권유한 행위'에 해당**한다. ... 피고인이 위 채팅사이트에 접속하여 공소외인과의 채팅을 통하여 **성매매 장소, 대가, 연락방법 등에 관하여 구체적인 합의**에 이른 다음, 약속장소 인근에 도착하여 공소외인에게 전화를 걸어 '속바지를 벗고 오라'고 지시한 일련의 행위는 **'아동·청소년에게 성을 팔도록 권유하는 행위'에 해당**한다.[♣성관계에 이르지 못했다면 처벌할 수 없다.(×)](대법원 2011도3934 판결 [아동·청소년의 성보호에 관한 법률위반(성매수 등)])

판례 3) [숙소 등 편의제공 ⇨ 아동청소년의 성을 사는 행위] [1] 성인 남성A가 가출하여 갈 곳이 없는 15세 여고생과 사전에 대가를 주고 **성관계를 하자는 약속 없이 만나 숙소와 차비 명목의 금전을 제공하고 성관계**를 한 경우 **청소년의 성을 사는 행위**를 한 것으로 볼 수 있다.[♣볼 수 없다.(×)].
[2] A가 여고생에게 **숙소의 제공과 기타 차비 명목의 금전을 교부**한 행위는 법령에서 규정한 아동·청소년의 성을 사는 행위의 대가 중 **'편의제공'**에 속한다.(대법원 2002도83판결)

(9) **아동·청소년에 대한 강요행위 등**(제14조)

(10) **아동·청소년 성매매의 알선영업행위, 아동·청소년의 성을 사는 행위의 장소를 제공하는 행위를 업으로 하는 자 - 7년 이상의 유기징역**](제15조 제1항)<20승진·06경위>

판례 1) [연령확인의무(×) ⇨ 아동·청소년 성매매 알선 미필적 고의 인정] 성을 사는 행위를 알선하는 행위를 업으로 하는 자가 성매매알선을 위한 종업원을 고용하면서 고용대상자에 대하여 아동·청소년의 보호를 위한 위와 같은 **연령확인의무의 이행을 다하지 아니**한 채 아동·청소년을 **고용**하였다면, 특별한 사정이 없는 한 적어도 **아동·청소년의 성을 사는 행위의 알선**에 관한 **미필적 고의는 인정**된다고 봄이 타당하다.(대법원 2014도5173 판결 [아동·청소년의 성보호에 관한 법률위반(알선영업행위 등)]<21승진> * 18세 최양 사건

판례 2) [알선자 미필적 고의(○), 매수자 인식(×) ⇨ 성매매 알선 성립(○)] [1] 아동·청소년의 성을 사는 행위를 알선하는 행위를 업으로 하는 사람이 그 알선의 대상이 아동·청소년임을 인식하면서 위와 같은 알선행위를 하였다면, 그 알선행위로 아동·청소년의 성을 사는 행위를 한 사람이 그 행위의 상대방이 아동·청소년임을 인식하고 있었는지 여부는 위와 같은 알선행위를 한 사람의 책임에 영향을 미칠 이유가 없다.
[2] 아동·청소년의 성을 사는 행위를 알선하는 행위를 업으로 하여 청소년성보호법 제15조 제1항 제2호의 위반죄가 성립하기 위해서는 그러한 알선행위를 업으로 하는 사람이 아동·청소년을 알선의 대상으로 삼아 그 **성을 사는 행위를 알선한다는 것을 인식하여야** 하지만, 이에 더하여 위와 같은 알선행위로 **아동·청소년의 성을 사는 행위를 한 사람이 그 행위의 상대방이 아동·청소년임을 인식하여야 한다고 볼 수는 없다**.[♣ 아동·청소년의 성을 사는 행위를 한 사람이 그 행위의 상대방이 아동·청소년임을 인식하지 못하였다면 아동·청소년의 성보호에 관한 법률 위반죄로 처벌할 수 없다.(×)](대법원 2015도15664 판결 [아동·청소년의 성보호에 관한 법률위반(알선영업행위 등)]<21승진>

(11) **피해자 등**에 대한 합의 **강요**행위 **- 7년 이하의 유기징역**[♣아동·청소년이용 음란물의 제작·수입·수출보다 무거운 형(×), ♣'합의를 강요한 자'에 대한 처벌규정이 중하다.(×)](제16조)<20승진>

2. 미수처벌

미수 처벌 (○)	(1) 아동 · 청소년에 대한 강간 · 강제추행(제7조⑥) [☻ 강추 제수출 매매 강요] (2) 아동 · 청소년성착취물의 **제작 · 수입 · 수출**[♣미수처벌(○)](제11조 제1항, 제6항)<17.2 · 24.1채용> (3) 아동 · 청소년 매매행위(제12조) (4) 아동 · 청소년에 대한 강요행위 ① 다음 각 호의 어느 하나에 해당하는 자는 5년 이상의 유기징역에 처한다.(제14조 제1항, 제4항) 1. 폭행이나 협박으로 아동 · 청소년으로 하여금 아동 · 청소년의 성을 사는 행위의 **상대방**이 되게 한 자 <19경위> 2. 선불금(先拂金), 그 밖의 채무를 이용하는 등의 방법으로 아동 · 청소년을 곤경에 빠뜨리거나 위계 또는 위력으로 아동 · 청소년으로 하여금 아동 · 청소년의 성을 사는 행위의 **상대방**이 되게 한 자 3. 업무 · 고용이나 그 밖의 관계로 자신의 보호 또는 감독을 받는 것을 이용하여 아동 · 청소년으로 하여금 아동 · 청소년의 성을 사는 행위의 **상대방**이 되게 한 자 4. 영업으로 아동 · 청소년을 아동 · 청소년의 성을 사는 행위의 **상대방**이 되도록 유인 · 권유한 자
미수 처벌 (×)	(1) **알선영업행위**(제15조) ① 아동 · 청소년의 성을 사는 행위의 **장소를 제공하는 행위를 업**으로 하는 자(제15조 제1항 제1호)<19경위> ② 아동 · 청소년의 성을 사는 행위를 알선하거나 정보통신망에서 **알선정보를 제공**하는 행위를 업으로 하는 자(제15조 제1항 제2호) ③ ①②에 사용되는 사실을 알면서 **자금 · 토지 또는 건물을 제공**한 자[♣미수처벌(×)](제15조 제1항 제3호)<19경위> ④ 영업으로 아동 · 청소년의 성을 사는 행위의 장소를 제공 · 알선하는 업소에 **아동 · 청소년을 고용**하도록 한 자(제15조 제1항 제4호)<19경위> ⑤ **영업으로** 아동 · 청소년의 성을 사는 행위를 하도록 **유인 · 권유 또는 강요**한 자(제15조 제2항 제1호) ⑥ 아동 · 청소년의 성을 사는 행위의 장소를 제공한 자(제15조 제2항 제2호) ⑦ 아동 · 청소년의 성을 사는 행위를 **알선**하거나 정보통신망에서 알선정보를 제공한 자(제15조 제2항 제3호) ⑧ 영업으로 ⑥⑦의 행위를 약속한 자(제15조 제2항 제4호) ⑨ 아동 · 청소년의 성을 사는 행위를 하도록 **유인 · 권유 또는 강요**한 자[♣영업으로 하지 않았다면 처벌할 수 없다.(×)](제15조 제3항) ♣ 아동 · 청소년의 성을 사는 행위를 하도록 유인 · 권유 또는 강요하였다 하더라도 이를 '영업으로' 하지 않았다면 처벌할 수 없다.(×) **주의** 업주의 알선 후 성매매가 이루어졌으나 성행위는 미수인 경우(알선영업행위 기수)

미수처벌(×)

(2) 아동 · **청소년의 성을 사는 행위 등(사는 행위 · 유인 · 권유)**[♣미수범 처벌규정 없다.(○)](제13조)<21승진 · 24.1채용>

① 아동 · 청소년의 성을 사는 행위를 한 자(제13조 제1항)

♣ 丁이 18세 청소년 D의 성을 사기 위해 말을 걸었으나, 미수에 그친 경우 성을 사는 행위의 미수로 처벌된다.(×)

② 아동 · 청소년의 성을 **사기 위하여 아동청소년을 유인하거나 성을 팔도록 권유**한 자(1년 이하의 징역 또는 1천만원 이하의 벌금[♣3년 이하 징역 또는 3천만원 이하의 벌금(×), ♣미수처벌규정 없다.(○)])(제13조 제2항)<15경위 · 17.2채용>

③ 아동 · 청소년의 성을 사는 행위의 **상대방이 되도록 유인 · 권유**한 자(제14조 제3항)[♣미수처벌(×)][♣영업으로(×)]<21승진>

(3) 아동 · 청소년성착취물의 **판매 · 대여 · 배포 · 제공 · 소지 · 운반 · 전시 · 상영**[♣배포는 미수처벌(×)](법 제11조 제2항)<11경위>

① 영리를 목적으로 아동 · 청소년성착취물을 **판매 · 대여 · 배포 · 제공**하거나 이를 목적으로 **소지 · 운반**하거나 공연히 **전시 또는 상영**한 자(제11조 제2항)

② 아동 · 청소년성착취물을 **배포**하거나 공연히 **전시** 또는 **상영**한 자(제11조 제4항)

예 심야에 **아동청소년이 나오는 음란물을 상영**하려다 영사기 고장으로 미수에 그친 경우 ⇨ **미수처벌 불가**[♣아동 · 청소년 음란물 상영 미수처벌(×)], 실무적으로는 소지로 처벌

③ 아동 · 청소년성착취물을 **소지**한 자(제11조 제5항)

④ 아동 · 청소년성착취물을 제작할 것이라는 정황을 알면서 아동 · 청소년을 아동 · 청소년성착취물의 제작자에게 **알선**한 자(제11조 제6항)[♣미수처벌(×)]<12경위>

♣ 회사원 A는 B가 청소년이 나오는 음란물을 제작할 것이라는 정황을 알면서 잘 알고 지내던 청소년 甲을 알선하려다 적발되어 미수에 그쳤으나 동법에 의해 알선미수로 처벌되었다.(×)<12경위>

(4) 장애인인 아동 · 청소년에 대한 간음 등(제8조)

① 19세 이상의 사람이 장애 아동 · 청소년(13세 이상의 아동 · 청소년)을 간음하거나 장애 아동 · 청소년으로 하여금 다른 사람을 간음하게 하는 경우

② 19세 이상의 사람이 장애 아동 · 청소년을 추행한 경우 또는 장애 아동 · 청소년으로 하여금 다른 사람을 추행하게 하는 경우[☻알사판(사유권)장애 미안, 판대배소운전상]

Ⅱ. 특 례 – "아동청소년대상 성범죄"에 특례적용

'형법'상 감경규정 특례	**음주 또는 약물로 인한 심신장애 상태**에서 아동 · 청소년에 대하여 일정한 성폭력범죄(「성폭력범죄의 처벌 등에 관한 특례법」 제3조부터 제11조까지의 죄)를 범한 때에는 **형법상의 심신장애로 인한 감경규정**(「형법」 제10조 제1항 · 제2항 및 제11조)을 **적용하지 아니할 수** 있다.[♣적용하지 아니한다.(×)](법 제19조)<11경위 · 17.2채용>

<table>
<tr><td>공소시효 특례</td><td>
① "아동·청소년대상 성범죄"의 공소시효는 해당 성범죄로 피해를 당한 아동·청소년이 성년에 달한 날부터 진행한다.(제20조 제1항)<13승진>

② 아동·청소년에 대한 강간·강제추행 등의 죄(제7조)는 디엔에이(DNA)증거 등 그 죄를 증명할 수 있는 과학적인 증거가 있는 때에는 공소시효가 10년 연장된다.(제20조 제2항)<11.1채용·13승진>

③ 13세 미만의 사람 및 신체적인 또는 정신적인 장애가 있는 사람에 대하여 강간 등, 강간살인·치사, 위계·위력의 간음·추행(다음 각 호)의 죄를 범한 경우에는 공소시효를 적용하지 아니한다.(제20조 제3항)<24.1채용>
1. 형법 – 강간, 강제추행, 준강간, 준강제추행, 강간 등 상해·치상, 강간 등 살인·치사, 미성년자 간음·추행의 죄(제297조, 제298조, 제299조, 제301조 또는 제301조의2, 제305조)
2. 아청법 – 강간 등 상해·치상, 강간 등 살인·치사(제9조 및 제10조의 죄)
3. 성폭력범죄의 처벌 등에 관한 특례법 – (신체적인 또는 정신적인 장애가 있는 사람이나 13세 미만의 사람에 대하여) 폭행이나 협박으로 구강·항문 등 신체(성기는 제외)의 내부에 성기를 넣는 행위, 성기·항문에 손가락 등 신체(성기는 제외)의 일부나 도구를 넣는 행위, / (장애, 13세 미만자에 대한) 강간 등 상해·치상, 강간 등 살인·치사(제6조 제2항, 제7조 제2항, 제8조, 제9조의 죄)/ 위계 또는 위력으로써 13세 미만의 사람을 간음하거나 추행(제7조 제5항)

④ 공소시효를 적용하지 않은 경우(「형사소송법」 제249조부터 제253조까지 및 「군사법원법」 제291조부터 제295조까지에 규정된 공소시효)
1. 형법 – 강간 등 살인(제301조의2)
2. 아청법 – (아동·청소년에 대한) 강간 등 살인[강간·강제추행 등의 죄(제7조)를 범한 사람이 다른 사람을 살해한 때, (제10조 제1항)], 아동·청소년성착취물 제작·수입, 수출(제11조 제1항)
3. 성폭력범죄의 처벌 등에 관한 특례법 – 강간 등 살인(제9조 제1항의 죄)
</td></tr>
<tr><td>아동·청소년 성착취물 제작·배포 등</td><td>
① 아동·청소년성착취물을 제작·수입 또는 수출한 자는 무기징역 또는 5년 이상의 유기징역에 처한다.<15경위>

② 영리를 목적으로 아동·청소년성착취물을 판매·대여·배포·제공하거나 이를 목적으로 소지·운반하거나 공연히 전시 또는 상영한 자는 10년 이하의 징역에 처한다.

③ 아동·청소년성착취물을 배포·제공하거나 공연히 전시 또는 상영한 자는 7년 이하의 징역 또는 5천만원 이하의 벌금에 처한다.

④ 아동·청소년성착취물을 제작할 것이라는 정황을 알면서 아동·청소년을 아동·청소년성착취물의 제작자에게 알선한 자는 3년 이상의 징역에 처한다.

⑤ 아동·청소년성착취물임을 알면서 이를 소지한 자는 1년 이하의 징역 또는 2천만원 이하의 벌금에 처한다.

⑥ 제1항의 미수범은 처벌한다.(법 제11조)
</td></tr>
<tr><td>친권상실 청구</td><td>
아동·청소년대상 성범죄의 가해자[매매, 알선영업, 강요 등]가 피해 아동·청소년의 친권자나 후견인인 경우에 검사는 법원에 친권상실선고 또는 후견인 변경결정을 청구하여야 한다.[♣할 수 있다.(×)](제23조)<11경위>

♣ 아동·청소년 대상 성범죄 사건의 가해자가 피해아동·청소년의 친권자인 경우 수사검사는 법원에 친권상실선고를 청구할 수 있다.(×)<11경위>

※ 다만, 친권상실선고 또는 후견인 변경 결정을 하여서는 아니 될 특별한 사정이 있는 경우에는 그러하지 아니하다.
</td></tr>
</table>

피해아동 청소년 보호조치	법원은 아동·청소년대상 성범죄 사건의 가해자에게 「민법」 제924조에 따라 친권상실선고를 하는 경우에는 피해아동·청소년을 다른 친권자 또는 친족에게 인도하거나 제30조 또는 제31조의 기관·시설 또는 단체에 인도하는 등의 **보호조치를 결정할 수** 있다. 이 경우 그 아동·청소년의 의견을 존중하여야 한다.(법 제24조)
피해자의사 (비친고죄)	아동·청소년을 대상으로 한 성범죄(강간·강제추행)를 포함 모든 성범죄는 **피해자의 고소가 없어도 공소를 제기할 수** 있도록 개정되었다.[♣고소가 없으면 공소권 없다.(×)][♣고소가 있어야 공소를 제기할 수 있다.(×)][♣강제추행 시 6개월 이내 고소하여야(×)]<09·11채용·12승진> ♣ 丙이 아동 A를 유인하여 강제추행 하였으나 피해자 측의 고소가 없는 경우 공소권 없다.(×) ♣ '아동·청소년의 성보호에 관한 법률'은 친고죄로 범인을 알게 된 날로부터 1년 이내에 고소하여야만 한다.(×) ♣ 아동·청소년을 대상으로 한 「성폭력범죄의 처벌 등에 관한 특례법」 제10조 제1항(업무상 위력 등에 의한 추행), 제11조(공중 밀집 장소에서의 추행) 및 제12조(통신매체를 이용한 음란행위)의 죄는 고소가 있어야 공소를 제기할 수 있다.(×)<11.1채용> 예 10세 여아의 엉덩이를 만져 강제추행한 경우 ⇨ 성폭력범죄의 처벌 등에 관한 특례법 위반적용(○)[♣6개월 이내 고소해야(×)]
신분 비공개 수사	① 사법경찰관리는 다음 각 호의 어느 하나에 해당하는 범죄(**"디지털 성범죄"**)에 대하여 **신분을 비공개**하고 범죄현장(정보통신망을 포함한다) 또는 범인으로 추정되는 자들에게 접근하여 **범죄행위의 증거 및 자료 등을 수집("신분비공개수사")할 수** 있다.(제25조의2 제1항)<22.2·23.2채용> 1. **아동·청소년성착취물의 제작·배포 등**(제11조) 및 **아동·청소년에 대한 성착취 목적 대화 등**(제15조의2)의 죄<23.2채용> ※ **성착취 목적 대화 :** 19세 이상의 사람이 성적 착취를 목적으로 성적 욕망이나 수치심 또는 혐오감을 유발할 수 있는 대화를 지속적 또는 반복적으로 하거나 그러한 대화에 지속적 또는 반복적으로 참여시키는 행위, 아동청소년의 성을 사는 행위의 어느 하나에 해당하는 행위를 하도록 유인·권유하는 행위(제15조의2 제1항)<23.2채용> 2. 아동·청소년에 대한 **카메라등 이용 촬영물 또는 복제물 반포등**(반포·판매·임대·제공 또는 공공연하게 전시·상영)(「성폭력범죄의 처벌 등에 관한 특례법」 제14조 제2항) 및 **영리목적 카메라등 이용 촬영물 또는 복제물 반포등**(제14조 제3항)의 죄 ※ 신분비공개수사에 따른 수사의 방법 등에 필요한 사항은 대통령령으로 정한다.(제25조의2 제3항) ② 사법경찰관리가 **신분비공개수사**를 진행하고자 할 때에는 **사전**에 **상급 경찰관서 수사부서의 장의 승인을 받아야** 한다. 이 경우 그 **수사기간은 3개월을 초과할 수 없다.**[♣1개월(×)](제25조의3 제1항)<22.2채용> ※ 신분비공개 수사에 따른 승인의 절차 및 방법 등에 필요한 사항은 대통령령으로 정한다.(제25조의3 제2항) ※ 신분 비공개는 **경찰관임을 밝히지 않거나 부인**(신분위장에 이르지 않는 행위로, **경찰관 외의 신분을 고지하는 방식을 포함**)하는 방법으로 한다.(시행령 제5조의3 제1항)
긴급 신분 비공개 수사	① 사법경찰관리는 **디지털 성범죄**에 대하여 제25조의3제1항 및 제2항에 따른 절차를 거칠 수 없는 **긴급을 요**하는 때에는 상급 경찰관서 수사부서의 장의 **승인 없이 신분비공개수사를 할 수** 있다.(제25조의4 제1항)

긴급 신분 비공개 수사	② 사법경찰관리는 제1항에 따른 신분비공개수사 개시 후 **지체 없이 상급 경찰관서 수사 부서의 장에게 보고하여야** 하고, 사법경찰관리는 **48시간 이내에 상급 경찰관서 수사 부서의 장의 승인**을 받지 못한 때에는 **즉시 신분비공개수사를 중지하여야** 한다.(제25조의4 제2항) ③ 이 경우 그 **수사기간은 3개월을 초과할 수 없다.**(제25조의3 제1항 후단 준용)(제25조의4 제3항)
신분위장 수사	① 사법경찰관리는 **디지털 성범죄**를 계획 또는 실행하고 있거나 실행하였다고 의심할 만한 충분한 이유가 있고, 다른 방법으로는 그 범죄의 실행을 저지하거나 범인의 체포 또는 증거의 수집이 어려운 경우에 한정하여 수사 목적을 달성하기 위하여 **부득이한 때**에는 다음 각 호의 행위(**"신분위장수사"**)를 할 수 있다.(제25조의2 제2항)<23.2채용> 1. 신분을 위장하기 위한 **문서, 도화 및 전자기록 등의 작성, 변경 또는 행사**<23.2채용> 2. **위장 신분을 사용**한 **계약 · 거래** 3. **아동 · 청소년성착취물** 또는 (「성폭력범죄의 처벌 등에 관한 특례법」 제14조 제2항의) **촬영물 또는 복제물**(복제물의 복제물 포함)의 **소지, 판매 또는 광고**[♣소지, 판매 또는 광고할 수 없다.(×)]<23.2채용> ② 사법경찰관리는 **신분위장수사를 하려는 경우**에는 **검사에게 신분위장수사에 대한 허가를 신청**하고, **검사는 법원에 그 허가를 청구**한다.[♣사법경찰관이 법원에 허가청구(×)](제25조의3 제3항)<22.2채용> ③ 신분위장수사 **허가의 신청**은 필요한 신분위장수사의 종류 · 목적 · 대상 · 범위 · 기간 · 장소 · 방법 및 해당 신분위장수사가 요건을 충족하는 사유 등의 **신청사유를 기재한 서면**으로 하여야 하며, 신청사유에 대한 **소명자료를 첨부하여야** 한다.(제25조의3 제4항) ④ **법원은** 신분위장수사 허가신청이 이유 있다고 인정하는 경우에는 **신분위장수사를 허가**하고, **"허가서"**를 신청인에게 **발부**한다.(제25조의3 제5항) ⑤ 허가서에는 신분위장수사의 **종류 · 목적 · 대상 · 범위 · 기간 · 장소 · 방법 등을 특정하여 기재**하여야 한다.(제25조의3 제6항) ⑥ 신분위장수사의 기간은 **3개월을 초과할 수 없으며,** 그 수사기간 중 수사의 목적이 달성되었을 경우에는 즉시 종료하여야 한다.(제25조의3 제7항) ⑦ 신분위장수사의 요건이 존속하여 그 수사기간을 연장할 필요가 있는 경우에는 사법경찰관리는 소명자료를 첨부하여 **3개월의 범위**에서 **수사기간의 연장을 검사에게 신청**하고, **검사는 법원에 그 연장을 청구**한다. 이 경우 신분위장수사의 **총 기간은 1년을 초과할 수 없다.**(제25조의3 제8항)
긴급 신분위장 수사	① 사법경찰관리는 신분위장수사의 **요건을 구비**하고, 법원의 허가 절차를 거칠 수 없는 **긴급을 요**하는 때에는 **법원의 허가 없이 신분위장수사를 할 수** 있다.[♣미리 검사의 지휘를 받아야(×)](제25조의5 제1항)<22.2채용> ② 사법경찰관리는 긴급신분위장수사 **개시 후 지체 없이 검사에게 허가를 신청하여야** 하고, 사법경찰관리는 **48시간 이내에 법원의 허가를 받지 못한 때**에는 **즉시 신분위장수사를 중지하여야** 한다.(제25조의5 제2항)<22.2채용> ③ 긴급신분위장수사의 기간 : **3개월**(제25조의5 제3항, 제25조의3 제7항 준용)

긴급 신분위장 수사	④ 긴급신분위장수사의 연장 : **3개월의 범위**에서 – **수사기간의 연장을 검사에게 신청**하고, – **검사는 법원에 그 연장을 청구,** – **총 기간은 1년을 초과할 수 없다**.(제25조의5 제8항, 제25조의3 제8항 준용)
신분비공개 수사 통제	① **"국가수사본부장"**은 신분비공개수사가 **종료된 즉시** 대통령령으로 정하는 바에 따라 **국가경찰위원회에** 수사 관련 자료를 **보고하여야** 한다.(제25조의7 제1항)<22.2채용> ② **국가수사본부장**은 대통령령으로 정하는 바에 따라 **국회 소관 상임위원회에** 신분비공개수사 관련 자료를 **반기별로 보고하여야** 한다.(제25조의7 제2항)<22.2채용>
면책	① 사법경찰관리가 신분비공개수사 또는 신분위장수사 중 **부득이한 사유로 위법행위**를 한 경우 그 행위에 **고의나 중대한 과실이 없는 경우**에는 **벌하지 아니**한다.(제25조의9 제1항) ② 위법행위가 (「국가공무원법」 제78조제1항에 따른) **징계 사유**에 해당하더라도 그 행위에 **고의나 중대한 과실이 없는 경우**에는 징계 요구 또는 문책 요구 등 **책임을 묻지 아니**한다.(제25조의9 제2항) ③ 신분비공개수사 또는 신분위장수사 행위로 **타인에게 손해가 발생**한 경우라도 사법경찰관리는 그 행위에 **고의나 중대한 과실이 없는 경우**에는 그 손해에 대한 **책임을 지지 아니**한다.(제25조의9 제2항)
영상물 촬영 · 보존	① 아동 · 청소년대상 성범죄 피해자의 진술내용과 조사과정은 비디오녹화기 등 **영상물 녹화장치로 촬영 · 보존하여야** 한다.[♣할 수 있다.(×)](제26조 제1항) ② 영상물녹화는 **피해자 또는 법정대리인이** 이를 **원하지 아니하는 의사를 표시한 때**에는 촬영을 하여서는 아니 된다. 다만, 가해자가 친권자 중 일방인 경우는 그러하지 아니하다.[♣피해자가 원하지 않는 의사표시를 하더라도 촬영보존하여야(×)](제26조 제2항)<13승진>
신뢰관계인 동석	법원은 아동 · 청소년대상 성범죄의 피해자를 증인으로 신문함에 있어서 검사 · 피해자 또는 법정대리인의 신청이 있는 때에는 재판에 지장을 초래할 우려가 있는 등 부득이한 경우가 아닌 한 **피해자와 신뢰관계에 있는 자를 동석하게 하여야** 한다.(수사기관이 제1항의 피해자를 조사하는 경우에도 마찬가지이다.)(제28조)<11경위>
변호인선임 특례	검사는 **피해아동 · 청소년에게 변호인이 없는 경우** 국선변호인을 지정하여 형사절차에서 피해아동 · 청소년의 권익을 보호할 수 있다.(제30조)
피해자 등에 대한 강요행위	폭행이나 협박으로 아동 · 청소년대상 성폭력범죄의 피해자 또는 「아동복지법」 제3조 제3호에 따른 보호자를 상대로 합의를 강요한 자는 **7년 이하의 유기징역**에 처한다.(법 제16조)<13 · 20승진>
신고의무 부과	학교, 의료기관, 아동 · 장애인복지시설, 유치원 등 일정한 시설의 장과 그 종사자는 직무상 **청소년대상 성범죄의 발생 사실을 알게 된 때**에는 즉시 수사기관에 신고하여야 한다.(제34조)
등록정보 공개	① 법원은 다음 각 호의 어느 하나에 해당하는 자에 대하여 판결로 제3항의 공개정보를 「성폭력범죄의 처벌 등에 관한 특례법」 제45조 제1항의 **등록기간 동안 정보통신망을 이용하여 공개하도록 하는 명령**(이하 "공개명령")**을 등록대상 사건의 판결과 동시에 선고하여야 한다**. 다만, 피고인이 아동 · 청소년인 경우, 그 밖에 신상정보를 공개하여서는 아니 될 특별한 사정이 있다고 판단하는 경우에는 그러하지 아니하다.(제49조 제1항) 1. 아동 · 청소년대상 성폭력범죄를 저지른 자 등 ....

등록정보 공개	② 제1항에 따른 등록정보의 공개기간(「**형의 실효 등에 관한 법률**」 **제7조에 따른 기간(10년 등)을 초과하지 못한다**)은 판결이 확정된 때부터 기산한다.(제49조 제2항) ③ 공개정보를 정보통신망을 이용하여 열람하고자 하는 자는 **실명인증 절차를 거쳐야** 한다.[♣아동청소년의 법정대리인에 한하여 열람가능(×)](아청법 제49조 제6항) ※ 재범위험성이 있는 자에 대한 열람권자를 등록대상자를 관할하는 시·군·구 내에 거주하는 아동·청소년의 법정대리인으로 제한하던 **열람권자 규정 삭제**
청소년 선도보호	① (「성매매알선 등 행위의 처벌에 관한 법률」 제21조 제1항에도 불구하고) 아동청소년의 성을 사는 행위의 상대방이 된 아동·청소년에 대하여는 보호를 위하여 처벌하지 아니한다.(제38조 제1항) ② 대상청소년 및 피해청소년의 **신상은 공개할 수가 없고,** 대상 청소년의 선도보호 및 재활을 위하여 소년법에 의한 **소년부의 보호사건**(예 귀가조치, 보호관찰, 병원 등 위탁, 소년원 수감, 선도보호시설 위탁 등)**으로 처리**할 수 있다.(제38조, 제39조)
선고유예시 필요적 보호관찰	① 법원은 아동·청소년대상 성범죄를 범한 「소년법」 제2조의 소년에 대하여 **형의 선고를 유예하는 경우**에는 **반드시 보호관찰**을 명하여야 한다.(아청법 제21조 제1항)<20승진·17.2채용> ② 법원은 아동·청소년대상 성범죄를 범한 자에 대하여 유죄판결을 선고하는 경우에는 500시간의 범위에서 재범예방에 필요한 수강명령 또는 성폭력 치료프로그램의 이수명령(이하 "이수명령"이라 한다)을 병과(倂科)하여야 한다. 다만, 수강명령 또는 이수명령을 부과할 수 없는 특별한 사정이 있는 경우에는 그러하지 아니하다.(아청법 제21조 제2항)

Ⅳ 청소년보호법

Ⅰ. 용어해석

1. 청소년

① **19세 미만의 자.** 다만 19세에 도달하는 해의 1월 1일을 맞이한 자를 제외한다.(제2조 제1호)<01·02채용>

② 판례는 청소년기본법과의 관계상 법률상 의미의 **청소년은 9세 이상**으로 본다.(서울행정)

판례 1) [실제나이기준 판단] 청소년보호법상의 청소년에 해당하는지 판단기준은 호적 등 **공부상의 나이가 아니라 실제의 나이를 기준**으로 하여야 한다.(대구지법 2009노1765)<12경감>

판례 2) [청소년 연령 하한선은 9세] ····사회통념 등을 종합적으로 고려하면 청소년보호법의 청소년에는 19세 미만의 모든 사람이 포함되는 것으로 새길 것이 아니라 적어도 **청소년기본법이 정하는 연령의 하한인 9세 이상으로** 새기는 것이 타당하다. 나이나 외모, 심부름 온 거리 등 모든 사정에 비추어 다른 청소년은 물론 심부름 온 만 6세의 아동 자신이 술을 마실 위험성이나 개연성이 전혀 없음이 명백하여 청소년보호법상 과징금 부과대상이 되는 '청소년을 대상으로 하여 술을 판매하는 행위'에 해당하지 아니한다.(서울행정 2001.12.20, 2001구33822)

2. 청소년유해매체물

① 청소년보호위원회, 각심의기관이 청소년에게 유해한 것으로 결정하거나 확인, 심의하여 여성가족부장관이 고시한 매체물을 말한다.(제2조 3호)

※ 외국 매체물 중 청소년 유해 매체물은 유해 매체물 결정에 따른 고시가 없어도 심의기준에 해당하면 (제9조 제1항) 유통이 제한된다.(청소년 보호법 제22조)

② 매체물의 제작・발행자, 유통행위자 또는 매체물과 관련된 단체가 청소년유해표시 또는 보장을 한 매체물(청소년보호위원회 또는 각 심의기관의 결정 없이)(제11조 제6항)

정리 유해매체물 방송금지 시간대(제18조, 시행령 제19조)

청소년 보호시간대[유해매체물 방송금지]

☞ 평일 – 오후 01:00(13시)~오후 10:00(22시) / 오전 7시~오전 9시 사이
휴일 방학 – 오전 7시~오후 10시(22시)

판례 피고인의 광고 내용인 **화상채팅 서비스**가 청소년보호법 제8조 등에 의한 청소년보호위원회 고시에서 규정하는 '**불건전한 서비스 등'에 포함된다고 해석**하는 것이 형벌법규의 **명확성 원칙에 반하거나 죄형법정주의에 의하여 금지되는 확장해석 내지 유추해석에 해당하지 아니한다.**(대판 2005도6525)

3. 청소년유해약물 등

(1) **의의**: "청소년유해약물 등"이란 청소년에게 유해한 것으로 인정되는 "**청소년유해약물**"과 청소년에게 유해한 것으로 인정되는 "**청소년유해물건**"을 말한다.(제2조 제4호)

① 청소년유해약물

㉠ 「주세법」에 따른 주류

㉡ 「담배사업법」에 따른 담배

㉢ 「마약류 관리에 관한 법률」에 따른 마약류

㉣ 「화학물질관리법」에 따른 환각물질

㉤ 그 밖에 중추신경에 작용하여 습관성, 중독성, 내성 등을 유발하여 인체에 유해하게 작용할 수 있는 약물 등 청소년의 사용을 제한하지 아니하면 청소년의 심신을 심각하게 손상시킬 우려가 있는 약물로서 대통령령으로 정하는 기준에 따라 관계 기관의 의견을 들어 "**청소년보호위원회"가 결정하고 여성가족부장관이 고시**한 것

② 청소년유해물건

㉠ 청소년에게 음란한 행위를 조장하는 성기구 등 청소년의 사용을 제한하지 아니하면 청소년의 심신을 심각하게 손상시킬 우려가 있는 **성 관련 물건**으로서 대통령령으로 정하는 기준에 따라 청소년보호위원회가 결정하고 여성가족부장관이 고시한 것

㉡ 청소년에게 **음란성・포악성・잔인성・사행성 등을 조장하는 완구류 등** 청소년의 사용을 제한하지 아니하면 청소년의 심신을 심각하게 손상시킬 우려가 있는 물건으로서 대통령령으로 정하는 기준에 따라 청소년보호위원회가 결정하고 여성가족부장관이 고시한 것

㉢ **청소년유해약물과 유사한 형태의 제품**으로 청소년의 사용을 제한하지 아니하면 청소년의 청소년유해약물 이용습관을 심각하게 조장할 우려가 있는 물건으로서 대통령령으로 정하는 기준에 따라 청소년보호위원회가 결정하고 여성가족부장관이 고시한 것

(2) **판매자 연령확인 등 :** 청소년유해약물 등을 판매·대여·배포하고자 하는 자는 그 상대방의 나이 및 본인 여부를 확인하여야 한다.(제28조 제4항)

(3) **처벌사례 [긴급체포 대상여부 판단]**

예 청소년에게 주류, 담배를 판매한 자[♣긴급체포(×)]
⇨ 청소년보호법 제28조 제1항, 동법 제59조 제6호(2년 이하의 징역 또는 2천만원 이하의 벌금)

예 청소년유해매체물 표시를 하지 않은 자[♣긴급체포(×)]
⇨ 청소년보호법 제13조 제1항(표시의무), 동법 제59조 제1호(2년 이하의 징역 2천만원 이하의 벌금)

판례 1) 성년들이 술을 마시는 데 나중에 청소년이 합석했다면, 음식점 운영자 입장에서 청소년이 합석할 것을 예견할 수 없는 상황이라 할 수 있고, 그 경우에 **합석한 청소년이 남은 술을 일부 마셨더라도 청소년에게 술을 판매한 행위로 볼 수 없다.**(2008도11282)

판례 2) 청소년보호법의 입법취지와 목적 및 규정 내용 등에 비추어 볼 때, **18세 미만의 청소년에게 술을 판매**함에 있어서 비록 그의 **민법상 법정대리인의 동의를 받았다고 하더라도 그러한 사정만으로 위 행위가 정당화될 수는 없다.**[♣정당화될 수 있다.(×)](대법원 99도2151)<19경위·12경감>

판례 3) 영업주가 고용한 종업원 등의 업무에 관한 범법행위에 대하여 영업주도 함께 처벌하는 구 청소년보호법 제54조 중 "**개인의 대리인·사용인 기타 종업원이 그 개인의 업무에 관하여 제51조 제8호(주류제공)의 위반행위를 한 때에는 그 개인에 대하여도 해당 조의 벌금형을 과한다.**"는 부분은..종업원 등의 위반행위에 대해 업주의 선임감독상 기타 귀책사유가 명시되어 있지 않아... **책임주의에 반하여 헌법에 위반**된다.[명확성의 원칙 위배(따라서 업주의 귀책사유의 별도 규정이 없는 무조건적 양벌규정은 위헌)][♣청소년 보호법 제54조는 업주의 귀책사유가 있는 경우에만 업주의 처벌이 가능한 것으로 해석할 수 있다.(×)](헌재 2008헌가10)

[반대의견] 법률조항의 문언상 '영업주의 종업원에 대한 **선임감독상의 과실 기타 귀책사유**'가 **명시되어 있지 않더라도** 그와 같은 귀책사유가 있는 경우에만 처벌하는 것으로 해석할 수 있다.

[법정의견] 합헌적 법률해석은 법률조항의 문언과 목적에 비추어 **가능한 범위 안에서의 해석을 전제**로 하는 것이므로 위[반대의견]와 같은 해석은 허용되지 않는다.

4. 청소년유해업소<01·02·03·05·06·07·14·17승진·15경위·09·19.2채용>

① 청소년의 출입과 고용이 청소년에게 유해한 것으로 인정되는 업소(이하 "청소년출입·고용금지업소"라 한다)와 청소년의 출입은 가능하나 고용은 유해한 것으로 인정되는 업소(이하 "청소년고용금지업소"라 한다)를 말한다.(청소년보호법 제2조 제5호)

※ 이 경우 업소의 구분은 그 업소가 영업을 함에 있어서 다른 법령에 의하여 요구되는 **허가·인가·등록·신고 등의 여부에 불구**하고 **실제로 이루어지고 있는 영업행위를 기준**으로 한다.(유권해석)<19.2채용>

② **청소년 유해업소 분류**(제2조 제5호)<17승진 · 15경위 · 09 · 18.2 · 19.2채용>

청소년 출입 · 고용금지업소<15경위>	청소년 고용금지업소(출입○ · 고용×)
① **유흥주점, 단란주점**<15경위> ② **노래연습장, 비디오물감상실, 제한관람가비디오물소극장**<14 · 17승진> ※ 노래연습장 청소년실은 18세 미만은 09~22시까지 출입가능(음진법 참조)하고 18세(청소년보호법만 적용) 이상은 시간제한은 없다. ③ **무도학원, 무도장**<15경위 · 19승진> ④ **사행행위영업장**<14 · 19승진 · 15경위> ⑤ **일반게임제공업, 복합유통게임제공업**[다만, **둘 이상**의 업종(1개의 기기에서 게임, 노래연습, 영화감상 등 다양한 콘텐츠를 제공하는 경우는 제외)을 같은 장소에서 영업하는 경우로서 청소년 출입 · 고용금지업소가 포함되지 아니한 업소는 청소년의 **출입을 허용**], **복합영상물제공업**(영진법상)<18.2채용> ⑥ '**전화방, 화상대화방**' – 전기통신설비를 갖추고 불특정한 사람 상호간의 음성대화 또는 화상대화를 매개하는 것을 주된 목적으로 하는 영업 ⑦ **성적 서비스를 제공하는 영업 등** – 성적행위, 유사행위가 이루어질 우려가 있는 서비스를 제공하는 영업, 청소년유해매체물, 청소년유해약물 및 청소년유해물건을 제작 · 생산 · 유통하는 영업 등 청소년의 출입과 고용이 청소년에게 유해하다고 인정되는 영업으로서 청소년보호위원회가 결정하고 여성가족부장관이 이를 고시한 것 (예 '**성기구 판매업소**') ⑧ **장외발매소**(경마가 개최되는 날에 한정) ⑨ **장외매장**(경륜 · 경정이 개최되는 날에 한정 – 경륜경정법) ⑩ 청소년보호위원회가 결정하고 여성가족부장관이 고시한 것 예 성기구취급업소, 키스방, 대딸방, 전립선마사지, 유리방, 성인pc방, 휴게텔, 인형체험방 [☻ 유단 노비소 무사 일복 전성 발장]	① **티켓다방, 카페, 호프, 소주방**<14승진 · 19.2채용> ② **숙박업**(예외 – 휴양콘도미니엄 등), **이용업**(남자청소년 고용은 제외), **목욕장업** 중 안마실을 설치하거나 객실로 구획하여 하는 영업 ③ **비디오물 소극장업, 청소년게임제공업, 인터넷컴퓨터게임시설제공업**<17 · 19승진 · 18.2채용> ④ 회비 등을 받거나 유료인 **만화대여업**[♣출입 · 고용금지(×)]<14 · 19승진 · 15경위> ⑤ **유해화학물질영업**(다만, 유해화학물질 사용과 직접 관련이 없는 영업으로서 대통령령으로 정하는 영업은 제외) ⑥ 청소년보호위원회 결정 – 청소년유해매체물, 청소년유해약물 및 청소년유해물건을 제작 · 생산 · 유통하는 영업 등 청소년의 고용이 청소년에게 유해하다고 인정되는 영업으로서 대통령령으로 정하는 기준에 따라 청소년보호위원회가 결정하고 여성가족부장관이 이를 고시한 것(청소년유해매체물, 유해약물 제작 · 생산 등, 청소년에게 유해한 근로행위요구) [☻ 티카호소, 목숙이 소청인 만유]

판례 1) [연령확인을 위한 아무런 조치를 하지 않음] **청소년출입금지 업소의 업주 및 종사자**는 … 청소년일 개연성이 있는 연령대의 출입자에 대하여 **주민등록증이나 이와 유사한 정도로 연령에 관한 공적 증명력이 있는 증거에 의하여 대상자의 연령을 확인하여야** 한다.........
청소년출입금지업소의 업주 및 종사자가 이러한 연령확인의무에 위배하여 **연령확인을 위한 아무런 조치를 취하지 아니함**으로써 청소년이 당해 업소에 출입한 것이라면, 특별한 사정이 없는 한 업주 및 종사자에게 **청소년보호법위반죄의 미필적 고의는 인정**된다.(2007도7770)

판례 2) [야간에만 주로 주류 조리 · 판매] 식품위생법상의 **일반음식점 영업허가를 받은 업소**라고 하더라도 **실제로는 음식류의 조리 · 판매보다 주로 주류를 조리 · 판매하는 영업행위**가 이루어지고 있는 경우에는 청소년보호법상의 **청소년고용금지업소에 해당**하며, 나아가 주간

에는 주로 음식류를 조리 · 판매하고 야간에는 주로 주류를 조리 · 판매하는 경우 음식류의 조리 · 판매보다는 주로 주류를 조리 · 판매하는 **야간의 영업행태에 있어서**의 그 업소는 위 청소년보호법의 입법취지에 비추어 볼 때 청소년보호법상의 **청소년고용금지업소에 해당**한다.[♣주 · 야간 불문 청소년보호법상 청소년 고용금지업소에 해당(×)](2003도6282)<12경감 · 12.2채용>

판례 3) [룸에서 데리고 나온 사건] 유흥주점 운영자가 업소에 들어온 미성년자의 신분을 의심하여 **주문받은 술을 들고 룸에 들어가 신분증의 제시를 요구하고 밖으로 데리고 나온 사안**에서, 주류판매에 관한 청소년보호법 위반죄가 **성립하지 않는다.**(2008도3211)<12.2채용>

5. 청소년유해행위(청소년보호법 제30조, 제55조 – 제58조)<14경위> [☻성음유 구관 유학배제]

구분	내용	처벌
성적 접대 행위	영리를 목적으로 청소년으로 하여금 **신체적인 접촉 또는 은밀한 부분의 노출 등 성적 접대행위**를 하게 하거나 이러한 행위를 알선 · 매개하는 행위(제30조 제1호)<14경위> 예 **홀딱 쇼**, (안마시술소, 증기탕, 퇴폐이발소 등의) **목욕보조, 알몸접대, 퇴폐적인 안마 등**	1년 이상 10년 이하 징역(제55조)
음란 행위	영리나 흥행을 목적으로 청소년에게 음란한 행위를 하게 하는 행위(제30조 제3호)[♣7년 이하 징역(×)]<14경위>	**10년 이하 징역** (제56조)
유흥 접객 행위	영리를 목적으로 청소년으로 하여금 손님과 함께 술을 마시거나 노래 또는 춤 등으로 손님의 유흥을 돋우는 접객행위를 하게 하거나 이러한 행위를 알선 · 매개하는 행위[10년 이하의 징역(제30조 제2호)][♣아동 · 청소년의 성보호에 관한 법률위반(×)]<11.1채용> 예 19세 미만 접대부 소개행위, 19세 미만 남자종업원에게 술시중을 시키는 행위<02승진>	
구걸	청소년에게 구걸을 시키거나 청소년을 이용하여 구걸하는 행위(제30조 제5호)	5년 이하 징역 (제57조)
기형 관람	영리나 흥행을 목적으로 청소년의 장애나 기형 등의 모습을 일반인들에게 관람시키는 행위(제30조 제4호)<14경위>	
학대	**청소년을 학대**하는 행위(제30조 제6호)	
손님 유인	영리를 목적으로 청소년으로 하여금 거리에서 손님을 유인하는 행위를 하게 하는 행위(제30조 제7호)<14경위>	3년 이하 징역 3천만원 이하 벌금 (제58조)
다류 배달	주로 차 종류를 조리 · 판매하는 업소에서 청소년으로 하여금 **영업장을 벗어나 차 종류를 배달**하는 행위를 **하게** 하거나 이를 **조장**하거나 **묵인**하는 행위[♣업소 내에서 차를 나르도록 하는 행위(×)](제30조 제9호)	
이성 혼숙 제공	청소년을 **남녀 혼숙하게 하는 등 풍기를 문란**하게 하는 영업행위를 하거나 이를 목적으로 장소를 제공하는 행위(제30조 제8호)	

판례 청소년이 이른바 '**티켓걸**'로서 노래연습장 또는 유흥주점에서 손님들의 흥을 돋우어 주고 **시간당 보수**를 받은 경우, 업소주인이 **청소년을 시간제 접대부로 고용한 것**으로 보고 업소주인을 **청소년보호법위반의 죄책을 묻는 것은 정당**하다.[♣청소년을 시간제 접대부로 고용한 것으로 보기는 어려우므로 업소주인을 청소년보호법 위반죄로 처벌할 수 없다.(×)](2005도3801)<19경위 · 12경감>

V 테마 130 소년경찰

Ⅰ. 소년 등 연령<02 · 03 · 07승진 · 03 · 06채용>

구분	내용
19세 미만	① '청소년보호법' · '아동 · 청소년의 성보호에 관한 법률' ⇨ **청소년, 아동 · 청소년** ② '소년법' · '형의 집행 및 수용자의 처우에 관한 법률' ⇨ **소년** ※ 소년법상 사형 · 무기형의 15년 유기징역 완화 ⇨ 18세 미만<03승진>
18세 미만	① '아동복지법' ⇨ **아동** ② '공연법' ⇨ **연소자**(고등학교에 재학 중인 자를 포함) ③ '게임산업진흥에 관한 법률' · '영화 및 비디오물의 진흥에 관한 법률' · '음악산업진흥에 관한 법률' ⇨ **청소년**(고등학교에 재학 중인 학생을 포함)
기타	**'청소년기본법'** ⇨ **청소년(9세 이상 24세 이하**, 다만, 다른 법률에서 청소년에 대한 적용을 달리 할 필요가 있는 경우에는 따로 정할 수 있음.)[♣ 청소년 상한연령이 가장 낮은 법(○)]

Ⅱ. 소년업무규칙(경찰청예규)

(1) **목 적**: 이 규칙은 경찰의 사전 예방 활동을 통해 소년의 비행을 방지하고 비행소년을 합리적으로 처우 · 선도함으로써 소년이 건전하게 성장하도록 지원하는 것을 목적으로 한다.(제1조)

※ 업무범위 ⇨ 청소년비행예방, 청소년 선도, 범죄소년 수사

(2) **법규적용**: 소년업무 처리에 관하여는 **「경찰관직무집행법」, 「소년법」, 「형사소송법」, 「아동복지법」, 「청소년보호법」, 「범죄수사규칙」** 등 기타 법령에 특별한 규정이 있는 경우를 제외하고는 이 규칙이 정하는바에 따른다.

1. 용어 정의(소년업무규칙 제2조)<02 · 08 · 10승진 · 01 · 18경위 · 10채용>

<table>
<tr><td colspan="2">소년</td><td>소년이란 19세 미만인 자를 말한다.(소년법 제2조 제2호)<18경위></td></tr>
<tr><td rowspan="3">비행소년</td><td>범죄소년</td><td>죄를 범한 14세 이상 19세 미만의 소년(소년법 제4조 제1항 제1호, 소년업무규칙 제2조 제2호)<02승진></td></tr>
<tr><td>촉법소년</td><td>형벌 법령에 저촉되는 행위를 한 10세 이상 14세 미만인 소년[♣행위할 우려(×)] (소년법 제4조 제1항 제2호, 소년업무규칙 제2조 제3호)
♣ '소년업무규칙'상 촉법소년은 10세 이상 14세 미만의 자로서 형벌법령에 저촉되는 행위를 할 우려가 있는 자를 말한다.(×)</td></tr>
<tr><td>우범소년</td><td>아래에 해당하는 사유가 있고 그의 성격이나 환경에 비추어 앞으로 형벌 법령에 저촉되는 행위를 할 우려가 있는 10세 이상 19세 미만인 소년(소년법 제4조 제1항 제3호, 소년업무규칙 제2조 제4호)
- 집단으로 몰려다니며 주위 사람들에게 불안감을 조성하는 성벽이 있는 것
- 정당한 이유 없이 가출하는 것
- 술을 마시고 소란을 피우거나 유해환경에 접하는 성벽이 있는 것</td></tr>
</table>

보호자	법률상 감호교육(監護教育)을 할 의무가 있는 사람 또는 현재 감호하는 사람을 말한다.(소년법 제2조)<18경위>
죄질이 경미한 범죄소년	즉결심판의 대상에 해당하는 범죄소년을 말한다. ※「즉결심판에 관한 절차법」 제2조

III. 소년법<01승진>

목적 ⇨ 이 법은 반사회성(反社會性)이 있는 소년의 환경 조정과 품행교정을 위한 보호처분 등의 필요한 조치를 하고, 형사처분에 관한 특별조치를 함으로써 소년이 건전하게 성장하도록 돕는 것을 목적으로 한다.

1. 소년보호사건

관할	① 소년보호사건 관할은 가정법원소년부 또는 지방법원소년부에 속한다. ② **범죄소년**은 **검찰청에 송치**하고<01·02승진·02채용>,[♣범죄소년을 소년부 송치(×)] ③ **촉법소년 및 우범소년**은 **경찰서장이 직접 관할 소년부에 송치**하여야 한다.[♣검찰청에 송치하여야(×)](소년법 제4조 제2항)<18경위> ♣ 소년법상 범죄소년과 촉법소년은 검찰청에 송치하고 우범소년은 경찰서장이 직접 관할법원 소년부에 송치한다.(×)
대상	**범죄소년, 촉법소년, 우범소년**은 소년부의 보호사건으로 심리한다.(소년법 제4조 제1항)<18경위>
이송	① 보호사건을 송치받은 소년부는 보호의 적정을 기하기 위하여 필요하다고 인정하면 결정(決定)으로써 사건을 다른 관할 소년부에 이송할 수 있다.(소년법 제6조 제1항) ② **소년부**는 사건이 그 관할에 속하지 아니한다고 인정하면 결정으로써 그 사건을 **관할 소년부**에 이송하여야 한다.(소년법 제6조 제2항)<18경위>
검찰 송치	**소년부**는 조사 또는 심리한 결과 **금고 이상의 형**에 해당하는 **범죄 사실이 발견**된 경우 그 동기와 죄질이 형사처분을 할 필요가 있다고 인정하면 결정으로써 사건을 관할 지방법원에 대응한 **검찰청 검사에게 송치하여야** 한다.(제7조 제1항)
보호 처분	① **의의** ⇨ 보호처분은 비행에 나타난 소년의 **범죄위험성에 대처하기 위한 수단**이며, 소년의 비행사실에 대하여 책임을 묻는 **형사처벌이 아니다**.<09채용> ※ 소년의 또는 보호처분은 그 소년의 장래의 신상에 어떠한 영향도 미치지 아니하며, 보호처분에는 일사부재리의 효력이 인정된다. ※ 보호처분계속 중에 징역, 금고 또는 구류선고를 받은 소년에 대하여는 **먼저 그 형을 집행**한다.<09경위> ② **유형** – 감호 위탁, 수강명령, 사회봉사명령, 장·단기 보호관찰, 소년의료보호시설에 위탁, 1개월 이내의 소년원 송치, 단기·장기 소년원 송치
효력	**일사부재리원칙의 적용** ⇨ 보호처분을 받은 소년에 대하여는 그 심리가 결정된 사건은 **다시 공소를 제기하거나 소년부에 송치할 수 없다**.[견해대립]
기소 유예	**조건부 기소유예** ⇨ 검사는 피의자에 대하여 범죄예방자원봉사위원의 선도와 같은 일정한 선도 등을 받게 하고, 피의사건에 대한 공소를 제기하지 아니할 수 있다. ※ 이 경우 소년과 소년의 친권자·후견인 등 법정대리인의 동의를 받아야 한다.

2. 소년형사사건<09 · 15경위>

※ 소년에 대한 형사사건에 관하여 이 법에 특별한 규정이 없으면 일반 형사사건의 예에 따른다.

검사의 송치	① 검사는 소년피의사건을 수사한 결과 **보호처분에 해당하는 사유가 있다고 인정**한 경우에는 사건을 **관할 소년부에 송치하여야** 한다.(제49조 제1항)<01승진> ② 소년부는 ①항에 따라 송치된 사건을 조사 또는 심리한 결과 그 동기와 죄질이 **금고 이상의 형사처분을 할 필요**가 있다고 인정할 때에는 결정으로써 해당 **검찰청 검사에게 송치할 수** 있다.(제49조 제2항) ※ 제2항에 따라 송치한 사건은 다시 소년부에 송치할 수 없다.
법원의 송치	법원은 소년에 대한 피고사건을 심리한 결과 **보호처분에 해당할 사유가 있다고 인정**하면 결정으로써 사건을 관할 소년부에 **송치하여야** 한다.(제50조) ※ (이송) 소년부는 ①항에 따라 송치 받은 사건을 조사 또는 심리한 결과 사건의 본인이 19세 이상인 것으로 밝혀지면 결정으로써 송치한 법원에 사건을 다시 이송하여야 한다.
소년 사건 특례	① **구속영장의 제한** ⇨ 소년에 대한 구속영장은 부득이한 경우가 아니면 발부하지 못한다. ※ 소년을 구속하는 경우에는 특별한 사정이 없으면 다른 피의자나 피고인과 분리하여 수용하여야 한다. ② **사형 및 무기형의 완화** ⇨ **죄를 범할 당시 18세 미만인 소년**에 대하여 **사형 또는 무기형으로 처할 경우에는 15년의 유기징역으로** 한다.(소년법 제59조)[♣19세 미만(×)]<15경위> ♣ 죄를 범할 당시 19세 미만인 소년에 대해서는 사형 또는 무기형으로 처할 것인 때에는 15년의 유기형으로 한다.(×) ※ 특정강력범죄의 처벌에 관한 특례법상 특정강력범죄의 경우 **20년 형**으로 가중(제4조 제1항) ③ **부정기형의 선고** ⇨ 소년이 법정형으로 **장기 2년 이상의 유기형**에 해당하는 죄를 범한 경우에는 그 형의 범위에서 장기와 단기를 정하여 선고한다.(소년법 제60조 제1항)<15경위> ※ 다만 소년범의 부정기형은 **장기는 10년, 단기는 5년을 초과하지 못한다.**(소년법 제60조 제1항 단서)<15경위> ※ 특정강력범죄를 범한 소년에 대하여 부정기형(不定期刑)을 선고할 때에는 「소년법」 제60조 제1항 단서에도 불구하고 **장기는 15년, 단기는 7년을 초과하지 못**한다.(특정강력범죄의 처벌에 관한 특례법 제4조 제2항) ④ **노역장유치 금지(환형처분의 금지)** ⇨ **18세 미만 소년에 대하여는** 형법 제70조 규정에 의한 **노역장 유치가 금지**된다.(제62조) ※ **소년법상 소년은 19세 미만**이다. ⑤ **징역 · 금고의 집행** ⇨ 징역 또는 금고를 선고받은 소년에 대하여는 특별히 설치된 교도소 또는 일반 교도소 안에 특별히 분리된 장소에서 그 형을 집행한다.(소년법 제63조 본문)<18경위> [♣소년교도소 집행이 원칙(○)] – 소년이 형의 **집행 중에 23세가 되면 일반 교도소에서 집행할 수** 있다.(소년법 제64조 단서)<09 · 15 · 18경위> – **보호처분 계속 중에 징역, 금고 또는 구류의 선고를 받은 소년**에 대하여는 먼저 그 **형을 집행한 후 보호처분을 집행**한다.[♣보호처분집행 후 형집행(×)](소년법 제64조) ♣ 보호처분의 계속 중에 징역, 금고 또는 구류의 선고를 받은 소년에 대하여는 보호처분 집행 후 그 형을 집행한다.(×)

Ⅵ 테마 131 실종아동 등의 보호 및 지원에 관한 법률

"아동 등"	① **실종 당시 18세 미만** 아동[♣14세 미만(×), ♣실종 신고 당시(×)])<14 · 17 · 19승진 · 11.1 · 12.3 · 16.2 · 17.1채용> ♣ 실종 신고 당시 18세 미만의 아동은 법상 '아동 등'에 해당한다.(×) ♣ "아동 등"은 실종 당시 14세 미만 아동, 「장애인복지법」 제2조의 장애인 중 정신장애인 · 자폐성장애인 · 지적장애인을 말한다.(×)<11.1채용> ② 「장애인복지법」 제2조의 장애인 중 **지적장애인, 정신장애인 또는 자폐성장애인**<12경위 · 17.1순경> [☻ 적정자] ③ 「치매관리법」 제2조 제2호의 **치매환자**[♣60세 이상(×)](제2조 제1호)<06 · 19승진 · 08 · 17.1채용>
"실종 아동 등"	약취(略取) · 유인(誘引) 또는 유기(遺棄)되거나 사고를 당하거나 가출하거나 길을 잃는 등의 사유로 인하여 **보호자로부터 이탈(離脫)된 아동 등**을 말한다.[♣아동 등(×)](제2조 제2호)<12 · 17 · 20승진 · 11.1 · 16.2채용>
"보호자"	친권자, 후견인이나 그 밖에 다른 법률에 따라 아동 등을 **보호하거나 부양할 의무가 있는 사람**을 말한다. 다만, **보호시설의 장 또는 종사자는 제외**한다.[♣보호시설의 장 포함(×)](제2조 제3호)<19승진 · 16.2채용>
"보호 시설"	**「사회복지사업법」**(제2조 제4호)**에 따른 사회복지시설** 및 **인가 · 신고 등이 없이 아동 등을 보호하는 시설**로서 **사회복지시설에 준하는 시설**을 말한다.[♣인가 · 신고 등을 하지 않은 시설 제외(×)](제2조 제4호)<17경위 · 17승진 · 11. · 12.3 · 16.2채용> ♣ 사회복지사업법상 사회복지시설에 준하는 시설로서 인가 · 신고 등을 하지 아니하고 아동 등을 보호하는 시설은 동법상 "보호시설"에 해당하지 아니한다.(×) ♣ "보호시설"이라 함은 「사회복지사업법」 제2조 제4호에 따른 사회복지시설만을 의미하고, 인가 · 신고 등이 없이 아동 등을 보호하는 시설로서 사회복지시설에 준하는 시설은 보호시설에 포함되지 않는다.(×)

(1) **신고의무 :** 다음 각 호의 어느 하나에 해당하는 자는 그 직무를 수행함에 있어서 실종아동 등 임을 알게 된 때에는 지체 없이 **경찰청장이 구축하여 운영하는 신고체계**("경찰신고체계")**로 지체 없이 신고하여야** 한다.(법 제6조)[위반시 200만원 이하의 과태료(법 제19조 제2항 제1호)]<19승진>

(2) **신고의무자**[♣지방자치단체장(×)](제6조 제1항)<20승진 · 17 · 18경위> [☻ 보아청사의 사실]

① **보호시설의 장 또는 그 종사자**[♣보호시설 종사자는 신고의무자 아니다.(×)]<17경위 · 12승진>

② (「아동복지법」제13조의 규정에 따른) **아동복지전담공무원**<18경위>

③ (「청소년보호법」제35조에 따른) **청소년재활센터의 장 또는 그 종사자**<18경위>

④ (「사회복지사업법」 제14조의 규정에 따른) **사회복지전담공무원**<18경위>

⑤ (「의료법」 제3조의 규정에 따른) **의료기관의 장 또는 의료인**(제6조 제1항 제5호)<20승진>

⑥ **업무 · 고용 등의 관계**로 **사실상 아동 등을 보호 · 감독**하는 자[♣업무관계 없이 아동을 보호하는 자(×)]<18경위 · 19승진>

(3) **미신고 보호행위의 금지 :** 누구든지 정당한 사유 없이 실종아동 등을 경찰관서의 장에게 신고하지 아니하고 보호할 수 없다.(5년 이하의 징역 5천만원 이하의 벌금, 동법 제7조, 제17조)<11.1채용>

― 실종아동 등 및 가출인업무처리규칙

Ⅰ. **용어정리**(실종아동 등 및 가출인 업무 처리규칙 제2조)

구분	내용
찾는 실종 아동 등	**보호자가 찾고 있는 실종아동 등**('실종아동 등의 보호 및 지원에 관한 법률' 제2조 제2호의 규정)을 말한다.(제2조 제3호)
보호실종 아동 등	"보호실종아동 등"이란 **보호자가 확인되지 않아** 경찰관이 보호하고 있는 실종아동 등을 말한다.[♣보호자가 확인되어(×)](제2조 제4호)<18.3채용> ※ 경찰관서의 장이 보호실종아동 등의 보호자를 찾기 위한 조치 후에도 보호자를 발견하지 못한 경우에는 관할 지방지차단체의 장에게 인계한다.(규칙 제11조 제3항)<15경위>
장기실종 아동 등	보호자로부터 **신고를 접수한 지**[♣이탈한 지(×)] **48시간이 경과한 후에도 발견되지 않은 '찾는 실종아동 등'**을 말한다.[♣24시간이 경과하도록(×)](규칙 제2조 제5호)<14·17·20·22승진·12경위·12.2·3·17.1·18.3·22.2채용> ♣ '장기실종아동 등'이란 보호자로부터 신고접수한 지 24시간이 경과하도록 발견하지 못한 찾는 실종아동 등을 말한다.(×)
가출인	**실종신고 당시 보호자로부터 이탈된 18세 이상의 사람을** 말한다.[♣실종 당시(×), ♣14세 이상(×)](제2조 제6호)<14승진·12.3·18.3채용> ♣ '가출인'은 실종신고 당시 보호자로부터 이탈된 14세 이상의 자를 말하는 데, 이중 '가출청소년'은 보호자가 찾고 있는 14세 이상에서 19세 이하의 자를 말한다.(×)<14승진> ※ 경찰서장은 가출인을 발견한 때에는 등록을 해제하고, 해당 가출인을 발견한 경찰서와 관할하는 경찰서가 다른 경우에는 발견 사실을 관할 경찰서장에게 지체 없이 알려야 한다.(규칙 제16조 제2항)<12.2채용>
치매환자	퇴행성 뇌질환 또는 뇌혈관계 질환 등으로 인하여 기억력, 언어능력, 지남력(指南力), 판단력 및 수행능력 등의 기능이 저하됨으로써 **일상생활에서 지장을 초래하는 후천적인 다발성 장애가 발생한 자**를 말한다.(**장애인과는 다른 개념**이다.)[♣60세 이상자(×)](치매관리법 제2조)<11경위> ♣ 치매질환자는 60세 이상의 자를 대상으로 실종아동 등에 준하여 처리한다.(×)
발생지	① "발생지"란 실종아동 등 및 가출인이 실종·가출 전 최종적으로 **목격되었거나 목격되었을 것으로 추정하여 신고자 등이 진술한 장소**를 말하며, ② 신고자 등이 최종 목격 장소를 **진술하지 못하거나,** 목격되었을 것으로 추정되는 장소가 **대중교통시설 등일 경우 또는 실종·가출 발생 후 1개월이 경과한 때**에는[♣10일이 경과한 때에는(×)] 실종아동 등 및 가출인의 **실종 전 최종 주거지**를 말한다.(규칙 제2조 제7호)<17승진·12.2·17.1채용>
발견지	"발견지"라 함은[♣발생지라 함은(×)] 실종아동 등 또는 가출인을 발견하여 보호 중인 장소를 말하며, **발견한 장소와 보호 중인 장소가 서로 상이한 경우 보호 중인 장소를 "발견지"로** 한다.[♣상이한 경우 발견한 장소를 "발견지"로(×)](제2조 제8호)<14·17·22승진·12.2·17.1·18.3채용> ♣ '발견지'는 실종아동 등 또는 가출인을 발견하여 보호중인 장소로서, 발견한 장소와 보호중인 장소가 서로 상이한 경우 발견한 장소를 '발견지'로 한다.(×)

국가경찰 수사범죄	「자치경찰사무와 시 · 도자치경찰위원회의 조직 및 운영 등에 관한 규정」 제3조 제1호부터 제5호까지 또는 제6호 나목의 범죄가 아닌 범죄를 말한다.(규칙 제2조 제9호) ※ **제외범죄 :** 학교폭력 등 **소년범죄**, **가정폭력**범죄 및 **아동학대**범죄, 교통사고 및 **교통**관련범죄, **공연음란**(형법), 성적 목적을 위한 **다중이용장소 침입**행위(성폭처법), **경범**죄 및 기초질서 관련범죄, **실종아동등의 보호 및 지원에 관한 법률위반죄(정당한 사유없이 실종아동등을 보호한 자** 및 실종아동등을 찾기 위하여 **제공받은 개인위치정보 목적 외 이용** 등)[♣국가경찰수사범죄에 실종아동등을 찾기 위해 제공받은 개인위치정보 목적 외 이용포함(×)](규칙 제2조 제9호)
실종유괴경보 문자메시지	실종 · 유괴경보가 발령된 경우 (「실종아동등의 보호 및 지원에 관한 법률 시행령」 제4조의5 제7항에 따른) 공개정보를 시민들에게 널리 알리기 위하여 휴대폰에 전달하는 문자메시지를 말한다.(규칙 제2조 제10호)

Ⅱ. 주요내용

신고 접수	**관할불문 신고접수** ⇨ 신고접수는 관할에 관계없이 실종아동찾기센터, 각 시 · 도경찰청 및 경찰서에서 **전화, 서면, 구술 등의 방법으로 관할에 관계없이 접수**하며, 신고를 접수한 경찰관은 범죄와의 관련 여부 등을 확인해야 한다.[♣실종아동 등 주거지 관할 경찰서에서만 접수할 수(×)](규칙 제10조 제1항)<14 · 15승진 · 15경위> ① **신고접수증 발급가능** ⇨ 실종아동 등 또는 가출인에 대한 신고를 접수하거나, 실종아동 등 프로파일링시스템에 신고 내용이 입력되어 있는 것을 확인한 경찰관은 보호자가 요청하는 경우에는 (별지 제1호서식의) **신고접수증을 발급할 수** 있다.(규칙 제7조 제6항)<15승진> ② **이첩** ⇨ 가출인의 발생지 **관할이 아닌 경찰관서**에서 신고를 접수한 경우에는 **프로파일링시스템 조회 · 등록 후 지체 없이 가출인의 발생지를 관할하는 경찰서장에게 이첩하여야** 한다.(규칙 제15조 제3항)
수색 · 수사 실시 결정	① **경찰관서의 장**은 실종아동 등의 발생 신고를 접수하면 **지체없이 수색 또는 수사의 실시 여부를 결정하여야** 한다.[♣24시간 이내(×)](실종아동등의 보호 및 지원에 관한 법률 제9조 제1항)<17경위 · 15 · 19승진 · 22.2채용> ♣ 경찰관서의 장은 실종아동 등의 발생 신고를 접수하면 24시간 내에 수색 또는 수사의 실시 여부를 결정하여야 한다.(×)<19승진> ② 경찰관서의 장은 실종아동 등(**범죄로 인한 경우를 제외**)의 **조속한 발견을 위하여 필요한 때**에는 위치정보사업자 등에게 실종아동 등의 위치 확인에 필요한 「위치정보의 보호 및 이용 등에 관한 법률」에 따른 **개인위치정보**, 「인터넷주소자원에 관한 법률」에 따른 **인터넷주소** 및 「통신비밀보호법」에 따른 **통신사실확인자료**(**"개인위치정보 등"**)의 제공을 요청할 수 있다.[♣예외없이 제공을 요청할 수 있다.(×) ⇨ 범죄로 인한 경우 제외, ♣범죄로 인한 경우 포함(×)](실종아동등의 보호 및 지원에 관한 법률 제9조 제2항)<17경위 · 15 · 19 · 22승진> 1. 「위치정보의 보호 및 이용 등에 관한 법률」 제5조에 따른 위치정보사업자 2. 「정보통신망 이용촉진 및 정보보호 등에 관한 법률」 제2조 제1항 제3호에 따른 정보통신서비스 제공자 중에서 대통령령으로 정하는 기준을 충족하는 제공자 3. 「정보통신망 이용촉진 및 정보보호 등에 관한 법률」 제23조의3에 따른 본인확인기관 4. 「개인정보보호법」 제24조의2에 따른 주민등록번호 대체가입수단 제공기관

구분	내용
수색 · 수사 실시 결정	③ 이 경우 경찰관서의 장의 요청을 받은 자는 「통신비밀보호법」 제3조(대화 및 통신비밀보호)에도 불구하고 **정당한 사유가 없으면 이에 따라야** 한다.(법 제9조 제2항 단서) ④ 요청을 받은 위치정보사업자는 그 실종아동 등의 동의 없이 개인위치정보 등을 수집할 수 있으며, **실종아동 등의 동의가 없음을 이유로 경찰관서의 장의 요청을 거부하여서는 아니 된다.**[♣거부할 수 있다.(×)](제9조 제3항)<15승진> ※ 경찰관서의 장의 요청을 거부한 자는 **2년 이하의 징역 또는 2천만원 이하의 벌금**에 처한다.(법 제18조 제1의3호) ⇨ 실동아동등 관련 업무뿐만이 아니라 거부한 자에 대한 수사도 자치경찰사무에 포함된다.(국자법 제4조) ⑤ 경찰관서의 장과 경찰관서에 종사하거나 종사하였던 자는 실종아동 등을 찾기 위한 목적으로 제공받은 개인위치정보 등을 실종아동 등을 찾기 위한 **목적 외의 용도로 이용하여서는 아니** 되며, 경찰관서의 장은 **목적을 달성**하였을 때에는 **지체 없이 파기하여야** 한다.(법 제9조 제4항)<15승진> ※ 개인위치정보 목적외 사용금지의무 **위반 시 5년 이하의 징역 또는 5천만원 이하의 벌금**(법제17조)
현장 탐문 및 수색	① **탐문 · 수색** ⇨ 찾는실종아동 등 및 가출인발생신고를 접수 또는 이첩 받은 발생지 관할 경찰서장은 즉시 현장출동 경찰관을 지정하여 탐문 · 수색하도록 하여야 한다.(규칙 제18조 제1항) ② **탐문 · 수색의 생략** ⇨ 다만, 경찰관서장이 판단하여 **수색의 실익이 없거나 현저히 곤란**한 경우에는 **탐문 · 수색을 생략하거나 중단할 수** 있다.(규칙 제18조 제1항 단서)<09승진> ♣ 실종아동 등 · 가출인 발생신고에 대해서는 발생기간에 관계없이 반드시 탐문 · 수색을 하여야 한다.(×) ※ 경찰서장은 제1항의 규정에 따라 현장을 탐문 · 수색한 결과, 정밀수색이 필요하다고 인정될 경우에는 추가로 필요한 경찰관 등을 출동시킬 수 있다.(규칙 제18조 제2항) ③ **결과보고서** ⇨ 현장출동 경찰관은 현장을 **탐문 · 수색결과에** 대해 필요한 **보고서를 작성**하여 실종아동 등 프로파일링시스템에 등록하고 경찰서장에게 보고하여야 한다.(규칙 제18조 제3항)
정보 제공 요청	① 경찰관서의 장은 실종아동등의 조속한 발견을 위하여 필요한 때에는 관계 **중앙행정기관**(그 소속기관 및 책임운영기관을 포함한다)**의 장, 지방자치단체의 장**(「지방교육자치에 관한 법률」 제18조에 따른 교육감을 포함한다), 「공공기관의 운영에 관한 법률」 제4조에 따른 **공공기관의 장, 법인 · 단체의 장 및 개인**에 대하여 실종아동등의 위치 확인에 필요한 다음 각 호의 **정보제공을 요청할 수** 있으며, 요청을 받은 자는 **정당한 사유가 없으면 이에 따라야** 한다.(제9조의2 제1항) 1. **고정형 영상정보처리기기를 통하여 수집된 정보** 2. **교통카드의 사용명세** 3. **신용카드 · 직불카드 · 선불카드의 사용일시, 사용장소** 4. 처방전의 **의료기관 명칭**, **전화번호** 및 진료기록부등의 **진료일시** ② 경찰관서의 장과 경찰관서에 종사하거나 종사하였던 자는 제공받은 정보를 실종아동등을 찾기 위한 **목적 외의 용도로 이용하여서는 아니** 되며, 경찰관서의 장은 **목적을 달성하였을 때에는 지체 없이 파기하여야** 한다.(제9조의2 제2항)

구분	내용
정보 제공 요청	③ 경찰관서의 장은 정보가 수집된 실종아동등의 **보호자**에게 다음 각 호의 사실을 **통지하여야** 한다.(제9조의2 제3항) 1. 실종아동등 발견을 위하여 **필요한 정보가 수집되었다는 사실** 2. 수집된 정보는 이 법에 따른 **실종아동등 발견 업무 이외의 목적으로 사용할 수 없으며 목적 달성 시 지체 없이 파기된다는 사실** ④ 정보 제공 요청 방법, 정보에 대한 파기 방법 및 통지의 방법에 관하여 필요한 사항은 **대통령령**으로 정한다.(제9조의2 제4항)
추적 및 수사 <05승진 · 05채용>	① **추적** ⇨ 찾는실종아동 등 및 가출인에 대한 발생지 관할 경찰서장은 신고자 · 목격자 조사, 최종 목격지 및 주거지 수색, 위치추적 등 통신수사, 유전자검사, 실종아동 등 프로파일링시스템 정보조회 등의 방법을 통해 **실종아동 등 및 가출인을 발견하기 위한 추적에 착수**한다.(규칙 제19조 제1항) ② **수사** ⇨ 경찰서장은 실종아동 등 및 가출인이 **범죄관련 여부가 의심되는 경우**, 신속히 **수사에 착수하여야** 한다.(규칙 제19조 제2항) ③ 경찰관서의 장은 실종아동 등에 대하여 현장 탐문 및 수색 후 그 결과를 **즉시 보호자에게 통보하여야** 한다.<15승진> 이후에는 실종아동 등 프로파일링시스템에 수배한 날로부터 **1개월까지는 15일에 1회, 1개월이 경과한 후부터는 분기별 1회** 보호자에게 추적 진행사항을 통보한다.[♣1월까지는 10일에 1회(×), ♣1개월 경과 후부터는 매월 1회(×), ♣1월 경과 후부터 반기별 1회(×)](규칙 제11조 제5항)<12 · 15경위 · 12.2 · 22.2채용> ♣ 경찰서장은 장기실종아동 등에 대해 등록일로부터 1월까지는 10일에 1회, 1월이 경과한 후에는 매월 1회씩 보호자에게 추적 진행사항 통보 및 귀가여부를 확인한다.(×)<12경위> ※ 실종아동 등 프로파일링시스템에 등록한 날로부터 반기별 1회 보호자에게 귀가 여부를 확인한다.(제16조)
실종 수사 조정	① **실종수사 조정위원회** ⇨ 경찰서장은 실종아동 등 및 가출인의 **수색 · 추적 중 인지된 국가경찰 수사 범죄의 업무를 조정하기 위하여** 실종수사 조정위원회를 구성하여 **운영할 수** 있다.[♣운영하여야(×)](규칙 제20조 제1항) 1. 위원회는 **위원장을 경찰서장**으로 하고, 위원은 **여성청소년과장(미직제시 생활안전과장), 형사과장(미직제시 수사과장) 등 과장 3인 이상으로 구성**한다. 2. 위원회는 경찰서 여성청소년과장이 회부한 **국가경찰 수사 범죄 의심 사건의 범죄관련성 여부 판단** 및 담당부서를 결정한다. ② 위원회는 경찰서 여성청소년과장의 안건 회부 후 **24시간 내에 서면으로 결정하여야** 한다.[♣48시간 이내(×)](규칙 제20조 제2항) ③ 경찰서장은 위원회 결정에 따라 실종아동 등 및 가출인 발견을 위해 신속히 추적 또는 수사에 착수하여야 한다.
실종 경보	① **시 · 도경찰청장**은 실종아동등의 조속한 발견과 복귀를 위하여 실종 · 유괴경보의 발령이 필요하다고 판단되는 경우 발령 요건 · 기준(별표1)에 따라 실종 · 유괴경보를 **발령할 수** 있다.(규칙 제24조 제1항) ※ 경찰서장은 실종 · 유괴경보의 발령을 요청하나 직접 발령하는 업무를 책임지지 않는다.

실종 경보	② 실종경보를 발령한 **시·도경찰청장**은 타 시·도경찰청장의 관할 구역에도 실종경보의 발령이 필요하다고 인정하는 경우 **타 시·도경찰청장에게 같은 내용의 경보발령을 요청할 수** 있고, 경보발령을 요청받은 시·도경찰청장은 특별한 사유가 없는 한 지체 없이 실종경보의 발령에 **협조하여야** 한다.(규칙 제24조 제2항) ③ 시·도경찰청장은 **경보해제 사유**(별표1)에 해당하는 경우 즉시 당해 **실종·유괴경보를 해제하여야** 한다.(제24조 제3항) ④ 시·도경찰청장과 경찰서장은 실종·유괴경보와 관련한 업무를 수행하기 위하여 다음 각 호의 구분에 따라 **운영책임자**를 둔다.(제23조 제4항) 1. **실종경보 운영책임자**[☻실종 여생] 가. 시·도경찰청: 여성청소년과장(미직제시 생활안전교통과장) 나. 경찰서: **여성청소년과장**(미직제시 **생활안전과장** 또는 생활안전교통과장) 2. **유괴경보 운영책임자**[☻유괴 형수] 가. 시·도경찰청: 형사과장(미직제시 수사과장) 나. 경찰서: **형사과장**(미직제시 **수사과장**)[♣여성청소년과장(×)]
실종·유괴 경보 문자 메시지 송출	① **경찰청장은** 주요 전기통신사업자에게 **실종·유괴경보 문자메시지의 송출을 요청하기 위한 시스템을 직접 구축·운영**하거나 행정안전부장관과 사전 협의하여 **구축된 재난문자방송 송출시스템을 이용할 수** 있다.(규칙 제25조 제1항) ② **시·도경찰청장**은 실종·유괴경보를 발령함에 있어 **실종·유괴경보 문자메시지의 송출이 필요하다고 판단**되는 경우 송출 기준에 따라 송출 문안을 정하여 **실종아동찾기센터로 송출을 의뢰할 수** 있다. 다만, **유괴경보 문자메시지의 송출**을 의뢰하는 경우에는 **국가수사본부장의 사전 승인**을 **받아야** 한다.(규칙 제25조 제2항) ③ 시·도경찰청장이 실종경보 문자메시지의 송출을 의뢰함에 있어 송출 지역이 **타 시·도경찰청장의 관할 구역**에 속하는 경우, 타 시·도경찰청장이 관할 구역에 대한 **실종경보 문자메시지의 송출에 협조한 것으로 간주**한다.(규칙 제25조 제3항) ④ 송출 의뢰를 받은 **실종아동찾기센터**는 송출시스템을 통하여 주요 **전기통신사업자에게 실종·유괴경보 문자메시지의 송출을 요청하여야** 한다. 다만, 시·도경찰청장이 의뢰한 내용에 대하여는 요건의 충족 여부를 확인하여야 하며, 위 요건에 대한 흠결이 있을 때에는 시·도경찰청장에게 **보정을 요구할 수** 있고, 그 흠결이 **경미**한 때에는 시·도경찰청장으로부터 그 내용을 확인하여 **직권으로 보정할 수** 있다.(규칙 제25조 제4항)
공개 수색	경찰관서의 장은 실종아동 등·가출인의 발견을 위하여 보호자 등의 동의를 얻어 언론·인터넷 등을 통하여 공개수색·수사를 실시할 수 있다.(법 제9조의 2) ※ 엠버 경보(Amber Alert) ⇨ 납치 어린이의 정보를 도로 전광판과 TV·라디오·방송에 공개해 주민에게 알리고 신고와 제보를 독려하는 시스템

정리 **입력, 보존, 수배해제**[실종아동 등 및 가출인 업무처리 규칙 제7조]<12·14·15·20승진·12경위>

<table>
<tr><td rowspan="3">입력대상
[제7조]
<12·14·15·20승진·12경위></td><td>프로파일링 시스템
(제7조 제1항)</td><td colspan="2">1. 실종아동 등(치매환자 포함)
2. 가출인
3. 보호시설 입소자 보호자가 확인되지 않은 사람(무연고자)[♣입력하지 않을 수 있다.(×)]<20승진> [☻ 실무가]</td></tr>
<tr><td>인터넷 안전드림(홈피) 공개대상(동의필요)</td><td colspan="2">1. 실종아동 등(치매환자 포함)
2. 보호시설 무연고자 [☻ 실무]
– 삭제사유(제7조⑤)
1. 찾는 실종아동 등을 발견한 때
2. 보호실종아동 등 또는 보호시설 무연고자의 보호자를 확인한 때
3. 본인 또는 보호자가 공개된 자료의 삭제를 요청하는 때</td></tr>
<tr><td>프로파일링시스템 입력하지 않을 수 있는 대상
(제7조 제2항)<22승진></td><td colspan="2">입력하지 않을 수 있다.(규정)
1. 채무관계 해결, 형사사건 당사자 소재 확인 등 실종아동 등 및 가출인 발견 외 다른 목적으로 신고된 사람
2. 수사기관으로부터 지명수배 또는 지명통보된 사람<22승진>
3. 허위로 신고된 사람
4. 보호자가 가출 시 동행한 아동 등<14승진>
5. 그 밖에 신고 내용을 종합하였을 때 명백히 제1항에 따른 입력 대상이 아니라고 판단되는 사람</td></tr>
<tr><td rowspan="4">프로파일링 시스템 등록자료 보존기간
[제7조 제3항]</td><td colspan="2">발견된 18세 미만 아동 및 가출인</td><td>수배 해제 후로부터 5년간 보관[♣10년간 보관(×)]<22.2채용></td></tr>
<tr><td colspan="2">발견된 지적·자폐성·정신장애인 등 및 치매환자</td><td>수배 해제 후로부터 10년간 보관</td></tr>
<tr><td colspan="2">미발견자</td><td>소재 발견 시까지 보관[♣등록 후 10년간(×)]<22.2채용></td></tr>
<tr><td colspan="2">보호시설 무연고자</td><td>본인요청 시(까지) 즉시 삭제</td></tr>
<tr><td>실종아동 등 및 가출인의 정보통신망 수배해제사유
[제8조 제3항]</td><td colspan="3">1. 찾는실종아동 등 및 가출인의 소재를 발견한 경우[♣가출인의 경우 2년이 경과되어도 소재가 발견되지 않았을 때(×)](제8조 제3항 제1호)
2. 보호실종아동 등의 신원을 확인하거나 보호자를 확인한 경우(제8조 제3항 제2호)
3. 허위 또는 오인신고인 경우(제8조 제3항 제4호)
4. 지명수배 또는 지명통보 대상자임을 확인한 경우(제8조 제3항 제5호)
5. 보호자가 해제를 요청한 경우(제8조 제3항 제6호)
※ 보호자가 해제 요청한 경우(제6호)에는 해제 요청 사유의 진위(眞僞) 여부를 확인한 후 해제한다.</td></tr>
</table>

♣ '실종아동 등 가출인 업무처리 규칙' 실종아동 등 프로파일링 시스템에 등록된 자료 중 '미발견자'는 등록 후 10년간 자료를 보존한다.(×)

※ 정보시스템 = 인터넷 안전드림(실종아동찾기센터 홈페이지) + 프로파일링 시스템

Ⅲ. 업무처리절차

현행(규칙상)

아동 · 부녀자 실종신고 접수

⇩

현장탐문 및 수색 ⇨ 등록 및 보고서 제출(경찰관서장이 지정하는 경찰관 출동 – 생략 가능)

⇩

단순가출 ⇨ 추적 / 범죄혐의 ⇨ 수사

⇩

실종수사 조정위원회 ⇨ 수색 · 추적 중 인지된 강력범죄의 업무를 조정 / 통보

한쌤의 이해하는 경찰학개론 각론

합격까지 박문각

PART 02

수사

제1장 수사 일반
제2장 수사경찰의 활동
제3장 분야별 수사

CHAPTER

01 수사 일반

① 국가수사본부는 경찰수사 관련 정책의 수립·총괄·조정, 경찰수사 및 수사 지휘·감독 기능을 수행한다.(경찰청과 그 소속기관 직제 제16조 제1항)

② 국가수사본부에 수사국, 형사국, 사이버수사국 및 안보수사국을 둔다.(경찰청과 그 소속기관 직제 제16조 제2항)

③ **수사국의 업무분장**(경찰청과 그 소속기관 직제)

> 수사국장은 다음 사항을 분장한다.(제19조 제3항)
> 1. 부패범죄, 공공범죄, 경제범죄 및 금융범죄에 관한 수사 지휘·감독
> 2. 제1호의 범죄 수사에 관한 기획, 정책·수사지침 수립·연구·분석 및 수사기법 개발
> 3. 제1호의 범죄에 대한 통계 및 수사자료 분석
> 4. 국가수사본부장이 지정하는 중요 범죄에 대한 정보수집 및 수사
> 5. 중요 범죄정보의 수집 및 분석에 관한 사항

④ **형사국의 업무분장**

> 형사국장은 다음 사항을 분장한다.(제20조 제3항)<22승진>
> 1. 강력범죄, 폭력범죄 및 **교통사고·교통범죄에 관한 수사 지휘·감독**[♣교통국 업무분장(×)]<22승진·22.2채용>
> 2. 마약류 범죄 및 조직범죄에 관한 수사 지휘·감독
> 3. 성폭력범죄, **아동·청소년 대상 성매매**, 가정폭력, **아동학대**, 학교폭력 및 실종사건에 관한 수사 지휘·감독 및 **아동·청소년 대상 성매매 단속**[♣아동 청소년 대상 성매매 사범에 대한 지도 및 단속은 생활안전국장 사무(×)]<22.2채용>
> 4. 제1호부터 제3호까지의 규정에서 정한 범죄 및 외국인 관련 범죄 수사에 관한 기획, 정책·수사지침 수립·연구·분석 및 수사기법 개발
> 5. 제1호부터 제3호까지의 규정에서 정한 범죄 및 **외국인 관련 범죄에 대한 통계 및 수사자료 분석**[♣외사국 업무분장 사항(×)]<22승진>

⑤ **사이버수사국의 업무분장**

> 사이버 수사국장은 다음 사항을 분장한다.(제21조 제3항)
> 1. 사이버공간에서의 범죄("사이버범죄") 정보의 수집·분석
> 2. 사이버범죄 신고·상담
> 3. 사이버범죄 수사에 관한 사항
> 4. 사이버범죄 예방에 관한 사항
> 5. 사이버수사에 관한 기법 연구
> 6. 사이버수사 관련 국제공조에 관한 사항
> 7. 디지털포렌식에 관한 사항

⑥ 안보수사국의 업무분장

> 안보 수사국장은 다음 사항을 분장한다.(제22조 제3항)
> 1. 안보수사경찰업무에 관한 기획 및 교육
> 2. 보안관찰 및 경호안전대책 업무에 관한 사항
> 3. 북한이탈주민 신변보호
> 4. 국가안보와 국익에 반하는 범죄에 대한 수사의 지휘·감독
> 5. 안보범죄정보 및 보안정보의 수집·분석 및 관리
> 6. 국내외 유관기관과의 안보범죄정보 협력에 관한 사항
> 7. 남북교류와 관련되는 안보수사경찰업무
> 8. 국가안보와 국익에 반하는 중요 범죄에 대한 수사

1 수사의 기본이념

1. 수사의 기본이념 – 실체진실발견, 기본적 인권보장

2. 수사의 목적 – 피의사건 진상파악, 기소·불송치(불기소) 결정, 공소제기 및 유지, 유죄판결, 형사소송법의 목적 실현

3. 수사의 지도원리 – ① 실체적 진실주의, ② 적정절차의 원리, ③ 무죄추정의 법리, ④ 필요최소한의 법리

4. 수사의 제 원칙

> (1) **수사의 기본원칙 – ① 헌법상 원칙(강제수사 법정주의, 영장주의, 자기부죄 강요금지의 원칙) ② 제출인환부의 원칙, ③ 수사비례의 원칙, ④ 임의수사의 원칙, ⑤ 수사비공개의 원칙**
>
> (2) **범죄수사 3대원칙 – ① 현장보존의 원칙, ② 공중협력의 원칙, ③ 신속착수의 원칙**
>
> (3) **범죄수사 준수원칙 – ① 종합수사의 원칙, ② 선증후포의 원칙, ③ 민사관계불간섭의 원칙, ④ 법령엄수의 원칙**

5. 수사실행 5원칙<14·15경위·01·02·03·04·05·09승진·01·101단.2·02채용>

수사자료 완전수집 원칙	**수사 제1의 법칙 ⇨ 모든 수사 자료**를 수사관이 **완전히 수집**하여 문제를 명확히 해야 한다. ※ 수사 1단계에서 사건 해결의 관건인 자료를 누락·멸실하지 말아야 하며, **수사의 기본방법 중 제1조건**이다.
수사자료 감식·검토 원칙	**과학적 지식과 시설을 최대한 활용, 면밀히 감식·검토**해야 하고 **상식적 검토나 경험적 판단에 의존해서는 안 된다.**[♣상식, 경험적 판단(×), ♣수사의 기본방법 중 제1조건(×)]<21승진> ※ 수집된 자료를 **면밀히 감식, 검토하여 새로운 자료의 가치를 발견**하는 것도 자료수집의 중요한 방법

적절한 추리의 원칙	정리된 수사 자료를 기초로 범인·범죄사실에 대한 **합리적 추측과 판단**이 필요 ※ 유의사항 ⇨ ㉠ **수집된 자료를 기초로 합리적 판단**, ㉡ 추측은 모든 경우를 고려, ㉢ 추측은 **가상적 판단**으로 진위 불분명[♣추측은 확정적 판단(×)] ⇨ 검증적 수사에 의해 진실 확인 전까지 확신 금물<21승진>
검증적 수사의 원칙	① 어떤 추측이 정당한지 가리기 위해 **추측 하나하나를 모든 각도에서 확인·검토해야** 한다는 원칙<08·21승진·08·10.1채용> ② **추측을 확인하는 작업**인 동시에 또 다른 측면에서 **새로운 자료수집**이라고 할 수 있다. ※ **검증방법(수사사항 결정 ⇨ 수사방법의 결정 ⇨ 수사의 실행)**[♣수사방법의 결정 ⇨ 수사사항의 결정(×)]<21승진> [☻사방 실행]
사실판단 증명의 원칙	**객관적 증명 필요** ⇨ 수사관 판단의 진실성이 증명되기 위해서는 누구에게나 진위가 확인될 수 있어야 하며, 언어나 문자로 표현되고 **판단의 근거와 증거를 제시**하여 **객관화하여야** 한다는 원칙이다.<21승진>
☻"파기공 유형" "지도실적 추정필요" / "헌 강영자 제비임 비공개" "3대 현장공신" "종선민법 준수" "완전 감식 추검사"	

2 수사의 기본요소

※ **수사의 가능성 ⇨ 범죄의 징표 ⇨ 수사수단 ⇨ 수사자료 ⇨ 추리 ⇨ 수사선**

1. **수사수단 종류 – 듣는 수사, 보는 수사, 추리수사**(듣는 수사와 보는 수사를 보충)
2. **수사수단의 방향**

구분	횡적 수사[☻횡수 위중(하니)]	종적 수사[☻종의 속도(타네)]
의의	**폭을 넓혀가는 수사**, 범행에 관계있는 모든 **자료의 발견 수집을 목적**으로 하는 수사 활동(**자료 수집을 위한 수사**)	**깊이 파고드는 수사**로 수집된 특정자료의 성질, 특징 등을 깊이 관찰하여 **범인에 도달**하는 수사 활동(**자료수집에 의한 수사**)
종류	**현**장관찰, **행**적수사, **미**행·잠복, 수**색**, **탐**문수사, **감**별수사[☻현행 미색 탐감]	**유**류품 수사, **수**법수사, **장**물수사, **인**상특징수사, **수배**수사[☻유수장인수배]
장점	넓은 자료수집으로 **신중한** 판단, 수사확실성	**신속한** 범인검거를 기대할 수 있다.
단점	노력과 시간에 있어 비경제적	한정된 자료로 판단을 그르칠 가능성

3. **추리의 종류**

구분	연역적 추리(전개적 추리)	귀납적 추리(집중적 추리)
의의	하나의 사실로서 **다수의 가능한 사실을 추론**하는 것(하나 ⇨ 다수)	다수의 사실로서 **하나의 결론을 추론**하는 것(다수 ⇨ 하나)
과정	수사의 **하강과정**	수사의 **상승과정**

내용	하나의 범죄사실 관련 다수의 용의자를 선정하고 합리적 추리 전개	상정한 다수의 용의자 중에서 합리성 있는 추리를 하여 한 사람의 진범에 도달
사례	형사 甲이 잔혹한 범행수법에서 원한관계에 있는 a, b, c를 용의자로 선정하여 수사	형사 甲은 살인 용의자 a, b, c의 알리바이 수사를 통해 b를 진범이라고 판단하여 수사

4. 수사선(범죄징표와 비교)

구분	범죄징표이론	수사선
특징	합리적 지식에 기초한 **이론면**이다.[♣수사선은 합리적 지식에 기초한 이론면이다.(×)]	**범죄징표이론을 특정사건 수사에 응용하는 것** (확정된 사실을 기초로 미확정사실을 향해 수사선을 방사함으로써 수사가 진전된다.)
비교	**'범행에서 징표로'의 이론적 지식체계** – '어떠한 범행이 그러한 범적을 남기는가'라는 결과를 캐는 이론(범죄 ⇨ 범적)	**'범죄징표에서 범죄로'의 추리의 체계화** – 범적을 보고 '어떠한 범죄에서 비롯된 것인가'라는 원인을 캐는 것(범적 ⇨ 범죄)
☻**"횡수 위중" "종의 속" "현행미색탐감" "유수장인수배" "전연하 – 귀집상"**		

3 수사기관

<table>
<tr><td rowspan="4">검사</td><td colspan="3">현행 형사소송법상 범죄수사의 주도적 지위를 갖는 수사의 주체이자 주재자이며 소추기관인 동시에 재판의 집행기관이다.</td></tr>
<tr><td>수사기관</td><td colspan="2">수사권, 수사종결권을 가진 수사주체이다.
※ 수사상 필요한 때는 관할구역 외에서도 직무를 수행할 수 있다.(검찰청법 제5조)</td></tr>
<tr><td>소추기관</td><td colspan="2">독점적으로 공소를 제기·수행하는 공소권의 주체(기소독점주의)</td></tr>
<tr><td>형집행기관</td><td colspan="2">재판확정시 형의 집행을 지휘·감독하는 권한 보유</td></tr>
<tr><td rowspan="5">사법경찰관리</td><td colspan="3">검사와 사법경찰관은 수사에 있어 상호 협력관계로 개정되어, 사법경찰관이 수사의 주체로서 수사의 개시, 진행, 종결권을 갖게 되었다.
① 검사와 사법경찰관은 수사, 공소제기 및 공소유지에 관하여 서로 협력하여야 한다.(제195조 제1항)
② 경무관, 총경, 경정, 경감, 경위는 사법경찰관으로서 범죄의 혐의가 있다고 사료하는 때에는 범인, 범죄사실과 증거를 수사한다.(제196조)</td></tr>
<tr><td rowspan="2">일반 사법경찰관리
(지역적 사항적 제한 ×)</td><td>사법경찰관</td><td>검찰수사서기관·검찰수사사무관·검찰수사주사·검찰수사주사보 / 경무관·총경·경정·경감·경위</td></tr>
<tr><td>사법경찰리</td><td>수사보조기관 ⇨ 검사 또는 사법경찰관의 지휘를 받아 수사의 보조를 할 수 있을 뿐 – 검찰서기·검찰서기보 / 경사·경장·순경
※ 경찰관은 구체적 수사와 관련된 소속 수사부서장의 지휘·감독의 적법성 또는 정당성에 이견이 있는 경우에는 해당 상관에게 수사지휘에 대한 이의제기서를 작성하여 이의를 제기할 수 있다.(범죄수사규칙 제30조 제1항)</td></tr>
<tr><td rowspan="2">특별 사법경찰관리
(제한○)</td><td>법률상 당연</td><td>교도소장, 소년원장, 지방출입국·외국인 관서직원 등</td></tr>
<tr><td>검사장 지명</td><td>교도관, 세관공무원 등(사법경찰관리의 직무를 수행할 자와 그 직무범위에 관한 법률 제5조)</td></tr>
</table>

1. 테마 132 경찰 · 검찰 협의(검사와 사법경찰관의 상호협력과 일반적 수사준칙에 관한 규정)

구분	내용
수사경합	① 검사는 사법경찰관과 동일한 범죄사실을 수사하게 된 때에는 사법경찰관에게 사건을 송치할 것을 요구할 수 있다.(형사소송법 제197조의4 제1항) ② 수사경합에 따른 송치 요구를 받은 사법경찰관은 **지체 없이** 검사에게 사건을 송치하여야 한다. 다만, 검사가 영장을 청구하기 전에 동일한 범죄사실에 관하여 사법경찰관이 영장을 신청한 경우에는 해당 영장에 기재된 범죄사실을 계속 수사할 수 있다.(형소법 제197조의4 제2항) ※ 검사는 사법경찰관에게 수사경합에 따른 사건송치를 요구할 때에는 그 내용과 이유를 구체적으로 적은 **서면으로 해야** 한다.(규정 제49조 제1항)<21.2채용> ③ 사법경찰관은 수사경합에 따른 **사건송치 요구**를 받은 날부터 **7일 이내**에 사건을 검사에게 송치해야 한다. 이 경우 관계 서류와 증거물을 함께 송부해야 한다.[♣10일 이내(×)](규정 제49조 제2항)<21.2채용> ④ 검사는 사법경찰관이 범죄사실을 계속 수사할 수 있게 된 경우에는 정당한 사유가 있는 경우를 제외하고는 그와 동일한 범죄사실에 대한 사건을 이송하는 등 중복수사를 피하기 위해 노력해야 한다.(제50조)
시정조치요구 등	① 검사는 사법경찰관리의 수사과정에서 법령위반, 인권침해 또는 현저한 수사권 남용이 의심되는 사실의 신고가 있거나 그러한 사실을 인식하게 된 경우에는 사법경찰관에게 사건기록 등본의 **송부를 요구할 수** 있다.(형소법 제197조의3 제1항) ※ 법령위반 등으로 송부 요구를 받은 사법경찰관은 **지체 없이** 검사에게 사건기록 등본을 송부하여야 한다.(형소법 제197조의3 제2항) ② 법령위반 등으로 송부를 받은 검사는 필요하다고 인정되는 경우에는 사법경찰관에게 **시정조치를 요구할 수** 있다.(형소법 제197조의3 제3항) ※ 사법경찰관은 법령위반 등 시정조치 요구가 있는 때에는 정당한 이유가 없으면 지체 없이 이를 이행하고, 그 결과를 검사에게 통보하여야 한다.(형소법 제197조의3 제4항) ③ 법령위반 등 시정조치 통보를 받은 검사는 시정조치 요구가 정당한 이유 없이 이행되지 않았다고 인정되는 경우에는 사법경찰관에게 사건을 **송치할 것을 요구할 수** 있다.(형소법 제197조의3 제5항) ※ 법령위반등으로 송치 요구를 받은 사법경찰관은 검사에게 사건을 송치하여야 한다.(형소법 제197조의3 제6항) ④ 검사는 **시정조치요구**(제197조의3제6항), 체포 · 구속장소감찰(제198조의2제2항) 및 고소인등 이의신청(제245조의7제2항)에 따라 사법경찰관으로부터 **송치**받은 사건에 관하여는 해당 사건과 **동일성을 해치지 아니하는 범위** 내에서 **수사할 수** 있다.(형소 제196조 제2항)
영장심의	① 검사가 사법경찰관이 신청한 영장을 정당한 이유 없이 판사에게 **청구하지 아니한 경우** 사법경찰관은 그 검사 소속의 지방검찰청 소재지를 관할하는 **고등검찰청에 영장 청구 여부에 대한 심의를 신청할 수** 있다.(형소법 제221조의5 제1항) ② 사법경찰관이 신청한 영장청구 여부에 관한 사항을 심의하기 위하여 각 **고등검찰청에 영장심의위원회**를 둔다.(형소법 제221조의5 제2항)

<table>
<tr>
<td>수사
중지</td>
<td>① 사법경찰관은 수사중지 결정을 한 경우 **7일 이내에 사건기록을 검사에게 송부**해야 한다. 이 경우 검사는 사건기록을 송부받은 날부터 **30일 이내에 반환해야** 하며, 그 기간 내에 시정조치요구를 할 수 있다.(규정 제51조 제4항)<21.2채용>

※ 수사중지 : 피의자중지, 참고인중지(제51조 제1항 제4호)

② 사법경찰관으로부터 수사중지 결정의 통지를 받은 사람은 해당 **사법경찰관이 소속된 바로 위 상급경찰관서의 장에게 이의를 제기할 수** 있다.(규정 제54조 제1항)

㉠ 이의제기의 절차·방법 및 처리 등에 관하여 필요한 사항은 경찰청장 또는 해양경찰청장이 정한다.(제54조 제2항)

㉡ 이의제기를 하려는 사람은 수사중지 결정을 통지받은 날부터 **30일 이내**에 해당 사법경찰관이 "소속상급경찰관서장"에게 수사중지 결정 이의제기서를 **제출해야** 한다.(경찰수사규칙 제101조 제1항)

※ 이의제기서는 해당 사법경찰관이 **소속된 경찰관서에 제출할 수** 있다. 이 경우 이의제기서를 제출받은 경찰관서의 장은 이를 **지체 없이 소속상급경찰관서장에게 송부해야** 한다.(경찰수사규칙 제101조 제2항)

③ 수사중지 결정의 통지를 받은 사람은 해당 수사중지 결정이 법령위반, 인권침해 또는 현저한 수사권 남용이라고 의심되는 경우 **검사에게 신고를 할 수** 있다.(제54조 제3항)</td>
</tr>
<tr>
<td>사건
송치
·
보완
수사
요구</td>
<td>① **사법경찰관의 사건송치 등 :** 사법경찰관은 고소·고발 사건을 포함하여 범죄를 수사한 때에는 다음 각 호의 구분에 따른다.(형소법 제245조의5)

1. 범죄의 **혐의**가 있다고 **인정**되는 경우에는 지체 없이 검사에게 **사건을 송치**하고, 관계 서류와 증거물을 검사에게 송부하여야 한다.

2. **그 밖의 경우**에는 그 이유를 명시한 서면과 함께 관계 서류와 증거물을 지체 없이 검사에게 **송부**하여야 한다. 이 경우 검사는 송부받은 날부터 **90일 이내**에 사법경찰관에게 **반환하여야** 한다.

※ 사법경찰관은 사건을 송치하지 아니하는 (제245조의5 제2호의) 경우에는 그 송부한 날부터 **7일 이내**에 서면으로 고소인·고발인·피해자 또는 그 법정대리인(피해자가 사망한 경우에는 그 배우자·직계친족·형제자매를 포함)에게 사건을 검사에게 송치하지 아니하는 취지와 그 이유를 **통지하여야** 한다.(형소법 제245조의6)

※ 불송치이유(제245조의6)의 통지를 받은 사람은 해당 사법경찰관의 소속 관서의 장에게 **이의를 신청할 수** 있고,(형소법 제245조의7 제1항)

※ 사법경찰관은 불송치결정에 대한 이의신청(제245조의7 제1항)이 있는 때에는 지체 없이 검사에게 사건을 **송치하고** 관계 서류와 증거물을 송부하여야 하며, 처리결과와 그 이유를 이의신청인에게 **통지하여야** 한다.(형소법 제245조의7 제2항)

② **사건송치 :** 사법경찰관은 관계 법령에 따라 검사에게 사건을 송치할 때에는 송치의 이유와 범위를 적은 송치 결정서와 압수물 총목록, 기록목록, 범죄경력 조회 회보서, 수사경력 조회 회보서 등 관계 서류와 증거물을 함께 송부해야 한다.(제58조 제1항)

※ 검사 또는 사법경찰관은 고소 또는 고발에 따라 범죄를 수사하는 경우에는 **고소 또는 고발**을 수리한 날부터 **3개월 이내**에 수사를 마쳐야 한다.(제16조의2 제2항)<24승진></td>
</tr>
</table>

사건 송치 · 보완 수사 요구

③ **보완수사요구**: 검사는 사법경찰관으로부터 송치받은 사건에 대해 보완수사가 필요하다고 인정하는 경우에는 **직접 보완수사를 하거나** (법 제197조의2 제1항 제1호에 따라) 사법경찰관에게 보완수사를 **요구할 수** 있다.[♣직접보완수사 원칙, 예외적 보완수사 요구(×)](제59조 제1항)<21.2채용>

※ 다만, 송치사건의 공소제기 여부 결정에 필요한 경우로서 **다음** 각 호의 **어느 하나**에 해당하는 경우에는 특별히 사법경찰관에게 보완수사를 요구할 필요가 있다고 인정되는 경우를 제외하고는 **검사가 직접 보완수사를 하는 것을 원칙**으로 한다.(제59조 제1항 단서)

1. 사건을 수리한 날(이미 보완수사요구가 있었던 사건의 경우 보완수사 이행 결과를 통보받은 날을 말한다)부터 1개월이 경과한 경우
2. 사건이 송치된 이후 검사가 해당 피의자 및 피의사실에 대해 상당한 정도의 보완수사를 한 경우
3. 시정조치요구등(법 제197조의3 제5항), 수사경합에 따른 송치요구(제197조의4 제1항) 또는 검사의 체포 · 구속장소감찰에 따른 송치요구(제198조의2 제2항)에 따라 사법경찰관으로부터 사건을 송치받은 경우
4. 중요사건 협력절차(제7조) 또는 검사와 사법경찰관의 협의(제8조)에 따라 검사와 사법경찰관이 사건 송치 전에 수사할 사항, 증거수집의 대상 및 법령의 적용 등에 대해 협의를 마치고 송치한 경우

※ 검사는 다음 각 호의 어느 하나에 해당하는 경우에 사법경찰관에게 보완수사를 요구할 수 있다.(형사소송법 제197조의2 제1항)

1. 송치사건의 공소제기 여부 결정 또는 공소의 유지에 관하여 필요한 경우
2. 사법경찰관이 신청한 영장의 청구 여부 결정에 관하여 필요한 경우

㉠ 검사는 보완수사를 요구할 때에는 그 **이유와 내용 등을 구체적으로 적은 서면과 관계 서류 및 증거물을 사법경찰관에게 함께 송부해야** 한다. 다만, 보완수사 대상의 성질, 사안의 긴급성 등을 고려하여 관계 서류와 증거물을 송부할 필요가 없거나 송부하는 것이 적절하지 않다고 판단하는 경우에는 해당 **관계 서류와 증거물을 송부하지 않을 수** 있다.(제60조 제1항)<24승진>

㉡ 보완수사를 요구받은 사법경찰관은 **송부받지 못한 관계 서류와 증거물**이 보완수사를 위해 필요하다고 판단하면 해당 서류와 증거물을 **대출하거나 그 전부 또는 일부를 등사할 수** 있다.[♣검사에게 송부해줄 것을 요청할 수(×), ♣검사는 등사하게 할 수(×)](제60조 제2항)<24승진>

㉢ 사법경찰관은 (법 제197조의2 제1항에 따른) 보완수사요구가 접수된 날부터 **3개월 이내**에 보완수사를 **마쳐야** 한다.(제60조 제3항)

㉣ 사법경찰관은 보완수사를 이행한 경우에는 그 이행 **결과를 검사에게 서면으로 통보해야** 하며, 관계 서류와 증거물을 송부받은 경우에는 그 **서류와 증거물을 함께 반환해야** 한다. 다만, 관계 서류와 증거물을 **반환할 필요가 없는 경우**에는 보완수사의 이행 **결과만을 검사에게 통보할 수** 있다.(제60조 제4항)

㉤ 사법경찰관은 보완수사를 이행한 결과 **'범죄혐의가 있다고 인정되는 경우'**(법 제245조의5 제1호)에 **해당하지 않는다고 판단**한 경우에는 사건을 **불송치하거나 수사중지할 수** 있다.(제60조 제5항)

구분	내용
사건 불송치 · 재수사 요구	① 고소인등에 대한 **송부통지**(제245조의6)를 받은 사람(고발인을 제외)은 해당 사법경찰관의 소속 관서의 장에게 **이의를 신청할 수** 있다.(형사소송법 제245조의7 제1항) ② 사법경찰관은 고소인등에 대한 송부통지에 대한 **이의신청이 있는 때**에는 **지체 없이 검사에게 사건을 송치**하고 관계 서류와 증거물을 송부하여야 하며, 처리결과와 그 이유를 신청인에게 통지하여야 한다.(형사소송법 제245조의7 제2항) ③ 검사는 사건을 송치하지 아니한(제245조의5 제2호) 경우에 사법경찰관이 사건을 송치하지 아니한 것이 **위법 또는 부당**한 때에는 그 이유를 문서로 명시하여 사법경찰관에게 **재수사를 요청할 수** 있다.(형사소송법 제245조의8 제1항) ※ 사법경찰관은 재수사 요청이 있는 때에는 사건을 재수사하여야 한다.(형사소송법 제245조의8 제2항) ④ 검사는 사법경찰관에게 **재수사를 요청**하려는 경우에는 관계 서류와 증거물을 송부받은 날부터 **90일 이내**에 해야 한다. 다만, 다음 각 호의 어느 하나에 해당하는 경우에는 관계 서류와 증거물을 송부받은 날부터 **90일이 지난 후에도 재수사를 요청할 수** 있다.[♣명백히 새로운 증거 또는 사실이 발견된 경우를 제외하고 재수사를 요청할 수 없다.(×)](제63조 제1항)<24승진 · 21.2채용> 1. 불송치 결정에 영향을 줄 수 있는 **명백히 새로운 증거 또는 사실**이 발견된 경우 2. 증거 등의 **허위, 위조 또는 변조**를 인정할 만한 **상당한 정황**이 있는 경우 ⑤ 검사는 재수사를 요청할 때에는 그 내용과 이유를 구체적으로 적은 **서면으로 해야** 한다. 이 경우 **송부받은 관계 서류와 증거물**을 사법경찰관에게 **반환해야** 한다.(제63조 제2항)
재수사 절차	① 사법경찰관은 재수사 요청등에 따라 재수사를 한 경우 다음 각 호의 구분에 따라 처리한다.(제64조 제1항) 1. **범죄의 혐의가 있다고 인정**되는 경우: 검사에게 **사건을 송치**하고 관계 서류와 증거물을 송부 2. 기존의 **불송치 결정을 유지**하는 경우: 재수사 결과서에 그 **내용과 이유를 구체적으로 적어 검사에게 통보** ② 검사는 사법경찰관이 **재수사 결과를 통보한 사건**에 대해서 **다시 재수사를 요청하거나 송치 요구를 할 수 없다**.[♣재수사요청이 정당한 이유 없이 이행되지 않았다고 인정되는 경우에 사건송치를 요구할 수(×)](제64조 제2항) ※ 다만, 검사는 사법경찰관이 사건을 송치하지 않은 **위법 또는 부당이 시정되지 않아** 사건을 송치받아 수사할 필요가 있는 다음 각 호의 경우에는 **사건송치를 요구할 수** 있다.(제64조 제2항 단서) 1. 관련 **법령 또는 법리에 위반**된 경우 2. 범죄 **혐의의 유무**를 명확히 하기 위해 재수사를 요청한 사항에 관하여 그 **이행이 이루어지지 않은 경우**. 다만, 불송치 결정의 유지에 영향을 미치지 않음이 명백한 경우는 제외한다. 3. 송부받은 관계 서류 및 증거물과 재수사 결과만으로도 **범죄의 혐의가 명백히 인정**되는 경우 4. **공소시효 또는 형사소추의 요건을 판단**하는 데 **오류**가 있는 경우

재수사 절차	③ 검사는 재수사결과 통보에 따른 **사건송치 요구 여부를 판단**하기 위해 필요한 경우에는 사법경찰관에게 관계 **서류와 증거물의 송부를 요청할 수** 있다. 이 경우 요청을 받은 사법경찰관은 이에 **협력해야** 한다.(제64조 제3항) ④ 검사는 **재수사 결과를 통보받은 날**(관계 서류와 증거물의 송부를 요청한 경우에는 관계 서류와 증거물을 송부받은 날)부터 **30일 이내**에 (제2항 각 호 외의 부분 단서에 따른) **사건송치 요구를 해야** 하고, 그 **기간 내에 사건송치 요구를 하지 않을 경우**에는 송부받은 관계 서류와 증거물을 사법경찰관에게 **반환해야** 한다.(제64조 제4항) ⑤ 사법경찰관은 **재수사 중인 사건에 대해 이의신청이 있는 경우**에는 **재수사를 중단해야** 하며, 해당 사건을 **지체 없이 검사에게 송치하고 관계 서류와 증거물을 송부해야** 한다.(제65조)
검사의 피신 조서	검사가 작성한 피의자신문조서는 적법한 절차와 방식에 따라 작성된 것으로서 공판준비, 공판기일에 그 피의자였던 피고인 또는 변호인이 그 **내용을 인정할 때에 한정하여 증거로 할 수** 있다.(형사소송법 제312조 제1항)

4 수사행정

1. 테마 133 유치인 보호근무(피의자 유치 및 호송규칙)

유치	① **의의**: 유치인(**피의자, 피고인, 구류인 및 의뢰입감자**)의 **도주, 증거인멸, 자해행위, 도주원조 등을 미연에 방지**하고, 동시에 **유치인의 생명 및 신체를 보호(인권보호)**하기 위해 신체의 자유를 구속하는 것 ② **경찰서장은** 피의자의 유치 및 유치장의 관리에 전반적인 지휘·감독을 해야 하며 그 **책임을 져야** 한다.(피의자 유치 및 호송규칙 제4조 제1항)<16경위> ③ **경찰서 주무과장**(“유치인보호 주무자”)은 경찰서장을 보좌하여 유치인 보호 및 유치장 관리를 담당하는 경찰관(“유치인보호관”)을 지휘·감독하고 **피의자의 유치 및 유치장의 관리에 관한 책임**을 진다.(피의자 유치 및 호송규칙 제4조 제2항) ④ 경찰서장이 지정하는 자는 유치인보호 주무자를 보조하여 피의자의 유치에 관한 사무를 수행하고 유치장을 적절히 관리해야 한다.(피의자 유치 및 호송규칙 제4조 제3항) ⑤ **일과시간 후 또는 토요일·공휴일**에는 **상황관리관**(상황관리관의 임무를 수행하는 자를 포함) **또는 경찰서장이 지정하는 자**가 **유치인보호 주무자의 직무를 대리**하여 그 책임을 진다.(피의자 유치 및 호송규칙 제4조 제4항)<16승진>
근거	**유치장 설치근거법규 ⇨ 경찰관직무집행법** 제9조
입감	① **입감대상**: 형사소송법에 의해 체포 구속된 자, 신체의 자유를 제한하는 판결 또는 처분을 받은 자를 수용(경찰관직무집행법 제9조) 예 체포·구속 피의자 또는 피고인, **구류판결을 받은 피고인**, 의뢰입감자 등 ② 피의자를 유치장에 입감시키거나 출감시킬 때에는 **유치인보호 주무자가 발부하는 피의자입(출)감지휘서**(별지 제2호 서식)에 의해야 하며(제7조 제1항),

<table>
<tr><td rowspan="1">입감</td><td colspan="2">③ 동시에 3명 이상의[♣2인 이상의(×)] 피의자를 입감시킬 때에는 경위 이상 경찰관(간부)이 입회하여 순차적으로 입감시켜야 한다.(제7조 제1항)<17경위 · 22승진>
♣ 동시에 2명 이상의 피의자를 입감시킬 때에는 경위 이상 경찰관(간부)이 입회하여 순차적으로 입감시켜야 한다.(×)<17경위>
④ 유치인보호관은 새로 입감한 유치인에 대하여는 유치장 내에서의 일과표, 접견, 연락절차, 유치인에 대한 인권보장(별표3) 등에 대하여 설명하고, 인권침해를 당했을 때에는 「국가인권위원회법 시행령」 제6조에 따라 진정할 수 있음을 알리고, 그 방법을 안내해야 한다.(제7조 제4항)
⑤ 경찰서장은 유치인이 친권이 있는 18개월 이내의 유아의 대동(對同)을 신청한 때에는 다음 각 호의 어느 하나에 해당하는 사유가 없다고 인정되는 경우 이를 허가해야 한다. 이 경우 유아의 양육에 필요한 설비와 물품의 제공, 그 밖에 양육을 위하여 필요한 조치를 해야 한다.(제12조 제2항)
1. 유아가 질병 · 부상, 그 밖의 사유로 유치장에서 생활하는 것이 적당하지 않은 경우
2. 유치인이 질병 · 부상, 그 밖의 사유로 유아를 양육하는 것이 적당하지 않은 경우
3. 유치장에 감염병이 유행하거나 그 밖의 사정으로 유아의 대동이 적당하지 않은 경우</td></tr>
<tr><td rowspan="4">신체 등 검사</td><td colspan="2">① 유치인보호관은 피의자를 유치하는 과정에서 유치인의 생명 신체에 대한 위해를 방지하고, 유치장내의 안전과 질서를 유지하기 위하여 필요하다고 인정될 때에는 유치인의 신체, 의류, 휴대품 및 유치실을 검사할 수 있다.(피의자 유치 및 호송규칙 제8조 제1항)
② 신체, 의류, 휴대품('신체 등')의 검사는 동성의 유치인보호관이 실시하여야 한다. 다만, 여성 유치인보호관이 없을 경우에는 미리 지정하여 신체 등의 검사방법을 교양 받은 여성경찰관으로 하여금 대신하게 할 수 있다.(피의자 유치 및 호송규칙 제8조 제2항)<24.1채용>
③ 신체 등의 검사는 유치인보호주무자가 피의자입(출)감지휘서에 지정하는 방법으로 유치장 내 신체검사실에서 해야 하며, 그 종류와 기준 및 방법은 다음과 같다.(피의자 유치 및 호송규칙 제8조 제4항)</td></tr>
<tr><td>외표 검사</td><td>▶ 죄질이 경미하고 동작과 언행에 특이사항이 없으며 위험물 등을 은닉하고 있지 않다고 판단되는 유치인에 대하여는 신체 등의 외부를 눈으로 확인하고 손으로 가볍게 두드려 만져 검사한다.[♣간이검사(×)](피의자 유치 및 호송규칙 제8조 제4항 제1호)<17경위 · 16승진 · 24.1채용></td></tr>
<tr><td>간이 검사</td><td>▶ 일반적으로 유치인에 대하여는 탈의막 안에서 속옷은 벗지 않고 신체검사의를 착용(유치인의 의사에 따른다)하도록 한 상태에서 위험물 등의 은닉여부를 검사한다.(제8조 제4항 제2호)<22승진></td></tr>
<tr><td>정밀 검사</td><td>▶ 살인, 강도, 절도, 강간, 방화, 마약류, 조직폭력 등 죄질이 중하거나 근무자 및 다른 유치인에 대한 위해 또는 자해할 우려가 있다고 판단되는 유치인에 대하여는 탈의막 안에서 속옷을 벗고 신체검사의로 갈아입도록 한 후 정밀하게 위험물 등의 은닉여부를 검사해야 한다.(제8조 제4항 제3호)</td></tr>
<tr><td>보관</td><td colspan="2">위험물 등 보관 ⇨ 주체 – 유치인보호주무자(위험물, 현금 모두)</td></tr>
<tr><td>근무 요령</td><td colspan="2">① 경찰관은 아래 어느 하나에 해당하는 경우 유치인 보호주무자의 승인을 받아 유치인에 대하여 수갑 또는 수갑 · 포승('수갑 등')을 사용할 수 있다. 다만, 승인을 받을 시간적 여유가 없는 때에는 사용 후 지체 없이 보고하여 사후승인을 얻어야 한다.(제22조 제1항)
1. 송치, 법정 출석 및 병원진료 등으로 유치장 외의 장소로 유치인을 호송하는 때와 조사 등으로 출감할 때
2. 도주하거나 도주하려고 하는 때
3. 자살 또는 자해하거나 하려고 하는 때</td></tr>
</table>

근무 요령	4. 다른 사람에게 위해를 가하거나 하려고 하는 때 5. 유치장 등의 시설 또는 물건을 손괴하거나 하려고 하는 때 ② **분리 유치 : 형사범과 구류 처분을 받은 자, 19세 이상의 사람과 19세 미만의 사람, 신체장애인 및 사건관련의 공범자** 등은 유치실이 허용하는 범위 내에서 분리하여 유치해야 하며, 신체장애인에 대하여는 신체장애를 고려한 처우를 해야 한다.[♣18세 이상, 18세 미만(×)](제7조 제2항)<18경위> [☻남 신공 일구 형수] ③ 피의자 유치 시 **남성과 여성은 분리하여 유치해야** 한다.(제12조 제1항)
보건 위생	유치인보호 주무자는 유치인의 건강유지를 위하여 보건위생에 유의하고 다음과 같이 실시해야 한다.(제30조 제1항) 1. 유치인에게는 수사 및 유치인보호에 지장이 없는 범위 안에서 적당한 시간을 택하여 간단한 운동을 시켜야 한다. 2. 유치인이 목욕을 **원할 때**에는 유치장의 질서를 해하지 아니하는 범위에서 **목욕을 하도록 조치**한다. 이 경우 **목욕시간은 경찰서장이 정한다**. 3. 유치장 내외의 **청소를 매일 1회 이상** 실시하여 항상 청결을 유지하도록 해야 한다. 4. 유치장 내외에 대한 **약품소독을 매주 1회 이상** 실시해야 한다. 5. 계절적으로 전염병 발생기에 있어서는 보건기관과 협조하여 유치인(유치하고자 하는 자를 포함)에게 예방주사를 실시해야 한다. 6. 청명한 날씨에는 침구 등의 일광소독을 실시하여 기생충이 생기거나 악취가 나지 않도록 해야 한다.
질병 조치 등	유치인보호 주무자는 유치인이 **병에 걸린 경우, 임산부(임신 중**이거나 **분만 후 6개월 미만**인 여성) **및 70세 이상의 고령자는** 경찰서장에게 **보고**하여 필요한 **조치**를 받게 하고 그 사항에 따라 **다른 유치실에 따로 수용하여** 안전하게 하거나 또는 **의료시설이 있는 장소에 수용**하는 등 적당한 조치를 해야 한다.[♣60세 이상 노약자(×)](제31조 제1항, 제3항, 모자보건법 제2조) [☻병중유치]
인권	경찰서 **청문감사관**은 **매일 일과시작 후** 신속히 유치장 내에 (인권)진정함을 확인하여 진정서가 있을 경우 지체 없이 이를 **국가인권위원회에 등기우편으로 송부해야** 한다.(제40조 제4항)
석방	① **유치인보호관**은 유치기간이 만료되는 자에 대하여는 **유치기간 만료 1일전**에 **유치인보호 주무자에게 보고**하여 그 주의를 환기시켜 위법유치를 하는 일이 없도록 해야 한다.(제42조) ② 유치인보호 주무자가 유치인을 석방함에 있어서는 **본인 여부를 반드시 확인**해야 하며 제9조에 따라 **보관중인 위험물 및 휴대금품 등을 정확히 반환**하고 석방일시, 석방후의 거주지, 그 밖에 필요한 사항들을 명확히 기록하여 두어야 한다.(제43조 제1항)

2. 테마 134 호송실무

구분	내용
의의	즉결인, 형사피고인, 피의자 또는 구류인 등(이하 피호송자)을 검찰청, 법원, 교도소, 경찰서 등에 연행하기 위해 이동하면서 간수하는 것을 말한다.
용어	① **"호송관"**이라 함은 피호송자의 호송을 담당하는 경찰관을 말한다.(제46조 제1호) ② **"호송관서"**라 함은 피호송자를 호송하고자 하는 경찰관서를 말한다.(제46조 제2호) ③ **"인수관서"**라 함은 호송된 피호송자를 인수하는 관서를 말한다.(제46조 제3호) ④ **"이감호송"**이라 함은 피호송자의 수용장소를 **다른 곳으로 이동**하거나 특정관서에 인계하기 위한 호송을 말한다.[♣비상호송(×)](제46조 제4호)<19경위> ⑤ **"왕복호송"**이라 함은 피호송자를 특정장소에 호송하여 필요한 용무를 마치고 **다시 발송관서 또는 호송관서로 호송**하는 것을 말한다.[♣이감호송(×)](제46조 제5호) ♣ "이감호송"이라 함은 피호송자를 특정장소에 호송하여 필요한 용무를 마치고 다시 발송관서 또는 호송관서로 호송하는 것을 말한다.(×) ⑥ **"집단호송"**이라 함은 한 번에 다수의 피호송자를 호송하는 것을 말한다.(제46조 제6호) ⑦ **"비상호송"**이라 함은 **전시, 사변 또는 이에 준하는 국가비상 사태나 천재, 지변**에 있어서 피호송자를 **다른 곳에 수용하기 위한 호송**을 말한다.[♣이감호송(×)](제46조 제7호)<18경위> ⑧ **"호송수단"**이라 함은 호송에 필요한 수송수단을 말한다.(제46조 제8호)
종류	**방법**: ① **직송** ⇨ 관서 또는 출두할 장소에 피호송자를 곧바로 호송하는 것이다. ② **채송** ⇨ 치료 등 사유로 인수받은 경찰관서에서 치료 후 호송하는 경우이다. **내용**: 왕**복호송**, **이**감**호송**, **비**상**호송**, **집**단**호송**
출발 전 조치	① 호송관은 반드시 **호송주무관의 지휘에 따라** (호송출발을 위해) **포박하기 전**에[♣포박한 후(×)] **피호송자에 대하여** 안전호송에 필요한 **신체검색을 실시**해야 한다.(규칙 제49조 제1항)<09·17·19경위·17·18승진> ♣ 호송관은 반드시 호송주무관의 지휘에 따라 (호송출발을 위해) 포박한 후에 피호송자에 대하여 안전호송에 필요한 신체검색을 실시해야 한다.(×) ② 여자인 피호송자의 신체검색은 **여자경찰관이 행하거나 성년의 여자를 참여시켜야** 한다.(규칙 제49조 제2항)<18승진> ③ 호송관은 **호송주무관의 허가**를 받아 (「경찰관 직무집행법」제10조의2 제1항 및 「위해성 경찰장비의 사용기준 등에 관한 규정」 제4조에 따라) 필요한 한도에서 호송대상자에 대하여 **수갑 또는 수갑·포승을 사용할 수** 있다.(규칙 제50조 제1항)<17경위> ※ 다만, 구류선고 및 감치명령을 받은 자와 미성년자, 고령자, 장애인, 임산부 및 환자 중 주거와 신분이 확실하고 도주의 우려가 없는 자에 대하여는 수갑 또는 수갑·포승을 채우지 아니한다.(규칙 제50조 제1항 단서) ④ 호송관은 수갑 또는 수갑·포승을 사용하는 피호송자가 **2인 이상일 때**에는 호송수단에 따라 **2인 내지 5인을 1조**로 하여 상호 연결시켜 포승으로 **포박한다.**[♣2인 내지 6인을 1조(×)](규칙 제50조 제4항)<17경위·18승진> ⑤ 호송관서의 장은 호송수단과 피호송자의 죄질·형량·범죄경력·성격·체력·사회적 지위·인원, 호송거리, 도로사정, 기상 등을 고려하여 **2인 이상**의 **호송관을 지정해야** 한다.(제48조 제2항) ⑥ 호송관서의 장은 호송관이 **5인 이상**이 되는 호송일 때에는 **경위 이상 계급의 1인**을 **지휘감독관으로 지정해야** 한다.[♣11인 이상(×), ♣경감 이상 지휘감독관(×)](제48조 제3항)

호송 실시	① 호송은 **일출전 또는 일몰후에 할 수 없다**. 다만, **기차, 선박 및 차량을 이용하는 때 또는 특별한 사유가 있는 때**에는 **그러하지 아니**한다.[♣일출 전 또는 일몰 후에 하는 것을 원칙으로(×), ♣일출 전 일몰 후에는 항상 금지(×)](규칙 제54조)<18·19경위·24.1채용> ♣호송은 일출 전 또는 일몰 후에 하는 것을 원칙으로 한다.(×) ② **호송수단**은 경찰호송차 기타 경찰이 보유하고 있는 차량(“**경찰차량**”)**에 의함을 원칙**으로 해야 한다.[♣특별한 경우에만(×)](규칙 제55조 제1항)<18승진> ※ 다만, 경찰차량을 사용할 수 없거나 기타 특별한 사유가 있는 때에는 도보나 경비정, 경찰항공기 또는 일반 교통수단을 이용할 수 있다.(규칙 제56조 제1항 단서) ③ **사전통지 :** 호송관서는 **미리 인수관서에 피호송자의 성명, 호송일시 및 호송방법을 통지해야** 한다. 다만, 다른 수사기관에서 인수관서에 통지하거나 비상호송 기타 특별한 사유가 있는 때에는 예외로 한다.(제52조 제1항)
영치 금품 처리	피호송자의 영치금품은 다음의 구분에 따라 처리한다.(제53조) ① **금전, 유가증권은 호송관서에서 인수관서에 직접 송부**한다.[♣탁송이 원칙(×)] 다만 소액의 금전, 유가증권 또는 당일로 호송을 마칠 수 있을 때에는 호송관에게 탁송할 수 있다.(제53조 제1호) <19경위·22승진> ② 피호송자가 호송 도중에 필요한 식량, 의류, 침구의 구입비용을 **자비로 부담할 수 있는 때**에는 그 **청구가 있으면 필요한 금액을 호송관에게 탁송**해야 한다.(제53조 제2호) ③ **물품**은 **호송관에게 탁송**한다.[♣직접 송부가 원칙(×)] 다만, 위험한 물품 또는 호송관이 휴대하기에 부적당한 물품은 발송관서에서 인수관서에 **직접 송부할 수** 있다.(제53조 제3호)<19경위> ④ 송치하는 금품을 **호송관에게 탁송할 때**에는 **호송관서에 보관책임**이 있고, 그렇지 아니한 때에는 **송부한 관서에 그 책임**이 있다.(제53조 제4호)<18경위>
휴대	① 호송관은 호송근무를 할 때에는 **분사기를 휴대해야** 한다.[♣할 수 있다.(×)](규칙 제70조 제1항)<19경위·17승진> ② 호송관서의 장은 **특별한 사유**가 있는 경우 호송관이 **총기를 휴대하도록 할 수** 있다.[♣총기를 휴대하도록 해야 한다.(×)](규칙 제70조 제2항)<19경위>
교양	경찰서장은 유치인보호관에 대하여 피의자의 유치에 관한 관계법령 및 규정 등을 **매월 1회 이상 정기적으로 교양**하고 **유치인보호관은 이를 숙지해야** 한다.(제73조)
차량 호송 요령	① **승차위치 ⇨ 피호송자는 운전자 바로 옆, 뒷자리나 출입문 앞·뒤, 옆자리가 아닌 곳**에 승차시켜야 한다.(규칙 제57조 제1호) ※ 다만, 소형 차량이거나 특별한 사유가 있을 때에는 **그러하지 아니할 수** 있다.(규칙 제57조 제1호 단서) ② **덮개 없는 차량** ⇨ 화물자동차등 복개가 없는 차량에 의하여 호송할 때에는 **호송관은 적재함 가장자리에 위치**하며, 피호송자의 도주 기타의 사고를 방지해야 한다.[♣피호송자는 적재함 가장자리(×)](규칙 제57조 제4호) ※ 호송관은 차량의 구조에 따라 감시에 적당한 장소에 위치하여 항시 피호송자를 감시해야 한다.(규칙 제57조 제3호)

구분		내용
호송비용		① 호송관 및 피호송자의 여비, 식비, 기타 **호송에 필요한 비용**은 **호송관서에서 이를 부담**해야 한다.(제68조 제1항) ② 호송관은 **피호송자를 숙박시켜야 할 사유가 발생**하였을 때에는 **체류지 관할 경찰서 유치장 또는 교도소를 이용해야** 한다.(피의자 유치 및 호송규칙 제66조 제1항)<19경위> ③ 피호송자가 **식량, 의류, 침구 등을 자신의 비용으로 구입할 수 있을 때**에는 호송관은 물품의 구매를 **허가할 수** 있다.(제67조 제1항) ④ **사망이나 발병시 비용**은 각각 그 **교부를 받은 관서가 부담해야** 한다.[♣호송하는 관서 부담(×)](제68조 제2항)
도주		① 즉시 사고발생지 **관할 경찰서에 신고**하고 도주 피의자 수배 및 수사에 필요한 사항을 알려주어야 하며, 소속장에게 전화, 전보 기타 신속한 방법으로 보고하여 그 지휘를 받아야 한다. 이 경우에 **즉시 보고할 수 없는 때에는 신고 관서에 보고를 의뢰할 수** 있다.(제65조 1호, 가) ② **호송관서의 장은** 보고받은 즉시 **상급경찰관서에 보고 및 인수관서에 통지**하고 도주 피의자의 수사에 착수해야 하며, 사고발생지 관할 경찰서장에게 **수사를 의뢰**해야 한다.(제65조 1호, 나) ③ 도주자에 관한 **호송 관계서류 및 금품**은 **호송관서에서 보관해야** 한다.[♣인수관서에서 보관(×)](제65조 1호, 다)<17·22승진>
발병	경증	경증으로서 호송에 큰 지장이 없고 당일로 호송을 마칠 수 있을 때에는 호송관이 적절한 **응급조치를 취하고 호송을 계속해야** 한다.[♣최근접 경찰서 인도(×)](규칙 제65조 제3호, 가)<17승진·경위>
	중증	① 중증으로써 호송을 계속하거나 곤란하다고 인정될 때에 피호송자 및 그 서류와 금품을 **발병지에서 가까운 경찰관서에 인도해야** 한다.(규칙 제65조 제3호, 나) ② **인수한 경찰관서**는 즉시 질병을 치료해야 하며, **질병의 상태**를 **호송관서 및 인수관서에 통지**해야 한다.(규칙 제65조 제3호, 다. 본문) ③ 질병이 치유된 때에는 **호송관서에 통지**함과[♣인수관서에(×)] 동시에 **치료한 경찰관서에서 지체 없이 호송해야** 한다.(규칙 제65조 제3호, 다. 본문) ※ 다만, 진찰한 결과 **24시간 이내에 치유**될 수 있다고 진단되었을 때에는 **치료후 호송관서의 호송관이 호송을 계속**하게 해야 한다.(규칙 제65조 제3호, 다. 단서)<18경위>
사망		① 즉시 사망시 **관할 경찰관서에 신고**하고 **시체와 서류 및 영치금품은 신고 관서에 인도해야** 한다. 다만, 부득이한 경우에는 다른 도착지의 관할 경찰관서에 인도할 수 있다.(제65조 제2호 가) ② 인도를 받은 경찰관서는 즉시 **호송관서와 인수관서에 사망일시, 원인 등을 통지**하고, **서류와 금품은 호송관서에 송부**한다.(제65조 제2호 나) ③ 호송관서의 장은 통지받은 즉시 **상급경찰관서에 보고**하고 **사망자의 유족 또는 연고자에게 이를 통지해야** 한다.(제65조 제2호 다) ④ 통지 받을 가족이 없거나, 통지를 받은 가족이 통지를 받은 날부터 **3일 내에 그 시신을 인수하지 않으면 구, 시, 읍, 면장에게 가매장을 하도록 의뢰해야** 한다.(제65조 제2호 라)

참고 **검찰청과 대검찰청 간 호송인치 업무 양해 각서**<2017년 1.1>

구분	내용
검찰의 직접호송 대상	**검찰이 지명수배한 피의자, 검찰이 체포·구속한 피의자, 검찰이 수사하여 영장실질심사 대상**이 된 피의자
이관 대상	**벌금수배자**의 형집행장 집행, 감정유치(현재 경찰호송)

3. 지명수배(경찰수사규칙, 범죄수사규칙)

구분	내용
의의	전국의 모든 경찰관들에게 특정한 피의자에 대하여 그의 **체포를 의뢰**하는 제도이다.
대상	① 사법경찰관리는 다음 각 호의 어느 하나에 해당하는 사람의 소재를 알 수 없을 때에는 지명수배를 할 수 있다.(경찰수사규칙 제45조 제1항) 1. 법정형이 사형, 무기 또는 **장기 3년 이상의 징역이나 금고**에 해당하는 죄를 범했다고 의심할 만한 상당한 이유가 있어 **체포영장 또는 구속영장이 발부**된 사람 2. **지명통보의 대상**인 사람 중 지명수배를 할 필요가 있어 **체포영장 또는 구속영장이 발부**된 사람 ② **긴급체포**를 하지 않으면 수사에 현저한 지장을 초래하는 경우에는 영장을 발부받지 않고 **지명수배할 수** 있다. 이 경우 지명수배 후 **신속히 체포영장을 발부받아야** 하며, 체포영장을 발부받지 못한 때에는 즉시 지명수배를 해제해야 한다.(경찰수사규칙 제45조 제2항) 판례 [비공개 지명수배 ⇨ 공권력 행사(×)] '수사과정에서의 비공개 지명수배' 조치는 **수사기관 내부의 단순한 공조(共助) 내지 의사연락에 불과할 뿐**이고 그 자체만으로는 아직 국민에 대하여 직접 효력을 가지는 것이라 할 수 없다. 또한 수사기관간에 비공개리에 이루어지는 지명수배 조치의 속성상 이로 인하여 피의자가 거주·이전의 자유에 제약을 받는다고 보기도 어렵거니와 설사 그러한 제약적 효과가 있다 하더라도 이는 지명수배자가 그 소재발견을 회피하려는 데 따른 선택적 결과에 불과할 뿐 지명수배 조치로 인한 필연적·직접적인 효과로 보기 어려우므로, 이는 헌법소원심판의 대상이 되는 **'공권력의 행사'에 해당한다고 볼 수 없다.**(99헌마181)
공개수배	① 언론매체·정보통신망 등을 이용한 공개수배는 공개수배 위원회의 심의를 거쳐야 한다.(범죄수사규칙 제103조 제1항) ※ 단, 공개수배 위원회를 개최할 시간적 여유가 없는 긴급한 경우에는 사후 심의할 수 있으며, 이 경우 지체 없이 위원회를 개최해야 한다.(범죄수사규칙 제103조 제1항 단서) ② **국가수사본부**는 중요지명피의자 종합 공개수배, 긴급 공개수배 등 공개수배에 관한 사항을 심의하기 위하여 **공개수배위원회를 둘 수** 있다.(제104조 제1항) ③ 공개수배 위원회를 두는 경우 **위원장은 수사심사정책담당관**으로 하고, 위원회는 위원장 1명을 포함하여 **7명 이상 11명 이내**로 성별을 고려하여 구성한다. 이 경우, 외부전문가를 포함해야 한다.(제104조 제2항) ④ 국가수사본부 공개수배 위원회 회의는 위원 **5명 이상의 출석과 출석위원 과반수 찬성으로 의결**한다.(제104조 제3항)
긴급공개수배	① 경찰관서의 장은 법정형이 사형·무기 또는 **장기 3년 이상 징역이나 금고**에 해당하는 죄를 범하였다고 의심할만한 상당한 이유가 있고, 범죄의 상습성, 사회적 관심, 공익에 대한 위험 등을 고려할 때 **신속한 검거가 필요**한 자에 대해 **긴급 공개수배 할 수** 있다.(범죄수사규칙 제102조 제1항) ② 긴급 공개수배는 **사진·현상·전단 등**의 방법으로 할 수 있으며, 언론매체·정보통신망 등을 이용할 수 있다.(범죄수사규칙 제102조 제2항)

중요 지명 피의자 종합 공개 수배	① 시 · 도경찰청장은 지명수배를 한 후, 6월이 경과하여도 검거하지 못한 사람들 중 다음 각 호에 해당하는 중요지명피의자를 매년 **5월과 11월** 연 2회 선정하여 국가수사본부장에게 중요지명피의자 **종합 공개수배 보고서**에 따라 보고해야 한다.(제101조 제1항) 1. 강력범(살인, 강도, 성폭력, 마약, 방화, 폭력, 절도범을 말한다) 2. 다액 · 다수피해 경제사범, 부정부패 사범 3. 그밖에 신속한 검거를 위해 전국적 공개수배가 필요하다고 판단되는 자 ② **국가수사본부장**은 **공개수배위원회를 개최**하여 중요지명피의자 **종합 공개수배 대상자를 선정**하고, **매년 6월과 12월** 중요지명피의자 종합 공개수배 전단을 중요지명피의자 종합 공개수배에 따라 작성하여 게시하는 방법으로 공개수배 한다.(제101조 제2항)<22승진> ③ **경찰서장**은 중요지명피의자 종합 공개수배 전단을 다음 각 호에 따라 게시 · 관리해야 한다.(제101조 제3항) 1. 관할 내 다중의 눈에 잘 띄는 장소, 수배자의 은신 또는 이용 · 출현 예상 장소 등을 선별하여 게시한다. 2. 관할 내 교도소 · 구치소 등 교정시설, 읍 · 면사무소 · 주민센터 등 관공서, 병무관서, 군부대 등에 게시한다. 3. 검거 등 사유로 종합 공개수배를 해제한 경우 **즉시 검거표시** 한다. 4. 신규 종합 공개수배 전단을 게시할 때에는 **전회 게시 전단을 회수하여 폐기**한다.
소재 발견시 조치	① 사법경찰관리는 지명수배된 사람("지명수배자")을 발견한 때에는 **체포영장 또는 구속영장을 제시**하고, 수사준칙 제32조 제1항에 따라 **권리 등(범죄사실 등)을 고지한 후 체포 또는 구속**하며 **권리 고지 확인서를 받아야** 한다.[♣긴급시 영장 소재지 관서까지 인계하여 범죄사실요지등 고지(×)](경찰수사규칙 제46조 제1항) ※ 다만, 체포영장 또는 구속영장을 소지하지 않은 경우 **긴급**하게 필요하면 지명수배자에게 영장이 발부되었음을 고지한 후 체포 또는 구속할 수 있으며 **사후에 지체 없이 그 영장을 제시해야** 한다.(경찰수사규칙 제46조 제1항 단서)<22승진> ② 사법경찰관은 **영장을 발부받지 않고 지명수배한 경우**에는 지명수배자에게 **긴급체포한다는 사실**과 수사준칙 제32조 제1항에 따른 **권리 등을 고지**한 후 긴급체포해야 한다. 이 경우 지명수배자로부터 **권리 고지 확인서**를 받고 **긴급체포서를 작성해야** 한다.(경찰수사규칙 제46조 제2항) ※ **도서지역**에서[♣특별시, 광역시, 도 이외의 지역에서(×)] 지명수배자가 **발견**된 경우에는 지명수배자 등이 발견된 관할 경찰관서의 경찰관은 지명수배자의 소재를 계속 확인하고, **수배관서와 협조하여 검거 시기를 정함**으로써 검거 후 **구속영장청구시한**(체포한 때부터 48시간)**이 경과되지 않도록** 해야 한다.[♣수배관서가 위치하는 특별시, 광역시, 도 이외의 지역에서 발견된 경우(×)](범죄수사규칙 제98조 제2항)<22승진>

<table>
<tr><td>소재
발견시
조치</td><td>③ 수배관서의 경찰관은 검거관서로부터 검거된 지명수배자를 인수해야 한다. 다만, 수배관서와 검거관서 간에 서로 합의한 때에는 이에 따른다.(범죄수사규칙 제99조 제2항)

※ 다음 각 호의 어느 하나에 해당하는 경우를 제외하고 인수(범죄수사규칙 제99조 제2항 단서)
1. 수배대상 범죄의 죄종 및 죄질과 비교하여 동등하거나 그 이상에 해당하는 다른 범죄를 검거관서의 관할구역 내에서 범한 경우
2. 검거관서에서 지명수배자와 관련된 범죄로 이미 정범이나 공동정범인 피의자의 일부를 검거하고 있는 경우
3. 지명수배자가 단일 사건으로 수배되고 불구속 수사대상자로서 검거관서로 출장하여 조사한 후 신속히 석방함이 타당한 경우[♣검거관서로 출장하여 조사한다.(○)]

④ 경찰관은 검거한 지명수배자에 대하여 지명수배가 여러 건인 경우에는 다음 각호의 수배관서 순위에 따라 검거된 지명수배자를 인계받아 조사해야 한다.(범죄수사규칙 제99조 제3항)<22승진>
1. 공소시효 만료 3개월 이내이거나 공범에 대한 수사 또는 재판이 진행 중인 수배관서
2. 법정형이 중한 죄명으로 지명수배한 수배관서<22승진>
3. 검거관서와 동일한 지방검찰청 또는 지청의 관할구역에 있는 수배관서[♣인접관서 우선(×)]
4. 검거관서와 거리 또는 교통상 가장 인접한 수배관서[♣인접한 수배관서가 법정형이 중한 죄명으로 지명수배한 수배관서보다 먼저(×)]<22승진>

⑤ 검거된 지명수배자를 인수한 수배관서의 경찰관은 24시간 내에 (변호인 또는 지정한자에 대해) 체포 또는 구속의 통지를 해야 한다. 다만, 지명수배자를 수배관서가 위치하는 특별시, 광역시, 도 이외의 지역에서 지명수배자를 검거한 경우에는 지명수배자를 검거한 경찰관서에서 통지를 해야 한다.(범죄수사규칙 제98조 제4항) [☻ "3개 공중구역 인접"]</td></tr>
</table>

4. 지명통보(경찰수사규칙, 범죄수사규칙)

<table>
<tr><td>의의</td><td>특정한 피의자를 발견한 경우 그 피의자에 대한 출석요구를 의뢰하는 제도이다.</td></tr>
<tr><td>대상</td><td>사법경찰관리는 다음 각 호의 어느 하나에 해당하는 사람의 소재를 알 수 없을 때에는 지명통보를 할 수 있다.(경찰수사규칙 제47조)
1. 법정형이 장기 3년 미만의 징역 또는 금고, 벌금에 해당하는 죄를 범했다고 의심할 만한 상당한 이유가 있고, 출석요구에 응하지 않은 사람
2. 법정형이 장기 3년 이상의 징역이나 금고에 해당하는 죄를 범했다고 의심되더라도 사안이 경미하고, 출석요구에 응하지 않은 사람</td></tr>
<tr><td>소재발견시
조치</td><td>① 통지사항 : 사법경찰관리는 "지명통보자"를 발견한 때에는 지명통보자에게 지명통보된 사실, 범죄사실의 요지 및 지명통보한 경찰관서("통보관서")를 고지하고, 발견된 날부터 1개월 이내에 통보관서에 출석해야 한다는 내용과 정당한 사유 없이 출석하지 않을 경우 지명수배되어 체포될 수 있다는 내용을 통지해야 한다.(경찰수사규칙 제48조)

※ 경찰관은 지명통보된 사람("지명통보자")을 발견한 때에는 지명통보자에게 지명통보된 사실 등을 고지한 뒤, 지명통보사실 통지서를 교부하고, 지명통보자 소재발견 보고서를 작성한 후 사건이송서와 함께 통보관서에 인계해야 한다. 다만, 지명통보된 사실 등을 고지받은 지명통보자가 지명통보사실통지서를 교부받기 거부하는 경우에는 그 취지를 지명통보자 소재발견 보고서에 기재해야 한다.(범죄수사규칙 제106조 제1항)</td></tr>
</table>

소재발견시 조치	② **출석요구서 발송**: 지명통보자 소재발견 보고서를 송부받은 **통보관서의 사건담당 경찰관**은 즉시 지명통보된 피의자에게 피의자가 출석하기로 확인한 일자에 **출석하거나 사건이송신청서를 제출**하라는 취지의 **출석요구서를 발송해야** 한다.(범죄수사규칙 제106조 제3항) ③ 경찰관은 지명통보된 피의자가 정당한 이유없이 약속한 일자에 **출석하지 않거나 출석요구에 응하지 아니하는 때**에는 **지명수배 절차를 진행할 수** 있다. 이 경우 체포영장청구기록에 지명통보자 소재발견보고서, 지명통보사실 통지서, 출석요구서 사본 등 지명통보된 피의자가 본인이 약속한 일자에 정당한 이유없이 출석하지 않았다는 취지의 증명자료를 첨부해야 한다.(범죄수사규칙 제106조 제4항) ※ (제106조에도 불구하고) 행정기관 고발사건 중 **법정형이 2년 이하의 징역**에 해당하는 범죄로 수사중지된 자를 발견한 발견관서의 경찰관은 통보관서로부터 수사중지결정서를 팩스 등의 방법으로 송부받아 **피의자를 조사한 후 조사서류만 통보관서로 보낼 수** 있다.(범죄수사규칙 제107조) 다만, 피의자가 상습적인 법규위반자 또는 전과자이거나 위반사실을 부인하는 경우에는 그러하지 아니하다.(범죄수사규칙 제107조 단서)

5. 테마 135 경찰수사사건 등의 공보에 관한 규칙

공개 금지	(수사사건등의 공개금지) 사건관계인의 명예, 신용, 사생활의 비밀 등 인권을 보호하고 수사내용의 보안을 유지하기 위하여, 수사사건등에 관하여 관련 법령과 규칙에 따라 공개가 허용되는 경우를 제외하고는 **피의사실, 수사사항 등("피의사실등")을 공개하여서는 안 된다.**(제4조)
예외적 공개	(제4조에도 불구하고,) 다음 각 호의 어느 하나에 해당하는 경우에는 수사사건등의 내용을 **공개할 수** 있다.[♣인적 · 물적 증거의 확보에 활용된 첨단수사기법에 대해 대국민 홍보가 필요한 경우(×)](제5조) <18승진> 1. **범죄유형과 수법을 국민들에게 알려** 유사한 범죄의 **재발을 방지할 필요**가 있는 경우<18승진> 2. 신속한 범인의 **검거** 등 인적 · 물적 **증거의 확보**를 위하여 **국민들에게 정보를 제공받는 등** 중요지명피의자 종합 공개수배(범죄수사규칙 제101조), 긴급공개수배(제102조), 언론매체 · 정보통신망 등을 이용한 공개수배(제103조)에 따라 **협조를 구할 필요**가 있는 경우(이하 "공개수배")[♣경찰수사의 우수성에 대한 홍보를 할 필요(×)] 3. 공공의 안전에 대한 급박한 위험이나 범죄로 인한 **피해의 급속한 확산을 방지**하기 위하여 **대응조치 등을 국민들에게 즉시 알려야 할 필요**가 있는 경우<18승진> 4. **오보 또는 추측성 보도**로 인하여 사건관계인의 **인권이 침해**되거나 수사에 관한 사무에 종사하는 경찰공무원("수사업무 종사자")의 **업무에 지장을 초래할 것이 명백**하여 신속 · 정확하게 **사실관계를 바로 잡을 필요**가 있는 경우<18승진> [☻알방, 협조, 잡]

<table>
<tr><td>공보
방식</td><td>① 원칙 : 수사사건등에 대한 공보는 서면으로 해야 한다.[♣브리핑으로(×)](제10조 제1항)
※ 수사사건등을 공보하는 서면에는 예외적인 공보 사유 중 어떤 사유에 해당하는지를 명시해야 한다.(제10조 제2항)
② 예외 : 공보책임자는 다음 어느 하나의 사유에 해당하는 경우에는 브리핑 또는 인터뷰 방식으로 수사사건등을 공보할 수 있다.
1. 서면 공보자료만으로는 정확하고 충분한 내용전달이 곤란하여 문답식 설명이 필요한 경우
2. 효과적인 수사사건등의 공보를 위하여 시청각 자료 등을 활용할 필요가 있는 경우
3. 언론의 취재에 대하여 즉시 답변하지 않으면 사건관계인의 명예, 신용 또는 사생활의 비밀 등 인권을 침해할 우려가 있거나 수사에 지장을 초래할 우려가 있는 오보 또는 추측성 보도를 방지할 필요가 있는 경우
4. 그 밖에 신속하게 공보할 필요가 있으나 보도자료를 작성·배포할 시간적인 여유가 없는 경우</td></tr>
<tr><td>유의
사항</td><td>① 헌법상 무죄추정의 원칙에 의거하여, 유죄를 단정하는 표현 또는 추측이나 예단을 일으킬 우려가 있는 표현은 사용하여서는 아니 된다.(제13조 제1항)
② 언론매체에 균등한 보도의 기회가 제공되도록 노력해야 한다.(제2항)
③ 피의자 또는 피조사자가 혐의사실을 부인하는 사건에 관하여 공보하는 경우에는 피의자 또는 피조사자가 혐의를 부인하고 있다는 사실을 공보 내용에 포함해야 한다.(제3항)
④ 사건관계인에게 언론매체와의 인터뷰 등을 권유 또는 유도하여서는 아니 된다.(제4항)
⑤ 피해자의 습관, 질병, 가정환경, 주변인들의 평가 등 피해자와 그 가족의 사생활이 포함되거나, 범죄발생의 원인이 피해자에게 있는 것처럼 묘사되지 않도록 유의해야 한다.(제5항)
⑥ 사진이나 영상자료를 제공하는 경우에는 피해자의 신체, 주소·거소지, 직장·학교 등 피해자의 신상을 유추할 수 있는 자료가 포함되지 않도록 유의해야 한다.(제6항)</td></tr>
</table>

6. 테마 136 특정중대범죄 피의자의 신상정보공개 요건(신상정보 공개법)

<table>
<tr><td>피의자의
신상정보
공개</td><td>수사 및 재판 단계에서 신상정보의 공개에 대하여는 다른 법률의 규정에도 불구하고 이 법을 우선 적용한다.[♣다른 법률의 규정이 있는 경우 그 법률에 따른다.(×)](특정중대범죄 피의자 등 신상정보 공개에 관한 법률 제3조)<24.2채용>
① 검사와 사법경찰관은 아래 신상정보 공개의 요건을 모두 갖춘 특정중대범죄사건의 피의자의 얼굴, 성명 및 나이("신상정보")를 공개할 수 있다.[♣법원에 신상정보 공개를 청구할 수(×)] 다만, 피의자가 미성년자인 경우에는 공개하지 아니한다.(제4조 제1항)<24경위·23승진·24.2채용>
1. 범행수단이 잔인하고 중대한 피해가 발생하였을 것(제2조 제3호부터 제6호까지의 죄에 한정) <23승진>
2. 피의자가 그 죄를 범하였다고 믿을 만한 충분한 증거가 있을 것[♣상당한 이유(×)]</td></tr>
</table>

피의자의 신상정보 공개	3. **국민의 알권리 보장, 피의자의 재범 방지 및 범죄예방** 등 오로지 **공공의 이익**을 위하여 필요할 것 [☻잔중 증거 알방공 청소] ② 검사와 사법경찰관은 이 법상 신상정보 공개를 결정할 때에는 **범죄의 중대성, 범행 후 정황, 피해자 보호 필요성, 피해자**(피해자가 **사망**한 경우 피해자의 **유족을 포함**)**의 의사** 등을 종합적으로 **고려하여야** 한다.(제4조 제2항)<24.2채용> ③ 공개하는 **피의자의 얼굴**은 특별한 사정이 없으면 **공개 결정일 전후 30일 이내의 모습**으로 한다. 이 경우 검사와 사법경찰관은 다른 법령에 따라 적법하게 수집·보관하고 있는 사진, 영상물 등이 있는 때에는 이를 활용하여 공개할 수 있다.(제4조 제4항)<24경위> ④ 검사와 사법경찰관은 제1항에 따라 피의자의 얼굴을 공개하기 위하여 필요한 경우 **피의자를 식별할 수 있도록 피의자의 얼굴을 촬영할 수** 있다. 이 경우 **피의자는 이에 따라야** 한다.[♣이 경우 신상정보공개심의위원회에서 피의자의 의견을 청취해야(×)](제4조 제5항)<24경위> ⑤ 검사와 사법경찰관은 제1항에 따라 피의자의 신상정보 **공개를 결정하기 전**에 **피의자에게 의견을 진술할 기회를 주어야** 한다. 다만, **신상정보공개심의위원회에서 피의자의 의견을 청취한 경우에는 이를 생략할 수** 있다.(제4조 제6항)<24경위> ※ **검찰총장 및 경찰청장**은[♣법무부장관은(×)] 법에 따른 신상정보 공개 여부에 관한 사항을 심의하기 위하여 **신상정보공개심의위원회를 둘 수** 있다.(제8조 제1항)<24.2채용> ⑥ 검사와 사법경찰관은 피의자에게 신상정보 공개를 **통지한 날부터 5일 이상의 유예기간을 두고 신상정보를 공개하여야** 한다. 다만, 피의자가 신상정보 공개 결정에 대하여 **서면**으로 이의 없음을 표시한 때에는 유예기간을 두지 아니할 수 있다.(제4조 제7항)<24경위> ⑦ 검사와 사법경찰관은 정보통신망을 이용하여 그 신상정보를 **30일간 공개**한다.(제4조 제8항)

7. 강력범죄 출소자등 정보수집 – 「주요 강력범죄 출소자등에 대한 정보수집에 관한 규칙」

목적	이 규칙은 주요 강력범죄 출소자등의 재범방지 및 피해자 보호를 위한 정보를 수집함으로써 공공안녕에 대한 위험의 예방 및 대응을 목적으로 한다.(제1조)
정의	1. "주요 강력범죄"는 다음 각 호의 범죄를 말한다.(제2조 제1호) 가. 살인, 방화, 약취·유인 나. 강도, 절도, 마약류 범죄 다. 범죄단체의 조직원 또는 불시에 조직화가 우려되는 조직성 폭력배가 범한 범죄 2. "출소자등"은 「형의 집행 및 수용자의 처우에 관한 법률」에 따라 **통보받은 출소자** 또는 「보호관찰 등에 관한 법률」에 따라 통보받은 보호관찰이 **종료된 가석방자** 중 다음 각 호의 어느 하나에 해당하는 사람을 말한다.(제2조 제2호) 가. **살인, 방화, 약취·유인**에 해당하는 범죄로 **금고 이상의 실형**을 받은 사람 나. **강도, 절도, 마약류 범죄**에 해당하는 범죄로 **3회 이상 금고형 이상 실형**을 받은 사람 다. '**범죄단체의 조직원** 또는 불시에 조직화가 우려되는 **조직성 폭력배**가 범한 범죄'에 해당하는 범죄로 **벌금형 이상**의 형을 선고받은 사람

정보수집 기간	경찰공무원은 대상자에 대하여 출소하거나 보호관찰이 종료한 때부터 다음의 "정보수집 기간" 동안 재범방지 및 피해자 보호("재범방지등")를 위해 필요한 정보를 수집한다.(제4조 제1항) 1. **마약류** 범죄 출소자등 : **3년**[♣2년(×)] 2. 그 밖의 주요 **강력범죄** 출소자등 : **2년**
정보수집	① **경찰서장**은 형사(수사)과 직원 중 **총괄 업무 담당자**와 **대상자별 담당자**를 지정하고, **지구대장(파출소장)**은 **대상자별 담당자**를 **지정해야** 한다.(제5조 제3항) ② **형사(수사)과 담당자**는 대상자에 대해서 정보수집 기간의 개시 후 **1년 동안 매 분기별 1회 이상** 재범방지등을 위한 정보를 수집해야 한다.(제5조 제6항) ③ **지구대(파출소) 담당자**는 정보수집 기간 동안 대상자에 대해서 **매 분기별 1회 이상** 재범방지등을 위한 정보를 **수집해야** 한다.(제5조 제7항)

CHAPTER

02 수사경찰의 활동

1 수사활동 일반

1. 수사과정 개관

<table>
<tr><td>입건 전 조사</td><td>수사 전 단계(입건 전의 단계) – 첩보조사, 진정탄원조사, 일반조사(매스컴)
– 임의적 방법이 원칙: 대인적 강제처분 불가, 대물적 강제조치는 가능
– 피조사자 접견교통권, 진술거부권 인정(진술거부권 고지는 불필요)
– 종결 형식: 입건 전 조사종결, 입건 전 조사중지, 공람종결 결정</td></tr>
<tr><td>수사 개시</td><td>입건(= 수사개시) – 수사기관이 사건을 수리하여 수사를 개시하는 것
– 실무상 범죄사건부에 기재, 사건번호 부여(범죄사건부에 1건으로 처리)</td></tr>
<tr><td>실행</td><td>임의수사 원칙에 강제수사는 불가피할 경우 보충적 적용</td></tr>
<tr><td>송치</td><td>기소의견일 경우에만 송치 : 불송치 결정의 주문(主文)은 혐의없음, 죄가안됨, 공소권없음, 각하로 한다.(경찰수사규칙 제108조)</td></tr>
<tr><td>송치 후 수사</td><td>① 추가송부 : 사법경찰관은 사건을 송치한 후에 새로운 증거물, 서류 및 그 밖의 자료를 추가로 송부할 때에는 이전에 송치한 사건명, 송치 연월일, 피의자의 성명과 추가로 송부하는 서류 및 증거물 등을 적은 추가송부서를 첨부해야 한다.(수사준칙 제58조 제3항)
② 검사의 보완수사요구 : 검사는 사법경찰관으로부터 송치받은 사건에 대해 보완수사가 필요하다고 인정하는 경우에는 특별히 직접 보완수사를 할 필요가 있다고 인정되는 경우를 제외하고는 사법경찰관에게 보완수사를 요구하는 것을 원칙으로 한다.(수사준칙 제59조 제1항)</td></tr>
</table>

2 입건 전 조사(입건 전 조사 사건 처리에 관한 규칙)

<table>
<tr><td>개념</td><td>수사개시 이전단계 ⇨ 혐의 확인을 위한 입건 전의 단계에서 수행하는 수사기관의 조사
※ 헌법 제12조 제2항은 '모든 국민'을 주체로 하여, '형사상 불리한 진술의 강요를 금지'하고 있어 입건 전 조사단계의 피혐의자에게 진술거부권은 인정된다.[♣입건전 조사단계 진술거부권 부정(×)]<18경위></td></tr>
</table>

구분	항목	내용
조사사건 분류	**진정사건**	범죄와 관련하여 **진정 · 탄원 또는 투서 등** 서면으로 접수된 사건(제3조 제1호)
	신고사건	범죄와 관련하여 **112신고 · 방문신고 등 서면이 아닌 방법**으로 접수된 사건(제3조 제2호)
	첩보사건	가. 경찰관이 대상자, 범죄혐의 및 증거 자료 등 조사 단서에 관한 사항을 **작성 · 제출**한 범죄첩보 사건(제3조 제3호 가목) 나. 범죄에 관한 **정보, 풍문 등 진상을 확인할 필요**가 있는 사건(제3조 제3호 나목)
	기타조사사건	진정 · 신고 · 첩보사건을 제외한 **범죄를 의심할 만한 정황**이 있는 사건(제3조 제4호)
조사사건 수리		① 조사사건에 대해 수사의 단서로서 **조사할 가치가 있다고 인정되는 경우**에는 이를 **수리**하고, **소속 수사부서장에게 보고해야** 한다.(제4조 제1항) ② 사법경찰관은 입건 전에 범죄를 의심할 만한 정황이 있어 수사 개시 여부를 결정하기 위한 사실관계의 확인 등 필요한 **조사**("입건전 조사")**에 착수하기 위해서**는 해당 사법경찰관이 **소속 수사부서장의 지휘를 받아야** 한다.(경찰수사규칙 제19조 제1항)<19승진> ③ 사건을 수리하는 경우 **형사사법정보시스템에 관련 사항을 입력해야** 하며 입건 전 조사사건부에 기재하여 관리해야 한다.(제4조 제2항)
첩보사건 착수		① 경찰관은 첩보사건의 조사를 착수하고자 할 때에는 **입건 전 조사착수보고서**를 작성하고, **소속 수사부서의 장에게 보고하고 지휘를 받아야** 한다.(제5조 제1항) ② 수사부서의 장은 수사 단서로서 조사할 가치가 있다고 판단하는 사건 · 첩보 등에 대하여 소속 경찰관에게 **입건 전 조사착수지휘서**에 의하여 **조사의 착수를 지휘할 수** 있다.(제5조 제2항) ③ 경찰관은 소속 수사부서의 장으로부터 조사착수지휘를 받은 경우 형사사법정보시스템에 피조사자, 피해자, 혐의내용 등 관련 사항을 **입력해야** 한다.(제5조 제3항)
이송 통보		경찰관은 관할이 없거나 범죄 특성 등을 고려하여 소속 관서에서 조사하는 것이 적당하지 않은 사건을 다른 경찰관서 또는 기관에 **이송 또는 통보할 수** 있다.(제6조)
보고 지휘 절차		① 조사의 보고 · 지휘, 출석요구, 진정 · 신고사건의 진행 상황의 통지, 각종 조서작성, **압수 · 수색 · 검증을 포함**한 **강제처분 등 구체적인 조사 방법 및 세부 절차**에 대해서는 그 성질이 반하지 않는 한 **「경찰수사규칙」, 「범죄수사규칙」을 준용**한다. 이 경우 '수사'를 '조사'로 본다.(제7조 제1항) ② 신고 · 진정 · 탄원에 대해 입건 전 **조사를 개시한 경우**, 경찰관은 아래 각 호의 어느 하나에 해당하는 날부터 **7일 이내**에 진정인등에게 조사 진행상황을 통지해야 한다. 다만, 진정인등의 연락처를 모르거나 소재가 확인되지 않으면 연락처나 소재를 **알게 된 날로부터 7일 이내**에 조사 진행상황을 **통지해야** 한다.(제7조 제2항) ※ 진정인 등 : 진정인 · 탄원인 · 피해자 또는 그 법정대리인(피해자가 사망한 경우에는 그 배우자 · 직계친족 · 형제자매를 포함. 이하 "진정인등") 1. 신고 · 진정 · 탄원에 따라 조사에 착수한 날 2. 제1호에 따라 조사에 착수한 날부터 매 1개월이 지난 날 ③ 경찰관은 조사 기간이 **3개월을 초과**하는 경우 **입건 전 조사진행상황보고서**를 작성하여 소속 **수사부서의 장**에게 **보고해야** 한다.

<table>
<tr><td rowspan="3">진행</td><td colspan="2">임의조사 원칙</td><td>① 임의적 방법 원칙 ⇨ 체포 · 구속 등의 대인적 강제조치는 입건 전에는 불가능
② 예외 ⇨ 대물적 강제조치는 가능[♣입건전조사단계에서 강제처분은 할 수 없다.(×)]</td></tr>
<tr><td colspan="2">피조사자 조사</td><td>① 출석요구, 임의동행, 진술조서 작성 등 임의입건전조사 가능
② 변호인접견교통권(대판96모18), 진술거부권 등 인정(고지의무는 없다고 봄.)[♣진술거부권 인정되지 않음.(×)]</td></tr>
<tr><td colspan="2">대물강제</td><td>긴급통신제한조치, 압수 · 수색 · 검증 등 대물적 강제조치를 할 수 있다.[♣원칙적으로 강제처분은 할 수 없다.(×)]</td></tr>
<tr><td>불입건 지휘</td><td colspan="3">수사부서의 장은 조사에 착수한 후 6개월 이내에 수사절차로 전환하지 않은 사건에 대하여 종결 사유에 따라 불입건 결정 지휘를 하여야 한다. 다만, 다수의 관계인 조사, 관련자료 추가확보 · 분석, 외부 전문기관 감정 등 계속 조사가 필요한 사유가 소명된 경우에는 6개월의 범위 내에서 조사기간을 연장할 수 있다.(제9조)</td></tr>
<tr><td rowspan="6">종결</td><td colspan="3">사법경찰관은 입건 전 조사한 사건을 다음 각 호의 구분에 따라 처리해야 한다.(경찰수사규칙 제19조 제2항)<18경위 · 19승진></td></tr>
<tr><td rowspan="4">입건(×)</td><td>입건 전 조사종결</td><td>'혐의 없음', '죄 안됨', '공소권 없음' 등에 해당하여, 수사를 개시할 필요가 없는 경우(제2호)</td></tr>
<tr><td>입건 전 조사중지</td><td>피혐의자 또는 참고인 등의 소재불명으로 입건 전 조사를 계속할 수 없는 경우(제3호)<18경위></td></tr>
<tr><td>이송</td><td>관할이 없거나 범죄특성 및 병합처리 등을 고려하여 다른 경찰관서 또는 기관(해당 기관과 협의된 경우로 한정)에서 입건 전 조사할 필요가 있는 경우(제4호)</td></tr>
<tr><td>공람 종결</td><td>진정 · 탄원 · 투서 등 서면으로 접수된 신고가 다음 각 목의 어느 하나에 해당하는 경우(제5호)
가. 같은 내용으로 3회 이상 반복하여 접수되고 2회 이상 그 처리 결과를 통지한 신고와 같은 내용인 경우[♣통지한 것과 같은 내용(×)]
나. 무기명 또는 가명으로 접수된 경우<08승진 · 09 · 18경위 · 09채용>
다. 단순한 풍문이나 인신공격적인 내용인 경우
라. 완결된 사건 또는 재판에 불복하는 내용인 경우<19승진>
마. 민사소송 또는 행정소송에 관한 사항인 경우</td></tr>
<tr><td>입건(○)</td><td colspan="2">범죄의 혐의가 있어 수사를 개시하는 경우(경찰수사규칙 제19조 제2항 제1호)</td></tr>
<tr><td>수사 개시</td><td colspan="3">경찰관은 조사 과정에서 범죄혐의가 있다고 판단될 때에는 지체없이 범죄인지서를 작성하여 소속 수사부서장의 지휘를 받아 수사를 개시하여야 한다.(제8조)</td></tr>
<tr><td>기록 관리</td><td colspan="3">수사를 개시한 조사사건의 기록은 해당 수사기록에 합쳐 편철한다. 다만, 조사 사건 중 일부에 대해서만 수사를 개시한 경우에는 그 일부 기록만을 수사기록에 합쳐 편철하고 나머지 기록은 일정 방법으로 조사 기록으로 분리하여 보존할 수 있으며 필요한 경우 사본으로 보존할 수 있다.(제10조 제1항)</td></tr>
<tr><td colspan="4">☻ "진신첩비" "3반2상 가무신풍완재사정 공람종결"</td></tr>
</table>

3 수사단서<16승진>

수사의 단서라 함은 **수사개시의 자료 또는 범죄발견의 원인**을 말한다.

1. 수사단서의 종류<16승진 · 00 · 01경위 · 01 · 03 · 07채용>

수사기관의 체험에 의한 단서	타인의 체험에 의한 단서
① **현**행범인 체포(형사소송법 제211조)	① **고**소, 고발(형사소송법 제233, 234조)
② 범죄**첩**보	⇨ 즉시 수사개시, 피고소인 등은 피의자
③ **불심검문**[♣수사단서 아니다.(×)](경직법 제3조)	※ 친고죄의 고소 : 수사단서인 동시에 소송조건
④ **변**사자 검시(형사소송법 제222조)	② **자**수(형사소송법 제240조)
⑤ 풍**설**, **신문 · 방송보도**, **출**판물[♣타인체험(×)]	③ 피해**신**고(익명신고 포함)
⑥ 타 사건수사 **중** 범죄발견	④ **밀고**, 투**서**, **탄**원, **진**정 등
☻ "현첩 불변설(에도) 신출(한) 중" "고자밀고서 신탄진"	

2. 수사단서로서 범죄첩보(수사첩보 수집 및 처리 규칙)

종류	범죄사건첩보	대상자, 혐의 내용, 증거자료 등이 특정된 조사 단서 자료	
	범죄동향첩보	범죄 관련 동향	
	기획 첩보	일정기간 집중적으로 수집이 필요한 범죄첩보를 말한다.(제2조) [☻내동기]	
특징	가치변화성	범죄첩보는 수사기관의 **필요에 따라 가치가 달라짐**(선별적).<16.1채용>	<07 · 08승진 · 경위 · 06 · 08 · 16.1 채용>
	시한성	범죄첩보는 **시간이 경과함에 따라 가치가 감소**하게 된다.[♣가치변화성(×), ♣가치 증가(×)]<16.1채용>	
	결합성	하나의 기초첩보는 **다른 기초첩보가 결합하여 사건첩보가** 되고 사건첩보가 다른 사건첩보와 **결합하여 범죄첩보가** 된다.[♣혼합성(×)][☻기사 결합 범죄]<16.1채용>	
	혼합성	범죄첩보는 그 속에 **하나의 원인과 결과를 내포**<15경위 · 16.1채용>[☻원 결혼]	
	결과지향성	범죄첩보는 수사 후 **현출되는 결과가 있어야** 한다.<16.1채용>[☻가시결혼결과]	
수집	수사정보 수집 시 면접방법<12경감> ① 대화의 내용은 **상대방이 6할, 경찰관이 4할**로 한다. ② 상대방에 따라서 **면전에서 필기하는 것을 삼가야** 할 경우가 있다.		
검토	수집된 첩보는 첩보제공자의 **성별, 연령, 직업, 경력, 자산, 사회적인 지위, 성격, 소행, 전과의 유무 등을 종합하여** 신빙성 여부와 **정보제공의 이유를 검토해 보아야** 한다.		

구분	항목	내용
처리	처리 수단	① 경찰공무원이 입수한 **모든 수사첩보**는 **수사첩보분석시스템(CIAS)을 통하여 처리**되어야 한다.(제8조 제1항)<17승진> ② 경찰공무원은 수집한 수사첩보를 **보고**할 경우 **수사첩보분석시스템(CIAS)을 통하여 작성 및 제출**하여야 한다.(제6조 제1항)<15경위>
	수집 관서 처리	① 수집된 수사첩보는 **수집관서에서 처리하는 것을 원칙**으로 한다.(제9조 제1항)<15경위> ※ 다만, 평가 책임자는 수사첩보에 대해 범죄지, 피조사자의 주소·거소 또는 현재지 중 어느 1개의 관할권도 없는 경우 이송할 수 있다.(제9조 제1항 단서) ② 이송을 하는 수사첩보의 평가 및 처리는 **이송 받은 관서의 평가 책임자가 담당**한다. [♣이송하는 관서의 평가책임자가 담당(×)](제9조 제2항)<17승진> ③ 입수된 수사첩보와 관련하여 **당해 관서에서 처리하기가 적합하지 않다고 인정될 만한 사유**가 있는 경우에 한하여 **상급관서에서 처리할 수 있도록 지체없이 보고한다**.(제8조 제3항)
평가 기록	책임자	① 수사첩보 수집 내역, 평가 및 처리결과는 **수사첩보분석시스템을 이용하여 전산관리**한다.(제11조 제3항) ② 평가 및 기록관리 책임자(이하 "평가 책임자")는 다음과 같다.(제7조 제1항) 1. 경찰청은 범죄정보(사이버안전)과장 2. 시·도경찰청 및 경찰서는 수사(사이버안전)과장, 형사과가 분리된 경우 형사과장
	평가 관리	① 평가 책임자는 제출된 수사첩보를 신속히 검토 후 **적시성, 정확성, 활용성** 등을 종합 판단하여 공정하게 평가하고 필요한 조치에 대하여 구체적으로 지시하여야 한다.<제7조 제2항>[☻ 시정용] ② 평가 책임자는 제출된 수사첩보의 정확한 평가를 위하여 제출자에게 **사실 확인을 요구할 수** 있다.<제7조 제3항> ③ 평가 책임자는 제출된 수사첩보의 내용이 부실하여 보충할 필요성이 있는 경우 **제출자에게 보완을 요구할 수** 있다.[♣보완요구에 응하지 아니할 경우 반려하여야(×)]<제7조 제4항><17승진> ④ 평가 책임자는 제출된 수사첩보를 **비공개하여야** 한다.[♣공개하는 것이 원칙](수사첩보 수집 및 처리규칙 제7조 제5항)<17승진> ※ 다만 범죄예방 및 검거 등 수사목적상 수사첩보 내용을 **공유할 필요가 있다고 인정할 경우 수사첩보분석시스템(CIAS)상에서 공유하게 할 수** 있다.[♣어떤 경우라도 공개불가(×)](수사첩보 수집 및 처리규칙 제7조 제5항 단서)<17승진> ♣ 평가책임자는 제출된 수사첩보에 대해서 어떠한 경우라도 공개해서는 안 된다.(×)
	평가 구분	**특보**: **경찰청이** 처리해야 할 첩보 – 전국단위 기획수사정보, 2개 이상의 시·도경찰청과 연관된 중요 사건 첩보 등(제11조 제1항 제1호) **중보**: **2개 이상의 경찰서와 연관**된 중요사건첩보 등 **시·도경찰청 단위에서 처리해야 할 첩보**(제11조 제1항 제2호) **통보**: **경찰서 단위**에서 조사할 가치 있는 첩보(제11조 제1항 제3호) **기록**: 조사할 정도는 아니나 추후 활용할 **가치가 있는** 첩보[♣참고(×)](제11조 제1항 제4호)<15경위> **참고**: 단순히 수사업무에 참고가 될 뿐, 활용·시행할 **가치가 적은** 첩보(제11조 제1항 제5호) [☻ 특중통기참 – 쉬오 이 일]

구분	내용
평가	① 수사첩보에 의해 사건해결 또는 중요범인을 검거하였을 경우 **수사첩보 제출자를 사건을 해결한 자 또는 검거자와 동등하게 특별승진 또는 포상할 수** 있다.(제12조 제1항) ② 일정기간 동안 개인별로 수사첩보 성적을 평가하여 포상 및 특별승진 등 기준으로 사용할 수 있다.(제12조 제2항) ③ 제출한 수사첩보에 의해 **수사시책 개선발전에 기여한 자는 별도 포상**한다.(제12조 제3항) ④ 범죄정보과에서는 범죄첩보 마일리지 제도를 통해 별도 포상을 실시할 수 있다.(제12조 제4항)

4 수사개시

구분	내용
입건	수사기관이 최초로 사건을 수리하여 **수사를 개시하는 것**을 **입건**이라 한다.<18경위> ※ **실무상 범죄사건부에 사건을 기재**하고 사건번호를 부여하는 단계를 말한다.

※ **범죄인지**

① 개념 – 고소·고발과 같은 타인의 체험이 아니라 **수사기관의 체험에 의한 수사단서를 토대**로 한 입건

② **주체** – 검사, 일반사법경찰관, 특별사법경찰관

③ **절차** – 범죄인지서를 작성(검사와 동일) – **피의자 인적사항·범죄경력·범죄사실·인지경위·적용법조 등**을 기재

구분	내용
입건 효과	① **피의자신분** ⇨ 범죄혐의를 받는 자는 **입건과 동시에 '피의자'의 신분** ② **수사종결의무**
수사 공정성 확보	① **제척의 원인** 경찰관은 다음 경우에 수사직무(조사 등 직접적인 수사 및 수사지휘를 포함한다)의 집행에서 **제척**된다.(범죄수사규칙 제8조) 1. 경찰관 본인이 **피해자**인 때 2. 경찰관 본인이 피의자나 피해자의 **친족이거나 친족관계가 있었던** 자인 때 3. 경찰관 본인이 피의자나 피해자의 **법정대리인**이나 **후견감독인**인 때 ② **기피의 원인과 신청권자** **피의자, 피해자, 변호인**은 다음 경우에 해당 경찰관의 **기피를 신청할 수** 있다.(범죄수사규칙 제9조 제1항) 1. 경찰관이 **제척사유**에 해당되는 때 2. 경찰관이 사건 청탁, 인권 침해, 방어권 침해, 사건 방치 등 불공정한 수사를 하였거나, **불공정한 수사를 할 염려**가 있다고 볼만한 객관적·구체적 사정이 있는 때 ※ 다만, **변호인**은 피의자, 피해자의 **명시한 의사에 반하지 아니하는 때**에 한하여 기피를 신청할 수 있다.(범죄수사규칙 제9조 제1항 단서) ③ **기피 신청 방법과 대상** 기피 신청을 하려는 사람은 일정 서식의 **기피신청서**를 작성하여 기피 신청 대상 경찰관이 소속된 경찰관서 내 **감사부서의 장에게 제출하여야** 한다.[♣소속 수사부서장에게 제출(×)] 이 경우 해당 감사부서의 장은 소속 수사부서장에게 지체없이 기피 신청 사실을 구두로 전달하고, **3일 이내**에 공문으로 통보하여야 한다.(범죄수사규칙 제10조 제1항) ※ 기피 신청을 하려는 사람은 기피 신청을 한 날부터 **3일 이내에 기피사유를 서면으로 소명하여야** 한다.(범죄수사규칙 제10조 제2항)

수사 공정성 확보

④ **기피 신청의 처리**

㉠ 소속 수사부서장은 기피 신청 사실을 통보받은 후 지체 없이 **의견서를 작성하여 감사부서의 장에게 제출하여야** 한다. 다만, 해당 기피 신청을 수리하지 않는 경우에는 그러하지 아니하다.(범죄수사규칙 제11조 제2항)

※ 기피 신청을 접수한 감사부서의 장은 다음 각 호의 어느 하나에 해당하는 경우 해당 신청을 **수리하지 않을 수** 있다.(범죄수사규칙 제11조 제1항)

1. 대상 사건이 **종결**된 경우
2. **동일한 사건**에 대해 **이미 기피 신청**하였던 경우. 다만, 기존과 **다른 사유로 기피 신청하는 것을 소명할 경우**에는 추가로 한 차례만 기피 신청할 수 있다.
3. 기피사유에 대한 **소명이 없는** 경우
4. **기피신청요건**(제9조 후단 또는 제9조 제2항)에 **위배**되어 기피 신청이 이루어진 경우
5. 기피 신청이 **수사의 지연 또는 방해만을 목적**으로 하는 것이 명백한 경우

㉡ 소속 수사부서장은 기피 신청이 **이유 있다고 인정**하는 때에는 기피 신청 사실을 통보받은 날부터 **3일**(근무일 기준) **이내에 사건 담당 경찰관을 재지정**하여 **감사부서의 장에게** 해당 사실을 **통보해야** 한다.(범죄수사규칙 제11조 제3항)

㉢ **소속 수사부서의 장이 기피 신청을 이유 있다고 인정하지 않는 때**에는 **감사부서의 장은** 기피 신청 접수일부터 **7일**(공휴일과 토요일은 산입하지 않는다) **이내**에 **공정수사위원회**를 개최하여 기피 신청 수용 여부를 **결정하여야** 한다. 다만, 부득이한 경우 **7일의 범위**에서 한 차례만 위원회 개최를 **연기할 수** 있다.[♣이유 있다고 인정하지 않는 때라는 단서가 없는 경우(×)](범죄수사규칙 제11조 제4항)

♣ 감사부서의 장은 기피 신청 접수일부터 7일 이내에 공정수사위원회를 개최하여 기피 신청 수용 여부를 결정하여야 한다.(×)

※ 공정수사위원회는 위원장을 포함하여 5명의 위원으로 구성하되, 감사부서의 장을 위원장으로, 수사부서 소속 경찰관 2명과 수사부서 이외의 부서 소속 경찰관 2명을 위원으로 구성한다.(범죄수사규칙 제11조 제5항)

㉣ 공정수사위원회는 **재적위원 전원의 출석**으로 개의하고 **출석위원 과반수의 찬성**으로 의결한다.(범죄수사규칙 제11조 제6항)

㉤ 기피 신청이 접수되어 수사부서에 공문으로 **통보된 시점부터** 수용 여부가 결정된 시점까지 해당 사건의 **수사는 중지**된다. 다만, **공소시효 만료, 증거인멸 방지 등** 신속한 수사의 필요성이 있는 경우에는 **그러하지 아니**하다.(범죄수사규칙 제11조 제9항)

⑤ **회피 :** 검사 또는 사법경찰관리는 **피의자나 사건관계인과 친족관계 또는 이에 준하는 관계**가 있거나 그 밖에 **수사의 공정성을 의심 받을 염려**가 있는 사건에 대해서는 **소속 기관의 장의 허가**를[♣소속부서장의 허가(×)] 받아 그 수사를 **회피해야** 한다.(수사준칙 제11조)

㉠ 사법경찰관리는 수사준칙 제11조에 따라 수사를 회피하려는 경우에는 (별지 제8호 서식의) **회피신청서**를 **소속경찰관서장에게 제출해야** 한다.(경찰수사규칙 제10조)

㉡ 소속 경찰관서장이 회피 신청을 허가한 때에는 **회피신청서를 제출받은 날로부터 3일 이내**에 사건 담당 경찰관을 **재지정하여야** 한다.(범죄수사규칙 제12조)

장기 사건 수사 종결	사법경찰관리는 **범죄 인지 후 1년이 지난 사건**에 대해서는 **수사종결결정**(법원송치, 검찰송치, 불송치, 수사중지, 이송-수사준칙 제51조)**을 해야** 한다. 다만, 다수의 사건관계인 조사, 관련 자료 추가확보·분석, 외부 전문기관 감정의 장기화, 범인 미검거 등으로 계속하여 수사가 **필요한 경우**에는 해당 사법경찰관리가 소속된 **바로 위 상급경찰관서 수사 부서의 장의 승인을 받아 연장할 수** 있다.(경찰수사규칙 제95조 제1항)
통지	① 사법경찰관은 다음 각 호의 어느 하나에 해당하는 날부터 7일 이내에 **고소인·고발인·피해자 또는 그 법정대리인**(피해자가 사망한 경우에는 그 배우자·직계친족·형제자매를 포함. 이하 "고소인등")에게 수사 진행상황을 **통지해야** 한다. 다만, 고소인등의 연락처를 모르거나 소재가 확인되지 않으면 연락처나 소재를 **알게 된 날부터 7일 이내**에 수사 진행상황을 통지해야 한다.(경찰수사규칙 제11조 제1항) 1. 신고·고소·고발·진정·탄원에 따라 수사를 **개시한 날** 2. 신고·고소·고발·진정·탄원에 따른 수사를 개시한 날부터 **매 1개월이 지난 날** ※ 통지는 서면, 전화, 팩스, 전자우편, 문자메시지 등 **고소인등이 요청한 방법**으로 할 수 있으며, 고소인등이 별도로 **요청한 방법이 없는 경우**에는 **서면 또는 문자메시지**로 통지한다.(경찰수사규칙 제11조 제2항) ② 사법경찰관은 피의자와 고소인등에게 **수사 결과를 통지하는 경우**에는 사건을 송치하거나 사건기록을 **송부한 날부터 7일 이내**에 해야 한다. 다만, 피의자나 고소인등의 연락처를 모르거나 소재가 확인되지 않는 경우에는 연락처나 소재를 **안 날부터 7일 이내**에 **통지를 해야** 한다.(제97조 제1항)

5 현장 수사활동

※ **현장관찰순서 : ① 현장위치파악 ⇨ ② 부근상황 관찰 ⇨ ③ 가옥주변의 관찰 ⇨ ④ 현장외부 관찰 ⇨ ⑤ 현장내부의 관찰**

초동수사	⇨ 신고접수 ⇨ 즉보 ⇨ 현장출동 ⇨ 긴급배치 ⇨ 현장보존 ⇨ 현장관찰 ⇨ 현장감식

⬇

기초탐문수사	⇨ **피해자중심 – 현장중심 – 피해품 중심 / 탐문수사 – 선면수사**

수사방침수립	

수사활동	⇨ **감별수사–광역수사–수법수사–유류품 수사–장물수사–알리바이 수사–미행잠복, 체포**

현장 관찰 기록	① 현장관찰 활동을 **시간 순으로 기록하고 필요 시 영상 녹화**한다. ② 방향·거리 등 공간 특정을 위하여 기록해 둘 사물은 **고정된 물건을 2개 이상**[♣부동의 물체 1개로(×)] **선정**하고 그 물건을 기준으로 정확하게 측정하여 그 위치를 명백히 기록한다. ♣ 사물의 위치를 설정하는 기준점은 부동의 물체 1개로 정한다.(×) ③ 물체의 크기나 거리는 **실측하는 것이 원칙**이고 부득이 실측할 수 없을 때는 **목측임을 명백히** 해둔다. ④ 수사의 단서가 되는 **적극적인 요소**(범인의 유류품 등)**뿐만 아니라** 수사의 방향을 정하는데 도움이 되는 **소극적인 요소(예 욕실 출입 흔적 없음.)도 기록**한다.[♣적극적 요소만 기록(×)] ⑤ **명칭이나 용도를 알 수 없는 물건**은 그 자리에서 **가족 등 참여인에게 물어서 기록**한다.
범죄 현장 촬영 요령	① 사진촬영은 **1회 촬영으로 목적을 달성할 수 있어야** 한다.[♣수일에 걸쳐 촬영(×)]<16승진> ② 도착했을 때 상태 **그대로 촬영한 후 현장검증에 의하여 분명하게 된 세부사항을 촬영**<16승진> ③ **외부에서부터 현장중심부**로,<16승진> **전체에서 부분**으로, **거시적인 것에서 미시적인 것**으로, **넓은 장소는 파노라마식 촬영법**을 이용하며 **부분적으로 중복 촬영**<16승진> ④ **침입구** ⇨ **범행장소** ⇨ **도주로**에 이르는 경로는 순서적으로 촬영하고, 가구, 일용품 등이 파괴되고 **물색되어 흩어져 있는 경우**에는 **여러 방향에서** 촬영 ⑤ **복도는** 각 실내의 출입구를 알 수 있도록 **양쪽에서 촬영**하고, **계단**은 필요에 따라 **상하에서 촬영**
증명력 확보	① **제3자 참여** ⇨ 현장자료를 채취할 때에는 **반드시 제3자를 참여시켜 자료의 위치, 존부상태 등을 확인시킨 다음 채취**해야 한다. ② **사진촬영** ⇨ 원상태로 보존할 수 없는 자료도 **자료의 존재 장소, 상태, 입회인 등이 명확히 나타나도록** 사진을 촬영해 두어야 한다. ③ **채취경위 기록** ⇨ **검증조서, 실황조사서, 현장약도, 채취보고서 등에** 채취경위를 기록해 둬야 한다.
탐문 수사	(1) **준비사항** ① 평소의 준비: 평소 탐문수사에 대한 **기초 자료를 수집**해 둔다. ※ 탐문대상 등 기초자료 정비, 평소의 좋은 협력자를 확보, 기재(소형녹음기 등)를 활용할 수 있도록 정비한다. ② 목적의 확정: 사전에 어떠한 **목적**으로 탐문할 것인가를 **연구하여 확정**한다. ※ 무슨 목적으로 탐문할 것인가, 또 그 목적달성을 위해 어떠한 방법을 취해야 할 것인가를 검토한다. ③ 상대방의 선정과 분석: 가능한 한 **상대자에게 편리한 시간과 장소를 선정**한다. ※ **직접 체험하고 관찰한 자로 선정,**[♣가능한 많은 사람을 탐문(×)] 상대방의 성격 입장 취미 등을 파악하여 상대방을 이해하고 면접순서 결정(가장 공정한 위치에 있는 사람 우선) 탐문의 요청사항을 정리한다. ♣ 대상을 가리지 않고 가능한 많은 사람을 대상으로 탐문한다.(×)

탐문 수사

④ 계획 수립

ⓐ 탐문시간 : 상대방의 형편에 알맞은 시간 및 업무시간을 고려한다.

ⓑ 탐문장소 : 가능한 한 상대방에게 편리한 장소나 정숙한 분위기의 장소로 정한다.

ⓒ 탐문방법 : 탐문의 방법을 어떻게 할 것인가 사전 검토한다.

(2) **질문 방법 – 상대자의 연령, 탐문의 목적에 따라** 선택할 수 있는 방식이 **다르다.**

전체법	'무엇인가 수상한 점이 없었습니까?' 등으로 막연하게 질문하는 방법이고, **암시 · 유도가 되지 않아 자연스러운 답변을 얻을 수** 있다. ※ **답변의 정리가 어렵다.**
일문일답법	질문자가 듣고 싶은 점을 하나하나 묻는 방법이다. ※ 질문 이외의 정보를 얻기가 어렵다.
자유응답법	질문에 대하여 자유로이 대답하게 하는 방법이다. ※ 자유응답법은 **언제, 어디서, 무엇** 등의 **의문사를 수반하는 질문**으로 **진실성이 높고 암시, 유도의 염려가 없다.**[♣선택응답법(×)]
선택응답법	질문자가 미리 준비한 몇 개의 답변 중에서 하나를 선택해서 답변하게 하는 방법이다. ※ **암시, 유도의 염려**가 있다.
부정문	'A는 아니겠지요?'등으로 부정어를 가지고 질문하는 것이다.
긍정문	긍정어를 가지고 확인하는 방향으로 질문하는 것이다. ※ 긍정문과 부정문의 질문은 **암시, 유도가 되기는** 쉽고, **정답을 얻기는 매우 어렵다.** [♣자연스러운 답변을 얻을 수 있다.(×)]

(3) **질문 시기**

① 상대방이 생략한 것 또는 불충분한 점을 다시 상세하게 질문할 때

② 이야기 중에서 애매한 점을 분명히 하려고 할 때

③ 중요한 점을 확실히 하려고 할 때

④ 이야기하는 사람이 불안감이나 공포를 보일 때

⑤ 탐문의 목적이 빗나갔을 때

(4) **질문 용어**

① 상대방에게 알맞은 언어를 쓴다.

② 상대방이 이해할 수 없는 전문용어는 사용하지 않는다.

③ 상대방의 체면을 손상시키는 언어는 사용하지 않는다.

④ 의미가 분명한 언어를 사용한다.

⑤ 상대방이 꺼리거나 싫어하는 언어는 사용하지 않는다.

(5) **기타**

① 상대방이 안도할 수 있도록 간단히 탐문의 목적을 알려 준다.

② 암시 · 유도가 되지 않도록 하고, 대화 도중 비평은 삼간다.

③ 상대방이 대답할 때는 상대방의 표정을 관찰하여 간과하지 않는다.

프로파일링

① **의의**: 범죄 현장을 분석해 범인의 **습관, 나이, 성격, 직업, 범행 수법을 추론**한 뒤 이를 바탕으로 **범인을 찾아내는 수사 기법**이다.

㉠ '자료수집'이 원 뜻이나 수사용어로는 **범죄유형분석법**을 말한다.

㉡ 프로파일링은 **범죄의 유형(type)을 파악하는 것**으로, 범죄자가 범죄현장에 보통의 경우와는 다른 특별한 흔적을 남겼을 때 이를 유용하게 활용할 수 있다.[♣ 범죄자의 유형(type)을 파악하는 것이 아니라 신원(identity)을 파악하는 것(×)]<20경위>

② **전제조건**: 범죄와 관련된 프로파일링은 범인의 행동방식에는 **일정한 패턴**이 있고, 이러한 패턴은 범죄현장에 그대로 **재현**된다는 것을 전제로 하고 있다.

㉠ 모든 범인은 각자의 독특한 **개인성향**을 가지고 있다.

㉡ 모든 범죄현장에는 범죄자의 **성향이 반영**된다.<20경위>

㉢ 범인은 **동일한 범죄수법**에 의해 범행하는 경향이 있다.

㉣ 범인의 **성격은 변하지 않는다**.<20경위>

③ **지리학적 프로파일링**: **범행위치** 및 피해자의 **거주지** 등 범죄와 관련된 정보를 **계량화**하여 범인이 생활하는 근거지를 지도로 표현하고 확인하는 방법이다.[♣심리학적 프로파일링(×)]<20경위>

㉠ 지리학적 프로파일링은 **범죄자가 거주하는 지역이나 범죄예정지를 한정**함으로써 범죄수사의 효율성을 높이고자 한다.

㉡ 한국은 미국 등 외국과는 달리 거주지역을 제한하기에는 **도시 간의 간격이 너무 협소**할 뿐만 아니라 거주지역 내 **인구가 밀집**되어 있어 지리학적 프로파일링을 **한국에 그대로 적용하기에는 오류의 위험성이 크다**.[♣한국은 지리학적 프로파일링에 최적화된 환경을 제공한다.(×)]<20경위>

참고 경찰청 지리적 프로파일링 시스템

① 살인, 강·절도, 방화, 성폭력 등 9대 범죄의 **발생 및 검거정보 데이터베이스를 지리적으로 분석**함으로써 **범죄 예방과 검거를 지원하는 시스템**이다.

② 연쇄범죄의 **용의자 거주 예상지 예측기능**도 가능하다.

③ 죄종별 시간대별 범죄다발지역을 분석하여 **방범 및 순찰에 활용할 수** 있다.

④ 지리적 프로파일링 시스템은 **전 경찰관이 모두 사용할 수** 있다.[♣각 시·도경찰청별 범죄분석요원, 각 경찰서별 마스터에게만(×)]

♣ 각 시·도경찰청별 범죄분석요원, 각 경찰서별 마스터에게만 사용권한이 부여되어 있다.(×)

범인 식별 절차

판례 1) [진술묘사 사전 기록 ⇨ 여러 사람 대면 범인 지목 ⇨ 사전 접촉금지 ⇨ 대질 과정 결과 서면화] 범인식별 절차에 있어 목격자의 진술의 신빙성을 높게 평가할 수 있게 하려면, **범인의 인상착의 등**에 관한 **목격자의 진술 내지 묘사를 사전에 상세히 기록화**한 다음, 용의자를 포함하여 그와 인상착의가 비슷한 **여러 사람을 동시에**[♣상당한 시간을 두고(×), ♣차례로(×)] **목격자와 대면시켜 범인을 지목**하도록 하여야 하고, 용의자와 목격자 및 비교대상자들이 **상호 사전에 접촉하지 못하도록 하여야** 하며, 사후에 증거가치를 평가할 수 있도록 **대질 과정과 결과를 문자와 사진 등으로 서면화**하는 등의 조치를 취하여야 하고, 사진제시에 의한 범인식별 절차에 있어서도 기본적으로 이러한 원칙에 따라야 한다. 그리고 이러한 원칙은 동영상제시 · 가두식별 등에 의한 범인식별 절차와 사진제시에 의한 범인식별 절차에서 목격자가 용의자를 범인으로 지목한 후에 이루어지는 **동영상제시 · 가두식별 · 대면 등에 의한 범인식별 절차에도 적용**되어야 한다.(대법원 2008. 1. 17. 선고 2007도5201 판결 [성폭력범죄의 처벌 및 피해자보호등에 관한 법률위반(주거침입 강간등)])

판례 2) [예외 – 현장에서는 일대일 대면 허용] **범죄 발생 직후** 목격자의 기억이 생생하게 살아 있는 상황에서 현장이나 그 부근에서 범인식별 절차를 실시하는 경우에는, 목격자에 의한 생생하고 정확한 식별의 가능성이 열려 있고 범죄의 신속한 해결을 위한 즉각적인 대면의 필요성도 인정할 수 있으므로, **용의자와 목격자의 일대일 대면도 허용**된다.[♣범행직후 피해자에게 복수면접의 범인식별절차를 사용하지 않았다면, 피해자의 범인여부 확인 진술은 위법한 증거(×)](대법원 2008도12111 판결 [강제추행치상])

판례 3) [사진제시 범인식별절차 ⇨ 원칙상 절차 지켜야, 그러나 절차상 하자에도 불구하고 높은 신빙성 ⇨ 범인인정가능] 범인식별 절차에 있어 목격자의 진술의 신빙성을 높게 평가할 수 있게 하려면, 일정한 절차적 요건이 충족되어야 할 것이고, **사진제시에 의한 범인식별 절차에 있어서도 기본적으로 이러한 원칙에 따라야** 한다.
사진제시에 의하여 이루어진 범인식별에 관한 목격자의 검찰 진술이 그 **절차상의 하자에도 불구하고**, 범인명의 핸드폰으로 수차 통화 등 **높은 정도의 신빙성**을 인정할 수 있는 경우라면 피고인을 **범인으로 인정할 수** 있다.(대법원 2003도7033 판결 [마약류 관리에 관한 법률위반(향정)])

① **범인의 인상착의 등**에 관한 **목격자의 진술을 사전에 상세히 기록**한다.

② 용의자를 포함하여 그와 인상착의가 비슷한 **여러 사람을 동시에**[♣상당한 시간을 두고(×)] **목격자에게 보여**준다.

③ 용의자와 목격자 및 비교대상자들이 **상호 사전에 접촉하지 못하도록 하여야** 한다.

④ **대질 과정과 결과를 문자와 사진 등으로 서면화**한다.(판례)

※ 목격자와 용의자를 대면시킬 경우 목격자 보호를 위하여 편면유리(한쪽에서만 시야가 확보되는 유리)로 된 조사실을 이용하는 것이 바람직하다.

1. 범죄수법자료 – 범죄수법공조자료 관리규칙

<table>
<tr><td>경찰
형사사법
정보
시스템</td><td colspan="2">① "경찰 형사사법정보시스템(이하 '경찰시스템')"이란 경찰 형사사법정보시스템 운영규칙(제2조 제1호)에서 규정한 시스템을 말한다.(범죄수법공조자료관리규칙 제2조 제8호)
② "경찰 형사사법정보시스템"(이하 '경찰시스템')이란 형사사법정보시스템 중 경찰이 직접 운영 및 관리하는 시스템을 말한다.(경찰 형사사법정보시스템 운영규칙 제2조 제1호)</td></tr>
<tr><td>수법
원지
작성</td><td colspan="2">① 경찰서장(경찰청, 시·도경찰청에서 처리 사건은 경찰청장, 시·도경찰청장)은 수법원지 작성대상 범죄의 피의자를 검거하였거나 인도받아 조사하여 구속 송치할 때[♣신고받았거나 인지하였을 때(×)]에는 경찰시스템을 활용하여 수법원지를 전산입력하여 경찰청장에게 전산 송부하여야 한다.(제3조 제1항)
② 다만, 불구속 피의자도 재범의 우려가 있다고 인정되는 자에 대하여는 전산입력할 수 있다.[♣입력하여야(×)](제3조 제1항 단서)
※ 수법원지 작성대상 범죄 : 강도, 절도, 사기, 위조·변조(통화, 유가증권, 우편, 인지, 문서, 인장), 약취·유인, 공갈, 방화, 강간 및 그 특별법에 위반하는 죄, 장물에 해당하는 피의자
③ 사건 담당과장은 사건송치기록 검토 후 수법원지 입력누락 여부 및 입력된 수법원지 내용의 오류나 입력사항 누락 여부를 검토하여 수정하고 경찰시스템에서 승인하여야 한다.(제3조 제4항)
④ 수법원지 입력사항 : 죄명, 일자순 작성번호 및 사건연도번호, 피의자 성별, 이명·별명·아명·속명 등 최대한, 과거 포함 주된 직업, 수법소분류("수법·수배·피해통보 전산자료 입력코드번호부"에 따라 피의자의 주된 범행수법), 수법내용(코드번호, 내용 동시입력), 출생지·등록기준지·주소, 공범 모두, 인상 및 특징(상세입력), 혈액형, 전산상 지문분류번호, 범행(수법)개요(범행사실)는 피의자의 주된 범행수단과 방법이 부각되도록 상세히 입력[♣범행사실란은 간단히 요약하여 입력(×)][♣필적(×)](제4조 제1호~제14호)
♣ 수법원지를 통해 필적조회가 가능하다.(×)
※ 수법원지는 범인조회 및 수법조회에 활용한다.[♣여죄조회, 장물조회에 활용(×) ⇨ 피해통보표]
⑤ 수법원지 전산입력 대상 피의자가 여죄가 있고 그것이 범죄수법 소분류가 각각 상이한 유형의 수법일 때에는 그 수법마다 수법원지를 전산입력하여야 한다.(제3조 제2항)
⑥ 수법원지는 해당 범인을 수사하거나 조사 송치하는 경찰공무원이 직접 전산입력하여야 한다.(제3조 제3항)</td></tr>
<tr><td>피해
통보표</td><td>작성</td><td>① 경찰서장은 작성대상 범죄의 신고를 받았거나 또는 인지하였을 때에는 지체 없이 "수법·수배·피해통보 전산자료 입력코드번호부"에 수록된 내용에 따라 경찰시스템을 활용하여 피해통보표[♣수법원지(×)]를 전산입력하여 경찰청장에게 송부하여야 한다. 다만, 당해 범죄의 피의자가 즉시 검거되었거나 피의자의 성명·생년월일·소재 등 정확한 신원이 판명된 경우에는 그러하지 아니한다.(제7조 제1항)
② 피해통보표는 반드시 당해 사건을 담당하는 수사경찰관이 전산 입력하여야 한다.(제7조 제2항)
③ 사건 담당과장은 사건발생보고서 검토시 경찰청 및 시·도경찰청에 보고되는 속보 사건을 포함한 해당 범죄의 피해통보표의 입력여부 및 입력된 피해통보표 내용의 오류나 입력사항 누락 여부를 검토, 수정하여야 한다.(제7조 제3항)</td></tr>
</table>

피해 통보표	관리 및 활용	① 피해통보표를 입력한 담당경찰관은 입력 누락 여부를 수시로 확인하고, 입력된 전산자료를 관리하여야 한다.(제8조 제1항) ② 범행수법이 동일한 피해통보표를 2건 이상 입력하였을 때에는 동일범에 의한 범죄여부, 재범 우려 등을 종합 분석하여 수사자료로 활용한다.(제8조 제1항) ③ 피해통보표는 **동일한 수법범죄의 발생여부, 검거피의자의 여죄와 중요장물의 수배, 통보, 조회 등 수사자료로 활용**한다.(제8조 제3항)
	장물 수배	① 재산범죄 사건의 피해품은 경찰시스템 피해통보표의 피해품 란에 각각 전산입력하여 **장물조회 등**의 수사자료로 활용한다.(제10조 제1항) ② 피해통보표에 **전산입력한 피해품은 장물수배로** 본다.(제10조 제2항)
수사 자료표	작성 제외 대상	**즉결심판대상자, 고소 · 고발 사건 중 불송치 결정 사유에 해당되는 자**는 수사자료표를 작성하지 않는다.(범죄수사규칙 제226조 제1항) ※ 불송치 결정사유: 혐의없음, 범죄인정안됨, 증거불충분, 죄가안됨, 공소권없음, 각하(수사준칙 제51조 제1항 제3호)
	정정	경찰청 범죄분석담당관은 수사자료표가 다음 각 호의 어느 하나에 해당하는 경우에는 **정정 등 필요한 조치**를 하여야 한다.(지문 및 수사자료표 등에 관한 규칙 제13조 제2항) 1. **중복 작성**된 경우 2. 경찰관이 **기소의견으로 송치**한 **고소 · 고발** 사건에 대하여 **불기소처분 결과와 함께 삭제하도록 통보**받은 경우

구분	피해통보표	수법원지
작성자	담당경찰관	조사, 송치경찰관
작성시기	발생 시	검거 시
작성 대상자	**미검 + 신원불상**[♣피해통보표와 수법원지의 작성대상은 동일(×)]	**구속된 피의자 or 불구속피의자 중 재범우려 있는 자** ♣ 불구속된 피의자는 재범의 우려가 있어도 작성하지 않는다.(×)
과장검토	사건발생보고서 검토 시	사건송치기록검토 후(책임자인 직접날인)
이용목적	**범인검거, 여죄파악, 장물조회, 피해자 · 피해품 확인**	**재범 시 검거**
활용	**여죄조회, 장물조회**(KICS) – **피해통보표에 수록 · 전산입력**한 피해품은 장물수배로 본다.	**범인조회, 수법조회** **[경찰 형사사법정보시스템(경찰시스템)]**
전산자료 삭제 및 폐기사유	피해통보표가 다음 각 호에 해당할 때에는 전산자료를 삭제하여야 한다.(규칙 제12조 제2항) 1. 피의자가 **검거**되었을 때 2. 피의자가 **사망**하였을 때 3. 피해통보표 전산입력 후 **10년이 경과**[♣80세 이상(×)] [☻검사10피] ♣ 피해통보표 전산입력후 10년이 경과하였을 때에는 전산자료를 삭제하여야 한다.(○)	수법원지가 다음 각 호에 해당할 때에는 전산자료를 삭제하여야 한다.(규칙 제12조 제1항) 1. 피작성자가 **사망**하였을 때 2. 피작성자가 **80세** 이상이 되었을 때 3. 작성자의 수법분류번호가 동일한 원지가 **2건 이상 중복**될 때 1건을 제외한 자료 [☻사파리 수법]
공통점	**범죄사건부 기재, 수법범죄대상 작성**	

여죄조회(피해 통보표에서)	범인조회(수법원지에서)
경찰 형사사법정보시스템(KICS = 경찰시스템)	**경찰 형사사법정보시스템(KICS = 경찰시스템)**
피의자 검거 시 범인을 검거하여 조사하는 경찰관이 조회	**사건이 발생하면** 현장에 임장한 경찰관이 조회
피해통보표를 대상으로 조회	**수법원지를 대상**으로 조회

2. 유류품 수사 착안점<20승진> [☻동관기완]

동일성 검토 (유류품과 범행)	범행현장 및 부근에서 발견된 흉기 등 유류품이 **직접 범행에 사용된 것인가**를 명확히 해야 한다. ※ 물건의 **존재의 경과가 명확**할 것, 물건의 특징이 합치될 것, 유류상황과 진술이 합치될 것, **흉기 등의 경우 상해부위와 합치**될 것
관련성 검토 (유류품과 범인)	현장에서 발견된 **유류품이 범인의 물건이 확실한지**를 검토하여야 한다. ※ 범인이 유류품 및 그의 일부라고 인정할 만한 것과 **동종의 물건을 소유하거나 휴대**하고 있었을 것, 유류품에 존재하는 **사용 버릇**을 가지고 있는 인물일 것 [☻사동의관]
기회성 검토 (유류품과 현장)	**범인이 현장에 유류할 기회가 있었는가**를 검토하여야 한다. ※ 범인이 **현장에 갈 수** 있었을 것, **유류의 기회**가 있었을 것, 범인이 범행시각에 **근접하여 현장 및 그 부근에** 있었을 것
완전성 검토 (범행 때 유류품)	유류품이 **범행 시와 동일한 상태로 보전되어 있는가**를 검토하여야 한다.<20승진> ※ 유류품이 **범행 때와 같은 성질**을 가지고 있는가를 검토, 현장검증 등에 의하여 채증의 상황을 명확히 할 것, 인수관계의 경과에 대해서 명확히 할 것

3. 장물수사

발견시 장물수사 일반	① 장물이 **피해품이 맞는지 변형 · 파손된 부분은 없는지 확인**한다. ② 장물의 소지자로부터 **입수 경위를 확인하여 역으로 추적**한다. ③ 장물을 **임의제출 받거나 영장을 발부받아 압수**한다. ④ **소유권 포기**여부를 물어볼 수는 있으나 이를 **강요하거나 권유해서는 안된다.**[♣소유권 포기서 제출을 권유한다.(×)] ※ 소지자는 장물취득죄의 용의자일 수도 있지만 장물인 정을 알지 못하였다면 선의취득(민법 제249조)으로 소유권이 인정될 수 있다.

<table>
<tr><td rowspan="3">장물 수배서</td><td>특별중요 장물수배서</td><td>① 수사본부를 설치하고 수사하고 있는 사건에 관하여 발부한다.
② 홍색용지를 사용하는 장물품표이다.</td></tr>
<tr><td>중요장물 수배서</td><td>① 수사본부를 설치하고 있는 사건 이외의 중요한 사건에 관하여 발부한다.
예 중요문화재 기타 이에 준하는 피해품, 외교사절 등에 관련된 사건의 피해품, 기타 사회적 영향이 큰 사건의 피해품, 살인·강도 등의 중요사건에 관한 피해품, 다액절도 또는 특이한 수법이나 상습범이라고 인정되는 침입절도사건의 피해품, 기타 중요 또는 특이사건의 피해품
② 청색용지를 사용하는 장물품표이다.</td></tr>
<tr><td>보통장물 수배서</td><td>① 기타 사건에 관하여 발부하는 경우의 장물품표이다.
② 백색용지를 사용한다. [☻특중보, 홍청백]</td></tr>
</table>

4. 알리바이

<table>
<tr><td>의의</td><td colspan="2">① 범죄혐의자가 범죄가 행하여진 시간에 범죄현장 이외의 장소에 있었다는 사실을 입증함으로써 범죄현장에는 있지 않았다는 사실을 증명하는 범죄현장 부존재 증명이다.
② 필요성: 직접증거가 없고 정황증거만 있는 수사에서 범죄현장에 있지 않았다는 현장부재증명이 입증되면 결정적 반증이 되어 범죄혐의에서 벗어날 수 있다.<03경위></td></tr>
<tr><td rowspan="4">종류</td><td>절대적 알리바이</td><td>범죄가 행하여진 그 시각에는 혐의자가 현실적으로 범죄현장 이외의 다른 장소에 있었다는 사실이 명확하게 증명되는 경우</td></tr>
<tr><td>상대적 알리바이</td><td>범죄 발생 전·후 시각을 고려하여 용의자가 도저히 범죄현장에는 도달하지 못할 것이라고 인정되는 경우</td></tr>
<tr><td>위장 알리바이</td><td>사전에 계획적으로 자기의 존재를 확실히 인상 깊게 해놓고 그 사이에 극히 단시간 내에 범죄를 감행하는 경우
※ 나는 22:00 ~ 24:00까지 극장에 있었어요. 그때 내가 극장직원의 옷에 콜라를 쏟아서 기억할 것입니다. ⇨ 위장알리바이
※ A는 회식장소에서 화장실에 가는 척하고는 B를 살해하고 태연히 회식장소로 돌아온 후 살인사건 수사에서 범행시간에 회식장소에 있었음을 주장 ⇨ 위장알리바이</td></tr>
<tr><td>청탁 알리바이</td><td>범죄실행 후 자기의 범행사실을 은폐하기 위하여 가족, 동료, 친지에게 시간과 장소를 약속 또는 부탁해 놓은 경우</td></tr>
</table>

6 과학수사

"과학수사"란, **과학적으로 검증된 지식·기술·기법·장비·시설 등을 활용**하여 객관적 증거를 확보하기 위한 수사활동을 말한다.(과학수사 기본규칙 제3조 제1호)

1. 범죄감식

범죄감식 분류	① **자료감식**: 전국에서 수집한 기초자료를 컴퓨터에 수록하여 집중관리함으로써 이를 범인의 추정, 범증자료의 판별 등에 활용하는 것 **예** 지문자료에 의한 신원 · 범죄경력 확인, 피의자 사진에 의한 범인추정, 수법원지, 족흔적 자료에 의한 용의자 추정 등 ② **기술감식**: 법의학, 물리 · 화학 · 심리학 등 자연과학의 지식 · 기술, 최신기자재 등을 활용하여 현장에서 수사자료 등을 채집 · 검사하고 감정함으로써 범인을 발견하거나 범증을 확보하는 것 **예** 지문 · 족흔적 · 혈흔 · 모발 · 섬유 · 미물 등의 법의학 · 이화학 자료의 채취 · 검사 · 감정, 사진촬영, 말소문자의 검출, 폴리그래프 사용 등
과학 수사관	"과학수사관"이란 경찰청 및 소속기관("경찰기관")의 과학수사 부서에 소속되어 **현장감식, 감정, 과학수사 시스템의 관리 · 운영 등의 직무를 담당**하는 사람을 말한다.(과학수사 기본규칙 제3조 제2호)
현장 감식	"현장감식"이란 사건과 관련된 현장에 임하여 **현장상황의 관찰, 증거물의 수집 · 채취 등**을 통해 범행 당시의 **현장을 재구성하는 활동**을 말한다.(과학수사 기본규칙 제3조 제3호)
증거물 수집	증거물의 추가적인 분석이나 감정을 위하여 **원상의 변경 없이** 현장에서 **증거물을 수거**하는 것을 말한다.(과학수사 기본규칙 제3조 제4호)
증거물 채취	현장이나 그 밖의 장소에서 원상의 증거물 등으로부터 **지문을 현출**하거나, **미세증거물 · 디엔에이 감식 시료 등을 전이하는 것**을 말한다.[♣증거물 수집(×)](과학수사 기본규칙 제3조 제5호)
수집 채취 방법	과학수사관은 증거의 특성 및 현장상황에 맞는 최적의 방법으로 증거물을 수집 · 채취하여 그 **원형을 최대한 유지하여야** 한다. 이 경우 수집 · 채취 **전후의 상황을 사진 또는 동영상 촬영하는 등 증거물의 동일성 및 진정성을 입증할 수 있는 조치를 하여야** 한다.(과학수사 기본규칙 제18조 제1항)
증거물 관리	증거물의 감정 등을 위하여 증거물을 **이송하는 경우 직접 운반하여야** 한다. 다만, 직접 운반이 현저히 곤란한 경우 증거물이 오염 · 훼손되지 않고 운반 이력이 확인될 수 있는 방법을 이용할 수 있다.(과학수사 기본규칙 제25조 제3항)
과학수사 기본원칙	① **증거물연계성 확보 :** 과학수사를 통해 확보한 증거물은 수집 · 채취 단계부터 감정, 송치 또는 수사종결 시까지 업무처리자 변동 등 모든 단계의 이력이 연속적으로 관리함으로써 증거물의 연계성을 확보하여야 한다.(과학수사 기본규칙 제5조 제1항) ② **중립적, 객관적 업무수행 :** 과학수사관은 어떠한 경우에도 편견과 예단 없이 중립적이고 객관적으로 업무를 수행하여야 한다.(과학수사 기본규칙 제5조 제2항) ③ **과학적 근거 바탕 업무수행 :** 과학수사관은 과학적 근거를 바탕으로 업무를 수행하여 그 절차와 결과의 신뢰성과 타당성을 확보하여야 한다.(과학수사 기본규칙 제5조 제3항)

감식 수사	의의	**감식수사(범죄감식)** ⇨ **과학적 지식과 장비를 활용**하여(과학수사로) **범인과 범죄사실을 입증하는 데 기여**하게 되는 수사 활동 – **감식 수사는 지문, 혈흔, 족적 등을 토대로 범인을 발견하고자 하는 수사**이다. – 범죄감식은 **과학수사의 중추**이다.
	내용	**합리적인 추리와 객관적인 판단**(증거)에 의해 진실을 발견

2. 지문감식

<table>
<tr><td>지문</td><td colspan="3">“지문”이라 함은 손가락 끝마디의 안쪽에 피부가 융기(隆起)한 선 또는 점(“융선”)으로 형성된 무늬를 말한다.(지문 및 수사자료표 등에 관한 규칙 제2조 제1호)</td></tr>
<tr><td>지문자동검색시스템</td><td colspan="3">“지문자동검색시스템(AFIS : Automated Fingerprint Identification System)”이란 주민등록증발급신청서 · 외국인의 생체정보 · 수사자료표의 지문을 원본 그대로 암호화하여 데이터베이스에 저장하고, 채취한 지문과의 동일성 검색에 활용하는 전산시스템을 말한다.(지문 및 수사자료표 등에 관한 규칙 제2조 제2호)<22승진></td></tr>
<tr><td rowspan="4">현장지문</td><td colspan="3">① **범죄현장에서 채취**한 지문을 말한다.[♣침입경로, 도주경로 및 예비장소(×) ⇨ 준현장지문](지문 및 수사자료표 등에 관한 규칙 제2조 제5호)
② **범인의 신원확인에 중요한 자료**가 된다.
③ 범죄현장의 모든 **잠재 또는 현재하는 지문을 포괄**한다.</td></tr>
<tr><td rowspan="2">현재지문</td><td>정상지문</td><td>손끝에 묻은 **혈액 · 잉크 · 먼지 등이 손가락에 묻은 후 피사체에 인상**된 지문으로 **육안으로 식별**되며, 무인했을 때의 지문과 동일하다.(융선에 묻은 유색물질이 물체로 옮겨짐.)[♣역지문(×)]<19승진>
♣ 혈액이 묻은 손가락으로 물체를 만졌을 때 착색된 부분이 융선이라면 이는 역지문으로 볼 수 있다.(×)
※ **혈액지문 채취방법 ⇨ 사진촬영, 전사법**[♣실리콘러버법(×)]<19승진>
♣ 혈액지문은 실리콘러버법으로 지문을 채취한다.(×)<19승진></td></tr>
<tr><td>역지문</td><td>**먼지 쌓인 물체, 연한 점토(진흙) 등에 인상**된 지문으로 고랑과 이랑이 반대로 현출된다.(융선사이 **고랑부분이 물체에 착색**되고, **융선 부분은 착색되지 않는 지문**)<20승진>
※ **먼지지문 채취방법 ⇨ 사진촬영, 전사법, 실리콘러버법**</td></tr>
<tr><td>잠재지문</td><td colspan="2">육안으로 보이지 않는 지문으로 **이화학적 가공을 하여야 비로소 가시상태**로 되는 지문이다.(잠재지문은 지문규칙상 지문의 종류가 아니다.)
※ **고체 · 액체 · 기체법 사용**</td></tr>
<tr><td>준현장지문</td><td colspan="3">범죄**현장 이외의 장소**에서 채취한 지문을 말한다.(지문 및 수사자료표 등에 관한 규칙 제2조 제6호)<22승진>
예 범인의 **침입경로, 도주경로 및 예비장소**, 전당포, 금은방 등에 비치된 거래대장에 압날된 지문<22승진></td></tr>
<tr><td>관계자지문</td><td colspan="3">**범인 이외의 자(피해자, 현장출입자 등)가 남긴 것으로 추정**되는 지문을 말한다.</td></tr>
<tr><td>유류지문</td><td colspan="3">현장지문 · 준현장지문 중에서 **관계자 지문에 해당하지 아니하는 지문**으로 **범인의 지문으로 추정되는 지문**이다.<20승진></td></tr>
</table>

(1) **함부르크식 지문분류법**<19승진 · 01 · 02 · 03 · 05 · 06 · 07 · 11채용>

궁상문	지문의 **융선 모양이 활모양 또는 파도모양**을 형성한 문형을 궁상문(弓狀紋 : arch)이라 한다. ※ 분류번호 : 모두[**1번**] <보통궁상문> <돌기궁상문> <편류궁상문>
갑종 제상문	① 제상문 : 제상문은 지문 모양이 **말발굽 모양을 형성하는 지문**을 말한다.<19승진> ② 제상문 중에서 **삼각도**가 **우수는 우측, 좌수는 좌측**에 있는 것을 '갑종 제상문(radial loop)'이라 한다. ※ 분류번호 : 모두[**2번**] <좌수> 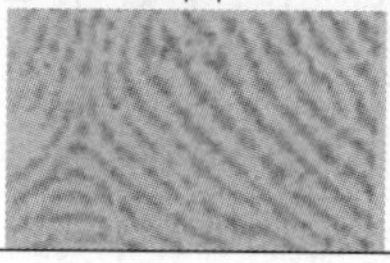 <우수>
을종 제상문	을종 제상문은 **삼각도**가 **우수에는 좌측, 좌수에는 우측**에 있는 것을 의미하며, 내단과 외단 사이의 가상의 직선에 접촉된 융선의 수를 기준으로 분류번호를 부여한다.<08경위> ※ 분류번호 : 7개 이하[**3번**] / 8~11개[**4번**] / 12~14개[**5번**] / 15개 이상[**6번**] [☻ 7,11,14,15] <좌수> 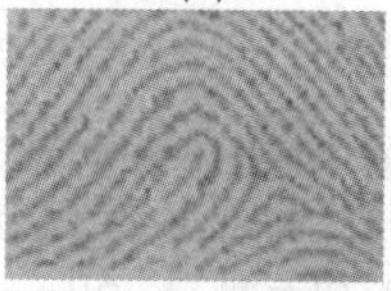 <우수> 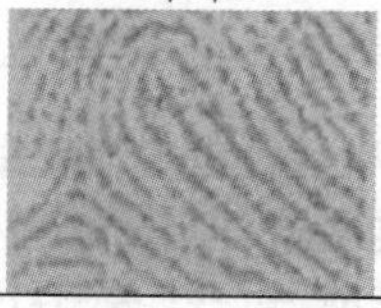
와상문	지문의 중심부가 빙글빙글 돌아가는 **달팽이 모양 또는 소용돌이 모양**일 경우 와상문(渦狀紋, whorl)이다.<08경위> ※ 상류 와상문 분류번호 : 우측 각 위로 흘러 융선의 수가 4개 이상[**7번**] ※ 중류 와상문 분류번호 : 우측 각 위, 아래로 흘러 융선의 수가 3개 이하[**8번**] ※ 하류 와상문 분류번호 : 우측 각 아래로 흘러 융선의 수가 4개 이상[**9번**] − 순와상문 : 와상문의 중심부 융선이 와상선으로 형성된 지문[渦 소용돌이 와] − 환상문 : 중심부 융선이 환상선으로 형성된 지문[環 고리 환] − 이중제형와상문 : 와상문의 중심부를 형성한 1개 또는 2개의 융선이 제상선을 이중으로 형성한 지문 − 유태제형와상문 : 와상문 중심부 제상선 내에서 호상선 또는 제상선의 돌부가 거꾸로 형성되어 있는 지문 <순와상문> 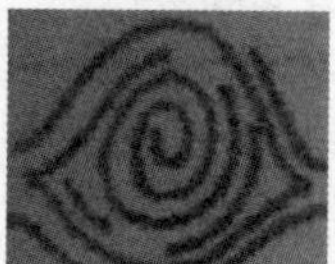 <환상문>  <이중제형와상문>  <유태제형와상문> 

변태문	궁상문, 제상문, 와상문의 **어느 것에도 속하지 않는 문형**으로서 점과 단선 기타 구불구불하게 특이한 융선으로 형성된 지문으로 혼합문과 변태문이 있다.<19승진> ※ 분류번호 : [9번] 으로 분류한다. (9자 동그라미 안에 점을 찍는다.)
절단문	지두절단 [0번]
손상문	손상된 지문 [⊙번] (0에 점을 찍음.)
표기방법	좌측 – 우측(시지, 중지, 환지, 소지, 무지 순으로 표기) 예 670809 – 18(12345)

※ Henry는 영국인으로 1901년 지문분류법의 체계를 세웠다.

3. 족흔적 감식

개념	족흔적이란 범인이 현장에 남겨 놓은 **보행흔적, 차량 타이어 흔적, 도구흔** 및 **다른 물건에 의해 인상된 모든 흔적**을 말한다.<07기동대> ※ **지문, 필적, 인영, 탄흔, 혈흔**은 족흔적이 아니다.<04 · 08채용 · 07경위>
중요성	Lacard의 **법칙 :** 모든 사물은 **접촉할 때 반드시 흔적**을 남긴다.<09.1채용>

4. 미세증거물 감정

개념	사건과 연관된 조그만 **미세증거**로부터 **범인의 직업적 특성이나 의복의 재질, 색상 등의 추적 단서**를 얻을 수 있는데 이러한 미세증거물에 대한 감정을 말한다.
기능	① 미세증거물은 범인 **추적의 수단**이 되거나 **수사방향 설정에 도움**을 줄 수도 있다. 예 현장에 용의자가 유류한 것으로 보이는 **장갑을 정밀 관찰한 결과 석면**이 부착된 것을 확인한 경우, **범인의 직업군을 압축**해 본다거나, 뺑소니 사건의 **피해자 의복에서 파란색 도료를** 검출해 냈다면 **용의차량의 색상을 압축할 수** 있는 것이다. ② 미세증거물은 용의자가 **범행에 연관된 것인지 여부를 입증하는 수단**이 되기도 한다. 예 성폭행 미수 등, 사건에 있어 체액교환이 일어나지 않아 유전자 감정이 불가능한 경우에도 서로 **접촉한 의복의 섬유 등**은 상호 **신체접촉이 있었음을 입증하는 중요한 증거**가 될 수 있다. 또한 용의자의 손톱에서 **피해자가 입고 있던 의복과 같은 종류의 섬유를** 검출해 냈다면, **연관성 및 용의점**이 한층 더 농후해지는 것이다. ③ 미세증거물은 **피의자 신문의 보조수단**으로 이용할 수 있다. 예 증거가 없음을 이유로 진술을 거부하거나 회피하는 사례가 많다. 예를 들면 방화 용의자의 **몸에서 검댕을** 볼 수 있다거나, 의복의 소매 끝에서 육안으로는 관찰하기 힘든 **미세한 용융흔을** 발견한다면 '**화기 근처에는 간 일도 없다.'는 용의자의 진술을 반박**하는 **중요한 신문의 수단**이 되는 것이다.
한계	미세증거물은 유전자와 같이 **개인 식별이 가능한 감정자료는 아니다**. 따라서 미세증거물로 확실한 범인임을 특정짓는 것은 무리이다.[♣범인특정에 결정적 역할(×)] ♣ 미세증거물은 용의자가 확실한 범인인지를 특정짓는 데 결정적인 역할을 한다.(×)

5. 시체현상

초기 현상	후기 현상
① **시체냉각**(체온하강) ② **시체건조** ③ 각막혼탁 ④ **시체얼룩** ⑤ 시체굳음	① **시체부패** ② 자가용해<21승진> ③ 시체밀랍 ④ 백골화[♣시체초기현상(×)]<13승진 · 15경위> ⑤ 미이라화

(1) 시체 초기현상

체온 냉각	① 주위 **대기온도와 같아지거나 수분이 증발하면서 주위 기온보다 더 낮아지는 경우**도 있다. ② **습도 낮고 통풍이 좋을수록, 남자, 마른 사람, 노인, 소아, 만성소모성 질환으로 사망 - 냉각속도가 빠르다.** ※ **사후 10시간 이내에는 시간당 1℃**, 그 후에는 0.5℃ ~ 0.25℃ ※ Moritz 공식 : 직장온도로 사후경과시간을 추정한다.[**사후경과시간 = (37℃ - 곧 창자 온도) ÷ 0.83**]
시체 건조	피부에 대한 **수분보충이 정지**되어 몸의 표면은 습윤성을 잃고 건조해진다.(노출부위 피혁상화) - **표피에 외상이 있었던 부위** ⇨ 특히 건조가 빠르다.[♣시체 밀랍화(×), ♣시체 후기현상(×)]<21승진>
시체 얼룩	① 적혈구의 **자체중량에 의한 혈액침전현상**으로 시체하부의 피부가 암적갈색으로 변화한다.[♣시체굳음(×), ♣초기현상(○)]<16 · 21승진> ⓐ **중력현상과 관련**된 것으로 시체의 **아래 부위**에 형성된다.<01경위> ⓑ **주위온도가 높을수록**[♣낮을수록(×)], **급사나 질식사** ⇨ **빠르게** 형성된다.<03.1 · 04.2 · 05.3채용> ♣ 시체의 얼룩은 혈액침전현상으로 주위온도가 낮을수록 빠르다.(×) ② 사망 후 **10시간 후**면 침윤성 시반이 형성되어 **체위를 바꾸어도 이미 형성된 시체얼룩은 사라지지 않는다.**<15경위> ③ 시체얼룩 색깔 ⓐ 통상 목맴 등 **특이사항이 없는 시체 - 암적갈색** ⓑ 익사, 저체온사, 일산화탄소 중독, **청산가리(사이안화칼륨)** 중독사망 - **선홍색**[♣암적갈색(×)]<20 · 21승진> ⓒ **염소산칼륨** 중독, **아질산소다 중독 - 암갈색(황갈색)**<20승진> ⓓ 황화수소가스 중독 - 녹갈색

시체 굳음	① 사후에 일시 이완되었다가 시간이 경과하면서 점차 경직된다. ② 단계별 시체굳음 : ㉠ **사후 2~3시간 – 턱관절부터 시작**한다. ㉡ **사후 12시간 정도** 되면 전신에 미친다.[♣사후 6시간 정도면 전신에 미친다.(×)]<20승진 · 15경위 · 07.2채용> ㉢ **15시간 최고조** – 30시간까지 유지되다가 / **30시간 이후** 풀어진다. ③ **순서 ⇨ Nysten 법칙 : 턱 ⇨ 어깨 ⇨ 팔, 다리 ⇨ 발가락, 손가락**<03 · 09채용> ④ **급사체**는 지속시간이 **길고, 근육이 발달할수록** 경직은 **강**하다.<03경위>
각막 혼탁	사후 **12시간 전후 – 혼탁시작** / 사후 **24**시간 – 현저 / **사후 48시간 – 불투명**<20승진 · 15경위 · 07 · 09채용>

(2) **시체 후기현상**

부패	① 부패균의 작용에 의해 일어나는 질소화합물의 분해[♣자가용해(×)]<13 · 16승진> ② **부패의 3대조건** ⇨ 공기의 유통이 좋을수록, **온도가 20~30℃로 최적일 때, 습도가 60~66% 사이일 때** 빠르게 진행된다.<21승진 · 09채용> ③ 진행속도 ⇨ 공기(1주) 〉 물(2주) 〉 흙(8주) [casper법칙]
자가 용해	체내 **각종 분해효소 작용** ⇨ 사후에는 **미생물의 관여 없이도 세포 가운데의 자가효소에 의해 분해가** 일어나 세포구성 성분은 분해, 변성되고 세포 간 결합의 붕괴로 조직은 연화된다. [♣세균의 작용으로(×)]<20 · 21승진> ♣ 자가용해는 세균의 작용으로 장기나 조직 등이 분해되어 가는 과정이다.(×)
미이라	고온 · 건조지대에서 시체의 **건조가 부패 · 분해보다 빠를 때** 생기는 시체후기 현상이다.<13 · 16승진>
시체 밀랍	화학적 분해에 의해 고체형태의 지방산 혹은 그 화합물로 변화한 상태, 비정형적 부패형태로 대부분 **수중 또는 수분이 많은 지중(地中)**에서 형성된다.<13 · 16승진>
백골화	① 뼈만 남은 상태를 의미한다.[♣시체초기현상(×)]<13승진 · 15경위> ② **성인시체는 7~10년 후, 소아 시체는 사후 4~5년 후 백골화가 완전하게** 이루어진다.<14승진 · 09채용> [☻치실 사오]

(3) **시체흔적**

주저흔	**자살하는 사람의 망설임** 때문에 가슴, 배꼽, 목 등에 비교적 **경상에 가까운 흔적**이 생기는데 이를 '주저흔'이라 한다.
방어흔	**타살**의 경우 흉기로 가격할 시 본능적으로 **막아서 생기는 상처**를 '방어흔'이라 한다. ① **능동적 방어흔**(active defence mark) : 타살에 치명이 되는 부분뿐만 아니라 팔목, 팔뚝, 또는 엉덩이 등에도 이 상처가 나타나는데 가해자가 흉기로 가격하였을 때 본능적으로 **막아서 발생**하는 방어흔이다.[♣수동적 방어흔(×)] ② **수동적 방어흔**(passive defence mark) : **도망 다니면서 상해를 입는 경우**의 방어흔이다.

총기 손상	① **총기에서 발사된 탄환에 의하여 생긴 손상**을 **총알상처라** 한다. ※ 탄환이 피부를 **뚫고 들어간 부위**를 **총알입구**라 하고 **뚫고 나온 부위**를 **사출구**라 하며 체내로 **지나간 길**을 **사창관**이라 한다. ② 총기손상이 의심될 때에는 **총알상처의 수, 발사거리, 사입방향과 자 · 타살 감별 등이 문제**가 된다. ③ 총알상처의 분류 ⓐ 관통총창 : 총알입구, 사출구, 사창관이 모두 있는 경우 ⓑ 맹관총창 : 총알입구와 사창관만 있고 탄환이 체내에 남아 있는 경우 ⓒ 찰과총창 : 탄두가 체표만 찰과하였을 경우 ⓓ 반도총창 : 탄환의 속도가 떨어져 피부를 뚫지 못하고 피부까짐이나 피부 밑 출혈만 형성하였을 경우 ⓔ 회선총창 : 탄환이 골격에 맞았으나 천공시키지 못하고 뼈와 연부조직 사이를 우회하였을 경우 ※ 총기에 의한 손상시체에 있어서 총알입구, 사출구, 사창관이 모두 있는 관통총창이 대부분이나 발사각에 따라 맹관총창, 찰과총창, 반도총창, 회선 총창이 있을 수 있으므로 손상사에 있어서 **반드시 총알입구, 사출구, 사창관을 볼 수 있는 것은 아니다**.[♣반드시 볼 수(×)]<21승진> ♣ 총기에 의한 손상사에 있어서 반드시 총알입구, 사출구, 사창관을 볼 수 있다.(×)

6. 혈흔패턴분석

Spine	낙하혈에서 볼 수 있는 둥근 혈흔 주변의 가시 같은 모양의 혈흔이다.<18승진>
자혈흔	비산혈에서 볼 수 있는 형태로 원래 혈흔(모혈흔)에서 튀어서 생긴 작은 혈흔이다.<18승진>
혈흔궤적	사람이 다쳐서 **피를 흘리며 움직이면 혈흔궤적**(Trail)이 형성된다.<18승진>
방향성 판단	① 혈흔은 **타원형**이 될수록 방향성 판단이 **쉽다**. ② **Spine과 자혈흔**이 있으면 방향성 판단이 **쉽다**. ③ 카펫같이 **흡수성이 높거나 표면이 불규칙한 경우**에는 방향성 판단이 **어렵다**.[♣쉽다.(×), ♣표면이 거친 경우 방향성 판단이 쉽다.(×)]<18승진> ♣ 목표물의 표면이 거칠수록 혈흔의 방향성 판단이 쉽다.(×)

7. 디엔에이 신원확인 정보의 이용 및 보호에 관한 법률

총괄	① **검찰총장**은 **수형인 규정**(제5조)**에 따라** 채취한 디엔에이감식시료로부터 취득한 디엔에이신원확인정보에 관한 사무를 총괄한다.(제4조 제1항) ② **경찰청장**은 **구속피의자 규정**(제6조) 및 **범죄현장** 규정(제7조)에 따라 채취한 디엔에이감식시료로부터 취득한 디엔에이신원확인정보에 관한 사무를 총괄한다.[♣수형인 규정에 따라(×)](제4조 제2항)<19승진> ③ 검찰총장 및 경찰청장은 데이터베이스를 서로 연계하여 운영할 수 있다.(제4조 제3항)
대상	① **디엔에이 신원확인 정보 채취 대상범죄 :** 실화죄, **살인죄**, 상해와 폭행죄, 체포와 감금죄, 협박죄, 약취와 유인 및 인신매매의 죄, **강간과 추행의 죄**, 주거침입죄, 권리행사방해죄, 절도와 강도죄, 사기와 공갈죄, 손괴죄, 폭력행위등처벌에 관한 법률, 특정범죄가중처벌 등에 관한 법률, 성폭력범죄의 처벌 등에 관한 특례법, 마약류 관리에 관한 법률, 아동·청소년의 성보호에 관한 법률, 각 위반[♣살인죄, 디엔에이감식시료를 채취할 수 없다.(×)](제5조 제1항, 제6조)<19승진> ♣ 살인, 강간, 강제추행은 감식시료 채취 대상범죄에 해당한다.(○) ♣ 사법경찰관은 살인죄를 범하여 구속된 피의자로부터 디엔에이감식시료를 채취할 수 없다.(×)<19승진> ② **수형인 등 대상 채취 : 검사**(군검사 포함)는 대상범죄 또는 이와 경합된 범죄에 대해 형의 선고, 보호관찰명령, 치료감호선고, 소년법상 보호처분을 받아 확정된 사람(수형인)으로부터 디엔에이감식시료를 채취할 수 있다.(제5조 제1항) ③ **구속피의자 등 대상 채취 : 검사 또는 사법경찰관**(군사법경찰관을 포함)은 검사의 수형인 등 채취대상(제5조 제1항 각 호)의 어느 하나에 해당하는 죄 또는 이와 경합된 죄를 범하여 **구속된 피의자 또는** 「치료감호법」에 따라 **보호구속된 치료감호대상자**("구속피의자등")로부터 디엔에이감식시료를 채취할 수 있다. 다만, 검사의 수형인 등 대상 채취(제5조)로 디엔에이감식시료를 채취하여 디엔에이신원확인정보가 이미 수록되어 있는 경우는 제외한다.(제6조)
절차	① 검사 또는 사법경찰관은 형사소송법상 사법경찰관의 영장 신청 및 검사의 영장청구 절차에 따라 발부받은 **영장에 의하여** 디엔에이감식시료의 채취대상자로부터 디엔에이감식시료를 채취할 수 있다.(제8조 제1항, 제2항) ② 채취대상자가 **동의하는 경우**에는 **영장 없이 디엔에이감식시료를 채취할 수** 있다. 이 경우 미리 채취대상자에게 채취를 거부할 수 있음을 고지하고 **서면으로** 동의를 받아야 한다.[♣영장없이 불가능(×), ♣구두동의(×)](제8조 제3항) ♣ 판사의 영장 없이는 채취 대상 범죄자로부터 디엔에이 감식시료를 채취할 수 없다.(×) ♣ 내연녀를 살해하였다고 순순히 자백하는 피의자로부터 구두로 동의를 구하고 구강상피세포를 채취하였더라도 본 법에 위반되지 않는다.(×)
폐기	디엔에이신원확인정보담당자가 디엔에이신원확인정보를 **데이터베이스에 수록한 때**에는 채취된 디엔에이**감식시료와** 그로부터 추출한 **디엔에이를 지체 없이 폐기하여야** 한다.[♣일정기간 보관(×)](제12조)<19승진> ♣ 채취한 디엔에이 감식시료는 데이터베이스 수록 후에도 일정 기간 보관하여야 한다.(×)<19승진>

<table>
<tr><td>삭제</td><td>디엔에이신원확인정보담당자는 구속피의자등이 아래 어느 하나에 해당하는 경우에는 직권 또는 본인의 신청에 의하여 데이터베이스에 수록된 디엔에이신원확인정보를 삭제하여야 한다.(제13조 제2항)
1. 검사의 혐의없음, 죄가안됨 또는 공소권없음의 처분이 있거나, 구속된 피의자의 죄명이 수사 또는 재판 중에 채취대상 외의 죄명으로 변경되는 경우. 다만, 죄가안됨 처분을 하면서 치료감호의 독립청구를 하는 경우는 제외한다.
2. 법원의 무죄, 면소, 공소기각 판결 또는 공소기각 결정이 확정된 경우. 다만, 무죄 판결을 하면서 치료감호를 선고하는 경우는 제외한다.[♣치료감호선고 포함(×)]<19승진>
♣ 법원이 무죄판결을 하면서 치료감호를 선고하는 경우 신원확인 정보를 삭제하여야 한다.(×)
3. 법원의 치료감호의 독립청구에 대한 청구기각 판결이 확정된 경우</td></tr>
</table>

8. 폴리그래프 검사(거짓말 탐지기 검사) – 과학수사기본규칙

<table>
<tr><td>검사</td><td>폴리그래프 검사를 담당하는 감정관(“폴리그래프 검사관”)은 피검사자의 심리상태에 따른 호흡, 혈압, 맥박, 피부 전기반응 등 생체 현상을 측정ㆍ분석하여 진술의 진위 여부 등을 판단하는 폴리그래프 검사를 실시할 수 있다.(과학수사 기본규칙 제36조 제1항)

판례 [증거능력 부여요건 ⇨ 심리변동 – 생리반응 – 판정가능 – 정확한 측정장비] 거짓말탐지기의 검사결과에 대하여 증거능력을 인정할 수 있으려면 첫째로 거짓말을 하면 반드시 일정한 심리상태의 변동이 일어나고, 둘째로 그 심리상태의 변동은 반드시 일정한 생리적 반응을 일으키며, 셋째로 그 생리적 반응에 의하여 피검사자의 말이 거짓인지 여부가 정확히 판정될 수 있다는 전제요건이 충족되어야 하며 특히 생리적 반응에 대한 거짓여부의 판정은 거짓말탐지기가 위 생리적 반응을 정확히 측정할 수 있는 장치이어야 하고 검사자가 탐지기의 측정내용을 객관성 있고 정확하게 판독할 능력을 갖춘 경우라야 그 정확성을 확보할 수 있어 증거능력을 부여할 것이다.(대법원 1983. 9. 13. 선고 83도712 판결 [살인ㆍ사체은닉ㆍ절도])</td></tr>
<tr><td>목적</td><td>폴리그래프 검사관은 다음 각 호의 어느 하나를 위하여 폴리그래프 검사를 실시할 수 있다.(과학수사 기본규칙 제36조 제2항)
1. 진술의 진위 확인
2. 사건의 단서 및 증거 수집
3. 상반되는 진술의 비교 확인[♣범행동기, 심리상태 등에 대한 종합적인 분석(×)]</td></tr>
<tr><td>변호인 조력</td><td>폴리그래프 검사관은 검사를 실시하기 전에 피검사자에게 변호인의 조력을 받을 수 있음을 고지하고, 피검사자가 이를 요청하는 경우 변호인의 조력을 받도록 해야 한다. 다만, 다음 각 호의 경우는 검사의 신뢰성과 독립성 보장을 위하여 변호인의 참여를 제한할 수 있다.(과학수사 기본규칙 제36조 제4항)
1. 생리반응을 측정하는 단계
2. 변호인이 검사를 방해하거나 수사기밀을 누설하는 등 정당한 사유가 있는 경우</td></tr>
</table>

9. 디지털 증거 –「디지털 증거의 처리 등에 관한 규칙」(경찰청훈령 제1030호)

용어	내용
전자 정보	**전자적 또는 자기적 방법으로 저장**되거나 **네트워크 및 유·무선 통신 등을 통해 전송되는 정보**를 말한다.(제2조 제1호)
디지털 포렌식	**전자정보**를 **수집·보존·운반·분석·현출·관리**하여 범죄사실 규명을 위한 증거로 활용할 수 있도록 하는 **과학적인 절차와 기술**을 말한다.(제2조 제2호)
디지털증거	범죄와 관련하여 증거로서의 가치가 있는 **전자정보**를 말한다.(제2조 제3호)
정보 저장매체등	**전자정보가 저장**된 **컴퓨터용 디스크, 그 밖에** 이와 비슷한 정보저장매체를 말한다.(제2조 제4호)<18승진>
정보저장 매체등 원본	전자정보 압수·수색·검증을 목적으로 **반출의 대상**이 된 정보저장매체등을 말한다.(제2조 제5호)
복제본	정보저장매체등에 저장된 **전자정보 전부**를 하드카피 또는 이미징 등의 기술적 방법으로 별도의 다른 정보저장매체에 저장한 것을 말한다.[♣저장된 전자정보 일부나 전부를(×)](제2조 제6호)<18승진>
디지털 증거분석 의뢰물	"분석의뢰물"이란 범죄사실을 규명하기 위해 디지털 증거분석관에게 **분석의뢰된 전자정보, 정보저장매체등 원본, 복제본**을 말한다.(제2조 제7호)
디지털 증거분석관	제6조의 규정에 따라 선발된 사람으로서 디지털 증거분석 의뢰를 받고 이를 수행하는 사람을 말한다.(제2조 제8호)
디지털 포렌식 업무시스템	디지털 증거분석 의뢰와 분석결과 회신 등을 포함한 디지털포렌식 업무를 종합적으로 관리하기 위하여 구축된 전산시스템을 말한다.(제2조 제9호)
디지털 증거 처리의 원칙	① 디지털 증거는 수집 시부터 수사 종결 시까지 변경 또는 훼손되지 않아야 하며, 정보저장매체등에 저장된 전자정보와 **동일성이 유지되어야** 한다.(제5조 제1항) ※ 동일성: 증거로 제출된 전자문서 파일의 사본이나 출력물이 복사·출력 과정에서 편집되는 등 인위적 개작 없이 **원본 내용을 그대로 복사·출력한 것이라는 사실**은 전자문서 파일의 사본이나 출력물의 생성과 전달 및 보관 등의 절차에 관여한 **사람의 증언이나 진술**, 원본이나 사본 파일 생성 직후의 **해시(Hash)값 비교**, 전자문서 파일에 대한 **검증·감정 결과 등 제반 사정을 종합하여 판단할 수** 있고,(대법원 2017도13263) 반드시 **압수·수색 과정을 촬영한 영상녹화물 재생 등의 방법으로만 증명하여야 한다고 볼 것은 아니**다.(대법원 2013도2511) ② 디지털 증거 처리의 각 단계에서 업무처리자 변동 등의 **이력이 관리되어야** 한다.(제5조 제2항)<24승진> ③ 디지털 증거의 처리 시에는 디지털 증거 처리과정에서 이용한 장비의 기계적 **정확성**, 프로그램의 **신뢰성**, 처리자의 전문적인 **기술능력과 정확성**이 담보되어야 한다.

지원요청 및 처리	① 수사과정에서 전자정보의 압수·수색·검증의 지원이 필요한 경우 **경찰청 각 부서는 경찰청 디지털포렌식센터장에게, 시·도경찰청 각 부서 및 경찰서의 수사부서는 시·도경찰청 사이버안전과장에게 압수·수색·검증에 관한 지원을 요청할 수** 있다.(제10조 제1항) ② 경찰청 디지털포렌식센터장 또는 시·도경찰청 사이버안전과장은 압수·수색·검증에 관한 지원을 요청받은 경우에는 지원의 타당성과 필요성을 검토한 후, 지원여부를 결정하여 통보하여야 한다.(제10조 제2항) ③ 압수·수색·검증과정을 지원하는 증거분석관은 성실한 자세로 기술적 지원을 하고, 경찰관은 압수·수색·검증영장 및 제11조 각 호의 사항을 증거분석관에게 사전에 충실히 제공하는 등 수사의 목적이 달성될 수 있도록 상호 협력하여야 한다.(제10조 제4항)
참여권 보장	판례 1) [비트열방식 복제, 이미지 파일제출 → 이미지 파일 탐색·복제·출력과정 피의자등 참여권(×)] 수사기관이 정보저장매체에 기억된 정보 중에서 키워드 또는 확장자 검색 등을 통해 범죄 혐의사실과 관련 있는 정보를 선별한 다음 **정보저장매체와 동일하게 비트열 방식으로 복제하여 생성한 파일('이미지 파일')**을 **제출**받아 압수하였다면 이로써 압수의 목적물에 대한 **압수·수색 절차는 종료**된 것이므로, 수사기관이 수사기관 사무실에서 위와 같이 **압수된 이미지 파일을 탐색·복제·출력하는 과정에서도 피의자 등에게 참여의 기회를 보장하여야 하는 것은 아니다.**[♣수사기관 사무실에서 압수된 이미지 파일을 탐색·복제·출력하는 과정 역시 압수·수색영장 집행의 일환(×)](대법원 2017도13263 판결) ♣ 수사기관이 정보저장매체에 기억된 정보 중에서 키워드 또는 확장자 검색 등을 통해 범죄 혐의사실과 관련 있는 정보를 선별한 다음 복제하여 생성한 '이미지 파일'을 제출받아 압수하였다면 수사기관 사무실에서 압수된 이미지 파일을 탐색·복제·출력하는 과정 역시 전체적으로 압수·수색영장 집행의 일환에 포함된다.(×) 판례 2) [저장매체 또는 하드카피나 이미징 등 형태(이하 '복제본')를 수사기관 사무실 등으로 옮겨 복제·탐색·출력하는 경우 → 피의자등 참여권(○)] 저장매체에 대한 압수·수색 과정에서 범위를 정하여 출력 또는 복제하는 방법이 불가능하거나 압수의 목적을 달성하기에 현저히 곤란한 예외적인 사정이 인정되어 전자정보가 담긴 **저장매체 또는 하드카피나 이미징 등 형태(이하 '복제본')를 수사기관 사무실 등으로 옮겨 복제·탐색·출력하는 경우**에도, 그와 같은 일련의 과정에서 **피압수·수색 당사자('피압수자')나 변호인에게 참여의 기회를 보장하여야** 한다.(영장주의와 적법절차를 준수하여야)[♣피압수자 측에 절차 참여의 기회를 부여하지 않았다고 하더라도 적법하다.(×)](대법원 2011모1839 전합)

압수 · 수색 · 검증

① 경찰관은 압수 · 수색 · 검증영장을 신청하는 때에는 **전자정보와 정보저장매체등을 구분하여 판단하여야** 한다.(제12조 제1항)<24승진>

② 법원은 압수의 목적물이 컴퓨터용디스크, 그 밖에 이와 비슷한 정보저장매체(이하 "정보저장매체등")인 경우에는 기억된 **정보의 범위를 정하여 출력하거나 복제**하여 제출받아야 한다. 다만, 범위를 정하여 출력 또는 복제하는 방법이 **불가능하거나** 압수의 목적을 달성하기에 **현저히 곤란**하다고 인정되는 때에는 **정보저장매체등을 압수할 수** 있다.(형사소송법 제106조, 제216조)

③ 경찰관은 압수 · 수색 · 검증 현장에서 전자정보를 압수하는 경우에는 **범죄 혐의사실과 관련된 전자정보에 한하여 문서로 출력하거나 휴대한 정보저장매체에 해당 전자정보만을 복제**하는 방식("선별압수")으로 하여야 한다.[♣원본을 외부로 반출하는 방법으로 압수하는 것이 원칙(×)](제14조 제1항)<18 · 24승진>

※ 이 경우 **해시값 확인 등** 디지털 증거의 동일성, 무결성을 담보할 수 있는 적절한 방법과 조치를 취하여야 한다.(제14조 제1항 단서)<24승진>

④ 경찰관은 다음 각 호의 사유로 인해 압수 · 수색 · 검증 현장에서 **선별압수 하는 방법이 불가능**하거나 압수의 목적을 달성하기에 **현저히 곤란**한 경우에는 **복제본을 획득하여 외부로 반출한 후 전자정보의 압수 · 수색 · 검증을 진행할 수** 있다.[♣진행해야(×)](제15조 제1항)<24승진>

1. 피압수자 등이 협조하지 않거나, 협조를 기대할 수 없는 경우
2. 혐의사실과 관련될 개연성이 있는 전자정보가 삭제 · 폐기된 정황이 발견되는 경우
3. 출력 · 복제에 의한 집행이 피압수자 등의 영업활동이나 사생활의 평온을 침해한다는 이유로 피압수자 등이 요청하는 경우
4. 그 밖에 위 각 호에 준하는 경우

⑤ 경찰관은 **획득한 복제본을 반출**하는 경우에는 **복제본의 해시값을 확인**하고 **피압수자 등에게 전자정보 탐색 및 출력 · 복제과정에 참여할 수 있음을 고지**한 후 **복제본 반출(획득) 확인서**를 작성하여 피압수자 등의 **확인 · 서명**을 받아야 한다. 이 경우, 피압수자 등의 확인 · 서명을 받기 **곤란한 경우**에는 그 사유를 해당 확인서에 기재하고 기록에 편철한다.(제15조 제2항)

⑥ 경찰관은 압수 · 수색 · 검증현장에서 다음 각 호의 사유로 인해 복제본을 획득 · 반출하는 방법이 불가능하거나 압수의 목적을 달성하기에 현저히 곤란한 경우에는 정보저장매체등 **원본을 외부로 반출한 후 전자정보의 압수 · 수색 · 검증을 진행할 수** 있다.[♣원본 외부반출은 허용되지 않는다.(×)](제16조 제1항)

1. 영장 집행현장에서 하드카피 · 이미징 등 복제본 획득이 물리적 · 기술적으로 **불가능**하거나 극히 곤란한 경우
2. 하드카피 · 이미징에 의한 집행이 피압수자 등의 **영업활동이나 사생활의 평온을 침해**한다는 이유로 피압수자 등이 요청하는 경우
3. 그 밖에 위 각 호에 **준**하는 경우

압수 · 수색 · 검증	판례 1) [전자정보 압수 원칙: 복사, 출력 → 예외: 하드카피나 이미징 형태 외부반출(조건 – 복사, 출력이 현저히 곤란, 외부반출 가능하도록 영장에 기재)] 전자정보에 대한 압수·수색영장을 집행할 때에는 **원칙**적으로 영장 발부의 사유인 혐의사실과 관련된 부분만을 문서 **출력**물로 수집하거나 수사기관이 휴대한 저장매체에 해당 파일을 **복사**하는 방식으로 이루어져야 하고, 집행현장 사정상 위와 같은 방식에 의한 집행이 **불가능하거나 현저히 곤란한 부득이한 사정이 존재하더라도** **저장매체 자체를 직접** 혹은 **하드카피나 이미징 등 형태로** 수사기관 사무실 등 **외부로 반출**하여 해당 파일을 압수·수색할 수 있도록 **영장에 기재**되어 있고 실제 그와 같은 **사정이 발생한 때에 한하여** 위 방법이 **예외적으로 허용**될 수 있을 뿐이다.(대법원 2009모1190 결정 [준항고기각결정에 대한 재항고])
	판례 2) [외부반출의 예외적인 경우에도 → 압수절차 준수해야] 예외적인 사정이 인정되어 그 **전자정보가 담긴 저장매체 자체를 수사기관 사무실 등으로 옮겨 이를 열람 혹은 복사하게 되는 경우**에도, 그 전체 과정을 통하여 피압수·수색 당사자나 그 변호인의 계속적인 **참여권 보장**, 피압수·수색 **당사자가 배제된 상태에서의 저장매체에 대한 열람·복사 금지**, 복사대상 전자정보 **목록의 작성**·교부 등 압수·수색의 대상인 저장매체 내 전자정보의 **왜곡이나 훼손과 오·남용 및 임의적인 복제나 복사 등을 막기 위한 적절한 조치**가 이루어져야만 그 집행절차가 적법한 것으로 될 것이다.(대법원 2011. 5. 26.자 2009모1190 결정 [준항고기각결정에 대한 재항고])
	판례 3) [압수·수색할 전자정보가 원격지의 서버 등 저장매체에 저장되어 있는 경우 → 압수·수색 허용] **압수·수색할 전자정보**가 압수·수색영장에 기재된 수색장소에 있는 컴퓨터 등 정보처리장치 내에 있지 아니하고 그 정보처리장치와 정보통신망으로 연결되어 제3자가 관리하는 **원격지의 서버 등 저장매체에 저장되어 있는 경우**에도, 수사기관이 피의자의 이메일 계정에 대한 접근권한에 갈음하여 발부받은 영장에 따라 영장 기재 수색장소에 있는 컴퓨터 등 정보처리장치를 이용하여 적법하게 취득한 피의자의 이메일 계정 아이디와 비밀번호를 입력하는 등 피의자가 접근하는 **통상적인 방법에 따라** 그 원격지의 저장매체에 접속하고 그곳에 저장되어 있는 피의자의 이메일 관련 전자정보를 수색장소의 정보처리장치로 **내려받거나** 그 화면에 **현출시키는 것** 역시 피의자의 소유에 속하거나 소지하는 전자정보를 대상으로 이루어지는 것이므로 그 전자정보에 대한 **압수·수색은 허용된다**.(대법원 2017. 11. 29. 선고 2017도9747 판결 [국가보안법위반])
	판례 4) [압수·수색 중 별도의 범죄혐의관련 전자정보 발견 → 별도 영장 필요] 전자정보에 대한 압수·수색이 종료되기 전에 혐의사실과 관련된 전자정보를 적법하게 탐색하는 과정에서 **별도의 범죄혐의와 관련된 전자정보를 우연히 발견한 경우**라면, 수사기관은 더이상의 추가 탐색을 중단하고 법원에서 별도의 범죄혐의에 대한 **압수·수색영장을 발부받은 경우에 한하여** 그러한 정보에 대하여도 적법하게 **압수·수색을 할 수** 있다.(대법원 2011모1839 전원합의체 결정 [준항고인용결정에 대한 재항고])

압수 · 수색 · 검증	판례 5) [통지(×) → 증거수집에 영향(×) → 증거사용가능] 원심은, 수사관들이 압수한 **디지털 저장매체 원본이나 복제본을 국가정보원 사무실 등으로 옮긴 후** 범죄혐의와 관련된 전자정보를 수집하거나 확보하기 위하여 **삭제된 파일을 복구하고 암호화된 파일을 복호화하는 과정**도 전체적으로 **압수 · 수색과정의 일환에 포함**되므로 그 과정에서 피고인들과 변호인에게 **압수 · 수색 일시와 장소를 통지하지 아니한 것은** 형사소송법 제219조, 제122조 본문, 제121조에 **위배되나,** 피고인들은 **일부 현장 압수 · 수색과정에는 직접 참여**하기도 하였고, 직접 참여하지 아니한 압수 · 수색절차에도 피고인들과 관련된 **참여인들의 참여**가 있었던 점, 현장에서 압수된 디지털 저장매체들은 제3자의 **서명하에 봉인**되고 그 **해쉬(Hash)값도 보존**되어 있어 **복호화 과정 등에 대한 사전통지 누락이 증거수집에 영향을 미쳤다고 보이지 않는 점** 등 그 판시와 같은 사정을 들어, 위 압수 · 수색과정에서 수집된 디지털 관련 증거들은 **유죄 인정의 증거로 사용할 수 있는 예외적인 경우에 해당**한다는 이유로 위 증거들의 **증거능력을 인정**하였다.[♣유죄의 증거로 사용할 수 없다.(×)](대법원 2014도10978 전원합의체 판결 [내란음모 · 국가보안법위반(찬양 · 고무등) · 내란선동])
압수목록 교부	수사기관은 피압수자 등의 권리행사에 지장이 없도록 압수 직후 **현장에서 압수물 목록을 바로 작성하여 교부해야 하는 것이 원칙**이다. 이러한 압수물 목록 교부 취지에 비추어 볼 때, 압수된 정보의 **상세목록에는 정보의 파일 명세가 특정되어 있어야** 하고, 수사기관은 이를 **출력한 서면**을 교부하거나 **전자파일 형태로 복사**해 주거나 **이메일을 전송**하는 등의 방식으로도 할 수 있다.(대법원 2017도13263 판결)

CHAPTER 03 분야별 수사

1 폭력범죄 수사

I 테마 137 가정폭력범죄

1. 가정폭력범죄의 처벌 등에 관한 특례법 일반

<table>
<tr><td rowspan="5">제정 취지</td><td colspan="2">이 법은 가정폭력범죄의 형사처벌 절차에 관한 특례를 정하고 가정폭력범죄를 범한 사람에 대하여 환경의 조정과 성행(性行)의 교정을 위한 보호처분을 함으로써 가정폭력범죄로 파괴된 가정의 평화와 안정을 회복하고 건강한 가정을 가꾸며 피해자와 가족구성원의 인권을 보호함을 목적으로 한다.(제1조)<23승진></td></tr>
<tr><td colspan="2">① 가정폭력범죄에 대한 (경찰의) 응급조치 및 (법원의) 임시조치 등 폭력제지수단을 강구한다. [♣경찰의 보호처분권한(×)]<01여경 · 02.101단>
♣ "가정폭력범죄의 처벌 등에 관한 특례법"에서는 경찰의 보호처분권한 등 폭력제지수단을 강구한다.(×) <01여경 · 02.101단></td></tr>
<tr><td colspan="2">② 가정폭력범죄를 가정보호사건으로 처리할 수 있는 절차를 마련한 것이다.[♣가정폭력범죄를 강력범죄로 처리할 수 있는 절차 마련(×)][♣가정폭력사건은 모두 가정보호사건으로 처리(×)]
♣ "가정폭력범죄의 처벌 등에 관한 특례법"은 가정폭력범죄를 강력 범죄로 처리할 수 있는 절차를 마련한 것이다.(×)<07경위>
♣ "가정폭력범죄의 처벌 등에 관한 특례법"상 가정폭력사건은 모두 가정보호사건으로 처리된다.(×)</td></tr>
<tr><td colspan="2">③ 민사구제절차를 신설(배상명령)</td></tr>
<tr><td colspan="2">④ 피해자 보호를 위한 각종 절차적 권리를 마련하고 있다.</td></tr>
<tr><td rowspan="3">개념 정의</td><td>가정폭력</td><td>가정구성원 사이의 신체적 · 정신적 또는 재산상 피해를 수반하는 행위를 말한다.[♣재산상 피해 제외(×)](제2조 제1호)<13경위 · 23승진 · 14.2 · 17.1채용>
♣ 동법상 가정폭력이란 가정구성원 사이의 신체적, 정신적 피해를 수반하는 행위를 말하고 재산상 피해를 수반하는 행위는 포함되지 않는다.(×)<13승진></td></tr>
<tr><td>가정폭력 행위자</td><td>가정폭력행위자란 가정폭력범죄를 범한 사람 및 가정구성원인 공범을 말한다.[♣가정구성원인 공범 제외(×)](제2조 제5호)<23승진 · 04 · 10.2채용></td></tr>
<tr><td>가정 구성원</td><td>① 배우자(사실혼 포함) 또는 배우자관계에 있었던 자[♣사실혼 제외(×), ♣배우자이었던 사람은 가정보호사건으로 처리할 수 없다.(×)](제2조 제2호 가)<13 · 16 · 19 · 22 · 23승진 · 20경위 · 14.2채용>
♣ '가정폭력'이란 가정구성원 사이의 신체적, 정신적 또는 재산상 피해를 수반하는 행위를 말하며, 사실상 혼인관계에 있는 사람은 가정구성원에서 제외된다.(×)<07 · 14.2채용 · 12 · 13승진>
② 자기 또는 배우자와 직계존비속관계(사실상 양친자관계를 포함)에 있거나 있었던 자(제2조 제2호 나)<20경위 · 16 · 19승진></td></tr>
</table>

개념 정의	가정 구성원	③ **계부모와 자의 관계** 또는 **적모와 서자의 관계**에 **있거나 있었던** 자[♣있었던 사람 제외(×)](제2조 제2호 다)<20경위 · 16 · 19승진> ♣ 계부모와 자녀의 관계 또는 적모와 서자의 관계에 있었던 사람은 가족 구성원에 해당하지 않는다.(×)<14승진> ④ **동거하는 친족관계**에 **있는 자**[♣친족관계에 있는 자(×), ♣동거하는 친족관계에 있었던 자(×)](제2조 제2호 라)<16 · 19승진 · 08 · 14 · 20경위 · 07 · 10.1 · 15.3 · 24.1채용> [☻배직계적 동거중]
	가정폭력 범죄	**명예훼손, 학대, 모욕, 유기, 재물손괴 · 특수손괴**[♣재산상 피해를 수반하는 행위 제외(×)], **공갈, 협박, 상해, 아동혹사, 주거침입의 죄(주거침입, 퇴거불응, 주거신체수색), 강요, 폭행, 체포 · 감금, 강간 · 강제추행, 카메라등 이용촬영**(성폭처법), **불법정보의 유통금지 등**(정통망법)[♣퇴거불응(○), ♣중손괴(×) ♣특수손괴, 특수공갈(○), ♣중감금(○), ♣특수감금(○)](제2조 제3호)<12 · 13 · 15 · 17 · 19승진 · 14 · 15 · 17 · 19경위 · 14 · 15.1 · 16.1 · 2 · 21.1 · 24.1채용> ※ 관련암기(가정폭력범죄에 포함) – 상해, 존속상해, 중상해, 존속중상해, 특수상해, 폭행, 존속폭행, 특수폭행, 상습폭행, 유기, 존속유기, 영아유기, 학대, 존속학대, 아동혹사, 체포, 감금, 존속체포, 존속감금, 중체포, 중감금, 존속중체포, 존속중감금, 특수체포, 특수감금(상습범 및 미수범), 협박, 존속협박, 특수협박, 강간, 유사강간, 강제추행, 준강간, 준강제추행, 강간등 상해 · 치상, 강간등 살인 · 치사, 미성년자등에 대한 간음, 미성년자에 대한 간음, 추행, 명예훼손, 사자의 명예훼손, 출판물등에 의한 명예훼손, 모욕, 주거침입의 죄(퇴거불응, 특수주거침입, 주거신체 수색 모두), 강요, 공갈, 특수공갈, 재물손괴 · 특수손괴, 카메라등 이용촬영 및 그 미수(성폭처법), 불법정보의 유통금지 등(정통망법) (가중처벌되는 죄) [☻명학 모유재공협상 아주 강요 폭행 체감 강추 카유]
	피해자	가정폭력범죄로 인하여 **직접적**으로 피해를 입은 자를 말한다.[♣직 · 간접적인 피해를 입은 자(×)](제2조 제5호)<04 · 10.2채용>
	가정보호 사건	**"가정보호사건"**이란 가정폭력범죄로 인하여 이 법에 따른 **보호처분의 대상**이 되는 사건을 말한다.(제2조 제6호)<04 · 10.2채용>
	보호처분	"보호처분"이란 법원이 가정보호사건에 대하여 심리를 거쳐 가정폭력행위자에게 하는 제40조에 따른 처분(접근행위 제한 등)을 말한다.
	형벌과 수강명령 병과	① 법원은 가정폭력행위자에 대하여 **유죄판결(선고유예는 제외)을 선고**하거나 **약식명령을 고지**하는 경우에는 **200시간의 범위**에서 재범예방에 필요한 **수강명령**(「보호관찰 등에 관한 법률」에 따른 수강명령) 또는 **가정폭력 치료프로그램의 이수명령**을 **병과할 수** 있다.(제3조의2 제1항)<21.1채용> ② 가정폭력행위자에 대하여 수강명령은 형의 집행을 유예할 경우에 그 집행유예기간 내에서 병과하고, 이수명령은 징역형의 실형 또는 벌금형을 선고하거나 약식명령을 고지할 경우에 병과한다.(제3조의2 제2항) ③ 법원이 가정폭력행위자에 대하여 형의 집행을 유예하는 경우에는 수강명령 외에 그 집행유예기간 내에서 보호관찰 또는 사회봉사 중 하나 이상의 처분을 병과할 수 있다.(제3조의2 제3항) ④ **수강명령 또는 이수명령**은 **형의 집행을 유예할 경우**에는 그 집행유예기간 내에, 징역형의 실형을 선고할 경우에는 형기 내에, 벌금형을 선고하거나 약식명령을 고지할 경우에는 **형 확정일부터**[♣집행유예기간이 종료된 다음날부터(×)] **6개월 이내에 각각 집행**한다.(제3조의2 제4항)<24경위>

2. 가정폭력범죄 처리절차

> **유의사항**
>
> ① **가정사에 개입하지 않는다는 미온적인 태도를 지양**한다.
>
> ② **보호처분 또는 형사처분**의 심리를 위한 **특별자료 제공을 고려**한다.
>
> ③ **파괴된 가정의 평화와 안정회복 및 건강한 가정을 육성하려는 자세**로 임한다.
>
> ④ **송치서 비고란에 가정폭력사건임을 표시**한다.

(1) **신고와 고소 등**(제4조)<01 · 03 · 04채용 · 03경위 · 04여1차>

구분	내용
신고	① **누구든지 가정폭력범죄를 알게 된 때에는 수사기관에 신고할 수(가능)** 있다.[♣신고하여야(×)](제4조 제1항)<12 · 14승진 · 03 · 13경위 · 04 · 14.2채용> ♣ 누구든지 가정폭력범죄를 알았을 때는 신고하여야 한다.(×)<03경위 · 04채용> ② **아동교육 · 보호 기관 종사자와 그 기관장, 아동 · 노인 의료인 및 의료기관의 장 등이 직무를 수행하면서** 가정폭력범죄를 알게 된 경우에는 **정당한 사유가 없는 한 신고 의무가 있다.**[♣언제나 신고의무(×) ⇨ 정당한 사유가 없는 한](제4조 제1항)<01.2채용> ♣ 아동보호기관장 또는 의료기관장은 언제나 신고할 의무가 있다.(×)<01.2채용> ※ 신고의무불이행시 **300만원 이하 과태료** 대상[♣1년 이하 징역, 1천만원 이하 벌금에 처한다.(×)](제66조 제1호)<04.2채용> ♣ 아동, 노인복지시설 등 종사자가 신고의무를 위반한 경우 1년 이하 징역, 1천만원 이하 벌금에 처한다.(×)<04.2채용>
고소	폭력이 **행하여지지 않았다거나 당사자 간에 합의되었다고 하는 경우 피해자의 의사를 존중**하여 처리한다. ※ **자기 또는 배우자의 직계존속도 고소할 수 있다.(가능)**(제6조 제2항)<14승진 · 13경위 · 15.3 · 17.1채용> ① **피해자 또는 그 법정대리인**은 가정폭력행위자를 고소할 수 있다.(제6조 제1항)<22승진 · 17.1채용> ② **피해자의 법정대리인이 가해자인 경우** 또는 가정폭력행위자와 **공동**으로 가정폭력범죄를 범한 경우에는 **피해자 친족이 고소할 수 있다.(가능)**[♣친족은 고소할 수 없다.(×)](제6조 제1항)<13 · 22승진 · 07 · 15.3 · 17.1채용> ③ 피해자에게 고소할 **법정대리인이나 친족이 없는 경우 이해관계인의 신청이 있으면 검사는 10일 이내**에 **고소할 수 있는 자를 지정하여야** 한다.[♣지정할 수(×), ♣7일(×)](제6조 제3항)<13 · 14 · 24경위 · 17승진 · 15.3 · 17.1채용> ♣ 피해자에게 고소할 법정대리인이나 친족이 없는 경우에 이해관계인이 신청하면 검사는 10일 이내에 고소할 수 있는 사람을 지정할 수 있다.(×)<14경위>
송치	① 사법경찰관은 가정폭력범죄를 신속히 수사하여 사건을 검사에게 송치하여야 한다. 이 경우 사법경찰관은 해당 사건을 **가정보호사건으로 처리하는 것이 적절한지**에 관한 **의견을 제시할 수** 있다.(제7조)<15.3 · 17.1채용>

가정 보호 사건 처리	① **검사**는 가정폭력범죄로서 사건의 성질 · 동기 및 결과, 가정폭력행위자의 성행 등을 고려하여 이 법에 따른 보호처분을 하는 것이 적절하다고 인정하는 경우에는 **가정보호사건으로 처리할 수** 있다. 이 경우 검사는 **피해자의 의사를 존중하여야** 한다.(제9조 제1항)<24경위> ② 다음 각 호의 경우에는 가정보호사건으로 처리할 수 있다.(제1항을 적용할 수 있다.)(제9조 제2항) 1. 피해자의 고소가 있어야 공소를 제기할 수 있는 가정폭력범죄(**친고죄**)에서 **고소가 없거나 취소**된 경우 2. 피해자의 명시적인 의사에 반하여 공소를 제기할 수 없는 가정폭력범죄에서 피해자가 처벌을 희망하지 아니한다는 명시적 의사표시를 하였거나 처벌을 희망하는 의사표시를 철회한 경우

(2) 응급조치

진행 중인 가정폭력범죄에 대하여 신고를 받은 사법경찰관리는 **즉시 현장에 나가서** 아래 **응급조치**를 **하여야** 한다.(제5조)<19 · 22승진 · 03경위 · 02 · 03여경 · 12 · 13채용>

※ 경찰관이 이웃의 신고로 현장에 출동하여, 진입 시 **증표를 제시**하여야 한다.(경찰관직무집행법 제7조 제4항)<12.2채용> ⇨ 출동할 수 있다고 출제(12년)되었으나 이는 가폭법 제5조 해석상 잘못된 내용이며, 출동해야 한다고 본다.

① **폭력행위의 제지**, 가정폭력행위자 · 피해자의 **분리**(제5조 제1호)<15 · 22승진 · 13.1채용>

※ **폭력행위자의 제지에 불구하고 강제로 방으로 들어갈 수** 있다고 해석한다.(경찰관직무집행법 제7조 제1항)<12.2채용>

※ 사법경찰관은 가정폭력범죄를 신속히 수사하여 사건을 검사에게 송치하여야 한다. 이 경우 사법경찰관은 해당 사건을 가정보호사건으로 처리하는 것이 적절한지에 관한 의견을 제시할 수 있다.(제7조)<15.1채용>

② (형사소송법 제212조에 따른) 현행범인의 체포 등 **범죄수사**(제5조 제1의2호)<22승진>

③ 피해자를 가정폭력 관련 **상담소 또는 보호시설로 인도**(**피해자가 동의한 경우만** 해당)[♣피해자 동의 없이(×)](제5조 제2호)<10 · 14 · 15 · 22승진 · 03경위 · 02 · 12.2 · 13 · 15.1채용>

④ 긴급치료가 필요한 피해자를 **의료기관으로 인도(피해자의 동의 불필요)**[♣피해자 동의가 있는 경우에 한하여(×)](제5조 제3호)<14 · 15 · 22승진 · 13 · 15.1채용>

⑤ 폭력행위 재발 시 (제8조에 따라) **임시조치를 신청할 수 있음**을 **통보**[♣통보할 수 있다.(×), 임시조치를 한다.(×)](제5조 제4호)<15 · 22승진>

⑥ **피해자보호명령 또는 신변안전조치**를 **청구할 수 있음**을 **고지**(제5조 제5호)<22승진>

(3) 임시조치(제8조, 제29조)

신청	① **신청 · 청구** ⇨ 검사는 **가정폭력범죄가 재발될 우려가 있다고 인정하는 경우**에는 **직권**으로 또는 **사법경찰관의 신청**에 의하여 법원에 **가정폭력 행위자에 대해** (제29조 1호, 2호, 3호의) 임시조치를 **청구할 수** 있다.[♣검사는 신청(×), ♣경찰관이 법원에(×), ♣의료기관 · 요양소 위탁의 임시조치(×)](법 제8조 제1항)<03 · 12 · 15.1 · 16.2채용> ♣ 검사는 가정폭력범죄가 재발될 우려가 있다고 인정하는 경우 법원에 접근금지 등 임시조치를 신청할 수 있다.(×)<03.101단2차>

신청

> 임시조치 신청 청구대상:
>
> 1. 피해자 또는 가정구성원의 **주거 또는 점유하는 방실(房室)로부터의 퇴거 등 격리** [♣퇴거시킬 수 없다.(×)]<15승진>
> 2. 피해자 또는 가정구성원의 주거, 직장 등에서 **100미터 이내의 접근 금지**
> 3. 피해자 또는 가정구성원에 대한 「전기통신기본법」의 **전기통신을 이용한 접근금지**

※ **피해자 또는 그 법정대리인** ⇨ 검사 또는 사법경찰관에게 **임시조치의 청구 또는 그 신청을 요청**하거나 이에 관하여 의견진술이 가능

② 검사는 가정폭력행위자가 제1항의 청구에 의하여 결정된 **임시조치를 위반하여 가정폭력범죄가 재발될 우려가 있다고 인정하는 경우**에는 직권으로 또는 사법경찰관의 신청에 의하여 법원에 제29조 제1항 제5호(**유치장 유치**)의 임시조치를 **청구할 수** 있다.(제8조 제2항)

※ 재발우려 ⇨ 사법경찰관은 재발우려가 있으면 피해자 동의와 관계없이 임시조치를 신청

③ 피해자 또는 그 법정대리인은 검사 또는 사법경찰관에게 제1항 및 제2항에 따른 임시조치의 청구 또는 그 신청을 요청하거나 이에 관하여 의견을 진술할 수 있다.(제8조 제3항)

④ **기간 및 연장** ⇨ 격리 및 접근금지의 임시조치 **기간은 2개월로 2회에 한하여 연장 가능**

— 경찰서 유치장 또는 구치소에의 유치는 1개월로 1회에 한하여 연장가능

내용

1. 피해자 또는 가정구성원의 **주거 또는 점유하는 방실(房室)로부터의 퇴거 등 격리**(제29조 제1항 제1호)
2. **피해자 또는 가정구성원**이나 **주거·직장 등에서 100미터 이내의 접근 금지**[♣피해자의 시야에 나타나지 말 것(×)](제29조 제1항 제2호)<01경위·03경정>

   ♣ 법원은 임시조치로 피해자의 시야에 나타나지 말 것을 명할 수 있다.(×)<01경위·03경정>

3. 피해자 또는 가정구성원에 대한 (「전기통신기본법」 제2조 제1호의) **전기통신을 이용한 접근 금지**[♣1회에 한하여 연장가능(×)](제29조 제1항 제3호)<11경위>

   ※ 1, 2, 3호 – **2개월 초과금지, 2차례만 연장**가능[♣격리의 응급조치는 1차례 연장가능(×)](제29조 제5항)<11경위>

   ※ 정당한 사유 없이 제1호부터 제3호까지의 어느 하나에 해당하는 임시조치를 이행하지 아니한 가정폭력행위자는 **1년 이하의 징역 또는 1천만원 이하의 벌금 또는 구류**에 처한다.(제63조 제2항) ⇨ 상습인 경우 3년 이하의 징역 3천만원 이하의 벌금(제63조 제3항)

4. **의료기관이나 그 밖의 요양소에의 위탁**(법원의 임시조치)(제29조 제1항 제4호)
5. 국가경찰관서의 **유치장 또는 구치소에의 유치(처벌규정 없음.)**[♣임시조치 위반 시 처벌된다.(×)](제29조 제1항 제5호)<23.1채용>

   ♣ 임시조치를 위반하는 경우 '가정폭력범죄의 처벌 등에 관한 특례법위반'으로 처벌된다.(×)

   – 경찰관서 유치장 또는 구치소에의 유치는 위 1, 2, 3의 **임시조치를 위반하여 가정폭력범죄가 재발될 우려가 있다고 인정하는 때에 청구할 수** 있다.[♣가정폭력범죄 재발우려 시(×) ⇨ 위반하고 재발우려 시]

   ♣ 유치장 또는 구치소에의 유치는 가정폭력범죄가 재발할 우려가 있다고 인정되는 경우 사법경찰관의 신청으로 검사가 법원에 청구할 수 있는 임시조치이다.(×)

6. 상담소등에의 **상담위탁**

   ※ 4, 5, 6호 – 1개월 초과금지, 1차례만 연장가능(제29조 제5항)

참고 사법경찰관의 긴급임시조치(가정폭력범죄의 처벌 등에 관한 특례법 제8조의2)<15승진>

(1) **사법경찰관은 응급조치에도 불구하고 아래에 해당하는 경우 긴급임시조치를 할 수 있다.**[♣법원의 결정 없이는 긴급임시조치를 할 수 없다.(×)](제8조의2 제1항)<14·15·17·22승진·16.2·21.1·23.1채용>

♣ 사법경찰관은 응급조치에도 불구하고 재발 우려 및 긴급한 경우에도 법원의 결정 없이는 긴급임시조치를 할 수 없다.(×)<14승진>

① **가정폭력범죄가 재발될 우려**가 있고,[♣재발 시(○)]<01·02·03·21.1채용>

♣ 폭력행위 재발 시 경찰이 격리 또는 접근금지 등의 임시조치를 취한다.(×)<01·02채용·02·03여경>

② **긴급을 요**하여 **법원의**[♣검사의(×)] **임시조치 결정을 받을 수 없을 때**<14.2·21.1채용>

♣ 사법경찰관은 가정폭력범죄에 대한 응급조치에도 불구하고 재발될 우려가 있고, 긴급을 요하여 검사의 임시조치 결정을 받을 수 없는 경우에도 긴급임시조치를 할 수 있다.(×)<14.2채용>

③ **직권 또는 피해자나 그 법정대리인의 신청**에 의하여[♣신청에 의해서만(×)]<14경위·21.1채용>

♣ 사법경찰관은 응급조치에도 불구하고 가정폭력범죄가 재발될 우려가 있고, 긴급을 요하여 법원의 임시조치 결정을 받을 수 없을 때에는 피해자나 그 법정대리인의 신청에 의해서만 긴급임시조치를 할 수 있다.(×)<14경위>

(2) **사법경찰관의 가정폭력행위자에 대한 긴급임시조치**(가폭법 제8조의2 제1항 – 가폭법 제29조 제1항 제1,2,3호)<17승진·23.1채용>

① 피해자 또는 가정구성원의 **주거 또는 점유하는 방실(房室)로부터의 퇴거 등 격리**[♣퇴거시킬 수 없다.(×)]<15승진·23.1채용>

② 피해자 또는 가정구성원의 주거, 직장 등에서 **100미터 이내의 접근 금지**<23.1채용>

③ 피해자 또는 가정구성원에 대한 「전기통신기본법」의 **전기통신을 이용한 접근금지**<23.1채용>

(3) **사후 조치**

① 사법경찰관은 긴급임시조치를 한 경우에는 즉시 **긴급임시조치결정서를 작성하여야** 한다.(제8조의2 제2항)<15승진>

② 긴급임시조치결정서에는 **범죄사실의 요지, 긴급임시조치가 필요한 사유 등을 기재하여야** 한다.(제8조의2 제3항)<14·17승진>

③ 사법경찰관이 긴급임시조치를 한 때에는 **지체 없이 검사에게 임시조치를 신청**하고, 신청받은 **검사는** 법원에 임시조치를 **청구하여야** 한다. 이 경우 임시조치의 청구는 **긴급임시조치를 한 때부터 48시간 이내에 청구하여야** 하며, 긴급임시조치결정서를 첨부하여야 한다.(제8조의3 제1항)<24경위·19승진·16.2채용>

※ 행정작용으로서 **즉시강제에 해당**하는 긴급임시조치에 대해 **검사경유조항을 삽입한 것은 이례적**이다. 외국의 경우 경찰이 단독으로 조치하거나 법원에 사후적으로 조치사실을 통보하거나 보호명령을 청구하고 있다.[♣검사경유는 일반적(×)]

♣ 사법경찰관이 긴급임시조치를 한 때에는 지체 없이 검사에게 가정폭력범죄의 처벌등에 관한 특례법 제8조에 따른 임시조치를 신청하여야 하는데, 이와 같은 검사경유 조항은 선진국의 일반례를 따른 것이다.(×)

④ 제1항에 따라 임시조치를 청구하지 아니하거나 법원이 임시조치의 결정을 하지 아니한 때에는 즉시 긴급임시조치를 취소하여야 한다.

※ **긴급임시조치**(임시조치 청구되고 법원이 임시조치결정한 경우) **불이행자에 대해서는 300만원 이하 과태료 부과가 가능하다.**(제66조)

⑷ **환경조사서 등**(환경조사서와 응급조치 보고서)

환경 조사서	**행위자 대상** 아래 사항을 상세히 조사하여 환경조사서를 작성하여야 한다.[♣피해자 대상 작성(×)] ♣ 가정폭력범죄수사에서 피해자의 환경조사서를 작성하여야 한다.(×) ① 범죄의 **원인 및 동기**[♣범죄사실의 요지(×)]<07·08채용> ♣ 가정폭력범죄 환경조사서는 범죄사실의 요지를 조사하여 기록하여야 한다.(×)<07·08채용> ② **범죄행위자의 성격, 행상, 경력, 교육정도, 가정상황 기타 환경 등**을 상세히 하여 환경조사서를 **작성하여야** 한다.[♣피해자와의 관계(×)]<12경감> ♣ 가정폭력범죄 환경조사서는 대상자와 피해자와의 관계를 조사하여 작성하여야 한다.(×)<04·08채용>
응급조치 보고서	가정폭력 행위자의 성명, 주소, 생년월일, 직업 / 피해자와의 관계 / 범죄사실의 요지 / 가정상황 / 피해자와 신고자의 성명 / 응급조치내용 등

참고 **보호처분**[♣유치장 또는 구치소에 유치(×)]

보호관찰 등에 관한 법률에 의한 사회봉사·수강명령	**200시간**
1. 가정폭력행위자가 피해자 또는 가정구성원에게 접근하는 행위의 제한 2. 가정폭력행위자가 피해자 또는 가정구성원에게 「전기통신기본법」 제2조 제1호의 전기통신을 이용하여 접근하는 행위의 제한 3. 가정폭력행위자가 친권자인 경우 피해자에 대한 친권 행사의 제한 4. 「보호관찰 등에 관한 법률」에 따른 사회봉사·수강명령 5. 「보호관찰 등에 관한 법률」에 따른 보호관찰 6. 법무부장관 소속으로 설치한 감호위탁시설 또는 법무부장관이 정하는 보호시설에의 감호위탁 7. 의료기관에의 치료위탁 8. 상담소등에의 상담위탁 ♣ 보호처분에는 유치장 또는 구치소에 유치가 포함된다.(×)<06경감>	**6개월**

Ⅱ 테마 138 아동학대범죄<15채용>

1. 아동학대법 일반(아동학대범죄의 처벌 등에 관한 특례법)

제정 취지	**아동학대범죄의 처벌 및 그 절차에 관한 특례**와 **피해아동에 대한 보호절차** 및 **아동학대행위자에 대한 보호처분**을 규정함으로써 아동을 보호하여 아동이 건강한 사회 구성원으로 성장하도록 함을 목적으로 한다.(제1조)<15.3채용>	
법 적용	**아동학대범죄**에 대하여는 이 법을 **우선 적용**한다.[♣청소년보호법 우선적용(×)] 다만, 「**성폭력범죄의 처벌 등에 관한 특례법**」, 「**아동·청소년의 성보호에 관한 법률**」에서 가중처벌되는 경우에는 **그 법에서 정한 바에 따른다.**(제3조)<20승진·21.1채용>	
개념 정의	아동	"아동"이란 **18세 미만인 사람**을 말한다.[♣19세 미만(×)](제2조 제1호)<17경위·15.3채용>
	피해아동등	'피해아동 및 피해아동의 형제자매인 아동 및 피해아동과 동거하는 아동'을 말한다.(제12조 제1항 본문중)
	보호자	친권자, 후견인, 아동을 보호·양육·교육하거나 그러한 의무가 있는 자 또는 업무·고용 등의 관계로 사실상 아동을 보호·감독하는 자를 말한다.
	아동학대	보호자를 포함한 성인이 아동의 건강 또는 복지를 해치거나 정상적 발달을 저해할 수 있는 신체적·정신적·성적 폭력이나 가혹행위를 하는 것과 아동의 보호자가 아동을 유기하거나 방임하는 것을 말한다.(제2조 제3호) ※ 다만, 「유아교육법」과 「초·중등교육법」에 따른 교원의 정당한 교육활동과 학생생활지도는 아동학대로 보지 아니한다.(제2조 제3호 단서)
	아동학대 범죄	**명**예훼손(출판물에 의한 명예훼손), **학**대(아동학대치사·학대살해, 아동학대중상해, 상습범), **모**욕, **유**기(유기등 치사상), **재**물손괴등, **공**갈(미수), **협**박(특수협박, 미수), **상**해, **아**동혹사, **주**거·신체 수색, **강요**(미수), **폭행**(특수폭행, 폭행치사상 포함), **체**포, **감**금(중체포, 중감금, 체포·감금등의 치사상), **강**간(유사강간, 준강간), 강제**추**행(준강제추행, 미수범, 강간등 상해·치상, 강간등 살인·치사, 미성년자등에 대한 간음, 업무상위력 등에 의한 간음, 미성년자에 대한 간음, 추행), **미**성년자 약취, **인**신매매, **유**인(추행 등 목적 약취, 유인 등/ 약취, 유인, 매매, 이송등 상해·치상)(제2조) [☻명학모유재공 협상, 아주강요, 폭행 체감, 강추 미인유]
	수강명령등 병과	① 법원은 아동학대행위자에 대하여 **유죄판결(선고유예는 제외**한다.[♣선고유예 포함(×)])을 선고하면서 **200시간의 범위**에서 재범예방에 필요한 **수강명령**(「보호관찰 등에 관한 법률」에 따른 수강명령) 또는 아동학대 **치료프로그램의 이수명령**(이하 "이수명령")을 병과할 수 있다.(제8조 제1항)<23경위> ② 아동학대행위자에 대하여 (제1항의) **수강명령**은 형의 집행을 유예할 경우에 그 **집행유예기간 내에서 병과**하고, **이수명령**은 **벌금형 또는 징역형**의 실형(實刑)을 선고할 경우에 **병과**한다.(제8조 제2항)

2. 아동학대범죄 처리절차

(1) **신고 · 출동**(제10조, 제11조)

신고 · 고소

① **누구든지** 아동학대범죄를 알게 된 경우나 그 의심이 있는 경우에는 **특별시 · 광역시 · 특별자치시 · 도 · 특별자치도, 시 · 군 · 구(자치구)** 또는 **수사기관**에 **신고할 수** 있다.[♣누구든지 신고하여야 한다.(×)](제10조 제1항)

② **아동권리보장원 및 가정위탁지원센터의 장과 그 종사자 등 신고의무자**는 직무를 수행하면서 아동학대범죄를 알게 된 경우나 그 의심이 있는 경우에는 **시 · 도, 시 · 군 · 구 또는 수사기관에 즉시 신고하여야 한다.(의무)**(제10조 제2항)

※ 신고의무기관 : 아동권리보장원 및 가정위탁지원센터의 장과 그 종사자, 아동복지시설의 장과 그 종사자, 아동복지전담공무원, 가정폭력 관련 상담소 및 가정폭력피해자 보호시설의 장과 그 종사자, 건강가정지원센터의 장과 그 종사자, 다문화가족지원센터의 장과 그 종사자, 사회복지전담공무원 및 사회복지시설의 장과 그 종사자, 성매매 피해자 지원시설 및 성매매피해상담소의 장과 그 종사자 등 / 신고의무불이행시 **500만원 이하 과태료** 부과(제63조)

참고 **아동학대범죄의 특성**<18승진>

은폐성	외부에서 인지하기 어려운 가정 등에서 일어나 사회적으로 묵인된다.
반복성	학대자의 지속적인 학대 습성에 의해 1회성으로 그치지 않고 반복된다.
순환성	피해아동이 성장해 자녀에게 대물림 학대하는 등 세대 간 전이가 일어난다.
미인지성	피해아동은 부모의 학대를 당연하게 받아들여 학대라고 인식하지 못해 타인에게 도움을 요청하지 않는 경우가 일반적이다.[♣은폐성(×)]<18승진> ※ 피해아동이 보호자의 학대를 당연하게 받아들이고 이를 학대로 인식하지 못하는 **미인지성** 때문에 「아동학대범죄의 처벌 등에 관한 특례법」은 아동학대 신고의무자를 광범위하게 규정하고 있다.[♣은폐성(×)]<18승진>

③ **신고의무자의 신고**가 있는 경우 시 · 도, 시 · 군 · 구 또는 수사기관은 정당한 사유가 없으면 즉시 **조사 또는 수사에 착수하여야** 한다.(제10조 제4항)

④ 피해아동 또는 그 법정대리인은 아동학대행위자를 **고소할 수** 있다. 피해아동의 **법정대리인이 아동학대행위자**인 경우 또는 아동학대행위자와 **공동으로 아동학대범죄를 범**한 경우에는 피해아동의 **친족이 고소할 수** 있다.(제10조의4 제1항)

⑤ 피해아동은 (「형사소송법」 제224조에도 불구하고) 아동학대행위자가 **자기 또는 배우자의 직계존속**인 경우에도 **고소할 수** 있다. 법정대리인이 고소하는 경우에도 또한 같다.(제10조의4 제2항)

⑥ 피해아동에게 **고소할 법정대리인이나 친족이 없는 경우**에 **이해관계인이 신청**하면 **검사**는 **10일 이내**에[♣20일 이내(×)] 고소할 수 있는 사람을 **지정하여야** 한다.(제10조의4 제3항)<23경위>

현장 출동	① **신고출동 :** 아동학대범죄 신고를 접수한 **사법경찰관리나 아동학대전담공무원은** 지체 없이 아동학대범죄의 현장에 **출동하여야** 한다.(제11조 제1항)<20승진 · 17경위 · 15.3채용> ② **동행의무 :** 신고출동 시 **수사기관의 장이나 시 · 도지사 또는 시장 · 군수 · 구청장은 서로 동행하여 줄 것을 요청할 수** 있으며, 그 요청을 받은 수사기관의 장이나 시 · 도지사 또는 시장 · 군수 · 구청장은 **정당한 사유가 없으면** 사법경찰관리나 아동학대전담공무원이 아동학대범죄 **현장에 동행하도록 조치하여야** 한다.(제11조 제1항) ※ 현장출동이 **동행하여 이루어지지 아니한 경우** 수사기관의 장이나 시 · 도지사 또는 시장 · 군수 · 구청장은 **현장출동에 따른 조사 등의 결과를 서로에게 통지하여야** 한다.[♣통지의무는 없다.(×), ♣통지할 수 있다.(×)](제11조 제7항)<22승진> ③ **출입조사 :** 아동학대 범죄 신고를 접수한 사법경찰관리나 아동학대전담공무원은 아동학대범죄가 행하여지고 있는 것으로 **신고된 현장 또는** 피해아동을 보호하기 위하여 **필요한 장소**에 **출입하여** 아동 또는 아동학대행위자 등 관계인에 대하여 **조사를 하거나 질문을 할 수** 있다.[♣필요한 장소 출입은 명시되어 있지 않다.(×)](제11조 제2항) ※ 다만, 아동학대전담공무원은 '**피해아동의 보호**' **및** '**사례관리**'를 위한 범위에서만 아동학대행위자 등 관계인에 대하여 **조사 또는 질문을 할 수** 있다.[♣하여야(×)](제11조 제2항 단서)<23경위> ※ 아동보호전문기관의 장은 아동학대 재발 가능성 등 위험도를 고려하여 피해아동 및 그 가족, 아동학대행위자를 대상으로 **치료 · 교육 · 상담 프로그램 등이 포함**된 피해아동 사례관리계획("**사례관리계획**")을 수립하여 시행하여야 한다.(아동복지법 제22조의4 제4항) ④ **증표제시 :** 출입이나 조사를 하는 사법경찰관리, 아동학대전담공무원 또는 아동보호전문기관의 직원은 그 권한을 표시하는 **증표를 지니고** 이를 관계인에게 **내보여야** 한다.(제11조 제4항) ⑤ **분리조사 등 :** 조사 또는 질문을 하는 사법경찰관리 또는 아동학대전담공무원은 피해아동, 아동학대범죄신고자등, 목격자 등이 자유롭게 진술할 수 있도록 아동학대행위자로부터 **분리된 곳에서 조사하는 등 필요한 조치를 하여야** 한다.(제11조 제5항)

(2) **응급조치 등** (제12조)

응급 조치	현장에 **출동**하거나 아동학대범죄 현장을 **발견**한 경우 또는 학대현장 이외의 장소에서 학대피해가 **확인**되고 재학대의 **위험이 급박 · 현저**한 경우, 사법경찰관리 또는 아동학대전담공무원은 피해아동등의 보호를 위하여 **즉시** 다음 각 호의 **"응급조치"**를 **하여야** 한다.[♣임시조치(×)](제12조 제1항)<20승진 · 17경위 · 15.1 · 21.2채용> 1. 아동학대범죄 행위의 **제지**(제1호)<21.2채용> ※ 아동학대범죄 행위의 제지는 학대행위자의 폭력행위 또는 욕설 등을 물리적으로 저지하는 최소한의 실력 행사를 의미한다. 2. 아동학대행위자를 피해아동등으로부터 **격리**(제2호)<21.2채용> ※ 사법경찰관리는 **제지 · 격리**(제1항 제1호 또는 제2호)의 **응급조치를 위하여** 다른 사람의 **토지 · 건물 · 배 또는 차**에 **출입할 수** 있다.(제12조 제8항)

응급조치	3. 피해아동등을 아동학대 관련 **보호시설로 인도**(제3호)<20승진 · 21.2채용> ※ 이 경우 **보호시설로 인도의 조치를 하는 때**에는 피해아동등의 이익을 최우선으로 고려하여야 하며, 피해아동등을 보호하여야 할 필요가 있는 등 **특별한 사정이 있는 경우를 제외**하고는 **피해아동등의 의사를 존중하여야** 한다.[♣피해아동의 의사와 무관하게(×), ♣피해아동 및 보호자의 동의를 받아야 한다.(×)](제12조 제1항 단서)<20승진> 4. 긴급치료가 필요한 피해아동을 **의료기관으로 인도**[♣아동보호전문기관에의 상담 및 교육위탁(×), ♣전기통신을 이용한 접근 금지(×)](제4호)<17경위 · 21.2채용>
통보	사법경찰관리나 아동학대전담공무원은 **보호시설인도 및 의료기관인도의 응급조치**(제1항 제3호 및 제4호) 규정에 따라 피해아동등을 분리 · 인도하여 보호하는 경우 지체 없이 피해아동등을 인도받은 보호시설 · 의료시설을 관할하는 **시 · 도지사 또는 시장 · 군수 · 구청장에게** 그 사실을 **통보하여야** 한다.[♣통보할 수 있다.(×)](제12조 제2항)<15.1채용>
시간제한	① **격리 · 인도**(2,3,4호)의 응급조치는 **72시간**을 넘을 수 없다.[♣48시간을 기한으로(×)] 다만, 본문의 기간에 공휴일이나 토요일이 포함되는 경우로서 피해아동등의 보호를 위하여 필요하다고 인정되는 경우에는 **48시간의 범위에서 그 기간을 연장할 수** 있다.(제12조 제3항)<17경위 · 18 · 20 · 21승진 · 15.1 · 21.2채용> ※ 72시간 기한의 기산점은 "격리시", "인도시"이다. 격리시는 아동학대행위자를 피해아동등으로부터 분리하여 **장소적으로 분리가 된 때**가 기준이며, 인도시는 피해아동등을 보호시설 또는 의료기관으로 **인도한 때**를 기준으로 한다. ② 검사가 임시조치를 법원에 청구한 경우에는 **법원의 임시조치 결정 시까지 연장**된다.(제12조 제4항)<17경위 · 18 · 20 · 21승진 · 15.1채용>
응급조치결과보고서송부	① 사법경찰관리 또는 아동학대전담공무원이 응급조치를 한 경우에는 즉시 **응급조치결과보고서를 작성하여야** 한다.(제12조 제5항) ② 이 경우 사법경찰관리가 응급조치를 한 경우에는 관할 경찰관서의 장이 시 · 도지사 또는 시장 · 군수 · 구청장에게, 아동학대전담공무원이 응급조치를 한 경우에는 소속 시 · 도지사 또는 시장 · 군수 · 구청장이 관할 경찰관서의 장에게 작성된 **응급조치결과보고서를 지체 없이 송부하여야** 한다.(제12조 제5항)<15.1채용> ※ 응급조치결과보고서에는 피해사실의 요지, 응급조치가 필요한 사유, 응급조치의 내용 등을 기재하여야 한다.(제12조 제6항)
임시조치신청	사법경찰관이 **응급조치(격리 · 인도)**를 하였거나 **시 · 도지사 또는 시장 · 군수 · 구청장으로부터 응급조치(**제2호부터 제4호-격리 · 인도)**가 행하여졌다는 통지를 받은 때**에는 **지체 없이 검사에게 임시조치의 청구를 신청하여야** 한다.[♣할 수 있다.(×)](제15조 제1항) ※ (사경의) 임시조치의 신청을 받은 검사는 **임시조치를 청구하는 때에**는 **응급조치가 있었던 때부터 72시간**(응급조치 기간이 연장된 경우에는 그 기간) 이내에, **긴급임시조치**가 있었던 때부터 **48시간 이내**에 **하여야** 한다. 이 경우 응급조치결과보고서 및 긴급임시조치결정서를 첨부하여야 한다.(제15조 제2항)<15.1채용>

(3) **임시조치**(제14, 19조)

의의	아동학대범죄의 원활한 조사·심리 또는 피해아동 보호를 위하여 필요하다고 인정되어 판사의 결정으로 학대행위자의 권한 또는 자유를 일정기간 동안 제한하는 조치이다.<20승진>
신청·청구	① 경찰·아동보호전문기관이 응급조치 또는 긴급임시조치를 하지 않았으나 아동학대 범죄가 재발할 우려가 있는 경우 검사에게 **임시조치 청구를 신청할 수** 있다. ② 검사는 아동학대범죄가 **재발될 우려가 있다고 인정하는 경우**에는 직권으로 또는 사법경찰관이나 보호관찰관의 **신청**에 따라 법원에 **아동학대 행위자에 대해** 임시조치를 **청구할 수** 있다.(제14조 제1항) ③ 피해아동등, 그 법정대리인, 변호사, 시·도지사, 시장·군수·구청장 또는 아동보호전문기관의 장은 검사 또는 사법경찰관에게 임시조치의 청구 또는 그 신청을 **요청**하거나 이에 관하여 의견을 **진술할 수** 있다.(제14조 제2항) ④ 요청을 받은 사법경찰관은 **임시조치를 신청하지 아니**하는 경우에는 **검사 및 임시조치를 요청한 자에게 그 사유를 통지하여야** 한다.(제14조 제3항)
내용	판사는 아동학대범죄의 원활한 조사·심리 또는 피해아동등의 보호를 위하여 필요하다고 인정하는 경우에는 **결정**으로 아동학대행위자에게 이하 **"임시조치"를 할 수** 있다.(제19조 제1항) <18·21·22승진·21.2채용> 1. 피해아동등 또는 가정구성원(가정폭력범죄의 처벌 등에 관한 특례법)의 주거로부터 **퇴거 등 격리** 2. 피해아동등 또는 가정구성원의 주거, 학교 또는 보호시설 등에서 **100미터 이내의 접근 금지**<19승진> 3. 피해아동등 또는 가정구성원에 대한 「전기통신기본법」의 **전기통신을 이용한 접근 금지** ※ 임시조치기간은 **2개월 초과할 수 없으며**, 1,2,3호의 임시조치는 두 차례만 연장할 수 있다.(제9조 제4항) 4. **친권 또는 후견인 권한 행사의 제한 또는 정지**<19승진·21.2채용> 5. 아동보호전문기관 등에의 **상담 및 교육 위탁**<19승진·21.2채용> 6. 의료기관이나 그 밖의 **요양시설에의 위탁**(제6호)<121.2채용> 7. 경찰관서의 **유치장 또는 구치소에의 유치**(제7호)<21·22승진·21.2채용> [♣ 피해아동을 아동학대 관련 보호시설로 인도(×)] ※ 각 호의 처분은 병과 할 수 있고, 4,5,6,7호의 임시조치는 한 차례만 각 기간의 범위에서 연장할 수 있다.(제9조 제4항)
결정	판사는 피해아동등에 대하여 (격리, 보호시설 인도, 의료기관 인도의) 응급조치가 행하여진 경우에는 임시조치가 청구된 때로부터 **24시간 이내에 임시조치 여부를 결정하여야** 한다.(제19조 제3항)

참고 **사법경찰관의 긴급임시조치**(아동학대법 제13조)<15 · 18승진>

(1) **사법경찰관은** 응급조치에도 불구하고 **아래에 해당하는 경우 긴급임시조치를 할 수** 있다.(제13조 제1항)<18 · 21 · 22승진>

① **아동학대범죄가 재발될 우려**가 있고,

② **긴급을 요**하여 **법원의**[♣검사의(×)] **임시조치 결정을 받을 수 없을 때,**

③ **직권**이나 **피해아동등, 그 법정대리인(아동학대행위자 제외), 변호사(선임), 시 · 도지사, 시장 · 군수 · 구청장 또는 아동보호전문기관의 장의 신청**에 따라[♣신청에 의해서만(×)]<15경위 · 21 · 22승진>

(2) **사법경찰관의 아동학대행위자에 대한 긴급임시조치 내용**(제19조 제1항 제1, 2, 3호)<20승진 · 23.2채용>

1. 피해아동 또는 가정구성원(가정폭력범죄의 처벌 등에 관한 특례법)의 주거로부터 **퇴거 등 격리**(제19조 제1항 제1호)
2. 피해아동 또는 가정구성원의 주거, 학교 또는 보호시설 등에서 **100미터 이내의 접근 금지**(제19조 제1항 제2호)
3. 피해아동 또는 가정구성원에 대한 「전기통신기본법」의 **전기통신을 이용한 접근 금지**[♣경찰관서의 유치장 또는 구치소에의 유치(×)](제19조 제1항 제3호)<20승진 · 23.2채용>

(3) **사후 조치**

① 사법경찰관은 긴급임시조치를 한 경우에는 즉시 **긴급임시조치결정서를 작성하여야** 하고, 그 내용을 시 · 도지사 또는 시장 · 군수 · 구청장에게 **지체 없이 통지하여야** 한다.(제13조 제2항)<23경위>

② 긴급임시조치결정서에는 **범죄사실의 요지, 긴급임시조치가 필요한 사유, 긴급임시조치의 내용 등을 기재하여야** 한다.(제13조 제3항)

③ 사법경찰관이 **응급조치**(제2호부터 제4호 – 격리, 보호시설 인도, 의료기관 인도) 또는 **긴급임시조치**를 하였거나 **시 · 도지사 또는 시장 · 군수 · 구청장**으로부터 **응급조치가 행하여졌다는 통지**를 받은 때에는 지체 없이 **검사에게** 임시조치의 **청구를 신청하여야** 한다.(제15조 제1항)

※ (사경의) 임시조치의 신청을 받은 검사는 임시조치를 청구하는 때에는 **응급조치가 있었던 때부터 72시간**(응급조치 기간이 연장된 경우에는 그 기간) **이내에, 긴급임시조치가 있었던 때부터 48시간 이내**에[♣36시간 이내에(×)] **하여야** 한다. 이 경우 응급조치결과보고서 및 긴급임시조치결정서를 첨부하여야 한다.(제15조 제2항)

④ 사법경찰관은 검사가 임시조치를 청구하지 아니하거나 법원이 임시조치의 결정을 하지 아니한 때에는 즉시 그 긴급임시조치를 취소하여야 한다.(제15조 제3항)

(4) **보호명령**(제47조)

내용	판사는 **직권 또는 피해아동, 그 법정대리인, 변호사,** 시・도지사 또는 시장・군수・구청장의 **청구**에 따라 결정으로 피해아동의 보호를 위하여 다음 각 호의 **피해아동보호명령을 할 수** 있다.(제47조 제1항) 1. 아동학대행위자를 피해아동의 주거지 또는 점유하는 방실(房室)로부터의 퇴거 등 **격리** 2. 아동학대행위자가 피해아동 또는 가정구성원에게 **접근**하는 행위의 **제한** 3. 아동학대행위자가 피해아동 또는 가정구성원에게 (「전기통신기본법」 제2조 제1호의) **전기통신을 이용**하여 **접근**하는 행위의 **제한** 4. 피해아동을 아동복지시설 또는 장애인복지시설로의 **보호위탁** 5. 피해아동을 의료기관으로의 **치료위탁** 5의2. 피해아동을 아동보호전문기관, 상담소 등으로의 **상담・치료위탁** 6. 피해아동을 연고자 등에게 **가정위탁** 7. 친권자인 아동학대행위자의 피해아동에 대한 **친권** 행사의 **제한** 또는 **정지** 8. 후견인인 아동학대행위자의 피해아동에 대한 **후견인 권한**의 **제한** 또는 **정지** 9. 친권자 또는 **후견인의 의사표시를 갈음**하는 결정
통보	**아동보호전문기관의 장**은 **시・도지사 또는 시장・군수・구청장에게 피해아동보호명령의 청구를 요청할 수** 있다. 이 경우 시・도지사 또는 시장・군수・구청장은 요청을 **신속히 처리**해야 하며, 요청받은 날부터 **15일 이내에 그 처리 결과를 아동보호전문기관의 장에게 통보하여야** 한다.(제47조 제2항)
처벌	피해아동보호명령, 임시보호명령이 결정된 후에 이를 이행하지 아니한 아동학대행위자는 **2년 이하의 징역 또는 2천만원 이하의 벌금 또는 구류**에 처한다.(제59조 제1항 제3호)

(5) **기타 특례**

친권 상실 청구	아동학대행위자가 아동학대중상해(제5조) 또는 상습범(제6조)을 저지른 때에는 검사는 그 사건의 아동학대행위자가 **피해아동의 친권자나 후견인인 경우에 법원에 친권상실의 선고 또는 후견인의 변경 심판을 청구하여야** 한다.(제9조 제1항) ※ 친권상실의 선고 또는 후견인의 변경 심판을 하여서는 아니 될 특별한 사정이 있는 경우에는 그러하지 아니하다.(제9조 제1항 단서) ① 검사가 친권상실청구를 하지 아니한 때에는 **특별시장・광역시장・특별자치시장・도지사・특별자치도지사 또는 시장・군수・구청장**은 검사에게 **친권상실청구를 하도록 요청할 수** 있다.(제9조 제2항) ※ 이 경우 청구를 요청받은 검사는 요청받은 날부터 **30일 내**에 그 처리 결과를 **시・도지사 또는 시장・군수・구청장에게 통보하여야** 한다.(제9조 제2항) ② 친권상실청구요청에 대한 처리 결과를 통보받은 시・도지사 또는 시장・군수・구청장은 그 처리 결과에 대하여 **이의가 있을 경우 통보받은 날부터 30일 내에 직접 법원에 친권상실의 청구를 할 수** 있다.(제9조 제3항)

변호인 선임 특례	① 아동학대범죄의 **피해아동 및 그 법정대리인**은 형사 및 아동보호 절차상 입을 수 있는 피해를 방지하고 법률적 조력을 보장하기 위하여 **변호사를 선임할 수** 있다.(제16조 제1항) ② **검사**는 피해아동에게 변호사가 없는 경우 형사 및 아동보호 절차에서 피해아동의 권익을 보호하기 위하여 **국선변호사를 선정하여야** 한다.(제16조 제6항)
증인 신변 안전 조치	① **검사는** 아동학대범죄사건의 증인이 피고인 또는 그 밖의 사람으로부터 생명·신체에 해를 입거나 입을 염려가 있다고 인정될 때에는 관할 **경찰서장에게** 증인의 신변안전을 위하여 필요한 조치를 할 것을 **요청하여야** 한다.(제17조의2 제1항)<22승진> ② 증인은 검사에게 증인의 신변안전을 위한 조치를 하도록 청구할 수 있다.(제17조의2 제2항) ③ **재판장**은 **검사에게** 증인의 신변안전을 위한 조치를 하도록 요청할 수 있다.(제17조의2 제3항) ④ 요청을 받은 관할 **경찰서장**은 즉시 증인의 신변안전을 위하여 **필요한 조치**를 하고 그 사실을 **검사에게 통보하여야** 한다.(제17조의2 제4항)
비밀 엄수 등 의무 위반죄 등	① 아동학대범죄의 수사 또는 아동보호사건의 조사·심리 및 그 집행을 담당하거나 이에 관여하는 공무원, 보조인, 진술조력인, 아동보호전문기관 직원과 그 기관장, 상담소 등에 근무하는 상담원과 그 기관장 및 아동학대범죄 신고의무자(제10조 제2항, 있었던 사람 포함)(비밀엄수의무자)는 그 **직무상 알게 된 비밀을 누설하여서는 아니 된다**.(제35조 제1항) ② 비밀엄수 의무를 위반한 비밀엄수 의무자는 1년 이하의 징역이나 2년 이하의 자격정지 또는 700만원 이하의 벌금에 처한다. 다만, 보조인인 변호사에 대하여는 「형법」상 업무상 비밀누설(제317조 제1항)을 적용한다.(제62조) ※ 신고인의 인적사항 또는 신고인임을 미루어 알 수 있는 사실을 다른 사람에게 알려주거나 공개 또는 보도한 자, 보도 금지 의무를 위반한 신문의 편집인·발행인 또는 그 종사자, 방송사의 편집책임자, 그 기관장 또는 종사자, 그 밖의 출판물의 저작자와 발행인도 처벌한다.
진술 조력인 수사·재판 참여	① 검사 또는 사법경찰관은 아동학대범죄의 **참고인이나 증인**이 **13세 미만의 아동**이거나 **신체적인 또는 정신적인 장애로 의사소통이나 의사표현에 어려움**이 있는 경우 원활한 조사를 위하여 **직권**이나 참고인이나 증인, 그 법정대리인 또는 변호사의 **신청**에 따라 진술조력인으로 하여금 조사과정에 참여하여 의사소통을 **중개하거나 보조하게 할 수** 있다.[♣하여야(×)] 다만, 참고인이나 증인 또는 그 법정대리인이 이를 원하지 아니하는 의사를 표시한 경우에는 그러하지 아니하다.(제17조 제2항, 성폭력범죄의 처벌 등에 관한 특례법 제36조 제1항) ② 법원은 아동학대범죄의 **참고인이나 증인**이 **13세 미만 아동**이거나 **신체적인 또는 정신적인 장애로 의사소통이나 의사표현에 어려움**이 있는 경우 원활한 증인 신문을 위하여 **직권** 또는 검사, 참고인이나 증인, 그 법정대리인 및 변호사의 **신청**에 의한 결정으로 **진술조력인**으로 하여금 증인 신문에 참여하여 **중개하거나 보조하게 할 수** 있다.(제17조 제2항, 성폭력범죄의 처벌 등에 관한 특례법 제37조 제1항)
가중 처벌	① 상습적으로 일정한 아동학대범죄를 범한 자는 그 죄에 정한 **형의 2분의 1까지 가중**한다. 다만, 다른 법률에 따라 상습범으로 가중처벌되는 경우에는 그러하지 아니하다.(제6조) ② 아동복지시설의 종사자 등에 대한 가중처벌: 아동학대 **신고의무자가** 보호하는 아동에 대하여 **아동학대범죄를 범한 때**에는 그 죄에 정한 형의 **2분의 1까지 가중**한다.(제7조)<21.2채용>

Ⅲ 테마 139 스토킹범죄

1. 일반 – 스토킹범죄의 처벌 등에 관한 법률

구분		내용
제정 취지		이 법은 **스토킹범죄의 처벌 및 그 절차에 관한 특례**와 스토킹범죄 **피해자에 대한 보호절차**를 규정함으로써 피해자를 보호하고 건강한 사회질서의 확립에 이바지함을 목적으로 한다.(제1조)
개념 정의	스토킹행위	상대방의 **의사에 반(反)하여** 정당한 이유 없이 다음 각 목의 어느 하나에 해당하는 행위를 하여 **상대방에게 불안감 또는 공포심을 일으키는 것**을 말한다.(제2조 제1호) 가. **상대방 또는 그의 동거인, 가족(상대방등)**에게 **접근**하거나 **따라다니**거나 **진로를 막아**서는 행위 나. **상대방등**의 **"주거등"**(주거, 직장, 학교, 그 밖에 일상적으로 생활하는 장소) 또는 **그 부근**에서 **기다리**거나 **지켜보**는 행위 다. **상대방등**에게 **우편·전화·팩스 또는 정보통신망**을 이용하여 **"물건등"**(물건이나 글·말·부호·음향·그림·영상·화상)을 **도달하게** 하거나 정보통신망을 이용하는 **프로그램 또는 전화의 기능**에 의하여 글·말·부호·음향·그림·영상·화상이 상대방등에게 **나타나게** 하는 행위 라. **상대방등**에게 직접 또는 제3자를 통하여 **물건등**을 **도달**하게 하거나 **주거등 또는 그 부근**에 물건등을 **두는** 행위 마. **상대방등**의 주거등 또는 그 부근에 놓여져 있는 **물건등을 훼손**하는 행위 바. 다음의 어느 하나에 해당하는 **상대방등의 정보**를 정보통신망을 이용하여 **제3자에**게 **제공**하거나 **배포** 또는 **게시**하는 행위 1) 「개인정보 보호법」상 **개인정보** 2) 「위치정보의 보호 및 이용 등에 관한 법률」상 **개인위치정보** 3) **개인정보** 또는 **개인위치정보**를 **편집·합성 또는 가공한 정보**(해당 정보주체를 **식별할 수** 있는 경우로 한정) 사. 정보통신망을 통하여 상대방등의 **이름, 명칭, 사진, 영상** 또는 **신분**에 관한 **정보를 이용**하여 자신이 **상대방등**인 것처럼 **가장하는 행위**
	스토킹범죄	**지속적 또는 반복적**으로 **스토킹행위**를 하는 것을 말한다.(제2조 제2호)<22.1채용>
	피해자	스토킹범죄로 **직접적인 피해**를 입은 사람을 말한다.(제2조 제3호)
	피해자등	**피해자 및 스토킹행위의 상대방**을 말한다.(제2조 제4호)

2. 스토킹범죄등의 처리절차

(1) 응급조치

사법경찰관리는 진행 중인 스토킹행위에 대하여 **신고를 받은 경우 즉시 현장에 나가** 다음 각 호의 **조치를 하여야** 한다.[♣유치장 또는 구치소에의 유치(×), ♣할 수(×)](제3조)<23경위 · 22.1채용>

1. 스토킹행위의 **제지**, 향후 스토킹행위의 **중단 통보** 및 스토킹행위를 지속적 또는 반복적으로 할 경우 **처벌 서면경고**
2. 스토킹행위자와 피해자등의 **분리** 및 **범죄수사**[♣잠정조치(×)]<23경위>
3. 피해자등에 대한 긴급응급조치 및 잠정조치 요청의 절차 등 **안내**
4. 스토킹 피해 관련 상담소 또는 보호시설로의 피해자등 **인도**(피해자등이 동의한 경우만 해당)<23경위>

(2) 긴급응급조치

일반	① **사법경찰관은** 스토킹행위 신고와 관련하여 스토킹행위가 **지속적 또는 반복적으로 행하여질 우려**가 있고 스토킹범죄의 예방을 위하여 **긴급을 요**하는 경우 스토킹행위자에게 **직권**으로 또는 스토킹행위의 상대방이나 그 법정대리인 또는 스토킹행위를 신고한 사람의 **요청**에 의하여 다음 **조치를 할 수** 있다.[♣요청에 의해서만(×)](제4조 제1항)<22.2채용> 1. 스토킹행위의 **상대방등**이나 그 주거등으로부터 **100미터 이내의 접근 금지** 2. 스토킹행위의 **상대방등**에 대한 **전기통신을 이용한 접근 금지** ② 사법경찰관은 **"긴급응급조치"**를 하였을 때에는 즉시 스토킹행위의 요지, 긴급응급조치가 필요한 사유, 긴급응급조치의 내용 등이 포함된 **긴급응급조치결정서**를 **작성하여야** 한다.(제4조 제2항)
승인	① **사법경찰관은** 긴급응급조치를 하였을 때에는 지체 없이 **검사에게** 해당 **긴급응급조치에 대한 사후승인**을 **지방법원 판사에게 청구**하여 줄 것을 **신청하여야** 한다.(제5조 제1항)<22.2채용> ② 긴급응급조치의 승인 신청을 받은 **검사는** 긴급응급조치가 있었던 때부터 **48시간 이내**에 [♣36시간 이내에(×)] **지방법원 판사에게** 해당 긴급응급조치에 대한 **사후승인을 청구한다.** 이 경우 **긴급응급조치결정서를 첨부하여야** 한다.(제5조 제2항)<22.2채용> ③ 지방법원 판사는 스토킹행위가 **지속적** 또는 **반복적**으로 행하여지는 것을 **예방**하기 위하여 **필요**하다고 인정하는 경우에는 **긴급응급조치를 승인할 수** 있다.(제5조 제3항) ④ 사법경찰관은 검사가 긴급응급조치에 대한 사후승인을 **청구하지 아니**하거나 지방법원 판사가 청구에 대하여 **사후승인을 하지 아니**한 때에는 즉시 그 **긴급응급조치를 취소하여야** 한다.(제5조 제4항) ⑤ 긴급응급조치기간은 **1개월을 초과할 수 없다.**(제5조 제5항)<22.2채용>

<table>
<tr><td>통지등</td><td>① 사법경찰관은 긴급응급조치를 하는 경우에는 스토킹행위의 상대방등이나 그 법정대리인에게 통지하여야 한다.(제6조 제1항)

② 사법경찰관은 긴급응급조치를 하는 경우에는 해당 "긴급응급조치대상자"에게 조치내용 및 불복방법 등을 고지하여야 한다.(제6조 제2항)

③ 사법경찰관은 긴급응급조치를 취소하거나 그 종류를 변경하였을 때에는 스토킹행위의 상대방등 및 긴급응급조치대상자 등에게 다음 각 구분에 따라 통지 또는 고지하여야 한다.(제7조 제5항)
1. 스토킹행위의 상대방등이나 그 법정대리인: 취소 또는 변경의 취지 통지
2. 긴급응급조치대상자: 취소 또는 변경된 조치의 내용 및 불복방법 등 고지</td></tr>
<tr><td>변경등</td><td>① 긴급응급조치대상자나 그 법정대리인은 긴급응급조치의 취소 또는 그 종류의 변경을 사법경찰관에게 신청할 수 있다.(제7조 제1항)

② 스토킹행위의 상대방등이나 그 법정대리인은 긴급응급조치가 있은 후 스토킹행위의 상대방등이 주거등을 옮긴 경우에는 사법경찰관에게 긴급응급조치의 변경을 신청할 수 있다.(제7조 제2항)

③ 스토킹행위의 상대방이나 그 법정대리인은 긴급응급조치가 필요하지 아니한 경우에는 사법경찰관에게 해당 긴급응급조치의 취소를 신청할 수 있다.(제7조 제3항)

④ 사법경찰관은 정당한 이유가 있다고 인정하는 경우에는 직권으로 또는 신청에 의하여 해당 긴급응급조치를 취소할 수 있고, 지방법원 판사의 승인을 받아 긴급응급조치의 종류를 변경할 수 있다.[♣검사의 승인(×)](제7조 제4항)

⑤ 사법경찰관은 긴급응급조치를 취소하거나 그 종류를 변경하였을 때에는 스토킹행위의 상대방등 및 긴급응급조치대상자 등에게 다음 각 호의 구분에 따라 통지 또는 고지하여야 한다.(제7조 제5항)
1. 스토킹행위의 상대방등이나 그 법정대리인: 취소 또는 변경의 취지 통지
2. 긴급응급조치대상자: 취소 또는 변경된 조치의 내용 및 불복방법 등 고지

⑥ 긴급응급조치(변경한 경우를 포함)는 다음 어느 하나에 해당하는 때에 그 효력을 상실한다.(제7조 제5항)
1. 긴급응급조치에서 정한 기간이 지난 때
2. 법원이 긴급응급조치대상자에게 다음 각 목의 결정을 한 때
가. 긴급응급조치에 따른 스토킹행위의 상대방등과 같은 사람을 피해자 또는 동거인, 가족으로 하는 '100미터 이내 접근금지'의 잠정조치 결정
나. 긴급응급조치에 따른 주거등과 같은 장소를 피해자(스토킹행위의 상대방과 같은 사람을 피해자로 하는 경우로 한정) 또는 동거인, 가족의 주거등으로 하는 '100미터 이내 접근금지'의 잠정조치 결정
다. 긴급응급조치에 따른 스토킹행위의 상대방등과 같은 사람을 피해자 또는 그의 동거인, 가족으로 하는 '전기통신을 이용한 접근 금지'의 잠정조치 결정</td></tr>
</table>

(3) **잠정조치**

<table>
<tr><td>청구</td><td>① 검사는 스토킹범죄가 재발될 우려가 있다고 인정하면 직권 또는 사법경찰관의 신청에 따라 법원에 (1호~4호 모든) 잠정조치를 청구할 수 있다.[♣1,2,3호의 잠정조치를 위반한 경우에 한하여 유치장 유치의 잠정조치를 청구할 수(×)](제8조 제1항)<24승진>
② 피해자 또는 그 법정대리인은 검사 또는 사법경찰관에게 잠정조치의 청구 또는 그 신청을 요청하거나, 이에 관하여 의견을 진술할 수 있다.(제8조 제2항)
③ 사법경찰관은 잠정조치의 신청 요청을 받고도 신청을 하지 아니하는 경우에는 검사에게 [♣판사에게(×)] 그 사유를 보고하여야 하고, 피해자 또는 그 법정대리인에게 그 사실을 지체 없이 알려야 한다.(제8조 제3항)
④ 검사는 잠정조치 청구 요청을 받고도 잠정조치의 청구를 하지 아니하는 경우에는 피해자 또는 그 법정대리인에게 그 사실을 지체 없이 알려야 한다.(제8조 제4항)</td></tr>
<tr><td>잠정조치</td><td>① 법원은[♣검사는(×)] 스토킹범죄의 원활한 조사·심리 또는 피해자 보호를 위하여 필요하다고 인정하는 경우에는 결정으로 스토킹행위자에게 다음 "잠정조치"를 할 수 있다.(제9조 제1항)<24승진·23경위>
1. 피해자에 대한 스토킹범죄 중단에 관한 서면 경고
2. 피해자 또는 그의 동거인, 가족이나 그 주거등으로부터 100미터 이내의 접근 금지
3. 피해자 또는 그의 동거인, 가족에 대한 전기통신을 이용한 접근 금지<24승진>
※ 제2호, 제3호(접근금지) 위반 2년 이하의 징역 또는 2천만원 이하의 벌금(제20조 제2항)<24승진>
3의2. 위치추적 전자장치(이하 "전자장치")의 부착
※ 전자장치의 효용을 해치는 행위를 한 사람은 3년 이하의 징역 또는 3천만원 이하의 벌금(제9조 제4항, 제20조 제1항 제1호)
4. 국가경찰관서의 유치장 또는 구치소에의 유치
② 잠정조치는 병과(倂科)할 수 있다.(제9조 제2항)
③ '100미터 이내 접근금지, 전기통신을 이용한 접근금지', '전자장치 부착'의 잠정조치기간은 3개월, '유치장 또는 구치소에의 유치'의 잠정조치기간은 1개월을 초과할 수 없다. 다만, 법원은 피해자의 보호를 위하여 그 기간을 연장할 필요가 있다고 인정하는 경우에는 결정으로 '100미터 이내 접근금지, 전기통신을 이용한 접근금지', '전자장치부착'의 잠정조치에 대하여 두 차례에 한정하여 각 3개월의 범위에서 연장할 수 있다.[♣'유치장 또는 구치소에의 유치'의 잠정조치기간은 2개월 범위에서 연장할 수(×)](제9조 제7항)<24승진·22.2채용></td></tr>
<tr><td>의견청취</td><td>법원은 전자장치 부착, 유치장 또는 구치소에의 유치의 조치에 관한 결정을 하기 전 잠정조치의 사유를 판단하기 위하여 필요하다고 인정하는 때에는 검사, 스토킹행위자, 피해자, 기타 참고인으로부터 의견을 들을 수 있다. 의견을 듣는 방법과 절차, 그 밖에 필요한 사항은 대법원규칙으로 정한다.(제9조 제3항)</td></tr>
<tr><td>금지행위</td><td>전자장치가 부착된 사람은 잠정조치기간 중 전자장치의 효용을 해치는 다음 각 행위를 하여서는 아니된다.(제9조 제4항)
1. 전자장치를 신체에서 임의로 분리하거나 손상하는 행위
2. 전자장치의 전파(電波)를 방해하거나 수신자료를 변조(變造)하는 행위
3. 기타 전자장치의 효용을 해치는 행위</td></tr>
</table>

통지등	① **피해자등 통지**: 법원은 잠정조치를 결정한 경우에는 **검사와 피해자 또는 그의 동거인, 가족, 그 법정대리인**에게 **통지하여야** 한다.(제9조 제5항) ② **행위자 고지 및 통지**: 법원은 잠정조치를 한 경우에는 스토킹행위자에게 **변호인을 선임**할 수 있다는 것과 **항고**할 수 있다는 것을 **고지**하고, 다음 구분에 따른 사람에게 해당 잠정조치를 한 사실을 **통지하여야** 한다.(제9조 제6항) 1. (스토킹행위자에게) 변호인이 있는 경우: **변호인** 2. 변호인이 없는 경우: **법정대리인** 또는 스토킹행위자가 **지정하는 사람**
집행	① 법원은 잠정조치 결정을 한 경우에는 **법원공무원, 사법경찰관리, 구치소 소속 교정직공무원 또는 보호관찰관**으로 하여금 집행하게 할 수 있다.(제10조 제1항) ② 잠정조치 결정을 집행하는 사람은 스토킹행위자에게 **잠정조치의 내용, 불복방법 등**을 **고지하여야** 한다.(변경에도 준용)(제10조 제2항) ③ 피해자 또는 그의 동거인, 가족, 그 법정대리인은 잠정조치 결정이 있은 후 피해자 또는 그의 동거인, 가족이 **주거등을 옮긴 경우**에는 법원에 잠정조치 결정의 **변경을 신청할 수** 있다.(제10조 제3항)
변경등	① **스토킹행위자**나 그 **법정대리인**은 잠정조치 결정의 **취소** 또는 그 종류의 **변경**을 **법원에 신청할 수** 있다.(제11조 제1항) ② **검사**는 수사 또는 공판과정에서 잠정조치가 계속 필요하다고 인정하는 경우에는 직권이나 사법경찰관의 신청에 따라 법원에 해당 잠정조치기간의 **연장** 또는 그 종류의 **변경**을 청구할 수 있고, 잠정조치가 필요하지 아니하다고 인정하는 경우에는 직권이나 사법경찰관의 신청에 따라 법원에 해당 잠정조치의 **취소**를 **청구할 수 있다**.(제11조 제2항) ③ 법원은 정당한 이유가 있다고 인정하는 경우에는 직권 또는 신청이나 청구에 의하여 결정으로 해당 잠정조치의 취소, 기간의 연장 또는 그 종류의 변경을 할 수 있다.(제11조 제3항) ④ 법원은 잠정조치의 취소, 기간의 연장 또는 그 종류의 변경을 하였을 때에는 검사와 피해자 및 스토킹행위자 등에게 다음 각 구분에 따라 통지 또는 고지하여야 한다.(제11조 제4항) 1. 검사, 피해자 또는 그의 동거인, 가족, 그 법정대리인: 취소, 연장 또는 변경의 취지 통지 2. 스토킹행위자: 취소, 연장 또는 변경된 조치의 내용 및 불복방법 등 고지 3. 스토킹행위자의 변호인(있으면) 또는 (변호인 없으면)법정대리인이나 지정한 사람: 유치장 유치의 잠정조치를 한 사실 ④ **잠정조치 결**정(잠정조치기간을 연장하거나 그 종류를 변경하는 결정을 포함)은 스토킹행위자에 대해 검사가 **불기소처분**을 한 때 또는 사법경찰관이 **불송치결정**을 한 때에 그 **효력을 상실한다**.(제11조 제5항)

⑷ 기타 불복절차 등

구분	내용
항고	① **검사, 스토킹행위자 또는 그 법정대리인**은 긴급응급조치 또는 **잠정조치**에 대한 결정이 다음 어느 하나에 해당하는 경우에는 **항고할 수** 있다.(제12조 제1항) 1. 해당 결정에 영향을 미친 **법령의 위반**이 있거나 **중대한 사실의 오인**이 있는 경우 2. 해당 결정이 **현저히 부당**한 경우 ② 항고는 그 결정을 **고지받은 날부터** 7일 이내에 **하여야** 한다.(제12조 제2항) ※ 항고를 할 때에는 **원심법원에 항고장을 제출하여야** 한다.(제13조 제1항)
재항고	① 항고의 기각 결정에 대해서는 그 결정이 법령에 위반된 경우에만 **대법원에 재항고**를 할 수 있다.(제15조 제1항) ※ 재항고의 기간, 재항고장의 제출 및 재항고의 재판에 관하여는 항고절차를 준용한다.(제15조 제2항) ② 항고와 재항고는 결정의 집행을 정지하는 효력이 없다.(제16조)
전담 조사제	① 검찰총장은 각 지방검찰청 검사장에게 스토킹범죄 전담 검사를 지정하도록 하여 특별한 사정이 없으면 스토킹범죄 전담 검사가 피해자를 조사하게 하여야 한다.(제17조 제1항) ② **경찰관서의 장**(국가수사본부장, 시·도경찰청장 및 경찰서장)은 스토킹범죄 **전담 사법경찰관을 지정하여** 특별한 사정이 없으면 스토킹범죄 **전담 사법경찰관이 피해자를 조사하게 하여야** 한다.(제17조 제2항) ③ **검찰총장 및 경찰관서의 장**은 스토킹범죄 전담 검사 및 스토킹범죄 전담 사법경찰관에게 스토킹범죄의 수사에 필요한 전문지식과 피해자 보호를 위한 수사방법 및 수사절차 등에 관한 **교육을 실시하여**야 한다.(제17조 제3항)
처벌	① 스토킹범죄를 저지른 사람은 **3년 이하의 징역 또는 3천만원 이하의 벌금**에 처한다.(제18조 제1항)<22.1채용> ② **흉기 또는 그 밖의 위험한 물건을 휴대하거나 이용**하여 스토킹범죄를 저지른 사람은 **5년 이하의 징역 또는 5천만원 이하의 벌금**에 처한다.(제18조 제2항)<22.1채용> ※ 반의사불벌 규정은 삭제되었다.(제18조 제3항)

2 테마 140 마약범죄 수사

(1) **마약류 관리에 관한 법률**에서 규율하는 **마약류**는 **마약, 향정신성의약품, 대마**를 말한다.(제2조 제1호)

① 마약이란,

ⓐ **양귀비, 아편, 코카 잎**이나,

ⓑ 양귀비, 아편 또는 코카 잎에서 **추출되는 모든 알카로이드** 및 그와 동일한 **화학적 합성품**으로서 **대통령령**으로 정하는 것[♣대마(×)]<19.1채용>

ⓒ 규정된 것 외에 그와 **동일**하게 남용되거나 해독(害毒) 작용을 일으킬 우려가 있는 **화학적 합성품**으로서 **대통령령**으로 정하는 것,

ⓓ 위의 것을 함유하는 **혼합물질 또는 혼합제제**를 말한다.(한외마약 제외)(제2조 제2호 가,나,다,라,마)

② **한외마약**(마약에서 제외) : 마약을 함유하는 혼합물질 또는 혼합제제로 **다른 약물이나 물질과 혼합**되어 **마약으로 열거된 것**으로 **다시 제조하거나 제제(製劑)할 수 없고**, 그것에 의하여 **신체적 또는 정신적 의존성을 일으키지 아니하는 것**으로서 총리령으로 정하는 것(제2조 제2호 '바')<19.1채용>

예 코데**솔**, 코데**잘**, 코데**날**, **유**코데, **세**코날, 인산코데인**정** 등(처벌되지 않음)[♣테바인(×), 코카인(×), 코데인(×)]<12 · 13승진 · 03여경 · 경위 · 19.1채용> [☻한솔 잘날(난) 유세정]

※ 한외마약이란 **일반약품에 마약성분을 미세하게 혼합**한 약물로 신체적 · 정신적 의존성을 일으킬 염려가 없어 **감기약 등으로 판매**되는 **합법의약품**이다.<20승진>

③ **"원료물질"**이란 **마약류가 아닌 물질** 중 **마약 또는 향정신성의약품의 제조에 사용**되는 물질로서 **대통령령**으로 정하는 것을 말한다.(제2조 제6호)<24승진>

판례 [피고 부인, 객관적 물증(×), 매수자 진술만 → 증거능력 and 합리적 의심 배제하는 신빙성(○) → 유죄]
마약류 매매 여부가 쟁점이 된 사건에서 매도인으로 지목된 **피고인이 수수사실을 부인**하고 있고 이를 뒷받침할 금융자료 등 **객관적 물증이 없는 경우**, 마약류를 **매수하였다는 사람의 진술만**으로 유죄를 인정하기 위해서는 그 사람의 진술이 **증거능력**이 있어야 함은 물론 **합리적인 의심을 배제**할 만한 **신빙성**이 있어야 한다.(대법원 2014도1779 판결 [마약류관리에 관한 법률위반(향정)])<24승진>

(2) **처벌규정** : 필로폰, 헤로인과 코카인, 대마 등을 규율하던 향정신성의약품관리법, 마약법, 대마관리법이 모두 '**마약류 관리에 관한 법률**'로 통합 규율되고 있다.

Ⅰ. 마약의 분류

천연마약	**양**귀비, 생**아**편, **몰**핀, 코데**인**, 테바**인**, 코카**인**, **크**랙, **아**세토르핀[♣향정신성의약품(×)]<08.1 · 19.1채용> [☻천연양아 몰인 크아!] ♣ 코카인은 「마약류 관리에 관한 법률」에서 규제하는 향정신성의약품에 해당한다.(×)<19.1채용>
합성마약	**메사**돈계, **아**미노부텐, **아**세틸메사돌, **프**로폭시펜, **모**리피난, **벤**조모르핀, 페**치**단계 등(화학적으로 합성된 마약) 기출 펜타조신(×)<03여경1차>, 해쉬쉬(×)<07경감> [☻메사 아프모 벤치(와) 합성]
반합성마약	**헤**로인, **히**드로모르핀, **옥**시코돈, **하이**드로폰 등[♣합성 마약(×)]<20승진> [☻반헤(서) 히옥(에게) 하이!]

II. 향정신성의약품의 분류[♣코카인(×)]<19.1채용>

구분	내용
환각제	**L. S. D**, 사일로**사이**빈, 메스**카린**(페이**요트**) 등[♣메스암페타민(×), ♣LSD는 각성제(×)]<13·14승진·11·14경위> [☻환각(에 빠진) 이세돌 사이(를) 가린 요트]
각성제	**암**페타민류, 히로**뽕**(**메스**엠페타민), **엑스**터시 [☻각성하고 암뽕 메스(꺼워) 엑스(거절)]
억제제	**벤**조다이아핀제제, **알프라**졸람, **바르**비탈염제류제(아로바르비탈)[♣메스타린(×)]<09경위> [☻벤(곳) 알프(러) 바르(고) 억제]

1. 주요 향정신성 의약품	
메스 **암**페타민 (히로**뽕** = **필**로폰) ☻암뽕필]	① **말이 많아짐.**[☻말술에 피로회복 안되고 조절도 안 되어 환시·환청으로 뽕 주사 염원] ② '**술깨는 약**'이나 '**피로회복제**' '**체중조절약**' 등을 가장하여 유통, 복용 ③ 식욕이 감퇴하고 **환시, 환청을 경험**하며, 강한 각성작용으로 의식이 뚜렷해지고 잠이 오지 않으며 피로감이 없어진다. ④ 주로 **정맥혈관에 주사**[♣담배로 만들어서 흡연한다.(×)] ⑤ 제조의 **주원료가 되는 염산에페트린** 외에는 국내에서 구입이 용이하다. ⑥ 제조에는 통상 3~5일 소요 ⇨ **제조기간이 짧을수록 순도가 낮음.**(제조과정 악취 발생) ⑦ 1단계 ⇨ **에페드린, 클로로포름, 지오닐(2 : 1 : 1)** [☻뽕 맞고 211cm까지 에 클지]
엑스 **터시** (MDMA)	① XTC(ECSTASY) – 1949년 **독일에서 식욕감퇴제**로 개발 ② 테크노, 라이브, 파티장 등에서 **막대사탕**을 **물고** 있거나 **물을 자주** 마시는 행동 ③ **기분 좋아지는** 약, **클럽마약, 포옹마약(hug drug-신체접촉 욕구가 강하게 나타남)**, 일명 도리도리 등으로 지칭<18경위> ④ 메스암페타민보다 **가격이 싸면서 환각작용은 3배** [☻엑스터 클럽에서 사탕 물고 포옹·접촉하면 독감 걸려 도리도리]
러미라 **(덱스트로** **메트로판)**	① **도취감 혹은 환각작용**을 맛보기 위해 사용량의 **수십 배인 20~100정 일시복용** ② 강한 **중추신경 억제성 진해작용**이 있으나 **의존성과 독성은 없어**, **코데인 대용**으로 널리 시판된다.[♣의존성과 독성이 강하다.(×)]<20승진·20.1·24.2채용> ③ **진해거담제**로서 **의사의 처방전으로 약국에서 구입가능**(감기, 만성 기관지염, 폐렴 등 치료제)하다.<23.1채용> ④ 청소년들이 소주에 타서 마신다**(정글 쥬스)**.[♣GHB(×)]<20승진·18경위·23.1채용> [☻**메트** 위의 **미라**가 **도취**되서 **코**로 **진국 쥬스**를 마셔]

L.S.D [☻ 이세돌]	① **곡물의 곰팡이, 보리 맥각에서** 발견되어 이를 분리가공, 합성한 것, **무색 · 무취 · 무미**하다.<19.1 · 23.1 · 24.2채용> ② 미량을 **유당, 각설탕, 과자, 빵 등에 첨가**시켜 먹거나 **우편 · 종이 등의 표면에 묻혔다가 뜯어서 입에 넣는 방법**으로 복용한다.<24.2채용> ③ **동공확대, 심박동 및 혈압상승, 오한, 수전증 등의 현상**이 생긴다. ④ **통상 분말로 제조되나 캡슐, 정제, 액제 형태로도 밀거래**되고 **극소량으로도 강력한 효과(환각제 중 가장 강력한 효과)**가 있다.[♣약한 효과(×)] ⑤ **내성이나 심리적 의존현상은 있지만 금단증상은 일으키지 않는다**고[♣금단증상을 일으킨다고(×)] 알려져 있으며, 일부 남용자들은 실제로 **사용하지 않는데도 환각현상**을 경험하는 '**플래시백 현상**'을 일으키기도 한다.<16승진 · 23.1 · 24.2채용> [☻곰보 무당종(과) 동강(듣다) 오한에 플래시처럼 강력하게 손 떠는 이세돌]
야바 **(YABA)**	① **태국 등 동남아 지역**에서 주로 생산되어 **유흥업소 종사자, 육체노동자 등 중심** 확산 ② **카페인, 에페드린, 밀가루 등에 필로폰을 혼합한 것**으로 **순도가 20~30% 정도로 낮고**[♣강력한 효과(×)]<18승진> ③ **적갈색, 오렌지색, 흑색, 녹색 등 여러 가지 색**으로 제조된다. ※ 야바는 종래 야마(Yahmah, 원기나는 약)로 불리웠으나 최근 필로폰에 대한 경계심에서 야바(YABA, 미치게 **하는 약**)로 호칭됨.[♣GHB(×)]<11경위> ④ 원재료가 화공약품인 관계로 양귀비 작황에 좌우되는 헤로인과 달리 **안정적인 밀조가 가능**하다.<18승진> [☻야동업소 낮엔 미치게 안정적]
메스카린	**선인장인 페이요트**에서 추출 합성<18승진 · 11 · 18경위 · 02 · 20.1채용> [☻메스꺼운 요트(위) 선인장]
GHB	① 1회 20ml 음료 등에 혼합사용 **15분 후 효과발현, 3시간 지속** – 24시간 이내 인체에서 빠져나가 사후 추적 불가능하다. ② 무색 · 무취의 **짠맛이 나는 액체**로 소다수 등 **음료에 타서 복용**한다.[♣무미의(×)]<18 · 24승진 · 19.1 · 24.2채용> ③ **근육강화 호르몬 분비효과**가 있는 중추신경억제제, '**물 같은 히로뽕**'이라는 뜻으로 일명 **물뽕**으로 불린다.<20승진 · 19.1 · 20.1채용> ④ 미국, 캐나다, 유럽 등지에서 **성범죄용으로 악용되어 '데이트 강간 약물**(Date rape drug)'로도 불린다.[♣정글쥬스(×)]<18경위 · 19.1 · 24.2채용> [☻십오 세 짠물데(돼)지]
S 정	① 과다복용 시 **인사불성, 혼수쇼크, 호흡저하, 사망**에까지 이르게 된다.<18경위 · 20.1 · 23.1채용> ② 금단증상으로 **온몸이 뻣뻣해지고 뒤틀리며** 혀꼬부라지는 소리 ③ (**근골격계 질환 치료제**)중추신경에 작용하여 골격근육 이완의 효과 있는 '**카리소프로돌**'을 말함.[♣정글쥬스(×), ♣금단증상 일으키지 않고, 플래시백 효과(×)]<18승진 · 11 · 18경위 · 20.1 · 23.1채용> [☻인사불성에 혀꼬부라지면 S자로 골골 가리]

프로포폴	페놀계화합물로 흔히 **수면마취제**라고 불리는 정맥마취제로서 수면내시경 검사 마취 등에 사용되고, **환각제 대용**으로 오남용되는 사례가 있으며, **정신적 의존성을 유발**하기도 한다.<24승진 · 23.1채용>
사일로 사이빈	남미에서 자생하는 사일로시비라고 부르는 버섯**에서 추출** [♣독일에서 식욕감퇴제로 개발한 것이 사일로 사이빈(×)]<10 · 20.1채용> [☻버섯사이]
바르비탈 염제제	① **시중약국에서 구입이 가능**하다.[☻시중에서 알콜 냄새없이 비탈비탈] ② **알콜 냄새 없이 만취하는 모습**으로 비틀
중국산 살빼는 약	**분기납명편(펜플루라민정, F정), 안비납동편(암페프라몬) 등**, 심장질환 등으로 장기간 다량 복용 시 중추신경흥분, 환각 등을 일으킬 수 있다.

Ⅲ. 대 마

(1) 대마는 테트라히드로칸나비놀(THC)이라는 환각물질을 주성분으로 하는 식물을 말한다.

(2) 마약류관리에 관한 법률상 대마 :

① **대마초**와 그 **수지**,

② 대마초 또는 그 수지를 원료로 하여 **제조된 모든 제품**

③ ① 또는 ②에 규정된 것과 **동일한 화학적 합성품으로서 대통령령**으로 정하는 것

④ ①부터 ④까지 규정된 것을 함유하는 **혼합물질 또는 혼합제제**

※ 다만 **종자, 뿌리 및 성숙한 대마초의 줄기와 그 제품은 규제하지 않는다.**(**종자껍질**은 흡연하면 처벌)[♣뿌리와 종자도 포함(×)]<07기동대>, [♣종자, 뿌리 및 성숙한 대마초의 줄기와 그 제품 단순 소지한 경우 처벌(×)](제2조 제4호)<23승진 · 07공채>

(2) **특징** : **언제든지 끊을 수 있다는 인식**, 국내에서도 **야생 대마초를 손쉽고 저렴하게 구입할 수** 있다.

(3) **효과** : **중추신경계 흥분 또는 억제**<07여기대> 마약보다 **정신적 · 신체적 의존성이 약**하다.

대마초 (마리화나) [☻화초 해지 기름]	① **대마의 잎과 꽃대 윗부분을 건조**시켜 담배 형태로 만들어서 피는 것을 말하며 외국에서는 **포루투갈어로 마리화나**라고 부른다. ② 대마의 **주 정신작용물질은 THC** ③ 잎을 말려서 **담배형식으로 종이에 말아서 또는 파이프에 넣어서 피운다.**<07여기대>
대마수지 (해쉬쉬)	① 꽃대에서 얻은 진액 : 성숙한 대마의 정상 꽃대 부분의 수지성 분비물을 알코올로 침출, 채취 또는 **가마솥에서 증류하여** 건조 · 농축, **마리화나보다 10배가량** 효과가 높다.<03채용 · 07여기대> ② **마취성이 있어 혼수상태에 빠질 수** 있다.<07여기대>
대마수지 기름	(= 해쉬쉬 미네랄 오일) ⇨ 대마수지를 농축 또는 건조하지 않고 정제된 수지를 병이나 캔 속에 넣어 두고 기름형 그대로 사용하는 것

한쌤의 이해하는 경찰학개론 각론

합격까지 박문각

PART

03

경비경찰

CHAPTER 01 경비경찰 일반

1 경비경찰 의의

(1) **경비경찰 :** 사회 공공의 안녕과 질서에 위험상태가 발생 혹은 발생할 우려가 있는 경우, 이를 **예방 · 경계 · 진압하는 경찰활동으로 일반통치권에 의한 질서유지작용**이다.[♣진압 · 검거만(×)]

(2) **경비경찰 임무**

> 경비국장은 다음 사항을 분장한다.(경찰청과 그 소속기관 직제 제13조 제3항)<22승진>
> 1. 경비에 관한 계획의 수립 및 지도
> 2. 경찰부대의 운영 · 지도 및 감독
> 3. **청원경찰의 운영 및 지도**[♣생활안전국장 분장사무(×)]<22.2채용>
> 4. 민방위업무의 협조에 관한 사항
> 5. 경찰작전 · 경찰전시훈련 및 비상계획에 관한 계획의 수립 · 지도
> 6. 중요시설의 방호 및 지도
> 7. **예비군의 무기 및 탄약 관리**의 지도<22승진>
> 8. 대테러 예방 및 진압대책의 수립 · 지도
> 9. 의무경찰의 복무 및 교육훈련
> 10. 의무경찰의 인사 및 정원의 관리
> 11. 경호 및 주요 인사 보호 계획의 수립 · 지도
> 12. 경찰항공기의 관리 · 운영 및 항공요원의 교육훈련
> 13. 경찰업무수행과 관련된 항공지원업무

Ⅰ. 대상과 활동유형<96 · 00 승진>

1. 개인적 단체적 불법행위

치안경비	공안질서를 해하는 **다중범죄 등 집단적인 범죄사태**가 발생하거나 발생할 우려가 있는 경우에 이를 예방 · 경계 · 진압하기 위한 경비 활동으로 **소요사태**는 물론이고 이에 이르지 아니한 **질서파괴행위**도 대상이다.[♣소요사태에 이르지 아니한 질서파괴행위는 대상이 아니다.(×)] ※ 혼잡경비(행사장 안전경비)가 미조직 군중을 대상으로 함에 반해 치안경비는 **어느 정도 조직화된 군중이 대상**이다. ※ 폭력행위 등 처벌에 관한 법률 제3조(집단적 폭행)는 집단으로 위력을 보인 경우이지만, 이는 특별형법이 적용되는 경우로서 수사경찰의 대상이다.[♣경비경찰의 대상(×)]<13경위>

특수경비 (대테러)	**총포 · 도검 · 폭발물 등에 의한 인질난동 · 살상 등** 사회이목을 집중시키는 중요사건을 예방 · 경계 · 진압하는 경비 활동(**대테러활동**)[♣대테러활동은 경비경찰의 대상이 아니다.(×)]<13경위> ※ **테러행위 같은 공안을 해치는 범죄**
경호경비	피경호자의 신변을 보호하는 경비활동 ※ **정치적 의도(보복)에 의한 요인 살해, 간첩에 의한 살인 등** 공안을 해치는 범죄
중요시설 경비	공공기관, 공항 · 항만, 주요산업시설 등, 적에 의하여 점령 또는 파괴되거나 기능이 마비될 경우 국가안보 및 국민생활에 심대한 영향을 미치는 시설을 방호하기 위한 경비 활동 ※ **금융기관의 도난방지를 위한 경비**(×) ⇨ 원칙적으로 경비경찰의 대상이 아니며 생활안전기능에서 명절 전후 등 특수한 경우 예방차원에서 대비하고 있다.[♣금융기관의 도난방지를 위한 경비는 원칙적으로 경비경찰의 대상이다.(×)]<13경위>

2. 자연적 · 인위적(사회적) 재난

혼잡 경비	(= **행사안전경비**) 기념행사 · 경기대회 · 경축제례 등에 수반하는 **미조직 군중에 의하여** 발생하는 자연적 · 인위적인 혼란 상태를 경계 · 예방 · 진압하는 활동[♣조직화된 군중이 대상(×)]
재난 경비	천재지변 · 화재 등의 **인위적 · 자연적 돌발 사태(재해)**로 인하여 인명 또는 재산상 피해가 야기될 경우 이를 예방 · 진압하는 활동[♣개인적 · 단체적 불법행위와 관련(×)]<13경위>

※ 기타 경비경찰의 업무 ⇨ **청원경찰의 지도 / 민방위 업무 협조 / 통합방위작전계획 수립 등**

※ 비상경계근무 ⇨ **연말연시 · 추석 · 공휴일 기타 중요행사 등과 관련 긴급 및 중요상황의 발생 또는 발생예상 시에 경찰력을 집중적으로 활용함으로써 이를 예방 또는 진압하는 근무**<99승진>

Ⅱ. 특성<16승진 · 02 · 12.3채용>

복합 기능적 활동	① **사전(예방)기능과 사후(진압)기능을 동시에 수행**: 경비경찰은 경비사태가 발생한 후에 **진압**뿐만 아니라 특정한 사태가 발생하기 전에 **경계 · 예방**의 역할을 수행한다.[♣범죄예방은 경비경찰과 무관하다.(×), ♣진압에 중점(×), ♣예방위주 활동(×)]<04 · 19승진 · 01경위 · 12.3채용> ♣ 범죄예방은 생활안전경찰의 분야이므로 경비경찰과는 상관이 없다.(×) ♣ 경비경찰의 복합기능적 활동은 주로 진압에 중점을 둔 활동을 말하는 것이다.(×) ♣ 경비경찰의 특성으로 '예방위주적 활동'을 들 수 있다.(×) ② 발생 후 회복곤란 때문에 특히 **사전적인 예방기능의 중요성이 부각**되고 있다.<04승진 · 01채용>
현상 유지적 활동	① **질서유지활동**: 경비경찰은 **현재의 질서상태를 보존하는 것에 가치**를 둔다고 할 수 있다.[♣소극적 · 정태적 활동만 의미(×)]<12 · 19승진 · 22경위 · 12.3채용> ♣ 경비 활동은 기본적으로 적극적 · 동태적 개념의 활동이 아니라 현재의 질서상태를 보존하는 소극적 · 정태적 활동만을 의미한다.(×)

현상 유지적 활동	② **적극적 · 동태적 의미의 질서유지작용을 내포**: 그러나 **정태적 · 소극적인 질서유지가 아닌** 새로운 변화와 발전을 보장하기 위한 **동태적 · 적극적인 의미**의 유지작용이다.[♣동태적 · 적극적 유지가 아니라(×), ♣즉응적 활동(×)]<01 · 12승진> ♣ 경비활동은 기본적으로 현재의 질서상태를 유지하는 것에 가치를 둔다. 이때 소극적 질서유지활동은 새로운 변화와 발전을 보장하기 위한 동태적 · 적극적 유지가 아니라 정태적 · 소극적인 유지를 의미한다.(×) ♣ 즉시적(즉응적) 활동은 경비활동은 정태적 · 소극적인 질서유지가 아닌 새로운 변화와 발전을 보장하기 위한 동태적 · 적극적인 의미의 유지작용이라는 것이다.(×)<12 · 19승진> ※ **'소극목적의 원칙'과 관련** ⇨ 현상유지적 활동은 경찰활동의 불문법원인 조리 중 "소극목적의 원칙"과 관련이 있다. **주의** 실무종합에서 과거 소극적 · 정태적 활동이 아닌 적극적 · 동태적 활동이라고 하였다가 소극목적 활동은 경찰의 본질적 속성이라는 이의제기에 의해 이를 수정하였다가 다시 동일한 표현을 쓰고 있으나 이는 소양이 부족한 개인의 논문을 그대로 인용한 것으로 용납될 수 없는 것이다. 현상유지는 문언자체로도 소극적 · 정태적 의미를 내포하기 때문이다. 소극적 · 정태적 활동이 아니라고 하려면 원문을 인용하면서 원문의 내용에 대한 질문을 해야 할 것이다.
즉응적 활동	① 다중범죄, 테러, 경호상 위해나 경찰작전상황 등이 발생하였을 경우 **즉시 출동**하여 **신속하게 조기진압해야** 한다.[♣복합 기능적 활동(×)]<19 · 21승진> ② 경비 활동은 **특별한 처리기한을 정하여 진압할 수 없고**, **사태 종료 시에 해당업무도 종료**하게 된다.[♣사태종료 시에도 해당업무 계속(×)]<19승진> **예 작전 타격대 활동**
조직적 부대 활동	① 경비경찰은 경비사태 발생 시 조직적이고 집단적인 대응이 요구되므로 조직적 부대활동에 중점을 두어 **개인이 아닌 부대를 중심**으로 이루어지는바, **지휘관, 부하, 장비, 보급체계**를 갖춘다.<12.3채용> ② 경비사태 발생시 조직적이고 집단적이며 물리적인 힘으로 대처한다. ※ 경비경찰이 경비 사태에 효과적으로 대비하기 위해서 **체계적인 부대편성이나 훈련과 관리 및 운영 등의 중요성이 부각**된다.<12경감>
하향적 명령에 의한 활동	① 임무가 주로 **하향적 명령에 의해 수행**되는 집단적 · 물리적인 대처를 특징으로 한다.[♣상향적 활동(×)]<01 · 02 · 05 · 21승진> ② **관련특징: 계선의 지휘계통강조, 적은 부대원의 재량, 조직적 부대활동**[♣부대원 재량이 많다.(×)]<22경위 · 21승진> ③ **지휘관 책임 강조:** 지휘관이 내리는 하향적 지시나 명령에 의해 움직이므로, 수명사항에 대한 **책임은 지휘관이** 지는 경우가 많다.[♣부대원의 책임 강조(×)]<22경위 · 21승진 · 12.3채용> ♣ 경비경찰은 하향적 명령에 의한 임무수행을 특징으로 하는바, 결과에 대한 부대원의 책임이 강조된다.(×) ♣ 경비경찰은 부대원의 재량이 상대적으로 많아 지휘관의 책임이 크지 않다.(×)
사회전반 안녕목적 활동	① 사회 공공의 안녕과 질서를 유지하는 것을 목적으로 하므로, ② 결과적으로 사회전체의 **안녕과 질서를 파괴하는 범죄를** 대상으로 작용한다는 점에서, ③ 경비경찰의 임무는 '**국가 목적적 치안임무의 수행**'이다.<12 · 16승진>

PART 03

2 경비경찰의 근거와 한계

Ⅰ 경비경찰 활동의 법적 근거

Ⅰ. 헌법<헌법 제37조 제2항>

(1) 국민의 모든 **자유와 권리**는 국가안정보장·질서유지 또는 공공복리를 위하여 **필요한 경우에 한하여 법률로써** 제한할 수 있으며, 제한하는 경우에도 자유와 권리의 **본질적인 내용을 침해할 수 없다.**[♣반드시 법령으로(×)](헌법 제37조 제2항)<14승진·09채용>

① 헌법(제37조 제2항)은 **경찰권 행사의 근거**가 되는 동시에 **경비경찰의 활동을 제한하는 성격도 아울러 가졌다.**[♣제한하는 성격은 없다.(×)]<14승진·11.1채용>

※ **예외** ⇨ '법률의 수권에 의한 명령'으로도 자유나 권리의 제한이 가능하다.

주의 명령에 의한 제한은 법률의 위임이 있는 경우에 가능한 예외적인 것이므로, 이를 **법령(법률+명령)으로 표현하면 안 된다.**

Ⅱ. 법률

(1) **국가경찰과 자치경찰의 조직 및 운영에 관한 법률(제3조), 경찰관직무집행법(제2조)**<09채용>

① **국가경찰과 자치경찰의 조직 및 운영에 관한 법률** ⇨ 주로 경찰의 기본조직이나 업무범위를 정한 것으로 **조직법적 성격**이 강하며 업무범위를 규정하여 경비경찰의 활동 근거도 국가경찰과 자치경찰의 조직 및 운영에 관한 법률의 내용에 포함하고 있다.[♣작용법(×)]

② **경찰관직무집행법** ⇨ 경찰업무의 범위 및 경찰권 발동에 관한 요건으로 **불심검문, 범죄의 예방과 제지 등 주로 작용법적 근거를 규정**하고 있어 **경비경찰권 발동의 주된 법적 근거**라고 할 수 있다.<11.1채용>

(2) 계엄법 및 위수령, 경찰장비의 사용 등에 관한 규정, 수상에서의 수색·구조 등에 관한 법률, 집회 및 시위에 관한 법률, 청원경찰법, 형법 등

① **경찰직무응원법** ⇨ 경찰**기동대편성**에 관한 규정, 경비경찰의 **타 관할에서의 근무**

② **대통령 등의 경호에 관한 법률** ⇨ 경호경비를 위한 **공무원의 파견, 기타 필요한 협조요청**

③ **재난 및 안전관리기본법** ⇨ 재난경비(삼풍백화점 붕괴사고를 계기로 제정)

④ **의무경찰대법** ⇨ 의무경찰대의 조직·임무

⑤ **통합방위법 및 시행령** ⇨ 경찰작전<04경위>

⑥ **의무경찰관리규칙** ⇨ 의경의 근무·관리

⑦ **외교관계에 관한 비엔나협약** ⇨ 외국 공관저에 대한 중요시설 경비

⑧ **경비업법** ⇨ 무인경비, 기계경비, 특수경비, 신변경호, 시설경비, 호송경비 등

⑨ **수상에서의 수색·구조 등에 관한 법률** ⇨ 해수면에서 조난된 사람의 구호

⑩ **청원경찰법** ⇨ 청원경찰의 임용, 직무, 배치 등에 관한 사항을 규정[♣무인경비, 기계경비, 특수경비 규정(×)]

Ⅱ 경비경찰 활동의 조리상 한계(기본원칙)

'경찰소극목적의 원칙'(경비경찰의 특징 중 **현상유지적 활동과 관련**), **'경찰공공의 원칙'**, **'경찰비례의 원칙'**, **'경찰책임의 원칙'**[♣고의 · 과실필요(×), ♣경찰긴급권은 경찰책임의 원칙에 부합(×)], **'경찰평등 원칙'** **'보충성의 원칙'**, **'적시성의 원칙'**

① **보충성의 원칙 :** 경비경찰권의 발동은 사회의 다른 일반적인 방법으로 **통제 불가능시에 최후의 수단으로서 개입하여야** 한다.[♣국민이 스스로 협조해 줄 때 효과적인 업무수행이 가능(×) ⇨ 보충성의 원칙과 무관]<15경위>

② **적시성의 원칙 :** 경비경찰권은 경비상황의 발생에 따른 개입의 조건을 고려하여 **가장 적합한 시기에 발동되어야** 한다는 원칙이며, 조건의 충족 전에 발동하거나, 이미 소멸한 뒤에 발동하는 것은 원칙적으로 금지된다.

③ **기타 : 경찰비례의 원칙, 소극목적의 원칙, 경찰책임의 원칙**

Ⅰ. 위법활동과 손해배상 – 위법한 경비활동과 국가배상 문제

(1) 경비경찰권행사는 위험방지를 위해 **국민에게 명령 · 강제하는 전형적인 권력작용**이다.

(2) 경찰편의주의 : **의무에 합당한 재량, 즉 기속재량(이를 벗어난 경찰권의 행사는 사법심사의 대상)** [♣자유재량(×)] ⇨ 국가배상

(3) **조리에 위배할 경우 위법**

구분	내용
적극적 침해	① **의의** : 경찰이 시위를 진압함에 있어서 적극적으로 시위 참가자에게 피해를 주는 경우와 같이 경찰권 발동으로 인하여 적극적으로 시민의 권리를 침해하는 경우 ② **책임** : 적극적 침해의 경우에는 판례는 대체로 국가배상 책임을 인정하고 있다. ※ 즉, 상당성과 합리성을 겸비하여 그 직무를 집행해야 할 경찰관이 필요성과 상당성을 결여하여 직무집행에 과잉을 보이는 경우는 국가배상책임을 인정하고 있다.
소극적 침해	① **의의** : 경찰이 업무를 수행함에 있어 일반 시민의 권리를 적극적으로 보호해 주지 않음으로 해서 그 시민의 권리가 범법자들로 인해 침해되는 경우 즉 **경찰의 부작위로 인한 시민의 권익침해**를 말한다. ② **경찰편의주의 원칙** : 경찰의 직무집행의 장소나 방법 등에 관해서는 그 상황에 맞게 유동적으로 대응하여 **법령이 허용하는 범위 내에서 장소나 시기 및 방법을 결정할 수 있는 재량을 경찰에 부여**하고 있다. ※ 결과를 예측하기 힘든 위험방지의 속성상 상황에 부합하는 대처를 위해 재량을 부여하고 있으므로 **재량0수축 등 특수한 상황이 아니면 경찰권 불행사를 위법이라 단정할 수 없다.**

1. **배상책임 인정판례** - 국가의 배상책임을 인정한 판례<07채용 · 13경위>

판례 1) [시위 무관자 연행사건] 의경들이 서총련의 불법시위 해산 과정에서, 단순히 의경들의 **도서관 진입에 항의한 학생 등 시위와 무관한 자들을 강제로 연행**한 경우....단순히 의경들의 도서관 진입에 항의한 사실은 공무집행방해죄를 구성하지 아니하므로 이들에 대한 체포는 불법이며 **손해배상책임 인정**...(서울지법 1996.8.22, 95가합43551)<13경위>

판례 2) [바리케이드 사건] 상설검문서 근무 경찰관이 통행금지 또는 비상계엄령이 내려 있지 않는데도 검문소운영요강을 지키지 아니하고 **도로상에 방치해 둔 바리케이드**에 오토바이 운행자가 충돌하여 사망한 경우(부산지법 1992.8.25, 91가합31268)<13경위>

판례 3) [최루탄 압사사건] **합리적이고 상당하다고 인정되는 정도를 넘어 지나치게 과도한 방법**으로 시위진압을 하여 시위 참가자로 하여금 **사망에 이르게 한 경우**(경찰이 시위대를 몰기 위해 과도한 시위진압 과정에서 최루탄을 던져 이를 피하기 위하여 비좁은 골목으로 군중이 한꺼번에 몰려 압사한 경우)(대판 1995.11.10, 95다23897)<07채용>

판례 4) [트랙터 사건] 경찰관이 농민들의 시위를 진압하고 **시위과정에 도로 상에 방치된 트랙터 1대에 대하여 위험발생방지조치를 취하지 아니한 채** 그대로 방치하고 철수하여 버린 결과, 야간에 그 도로를 진행하던 운전자가 위 방치된 트랙터를 피하려다가 다른 트랙터에 부딪혀 상해를 입은 경우 국가배상책임이 긍정된다.[♣배상책임을 인정하기 어렵다.(×)](대판 1998.8.25, 98다16890)<09채용>

판례 5) [김신조 사건] 무장공비와 격투 중에 있는 청년의 **가족의 요청을 받고도 경찰관이 출동하지 않아** 결과적으로 그 청년이 공비에게 사살된 경우(대판 1971.4.6, 71다124)<13경위>

판례 6) [근접하지 않은 장소에서 출발제지] 비록 장차......위법한 집회 · 시위가 개최될 것이 예상된다고 하더라도, 이와 **시간적 · 장소적으로 근접하지 않은** 다른 지역에서 그 지회 · 시위에 참가하기 위하여 출발 또는 이동하는 행위를 함부로 **제지**하는 것은 **경찰관직무집행법 제6조 제1항에 의한 행정상 즉시강제인 경찰관의 제지의 범위를 명백히 넘어서는 것**이어서 허용될 수 없으므로, 이러한 제지 행위는 공무집행방해죄의 보호대상이 되는 공무원의 적법한 직무집행에 포함될 수 없어 손해배상 책임 인정(창원지법 2008가단2374)

PART 03

2. 배상책임 부정판례 – 국가의 배상책임을 부정한 판례

판례 1) [약국사건] ..평소시위가 빈발한 대학에서 불법집회를 마치고 난 후 교문 밖 약 50m 정도 진출하자 이를 경찰이 제지하여 접전을 벌이던 도중 시위대가 던진 화염병이 A 약국 바로 옆 길바닥에 떨어졌다. 흘러나온 시너(thinner)에 의해 A약국 창문 밖의 에어컨 배수용 비닐호스에 인화되어 불이 창문으로 타들어가 결과적으로 에어컨이 폭발하며 약국이 전소되었다....공무원의 **직무집행이 법령이 정한 요건과 절차에 따라 이루어진 것**이라면 ,,, 그 과정에서 **개인의 권리가 침해되는 일이 생긴다고 하여 그 법령 적합성이 곧바로 부정되는 것은 아니**라고 할 것,,,[약국주인이 국가를 상대로 국가배상을 청구한 사건](대판94다2480)<07채용 · 13 · 22경위>

※ 경찰관들의 시위진압에 대항하여 시위자들이 던진 화염병에 의하여 발생한 화재로 인하여 손해를 입은 주민이 국가를 상대로 국가배상을 청구한 경우에는 국가의 배상책임이 인정되지 않는다.<22경위>

① 불법시위를 진압하는 것이 **법령위반이라고 하기 위해서는** 시위진압이 **불필요하거나 진압방법이 합리성을 결하여 위법하다고 평가할 수 있어야** 한다.(**약국사건은 그렇지 않아 적법**)

② **경찰이 시민을 적극 보호하지 않아 범법자에 의해 권리가 침해되어도** 법령의 허용범위 내에서 진압시기와 방법 등을 결정할 수 있는 재량이 경찰에 부여되므로 시위진압할 때 **재량 내의 행위는 위법하지 않다.**

③ 경찰은 불법시위가 발생하여 공공의 안녕과 질서유지를 위하여 이를 제지하는 경우, 그로 인해 **생명 · 신체 · 재산상의 손해가 발생하지 않도록 적절한 조치를 취할 의무**가 있다.[♣의무없다.(×)]

판례 2) [대학도서관 진입 사건] (1) 의경들이 **대학도서관에 진입하게 된 것이 불법시위 참가자들의 일부가 도서관으로 도주함에 따라 이를 추적 · 체포하기 위한 것**이었다면, 이는 **현행범을 체포하는 데 필요한 행위**로서 형사소송법 제216조 제1항 제1호에 의하여 영장 없이 행할 수 있는 경우에 해당하여 적법한 행위라 할 것인바.... 위자료지급 청구를 부인함.[♣정신적 충격과 학습권 침해인정(×)]
(2) 피체포자가 집회 · 시위 현장에서 체포를 피해 도주하거나 외모로 보아 집회참가의 흔적이 확연하여 집회 참가자로 의심할 만한 객관적 · 합리적인 사정이 인정되는 때에는 결과적으로 현행범 또는 준현행범의 요건을 갖춘 것으로 오인하여 하더라도 이에 과실이 있다고 할 수는 없다.(서울지법 1996.8.22, 95가합43551)

3 경비경찰의 근무, 원칙, 수단, 대상

I 경비경찰 근무

Ⅰ. 경비(지휘)본부(CP)

국가비상사태, 중요긴급사태 등 치안상황이 발생하는 경우 상황처리를 단일화하고 신속하고 정확한 상황파악과 조치로 발생한 사태를 효율적으로 처리하기 위해 설치한다.

예 간첩신고, 대형교통사고 · 대형화재의 발생, 비행기의 추락사고 등

1. 임무(기능)

⑴ **각종 상황의 신속 · 정확한 파악**

⑵ **상황의 보고 · 통보 및 하달:** 지휘체계 및 전파체계를 확립한다.

⑶ **기타 적절한 초동조치:** 신속한 초동조치로 인명구조 및 재산의 피해를 방지한다.

※ 출동 시에는 긴급한 대처를 위해서 완전한 경찰력이 아니라 **우선출동 가능한 제한된 경찰력의 출동부터 지시해야** 한다.[♣경찰력의 완전한 장악(×), ♣초기에 완전한 부대의 출동(×)]

♣ 치안상황실운영규칙의 규정에 따르면 치안상황실의 기능에는 각종 상황의 신속 정확한 파악, 상황의 보고, 통보 및 하달, 경찰력의 완전한 장악과 기타 적절한 초동조치 등이 있다.(×)

정리 상황보고순위<19경위 · 09 · 13승진>

① **1순위 (직접 행동을 취할 기관 및 부대)**

② **2순위 (협조 및 지원을 요하는 기관 및 부대)**

③ **3순위 (지휘계통에 보고)**

④ **4순위 (기타 필요한 기관)**

2. 운영

⑴ **선(先)조치 후(後)보고의 원칙**<96 · 03 · 04승진>

예 작전타격대 출동 ⇨ 긴급배치 하령 ⇨ 경찰서장 보고 ⇨ 시 · 도경찰청 보고

① 출동 시에는 긴급한 대처를 위해서 완전한 경찰력이 아니라 **우선출동 가능한 제한된 경찰력의 출동부터 지시해야** 한다.

※ 선초치 개념에서 위기관리 업무에서는 완전성과 적시성 중에서 **적시성을 우선시**하게 된다.

② 중요사건 · 사고 시 실장이 초동조치를 하고, 추후 상황처리 책임은 주무과장이 담당한다.

⑵ **속보상황의 상황보고 허용시간: 총 35분 이내**에 경찰청상황실까지 보고되어야 한다.

※ 지구대(검문소 · 중대본부) ⇨ 경찰서(기동단)상황실(15분 이내) / 경찰서 ⇨ 시 · 도경찰청 상황실(10분 이내) / 시 · 도경찰청 상황실 ⇨ 경찰청 상황실(10분 이내)

⑶ **상급기관에의 보고요령**

① 필요시 **접수된 상황 그대로를 제1보하고,** 상황이 진전됨에 따라 제2보 · 제3보의 순으로 **내용을 보완하여 보고**한다.(즉응적 활동을 보장하기 위해서임)<03승진>

※ 후보고의 개념에서도 위기관리 업무에서는 완전성과 적시성 중에서 **적시성을 우선시**하게 된다.

② 제1보는 신속보고에 주안점을 두어야 하고 육하원칙이 불필요하다.

3. 테마 141 경찰비상업무규칙

의의

(1) 치안상 비상상황에 대하여 정황에 따른 지역별·기능별 경찰력의 운용과 활동체계를 규정함으로써 비상상황에 효율적으로 대응함을 목적으로 한다.<03승진>

(2) **비상근무, 비상소집, 지휘본부의 운영, 비상연락체계의 유지 등을 규정**하고 있다.[♣112종합상황실운영규칙에서 규정(×)]<13승진>

♣ 경찰비상업무규칙은 비상근무, 비상소집, 상황실의 운영, 비상연락체계의 유지 등을 규정하고 있다.(×)

※ 경찰의 **상황실운영은 112종합상황실운영규칙**의 적용을 받는다.

용어정리(경찰비상업무규칙 제2조)<15·18승진·18.2·21.1채용>

비상상황	**대간첩·테러, 대규모 재난 등의 긴급 상황이 발생하거나 발생할 우려**가 있는 경우 또는 다수의 경력을 동원해야 할 치안수요가 발생하여 치안활동을 강화할 필요가 있는 때<13.2채용>
정착근무	**사무실** 또는 상황과 관련된 **현장**에 위치하는 것[♣관할 구역 내(×)](제2조 제4호)<18·21승진·18.2채용>
정위치 근무	감독순시·현장근무 및 사무실 대기 등 **관할구역 내에 위치**하는 것[♣지휘선상 근무(×)](제2조 제3호)<15승진·13.2·18.2·3채용>
지휘선상 위치근무	비상연락체계를 유지하며 유사시 **1시간 이내**에 현장지휘 및 현장근무가 가능한 장소에 위치하는 것[♣2시간 이내에(×)](제2조 제2호)<15·19·21승진·24경위·13.2채용>
필수요원	전 경찰관 및 일반·별정·기능직공무원 중 경찰기관의 장이 지정한 자로 비상소집 시 **1시간 이내**에 응소하여야 할 자[♣2시간 이내(×)](제2조 제5호)<19승진·23경위·18.3·21.1채용>
일반요원	**필수요원을 제외**한 경찰관 등으로 비상소집시 **2시간 이내에 응소하여야** 할 자를 말한다.[♣3시간 이내(×), ♣필수요원 포함(×)](제2조 제6호)<21승진·21.1채용>
가용경력	총원에서 **휴가·출장·교육·파견 등을 제외**하고 실제 동원될 수 있는 모든 인원을 말한다.[♣휴가·출장·교육·파견 등을 포함(×)](제2조 제7호)<15·18·19·20·21승진·18.2채용>
소집관	비상근무발령권자로부터 권한을 위임받아 비상근무발령에 따른 비상소집을 지휘·감독하는 주무참모 또는 상황관리관(상황관리관의 임무를 수행하는 자 포함)을 의미(제2조 제8호)
작전준비 태세	**작전준비태세**란 **'경계강화' 단계를 발령하기 이전**에 **별도의 경력동원 없이** 경찰작전부대의 출동태세 점검, 지휘관 및 참모의 비상연락망 구축 및 신속한 응소체제를 유지하며, 작전상황반을 운영하는 등 필요한 작전사항을 미리 조치하는 것을 말한다.[♣별도의 경력을 동원하여(×)](제2조 제9호)<19승진·18.2채용>

비상근무

개요	① 비상근무는 비상상황 하에서 업무수행의 효율화를 도모하기 위해서 발령한다.(비상업무규칙 제3조 제1항)<19경위> ② **비상근무의 발령권자**는 다음과 같다.(비상업무규칙 제5조 제1항) 1. **전국 또는 2개 이상 시 · 도경찰청 관할지역**: **경찰청장**[♣경찰청 경비국장(×)]<02승진> 2. **시 · 도경찰청 또는 2개 이상 경찰서 관할지역**: 시 · 도경찰청장 3. **단일 경찰서 관할지역**: 경찰서장 ※ 비상등급의 구분 ⇨ ① 갑호 비상, ② 을호 비상, ③ 병호 비상, ④ 경계 강화(제7조)<16승진> ③ **발령방법 :** 비상근무의 **발령권자**는 비상상황이 발생하여 비상근무를 실시하고자 할 경우에는 비상근무의 **목적, 지역, 기간 및 동원대상 등을 특정**하여 일정호 서식의 **비상근무발령서**에 의하여 비상근무를 **발령한다.**(제5조 제2항)<23경위> ④ **발령절차 : 시 · 도경찰청장, 경찰서장은** 비상을 발령한 경우(2, 3호) 비상구분, 실시목적, 기간 및 범위, 경력 및 장비동원사항 등을 바로 위의 상급 기관의 장에게 보고하여 **사전에 승인을 얻어야** 한다.(제5조 제3항) ※ 다만, **긴급**을 요하는 경우에는 비상근무를 발령하고, **사후에 승인을 얻을 수** 있다.(제3항 단서) ⑤ '**경계강화, 작전준비테세**'를 발령한 경우에는 **승인을 요하지 아니**한다.(제5조 제5항) ⑥ **자치경찰사무와 관련**이 있는 비상근무가 발령된 경우에는 해당 **시 · 도경찰청장**은 자치경찰위원회에 그 발령사실을 **통보한다.**(제5조 제4항) ⑦ 비상근무발령권자는 비상상황이 종료되는 즉시 비상근무를 해제하고, 비상근무 해제 시 **시도청장과 경찰서장은**(2, 3호) **6시간 이내**에[♣3시간 이내에(×)] 해제일시, 사유 및 비상근무결과 등을 **바로 위**의 상급 기관의 **장**에게 **보고한다.**(제6조 제1항)
구분	① **비상상황의 유형에 따른 구분**: 1. 경비 소관: **경비, 작전비상, 재난비상** 2. 안보 소관: **안보비상,** 3. 수사 소관: **수사비상**, 4. 교통 소관[♣치안상황소관(×)]: **교통비상(제4조 제1항)**<18 · 20승진 · 23경위> ② **기능별 구분 :** 1. 갑호 비상, 2. 을호 비상, 3. 병호 비상, 4. 경계 강화, 5. 작전준비태세(작전비상시 적용)(비상업무 규칙 제7조 제1항)<16승진> ③ 비상등급별로 연가를 중지 또는 억제하되 **경조사 휴가, 공가, 병가, 출산휴가 등** 특별한 사유가 있는 경우에는 **그러하지 아니하다.**(제7조 제4항)

경비 비상	갑호 비상	① **연가를 중지**하고 **가용경력 100%까지 동원할 수** 있다.[♣하여야(×)](제7조 제1항)<18.3 · 21.1채용> ※ **지휘관과 참모**(지구대장 파출소장은 지휘관 참모에 준함, 이하 동일) ☞ **정착근무**<13.2 채용> ※ 비상근무를 발령할 경우에는 정황의 특수성을 감안하여 비상근무의 목적이 원활히 달성될 수 있도록 **가용경력을 최대한 동원할 수 있다**고 해석하여야 한다.[♣ 동원하여야(×)]<18.3채용> ② 발령정황(별표1) 1. **계엄**이 선포되기 전의 치안상태 2. **대규모 집단사태 · 테러 · 재난** 등의 발생으로 치안질서가 **극도로 혼란**하게 되었거나 그 **징후가 현저**한 경우 3. 국제행사 · 기념일 등을 전후하여 치안수요의 **급증**으로 가용경력을 **100% 동원할 필요**가 있는 경우
	을호 비상	① **연가를 중지**하고 **가용경력 50%까지 동원할 수** 있다.[♣75% 동원(×)](제7조 제1항)<16 · 22승진 · 13.2 · 21.1채용> ※ 지휘관과 참모 ☞ **정위치근무**[♣정위치 또는 지휘선상 근무(×)]<13.2 · 18.3채용> ② 발령정황(별표1) 1. **대규모 집단사태 · 테러 · 재난** 등의 발생으로 치안질서가 **혼란**하게 되었거나 그 **징후가 예견**되는 경우<20승진> 2. 국제행사 · 기념일 등을 전후하여 치안수요가 **증가**하여 가용경력의 **50%를 동원할 필요**가 있는 경우
	병호 비상	① 부득이한 경우를 제외하고는 **연가를 억제**하고 **가용경력 30%까지 동원할 수** 있다.[♣연가를 중지(×)](제7조 제1항)<20승진 · 24경위 · 21.1채용> ※ 지휘관과 참모 ☞ **정위치 또는 지휘선상 근무**<09 · 18.3채용> ② 발령정황(별표1) 1. **집단사태 · 테러 · 재난** 등의 발생으로 치안질서의 **혼란이 예견**되는 경우 2. 국제행사 · 기념일 등을 전후하여 치안수요가 **증가**하여 **가용경력의 30%를 동원할 필요**가 있는 경우
	경계 강화	발령정황 – 기능에 공통으로 적용: **"병호"비상보다는 낮은 단계**로, **별도의 경력동원 없이 평상시보다 치안활동을 강화할 필요**가 있을 때(제7조 제1항 제4호) ① 별도의 경력동원 없이 특정분야의 근무를 강화한다.(제7조 제1항 제4호 가) ② 경찰관 등은 비상연락체계를 유지하고 경찰작전부대는 상황발생시 즉각 출동이 가능하도록 출동대기태세를 유지한다.(제7조 제1항 제4호 나) ③ **지휘관과 참모**는 **지휘선상 위치 근무를 원칙**으로 한다.[♣지휘관과 참모는 비상연락망을 구축하고 신속한 응소체제를 유지한다.(×)](제7조 제1항 제4호 다)<20승진 · 23경위>

<table>
<tr><td rowspan="4">경비비상</td><td rowspan="4">작전준비태세</td><td>발령정황 - "경계강화"를 발령하기 이전에 별도의 경력동원 없이 필요한 작전사항을 미리 조치할 필요가 있을 때(제7조 제1항 제5호)<21.1채용></td></tr>
<tr><td>① 별도의 경력동원 없이 경찰관서 지휘관 및 참모의 비상연락망을 구축하고 신속한 응소체제를 유지한다.</td></tr>
<tr><td>② 경찰작전부대는 상황발생시 즉각 출동이 가능하도록 출동태세 점검을 실시한다.</td></tr>
<tr><td>③ 유관기관과의 긴밀한 연락체계를 유지하고, 필요시 작전상황반을 유지한다.</td></tr>
<tr><td rowspan="3">작전비상</td><td>갑호</td><td>대규모 적정이 발생하였거나 발생 징후가 현저한 경우[♣작전비상 을호(×)](규칙 별표1)<20 · 22승진></td></tr>
<tr><td>을호</td><td>적정이 발생하였거나 일부 적의 침투가 예상되는 경우(규칙 별표1)</td></tr>
<tr><td>병호</td><td>정보 · 첩보에 의해 적 침투에 대비한 고도의 경계강화가 필요한 경우(규칙 별표1)</td></tr>
<tr><td rowspan="3">재난비상</td><td>갑호</td><td>대규모 재난의 발생으로 치안질서가 극도로 혼란하게 되었거나 그 징후가 현저한 경우(규칙 별표1)</td></tr>
<tr><td>을호</td><td>대규모 재난의 발생으로 치안질서가 혼란하게 되었거나 그 징후가 예견되는 경우(규칙 별표1)</td></tr>
<tr><td>병호</td><td>재난의 발생으로 치안질서의 혼란이 예견되는 경우(규칙 별표1)</td></tr>
<tr><td rowspan="2">안보비상</td><td>갑호</td><td>간첩 또는 정보사범 색출을 위한 경계지역 내 검문검색 필요시[♣정보비상 을호(×)](규칙 별표1)<20승진></td></tr>
<tr><td>을호</td><td>상기 상황하에서 특정지역 · 요지에 대한 검문검색 필요시(규칙 별표1)</td></tr>
<tr><td rowspan="2">수사비상</td><td>갑호</td><td>사회 이목을 집중시킬 만한 중대범죄 발생시[♣수사비상 을호(×)](규칙 별표1)<20 · 22승진></td></tr>
<tr><td>을호</td><td>중요범죄 사건 발생시(규칙 별표1)</td></tr>
<tr><td rowspan="2">교통비상</td><td>갑호</td><td>농무, 풍수설해 및 화재로 극도의 교통혼란 및 사고 발생시[♣을호(×)](규칙 별표1)<22승진></td></tr>
<tr><td>을호</td><td>상기 징후가 예상될 시(규칙 별표1)</td></tr>
<tr><td rowspan="3">내용</td><td>적용대상</td><td>① 비상근무는 경비 · 작전비상, 안보비상, 수사비상, 교통비상, 재난비상으로 구분하여 발령한다.[♣생안비상(×)](비상업무규칙 제4조 제1항)<21.1채용>
② 비상근무 대상은 경비 · 작전 · 안보 · 수사 · 교통 또는 재난관리 업무와 관련한 비상상황에 국한한다.(제3조 제2항)
※ 다만, 두 종류 이상의 비상상황이 동시에 발생한 경우에는 긴급성 또는 중요도가 상대적으로 더 큰 비상상황("주된 비상상황")의 비상근무로 통합 · 실시한다.(제3조 제2항 단서)<03 · 15승진>
※ 2개 이상의 시 · 도경찰청 관할에 관련되는 경우는 바로 위 상급기관인 경찰청에서 주관 · 운용한다.(제5조)</td></tr>
<tr><td>적용지역</td><td>적용지역은 전국 또는 일정지역(시 · 도경찰청 및 경찰서 관할)으로 구분한다.
※ 다만, 2개 이상의 지역에 관련되는 상황은 차 상급기관에서 운용한다.</td></tr>
<tr><td colspan="2">※ 연습상황의 부여금지 : 비상근무기간 중에는 비상근무 발령자의 지시 또는 승인 없이 연습상황을 부여하여서는 아니 되나, 경계강화의 경우에는 그렇지 않다.</td></tr>
</table>

비상 소집	① **비상소집**을 명할 때에는 **비상근무발령서**에 의하되, 비상소집 자동전파장치, 유·무선 전화, 팩스, 방송 **기타 신속한 방법을 사용**한다.(제10조 제3항) ② **비상근무발령권자가 아닌 경찰기관**(경찰청과 그 소속기관 직제 제2조 제1항 및 제2항의 소속기관)**의 장은** 자체 비상상황의 발생으로 소속 경찰관 등을 **비상소집하여야 할 필요**가 있다고 판단되는 경우 **해당 기관의 소속 경찰관 등을 비상소집할 수** 있다.[♣바로 위 상급 기관장 승인을 얻어(×)](제10조 제4항) ㉠ **소집전달 :** 소집 명령이 하달되면 **상황관리관 또는 당직 근무자**는 해당 과 및 계, 분직, 지구대에 소집내용이 **즉시 전달될 수 있도록 조치하여야** 한다.(제11조 제1항) ㉡ **응소 :** 비상소집명령을 전달받은 자와 이를 알게 된 경찰관 등은 **소집 장소로 응소**하되, **필수요원은 1시간** 이내에 **일반요원은 2시간 이내에 응소함을 원칙으로** 한다.(제12조 제2항) ※ 다만, 교통수단이 두절되거나 없을 때에는 **가까운 경찰서에 응소** 후 지시에 따른다.(제2항 단서)

Ⅱ 경비경찰의 조직운영의 원칙

부대단위 활동의 원칙	(1) **부대단위운영 :** 경비경찰의 활동은 개인적 활동보다는 **부대단위**로 이루어지는 것이다. (2) **관리체계 :** 부대에는 **지휘관, 직원 및 대원, 지휘권과 장비가 편성**되며 임무수행을 위한 **보급지원체제**를 갖추고 있어야 한다.<23승진> ① **부대활동 시에는 반드시 지휘관이 있어야** 한다.[♣아니다.(×)]<16승진·13경위> ♣ 부대에는 반드시 지휘관이 있어야 하는 것은 아니다.(×)<13경위> ② **최종결정 :** 부대의 관리와 임무수행을 위한 **최종결정은 지휘관이** 하며, **부대활동의 성패는 지휘관에 의하여 크게 좌우**된다.[♣지휘관 단일의 원칙(×)] ③ **하명에 의한 임무수행 :** 부대단위 활동의 특성상 주로 **하명에 의해** 임무가 이루어지게 된다. ※ 평상시에도 하명에 의해서만 임무수행이 이루어지는 것은 아니다.
지휘관 단일성의 원칙	(1) **단독 지휘관 체제 :** 경비업무의 **효율적인 수행을 위하여** 하나의 기관에 **지휘관을 한 사람만 두어야 한다는 원칙**으로서, **위원회 등 집단지휘체계를 구성해서는 효율적인 업무수행이 어렵다**는 의미이다.[♣위원회 등의 집단지휘체계 구성이 필요(×), ♣하향적 명령에 의한 활동(×)]<19·23승진> ♣ 혼란한 경비사태를 해결하기 위해서는 위원회 등의 집단지휘체계 구성이 필요하다.(×) ※ '지시는 한 사람에 의해서 행해져야 하고, 보고도 한 사람을 통해서 이루어져야 한다.'는 **명령통일의 원칙에서 도출**되는 원칙이다.<04·23승진·13경위> (2) **신속하고 효율적 업무수행목적 : 긴급성과 신속성**을 요하는 경비업무의 특성상 긴급한 상황에서 **지휘관의 신속한 결단과 명확한 지침**은 신속하고 효율적인 경비업무처리를 가능하게 한다.[♣치안협력성의 원칙(×)]<19승진>

지휘관 단일성의 원칙	(3) **의사결정과정의 단일(×), 집행의 단일(○) : 의사결정은 다수에 의하여 신중하게** 검토하여 가장 효과적 · 합리적으로 결정하되, **결정사항의 집행은 한 사람의 지휘관에 의하여** 이루어져야 한다는 것이다.[♣의사결정은 단일화(×)]<13경위> ♣ 지휘관 단일성이 집행의 단일뿐 아니라 의사결정과정의 단일성도 의미한다.(×)<05승진> ♣ 의사결정과정단일의 원칙은 경비경찰의 조직운영 원칙에 해당한다.(×) ※ 지휘관 단일성의 원칙은 하나의 지휘관이라는 의미 외에도 다른 의미에서는 **하급조직원은 하나의 상급조직에 대해서만 책임을 진다는 의미도 내포**하고 있다.
체계 통일성의 원칙	(1) **책임과 임무분담 명확 :** 조직의 정점에서 말단에 이르는 **계선을 통하여 상하계급 간에 일정한 관계가 형성**되어 **책임과 임무 분담이 명확히 이루어져야** 한다.[♣지휘관단일의 원칙(×), ♣임무 중복 부여(×)]<16 · 23승진 · 13경위> ♣ 임무를 중복 부여하여 최악의 경우에 대비하는 것이 경비경찰의 조직운영의 원리에 부합한다.(×) ※ **임무의 중복이 없어야** 한다.<01승진 · 09채용 · 13경위> (2) **명령 · 복종체계 통일 :** 조직의 **명령과 복종의 체계가 통일되어야 한다.**
치안 협력성의 원칙	(1) **주민협력필요 :** 경비경찰이 업무수행과정에서 **국민의 협력을 구해야** 하고, 국민이 스스로 협조를 할 때 효과적인 업무수행이 가능하다는 원칙[♣신속한 처리를 위해(×), ♣주민의 협력을 받지 않고 목적 달성(×)]<16 · 23승진 · 13경위> ♣ 경비업무의 신속한 처리를 위하여 치안협력성의 원칙을 강조한다.(×)<13경위> ⇨ 치안협력성은 민주성과 효율성 중 민주성 이념에 부합한다는 취지 (2) **임의적 협조 :** 협력체계는 임의적으로 하여야 하고 강제적 협조는 허용되지 않는다. ※ 신속하고 효과적인 업무수행은 지휘관 단일의 원칙과 관련이 깊고 치안협력성의 원칙과는 거리가 있다.

Ⅲ 경비경찰의 수단

(1) **의의 : 경비수단**이란 **신속한 진압, 질서유지를 목적으로 하는 실력행사**를 의미한다.

(2) **순서 :** 경비수단을 통한 실력행사 시에 **정해진 순서는 없으며,** 주어진 경비상황에 따라 경찰에게 수단 선택에 대한 재량이 인정된다.[♣반드시 경고, 제지, 체포 순(×)]<07승진 · 08 · 11채용>

(3) **경비수단의 원칙**<99 · 04 · 13 · 14승진 · 04 · 15경위 · 01 · 05 · 11채용>

균형의 원칙	균형 있는 경력운영으로 상황에 따라 **주력부대와 예비대를 적절하게 활용**하여 **한정된 경력으로 최대의 성과**를 올린다는 원칙[♣필요최소한도 내(×) ⇨ 경찰비례의 원칙, ♣한정의 원칙(×)]<04 · 13 · 14 · 23승진 · 15경위 · 09채용> ♣ 균형의 원칙은 필요최소한도 내에서 경찰권을 행사해야 한다는 원칙이다.(×)
위치의 원칙	실력 행사시에는 **상대 군중보다 유리한 지점과 위치를 확보**하여 작전수행이나 진압을 하여야 한다는 원칙[♣한정된 경력으로 최대의 성과(×)]<14 · 23승진 · 15경위> 예 **부대원의 배치와 지형지물의 이용**

시점의 원칙	실력 행사시는 **상대의 허약한 시점을 포착**하여 적절한 시기에 강력하고 집중적인 실력 행사를 하여야 한다는 원칙(= 적시의 원칙, 적시성)[♣위치의 원칙(×)]<14 · 21승진 · 15 · 22경위>
안전의 원칙	① 작전시의 변수의 발생은 사회적으로 큰 파장을 미칠 수 있으므로 경찰병력이나 군중들을 **사고 없이 안전하게 진압하여야** 한다는 원칙이다.[♣균형의 원칙(×)]<21 · 23승진 · 15경위> ② **변수 없는 진압** ⇨ 경찰작전 시에 새로운 변수 발생의 방지를 의미[♣보충의 원칙(×)] ♣ 경비수단의 원칙에는 균형의 원칙, 위치의 원칙, 적시의 원칙, 보충의 원칙이 있다.(×)

1. 간접적 실력행사<11.1채용>

경고	의의	① **관계자에게 주의를 주고, 필요한 행위를 촉구**하여, **범죄의 실행의사를 포기**하도록 하는 **사실상 통지행위**. 또한 **간접적 실력행사**로서 **임의처분(비권력적 사실행위)에 해당**[♣직접적 실력행사(×)]<01 · 23승진 · 14경위> ♣ 경고는 사실상 통지행위로 직접적 실력행사에 해당하는 임의처분이다.(×)<14경위> ② **법적근거 : 경찰관직무집행법 제5조 및 제6조**<21 · 23승진 · 11채용>
	대상	관계자의 범위 – 위해를 받을 우려가 있는 자(관계인), **위해를 방지할 조치를 강구할 입장에 있는 자**(관리자), 범죄를 행하려고 하고 있는 자(관계인(제6조))<02승진>
	수단	① **구두, 문서, 게시 등** 방법에 제한이 없음.[♣체포(×)] ♣ 경고의 방법으로 체포 수단이 있다.(×) ② 행동에 의한 경고(예 해산을 촉구하기 위하여 경찰봉으로 밀어내는 행위) ※ 일본 판례에서는 경고로 인정하고 있으며 임의수단이지만 **경찰비례의 원칙은 적용된다**.[♣비례원칙은 적용이 안된다.(×)] ♣ 경고는 임의처분이므로 경찰비례의 원칙은 적용이 안된다.(×)

2. 직접적 실력행사

제지	의의	① 일정한 행위에 대해 **관계자를 제한 또는 통제하는 직접적 강제처분행위로서 대인적 즉시강제에 해당**한다.[♣행정상 강제집행(×), ♣간접적 실력행사(×)]<01 · 03 · 10 · 23승진 · 10채용> ♣ 경고와 제지는 간접적 실력행사이고 체포는 직접적 실력행사에 해당한다.(×) ♣ 제지는 행정상 강제집행행위이다.(×) ※ 명령이 선행하지 않아 의무불이행을 전제로 하지 않으며, 경찰이 직접 실력을 행사하여 필요한 상태를 실현하는 권력적 사실행위에 해당한다. ② **법적 근거 ⇨ 경찰관직무집행법 제6조(범죄의 예방과 제지)**[♣형사소송법에 근거(×)]<21 · 23승진 · 14경위> ♣ 경고는 경찰관직무집행법에, 제지와 체포는 형사소송법에 근거를 둔다.(×)<14경위>
	예	**실력으로 강제해산(세력분산), 주동자 및 주모자의 격리, 무기사용 등**[♣무기를 사용할 수 없다.(×)]<08채용>

<table>
<tr><td rowspan="2">제지</td><td>내용</td><td>① 제지요건 ⇨ 법적 근거를 요하고, 경찰비례 원칙의 엄격한 통제를 받음.<08채용>
② 제지내용 ⇨ 세력분산·통제파괴·주동자 및 주모자 격리 등<14경위>
③ 제지수단 ⇨ 강제처분으로 장구나 무기의 사용 가능[♣무기를 사용할 수 없다.(×)]<02·10승진>
♣ 제지행위 시에는 무기를 사용할 수 없다.(×)
※ 장구나 무기의 사용가능은 그 자체적 요건에 의해서 판단해야 하며 무기 사용을 위해서는 합리성의 원칙, 필요성의 원칙, 상당성의 원칙, 보충성의 원칙 등 엄격적용
※ 지하철의 무정차 통과조치·경찰의 상경저지 ⇨ 범죄예방의 차원에서 경직법 제6조에 근거한 제지행위로서 인정할 수 있음.<11.1채용>
예 대규모 시위대가 지하철로 이동하면서 불법시위를 할 것이 명백한 경우에 지하철역에 요구하여 무정차 통과토록 조치하는 것
예 경찰이 서울시청 앞 광장에서 열릴 '한미FTA 반대집회'를 금지하고 각 지방에서 불법집회에 참가하기 위해 상경하는 것을 현지에서 출발하지 못하도록 봉쇄하는 것</td></tr>
</table>

<table>
<tr><td>체포</td><td>① 상대방의 신체를 구속하는 직접적 강제처분으로서 형사소송법에 근거를 둔다.[♣경찰관직무집행법에 근거(×)]<21승진·22경위·11.1채용>
♣ 직접적 실력행사인 '제지'와 '체포'는 경비사태를 예방·진압하거나 상대방의 신체를 구속하는 강제처분으로서 모두 「경찰관직무집행법」 제6조에 근거를 두고 있다.(×)<21승진>
② 법적 근거에 의하여 명백한 위법상태가 인정될 때에 실력을 행사하는 행위로 형사소송법상 요건을 충족하여야 가능하다.<14경위>
※ 제지는 즉시강제로서 경고와 무관하고, 체포는 사법처분인만큼 경고, 제지, 체포는 별개의 조치들로 정해진 순서가 없다.
♣ 실력의 행사는 반드시 경고, 제지, 체포의 순으로 한다.(×)<11채용>
♣ 경비수단은 간접적 실력행사인 경고와 직접적 실력행사인 제지·체포로 구분할 수 있다.(○)<11.채용></td></tr>
</table>

판례 (1) 경찰관직무집행법 제6조 제1항 중 경찰관의 제지에 관한 부분은 범죄의 예방을 위한 경찰 행정상 즉시강제에 관한 근거 조항이다. 행정상 **즉시강제는 그 본질상 행정 목적 달성을 위하여 불가피한 한도 내에서 예외적으로 허용**되는 것.....

(2) ....장차 특정지역에서 개최될 것이 예상된다고 하더라도, 이와 **시간적·장소적으로 근접하지 않은 다른 지역에서 그 집회·시위에 참가하기 위하여 출발 또는 이동하는 행위를 함부로 제지하는 것은** 경찰관 직무집행법 제6조 제1항의 행정상 **즉시강제인 경찰관의 제지의 범위를 명백히 넘어 허용할 수 없다.**[♣원거리 제지는 정당한 경찰권 행사(×)](2007도9794)<11.1채용>

CHAPTER
02 경비경찰의 활동

1 경비경찰의 기본적 활동

① 경비 사태에 효율적으로 대처하기 위한 **사전적, 기본적, 부수적 활동**을 말한다.

② 경비부서가 활동의 주체가 되면서 정보, 수사 등과 **종합적인 협조가 필요**한 활동으로 ① 경비정보활동, ② 경비계획과 경비훈련, ③ 경비홍보활동을 포함하는 개념이다.

Ⅰ. 정보판단서 작성

(1) **정보판단 :** 경비대상 관련첩보를 수집 · 분석 · 검토하여 **치안상황을 정확히 파악하기 위한** 활동으로 통상 정보과에서 수행한다.

(2) 우리나라의 경우 경비정보활동은 경비부서가 아닌 **별도의 정보부서에서 담당**하고 있다.(일본의 경우 경비부서 내에 정보기능이 존재)

※ **정보판단서 ⇨ 정보경찰에 의한 정보판단은** 정보판단서로 만들어지며 **경비계획 수립의 기초**가 된다.

Ⅱ. 경비계획서 작성

(1) **경비계획 수립 목적 :** 경비계획은 **긴급사태에 신속하게 대처하기 위하여 사전에 예상되는 상황을 가상하여** 경비과에서 **수립**한다.

(2) **정보수집의 중요성** ⇨ 사전의 **신속 · 정확한 경비정보 수집은 합리적인 경비계획을 가능하게** 한다.

정리 경비관련용어

① 경비(지휘)본부(CP) – Command Post

② 관측초소(OP) – Observation Post

③ 실제기동훈련(FTX) – Field Training Exercise[♣도상훈련(×)]

♣ 도상훈련은 FTX를 말하는 것이다.(×)

④ 도상훈련(지휘소연습 : CPX) – Command Post Exercise[군에서는 전투지휘소 설정에 관한 전술적 도상훈련으로 개념이 정립되어 있으나, 경찰에서는 정부연습(을지훈련)을 지칭]

☞ 경비계획의 내용	
경비본부 계획 (CP계획)	경비본부(경비CP)는 **중대한 경비사태가 예상되는 경우**에 **통상 관할 경찰서에 설치**하며, 원칙적으로 **실시기관의 장이 본부장(CP장)**이 된다.[♣모든 경우 설치(×)] ♣ 경비본부(CP)는 경비사안이 예정되어 있는 모든 경우에 설치한다.(×) ※ 주 임무 ⇨ 특정지역 경비업무의 총괄 및 대외기관과의 상호 협조
세부편성 계획	먼저 필요한 인원을 책정한 후 주어진 상황을 가장 효율적으로 처리할 수 있도록 부대를 편성해야 한다.(부대편성계획)
경비실시 계획	계획대상이나 발생이 예상되는 상황과 개별적이고 구체적 내용을 상정하여 경비실시 방침을 정한다. ※ 상급기관은 하급기관의 경비계획을 검토하여 필요한 사항의 수정·보완을 명할 수 있다.<02승진>

III. 경비홍보활동

특색	주변 인적 환경의 이해와 지지를 얻음으로써 법집행과 공익수호에 **유리한 환경을 조성하려는 목적을 가진 활동**이다. ※ **선무방송** ⇨ 시위현장에서의 선무(宣撫)방송은 어느 정도 강제성을 띠게 되는바 일반적인 홍보활동과는 차이가 있다. – **선무방송의 요령** ⇨ 반드시 **경어사용** / 경고나 비난이 아닌 **설득위주의 방송 / 짧고 간결한 문장사용 / 적당한 간격으로 끊어 읽기**[♣단호한 경고성 단어사용(×)] ♣ 집회시위관리 시 선무방송은 단호한 경고성 단어를 사용한다.(×)
실시 방안	① **치안경비홍보**: 일상적으로 실시 ② **사안경비홍보**: 특정 경비 활동에 따라 실시 – **사전홍보** ⇨ 특정 경비 활동에 앞서, 교통 혼잡이나 주민피해의 최소화 – **직전홍보** ⇨ 경찰의 실력행사 직전에 대상자에게 경고를 함으로써 서로 입장을 바꾸어서 생각해 볼 수 있는 기회를 제공<04·06승진> – **동시홍보** ⇨ 실력행사 시에 실시 – **직후홍보** ⇨ 현장에서의 심리적 안정과 제2의 사태방지 – **후속홍보** ⇨ 진상을 조사·규명 추후의 경비사태의 예방

2 경비경찰의 분야별 활동

I 테마 142 행사안전경비(혼잡경비)

(1) **행사장안전경비(혼잡경비) : 미조직 군중에 의하여 발생**되는 불측의 **인위적 · 자연적 혼란 상태에 대해** 예측 가능한 사항을 사전에 착안하여 **예방 · 경계 · 진압**하고 확대를 방지하는 경찰활동이다. [♣조직된 군중에 의하여(×), ♣개인이나 단체의 불법행위를 전제로(×)]<99 · 21승진 · 14 · 18경위>

예 열린 음악회에 인기 아이돌 가수들이 대거 출연하여 많은 관객들이 입장할 것으로 예상되는 경우 안전사고 등을 미연에 방지하고자 하는 경비유형<14.2채용>

정리 행사장안전경비와 치안경비(다중범죄 진압경비)**와의 차이점**

혼잡경비(행사장 안전경비) 대상	치안경비 대상
미조직 군중	어느 정도 조직화된 군중

① **기념행사, 경기대회, 제례의식,** 대규모 종교 · 체육행사 및 각종 공연의 경비 등이 **대상**이다.

② 사전에 필요한 부대배치와 예비경력을 확보하여 **돌발 사태에 대비**하는 활동이다.

③ 예측 가능한 사항을 **사전에** 착안하여 **안전대책을 수립 · 시행**하는 활동이다.

(2) **법적 근거**

① **조직법적 근거**: 국가경찰과 자치경찰의 조직 및 운영에 관한 법률(제3조), 경찰관직무집행법(제2조) <14경위>

② **작용법적 근거 :** 경찰관직무집행법(제5조 위험발생방지)(제6조 범죄의 예방 · 제지), 경비업법시행령 등 <19승진 · 14경위>

※ 「경찰관직무집행법」 제5조(위험 발생의 방지 등)에 따라 경찰관은 행사경비를 실시함에 있어 매우 긴급한 경우 **위해를 입을 우려가 있는 사람**을 필요한 한도 내에서 **억류할 수** 있다.<18경위>

Ⅰ. 경비지도 방향

(1) 경찰은 군중의 밀집으로 인한 압사사고의 방지에 노력하여야 하며, **수익자부담의 원칙**에 의하여 **주최측에서 민간경비업체 등을 활용하여 혼잡경비에 임하도록 기획단계에서부터 지도하여야** 한다.

(2) **수익자부담의 원칙**

① 수익성 행사는 **주최 측이 행사장 안전책임부담**: 수익성 행사의 경우 원칙적으로 **행사장의 안전책임은** 수익자 부담의 원칙에 따라 **주최측이 지도록** 한다.[♣경찰권의 발동은 필수적(×)]<12경감>

♣ 혼잡이 발생할 수 있는 경비상황에서 경찰권의 발동은 필수적이다.(×)

㉠ **수익성 행사** ⇨ 개인 · 단체 · 지방자치 단체에서 영리를 목적으로 개최하는 행사는 수익성 행사이다.

㉡ **경찰관직무집행법 제5조**는 극단적 혼잡 등 기타 위험한 사태에 경찰력을 개입시킬 수 있는 **일반적 수권조항**이므로 아직 현재적 위험이 발생하지 않은 행사안전경비의 수권조항은 아니며 수익성 행사의 경우 개입의 근거는 더더욱 아니다.

※ 경찰관에 대해 행사안전 경비를 위한 **직접적인 수권조항은 없다.**[♣직접적인 수권조항이 있다.(×)]

ⓐ **경비가 필요한 시설 등에 대한 경비의 요청 : 시 · 도경찰청장 또는 경찰서장**은 행사장, 그 밖에 많은 사람이 모이는 시설 또는 장소(이하 "행사장등"이라 한다)에서 혼잡 등으로 인한 위험의 발생을 방지하기 위하여 경비가 필요하다고 인정하는 경우에는 행사의 주최자나 시설 또는 장소의 관리자에게 행사장등에 **경비원을 배치하도록 요청할 수** 있다.[♣요청해야 한다.(×)](경비업법 시행령 제30조 제1항)<18경위>

※ 경비업법 시행령 제30조의 경비요청규정은 **강제력이 없어 실효성이 없다.**[♣강제력을 수반할 수 있다.(×)]

ⓑ **시 · 도경찰청장 또는 경찰서장**은 제1항에 따른 요청을 할 때 행사의 주최자나 시설 또는 장소의 관리자에게 행사장등에 경비원을 배치할 수 없다고 판단되는 경우에는 행사개최일 또는 많은 사람이 모이는 날 **1일 전까지** 그 사실을 **통지해 줄 것을 함께 요청할 수** 있다. [♣36시간 전까지(×)](경비업법 시행령 제30조 제2항)

ⓒ **공연장운영자의 재해대처계획 신고 : 공연장운영자는** 화재나 그 밖의 재해를 예방하기 위하여 그 공연장 종업원의 임무 · 배치 등 **재해대처계획**을 정하여 관할 **특별자치도지사 · 시장 · 군수 · 구청장에게 신고하여야** 한다.[♣소방서장에게 신고(×)] 이 경우 특별자치도지사 · 시장 · 군수 · 구청장은 신고 받은 재해대처계획을 관할 **소방서장에게 통보하여야** 한다.(공연법 제11조 제1항)<18 · 19승진 · 18경위>

⇨ 대처계획 수립, 신고, 보완하지 아니한 자 **2천만 원 이하 과태료**[♣미신고 벌칙규정(○), ♣1천만원 이하 과태료(×)](제43조 제1항)<18 · 19승진>

▶ **신고 시 재해대처계획에 포함될 사항**[♣안전관리 인력의 확보 및 배치계획(×)](공연법 시행령 제9조 제1항, 법 제11조 제5항)

1. **공연장 시설 등을 관리하는 자의 임무 및 관리 조직**에 관한 사항
2. **비상시에 하여야 할 조치 및 연락처에 관한 사항**<18승진>
3. **화재예방 및 인명피해 방지조치에 관한 사항**
4. 안전관리**비, 안전관리조직,** 안전**교**육 및 피난안**내**에 관한 사항

[☻무직 조연 방조, 비조교내]

ⓓ **야외공연의 재해대처계획의 신고 등 : ... 공연장 외의 시설이나 장소**에서 **1천명 이상**의 관람이 예상되는 공연을 하려는 자는 운영자와 공동으로 공연 개시 **14일 전까지 재해대처계획**을 관할 특별자치도지사 · **시장 · 군수 또는 구청장에게 신고하여야** 하며, 신고한 사항을 변경하려는 경우에는 해당 공연 **7일 전까지 변경신고**를 하여야 한다.[♣소방서장에게 신고(×), ♣서장에게(×), ♣3000명 이상(×)](공연법 시행령 제9조 제3항)<18승진>

♣ 공연장운영자는 화재나 그 밖의 재해를 예방하기 위하여 그 공연장 종업원의 임무 · 배치 등 재해대처계획을 정하여 관할 서장에게 신고하여야 한다.(×)

▶ 1천명 이상 관람예상 공연 **신고시 재해대처계획에 포함될 사항**(공연법 시행령 제9조 제1항)
공연법 시행령 제9조 제1항 사항 + **안전관리 인력의 확보 배치계획** 및 **공연계획서 포함**

PART 03

② **수익성 행사의 경찰력 운용**: 수익성 행사의 경우 **경찰은 우발사태대비 개념으로 운용**되어야 한다.<05승진>

– **적용**: 주최 측이 요청할 경우 수익자 부담원칙에 의해 **주최 측의 책임 하**에 민간경비업체 등을 최대한 활용하도록 지도하고 **부득이한 경우 경찰력을 지원**한다.[♣경찰책임으로(×)]<12경감>

♣ 수익성 행사라도 주최 측의 경비 협조요청 시에는 경찰책임으로 행사안전을 확보한다.(×)<12경감>

(3) **예외 : 올림픽 · 월드컵 같은 국가적 행사** ⇨ 대테러부대의 운영, 안전사고의 예방과 질서유지, 난동행위에 대비한 사전예방활동 등에 유의해야 하며, 이런 **국가적 행사에는 수익자부담의 원칙을 엄격히 적용하기가 곤란**하다.[♣수익자 부담의 원칙 준수(×)]<01승진>

※ **사인**이라 할지라도 **공익적 차원에서 주최하는 행사**에는 **행사안전경비를 할 수** 있다.<12경감>

Ⅱ. 경비실행

(1) 혼잡경비는 초기대응이 중요하므로 **초기단계부터 적절한 통제**를 하여 **사전에 충분한 대응**을 하는 것이 바람직하다.

① **혼잡경비 활동 시 주최 측과 협조할 사항 :** 행사진행과정 파악, 용역경비원 활용권고, 자율적 질서유지 등[♣예비대 운영여부(×)]<18승진>

※ **예비대의 운용여부는 경찰의 단독판단 사항**이고, 협조사항이 될 수가 없다.[♣행사주최 측과 협조사안(×)]<18승진>

(2) **주력부대와 예비대를 적절하게 활용**하여 **적정한 경력을 배치**함으로써, 한정된 경력으로 최대의 성과를 올리도록 해야 한다.<01 · 04채용>

① **치안상 문제가 없는 행사** ⇨ 가급적 경력배치를 지양한다.<08승진>

② **치안상 문제가 있는 행사** ⇨ 1차적으로 정보 · 교통을 중심으로 운영하고, 2차적으로 예비대를 배치하여 우발사태에 대비하며, 3차로 행사장 내에 적정한 경력을 배치하여 질서를 유지한다.

정리 경찰력 배치요령(매뉴얼)<18승진>

① 경력은 단계별로 **탄력적으로 운용해야** 한다.<18승진>

② 행사장 내부는 그 **상황에 따라 분 · 소 · 중대 단위로** 운영해야 효과적이다.[♣반드시 중대 단위(×)]

③ 경력은 **군중 입장 전에 배치**함을 원칙으로 한다.[♣모두 자리한 후 배치(×)]<02 · 18승진>

※ 이미 군중이 밀집한 상태에서의 경력 이동과 통제는 사실상 불가능하여 체계적인 임무수행이 어렵다.

④ 경찰CP는 행사장 전체를 조망 · 관리할 수 있는 장소에 설치 · 운용한다.

⑤ **출연진과 관객의 통로는 분리**해야 한다.

⑥ 관중석에 배치되는 **예비대는** 단시간에 혼란예상지역에 도달할 수 있도록 **통로주변에 배치해야** 한다.[♣관중이 잘 보이도록 행사장 앞쪽에 배치(×)]<18 · 19승진 · 03채용>

(3) **냉정하고 침착하게 임무를 수행**하며, 기상변화 등 돌발사태에 대비해야 하며, 경기내용 · 행사내용보다 **관중을 주시해야** 하고, 사고 시에는 초동조치, 예비대의 출동, 차단조치, 응급구호조치, 지원요청 등으로 대처한다.<99 · 04승진>

(4) **군중정리의 원칙**(혼잡경비에 있어)[♣이동의 다양화(×)]<14경위 · 15.2 · 22.2채용>

밀도의 희박화	제한된 면적에 사람이 많이 모이면 상호간 충돌과 혼잡을 야기하게 되므로 **많은 사람이 모이는 것을 회피**하게 하는 것이다.<15.2 · 22.2채용> – 대규모 군중이 모이는 장소는 사전에 블록화한다.[♣이동의 일정화(×)]<15.2채용>
이동의 일정화	군중은 현재의 자기 위치와 갈 곳을 모르면 불안감과 초조감을 갖게 되므로 **일정한 방향과 속도로 주위상황을 파악할 수 있는 여건을 조성**함으로써 **심리적 안정감을 갖도록** 하는 것이다.[♣여러 방향(×), ♣주위 상황을 파악할 시간을 주지 않는다.(×), ♣사전에 블록화(×)]<01승진 · 14경위 · 15.2 · 22.2채용> ♣ 군중들은 현재의 자기 위치와 갈 곳을 잘 알지 못함으로써 불안감과 초조감을 갖게 되므로 여러 방향으로 이동시켜 주위의 상황을 파악할 수 있는 여건을 조성한다.(×) ♣ 군중정리의 원칙상 이동의 일정화로 주위상황을 정확히 파악할 시간을 주지 않는다.(×)
경쟁적 활동의 지양	**경쟁적 사태의 해소** ⇨ 경쟁적 사태는 남보다 먼저 가려는 군중의 심리상태로 질서 있게 행동하면 모든 일이 잘 될 수 있다는 것을 납득시키는 것이 중요<15.2 · 22.2채용> – 차분한 목소리로 안내방송을 하는 것도 한 방법이다.
지시의 철저	사태가 혼잡할 경우 계속적이고도 **자세한 안내방송으로 지시**를[♣밀도의 희박화(×)] 철저히 해서 **혼잡사태를 정리하고 사고를 방지할 수** 있다.<15.2 · 22.2채용>

Ⅱ 테마 143 재난경비

(1) **의의 :** 국민의 생명, 신체, 재산과 국가에 피해를 주거나 줄 수 있는 재난(災難)으로부터 발생되는 위해를 예방 · 제거하는 경찰활동을 말한다.<98승진 · 02채용>

※ 재난경비는 소극적 구호와 적극적 구호를 모두 포함하는 활동으로 재난 경비 시 가장 **중요한 경비활동은 인명구조 활동**이다.

(2) **재난의 정의**(재난 및 안전관리 기본법 제3조)

의의		"재난"이란 국민의 생명 · 신체 · 재산과 국가에 피해를 주거나 줄 수 있는 것으로서 **자연재난과 사회재난으로 구분**된다.[♣자연재난, 인적 재난으로 구분(×)](재난 및 안전관리 기본법 제3조 제1호)<19경위 · 22 · 24승진 · 19.2 · 20.2 · 23.1채용> ♣ 재난 및 안전관리기본법상 재난은 자연재해, 인적 재난, 사회적 재난으로 구분된다.(×) ※ 현대사회에서 재난의 특성 ⇨ **일상성 · 타율성 · 익명성 · 불확실성 · 재난불감증**
구분	자연재난	태풍, 홍수, 호우(豪雨), 강풍, 풍랑, 해일(海溢), 대설, 낙뢰, 가뭄, 지진, 황사(黃砂), 조류(藻類) 대발생, 조수(潮水), 그 밖에 이에 준하는 자연현상으로 인하여 발생하는 재해(재난 및 안전관리 기본법 제3조 제1호) ※ 자연재해에 대한 대책은 **피해복구와 함께 재해경보 등 기술을 활용하여 사전예방활동도 병행되어야** 한다.[♣자연재해는 피해복구에 중점(×)] ♣ 자연재해에 대한 대책은 피해복구에 중점을 둔다.(×)

구분	사회재난	화재 · 붕괴 · 폭발 · 교통사고 · 화생방사고 · 환경오염사고 등으로 인하여 발생하는 대통령령으로 정하는 규모 이상의 피해와 국가핵심기반의 마비, 「감염병의 예방 및 관리에 관한 법률」에 따른 감염병 또는 「가축전염병예방법」에 따른 가축전염병의 확산 등으로 인한 피해[♣자연재난, 인적재난으로 구분(×)](재난 및 안전관리 기본법 제3조 제1호)<01승진> ♣ 재난 및 안전관리기본법상 재난이란 국민의 생명 · 신체 · 재산과 국가의 피해를 주거나 줄 수 있는 것으로서 자연재난, 인적재난으로 구분된다.(×)
재난관리		"재난관리"란 **재난**의 **예방 · 대비 · 대응 및 복구**를 위하여 하는 모든 활동을 말한다.[♣안전관리(×), ♣평가(×)](제3조 제3호)<24승진 · 19.2 · 20.2 · 23.1채용>
안전관리		"안전관리"란 재난이나 그 밖의 각종 사고로부터 사람의 생명 · 신체 및 재산의 **안전을 확보하기 위하여 하는 모든 활동**을 말한다.[♣재난관리(×)](제3조 제4호)<23경위>
기타		"**안전취약계층**"이란 어린이, 노인, 장애인, 저소득층 등 신체적 · 사회적 · 경제적 요인으로 인하여 재난에 취약한 사람을 말한다.(제3조 제9의3)

(3) **특징 :** 재난경비 활동은 부서를 초월한 ㉠ 경찰력의 종합적 운용, ㉡ 관계기관협조, 복구의 장기화로 인한 ㉢ 경비 활동의 장기화, ㉣ 신속한 진압과 임기응변식 조치의 필요성 등의 특징이 있다.<96승진>

※ 재난관리의 **가외성**(redundancy) ⇨ 가외성이란 1969년 **랜도우**(M. landau) 논문<가외성, 합리성 그리고 중복의 문제>에서 **처음 제기**한 개념으로 여러 기관에 한 가지 기능이 혼합되는 **중첩성**(over lapping)과 동일기능이 여러 기관에서 독립적으로 수행되는 **중복성**(duplication) 등을 포괄하는 개념으로 **위기관리에서** 행정의 **신뢰성과 안정성을 높인다.**[♣작고 효율적인 정부 운영에 필수적(×)]

1. 법적 근거

(1) **재난관리 법체계 :** 현행 우리나라 재난 관리체계는 **자연재해대책법, 재난 및 안전관리기본법**(재난관리법 폐지), **민방위기본법의 3원체계**라고 할 수 있다.[♣통합방위법(×)]

※ 1995년 삼풍백화점 붕괴사고로 **재난관리법**이 제정되었다가 **재난 및 안전관리기본법이 제정**되면서 재난관리법은 폐지되었고, **자연재해대책법**도 주요내용이 동법에 흡수되어 행정절차적 내용을 담은 모습으로 개정되었다.

(2) **재난경비의 법적근거 :** 국가경찰과 자치경찰의 조직 및 운영에 관한 법률, 경찰관직무집행법(제2 · 5 · 6 · 7조), 경찰직무응원법, 재난 및 안전관리기본법, 자연재해대책법, 민방위기본법, 수상에서의 수색 · 구조 등에 관한 법률, 재해구호법, 소방기본법 등이 모두 근거가 된다.<02승진>

정리 중앙재난안전대책본부 등 – 재난 및 안전관리 기본법(제14조, 제15조, 제16조)

중앙재난안전대책본부	① 대통령령으로 정하는 대규모 재난의 **대응 · 복구 등**에 관한 사항을 **총괄조정하고 필요한 조치** 목적으로 **행정안전부에 중앙재난안전대책본부**를 둔다.[♣국무조정실에(×)](제14조 제1항)<19경위 · 20.2 · 23.1채용> ② **중앙대책본부장은 행정안전부장관이**[♣국무총리가(×)] 되며, 중앙대책본부장은 **중앙대책본부**의 업무를 총괄하고 필요하다고 인정하면 중앙재난안전대책본부 회의를 소집할 수 있다.(제14조 제3항) ※ 다만, **해외재난**의 경우에는 **외교부장관**이, **방사능재난**의 경우에는 **중앙방사능방재대책본부의 장**이 각각 중앙대책본부장의 권한을 행사한다.(제14조 제3항 단서)<20.2채용>

<table>
<tr><td>중앙
재난안전
대책본부</td><td>※ 재난의 효과적인 수습을 위하여 다음 각 호의 어느 하나에 해당하는 경우에는 국무총리가 중앙대책본부장의 권한을 행사할 수 있다. 이 경우 행정안전부장관, 외교부장관(해외재난의 경우에 한정) 또는 원자력안전위원회 위원장(방사능 재난의 경우에 한정)이 차장이 된다.(제14조 제4항)
1. 국무총리가 범정부적 차원의 통합 대응이 필요하다고 인정하는 경우
2. 행정안전부장관이 국무총리에게 건의하거나 제15조의2 제2항에 따른 수습본부장의 요청을 받아 행정안전부장관이 국무총리에게 건의하는 경우</td></tr>
<tr><td>중앙사고
수습본부</td><td>① 재난관리주관기관의 장은 재난이 발생하거나 발생할 우려가 있는 경우에는 재난상황을 효율적으로 관리하고 재난을 수습하기 위한 중앙사고수습본부("수습본부")를 신속하게 설치·운영하여야 한다.[♣중앙재난안전대책본부가 설치되어야 중앙사고수습본부 설치가능(×)](제15조의2 제1항)
② 수습본부장은 해당 재난관리주관기관의 장이 된다.[♣재난관리책임기관의 장이(×)](제15조의2 제2항)</td></tr>
<tr><td>지역
재난안전
대책본부</td><td>① 관할구역에서 재난 및 안전관리에 관한 사항을 총괄·조정하고 필요한 조치를 하기 위하여 시·도지사는 "시·도대책본부"를, 시장·군수·구청장은 "시·군·구대책본부"를 둘 수 있다.(제16조 제1항)
② "지역대책본부장"은 시·도지사 또는 시장·군수·구청장이 되며, 지역대책본부장은 대통령령으로 정하는 바에 따라 지역재난안전대책본부회의를 소집할 수 있다.(제16조 제2항)</td></tr>
<tr><td>재난현장
통합
지원본부</td><td>① 시·군·구대책본부의 장은 재난현장의 총괄·조정 및 지원을 위하여 재난현장 통합지원본부("통합지원본부")를 설치·운영할 수 있다.(제16조 제3항)
② 통합지원본부의 장은 관할 시·군·구의 부단체장이 되며, 실무반을 편성하여 운영할 수 있다.(제16조 제4항)</td></tr>
</table>

(3) **긴급구조 지원기관**: **경찰은 재난 발생 시 긴급구조 지원기관**으로서의 임무를 수행하기 때문에 경찰의 재난경비에는 관계기관과의 협조가 필요하다.(**재난관리 주무부서는 소방방재청**)[♣경찰기관장이 지역통제단장(×), ♣경찰이 재난관리주무부서(×)](재난 및 안전관리 기본법 제3조 7,8호)<13경위·12.2채용>

♣ 재난 발생 시 경찰기관장은 시·도 또는 시·군·구 긴급통제단장(지역통제단장)으로 재난 대처의 일반적 지휘통제업무를 수행한다.(×)

예 **인원·장비의 지원, 출입차량통제 등 복구지원, 주관기관 요청 시 지원업무수행, 재난지역 범죄예방활동 등**<13경위>

주의 지역통제단장으로 재난 대처의 일반적 지휘·통제는 경찰의 임무가 아님.

※ **"긴급구조기관"**이란 **소방청·소방본부 및 소방서**[♣경찰청, 시·도경찰청 및 경찰서(×)]를 말한다. 다만, **해양**에서 발생한 재난의 경우에는 **해양경찰청·지방해양경찰청 및 해양경찰서**를 말한다.(재난 및 안전관리 기본법 제3조 제7호)<23경위>

(4) **지역통제단장**(재난 및 안전관리 기본법)

대피 명령	① **시장 · 군수 · 구청장과 지역통제단장**(대통령령으로 정하는 권한을 행사하는 경우에만 해당)은 재난이 발생하거나 발생할 **우려**가 있는 경우에 사람의 생명 또는 신체나 재산에 대한 위해를 방지하기 위하여 **필요**하면 해당 지역 **주민이나 그 지역 안에 있는 사람**에게 **대피하도록 명하거나** 선박 · 자동차 등을 그 소유자 · 관리자 또는 점유자에게 **대피시킬 것을 명할 수** 있다. 이 경우 미리 대피장소를 지정할 수 있다.(제40조 제1항)<23경위> ② **대피명령**을 받은 경우에는 **즉시 명령에 따라야** 한다.(제40조 제2항)
위험 구역 설정	① **시장 · 군수 · 구청장과 지역통제단장**(대통령령으로 정하는 권한을 행사하는 경우에만 해당)은 재난이 발생하거나 발생할 **우려**가 있는 경우에 사람의 생명 또는 신체에 대한 위해 방지나 질서의 유지를 위하여 **필요**하면 **위험구역을 설정**하고, **응급조치에 종사하지 아니하는 사람에게** 다음 각 호의 **조치를 명할 수** 있다.(제41조 제1항) 1. 위험구역에 **출입**하는 행위나 그 밖의 **행위의 금지 또는 제한** 2. 위험구역에서의 **퇴거** 또는 **대피** ② **시장 · 군수 · 구청장과 지역통제단장**은 위험구역을 설정할 때에는 그 구역의 범위와 **금지되거나 제한되는 행위의 내용**, 그 밖에 **필요한 사항**을 보기 쉬운 곳에 게시하여야 한다.(제41조 제2항) ③ **관계 중앙행정기관의 장**은 재난이 발생하거나 발생할 **우려**가 있는 경우로서 사람의 생명 또는 신체에 대한 위해 방지나 질서의 유지를 위하여 **필요**하다고 인정되는 경우에는 **시장 · 군수 · 구청장과 지역통제단장**에게 **위험구역의 설정을 요청할 수** 있다.(제41조 제3항)
강제 대피 조치	① **시장 · 군수 · 구청장과 지역통제단장**(대통령령으로 정하는 권한을 행사하는 경우에만 해당)은 **대피명령을 받은 사람** 또는 **위험구역에서의 퇴거나 대피명령을 받은 사람**이 그 명령을 이행하지 아니하여 위급하다고 판단되면 그 지역 또는 위험구역 안의 주민이나 그 안에 있는 사람을 **강제로 대피 또는 퇴거시키거나** 선박 · 자동차 등을 **견인시킬 수** 있다. [♣경찰관서장은(×)](제42조 제1항) ② **시장 · 군수 · 구청장 및 지역통제단장**은 제1항에 따라 주민 등을 강제로 대피 또는 퇴거시키기 위하여 필요하다고 인정하면 관할 **경찰관서의 장에게** 필요한 **인력 및 장비의 지원을 요청할 수** 있다.(제42조 제2항) ③ **지원요청을 받은 경찰관서의 장**은 특별한 사유가 없는 한 이에 **응하여야** 한다.(제42조 제3항)
통행 제한	① **시장 · 군수 · 구청장과 지역통제단장**(대통령령으로 정하는 권한을 행사하는 경우에만 해당)은 응급조치에 필요한 물자를 긴급히 수송하거나 진화 · 구조 등을 하기 위하여 **필요**하면 대통령령으로 정하는 바에 따라 **경찰관서의 장에게** 도로의 구간을 지정하여 해당 긴급수송 등을 하는 차량 **외의 차량**의 **통행을 금지하거나 제한하도록 요청할 수** 있다.(제43조 제1항) ② **통행의 금지 · 제한 요청**을 받은 **경찰관서의 장**은 특별한 사유가 없으면 **요청에 따라야** 한다.(제43조 제2항)

2. 재난관리체계(재난 및 안전관리 기본법 제4장, 제5장, 제6장, 제7장)[♣안정단계(×)]<16승진>

예방(완화)단계	(Mitigation Phase) 이 활동은 재난요인을 **사전에 제거**하려는 행위, 피해가능성을 최소화하는 행위, 또한 그 피해를 분산시키는 행위 등을 의미함, 정부합동안전점검, 재난관리체계 등의 **평가활동**(제33조의2)이 있다.[♣대비단계(×)](재난 및 안전관리 기본법 제4장)<19.1채용>
대비단계	(Preparedness Phase) 재난을 경감하려는 노력에도 불구하고 재난발생을 완전히 제거시킬 수 없기 때문에 재난발생을 예상하여 그 피해를 최소화하고, 원활한 **대응을 위한 준비**를 수행하는 과정임, 각 기능별 재난대응 활동계획 작성, 재난분야 위기관리 **매뉴얼 작성**(제34조의5)[♣예방단계(×)], 재난대비 훈련 등이 있다.(재난 및 안전관리 기본법 제5장)<19.1채용>
대응단계	(Response Phase) 실제로 재난이 발생했을 때 수행해야 할 행동을 의미함. **응급조치, 긴급구조** 등이 있다.(재난 및 안전관리 기본법 제6장)
복구단계	(Recovery Phase) 복구란 재난으로 인한 혼란상태가 상당히 안정되고, 응급적인 인명구조와 재산의 보호 활동이 이루어진 후에 재난 전의 정상상태로 회복시키기 위한 여러 활동을 말함, **재난피해조사**(제58조), **특별재난지역 선포**(제60조) 등이 있다.[♣특별재난지역 선포는 대응단계에서의 활동(×)](재난 및 안전관리 기본법 제7장)<24승진 · 19.1 · 19.2채용> [☻방비응구]

(1) **치안상황관리관**은 재난이 **발생**하였거나 재난이 **발생할 우려**가 있는 경우에는 **위기관리센터 또는 치안종합상황실**에 **재난상황실을 설치 · 운영할 수** 있다.(경찰 재난관리 규칙 제4조)<19승진>

※ 다만, **재난대책본부가 설치**되었거나 「재난 및 안전관리 기본법」에 따라 '**심각**' **단계**의 위기경보가 발령된 경우에는 **재난상황실을 설치 · 운영하여야** 한다.[♣경계단계의 위기경보가 발령된 경우(×)](경찰 재난관리 규칙 제4조 단서)<22승진>

① 재난상황실에는 재난상황실장("상황실장") 1명을 두며 상황실장은 **위기관리센터장**으로 한다.(경찰재난관리규칙 제5조 제2항)

※ 다만, 다음 각 호의 어느 하나에 해당하는 경우에는 상황관리관(상황관리관의 임무를 수행하는 자 포함)이 상황실장의 임무를 대행할 수 있다.(경찰재난관리규칙 제5조 제2항)

1. 일과시간 외 또는 토요일 · 공휴일
2. 그 밖에 치안상황관리관이 필요하다고 인정하는 경우

② 재난상황실에 **총괄반, 분석반, 상황반**을 둔다.(경찰재난관리규칙 제5조 제2항)<19승진>

(2) **재난관리주관기관의 장**은 대통령령으로 정하는 재난에 대한 징후를 식별하거나 재난발생이 예상되는 경우에는 그 위험 수준, 발생 가능성 등을 판단하여 그에 부합되는 조치를 할 수 있도록 **위기경보를 발령할 수** 있다. 다만, **다수의 재난주관기관이 관련**된 상황인 경우에는 **행정안전부장관**이 위기경보를 발령할 수 있다.(재난 및 안전관리 기본법 제38조 제1항)

① **위기경보**는 재난 피해의 전개 속도, 확대 가능성 등 재난상황의 심각성을 종합적으로 고려하여 **관심 · 주의 · 경계 · 심각으로 구분**할 수 있다.(재난 및 안전관리 기본법 제38조 제2항)<15 · 17 · 19승진>

② 다만, 다른 법령에서 재난 위기경보의 발령 기준을 따로 정하고 있는 경우에는 그 기준을 따른다.(재난 및 안전관리 기본법 제38조 제2항 단서)

♣ 재난의 발생 가능 정도에 따라 재난관리 단계를 관심단계 · 주의단계 · 경계단계 · 심각단계로 구분하여 관리하며, 경계단계부터는 반드시 재난상황실을 설치 · 운영한다.(×)<19승진>

(3) **재난관리 4단계 구분**[♣안정단계(×)](재난 및 안전관리 기본법 제38조 제2항)<19경위 · 15 · 16승진>

관심 단계	일부 지역 기상특보 발령 등 재난발생 징후와 관련된 현상이 나타나고 있으나 그 활동 수준이 낮아서 재난으로 **발전할 가능성이 적은 단계**[♣발생이 확실시(×), ♣주의단계(×)]<15 · 17승진>
주의 단계	전국적 기상특보 발령 등 **재난발생 징후의 활동이 비교적 활발**하여 재난으로 발전할 수 있는 **일정 수준의 경향**이 나타나는 상태<15승진>
경계 단계	전국적 기상특보 발령 등 **재난발생 징후의 활동이 활발**하여 재난으로 발전할 **가능성이 농후한 상태**를 말한다.[♣주의단계(×)]<17 · 19승진> ♣ 재난관리 4단계 중 주의단계는 전국적 기상특보 발령 등 재난발생 징후의 활동이 활발하여 재난으로 발전할 가능성이 농후한 상태를 말한다.(×)
심각 단계	재난이 **발생**하였거나 재난의 **발생이 확실시**되는 상태를 말한다.<17승진>

[☻관주경각]

(4) **설치목적 :** 재난상황실은 **지휘체계 및 전파체계 확립, 신속한 초동조치, 인명구조 및 재산피해 방지, 초기에는 우선 동원 가능한 경력 출동**을 목적으로 한다.[♣초기에 완전한 부대출동(×)]

3. 재난사태 및 특별재난지역 선포(재난 및 안전관리 기본법)

재난 사태	총괄 조정	**행정안전부장관**은 국가 및 지방자치단체가 행하는 **재난 및 안전관리 업무를 총괄 · 조정**한다.[♣국무총리는(×)](제6조)<24승진 · 19.2 · 23.1채용>
	재난 사태 선포	**행정안전부장관**은[♣국무총리는(×)] **대통령령으로 정하는 재난**이 발생하거나 발생할 우려가 있는 경우 사람의 생명 · 신체 및 재산에 미치는 중대한 영향이나 피해를 줄이기 위하여 긴급한 조치가 필요하다고 인정하면 **중앙위원회의 심의를 거쳐 재난사태를 선포할 수** 있다.(제36조 제1항)<23경위> ※ 다만, 행정안전부장관은[♣국무총리는(×)] 재난상황이 긴급하여 중앙위원회의 심의를 거칠 시간적 여유가 없다고 인정하는 경우에는 **중앙위원회의 심의를 거치지 아니하고** 재난사태를 선포할 수 있다.(제36조 제1항 단서)<23경위>
특별 재난 지역	건의	**중앙대책본부장은** 대통령령으로 정하는 규모의 재난이 발생하여 국가의 안녕 및 사회질서의 유지에 중대한 영향을 미치거나 피해를 효과적으로 수습하기 위하여 특별한 조치가 필요하다고 인정하거나 규정에 따른 지역대책본부장의 요청이 타당하다고 인정하는 경우에는 **중앙위원회의 심의**를 거쳐 해당 지역을 **특별재난지역으로 선포할 것을 대통령에게 건의할 수 있다**.(제60조 제1항)
	선포	특별재난지역의 선포를 건의 받은 **대통령은 해당 지역을 특별재난지역으로 선포할 수** 있다.[♣일반재난지역(×)](재난 및 안전관리 기본법 제60조 제2항)<03승진 · 02 · 3.1 · 2 · 3채용> ♣ 재난 발생으로 인하여 국가 및 사회에 중대한 영향을 미치거나 수습을 위해 특별한 조치가 필요하다고 인정되는 경우 대통령이 일반재난지역으로 선포하여 특별지원을 하게 된다.(×)<12.3채용>

4. 경찰의 조치

경찰청 재난대책 본부	① **경찰청장**은 인명 또는 재산의 피해정도가 매우 큰 재난 또는 사회적, 경제적으로 광범위한 영향이 있는 재난이 발생하였거나 발생할 우려가 있어 이에 대한 전국적인 관리가 필요하다고 인정하는 경우 경찰청에 **재난대책본부를 설치할 수** 있다.(경찰재난관리 규칙 제11조) ② 재난대책본부는 **치안상황관리관이 본부장**이 되고 위기관리센터장, 혁신기획조정담당관, 경무담당관, 범죄예방정책과장, 교통기획과장, 경비과장, 정보관리과장, 외사기획정보과장, 수사운영지원담당관, 경제범죄수사과장, 강력범죄수사과장, 사이버수사기획과장, 안보기획관리과장, 홍보담당관, 감사담당관, 정보화장비기획담당관, 과학수사담당관 및 그 밖에 본부장이 지정하는 사람으로 구성한다.(경찰재난관리 규칙 제12조 제1항) ※ 재난에 대한 범정부적 차원의 통합대응이 필요하다고 인정되는 경우 본부장을 **경찰청장 또는 경찰청 차장으로 격상하여 운영할 수** 있다.(경찰재난관리 규칙 제15조 제1항) ③ 재난대책본부에 **총괄운영단, 대책실행단, 대책지원단**을 둔다.(경찰재난관리 규칙 제12조 제2항) ④ **치안상황관리관**은 경찰의 **재난관리 업무를 총괄 · 조정**한다.(경찰재난관리 규칙 제2조 제1항)
시도청 재난대책 본부	① 시 · 도경찰청등의 장은 **경찰청에 재난대책본부가 설치**되었거나, 관할 지역 내 **재난이 발생하였거나 발생할 우려**가 있는 경우 시 · 도경찰청등에 재난대책본부를 **설치할 수** 있다.(운영은 경찰청 재난대책본부 규정(제12조~제14조)을 준용)(제16조 제1항) ② 시 · 도경찰청의 **본부장**은 **시 · 도경찰청장이 지정하는 차장 또는 부장으로** 한다.[♣재난업무를 주관하는 부서의 장으로(×)](제16조 제2항) ③ **경찰서의 본부장**은 재난업무를 **주관하는 부서의 장**으로 한다.(제16조 제3항)
재난상황 보고 · 전파	① **시 · 도경찰청등의 상황실장**은 다음 각 호의 사항을 **경찰청 치안상황관리관에게** 수시 보고하여야 한다.(규칙 제10조 제1항) 1. 재난의 발생일시 · 장소 및 원인 2. 인적 · 물적 피해 현황 3. 초동조치 사항 4. 대응 및 복구활동 사항 5. 그밖에 재난관리를 위해 필요한 사항 ② 시 · 도경찰청등의 상황실장은 재난상황보고서를 작성하여 경찰청 치안상황관리관에게 **정기 보고하여야** 하며, **보고주기와 서식 및 내용**은 치안상황관리관이 재난의 성격과 유형에 따라 **조정할 수** 있다.(규칙 제10조 제2항)
재난관리 실행	① 시 · **도경찰청등의 장**은[♣경찰청장은(×)] 재난 요인을 사전에 제거하거나 감소시킴으로써 재난 발생 자체를 억제 또는 방지하기 위한 **재난예방대책을 수립 · 시행하여야** 한다.(제17조 제1항) ② **시 · 도경찰청등의 장**은 재난관리 역량을 강화하기 위해 경찰관을 포함한 소속 직원들을 대상으로 **교육 및 훈련을 실시하여야** 한다.(제17조 제2항) ③ **시 · 도경찰청등의 장**은 재난으로 인해 경찰관서의 고립이 **우려**되는 경우 사전에 소요물자의 비축 등 **필요한 조치를 하여야** 한다.(제17조 제3항)

<table>
<tr><td>재난관리 실행</td><td>④ 시 · 도경찰청등의 장은 관할 지역에서 재난이 발생하였거나 발생이 임박한 경우 그 피해를 최소화하기 위하여 다음 각 호 중 필요한 조치를 하여야 한다.(제18조 제1항)
1. 현장 접근통제 및 우회로 확보
2. 교통관리 및 치안질서유지 활동
3. 긴급구조 및 주민대피 지원
4. 그 밖에 재난 대응을 위한 조치
⑤ 시 · 도경찰청등의 장은 관할 지역 내 재난이 발생한 경우 재난 현장의 대응 활동을 총괄하기 위하여 현장지휘본부를 설치할 수 있다.(제20조 제1항)</td></tr>
<tr><td>조치</td><td>(1) 사전조치
① 기초조사 : 재난경비계획을 수립하기 위한 조사로서 관내의 위험개소와 재난발생시 동원할 수 있는 인적 · 물적 자원을 파악하는 절차이다.
※ 과거의 재해발생상황을 참작하여 반드시 현장을 답사하여 객관적으로 조사하여야 한다.
② 시설 · 장비의 확보 및 교육훈련
③ 재난경비계획의 수립 : 융통성을 가지고, 최악의 경우까지 고려하여 수립하여야 한다.
④ 위험개소에 대한 예보, 경고조치 : 사전에 위험개소를 알려주고, 필요한 조치나 대피가 가능하도록 경고조치를 취해야 한다.<99승진>
(2) 현장조치 : 경고 및 초동조치, 경찰관의 비상소집과 부대편성, 피난조치 및 이재민 구호, 피해조사와 보고, 구조 활동, 교통대책수립, 범죄의 단속
① 중요사건 · 사고 발생 시 경찰관의 초동조치요령
㉠ 최초 사건을 인지한 경찰관은 현장초동조치에 주력해야 ![♣초동조치보다 상황유지(×)]
♣ 중요 사건사고 돌발 시 최초 인지 경찰관은 현장의 초동조치보다 보고와 상황유지에 주력한다.(×)
㉡ 신속한 보고를 제1로, 사태의 세부사항 규명을 제2로 하고 ⇨ 사태변화의 내용은 계속 추보한다.
※ 중요사건의 1보는 경찰서부터 큼직큼직한 필기로 최대한 빨리 작성하여 시 · 도경찰청에 보고하고, 시 · 도경찰청에서도 수정이나 컴퓨터를 사용하여 문자화하지 말고 그대로 경찰청에 보고하는 등 신속한 보고에 주안점을 두고 육하원칙에 얽매일 필요는 없다.
㉢ 사고현장의 교통을 통제한다.
② 신속한 재난진압 조치 : 긴급 상황에 대한 시간적 변수가 고려되어야 하며, 신속한 대응을 위해 '선 조치 후 보고의 원칙'이 준수되어야 한다.
③ 경비실시의 장기화 : 단순한 재난진압으로서 경찰의 임무가 끝나는 것이 아니다.</td></tr>
</table>

정리 현장조치 사항<99 · 03승진>

<table>
<tr><td rowspan="6">경찰 통제선</td><td>설치 목적</td><td>① 2차 사고로부터 주민보호
② 구조 활동의 방해요소 제거, 사고수습 활동공간의 확보</td></tr>
<tr><td>설치 범위</td><td>구조 및 복구 작업에 지장이 없도록 초기단계부터 충분히 넓게 설정하고 상황의 진전에 따라 축소 · 확대하도록 한다.<08경위></td></tr>
<tr><td>설치 및 운영</td><td>① 통제선은 제1 · 제2통제선으로 구분하여 운영한다.
② 통제선의 제1선은 소방이 담당하고(통제관: 소방서장 · 소방본부장), 제2선은 경찰이 담당한다.(통제관: 경찰서장 · 시 · 도경찰청장)[♣제1선은 경찰(×)]<15승진 · 13경위 · 01 · 04채용>
♣ 재난경비에서 제1통제선은 경찰이, 제2통제선은 소방서에서 운영한다.(×)
③ 구조 활동에 직접 가담하는 인원 · 장비 외에는 통제구역 안으로 출입을 통제(출입이 필요한 자는 적당한 표시를 하여 출입을 허용)
④ 대형 가스폭발과 같이 2차 사고의 우려가 있는 경우에는 안전조치 확인 전까지는 현장접근을 보류해야 한다.</td></tr>
<tr><td>출입</td><td>① 출입구: 통제구역의 출입구는 되도록 단일화하여 1개를 원칙으로 하나, 필요시 반대편에 1개를 추가할 수 있다.<02 · 07채용 · 13경위>
② 입구에는 정복경찰을 배치, 출입통제근무</td></tr>
<tr><td rowspan="2">현장 지휘 본부</td><td>설치</td><td>① 경찰지휘본부는 당해 지휘본부장이 필요하다고 인정할 때에 설치하며 경찰청 및 시 · 도경찰청은 치안상황실에 설치함을 원칙으로 한다. 각종 상황발생시 상황의 효율적인 관리를 위해 필요한 경우 현장인근에 현장지휘본부를 설치할 수 있다.[♣필요시 치안상황실에 현장지휘본부를 설치(×)](경찰비상업무규칙 제17조)<13승진 · 13.2채용>
※ 설치여부의 진단 ⇨ 시 · 도경찰청장 또는 경찰서장(경찰청장은 설치 지시가 가능하다.)
※ 일정기간 재난관리활동을 총괄지휘 · 조정 · 감독하기 위해 대규모 재난발생시 사고지역 관할경찰서장은 즉시 현장지휘본부(현장CP)를 설치하여야 한다.<04승진>
② 재난상황실은[♣재난현장의 현장지휘본부는(×)] 총괄반, 대책반, 지원반, 홍보반, 연락반으로 근무반을 구성한다.(재난관리규칙 제10조 제3항)
♣ 재난현장의 현장지휘본부는 총괄반, 대책반, 지원반, 홍보반, 연락반으로 근무반을 구성한다.(×)
③ 현장지휘본부는 전담반 및 경무, 홍보, 경비, 교통, 생활안전, 수사, 정보, 보안, 외사 지원팀으로 구성한다.(재난관리규칙 제22조 제2항)

현장지휘본부장 (시 · 도경찰청장 · 경찰서장)
전담반
112 지원팀 / 경무 지원팀 / 홍보 지원팀 / 경비 지원팀 / 교통 지원팀 / 생활안전 지원팀 / 수사 지원팀 / 정보 지원팀</td></tr>
<tr><td>현장 지휘관</td><td>재난규모 등을 고려하여 경찰서장 또는 시 · 도경찰청장이 담당하며, 현장지휘관은 상시 현장에 임장하여 총괄지휘해서 재난관리에 만전을 기해야 한다.</td></tr>
</table>

<table>
<tr><td rowspan="17">현장
지휘
본부</td><td rowspan="17">전담반
및
지원
팀별
임무
(별표2)</td><td rowspan="3">전담반</td><td>① 현장지휘본부 운영 총괄 · 조정</td></tr>
<tr><td>② 재난안전상황실 업무협조</td></tr>
<tr><td>③ 현장상황 등 보고 · 전파[♣경찰통제선 설정 · 운용(×)]</td></tr>
<tr><td rowspan="2">112</td><td>① 재난지역 및 중요시설 주변 순찰활동</td></tr>
<tr><td>② 피해지역 주민 소개 등 대피 및 접근 통제</td></tr>
<tr><td rowspan="2">경무</td><td>① 현장지휘본부 사무실, 차량, 유 · 무선 통신시설 등 설치</td></tr>
<tr><td>② 그 밖에 예산, 장비 등 행정업무 지원</td></tr>
<tr><td>홍보</td><td>경찰 지원활동 등 언론대응 및 홍보</td></tr>
<tr><td rowspan="2">경비</td><td>① 재난지역 및 중요시설 등 경비</td></tr>
<tr><td>② 경찰통제선 설정 · 운용[♣비상출동로 지정 · 운용(×)]<11경위></td></tr>
<tr><td rowspan="2">교통</td><td>① 비상출동로 지정 · 운용</td></tr>
<tr><td>② 현장주변에 대한 교통통제 및 우회로 확보 등 교통관리</td></tr>
<tr><td rowspan="2">생안</td><td>① 재난지역 범죄예방활동</td></tr>
<tr><td>② 재난지역 총포, 화약류 안전관리 강화</td></tr>
<tr><td rowspan="2">수사</td><td>① 실종자 · 사상자 현황 파악 및 수사</td></tr>
<tr><td>② 민생침해범죄의 예방 및 수사활동</td></tr>
<tr><td rowspan="2">정보</td><td>① 재난지역 집단민원 파악
② 관계기관 협조체제 및 대외 협력관계 유지</td></tr>
<tr><td>경찰
정보
지원
센터</td><td colspan="3">(1) 설치목적: 다수의 인명피해 발생 시 재난현장에 설치하여 사망 · 부상 · 실종자를 찾는 가족 · 친지 등에게 편의를 제공하기 위하여 설치한다.
(2) 설치위치: 관계인에게 피해상황 등의 정보를 제공하는 기능을 하며, 사고수습에 지장을 주지 않도록 경찰통제선 밖에 설치한다.[♣경찰통제선 안에 설치(×)]
♣ 경찰정보지원센터는 사고수습 활동에 대한 신속한 정보취득 및 대응성을 높이기 위해 경찰통제선 안에 설치한다.(×)
(3) 활용장소: 인근 공공기관 · 교회 등을 활용하고 적절한 장소가 없을 경우 컨테이너박스, 텐트 등 적절한 장소를 활용하고 적절한 장소가 없는 경우 경찰버스 등을 이용한다.</td></tr>
</table>

Ⅲ 테마 144 치안경비(집회 · 시위관리)(다중범죄진압)

(1) **치안경비 :** 공안을 해하는 다중범죄 등 **집단적인 범죄사태가 발생하거나 발생할 우려가 있는 경우에 이를** 적절한 조치로 사태를 **예방 · 경계 · 진압하는 경찰을 내용으로** 하며, 실무상 '치안경비'라고 칭하며 집회 · 시위관리 혹은 다중범죄 진압이라고도 한다.<21승진>

(2) **다중범죄 :** 다중범죄는 특정집단의 주의 · 주장을 관철하기 위한 불법 집단행동이다.

① 집회 및 시위에 관한 법률: 불법시위 ⇨ **2인 이상**이면 성립한다.

② 형법: **'소요죄'의 다중** ⇨ **일개 지방의 안전 · 평온을 해할 수 있을 정도의 다수**를 요하며, 어느 정도 **조직적이어야** 하지만, 반드시 **지도자가 있어야 하는 것은 아니**다.[♣조직적(○), ♣반드시 지도자가 있어야(×)]<09승진>

PART 03

Ⅰ. 관리일반

(1) **집회 시위의 3면적 관계 : 집회참여자, 일반시민, 경찰**로 구분할 수 있다.

집회참여자의 집회시위의 자유를 적극 보장하면서도 **일반시민의 권익도 최대한 보호**할 수 있도록 관리해야 한다.

※ **일반시민의 불편**은 **경비대책 수립단계에서 고려**해야 할 사항이다.

(2) **합법촉진 기조 : 소극적 보장과 적극적 보장을 포함**한다.

① **소극적 보장 :** 기존이 합법적인 경우에 한하여 ⇨ 합법보장을 촉진시킨다.

② **적극적 보장**: 기존의 **불법상태**를 ⇨ **합법으로 촉진**시킨다.[♣소극적 보장(×)]

(3) **행사 전 대비상황 :** 합법집회의 경우[♣불법시위용품 찾기 위하여 행사장 수색(×)]

※ **합법집회의 경우 행사장 주변을 수색하여 군중을 자극하는 행위를 자제하는 것이 바람직**하다.

ⓐ 행사장 주변 원거리에 경력을 배치한다.

ⓑ 행사와 관련 없는 자의 합류를 차단한다.

ⓒ 행사가 평온하게 진행될 수 있도록 보호자 역할을 한다.

정리 다중범죄의 특징<02 · 07 · 13 · 16승진 · 07 · 14.1채용>

확신적 행동성	다중범죄의 참여자는 자신의 주장이 옳다는 확신을 가지고 사회정의를 위하여 투쟁한다는 **확신범의 성격**을 가지므로 과감하고 전투적인 행동을 하는 경우가 많고 **뚜렷한 목적의식**이 있다. 예 **점거농성 때 투신이나 분신자살** 등<16승진>
조직적 연계성	현대사회의 문제는 전국적으로 공통성이 있으며 조직도 전국적으로 연계된 경우가 많다. 다중범죄는 **특정한 조직에 기반**을 두고 **뚜렷한 목적의식을 가지고 계획적으로 감행**되는 경우가 대부분이므로 소속단체의 설치목적이나 활동방침을 파악하는 것이 사태해결에 도움이 된다.[♣조직성 결여(×)]<13 · 16승진> ♣ 다중범죄는 조직성이 결여되어 있는 특징이 있다.(×)
부화뇌동적 파급성	다중범죄의 발생은 **군중심리의 영향으로 발생**되는 경우가 많으므로 일단 발생되면 부화뇌동으로 인해 **전국적 파급성**을 가진다.

비이성적 단순성	시위군중은 이성적인 판단능력을 상실하여 행동에 대한 의혹이나 불안을 갖지 않고, **과격·단순·편협**하여 행태의 예측이 곤란하고, 타협이나 설득이 어려운 경우가 많다.[♣부화뇌동적 파급성(×)]<07·16승진>
예측불가능	다중범죄는 어느 방향으로 전개될지 사전에 예측하기 어려운 측면이 있다.

주의 경비범죄란 일반적으로 다중범죄의 특징을 말하는 경우가 대부분이다.

정리 기능별 활동

정보	**정보판단서(행사분석 및 사전조치)** ⇨ 정보경찰이 작성하는 **정보대책서**에는 주최 측의 동향, 집회의 전개상황, 문제점 등이 자세하게 분석되어 있어 경비계획서 작성 시 참고하게 된다. ※ **정보판단서 = 정보대책서**
경비	**경비계획서**(행정사항) ⇨ **종합대책서**로서 각 기능별 대책을 망라하여 경비과장이 작성한다. ※ **경비계획서 = 종합대책서**
교통	**행사장·행진로·집결지의 교통관리**
보안	**보안수사대의 총괄 운용**하면서 좌경·용공 세력의 동향을 파악하고 대응한다.
경무	급식추진 등 지원
수사	**호송조를 편성**하여 **연행자 호송을 담당**한다.[♣보안수사대 운용(×)] ♣ 수사기능에서 연행자 호송 및 보안수사대를 총괄 운용한다.(×)
청문	청문감사관은 감찰활동에 임한다.

II. 해결방안

1. 정책적 치료법[♣방어법(×)]<07·14·16·17승진·09·14·15.1·16.2·18.1채용>

선수승화법	특정한 불만집단에 대한 정보활동을 강화하여 **사전에 불만 및 분쟁요인을 찾아내어 해소**시켜 주는 방법을 말한다.[♣경쟁행위법(×)]<04·13·16·17승진·07경위·15.1·18.1채용> 예 특정지역의 재개발과 관련하여 일부 세입자의 시위가 예상되어 경찰서 정보과에서 관계인 면담을 주선하여 대화에 의한 타협을 보는 경우
지연정화법	불만집단의 고조된 주장을 **시간을 끌어** 이성적으로 생각할 기회를 부여하고 정서적으로 감정을 둔화시켜서 **흥분을 가라앉게** 하는 방법이다.<13·17·22승진·09·18.1채용> 예 불만이 고조된 특정한 주장에 대해 충분히 연구하고 신중히 대처한다는 명목으로 이슈를 약화시키는 경우
전이법	다중범죄의 발생 징후가 있을 때 국민들의 관심을 집중시킬 수 있는 **경이적인 사건을 폭로하는 등 다른 이슈제기**를 통해 원래 이슈가 상대적으로 약화되도록 하는 방법<12·17승진·08·18.1채용> 예 대규모의 행사개최, 경이적인 사건 폭로<12경위>
경쟁행위법	불만집단과 **반대되는 대중의견을 크게 부각**시켜 불만집단이 위압되어 스스로 해산 또는 분산되도록 하는 방법이다.[♣전이법(×)]<07·14·17·22승진·14.1·16.2·18.1채용> ♣ 다중범죄의 정책적 치료법에는 경쟁행위법, 지연정화법, 선수승화법, 방어법이 있다.(×) 예 **지하철노조의 명분 없는 파업에 대해 언론에 일반시민의 불만과 비난의 목소리가 커지자 이에 지하철노조가 굴복하여 파업을 철회하고 정상운행에 복귀하는 경우**

2. 진 압

(1) **진압의 기본원칙**<02 · 04 · 13승진> [☻봉방차배세주 기본]

봉쇄 방어	군중들이 중요시설 등의 점거를 시도할 경우 **사전에 진압부대가 목적지를 선점**하거나 **바리케이드 등으로 봉쇄하여 방어조치**를 취하는 방법[♣차단 · 배제(×)]<04 · 13 · 22승진> ※ 군중의 의도를 사전에 봉쇄하여 충돌 없이 효과적으로 무산시키는 방법이다.
차단 배제	군중이 목적지에 집결하기 전에 **중간 차단**하여 집합을 못하게 하는 방법<17경위 · 14.1채용> 예 버스터미널, 톨게이트, 기차역 등에 경력을 배치하여 **상경을 저지**하는 것 ※ 중요 목지점에 경력을 배치하고 검문검색을 실시하여 불법시위 가담자를 사전에 색출 · 검거하거나 귀가시킨다.<17경위> 판례 **[500km 떨어진 00공항에서 차단]** 경찰은 서울에서 개최되는 금지통고된 집회에 참가하기 위해 출발하려는 것을 서울에서 **약 500km 떨어진 00공항에서 차단상경을 저지**하였다. ㉠ **시간적 · 장소적으로 근접하지 않는 다른 지역에서 출발이나 이동하는 행위를 제지하는 것**은 행정상 즉시강제인 제지행위를 명백히 넘어서 허용될 수 없는 것이다. ㉡ 경찰관직무집행법 제6조(범죄의 예방과 제지)는 행정목적 달성상 불가피한 한도 내에서 예외적으로 허용되어야 한다. ㉢ 행정상 **즉시강제인 제지의 범위를 넘어서는 것으로 허용될 수 없다.** ㉣ 위와 같은 경찰관의 제지행위는 공무집행방해죄의 보호대상이 되는 **공무원의 적법한 직무집행에 포함될 수 없다.**[♣정당한 경찰권 행사(×)](대판 2007도9794) ♣ 위 판례에서 금지통고된 집회 등 불법집회에 참가하려는 것이 명백하다면 범죄의 예방과 제지에 근거한 정당한 경찰권 행사이다.(×) ※ (판례원문 중)......경찰관직무집행법 제6조(범죄의 예방과 제지) 중 제지 부분은 범죄예방을 위한 즉시강제로 의무를 명할 시간적 여유가 없거나 의무를 명하는 방법으로는 그 목적을 달성하기 어려운 상황에서 의무불이행을 전제로 하지 아니하고 경찰이 직접 실력을 행사하여 경찰상 필요한 상태를 실현하는 권력적 사실행위..
세력 분산	일단 시위대가 집단을 형성한 이후에 진압부대가 물리력으로써 시위대를 몇 개의 소집단으로 분할시켜 그 세력을 사전에 차단하는 방법<03 · 22승진> ※ **봉쇄 · 방어, 차단 · 배제, 세력분산의 법적 근거** ⇨ 경찰관직무집행법 제6조(범죄의 예방과 제지)
주동자 격리	주모자를 사전에 검거하거나 군중과 격리하여 군중의 집단적 결속력을 약화시켜 계속된 행동을 못하게 하는 진압방법[♣진압 3대원칙(×)] ♣ 주동자 격리는 다중범죄 진압의 3대원칙 중 하나이다.(×)

정리 **지하철 무정차 통과**

지하철 무정차 통과(대규모 시위대가 지하철로 이동하면서 불법시위를 할 것이 명백한 경우 지하철역에 요구하여 특정 역에 무정차 통과토록 조치) ⇨ **경찰관직무집행법 제6조(범죄의 예방과 제지)에 근거**하여 범죄행위가 목전에 행하여지려는 경우 **범죄예방차원에서 지하철역에 요구하여 무정차 통과하게 할 수** 있다고 본다.<11.1채용>

※ **경찰관직무집행법 제6조(범죄의 예방과 제지)에 근거** ⇨ 농민대회 등에 활용되는 상경저지, 집회장소 주변에서 집회장소로의 통행금지, 도로 점거한 시위군중에 대한 현행범 체포가 아닌 속칭 '밀어올리기' 등은 모두 경찰관직무집행법 제6조에 근거한 것이다.

정리 **기타 주요개념**

❑ **다중범죄 진압의 3대 원칙**: ① **신속한 해산** ② **주모자 체포** ③ **재집결방지**[♣주동자 격리(×), ♣자율적 통제(×)]<97·13승진·08·12.2·14.1채용> [☻ 3대 신체재]

❑ **진압부대원의 5대 행동수칙**

① 규율의 확립 ② 과감한 행동 ③ 감정적 언행금지 ④ 개인행동 금지

⑤ 일반시민과 시위군중의 신속한 격리

참고 **화염병사용 등의 처벌에 관한 법률**<01·02·04·07승진>

❑ 화염병을 **제조·보관·운반·소지·사용한 자를 처벌**하고 있다.[♣알선행위 처벌(×)]

♣ 화염병사용 등의 처벌에 관한 법률에 의해 화염병의 알선행위는 처벌된다.(×)

① 화염병을 **사용**하여 **사람의 생명·신체 또는 재산에 위험을 발생하게 한 자는 처벌대상**이다.

② 미수범 ⇨ 화염병 **사용으로 위험발생(①)은 미수범처벌**[♣제조·보관·운반·소지는 미수범처벌(×)]

Ⅳ 테마 145 특수경비(대테러)

특수경비라 함은 테러활동이나 총포·도검·폭발물, 기타 흉기류에 의한 인질·난동·살상 등의 불법행위를 전개함으로써 사회의 이목을 집중시키는 중대한 범죄행위를 예방·경계·진압하는 일련의 경비경찰활동을 말한다.

※ 특수경비는 대테러 경비를 포함하는 넓은 개념이다.

Ⅰ. 테러

의의	테러리즘이란 **정치적 또는 사회적, 종교적, 민족적 영향력을 증대하기 위한 목적**으로, **조직적이고 계획적**으로, 비합법적인 폭력을 사용하거나 위협함으로써, 상징적인 인물이나 불특정 다수에게 심리적인 공포심을 부여하는 행위[♣경제적 목적(×), ♣비계산적 우발적 행동(×)]<15승진> ♣ 테러리즘이란 경제적 또는 종교적 영향력을 증대하기 위한 목적으로 이루어진다.(×) ♣ 테러는 비계산적, 우발적 행동을 그 개념적 특징으로 한다.(×) ♣ 전쟁이나 게릴라전과 비교할 때 테러는 경제적 재화 획득을 주목적으로 하는 특징을 가지고 있다.(×) ① **전쟁이나 게릴라전과 비교할 때 테러**는 비교적 소규모로 나타나며, 공격대상에 민간인이 많이 포함되고, 범행목적이 정치적인 성향이 많다.[♣경제적 재화 획득이 목적(×)] ② 게릴라 조직(대규모 조직, 지역주민의 지원)도 목적과 수법이 테러조직(소수인원, 독자적으로 행동)과 유사하기 때문에, 게릴라 조직도 테러조직에 포함시킬 수 있다. ※ 테러업무는 **경찰청 경비국 내 위기관리센터**(재난경비 부분에서 소개) **소관사무이다.**
유형	① **이데올로기적 테러리즘**: 특정 이데올로기를 고수, 확산, 관철시키기 위한 것으로 **혁명주의, 마르크스주의, 무정부주의, 인종주의, 신나치주의 등**이 있다.<02·03승진> – **좌익** ⇨ 마르크스주의·네오막스주의·트로츠키즘·모택동주의·혁명주의·아나키즘 – **우익** ⇨ 인종주의·파시즘·네오파시즘·네오나치즘 ② **민족주의적 테러리즘**: 민족공동체를 기반으로 특정 지역의 독립이나 자율을 목적으로 한 테러리즘이다. ③ **국가테러리즘 :** 특정 국가가 그 영향력을 증대시키기 위해 개인이나 조직이 아니라 **국가 자체가 테러의 주체**가 된다. ④ **간헐적 테러리즘**: **특정 목정** 달성을 위해 **단기간**에 걸쳐 **일회적·간헐적·비조직적으로 자행**되는 테러리즘이다.[♣장기간에 걸쳐(×)] ⑤ **사이버테러리즘**

특색	① **정치적 · 사회적 동기의 내포** ⇨ 테러는 **정치적 동기를 주된 특징**으로 하기 때문에 '금전을 요구하기 위한 어린이의 유괴'와 같이 정치성이 부족한 범죄행위는 테러의 유형에 포함될 수 없다.[♣경제적 재화 획득이 주목적(×)] ② **사회체제나 가치에 대한 도전** ③ **불특정 다수인을 대상**으로 한다.<04승진> ④ 테러는 특정한 주의 주장을 알리기 위하여 **사전에 치밀한 계획**에 의한 활동을 특징으로 한다.[♣비계산적, 우발적 행동(×)] ♣ 테러는 비계산적, 우발적 행동으로서 나타나는 특징이 있다.(×) ※ 최근 테러분자들은 테러공격이 용이한 민간인 · 민간시설 등 이른바 'Soft-Target'을 공격목표로 삼고 있다. ※ **전쟁이나 게릴라전과 비교할 때 테러의 특징** ⇨ 테러는 **비교적 소규모**이며 / **민간인이 주로 공격대상**이고 / 범행목적에 **정치적인 성향**이 많다.

II. 세계 주요테러조직<02 · 03 · 05승진 · 05채용>

중동 지역 테러 조직	Al Qaida	사우디아라비아 출신의 테러분자인 **Osama Bin Laden(오사마 빈 라덴)**에 의하여 설립 · 운영되고 있는 테러단체(일명 Al Jihad(알 지하드)) ※ 1998년 아프리카 케냐와 나이지리아의 미국대사관 폭파사건과 2001년 9월 11일 미국 뉴욕과 워싱턴에서 발생한 세계무역센터와 미 국방성 테러, **일명 9.11테러에서 일정한 역할을 했다고 의심**받고 있다.
	Hamas	이슬람 전통과 혁명을 강조하면서 **이스라엘의 추방 및 팔레스타인 국가건설을 목표**로 1987년 **아마드 야신에 의해 설립**된 정치 및 군사조직 ※ 이스라엘이 점령하고 있는 **가자지구와 웨스트 뱅크 지역에서 활동**하는 팔레스타인 과격 테러단체<03승진>
	Hizbollah	레바논에 근거를 두고 있는 이란의 호메이니의 무슬림 군국주의 노선에 영향을 받은 중동 최대의 테러조직
	검은 9월단	PLO(팔레스타인 해방기구)에서 분리된 극좌파 무장조직(Black September)
	Abu Nidal	리비아에 본부를 분 팔레스타인 테러단체 <ANO>
	PFLP	평화적 협상에 의한 팔레스타인 문제해결을 부정하고, 이스라엘의 파멸을 통한 팔레스타인 문제해결을 주장함.(팔레스타인 해방인민전선 – Popular Front for the Liberation of Palestine), [♣Red Brigade는 중동지역 테러조직(×)]<11경위>
미국민병대		연방정부와 UN에 대한 반감 · 적개심, 오클라호마 연방건물 폭파사건 주동

구분	단체	내용
아시아 지역 테러 조직	PKK	압둘라 오잘란이 쿠르드족 독립국가 건설을 목표로 결성한 무장 게릴라 단체로서 터키와 유럽을 주 무대로 테러활동을 전개(쿠르드노동자당-Kurdistan Workers' Party)
	TPLA	터키정부를 폭력혁명으로 전복시키고 극좌정권을 수립하려는 단체(터키혁명청년연맹·터키인민해방군 – Turkish People's Liberation Army)<05승진>
	탈레반 (Taliban)	1994년 아프가니스탄 남부 칸다하르주(州)에서 결성된 수니파의 무장 이슬람 정치단체로서 과도정부 수립 및 이슬람공화국 선포 등 급진적인 이슬람정책을 수행하고 있다.
	JRA	막스주의의 달성과 PFLP와의 연계를 주장(**일본 적군파**–Japanese Red Army)
	LTTE	스리랑카 북부의 타밀족의 독립국 창설을 목표로 한다.(**타밀 타이거**–Liberation Tiger of Tamil Eelam)[♣대테러조직(×)]
	NPA	1968년 창설된 **필리핀 공산당의 군사조직**으로 노동자 및 농민 혁명을 통해 집권정부를 전복한다는 정치적 목적으로 활동하고 있다. ※ NPA(New People's Army–신인민군)
유럽 지역 테러 조직	ETA	스페인 정부로부터 바스크 지역의 독립을 주장(바스크 독립운동) ※ 바스크 독립운동 – Euskadi Ta Askatasuna, ETA ['ɛ : ta], 에타
	RAF	미국의 제거, 자본주의 붕괴, 마르크스 혁명의 달성을 주장(**서독과 적군파**–Red Army Faction) ※ **원래는 바더 – 마인호프단(Baader – Meinhof Gang)으로 불렸다.**
	IRA	아일랜드 구교도들이 독립운동을 위하여 조직(북아일랜드 공화국군-Irish Republican Army)
	NAP	이탈리아 나폴리를 기반으로 형무소 공격을 주로 한다.(무장 플로레타리아 조직)
	붉은여단	**Red Brigade** – 이탈리아에서 활동, NATO에 대한 반대, 다국적 기업에 대한 파괴를 주장[♣중동지역 테러단체(×)]<11경위> ♣ Red Brigade는 중동지역의 테러단체이다.(×)<11경위>

※ **참고** **터키를 유럽국가로 보는 견해에서는 PKK나 TPLA를 유럽의 테러조직으로 분류**하고 있다.

참고 **검은 9월단 사건**

1972년 9월 서독에서 뮌헨 올림픽이 진행되고 있던 중 '검은 9월단' 소속 테러리스트 8명이 올림픽 선수촌에 잠입해 이스라엘 선수들이 묵고 있는 숙소를 습격하여 인질로 잡고 이스라엘에 억류 중인 팔레스타인 정치범 200여 명의 석방을 요구한 사건으로, 11명의 인질과 테러리스트 5명, 서독 특수부대요원 1명이 사망했다.

III. 국가 테러대응 체계

(1) **대테러 경비의 법적 근거: 국민보호와 공공안전을 위한 테러방지법**[♣테러관련 법률이 존재하지 않는다.(×)](법률 제14071호)

(2) **국민보호와 공공안전을 위한 테러방지법**(법률 제17466호)<17승진>

구분	항목	내용
정의	테러	"테러"란 국가·지방자치단체 또는 외국 정부(외국 지방자치단체와 조약 또는 그 밖의 국제적인 협약에 따라 설립된 국제기구를 포함)의 권한행사를 방해하거나 의무 없는 일을 하게 할 목적 또는 공중을 협박할 목적으로 **사람을 살해하거나 사람의 신체를 상해하여 생명에 대한 위험을 발생하게 하는 행위 또는 사람을 체포·감금·약취·유인하거나 인질로 삼는 행위** 등을 말한다.(제2조 제1호)
	테러단체	"테러단체"란 **국제연합(UN)이 지정**한 테러단체를 말한다.[♣국가정보원이 지정(×)](제2조 제2호)<18승진·18·19경위·17.1·22.1·23.2채용>
	테러위험인물	테러단체의 **조직원이거나 테러단체 선전, 테러자금 모금·기부,** 그 밖에 **테러 예비·음모·선전·선동**을 하였거나 하였다고 의심할 상당한 이유가 있는 사람을 말한다.[♣외국인테러전투원(×)]<제2조 제3호><22승진·17.1채용>
	외국인테러전투원	[♣테러위험인물(×)] 테러를 실행·계획·준비하거나 테러에 참가할 목적으로 **국적국이 아닌 국가의 테러단체에 가입하거나 가입하기 위하여 이동 또는 이동을 시도하는 내국인·외국인**을 말한다.(제2조 제4호)<23승진·17.1·22.1채용> ① **관계기관의 장**은 외국인테러전투원으로 출국하려 한다고 의심할 만한 상당한 이유가 있는 내국인·외국인에 대하여 **일시 출국금지를 법무부장관에게 요청할 수** 있다.(제13조 제1항)<18승진> ② 관계기관장의 요청에 의한 **일시 출국금지 기간**은 **90일로** 한다. 다만, 출국금지를 계속할 필요가 있다고 판단할 상당한 이유가 있는 경우에 관계기관의 장은 그 사유를 명시하여 **연장을 요청할 수** 있다.[♣60일로(×)](제13조 제2항)<18승진> ③ 타국의 **외국인테러전투원으로 가입**한 사람은 **5년 이상의 징역**에 처한다.[♣외국인테러전투원으로 가입 시에도 처벌규정이 없다.(×)](제17조 제1항 제3호)
	대테러조사	대테러활동에 필요한 정보나 자료를 수집하기 위하여 **현장조사·문서열람·시료채취 등**을 하거나 조사대상자에게 **자료제출 및 진술을 요구하는 활동**을 말한다.(제2조 제8호)<22.1채용>
	대테러활동	제1호의 테러 관련 정보의 수집, 테러위험인물의 관리, 테러에 이용될 수 있는 위험물질 등 테러수단의 안전관리, 인원·시설·장비의 보호, 국제행사의 안전확보, 테러위협에의 대응 및 무력진압 등 **테러 예방과 대응에 관한 제반 활동**을 말한다.(제2조 제6호)<22.1채용>
관계		이 법은 대테러활동에 관하여 **다른 법률에 우선**하여 적용한다.(제4조)

<table>
<tr><td rowspan="4">국무
총리</td><td rowspan="3">국가
테러
대책
위원회</td><td colspan="2">① 대테러활동에 관한 정책의 중요사항을 심의·의결하기 위하여 국가테러대책위원회(대책위원회)를 둔다.(제5조 제1항)<23승진>

② 대책위원회는 국무총리 및 관계기관의 장 중 대통령령으로 정하는 사람으로 구성하고 위원장은 국무총리로[♣위원장은 대통령으로(×)] 한다.(제5조 제2항)<17·23승진·17.1순경>

※ 구성: “대통령령으로 정하는 사람”이란 기획재정부장관, 외교부장관, 통일부장관, 법무부장관, 국방부장관, 행정안전부장관, 산업통상자원부장관, 보건복지부장관, 환경부장관, 국토교통부장관, 해양수산부장관, 국가정보원장, 국무조정실장, 금융위원회 위원장, 원자력안전위원회 위원장, 대통령경호처장, 관세청장, 경찰청장, 소방청장 및 해양경찰청장을 말한다.(시행령 제3조 제1항)

※ 대책위원회의 사무를 처리하기 위하여 간사를 두되, 간사는 대테러센터장이 된다.(시행령 제3조 제3항)</td></tr>
<tr><td>테러대책
실무
위원회</td><td>① 대책위원회를 효율적으로 운영하고 대책위원회에 상정할 안건에 관한 전문적인 검토 및 사전 조정을 위하여 대책위원회에 테러대책 실무위원회(이하 “실무위원회”라 한다)를 둔다.(시행령 제5조 제1항)

② 실무위원회에 위원장 1명을 두며, 실무위원회의 위원장은 대테러센터장이 된다.(시행령 제5조 제2항)</td></tr>
<tr><td>대테러
인권
보호관</td><td>① 관계기관의 대테러활동으로 인한 국민의 기본권 침해 방지를 위하여 (국가테러)대책위원회 소속으로 대테러 인권보호관(“인권보호관”) 1명을 둔다.(제7조 제1항)<23.2채용>

② 인권보호관의 자격, 임기 등 운영에 관한 사항은 대통령령으로 정한다.(제7조 제2항)</td></tr>
<tr><td>대테러
센터</td><td colspan="2">① 대테러활동과 관련하여 다음 각 호의 사항을 수행하기 위하여 국무총리 소속으로 관계기관 공무원으로 구성되는 대테러센터를 둔다.(제6조 제1항)
1. 국가 대테러활동 관련 임무분담 및 협조사항 실무 조정
2. 장단기 국가대테러활동 지침 작성·배포
3. 테러경보 발령
4. 국가 중요행사 대테러안전대책 수립
5. 대책위원회의 회의 및 운영에 필요한 사무의 처리
6. 그 밖에 대책위원회에서 심의·의결한 사항

② 대테러센터장은 관계기관의 장에게 직무 수행에 필요한 협조와 지원을 요청할 수 있다.(시행령 제6조 제2항)

※ 대테러센터장(1명) 및 대테러정책관(1명)은 고위공무원단에 속하는 일반직 공무원으로 보한다.(시행령 제19조의3 제2항)</td></tr>
</table>

PART 03

국가 정보원	대테러 합동 조사팀	① **국가정보원장은** 국내외에서 테러사건이 발생하거나 발생할 우려가 현저할 때 또는 테러 첩보가 입수되거나 테러 관련 신고가 접수되었을 때에는 예방조치, 사건 분석 및 사후처리방안 마련 등을 위하여 관계기관 합동으로 대**테러 합동조사팀**(이하 "합동조사팀"이라 한다)을 **편성 · 운영할 수** 있다.(시행령 제21조 제1항) ② 국가정보원장은 합동조사팀이 현장에 출동하여 조사한 경우 그 결과를 대테러센터장에게 통보하여야 한다.(시행령 제21조 제2항) ③ 제1항에도 불구하고 군사시설에 대해서는 국방부장관이 자체 조사팀을 편성 · 운영할 수 있다. 이 경우 국방부장관은 자체 조사팀이 조사한 결과를 대테러센터장에게 통보하여야 한다.(시행령 제21조 제3항)
	테러 위험 인물 정보 수집 등	① **국가정보원장**은 **테러위험인물에 대하여 출입국 · 금융거래 및 통신이용 등 관련 정보를 수집할 수** 있다.[♣수집하여야 한다.(×)](제9조 제1항)<17승진 · 17.1채용> ※ 이 경우 출입국 · 금융거래 및 통신이용 등 관련 정보의 수집은 「출입국관리법」, 「관세법」, 「특정 금융거래정보의 보고 및 이용 등에 관한 법률」, 「통신비밀보호법」의 절차에 따른다.(제9조 제1항 단서) ② **국가정보원장**은 제1항에 따른 정보 수집 및 분석의 결과 테러에 이용되었거나 이용될 가능성이 있는 금융거래에 대하여 **지급정지 등의 조치**를 취하도록 금융위원회 위원장에게 **요청할 수** 있다.(제9조 제2항) ③ **국가정보원장**은 테러위험인물에 대한 **개인정보**(「개인정보 보호법」상 민감정보를 포함한다)**와 위치정보를** (「개인정보 보호법」 제2조의) **개인정보처리자**와 (「위치정보의 보호 및 이용 등에 관한 법률」 제5조 제7항에 따른) **개인위치정보사업자** 및 (같은 법 제5조의2 제3항에 따른) **사물위치정보사업자에게 요구할 수** 있다.(제9조 제3항) ④ **국가정보원장**은 대테러활동에 필요한 정보나 자료를 수집하기 위하여 **대테러 조사 및 테러위험인물에 대한 추적을 할 수** 있다. 이 경우 사전 또는 사후에 **대책위원회 위원장에게 보고하여야** 한다.(제9조 제4항)<17 · 18 · 23승진 · 18경위>
관계 기관	전담 조직	관계기관의 장은 테러 예방 및 대응을 위하여 필요한 전담조직을 둘 수 있다.(제8조 제1항)
	외국인 테러 전투원 규제	관계기관의 장은 외국인테러전투원으로 가담한 사람에 대하여 「여권법」 제13조에 따른 **여권의** 효력정지 및 같은 법 제12조 제3항에 따른 **재발급 거부**를 **외교부장관에게 요청할 수** 있다.(제13조 제3항)
	테러 선동 선전물 긴급 삭제 요청	① **관계기관의 장**은 **테러를 선동 · 선전하는 글 또는 그림, 상징적 표현물**, 테러에 이용될 수 있는 **폭발물 등 위험물 제조법** 등이 인터넷이나 방송 · 신문, 게시판 등을 통해 유포될 경우 해당 기관의 장에게 **긴급 삭제 또는 중단, 감독 등의 협조를 요청할 수** 있다.(제12조 제1항) ② 제1항의 협조를 요청받은 해당 기관의 장은 필요한 조치를 취하고 그 결과를 **관계기관의 장에게 통보하여야** 한다.(제12조 제2항)

<table>
<tr><td rowspan="3">관계
기관</td><td rowspan="3">신고,
신고자
보호,
포상금</td><td>① 테러로 인하여 신체 또는 재산의[♣명예의 피해(×)] 피해를 입은 국민은 관계기관에 즉시 신고하여야 한다. 다만, 인질 등 부득이한 사유로 신고할 수 없을 때에는 법률관계 또는 계약관계에 의하여 보호의무가 있는 사람이 이를 알게 된 때에 즉시 신고하여야 한다.(제15조 제1항)<23.2채용></td></tr>
<tr><td>② 국가는 「특정범죄신고자 등 보호법」에 따라 테러에 관한 신고자, 범인검거를 위하여 제보하거나 검거활동을 한 사람 또는 그 친족 등을 보호하여야 한다.(제14조 제1항)</td></tr>
<tr><td>③ 관계기관의 장은 테러의 계획 또는 실행에 관한 사실을 관계기관에 신고하여 테러를 사전에 예방할 수 있게 하였거나, 테러에 가담 또는 지원한 사람을 신고하거나 체포한 사람에 대하여 대통령령으로 정하는바에 따라 포상금을 지급할 수 있다.[♣지급하여야(×)](제14조 제2항)<23승진></td></tr>
<tr><td>특별
위로금</td><td colspan="2">테러로 인하여 생명의 피해를 입은 사람의 유족 또는 신체상의 장애 및 장기치료가 필요한 피해를 입은 사람에 대해서는 그 피해의 정도에 따라 등급을 정하여 특별위로금을 지급할 수 있다.(제16조 제1항)

※ 다만, (여권법」 제17조 제1항 단서에 따른) 외교부장관의 허가를 받지 아니하고 방문 및 체류가 금지된 국가 또는 지역을 방문 · 체류한 사람에 대해서는 그러하지 아니하다.(제16조 제1항 단서)<23.2채용></td></tr>
<tr><td>테러단체
구성죄
등</td><td colspan="2">① 테러단체를 구성하거나 구성원으로 가입한 사람은 다음 각 호의 구분에 따라 처벌한다.(제17조 제1항)
1. 수괴(首魁)는 사형 · 무기 또는 10년 이상의 징역
2. 테러를 기획 또는 지휘하는 등 중요한 역할을 맡은 사람은 무기 또는 7년 이상의 징역
3. 타국의 외국인테러전투원으로 가입한 사람은 5년 이상의 징역[♣3년 이상의 징역(×)](제17조 제1항 제3호)<17승진 · 18경위>
♣ 타국의 외국인테러전투원으로 가입한 사람을 처벌하는 규정이 있다.(○)<18경위>
4. 그 밖의 사람은 3년 이상의 징역(제17조)
※ 세계주의 – 위 죄(제17조의 죄)는 대한민국 영역 밖에서 범한 외국인에게도 국내법을 적용한다.(제19조)<18경위>
♣ 테러단체 구성죄는 대한민국 영역 밖에서 범한 외국인에게도 적용한다.(○)<18경위>

② 테러자금임을 알면서도 자금을 조달 · 알선 · 보관하거나 그 취득 및 발생원인에 관한 사실을 가장하는 등 테러단체를 지원한 사람은 10년 이하의 징역 또는 1억원 이하의 벌금에 처한다.(제17조 제2항)
③ 테러단체 가입을 지원하거나 타인에게 가입을 권유 또는 선동한 사람은 5년 이하의 징역에 처한다.(제17조 제3항) ⇨ 미수, 예비, 음모 처벌규정×
④ 제1항 및 제2항의 미수범은 처벌한다.(제17조 제4항)
⑤ 테러단체 구성 · 가입, 테러자금 조달등 테러단체지원의 미수범을 처벌하고, 동 죄를 저지를 목적으로 예비 또는 음모한 사람도 3년 이하의 징역에 처한다.[♣가입을 지원 · 권유 · 선동 미수 · 예비 · 음모처벌(×)](제17조 제4항, 제5항)<20승진>
♣ 테러단체 구성죄의 미수범은 처벌하나 예비 음모처벌하지 않는다.(×)</td></tr>
<tr><td>세계주의</td><td colspan="2">테러단체 구성등의 죄는 대한민국 영역 밖에서 저지른 외국인에게도 국내법을 적용한다.(제19조)</td></tr>
</table>

☞ 국민보호와 공공안전을 위한 테러방지법 시행령

시도	지역 테러 대책 협의회	① **특별시 · 광역시 · 특별자치시 · 도 · 특별자치도**(이하 "시 · 도")에 해당 지역에 있는 관계기관 간 테러예방활동에 관한 협의를 위하여 지역 테러대책협의회를 둔다.(시행령 제12조 제1항) ② 지역 테러대책협의회의 **의장**은 **국가정보원의 해당 지역 관할지부의 장**(특별시의 경우 대테러센터장)**이** 된다.(시행령 제12조 제2항)
경찰청 등	테러 사건 대책 본부	① 외교부장관, 국방부장관, 국토교통부장관, **경찰청장** 및 해양경찰청장**은 테러가 발생하거나 발생할 우려가 현저한 경우**(국외테러의 경우는 대한민국 국민에게 중대한 피해가 발생하거나 발생할 우려가 있어 긴급한 조치가 필요한 경우에 한한다)에는 다음 각 호의 구분에 따라 **테러사건대책본부**("대책본부")**를 설치 · 운영하여야** 한다.[♣경찰청장은 해양테러사건 포함(×)](시행령 제14조 제1항) 1. 외교부장관 : 국외테러사건대책본부, 2. 국방부장관 : 군사시설테러사건대책본부 3. 국토교통부장관 : 항공테러사건대책본부, 4. 삭제<2017. 7. 26.> 5. **경찰청장 : 국내일반 테러사건대책본부**, 6. 해양경찰청장 : 해양테러사건대책본부 ※ 경찰청은 화학 · 생물 · 방사능테러를 포함한 국내일반 테러사건의 주무기관으로 업무영역을 확대하였다.(시행령 제14조 제1항 제5호) ② (테러사건)**대책본부의 장**은 **대책본부를 설치하는 관계기관의 장**(군사시설테러사건대책본부의 경우에는 합동참모의 장)**이 되며,** (제15조에 따른) **현장지휘본부의 사건 대응 활동을 지휘 · 통제**한다.(시행령 제14조 제3항) ※ 대책본부의 장은 테러사건이 발생한 경우 사건 현장의 대응 활동을 총괄하기 위하여 현장지휘본부를 설치할 수 있다. 현장지휘본부의 장은 대책본부의 장이 지명한다.(시행령 제15조 제1항, 제2항) ③ **테러사건 대응 :** 대책본부의 장은 테러사건에 대한 대응을 위하여 필요한 경우 **현장지휘본부를 설치하여** 상황 전파 및 대응 체계를 유지하고, **조치사항을 체계적으로 시행한다**.(시행령 제24조 제1항)
시도 경찰청	현장 지휘 본부	① (테러사건)**대책본부의 장**은 테러사건이 발생한 경우 사건 현장의 대응 활동을 총괄하기 위하여 **현장지휘본부를 설치할 수** 있다.(시행령 제15조 제1항) ② **현장지휘본부의 장**은 테러의 양상 · 규모 · 현장상황 등을 고려하여 협상 · 진압 · 구조 · 구급 · 소방 등에 필요한 **전문조직을 직접 구성하거나** 관계기관의 장에게 **지원을 요청할 수** 있다. 이 경우 관계기관의 장은 특별한 사정이 없으면 현장지휘본부의 장이 요청한 사항을 **지원하여야** 한다.(시행령 제15조 제3항) ③ **현장지휘본부의 장**은 현장에 출동한 **관계기관의 조직**(대테러특공대, 테러대응구조대, 대화생방테러 특수임무대 및 **대테러합동조사팀을 포함**)을 **지휘 · 통제**한다.[♣협조관계를 유지한다.(×)](시행령 제15조 제4항) ※ 경찰청장(대책본부장), 시 · 도경찰청장(현장지휘본부장), 경찰서장(초동조치팀장)의 관계기관에 대한 지원요청 및 지휘 · 통제 권한이 강화되었다.(시행령 제15조 제3항, 제4항 해석)

경찰서	초동 조치팀	국내 일반테러사건의 경우에는 **대책본부가 설치되기 전까지** 테러사건 발생 지역 **관할 경찰관서의 장**이 **초동 조치를 지휘·통제**한다.(시행령 제23조 제3항) ※ **경찰서장**은 국내일반 테러사건대책본부 설치 전까지 **초동조치팀장**으로서 **사건현장을 지휘·통제**한다.
관계기관	상황 전파	관계기관의 장은 테러사건이 **발생**하거나 테러 위협 등 그 **징후를 인지**한 경우에는 관련 상황 및 조치사항을 **관련기관의 장과 대테러센터장에게 즉시 통보하여야** 한다.(시행령 제23조 제1항)

⑶ **테러취약시설 안전 활동에 관한 규칙**<16승진>

정의	"**테러취약시설**"이란 테러 예방 및 대응을 위해 경찰이 관리하는 다음 각 목의 시설·건축물 등 중 **경찰청장이 지정**하는 것을 말한다.(제2조 제1호) 가. **국가중요시설**/ 나. **다중이용건축물등**/ 다. **공관지역**/ 라. **미군 관련 시설**/ 마. 그 밖에 특별한 관리가 필요하다고 **테러취약시설 심의위원회에서 결정한 시설** ① "**국가중요시설**"이란 **국방부장관이** 관계 행정기관의 장 및 국가정보원장과 협의하여 **지정**한 시설을 말한다.(제2조 제2호, 「통합방위법」 제21조 제4항) ※ 경찰서장은 관할 내에 있는 국가중요시설 전체에 대하여 **연 1회 이상** 지도·점검을 실시하여야 하며, 시·도경찰청장은 관할 내 국가중요시설 중 선별하여 **연 1회 이상** 지도·점검을 실시한다.(제21조 제1항, 제2항) ② "**다중이용건축물등**"이란 (「재난 및 안전관리 기본법 시행령」 제43조의8 제1호·제2호에 따른) 건축물 또는 시설로서 **관계기관의 장이**[♣대테러센터장이(×)] **소관업무와 관련하여 대테러센터장과 협의하여 지정**한 것을 말한다.(제2조 제3호) 1. (「건축법 시행령」 제2조 제17호 가목에 따른) **다중이용 건축물** 2. 그 밖에 (제1호에 따른 건축물에 준하는) 건축물 또는 시설로서 **행정안전부장관이** (법 제34조의6 제1항 본문에 따른) **'위기상황 매뉴얼'의 작성·관리가 필요하다고 인정하여 고시**하는 **건축물 또는 시설** ③ "**공관지역**"이란 소유자 여하를 불문하고 공관장의 주거를 포함하여 공관의 목적으로 사용되는 건물과 건물의 부분 및 부속토지를 말한다.(제2조 제4호) ④ "**미군 관련 시설**"이란 주한미군 기지, 중요 방위산업체 등의 시설로서 심의위원회에서 지정한 것을 말한다.(제2조 제5호) ⑤ "**관계기관**"이란 대테러활동을 수행하는 국가기관, 지방자치단체, 「공공기관의 운영에 관한 법률」 제4조에 따른 공공기관, 「지방공기업법」 제2조 제1항 제1호부터 제4호까지의 사업을 수행하는 지방직영기업, 지방공사 및 지방공단을 말한다.(제2조 제6호).......
지정	① **경찰서장은** 관할 테러취약시설의 신규지정 등을 하고자 하는 경우 **시·도경찰청장에게 요청**하고 **시·도경찰청장은** 적절성을 검토하여 **경찰청장에게 요청**한다. ② **경찰청장은** 시·도경찰청장으로부터 요청과 필요하다고 인정하는 경우 **심의위원회를 거쳐 테러취약시설을 지정할 수** 있다. 다만, **국가중요시설, 다중이용건축물 등, 공관지역은 테러취약시설로 지정하여야** 한다.(규칙 제5조, 제13조)

심의위	① **테러취약시설 심의위원회 ➡** 심의위원회는 **경찰청 경비국 위기관리센터에 비상설로** 둔다.(제14조 제1항)<17승진> ② **구성** 1. **위원장 : 경찰청 경비국장**<17승진> 2. 부위원장 : 위기관리센터장 3. 위원 – 경비국 경비과장, 경호과장, 생활안전국 범죄예방정책과장, 정보국 정보1과장, 보안국 보안1과장, 외사정보과장, 그 밖에 위원장이 지정하는 자 4. 간사 : 대테러안전계장
다중이용 건축물 등 분류 · 지도 점검	① '다중이용건축물 등'은 **기능 · 역할의 중요성과 가치의 정도에 따라 "A"등급**, 다중이용시설 **"B"등급**, 다중이용시설 **"C"등급**(이하 "A급", "B급", "C급")**으로 구분**한다.(제9조 제1항)<16경위> 1. **A급** : 테러에 의하여 파괴되거나 기능 마비시 **광범위한 지역의 대테러진압작전이 요구**되고, 국민생활에 **결정적인 영향**을 미칠 수 있는 건축물 또는 시설 ※ A급은 **분기 1회**[♣반기 1회 이상(×)] **이상 관할서장이** 해당 시설 관리자의 동의를 받아 **지도 점검**하여야 한다.(연 1회 이상 유관기관과 합동실시원칙)(제22조 제1항 제1호)<17승진> 2. **B급** : 테러에 의하여 파괴되거나 기능 마비 시 **일부 지역의 대테러진압작전**이 요구되고, 국민생활에 **중대한 영향**을 미칠 수 있는 건축물 또는 시설(제9조 제1항 제2호)<17승진 · 18경위> ※ B급과 C급은 **반기 1회 이상 관할서장이** 해당 시설 관리자의 동의를 받아 **지도 점검하여야** 한다.[♣B급은 분기 1회 이상(×)](제22조 제1항 제2호)<16 · 20승진 · 18 · 19경위> [☻분반반] 3. **C급** : 테러에 의하여 파괴되거나 기능 마비시 **제한된 지역에서 단기간 대테러진압작전이 요구**되고, 국민생활에 **상당한 영향**을 미칠 수 있는 건축물 또는 시설<17 · 22승진> ② **시 · 도경찰청장**은 **반기 1회**[♣분기1회(×)], 경찰청장은 기간제한 없이 해당 시설 관리자의 동의를 받아 선별적으로 **지도점검을 실시하여야** 한다.(제22조) ※ '다중이용건축물 등' 지도 · 점검 시 **무인물품보관함 예비키 보관여부도 점검사항**이다.
테러 경보	① **대테러센터장은** 테러 위험 징후를 포착한 경우 테러경보 발령의 필요성, 발령 단계, 발령 범위 및 기간 등에 관하여 **실무위원회의 심의를 거쳐** 테러경보를 발령한다.(테러방지법 시행령 제22조 제1항) ※ 다만, 긴급한 경우 또는 제2항에 따른 **주의 이하**의[♣경계 이하(×)] 테러경보 발령 시에는 실무위원회의 심의 절차를 **생략할 수** 있다.(테러방지법 시행령 제22조 제1항 단서) ② **테러경보**는 테러위협의 정도에 따라 **관심 · 주의 · 경계 · 심각의 4단계로 구분**한다.(테러방지법 시행령 제22조 제2항) ③ **시 · 도경찰청장과 경찰서장**("경찰관서장")은 테러취약시설에 대한 경력을 **평시, 테러징후시, 테러발생시, 그 밖에 국제행사 등 필요시 상황에 대응**하여 별표2의 기준에 따라 단계별로 배치한다.(규칙 제16조) ※ **단계별 경력배치 ➡ 1단계(테러경보 관심 ⇨ 주의) / 2단계(주의 ⇨ 경계) / 3단계(경계 ⇨ 심각)**[♣관심-1단계, 주의-2단계, 경계-3단계, 심각-4단계(×)]<규칙 별표2> ④ **대테러센터장**은 **테러경보를 발령**하였을 때에는 **즉시 국가테러대책위원장에게 보고**하고, **관계기관에 전파하여야** 한다.(테러방지법 시행령 제22조 제3항)

테러경보	관심	테러 관련 상황의 전파, 관계기관 상호 간 **연락체계의 확인**, **비상연락망의 점검** 등
	주의	테러 대상 시설 및 테러에 이용될 수 있는 위험물질에 대한 **안전관리의 강화**, 국가중요시설에 대한 **경비의 강화**, 관계기관별 자체 **대비태세의 점검** 등
	경계	테러취약요소에 대한 경비 등 **예방활동의 강화**, 테러취약시설에 대한 **출입통제의 강화**, 대테러 담당공무원의 **비상근무** 등
	심각	대테러 관계기관 공무원의 **비상근무**, 테러유형별 테러사건 대책본부 등 사건대응 조직의 **운영준비**, 필요장비·인원의 **동원태세 유지** 등
대테러훈련	① **경찰서장은** 관할 테러취약시설 중 선정하여 **분기 1회 이상 대테러 훈련(FTX)을 실시해야** 한다. 이 경우 **연 1회 이상은**[♣반기 1회 이상(×)] **관계기관 합동**으로 실시한다.(제27조 제1항) ② **시·도경찰청장은 반기 1회 이상** 권역별로 대테러 훈련을 실시하여야 한다.(제27조 제2항)	

Ⅳ. 각국의 대테러 특공대<19경위·01·02·03승진·02·12.2채용>

(1) **영국의 SAS(특수공군부대 : Special Air Service Regiment)** : 1942년 롬멜의 아프리카 전차군단을 격퇴할 목적으로 창설된 세계 최초의 테러진압 특공대로서, 이 부대는 전후에도 대테러부대로 운용되었다.<19경위>

> ※ SAS(현장조치팀 : Special Air Service) ⇨ 1972년 '검은 9월단 사건'을 계기로 특수공군부대(SAS)의 일부로서 창설되어, 인질·유괴·선방 및 항공납치·암살을 포함한 모든 형태의 테러사건 처리를 임무로 하고 있다.<04승진·04채용>

(2) **미국의 SWAT :** 대테러 업무는 전통적으로 군에서 수행하고 있으며, 육군의 특수부대인 델타포스(Delta Forces : GSG-9과 SAS의 모가디슈 작전 성공에 자극받아 설립됨), 레인저(Ranger)와 **해군의 특수부대인 네이비 실(Navy SEAL)**을 두고 있다.<19경위·05승진>

※ Navy SEAL(네이비 실) – 해상(SEa), 항공(Air), 육상(Land)의 머리글자로 미해군의 특수부대이다.

참고 모가디슈 구출작전

> 1977년 10월 13일 여성 2명을 포함한 4명의 독일 바더-마인호프단(적군파) 테러리스트들이 87명이 탑승한 독일 루프트한자 여객기를 납치하였다. 이들은 독일 적군파 테러리스트 석방과 1천 5백만 달러를 요구하며 로마, 키프로스, 베이루트, 다마스커스, 바레인, 두바이, 아덴을 거쳐 같은 달 17일 최후 기착지에 도착하였으나, 같은 달 18일 독일 GSG-9 특공대가 승객을 무사히 구출하여 인질구출 작전의 모범이 되었다.

① 대테러 경찰조직으로서는 주경찰 내에 조직된 경찰 특수부대로서 SWAT(경찰특수부대·특별무기전술기동대)·ESS(기동타격대)·TOU(전술작전단) 등을 두고 있다.<04승진>

② 국토안보부(DHS) : 9.11 테러 이후 대테러 전문기관으로 2002년 설치되어 대테러 업무를 총괄하도록 하고 있다.(Department of Homeland Security)

(3) **독일의 GSG-9 :** 1972년 뮌헨올림픽에서 '검은 9월단 사건'을 계기로 연방경찰(BP) 산하에 설립됨, 모가디슈 작전(루프트한자 항공기 인질구출작전)을 수행하였다.[♣독일의 GIGN(×)]<17·19경위·09승진·12.2채용>

※ SEK : 각 주(州)와 주요도시에 편성된 특수작전 부대 〈미국의 SWAT와 유사〉

(4) **프랑스의 GIPN** : 1972년 '검은 9월단 사건'을 계기로 창설된 국립경찰청 경비국 소속의 대테러부대로 전국에 약 10여 개의 부대가 있다.[♣프랑스의 GSG-9(×)]<19경위 · 12.2채용>

※ **GIGN(군인경찰특공대)** : 1973년 '프랑스 주재 사우디대사관 점검사건'을 계기로 창설한 군경찰로 구성된 **국가헌병대 소속**의 대테러 특수부대[♣프랑스의 GIPN(×)]<19경위>

(5) **사렛트 매트칼(이스라엘의 Sayaret Matkal)** : 정보국 산하의 대테러 특공대로 엔테베 작전을 수행하였다.

(6) **한국의 특공대[KNP SWAT(경찰특공대)]** : 86아시안 게임과 88올림픽을 대비하기 위해 1983년에 경찰청 직속으로 KNP868부대를 창설 ⇨ 현재는 **서울시경찰청 소속**으로 변경되었다.<19경위>

① 경찰특공대의 출동은 경찰청장이 결정하며, 무력진압작전은 테러대책회의에서 결정한다.

참고 경찰특공대 조직

① 인질 · 난동 · 대테러 사건의 진압을 위해 '국가대테러활동지침'에 의해 설치된다.

② 시 · 도경찰청별로 **경찰특공대가 창설**되어 있다.

③ 여성관련 테러의 처리를 위해 2000년 2월부터 여경특공대를 운영하고 있다.

④ 지역적 활동범위는 국내로 한정된다.(해외작전은 특전사 707대에서 담당)

※ **주요임무**

① 무기에 의한 인질 또는 난동사건 진압, 부수피해 방지, 채증활동, 군중격리 등

② 경찰특공대의 1차적 임무는 인질 구출작전이며, 경호업무도 일부 수행한다.

※ **한국군의 707대대 : 군에는** 특수기동타격대인 707대대가 있다.

V. 인질협상

1. 인질협상의 의의

(1) 인질협상은 인질의 생명과 안전을 위하여 범인을 설득하고 흥정하는 과정으로 테러리스트도 목적하는바가 있으므로 협상의 가능성은 열려 있다.

① 협상을 통해 **인질에 대한 자료와 정보수집**, 다음 **대응전략을 위한 시간벌기**, 인질의 생명보호 등이 가능해진다.

② 인질사건은 협상이 최우선되어야 하나 협상이 반드시 성공하는 것은 아니므로 **무력으로 진압하기 위한 예비조치가 될 가능성**이 있다.[♣무력제압 예비조치가 되어서는 안된다.(×)]

※ **협상은 양보의 획득과정**이다.

③ 인질협상 시, 신속하고 정확한 통신수단을 마련하고, 인질과 대화통로를 단일화하며, **인질범의 부모나 여자친구 등**은 인질범의 극단적 행동을 자극하게 되므로 **현장에서 멀리**하는 것이 바람직하다.[♣인질범의 부모나 여자친구 최대한 활용(×)]

④ **인질협상 8단계[영국의 Scot Negotiation Institute]**<01 · 03 · 08승진>

1	협상의 준비	양보할 것, 얻기를 희망하는 것, 꼭 얻어야 하는 것을 준비한다. ※ 인질협상과정에서 그 준비과정으로서 초동조치단계에서는 ① 격리와 고립, ② 협상지휘소 설치, ③ 정보 분석을 하고, 협상자 선정, 협상개시 순으로 본격적인 협상이 이루어진다.
2	논쟁의 개시	논쟁은 **인질범이 먼저** 떼를 쓰고 **흥정을 걸어오도록** 유도한다. ※ 상대의 흥정을 유발하기 위해서는 논쟁 개시단계에서 우리 측에서 줄 수 있는 **한계를 분명히 해서는 안된다.**[♣한계를 분명히 한다.(×), ♣흥정단계(×)]
3	신호	석방요구를 하면서 협상의 의사가 있음을 전달한다.
4	제안	협상상대, 교신방법, 진행방법 등을 말한다.
5	타결안	개개 내용에 대한 **일괄타결을 유도하되 타결안이 여러 내용을 포괄취급해서는 안 된다.**[♣포괄취급한다.(×)]<01승진> ※ 사안별로 조건, 시간, 장소, 전달방식, 인도에 대한 요구조건 처리 등을 명확히 하여 일괄하여 합의를 한다는 의미이다.
6	흥정	협상은 양보가 아니라 교역이므로 **주고받는 형식으로** 이루어져야 하며, 요구사항이 바뀌는 경우에는 다시 협상을 해야 한다. ※ 협상은 **상대적인 것**이므로 **"공짜는 절대 없다."**[♣흥정유도,, 한계설정금지(×) ⇨ 논쟁개시 단계]
7	정리	**합의시마다 내용을** 정리하여 **명확하게** 하여야 한다.
8	타결	타결이 불가능한 경우에는 다음 단계의 작전을 위하여 지속적인 대화나 접촉을 실시해야 한다.

⑴ **협상 시 고려사항**

① **사건현장 봉쇄로 보도진의 접근을 차단**, ② 신속하고 정확한 통신수단을 준비, ③ 인질과의 대화통로를 단일화, ④ 기법상의 탈출로를 만들어 두고 협상을 개시, ⑤ 인질범의 부모나 여자 친구 등은 현장에서 멀리함, ⑥ 협상 시 극단적인 표현(절대, 마지막)이나 심문식 질문을 자제하고 길게 답을 유도한다.

⑵ **협상의 진행**

① 협상상황에 따라 **불필요한 단계가 있을 수** 있다.

② **어떤 단계는 여러 번 반복될 수** 있다.

③ 인질범의 요구사항에 대하여 **즉답을 회피한다.**

④ 협상할 때에는 인질범에게 **조속한 의사결정을 요구**하여 심리적 압박을 가하는 것이 바람직하다.[♣충분한 시간을 제공한다.(×)]

⑤ **양보가 가능하거나 시간을 벌 수 있는 것부터 협상**한다.

2. 인질범죄 특수심리현상<05 · 12 · 18 · 20승진 · 07경위 · 05 · 10.2채용>

(1) **리마증후군(Lima Syndrome) :** 시간경과에 따라 인질범이 인질에게 일체감을 느끼고 인질의 입장을 이해하여 호의를 베푸는 등 **인질범이 인질에게 동화**되어 공격적 태도가 완화되는 현상<05 · 12 · 18 · 20승진 · 07경위 · 05 · 10.2채용>

> ※ 1995년 **페루 수도인 리마**에 소재한 일본대사관에 투팍 아마르 소속의 게릴라가 난입하여 대사관 직원 등을 126일 동안 인질로 잡은 사건에서 유래된 것

(2) **스톡홀름 증후군(Stockholm Syndrome) :** 두려움에서 오는 근육의 긴장, 호흡의 가속화 등 생리적 현상이 사랑을 느낄 때의 생리적 현상과 거의 비슷하기 때문에 이를 사랑으로 착각한 것으로 **인질이 인질범에게 동화**되는 현상을 보여주고 있다.[♣인질범이 인질에 대해 적개심을 갖는 현상(×), ♣인질이 인질범에 대해 적개심을 갖는 현상(×)]<05 · 12 · 18승진 · 07 · 17경위 · 05 · 10.2채용>

① 인질사건에서 시간이 경과함에 따라 인질범과 인질 사이에 감정이입(empathy)이 이루어져 친근감이 생기게 되는 현상

② **인질이 인질범에 대해 호의적인 감정**을 가지는 반면에 경찰에 대해서는 적대감을 가지게 된다. ⇨ 심리학적 용어: **오귀인 효과**(misattribution effect)<17경위>

③ 스톡홀름 증후군은 인질의 피해가능성을 감소시켜 협상에 유리하게 작용하는 것으로 인식

> ※ **말의 유래** ⇨ 스톡홀름증후군(Stockholm syndrome)이란 **스웨덴의 수도 스톡홀름**에서 은행 강도사건 발생 시에 131시간 동안 인질로 사로잡혀 있던 여인이 인질범과 사랑에 빠져 인질범과 함께 경찰에 대항하여 싸운 사건에서 유래함.

> ※ **심리학에서 오귀인 효과(mis-attribution effect)라고도 하는바,** 두려운 상황의 생리적 흥분이 사랑의 감정과 비슷하기 때문에 두려움에서 오는 근육의 긴장, 호흡의 가속화 등 생리적 현상을 사랑으로 착각하며, 특히 극도의 공포감 속에서 인질범의 작은 배려에도 고마움을 느껴 인질범을 사랑하게 된 것이다. 공포의 독재를 통한 카리스마를 형성시킨 다음 아주 사소한 배려에도 국민들은 쉽게 감동을 받으므로 이런 효과는 국민을 인질로 생각하는 독재자들이 즐겨 사용한다.<09경위>

V 테마 146 경호경비(대테러)

(1) **개념 : "경호"**란 경호 **대상자의 생명과 재산을 보호**하기 위하여 **신체에 가하여지는 위해(危害)를 방지하거나 제거**하고(**호위**), **특정 지역을 경계 · 순찰 및 방비(경비)**하는 등의 모든 안전 활동을 말한다.(대통령등의 경호에 관한 법률 제2조 제1호)<20경위>

※ 경호란 **호위와 경비를 포함한 개념**이다.<15 · 20경위>

① **호위 : 신체에 대하여** 직접적으로 가해지는 위해를 근접에서 방지 또는 제거하는 활동

② **경비 :** 생명 · 신체를 보호하기 위하여 **특정한 지역을** 경계 · 순찰 · 방비하는 행위이다.[♣호위(×)]<20경위>

♣ 호위란 생명 · 신체를 보호하기 위하여 특정한 지역을 경계 · 순찰 · 방비하는 행위이다.(×)

※ **경호경비의 목적 :** 피경호자의 신변안전 도모, 질서유지와 혼잡방지, 위엄유지와 국위선양, 피경호자와 환송 · 영자 간의 친목도모<05승진>

(2) **경호경비 4대 원칙**<99 · 01승진 · 07경위 · 01 · 02 · 04채용>

① 하나의 통제된 지점을 통한 접근의 원칙 [♣다양한 지점을 통한 접근(×)]

타인이 피경호인과 **접근할 수 있는 통로는 경호상 통제된 유일한 통로만이 필요**하다는 원칙

♣ 다양한 지점을 통한 접근의 원칙은 경호경비 4대 원칙 중 하나이다.(×)

※ 하나의 통제된 통로도 반드시 경호원에 의하여 확인된 후 허가절차를 밟아 이루어져야 한다.

② 자기희생의 원칙

경호인은 **자기 자신을 희생해서라도** 피경호인의 신변을 반드시 보호하여야 한다는 원칙

※ 피경호자 신변의 안전은 어떠한 상황과 희생을 겪더라도 보호, 유지되어야 한다.

③ 자기 담당구역 책임의 원칙

경호인은 자기 담당구역 내에서 일어나는 모든 사태에 대비하여 책임을 지고 해결해야 하며, **담당구역 외의 사태에는 관여해서는 안 된다**는 원칙[♣특별한 상황에서는 책임구역 외라도 확인책임(×), ♣자기 담당구역이 아닌 인근지역 확인 · 원조해야(×)]<20경위>

♣ 경호경비의 원칙상 인근지역에 특별한 상황이 발생하는 경우에는 자기책임 구역 외라도 확인책임이 있다.(×)

※ 비록 인근지역에 **특별한 상황이 발생하더라도 자기책임구역을 이탈해서는 안 된다.**

④ 목표물 보존의 원칙(= '보안의 원칙')

의의	암살 기도자 또는 위해를 가할 가능성이 있는 불순분자로부터 **피경호자(목표물)를 격리하여야 한다는 원칙**<04승진 · 09승진 · 06채용>
주요내용	① **행차코스 · 행사예정 장소** 등은 원칙적으로 **비공개되어야** 한다. ② 피경호자가 수회 행차한 **동일한 장소**는 가급적 **회피해야** 한다.(수시로 변경) ③ 대중에게 **노출된 도보행차**는 가급적 **제한되어야** 한다.[♣하나의 통제된 지점을 통한 접근의 원칙(×)]<12.2채용>

Ⅰ. 경호의 종류

각종 기준에 따른 경호의 분류

(1) **성격** – ① 완전공식, ② 공식, ③ 비공식, ④ 완전비공식

(2) **장소** – ① 육상경호(행사장·숙소·연도·철도경호), ② 해상 및 해안경호, ③ 공중경호

※ **연도경호**는 물적 위해요소가 방대하여 엄격하고 통제된 **3중 경호원리를 적용하기 어렵다.**<15경위>

(3) **수준** – ① 경호1등급, ② 경호2등급, ③ 경호3등급, ④ 경호4등급, ⑤ 경호5등급

(4) **대상** – ① 국내요인 <甲호·乙호·丙호>, ② 외빈 <A·B·C·D·E·F등급>

(5) **기타** – 활동시점 및 경호 방법에 의한 구분 ⇨ ① 선발경호, ② 수행(근접)경호
– 근무형태에 의한 구분 ⇨ ① 노출경호, ② 비노출경호

1. 경호대상에 의한 구분 및 경호책임 – 대통령 등의 경호에 관한 법률 제4조<98승진·01·03채용>

(1) **외빈의 세부 경호등급 결정**

① (경호)처장은 경호대상자의 경호임무를 수행하기 위하여 해당 경호대상자의 지위와 경호위해요소, 해당 국가의 정치상황, 국제적 상징성, 상호주의 측면, 적대국가 유무 등 국제적 관계를 고려하여 경호등급을 구분하여 운영할 수 있다.(시행령 제3조의2 제1항)

② 국빈, 외빈에 따라 경호등급을 구분하여 운영하는 경우에는 **외교부장관, 국가정보원장 및 경찰청장과 미리 협의하여야** 한다.(시행령 제3조의2 제2항)

(2) **甲호 및 국빈 A·B·C등급의 경호의 경우 ⇨ 대통령실 경호처에서 경호를 주관**한다.<20경위>

① **1선은 경호처에서, 경찰(군부대 내부의 경우에는 軍이)은 2선과 3선을** 담당한다.

② **행사장 1·2선 내에서는 경찰의 총기휴대가 금지**된다.

(3) **乙호·丙호 및 외빈 A·B등급 경호**의 경우 ⇨ **경찰책임 하에 경호를 주관**한다.[♣경호처 책임(×)]<01·03승진·01채용>

♣ 乙호·丙호 및 외빈 E·F등급 경호의 경우 경호처 책임 하에 경호를 주관한다.(×)<01·03승진·01채용>

① 경찰의 총기휴대 및 근접경호 실시가 가능하다.<01·03승진·01채용>

<table>
<tr><td rowspan="3">국내 요인</td><td>갑호</td><td>① 대통령과 그 가족, 대통령 당선인과 그 가족(배우자 및 직계존비속)<08채용>
② 본인의 의사에 반하지 아니하는 경우에 한하여 퇴임 후 10년 이내의 전직 대통령과 그 배우자[♣퇴임 후 2년 지난 전직대통령의 차남(×)]<02승진>
– 임기 만료 전 퇴임 혹은 사망의 경우 그로부터 5년(퇴임 후 사망이면 퇴임 후 10년을 넘지 않는 범위 내)
③ 대통령 권한대행과 그 배우자[♣경호처의 경호대상(○)]<20경위> [☻대당10권]</td><td>경호처</td></tr>
<tr><td>을호</td><td>① 퇴임 후 10년이 경과한 전직대통령(5년), 대통령선거후보자<02승진·12.1채용>
♣ 대통령선거 후보자는 을호 경호 대상으로 후보자등록시부터 당선확정시까지 실시하며, 대통령으로 당선이 확정된 자는 갑호 경호의 대상이다.(○)<12.1채용>
♣ 퇴임 후 10년이 경과한 전직대통령, 대통령선거후보자는 병호 경호 대상이다.(×)
※ 경호기간 경과한(10년 또는 5년 경과) 전직 대통령 또는 그 배우자의 요청에 따라 실장이 고령 등의 사유로 필요하다고 인정하는 경우에는 5년의 범위 경호가능(제4조)
② 국회의장, 대법원장, 헌법재판소장, 국무총리<98총리> [☻10후 의대헌총]</td><td rowspan="2">경찰</td></tr>
<tr><td>병호</td><td>甲호, 乙호 외에 경찰청장이 필요하다고 인정한 사람</td></tr>
<tr><td rowspan="2">국외 요인 (외빈)</td><td>국빈 A,B,C 등급</td><td>대통령, 국왕, 행정수반(경호처장이 등급분류)</td><td>경호처</td></tr>
<tr><td>외빈 A,B 등급</td><td>행정수반이 아닌 수상, 부통령, 왕족, 국제기구 대표, 기타 장관급 이상 외빈(경찰청장이 등급 분류)</td><td>경찰</td></tr>
</table>

Ⅱ. 기능별 업무(경호활동에 있어 각 기능별 담당업무)

<table>
<tr><td>보안</td><td>경호안전대책서를 작성한다.[♣경호처에서 작성(×)]<03·05·08승진·07경위·03채용> ⇨ 안전조치
♣ 경호행사시 경호처에서 경호안전대책서를 작성한다.(×)<03·05·08승진·07경위·03채용>
※ 경호안전대책에는 인적·물적·지리적 취약요소에 대한 분석과 대책을 제시하고, 관계기관과의 협조·조정 및 연락, 보안첩보의 수집 등에 관한 사항이 포함된다.</td></tr>
<tr><td>경비</td><td>경호경비계획서 작성
※ 경호경비계획서에는 행사개요·특징·취약성·대책·동원경력배치 등이 포함된다.
※ 주요임무 ⇨ 경호경비계획의 수립, 경호를 위한 동원 및 배치, 교양 및 훈련, 청원경찰, 예비군의 무기·탄약의 관리, 경호상황본부 및 경찰 상황본부의 운용, 경호관계관회의에 관한 사항, 상황유지 및 경과보고 등</td></tr>
<tr><td>생활 안전</td><td>안전유지대책서 작성 ⇨ 안전검측, 안전유지
※ 안전유지 대책서에 의거 총포·화약류 등 물적 위해요소의 안전조치, 안전검측과 안전유지, 행사장·숙소·연도 주변에 대한 특별순찰 실시 등
※ 연도경호는 교통관리와 병행실시하며, 공사장·육교 등 취약지에 근무자를 배치해야 함.</td></tr>
</table>

교통	① **교통관리계획서** 작성 ※ 교통관리는 주행차로와 예비 행차로를 확보하여 우발사태에 대비할 수 있도록 계획을 세운다. ② 국민 친화적 연도·교통관리 근무 요령 ⓐ 연도·교통관리 근무시 **일률적인 배면근무는 지양**하고 자연스럽게 근무하다가 **돌발상황 발생 등 필요시 순간통제**하고 **미리 서둘러서 차단·제지하는 행위는 지양**한다.[♣배면근무 원칙(×)] ♣ 배면근무를 원칙으로 근무하다가 돌발상황 발생등 필요시 순간 통제한다.(×) ⓑ **횡단보도**는 인원·차량이 장시간 대기하여 운집하지 않도록 수신호를 통해 **수시로 소통**시킨다. ⓒ 교통통제 후 정상소통까지 최대한 현장관리하고, 시민들에게 '협조에 감사함'을 표시함으로써 불만을 해소하도록 노력한다. ⓓ 기동로 상 완전 통제를 지양하고, 3차로 이상 도로에서는 2개 차로를 확보하되 하위 차로는 일반차량의 진행을 보장한다.
경무	경호경찰관의 보급관련 사항, 경찰관서의 무기·탄약의 관리에 관한 사항

설명 **경호안전대책**

의의

(1) **안전대책 : 경호상 피경호자의 신변에 대한 위해요소를 사전에 제거하는 모든 활동을 의미**한다. [♣안전조치(×)]<02승진>

(2) **안전조치 : 피경호자에게 위험을 줄 수 있는 위험물질을 안전하게 관리하는 것**이다.[♣안전대책(×)]<02승진>

① **경호관계회의** ⇨ 경호 준비기간이나 행사 중 필요시에 경호처 선발부, 경찰주요지휘관, 안전검측 관련자, 행사주관처의 담당관 등이 참석하여 경호업무 전반에 대한 검토 및 토의를 실시한다.(일반적 사항에 대한 검토·확인을 실시)

② **'총포·도검·화약류 등의 안전관리에 관한 법률'상 총포·도검·화약류 대물즉시강제** ⇨ 대통령 경호 행사장 주변 산악수색 중 수렵허가지역에서 수렵활동을 하고 있는 A의 **엽총포함 총포·도검·화약류·분사기·전자충격기·석궁**은 **임시영치가 가능**하며, **명령 또는 조치 위반시 처벌이 가능**하다.(제47조-공공의 안전을 위한 조치 등, 제71조-벌칙)

(3) **안전검측** : 설치·매설된 폭발물 등 각종 위해물을 탐지하여 제거하는 것이고 고층건물을 이용한 저격 등의 위험을 예방하는 등, 행사장의 제반시설물에 대한 안전점검을 실시하여 경호대상자에 위해를 가할 가능성이 있는 모든 취약요소 및 위해물질을 사전에 탐지, 색출, 제거 및 안전조치하여 위해를 가할 수 없는 상태로 환원시키는 활동이다.(**생활안전기능의 임무**)<11승진>

(4) **안전유지** : 안전검측을 실시하고 그 상태를 유지하는 것이다.(**생활안전기능의 임무**)

※ 안전유지 경력은 **안전검측 이전에** 제1선에 **배치되어야** 하고, **최소한 안전검측과 동시에** 배치되어야만 안전검측 이후에도 어떠한 위해 요인도 존재하지 않는 완벽한 안전상태를 유지할 수 있다.[♣안전검측 실시 후 배치(×)]

♣ 안전유지는 안전검측 실시 후 제1선 안전구역에 경력을 배치하여 안전을 확보하는 활동이다.(×)

내용

(1) **인적 위해요소 배제**: 신원조사, 비표관리, 경호안전활동, 요시찰인 동향감시

(2) **물적 위해요소 배제**: 총포·화약류 등 영치, 위험물 운반차량의 우회조치, 경찰무기·탄약봉인, 안전검측 및 안전유지

(3) **지리적 취약요소 배제**: 특별방범심방, 감제고지 및 수림지 수색, 취약지 중점수색

(4) **안전판단서 작성, 경호관련 첩보 및 정보수집**

Ⅲ. 행사장 경호 - 3선 개념<09·10·16·20·21승진·15경위·17.1채용>

제1선(**안전구역**: 내부)	제2선(**경비구역**: 내곽)	제3선(**경계구역**: 외곽)<17.1채용>
수류탄·권총 유효사거리	소총유효사거리	소구경 곡사화기의 유효사거리
실내 ⇨ 행사장 내부	실내 ⇨ 건물담장의 내곽	실내 ⇨ 소총유효사거리
실외 ⇨ 행사장 반경 50m 내외	실외 ⇨ 행사장 반경 600m 내외	실외 ⇨ 행사장 반경 1.5km 내외
완벽한 통제 ⇨ **절대안전구역** <17.1채용>	부분적 통제 ⇨ **주경비지역**	보안·수색활동 ⇨ **조기경보지역** <17.1채용>
① **출입자 통제**[♣바리케이드(×)] <16·20·21승진> ② **비표확인 및 신원 불심자 검문, 출입자 감시** <20경위·16·21승진> ③ **MD(금속탐지기) 설치·운용** [♣경비구역(×), ♣원거리순찰조(×), ♣3선부터(×)]<20경위·20·21승진>	① **바리케이드 등 장애물 설치** <16·21승진·12경위> ② **돌발사태 대비 예비대 운영, 소방차·구급차 대기** <16·21승진·12경위>	① **감시조**[♣2선에서(×)]<12경위·21승진> ② **원거리 기동순찰조 운영** [♣2선에서(×)]<12경위·21승진> ③ **원거리에서 불심자 검문차단, 대처시간 확보**<16·21승진>

제1선 - 안전구역

피경호자가 위치하는 내부로서 옥내일 경우에는 건물자체를 말하며, 옥외일 경우에는 본부석이 통상적으로 해당된다.[♣제1선은 경비구역(×)]<15경위>

(1) 요인의 승·하차장, 동선 등의 취약개소로 피경호자에게 **직접적으로 위해를 가할 수 있는 거리 내의 지역**을 지칭한다.[♣2선은(×)]<12경위·17.1채용>

♣ 2선은 승·하차장, 동선 등의 취약개소로 피경호자에게 직접적으로 위해를 가할 수 있는 거리 내의 지역을 말한다.(×)<12경위>

(2) **절대안전구역**이라고도 하며, **경호책임은 경호처에서 담당**하고 경찰은 경호처의 요청 시 경력 및 장비를 지원한다.[♣주경비구역(×)][♣경비구역(×)]<12경위>

(3) **경찰 상황본부(경비CP)**

① 경호 인력에 대한 통합지휘나 타 기관과의 협조연락 업무를 수행하기 위하여 경호처가 운영하는 경호상황본부(경호CP)와는 별도로 경비본부로 설치한다.

② 경찰 상황본부(경비CP)는 제반사항을 통제하고 수시로 필요한 조치를 취하여야 하므로 통신망은 반드시 유·무선망을 함께 구성해야 한다. [☻안비계]

제1선 – **안전 구역**	(4) 행사장 출입자 **MD**검색시 **근무**요령 ① 원활한 검색을 위하여 물품 검색과 통과 방법 등을 **사전에 안내**한다. ② 소지품 검색 시 사전에 상대방에게 **협조 후 확인**을 하고, 특히 가방 등은 **가급적 본인이 열어 근무자에게 확인시켜 줄 수 있도록** 해야 한다.[♣근무자가 직접 개방(×)] ♣ 가방 등은 근무자가 직접 개방하여 위해물품 소지여부를 세밀하게 살핀다.(×) ③ 여성 참석자의 **신체와 소지품은** 불쾌감이 없도록 **반드시 여경이 검색**한다. ④ 신체와 소지품 검색 후 **'협조에 감사' 표현**을 한다. (5) **행사장 내부 취약지 근무요령** ① 주변 시설물이나 방치물 등을 점검하고, 근무 중 육안으로 확인이 되지 않는 **의심스러운 물건**은 주변 안전조치 후 경찰특공대 등 **전문 처리요원에게 인계**하여 정밀 검측한다.[♣직접 개방하여 세밀히 확인(×)] ♣ 주변 시설물이나 방치물 등을 점검하고 의심되는 물건은 경호 CP보고 후 직접 개방하여 세밀히 확인한다.(×) ② **기계실 · 환기구 등**은 테러에 매우 취약하므로 허가자 외 **출입과 접근을 철저히 차단**한다. ③ 경호대상자 이동시 사무실 등에서 나와 **진로를 방해**하는 사례가 없도록 **사전에 협조**하고 순간 통제한다. ④ 우발상황에 대비하여 **비상대피로와 대피소를 확보**한다.
제2선 – **경비 구역**	제1선을 제외한 행사장 중심으로 소총유효사거리 내외의 취약개소로 **주경비구역**에 해당한다.[♣2선은 절대안전구역(×)]<12경위> (1) **경호책임은 경찰이 담당**하고, **군부대 내일 경우에는 군이 책임**을 지게 된다.[♣2선 경호책임은 경호처에서 담당(×)]<12경위 · 17.1채용> ♣ 2선은 주경비지역이라고도 하며, 경호책임은 경호처에서 담당하고 경찰은 경호처의 요청 시 경력 및 장비를 지원한다.(×)<12경위> (2) **행사장 접근로에 검문조와 순찰조를 운영**하여 불심자의 접근제지와 위해요소를 사전에 제거한다.
제3선 – **경계 구역**	행사장 중심으로 적의 접근을 조기에 경보하고 차단하기 위하여 설정된 선이다. (1) 주변 동향파악과 직시고층건물 및 감제고지에 대한 안전을 확보한다.[♣2선에서(×)]<12경위> ♣ 2선에서 직시고층건물 및 감제고지에 대한 안전 확보를 한다.(×)<12경위> ① 우발 사태에 대한 대비책 강구로 피경호자에 대한 위해요소를 제거하는 것이 주된 목적이다. (2) **원거리로부터 불심자 및 집단사태를 적발 · 차단**하고 경호상황본부에 상황전파로 1 · 2선내에 경력이 대처할 시간을 제공한다.[♣돌발사태 대비 예비대 및 비상통로, 소방차, 구급차확보(×)]<07 · 16승진 · 15경위> (3) **우발사태에 대비**하며, 통상 **경찰책임하에 경호를 실시**한다.<17.1채용>

Ⅵ 테마 147 선거경비

① 선거경비는 혼잡경비, 특수경비, 경호경비, 다중범죄진압 등 **종합적인 경비가 요구**된다.[♣행사안전경비에 준하여 실시(×)]<01승진 · 12경위 · 12.1채용>
② 후보자 등록일부터는 선거과열, 치안상황에 따라 비상근무체제로 전환하여 선거 치안에 주안점을 둔다.
※ **선거권(18세 이상) :** 투표로 후보자를 선출할 권리
※ **피선거권(대통령 40세, 국회의원 18세 이상) : 선거에 의하여 공직에 취임할 수 있는 자격**을 말한다.(공직선거법 제15조, 제16조)

주요개념	
비상근무	① **비상근무체제 : 선거기간 개시일부터 개표종료 때까지** 비상근무체제이다.<21.2채용> ② **경계강화기간 : 선거기간 개시일(후보자등록 마감일 다음날〈대선〉, 후보자등록 마감일 후 6일〈기타선거〉)**부터 **선거일 전일**까지[♣선거 공고일부터(×) ♣선거일까지(×)] 경계강화기간이다.<21.2채용> ※ 대통령선거 및 국회의원선거, 지방선거 구분없이 적용된다. ③ **갑호비상 : 선거일(06:00시 부터)**부터 **개표종료일**까지 갑호비상이 원칙이다.[♣을호비상이 일반적(×)]<20승진 · 12경위> ♣ 통상 선거 공고일부터 선거일 전일까지는 경계강화기간이며, 선거일부터 개표 종료일까지는 을호비상이 일반적이다.(×)<12경위 · 경감>
선거기간	① **대통령 선거기간 : 23일**(공선법 제33조 제1항 제1호)<20승진> ※ 대통령선거의 **후보자등록 마감일의 다음날부터 선거일까지** 선거기간에 해당한다.(공직선거법 제33조 제3항 제1호)<20승진> ② 국회의원 선거와 지방자치단체의 의회의원 및 장의 선거(지방선거)의 **선거기간 : 14일**(공선법 제33조 제1항, 제2호)<20승진> ※ **후보자등록 마감일 후 6일**부터 **선거일**까지 선거기간에 해당한다.[♣마감일 후 3일부터(×)](공직선거법 제33조 제3항 제2호)<20승진> ♣ 국회의원 선거기간은 후보자 등록 마감일 후 3일부터 선거일까지이다.(×)
선거운동기간	선거운동은 **선거기간 개시일부터 선거일 전일까지**에 한하여 할 수 있다.(공직선거법 제59조) ※ 선거권자가 **18세 이상**으로 개정되면서, 선거운동이 가능한 연령도 **18세 이상**으로 개정되었다.(제15조) ① **대통령선거운동기간 :** 대통령선거의 **후보자등록 마감일의 다음날부터 선거일 전일까지** 선거운동기간에 해당한다. ② **국회의원 및 지방선거 : 후보자등록 마감일 후 6일**부터 **선거일 전일**까지 선거기간에 해당한다.[♣후보자 등록 마감일의 다음날부터(×)] ♣ 선거운동기간은 후보자 등록 마감일의 다음날부터 선거일 전일까지에 한하여 할 수 있다.(×)

선거일	① 임기만료에 의한 선거의 선거일은 다음 각호와 같다.(공선법 제34조 제1항) 1. 대통령선거는 그 임기만료일 전 **70일 이후 첫 번째 수요일** 2. **국회의원선거**는 그 **임기만료일 전 50일 이후 첫 번째 수요일** 3. 지방의회의원 및 지방자치단체의 장의 선거는 그 임기만료일 전 30일 이후 첫 번째 수요일 ② 선거일이 국민생활과 밀접한 관련이 있는 민속절 또는 공휴일인 때와 선거일 전일이나 그 다음날이 공휴일인 때에는 그 다음 주의 수요일로 한다.(공선법 제34조 제2항)

Ⅰ. 신변보호

(1) **대통령선거 후보자 신변보호 기간(을호 경호대상)**: 대통령선거 후보자의 신변보호는 **을호 경호** 대상으로 **후보자등록**[♣선거공고일부터(×)] 시부터 **당선확정시**까지 실시한다.[♣후보자 등록의 다음날부터(×)]<03·07·12승진·12·19경위·12.2·21.2채용>

※ 대통령으로 당선 확정된 자는 **갑호 경호의 대상**이다.<12경위·12.1채용>

※ 후보자에 대한 신변보호시 '**요인보호 심의위원회**'를 개최, 결정한다.

(2) **대통령선거 후보자의 신분보장** ⇨ 대통령선거의 후보자는 후보자의 등록이 끝난 때부터 개표종료 시까지 사형·무기 또는 **장기 7년 이상(기타 선거는 장기 5년)**의 징역이나 금고에 해당하는 죄를 범한 경우를 제외하고는 현행범인이 아니면 체포 또는 구속되지 아니하며, 병역소집의 유예를 받는다.(공직선거법 제11조 제1항, 제2항)

정리 신변경호

대통령 선거	① **후보자가 신변경호를 원하는 경우** ⇨ 후보자의 요청에 따라 전담 신변경호대를 편성하여 **유세장·숙소 등에 대하여 24시간 근접하여 경호임무를 수행**한다.<21.2채용> ② **후보자가 신변경호를 원하지 않는 경우** ⇨ 시·도경찰청에서 **경호경험이 있는 자로 선발된 직원을 대기시키고 관내 유세기간 중 근접 배치**한다.[♣예비대 운영으로 대체(×), ♣국회의원 및 지방자치단체장 후보자 신변보호는(×)]<12·19경위·21.2채용> ♣ 대통령선거 후보자가 신변보호를 원하지 않는다면 우발사태에 대비한 예비대 운영으로 대체한다.(×)
일반 선거	(국회의원 후보자 및 지방자치단체장 후보자) 각 선거구를 관할하는 경찰서에서 **후보자가 원할 경우** 전담 경호요원을 2~3명 정도 배치한다.[♣원하지 않더라도 선발된 직원 대기(×)]<12경위> ♣ 국회의원 및 지방자치단체장 후보자의 신변보호는 각 선거구를 관할하는 경찰서에서 후보자가 경호를 원하지 않더라도 경호경험이 있는 자로 선발된 직원을 항상 대기시켜 유세기간 중 근접배치한다.(×)<12경위> ※ 경찰관직무집행법상 **위험발생의 방지차원**에서 이루어지는 것이다.[♣후보자에 대한 신변보호시 요인보호 심의위원회를 개최, 결정한다.(×)]

II. 투표소 경비

<table>
<tr><td>투표소
경비</td><td>투표소의 질서유지는 선거관리위원회와 경찰이 합동으로 하고 경찰은 112 순찰차를 투표소 밖에 배치하여 거점근무 및 순찰을 실시한다.[♣정복경찰을 투표소 내에 배치(×)]<21.2채용>
① 투표하려는 선거인・투표참관인・투표관리관, 읍・면・동선거관리위원회 및 그 상급선거관리위원회의 위원과 직원 및 투표사무원을 제외하고는 누구든지 투표소에 들어갈 수 없다.[♣무장정복경찰 고정배치(×)](공선법 제163조 제1항)<00승진>
♣ 투표소 경비는 위해를 차단하기 위한 예방으로 무장 정복경찰 2명을 고정배치한다.(×)
② 투표관리관 또는 투표사무원은 투표소의 질서가 심히 문란하여 공정한 투표가 실시될 수 없다고 인정하는 때에는 투표소의 질서를 유지하기 위하여 정복을 한 경찰공무원 또는 경찰관서장에게 원조를 요구할 수 있다.(공직선거법 제164조 제1항)<22승진>
※ 원조를 요구받은 경찰공무원 또는 경찰관서장은 즉시 이에 따라야 한다.(공선법 제164조 제2항)
③ 요구에 의하여 투표소 안에 들어간 경찰공무원 또는 경찰관서장은 투표관리관의 지시를 받아야 하며, 질서가 회복되거나 투표관리관의 요구가 있는 때에는 즉시 투표소 안에서 퇴거하여야 한다.(공선법 제164조 제3항)
④ 투표소 내외에서의 소란언동금지 등: 투표소 안에서 또는 투표소로부터 100미터 안에서 소란한 언동을 하거나 특정 정당이나 후보자를 지지 또는 반대하는 언동을 하는 자가 있는 때에는 투표관리관 또는 투표사무원은 이를 제지하고, 그 명령에 불응하는 때에는 투표소 또는 그 제한거리 밖으로 퇴거하게 할 수 있다.(공직선거법 제166조 제1항)<22승진>
※ 이 경우 투표관리관 또는 투표사무원은 필요하다고 인정하는 때에는 정복을 한 경찰공무원 또는 경찰관서장에게 원조를 요구할 수 있다.(공직선거법 제166조 제1항 단서)</td></tr>
<tr><td>투표함
운송
경비</td><td>① 원칙적으로 중앙선관위에서 투표함 운송경비를 하며, 중앙선관위와 경찰청 간의 협의를 요한다.
② 투표함을 송부하는 때에는 후보자별로 투표참관인 1인과 호송에 필요한 정복을 한 경찰공무원을 2인에 한하여 동반할 수 있다.(공선법 제170조 제2항)(선관위 요청시 합동호송)</td></tr>
</table>

III. 개표소 경비<15・20승진・12・19경위・채용>

<table>
<tr><td>제3선</td><td>울타리 외곽에서는 경찰이 검문조와 순찰조를 운용하여 위해 기도자 접근을 차단한다.<15・20・22승진></td></tr>
<tr><td>제2선</td><td>① 울타리 내곽에서는 경찰과 선거관리위원회 직원 합동으로 출입자를 통제한다.[♣경찰단독(×)]<15・18・20승진・12・19경위>
♣ 개표소 경비에서 제2선(울타리 내곽)에서는 경찰 단독으로 출입자를 통제한다.(×)
※ 개표소에 출입하는 위원회의 위원・직원, 개표사무원, 개표사무협조요원 및 개표참관인의 표지는 늘 잘 보이도록 달아야 하며, 이때 표지는 공직선거관리규칙상의 양식을 사용한다. 이 경우 위원회(읍・면・동위원회를 제외) 위원・직원의 표지는 신분증명서 또는 공무원증으로 갈음할 수 있다.(예외 인정)(공직선거관리규칙 제105조)
② 2선 출입문은 되도록 정문만 사용하고 기타 출입문은 시정해야 한다.[♣출입문이 수개인 경우 합동 배치(×)]<18승진・12・19경위>
♣ 제2선(울타리 내곽)은 선관위와 합동으로 출입자를 통제하며 2선의 출입문이 수개인 경우 선관위와 합동 배치하여 검문검색을 강화한다.(×)<12경위></td></tr>
</table>

<table>
<tr><td rowspan="3">제1선</td><td colspan="2">제1선은 개표소를 의미한다.<20승진></td></tr>
<tr><td>안전 검측 및 유지</td><td>① 보안안전팀 운용 : 선거관리위원회와 협조하여 경찰에서 보안안전팀을 운영함으로써 개표소 내·외곽에 대한 안전검측과 안전유지를 실시한다.[♣선거관리위원회에서(×)]<08승진·12·19경위>
♣ 개표소 내부의 안전검측 및 안전유지는 선거관리위원회에서 보안안전팀을 운영하여 실시한다.(×)<12·19경위>
※ 보안안전팀 운용은 생활안전과에서 담당
② 채증요원을 배치하여 운용한다.</td></tr>
<tr><td>내부 질서 유지</td><td>① 특별권력 : 선거관리위원장의 책임 하에 질서를 유지한다.<18승진>
② 원조요구 : 구·시·군 선거관리위원회 위원장이나 위원은 개표소의 질서유지를 위하여 정복을 한 경찰공무원 또는 경찰관서장에게 원조를 요구할 수 있다.[♣위원장만 요구할 수(×)](공직선거법 제183조 제3항)<12·19경위·12채용>
③ 경력투입 : 사태발생 시에 개표소 내부에는 선거관리위원장이나 위원의 요청 시에 정복경찰관을 투입하여야 한다.[♣경찰 자체 판단으로(×), ♣선관위원장 요청 시에만(×)]<19경위·05·12·15승진·12채용>
♣ 개표소 내부는 선거관리위원회 위원장의 책임 하에 질서를 유지하며, 질서문란행위가 발생하면 선거관리위원회 위원장의 요청이 있을 경우에만 경찰력을 투입할 수 있다.(×)<12.1채용>
㉠ 원조요구를 받은 경찰공무원 또는 경찰관서장은 즉시 이에 따라야 한다.[♣따를 수(×)](공직선거법 제183조 제4항)
㉡ 무기등 휴대 : 요청에 의한 경찰관 투입의 경우를 제외하고는 누구든지 개표소 안에서 무기나 흉기 또는 폭발물을 지닐 수 없다.[♣원조 요구가 있더라도 무기를 휴대할 수 없다.(×)](공선법 제183조 6항)<18승진·21.2채용>
♣ 개표소 안에서 무기, 흉기 또는 폭발물을 지닐 수 없으므로 원조 요구받은 경찰관은 무기를 휴대할 수 없다.(×)
④ 지시 : 선관위 측 요구에 의하여 개표소 안에 들어간 경찰공무원 또는 경찰관서장은 선거관리위원장의 지시를 받아야 한다.(제183조 제5항)
⑤ 퇴거 : 질서가 회복되거나(요구가 없어도 퇴거가능), 위원장의 요구가 있는 때에는 즉시 개표소에서 퇴거하여야 한다.[♣퇴거할 수(×)](제183조 제5항)<22승진·12.1채용>
⑥ 일반인관람석 출입(관람증 배부받은 자 출입가능) : 일반관람인석에 들어가는 취재·보도요원은 관할 구·시·군위원회가 발행하는 출입증을 늘 잘 보이도록 달아야 한다.(공선규칙 제105조)</td></tr>
</table>

(1) **3선 경비를 실시** : (울타리 외곽) … 2선(울타리 내곽) … 1선(개표소 내부)

(2) **충분한 경력배치 :** 개표소별로 충분한 경력을 배치하여 경비에 만전을 기한다.

※ 당시의 치안여건을 고려하여 증감 운영할 수 있다.

(3) **우발사태 대비방안 : 개표소별로 예비대를 확보**하고 **소방·한전 등 관계요원을 대기**시켜 **자가발전시설**이나 **예비 조명기구를 확보**하여 화재·정전사고 등에 대비한다.<01·03·12·15·18승진>

Ⅶ 테마 148 국가중요시설 경비

(1) **의의**

① **"국가중요시설"**이란 공공기관, 공항·항만, 주요 산업시설 등 적에 의하여 점령 또는 파괴되거나 기능이 마비될 경우 **국가안보와 국민생활에 심각한 영향**을 주게 되는 시설을 말한다.(통합방위법 제2조, 제13호)<14승진·14.2채용>

㉠ **위해의 주체 : 적**은 물론 국가중요시설에 대한 위해활동의 주체에는 **산업스파이도 포함**

㉡ **지정권자 :** 국가중요시설은 **국방부장관이**[♣국정원장이(×)], [♣경찰청장이(×)] **관계행정기관의 장 및 국가정보원장과 협의**하여 지정한다.[♣경찰청장과 협의(×)](통합방위법 제21조 제4항)<21경위·01·13·14·23승진·08·14.2채용>

♣ 국가중요시설은 국가정보원장이 매년 경찰청장과 협의하여 지정·통보한다.(×)<01·13·14승진·08·14.2채용>

② **"방호"**란[♣경비(×)] 적의 각종 도발과 위협으로부터 인원·시설 및 장비의 피해를 방지하고 모든 기능을 정상적으로 유지할 수 있도록 **보호하는 작전 활동**을 말한다.(통합방위법 제2조 제12호)

(2) **근거 :** 평시는 '**국가중요시설방호지침**'에 의해, 전시에는 '**충무계획**'에 의거하여 중요시설방호가 수행된다.

① **법적근거** ⇨ '통합방위법 및 동법 시행령', '국가중요시설 방호지침'

② **중요시설경비의 사태별 조치** ⇨ 대기 ⇨ 출동 ⇨ 전투<98승진>

Ⅰ. 분 류

1. 국가중요시설 분류기준(국가중요시설지정 및 관리지침-국방부)<03·04승진·04채용>

구분	등급	내용
실질적 분류		국가중요시설은 시설기능, 역할의 중요성과 가치정도('**국가안전에 미치는 중요도**')에 따라 국방부 장관이 관계 행정기관의 장 및 국가정보원장과 협의하여 **가·나·다 급으로 분류**하여 관리한다.(통합방위지침 제14조)<08·09채용>
	가급	적에 의하여 점령 또는 파괴되거나 기능마비 시 **광범위한 지역의 통합방위 작전수행이 요구**되고 **국민생활에 결정적인 영향**을 미칠 수 있는 시설[♣나급(×)]<96승진·09채용> ♣ 국가중요시설 실질적 분류기준에 의하면 적에 의하여 점령 또는 파괴되거나 기능마비 시 광범위한 지역의 통합방위 작전수행이 요구되고 국민생활에 결정적인 영향을 미칠 수 있는 시설이 '나' 급이다.(×) 예 청와대·국회의사당·대법원·정부종합청사·국방부, 국가정보원, 한국은행본점<03승진>
	나급	적에 의하여 점령 또는 파괴되거나 기능마비 시 **일부지역의 통합방위작전이 요구**되고 국민생활에 **중대한 영향**을 미칠 수 있는 시설[♣다급(×)]<01·03·10승진> ♣ 적에 의하여 점령 또는 파괴되거나 기능마비 시 일부지역의 통합방위작전이 요구되고 국민생활에 중대한 영향을 미칠 수 있는 시설이 다급이다.(×)<01·03·10승진> 예 경찰청, 대검찰청, 국책은행 및 시중은행본점<04승진>
	다급	적에 의하여 파괴되거나 기능마비 시 **제한된 지역**에서 **단기간** 통합방위작전 수행이 요구되고 **국민생활에 상당한 영향**을 미칠 수 있는 시설[♣장기간 통합방위작전(×)]<09채용·13승진> 예 기타 중앙행정기관의 청급 독립청사(조달청·통계청·산림청 등)
형식적 분류		'**사용목적**'**에 의한 구분**으로 행정시설과 산업시설로 나눠진다.
	행정시설	청와대, 국회의사당, 대법원, 중앙행정기관, 한국은행 등
	산업시설	일반산업시설, 발전시설, 방송·통신사 등

2. 방호지대 구분(3지대 개념의 방호선)<02 · 04 · 13승진 · 08채용>

(1) 중요시설은 적의 기습적 공격에 시설이 마비되지 않도록 적극적 방호활동으로 3지대 개념의 방호태세를 유지해야 한다.

(2) 방호지대는 **안에서부터 밖으로** 순서에 따라 **제3지대(핵심방어지대)…2지대(주방어지대)…제1지대(경계지대)로 구분 설정**이 된다.[♣특수지대(×)]<13승진>

(3) 주요시설 경비요령

① 예상접근로상의 원거리 중심으로 **순찰조를 배치, 조기경보체제를 확립**한다.

※ 예상침투로 · 취약개소 등에 중점 대비하고, **불법점거 · 기습 기도자는 채증과 함께 검거**한다.

② **타격대 운용으로 즉응태세를 유지하는 것이 필수적**이다.[♣필요할 때 타격대 운용(×)]

※ 통상 주요시설에는 예상접근로가 많고, 주민 등을 가장하여 갑자기 기습하는 경우가 많으므로 **한정된 인원으로 효과적인 대응을 위해 타격대 운용이 필수적**이다.

<table>
<tr><td rowspan="2">제1지대
(경계
지대)</td><td>의의</td><td>시설 울타리 전방 취약지점에서 시설에 접근하기 전에 저지할 수 있는 예상 접근로상의 목 지점과 감제고지 등을 장악하는 선으로 소총 유효사거리 개념인 외곽경비지대를 연결하는 선[♣주방어지대(×)]<06채용>
♣ 주방어지대는 예상 접근로상의 목지점과 감제고지를 장악하는 선을 말한다.(×)</td></tr>
<tr><td>대책</td><td>불규칙적인 지역수색을 실시하거나 매복 등 경력을 배치하여 적의 은거 및 탐지활동을 시행하든지 장애물을 설치하여 방호를 실시한다.<08승진></td></tr>
<tr><td rowspan="2">제2지대
(주방어
지대)</td><td>의의</td><td>시설 울타리를 연하는 안쪽으로서 시설 내부 및 핵심시설에 적의 침투를 방지하여 결정적으로 중요시설을 방호하는 선(시설 내부지역)[♣목지점과 감제고지를 장악하는 선(×)]<06채용></td></tr>
<tr><td>대책</td><td>① 탐조등과 망루(적극적 관측수단), 보안등(소극적 관측수단) 같은 방호시설물을 집중 설치한다.
② 고정초소 근무 및 순찰근무로써 출입자 통제 및 무단침입자를 감시하며 CCTV 등을 설치 · 운용한다.[♣지하화 혹은 위장(×), 항상 경비원 통제실시(×)]<02승진></td></tr>
<tr><td rowspan="2">제3지대
(핵심
방어
지대)</td><td>의의</td><td>시설의 주 기능에 결정적인 영향을 미치는 주요핵심시설로서 주방어지대의 중심을 보강하고 침투한 적을 최종적으로 격멸하는 최후 방어선이다.</td></tr>
<tr><td>대책</td><td>① 제3지대(핵심방어지대)에서는 시설의 보강(지하화, 방호벽, 방탄막 등)을 최우선으로 한다.<20승진>
※ 주요핵심부는 지하화하거나 위장하며, 방호벽 · 방탄막 · 적외선 · CCTV 등 방호시설물을 설치하여야 한다.[♣주방어지대(×)]<20승진>
♣ 주방어지대는 지하화 혹은 위장을 실시하고, 항상 경비원의 통제를 실시한다.(×)
② 경비원에 의한 상시(24시간) 감시체제가 유지되도록 경비인력을 운용하고, 유사시에는 결정적인 보호가 될 수 있도록 경비인력을 증가 배치하여야 한다.[♣주방어지대(×)]<20승진></td></tr>
</table>

3. 보호구역 구분

보호구역은 관리자가 **중요도 및 취약성을 고려하여** 제한지역, 제한구역, 통제구역으로 분류하여 구분 설정한다.(보안업무규정시행규칙)

제한지역	1차 제한을 가하는 것으로 울타리 또는 경비원에 의한 출입의 **감시가 요구**되는 지역
제한구역	2차 제한을 가하는 구역, 비인가자의 접근을 방지하기 위해 **안내가 요구**되는 지역
통제구역	제한구역 내에서 다시 가해지는 3차적 제한으로 **비인가자의 출입이 일체 금지**되는 보안상 극히 중요한 지역

II. 방호의 책임과 임무 – 국가중요시설<02 · 05승진>

방호 주체	**경비경찰 · 군 · 청원경찰 · 특수경비원:** 경찰은 청원경찰을 감독하고, 군은 정기 방호진단 및 방호계획을 수립하며, **청원경찰과 특수경비원은 실제 경비업무를 수행**하고 있다.<03채용>
방호 책임	① **국가중요시설의 관리자**(소유주 포함)는 **경비 · 보안 및 방호책임**을 지며, **자체방호계획을 수립하여야** 한다.(통합방위법 제21조 제1항)<21경위 · 07 · 10승진 · 16.1채용> ※ **관리자: 시설주(시설장), 산업단지 관리 대표자**<01승진 · 08채용> ② 자체방호계획수립에 있어 시설 주는 **시 · 도경찰청장 또는 지역군사령관에게 협조를 요청할 수** 있다.[♣요청하여야(×)](통합방위법 제21조 제1항 단서)<21경위 · 16.1채용> ※ **주의** 평상시에 '경찰이 **관할 경찰력을 지원**'하는 것은 **바람직하지 않다.**
감독 책임	① **평시:** 국가중요시설의 **평시** 경비 · 보안활동에 대한 지도 · 감독은 **관계행정기관의 장**과 **국가정보원장이** 행한다.[♣시 · 도경찰청장 또는 지역군사령관이(×)](통합방위법 제21조 제3항)<21경위 · 07승진> ♣ 국가중요시설의 평시 경비 · 보안활동에 대한 지도 · 감독은 시 · 도경찰청장 또는 지역군사령관이 행한다.(×) ② **비상시:** 전시에는 기본적으로 군(계엄사령관)이 감독을 담당하지만, 군이 담당하는 경비시설을 제외한 나머지 중요시설에 대한 감독책임은 경찰이 담당한다.<01승진>
지원 책임	① **시 · 도경찰청장 또는 지역 군사령관**은 통합방위사태에 대비하여 국가중요시설에 대한 **방호지원계획을 수립 · 시행하여야** 한다.(통합방위법 제21조 제2항)<13승진> ※ 경찰은 경찰서 단위의 방호지원계획을 수립 · 시행하고 군은 대대 단위의 방호지원계획을 수립 · 시행하여야 한다.(시행령 제32조 제2호) ② **경찰책임지역 내에서 군(軍)이 지도 · 감독하는 시설을 제외**하고는 당해 **시 · 도경찰청장이** 담당한다.<01승진>

정리 **중요시설의 평상시 경비 강화책**

기본 대책	① **시설경비계획의 강화** ② **시설점검의 강화** ③ **방호진단 · 지도점검 실시**[♣관할 경찰력 지원(×)] ♣ 중요시설의 평상시 경비강화책으로 관할 경찰력을 지원하는 것이 바람직하다.(×)
주요 임무	① **자체 방호계획의 수립 · 시행**<03승진> ② 경비인력의 확보 ③ 방호시설물 설치 ④ 자체 경비력의 점검 및 감독 ⑤ **출입자 통제** 및 직원의 신상파악<03 · 05승진> ※ 경비 및 시설보안을 유지하기 위한 통제장치 – **출입자통제, 보호구역설치, 작업노무자의 통제**<05승진>

Ⅷ 테마 149 경찰작전

(1) 대간첩작전 · 전시대비 경찰작전 · 비상업무, 상황실의 운영 · 검문검색 등의 작전상황에 대비한 경비경찰의 일체의 작전업무를 의미한다.

(2) **평시의 경찰작전** ⇨ 전시를 대비한 도상훈련으로서 매년 1회씩 을지훈련을 실시하며, 이를 통해 제기되는 문제점을 수정 · 보완함으로써 매년 충무계획이 수립되고, 전쟁발생시 충무계획에 의거하여 실제적인 전시 작전이 이루어지게 된다.

(3) **국가비상사태(전시 · 사변) 발생 시 경찰의 임무**

① 효율적인 군사작전 지원, ② 전시치안확보 활동, ③ 민유총포 · 화약류의 안전관리

④ 중요시설의 보호 및 방호지도 · 감독, ⑤ 용공불순세력의 색출 · 처리

Ⅰ. 근 거

(1) **남북분단의 특수상황 :** 경찰이 작전업무를 수행하는 것은 남북분단의 특수한 상황에 기인하는 것으로, 경찰관직무집행법 제2조와 **통합방위법 및 동법 시행령에 따라** 일정한 지역 및 인적 작전대상 범위 내에서 대간첩작전을 수행하도록 하고 있다.

(2) **통합방위법 :** 적의 침투 · 도발이나 위협에 대응하기 위하여 국가 총력전의 개념을 바탕으로 국가방위요소를 통합 · 운용하기 위한 **통합방위 대책을 수립 · 시행하기 위하여 필요한 사항을 규정함을 목적**으로 한다.(제1조)

① 통합방위법은 **병종사태 시 경찰작전 수행의 근거규정**이다.<96승진 · 04채용>

② **통합방위기구 운용** ㅡ 통합방위법 제4조 이하

중앙 통합방위 협의회	① **국무총리 소속**으로[♣대통령 소속으로(×)] 중앙 통합방위협의회("중앙협의회")를 둔다.(제4조 제1항)<23승진 · 17.2채용> ② 중앙협의회의 **의장은 국무총리**가 되고, **위원은** ...국방부장관, 행정안전부장관,,,, 국가정보원장 및 통합방위본부장과 그 밖에 대통령령으로 정하는 **경찰청장 및 시 · 도경찰청장**, 해양경찰청장 및 지방해양경찰청장이 된다.(제4조 제2항)<19 · 20승진>
지역 통합 방위 협의회	① 특별시장 · 광역시장 · 특별자치시장 · 도지사 · 특별자치도지사("시 · 도지사") 소속으로 특별시 · 광역시 · 특별자치시 · 도 · 특별자치도 통합방위협의회(**"시 · 도 협의회"**)를 두고, 그 **의장은 시 · 도지사**가 된다.(제5조 제1항)<20승진> ② 시장 · 군수 · 구청장(자치구의 구청장) 소속으로 **시 · 군 · 구 통합방위협의회**를 두고, 그 **의장은 시장 · 군수 · 구청장**이 된다.(제5조 제2항)
통합방위 본부	① **합동참모본부에** 통합방위본부를 둔다.(제8조 제1항) ② 통합방위본부에는 본부장과 부본부장 1명씩을 두되, **통합방위본부장**은 **합동참모의장이** 되고[♣국방부 장관이 통합방위본부장(×)] **부본부장은 합동참모본부 합동작전본부장**이 된다.(제8조 제2항)<19 · 20승진> ♣ 통합방위본부장은 국방부 장관이 되고 부본부장은 합동참모의장이 된다.(×)

II. 통합방위 사태

(1) **의의 : "통합방위사태"**란 적의 침투 · 도발이나 그 위협에 대응하여 통합방위법에 따라 선포하는 단계별 사태를 말한다.

(2) **통합방위사태의 유형**(통합방위법 제2조) [☻대규 일지 소규모 예상]

구분	내용	선포
갑종사태	일정한 조직체계를 갖춘 적의 **대규모 병력 침투** 또는 대량살상무기(大量殺傷武器) 공격 등의 도발로 발생한 비상사태로서 **통합방위본부장 또는 지역군사령관의 지휘 · 통제** 하에 통합방위작전을 수행하여야 할 사태를 말한다.[♣경찰청장이 담당(×)](제2조 제6호)<19 · 23승진 · 12 · 21경위 · 13.1 · 14.2 · 17.2채용>	**대통령선포** <14채용>
을종사태	**일부 또는 여러 지역**에서 적이 침투 · 도발하여 단기간 내에 치안이 회복되기 어려워 **지역군사령관의 지휘 · 통제** 하에 통합방위작전을 수행하여야 할 사태를 말한다.[♣통합방위본부장 지휘통제하에(×), ♣병종사태(×)](제2조 제7호)<10 · 13 · 14 · 23승진 · 12 · 21경위 · 17.2채용>	**시 · 도지사 선포** **/** **※ 대통령 선포** (2 이상 시도에 걸친 을 · 병종사태) <14채용>
병종사태	적의 침투 · 도발 위협이 **예상되거나 소규모의 적이 침투**하였을 때에 **시 · 도경찰청장, 지역군사령관 또는 함대사령관**의 지휘 · 통제 하에 통합방위작전을 수행하여 **단기간** 내에 치안이 **회복**될 수 있는 사태를 말한다.[♣군책임과 통제로(×), ♣을종사태는(×)](제2조 제8호)<01 · 04 · 14 · 23승진 · 12 · 18 · 19 · 21경위 · 13.1 · 15.3채용> ※ 병종사태의 경우 **경찰책임지역 내의 대간첩 작전은 시 · 도경찰청장 책임하에 실시**(시 · 도경찰청장은 시 · 도 경찰작전지휘관으로서 관할지역의 예비군관리대를 작전통제한다.)[♣경찰청장이(×)]<18 · 19경위>	

(3) **통합방위사태 선포절차**

구분		내용
선포		통합방위사태는 갑종사태, 을종사태 또는 병종사태로 구분하여 선포한다.(제12조 제1항)
선포권자	대통령	① **갑종의 사태**에 해당하는 상황이 발생하였을 때 또는 **둘 이상의 "시 · 도"에 걸쳐 을종사태**에 해당하는 상황이 발생하였을 때 **국방부 장관**은 즉시 **국무총리를 거쳐 대통령에게 통합방위사태의 선포를 건의하여야** 한다.[♣을종사태(×)](제12조 제2항 제1호)<19 · 20승진> **※ 갑종, 둘 이상 을종사태 건의절차 : 국방부 장관 ⇨ 국무총리 ⇨ 대통령** ② **둘 이상의 시 · 도에 걸쳐 병종사태**에 해당하는 상황이 발생하였을 때 **행정안전부 장관 또는 국방부장관**은 즉시 **국무총리를 거쳐 대통령에게 통합방위사태의 선포를 건의하여야** 한다.[♣시 · 도경찰청장, 지역군사령관 또는 함대사령관은(×), ♣국방부 장관에게(×)](제12조 제2항 제2호)<14.2채용> **※ 둘 이상 병종사태 건의절차 : 국방부 장관 또는 행정안전부 장관 ⇨ 국무총리 ⇨ 대통령** ③ 대통령은 통합방위사태 건의를 받았을 때에는 중앙협의회와 국무회의의 심의를 거쳐 통합방위사태를 선포할 수 있다.(제12조 제3항) ④ 시 · 도지사가 통합방위사태를 선포한 지역에 대하여 대통령이 통합방위사태를 선포한 때에는 그때부터 시 · 도지사가 선포한 통합방위사태는 효력을 상실한다.(제12조 제8항)

선포권자	시·도지사	① **시·도경찰청장, 지역군사령관 또는 함대사령관**은 **을종사태나 병종사태**에 해당하는 상황이 발생한 때에는 즉시 **시·도지사에게** 통합방위사태의 선포를 건의하여야 한다.(제12조 제4항)<19·20승진> ※ **을, 병종사태 건의절차 : 시·도경찰청장, 지역군사령관 또는 함대사령관 ⇨ 시·도지사** ② **시·도지사**는 통합방위사태 선포의 건의를 받은 때에는 **시·도 협의회의 심의를 거쳐** 을종사태 또는 병종사태를 선포할 수 있다.[♣중앙협의회의 심의를 거쳐(×)](제12조 제5항)<20승진> ③ 시·도지사는 을종사태 또는 병종사태를 선포한 때에는 지체 없이 **행정안전부장관 및 국방부장관과 국무총리를 거쳐 대통령에게 그 사실을 보고하여야** 한다.(제12조 제6항)

※ **통합방위사태의 선포권자** ⇨ **甲종사태**와 **둘 이상의 시도에 걸친 을종, 병종사태**는 **대통령**이, 乙종·丙종사태는 **시·도지사가** 선포한다.<08승진·12·18경위·14.2채용>

예 서울특별시와 경기도에 걸친 병종사태에 해당하는 상황이 발생하였을 때는 대통령이 선포권자가 된다.<18경위>

(4) **통합방위작전 :** 적의 침투로 **통합방위사태가 선포된 지역**에서 **통합방위본부장**, 지역 군사령관, 함대사령관 또는 시·도경찰청장이 국가방위요소를 통합하여 지휘·통제하는 방위작전을 의미한다.

① 소규모의 적·간첩 및 무장공비 등이 육상, 해상, 공중 기타의 방법으로 침투하는 것을 거부하고 침투한 간첩 등을 조기에 색출하여 체포·섬멸하는 일체의 작전을 통합방위작전이라 한다.<12경위>

② 경찰의 통합방위작전은 통합방위법과 통합방위지침에 의하여 실시한다.

③ **통합방위작전**(통합방위법 제16조, 제17조, 제18조)

통제구역설정·퇴거명령	**시·도지사 또는 시장·군수·구청장은**[♣시·도경찰청장 또는 경찰서장은(×)] 아래에 해당하면 필요한 **통제구역을 설정**하고, 통합방위작전 또는 경계태세 발령에 따른 군·경 합동작전에 관련되지 아니한 사람에 대하여는 **출입을 금지·제한하거나 그 통제구역으로부터 퇴거할 것을 명할 수** 있다.[♣퇴거할 것을 명하여야 한다.(×)](위반 시 ⇨ 제24조 제1항에 의거 **처벌**)(제16조 제1항)<18경위·17.2채용> ♣ 시장·군수·구청장도 통제구역을 설정하여 출입을 금지·제한하거나 퇴거명령을 할 수 있다.(○)<18경위> 1. **통합방위사태가 선포된 경우** 또는 2. 적의 침투·도발 징후가 확실하여 **경계태세 1급이 발령된 경우**
대피명령	① **시·도지사 또는 시장·군수·구청장은 통합방위사태가 선포된 때**에는 인명·신체에 대한 위해를 방지하기 위하여 즉시 작전지역에 있는 주민이나 체류 중인 사람에게 **대피할 것을 명할 수** 있다.[♣시·도경찰청장 또는 경찰서장은(×), ♣경계태세 1급이 발령된 경우(×)](제17조 제1항)<18경위·19승진> ※ 대피명령 위반 시 ⇨ 제24조 제2항에 의거 **300만원 이하 벌금**으로 **처벌**한다.<18경위> ② "대피명령"은 **공고하여야** 한다.(제17조 제2항)
검문소운용	**시·도경찰청장**, 지방해양경찰청장, 지역군사령관 및 함대사령관은 관할구역 중에서 **적의 침투가 예상되는 곳 등에 검문소를 설치·운용할 수** 있다.[♣시·도경찰청장은 검문소를 설치할 수 없다.(×)] ※ 다만, 지방해양경찰청장이 검문소를 설치하는 경우에는 미리 관할 함대사령관과 협의하여야 한다.(통합방위법 제18조 제1항)

PART

04

교통경찰

CHAPTER

01 교통경찰 일반

1 교통경찰활동 개요

(1) **교통경찰활동:** 도로교통에서 발생되는 위험 및 장해를 방지 · 제거하여 교통의 안전과 원활한 소통을 도모함을 목적으로 하는 경찰활동이다.

(2) **교통의 개념구분**

<table>
<tr><td rowspan="8">교통</td><td>의의</td><td colspan="2">**반복현상**을 가지고, / **체계적인 기관**에 의하여, / **거리저항을 극복**하면서 행해지는, / **인간 · 화물 · 정보의 장소적 이동**[♣사람의 이동에 한정(×)]</td></tr>
<tr><td rowspan="4">기능</td><td colspan="2">① 지역의 **중심(핵)을 명확히** 한다.</td></tr>
<tr><td colspan="2">② 지역을 **고밀화**한다.<02 · 03 · 08승진></td></tr>
<tr><td colspan="2">③ 지역에 **통일성**을 부여한다.</td></tr>
<tr><td colspan="2">④ 지역의 범위를 **확대**한다.</td></tr>
<tr><td rowspan="3">분류</td><td>육로교통</td><td>도로교통(도시교통과 공로교통), 철도교통, 삭 · 궤도교통</td></tr>
<tr><td>수로교통</td><td>하천교통, 운하교통, 호반교통, 해양교통</td></tr>
<tr><td>항공교통</td><td>국내항공교통, 국제항공교통<01승진></td></tr>
<tr><td>일반 교통</td><td colspan="3">① 반복현상을 가지고 체계적인 기관에 의하여 거리저항을 극복하면서 행해지는 인간 · 화물의 장소적 이동을 말한다.
② 교통에서 **정보의 장소적 이동을 제외**한 부분을 의미한다.</td></tr>
<tr><td>도로 교통</td><td colspan="3">① **도로교통의 범위**: 도로교통은 일반교통에서 **철도교통 · 항공교통 · 해상교통 등을 제외**한 부분을 의미하며 철도교통이나 항공교통은 해당 전문기관에서 취급하게 된다.[♣철도교통, 항공교통 포함(×)]
♣ 정보의 이동을 제외한 일반교통 중, 철도 · 항공 · 해상 교통을 포함한 육상교통 중 도로교통이 교통경찰의 대상이다.(×)
※ 해상교통은 부분적으로 해양경찰의 대상이 되고 있다.
② **교통경찰대상**: 교통경찰의 주 대상은 **일반교통 중 도로교통에 한정**된다.
※ **교통경찰의 대상에서 정보이동도 제외되고, 철도교통, 항공교통, 해상교통도 모두 제외**된다.
③ **도로교통의 3요소**: ㉠ 도로기하 구조적인 측면, ㉡ 교통안전시설 및 도로 부대시설적인 측면, ㉢ 교통운영 및 규제적인 측면</td></tr>
</table>

(3) **교통경찰임무**

교통국장은 다음 사항을 분장한다.(경찰청과 그 소속기관 직제 제12조 제3항)<22승진>

1. 도로교통에 관련되는 종합기획 및 심사분석
2. 도로교통에 관련되는 법령의 정비 및 행정제도의 연구
3. 교통경찰공무원에 대한 교육 및 지도
4. **교통안전시설의 관리**
5. **자동차운전면허의 관리**
6. **도로교통사고의 예방**을 위한 홍보 · 지도 및 단속[♣ 교통사고 · 교통범죄에 관한 수사 지휘 · 감독(×) ⇨ 형사국 업무]<22승진>
7. 고속도로순찰대의 운영 및 지도

※ 신호등, 횡단보도와 같은 **교통안전시설 관리는 경찰의 임무**이나, **과속방지턱과 같은 도로부속물의 설치 · 관리는 지방자치단체 등의 임무**에 해당된다.[♣도로부속물의 설치 및 관리는 경찰의 임무(×)]

PART 04

Ⅰ. 법적 근거<02채용>

(1) **일반규정(조직법적 근거, 임무규정, 사물관할)**

국가경찰과 자치경찰의 조직 및 운영에 관한 법률 제3조, 경찰관직무집행법 제2조 ⇨ "**교통의 단속과 위해의 방지**"를 규정하고 있다.

(2) **개별규정**

① **도로교통법**(일반법적 성격), 형법, 교통사고처리특례법, 특정범죄가중처벌법

② 교통안전에 관한 기본법 ⇨ 교통안전법

③ 육상 도로교통의 안전에 관한 기본법 ⇨ 도로교통법<01승진>

Ⅱ. 특성

(1) **관련 : 전국적인 관련성**이 강하다.<99승진 · 02채용>

교통사범의 수사나 교통계획의 수립 시에 통과예상 통로의 연도경찰서의 협력이 요구됨.

(2) **대상 : 모든 계층의 사람**이 교통경찰의 대상이다.

(3) **기능 :** 경찰활동 **평가의 중요한 창구기능**을 한다.

(4) **영향 : 경제생활과 사회생활에 중대한 영향**을 미친다.

(5) **내용 : 과학 · 기술적 분야에 속하는 사항**이 많다.(연구와 전문적 지식이 필요함.)

(6) **필요 : 일반행정분야에 속하는 사항이 많아 행정적(行政的) 분야와의 협력을 필요**로 한다.<99 · 01 · 02승진>

① **종합대책 필요** ⇨ 교통사고의 방지와 교통의 원활을 도모하기 위하여 행정적 분야에 속하는 사항에 관해서는 **관계 행정기관의 협력에 의한 종합적인 대책이 필요**하다.

(7) **변화 :** 교통환경의 변화가 급격하다.

정리 **4E의 원칙**<96 · 99승진>

<table>
<tr><td colspan="3">교통의 안전과 원활을 도모하는 필수적인 4가지 원칙을 의미하며 이는 교통경찰의 운용의 기본원칙이자 행동지침으로서의 성격을 가진다.
※ 6E의 원칙 = 4E + 교통경제(Economy) · 교통관련법제(Enactment)</td></tr>
<tr><td rowspan="3">3 E</td><td>교통안전공학
(Engineering)</td><td>도로환경정비 · 교통안전시설 · 차량 등과 같은 물질적 요소를 말하는 것으로 널리 경찰, 건설, 운수 등의 분야에 걸쳐 있으며 서로 연관성을 가지고 교통사고 방지 및 교통체증 해소에 기여하는 대책을 추진하는 것[♣4E 중 교통환경(×)]<12경위></td></tr>
<tr><td>교통안전교육
(Education)</td><td>교통안전에 대한 교육훈련 · 홍보 · 계몽 등 교통안전의식을 고취시키고, 그 실천을 유도하는 활동</td></tr>
<tr><td>교통단속
(Enforcement)</td><td>교통규제 · 면허제도 · 교통지도 및 단속을 포함하는 단속활동을 의미함.(적정한 단속을 통하여 교통의 안전과 질서를 유지해야)</td></tr>
<tr><td colspan="2">교통환경
(Environment)</td><td>① 위의 3요소만으로는 안전성이 부족하여 근래에 첨가된 원칙
② 도로 · 차선 · 자동차 · 운전자의 생활환경 등 불량한 교통환경의 개선을 통해 교통안전을 실천하고자 하는 원칙 [☻공교단 환경]</td></tr>
</table>

참고 **수막현상 방지방법**

① 타이어와 노면 사이에 있는 수막을 밀어내고 **접촉력을 높여야** 하므로,

② 타이어의 회전속도를 늦추어서 **저속운전을 해야** 한다.

③ 특히, 승용차의 경우는 타이어의 **공기압을 높게 하여야** 하며[♣공기압을 낮게(×)]

④ 운전 중에 **함부로 핸들과 브레이크를 조작하지 않도록** 해야 한다.

2 테마 150 도로교통법 용어정리

Ⅰ. 차 · 자동차 · 원동기장치자전거

1. 차

(1) **자동차 · 건설기계 · 원동기장치자전거 · 자전거 또는 사람, 가축의 힘이나 그 밖의 동력에 의하여 도로에서 운전되는 것**, 다만, **철길이나 가설(架設)된 선을 이용하여 운전되는 것, 유모차, 보행보조용 의자차, 노약자용 보행기,** (제21호의3에 따른) **실외이동로봇 등 행정안전부령으로 정하는 기구 · 장치는 제외**한다.[♣철길 또는 가설된 선에 의하여 운전되는 것(×), ♣유모차(×), ♣보행보조용 의자차(×)](도로교통법 제2조 제17호, 가)<03 · 04 · 08승진 · 04 · 07채용>

※ **자동차에 해당하지 않는 건설기계**나 자전거도 차에는 해당한다.

⑵ **차마 :** 차와 우마(교통 · 운수에 사용되는 가축)를 의미한다.

① **보도통과** ⇨ 차마의 운전자는 보도와 차도가 구분된 곳에서는 차도를 통행하여야 하지만, 도로 이외의 곳에 출입할 때에는 보도를 횡단하여 통행할 수 있다.(이때 일시정지 요함.)

② **우측통행** ⇨ 차마의 운전자는 도로의 중앙으로부터 우측부분을 통행하여야 한다.

※ 교통사고처리특례법 ⇨ **"교통사고"**라 함은 **차의 교통**으로 인하여 사람을 사상하거나 물건을 손괴하는 것을 말하므로 농기계나 자동차관리법상 자동차에서 제외되는 군용차량은 포함되지만 철길이나 가설된 선을 이용하여 운전되는 기차나 전철은 제외된다.

※ **신호 · 지시 준수의무** ⇨ 도로를 통행하는 보행자, 차마 또는 노면전차의 운전자는 교통안전시설이 표시하는 신호 또는 지시와 권한있는 사람이 하는 신호 또는 지시를 따라야 한다.[♣50cc 미만 운전자 제외(×)](제5조 제1항)

2. 자동차<04승진>

<table>
<tr><td rowspan="2">자동차</td><td>의의</td><td>① "자동차"란 철길이나 가설된 선을 이용하지 아니하고 원동기를 사용하여 운전되는 차(견인되는 자동차도 자동차의 일부)로서,[♣견인자동차 제외(×)]
② 「자동차관리법」에 따른 승용자동차, 승합자동차, 화물자동차, 특수자동차, 이륜자동차, 「건설기계관리법」(제26조 제1항 단서)에 따른 건설기계 등의 차를 말한다. 다만, 원동기장치자전거는 제외한다.[♣원동기장치자전거 포함, 건설기계 제외(×)](도로교통법 제2조 제18호)<12 · 22경위 · 21.2채용>
※ 도로교통법상 자동차에 해당하는 건설기계는 도로교통법과 건설기계관리법에 규정되어 있다.[♣자동차관리법에 규정(×)]
※ 도로교통법상 자동차 = 자동차관리법상 자동차 + 건설기계관리법상 자동차(제26조 제1항 단서, 국토교통부령으로 정하는 건설기계)[♣자동차관리법상 자동차의 정의가 넓다.(×)]
※ 경운기 · 트랙터 · 군용차량은 도로교통법상의 자동차에 해당하지 않는다.

판례 경운기를 운전과 하물적재의 편의를 위하여 핸들부분을 원형으로, 적재함 부분을 철판으로 일부개조하였다 하여도 자동차로 볼 수 없다.[♣등록대상(×)](대법원 86도1480)</td></tr>
<tr><td>건설기계</td><td>① 자동차에 포함되는 건설기계(운전면허 필요, 도로교통법과 건설기계관리법에 규정)[♣자동차관리법으로 규정(×)]<01 · 04승진 · 07채용>
– 노상안정기, 아스팔트살포기, 아스팔트콘크리트재생기, 콘크리트 펌프, 콘크리트믹서트럭, 콘크리트믹서트레일러, 덤프트럭, 천공기(트럭적재식), 3톤 미만의 지게차, 도로보수트럭, 트럭지게차[♣트럭지게차 제외(×)]
※ 자동차에 포함되는 건설기계는 건설기계 조종사 면허 외에도 1종 대형면허가 있어야 운전이 가능하다.
※ 도로보수트럭, 콘크리트믹서트레일러, 아스팔트콘크리트재생기는 국토교통부 장관의 지정에 의함.(국토교통부 고시, 특수건설기계의 지정)[☻ 노아콘덤천공 3개미만 보수(하)지]
② 굴삭기 · 콘크리트살포기 등과 같은 자동차에 포함되지 않는 건설기계의 경우에는 '건설기계관리법'상 건설기계조종사 면허가 있어야 운전이 가능하다.<04승진></td></tr>
</table>

3. 원동기장치자전거

⑴ **의의 :** 「자동차관리법」 제3조에 따른 이륜자동차 가운데 배기량 **125시시 이하(전기를 동력으로 하는 경우에는 최고정격출력 11킬로와트 이하)의 이륜자동차**와 그 밖에 **배기량 125시시 이하(전기를 동력으로 하는 경우에는 최고정격출력 11킬로와트 이하)의 원동기**를 단 차(전기자전거 및 실외이동로봇은 제외)[♣원동기 장치 자전거는 자동차에 포함(×)](도로교통법 제2조 제19호)<12경위 · 10승진 · 04채용>

① **운전면허 필요** ⇨ 원동기를 단 차 중 **교통약자**가 최고속도 **시속 20킬로미터 이하로만 운행될 수 있는 차**를 운전하는 경우에는 운전면허를 받아야 하는 것이 아니다.(제80조 제1항)

② 제1종 및 제2종의 모든 면허로 원동기장치자전거를 운전할 수 있다.

③ **사용신고 및 번호판 지정 대상 – 최고속도가 매시 25킬로미터 이상**인 (원동기장치자전거를 포함하는 자동차 관리법상) 이륜자동차[신고의무 – 자동차관리법 제3조, 제48조, 동법 시행규칙 제98조의2]

⑵ **인명보호 장구 착용**

① **이륜자동차와 원동기장치자전거(개인형 이동장치는 제외)**의 운전자는 행정안전부령으로 정하는 **인명보호 장구를 착용하고 운행하여야** 하며, **동승자에게도 착용하도록 하여야** 한다.(도로교통법 제50조 제3항)

② **자전거등의 운전자**는 자전거도로 및 「도로법」에 따른 도로를 운전할 때에는 행정안전부령으로 정하는 **인명보호 장구를 착용하여야** 하며, **동승자에게도 이를 착용하도록 하여야** 한다.(도로교통법 제50조 제4항)

4. 개인형 이동장치(PM)

"개인형 이동장치"란 **원동기장치자전거 중 시속 25킬로미터 이상으로 운행할 경우 전동기가 작동하지 아니**하고 **차체 중량이 30킬로그램 미만**인 것으로서 **행정안전부령으로 정**하는 것을 말한다.(제2조 제19의2호)

※ 어린이의 보호자는 **도로에서 어린이가** 개인형 이동장치를 **운전하게 하여서는 아니** 된다.[♣인명보호 장구를 착용한 경우를 제외하고(×)](제11조 제4항)<22경위 · 21.2채용>

⑴ 개인형 이동장치는 **자전거등에 포함**되고, **자동차등에도 포함**되므로 자동차등에 규정된 조항(과속, 음주, 휴대전화사용금지, 무면허, 도주등)을 적용받아 교통사고 후 도주하는 경우 「특정범죄 가중처벌 등에 관한 법률」상 **도주차량으로 가중처벌**된다.

⑵ 개인형 이동장치의 범위에는 '자전거이용 활성화에 관한 법률'상 전기자전거에는 포함되지 않으나 행정안전부령에 적합한 **페달이 없는 스로틀방식의 전기자전거**는 **개인형 이동장치**에 해당한다.

※ 개인형 이동장치는 자전거 등에 해당하여 **음주운전에 해당하는 경우 범칙금 3만원, 측정거부의 경우 범칙금 10만원**이 부과된다.(시행령 별표8)

5. 자동차등 [☻과음주 휴무자 도주 자 등]

⑴ **자동차와 원동기장치자전거**를 말한다.(도로교통법 제2조 제21호)<01승진>

⑵ **'자동차등'에 대한 규제내용 :** ① **속도(과속)**(개인형이동장치 제외), ② **음주운전**(건설기계 포함), ③ **휴대전화 사용**(노면전차 포함), ④ **무면허 운전,** ⑤ **특정범죄 가중처벌 등에 관한 법률상 도주**<15승진>

※ 경운기 트랙터 등 농기계의 경우 원동기를 사용하지만 농기계에 해당하여 차에 포함될 뿐 자동차가 아니므로 '자동차등'에 대한 규율이 적용되지 않으며, 차에 포함될 뿐인 자전거의 경우도 동일하다.[♣경운기 · 자전거 휴대전화 사용 처벌(×)] ⇨ 차에 대한 규제 : 신호 · 지시준수, 주차금지, 끼어들기, 중앙선 침범 등이 원칙적으로 적용된다.

주의 **음주운전의 경우 모든 건설기계에 확대 적용**된다.[♣자동차등에 포함되지 않는 건설기계는 음주운전이 가능하다.(×)]

※ 노면전차 : ① **속도(과속)**, ② **음주운전**, ③ **휴대전화 사용**, ④ **무면허운전** 처벌규정이 적용된다.

II. 도로

(1) **「도로법」에 의한 도로 : 고속국도 · 일반국도 · 특별시도 · 광역시도 · 지방도 · 시도 · 군도 · 구도** <02승진>

※ 도로법에 의한 도로에는 터널 · 교량 · 도선장 엘리베이터 및 도로와 일체가 되어 그 효용을 다하게 하는 시설 또는 공작물 및 도로의 부속물이 포함된다.

(2) 「유료도로법」에 의한 **유료도로**

(3) 「농어촌도로 정비법」에 따른 **농어촌도로**

(4) 그 밖에 현실적으로 불특정 다수의 사람 또는 차마의 통행을 위하여 공개된 장소로서 안전하고 원활한 교통을 확보할 필요가 있는 장소 ➡ **일반교통에 사용되는 장소**[♣공개되지 않은 초등학교 내 도로(×)][♣도로법, 유료도로법, 농어촌정비법에 의한 도로에 한정(×)](도로법 제2조 제1호)<12경위>

① 산림법상의 임도, 광산보안법상의 광산도로, 사도법상의 사도 등

예 **울산 현대조선소 구내도로**는 도로교통법상 **도로에 해당**한다.<00승진 · 01채용>

1. 성립요건 [☻형이공교]

형태성	차로의 설치, 노면의 균일성 유지 등 자동차 기타 운송수단의 통행이 가능한 형태를 구비하고 있을 것<04승진 · 경위>
이용성	사람의 왕복, 화물수송, 자동차의 운행 등 공중의 교통영역으로 이용되고 있을 것
공개성	공중의 교통에 이용되고 있을 것 ⇨ 즉 불특정다수인이 실제 이용할 수 있는 상태에 놓여 있을 것
교통경찰권	공공의 안녕과 질서유지를 위하여 교통경찰권이 발동될 수가 있을 것

※ **음주운전, 과로 · 질병 · 약물운전, 조치의무는 도로 이외의 장소에도 적용**이 되도록 도로교통법이 개정되었다.(도로교통법 제2조, 제24호) [☻주로 병약 조치]

예 **유료주차장 내**에서 음주운전 ⇨ 도로(×) ⇨ 도로교통법 위반(음주운전) 처벌<15승진>

예 **대학교 구내**에서 마약을 과다복용하고 운전 ⇨ 도로(×) ⇨ 도로교통법 위반(약물운전) 처벌<15승진>

예 **아파트 지하주차장**에서 보행자를 충격하여 다치게 한 후 적절한 조치 없이 현장을 이탈 ⇨ 도로(×) ⇨ 도로교통법상 미조치로 처벌 ⇨ 특정범죄가중처벌등에 관한 법률(도주)<15승진>

예 학교 운동장에서 운전면허를 취득하기 위해 한 운전연습은 처벌대상이 아니다.<15승진>

※ 특정한 사람만 운전이 허용된 장소 ⇨ 도로(×) ⇨ 단속불가능(처벌대상×)

2. 판단기준

(1) 도로의 판단기준 : 공개성이 가장 중요한 요소

⇨ 현실적으로 불특정 다수의 사람 또는 차마의 통행을 위하여 **공개된 장소**로서 안전하고 원활한 교통을 확보할 필요가 있는 장소인가의 여부

⇨ **일반교통에 제공**되고 있는지 여부

※ 공개성 있으면 이용되게 되어 있고, 교통경찰권이 미치며 형태성은 최소한의 판단 요건이 된다. 따라서 공개성이 도로여부를 결정함에 있어 결정적인 요소이다.

판례 1) [아파트 단지 내 아파트부설 주차장 주차구획선 밖의 통로부분 ⇨ 도로(×)] 아파트단지 내 주차구역의 통로 부분은 그 곳에 차량을 주차하기 위한 통로에 불과할 뿐 현실적으로 **불특정 다수의 사람이나 차량의 통행로로 사용되는 것이라고 볼 수 없어** 이를 도로교통법 제2조 제1호에 정한 일반교통에 사용되는 **도로라고 할 수는 없다**.(대법원 2005.1.14, 2004도6779)

판례 2) [대학교 내 도로 ⇨ 도로(×)] **대학교 내의 도로**는 대학교에 재학 중인 학생들이나 그곳에 근무하는 교직원들이 이용하는 대학시설물의 일부로 자주적으로 관련되는 곳이지, 불특정 다수의 사람 또는 차량의 통행을 위하여 **공개된 장소로 일반 교통경찰권이 미치는 공공성이 있는 곳으로는 볼 수 없어**, 도로교통법 제2조 제1호에서 말하는 **도로로 볼 수가 없다**.(대법원 96.10.25, 96도1848)

♣ 판례에 의할 경우 출입이 통제된 학교 교내에서 운전면허를 취득하기 위해 운전연습을 하다가 신고를 통해 적발된 경우는 교통단속의 대상이 된다.(×)

판례 3) [통행제한 없는 아파트 단지 내 도로 ⇨ 도로(○)] 아파트 단지 내 통행로가 왕복 4차선의 외부도로와 직접 연결되어 있고, **외부차량의 통행에 제한이 없으며, 별도의 주차관리인이 없다**면 도로교통법상 **도로에 해당**한다.(대법원 2010도6579)<15 · 19승진>

판례 4) [무면허 운전 ⇨ 도로에서만 성립, 아파트 주차장 종합적 판단 필요] 음주운전과 달리 **무면허운전은 '도로에서 운전'한 경우에만 적용**되므로 **아파트 주차장의 경우 이곳이 도로인지 여부**는 아파트 주민이나 그와 관련된 용건이 있는 사람만 이용할 수 있는지, 경비원 등이 자체적으로 관리하는지, 아파트 단지와 주차장의 규모와 형태, 차단 시설이 설치되어 있는지 여부, 아파트 단지 주민이 아닌 외부인이 주차장을 이용할 수 있는지, **아파트 단지와 주차장 진출입에 관한 구체적인 관리 · 이용 상황 등을 근거로 종합적으로 판단하여야** 한다.(대법원 2017도17762 판결 [도로교통법위반(무면허운전)등])

(2) 사람이나 차마 등의 교통에 공용되는 한 공유지 · 사유지를 불문하며, **구체적으로 도로의 형태를 갖추었는지도 묻지 않는다.(형태성은 최소한의 요건** 즉 통행에 이용될 수 있는 형태만을 요구하며 차선구분이나 안전표지 등은 요건이 아님.)

(3) **아파트 단지 내의 도로 :** 경비원이 차단기 등으로 일반인의 출입을 통제하는 곳은 도로가 아니지만, 누구나 출입이 허용되는 아파트 단지는 도로로 본다.(判)<02채용>

① **판례 정리(공개성 여부에 판단이 집중되어 있음.)**<15 · 19승진>

도로 부정	**여관 앞 공터, 자동차 간이정비소 마당, 역구내, 학교 구내, 빌딩 주차장, 주점 고객전용 주차장, 나이트클럽 주차장, 노상주차장(주차장법 적용), 아파트 단지 내 도로(출입 통제하는 곳)**<15승진> **등**[☻여정구내 주차통제]
도로 긍정	**울산현대조선소 구내도로, 아파트 단지 내 도로(출입통제×)**<15승진>, **춘천시청광장 주차장(공개○), 공원, 고수부지 길, 준공검사 전 개방된 도로 등**[☻울아도 춘천공고 준공전]

(4) **도로에 대한 규제내용**

과속금지, 휴대전화사용금지, **무면허운전 금지**[♣출입이 금지된 초등학교내 무면허 처벌(×)], 중앙선 침범이나 신호지시위반 금지 등 도로 내 준수사항

※ **음주운전금지, 과로운전금지 · 질병 · 약물운전금지, 사고 시 조치의무(뺑소니 포함)** ⇨ 도로는 물론이고 **도로 이외에도 적용**[♣유료주차장 내에서 음주운전하다 적발시 단속가능(○)](도로교통법 제2조 제26호)

Ⅲ. 보행자

(1) **보행자 :** 도로 위를 걷는 사람을 뜻하며, **유모차, 보행보조용 의자차(신체장애자용 의자차), 소아용 세발자전거도 보행자에 포함**된다.<04승진>[☻유신보조세]

(2) **손수레나 자전거 :** 이를 **끌고 가는 자는 보행자**에 포함되지만, **이를 타고 도로를 횡단하는 자는 보행자에 포함되지 않는다**.[♣자전거를 타고(×)]<05승진 · 05채용>

♣ 자전거나 손수레를 타고 횡단보도를 횡단하는 자는 보행자로 취급한다.(×)

♣ 횡단보도 상을 손수레를 끌고 가던 중 차와 충돌한 사고 시 손수레는 보행자로 볼 수 없어 보행자보호의무 위반을 적용할 수 없다.(×)

판례 횡단보도 상을 손수레를 끌고 가던 중 차와 충돌한 사고 시 **손수레는 보행자에 해당**하여 보행자 보호의무 위반이 적용된다.(대법원 90도761)

보행자 통행방법 <03 · 14승진>	(1) **보도와 차도가 구분된 도로 :** 보행자는 **언제나 보도를 통행하여야** 한다.(제8조 제1항) <03 · 14승진> ① **보도에서의 통행 :** 보행자는 보도에서 **우측통행을 원칙**으로 한다.(제8조 제4항) ② **예외적 차도통행 :** 보행자는 **차도를 횡단하는 때, 도로공사 등으로 보도의 통행이 금지된 때**, 그 밖의 부득이한 경우에는 보도와 차도가 구분된 도로에서 차도를 통행할 수 있다.<14승진> (2) **보도와 차도가 구분되지 아니한 도로** — 22. 4. 20시행 ① **중앙선이 있는 도로**(일방통행인 경우에는 차선으로 구분된 도로를 포함)에서는 **길가장자리 또는 길가장자리구역으로** 통행하여야 한다.(제8조 제2항) ② **중앙선이 없는 도로**(일방통행인 경우에는 차선으로 구분되지 아니한 도로에 한정)에서는 **도로의 전 부분**으로 통행할 수 있다. 이 경우 보행자는 고의로 차마의 진행을 방해하여서는 아니 된다.(제8조 제3항)

도로의 횡단방법	(1) **가장 짧은 거리로 횡단(○) : 횡단보도가 설치되어 있지 않은 도로에서는 가장 짧은 거리로** 횡단하여야 한다. ① **횡단보도, 지하도·육교나 그 밖의 도로횡단시설이 설치되어 있는 도로** ⇨ 보행자는 그곳으로 횡단하여야 한다. ② **지체장애인** ⇨ 다른 교통에 방해가 되지 아니하는 방법으로 도로횡단시설을 이용하지 아니하고 도로를 횡단할 수 있다. (2) **차의 앞·뒤로 횡단(×) : 보행자는 모든 차와 노면전차의 바로 앞이나 뒤로 횡단하여서는 아니 된다.** 다만, 횡단보도를 횡단하거나 신호기 또는 경찰공무원등의 신호나 지시에 따라 도로를 횡단하는 경우에는 그러하지 아니하다.(제10조 제4항)<14승진>
보행자 횡단방해	(1) 보행자가 통행하고 있는데 **횡단보도 앞(정지선이 있는 경우 정지선)에서 일지정지하지 않은 경우** (2) **교통정리가 행하여지고 있는 교차로**에서 **신호기나 교통경찰관의 신호를 따라 도로를 횡단하는 보행자의 통행을 방해**한 경우 ※ 보행자 횡단방해는 **벌점 10점에 해당**하며 **신호위반(벌점 15점)과 보행자 보호의무 위반에 동시에 해당**한 경우 상상적 경합으로 중한 **신호위반으로 처리**한다.[♣보행자 보호의무 위반으로 처리(×) ⇨ 신호위반이 벌점 15점으로 더 중하므로 상상적 경합에 의해 신호위반으로 처리]

Ⅳ. 용어정리(도로교통법 제2조)<11·12경위·13.2·14.2채용>

도로	**「도로법」**에 따른 도로 / **「유료도로법」**에 따른 유료도로 / **「농어촌도로 정비법」**에 따른 농어촌도로 / 그 밖에 현실적으로 불특정 다수의 사람 또는 차마(車馬)가 통행할 수 있도록 **공개된 장소**로서 안전하고 원활한 교통을 확보할 필요가 있는 장소
자동차 전용도로	**자동차만** 다닐 수 있도록 설치된 도로를 말한다.[♣자동차등이 다닐 수 있도록(×)](제2조 제2호)<11경위·14.2·15.3채용>
고속도로	자동차의 고속 운행에만 사용하기 위하여 지정된 도로를 말한다.<11경위·15.3채용>
차도	연석선(차도와 보도를 구분하는 돌 등으로 이어진 선을 말한다. 이하 같다), 안전표지 또는 그와 비슷한 인공구조물을 이용하여 경계를 표시하여 모든 차가 통행할 수 있도록 설치된 도로의 부분을 말한다.[♣차로(×)](도로교통법 제2조 제4호)<11경위>
중앙선	차마의 통행 방향을 명확하게 구분하기 위하여 도로에 황색 실선(實線)이나 황색 점선 등의 안전표지로 표시한 선 또는 중앙분리대나 울타리 등으로 설치한 시설물을 말한다. 다만, 제14조 제1항 후단에 따라 **가변차로가 설치된 경우**에는 **신호기가 지시하는 진행방향의 가장 왼쪽에 있는 황색 점선**을 말한다.[♣제일 오른쪽(×), ♣황색 실선과 황색 점선에 한정(×)](도로교통법 제2조 제5호)<12경위> ♣ 중앙선은 가변차로가 설치된 경우에는 신호기가 지시하는 진행방향의 제일 오른쪽 황색 점선이다.(×) ♣ "중앙선"의 표시방법은 황색 실선과 황색 점선으로 한정한다.(×)<12경위>
차로	차마가 한 줄로 도로의 정하여진 부분을 통행하도록 차선(車線)으로 구분한 차도의 부분을 말한다.

차선	차로와 차로를 구분하기 위하여 그 경계지점을 안전표지로 표시한 선을 말한다.[♣차도와 차도를 구분하기 위하여(×)](도로교통법 제2조 제7호)<11경위 · 14.2채용> ※ 차선표시는 편도 2차로 이상의 차도 내에 차로 경계를 표시할 필요가 있을 경우에 설치하며 **차로경계선은 백색 점선으로** 한다.
노면전차 전용로	도로에서 궤도를 설치하고, 안전표지 또는 인공구조물로 경계를 표시하여 설치한 「도시철도법」 제18조의2 제1항 각 호에 따른 도로 또는 차로를 말한다.
자전거 도로	"자전거도로"란 안전표지, 위험방지용 울타리나 그와 비슷한 인공구조물로 경계를 표시하여 자전거 및 개인형 이동장치가 통행할 수 있도록 설치된 「자전거이용 활성화에 관한 법률」 제3조 각 호의 도로를 말한다.
자전거 횡단도	"자전거횡단도"란 자전거 및 개인형 이동장치가 일반도로를 횡단할 수 있도록 안전표지로 표시한 도로의 부분을 말한다.(제2조 제9호)<17.2채용>
보도	연석선, 안전표지나 그와 비슷한 인공구조물로 경계를 표시하여 보행자(**유모차, 보행보조용 의자차**, 노약자용 보행기 등 행정안전부령으로 정하는 기구 · 장치를 이용하여 통행하는 사람 및 제21호의3에 따른 실외이동로봇을 **포함**)가 통행할 수 있도록 한 도로의 부분을 말한다.[♣보행자만 다닐 수 있도록 표시한 도로(×), ♣유모차, 보행보조용 의자차 제외(×)](제2조 제10호)<22경위 · 13.2채용>
길가장 자리구역	**보도와 차도가 구분되지 아니한 도로**에서 보행자의 안전을 확보하기 위하여 안전표지 등으로 경계를 표시한 도로의 가장자리 부분을 말한다.[♣보도와 차도가 구분된 도로에서(×)](제2조 제11호)<11 · 22경위 · 14.2 · 15.3 · 17.2채용>
횡단보도	**보행자가 도로를 횡단할 수 있도록 안전표지로 표시한 도로의 부분**을 말한다.
교차로	'십'자로, 'T'자로나 그 밖에 둘 이상의 도로(보도와 차도가 구분되어 있는 도로에서는 차도를 말한다)가 교차하는 부분을 말한다.(제2조 제13호)<13.2 · 17.2채용> ① 모든 차의 운전자는 교차로에서 **우회전**을 하려는 경우에는 미리 도로의 **우측 가장자리를 서행**하면서 우회전하여야 한다.(제25조 제1항) ② 모든 차의 운전자는 교차로에서 **좌회전**을 하려는 경우에는 미리 도로의 중앙선을 따라 서행하면서 **교차로의 중심 안쪽을 이용**하여[♣교차로 중심 바깥쪽 이용(×)] 좌회전하여야 한다.(제25조 제2항) ③ 제2항에도 불구하고 자전거등의 운전자는 교차로에서 좌회전하려는 경우에는 미리 도로의 우측 가장자리로 붙어 서행하면서 교차로의 가장자리 부분을 이용하여 좌회전하여야 한다.(제25조 제3항) ④ 모든 차의 운전자는 교통정리를 하고 있지 아니하고 일시정지나 양보를 표시하는 안전표지가 설치되어 있는 교차로에 들어가려고 할 때에는 다른 차의 진행을 방해하지 아니하도록 일시정지하거나 양보하여야 한다.(제25조 제6항)
회전 교차로	교차로 중 차마가 **원형의 교통섬**(차마의 안전하고 원활한 교통처리나 보행자 도로횡단의 안전을 확보하기 위하여 교차로 또는 차도의 분기점 등에 설치하는 섬 모양의 시설)을 중심으로 **반시계방향으로 통행**하도록 한 **원형의 도로**를 말한다.(제2조 제13의2호)
안전지대	도로를 횡단하는 보행자나 통행하는 차마의 안전을 위하여 안전표지나 이와 비슷한 인공구조물로 표시한 도로의 부분을 말한다.(도로교통법 제2조 제14호)<11경위 · 15.3채용>
신호기	도로교통에서 문자 · 기호 또는 등화(燈火)를 사용하여 진행 · 정지 · 방향전환 · 주의 등의 신호를 표시하기 위하여 사람이나 전기의 힘으로 조작하는 장치를 말한다.<13.2채용>

안전표지	교통안전에 필요한 주의 · 규제 · 지시 등을 표시하는 표지판이나 도로의 바닥에 표시하는 기호 · 문자 또는 선 등을 말한다.(제2조 제16호)<17.2채용>
차마	① "차"란 다음의 어느 하나에 해당하는 것을 말한다. 1) 자동차 / 2) 건설기계 / 3) 원동기장치자전거 / 4) 자전거 / 5) 사람 또는 가축의 힘이나 그 밖의 동력(動力)으로 도로에서 운전되는 것. 다만, 철길이나 가설(架設)된 선을 이용하여 운전되는 것, **유모차, 보행보조용 의자차**, 노약자용 보행기 등 행정안전부령으로 정하는 기구 · 장치는 **제외한다**. ② "우마"란 교통이나 운수(運輸)에 사용되는 가축을 말한다.
노면전차	"노면전차"란 「도시철도법」 제2조 제2호에 따른 노면전차로서 도로에서 궤도를 이용하여 운행되는 차를 말한다.
자동차	철길이나 가설된 선을 이용하지 아니하고 원동기를 사용하여 운전되는 차(**견인되는 자동차도 자동차의 일부로 본다**)로서 다음 각 목의 차를 말한다.<12 · 22경위> 가. 「자동차관리법」 제3조에 따른 다음의 자동차. 다만, 원동기장치자전거는 제외한다. 1) 승용자동차 / 2) 승합자동차 / 3) 화물자동차 / 4) 특수자동차 / 5) 이륜자동차 나. 「건설기계관리법」 제26조 제1항 단서에 따른 건설기계[♣원동기 장치 자전거 포함(×)]
자율주행 시스템	"자율주행시스템"이란 「자율주행자동차 상용화 촉진 및 지원에 관한 법률」 제2조 제1항 제2호에 따른 자율주행시스템을 말한다. 이 경우 그 종류는 **완전 자율주행시스템, 부분 자율주행시스템 등 행정안전부령**으로 정하는 바에 따라 세분할 수 있다.(제18의2호)
자율주행 자동차	「자동차관리법」 제2조 제1호의3에 따른 자율주행자동차로서 **자율주행시스템**을 갖추고 있는 자동차를 말한다.(제18의3호)
원동기 장치 자전거	아래 어느 하나에 해당하는 차 가. 「자동차관리법」 제3조에 따른 이륜자동차 가운데 배기량 **125시시 이하(전기를 동력으로 하는 경우에는 최고정격출력 11킬로와트 이하)의 이륜자동차** 나. 그 밖에 **배기량 125시시 이하(전기를 동력으로 하는 경우에는 최고정격출력 11킬로와트 이하)의 원동기**를 단 차(「자전거 이용 활성화에 관한 법률」 제2조 제1호의2에 따른 전기자전거는 제외한다)
개인형 이동장치	"개인형 이동장치"란 **원동기장치자전거 중 시속 25킬로미터 이상으로 운행할 경우 전동기가 작동하지 아니**하고 **차체 중량이 30킬로그램 미만**인 것으로서 **행정안전부령으로 정**하는 것을 말한다.(제2조 제19의2호) ※ 어린이의 보호자는 **도로에서 어린이가** 개인형 이동장치를 **운전하게 하여서는 아니** 된다. (제11조 제4항) ※ 제2조 제19호 나목의 원동기를 단 차 중 「교통약자의 이동편의 증진법」 제2조 제1호에 따른 교통약자가 최고속도 시속 20킬로미터 이하로만 운행될 수 있는 차를 운전하는 경우 – 운전면허 불필요(제80조 제1항)
자전거	「자전거이용 활성화에 관한 법률」 제2조 제1호에 따른 자전거를 말한다.
자전거등	"자전거등"이란 자전거와 개인형 이동장치를 말한다.(제2조 제21의2호)
실외이동 로봇	"실외이동로봇"이란 「지능형 로봇 개발 및 보급 촉진법」 제2조 제1호에 따른 지능형 로봇 중 행정안전부령으로 정하는 것을 말한다.(제21의3호)
자동차등	**자동차와 원동기장치자전거**를 말한다.

긴급 자동차	다음 각 목의 자동차로 그 본래의 긴급한 용도로 사용되고 있는 자동차를 말한다. **가. 소방차 / 나. 구급차 / 다. 혈액 공급차량** / 라. 그 밖에 도로교통법시행령으로 정하는 자동차
어린이 통학버스	다음 각 목의 시설 가운데 어린이(**13세 미만**[♣12세 미만(×)]인 사람을 말한다.)를 교육 대상으로 하는 시설에서 어린이의 통학 등(**현장체험학습 등** 비상시적으로 이루어지는 교육활동을 위한 이동을 **제외**)에 이용되는 자동차와 「여객자동차 운수사업법」 제4조 제3항에 따른 여객자동차운송사업의 한정면허를 받아 어린이를 여객대상으로 하여 운행되는 운송사업용 자동차를 말한다. 가. 「유아교육법」에 따른 유치원, 「초・중등교육법」에 따른 초등학교 및 특수학교 나. 「영유아보육법」에 따른 어린이집 다. 「학원의 설립・운영 및 과외교습에 관한 법률」에 따라 설립된 학원 라. 「체육시설의 설치・이용에 관한 법률」에 따라 설립된 체육시설
주차	운전자가 승객을 기다리거나 화물을 싣거나 차가 고장나거나 그 밖의 사유로 차를 계속 정지 상태에 두는 것 또는 운전자가 차에서 떠나서 즉시 그 차를 운전할 수 없는 상태에 두는 것을 말한다.(제24호)<13.2채용>
정차	운전자가 **5분을 초과하지 아니**하고 차를 정지시키는 것으로서 **주차 외의 정지 상태**를 말한다.[♣일시적으로 완전히 정지시키는 것(×)](제25호)<14.2・23.2채용>
운전	도로(**보행자 주변 서행 또는 일시정지, 음주・과로・질병・약물복용 상태의 운전금지 및 조치의무**-제44조・제45조・제54조 제1항・제148조 및 제148조의2-의 경우에는 **도로 외의 곳을 포함**)에서 차마 또는 노면전차를 그 본래의 사용방법에 따라 사용하는 조종 또는 자율주행시스템을 사용하는 것(**조종 또는 자율주행 시스템을 사용하는 것을 포함**)을 말한다.[♣출입금지된 초등학교내 무면허 운전 처벌(×)](제2조 제26호)<19.1채용> [☻주로병약조치] ※ 주차장 학교 경내 등 **도로가 아닌 곳**에서도 음주운전, 약물운전, 사고 후 미조치(제54조 제1항)에 대해 도로교통법의 **처벌규정**(제148조, 제148조의2) **적용이 가능**하다.<19.1채용> **판례** 핸드브레이크를 풀어 타력 주행하는 행위는 **운전에 해당하지 않는다.**
초보 운전자	처음 운전면허를 받은 날(처음 운전면허를 받은 날부터 2년이 지나기 전에 운전면허의 취소처분을 받은 경우에는 그 후 다시 운전면허를 받은 날을 말한다)부터 **2년이 지나지 아니한 사람**을 말한다. 이 경우 원동기장치자전거면허만 받은 사람이 원동기장치자전거면허 외의 운전면허를 받은 경우에는 처음 운전면허를 받은 것으로 본다.[♣1년이 지나지 아니한 사람(×)](제27호)<12경위>
서행	운전자가 차 또는 노면전차를 즉시 정지시킬 수 있는 정도의 느린 속도로 진행하는 것을 말한다.
앞지르기	차의 운전자가 앞서가는 다른 차의 옆을 지나서 그 차의 앞으로 나가는 것을 말한다.
일시정지	차 또는 노면전차의 운전자가 그 차 또는 노면전차의 바퀴를 일시적으로 완전히 정지시키는 것을 말한다.[♣정차(×)](도로교통법 제2조 제30호)<12경위>
보행자 전용도로	보행자만 다닐 수 있도록 안전표지나 그와 비슷한 인공구조물로 표시한 도로를 말한다.[♣보도(×)](제2조 제31호)<13.2채용>
음주운전 방지장치	술에 취한 상태에서 자동차등을 운전하려는 경우 시동이 걸리지 아니하도록 하는 것으로서 행정안전부령으로 정하는 것을 말한다.

※ 도로교통법상 **"유아"는 6세 미만, "어린이"는 13세 미만, "노인"은 65세 이상**의 사람을 말한다.<12경위>

CHAPTER

02 교통경찰 활동

1 교통순찰 및 교통정리

Ⅰ. **교통순찰 :** 교통사고 방지 및 교통소통의 원활을 기하기 위해 일정지역을 순회하면서 법규위반자에 대한 지도·단속·교통사고처리·교통정체요인 등을 제거하는 교통외근활동을 말한다.

Ⅱ. **교통정리**

(1) **교통정리 :** 교통의 혼잡을 완화하여 교통의 원활한 촉진과 안전확보 및 교통공해의 방지를 도모함을 목적으로 하는 경찰관의 기술적인 경찰활동을 말한다.

① **우선교통권의 원칙**<01·02·04 승진>

여러 가지 교통기관 가운데서 특정한 자에 대하여 다른 사람보다 먼저 통행할 권리를 부여하는 것을 의미한다. (∴ 타인에게는 기다려야 할 의무를 부담시키게 된다.)

㉠ **방향 : 진행방향에 따른 우선권** [☻폭선우직]

ⓐ **폭이 넓은 도로의 우선** : 교통정리를 하고 있지 아니하는 교차로에 들어가려고 하는 차의 운전자는 그 차가 통행하고 있는 도로의 폭보다 교차하는 도로의 폭이 넓은 경우에는 서행하여야 하며, 폭이 넓은 도로로부터 교차로에 들어가려고 하는 다른 차가 있을 때에는 그 차에 진로를 양보하여야 한다.(제26조 제2항)<23승진>

ⓑ **선 진입 차의 우선** : 교통정리를 하고 있지 아니하는 교차로에 들어가려고 하는 차의 운전자는 이미 교차로에 들어가 있는 다른 차가 있는 때에는 그 차에 진로를 양보하여야 한다.(제26조 제1항)<23승진>

ⓒ **우측도로의 차 우선** : 우선순위가 같은 차가 동시에 교통정리가 행하여지고 있지 아니하는 교차로에 들어가고자 하는 때에는 우측도로의 차에 진로를 양보하여야 한다.[♣좌측도로 차에게 진로 양보(×)](제26조 제3항)<11경위·23승진>

♣ 차가 교차로에 동시에 들어가고자 하는 경우 좌측도로의 차에게 진로를 양보해야 한다.(×)

ⓓ **직진 및 우회전 차의 우선** : 좌회전하고자 하는 차의 운전자는 그 교차로에서 직진하거나 우회전하려는 다른 차가 있는 때에는 그 차에 진로를 양보하여야 한다.(제26조 제4항)<23승진>

2 교통규제

Ⅰ 교통규제권자

1. 경찰청장 – 교통안전시설등 설치 · 관리지침 [☻ 제설지시 신호 협의통보 요구]

(1) 경찰청장은 **고속도로**에서 자동차의 **속도**를 제한할 수 있다.(도로교통법 제17조 제2항 제1호)

(2) **경찰청장**은 고속도로의 원활한 소통을 위하여 특히 필요한 경우에는 **고속도로에 전용차로를 설치할 수** 있다.(도로교통법 제61조 제1항)<24경위>

(3) 경찰청장은 **고속도로관리자에게** 교통안전시설(신호기 및 안전표지)의 관리에 관한 필요한 사항을 **지시할 수** 있다.(도로교통법 제59조 제2항)

(4) **고속도로의 관리자**는 고속도로에서 일어나는 위험을 방지하고 교통의 안전과 원활한 소통을 확보하기 위하여 **교통안전시설을 설치 · 관리하여야** 한다. 이 경우 고속도로의 관리자가 교통안전시설을 설치하려면 **경찰청장과 협의하여야** 한다.[♣경찰청장이 설치(×)](도로교통법 제59조 제1항)<03 · 07 · 09승진 · 01경위 · 채용>

(5) 도로관리청이 **고속도로에서** 도로의 **점용허가 · 통행의 금지나 제한** 또는 **차량운행의 제한**을 한 때에는 **경찰청장에**게 그 내용을 즉시 **통보하여야** 한다.(고속도로 이외 일반도로는 경찰서장에게 통보)(도로교통법 제70조 제1항)

(6) 통보를 받은 경찰청장은 고속도로에서 교통의 안전과 원활한 소통을 확보하기 위하여 필요하다고 인정하면 도로관리청에 필요한 조치를 요구할 수 있다. 이 경우 도로관리청은 정당한 사유가 없으면 그 조치를 하여야 한다.(고속도로 이외의 도로는 경찰서장이)(도로교통법 제70조 제3항)

2. 시장 등 [☻ 무인유신 어전]

(1) 무인교통단속장비 설치 · 관리권(시 · 도경찰청장, 경찰서장 또는 시장 등의 권한)(도로교통법 제4조의2 제1항)

(2) **유료도로 관리자에 대한 지시권 : 유료도로의 경우**에는 **도로관리자가 시장 등의 지시에 따라 신호기 및 안전표지**(교통안전시설)**를 설치 · 관리**한다.[♣실제 특별시 · 광역시는 시 · 도경찰청장, 시 · 군은 경찰서장이 위임 · 위탁받아 행사(○)](도로교통법 제3조 제1항 단서, 제147조, 시행령 제86조)

(3) 도로(일반국도, 특별시도, 지방도, 시도, 군도상의)에서의 **신호기 및 안전표지**의 **설치 · 관리권**[♣실제 특별시 · 광역시는 시 · 도경찰청장이, 시 · 군은 경찰서장이 위임 · 위탁받아 행사(○)](도로교통법 제3조 제1항)<97 · 98승진>

※ **비용부담 명령권** ➡ 도로에 설치된 교통안전시설의 철거 또는 원상회복이 필요한 경우 그 사유를 유발한 자에게 공사비용의 전부 또는 일부를 부담하게 할 수 있다.

(4) **어린이 보호구역 및 노인 보호구역의 지정 및 관리권**(도로교통법 제12조 제1항, 제12조의2 제1항)

(5) **전용차로의 설치권 : 시장등은** 원활한 교통을 확보하기 위하여 특히 필요한 경우에는 (시 · 도경찰청장이나 경찰서장과 협의하여) 도로에 **전용차로를 설치할 수** 있다.(도로교통법 제15조 제1항)<98승진>

참고 위임 및 위탁관계(도로교통법 제12조, 시행령 제86조)

① 시장 등 ⇨ 특별시장 · 광역시장 또는 시장 · 군수(광역시의 군수를 제외)를 의미한다.

② **위임 · 위탁사항** ⇨ 아래의 권한은 **특별시장 · 광역시장은 시 · 도경찰청장에게 위임**하고, **시장 · 군수는 관할 경찰서장에게 위탁**하도록 규정되어 있다.[☻유신위탁]

– **유료도로 관리자에 대한 지시권(신호기, 안전표지설치 관련)**

예 부산 A경찰서 관할지역 아파트단지 진입로에 횡단보도와 신호기를 신설하려고 하는 경우 설치권자는 모두 시 · 도경찰청장이다.

– **일반도로 등 신호기 · 안전표지**(교통안전시설)**의 설치 · 관리권(비용부담 명령권) 등**

※ 일반도로 버스전용차로 설치권 및 무인단속권한, 어린이 보호구역 및 노인보호구역의 지정 및 관리권은 위임 · 위탁하지 않는다.

③ 광역교통신호체계의 구성을 위하여 필요하다고 인정되는 경우에는 관계 시장 · 군수는 상호 협의하여 위의 권한을 시 · 도경찰청장에게 공동으로 위탁할 수 있다.

3. 시 · 도경찰청장

(1) **긴급자동차의 지정**(도로교통법시행령 제2조)

(2) **보행자, 차마 또는 노면전차 통행의 금지 · 제한**: 시 · 도경찰청장은 도로에서의 위험을 방지하고 교통의 안전과 원활한 소통을 확보하기 위하여 필요하다고 인정할 때에는 **구간**(區間)을 정하여 보행자, 차마 또는 노면전차의 통행을 **금지하거나 제한할 수** 있다. 이 경우 시 · 도경찰청장은 보행자, 차마 또는 노면전차의 통행을 금지하거나 제한한 도로의 관리청에 그 사실을 **알려야** 한다.(사후에 도로관리청에 통지)(도로교통법 제6조 제1항)<24경위>

(3) **무인교통단속장비를 설치 · 관리**(도로교통법 제4조의2)

(4) **횡단보도의 설치**(도로교통법 제10조)

(5) **차로 및 가변차로의 설치**(도로교통법 제14조)

(6) **자동차의 속도제한**(고속도로의 경우는 경찰청장)(도로교통법 제17조)

(7) **횡단, 유턴, 후진 등의 금지**(도로교통법 제18조)

(8) **교차로 통행방법의 지정**(도로교통법 제25조)

(9) **서행 및 일시정지 구간의 지정**(도로교통법 제31조)

(10) **정차 및 주차 금지구역의 지정**(도로교통법 제32조, 6호)

(11) **승차인원 또는 적재용량의 제한**(도로교통법 제39조 제5항)

(12) **정비불량 차 자동차등록증 보관 및 운전의 일시정지명령, 10일 이내 차 사용정지명령**[♣경찰관의 권한(×)](정비기간 지정)(도로교통법 제41조 제3항)

4. 경찰서장

⑴ **무인교통단속장비의 설치 및 관리권**[도로교통법 제4조의2]

⑵ **보행자, 차마 또는 노면전차의 통행금지 · 제한** : **경찰서장**은 도로에서의 위험을 방지하고 교통의 안전과 원활한 소통을 확보하기 위하여 필요하다고 인정할 때에는 **우선** 보행자, 차마 또는 노면전차의 **통행을 금지하거나 제한한 후** 그 도로관리자와 **협의하여** 금지 또는 제한의 **대상과 구간 및 기간**을 정하여 도로의 통행을 **금지하거나 제한할 수** 있다.[도로교통법 제6조 제2항]<24경위>

⑶ **운행허가 :** 운행상 안전기준을 초과한 승차 또는 적재의 운행에는 출발지 경찰서장의 허가를 받아야 한다.[도로교통법 제39조]<01 · 06승진>

① **출발지 경찰서장 허가 사항 ⇨ 승차인원 · 적재중량 · 적재용량**[☻ 인중용][♣총중량(×)]

♣ 출발지를 관할하는 경찰서장은 총중량에 대해 대통령령이 정하는 운행상의 안전기준을 초과하여 운행할 수 있도록 이를 허가할 수 있다.(×)

⑷ **통보받을 권리 :** 도로관리청이 **고속도로 외의 도로**에서 도로의 **점용허가 · 통행의 금지 또는 제한**을 한때에는 관할 경찰서장에게 그 내용을 즉시 통보하여야 한다.[도로교통법 제70조]<98승진>

※ 통보를 받은 관할 경찰서장은 도로관리청에 필요한 조치를 요구할 수 있으며, 이 경우 도로관리청은 정당한 사유가 없는 한 이에 응하여야 한다.

⑸ **도로의 위법 인공구조물에 대한 조치권 :** 함부로 설치된 교통안전시설이나 이와 비슷한 인공구조물, 교통에 방해가 될 만한 물건, 교통에 방해가 될 만한 인공구조물 등을 설치하거나 공사 등을 한 경우 그 위반을 시정하도록 하거나 그 위반행위로 인하여 생긴 교통장해의 제거를 명할 수 있다.[도로교통법 제71조 제1항]

⑹ **신고접수 :** 도로공사로 인하여 **교통안전시설을 훼손한 공사시행자**는 부득이한 사유가 없는 한 **해당공사가 끝난 날부터 3일 이내**에 원상회복하고, 그 결과를 **관할서장에게 신고하여야** 한다.(도로교통법 제69조 제4항, 도로교통법시행규칙 제43조)

⑺ **과태료 부과권 : 고속도로 전용차로 위반, 무인교통단속장비로 적발된 법규위반에 대해 과태료를 부과**할 수 있다.(시 · 도경찰청장 위임사항)[도로교통법 제161조, 도로교통법시행령 제86조 제3항 제8호]

※ 무인단속 장비로는 버스전용차로 위반, 과속, 신호위반, 중앙선 침범, 갓길 위반 단속가능

5. 경찰공무원

⑴ **보행자, 차마 또는 노면전차의 통행금지 · 제한 :** 도로의 파손, 화재의 발생이나 그 밖의 사정으로 인한 도로에서의 위험방지를 위해 보행자, 차마 또는 노면전차의 통행을 일시 금지 · 제한할 수 있다.(도로교통법 제6조 제4항)

⑵ **교통 혼잡 완화조치 :** 경찰공무원은 보행자, 차마 또는 노면전차의 통행이 밀려서 교통 혼잡이 뚜렷하게 우려될 때에는 혼잡을 덜기 위하여 필요한 조치를 할 수 있다.(도로교통법 제7조)

⑶ **위험방지를 위한 조치 :** 운전금지나 그 밖의 필요한 조치를 할 수 있다.(도로교통법 제47조)

① 대상 ⇨ ⓐ 무면허운전, ⓑ 음주운전, ⓒ 과로(질병 · 약물)운전<97승진>

⑷ **정비 불량 의심차량의 점검 및 응급조치의 지시**(도로교통법 제41조 제1,2,3항)

① 경찰공무원은 정비불량차 운행 시, **차량정지, 자동차등록증 또는 자동차 운전면허증을 제시요구,** 차의 **장치점검가능**

② 경찰공무원은 ①의 점검결과 정비불량 사항이 발견된 경우, 운전자에게 **응급조치명령**가능,

③ 응급조치 후 운전자에게 **조건**(통행구간, 통행로 등 조건)**을 부과하여 운전명령**가능[♣정비불량 차 자동차등록증 보관 및 운전일시정지명령, 10일 이내 차 사용정지명령(×) ⇨ 시 · 도경찰청장권한]

(5) **행렬등의 통행 :** 경찰공무원은 도로에서의 위험을 방지하고 교통의 안전과 원활한 소통을 확보하기 위하여 필요하다고 인정할 때에는 행렬등에 대하여 구간을 정하고 그 구간에서 **행렬등이 도로 또는 차도의 우측**(자전거도로가 설치되어 있는 차도에서는 **자전거도로를 제외**한 부분의 우측을 말한다)으로 **붙어서 통행할 것을 명**하는 등 필요한 **조치를 할 수** 있다.[♣반드시 조치하여야(×)](제9조 제3항)<21경위>

(6) **의무적 조치사항**

① **장애인 통행 · 횡단조치 :** 경찰공무원은 신체에 장애가 있는 사람이 도로를 통행하거나 횡단하기 위하여 도움을 요청하거나 도움이 필요하다고 인정하는 경우에는 그 사람이 안전하게 통행하거나 횡단할 수 있도록 필요한 조치를 **하여야** 한다.(제11조 제5항)<21경위>

② 경찰공무원은 다음 각 호의 어느 하나에 해당하는 사람을 발견한 경우에는 그들의 안전을 위하여 적절한 **조치를 하여야** 한다.(제11조 제6항)<21경위>

1. 교통이 빈번한 도로에서 놀고 있는 **어린이**<21경위>
2. 보호자 없이 도로를 보행하는 **영유아**
3. **앞을 보지 못하는 사람**으로서 흰색 지팡이를 가지지 아니하거나 장애인보조견을 동반하지 아니하는 등 필요한 조치를 하지 아니하고 다니는 사람<21경위>
4. 횡단보도나 교통이 빈번한 도로에서 보행에 어려움을 겪고 있는 **노인**(65세 이상인 사람을 말한다. 이하 같다)

Ⅱ 교통규제수단

Ⅰ. 신호기<01 · 02승진>

1. 차량신호등 — 도로교통법 시행규칙 별표2<01 · 23승진>

녹색등화	① 차마는 **직진할 수** 있고 다른 교통에 방해되지 않도록 천천히 **우회전할 수** 있다. ② 비보호 좌회전표시가 있는 곳에서는 신호에 따르는 다른 교통에 방해가 되지 않을 때에는 좌회전할 수 있다.<23승진> ※ 비보호 좌회전은 다른 교통에 방해가 된 경우 **안전운전 불이행의 책임**을 진다.
황색등화	① 차마는 정지선이 있거나 횡단보도가 있을 때 ⇨ **그 직전이나 교차로의 직전에 정지**하여야[♣진입(×)]<23승진> ② 이미 교차로에 진입하고 있는 경우 ⇨ **신속히 교차로 밖으로 진행**하여야 한다.<23승진> ③ 차마는 **우회전을 할 수** 있고 우회전하는 경우에는 보행자의 횡단을 방해하지 못한다.[♣황색등화시 우회전하는 차마 단속(×)] ♣ 황색 등화 시 우회전하는 차마는 신호위반으로 단속할 수 있다.(×)
적색등화	① 차마는 정지선이나 횡단보도가 있을 때, 그 직전 및 교차로 직전에 **정지의무** ② 차마는 신호에 따라 직진하는 측면 교통을 방해하지 아니하면서 **우회전 가능**

황색등화 점멸	차마는 다른 교통 또는 안전표지의 표시에 **주의하면서 진행할 수** 있다.<23승진>
적색등화 점멸	차마는 정지선이나 횡단보도가 있을 때에는 그 직전이나 교차로의 직전에 **일시정지한 후**[♣서행(×)] **다른 교통에 주의하면서 진행할 수** 있다.<23승진> ♣ 적색등화 점멸 시 차마는 정지선, 횡단보도 및 교차로의 직전에 서행하며 진행할 수 있다.(×)
기타	차량신호기 준수의무는 '차마'가 진다.[♣'차마'에 50cc 미만 원동기장치자전거 포함(○)] ♣ 50cc 미만의 원동기장치자전거를 운행하며 차량신호등의 신호를 위반한 경우 처벌할 수 없다.(×) ① **녹색 화살 표시** ⇨ 차마는 화살표 방향으로 진행할 수 있음. ② **적색 X표 표시** ⇨ 차마는 X표가 있는 차로로 진행할 수 없음. ③ **적색 X표의 점멸** ⇨ 차마는 X표가 있는 차로로 진입할 수 없고, 이미 진입한 경우에는 신속히 그 차로 밖으로 진로를 변경하여야 함. ④ **보행등의 녹색 점멸** ⇨ 보행자는 횡단을 시작하여서는 아니 되고, 횡단하고 있는 보행자는 신속하게 횡단을 완료하거나 그 횡단을 중지하고 보도로 되돌아와야 함.<02승진>

PART 04

II. 교통수신호

(1) 신호 · 지시권이 있는 자

① **국가경찰공무원(의무경찰 포함), 자치 경찰공무원** 및 **경찰공무원을 보조하는 자**[♣의무경찰순경은 단독으로 교통정리를 위한 지시 또는 신호를 할 수 없다.(×)](제5조 제1항)

② 의무경찰은 치안업무를 보조하는 업무의 일환으로 경찰공무원법 규정에 의한 경찰공무원과 마찬가지로 단독으로 교통정리를 위한 지시 또는 신호를 할 수 있다.

예 **정지 수신호** – 팔을 수평선상 45도의 각도로 측면으로 펴서 올리고 팔꿈치를 넓은 각도로 약간 굽혀 머리보다 높이 올린 손을 수직으로 하고 손바닥을 외측으로 향하게 하여 주목한다.

참고 **경찰공무원을 보조하는 자**(도로교통법 제5조 제1항, 시행령 제6조)<03승진>

1. **모범운전자**[♣교통근무보조를 위한 택시기사모임(×), 녹색어머니(×)]: **무사고운전자 또는 유공운전자의 표시장**을 받거나 **2년 이상** 사업용 자동차 운전에 종사하면서 교통사고를 일으킨 전력이 없는 사람으로서 **경찰청장이**[♣시 · 도경찰청장이(×)] 정하는바에 따라 선발되어 교통안전 봉사활동에 종사하는 사람을 말한다.<22경위>

   ※ **무사고운전자 표시장 수여 대상: 10년 이상**의 사업용 자동차 **무사고** 운전경력이 있는 사람으로서 **사업용자동차의 운전에 종사하고 있는 사람**에게 수여한다.[♣15년 동안 교통사고를 일으키지 아니한 사업용자동차 운전에 종사하는 자(×)](도로교통법 시행규칙 제136조)

2. 군사훈련 및 작전에 동원되는 부대의 이동을 유도하는 **군사경찰**[♣해병전우회 회원(×)]<03승진>
3. 본래의 긴급한 용도로 운행하는 소방차 · 구급차를 유도하는 **소방공무원**

(2) **권한 없는 경우: 녹색어머니회원, 어린이교통경찰대, 자원봉사자, 경비원** 등(경찰공무원을 보조하는 자에 포함되지 않는 경우로 신호 · 지시권이 없음.)<00 · 03승진>

(3) **경합:** 도로를 통행하는 **보행자, 차마 또는 노면전차의 운전자**는 **교통안전시설이 표시하는 신호 또는 지시**와 교통정리를 하는 **국가경찰공무원 · 자치경찰공무원 또는 경찰보조자**(이하 "경찰공무원등")**의 신호 또는 지시가 서로 다른 경우**에는 **경찰공무원등의 신호 또는 지시에 따라야** 한다.(제5조 제2항)

Ⅲ 테마 151 안전표지

(1) **안전표지 :** 교통의 안전에 필요한 주의 · 규제 · 지시 등을 표시하는 표지판이나 도로의 바닥에 표시하는 기호 · 문자 또는 선 등을 말한다.(제2조 제16호)<01 · 02승진 · 17.2채용>

(2) **교통안전표지 종류**(도로교통법 시행규칙 제8조)<14 · 16 · 17승진 · 04 · 09채용> [☻노규주 보조 지시]

주의표지	도로상태가 위험하거나 도로 또는 그 부근에 위험물이 있는 경우에 필요한 **안전조치를 할 수 있도록** 이를 도로사용자에게 **알리는** 표지[♣보조표지(×)]<17승진 · 14.1 · 20.1채용> 예 **터널표지, 도로공사 표지**<03승진 · 10경위>
규제표지	도로교통의 안전을 위하여 각종 제한 · 금지 등의 **규제를** 하는 경우에 이를 도로사용자에게 **알리는** 표지[♣지시표지(×)]<20.1채용> 예 **보행자 횡단금지표지, 양보표지**<05 · 17승진>
지시표지	도로의 통행방법 · 통행구분 등 도로교통의 안전을 위하여 **필요한 지시를** 하는 경우에 도로사용자가 이에 따르도록 **알리는** 표지[♣규제표지(×)]<16 · 17승진 · 20.1채용> 예 **자전거주차장 표지, 자동차전용도로 표지**
보조표지	주의표지 · 규제표지 또는 지시표지의 주 기능을 보충하여 도로사용자에게 알리는 표지[♣노면표지(×)]<20.1채용>
노면표지	도로교통의 안전을 위하여, 각종 주의 · 규제 · 지시 등의 내용을 **노면의** 기호 · 문자 또는 선으로 표시하여 도로사용자에게 알리는 표지[♣보조표지(×)]<17승진> 예 **주 · 정차 금지 표지, 안전지대 표지**

(3) **설치요령**

① **시인성 고려 :** 도로이용자의 행동특성을 감안하여 **시인거리, 판독거리, 운전자의 예비행동을 고려하여 설치하여야** 하며, 특히 **표지의 시인성(눈에 띔)이 방해되지 않도록** 해야 한다.<15승진>

> ※ **게슈탈트 효과** ⇨ 안전한 운전환경의 개발 및 유지문제를 수용하여 최대의 안전과 미를 제공하도록 설계된 각 개별 시설들이 결합된 효과는 흔히 안전하지도 않으면서 아름답지도 않은 시설로 될 수 있는 현상을 말한다.

② **위치선정 :** 도로이용에 장애가 없도록 **보행시설을 필요 이상으로 침범하지 말아야** 하고 **차도 끝에서부터 필요한 거리를 확보**하도록 해야 한다.<15승진>

③ **교차로 부근 회피 :** 반드시 교차로 부근에 설치할 필요가 없는 표지는 **교차로 부근을 피하여 난립을 방지**한다.[♣교차로 부근 집중 설치(×)]<15승진>

※ 도로공사로 인하여 교통안전시설을 훼손한 공사시행자 ⇨ 공사가 끝난 날부터 **3일 이내**에 원상회복 및 관할경찰서장에게 **신고의무**(도로교통법 제69조④, 도로교통법시행규칙 제43조)

3 교통지도 · 단속

I 교통지도 · 단속 개요

(1) **의의**

① 교통단속은 **법적 강제력을 바탕**으로 한다.

② **교통흐름 무시한 실적위주 단속 지양**: 도로상 위험방지와 교통안전 및 원활을 도모하는 것이 목적이므로 **교통의 흐름을 무시한 실적위주의 단속은 지양되어야** 한다.[♣실적위주 단속(×)]

(2) **내용**: 지도 및 경고, 교통법규위반자의 제지 · 검거, 교통정리, 각종 보호 및 원조활동<00승진>

※ **주요 단속내용**: 교통사고처리특례법상 **예외 12개항 관련 위반사항이 주된 단속대상**이다.

1. 단속 방법

(1) **단속 5대원칙(현장단속 요령)**[☻확인유도사설요처안인]

① **명백한 위반사실 확인 후 안전장소로 유도**

② **경례 후 소속과 계급 · 성명을 말하면서 인사**

③ **위반내용과 적용법규 설명 후 정중히 면허증 제시 요구**

④ **통고처분 후 이의신청절차 안내**

⑤ **경례와 함께 간단한 인사말**<03 · 04승진>

(2) **단속 시 유의사항**

① 운전석 **바로 옆** 또는 그 차량의 **후미 좌측 1보 뒤**에서 단속하여야 한다.

② 교통법규 위반행위가 애매하여 상호시비가 예상되는 경우에는 단속을 지양하고 당사자가 수긍할 수 있는 **명백한 때에만 단속**하여야 한다.

③ 실적위주의 단속을 금지하고 교통소통 및 사고예방을 위한 **질적 단속을 원칙**으로 한다.

※ **단속예고** – 단속예고 표지판을 설치하지 않거나 설치하였으나 보이지 않는 상태에서 단속이 이루어졌다 해도 **현행법상 이를 규제하는 법적 근거는 없다.**

Ⅱ 교통지도 · 단속 사안

I. 테마 152 음주운전

누구든지 술에 취한 상태에서 **자동차등(건설기계관리법 제26조 제1항 단서의 규정에 의한 건설기계 외의 건설기계를 포함) 또는 노면전차, 자전거**를 운전(도로 이외의 장소 포함)하여서는 아니 된다.[♣건설기계 제외(×)](도로교통법 제44조 제1항)<19경위>

① **도로 아닌 곳 포함**: 음주(법 제44조), 과로, 질병, 약물(법 제45조), 사고발생시 미조치(도로교통법 제54조 제1항)에 대해서는 도로 아닌 곳도 운전개념에 포함되어 **처벌**된다.[♣정상적 운전이 곤란한 상태 아닌 경우 도로 아닌 곳 처벌불가(×)](제2조 제26호)<19경위 · 19.1채용>

※ 도로교통법상 도로가 아닌 곳에서 술에 취한 상태에서의 운전은 음주운전으로는 처벌할 수 있지만 (도로에서만 적용되는) 운전면허의 정지 또는 취소처분을 부과할 수는 없다.<22.2채용>

② **음주측정의 요구 : 경찰공무원은** 교통의 안전과 위험방지를 위하여 필요하다고 인정하거나 음주운전금지규정을 위반하여 술에 취한 상태에서 자동차등, 노면전차 또는 자전거를 운전하였다고 인정할 만한 상당한 이유가 있는 경우에는 운전자가 **술에 취하였는지를 호흡조사로 측정할 수** 있다. 이 경우 운전자는 경찰공무원의 측정에 응하여야 한다(운전을 종료하였다고 하여도 경찰공무원은 측정요구를 할 수 있다.)(제44조 제2항)<21승진>

※ 음주측정거부 벌칙: 1년 이상 5년 이하의 징역이나 500만원 이상 2천만원 이하의 벌금[♣음주측정을 거부해도 처벌규정이 없다.(×)](도로교통법 제148조의2 제2항)

③ **음주운전 방지장치 부착 조건부 운전면허**를 받은 사람이 자동차등을 운전하려는 경우 음주운전 방지장치를 설치하고, **시 · 도경찰청장에게 등록하여야** 한다. 등록한 사항 중 행정안전부령으로 정하는 중요한 사항을 변경할 때에도 또한 같다. 다만, 규정(여객자동차등)에 따라 음주운전 방지장치가 설치 · 등록된 자동차등을 운전하려는 경우에는 그러하지 아니하다.(제50조의3 제1항)

※ 음주운전 방지장치의 설치 사항을 시 · 도경찰청장에게 등록한 자는 **연 2회 이상** 음주운전 방지장치 부착 자동차등의 **운행기록**을 **시 · 도경찰청장에게 제출하여야** 하며, 음주운전 방지장치의 **정상 작동여부 등을 점검하는 검사를 받아야** 한다.(제50조의3 제6항)

1. 단속대상

자동차등	**자동차**와 **원동기장치자전거**를 의미한다.[♣경운기(×), ♣49cc 원동기장치자전거(○), ♣트랙터(×)](도로교통법 제44조 제1항) ① **건설기계 :** 이 경우 건설기계는 건설기계관리법 제26조 제1항 단서의 규정에 의한 자동차에 포함되는 건설기계 외의 도로를 운행하는 **모든 건설기계** 포함<03승진> ② '자동차등'에서 제외되는 **경운기 · 우마차 · 트랙터 · 군용차량 등**은 음주운전의 단속대상이 아니다.(도로교통법 제44조 제1항)<19경위 · 04승진 · 01채용> ♣ 혈중알콜농도 0.12% 상태에서 경운기를 운전하는 경우 음주단속 대상이다.(×) ※ **노면전차, 자전거**의 경우에도 음주운전은 처벌된다. – 자전거 **음주운전 및 음주측정거부**에 대해 **20만원 이하의 벌금, 구류, 과료**에 처한다.(제156조)<19경위 · 19.1채용>

2. 단속기준

음주상태	① **기준**: 혈중알코올농도 **0.03% 이상**(혈액 1㎖에 알코올 0.3㎎)(도로교통법 제44조 제4항)<02승진> ② 구중(구강)알코올농도는 호흡알코올농도를 의미하며, 혈중알코올농도와는 다르다.
운전	① **개시시점**: 시동을 걸어서 발진조작을 완료한 때 ② **종료시점**: 자동차의 시동을 끄는 시점(하차할 것은 불요함) ③ **도로 및 도로 이외 장소**에서 음주운전이 모두 처벌된다.<19.1채용>
면허취소대상	① 0.03% 이상에서 운전하다가 **인피사고**를 낸 경우 ② **만취상태(0.08% 이상)**에서 운전한 경우[0.36% 이상은 현장에서 구속함.] ③ **2진 아웃**에 해당되는 경우 ④ 경찰의 음주측정에 **응하지 아니**하거나 **음주측정방해행위**를 한 경우

참고 위드마크 공식

① 위드마크 공식은 음주 후 **90분이 경과한 후부터** 적용하여야 한다.(判)

② 혈중알코올 농도의 시간당 감소치를 적용할 때는 피고인에게 가장 유리한 최저 수치인 **0.008%/h를 적용**하여 사건처리를 하여야 한다.(判)[♣0.08%(×)]<11경위>

판례 1) [위드마크공식 사용 감소기 혈중알콜농도 추산(음주측정×) → 음주시작시점부터 알코올 분해소멸 시작] **혈중알코올농도 측정 없이 위드마크 공식을 사용**해 피고인이 마신 술의 양을 기초로 피고인의 운전 당시 **혈중알코올농도를 추산**하는 경우로서 알코올의 분해소멸에 따른 **혈중알코올농도의 감소기**(위드마크 제2공식, 하강기)**에 운전**이 이루어진 것으로 인정되는 경우에는 피고인에게 **가장 유리한 음주 시작 시점부터 곧바로 생리작용에 의하여 분해소멸이 시작**되는 것으로 보아야 한다. 이와 다르게 음주 개시 후 특정 시점부터 알코올의 분해소멸이 시작된다고 인정하려면 알코올의 분해소멸이 시작되는 시점이 다르다는 점에 관한 과학적 증명 또는 객관적인 반대 증거가 있거나, 음주 시작 시점부터 알코올의 분해소멸이 시작된다고 보는 것이 그렇지 않은 경우보다 피고인에게 불이익하게 작용되는 특별한 사정이 있어야 한다.(대법원 2021도14074 판결 [도로교통법위반(음주운전)])<24경위>

판례 2) [구도로교통법 0.051% ⇨ 처벌기준 초과단정불가] 피고인에게 가장 유리한 감소치를 적용하여 **위드마크 공식에 따라** 계산한 혈중 알코올 농도가 (구도로교통법상 음주단속기준 0.05%) **0.051%**(현행 0.03% 이상)이었으나, 여러 사정을 고려할 때 피고인의 혈중 알코올농도가 **처벌기준치를 초과하였으리라고 단정할 수는 없다.**(대법원 2005.7.28, 2005도3904)

판례 3) [음주감지기 음주반응 ⇨ 음주운전단정 불가] 호흡측정기에 의한 음주측정을 요구하기 전에 **음주감지기 시험에서 음주반응**이 나왔다고 할지라도 음주감지기가 혈중알콜농도 0.02%인 상태부터 반응하게 되어 있는 점을 감안하면 (구도로교통법상 단속기준인) 0.05% 이상(현 0.03%)의 주취상태라고 **단정할 수 없고,** 운전자의 외관・태도 등 **객관적 사정을 종합하여 판단해야** 한다.(대법원 2003.1.24. 2002도6632)<12・21승진・12.3채용>

판례 4) [입 헹굴 기회(×) ⇨ 음주로 단정불가] 음주종료 후 4시간 정도 지난 시점에서 물로 **입 안을 헹구지 아니한 채** 호흡측정기로 측정한 **혈중알코올 농도 수치가 0.05%로 나타난 사안**에서, 위 증거만으로는 피고인이 혈중알코올 농도 0.05% 이상의 술에 취한 상태에서 자동차를 운전하였다고 **인정하기 어렵다**.(대법원 2005도7034)<21경위 · 12경감 · 12.3 · 23.2채용>

판례 5) [고의운전만 ⇨ 음주운전] 도로교통법상의 운전은 **고의의 운전행위만을 의미**하고 자동차 안에 있는 사람의 의지나 관여 없이 자동차가 움직인 경우에는 운전에 해당하지 않는다.(판)

판례 6) [실수로 제동장치 건드림 ⇨ 음주운전(×)] 어떤 사람이 **자동차를 움직이게 할 의도 없이 술에 취한 피고인이 자동차 안에서 잠을 자다**가 추위를 느껴 히터를 가동하기 위하여 시동을 걸었고, **실수로 제동장치를** 건드렸거나 처음 주차할 때 안전조치를 제대로 취하지 아니한 탓으로 원동기의 추진력에 의하여 자동차가 약간 경사진 길을 따라 앞으로 움직여 피해자의 차량 옆면을 충격한 사실이 있다고 하더라도 **이를 두고 자동차를 운전하였다고 할 수는 없다**.[♣음주운전에 해당한다.(×)](대법원 2004.4.23, 2004도1109)<12 · 24승진 · 12.1 · 3 · 15.3 · 16.2 · 22.1 · 23.1채용>

판례 7) [시동걸지 않은 페달조작 – 음주운전(×)] 주취상태에서 차의 **시동을 걸지 아니한 채** 핸드브레이크를 풀고 브레이크 페달을 조작하여 자동차를 움직이게 하였다면 **음주운전에 해당하지 않는다**.[♣음주운전에 해당한다.(×)](대법원98다30834)

판례 8) [위드마크 공식에 의한 역추산 고지의무(×)] 위드마크 공식은 운전자가 음주한 상태에서 운전한 사실이 있는지에 대한 경험법칙에 의한 증거수집 방법에 불과하다. 따라서 **경찰공무원에게 위드마크 공식의 존재** 및 나아가 호흡측정에 의한 혈중알코올농도가 음주운전 처벌기준 수치에 미달하였더라도 **위드마크 공식에 의한 역추산 방식에 의하여 운전 당시의 혈중알코올농도를 산출할 경우 그 결과가 음주운전 처벌기준 수치 이상이 될 가능성이 있다는 취지**를 운전자에게 **미리 고지하여야 할 의무가 있다고 보기도 어렵다**.[♣의무가 있다.(×)](대법원 2017도661 판결 [교통사고처리특례법위반 · 도로교통법위반(음주운전)])<21경위 · 18.1채용>

3. 호흡측정

(1) **음주 후 20분 이내**에는 구강 내의 잔류알코올에 의한 **과대 측정의 우려**가 있으므로(판례), **물 200ml를 제공**하여 입을 **헹굴 기회를 준 후 음주측정을 해야** 한다.(교통단속처리지침)<01 · 08승진>

(2) **주취운전단속요령**(교통단속처리지침 제4편)<20승진 · 19경위>

① 불대는 **1회 1개**를 원칙으로 한다.[♣1인 1개(×)]<20승진 · 19경위>

♣ 음주측정 시에 사용하는 불대는 1인 1개를 사용함을 원칙으로 한다.(×)

② 호흡측정 시 **채혈을 원하는 경우 바로 채혈할 수** 있다.

③ **음주측정기(음주감지기 포함)**는 **연 3회(음주감지기 연 2회)** 이상 검 · 교정을 받아야 한다.(**4개월 이내**에 기기에 대한 **검정 및 교정**을 하여야 한다.)

④ 음주측정기 **도난, 분실, 손상** 등의 경우에 **경찰서장은 사실조사 후 시 · 도경찰청장에게 즉시 보고**하여야 한다.

⑤ 음주측정자는 음주측정 시에 운전자에게 최종 음주시간을 확인하여 구강 내 잔류알콜(**음주시로부터 구강 내 잔류알콜 소거에 20분 소요 – 판례**)에 의한 과대 측정을 방지하도록 **물 200ml를 제공**하여 입을 헹굴 기회를 주어야 한다.

(3) 현행 음주측정기는 소수점 세 자리까지 표시되며, 음주운전자 적발보고서에는 소수점 세 자리까지만 기재하여 사용한다.

(4) 측정결과 단속대상(0.03% 이상)이면 '채혈감정'할 수 있음을 고지한 후, '주취운전자 적발보고서'를 작성, 미란다 원칙을 고지하고 경찰서로 동행하여 의법 조치한다.<03승진>

(5) **음주측정 거부 시 : 5분 간격으로 3회 이상 불응에 따른 처벌내용을 고지**하여야 하고, 측정에 응하지 않으면(**15분 경과**) '측정거부'로 **주취운전자 적발보고서**를 작성한다.(업무매뉴얼)<21승진>

판례 1) [신체 이상으로 호흡측정불가, 혈액측정거부 ⇨ 측정거부(×)] **신체 이상 등의 사유**로 호흡조사에 의한 음주측정에 응할 수 없는 운전자가 **'혈액채취에 의한 측정'을 거부하거나 이를 불가능하게 한 경우**, 음주측정에 불응한 것으로 볼 수 없다..... 교통사고로 입은 골절로 음주측정 당시 깊은 **호흡을 하기 어려워 음주측정이 제대로 되지 아니하였던 것**으로 보이므로 피고인이 **음주측정에 불응한 것이라고 볼 수는 없다**.(대법원 2005도7125, 2010도2935)<20경위 · 21승진>

판례 2) [음주감지기에 의한 시험거부 ⇨ 음주측정불응죄 성립] 경찰공무원이 운전자에게 음주 여부를 확인하기 위하여 음주측정기에 의한 측정의 전 단계에 실시되는 음주감지기에 의한 시험을 요구하는 경우 그 시험 결과에 따라 음주측정기에 의한 측정이 예정되어 있고, 운전자가 그러한 사정을 인식하였음에도 **음주감지기에 의한 시험에 불응함으로써 음주측정을 거부하겠다는** 의사를 표명한 것으로 볼 수 있다면, **음주감지기에 의한 시험을 거부한 행위도 음주측정기에 의한 측정에 응할 의사가 없음을 객관적으로 명백하게 나타낸 것**으로 볼 수 있다.(대법원 2016도16121 판결)<20경위 · 20.2채용>

판례 3) [5시간 경과 후 측정거부 ⇨ 음주측정불응죄 성립] 피고인의 **음주운전을 목격한 참고인이 있는 상황**에서 경찰관이 음주운전 종료로부터 약 **5시간 후** 집에서 자고 있던 피고인을 연행, 음주측정을 요구한 데 대해 불응한 경우 **음주측정불응죄에 해당**한다.[♣측정불응죄가 성립하지 않는다.(×)](대법원 2001.8.24., 2000도6026)<19경위 · 16.2 · 23.1채용>

판례 4) [부는 시늉만 ⇨ 계속 반복되어 명백한 경우만 음주측정불응죄 성립] 도로교통법에서 말하는 음주측정거부 행위에서 '경찰공무원의 측정에 응하지 아니한 경우'라 함은 전체적인 사건의 경과에 비추어 술에 취한 상태에 있다고 인정할 만한 상당한 이유가 있는 운전자가 **음주측정에 응할 의사가 없음이 객관적으로 명백하다고 인정되는 때**를 의미하므로, 경찰공무원의 **1차 측정에만 불응하였을 뿐 곧 이어 이어진 2차 측정에 응한 경우와 같이 측정거부가 일시적인 것에 불과한 경우까지 측정불응행위가 있었다고 볼 것은 아니므로** 운전자의 측정불응의사가 **'부는 시늉만 하는'** 소극적인 경우 **일정시간 계속적으로 반복되어 객관적으로 명백하다고 인정되는 때에 비로소 음주측정불응죄가 성립한다**.[♣성립하지 않는다.(×)](대법원 2013도8481)<21승진 · 22.1채용>

판례 5) [숨을 불어넣지 않은 경우 ⇨ 측정불응죄 성립] 경찰공무원으로부터 음주측정을 요구받은 운전자가 **빨대를 입에 물고 숨을 부는 시늉만** 하였을 뿐(형식적으로 음주측정에 응하였을 뿐), 호흡측정기에 음주측정수치가 나타날 정도로 **숨을 불어넣지 아니한 경우, 음주측정불응죄가 성립**한다.[♣음주운전에 해당하지 아니(×)](대법원 99도5210)

PART 04

판례 6) [음주상태로 시동걸린 차량 운전석에 앉아 있는 피고인 ⇨ 하차요구 ⇨ 음주측정에 착수(○)] 음주운전 신고를 받고 출동한 경찰관이 **만취한 상태로 시동이 걸린 차량 운전석에 앉아있는 피고인**을 발견하고 음주측정을 위해 **하차를 요구**함으로써 도로교통법 제44조 제2항이 정한 **음주측정에 관한 직무에 착수**하였다.[♣음주측정에 관한 직무에 착수하였다 할 수 없다.(×)]<24승진>

[도주 ⇨ 임의동행거부 ⇨ 추격하여 제지 ⇨ 정당한 직무집행(○)] 피고인이 차량을 운전하지 않았다고 다투자 경찰관이 지구대로 가서 차량 블랙박스를 확인하자고 한 것은 음주측정에 관한 직무 중 '운전' 여부 확인을 위한 임의동행 요구에 해당하고, 피고인이 차량에서 내리자마자 **도주한 것을 임의동행 요구에 대한 거부**로 보더라도, 경찰관이 음주측정에 관한 직무를 계속하기 위하여 피고인을 **추격하여 도주를 제지한 것**은 앞서 본 바와 같이 도로교통법상 음주측정에 관한 일련의 직무집행 과정에서 이루어진 행위로써 **정당한 직무집행**에 해당한다.(대법원 2020도7193 판결 [공무집행방해·상해])

판례 7) [측정불응 시 혈액측정방법 고지의무(×)] 특별한 이유 없이 호흡측정기에 의한 **측정에 불응**하는 운전자에게 **혈액측정방법을 고지하고 그 선택여부를 물어야 할 의무는 없다.**[♣혈액채취 선택여부를 물어야 할 의무가 있다.(×)](대법원 2002.10.25., 2002도4220)<13승진·12.1·15.3·22.1·23.1채용>

판례 8) [혈액측정방법 ⇨ 측정불응시로 한정(×)] 도로교통법 제44조 제2항, 제3항은 음주운전 혐의가 있는 운전자에게 수사를 위한 호흡측정에도 응할 것을 간접적으로 강제하는 한편 혈액 채취 등의 방법에 의한 재측정을 통하여 호흡측정의 오류로 인한 불이익을 구제받을 수 있는 기회를 보장하는 데 취지가 있으므로, 이 규정들이 음주운전에 대한 수사방법으로서의 **혈액 채취에 의한 측정의 방법을 운전자가 호흡측정 결과에 불복하는 경우에만 한정하여 허용한 것으로 볼 수 없다.**(대법원 2014도16051 판결 [특정범죄가중처벌등에 관한 법률위반(위험운전치사상)·도로교통법위반(음주운전))

판례 9) [측정 ⇨ 호흡측정기 측정] 도로교통법에서 말하는 '**측정'이란** 경찰공무원이 운전자가 술에 취하였는지의 여부를 알아보기 위하여 실시하는 **호흡측정기에 의한 측정으로 이해하여야** 한다.(2001도7121)

판례 10) [위법한 보호조치 ⇨ 음주측정불응 처벌(×)] 음주측정을 위하여 운전자를 강제로 **연행할 때 준수하여야 하는 절차를 위반한 경우**(보호조치 불가능) **위법한 체포**에 해당하여 음주측정에 불응한 행위를 **음주측정거부죄와 음주측정 요구과정에서 행하여진 공무집행방해 행위로 처벌할 수 없다.**(공무집행 방해죄의 보호대상이 될 수 없다.)(대법원 2012도11162)<21.1채용>

※ 화물차 운전자인 피고인이 경찰의 음주단속에 불응하고 도주하였다가 다른 차량에 막혀 더이상 진행하지 못하게 되자 운전석에서 내려 다시 도주하려다 경찰관에게 검거되어 지구대로 보호조치된 후 음주측정요구를 거부하였다고 하여 도로교통법 위반(음주측정거부)으로 기소된 사안

⇨ 피고인을 지구대로 데려간 행위를 적법한 보호조치라고 할 수 없고, (형사소송법상 현행범체포나 임의동행 등의 적법 요건을 갖추었다고 볼 사정이 없다면) 위법한 체포

⇨ 음주측정을 위하여 운전자를 강제로 연행하기 위해서는 수사상 강제처분에 관한 **형사소송법상 절차에 따라야** 한다.[♣「형사소송법」상 절차에 따를 필요가 없다.(×)]<21.1채용>

⇨ 위법한 체포 상태에서 이루어진 음주측정요구에 불응하였다고 하여 음주측정거부에 관한 도로교통법 위반죄로 처벌할 수는 없다.

판례 11) [적법한 보호조치 운전자에 음주측정요구 ⇨ 적법] 경찰관이 술에 취한 상태에서 자동차를 운전한 것으로 보이는 피고인을 경찰관직무집행법 제4조 제1항에 따른 **보호조치 대상자로 보아 경찰관서로 데려온 직후 음주측정을 요구**하였는데 **피고인이 불응**하여 .... 위법한 보호조치 상태를 이용하여 음주측정 요구가 이루어졌다는 등의 **특별한 사정이 없는 한** 피고인의 행위는 **음주측정불응죄에 해당**한다.(대법원 2011도4328)<21경위 · 16.2 · 23.1채용>

판례 12) [위법한 체포 · 감금상태에서 음주측정요구 거부 ⇨ 처벌(×)] 오토바이를 운전하여 자신의 집에 도착하여 운전행위를 마친 상태에서 단속경찰관인 공소외 1로부터 음주운전에 관한 증거 수집을 위하여 인근 파출소에 동행하여 음주측정에 응할 것을 요구받자 이를 명백히 거절하였음에도 **위법하게 체포 · 감금된 상태**에서 음주측정요구를 받아 이에 응하지 아니한 경우에 해당하므로 위와 같은 상태에서 요구받은 **음주측정을 거부**한 것을 이유로 피고인을 음주측정거부에 의한 도로교통법위반죄로 **처벌할 수는 없다**.(청주지방법원 2004노854 판결 [도로교통법위반(음주측정거부)])<20경위>

PART 04

4. 혈액측정

(1) 음주운전 용의자의 호흡에 의하여 호흡측정을 할 수 없거나 측정대상자가 혈액측정을 원하는 경우에는 채혈에 의하여 주취 여부를 판단하여야 한다.

(2) 피 측정자가 채혈을 요구하거나 측정 결과에 불복하는 때에는 주취운전자 적발보고서를 작성한 후 채혈하여 혈액을 국립과학수사연구소에 감정의뢰하여야 한다.

(3) **채혈감정결과는 음주측정결과에 우선**하게 된다.(호흡측정에 개연성이 없는 범위 내에서)<20승진>

판례 1) [혈액검사 측정치 우선] 호흡측정기에 의한 음주측정치와 혈액검사에 의한 음주측정치가 불일치할 경우 **혈액검사에 의한 음주측정치가 우선**한다.(대법원 2003도6905)<20승진>

판례 2) [농도상승기 측정 ⇨ 증명가능] **음주운전 시점과 혈중알코올농도의 측정 시점 사이에 시간 간격**이 있고 그때가 **혈중알코올농도의 상승기**로 보이는 경우라 하더라도, 그러한 사정만으로 무조건 실제 운전 시점의 혈중알코올농도가 처벌기준치를 초과한다는 점에 대한 **증명이 불가능하다고 볼 수는 없다**.(대법원 2013도6285)

판례 3) [채혈요구 시간적 한계 ⇨ 30분 이내] 호흡측정결과에 불복한 혈액측정요구는 **상당한 정도로 근접한 시점(30분)에 한정**된다.(음주측정 불응에 따른 불이익을 10분 간격으로 3회 이상 명확히 고지) **상당한 시간이 경과한 후**에야 이의를 제기하면서 **혈액채취의 방법에 의한 측정을 요구하는 경우**에는 이를 **정당한 요구라고 할 수 없다**.(대법원 2001도7121)

판례 4) [1시간 12분이 지난 후에 채혈 ⇨ 적법] 경찰관이 음주운전 단속시 **운전자의 요구에 따라 곧바로 채혈을 실시하지 않은 채** 호흡측정기에 의한 음주측정을 하고 **1시간 12분이 경과한 후에야 채혈을 하였다는 사정**만으로는 위 행위가 법령에 위배된다거나 객관적 정당성을 상실하여 운전자가 음주운전 단속과정에서 받을 수 있는 **권익이 현저하게 침해되었다고 단정하기 어렵다**.[♣위법하다.(×)](대법원 2006다32132 판결[손해배상(기)])<21경위 · 16.2채용>

판례 5) [영장없고, 동의없는 병원에서의 채혈 ⇨ 유죄의 증거(×)] 교통사고로 의식을 잃은 채 **병원에 호송된 운전자에게서** 술 냄새가 심하게 나고 사고정황으로 보아 음주운전한 정황이 충분하여 **영장 또는 감정처분허가장을 발부받지 아니한 채** 피의자의 **동의 없이** 피의자의 신체로부터 혈액을 채취하여 감정이 이루어진 경우에 적법절차에 의해 수집한 증거가 아니므로 운전자나 변호인이 **증거에 대하여 동의한 경우에도 유죄의 증거로 사용할 수 없다.** (대법원 2009도10871, 대법원 2009도2109)<18.1채용>
⇨ 사전영장 또는 감정처분허가장을 받아 압수하거나, 사후 영장을 반드시 받아야 하며 가족의 사전동의나 피의자 변호인의 사후 동의로는 증거로 사용하는 것이 불가능하다.[♣존재가치 불변으로 증거사용가능(×), ♣긴급할 시 사후영장 불필요(×), ♣국과수 감정의뢰회보 적용기소(×)]

판례 6) [위법한 강제연행 상태에서 혈액채취 ⇨ 동의해도, 증거능력(×)] **위법한 강제연행 상태**에서 호흡측정 방법에 의한 음주측정이 이루어진 후 강제연행 상태로부터 시간적·장소적으로 단절되었다고 볼 수 없는 상황에서 **피의자의 요구에 의하여 이루어진 혈액채취 방법에 의한 음주측정 결과는 증거능력이 없다.**[♣가치불변으로 증거사용가능(×), ♣공신력 있는 국과수 회보면 증거사용가능(×)] 피고인이나 변호인이 이를 증거로 함에 **동의한 경우에도 마찬가지**이다.[♣동의한 경우 증거사용가능(×)](대법원 2010도2094) ⇨ 호흡측정결과 탄핵을 위한 요구로 인과관계의 단절 없다.
♣ 위법한 강제연행 상태라도 피의자의 요구에 의하여 이루어진 혈액채취 방법에 의한 음주측정 결과는 증거능력이 있다.(×)

판례 7) [타인혈액 제출 ⇨ 공무집행방해죄] 음주운전을 하다가 교통사고를 야기한 후 그 형사처벌을 면하기 위하여 **타인의 혈액을 자신의 혈액인 것처럼 경찰관에게 제출**하여 감정하도록 한 경우, **'위계에 의한 공무집행방해죄'가 성립**한다.(2003도1609)

판례 8) [법정대리인 동의 ⇨ 무효] 음주운전과 관련한 도로교통법 위반죄의 범죄수사를 위하여 미성년자인 피의자의 혈액채취가 필요한 경우에도 피의자에게 의사능력이 있다면 피의자 본인만이 혈액채취에 관한 유효한 동의를 할 수 있고, **피의자에게 의사능력이 없는 경우에도 명문의 규정이 없는 이상 법정대리인이 피의자를 대리하여 동의할 수는 없다.**[♣동의할 수 있다.(×)](대법원 2013도1228 판결)<18.1·20.2·22.1채용>

판례 9) [혈액취득보관 ⇨ 감정에 필요한 처분 또는 압수의 방법] 수사기관이 범죄 증거를 수집할 목적으로 피의자의 동의 없이 피의자의 **혈액을 취득·보관하는 행위**는 법원으로부터 감정처분허가장을 받아 **'감정에 필요한 처분'**으로도 할 수 있지만, **압수의 방법**으로도 할 수 있다.
[♣혈액은 압수의 대상이 아니므로 압수영장을 발부받아 피의자의 신체로부터 혈액을 채취할 수는 없다.(×)](대법원 2011도15258 판결 [도로교통법위반(음주운전)])

판례 10) [준현행범 요건(○), 교통사고 직후 후송된 병원응급실 ⇨ 범행중 직후의 장소에 준(○)] 교통사고를 야기한 후 피의자가 의식불명인 경우, 피의자의 신체 내지 의복류에 주취로 인한 냄새가 강하게 나는 등 범죄의 증적이 **현저한 준현행범인의 요건**이 갖추어져 있다면 사고 직후 **곧바로 후송된 병원 응급실 등의 장소는 범행중 직후의 장소**(형사소송법 제216조 제3항)에 준한다 할 것이다.

[위 병원응급실 ⇨ 의사가 혈액을 채취하게 한 후 영장없이 압수 가능 ⇨ 사후영장받아야]이 경우 검사 또는 사법경찰관은 **의료인으로 하여금** 의학적인 방법에 따라 필요최소한의 한도 내에서 피의자의 **혈액을 채취하게 한 후** 그 혈액을 **영장 없이 압수할 수 있다.** 다만 이 경우에도 **사후에 지체 없이** 법원으로부터 **압수영장을 받아야** 한다.(대법원 2011도15258 판결 [도로교통법위반(음주운전)])

5. 처벌기준(자동차등, 노면전차)(도로교통법 제148조의 2)<13 · 18경위 · 13승진 · 15.1 · 17.1채용>

구분	처벌
혈중알콜농도가 0.2퍼센트 이상<20승진 · 13경위 · 15.1 · 17.1채용>	**2년 이상 5년 이하의 징역**이나 **1천만원 이상 2천만원 이하**의 벌금(도로교통법 제148조의2 제1항 제1호, 제2호, 제2항 제1호)<20승진 · 13경위 · 15.1 · 17.1채용>
음주측정불응	**1년 이상 5년 이하의 징역**이나 **500만원 이상 2천만원 이**하의 벌금(도로교통법 제148조의2 제2항)<13 · 21승진 · 15.1채용>
음주측정방해행위(25년 6.4부터 시행)	**1년 이상 5년 이하의 징역**이나 **500만원 이상 2천만원 이**하의 벌금(도로교통법 제148조의2 제2항 제2호)
약물로 인하여 정상적으로 운전하지 못할 우려가 있는 상태에서 자동차등 또는 노면전차를 운전(자전거 제외)<13 · 18경위>	**3년 이하의 징역**이나 **1천만원 이하의 벌금**[♣1년 이상, 500만원 이상(×)](제4항)<13 · 18경위>
혈중알콜농도가 0.08퍼센트 이상 0.2퍼센트 미만	**1년 이상 2년 이하의 징역**이나 **500만원 이상 1천만원 이하의 벌금**[♣500만원 이하 벌금(×)](제3항 제2호)<18경위 · 13승진 · 17.1채용>
혈중알콜농도가 0.03퍼센트 이상 0.08퍼센트 미만	**1년 이하의 징역**이나 **500만원 이하의 벌금**(제3항 제2호)<18경위>
재범 가중 : 음주운전 또는 측정불응 후 ⇨ **10년 내**에 아래 재범(도교법 제148조의2 제1항)	
혈중알코올 농도 0.2퍼센트 이상 음주운전	**2년 이상 6년 이하의 징역**이나 **1천만원 이상 3천만원 이하**의 벌금(제2호)
혈중알코올 농도 0.03퍼센트 이상 0.2퍼센트 미만	**1년 이상 5년 이하의 징역**이나 **500만원 이상 2천만원 이하**의 벌금(제2호)
음주측정거부, 음주측정방해금지(25. 6. 4부터 시행) 위반	**1년 이상 6년 이하의 징역**이나 **500만원 이상 3천만원 이하**의 벌금(제1호)

(1) **위험운전치사상죄(특정범죄가중처벌등에 관한 법률) : 음주(음주측정거부포함) 또는 약물의 영향**으로 **정상적인 운전이 곤란한 상태**에서 자동차등 또는 노면전차를 운전하여 사람을 상해에 이르게 한 자는 가중 처벌한다.

(2) **죄수**

① **무면허운전**(2년 이하의 징역, 200만원 이하 벌금)과 **음주운전**(최고 2년 이상 5년 이하의 징역이나 1천만원 이상 2천만원 이하의 벌금)은 이른바, **상상적 경합에 해당하므로 가장 중한 죄에 정한 형으로 처벌**하면 된다.(혈중알콜농도 0.03% 이상인 경우 음주운전으로 처벌) ⇨ **상상적 경합**[♣실체적 경합(×)](대법원 86도2731)<06 · 21승진 · 19.1채용>

② 업무상과실치사상죄와 주취운전의 관계 ⇨ 구체적 사안에 따라 실체적 또는 상상적 경합

③ 음주로 인한 **위험운전치상**(특정범죄가중처벌등에 관한 법률)과 **음주운전**(도로교통법) ⇨ **실체적 경합**[♣상상적 경합(×)](대법원 2008도7143)<18 · 20승진>

PART 04

④ **음주측정불응과 주취운전의 관계 ⇨ 실체적 경합**

판례 1) [무면허 + 음주운전 ⇨ 상상적 경합] **무면허**에 **음주**를 하고 운전을 하였다면 이는 **상상적 경합관계**에 있다고 할 수 있다.[♣실체적 경합(×)](86도2731)<06 · 21승진 · 19.1채용>

판례 2) [위험운전치상, 음주운전 ⇨ 실체적 경합] **음주로 인한 특정범죄가중처벌 등에 관한 법률 위반**(위험운전치사상)죄와 **도로교통법 위반(음주운전)**죄는 입법 취지와 보호법익 및 적용 영역을 달리하는 별개의 범죄로서 양 죄가 모두 성립하는 경우 두 죄는 **실체적 경합관계**에 있는 것으로 보아야할 것이다.(대법원 2008도7143)<18 · 20승진>

판례 3) [음주운전, 음주측정거부 ⇨ 실제적 경합] **주취운전과 음주측정거부의 각 도로교통법위반죄는 실체적 경합관계**에 있는 것으로 보아야 한다.[♣상상적 경합(×)](대법원 2004도5257)

판례 4) [구도로교통법 음주운전 ⇨ 도로교통법 음주2회 위반 가중처벌 사유에 포함] 도로교통법 제148조의2 제1항 제1호(**음주운전 2회 가중처벌**)의 '도로교통법 제44조 제1항(**음주운전)을 2회 이상 위반한' 것에 구 도로교통법 제44조 제1항(음주운전) 위반 음주운전 전과도 포함된다고 해석하는 것**이 **형벌불소급원칙이나 일사부재리원칙 또는 비례원칙에 위배되지 않는다**.[♣위배된다.(×)](대법원 2012도10269, 2020도7154판결)

♣ 도로교통법 제148조의2 제1항 제1호(음주운전 3회 가중처벌)의 '도로교통법 제44조 제1항(음주운전)을 2회 이상 위반한' 것에 구 도로교통법 제44조 제1항(음주운전) 위반 음주운전 전과도 포함된다고 해석하는 것이 형벌불소급원칙이나 일사부재리원칙 또는 비례원칙에 위배된다.(×)

판례 5) [음주운전 2회 이상 위반 ⇨ 음주운전 사실인정(○), 형의 선고나 유죄의 확정판결(×)] 도로교통법(이하 '법'이라 한다) 제44조 제1항은 술에 취한 상태에서 자동차 등의 운전을 금지하고, 법 제148조의2 제1항 제1호(이하 '이 사건 조항'이라 한다)는 '제44조 제1항을 2회 이상 위반한 사람'으로서 다시 같은 조 제1항을 위반하여 술에 취한 상태에서 자동차 등을 운전한 사람을 1년 이상 3년 이하의 징역이나 500만원 이상 1천만원 이하의 벌금에 처한다고 정하고 있다.

이 사건 조항 중 **음주운전금지규정**(제44조 제1항)**을 2회 이상 위반한 사람**은 문언 그대로 **2회 이상 음주운전 금지규정을 위반하여 음주운전을 하였던 사실이 인정되는 사람**으로 해석해야 하고, 그에 대한 **형의 선고나 유죄의 확정판결 등이 있어야만 하는 것은 아니다**.[♣형의 선고를 받거나 유죄의 확정판결을 받은 자로 한정하여야(×)](대법원 2018도6870 판결, 대법원 2018도11378)<20.2채용>

판례 6) [주취운전자에 대한 경찰관의 차량 열쇠 교부 및 음주사고발생 ⇨ 국가배상책임 인정] 주취운전자에 대한 경찰관의 권한 행사가 법률상 경찰관의 재량에 맡겨져 있다고 하더라도, 그러한 권한을 행사하지 아니한 것이 구체적인 상황 하에서 현저하게 합리성을 잃는 경우에는 경찰관의 직무상 의무를 위배한 것으로서 위법하다. **음주운전으로 적발된 주취운전자가 도로 밖으로 차량을 이동하겠다며 단속경찰관으로부터 보관 중이던 차량열쇠를 반환받아 몰래 차량을 운전하여 가던 중 사고**를 일으켰다면, 주의의무를 게을리 한 경찰관의 직무상 의무위반에 의한 **국가배상 책임이 인정**된다.(대법원 97다54482 판결)<20.2채용>

憲裁 [음주측정 ⇨ 강제처분(×), 측정불응 처벌 ⇨ 영장주의 위반(×)] 도로교통법 제41조 제2항에 규정된 **음주측정은** 성질상 강제될 수 있는 것이 아니며 궁극적으로 당사자의 자발적 협조가 필수적인 것이므로 이를 두고 법관의 영장을 필요로 하는 **강제처분이라 할 수 없다**. 따라서 이 사건 법률조항이 주취운전의 혐의자에게 영장없는 **음주측정에 응할 의무를 지우고 이에 불응한 사람을 처벌**한다고 하더라도 헌법 제12조 제3항에 규정된 **영장주의에 위배되지 아니**한다.(헌법재판소 96헌가11)<18.1채용>

憲裁 [음주 1회 이상 위반 ⇨ 음주측정거부금지 위반 – 가중처벌 위헌] **도로교통법 제148조의2 제1항** 중 각 '제44조 **제1항(음주운전금지)을 1회 이상 위반**한 사람으로서 **다시 같은 조 제2항(음주측정거부 금지)을 위반**한 사람'에 관한 부분('심판대상조항')이 책임과 형벌 간의 **비례원칙에 위반**된다.(2021헌가32)

憲裁 [음주운전 또는 음주측정거부 1회 이상 위반 ⇨ 음주운전금지 위반 – 가중처벌 위헌] 도로교통법 제148조의2 제1항 중 '**제44조 제1항 또는 제2항을 1회 이상 위반**한 사람으로서 **다시** 같은 조 **제1항을 위반**한 사람'에 관한 부분('심판대상조항')이 책임과 형벌 간의 **비례원칙에 위반**된다.(2021헌가30, 2019헌바446)

Ⅱ. 운전 중 휴대전화 사용금지(도로교통법 제49조 제1항 제10호)<05승진>

(1) **원칙 :** 운전자는 **자동차등 또는 노면전차의 운전 중**에는 **휴대전화를 사용하지 못한다.**

(2) **예외 :** 운전 중 휴대전화를 사용할 수 있는 경우(도로교통법 제49조 제1항 제10호)[♣사업용자동차(×)]

① 자동차등 또는 노면전차가 **정지**하고 있는 경우

② 각종 범죄 및 재해 **신고 등 긴급한 필요**가 있는 경우

③ **긴급자동차**를 운전하는 경우[♣사업용자동차(×)]

♣ 사업용자동차를 운전하는 경우 예외적으로 운전 중 휴대전화를 사용할 수 있다.(×)

④ 손으로 잡지 아니하고도 휴대용 전화(자동차용 전화를 포함)를 사용할 수 있도록 해 주는 **장치를 이용**하는 경우[☻정신긴장]

※ 기타 예외 : 운전자가 **자율주행 시스템을 사용하여 운전**하는 경우(제50조의2 제2항) – 22. 4. 20시행

※ 기타 금지사항

㉠ 운전중 운전자가 볼 수 있는 위치에 영상표시장치의 영상표시 금지(제49조 제1항 제11호)

㉡ 운전중 영상표시 장치 조작 금지(제49조 제1항 제11호의2)

– 예외 : 자율주행시스템을 사용하여 운전하는 경우(제50조의2 제2항)

III. 테마 153 정차 및 주차의 금지

정차 및 주차의 금지(제32조)	주차금지의 장소(제33조)
① **교차로 · 횡단보도 · 건널목**이나 보도와 차도가 구분된 도로의 **보도**(주차장법에 의한 노상주차장 제외)<02승진> ⑥ 다음 **소방시설 등**(각 목의 곳)으로부터 **5미터 이내**인 곳 ※ 소방시설 등 5미터 이내 정차 및 주차 금지위반의 경우 승용차는 **과태료 8만원** 부과대상(시행령 제10조의3 제2항) ⓐ 「소방기본법」 제10조에 따른 **소방용수시설** 또는 **비상소화장치**가 설치된 곳 ⓑ 「소방시설 설치 및 관리에 관한 법률」 제2조 제1항 제1호에 따른 **소방시설(소화설비, 경보설비, 피난구조설비, 소화용수설비, 그 밖에 소화활동설비)**로서 대통령령으로 정하는 시설(**소화설비, 경보설비, 피난구조설비, 소화용수설비, 소화활동설비**)이 설치된 곳 ② **교차로의 가장자리**나 **도로의 모퉁이**로부터 **5미터 이내**인 곳<08 · 20승진> ⑤ **건널목 가장자리** 또는 **횡단보도**로부터 **10미터 이내**인 곳<20승진> ④ 버스여객자동차의 **정류지임을 표시**하는 기둥이나 표지판 또는 선이 설치된 곳으로부터 **10미터 이내**인 곳(버스여객자동차 운행 중 승객 승하차시는 제외) ③ **안전지대**가 설치된 도로에서는 그 안전지대의 사방으로부터 각각 **10미터 이내**인 곳<02 · 20승진> ⑦ **시 · 도경찰청장이** 필요성을 인정하여 **지정**한 곳 ⑧ 시장 등이 지정한 **어린이 보호구역**(21. 4. 21시행) [☻교단건너, 본 /오(5)소모(씨)가, /목 단정(히) 안식(10) 어린 주정]	② 다음 각 목의 곳으로부터 **5미터 이내**인 곳(제2호) ⓐ **도로공사**를 하고 있는 경우에는 그 **공사 구역의 양쪽 가장자리**<20 · 22승진> ⓑ 「다중이용업소의 안전관리에 관한 특별법」에 따른 **다중이용업소의 영업장이 속한 건축물**로 소방본부장의 요청에 의하여 **시 · 도경찰청장이 지정**한 곳 ① **터널 안** 및 **다리 위**(제1호)<16.1 · 17.1채용> ③ **시 · 도경찰청장이** 도로에서의 위험을 방지하고 교통의 안전과 원활한 소통을 확보하기 위하여 필요하다고 인정하여 **지정**한 곳(제3호) [☻오(5)공용 / 튼 다리 주]

※ 승용차의 정 · 주차 위반 벌칙 : 과태료 8만원(도로교통법 시행령 제10조의3 제2항)

※ 정당방위, 긴급피난, 정당행위 등 위법성 조각사유나, 불가항력 등 책임조각사유가 있는 경우, 정 · 주차 금지 또는 주차금지의 예외가 인정될 수 있다.[♣모든 차의 운전자는 예외 없이 터널 안에 차를 주차(주차금지 제1호)해서는 아니된다.(×)]<23.2채용>

Ⅳ. 서행과 일시정지(도로교통법 제31조)<01 · 04 · 05 · 08승진>

구분	서행	일시정지
의의	운전자가 차 또는 노면전차를 **즉시 정지시킬 수 있는 정도의 느린 속도**로 진행하는 것	차 또는 노면전차의 운전자가 그 차의 **바퀴를 일시적으로 완전히 정지**시키는 것
장소	① **교통정리를 하고 있지 아니하는 교차로** ② **도로가 구부러진 부근** ③ **비탈길의 고갯마루 부근** ④ **가파른 비탈길의 내리막**[♣비탈길 오르막(×)] ⑤ 시 · 도경찰청장이 도로에서의 위험을 방지하고 교통의 안전과 원활한 소통을 확보하기 위하여 필요하다고 인정하여 안전표지로 지정한 곳	① **교통정리를 하고 있지 아니하고 좌우를 확인할 수 없거나 교통이 빈번한 교차로**<05승진> ② 시 · 도경찰청장이 도로에서의 위험을 방지하고 교통의 안전과 원활한 소통을 확보하기 위하여 필요하다고 인정하여 안전표지로 지정한 곳 ③ **기타 ⇨ 보도의 횡단(길가의 건물이나 주차장 등에서 도로에 들어가고자 하는 때)**[♣일단 서행하면서 안전여부 확인(×)],<13 · 14승진> **철길건널목의 통과, 적색등화 점멸 시**, 보행자가 횡단보도를 통행하고 있는 때, 보행자가 횡단보도가 설치되어 있지 아니한 도로를 횡단하고 있는 때, 교차로 또는 그 부근에서 긴급자동차가 접근한 때 ♣ 차마의 운전자는 길가의 건물이나 주차장 등에서 도로에 들어갈 때에는 일단 서행하면서 안전 여부를 확인하여야 한다.(×)

Ⅴ. 횡단, 유턴, 후진금지

(1) 차마의 운전자는 보행자나 다른 차마의 정상적인 통행을 방해할 우려가 있는 경우에는 차마를 운전하여 **도로를 횡단하거나 유턴 또는 후진하여서는 아니 된다.**(제18조 제1항)

① 유턴금지표지는 차마의 유턴을 금지하는 도로의 구간 또는 필요한 지점에 설치한다.

② **유턴구역선 표시**는 **편도 3차로 이상의 도로**에서 차마의 유턴이 허용되는 구간 또는 장소 내의 필요한 지점에 설치한다.

(2) **시 · 도경찰청장**은 도로에서의 위험을 방지하고 교통의 안전과 원활한 소통을 확보하기 위하여 특히 필요하다고 인정하는 경우에는 도로의 구간을 지정하여 차마의 **횡단이나 유턴 또는 후진을 금지할 수** 있다.(제18조 제2항)

※ 유턴금지표지(교통안전표지)는 차마의 유턴을 금지하는 도로구간 또는 필요한 지점에 설치한다.

(3) 차마의 운전자는 길가의 **건물이나 주차장 등에서 도로에 들어갈 때**에는 **일단 정지한 후**에 안전한지 확인하면서 서행하여야 한다.[♣일단 서행(×)](제18조 제3항)

(4) 자동차의 운전자는 그 차를 운전하여 **고속도로등을 횡단하거나 유턴 또는 후진하여서는 아니** 된다. 다만, **긴급자동차** 또는 도로의 보수 · 유지 등의 작업을 하는 자동차 가운데 고속도로등에서의 위험을 방지 · 제거하거나 교통사고에 대한 **응급조치작업을 위한 자동차**로서 그 목적을 위하여 반드시 필요한 경우에는 그러하지 아니하다.(제62조)

Ⅵ. 앞지르기(도로교통법 제21조)

1. 방법

(1) **의의 :** 차의 운전자가 앞서가는 다른 차의 옆을 지나서 그 차의 앞으로 나가는 것

(2) **방법 :** 모든 차의 운전자는 다른 차를 앞지르고자 하는 때에는 **앞차의 좌측으로 통행**하여야 한다.(제21조 제1항)<02승진>

① **진로변경제한선 표시**(앞지르기 불가능) ⇨ 교차로 또는 횡단보도 등 차의 진로변경을 금지하는 도로구간에 **백색실선으로** 설치하여야 한다.[♣백색점선으로 설치(×)]

② **앞서가는 차량을 추월하기 위해 중앙선을 침범하여 마주 오는 차량과 충돌**한 경우, **맞은편에서 진행한 차량**에게 **과실이 있다고 할 수 없다.**(대법원 73도2314)

(3) **방해금지 :** 모든 차의 운전자는 정당한 방법으로 앞지르기를 하려는 차에 대해 속도를 높여 경쟁하거나 앞지르기를 하는 차의 앞을 가로막는 등의 방법으로 앞지르기를 방해하여서는 아니 된다.

판례 1) [자전거 추월방법] 신뢰의 원칙은 상대방 교통 관여자가 도로교통의 제반법규를 지켜 도로교통에 임하리라고 신뢰할 수 없는 특별한 사정이 있는 경우에는 그 적용이 배제된다고 할 것인바 ,,,,,,피해자를 추월하고자 하는 자동차운전사는 **자전거와 간격을 넓힌 것만으로는 부족하고 경적을 울려서 자전거를 탄 피해자의 주의를 환기시키거나 속도를 줄이고 그의 동태를 주시하면서 추월하였어야** 할 주의의무가 있다고 할 것이고 ....그 같은 경우 피해자가 도로를 좌회전하거나 횡단하고자 할 때에는 도로교통법의 규정에 따른 조치를 취하리라고 신뢰하여도 좋다고 하여 위 사고발생에 대하여 운전사에게 아무런 잘못이 없다고 함은 신뢰의 원칙을 오해한 위법이 있다.[84도79 판결]

판례 2) [추월시 앞차운전자의 주의의무] **무리하게 추월하려는 뒤차**에 대해 **앞차 운전자의 주의의무가 있다고 할 수는 없다.**[85도1959]

판례 2-1) [추월시 앞차운전자의 주의의무] 편도 2차로를 주행 중인 **트럭의 우측과 인도 사이로 추월하려는 오토바이**에게 **진로를 양보할 의무는 없다.**(대법원 84도864)

판례 3) [후방주시의무] **공사관계로 3m 정도 협소한 도로를 진행하는 차**는 후방차량이 추월하리라 예견하여 **후방 주시할 의무는 없다.**[82도1853]

판례 4) [자전거 추월 차량의 의무] **편도 1차로 국도를 진행하는 자전거를 앞지르기할 때**는 **경적을 울려서 자전거를 탄 피해자의 주의를 환기시키거나 속도를 줄이고 그의 동태를 주시하면서 추월하였어야** 할 주의의무가 있다.[♣주의의무 없다.(X)](대법원 84도79)

2. 금지시기<01 · 02승진>

(1) 앞차의 좌측에 **다른 차가 앞차와 나란히** 가고 있는 때에는 그 앞차를 앞지르지 못한다.

(2) 뒤차는 **앞차가 다른 차를 앞지르고 있거나 앞지르고자 하는 때**에는 그 앞차를 앞지르지 못한다.

(3) 모든 차의 운전자는 이 법이나 이 법에 의한 명령 또는 경찰공무원의 지시를 따르거나 위험을 방지하기 위하여 정지 또는 서행하고 있는 다른 차를 앞지르지 못한다.

3. 금지장소<01 · 02승진>

⑴ **교차로 · 터널 안 또는 다리 위**

⑵ **도로의 구부러진 곳**

> **판례** [도로의 구부러진 곳 ⇨ 명확성 원칙 위배(×)] **'앞지르기가 금지되는 도로의 구부러진 곳'**을 명확한 입법없이 앞지르기로 인하여 **위험을 초래하고 교통안전에 지장을 줄 수 있는 정도의 구부러진 도로로 한정 해석하는 것**은 입법목적, 다른 조항과 비교하여 합리적인 해석의 가능성, 입법 기술상의 한계 등을 고려할 때 불명확한 개념으로 볼 수 없으므로 **죄형법정주의의 원칙에 반한다고 할 수 없다.**[♣죄형법정주의에 반한다.(×)][99헌가4]

⑶ **비탈길의 고갯마루 부근 또는 가파른 비탈길의 내리막**[♣비탈길의 오르막(×)]

> **판례** [비탈길 고갯마루 부근 ⇨ 앞차 양보에도 앞지르기 금지] **앞지르기가 금지**된 **비탈길 고갯마루 부근**에서 앞차가 **진로를 양보하였더라도 앞지르기할 수 없다.**[2004도8062판결]

⑷ **시 · 도경찰청장이** 도로에서의 위험을 방지하고 교통의 안전과 원활한 소통을 확보하기 위하여 필요하다고 인정하여 **안전표지에 의하여 차선을 백색 실선으로 지정**한 곳[♣백색 점선(×)]

※ 앞지르기 금지장소에서는 선행차량이 **진로를 양보하였다 하더라도 앞지르기할 수 없다.**

Ⅶ. 난폭운전 금지

⑴ **난폭운전**: **자동차등(개인형이동장치는 제외)**의 운전자는 아래 행위(금지행위) 중 **둘 이상의 행위를 연달아 하거나, 하나의 행위를 지속 또는 반복**하여 다른 사람에게 **위협 또는 위해를 가하거나 교통상의 위험을 발생**하게 하여서는 아니 된다.[♣개인형 이동장치를 타고 난폭운전한 경우 처벌할 수 있다.(×)](제46조의3)<22.2채용>

① **금지행위** ➡ 신호 또는 지시위반, 중앙선 침범, 속도의 위반, 횡단 · 유턴 · 후진 금지위반, 안전거리 미확보, 진로변경금지 위반, 급제동 금지위반, 앞지르기 방법 또는 앞지르기 방해금지위반, 정당한 사유 없는 소음 발생, 고속도로 앞지르기 방법 위반, 고속도로 등에서 횡단 · 유턴 후진 금지 위반

⑵ **처벌**: 자동차등(개인형이동장치는 제외)의 운전자가 (제46조의3을 위반하여) 난폭운전을 한 경우에는 1년 이하의 징역이나 500만원 이하의 벌금에 처한다.(제151조의2)<22.2채용>

Ⅷ. 테마 154 어린이 보호구역

⑴ **지정**: 시장등은 초등학교 장 등의 신청에 따른 조사 결과 보호구역으로 지정 · 관리할 필요가 인정되는 경우에는 관할 **시 · 도경찰청장 또는 경찰서장과 협의하여** 해당 보호구역 지정대상 시설 또는 장소의 **주(主) 출입문**(출입문이 없는 장소의 경우에는 해당 장소)**을 기준으로 반경 300미터 이내**의 도로 중 일정구간을 보호구역으로 지정한다.(어린이 · 노인 및 장애인 보호구역의 지정 및 관리에 관한 규칙 제3조 제6항)<22승진>

※ 다만, 시장등은 해당 지역의 교통여건 및 효과성 등을 면밀히 검토하여 필요한 경우 보호구역 지정대상 시설 또는 장소의 **주 출입문을 기준으로 반경 500미터 이내의 도로에 대해서도** 보호구역으로 지정할 수 있다.(어린이 · 노인 및 장애인 보호구역의 지정 및 관리에 관한 규칙 제3조 제6항 단서)<22승진>

(2) **보호조치 : 시 · 도경찰청장 또는 경찰서장**은 어린이보호구역의 보호를 위해 다음의 조치를 할 수 있다.(어린이 · 노인 및 장애인보호구역의 지정 및 관리에 관한 규칙 제9조)<01 · 05 · 10 · 22승진>

① 차마 또는 노면전차의 **통행을 금지하거나 제한**하는 것<05승진>

② 차마 또는 노면전차의 **주차나 정차를 금지**하는 것

③ 자동차등과 노면전차의 운행**속도를 시속 30km 이내로 제한**하는 것[♣ 20km 이내(×)]<01승진>

④ **이면도로**(도시지역에 있어서 간선도로가 아닌 도로로서 일반의 교통에 사용되는 도로를 말함.)**를 일방통행로로 지정 · 운영**하는 것[♣간선도로(×)]<22승진>

※ **시장등은** 교통사고의 위험으로부터 어린이를 보호하기 위하여 필요하다고 인정하는 경우에는 유치원 등 어린이 교육시설과 어린이가 자주 왕래하는 곳으로 조례로 정하는 장소 등 법정시설에 해당하는 시설이나 장소의 주변도로 가운데 일정 구간을 어린이 보호구역으로 지정하여 자동차등과 노면전차의 통행속도를 **시속 30킬로미터 이내**로 **제한할 수** 있다.(도교법 제12조 제2항)<24경위>

(3) **노상주차장의 설치금지 :** 시장 등은 보호구역으로 지정된 장소의 **주 출입문과 직접 연결되어 있는 도로**에는 노상주차장을 설치하여서는 아니 되며, 이미 설치된 노상주차장은 폐지하거나 이전하도록 노력하여야 한다.<10승진>[☻통주정 30일 노상]

① **어린이 · 노인 · 장애인 보호구역 주요법규 위반행위 · 벌칙**(시행령 제93조 제2항 규칙 별표28, 시행령 별표9, 10)

강화된 벌칙이 적용되는 시간은 **오전 8시부터 오후 8시까지의 위반행위**이다.(령 제93조 제2항)<12경위 · 12.2채용>

㉠ 규정 속도보다 **20Km/h 이내에서 초과한 경우**에도 **벌점 15점 부과**(일반도로의 경우 20km/h 이하 초과는 벌점 없음.)[♣제한속도보다 15km/h 초과 시 벌점은 부과되지 않는다.(×)](규칙 별표28)<12경위 · 12.2채용>

㉡ 운전면허 **벌점 2배 가중**[♣벌점 1.5배 가중(×)] **부과**되는 위반행위(규칙 별표28) ➡ **신호 · 지시위반, 속도위반, 보행자 보호의무 불이행**(시행규칙 별표28)<12경위 · 12.1채용> [☻신지속보]

예 신호 · 지시위반은 벌점 2배 가중으로 30점

㉢ 범칙행위 · 범칙금 ➡ 신호 · 지시위반, 횡단보도 보행자 횡단방해(**승합 13만원, 승용 12만원**), 속도위반, 보행자 통행방해 또는 보호의무 불이행, 통행금지 · 제한 위반, 정 · 주차위반 등(시행별 별표10)<12.2채용>

예 신호위반시 승용자동차는 범칙금 12만원(승합자동차는 13만원)

IX. 테마 155 어린이 통학버스

(1) **의의 :** "어린이통학버스"라 함은 **어린이(13세 미만의 사람을 말한다)**를 교육대상으로 하는 시설에서 어린이의 통학 등에 이용되는 자동차와 「여객자동차 운수사업법」(제4조 제3항)에 따른 여객자동차운송사업의 한정면허를 받아 어린이를 여객대상으로 하여 운행되는 운송사업용 자동차를 말한다.(도로교통법 제2조 제23호)<18승진>

① 어린이통학버스(「여객자동차 운수사업법」 제4조 제3항에 따른 한정면허를 받아 어린이를 여객대상으로 하여 운행되는 운송사업용 자동차는 제외)를 운영하려는 자는 미리 **관할 경찰서장에게 신고**하고 **신고증명서를 발급** 받아야 한다.(법 제52조 제1항)<13.1채용>

② 어린이통학버스를 운영하는 자는 **어린이 통학버스 안에 신고증명서를 항상 갖추어 두어야** 한다.(법 제52조 제2항)

※ 어린이 통학버스의 요건(도로교통법 시행령 제31조)<22승진>

1. 자동차안전기준에서 정한 어린이운송용 승합자동차의 **구조**를 갖출 것
2. 어린이 통학버스 **앞면 창유리 우측 상단과 뒷면 창유리 중앙하단**의 보기 쉬운 곳에 행정안전부령이 정하는 **어린이 보호표지를 부착**할 것
3. 교통사고로 인한 피해를 전액 배상할 수 있도록 「보험업법」(제4조)에 따른 **보험** 또는 「여객자동차 운수사업법」 제61조에 따른 **공제조합에 가입**되어 있을 것<22승진>
4. 「자동차등록령」 제8조에 따른 등록원부에 법 제2조 제23호에 따른 유치원, 학교, 어린이집, 학원, 체육시설의 인가를 받거나 등록 또는 신고를 한 자의 **명의로 등록되어 있는 자동차 또는** 유치원, 학교, 어린이집, 학원 또는 체육시설의 장이 전세버스운송사업자와 **운송계약을 맺은 자동차일 것**[♣등록된 자동차만(×)]

♣ 「자동차등록령」에 따른 등록원부에 유치원, 학교, 어린이집, 학원, 체육시설의 인가를 받거나 등록 또는 신고를 한 자의 명의로 등록되어 있는 자동차만 어린이 통학버스로 운행이 가능하다.(×)

⑵ **'어린이통학버스'의 특별보호**(도로교통법 제51조)

※ 어린이 통학버스 특별보호 의무위반 – **승합자동차 범칙금 10만원/ 승용자동차 9만원**

① **'어린이 통학버스'**가 **도로에서 정차하여 어린이나 영유아가 타고 내리는 중임을 표시하는 장치를 작동 중인 때**에는 어린이통학버스가 **정차한 차로와 그 차로의 바로 옆차로를 통행하는 차**의 운전자는 '어린이 통학버스'에 이르기 전에 **일시 정지하여 안전을 확인한 후 서행하여야** 한다.(제51조 제1항)<18승진 · 21.2채용>

② ①항의 경우 **중앙선이 설치되지 아니하거나 편도 1차로인 도로에서 반대방향에서 진행하는 차**의 운전자도 어린이 통학버스에 이르기 전에 반드시 **일시 정지하여 안전을 확인한 후 서행하여야** 한다.[♣서행하면서 안전에 유의(×)](제51조 제2항)<18승진>

③ 모든 차의 운전자는 어린이 또는 영유아를 태우고 있다는 표시를 하고 도로를 통행하는 어린이 **통학버스를 앞지르지 못한다.**[♣앞지를 때 과도하게 속도를 올리는 등 행위를 자제하여야(×)](제51조 제3항)<18 · 22승진 · 13.1채용>

④ 어린이통학버스와 비슷한 도색 · 표지 금지 위반(제52조 제4항, 별표8) ⇨ 승용, 승합자동차(**범칙금 3만원**)[♣5만원(×)]

⑶ **어린이통학버스 운전자 및 운영자등의 의무**(제53조)

※ 어린이 통학버스 운전자 의무위반 : **승합자동차 범칙금 13만원**(좌석안전띠를 매도록 하지 않은 경우 제외)

※ 어린이 통학버스 운영자 의무위반 : **승합자동차 범칙금 13만원**[♣10만원(×)]

① **운행요령 :** 어린이통학버스를 운전하는 사람은 어린이나 영유아가 타고 내리는 경우에만 (제51조 제1항에 따른) 점멸등 등의 장치를 작동하여야 하며, 어린이나 영유아를 태우고 운행 중인 경우에만 (제51조 제3항에 따른-태우고 있다는 표시) 표시를 하여야 한다.(제53조 제1항)

② **운영자 의무 : 어린이통학버스를 운영하는 자**는 어린이통학버스에 어린이나 영유아를 태울 때에는 **보호자를 함께 태우고 운행하여야** 한다.

③ **운전자 의무(보호자 동승)**

㉠ **어린이통학버스를 운전하는 사람은** 어린이나 영유아가 어린이통학버스를 **탈 때**에는 (제50조 제2항에도 불구하고) 승차한 모든 어린이나 영유아가 **좌석안전띠를 매도록 한 후에 출발하여야** 한다.[♣안전하게 앉았는지 확인 후(×)](제53조 제2항)<13.2채용>

※ 다만, 좌석안전띠 착용과 관련하여 질병 등으로 인하여 좌석안전띠를 매는 것이 곤란하거나 일정한(행정안전부령으로 정하는) 사유가 있는 경우에는 그러하지 아니하다.(제53조 제2항 단서)

㉡ **어린이통학버스를 운전하는 사람은** 어린이나 영유아가 어린이통학버스를 **내릴 때**에는 **보도나 길가장자리구역 등 자동차로부터 안전한 장소에 도착한 것을 확인한 후에 출발하여야** 한다.[♣하차하여(×)](제53조 제2항)

※ **운전자 의무(보호자 동승×) :** 어린이의 승차 또는 하차를 도와주는 **보호자를 태우지 아니한** 어린이통학버스를 **운전하는 사람은** 어린이가 **승차 또는 하차하는 때**에 **자동차에서 내려서** 어린이나 영유아가 안전하게 승하차하는 것을 확인하여야 한다.(제53조의2)

㉢ 어린이통학버스를 운전하는 사람은 어린이통학버스 **운행을 마친 후** 어린이나 영유아가 **모두 하차하였는지를 확인하여야** 한다.(제53조 제4항)

※ 어린이통학버스를 운전하는 사람이 어린이나 영유아의 **하차 여부를 확인할 때**에는 **행정안전부령으로** 정하는 어린이나 영유아의 하차를 확인할 수 있는 장치(**"어린이 하차확인장치"**)를 **작동하여야** 한다.(20만원 이하 벌금, 구류, 과료)(제53조 제5항, 제156조)

④ **동승 보호자 의무 : 동승한 보호자는** 어린이나 영유아가 **승차 또는 하차하는 때에**는 자동차에서 **내려서** 어린이나 영유아가 **안전하게 승하차하는 것을 확인**하고 운행 중에는 어린이나 영유아가 좌석에 앉아 **좌석안전띠를 매고 있도록** 하는 등 어린이 보호에 필요한 조치를 하여야 한다.(제53조 제3항)

(4) **어린이통학버스 운영자 등에 대한 안전교육**(제53조의3)

① 어린이통학버스를 **운영하는 사람과 운전하는 사람 및 보호자는** 어린이통학버스의 안전운행 등에 관한 교육(**"어린이통학버스 안전교육"**)을 **받아야** 한다.[♣운영하는 사람은 안전교육을 받지 않아도(×)](제53조의3 제1항)<13.1채용>

※ 안전교육에는 **신규교육**(어린이 통학버스를 운영하려는 사람과 운전하려는 사람이 대상)과 **정기 안전교육**(어린이 통학버스를 계속 운영하는 사람과 운전하는 사람 대상으로 2년마다 정기적으로 실시)이 있다.

Ⅹ. 횡단보도(도로교통법시행규칙 제11조)

1. 설치기준 등

(1) **의의 :** 보행자가 도로를 횡단할 수 있도록 **안전표지로써 표시한 도로의 부분**

① **반쪽 지워진 횡단보도** ⇨ 횡단보도의 바닥 페인트가 **반쪽만 지워지고 한쪽은 식별할 수 있을 만큼 표시**되어 있다면 **횡단보도로 인정**한다.

② **횡단할 의사 없는 보행자** ⇨ 도로교통법 제27조 제1항의 '보행자가 횡단보도를 통행하고 있는 때'라고 함은 사람이 횡단보도에 있는 모든 경우를 의미하는 것이 아니라 **도로를 횡단할 의사로 횡단보도를 통행하고 있는 경우에 한한다.**[♣보행자(×)]<11경찰승진>

예 보행자[♣택시를 잡기 위해 횡단보도에 앉아 있는 사람(×), ♣횡단보도에서 자고 있는 사람(×)]<11경찰승진>

판례 1) 횡단보도의 바닥 페인트가 **반쪽만 지워지고 한쪽은 식별할 수 있을 만큼 표시되어 있다면 횡단보도로 인정**한다.(대법원 90도1116)

판례 2) [**'보행자가 횡단보도를 통행하고 있는 때' ⇨ 도로 횡단의사 필요**] 도로교통법 제27조 제1항의 '보행자가 횡단보도를 통행하고 있는 때'라고 함은 사람이 횡단보도에 있는 모든 경우를 의미하는 것이 아니라 **도로를 횡단할 의사로 횡단보도를 통행하고 있는 경우에 한한다.**(대법원 93도1118)

판례 3) [**녹색등화 점멸중 ⇨ 진입시기 불문 보행자는 보호의무대상(○)**] 보행신호등의 **녹색등화의 점멸신호 전에 횡단을 시작하였는지 여부를 가리지 아니하고** 보행신호등의 **녹색등화가 점멸하고 있는 동안에 횡단보도를 통행하는 모든 보행자**는 도로교통법 제27조 제1항에서 정한 횡단보도에서의 **보행자보호의무의 대상**이 된다.[♣녹색등화의 점멸신호 전에 횡단을 시작하였다면, 보행신호등의 녹색등화가 점멸하고 있는 동안에 횡단보도를 통행하고 있다 해도 횡단보도에서의 보행자 보호의무의 대상이 되지 않는다.(×)](대법원 2007도9598 판결[교통사고처리특례법 위반])<18 · 20승진>

판례 4) [**진입선후 불문 ⇨ 보행자 통행방해하지 않을 의무(○)**] 모든 차의 운전자는 **신호기의 지시에 따라 횡단보도를 횡단하는 보행자가 있을 때**에는 횡단보도에의 **진입 선후를 불문**하고 일시정지하는 등의 조치를 취함으로써 **보행자의 통행이 방해되지 아니하도록 하여야** 한다. 다만 **자동차가 횡단보도에 먼저 진입한 경우**로서 **그대로 진행하더라도 보행자의 횡단을 방해하거나 통행에 아무런 위험을 초래하지 아니할 상황**이라면 그대로 **진행할 수** 있다.(대법원 2016도17442 판결 [교통사고처리특례법 위반])

판례 5) [**횡단보행자용 신호기(×), 횡단보도에 선진입운전자 ⇨ 보행자 통행방해하지 않을 의무(○)**] 모든 차의 운전자는 **횡단보행자용 신호기가 설치되지 않은 횡단보도**에 보행자보다 **먼저 진입**한 경우에도, 보행자의 횡단을 방해하지 않거나 통행에 위험을 초래하지 않을 상황이 아니고서는, 차를 일시정지하는 등으로 **보행자의 통행이 방해되지 않도록 할 의무**가 있다.[♣횡단보도의 신호기에 따라 진입한 보행자만 보호(×)](대법원 2020도8675 판결 [교통사고처리특례법 위반(치상)])<24승진>

⑵ **횡단보도 설치권자 : 시 · 도경찰청장**

불법시설물 : 지방자치단체에서 지역주민의 안전을 위해 경찰과 사전협의 없이 **임의로 횡단보도를 설치한 경우**에는 불법시설물이 되어 이를 횡단보도로 볼 수가 없다.[♣보아야 한다.(×)]

⑶ **설치요령**

① **횡단보도표지판, 횡단보도표시(노면표지)** ⇨ 횡단보도에는 횡단보도표시와 횡단보도표지판을 설치해야 한다.

※ 횡단보도는 **안전표지에 의하여 표시되어야** 한다.

② **신호기, 횡단보도표시** ⇨ 횡단보도를 설치하고자 하는 장소에 횡단보행자용 신호기가 설치되어 있는 경우에는 횡단보도표시(노면표지)만 설치한다.

③ **비포장 도로** ⇨ 횡단보도를 설치하고자 하는 도로의 표면이 포장되지 아니하여, 횡단보도 표시를 할 수 없는 경우에는 **횡단보도표지판**과 그 표지판에 횡단보도의 너비를 표시하는 **보조표지**를 함께 설치한다.(도로교통법시행규칙 제11조)[♣횡단보도표지판만(×)]<03 · 08 · 10승진>

2. 유의사항

(1) **거리제한 :** 횡단보도는 **육교 · 지하도, 다른 횡단보도로부터 200미터 이내**에 설치하여서는 안 된다.

(2) **어린이 보호구역 특례 :** 다만 어린이보호구역으로 지정된 구간 내 또는 보행자의 안전이나 통행을 위하여 특히 필요하다고 인정되는 경우에는 **거리제한을 받지 아니하고 설치**할 수 있다.

XI. 고속도로 버스전용차로

1. 대상차량

8인승	**9인승 ~ 12인승**	13인승 이상
전용차로 이용불가	**6인 이상** 승차해야 함.	승차인원에 관계없이 이용 가

(1) 다인승차량 전용차로 ⇨ 3인 이상이 승차한 승용 · 승합차만 통행이 가능하다.<05승진>

(2) 다인승 전용차로와 버스전용차로가 동시에 설치되는 경우에는 다인승전용차로를 통행할 수 있는 차량은 모두 통행할 수 있다.

2. 운용시간 〈경부고속도로〉 [☻오평공신]

구분	평일[서울 · 부산 양방향]	토요일 · 공휴일[서울 · 부산 양방향]
시행구간	양재 IC~**오산** IC	양재 IC~**신탄진** IC
시행시간	**07:00~21:00**	**07:00~21:00**[♣토요일 밤 10시(×)]

(1) **설날 · 추석연휴(공휴일이 이어지는 경우 포함)**

① **연휴 전일이 평일이면** ⇨ (서울 · 부산 양방향) 연휴 전날 07:00~연휴 마지막 날 24:00

② **연휴 전일이 토요일** ⇨ (서울 · 부산 양방향) 연휴 전날 07:00~연휴 마지막 날 24:00

※ 한남대교~양재 IC 구간 ⇨ 고속도로 구간 아니다.

※ **공휴일** ⇨ '관공서의 공휴일에 관한 규정(대통령령)'에 따른 공휴일(정부에서 수시 지정하는 날 제외)

XII. 자동차강제처리(자동차관리법 제26조)<03승진>

(1) 자동차(자동차와 유사한 외관형태를 갖춘 것을 포함)의 소유자 또는 점유자는 아래의 행위를 하여서는 아니 된다.[♣자동차와 유사한 외관형태를 갖춘 것을 제외(×)]<12경감>

① 자동차를 **일정한 장소에 고정시켜 운행 외의 용도로 사용**하는 행위

② 자동차를 **도로에 계속하여 방치**하는 행위

③ 정당한 사유 없이 자동차를 **타인의 토지에 방치**하는 행위

(2) **시장 · 군수 또는 구청장**은 이러한 경우 당해 자동차를 일정한 곳으로 옮긴 후 자동차의 소유자 또는 점유자에게 폐차요청 기타 처분 등을 하거나 당해 자동차를 찾아가는 등의 방법으로 본인이 적절한 조치를 취할 것을 명하여야 한다.<12경감>

(3) **시장 · 군수 또는 구청장**은 자동차의 소유자 또는 점유자가 조치명령을 이행하지 아니하거나 당해 자동차의 소유자 또는 점유자를 알 수 없을 때에는 **그 자동차를 매각하거나 폐차할 수** 있다. 이 경우 매각 또는 폐차에 소요된 비용은 당해 소유자 또는 점유자로부터 이를 징수할 수 있다.<12경감>

참고 자동차등록번호판

누구든지 등록번호판을 가리거나 알아보기 곤란하게 하여서는 아니 되며, 그러한 자동차를 운행하여서도 아니 된다.(100만원 이하의 벌금)(자동차관리법 제10조 제5항, 제82조 제1호)

소위 꺽기 번호판과 같이 번호판의 훼손이 구체적인 공무집행방해의 사례에 해당된다면 **위계에 의한 공무집행방해죄도 가능**할 것이나 **단순히 번호판을 고의적으로 훼손한 사실**만 가지고는 **자동차관리법 위반으로 의율**하면 될 것이다.<11경위>

XIII. 자전거등 관련 교통규제(도로교통법 제13조의2)

1. 통행 방법<11경위>

(1) 자전거등의 운전자는 **자전거도로가 따로 있는 곳**에서는 그 자전거도로로 통행하여야 한다.(도로교통법 제13조의2 제1항)<11경위>

(2) 자전거등의 운전자는 **자전거도로가 설치되지 아니한 곳**에서는 도로 **우측가장자리**에 붙어서 통행하여야 한다.[♣좌측가장자리(×)](도로교통법 제13조의2 제2항)<11 · 18경위>

※ 예외적 보도통행 : 자전거의 운전자는 다음 각 호의 어느 하나에 해당하는 경우에는 보도를 통행할 수 있다. 이 경우 자전거의 운전자는 보도 중앙으로부터 **차도 쪽 또는 안전표지로 지정된 곳으로 서행하여야** 하며, 보행자의 **통행에 방해가 될 때에는 일시 정지하여야** 한다.[♣보행자의 통행에 방해가 되지 않도록 서행하여야(×)](도로교통법 제13조의2 제4항)<18경위>

1. 어린이, 노인, 그 밖에 행정안전부령으로 정하는 신체장애인이 자전거를 운전하는 경우, 다만,「자전거 이용 활성화에 관한 법률」제2조 제1호의2에 따른 전기자전거의 원동기를 끄지 아니하고 운전하는 경우는 제외한다.
2. 안전표지로 자전거 통행이 허용된 경우
3. 도로의 파손, 도로공사나 그 밖의 장애 등으로 도로를 통행할 수 없는 경우

(3) 자전거등의 운전자는 **길가장자리구역**(안전표지로 자전거의 통행을 금지한 구간을 제외)을 **통행할 수** 있다.(도로교통법 제13조의2 제3항)<24승진 · 18경위>

※ 이 경우 자전거등의 운전자는 보행자의 통행에 방해가 될 때에는 서행하거나 일시정지하여야 한다.(도로교통법 제13조의2 제3항 단서)<24승진 · 18경위>

(4) 자전거운전자는 안전표지로 통행이 허용된 경우를 제외하고 **2대 이상이 나란히 차도를 통행하여서는 아니** 된다.(**병진금지**)[♣병진할 수(×)](도로교통법 제13조의2 제5항)<14 · 24승진 · 11 · 18경위 · 13.2채용>

♣ 자전거의 운행특성을 감안하여 원칙적으로 2대 이상 자전거가 병진할 수 있다.(×)

※ 자전거는 여러 대가 운행하는 경우 일렬로 운행해야 하며, 다만 **도로의 폭이 넓어 안전표지로 병진이 허용된 구간에서는 병진할 수** 있다.

(5) **자전거등의 앞지르기 :** 자전거등의 운전자는 서행하거나 정지한 다른 차를 앞지르려면 앞차의 **우측으로** 통행할 수 있다.(제21조 제2항 본문)<24승진>

※ 이 경우 자전거등의 운전자는 정지한 차에서 승차하거나 하차하는 사람의 안전에 유의하여 서행하거나 필요한 경우 일시정지하여야 한다.(제21조 제2항 단서)<24승진>

⑹ 도로의 횡단

① 자전거등의 운전자가 자전거등을 타고 자전거횡단도가 따로 있는 도로를 횡단할 때에는 자전거횡단도를 이용하여야 한다.(제15조의2 제2항)

② 자전거등의 운전자가 **횡단보도를 이용**하여 도로를 횡단하고자 하는 때에는 자전거등에서 내려서 자전거등을 **끌고 보행하여야** 한다.[♣보행자의 통행에 방해가 되지 않도록 서행하여야(×)](도로교통법 제13조의2 제6항)<11 · 18경위 · 13.2채용>

2. 준수사항

⑴ 자전거등의 운전자는 자전거도로 및 「도로법」에 따른 도로를 **운전할 때**에는 행정안전부령으로 정하는 **인명보호 장구를 착용하여야** 하며, 자전거의 운전자는 **동승자에게도** 이를 착용하도록 하여야 한다.(예 안전모)(도로교통법 제50조 제4항)<18경위 · 13.2채용>

⑵ **야간 도로통행**: 자전거등의 운전자는 밤에 도로를 통행하는 때에는 **전조등과 미등을 켜거나 야광띠 등 발광장치를 착용하여야** 한다.(처벌규정 없음)(제50조 제9항)<18경위>

⑶ 자전거등의 운전자는 행정안전부령으로 정하는 크기와 구조를 갖추지 아니하여 교통안전에 위험을 초래할 수 있는 자전거를 운전하여서는 아니 된다.(제50조 제7항)

⑷ 누구든지 **술에 취한 상태에서 자동차등**(「건설기계관리법」 제26조 제1항 단서에 따른 건설기계 외의 건설기계 포함), **노면전차 또는 자전거를 운전하여서는 아니 된다**.[♣처벌규정 없다.(×)](도로교통법 제44조 제1항)<13.2채용>

※ **자전거등**의 **음주운전 및 음주측정거부, 음주측정방해**에 대해 **20만원 이하의 벌금, 구류, 과료**에 처한다.[♣자전거 음주운전은 처벌한다.(O)](제156조 제11, 12, 12의2호)<19경위 · 19.1채용> * 25. 6. 4부터 음주측정방해금지 추가

※ 술취한 상태 자전거 운전 – 범칙금 3만 원 / 음주 호흡조사 불응 – 범칙금 10만 원(시행령 별표8)<24승진>

※ **자전거등**의 운전자는 **약물의 영향과 그 밖의 사유로 정상적으로 운전하지 못할 우려가 있는 상태**에서 자전거등을 운전하여서는 아니 된다.(제50조 제8항)<13.2채용>

⑸ 기타: 신호위반, 주차위반, 끼어들기 금지 등 모든 차에 대한 규제사항이 적용된다.[♣휴대전화 사용금지 적용(×)]

※ 자동차등에 대해서만 규율되는 과속, 휴대전화사용, 무면허, 미조치 등은 적용이 되지 않는다.

XIV. 테마 156 긴급자동차

① **긴급자동차: 혈액공급차량 · 소방자동차 · 구급자동차** 그 밖의 대통령령이 정하는 자동차로서 그 본래의 긴급한 용도로 사용 중인 자동차(도로교통법 제2조 제22호)<10승진> [☻혈액방구]

② **긴급자동차의 지정 및 지정취소권자: 시 · 도경찰청장**<01 · 05승진>

③ **긴급자동차를 운전할 수 있는 운전면허**: 긴급자동차가 해당하는 차종의 면허<98 · 02승진>

1. 유형

구분		내용
당연(법정)		대통령령으로 정하는 자동차란 다음 각 호의 어느 하나에 해당하는 자동차를 말한다.(도로교통법 시행령 제2조 제1항) ① 수사기관의 자동차 중 **범죄수사**를 위하여 사용되는 자동차(제3호) ② **교도기관**(교도소·소년교도소 또는 구치소·소년원 또는 소년분류심사원·보호관찰소)의 자동차 중 도주자의 체포 또는 수용자, 보호관찰 대상자의 호송·경비를 위하여 사용되는 자동차(제4호) ③ **국군 및 주한국제연합군용 자동차** 중 군내부의 **질서유지** 및 부대의 질서 있는 이동을 **유도**하는 데 사용되는 자동차(제2호)<06채용> ④ 국내외 요인에 대한 **경호업무**수행에 공무로 사용되는 자동차(제5호)<07채용> ⑤ **경찰용자동차 중 범죄수사·교통단속,** 그 밖에 긴급한 경찰임무수행에 사용되는 자동차 [♣신청이 있어야(×)](제1호) [☻수교국경 경찰] ♣ 경찰자동차 중 범죄수사에 사용되는 자동차는 사용하는 사람의 신청이 있어야 긴급자동차로 인정된다.(×)
지정	신청대상	아래 자동차는 이를 사용하는 사람 또는 기관 등의 **신청에 의하여** 시·도경찰청장이 긴급자동차로 **지정하는 경우에 한정하여** 긴급자동차로 한다.(도로교통법 시행령 제2조 제1항 단서)<06경위·09.1채용> ① **도로관리를 위하여 사용**되는 자동차 중 도로상의 **위험을 방지**하기 위한 **응급작업**에 사용되거나 운행이 제한되는 자동차를 **단속**하기 위하여 사용되는 **자동차**[♣당연긴급자동차(×)](제8호) ♣ 도로상 위험방지용 자동차, 긴급배달 우편물의 운송 자동차는 당연긴급자동차이다.(×) ② **민방위업무**를 수행하는 기관에서 **긴급예방 또는 복구**를 위한 출동에서 사용되는 자동차(제7호)<09.1채용> ③ **전기사업, 가스사업**, 그 밖의 공익사업을 하는 기관에서 **위험 방지**를 위한 **응급작업에 사용**되는 자동차(제2조 제1항 제6호) ④ **전신·전화의 수리공사 등 응급작업**에 사용하는 자동차, **긴급한 우편물의 운송**에 사용되는 자동차, **전파감시업무**에 사용되는 자동차[♣당연긴급자동차(×)](제9, 10, 11호)<06경위·09채용> ※ **주의** 소음 및 공채방지용 차량은 긴급자동차에 해당하지 않음. [☻도민전전 우파]
	지정취소	시·도경찰청장은 지정신청에 따라 지정을 받은 긴급자동차가 아래 어느 하나에 해당하는 경우에는 그 지정을 **취소할 수** 있다.(도로교통법 시행규칙 제4조 제1항)<09.1채용> ① 자동차의 색칠·사이렌 또는 경광등이 자동차안전기준에 규정된 긴급자동차에 관한 **구조에 적합하지 아니**한 경우(제1호)<09.1채용> ② 긴급자동차를 지정한 **목적에 벗어나 사용**하거나 **고장이나 그 밖의 사유**로 인하여 긴급자동차로 **사용할 수 없게** 된 경우[♣기타 시·도경찰청장이 정한 조건을 위반한 때(×)](제2호)<09.1채용>

준긴급 자동차	아래의 어느 하나에 해당하는 자동차는 **긴급자동차로 본다**.[♣지정이 있어야 긴급자동차로 인정(×)](도로교통법 시행령 제2조 제2항)<14경위> ① **국군 및 주한국제연합군용의 긴급자동차**에 의하여 **유도**되고 있는 국군 및 주한국제연합군의 자동차[♣국군 등 군부대의 질서있는 이동유도용 자동차(×)](제2호)<14경위> ② **경찰용의 긴급자동차**에 의하여 **유도**되고 있는 자동차(제1호)<09 · 14경위> ③ 생명이 위급한 **환자나 부상자**를 운반 중인 자동차 또는 **수혈을 위한 혈액을 운반 중인 자동차**는 긴급자동차로 본다.(제3호)<14경위> [☻국경환자수혈] [♣자동차의 색칠 · 사이렌 또는 경광등이 자동차안전기준에 규정된 긴급자동차에 관한 구조에 적합한 자동차(×)] ♣ 자동차의 색칠 · 사이렌 또는 경광등이 자동차안전기준에 규정된 긴급자동차에 관한 구조에 적합한 자동차는 준긴급자동차이다.(×)<14경위>

2. 특례(도로교통법 제29조, 제30조)

특례	(1) **모든 긴급자동차 특례 :** 긴급자동차에 대하여는 아래의 사항을 적용하지 아니한다.[♣경호차량(○)](도로교통법 제30조)<21경위 · 97승진 · 23.2채용> [☻속시장끼] ① 자동차의 **제한속도**(제1호)<21경위> ㉠ 긴급자동차의 속도를 따로 정한 경우, 그에 따른 속도제한 규정을 적용함. ㉡ 최고속도는 물론 최저속도의 제한도 받지 않음. ② 앞지르기의 금지**시기** 및 앞지르기 금지**장소**[♣앞지르기 방법(×)]<97승진 · 09채용> ③ **끼어들기** 금지[♣차로통행에 따른 특례(×)](제30조 제3호)<21경위 · 97승진 · 09.1 · 23.2채용> (2) **일정 긴급자동차 특례 :** 다만, 아래 사항에 대해서는 긴급자동차 중, **혈액운반차, 소방차, 구급차, 경찰자동차 중 수사, 교통단속, 그 밖에 긴급한 경찰업무수행에 사용되는 자동차**(대통령령으로 정하는 경찰용 자동차)에 대해서만 적용하지 아니한다.[♣모든 긴급자동차는(×), ♣경호차량(×)](도로교통법 제30조)<21경위> – **보도침범**(5호), **신호위반**(4호), **중앙선 침범**(6호), **횡단 등의 금지**(7호), **안전거리 확보 등**(8호), **앞지르기 방법 등**(9호), **정차 및 주차의 금지**(10호), **주차금지**(11호), **고장 등 조치**(12호)(도로교통법 제30조)<21경위> [☻보신중 단전방 정주고] ♣ 모든 긴급자동차는 앞지르기 방법에 따를 의무가 적용되지 않는다.×)
우선 통행권	① **중앙선 침범**: 긴급자동차는 긴급하고 부득이한 경우에는 도로의 **중앙이나 좌측부분을 통행할 수** 있다.(법 제29조 제1항)<08 · 10승진 · 15경위 · 09채용> – 21. 5. 13시행 ② **신호위반**: 도로교통법이나 동법에 의한 명령에 의하여 **정지하여야 하는 경우에도 불구**하고 긴급하고 부득이한 경우에는 **정지하지 아니할 수** 있다.(법 제29조 제2항)[♣교통이 빈번하고 신호등이 없는 교차로 일시정지(×)]<15경위>[☻중신우선] ♣ 긴급자동차는 교통이 빈번하고 신호등이 없는 교차로에서 일시 정지하여 안전을 확인한 후 운행하여야 한다.(×) ③ **교차로 :** 교차로나 그 부근에서 긴급자동차가 접근하는 경우에는 차마와 노면전차의 운전자는 **교차로를 피하여 일시정지하여야** 한다.(법 제29조 제4항)<08 · 10승진> ④ **교차로 이외의 장소 :** 모든 차와 노면전차의 운전자는 교차로 이외의 곳에서 긴급자동차가 접근한 경우에는 **긴급자동차가 우선 통행할 수 있도록 진로를 양보하여야** 한다.(제29조 제5항)<08 · 10승진>

기타 우선권	① 긴급자동차는 도로유지 · 보수, 교통상의 위험방지 등을 위해 부득이한 경우 **고속도로(자동차전용도로)에서 갓길 통행 및 횡단 · 유턴 · 후진**이 가능하다.(제62조) ② **고속도로 정 · 주차**: 경찰용 긴급자동차는 고속도로 등에서 정차 또는 주차가 가능하다.(제64조 제6호) ③ **고속도로 우선 진입권**: 긴급자동차 외의 자동차의 운전자는 긴급자동차가 고속도로에 들어가는 때에는 **그 진입을 방해하여서는 아니 된다**.(제65조 제2항) ④ **전용차로 통행**: 긴급자동차는 전용차로를 통행할 수 있다.(제15조 제3항) ⑤ **휴대전화 사용**이 가능하고, **안전띠 착용의무**가 면제된다.(제49조 제1항 제10호) ⑥ **사고발생시**: 교통사고 발생 시 승차자로 하여금 구호조치 또는 신고를 하게 하고 계속 운전할 수 있다.(제54조 제5항) ※ **승차자로 하여금 구호조치 후 사고운전자는 운전을 계속할 수 있는 경우 ⇨ 우편물자동차, 긴급자동차, 부상자를 운반 중인 차, 노면전차** 운행 시(도로교통법 제54조 제5항)[♣군용차량(×)][☻우긴 부노] ♣ 군용차량 운행 시 교통사고야기 후 승무원에게 부상자 구호 등의 조치를 맡기고 운전자는 계속 운전을 할 수 있다.(×)

3. 운행 및 사고처리

운행	① 긴급자동차는 긴급자동차의 구조를 갖추어야 하며, 긴급자동차의 운행 중에 긴급자동차에 대한 특례의 적용을 받고자 하는 때에는 사이렌을 울리거나 경광등을 켜야 한다.<07승진> ※ 다만 **속도위반차량을 단속하는 경우**와 **경호업무수행에 사용**되는 긴급자동차는 예외 ② **경호업무수행**에 사용되는 긴급자동차와 **준긴급자동차**는 전조등 또는 비상표시등을 켜거나 그 밖에 적당한 방법으로 긴급한 목적으로 운행되고 있음을 표시하여야 한다. ※ 본래의 긴급한 용도로 운행하지 아니하는 경우에는 경광등을 켜거나 사이렌을 작동하여서는 아니 된다.
사고 처리	① **원칙**: 긴급자동차가 긴급한 용도로 사용되는 중에 **교통사고가 발생하면 다른 일반승용차와 같이 위반내용을 적용하여 책임**을 진다.(도로교통법 제30조 해석)<01 · 03 · 10승진> ※ **우선권관련 사고**의 경우: 특례법상의 **예외 12개항의 적용**을 받는다.(사고에 따른 처벌을 받게 됨.)[♣중앙좌측 부분통행이나 신호위반 사고가 발생하여도 처벌받지 않음.(×)]<01 · 03 · 10승진 · 15경위> ※ **일정 긴급자동차(소방차, 구급차, 혈액 공급차량, 경찰용 자동차 중 범죄수사, 교통단속, 그 밖의 긴급한 경찰업무 수행에 사용되는 자동차**만 해당 – 혈액방구 경찰)의 운전자가 그 차를 본래의 **긴급한 용도로 운행하는 중**에 교통사고를 일으킨 경우에는 그 긴급활동의 시급성과 불가피성 등 정상을 참작하여 (제151조 또는 「교통사고처리특례법」 제3조 제1항, 특정범죄가중처벌 등에 관한 법률 제5조의13에 따른) **형을 감경하거나 면제할 수** 있다.(제158조의2) ② **예외**: **특례관련 사고**(제한속도, 앞지르기 금지시기 및 장소, 끼어들기)의 경우, 교통사고처리특례법상의 **예외 12개항의 적용을 받지 않는다.** ※ 단, 판례는 상당한 이유를 요구하고 있다.

PART 04

Ⅲ 교통법규 위반자에 대한 제재

Ⅰ. 교통법규 위반자에 대한 조치요령<03 · 07승진 · 06경위>

외국인 운전차량	(1) **국내면허증 소지자 :** 일반 국내면허증을 소지하고 범칙행위를 한 때에는 내국인과 동일하게 단속한다. (2) **국제운전면허소지자 :** 범칙행위를 한 경우 곧바로 **즉결심판에 회부**하나 **신원이 확실한 경우 통고처분도 가능**하다. ※ 국제운전면허증은 외국에서 발행된 면허증이므로 면허증의 효력에 대한 처분은 제한된다.(국제운전면허증 부분 참조)
외교관용 차량	(1) 외교관(가족을 포함) 및 주한 외국공관(대사 · 공사 · 대표 · 국제기구) 차량이 범칙행위와 과태료처분에 해당하는 교통법규를 위반한 때에는 **내국인과 동일하게 단속 · 처리**한다. ① 통고처분을 이행하지 않거나 과태료를 납부하지 않을 경우 외교통상부(주한공관담당관)에 서면 통보하여야 한다. ② 외교관에 대한 형사처벌은 불가능하지만, **교통사고 조사는 가능**하다.<02승진> (2) 주한외국공관에 고용된 행정 · 기능직원(외국인)은 외교관과 동일하게 처리하고, 노무직원(외국인)은 공무수행 중일 때 한하여 동일하게 처리한다. (3) **내국인(한국인)이 주한외국공관 차량을 운전** 중 교통법규를 위반한 때에는 **일반교통법규 위반과 동일하게 처리한다.**[♣내국인이 외교관의 지시로 운전하는 경우 행정처분 면제인정(×)] ♣ 한국인이 외교관의 지시에 따라 외교차량을 공무로 운전하던 중 교통법규를 위반하였다면 운전자 본인에 대해서도 행정처분의 면제를 인정한다.(×) 예 **주한 외국공관 차량의 한국인 운전자**
주한미군 차량	(1) SOFA 대상자가 공무수행 중 법규를 위반한 때에는 적발통보서를 작성하여 운전자 소속부대에 서면통보한다. ※ 부득이한 사유가 있을 경우에는 범칙금을 면제처리한다. (2) SOFA 대상자가 **국내면허**로 일반차량을 운전하거나 미군용 차량을 한국 민간인이 운전한 때에는 **일반운전자와 동일하게 처리**한다.
한국 군용차량	(1) **적발통보서 작성 :** 군인이나 군속이 군용차량 운전 중(또는 일반운전면허 없이 일반차량을 운전 중) 범칙행위를 한 때에는 **통고서를 발부하지 아니하고, 적발통보서를 작성하여야** 한다.[♣처리 불능으로 자체종결(×)] ♣ 군용차량은 자동차에 해당하지 않으므로 처리 불능으로 자체 종결한다.(×) – 군부대에서 **자체 발급된 운전면허**에 대해서는 신병과 사고보고서를 **군수사기관에 인계하고 별도 행정처분은 없다.** ※ 군용차량은 도로교통법상 자동차는 아니지만 과속, 신호위반, 버스전용차로위반 등 다양한 내용에 대해 단속이 가능하므로 교통단속처리지침 제29조에 의해 교통법규 위반자 적발통보 공문으로 서면 통보하는 것이 타당하다.

한국 군용차량	
	판례 [「군수품관리법에 의한 차량」] 포니엑셀 승용차가 자동차관리법 제2조 제1호 단서, 자동차관리법시행령 제2조 제3호 소정의 '군수품관리법에 의한 차량'에 해당되어 자동차관리법의 적용이 배제되기는 하지만, 원동기를 사용하여 운전되는 차로서 자동차관리법 제3조, 자동차관리법시행규칙 [별표 1]에 나열한 자동차 중 일반형 승용자동차에 해당함이 명백하므로 포니엑셀 자동차는 **도로교통법 제2조 제14호 소정의 자동차에 해당**한다.
	(2) **서면통보 :** 적발통보서는 경찰서장의 결재를 받아 그 운전자의 **소속부대에 서면통보**하여야 한다.[♣운전자에게 통고처분(×), 운전자가 밝혀지지 않는 경우 차량소유자에게 과태료처분(×)]
	(3) **일반차량 운전시 일반운전자와 동일 :** 군인이나 군속이 **일반운전면허로 일반차량을 운전한 때에는 일반운전자와 동일**하게 단속 · 처리한다.[♣일반운전면허 소지 시에도 행정처분할 수 없다.(×)]
	※ 관용차량 : 일반차량과 동일하게 단속 · 처리한다.

II. 과태료 처분

(1) 속도위반 차량, 버스전용차로 위반차량, 주 · 정차 위반차량 등이 사진 · 비디오테이프 등 영상매체기록에 의하여 입증이 되지만, 당해 **위반운전자를 확인할 수 없거나 통고처분을 할 수 없는 경우에 고용주 등에게** 20만원 이하의 과태료를 부과하는 처분이다.<01채용>

※ **고용주 등** ⇨ ① 차의 운전자를 고용하고 있는 사람, ② 직접 차의 운전자를 관리하는 지위에 있는 사람, ③ 차의 사용자<04승진>

> 무인교통단속장비로 단속할 수 있는 법규위반 사항<08승진>
>
> ※ **버스전용차로위반, 과속, 신호위반, 중앙선 침범, 갓길위반**[☻전과신중 갓길 무인]

(2) **부과권자**

경찰서장	**고속도로 전용차로 위반, 무인교통단속장비로 적발**된 법규위반[도로교통법 제161조, 도로교통법시행령 제86조 제3항 제7호]<02승진> [☻고전무인서장] ※ 도로교통법에 의해 과태료 부과 · 징수권은 시 · 도경찰청장, 시장등, 제주특별자치도지사로 규정되어 있으나 도로교통법 시행령에 의해 시 · 도경찰청장의 권한은 서장에게 위임
시장 등	**일반도로 전용차로** 위반, **주 · 정차 위반**(시장 · 군수 · 구청장)[☻시장 일전 주정]

(3) **과태료 부과금 예시**(도로교통법 시행령 별표6)

차종	위반행위	과태료 금액
자동차운행	일반도로 전용차로 통행 고용주 등	**5만원**
	신호를 위반한 차의 고용주 등	**7만원**
	보도를 침범한 차의 고용주 등	**7만원**

자동차운행	동승자가 좌석안전띠를 매지 않도록 한 운전자(동승자 13세 이상)	**3만원**
	동승자가 좌석안전띠를 매지 않도록 한 운전자(동승자 13세 미만)	**6만원**
어린이 통학버스	어린이 통학버스 안에 신고필증 갖추지 않은 운영자	**3만원**
	어린이통학버스를 **신고하지 아니**하고 운행한 운영자	**30만원**
승용·승합자동차등	자동차 속도를 60km/h 초과한 자동차(고용주 등)	**13만원**
	제한속도에서 20km 이하 과속(고용주 등)	**4만원**
이륜자동차	(예 제한속도 15km 초과)	**3만원**

1. 의견 제출

의견제출 기회부여	도로교통법 위반 관련 과태료를 부과하고자 하는 경우에는 **10일** 동안 과태료처분 대상자가 구술 또는 서면으로 **의견을 제출할 기회**를 주어야 한다.[교통단속처리지침]	
의견제출 시 판단	**타당성 인정**	과태료 부과를 면제 (아래 참고)
	타당성 불인정	① 과태료 부과 ② **운전자가 확인되면 운전자에게 범칙금 및 벌점 부과**
과태료 부과	과태료 부과권자는 의견 제출의 절차를 마친 후 **의견진술이 없거나 의견의 타당성이 인정되지 않으면** 서면으로 과태료를 부과한다.	
과태료 감경	행정청은 당사자가 의견제출 기한 이내에 과태료를 자진하여 납부하고자 하는 경우에는 **20/100의 범위** 내에서 과태료를 감경할 수 있다.	

2. 부과 절차

납부기간	① 과태료는 과태료납부고지서를 받은 날부터 **60일 이내에 납부**하여야 한다. ② 천재지변이나 그 밖의 부득이한 사유로 과태료를 납부할 수 없는 때에는 그 사유가 없어진 날로부터 5일 이내에 납부하여야 한다.	
고지서의 반송	**1차 재발송**	**소재수사로 새 주소지를 확인해서 고지서를 재발송**한다.[♣과태료 납부고지서가 반송된 경우 이의신청으로 과태료 처분대상에서 제외될 수 있다.(×) ⇨ 소재수사로 주소확인 후 재발송, 다시 반송시 압류공고 및 강제압류]
	2차 강제징수	재발송 후 **다시 반송된 경우에는 강제징수**한다.<05승진>
제척기간	질서위반행위가 종료된 날(다수인이 질서위반행위에 가담한 경우에는 최종행위가 종료된 날)부터 **5년이 경과한 경우**에는 과태료를 부과할 수 없다.	
가산금 징수	**가산금**	당사자가 납부기한까지 과태료를 납부하지 아니한 때에는 납부기한을 경과한 날부터 체납된 과태료에 대하여 100분의 5에 상당하는 가산금을 징수한다.
	중가산금	① 체납된 과태료를 납부하지 아니한 때에는 납부기한이 경과한 날부터 매 1개월이 경과할 때마다 체납된 과태료의 12/1000에 상당하는 중가산금을 가산금에 가산하여 징수한다. ② 중가산금의 징수기간은 60개월을 초과하지 못한다.
체납처분	당사자가 이의를 제기하지 아니하고 가산금도 납부하지 아니한 때에는 국세 또는 지방세 체납처분의 예에 따라 징수한다.	

참고 **과태료 부과 제외대상**(도로교통법 제160조 제4항, 시행령 제142조)<08 · 13승진>

(1) **차를 또는 노면전차를 도난당하였거나 그 밖의 부득이한 사유가 있는 경우**
- ① **도로공사** 또는 **교통지도단속**을 위한 경우
- ② **범죄의 예방 · 진압** 기타 긴급한 **사건 · 사고의 조사**를 위한 경우<13승진>
- ③ **응급환자의 수송 또는 치료**를 위한 경우
- ④ **화재 · 수해 · 재해 등의 구난작업**을 위한 경우
- ⑤ 장애인복지법의 규정에 의한 **장애인의 승 · 하차**를 돕는 경우
- ⑥ 그 밖에 **부득이한 사유**라고 인정할 만한 상당한 이유가 있는 경우 (예 **대상차량이 도난당한 경우**)<13승진>

(2) 운전자가 당해 위반행위로 **처벌(통고처분을 포함)된 경우**<13승진>

(3) 이의제기의 결과 위반행위를 한 **운전자가 밝혀진 경우**
- – 실무상 행위자가 출석하면 통고처분을 하게 된다.

(4) 자동차가 '여객자동차 운수사업법'에 따른 자동차대여사업자 또는 '여신전문금융업법'에 따른 시설대여업자가 대여한 자동차로서 **자동차만을 임대한 것이 명백**한 경우[♣대상자가 이사하여 과태료 납부고지서가 반송된 경우(×)]
[☻도범응구 장부 처(가) 밝힘]

구분	처벌			
과속	속도			행정처분
	3회 이상 100km/h 초과	1년 이하 징역 500만원 이하 벌금		면허 취소
	100km/h 초과	**100만원 이하 벌금 · 구류**		100점
	80km/h 초과~100km/h (이하)	**30만원 이하 벌금 · 구류**		80점
	속도	**범칙금**	**과태료**	**벌점**
	60km/h 초과~80km/h (이하)	**12만원**	13만원	60점
	40 (초과)~60km/h (이하)	**9만원**	10만원	**30점**
	20 (초과)~40km/h (이하)	**6만원**	7만원	15점
	20km/h (이하)	**3만원**	**4만원**	
기타 위반	운전 중 휴대전화 사용	**6만원**		
	고속도로 갓길통행	**6만원**		
	중앙선 침범(**황색실선인 중앙선에서 앞지르기**)	**6만원**		
	긴급자동차에 대한 양보 위반	**6만원**		
	고속도로 진입 위반(다른 차 통행방해)	**4만원**		
	고속도로 · 자동차전용도로 **횡단 · 유턴 · 후진** 위반	**4만원**		
	서행 위반(비탈길 고갯마루 부근)	**3만원**		
	최저속도 위반	**2만원**		

4 운전면허 및 면허행정처분

Ⅰ 테마 157 운전면허

(1) 일반적으로 부적격자의 운전을 금지(**부작위 하명**)하고 일정한 요건 하에 이러한 금지하명을 해제(**허가**)함으로써 도로에서의 위험을 방지하고 교통질서를 유지하기 위한 (명령적 행위)제도이다.

(2) **무면허운전 등의 금지:** 누구든지 (제80조에 따라) 시·도경찰청장으로부터 운전면허를 받지 아니하거나 운전면허의 효력이 정지된 경우에는 자동차등을 운전하여서는 아니 된다.(제43조)

※ 예외 ⇨ 자동차등을 운전하려는 사람은 **시·도경찰청장으로부터 운전면허를 받아야** 한다. 다만, (제2조 제19호 나목) 원동기를 단 차 중 (「교통약자의 이동편의 증진법」 제2조 제1호에 따른) 교통약자가 최고속도 시속 **20킬로미터 이하**로만 운행될 수 있는 차를 운전하는 경우에는 그러하지 아니하다.(제80조 제1항)<21.2채용>

(3) **자격:** 운전면허를 받고자 하는 사람은 운전면허시험에 합격하여야 한다.

※ **운전면허시험의 종류 ⇨ 적성(신체검사), 학과시험, 장내기능시험, 도로주행시험**(제1종 보통 및 제2종 보통면허에 한함)

(4) **성질 등**

① 운전면허의 **법적 성질** ⇨ 대인적 경찰허가

② 운전면허의 **발급권자** ⇨ 시·도경찰청장(법 제43조)<04승진>

(5) **음주운전 방지장치 부착 조건부 운전면허** – 25. 10. 25 시행

① **음주운전 및 음주측정거부금지 규정**(제44조 제1항 또는 제2항)을 위반(자동차등 또는 노면전차를 운전한 경우로 한정한다. 다만, 개인형 이동장치를 운전한 경우는 제외)한 날부터 **5년 이내**에 다시 같은 음주운전 등 금지규정을 위반하여 **운전면허 취소처분**을 받은 사람이 자동차등을 운전하려는 경우에는 시·도경찰청장으로부터 음주운전 방지장치 부착 조건부 운전면허(**"조건부 운전면허"**)**를 받아야** 한다.(제80조의2 제1항)

② 음주운전 방지장치는 조건부 운전면허 발급 대상에게 적용되는 **운전면허 결격기간**(제82조 제2항)**과 같은 기간 동안 부착**하며, 운전면허 **결격기간이 종료된 다음 날부터 부착기간을 산정**한다.(제80조의2 제2항)

※ 조건부 운전면허의 범위·발급·종류 등에 필요한 사항은 행정안전부령으로 정한다.(제80조의2 제3항)

※ 조건부 운전면허 발급받으려는 사람은 운전면허 시험에 합격해야 하며, 조건부 운전면허는 시도경찰청장이 발급한다.(제85조의2 제1항 제2항)

(6) **부정행위자에 대한 조치**

① 경찰청장은 전문학원의 강사자격시험 및 기능검정원 자격시험에서, 지방경찰청장 또는 도로교통공단은 운전면허시험에서 부정행위를 한 사람에 대하여는 해당 시험을 각각 무효로 처리한다.(제84조의2 제1항)

② 부정행위로 시험이 무효로 처리된 사람은 그 처분이 있은 날부터 **2년간 해당 시험에 응시하지 못한다.**(제84조의2 제2항)<20경위>

Ⅰ. 운전면허 종류[시행규칙 별표18]<14 · 16 · 17 · 20승진 · 11.2 · 14.1 · 16.1 · 17.1 · 18.3 · 19.2 · 21.1채용>

운전면허 비교<11.1 · 12.2 · 14.1채용>

① 원동기장치자전거는 제1종, 제2종의 모든 면허로 운전할 수 있다.

주의 그러나 원동기 장치 자전거를 연습면허로는 운전할 수 없다.<04승진>

② 제1종 및 제2종 보통면허의 비교<01 · 02승진 · 03 · 08채용>

구분	승합자동차	화물 자동차	특수자동차
제1종 보통면허	승차정원 15인 이하	적재중량 12톤 미만	총중량 10톤 미만
제2종 보통면허	승차정원 10인 이하	적재중량 4톤 이하	총중량 3.5톤 이하

③ **'화물자동차 운수사업법'에 따른 사업용자동차** – 해당 운전면허를 받아야 한다.

④ **'여객자동차 운수사업법'에 따른 사업용자동차** – 해당 운전면허를 받아야 한다.(③④ 모두 제1종 면허를 요하지 않는다.) ∴ 제2종 보통면허로 택시를 운전할 수 있음.

⑤ 긴급자동차는 해당차종의 면허가 있으면 운전이 가능하다.

<table>
<tr><td rowspan="2">제1종</td><td>대형면허</td><td>① 승용자동차 · 승합자동차 · 화물자동차
② 특수자동차[대형견인차, 소형견인차 및 구난차(구난차 등) 제외], 원동기장치자전거<18.3채용> [☻용합화원 특수건]
※ 대형견인차는 운전할 수 없다.
③ 건설기계 : 노상안정기, 아스팔트살포기, 아스팔트콘크리트재생기, 콘크리트펌프, 콘크리트믹서트럭, 콘크리트믹서트레일러, 덤프트럭, 천공기(트럭 적재식), 3톤 미만의 지게차, 도로보수트럭, 트럭지게차 ⇨ 1종 대형면허로만 운전가능[♣건설기계면허로 운전가능(×)](국교부 고시2015-272) [☻노아곤덤 천공 3개 미만 보수(하)지]<03승진 · 09채용>
♣ 제1종 보통면허로 승차정원 15인 이하의 승합자동차와 적재중량 12톤 미만의 화물자동차를 운전할 수 있다.(○)<12경위></td><td rowspan="2">19세 이상 + 1년 이상</td></tr>
<tr><td>특수면허</td><td>① 대형견인차 면허 : 견인형 특수자동차, 제2종 보통면허로 운전할 수 있는 차량
② 소형견인차 면허 : 총중량 3.5톤 이하의 견인형 특수자동차, 제2종 보통면허로 운전할 수 있는 차량<20승진>
③ 구난차 면허 : 구난형 특수자동차, 제2종 보통면허로 운전할 수 있는 차량)[♣1종 특수면허로 12인승 승합자동차 운전가능(×) ⇨ 무면허, ♣소방차, 구급차 등 긴급자동차(×)]<16승진 · 12경위 · 17.1채용>
♣ 제1종 특수면허로 운전할 수 있는 차량은 대형견인차, 소형견인차, 적재중량 4톤 이하의 화물자동차이다.(○)<12경위></td></tr>
</table>

구분	면허	운전할 수 있는 차량	연령
제1종	보통면허	① 승용자동차 · 승합자동차(**승차정원 15인 이하**) · 화물자동차(**적재중량 12톤 미만,** 위험물 – 적재중량 3톤 이하 혹은 적재용량 3천리터 이하) · 원동기장치자전거, **특수자동차(총중량 10톤 미만, 구난차 등 제외)**[♣구난자동차등 포함(×), ♣12톤 화물자동차 운전가능(×)]<20승진 · 12경위 · 08 · 10 · 11.1 · 14.1 · 16.1 · 18.2 · 3 · 19.2채용> ② **건설기계**: **3톤 미만**의 **지게차**에 한함.[♣2종보통 면허로 운전(×)]<04 · 21.1채용> [☻용합화원 특수건]	18세 이상
	소형면허	**3륜** 화물자동차 · **3륜** 승용자동차, 원동기장치자전거[♣125cc 초과 이륜자동차(×)] [☻용화원]<10승진 · 12경위>	
제2종	보통면허	승용자동차 · 승합자동차(승차정원 **10인 이하**), 화물자동차(적재중량 **4톤 이하**), 원동기장치자전거, **특수자동차(총중량 3.5톤 이하, 구난자동차등 제외)**[♣총중량 3.5톤 이하의 견인형 특수자동차(×), ♣4톤 화물자동차 운전불가(×)]<14 · 16 · 17 · 20승진 · 12경위 · 14.1 · 18.2 · 3 · 21.1 · 24.1채용> [☻용합화원 특수]	
	소형면허	① 이륜자동차(배기량 125cc 초과, 측차부 포함)<03 · 04 · 10승진> ② 원동기장치자전거	
	원동기	**원동기장치자전거면허** – 원동기장치자전거 [취득자격 – 16세 이상] ※ 원동기장치자전거 무면허 운전은 30만원 이하 벌금이나 구류(제154조 제2호)	16세
연습면허	1종보통	① 승용자동차 · 승합자동차(승차정원 **15인 이하**) ② 화물자동차(적재중량 **12톤 미만**)[☻용합화]	18세 이상
	2종보통	① 승용자동차 · 승합자동차(승차정원 **10인 이하**) ② 화물자동차(적재중량 **4톤 이하**)	

예 제2종 보통면허(자동변속기)로 5인승 수동변속기 승용자동차를 운전한 경우

⇨ **무면허 운전에 해당하지 않는다.**

⇨ 도로교통법 제80조 제3항, 제4항 위반(**면허조건 위반**), 처벌조항 도로교통법 제153조 제7호

정리 자동차 형식, 구조, 장치 변경 시 면허적용(도교법 시행규칙 별표18)<04 · 08승진>

① **의의** – 자동차관리법의 규정에 의하여 자동차의 형식이 변경 · 승인되거나, 자동차의 구조 또는 장치가 변경 · 승인된 경우에는 다음의 구분에 의한 기준에 따라 적용한다.

② **구분**[☻형구장, 형종중원]

구분			적용
자동차의 형식변경	**차종변경**		**변경승인 후**의 차종에 따른 면허
	적재중량 및 승차정원 변경	**증가**	**변경승인 후**의 승차정원 또는 적재중량(차종변경×)
		감소	**변경승인 전**의 승차정원 또는 적재중량(차종변경×)
자동차의 **구**조 · **장**치 변경			**변경승인 전**의 승차정원 또는 적재중량

1. 임시운전증명서(법 제91조, 시행령 제59조, 시행규칙 제88조)<05 · 20승진>

발급 요건	**시 · 도경찰청장(실제 서장)**은 아래의 어느 하나의 경우에 해당하는 사람이 임시운전증명서 발급을 신청하면 행정안전부령으로 정하는바에 따라 **임시운전증명서를 발급할 수** 있다.(제91조 제1항, 시행령 제86조) ① 운전면허증을 받은 사람이 면허증 분실 등에 의한 **재교부 신청**을 한 경우 ② **적성검사**, 운전면허증 **갱신교부, 수시적성검사**를 신청한 경우[♣외국인 대상(×)] ※ 이 경우에는 소지하고 있는 운전면허증에 일정한 사항을 기재하여 교부함으로써 임시운전증명서의 교부에 갈음할 수 있음. ③ 운전면허의 **취소 또는 정지처분 대상자**가 운전면허증을 제출한 경우[☻재적갱수 취정] 판례 운전면허증 **앞면에 적성검사기간이 기재**되어 있고, 뒷면 **하단에 경고 문구가 있다는 점만으로** 피고인이 정기적성검사 미필로 **면허가 취소된 사실을 미필적으로나마 인식하였다고 추단하기 어렵다.**(대법원 2004도6480 판결)
발급	① **교부권자 : 경찰서장**(시 · 도경찰청장의 위임으로 경찰서장 – 도로교통법 시행령 제86조) ② 임시운전증명서는 그 유효기간 중에는 **운전면허증과 같은 효력**이 있다.[♣같은 효력 없다.(×)](제91조 제2항)<19승진>
유효 기간	① 임시운전증명서의 유효기간은 **20일 이내**로 하되, 법 제93조에 따른 운전면허의 **취소 또는 정지**처분 대상자의 경우에는 **40일 이내로** 할 수 있다.(도로교통법 시행규칙 제88조 제2항)<10 · 11승진> ② **기간의 연장**: **경찰서장이** 필요하다고 인정하는 때에는 그 유효기간을 **1회에 한하여 20일의 범위 안에서** 연장할 수 있다.[♣제한 없이 연장(×), ♣시 · 도경찰청장이 필요하다고 인정(×)](시행규칙 제88조 제2항)<10 · 11 · 20승진> ♣ 임시운전증명서는 유효기간 중이라도 운전면허증과 같은 효력은 없으며, 유효기간 20일로 제한 없이 연장할 수 있고, 외국인들을 대상으로 발행하는 면허증이다.(×) ※ 임시운전증명서의 **최대 유효기간** ⇨ **'40일' 또는 '60일'**(시행규칙 제88조 제2항 단서)<10 · 11승진>

참고 면허증 반납(도로교통법 제95조)<20승진>

운전면허증을 받은 사람이 다음 각 호의 어느 하나에 해당하면 그 사유가 발생한 날부터 **7일 이내에** 주소지를 관할하는 시 · 도경찰청장에게 운전면허증을 반납하여야 한다.(도로교통법 제95조 제1항)<20승진>

– 운전면허 취소 · 정지처분을 받은 경우, 운전면허증을 분실 후 찾은 경우, 연습운전면허증을 받은 사람이 제1종 · 2종 보통면허증을 받은 경우, 운전면허증 갱신을 받은 경우

2. 연습운전면허 – 법 제81조, 제93조③, 시행령 제59조, 시행규칙 제55조<08 · 10.2채용>

의의	① 연습운전면허는 제1종 보통면허와 제2종 보통면허의 2종류가 있으며, 그 면허를 받은 날부터 **1년 동안 효력**을 가진다.(제81조)<20경위 · 10.2채용> ② **효력 상실**: 다만, 그 이전이라도 연습운전면허를 받은 사람이 제1종 보통면허 또는 제2종 보통면허를 받은 경우에는 연습운전면허의 효력이 상실된다.(제81조 단서)<12.2 · 17.1채용>
준수 사항	① 운전면허(연습하고자 하는 자동차를 운전할 수 있는 운전면허에 한함)를 받은 날부터 **2년이 경과된 사람**(소지하고 있는 운전면허의 효력이 정지기간 중인 사람을 제외)과 함께 승차하여 그 사람의 지도를 받아야 한다.[♣1년 경과된 사람과 동승하여(×)](규칙 제55조 제1호)<10.2채용> ② 「여객자동차 운수사업법」 또는 「화물자동차 운수사업법」에 따른 **사업용 자동차를 운전**하는 등 **주행연습 외의 목적으로 운전하여서는 아니 된다.**[♣사업용 자동차를 운전할 수 있다.(×)](규칙 제55조 제2호)<19승진> ③ **주행연습 중**이라는 사실을 다른 차의 운전자가 알 수 있도록 연습 중인 자동차에 별표 21의 **표지를 붙여야** 한다.(규칙 제55조 제3호) 판례 1) [연습운전면허 준수사항 미준수 운전 ⇨ 무면허운전(×)] 연습운전면허를 받은 사람이 도로에서 주행연습을 하는 때, 운전면허를 받은 날부터 **2년이 경과한 사람과 함께 타서 그의 지도를 받아야** 한다고 규정하고 있는바, 연습운전면허를 받은 사람이 도로에서 주행연습을 함에 있어서 위와 같은 **준수사항을 지키지 않았다고 하더라도 무면허운전이라고 할 수는 없다.**[♣무면허 운전이다.(×)](대법원 2000도5540 판결) 판례 2) [주행연습외 목적의 연습운전면허로 운전 ⇨ 무면허운전(×)] 운전을 할 수 있는 차의 종류를 기준으로 운전면허의 범위가 정해지게 되고, 해당 차종을 운전할 수 있는 운전면허를 받지 아니하고 운전한 경우가 무면허운전에 해당된다고 할 것이므로 실제 운전의 목적을 기준으로 운전면허의 유효범위나 무면허운전 여부가 결정된다고 볼 수는 없다. 따라서 **연습운전면허를 받은 사람이 운전을 함에 있어 주행연습 외의 목적으로 운전하여서는 아니된다는 준수사항을 지키지 않았다**고 하더라도 준수사항을 지키지 않은 것에 대하여 연습운전면허의 취소 등 제재를 가할 수 있음은 별론으로 하고 그 운전을 **무면허운전이라고 보아 처벌할 수는 없다.**[♣처벌할 수 있다.(×)](대법원 2013도15031 판결[교통사고처리특례법위반 · 도로교통법위반(음주운전) · 도로교통법위반(무면허운전)])<20경위 · 22.2채용>
행정 처분	① 연습운전면허를 받은 사람에 대하여는 **벌점을 관리하지 아니**한다.[♣단순히 물적 피해만 발생한 경우에는 벌점을 부과한다.(×)](규칙 제91조 제3항)<19승진> ※ 따라서 **면허정지처분은 해당이 없다.** ② 시 · 도경찰청장은 연습운전면허를 발급받은 사람이 운전 중 **고의 또는 과실로 교통사고**를 일으키거나 이 법이나 이 법에 따른 **명령 또는 처분을 위반**한 경우에는 **연습운전면허를 취소하여야** 한다.(제93조 제3항)<17.1채용> ♣ 시 · 도경찰청장은 연습운전면허를 교부받은 사람이 운전 중 고의 또는 과실로 교통사고를 일으킨 경우 면허를 취소하지 않는다.(×)

행정 처분	③ **연습운전면허 취소의 예외사유 :** 다만, 본인에게 귀책사유(歸責事由)가 없는 경우 등 대통령령으로 정하는 아래 경우에는 **그러하지 아니**하다.[♣면허를 취소한다.(×)](제93조 제3항 단서, 시행령 제59조)<07승진 · 08 · 10.2 · 17.1채용> **예외** 교통사고의 경우에도 본인에게 **귀책사유가 없는 경우 등 아래의 경우**에는 취소를 하지 않는다.[♣경상인 인피사고(×)](법 제93조 제3항, 시행령 제59조)<07승진 · 08 · 17.1채용> ♣ 인적피해가 발생하였으나 경상인 교통사고의 경우 연습운전면허 취소 예외사유이다.(×) ㉠ 도로교통공단에서 **도로주행시험을 담당**하는 사람, **자동차운전학원의 강사, 전문학원의 강사** 또는 **기능검정원의 지시에 따라 운전**하던 중 교통사고를 일으킨 경우(시행령 제59조 제1호)<10.2 · 17.1채용> ㉡ **도로가 아닌 곳**에서 교통사고를 일으킨 경우(시행령 제59조 제2호)<17.1채용> ㉢ 교통사고를 일으켰으나 **물적 피해만** 발생한 경우[♣물피사고 시 벌점부과(×)](시행령 제59조 제3호)<09 · 10.2 · 17.1채용> ♣ 연습운전면허로 교통사고를 일으켰더라도 단순히 물적 피해만 발생한 경우에는 벌점을 부과한다.(×)

3. 국제운전면허증 또는 상호인정 외국면허증<03 · 05 · 10 · 16승진 · 03 · 09채용 · 13경위>

(1) 외국발급 국제운전면허증 또는 상호인정외국면허증(법 제96조 이하 (국내에서 운전))

의의	① '**도로교통에 관한 국제협약**' 등에 의거 **가입국 간에 통용**된다.[♣모든 국가에서 통용(×)](도로교통법 제96조 제1항)<03 · 05 · 10 · 16승진 · 18경위> ♣ 국제운전면허는 모든 국가에서 통용된다.(×) ② 외국에서 발행한 **국제운전면허증 또는 상호인정외국면허증**은 **입국한 날부터 1년간 유효**하다.[♣2년 동안만(×)♣발급한 날부터(×)](도로교통법 제96조 제1항)<03 · 05 · 10 · 16 · 19 · 20승진 · 18경위> ※ 이 경우 운전할 수 있는 자동차의 종류는 그 국제운전면허증 또는 상호인정외국면허증에 **기재된 것으로 한정**한다.(도로교통법 제96조 제1항) ※ **중국은 동 협약 가입국이 아님.** ⇨ 중국에서 발급받은 국제운전면허로 **우리나라에서 운전 불가능**(제96조 제1항 제1호, 제2호의 협약) ♣ 중국에서 국제운전면허증을 발급받은 사람은 우리나라에 입국한 날로부터 1년간 운전할 수 있다.(×) ③ 국제운전면허증 소지자에 대해 **신분이 확실한 경우 통고처분할 수 있다.** **판례** [국제운전면허증 발급, 사증없이 입국심사받지 않고 입국 ⇨ 무면허 운전] 외국인인 피고인이 운전면허 없이 도로에서 자동차를 운전하였다고 하여 도로교통법 위반(무면허운전)으로 기소되었는데, 피고인은 법무부장관이 발급한 **사증 없이 입국심사를 받지 않고 국내에 입국한 후 1년 이내에 자동차를 운전**하였고, 운전을 하기 전에 외국에서 **국제운전면허증을 발급받은 사안**에서, 피고인이 출입국관리법에 따른 정상적인 입국심사절차를 거치지 아니하고 **불법으로 입국**한 이상 도로교통법 제96조 제1항이 예외적으로 허용하는 **국제운전면허증에 의한 운전에 해당하지 않는다.**(대법원 2017도9230 판결 [도로교통법위반(무면허운전)])

대상	**국제운전면허증** 또는 **상호인정외국면허증**으로 운전하는 사람은 「여객자동차 운수사업법」 또는 「화물자동차 운수사업법」에 따른 **사업용 자동차를 운전할 수 없다.**[♣운전할 수 있다.(×)](제96조 제2항 본문)<10승진 · 18경위> ※ 다만, 「여객자동차 운수사업법」에 따른 **대여사업용 자동차**를 임차하여 운전하는 경우에는 **그러하지 아니**하다.[♣대여사업용 자동차 운전불가(×)](제96조 제2항 단서)<19승진 · 18경위 · 09채용>
운전금지	① **국제운전면허증 또는 상호인정외국면허증 미소지 운전 사고 – 무면허 운전 사고**로 처벌된다.(도로교통에 관한 협약 / 교통사고처리특례법 제3조 제2항 제7호)<10승진> – 제네바 협약인 '도로교통에 관한 국제협약'에서 무면허로 규정 ② 국제운전면허 또는 상호인정외국면허는 **취소 · 정지할 수 없다.**[♣음주운전 시 취소 · 정지 가능(×)]<99 · 01승진> ③ 국제운전면허증 또는 상호인정외국면허증 소지자가 운전금지 사유에 해당하는 경우에는 그 사람의 주소지를 관할하는 시 · 도경찰청장(경찰서장에게 위임-시행령 제86조 제3항 제5호)은 **1년을 넘지 아니하는 범위 내**에서 국제운전면허증 또는 상호인정외국면허증에 의한 **자동차등의 운전을 금지할 수** 있다.(제97조 제1항) ④ **사유**(제97조 제1항) ㉠ 적성검사를 받지 아니하였거나 적성검사에 불합격된 경우<01승진> ㉡ 운전 중 고의 또는 과실로 교통사고를 일으킨 경우 ㉢ 대한민국 국적을 가진 사람이 운전면허가 취소되거나 효력이 정지된 후 운전면허 재발급 제한기간(제82조 제2항)이 지나지 아니한 경우 ㉣ 자동차등의 운전에 관하여 도로교통법 및 법에 의한 명령 또는 처분을 위반한 경우 ※ 운전이 금지된 국제운전면허증 또는 상호인정외국면허증 소지자는 운전을 금지한 시 · 도경찰청장에게 국제운전면허증 또는 상호인정외국면허증을 제출하여야 하며 출국하는 경우 반환청구가 있는 때 지체 없이 돌려주어야 한다.(제97조 제2항 제3항)

(2) **국내발급 국제운전면허증**(법 제98조(외국에서 운전))

의의	국내에서 운전면허를 받은 사람이 국외에서 운전을 하기 위하여 국제운전면허증을 발급받고자 하는 때에는 시 · 도경찰청장에게 신청하여야 한다.(제98조 제1항)
발급권자	① **국제운전면허의 신청접수 및 교부(발급)권자 – 시 · 도경찰청장**[♣경찰서장에게 신청하여야(×)](도로교통법 제98조 제1항)<01승진 · 13경위> ※ 신청 및 교부는 도로교통공단에서 대행하게 할 수 있다.[시행령 제86조⑤] ② **국제운전면허증의 유효기간** – 교부받은 날부터 **1년**[♣발급한 날부터 3년으로 한다.(×)](제98조 제2항)<96 · 99승진 · 13경위>
요건	① 국제운전면허증은 **국내운전면허를 근거로 발급**한다. ※ 시 · 도경찰청장은 제98조에 따라 국제운전면허증을 발급받으려는 사람이 납부하지 아니한 범칙금 또는 과태료(이 법 위반)가 있는 경우 국제운전면허증의 발급을 거부할 수 있다. 다만, 범칙금 납부기간 또는 과태료로서 납부기간 중에 있는 경우에는 일정한 예외가 있다.(법 제98조의2)

요건	② 국제면허를 교부받은 사람의 국제운전면허증은 이를 발급받은 사람의 국내운전면허의 효력이 없어지거나 취소된 때에는 그 효력을 잃는다.(제98조 제3항)<13 · 18경위> ※ **국내면허의 효력이 정지된 때**에는 그 정지 기간 중 **국제운전면허도 효력이 정지**된다.(제98조 제4항)<13 · 18경위> ③ 국내운전면허로 **원동기장치자전거 및 연습운전면허**를 받은 사람은 국제운전면허증의 발급 대상자에서 **제외**된다.<02승진 · 03채용>

II. 운전면허 결격사유 – 도로교통법 제82조 제1항<11 · 12.2 · 3 · 17.2채용>

(1) **18세 미만**(원동기장치자전거의 경우에는 **16세 미만**)인 사람은 운전면허를 받을 수 없다.[♣18세 이하(×)] (제82조 제1항 제1호)<20경위 · 12.2 · 3 · 17.2채용>

※ **제1종 대형면허 또는 제1종 특수면허**를 받고자 하는 경우 ➜ **19세 미만**이거나 자동차(이륜자동차를 제외)의 **운전경험이 1년 미만**인 사람은 운전면허를 받을 수 없다.(제82조 제1항 제6호)<11.2 · 12.3 · 17.2채용>

(2) 교통상의 위험과 장해를 일으킬 수 있는 **정신질환자 또는 뇌전증 환자로**서 대통령령으로 정하는 사람은 운전면허를 받을 수 없다.(제82조 제1항 제2호)<12.3 · 17.2채용>

(3) **듣지 못하는 사람**(**제1종 운전면허 중 대형면허 · 특수면허만** 해당한다), 앞을 **보지 못하는 사람**(**한쪽 눈만 보지 못하는 사람의 경우에는 제1종 운전면허 중 대형면허 · 특수면허만** 해당한다)이나 그 밖에 대통령령으로 정하는 신체장애인은 운전면허를 받을 수 없다.(제82조 제1항 제3호)<04 · 12.3 · 17.2채용>

(4) 양팔의 팔꿈치 관절 이상을 잃은 사람이나 양팔을 전혀 쓸 수 없는 사람 ⇨ 다만, 본인의 신체장애정도에 적합하게 제작된 자동차를 이용하여 정상적인 운전을 할 수 있는 경우에는 그러하지 아니하다.(제82조 제1항 제4호)

(5) 교통상의 위험과 장해를 일으킬 수 있는 **마약 · 대마 · 향정신성의약품 또는 알코올중독자**로서 대통령령이 정하는 사람(제82조 제1항 제5호)

(6) 대한민국의 국적을 가지지 아니한 사람 중 「출입국관리법」 제31조에 따라 **외국인등록을 하지 아니한 사람**(외국인등록이 면제된 사람은 제외)이나 「재외동포의 출입국과 법적 지위에 관한 법률」 제6조 제1항에 따라 **국내 거소신고를 하지 아니한 사람**(제82조 제1항 제7호)

참고 확인 학습

① 아자(벙어리) 및 한쪽 팔이 없는 사람 ⇨ 면허결격 사유에 해당하지 않는다.<05승진>

② 농자(귀머거리)의 경우 ⇨ **제1종 대형 · 특수 면허를 제외**하고는 발급이 가능하다.<04승진>

Ⅲ. 운전면허 발급제한 기간(결격) – 법 제82조 제2항<08 · 09 · 13승진 · 08 · 14경위....09 · 12 · 13 · 14.2 · 19.1채용>

☞ 예외 : 벌금 미만의 형, 선고유예, 기소유예, 소년법상 보호처분이 확정된 경우 즉시 응시가능

즉시 응시	(정기 · 수시)**적성검사**를 받지 아니하거나, 적성검사에 불합격하여 운전면허가 취소된 사람[♣1년 제한(×)](제82조 제2항 제7호)<19경위 · 14.2채용>
기간 중	① 운전면허 정지처분을 받고 있는 경우 **운전면허 정지처분 기간 중** 새로운 면허증 발급은 제한된다.(제82조 제2항 제8호) ② **국제운전면허증 또는 상호인정외국면허증**으로 운전하는 운전자가 **운전금지 처분을 받은 경우에는 그 금지기간**(제82조 제2항 제9호) ③ **음주운전 방지장치를 부착하는 기간**(조건부 운전면허의 경우는 제외)(제82조 제2항 제10호) – 25. 10. 25 시행
6월	**1년의 운전면허 발급제한사유** 등의 사유로 면허가 취소되어 **원동기장치자전거 면허를 취득하고자** 하는 경우(**무면허**운전 또는 운전면허**발급제한기간** 중 국제운전면허증으로 운전하면서 공동위험행위(제46조)를 한 경우 원동기장치자전거 면허도 위반한 날로부터 1년)[♣즉시 취득가능(×)](제82조 제2항 제7호)<01 · 03승진> [☻일원유]
1년	**2~5년의 제한사유 이외의 사유**로 면허가 취소된 경우(제82조 제2항 제7호)[☻음무사벌] 예 음주운전으로 운전면허가 취소된 때<09채용>, **무면허** 운전 또는 운전면허 **발급제한기간** 중 국제운전면허증으로 운전, 교통**사고**로 인하여 운전면허가 취소된 때(도주는 제외), **벌**점초과, 면허를 가지고 행안부령으로 정한 범죄행위에 차를 이용한 경우 등<08승진>
2년	① **무면허운전금지**(운전면허정지 기간 중 운전은 취소된 날부터) 또는 운전면허**발급제한기간** 중에 **국제운전면허증으로** (자동차등) **운전금지**를 **3회 이상** 위반하여 자동차 등을 운전한 경우(위반한 날부터 2년)[♣위반한 날부터 3년(×)](제82조 제2항 제2호)<04 · 20승진 · 12.1채용> ② **음주운전금지, 음주측정거부금지, 음주측정방해금지**(**무면허** 운전금지, 발급제한 기간 국제운전면허증 운전금지를 **함께 위반**한 경우 **포함**)를 **2회 이상** 위반한 경우(취소된 날부터, 무면허는 위반한 날부터)(제82조 제2항 제6호, 가)<13승진 · 13 · 14 · 17경위 · 09 · 12 · 13.1 · 14.2 · 19.1채용> * 음주측정방해금지 25. 6. 4시행 ③ **음주운전금지, 음주측정거부금지, 음주측정방해금지**(**무면허** 운전금지, 발급제한 기간 국제운전면허증 운전금지를 **함께 위반**한 경우 **포함**)를 위반하여 운전하다가 **교통사고**를 일으킨 경우[♣3년 제한(×)](취소된 날부터, 무면허는 위반한 날부터)(제82조 제2항 제6호, 나) * 음주측정방해금지 25. 6. 4시행 ④ **공동위험행위금지**(**무면허** 및 발급제한 기간 중 국제운전면허증으로 운전금지를 **함께 위반**한 경우 **포함**)를 **2회 이상** 위반한 경우(취소된 날부터, 무면허는 위반한 날부터)(제82조 제2항 제6호, 다)<17 · 19경위 · 13.1채용> ⑤ 다른 사람의 자동차등을 **훔치거나 빼앗은** 사유로 면허가 취소된 경우(취소된 날부터)(제93조 제1항 제12호)(제82조 제2항 제6호, 라)<12.1채용 · 13경위> ※ 다른 사람의 자동차 등을 빼앗아 이를 운전한 경우 면허가 취소되나, **훔친 경우**에는 **정지처분**(벌점 100점)을 부과한다. 단 과거 동일한 전력(빼앗거나 훔쳐 정지나 취소 처분을 받은 경우)이 있는 경우에는 취소처분을 부과한다.(제93조 제1항, 시행규칙 별표28) ⑥ 다른 사람이 부정하게 운전면허를 받도록 하기 위하여 운전면허시험에 **대신** 응시한 사유로 **면허가 취소**된 경우(취소된 날부터)(제93조 제1항 제13호)(제82조 제2항 제6호, 라)<13 · 14 · 19 · 20경위 · 13승진>

2년	⑦ **면허발급제한기간 중**(제82조)으로 운전면허를 받을 수 없는 사람이 운전면허를 받거나, **거짓**이나 **그 밖의 부정한 수단**으로 운전면허를 받은 경우 또는 **운전면허효력의 정지기간 중** 운전면허증 또는 운전면허증을 갈음하는 증명서를 발급받은 사실이 드러난 사유로 면허가 취소된 경우(취소된 날부터)(제93조 제1항 제8호)(제82조 제2항 제6호, 라)<17·20경위·11·13승진·14.2채용> [☻3무2음, 음사, 공2 훔친 대부]
3년	① **2회 이상 음주운전금지**(제44조 제1항), **음주측정거부금지**(제44조 제2항) 및 **음주측정방해금지**(제44조 제5항)(**무면허** 운전금지, 발급제한 기간 국제운전면허증 운전금지를 **함께 위반**한 경우 **포함**)를 위반 + **교통사고** ➠ 음주운전(측정거부, 측정방해포함)을 하다가 **2회 이상** 교통사고를 일으킨 경우(취소된 날부터, 무면허의 경우 위반한 날부터)[♣2년간 발급제한(×)](제82조 제2항 제5호)<05·08승진·14경위·05·12.1·2채용> ＊ 음주측정방해금지 25. 6. 4시행 ② **범죄(훔치거나 빼앗은 사람 포함한 모든 범죄) + 무면허운전** – 자동차등을 이용하여 범죄행위[♣행안부령에 정한 범죄만(×)]를 하거나 다른 사람의 자동차등을 훔치거나 빼앗은 사람이 무면허운전을 한 경우(위반한 날부터)[♣2년 발급제한 사유(×)](제82조 제2항 제5호)<01·13승진·14·17·19경위·09채용>
4년	**음주운전, 과로(질병·약물)**운전, **무면허운전, 공동위험행위 이외의 사유**로 사람을 사상한 후 구호조치 및 신고를 하지 않은 경우(벌금형 이상 선고, 취소된 날부터 4년)(제82조 제2항 제4호)<13.1·14.2채용>
5년	① **음주**운전(**음주측정거부, 음주측정방해행위 포함**), **과로(질병·약물)**운전, **무면허**운전(**운전면허정지 기간 중 운전 포함**) 또는 운전면허발급제한기간 중에 국제운전면허증으로 운전·**공동위험행위** 중에 사람을 사상한 후 필요한 조치 및 신고를 하지 아니한 경우(벌금형 이상 선고, 위반한 날 또는 취소된 날부터 5년)[♣혈중알콜농도 0.36% 상태에서 사망사고(×) → 1년 제한](제82조 제2항 3호 가)<13·14·17·19경위·03·04승진·02·12.2·13.1채용> [☻주로병약무공] ② **음주운전금지**(제44조 제1항), **음주측정거부금지**(제44조 제2항) 및 **음주측정방해금지**(제44조 제5항)(**무면허** 운전금지, 발급제한 기간 국제운전면허증 운전금지를 **함께 위반**한 경우 **포함**)를 위반하였고, 운전을 하다가 사람을 **사망**에 이르게 한 경우[♣1년 면허발급 제한(×)](제82조 제2항 3호 나)

Ⅳ. **효력발생 시기** – 도로교통법 제85조 제3항

규정	운전면허의 효력은 **본인 또는 대리인이** 제2항에 따른 **운전면허증을 발급받은 때부터** 발생한다.(도로교통법 제85조 제3항)
유권해석	해석 : (교부받지 아니하더라도) 면허증 **발급일을 기준**으로 그 면허가 유효하게 된다.<03·04승진·01·03채용>
판례	운전면허증에 **기재된 교부일자를 기준**으로 한다.(유권해석이 사실상 판례와 동일하게 변경)

판례 1) 운전면허의 효력은 시·도경찰청장으로부터 운전면허증을 현실적으로 교부받아야만 발생하는 것은 아니고, 운전면허증이 **작성권자인 시·도경찰청장에 의하여 작성되어 운전면허신청인이 이를 교부받을 수 있는 상태가 되면 운전면허의 효력이 발생**한다고 보아야 하며, 운전면허신청인이 운전면허증을 교부받을 수 있는 상태가 되었는지의 여부는 특별한 사정이 없는 한 운전면허증에 **기재된 교부일자를 기준으로 결정함이 상당**하다.

판례 2) 운전면허신청인이 벌점의 초과로 운전면허의 효력을 정지당할 지위에 있다든가 운전면허의 효력의 정지처분기간 중이어서 운전면허를 **취득할 자격이 없는데도 운전면허를 신청하여 이를 취득**하였다고 하더라도 이는 새로운 운전면허처분의 단순한 취소 내지 정지상에 불과할 뿐이어서 그 운전면허가 **당연히 무효라고는 할 수 없으므로**, 시·도경찰청장이 그 새로운 운전면허의 효력을 정지 또는 취소할 때까지는 여전히 효력을 발생한다.

☞ **무면허운전 유형**

판례 1) 도로교통법 제78조 제3항의 '소재불명'이라 함은 그 처분의 대상자가 주소지에 거주하고 있으면서 일시 외출 등으로 주소지를 비운 경우를 말하는 것이 아니고, 같은 법 시행규칙 제53조의2 제1항 소정의 '운전면허정지·취소 사전통지서'의 송달에서와 같이 '대상자의 주소 등을 통상적인 방법으로 확인할 수 없거나 발송이 불가능한 경우'를 말하는 것.......피고인이 운전면허대장기재 **주소지에 거주하지 아니하면서도 주민등록은 같은 주소지로 되어 있는 경우**, 피고인에 대한 통지에 갈음하여 행해진 면허관청의 **운전면허정지처분의 공고가 적법하므로, 그 정지기간 중의 자동차 운전행위는 무면허운전에 해당**한다.[2004도8508 판결]

판례 2) 무면허운전으로 인한 도로교통법위반죄에 있어 어느 날 운전을 시작하여 다음날까지 계속한 경우 등 특별한 경우를 제외하고 사회통념상 운전한 날을 기준으로 **운전한 날마다 1개의 운전행위가 있다고 보는 것이 상당**하므로[♣1개의 운전행위로 보는 것이 상당하지 않다.(×)] **운전한 날마다 도로교통법위반의 1죄가 성립**한다고 보아야 할 것이고, 비록 계속적으로 무면허운전을 할 의사를 가지고 여러 날에 걸쳐 무면허 운전행위를 반복하였다 하더라도 포괄하여 일죄로 볼 수는 없다.(대법원 2002. 7. 23. 2001도6281)<15.3채용>

판례 3) 면허증에 그 유효기간과 적성검사를 받지 아니하면 면허가 취소된다는 사실이 기재되어 있고, **이미 적성검사 미필로 면허가 취소된 전력이 있는데**도 면허증에 기재된 유효기간이 5년 이상 지나도록 적성검사를 받지 아니한 채 자동차를 운전하였다면 **비록 적성검사 미필로 인한 운전면허 취소사실이 통지되지 아니하고 공고되었다 하더라도 면허취소사실을 알고 있었다고 보아야** 하므로 **무면허운전죄가 성립**한다.[2002도4203 판결]

판례 4) **특정범죄 가중처벌 등에 관한 법률 위반(도주차량)으로 운전면허취소처분**을 받은 자가 자동차를 운전하였다고 하더라도 그 후 피의사실에 대하여 **무혐의 처분을 받고** 이를 근거로 행정청이 운전면허 **취소처분을 철회**하였다면, 위 운전행위는 **무면허운전에 해당하지 않는다.**[♣무면허운전에 해당한다.(×)][2007도9220, 2012도8374판결]

판례 5) **제2종 운전면허를 소지한 정비공**이 수리를 위하여 **영업용 택시를 운전하다가** 사고를 낸 경우 **무면허 운전에 해당하지 않는다.**[광주지법 94고단2785]

Ⅱ 운전면허 행정처분

Ⅰ. 테마 158 면허행정처분 개요

1. 의의

(1) **면허행정처분 :** 교통에 부적합한 위반자에 대하여 벌점을 부여하고, 부여된 벌점에 따라 **면허취소나 정지 등** 제재(행정처분)를 통해 교통상의 위험을 예방하기 위한 제도이다.

※ 교통사고 책임은 **행정책임(면허정지 · 취소, 벌점 등)**, 형사책임(벌금부과 등), 민사책임(손해배상)으로 구성된다.

① 교통위반자에 대하여 교통에의 관여를 금지하거나 억제함으로써 교통상의 위험을 예방하기 위한 수단의 하나로서 교통법규 위반자에 대한 면허행정처분 제도가 있다.

② 운전면허 행정처분에 대해서는 **형법상 공소시효 등이 적용되지 않으므로** 행정처분사유가 객관적으로 증명될 경우 행정처분할 수 있다.<13승진>

용어 처분관련 용어

용어	내용
벌점	행정처분의 기초자료로 활용하기 위하여 법규 위반 또는 사고야기에 대하여 그 위반의 경중, 피해자의 정도 등에 따라 배점되는 점수를 의미한다.
누산점수	매 위반 · 사고시의 벌점을 누적하여 합산한 점수에서 상계치(무위반 · 무사고기간 경과 시에 부여되는 점수 등)를 뺀 점수를 의미한다.(범칙금 미납 벌점은 누산점수에 산입하지 않으나 범칙금 미납 벌점을 받은 날을 기준으로 과거 3년간 2회 이상 범칙금을 납부하지 아니하여 벌점을 받은 사실이 있는 경우에는 누산점수에 산입한다.) ※ **누산점수 = 매 위반 · 사고 시 벌점의 누적 합산치 − 상계치**(시행규칙 별표28)
처분벌점	구체적인 법규위반 · 사고야기에 대하여 앞으로 정지처분 기준을 적용하는데 필요한 벌점으로서, 누산점수에서 이미 정지처분이 집행된 벌점의 합계치를 뺀 점수를 의미함. ※ **처분벌점 = 누산점수 − 이미 처분이 집행된 벌점의 합계치**(시행규칙 별표28)<04승진>

2. 처분기준

구분	내용
면허취소	1회의 위반 · 사고로 인한 벌점 또는 연간 **누산점수**가 **1년(121점 이상), 2년(201점 이상), 3년(271점 이상)**에 도달한 때에는 그 운전면허를 **취소**한다.[♣면허정지(×)](시행규칙 별표28다)<10승진 · 07채용>
면허정지	1회의 위반 · 사고로 인한 **벌점** 또는 **처분벌점**이 **40점 이상**이 된 때부터 결정하여 집행하되, 원칙적으로 **1점을 면허정지 1일로 계산**하여 집행한다.[♣누산점수 1점을 1일로(×)](시행규칙 별표28)<01승진 · 01 · 02 · 07채용>

3. (음주운전으로 인한 면허취소 · 정지)**처분 감경사유**(시행규칙 별표28)<20승진 · 18.3채용>

구분		내용
음주 감경 사유		**음주운전으로 운전면허 취소처분 또는 정지처분을 받은 경우**에, ① 운전이 가족의 **생계를 유지할 중요한 수단**이 되는 경우 ② 모범운전자로서 처분당시 **3년 이상 교통봉사활동에 종사**하고 있는 경우[♣2년 이상(×)](규칙 별표28)<18.3채용> ③ 교통사고를 일으키고 **도주한 운전자를 검거**하여 **경찰서장 이상의 표창**을 받은 경우
감경 제외 사유	음주	① 혈중알콜농도가 **0.1퍼센트를 초과**하여 운전한 경우[♣0.15퍼센트 이상(×)](규칙 별표28, 처분의 감경)<20승진 · 18.3채용> ② 음주운전 중 **인적피해 교통사고**를 일으킨 경우[♣물적 피해 교통사고(×)]<20승진> ♣ 음주운전으로 물적 피해 교통사고를 일으킨 경우는 면허취소 · 정지처분 감경 제외 사유에 해당한다.(×) ③ 경찰관의 음주측정요구에 **불응**하거나 **도주**한 때 또는 **단속경찰관을 폭행**한 경우 ④ 과거 **5년 이내**에 **3회 이상의 인적피해 교통사고의 전력**이 있는 경우[♣과거 3년 이내에(×)](규칙 별표28, 처분의 감경)<20승진 · 18.3채용> ⑤ 과거 **5년 이내**에 **음주운전의 전력**이 있는 경우[♣3년 이내(×)](규칙 별표28)<20승진 · 18.3채용> [♣무사고 · 무위반 서약을 1년간 실천한 운전자(×)]
	벌점 초과	① 과거 5년 이내에 운전면허 취소처분을 받은 전력이 있는 경우 ② 과거 5년 이내에 3회 이상 인적피해 교통사고를 일으킨 전력이 있는 경우 ③ 과거 5년 이내에 3회 이상 운전면허 정지처분을 받은 전력이 있는 경우 ④ 과거 5년 이내에 운전면허 행정처분 이의심의위원회의 심의를 거치거나 행정심판 또는 행정소송을 통하여 행정처분이 감경된 경우
	기타	그 밖에 정기 적성검사에 대한 연기신청을 할 수 없었던 불가피한 사유가 있는 등으로 취소처분 개별기준 및 정지처분 개별기준을 적용하는 것이 현저히 불합리하다고 인정되는 경우
감경		① 취소처분 ⇨ 벌점 110으로 감경 ② 정지처분 ⇨ 벌점 1/2로 감경

4. 벌점 관리

(1) **누산점수의 관리 :** 당해 위반 또는 사고가 있었던 날을 기준으로 하여 과거 3년간의 모든 벌점을 누산하여 관리한다.

(2) **무사고 · 무위반 기간 경과로 인한 벌점소멸 :** 처분벌점이 40점 미만인 경우에, 최종의 위반일 또는 사고일로부터 위반 및 사고 없이 1년이 경과한 때에는 소멸하게 된다.

(3) **벌점 공제**(별표28)

① **도주차량 신고에 따른 벌점 공제 :** 교통사고(인적 피해사고) 야기도주차량을 검거하거나 신고하여 검거하게 한 운전자(교통사고의 피해자가 아닌 경우에 한함)에 대하여는 **40점의 특혜점수**를 부여하여 **기간에 관계없이** 그 운전자가 정지 또는 취소처분을 받게 될 경우, 검거 또는 신고별로 각1회에 한하여 누산점수에서 이를 공제한다.<02승진>

② **착한 마일리지 공제**<15승진>

> 경찰청장이 정하여 고시하는바에 따라 자발적 실천유도로 교통사고·법규 위반을 운전자 스스로 줄이게 하는 제도
>
> ① **무위반·무사고 서약**을 하여야 한다.<15승진>
>
> ② **1년간** 무위반·무사고 **서약을 실천**하여야 한다.<15승진>
>
> ③ **1년을 기준**으로 **10점의 특혜점수를 부여**한다.<15승진>
>
> ④ **10점의 특혜점수**는 **기간에 관계없이** 운전자가 정지처분을 받게 될 경우 **누산점수에서 공제**하며 이 점수는 10점 단위로 공제된다.[♣10점의 특혜점수는 1년 이내 사용하지 않으면 소멸(×)]<15승진>

⑷ **개별기준 적용에 있어서의 벌점합산(교통사고 야기 시) :** 아래의 각 벌점을 모두 합산한다.

① 법규위반 시의 벌점 ⇨ 원인된 법규위반이 둘 이상인 경우에는 가장 중한 것 하나만 적용

② 사고결과에 따른 벌점(인피개별기준) / ③ 사고 시 조치 등 불이행에 따른 벌점

5. 불복

이의신청 (임의적)	운전면허의 취소 또는 정지의 처분에 대하여 이의가 있는 사람은 그 처분을 받은 날부터 **60일 이내**에 시·도경찰청장에게 이의를 신청할 수 있다.
행정심판 (필요적)	이의를 신청한 사람은 그 이의신청과 관계없이 행정심판을 청구할 수 있으며. 이 경우 이의를 신청하여 그 결과를 통보받은 사람은 통보받은 날부터 **90일 이내**에 행정심판을 청구할 수 있다.(도교법 제142조)

Ⅱ. 운전면허의 취소·정지처분

1. 취소·정지 사유구분(조건부 면허 포함, 연습면허 제외)(도로교통법 제93조 제1항)<02승진·01·22.2채용>

임의적 취소 또는 정지사유 (할 수 – 원칙)	필요적(필수적) 취소사유 (하여야 – 예외)
① **난폭**운전 금지위반(5의2호) ② **약물**로 인하여 정상적으로 운전하지 못할 우려가 있는 상태에서 자동차등, 차마 또는 노면전차를 운전한 때(4호) ③ **술**에 취한 상태에서 자동차등을 운전한 경우(1호) ④ **공동**위험행위를 한 때(형사입건)(5호)	① 정신병·불구 등의 **운전면허 결격사유**에 해당할 때(7호) ② 운전면허를 받을 수 없는 사람이 운전면허를 받거나 운전면허효력의 정지기간 중 운전면허증 또는 운전면허증을 갈음하는 증명서를 발급받은 사실이 드러난 경우(8호) ③ **거짓이나 그 밖의 부정한 수단**으로 운전면허를 받은 경우(8의2호) – 운전자가 거짓이나 그 밖의 부정한 수단으로 받은 그 운전면허로 한정 ④ 적성검사를 받지 아니하거나 그 **적성검사**에 불합격된 때(정기적성검사기간 경과는 제외)(9호)

⑤ 교통사고로 사람을 사상한 후 필요한 **조치** 또는 신고를 하지 아니한 때(6호)

⑥ 적재인원, 적재중량, 적재용량 위반 및 덮개 등 고정**조치** 위반(5호의2)

⑦ 운전 중 고의 또는 과실로 교통**사고**를 일으킨 때(10호)

⑧ 속도제한을 위반하여 제한최고속도보다 시속 100킬로미터를 **초과**한 속도로 **3회 이상** 자동차등을 운전한 경우(5의3호)

⑨ 운전면허를 받은 사람이 자동차등을 이용하여 살인 또는 강간 등 행정안전부령으로 정하는 일정한 **범죄**행위를 한 때(11호)

⑩ 다른 사람의 자동차등을 **훔치거나 빼앗은 때**(12호)

⑪ 운전면허시험에 **대신 응시**한 때(13호)

⑫ 운전면허증을 다른 사람에게 **빌려**주어 운전하게 하거나 다른 사람의 운전면허증을 빌려서 사용한 경우(15호)

⑬ 이 법이나 이 법에 의한 명령 또는 처분을 **위반**한 때(19호)

[☻난폭약술공동조조사 범범대빌위]

⑤ 이 법에 의한 교통단속임무를 수행하는 경찰 공무원 등 및 시·군공무원에 대하여 **폭행**한 때(형사입건)(14호)<22.2채용>

※ 도로교통법상 교통단속임무를 수행하는 경찰공무원을 폭행한 사람의 운전면허를 취소하는 것은 행정청이 재량여지가 없으므로 재량권의 일탈 남용과는 관련이 없다.<22.2채용>

⑥ 자동차관리법에 따라 **등록 또는 임시운행허가**를 받지 아니한 자동차(이륜자동차 제외)를 운전한 때(16호)

⑦ 운전면허를 받은 사람이 자신의 운전면허를 실효(失效)시킬 목적으로 시·도경찰청장에게 **자진**하여 운전면허를 **반납**하는 경우. 다만, 실효시키려는 운전면허가 취소처분 또는 정지처분의 대상이거나 효력정지 기간 중인 경우는 제외한다.(20호)

⑧ 제1종 및 제2종 보통면허를 받기 전에 **연습운전면허의 취소사유**가 있었던 때(17호)

⑨ 음주운전금지, 측정거부금지, 음주측정방해금지를 **위반**한 사람이 **다시** 음주운전으로 운전면허 정지사유에 해당된 때(2호)
* 25. 6. 4시행

⑩ 술에 취한 상태에 있다고 인정할 만한 상당한 이유가 있음에도 불구하고 경찰공무원의 **측정에 응하지 아니**한 때(3호)

⑪ 술에 취한 상태에 있다고 인정할만한 상당한 이유가 있는 사람이 자동차등을 운전한 후 **음주측정방해행위**를 한 경우(3의2호)
* 25. 6. 4시행

⑫ 다른 법률의 규정에 의하여 관계 행정기관의 장이 운전면허의 **취소 또는 정지의 처분을 요청**한 경우(18호)

[♣공동위험행위 형사입건(×)]

⑬ 의무(제50조의3 제1항)를 위반하여 음주운전 방지장치가 설치된 자동차등을 시·도경찰청에 **등록**하지 아니하고 운전한 경우(제21호)

⑭ 의무(제50조의3 제3항)를 위반하여 음주운전 방지장치가 **설치**되지 **아니**하거나 설치기준에 **부합하지 아니**한 음주운전 방지장치가 설치된 자동차등을 **운전**한 경우

⑮ 의무(제50조의3 제4항)를 위반하여 음주운전 방지장치가 **해체·조작** 또는 그 밖의 방법으로 **효용이 떨어진 것**을 알면서 해당 장치가 설치된 자동차등을 **운전**한 경우

[☻결격 부적, 폭행 등 임시 자진 연습 다정 요청 방지]

※ **다른 사람의 자동차등을 훔치거나 빼앗은 때** ⇨ 자동차등을 훔치거나 빼앗은 후 그 자동차를 운전하면 운전면허를 취소하고, 단순히 훔치거나 빼앗기만 한 경우에는 면허취소의 대상이 아님.

(1) **처분 취소의 효력 :** 피고인이 행정청으로부터 자동차운전면허 취소처분을 받았으나 나중에 그 행정처분 자체가 행정쟁송절차에 의하여 취소되었다면, 위 **운전면허 취소처분은 그 처분시에 소급하여 효력을 잃게** 되고, 피고인은 위 운전면허 취소처분에 복종할 의무가 원래부터 없었음이 후에 확정되었다고 봄이 타당하다.

판례 한 사람이 여러 종류의 자동차운전면허를 취득하는 경우뿐 아니라 이를 취소 또는 정지함에 있어서도 서로 별개의 것으로 취급하는 것이 원칙이기는 하지만, 자동차운전면허는 그 성질이 대인적 면허일 뿐만 아니라 도로교통법시행규칙 제26조 [별표14]에 의하면, 제1종 보통면허 소지자는 승용자동차만이 아니라 원동기장치자전거까지 운전할 수 있도록 규정하고 있어 제1종 보통면허의 취소에는 원동기장치자전거의 운전까지 금지하는 취지가 포함된 것이어서 이들 차량의 운전면허는 서로 관련된 것이라고 할 것이므로, **제1종 보통면허로 운전할 수 있는 차량을 운전면허 정지기간 중에 운전한 경우에는 이와 관련된 원동기장치자전거면허까지 취소할 수 있다.**[♣취소할 수 없다.(×)](대법원 97누2313)
⇨ 도로교통법 제93조 제1항에 법제화

2. 취소처분 개별기준(제93조 제1항 본문 - **취소할 수** 있는 사유[♣취소하여야(×)])<08승진> 시행규칙 별표28 - (도교법시행규칙 제91조 제1항 관련)<19경위>

1. 교통사고를 일으키고 구호조치를 하지 아니한 때	제93조	**교통사고로 사람을 죽게 하거나 다치게 하고, 구호조치를 하지 아니**한 때
2. 술에 취한 상태에서 운전한 때	제93조 <05승진>	(1) 술에 취한 상태의 기준(혈중알콜농도 0.03% 이상)을 넘어서 운전을 하다가 교통사고로 사람을 죽게 하거나 다치게 한 때[♣취소할 수 있다.(○), ♣취소한다.(×)]<19경위> (2) 혈중알콩농도 0.08퍼센트 이상의 상태에서 운전한 때 (3) 술에 취한 상태의 기준을 넘어 운전하거나 술에 취한 상태의 측정에 불응한 사람이 다시 술에 취한 상태(혈중알콜농도 0.03% 이상)에서 운전한 때
3. 술에 취한 상태의 측정에 불응한 경우	제93조	술에 취한 상태에서 운전하거나 술에 취한 상태에서 운전하였다고 인정할 만한 상당한 이유가 있음에도 불구하고 경찰공무원의 측정 요구에 불응한 때
3의2. 음주측정방해행위를 한 경우	제93조	술에 취한 상태에 있다고 인정할만한 상당한 이유가 있는 사람이 자동차등을 운전한 후 음주측정방해행위를 한 경우 * 25. 6. 4시행
4. 다른 사람에게 운전면허증 대여(도난·분실 제외)	제93조	(1) 면허증 소지자가 다른 사람에게 면허증을 대여하여 운전하게 한 때 (2) 면허취득자가 다른 사람의 면허증을 대여 받거나 그 밖에 부정한 방법으로 입수한 면허증으로 운전한 때
5. 결격사유에 해당하는 경우	제93조	(1) 교통상의 위험과 장해를 일으킬 수 있는 일정한 정신질환자 또는 뇌전증환자(영 제42조 제1항에 해당하는 사람) (2) 앞을 보지 못하는 사람(한 쪽 눈만 보지 못하는 사람의 경우에는 제1종 운전면허 중 대형면허·특수면허로 한정한다.) (3) 듣지 못하는 사람(제1종 운전면허 중 대형면허·특수면허로 한정한다.)<05승진> (4) 양팔의 팔꿈치관절 이상을 잃은 사람 또는 양팔을 전혀 쓸 수 없는 사람. 다만, 본인의 신체장애 정도에 적합하게 제작된 자동차를 이용하여 정상적으로 운전할 수 있는 경우는 제외한다.

5. 결격사유에 해당하는 경우	제93조	(5) 다리 · 머리 · 척추 그 밖의 신체장애로 인하여 앉아 있을 수 없는 사람 (6) 교통상의 위험과 장해를 일으킬 수 있는 일정한 마약 · 대마 · 향정신성의약품 또는 알콜중독자(도교법 시행령 제42조 제3항에 해당)
6. 약물을 사용한 상태에서 자동차등 또는 노면전차를 운전한 때	제93조	약물(마약 · 대마 · 향정신성의약품 및 유해화학물질관리법 시행령 제26조에 따른 환각물질)의 투약 · 흡연 · 섭취 · 주사 등으로 정상적인 운전을 하지 못할 염려가 있는 상태에서 자동차등을 운전한 때(3년 이하의 징역이나 1천만원 이하의 벌금)<13경위>
6의2. 공동위험행위	제93조	(도교법 제46조 제1항을 위반하여) **공동위험행위**로 **구속**된 때
6의3. 난폭운전을 한 경우	제93조	46조의3 **난폭운전으로 구속**된 때
6의4. 속도위반	제93조	최고속도보다 시속 100킬로미터를 초과한 속도로 3회 이상 자동차등을 운전한 경우
7. 정기적성검사불합격 또는 검사기간 1년 경과	제93조	정기적성검사에 불합격하거나 적성검사기간 만료일 다음날부터 적성검사를 받지 아니하고 1년을 초과한 때
8. 수시적성검사 불합격 또는 수시적성검사기간 경과	제93조	수시적성검사에 불합격하거나 수시적성검사 기간을 초과한 때
9. 삭제		
10. 운전면허 행정처분기간 중 운전행위	제93조	운전면허 행정처분기간 중에 운전한 때
11. 허위 또는 부정한 수단으로 운전면허를 받은 경우	제93조	(1) 허위 · 부정한 수단으로 운전면허를 받은 때 (2) 법 제82조에 따른 결격사유에 해당하여 운전면허를 받을 자격이 없는 사람이 운전면허를 받은 때 (3) 운전면허 효력의 정지 기간 중에 면허증 또는 운전면허증에 갈음하는 증명서를 교부받은 사실이 드러난 때
12. 등록 · 임시운행허가를 받지 아니한 자동차를 운전한 때	제93조	자동차관리법의 규정에 의하여 등록되지 아니하거나 임시운행허가를 받지 아니한 자동차(이륜자동차를 제외)를 운전한 때 ※ 이미 자동차 등록이 된 상태에서 번호판을 분실 · 압류당하여 번호판을 부착하지 아니하고 운행한 경우는 제외됨. **※ 번호판 훼손이 구체적인 공무집행방해에 해당하는 경우** (예 꺾기 번호판) ⇨ 위계에 의한 공무집행방해죄로 처리 **단순히 고의적인 번호판 훼손** ⇨ 자동차관리법위반으로 과태료 처분으로 처리
12의2. 자동차등을 이용하여 형법상 특수상해 등을 행한 때(보복운전)	제93조	자동차등을 이용하여 형법상 특수상해, 특수폭행, 특수협박, 특수손괴를 행하여 **구속**된 때
13. 삭제		
14. 삭제		

15. 다른 사람을 위하여 운전면허시험에 응시한 때	제93조	운전면허를 가진 사람이 다른 사람을 부정하게 합격시키기 위하여 운전면허시험에 응시한 때
16. 운전자가 단속경찰공무원 등에 대한 폭행	제93조	단속하는 경찰공무원 등 및 시·군·구 공무원을 **폭행하여 형사입건**된 때
17. 연습면허 취소사유가 있었던 경우	제93조	제1종 보통 및 제2종 보통면허를 받기 이전에 연습면허의 취소사유가 있었던 때(연습면허에 대한 취소절차 진행 중 제1종 보통 및 제2종 보통면허를 받은 경우를 포함)
18. 음주운전 방지장치 부착 조건부 운전면허를 받은 운전자등이 준수사항을 위반한 경우	제93조	(1) 법 제50조의3제1항을 위반하여 음주운전 방지장치가 설치된 자동차등을 시·도경찰청에 등록하지 않고 운전한 경우 (2) 법 제50조의3제3항을 위반하여 음주운전 방지장치가 설치되지 않거나 설치기준에 부합하지 않은 음주운전 방지장치가 설치된 자동차등을 운전한 경우 (3) 법 제50조의3제4항을 위반하여 음주운전 방지장치가 해체·조작 또는 그 밖의 방법으로 효용이 떨어진 것을 알면서 해당 자동차등을 운전한 경우

PART 04

3. 정지처분 개별기준(인피) – (인적피해 교통사고 야기 시 **벌점**기준)

① 인피사고에만 벌점이 부과되고, 물피사고의 경우에는 벌점이 부과되지 않는다.
② 처분 받을 운전자 본인의 피해에 대하여는 벌점을 산정하지 아니한다.

사망1명	90	사고 발생 시로부터 72시간 내에 사망한 때[♣48시간 이내 사망한 경우 벌점 90점(×)]<12경위> ※ 사망통계 기준은 30일이다.
중상1명	15	3주 이상의 치료를 요하는 의사의 진단이 있는 사고[♣4주 이상 진단(×)]<12간>
경상1명	5	3주 미만 5일 이상의 치료를 요하는 의사진단이 있는 사고[♣3일 이상(×)]<12간>
부상1명	2	5일 미만의 치료를 요하는 의사의 진단이 있는 사고<12경위>

(1) **사고발생 원인이 불가항력이거나 피해자의 명백한 과실인 때 :** 행정처분을 하지 아니한다.<01승진>

(2) **자동차등 대 사람 교통사고의 경우 쌍방과실인 때 :** 그 벌점을 2분의 1로 감경한다.

(3) **자동차등 대 자동차등 교통사고의 경우 :** 사고원인 중, **중한 위반행위를 한 운전자만** 사고결과에 대한 행정처분을 할 수 있다.<03승진>

(4) 교통사고로 인한 벌점산정에 있어서 처분을 받을 운전자 본인의 피해에 대하여는 벌점을 산정하지 아니한다.

※ 다른 차량의 재추돌에 의해 피해가 가중된 경우 ☞ 당시 객관적인 판단기준이나 그 정황을 뒷받침할 만한 근거가 없는 한 **1차 추돌 차의 운전자에게 피해결과에 따른 벌점을 부과하여 처리**한다.

4. 정지처분 개별기준(위반) – (법규위반 시 벌점기준-시행령 별표28)<04승진 · 06채용>

100	① **술**에 취한 상태의 기준을 넘어 운전한 때(혈중알콜농도 0.03% 이상 0.08% 미만)(제44조 제1항) ② 자동차등을 이용하여 형법상 **특수상해** 등(**보복운전**)을 하여 **입건**된 때(제93조) ③ 속도위반(100km/h 초과)(제17조 제3항)
80	속도위반(80km/h 초과 100km/h 이하)(제17조 제3항)
60	속도위반(60km 초과 80km/h 이하)(제17조 제3항) ※ 범칙금 12만원, 과태료 13만원 ※ 감속 – **안개 등으로 가시거리가 100미터 이내인 경우 100분의 50 감속**(시행규칙 제19조 제2항) 예 편도 **2차로 일반국도(제한최고속도 80km)에서 가시거리 50m인 경우** ⇨ 제한 최고속도는 40km/h
40	① **공동위험행위로 형사입건**된 때(제46조 제1항) ② **안전운전 의무위반**(단체에 소속되거나 다수인에 포함되어 경찰공무원의 3회 이상의 안전운전 지시에 따르지 아니하고 타인에게 위험과 장해를 주는 속도나 방법으로 운전한 경우에 한한다.)(제48조) ③ **정차 · 주차위반에 대한 조치불응**(단체에 소속되거나 다수인에 포함되어 경찰공무원의 3회 이상의 이동명령에 따르지 아니하고 교통을 방해한 경우에 한함.)(제35조 제1항) ④ **난폭운전**으로 **형사입건**된 때(제46조의3) – 난폭운전으로 **구속 시 면허취소** ⑤ **승객의 차내 소란행위 방치 운전**(제49조 제1항 제9호) ⑥ (교통법규위반으로 통고처분을 받고) 출석기간 또는 범칙금 납부기간 만료일부터 **60일이 경과될 때까지 즉결심판을** 받지 아니한 때(제138조, 제165조)<08승진> [☻공동안주 난폭 방치 즉사] ※ 이 경우 위반당시 통고받은 범칙금액에 그 100분의 50을 더한 금액을 납부하고 증빙서류를 제출한 때에는 정지처분을 하지 아니하거나 그 잔여기간의 집행을 면제함.
30	① 통행구분위반(**중앙선 침범**에 한함.)(제13조 제3항) ② 속도위반(**40km/h 초과, 60km 이하**)(제17조 제3항) ※범칙금 9만원, 과태료 10만원 ③ 철길**건널목** 통과방법위반(제24조) ④ 운전면허증 **제시의무**위반 또는 운전자의 신원확인을 위한 경찰공무원의 **질문에 불응**(제92조 제2항) ⑤ 고속도로 · 자동차전용도로 **갓길**통행(제61조 제2항) ⑥ 고속도로 버스**전용**차로 · 다인승**전용**차로 통행위반(제61조 제2항) ⑦ 어린이**통학**버스 특별보호 위반(제51조) ⑧ 어린이**통학**버스 운전자의 의무위반(좌석안전띠를 매도록 하지 아니한 운전자는 제외한다)(제53조 제1항 · 제2항, 제60조 제1항) [☻중사건제 갓길전용 통학]
15	① **신호 · 지시**위반(제5조) ② **속**도위반(**20km/h 초과** 40km/h 이하)(제17조 제3항) ※범칙금 6만원, 과태료 7만원 – 속도위반(어린이보호구역 안에서 오전 8시부터 오후 8시까지 사이에 제한속도를 20km/h 이내에서 초과한 경우에 한정한다)(제17조 제3항) ③ 앞지르기 금지**시기 · 장소**위반(제22조)

15	④ 운전 중 **휴**대용 전화사용(제49조 제1항 제10호) ⑤ **운행**기록계 미설치 자동차 운전금지 등의 위반(제50조 제5항) ⑥ **적**재 제한 위반 또는 **적**재물 추락 방지 위반(제39조 제1항 · 제4항) ⑦ 운전 중 운전자가 볼 수 있는 위치에 **영상** 표시(제49조 제1항 제11호) ⑧ 운전 중 **영상표시장치 조작**(제49조 제1항 제11호의2) [☻신지 속이 시장 휴(하고) 운 적(있는) 영상]
10	① **안전운전** 의무 위반(제48조) ② **앞지르기 방법위반**(제21조 제1항 · 제3항, 제60조 제2항) ③ **통행구분위반**(보도침범 · 보도횡단방법 위반)(제13조 제1항 · 제2항) ④ **보행자 보호 불이행**(정지선위반 포함)(제27조) [☻안전방구 보행] ⑤ 지정차로에 통행위반(진로변경 금지장소에서의 진로변경 포함)(제14조 제2항 · 제5항, 제60조 제1항) ⑥ 일반도로 전용차로 통행위반(제15조 제3항) ⑦ 안전거리 미확보(진로변경 방법위반 포함)(제19조 제1항 · 제3항 · 제4항) ⑧ 승객 또는 승 · 하차자 추락방지조치위반(제39조 제3항) ⑨ 노상 시비 · 다툼 등으로 차마의 통행 방해 행위(제49조 제1항 제5호) ⑩ 돌 · 유리병 · 쇳조각이나 그 밖에 도로에 있는 사람이나 차마를 손상시킬 우려가 있는 물건을 던지거나 발사하는 행위(제68조 제3항 제4호) ⑪ 도로를 통행하고 있는 차마에서 밖으로 물건을 던지는 행위(제68조 제3항 제5호)

참고 **승용차 기준 – 과속벌점정리**(시행령 별표6, 시행령 별표8)<17경위>

구분	속도	처벌(일반도로 승용차 기준)		벌점
속도위반	3회 이상 100km/h 초과	**1년 이하 징역 또는 500만원 이하 벌금**		면허취소
	100km/h 초과	**100만원 이하 벌금 · 구류**		100점
	80 초과~100km/h 이하	**30만원 이하 벌금 · 구류**		80점
		범칙금	**과태료**	
	60 초과~80km/h 이하	**12만원**	13만원	60점
	40 초과~60km/h 이하	**9만원**	10만원	30점
	20 초과~40km/h 이하	**6만원**	7만원	15점[♣10점(×)]
	20km/h 이하	3만원[♣4만원(×)]	4만원	–

5. 정지처분 개별기준(불이행)(사고야기 조치 등 불이행-별표28)<06경위 · 01채용>

15	**물적 피해**가 발생한 교통사고를 일으킨 후 **도주**한 때<05채용>
30	**인적 피해 교통사고**를 일으킨 즉시(그때, 그 자리에서 곧) 사상자를 구호하는 등의 조치를 하지 아니하였으나 그 후 자진 신고를 한 때 ⓐ 고속도로, 특별시 · 광역시 및 시의 관할구역과 군(광역시의 군을 제외함)의 관할구역 중 경찰관서가 위치하는 리 또는 동 지역에서 3시간(그 밖의 지역에서는 12시간) 이내에 자진신고를 한 때
60	ⓑ ⓐ항의 규정에 의한 시간 후 48시간 이내에 자진신고를 한 때

(1) **물피사고 후 도주 시에는 자수를 해도 벌점 15점이 부과 : 자수를 해도 벌점은 감경되지 않는다.**[♣자수 시 감경(×)]

※ **인피 도주 시**에는 **면허취소의 대상**이지만 **시간 내에 자수**를 하면 **행정처분이 감경**되어 **벌점**이 부과된다.

(2) 교통사고 야기 시 도주하거나 신고조치를 불이행한 경우

① 교통사고로 사상자의 구호조치 및 신고의무를 하지 아니한 때 ⇨ **면허취소**

② 교통사고 후 사상자를 구호조치를 하지 아니하였으나, 그 후 자수(자진신고)한 때 ⇨ 도주 후 일정한 시간 내에 **자수하면 벌점 부과**

6. 교통안전교육

<table>
<tr><td rowspan="2">교통 안전 교육</td><td>교육 이수</td><td>운전면허를 받으려는 사람은 대통령령으로 정하는바에 따라 시험에 응시하기 전에 "운전자가 갖추어야 하는 기본예절, 도로교통에 관한 법령과 지식, 안전운전 능력, 어린이·장애인 및 노인의 교통사고 예방에 관한 사항, 친환경 경제운전에 필요한 지식과 기능, 긴급자동차에 길 터주기 요령, 그 밖에 교통안전의 확보를 위하여 필요한 사항"에 관한 교통안전교육을 받아야 한다. 다만, 특별교통안전 의무교육을 받은 사람 또는 자동차운전 전문학원에서 학과교육을 수료한 사람은 그러하지 아니하다.[♣최종 합격 후 이수(×)](제73조 제1항)<21승진>
※ 운전면허를 받고자 하는 사람이 장내기능시험 응시 전 받아야 하는 1시간의 교통안전교육을 말한다.<21승진></td></tr>
<tr><td>교육 기관</td><td>① 운전면허를 받으려는 사람이 받아야 하는 "교통안전교육"은 자동차운전 전문학원과 시·도경찰청장이 지정한 기관이나 시설에서 한다.(제74조 제1항)
※ 자동차운전전문학원은 교통안전교육을 의무적으로 하여야 한다.
② 시·도경찰청장은 교통안전교육을 하기 위하여 일정 기관이나 시설이 (대통령령으로 정하는 시설·설비 및 강사 등의) 요건을 갖추어 신청하는 경우에는 해당 기관이나 시설을 교통안전교육을 하는 기관("교통안전교육기관")으로 지정할 수 있다.(제74조 제2항)
※ 자동차운전학원의 경우 교통안전교육기관이 되기 위해서는 시·도경찰청장에게 지정 신청을 하여야 한다.</td></tr>
<tr><td>특별 교통 안전 교육</td><td>(특별 교통안전) 의무 교육</td><td>① 다음 각 호의 어느 하나에 해당하는 사람은 대통령령으로 정하는 바에 따라 특별교통안전 의무교육을 받아야 한다. 이 경우 제2호부터 제5호까지에 해당하는 사람으로서 부득이한 사유가 있으면 대통령령으로 정하는 바에 따라 의무교육의 연기(延期)를 받을 수 있다.(제73조 제2항)<21승진>
1. 운전면허 취소처분을 받은 사람(적성검사나 스스로 실효신청에 의한 취소 제외)으로서 운전면허를 다시 받으려는 사람(제1호)
2. 음주운전, 공동위험행위, 난폭운전, 교통사고 또는 자동차이용범죄에 해당하여 운전면허효력 정지처분을 받게 되거나 받은 사람으로서 그 정지기간이 끝나지 아니한 사람(제2호)</td></tr>
</table>

특별교통안전교육	(특별교통안전) 의무교육	3. **운전면허 취소처분 또는 운전면허효력 정지처분**(정지처분은 '**음주운전, 공동위험행위, 난폭운전, 교통사고 또는 자동차이용범죄**에 해당하여 운전면허효력 정지처분을 받게 되거나 받은 사람으로서 그 정지기간이 끝나지 아니한 사람'으로 한정)이 면제된 사람으로서 **면제된 날부터 1개월이 지나지 아니**한 사람[♣운전면허를 받고자 하는 사람(×)](제3호) 4. **운전면허효력 정지처분**을 받게 되거나 받은 **초보운전자**로서 그 정지기간이 끝나지 아니한 사람(제4호)<21승진> 5. **어린이 보호구역**에서 운전 중 어린이를 사상하는 사고를 유발하여 **벌점을 받은 날부터 1년 이내**의 사람(제5호) ② **감경 :** 운전면허 정지처분을 받게 되거나 받은 사람이 **특별교통안전 의무교육**을 마친 경우에는 경찰서장에게 교육필증을 제출한 날부터 **정지처분기간에서 20일을 감경**한다.(규칙 별표28)
특별교통안전교육	(특별교통안전) 권장교육	① 다음 각 호의 어느 하나에 해당하는 사람이 시·도경찰청장에게 신청하는 경우에는 대통령령으로 정하는바에 따라 특별교통안전 권장교육을 받을 수 있다. 이 경우 **권장교육을 받기 전 1년 이내에 해당 교육을 받지 아니한 사람에 한정**한다.(제73조 제3항)<21승진> 1. 교통법규 위반 등으로 인하여 **운전면허효력 정지처분**을 받게 되거나 받은 사람(음주운전, 공동위험행위, 난폭운전, 교통사고 또는 자동차이용범죄에 해당하여 운전면허효력 정지처분을 받게 되거나 받은 사람으로서 그 정지기간이 끝나지 아니한 사람, 운전면허효력 정지처분을 받게 되거나 받은 초보운전자로서 그 정지기간이 끝나지 아니한 사람 **제외**)(제1호) 2. 교통법규 위반 등으로 인하여 **운전면허효력 정지처분을 받을 가능성**이 있는 사람(제2호) 3. 일정한 사유(제73조 제2항 제2호부터 제4호까지)에 해당하여 **특별교통안전 의무교육을 받은** 사람(제3호) 4. 운전면허를 받은 사람 중 교육을 받으려는 날에 **65세 이상**인 사람(제4호)<21승진> ② **특별교통안전 권장교육 감경** ㉮ **벌점감경교육 :** 처분벌점이 **40점 미만인 사람**이 특별교통안전 권장교육 중 **벌점감경교육**을 마친 경우에는 경찰서장에게 교육필증을 제출한 날부터 **처분벌점에서 20점을 감경**한다.(규칙 별표28) ㉯ **법규준수교육(권장) :** 운전면허 정지처분을 받게 되거나 받은 사람이 특별교통안전 권장교육 중 법규준수교육(권장)을 마친 경우에는 경찰서장에게 교육필증을 제출한 날부터 **정지처분기간에서 20일을 감경**한다.(이의신청이나 쟁송을 통한 감경의 경우 추가 감경 없으며, 누산점수에서 20점 감경)(규칙 별표28) ㉰ **현장참여교육 :** 운전면허 정지처분을 받게 되거나 받은 사람이 **특별교통안전 의무교육이나 특별교통안전 권장교육 중 법규준수교육(권장)을 마친 후**에 특별교통안전 권장교육 중 **현장참여교육을 마친 경우**에는 경찰서장에게 교육필증을 제출한 날부터 정지처분기간에서 **30일을 추가로 감경**한다.(이의신청이나 쟁송을 통한 감경의 경우 추가 감경 없음.)(규칙 별표28)
특별교통안전교육	교육 내용	특별교통안전 의무교육 및 특별교통안전 권장교육은 일정 사항에 대하여 강의·시청각교육 또는 현장체험교육 등의 방법으로 3시간 이상 48시간 이하로 각각 실시한다.(시행령 제38조 제2항)

<table>
<tr><td rowspan="3">긴급 자동차 교통 안전 교육</td><td>대상</td><td>① 긴급자동차의 운전업무에 종사하는 사람으로서 대통령령으로 정하는 사람은 대통령령으로 정하는 바에 따라 정기적으로 긴급자동차의 안전운전 등에 관한 교육을 받아야 한다.(제73조 제4항)
② 긴급자동차의 운전업무에 종사하는 사람은 정기적으로 긴급자동차 안전운전 등에 관한 교육을 받아야 한다.(시행령 제38조의2 제1항)
1. 소방차, 구급차, 혈액 공급차량(도로교통법상 긴급자동차)에 해당하는 자동차의 운전자
2. 도로교통법 시행령상 긴급자동차(제2조 제1항 각 호)에 해당하는 자동차의 운전자
※ 미이수시 과태료 8만원</td></tr>
<tr><td>내용</td><td>"긴급자동차 교통안전교육"은 다음 구분에 따라 실시한다.(시행령 제38조의2 제2항, 제4항)
1. 신규 교통안전교육 : 최초로 긴급자동차를 운전하려는 사람을 대상으로 실시하는 교육(3시간 이상)(제1호)
2. 정기 교통안전교육 : 긴급자동차를 운전하는 사람을 대상으로 3년마다 정기적으로 실시하는 교육(2시간 이상)[♣신규 교통안전교육(×)](제2호)<21승진></td></tr>
<tr><td>교육 기관</td><td>긴급자동차 교통안전교육은 도로교통공단에서 실시한다. 다만, 긴급자동차 교통안전교육 대상자가 국가기관 및 지방자치단체에 소속된 사람인 경우에는 소속 기관에서 실시하는 교육훈련의 방법으로 실시할 수 있다.(시행령 제38조의2 제3항)</td></tr>
<tr><td>노인 교통 안전 교육</td><td colspan="2">75세 이상인 사람으로서 운전면허를 받으려는 사람은 면허시험에 응시하기 전에, 운전면허증 갱신일에 75세 이상인 사람은 운전면허증 갱신기간 이내에 각각 다음 각 호의 사항에 관한 교통안전교육을 받아야 한다.(제73조 제5항)<20경위>
1. 노화와 안전운전에 관한 사항<20경위>
2. 약물과 운전에 관한 사항
3. 기억력과 판단능력 등 인지능력별 대처에 관한 사항
4. 교통관련 법령 이해에 관한 사항</td></tr>
</table>

5 교통사고처리

I 교통사고처리 일반

Ⅰ. 교통사고의 의의

교통사고의 개념 : **차**의 **교통**으로 인하여 사람을 사상하거나 물건을 손괴하는 것을 말한다.[♣72시간 이내에 사망하는 경우 사망사고(○)](교통사고처리특례법 제2조)<01 · 04승진 · 09.2채용>

※ **통계상 교통사고 사망자** ⇨ 교통사고가 주원인이 되어 **30일 이내에 사망하는 자**(교통사고조사규칙 제2조)<04승진>

II. 교통사고의 요건

1. 차에 의한 사고

구분	내용
차○	자동차, 건설기계. 원동기장치자전거, **자전거** 또는 사람이나 가축의 힘 그 밖의 동력에 의하여 도로에서 운전되는 것을 말한다.[♣유모차(×), ♣휠체어(×) = 신체장애인용 의자차(×) = 보행보조용의 자차(×), ♣소아용 세발자전거(×), ♣전동차 등 궤도차(×), 케이블카(×)] ※ **차량과 밀접한 연결부위에 의한 사고** ⇨ 도로교통법에 의하면 **견인되는 자동차는 자동차의 일부로 본다**.[♣견인되는 자동차는 자동차의 일부로 보지 않는다.(×)]<01승진 · 09.2채용> ※ **우마차 · 경운기도 포함**
차×	① **궤도차(레일차 · 전동차 · 전차), 케이블카에 의한 사고** ⇨ 교통사고처리특례법상의 교통사고가 아니다.<02승진> ♣ 교통사고가 '차의 교통으로 인한 사고'라고 정의되는 경우 전동차도 차에 해당한다.(×) ② 유모차, 신체장애자용 의자차(**보행보조용 의자차**), **소아용 세발자전거** – **보행자**로 본다. [♣차(×)]

2. 교통에 의한 사고

구분	내용
교통 개념	① **"교통"**이란 **차를 운전**하여 사람 또는 화물을 이동시키거나 운반하는 등 차를 그 본래의 용법에 따라 사용하는 것을 말한다.(교통사고조사규칙 제2조 제1항) ② **운전: 차의 본래적 용법에 따라 사용하는 것(차량의 직접적 운행)**을 말한다.(도로교통법 제2조 제26호)<09.2채용> – **운행과 관련된 부수적 행위, 운행과 밀접한 행위, 차량과 연결된 부위**에 의해 발생한 경우 포함 예 차량의 **정차 시의 사고, 승 · 하차시의 사고, 운행중인 차의 적재된 화물로 인한 사고** 등[♣적재화물로 인한 사고 제외(×), ♣주차상태에서 적재된 상자 떨어지면서 발생한 사고는 교통사고(×)], **고속도로 운행 중 휴게소 주차장에서 브레이크가 풀려서 발생한 사고**<15승진> ♣ 운행 중인 차의 적재된 화물로 인한 사고는 교통사고에서 제외된다.(×) ♣ 고속도로 운행 중 휴게소 주차장에 잠시 주차해둔 차의 브레이크가 풀리면서 행인에게 2주의 부상을 입힌 경우 차를 직접운행하지 않았으므로 형사책임이 없다.(×) ③ 자동차등을 인력으로 밀어서 발생한 사고는 교통사고에서 제외된다. ④ 사람이 건물 · 육교 등에서 추락하여 진행 중인 차량과 충돌 또는 접촉하여 사상하는 경우는 교통으로 발생한 사고가 아니기 때문에 교통사고에서 제외된다.
장소 제한	① **교통사고처리특례법상의 사고**는 차의 운전으로 인한 것이므로 해석상 도로에 제한되지 않아 **도로 이외의 장소도 포함**된다.(判, 유권해석)<09.2채용> ② **도로교통법상의 사고**: 도로에서의 사고에 한정된다. ※ 도로에서 발생하지 않은 단순 물피 사고의 경우는 도로교통법의 적용을 받지 않아 단순 민사관계에 해당하기 때문에 경찰이 개입하지 않는다.

판례 1) 화물차를 **주차한 상태**에서 적재된 상자 일부가 **떨어지면서 지나가던 피해자에게 상해**를 입힌 경우, **교통사고로 볼 수 없다.**(2009도2390)<15.2채용>

판례 2) 교통사고처리특례법('특례법') 제4조 제1항 본문은 차의 교통으로 업무상과실치상죄 등을 범하였을 때 교통사고를 일으킨 차가 (특례법 제4조 제1항에서 정한) 보험 또는 공제에 가입된 경우에는 그 차의 운전자에 대하여 공소를 제기할 수 없다고 규정하고 있다. 따라서 특례법 제4조 제1항 본문은 차의 운전자에 대한 공소제기의 조건을 정한 것이다. 그리고 특례법 제2조 제2호는 '**교통사고**'란 **차의 교통으로 인하여 사람을 사상하거나 물건을 손괴하는 것**을 말한다고 규정하고 있는데, 여기서 '**차의 교통**'**은 차량을 운전하는 행위 및 그와 동일하게 평가할 수 있을 정도로 밀접하게 관련된 행위를 모두 포함**한다.(대법원 2016도21034 판결 [업무상과실치상])<24승진>

3. 피해결과의 발생 및 인과관계의 존재

판례 1) **피고인이** 야간에 오토바이를 운전하다가 도로를 **무단횡단하던 피해자를 충격**하여 피해자로 하여금 위 도로상(반대차선 1차선)에 **전도케** 하고, 그로부터 약 40초 내지 60초 후에 **다른 사람이 운전하던 타이탄트럭이 도로위에 전도되어 있던 피해자를 역과하여 사망**케 한 경우, 피고인이 전방좌우의 주시를 게을리한 과실로 피해자를 충격하였고 나아가 이 사건 사고지점 부근 도로의 상황에 비추어 야간에 피해자를 충격하여 위 도로에 넘어지게 한 후 40초 내지 60초 동안 그대로 있게 한다면 후속차량의 운전사들이 조금만 전방주시를 태만히 하여도 피해자를 역과할 수 있음이 당연히 예상되었던 경우라면 **피고인의 과실행위는 피해자의 사망에** 대한 직접적 원인을 이루는 것이어서 양자간에는 **상당인과관계가 있다.**[♣부정된다.(×)](대법원 90도580 판결 [교통사고처리특례법위반])

판례 2) **연속된 교통사고**로 피해자가 사망한 경우 (사망원인이 밝혀지지 않은 상황에서 후행 교통사고를 일으킨 사람의 과실과 피해자의 사망 사이에 인과관계가 인정되어) **후행 교통사고 운전자에게 책임을 물으려면 후행 교통사고를 일으킨 사람이 주의의무를 게을리 하지 않았다면 피해자가 사망에 이르지 않았을 것이라는 사실이 증명되어야** 하고, 그 증명책임은 검사에게 있다.(2005도8822)<15승진>

판례 3) 차량 **운행 도중 브레이크 고장 시**에 **사이드브레이크를 조작하지 않거나, 제한속도를 넘어서 운전하였다는 것이 직접 원인이 되지 아니**한 때에는 사고에 대한 **책임이 없다.**(대법원 89도1174)

4. 과실의 존재

(1) **대부분 업무상 과실에 의해 발생 : 고의에 의한 범행**은 교통사고가 아니라 **일반 형사사건**이다.

특정범죄가중처벌등에 관한 법률상의 도주차량(뺑소니)의 경우 ⇨ 교통사고 야기 후 도주한 피의자(뺑소니 피의자)는 **업무상 과실범과 고의범이 결합된 형태**이다.[♣업무상 과실범(×)]

※ 확정적 고의에 의하여 타인을 사상하거나 물건을 손괴한 때에는 교통사고로 처리하지 아니하고 업무주관부서로 인계하여 처리

(2) 최소한의 과실도 없는 **불가항력**에 의한 교통사고는 처벌대상이 아니다.

불가항력적인 교통사고 ⇨ 타이어 파열 등의 경우 먼저 운전자의 선행과실여부에 대하여 실황조사를 근거로 객관적인 분석·검토를 하여야 하며 **선행과실이 없는 경우에 한하여 불가항력적인 교통사고로 결정이 가능**하다.

판례 1) 차에 **열쇠를 끼워놓은 채 11세 남짓한 어린이를 조수석에 남겨놓고** 차에서 내려온 동안 어린이가 시동을 걸어 **차량이 진행하여 사고가 발생한 경우** 운전자로서는 열쇠를 빼는 등 사고 **예방조치를 취할 주의의무가 있다.**[86도1048]

판례 2) **앞차가 빗길에 미끄러져 비정상적으로 움직일 때**는 진로를 예상할 수 없으므로 뒤따라가는 차량의 운전자는 이러한 사태에 대비하여 **속도를 줄이고 안전거리를 확보해야 할 주의의무가 있다.**[대법원 89도777]<19경위>

판례 3) 운전자가 택시를 운전하고 제한속도가 시속 40km인 왕복 6차선 도로의 1차선을 따라 시속 약 50km로 진행하던 중, 무단횡단하던 보행자가 **중앙선 부근에 서 있다가 마주 오던 차에 충격**당하여 자신이 운전하던 택시 **앞으로 쓰러지는 것을 피하지 못하고 역과시킨** 경우 업무상 **과실이 인정**된다.[♣업무상 과실이 있다고 볼 수 없다.(×)][95도715]

판례 4) 좌측으로 진행하기 위하여 **차로변경 하던 중 좌측후방에서 진행하고 있던 차량과 충돌**하여 사고가 났다면 **차로를 변경한 차량의 과실**이다.(81고단6205)

Ⅲ. 교통사고조사(교통사고조사규칙)

구분	내용
개요	① 교통사고 조사는 교통사고의 형사책임 규명을 위한 증거수집 및 보전활동이며, 부상자 치료나 피해액 배상 등 이미 발생한 피해의 회복은 교통사고조사의 목적이 될 수 없다. ※ 다만 교통사고처리특례법은 피해회복을 촉진하기 위한 목적으로 제정되었다. ② **교통사고조사(처리)의 핵심 : ㉠ 사고확대 방지, ㉡ 원인 규명** – **실황조사서의 작성요령 :** ㉠ 구체성 ㉡ **객관성** ㉢ 간명성 ㉣ 정확성<01승진> – **증거물 압수** ⇨ 현장에서 증거가 될 물건이나 유류품을 발견·압수할 때는 그 물건이 어느 장소에서 어떤 상태로 존재하였는가를 **입회인과 함께 사진 촬영**하고 수집·보관하되 압수가 필요한 물품은 **사법절차에 따라 압수**하고, 유류품 보관은 분실, 파손, 변질이 없도록 유의한다.[♣사진촬영할 필요 없다.(×)]
목적	① 부상자의 구호 및 사체의 처리, 사고확대 방지와 교통소통의 회복 ㉠ 교통사고 **현장에 사망한 사람**이 있는 경우에는 단순히 의식이 없거나 호흡이 정지하였다는 사유로 사망한 것으로 판단하지 말고, **의료전문가의 판단이 있을 때까지는 중상자와 동일하게 취급해야** 한다.<22승진> ㉡ 경찰공무원이 교통사고 현장에서 사상자 구호, 현장보존 등 부득이한 경우에 일시적으로 교통을 통제하거나 일방통행의 조치를 취할 때에는 '**교통사고 조사 중' 표지판**을 사고현장 직·후 적합한 위치에 **설치**하고 반드시 1명 이상의 경찰공무원이 차량과 군중을 정리하여 **2차 사고를 예방**하여야 한다.<22승진> ② 사고방지 대책을 위한 정확한 원인조사, **형사책임의 규명**(민사책임규명×) ③ 기타 사고에 대한 제 자료의 수집 등<03·05승진>

용어 정의	① **"대형사고"**란 3명 이상이 사망(교통사고 발생일부터 30일 이내에 사망한 것을 말한다)하거나 20명 이상의 사상자가 발생한 사고를 말한다.(교통사고조사규칙 제2조 제1항 제3호) ② **"교통조사관"**이란 교통사고를 조사하여 검찰에 송치하는 등 교통사고 조사업무를 처리하는 경찰공무원을 말한다.(교통사고조사규칙 제2조 제1항 제4호) ③ **"충돌"**이란 차가 반대방향 또는 측방에서 진입하여 그 차의 정면으로 다른 차의 정면 또는 측면을 충격한 것을 말한다.[♣2대 이상이 차가 동일방향으로 주행 중 충격(×)](교통사고조사규칙 제2조 제1항 제7호)<18경위> ④ **"추돌"**이란 2대 이상의 차가 동일방향으로 주행 중 뒤차가 앞차의 후면을 충격한 것을 말한다.[♣충돌(×)](교통사고조사규칙 제2조 제1항 제8호)<18경위> ⑤ **"접촉"**이란 차가 추월, 교행 등을 하려다가 차의 좌우측면을 서로 스친 것을 말한다.(교통사고조사규칙 제2조 제1항 제9호)<18경위> ⑥ **"전도"**란 차가 주행 중 도로 또는 도로 이외의 장소에 차체의 측면이 지면에 접하고 있는 상태(좌측면이 지면에 접해 있으면 좌전도, 우측면이 지면에 접해 있으면 우전도)를 말한다.[♣뒤집혀 넘어진 것(×)](교통사고조사규칙 제2조 제1항 제10호)<18경위> ⑦ **"전복"**이란 차가 주행 중 도로 또는 도로 이외의 장소에 뒤집혀 넘어진 것을 말한다.[♣전도(×)](교통사고조사규칙 제2조 제1항 제11호)<18경위> ⑧ **"추락"**이란 차가 도로변 절벽 또는 교량 등 높은 곳에서 떨어진 것을 말한다.(교통사고조사규칙 제2조 제1항 제12호) ⑨ **"뺑소니"**란 교통사고를 야기한 차의 운전자가 피해자를 구호하는 등 「도로교통법」 제54조 제1항의 규정에 따른 조치를 취하지 아니하고 도주한 것을 말한다.(교통사고조사규칙 제2조 제1항 제13호) ⑩ **"교통사고 현장조사시스템"**(이하 "현장조사시스템"이라 한다)이란 교통사고 현장에 출동한 경찰관이 업무용 휴대전화를 이용하여 사고차량과 관련된 정보 조회, 증거수집, 초동조치 사항 및 피해자 진술 청취 보고 등을 전자적으로 입력·처리할 수 있도록 지원하는 시스템을 말한다.(교통사고조사규칙 제2조 제1항 제14호) ⑪ **"전자문서"**란 형사사법정보시스템(KICS)에 의하여 전자적인 형태로 작성되어 송신·수신되거나 저장되는 정보로서 문서형식이 표준화된 것을 말한다.(교통사고조사규칙 제2조 제1항 제15호) ⑫ **"전자화문서"**란 종이문서나 그 밖에 전자적 형태로 작성되지 아니한 문서를 형사사법정보시스템이 처리할 수 있는 형태로 변환한 문서를 말한다.(교통사고조사규칙 제2조 제1항 제16호)
현장 도면 작성 요령	① **교통사고 발생지점과 사고차량의 정차지점을 표시하는 때 :** 교통사고발생 지점을 도면의 중앙에 배치하고 **가해차량의 진행방향이 위로** 향하도록 하여 **이동지점**을 **점선**으로[♣실선으로(×)] 표시하고 **정차지점**은 **실선**으로[♣점선으로(×)] 표시한다.(교통사고조사규칙 제14조 제7항) <22승진> ② **사실인정에 중요하다고 인정되는 부분은 정밀**하게, 그렇지 않은 부분은 비교적 간단명료하게 작성한다.(제14조 제1항) ③ **거리를 측정하거나 지점을 확정하는 경우에는** 각각의 지점의 **명칭을 붙여 특정**지어야 한다.(제14조 제4항)<22승진> ④ 현장 도면에는 **작성자가 계급, 성명을 기입**하고 날인하여야 하며, 현장 도면과 조서 사이에는 **간인하여야** 한다.(제14조 제8항)

1. 교통사고 현장 측정 및 현장약도 작성과정에서 사고결과물에 대한 측정방법

<table>
<tr><td rowspan="6">측점수 설정</td><td>(1) 1점의 측점을 필요로 하는 대상</td></tr>
<tr><td>① 사상자의 위치 – 허리를 중심으로 한 점 측정[♣2점 측정(×)]
② 1m 이하의 길이의 패인 자국, 긁힌 자국, 타이어 흔적
③ 도로상 고정물체와의 사소한 충돌흔적, 가로수 및 수목 등에 생긴 자국
④ 소규모 파편물 및 1m 이하의 차량 액체 낙하물
⑤ 충돌로 인해 차량본체와 분리된 각종 차량 부품</td></tr>
<tr><td>(2) 2점의 측점을 필요로 하는 대상</td></tr>
<tr><td>① 사고차량 – 피해가 적은 동일측면 2개 모서리를 측점으로 이용하며 차량이 타이어 자국의 끝에 있을 경우에는 바퀴를 측점으로 한다.
② 직선으로 나타난 긴 타이어 자국 – 시작점과 끝점을 측점으로 한다.
③ 1m 이상 길게 나타난 노면상의 그루브(Groove)
④ 길게 비벼지거나 파손된 가드레일[♣1점 측정(×)]
⑤ 길게 뿌려진 파편 흔적 및 차량용 액체자국</td></tr>
<tr><td>(3) 3점 이상의 측점을 필요로 하는 대상</td></tr>
<tr><td>① 곡선으로 나타난 타이어 자국 – 길이나 굽은 정도에 따라 1.5m, 3m, 6m 간격으로 측점을 설정하여 자국의 시(始)·종(終)점 뿐만 아니라 노면표지(중앙선, 차선, 노측선-路側線)와 교차하는 점을 측점으로 한다.
② 직선으로 길게 나타나다가 마지막 부분에 휘어지거나 변형이 있는 타이어 자국[♣2점 측정(×)]
③ 파편이 집중적으로 떨어진 지역 – 파편을 중심으로 외곽선을 그어 그 외곽선의 굴절부분을 측점으로 한다.
※ 이상에서의 각 측점에는 매 측점마다 고유의 번호 및 기호를 부여하여야 하며 나중에 각 측점 간에 혼동이 일어나지 않도록 노면뿐만 아니라 측정도면에 반드시 표시하여야 한다.</td></tr>
</table>

2. 노면흔적 조사

<table>
<tr><td>차륜 흔적</td><td>① 스키드마크(Skid Mark) – 차의 급제동으로 인하여 타이어의 회전이 정지된 상태에서 노면에 미끄러져 생긴 타이어 마모흔적 또는 활주흔적을 말한다.(교통사고조사규칙 제2조 제1항 제5호)<15승진>
※ 급제동 시 바퀴가 구르지 않고 미끄러질 때 나타나며 좌·우측 타이어의 흔적이 대체로 동등하게 나타나는 것이 특징이다.<15승진>
② 요마크(Yaw Mark) – 급핸들 등으로 인하여 차의 바퀴가 돌면서 차축과 평행하게 옆으로 미끄러진 타이어의 마모흔적을 말한다.[♣타이어의 회전이 정지된 상태에서(×)](교통사고조사규칙 제2조 제1항 제6호)<18경위>
※ 전·후륜 내륜차가 생기고 이때 바깥쪽 바퀴가 원심력에 의해 노면과 마찰할 때 생기는 것으로 바깥쪽 타이어에 마찰열이 더 발생하고 외측 바퀴의 흔적이 더 진하게 나타난다.[♣내측 바퀴의 흔적이 더 진하게(×)], [♣칩(×)]<15승진></td></tr>
</table>

차륜 흔적		③ **가속스카프(Acceleration Scuff)** – 정지된 차에서 엔진이 고속회전하다가 클러치 페달을 갑자기 놓아 **급격한 속도증가로 바퀴가 제자리에서 회전할 때** 나타나며 오직 구동바퀴에서만 발생하는 것이 특징이다.[♣요마크(×)]<15승진> ④ **타이어가 새겨진 흔적(Imprint)** – 눈, 모래, 자갈, 진흙 및 잔디와 같이 느슨한 노면 위를 타이어가 미끄러짐이 없이 굴러가면서 노면상에 타이어 접지면의 무늬모양을 그대로 새겨놓은 흔적
노면 상처	노면에 긁힌 흔적 (Scratch)	① **스크래치(노면에 긁힌 흔적-Scratch)** – **큰 압력 없이 미끄러진 금속물체에 의해** 단단한 포장노면에 **가볍게** 불규칙적으로 좁게 나타나는 **긁힌 자국**으로, 차량의 전복위치 및 충돌 진행방향을 알 수 있는 중요한 흔적이다. ② **스크레이프(Scrape)** – 넓은 구역에 걸쳐 나타난 줄무늬가 있는 여러 스크래치 자국으로, 때때로 최대 접촉지점을 파악하는 데 도움을 준다.
	노면에 패인 흔적 (Gouge Mark)	차량의 프레임, 콘트롤 암 등 차량부품 중 노면에 가까운 차량하부의 강한 금속부분에 의해 **지면이 파인 자국**을 말한다. ① **칩(chip)** – **마치 호미로 노면을 판 것 같이 짧고 깊게** 패인 가우지 마크[♣가속스커프(×)]로 차량 간의 최대접촉 시 만들어진다.<15승진> ② **찹(Chop)** – 마치 도끼로 노면을 깍아 낸 것 같이 넓고 얕은 가우지 마크로서 프레임이나 타이어링에 의해서 만들어진다. ③ **그루브(Groove)** – 길고 좁은 홈 자국, 직선일 수도 있고 곡선일 수도 있다.

참고 **안전거리 · 공주거리 · 제동거리**<15승진 · 09경위>

안전 거리	① 주행 중인 모든 차량은 앞차가 급정거하는 경우에 앞차와의 추돌을 피할 수 있을 정도의 안전한 차간거리를 유지해야 한다. ② **안전거리란 정지거리보다 약간 긴 정도의 거리를 의미**한다.<09경위> ※ **정지거리 = 공주거리 + 제동거리**<02 · 15승진> **판례** 앞차를 뒤따라 진행하는 차량의 운전사로서는 앞차에 의하여 전방의 시야가 가리는 관계상 앞차의 어떠한 돌발적인 운전 또는 사고에 의하여서라도 자기 차량에 연쇄적인 사고가 일어나지 않도록 앞차와의 충분한 안전거리를 유지하고 진로 전방좌우를 잘 살펴 진로의 안전을 확인하면서 진행할 주의의무가 있으므로, **선행차량에 이어 피고인 운전 차량이 피해자를 연속하여 역과하는 과정에**서 피해자가 사망한 경우, (후행)피고인 운전 차량의 역과와 피해자의 사망 사이의 **인과관계가 있다.**(대법원 2001도5005 판결 [교통사고처리특례법위반])
공주 거리	① 운전자가 운전 중에 **위험을 감지**하고 나서 실제로 제동페달을 밟아서 **제동효과가 나타날 때까지** 자동차가 주행하는 거리를 말한다.[♣제동거리(×)]<01 · 08 · 15승진> ② **공주거리가 길어지는 원인**: 주취운전, 졸음운전, 과로 시의 운전<03승진>
제동 거리	① 자동차가 **실제로 제동되기 시작하여 정지하기까지의 거리**로 활주거리 혹은 스키드 마크(Skid Mark)의 길이<15승진> ② **제동거리가 길어지는 원인**: 노면이 미끄러운 때, 타이어의 공기압이 지나치게 높은 때, 타이어의 마모 및 무거운 짐을 실었을 때 ③ **스키드 마크(Skid Mark)**: 굴러가는 자동차 바퀴에 강하게 브레이크가 조작되어 노면 상에서 굴러갈 수 없게 되었지만 관성에 의해 차량이 계속 진행한 경우에 타이어에 의해 나타나는 노면흔적<08채용>

Ⅳ. 사고책임

형사책임	도로교통법, 교통사고처리특례법, 특정범죄가중처벌등에 관한 법률에 **형사입건 및 처벌**
민사책임	민법 또는 자동차손해배상보장법에 따른 **손해배상**
행정책임	도로교통법에 따라 원인행위와 결과를 합산하여 **면허정지 또는 취소처분**

(1) **사고조사 당사자순위의 결정**(교통사고 조사규칙 제20조의4)<17 · 20승진>

교통조사관은 다음 각 호의 기준에 따라 1건의 교통사고와 관련된 당사자의 순위를 결정한다.

1. **차대차 사고**로서 당사자 간의 과실이 차이가 있는 경우 **과실이 중한 당사자를 선순위**로 지정한다.[♣과실이 경한 당사자를 우선순위로 지정(×)]

   ※ '도로교통법'상 차대차 교통사고의 경우 사고발생 원인 중, **중한 위반행위를 한 운전자에 대해서만 사고결과에 대한 행정처분을 할 수 있다.**

2. **차대차 사고**로서 당사자 간의 **과실이 동일**한 경우 **피해가 경한 당사자를 선순위**로 지정한다.(제2호)<20승진>
3. **차대사람 사고**는 **운전자를 선순위**로 지정한다.
4. 동승자가 있는 **차대차 사고**는 제1호부터 제3호에 따라 당사자의 순위를 정한 후 **선순위의 차에 동승한 자를 다음 순위로, 후 순위의 차에 동승한 자를 그 다음 순위**로 지정한다.
5. 제1호부터 제4호 이외의 당사자는 그 다음 순위로 지정한다.

판례 **삼거리 교차로** 좌측도로에서 **우회전해 나오는 차량이 반대차로로 넘어 들어온 경우** 정상 교차로 **직진 중인 차에 과실이 있다고 볼 수 없다.**(대법원 94도995)

Ⅱ 교통형벌법령의 적용

※ **교통형벌법의 특색**: 교통사범은 과실범이 대부분이므로 교통 형벌법은 법적 정의의 측면보다는 합목적성과 윤리적 무색성 · 기술성을 그 특징으로 한다.<01승진>

Ⅰ. 형법

(1) 교통사고는 그 성격상 형법상의 **업무상과실치사상죄에 해당**하게 된다.

(2) 그러나 실제 일반 교통사고의 경우는 특별법인 **교통사고처리특례법으로 처리**한다.

Ⅱ. 도로교통법(도로, 물피)

1. 사고발생시 조치의무 : 물적 피해사고[제54조 제1항, 제148조(도주), 제151조(물피처벌)]

(1) 차 또는 노면전차의 운전 등 **교통**으로 인하여 **사람을 사상**하거나 **물건을 손괴**한 경우에는 그 차 또는 노면전차의 운전자나 그 밖의 승무원(운전자등)은 즉시 정차하여 '**사상자를 구호하는 등 필요한 조치, 피해자에게 인적사항(성명 · 전화번호 · 주소 등) 제공**'의 조치를 **하여야** 한다.(제54조 제1항)

(2) **물피사고 :** 차 또는 노면전차의 교통으로 인한 사고로 인적 피해 없이 **재산상의 피해(물적 피해)만 있는 경우**에도 적용된다.(도로교통법 제54조 제1항)

> 판례 교통사고로 인한 **물적 피해가 경미**하고, 파편이 도로상에 비산되지도 않았다고 하더라도, 가해차량이 **즉시 정차하는 등 필요한 조치를 취하지 아니한 채 그대로 도주**한 경우에는 도로교통법 제54조 제1항(사고발생시의 조치)**위반죄가 성립**한다.(대법원 2009도787)<20승진 · 15.2채용>

① **적용범위 :** 도로교통법 제2조 24호에 의거하여 **도로 아닌 곳에서도 적용**된다.(음주, 과로, 질병, 약물, 사고 시 조치의무)[도로 아닌 곳에서 물피 사고 야기 도주 ⇨ 도로교통법 제148조(물피뺑소니) 적용 형사입건]

※ **물피사고는 반의사불벌죄** : 대물 사고의 경우 도로교통법 제151조에 의해 처벌하나 피해자의 명시적 의사에 반해서는 처벌할 수 없다.(도로교통법 제151조, 교통사고처리특례법 제3조 제2항)

예 단순 물적 피해사고인 경우 피해자의 불벌의사가 있을 때 '교통사고처리특례법' 제3조 제2항과 '교통사고처리지침'을 적용하여 '내사종결'로 처리하여야 하며, 그 **원인행위가 명확한 경우 도로교통법 해당법조를 적용하여 통고처분이 가능**하다.[♣통고처분할 수 없다.(×)]

② **도주처벌 : 제54조 제1항**(조치의무)에 따른 **교통사고 발생 시의 조치를 하지 아니한 사람**(주 · 정차된 차만 손괴한 것이 분명한 경우에 제54조 제1항 제2호에 따라 피해자에게 인적 사항을 제공하지 아니한 사람은 제외)은 5년 이하의 징역이나 1천500만원 이하의 벌금에 처한다.(제148조)

※ **주 · 정차된 차만 손괴한 것이 분명한 경우**(단순물피사고)에 제54조 제1항 제2호에 따라 피해자에게 **인적 사항을 제공하지 아니한 사람은 20만원 이하의 벌금이나 구류 또는 과료**(科料)에 처한다.(제156조 제10호) ⋯→ 범칙금 부과대상(승합자동차 13만원, 승용자동차 12만원, 이륜자동차 8만원)(제162조)

③ **물피처벌 :** 차 또는 노면전차의 운전자가 업무상 필요한 주의를 게을리하거나 중대한 과실로 다른 사람의 **건조물이나 그 밖의 재물을 손괴**한 경우에는 2년 이하의 금고나 500만원 이하의 벌금에 처한다.(제151조)

(3) **인피사고(구호조치의무) :** 차 또는 노면전차의 교통으로 인하여 재산상의 피해만 일어났으면 도로교통법을 적용하고, **인적 피해가 발생하였으면 교통사고처리특례법을 적용**하며, 교통사고가 발생한 경우에 그 차 또는 노면전차의 운전자나 그 밖의 승무원은 즉시 정차하여 **사상자를 구호**하는 등 필요한 조치, **피해자에게 인적 사항**(성명 · 전화번호 · 주소 등) **제공 조치를 하여야** 한다.(도로교통법 제54조 제1항)

① **적용범위 :** 도로교통법 제2조 24호에 의거하여 **도로 아닌 곳에서도 적용**된다.(음주, 과로, 질병, 약물, 사고 시 조치의무)<21승진>

※ 주차장, 학교 경내 등 「도로교통법」상 도로가 아닌 곳에서의 음주운전, 약물운전, 사고 후 미조치에 대하여 형사처벌이 가능하다.<21승진>

※ 운전자 등이 다친 경우 **가해자 피해자 불문하고 구호조치를 하여야** 한다.[법령에 의한 경찰책임 부과](판례)

예외 ⓐ **우편물자동차,** ⓑ **긴급자동차,** ⓒ **부상자를 운반 중인 차,** ⓓ **노면전차** 등의 운전자는 긴급한 경우에는 승차자로 하여금 필요한 조치 또는 신고를 하게 하고 운전을 계속할 수 있다.(제54조 제5항)[☻우긴부]

② **처벌**

㉠ **인적피해 교통사고 ⇨ 교통사고처리 특례법,**

㉡ **인적피해 교통사고 후 도주 ⇨ 특정범죄 가중처벌 등에 관한 법률**

(4) **사고발생시 조치에 대한 방해의 금지 :** 교통사고가 일어난 경우에 누구든지 운전자 등의 조치 또는 신고행위를 방해하여서는 아니 된다.

2. 신고의무(도로교통법 제54조 제2항, 제154조 제4호)

의의	① 교통사고가 발생한 경우 차의 운전자 등은 경찰공무원 또는 가장 가까운 국가경찰관서에 일정한 사항을 지체 없이 신고하여야 한다. ② **도로에서 일어난 사고에 한하여** 사고운전자의 신고의무가 발생하며, 신고의 내용은 사고발생의 객관적인 사실에 한정된다.(제2조 제24호, 제54조 제2항)<04승진>
신고 대상	(1) 교통사고 조치의 경우 그 **차 또는 노면전차의 운전자등**은 경찰공무원이 현장에 있을 때에는 그 경찰공무원에게, 경찰공무원이 현장에 없을 때에는 가장 가까운 국가경찰관서(지구대, 파출소 및 출장소를 포함)에 다음 각 호의 사항을 **지체 없이 신고하여야** 한다.(제54조 제2항) ① 사고가 일어난 곳 ② 사상자 수 및 부상 정도 ③ 손괴한 물건 및 손괴 정도 ④ 그 밖의 조치사항 등 (2) 차 또는 노면전차만 손괴된 것이 분명하고(**단순물피사고**) 도로에서의 **위험방지와 원활한 소통을 위하여 필요한 조치를 한 때**는 **신고의무가 발생하지 아니**한다.[♣필요한 조치를 하지 않은 경우에도(×)](제54조 제2항 단서)<02승진>
처벌	제54조 제2항에 따른 사고발생 시 조치상황 등의 **신고를 하지 아니한 사람은 30만원 이하의 벌금이나 구류**에 처한다.(제154조)

판례 1) [회복조치 필요한 상황에만 적용 ⇨ 신고의무 합헌] 교통사고를 일으킨 운전자에게 **신고의무**를 부담시키고 있는 도로교통법 제54조 제2항, 제154조 제4호는 .....피해자의 **구호 및 교통질서의 회복을 위한 조치가 필요한 상황**에서만 적용되고, **형사책임과 관련되는 사항에는 적용되지 아니하는 것으로 해석하는 한** 헌법에 위반되지 않는다.(헌재 1990.8.27, 89헌가118)

판례 2) [경찰관의 조직적 조치 필요 ⇨ 신고의무(○)] 교통사고를 낸 차의 운전자 등의 **신고의무는** 사고의 규모나 당시의 구체적인 상황에 따라 피해자의 구호 및 교통질서의 회복을 위하여 당사자의 **개인적인 조치를 넘어 경찰관의 조직적 조치가 필요하다고 인정되는 경우에만 있는 것**이라고 해석하여야 한다. 그리고 이는 도로교통법 제54조 제2항 단서에서 '운행 중인 차만 손괴된 것이 분명하고 도로에서의 위험방지와 원활한 소통을 위하여 필요한 조치를 한 경우에는 그러하지 아니하다'고 규정하고 있어도 마찬가지이다.(경찰관의 조직적 조치가 필요하다고 인정되는 경우에만 신고의무가 있다.)[♣단순 물피 교통사고라 하더라도 신고의무가 주어진다.(×)](대법원 2013도15500 판결)

판례 3) [교통사고 피해자 ⇨ 신고의무(○)] 교통사고 발생 시의 구호조치의무 및 신고의무는 차의 교통으로 인하여 사람을 사상하거나 물건을 손괴한 때에 운전자 등으로 하여금 교통사고로 인한 사상자를 구호하는 등 필요한 조치를 신속히 취하게 하고, 또 속히 경찰관에게 교통사고의 발생을 알려서 피해자의 구호, 교통질서의 회복 등에 관하여 적절한 조치를 취하게 하기 위한 방법으로 부과된 것이므로, 교통사고의 결과가 피해자의 구호 및 교통질서의 회복을 위한 조치가 필요한 상황인 이상 그 의무는 교통사고를 발생시킨 당해 차량의 운전자에게 **그 사고 발생에 있어서 고의 · 과실 혹은 유책 · 위법의 유무에 관계없이 부과된 의무**라고 해석함이 타당하고, **당해 사고의 발생에 귀책사유가 없는 경우에도 위 의무가 없다 할 수 없다.**[♣의무가 있다고 볼 수 없다.(×)](대법원 2015도12451 판결[도로교통법 위반(사고후미조치) · 도로교통법 위반(음주운전)])<19승진>
* 동지: 대법원 2002. 5. 24. 선고 2000도1731 판결 참조.

PART 04

III. 테마 159 교통사고처리특례법

제정 목적	(1) 이 법은 **업무상과실(業務上過失) 또는 중대한 과실로 교통사고를 일으킨 운전자에 관한 형사처벌 등의 특례**를 정함으로써 교통사고로 인한 **피해의 신속한 회복을 촉진**하고 **국민생활의 편익을 증진**함을 목적으로 한다.[♣형사처벌 면제 목적(×)](제1조)<96・05・16승진> ♣ 일반 인적피해 교통사고의 경우 교통사고처리특례법으로 처리한다.(○) (2) **인피교통사고** ① 교통사고가 발생하여 **치상의 결과가 야기**되었더라도 '교통사고처리특례법' 제3조 제2항의 **단서조항**(예외 12개항 등)**에 해당하지 않을 경우 합의가 되었으면** ⇨ '교통사고처리특례법(제3조 제1항)'위반행위에 대해서는 (교통사고처리특례법 제3조 제2항 적용) **공소권 없음**으로 처리 ② 교통사고가 발생하여 **치상의 결과가 야기**되었더라도 '교통사고처리특례법' **제4조 제1항 단서조항(+중상해)에 해당하지 않을 경우 종합보험에 가입되었으면** ⇨ '교통사고처리특례법(제3조 제1항)'위반행위에 대해서는 (교통사고처리특례법 제3조 제2항 적용) **공소권 없음**으로 처리 ⇨ 그 원인행위에 대하여는 '도로교통법' 해당법조를 적용토록 하였다. (3) **물피교통사고**: **합의**하거나 **종합보험**에 가입하는 경우 처벌하지 않는다.(교통사고처리특례법 제3조 제2항) ♣ 중앙선을 침범하여 도로 옆 전봇대를 충격하여 손괴한 경우 합의 시에도 처벌된다.(×) ※ 합의 또는 종합보험가입 시 **업무상 과실 또는 중과실로 인적피해를 야기할 경우** 처벌을 면제하는 특례규정을 두고 있다.(반의사불벌죄)(교통사고처리특례법 제3조 제2항) ※ 합의에 의한 처벌불원의 의사표시는 1심 판결 선고 전까지 하여야 한다.
적용 범위	**일반교통사고에 적용**: 교통사고의 개념을 **도로에서의 사고로 제한하지 않고**, 차의 교통으로 인한 사고로 확대 처리하고 있으므로, 일반적으로 차의 교통으로 인한 사고인 경우에는 교통사고처리특례법을 적용하여 처리하여야 한다.[♣일반교통사고의 경우 교통사고처리특례법 적용(○), ♣도로의 개념에 포함되지 않는 곳의 사고도 교통사고로 처리(○)] 예 공장내부, 아파트 지하주차장 등 **도로 아닌 곳의 인피사고 포함**[♣공장 안에서 지게차로 물건을 나르던 중 인적 피해사고의 경우 형법 제268조 업무상과실치사상죄 적용(×), ♣지하주차장 사고는 교통사고 아님(×)]

예외	그러나 **인피교통사고에서** 피해의 결과가 **극심한 사고원인에 대한 처벌을 강화하기 위하여** 다음 일부사고에 대해서는 반드시 공소를 제기하도록 하고 있다.(교통사고처리특례법 제3조 제2항) ① **도주**(구호조치 의무위반)한 때 ※ 도로여부 및 합의여부나 종합보험 가입여부를 묻지 않고 특정범죄가중처벌법위반(도주차량)으로 기소하고 교통사고처리특례법 위반은 특정범죄가중처벌등에 관한 법률 위반에 흡수된다.[♣교통사고처리특례법 위반 기소(×), ♣종합보험에 가입한 경우 공소권 없음.(×)] ② **사망사고**(업무상과실치사)를 일으킨 때<14승진> ③ **예외 12개항 사고**를 일으킨 때(**극심한 사고원인에 대한 처벌을 강화**) 예 '우연한 사고에 대한 신체장애 · 재물손해 배상책임 **1억 한도 보험**'에 가입한 **자전거 운전자가 보도에서 보행자를 치상**케 한 경우 ⇨ 교통사고종합보험가입에도 해당하지 않고, 보도침범사고는 예외사고이므로 ⇨ **무조건 공소제기 가능** ④ **인피 교통사고 후 음주측정요구에 불응한 때** ⑤ **중상해 사고**(신체 또는 생명에 대한 위험 및 불구나 난치 불구의 질병에 이르게 된 경우, 다만 진정한 **합의시** 반의사불벌죄로 **처벌하지 않음.** – 교통사고처리특례법 제3조, 제4조) ※ 사망사고의 기준은 72시간 이내 사망이며, 사망자 통계기준상 사망자의 정의는 교통사고가 주원인이 되어 30일 이내에 사망하는 것을 말한다.

교통사고처리특례법상 예외 12개항(교통사고처리특례법 제3조 제2항) 사고<05 · 15 · 17 · 18승진 · 07 · 19경위 · 01 · 02 · 18.2채용>

(1) **주요사고요인행위**

① **제한속도위반**(과속): 매시 **20km를 초과**하여 운전한 경우[♣10km 초과(×)]<17 · 22승진 · 18.2채용>

※ 공단 · 학교 등의 시설에서 자체적으로 필요에 따라 임의로 설치한 제한속도 표지의 속도를 초과한 경우는 특례법상의 과속에 해당하지 않음.<01승진>

② **음주운전 · 약물운전**(약물의 영향으로 정상적인 운전을 하지 못할 염려가 있는 상태에서 운전한 경우)[♣혈중 알콜 농도 0.03% 상태에서 운전 중 인적피해사고 야기 시 합의해도 처벌(○)]<19경위>

※ 약물운전은 예외 12개항 사고에는 포함되나, 주요 사고요인 행위에서는 제외됨.

※ 운전의 개념에 음주 · 약물운전, 사고조치의무 등의 경우 도로 이외의 장소에서도 운전에 해당하도록 개정되어 동 규정은 도로 이외의 장소에서도 적용이 되도록 개정이 되었다.

③ **신호기 · 경찰공무원 · 안전표지의 신호 및 지시위반**: 신호기 또는 교통정리를 하는 경찰공무원 등의 신호나 통행의 금지 또는 일시정지를 내용으로 하는 안전표지가 표시하는 지시에 위반하여 운전한 경우<19경위 · 15승진>

④ **중앙선침범 및 고속도로 또는 자동차전용도로에서의 횡단 · 유턴 · 후진의 경우**[♣중앙선 침범하여 물적 피해야기 시 합의해도 교통사고에 대해 처벌(×)](2호)<02 · 22승진>

※ **교차로 내**에서는 **중앙선 침범을 인정을 인정하지 않고** 있다.

PART 04

(2) **기타법규위반**[♣안전거리 미확보로 인한 사고(×)]

⑤ **승객의 추락방지의무 위반**<02승진>

⑥ **철길건널목 통과방법 위반**<22승진>

※ 일시정지(다만, 신호기 등이 표시하는 신호에 따르는 경우에는 예외)<02승진>

⑦ **앞지르기의 방법 · 금지시기 · 금지장소 또는 끼어들기의 금지에 위반한 경우**[♣끼어들기 방법위반(×)]<19경위 · 17승진>

주의 '앞지르기 방해금지 위반'은 해당되지 않음.<03 · 05승진>

⑧ **무면허운전** ⇨ 운전면허 또는 건설기계조종사면허를 받지 아니하거나 국제운전면허증을 소지하지 아니하고 운전한 경우<15승진>

⑨ **어린이 보호구역** ⇨ 어린이보호구역에서의 주의조치를 준수하고 어린이의 안전에 유의하면서 운전하여야 할 의무를 위반하여 어린이의 신체를 상해에 이르게 한 경우

⑩ **횡단보도 보행자 보호의무 위반**[♣횡단보도에서 자고 있는 사람(×), ♣횡단보도에서 택시 잡고 있는 사람(×)]

예 **자전거를 타고 횡단보도를 건너가다가** 동일 횡단보도를 건너고 있는 **보행자와 충격시** 교통사고처리특례법상의 보행자 보호의무 위반 **특례조항에 해당**된다.

♣ 횡단보도에서 자고 있는 사람을 보지 못하고 충격한 경우 합의하거나 종합보험에 가입한 경우 처벌하지 않는다.(×)

⑪ **보도침범 및 보도횡단방법에 위반하여 운전한 경우**<15승진>

⑫ **화물추락방지 위반 :** (「도로교통법」 제39조 제4항을 위반하여) 자동차의 **화물이 떨어지지 아니하도록 필요한 조치**를 하지 아니하고 운전한 경우<19경위 · 18 · 22승진>

▶ **과로운전 · 통행우선순위위반 · 난폭운전 · 안전거리 미확보**

※ 예외 12개항에 포함되지 않음.<03 · 05승진 · 07경위>

※ **과로운전 :** 자동차등 또는 노면전차의 운전자가 과로 · 질병 또는 약물의 영향과 그 밖의 사유로 인하여 정상적으로 운전하지 못할 우려가 있는 상태에서 자동차등 또는 노면전차를 운전하는 것

판례 1) [회전표차로 유도표시와 반대로 진행 ⇨ 지시위반(○)] 회전교차로에 설치된 **회전교차로 표지 및 유도표시가 화살표 방향과 반대로 진행하지 말 것을 지시하는 내용의 안전표지**에 해당하며, 회전교차로에 설치된 회전교차로 표지 및 유도표시에 표시된 화살표의 방향과 **반대로 진행한 것**이 교통사고처리특례법 제3조 제2항 단서 제1호에서 정한 '도로교통법 제5조에 따른 통행금지를 내용으로 하는 안전표지가 표시하는 **지시를 위반하여 운전한 경우**'에 **해당한다.**(대법원 2017도9392 판결 [교통사고처리특례법 위반])

판례 2) [교차로 직전 회색실선 차선, 교차로 내 진로변경 시도로 교통사고 ⇨ 지시위반(×)] **교차로 진입 직전에 백색실선**이 설치되어 있으나 **교차로에서의 진로변경을 금지하는 내용의 안전표지가 개별적으로 설치되어 있지 않은** 경우, 자동차 운전자가 **교차로에서 진로변경을 시도하다가 야기한 교통사고**가 교통사고처리 특례법 제3조 제2항 단서 제1호에서 정한 '도로교통법 제5조에 따른 통행금지를 내용으로 하는 안전표지가 표시하는 **지시를 위반하여 운전한 경우**'에 **해당하지 않는다.**[♣지시를 위반하여 운전한 경우에 해당한다.(×)](대법원 2015도3107 판결 [교통사고처리특례법 위반])<20경위>

판례 3) [일반도로 후진 ⇨ 중앙선침범(×)] 자동차 운전자가 고속도로 또는 자동차전용도로가 아닌 **일반도로의 중앙선 우측 차로 내에서 후진하는 행위**는 교통사고처리특례법 제3조 제2항 단서 제2호의 규정(**중앙선침범 등)을 위반한 것으로 볼 수 없다.**(2010도3436)

판례 4) [중앙선 표시 없는 교차로 ⇨ 중침사고(×)] 사고 장소가 **중앙선 표시가 없는 교차로**라면 **중앙선 침범을 원인으로 한 사고라고 할 수 없다.**(대법원 84도182)

판례 5) [좌회전 · 유턴허용하는 백색 점선 넘어 교통사고 ⇨ 중앙선 침범(×)] 황색 실선이나 황색 점선으로 된 중앙선이 설치된 도로의 어느 구역에서 **좌회전이나 유턴이 허용되어 중앙선이 백색 점선으로 표시되어** 있는 경우, 그 지점에서 **안전표지에 따라 좌회전이나 유턴을 하기 위하여 중앙선을 넘어 운행**하다가 반대편 차로를 운행하는 차량과 충돌하는 교통사고를 낸 것이 교통사고처리 특례법에서 규정한 **중앙선 침범에 해당하지 않는다.**(대법원 2016도18941 판결 [교통사고처리특례법위반])<20경위>

판례 6) [화물적재함 미확인 추락사고 ⇨ 승객추락방지의무위반(×)] [1] 교통사고처리특례법 제3조 제2항 단서 제10호는 "도로교통법 제35조 제2항의 규정에 의한 **승객의 추락방지의무**를 위반하여 운전한 경우"라고 규정함으로써 그 대상을 "승객"이라고 명시하고 있고, 도로교통법 제35조 제2항 역시 "모든 차의 운전자는 '운전중' 타고 있는 사람 또는 타고 내리는 사람이 떨어지지 아니하도록 하기 위하여 문을 정확히 여닫는 등 필요한 조치를 취하여야 한다."고 규정하고 있는 점에 비추어 보면, 위 특례법 제3조 제2항 단서 제10호 소정의 의무는 그것이 주된 것이든 부수적인 것이든 **사람의 운송에 공하는 차의 운전자가 그 승객에 대하여 부담하는 의무**라고 보는 것이 상당하다.

[2] **화물차 적재함에서 작업하던 피해자가 차에서 내린 것을 확인하지 않은 채 출발**함으로써 피해자가 추락하여 상해를 입게 된 경우, 승객추락방지의무(교통사고처리특례법 제3조 제2항 단서 제10호 소정의 의무)를 위반하여 운전한 경우에 해당하지 않는다.(대법원 99도3716판결 [교통사고처리특례법위반])<20경위>

판례 7) [면허효력이 정지된 경우 ⇨ 운전면허를 받지 아니한 경우에 포함(×)] **'운전면허를 받지 아니하고'**라는 법률문언의 통상적 의미에 '운전면허를 받았으나 그 후 운전면허의 **효력이 정지된 경우' 가 당연히 포함된다 할 수 없다.**(대법원 2011도7725)<19경위>

판례 8) [녹색등화 점멸시 보행시작, 적색등화에서 사고 ⇨ 예외11개 사고(×)] 피해자가 보행신호등의 **녹색등화가 점멸되고 있는 상태에서 횡단보도를 횡단하기 시작**하여 **횡단을 완료하기 전에 보행신호등이 적색등화로 변경**된 후 차량신호등의 녹색등화에 따라서 직진하던 피고인 **운전차량에 충격된 경우**에, 피해자는 신호기가 설치된 횡단보도에서 녹색등화의 점멸신호에 위반하여 횡단보도를 통행하고 있었던 것이어서 **횡단보도를 통행중인 보행자라고 보기는 어렵다**고 할 것이므로, 피고인에게 운전자로서 사고발생방지에 관한 업무상 주의의무위반의 과실이 있음은 별론으로 하고 (도로교통법 제24조 제1항 소정의) **보행자보호의무를 위반한 잘못이 있다고는 할 수 없다.**(대법원 2001도2939 판결 [교통사고처리특례법위반])

판례 9) [횡단보도 보행자 보호의무 불이행 ⇨ 3자 상해 ⇨ 예외11개 사고] 차의 운전자가 횡단보도에서의 보행자에 대한 보호의무(도로교통법 제27조①)를 위반하고 이로 인하여 상해의 결과가 발생하면 그 운전자의 행위는 예외11개항(특례법 제3조 제2항 단서 제6호)에 해당하게 되는데, 이때 횡단보도 보행자에 대한 운전자의 업무상 주의의무 위반행위와 상해의 결과 사이에 **직접적인 원인관계가 존재하는 한 위 상해가 횡단보도 보행자 아닌 제3자에게 발생한 경우라도 위 단서 제6호(예외11개항)에 해당하는 데에는 지장이 없다.**[♣제3자를 다치게 한 행위는 횡단보도 보행자보호의무 위반에 해당한다고 볼 수 없다.(×)]

피고인이 횡단보도를 걷던 **보행자 A를 들이받아 그 충격**으로 횡단보도 밖에서 **A와 동행하던 B가 밀려 넘어져 상해**를 입은 경우, 위 사고는 피고인이 횡단보도 보행자 A에 대하여 도로교통법 제27조 제1항에 따른 주의의무를 위반하여 운전한 업무상 과실로 야기되었고, **B의 상해는 이를 직접적 원인으로 하여 발생**하였으므로 피고인의 행위는 교통사고처리 특례법 제3조 제2항 단서 제6호에서 정한 횡단보도 **보행자 보호의무의 위반행위**에 해당한다.(2009도12671판결)

판례 10) [끼어들기 후 급정거 ⇨ 일반교통방해 치사상] 피고인이 고속도로 **2차로를 따라 자동차를 운전하다가 1차로를 진행하던 갑의 차량 앞에 급하게 끼어든 후 곧바로 정차**하여, 갑의 차량 및 이를 뒤따르던 차량 두 대는 급정차하였으나, 그 **뒤를 따라오던 을의 차량이 앞의 차량들을 연쇄적으로 추돌케 하여 을을 사망**에 이르게 하고 나머지 차량 운전자 등 피해자들에게 상해를 입힌 사안에서, 피고인에게 **일반교통방해치사상죄를 인정**한 원심판단이 정당하다. (대법원 2014도6206 판결[일반교통방해치사 등])

판례 11) [자전거 운전자 1억 한도책임보험 가입 ⇨ 공소권 있음] 피고인이 자전거를 운전하고 가다가 전방주시를 게을리한 과실로 피해자 갑을 들이받아 상해를 입게 하여 교통사고처리특례법 위반으로 기소되었는데, 자전거는 보험에 가입되지 않았으나 **피고인이 별도로 배상책임액을 1억원 내로 하는 내용의 종합보험에 가입**한 사안에서, 합의금 등 손해액을 위 보험에 기하여 지급하였다는 이유로 **공소를 기각한 원심판결**에 (**전액보상을 의미**하는) 같은 법 제4조 제1항, 제2항의 '보험' 등에 관한 **법리오해의 잘못**이 있다.[♣공소제기할 수 없다.(×), ♣교통사고처리특례법상 종합보험처리된 것으로 볼 수(×)](대법원 2011도6273 판결[교통사고처리특례법위반])

※ 자전거로 인도에서 인피 교통사고를 야기한 경우 자전거 운전자가 1억 한도 책임보험에 가입하였더라도 교통사고처리특례법상 인정되는 **보험으로 볼 수 없으며,** 교통사고처리특례법 제3조 제2항 단서(예외사고)에 해당하는 사안이므로 무조건 **공소를 제기할 수** 있다.

판례 12) [자전거 운전자 1억 한도책임보험 가입 ⇨ 교통사고처리특례법상 종합보험(×)] 특례법의 목적 및 취지와 아울러 **특례법 제4조 제2항에서 제1항의 '보험 또는 공제'의 정의**에 관하여 '보험업법에 따른 보험회사나 여객자동차 운수사업법 또는 화물자동차 운수사업법에 따른 공제조합 또는 공제사업자가 인가된 보험약관 또는 승인된 공제약관에 따라 피보험자와 피해자 간 또는 공제조합원과 피해자 간의 손해배상에 관한 합의 여부와 상관없이 피보험자나 공제조합원을 갈음하여 피해자의 치료비에 관하여는 통상비용의 전액을, 그 밖의 손해에 관하여는 보험약관이나 공제약관으로 정한 지급기준금액을 대통령령으로 정하는바에 따라 우선 지급하되, 종국적으로는 확정판결이나 그 밖에 이에 준하는 집행권원상 '피보험자 또는 공제조합원의 교통사고로 인한 **손해배상금 전액을 보상하는 보험 또는 공제'라고 명시**하고 있음에 비추어 볼 때, 위 특례법상 형사처벌 등 특례의 적용대상이 되는 '**보험 또는 공제에 가입된 경우'란,** '교통사고를 일으킨 차'가 위 보험 등에 가입되거나 '그 차의 운전자'가 차의 운행과 관련한 보험 등에 가입한 경우에 그 **가입한 보험에 의하여 특례법 제3조 제2항에서 정하고 있는 교통사고 손해배상금 전액의 신속 · 확실한 보상의 권리가 피해자에게 주어지는 경우**를 가리킨다고 할 것이다.(교통사고처리특례법상 보험이라고 할 수 없다.)[♣피해자의 처벌불원 의사에 따라 결정하여야 한다.(×)](대법원 2011도6273 판결[교통사고처리특례법위반])

Ⅳ. 특정범죄 가중처벌 등에 관한 법률(도주, 도로× 포함, 합의 불문)

1. 특정범죄 가중처벌 등에 관한 법률 제5조의3(도주)

① **자동차, 원동기장치자전거** 또는 자동차에 해당하는 건설기계 외의 **건설기계**(이하 **"자동차등"**)의 교통으로 인하여 업무상과실치상죄(「형법」 제268조의 죄)를 범한 해당 자동차등의 운전자가 피해자를 구호(救護)하는 등 「도로교통법」(제54조 제1항)에 따른 **조치를 하지 아니**하고 **도주한 경우**에 **가중처벌**한다.[♣도로교통법 제148조 적용(×)](법 제5조의3)<14승진>

※ **자동차등** ⇨ **경운기의 경우에는 특정범죄가중처벌등에 관한 법률을 적용할 수 없다.**<03승진>

※ **가해자를 전제** ⇨ 특정범죄가중처벌등에 관한 법률상의 도주는 도로교통법의 신고의무·구호조치의무와는 달리 가해자를 전제로 한 것이다.

② 특정범죄가중처벌 등에 관한 법률(제5조의3)상의 도주차량죄는 도로교통법상의 **도로에서의 사고에 한정되지 않는다.**[♣도로에서의 교통사고에 제한하여야(×)](대법원 2004도3600)<15·17·18·19승진·11경위>

> **판례** 특정범죄 가중처벌 등에 관한 법률 제5조의3 소정의 도주차량운전자에 대한 가중처벌규정은 ,,,,,, 규정의 입법취지에 비추어 볼 때 여기에서 말하는 차의 교통으로 인한 업무상과실치사상의 사고를 도로교통법이 정하는 **도로에서의 교통사고의 경우로 제한하여 새겨야 할 아무런 근거가 없다.**(2004도3600)<15·17승진·11경위>

③ 인적 피해를 낸 도주차량의 경우 적용하며 **합의에 관계없이 처벌**한다.(물피 도주는 도로교통법 제148조를 적용)[♣합의하면 공소권 없음.(×)]

※ **인명피해 사고를 야기한 후 도주**하였을 때는 물론이고 그 후 **자수한 경우**에도 '**특정범죄 가중처벌 등에 관한 법률' 제5조의3(도주차량)을 적용하여 형사입건**한다.

예 아파트 단지내 **주차장에서 후진하다가 상해를 입히고 도주**한 경우 ⇨ 도로 아니지만 **특정범죄가중처벌등에 관한 법률상 도주죄** 적용되며, **합의해도 처벌**한다.[♣합의하면 공소권 없다.(×)]

④ **도주하는 것을 검거한 경우** 도주우려가 있어 **긴급체포할 수** 있다.

※ 음주뺑소니인 경우가 많으므로 **음주 측정하는 것이 좋다.**

☞ **도주차량에 해당한다고 본 판례**

판례 1) [도로 아닌 교회주차장] **교회 주차장에서 교통사고를 야기**하여 사람을 다치게 하고도 **구호조치 없이 도주**한 경우, 특정범죄가중처벌등에 관한 법률상 도주차량죄의 교통사고는 **도로에 제한되는 것이 아니**므로 도주차량에 해당한다.[2004도3600]<15경위>

판례 2) [경찰 도착 전 이탈] 사고 후 자신의 명함을 주고 택시에게 피해자 이송의뢰를 하였으나 **경찰이 도착하기 전에는 병원에 가지 않겠다고 하여 이송을 못하고 있는 사이 현장을 이탈한 경우** 도주차량에 해당한다.[2004도250]<15경위>

판례 3) [병원후송 후 신원미상 도주] 교통사고를 야기한 운전자가 피해자를 **병원에 후송한 후 신원을 밝히지 아니한 채 도주**한 경우 도주차량에 해당한다.[97도2475]<15경위>

판례 4) [목격자라고 허위신고] 사고를 야기한 후 자신의 **범행을 은폐하기 위해 목격자라고 경찰에 허위신고 한 경우** 도주차량에 해당한다.[96도1997]

판례 5) 사고운전자가 **2세 남짓한 피해자**에게 약국에서 간단히 치료하고 집으로 혼자 돌아갈 수 있느냐고 질문하여 **"예"라고 대답하였다는 이유로 아무런 보호조치도 없는 상태에서 피해자를 길가에 하차**시켰다면 ...사고 야기자가 누구인지 쉽게 알 수 없도록 하였으므로 도주에 해당한다고 판시하였다.(대법원 1994.10.14, 94도1651)

판례 6) 교통사고 피해자가 **2주간의 치료를 요하는 경미한 상해를 입었다는 사정**만으로 사고 당시 피해자를 **구호할 필요가 없었다고 단정지을 수 없다.**(2008도1339)<19승진>

판례 7) [**사고 가해자가 자신을 목격자라고 밝힌 경우 ⇨ 도주(○)**] (소극적 은폐 = 도주) '도로교통법 제54조 제1항의 규정에 의한 조치'에는 피해자나 경찰관등 교통사고와 관계있는 사람에게 **사고운전자의 신원을 밝히는 것도 포함**된다... 교통사고 야기자가 피해자를 병원에 후송하기는 하였으나 조사 경찰관에게 사고사실을 부인하고 **자신을 목격자라고 하면서 참고인 조사를 받고 귀가한 경우**, 특정범죄가중처벌 등에 관한 법률 제5조의3 제1항 소정의 **'도주'에 해당한다.**[♣도주에 해당하지 않는다.(×)](대법원 2003.3.25, 2002도5748)

♣ 교통사고 야기자가 피해자를 병원에 후송하기는 하였으나 조사 경찰관에게 사고사실을 부인하고 자신을 목격자라고 하면서 참고인 조사를 받고 귀가한 경우, 특정범죄가중처벌 등에 관한 법률 제5조의3 제1항 소정의 '도주'에 해당하지 않는다는 것이 판례의 입장이다.(×)

판례 8) 만취 운전자가 교통사고 직후 **취중상태에서 사고현장으로부터 수십 미터까지 혼자 걸어가다 수색자에 의해 현장에서 붙잡힌 경우 도주의사가 있다**고 인정된다.(2005도4459)

☞ **도주차량에 해당하지 않는다고 본 판례**

판례 1) 사고 운전자가 사고차량의 **운전자를 동승자라고 경찰에 허위 신고**를 하였다면 이후 사고 장소를 이탈하지 아니한 채 **보험회사에 사고접수**를 하고, **경찰 조사 이후 자수**하더라도, 특정범죄 가중처벌 등에 관한 법률 제5조의3 제1항에 정한 **도주한 때로 볼 수 없다.**[♣도주에 해당(×)](2008도8627)

판례 2) 교통사고 가·피해자가 사고여부를 놓고 언쟁을 하다 **동승했던 아내에게 사고처리를 위임**하여 그의 아내가 사고처리를 하고 운전자는 현장을 떠난 경우 도주에 해당하지 않는다.(대법원 96도2843)

판례 3) 실제로 피해자를 구호하는 등 **조치를 취할 필요가 있었다고 인정되지 아니하는 때에는 사고 장소를 떠났다고 하더라도** 도주차량으로 처벌할 수 없다.[♣도주차량으로 처벌할 수 있다.(×)][2004도2523]

판례 4) 교차로에서 신호대기 중이던 **옆차로의 피해차량 후사경을 손괴한 다음 진행신호로 바뀔 때까지 피해자의 항의가 없어 별다른 조치를 취하지 아니한 채 사고현장을 이탈한 경우** 도주차량으로 처벌할 수 없다.[♣도주차량으로 처벌할 수 있다.(×)][2003도3616]

판례 5) **동승자가** 교통사고 후 **운전자와 공모하여 도주행위에 가담**하였다면, 특정범죄 가중처벌 등에 관한 법률 위반(도주차량)죄의 **공동정범으로 처벌할 수 없다.**(2007도2919)

판례 6) 좌회전이 안 되는 교차로에서 **불법으로 좌회전하는 순간 같은 방면 후방에서 중앙선을 넘어 오던 차량과 충돌 후 구호조치 없이 도주**한 사고에 있어서 좌회전 금지구역에서 좌회전한 행위와 사고 발생 간에 상당인과관계가 인정되지 아니하므로 **피고인의 과실로 사고가 발생하였음을 전제로 하는 특정범죄가중처벌등에 관한 법률위반의 점에 대해서는 무죄**를 선고한 원심판결이 정당하다.[♣특정범죄가중처벌등에 관한 법률 위반(×)](대법원 1996.5.28, 95도1200)

2. 특정범죄가중처벌등에 관한 법률 제5조의11(위험운전치사상)

① **음주 또는 약물의 영향**으로 **정상적인 운전이 곤란한 상태**에서 **자동차**(원동기장치자전거 포함)을 운전하여 사람을 상해에 이르게 한 자는 1년 이상 15년 이하의 징역 또는 1천만원 이상 3천만원 이하의 벌금에 처하고, 사망에 이르게 한 자는 무기 또는 3년 이상의 유기징역에 처하게 된다.(특정범죄가중처벌등에 관한 법률 제5조의11 제1항)

※ **자동차등** ⇨ 처벌대상은 **자동차와 원동기장치자전거**로 **덤프트럭 등** 건설기계관리법상 자동차로 간주되는 **6종의 건설기계도 처벌대상**이다.

② 실무상 혈중알콜농도가 **0.03% 이상**으로 해석 및 적용하고 있으며, 위태범으로 운전자가 **정상적으로 운전하지 못할 우려가 있는 상태에서 운전하면** 처벌된다.[♣곤란한 상태에 해당하여야(×)]

③ 음주운전으로 인피사고를 내었으나 **음주측정에 불응한 경우에도 이 규정에 의하여 처벌된다**.[♣음주측정에 불응하면 이 법으로 처벌불가(×)](음주에 음주측정거부 포함)(대법원 2017도15519)

④ 음주인피사고 후 **도주하면** 특정범죄가중처벌등에 관한 법률 제5조의3(**도주차량 운전자의 가중처벌**)과 도로교통법 제44조(**술에 취한 상태에서의 운전)만 적용**하고 **이 법률은 적용하지 않는다**.

판례 1) **약물 등의 영향으로 정상적으로 운전하지 못할 우려가 있는 상태**에서 자동차등을 운전하였다고 인정하려면, 약물 등의 영향으로 인하여 '정상적으로 운전하지 못할 우려가 있는 상태'에서 운전을 하면 바로 성립하고, **현실적으로 '정상적으로 운전하지 못할 상태'에 이르러야만 하는 것은 아니다**.(위태범)[♣정상적인 운전이 곤란한 상태에 이르러야(×)](2010도11272) <12·19승진·12채용>

판례 2) [위험운전치상 ⇨ 구성요건적 행위와 결과 발생 사이 인과관계 요구] 음주로 인한 특정범죄 가중처벌 등에 관한 법률 위반(위험운전치사상)죄는 도로교통법 위반(음주운전)죄의 경우와는 달리 형식적으로 혈중알코올농도의 **법정 최저기준치를 초과하였는지 여부와는 상관없이 운전자가 '음주의 영향으로 실제 정상적인 운전이 곤란한 상태'에 있어야만** 하고,[♣일률적으로 0.1% 초과시 적용(×)] 그러한 상태에서 자동차를 운전하다가 사람을 상해 또는 사망에 이르게 한 행위를 처벌대상으로 하고 있는바, 이는 음주로 인한 특정범죄 가중처벌등에 관한 법률 위반(위험운전치사상)죄는 업무상과실치사상죄의 일종으로 **구성요건적 행위와 그 결과 발생 사이에 인과관계가 요구**되기 때문이다.

[발음 약간 부정확, 비틀거림 없음 등 ⇨ 특가법 위험운전치상(×), 도교법 음주운전(○)] 운전자가 음주운전으로 교통사고를 야기한 후, 차에서 내려 피해자(진단 3주)에게 **'왜 와서 들이받냐'라는 말**을 하고, 교통사고 조사를 위해 경찰서에 가자는 경찰관의 지시에 순순히 응하여 순찰차에 스스로 탑승하여 경찰서까지 갔을 뿐 아니라 경찰서에서 조사받으면서 사고 당시 상황에 대한 자신의 주장을 정확하게 진술하였다면, 비록 경찰관이 작성한 주취운전자 정황진술보고서에는 **'언행상태'란에 '발음 약간 부정확', '보행 상태'란에 '비틀거림이 없음', '운전자 혈색'란에 '안면 홍조 및 눈 충혈**'이라고 기재되어 있다고 하더라도 음주로 인한 특정 범죄 가중처벌 등에 관한 법률 위반(위험운전치사상)이 아니라 **도로교통법 위반(음주운전)**으로 처벌해야 한다.(대법원 2017도15519판결 [특정범죄가중처벌등에 관한 법률위반(위험운전치사상)·도로교통법위반(음주측정거부)])<22.2채용>

판례 3) 음주로 인한 **특정범죄 가중처벌 등에 관한 법률 위반(위험운전치사상)죄**와 **도로교통법 위반(음주운전)죄는 실체적 경합관계**에 있다.[♣상상적 경합(×)](2008도7143)<19승진>

PART 04

Ⅲ 테마 160 신뢰의 원칙

(1) **의의 : 교통규칙을 준수하는 운전자**는 다른 사람들도 교통규칙을 준수할 것을 **신뢰해도 좋고**, 특별한 사정이 없는 한 다른 사람들이 교통규칙을 위반하는 경우까지 **예상하여 이에 대한 방어조치를 취할 의무는 없다**는 원칙을 말한다.

① **취지 :** 과실범과 관련이 있으며, 현대사회에서 도로교통의 사회적 중요성에 기인하여 **과실범 처벌을 완화하자는 원칙**이다.[♣과실범 처벌 강화(×)]<11.2채용>

② **연혁** : 1935년 **독일 제국법원이 최초로 인정**한 이래 스위스, 오스트리아, 일본은 물론 국내에도 도입되었다.<11.2채용>

(2) 허용된 위험의 특별한 경우로서 과실범의 **'객관적 주의의무를 제한'하는 기능**을 한다.

① 고속도로에서 상대방 차량이 중앙선을 침범하지 않을 것이라는 것을 믿어도 된다는 원칙<11.2채용>

② 다른 차량이 무모하게 앞지르지 않을 것을 믿어도 된다는 원칙<11.2채>

③ 교차로에 들어서서 통행후순위 차량이 앞질러 진입하지 않을 것을 믿어도 된다는 원칙<11.2채용>

④ 도로교통에서 상대방의 규칙위반을 이미 인식한 경우에는 동 원칙이 적용되지 않는다.<11.2채용>

1. 적용범위 – (긍정)

(1) 차와 차 : 일반적으로 신뢰의 원칙을 적용

판례 1) [교차로] 교차로를 거의 통과할 무렵 직진신호가 주의신호로 바뀐 경우 자동차운전자로서는 계속 진행하여 신속히 교차로를 빠져나가면 되는 것이고 반대편에서 좌회전을 하기 위해 대기하던 차량이 **주의신호임에도 미리 좌회전해 올지 모른다는 것을 예상하고 이에 대한 대비조치를 강구하면서까지 운전할 업무상 주의의무**는 없다.(대법원 1993.8.19, 86도589)

판례 2) [교차로] 사거리를 녹색신호에 따라 통과할 무렵 피고인이 **제한속도를 초과하였다 할지라도 신호를 위반하고 직진한 상대방 차량에 대한 주의의무**는 없다.(대법원 1993.1.15, 92도2579)

판례 3) [교차로] 교차로에 먼저 진입한 운전자로서는 이와 교차하는 좁은 도로를 통행하는 피해자가 교통법규에 따라 적절한 행동을 취하리라고 신뢰하고 운전한다고 할 것이므로 특별한 사정이 없는 한 **피해자가 자신의 진행속도보다 빠른 속도로 무모하게 교차로에 진입하여 자신이 운전하는 차량과 충격할지 모른다는 것까지 예상**하고 대비하여 운전하여야 할 주의의무는 없다고 할 것이다.(대법원 1992.8.18, 92도934)

판례 4) [중앙선 침범사고] 반대차선을 운행하는 차가 중앙선을 넘어 오리라고 예상할 만한 사정이 없는 경우에 있어서 중앙선 표시가 있는 왕복 4차선 도로에서 차로 운행하는 운전자에게 **반대차선을 운행하는 자가 중앙선을 넘어 동인의 차량 진행차선 전방으로 갑자기 진입해 들어올 것까지 예견**하여 감속하는 등 미리 충돌을 방지할 태세를 갖추어 차를 운전하여야 할 업무상 **주의의무가 있다고는 할 수 없다.**(대법원 1987.6.9, 87도995)<15경위 · 12.1채용>

판례 5) [교차로] 피고인이 **좌회전 금지구역에서 좌회전**한 것은 잘못이나 후행차량이 중앙선을 넘어 **피고인 운전차량의 좌측으로 돌진하는 등 극히 비정상적인 방법으로 진행할 것까지를 예상**하여 사고발생 방지조치를 취하여야 할 업무상 주의의무가 있다고 할 수는 없고 ......(95도1200)

판례 6) [대각선 방향진행] 편도 5차선 도로의 1차로를 신호에 따라 진행하던 자동차 운전자에게 도로의 오른쪽에 연결된 소방도로에서 오토바이가 나와 맞은편 쪽으로 가기 위해 편도 5차선 **도로를 대각선 방향으로 가로질러 진행하는 경우**까지 예상하여 진행할 **주의의무는 없다.**[대법원 2006도9216판결]<14경위>

(2) 차와 사람 – 제한적으로 신뢰의 원칙을 적용(판)–긍정

판례 1) [고속도로] 일반적으로 고속도로를 운전하는 자동차운전자에게 **도로상에 장애물이 나타날 것을 예견**하여 제한속도 이하로 감속 서행할 주의의무가 없다.[♣주의 의무가 있다.(×)](대법원 1981.12.8, 81도1808)<15.3채용>

판례 2) [자동차전용도로] 도로교통법상 자동차전용도로는 자동차만이 다닐 수 있도록 설치된 도로로서 보행자 또는 자동차 외의 차마는 통행하거나 횡단하여서는 안 되도록 되어 있으므로 자동차전용도로를 운행하는 자동차의 운전자로서는 특별한 사정이 없는 한 **무단 횡단하는 보행자가 나타날 경우를 미리 예상**하여 **감속 서행할 주의의무는 없다.**(대법원 88도1689)

판례 3) [고속도로] 고속도로를 운행하는 자동차 운전자는 **고속도로를 무단횡단하는 보행자가 있을 것을 예견하여 운전할 주의의무가 없다.**[♣고속도로에서 무단 횡단하는 보행자가 있을 것을 예견하여 운전할 주의의무가 있다.(×)](대법원 2000도2671판결)<14 · 15경위 · 11승진 · 12.1채용>

판례 4) [육교 밑] 사고일시가 한 가을의 심야이고 그 장소가 도로교통이 빈번한 **대도시 육교 밑**의 편도 4차선의 넓은 길 가운데 2차선 지점인 경우라면 이러한 교통상황 아래에서의 자동차 운전자는 **무단 횡단자가 없을 것으로 믿고 운전해가면 되는 것**이고 도로교통법규에 위반하여 그 자동차의 앞을 횡단하려고 하는 사람이 있을 것까지 예상하여 그 안전까지를 확인해가면서 운전하여야 할 **의무는 없다.**(대법원 1988.10.11, 88도1320)

판례 5) [잠수교 노상] 서울 **잠수교 노상**은 자동차전용도로가 아니라고 하더라도 자전거 출입이 금지된 곳이므로 **자전거를 탄 피해자가 차도에 나타나리라**고 **예견할 수 없다.**(대법원 80도1446)

판례 6) [반대편에서 정지중인 차 뒤로 횡단] 횡단보도의 **신호가 적색**인 상태에서 **반대차선에 정지 중인 차량 뒤에서 보행자가 건너올 것까지 예상하여 주의의무를 다하여야 한다고 할 수 없다.**[대법원 92도2077]<14승진 · 15 · 19경위>

PART 04

2. 적용한계(부정)

⑴ **상대방의 규칙위반을 이미 인식한 경우 :** 중앙선 침범을 이미 목격한 경우(判)

⑵ **상대방의 규칙준수를 신뢰할 수 없는 경우 :** 어린아이(判), 노인, 불구자, 버스정류장, 초등학교 · 유치원 앞의 경우

– **보행자신호가 녹색신호에서 적색신호로 바뀔 무렵** 전후에 통과하는 자동차의 운전자는 좌우에 이미 횡단보도에 진입한 보행자가 있는지 여부를 살펴보아야 할 주의의무가 있다.(判例)<03승진 · 01채용>

⑶ **운전자가 스스로 교통규칙을 위반한 경우 :** 그러나 규칙위반이 결정적 원인이 아니라면 신뢰의 원칙 적용이 가능함.

– ㅏ자형 교차로에서 과속은 하였으나 신호위반 차량 때문에 사고가 난 경우(判例)

⑷ **신뢰원칙을 부정한 판례**

판례 1) [고속도로-미리 발견] 고속도로상을 운행하는 자동차운전자는 보행인이 그 도로의 중앙방면으로 갑자기 뛰어드는 일이 없을 것이라는 신뢰 하에서 운행하는 것이지만 위 도로를 횡단하려는 **피해자를 그 차의 제동거리 밖에서 발견**하였다면 피해자가 반대 차선의 교행차량 때문에 도로를 완전히 횡단하지 못하고 그 진행차선 쪽에서 **멈추거나 다시 되돌아 나가는 경우를 예견해야 하는 것**이다.[♣제동거리 밖에서 무단 횡단자를 발견했을 경우 사고를 방지할 의무가 있다.(○)](대법원 80도3305)<15경위>

판례 2) [자동차전용도로-미리 발견] 제한시속 70킬로미터의 사고지점을 80킬로미터의 과속으로 차량을 운전하다가 **50미터 전방 우측도로 변에 앉아 있는 피해자를 발견**하였다면 비록 그 지점이 사람의 횡단보행을 금지한 자동차 전용도로였다 하더라도 그 피해자의 옆으로 동 차량을 운전하고 지나가야만 할 운전자로서는 피해자를 발견하는 즉시 그의 동태를 주시하면서 감속 서행하는 등 **피해자가 도로에 들어올 경우에 대비하는 조치를 취할 업무상의 주의의무**가 있다.(대법원 86도1676)

판례 3) [횡단보도 보행자 신호등 바뀔 무렵] **보행자 신호가 녹색신호에서 적색신호로 바뀔 무렵** 전후에 횡단보도를 통과하는 자동차 운전자는 보행자가 교통신호를 철저히 준수할 것이라는 신뢰만으로 자동차를 운전할 것이 아니라 좌우에서 이미 횡단보도에 진입한 보행자가 있는지 여부를 살펴보고 또한 그의 동태를 두루 살피면서 서행하는 등 하여 그와 같은 상황에 있는 보행자의 안전을 위해 **어느 때라도 정지할 수 있는 태세를 갖추고 자동차를 운전하여야 할 업무상의 주의의무가 있다.**[♣주의의무가 없다.(×)](대법원 86도549판결)<14 · 15경위 · 12.1채용>

판례 4) [주차차량 밑 확인의무] 전날 밤에 주차시켜 둔 차량을 아침에 출발시킬 때에는 운전자는 **주차차량 차체 밑까지 확인할 주의의무가 있다.**[♣차체 밑까지 확인할 주의의무가 있다고 할 수 없다.(×)][대법원 88도883판결]<14경위>

Ⅳ 유형별 교통사고처리<01 · 02 · 03채용>

Ⅰ. 사고결과에 따른 처리

<table>
<tr><td rowspan="3">도주</td><td colspan="2">인적피해</td><td colspan="2">**형사입건 : 공소권 있음 처리**(특정범죄가중처벌 등에 관한 법률 적용)<05 · 09승진>
※ 인피 사고를 야기하고 도주한 경우 **면허는 취소**하며, 그 후 **자수한 때**에도 처벌되나 **행정처분이 감경**된다.</td></tr>
<tr><td colspan="2">물적피해</td><td colspan="2">**형사입건 : 공소권 있음 처리**(도로교통법 제148조 적용)[♣특정범죄가중처벌등에 관한 법률 적용(×)]<03 · 05 · 07채용 · 12경위>
※ 물적피해 교통사고를 야기한 후 도주한 때 **벌점은 15점**이고, **자수하더라도 행정처분 감경제도는 없다**.[♣자수 감경(×)]</td></tr>
<tr><td colspan="2">미신고</td><td colspan="2">**교통사고 후 사상자 구호 등 사후조치는 하였으나 신고를 하지 않은 경우 : 공소권 있음 처리**(도로교통법 제54조, 제154조 적용)
※ 단, 도로에서의 위험방지와 원활한 소통을 위하여 필요한 조치를 한 때에는 그러하지 아니함. ⇨ 도주×</td></tr>
<tr><td rowspan="5">인피사고</td><td colspan="2">치사(致死)사고</td><td colspan="2">**형사입건 : 공소권 있음 처리**(교통사고처리특례법 제3조 제1항)</td></tr>
<tr><td rowspan="4">치상사고</td><td>예외 12개항, 음주측정 불응</td><td colspan="2">**형사입건 : 공소권 있음 처리**(교통사고처리특례법 제3조 제2항)
※ 피해자와의 **합의여부 및 보험가입여부와 관계없이 처벌**한다.<02채용>
※ 채혈 측정을 요청하거나 채혈에 동의한 경우 음주측정불응 아님.</td></tr>
<tr><td>중상해</td><td colspan="2">① **보험가입**해도 공소권 있음.(교통사고처리특례법 제3, 4조)
② **합의**하면 공소권 없음.(반의사 불벌죄-교통사고처리특례법 제3, 4조)</td></tr>
<tr><td rowspan="2">기타</td><td>합의 성립 또는 보험가입</td><td>① 기타사고 : 형사입건, **공소권 없음 처리**(교특법 제3, 4조)
② 원인행위만 도로교통법을 적용하여 처리한다.</td></tr>
<tr><td>합의 불성립 및 보험 미가입</td><td>형사입건, **공소권 있음 처리**(교통사고처리특례법 제3조 제1항)<03채용>
※ 합의 의사표시는 1심판결선고 전에 해야 한다.</td></tr>
<tr><td rowspan="2">물적피해</td><td colspan="2">합의 또는 보험가입</td><td colspan="2">피해액과 관계없이 교통사고처리대장에 등재함으로써 처리절차를 종결(내사종결)하며, **형사입건은 하지 않는다**.(반의사불벌죄-교통사고처리특례법), 원인행위만 도로교통법을 적용 처리</td></tr>
<tr><td colspan="2">합의 불성립 및 보험 미가입</td><td colspan="2">① **형사입건 : 공소권 있음 처리**(도로교통법 제151조)<14승진>
② 다만, **피해액 20만원 미만**인 사고는 즉결심판에 회부</td></tr>
</table>

한쌤의 이해하는 경찰학개론 각론

합격까지 박문각

PART

05

정보경찰

CHAPTER 01 정보경찰 일반

Ⅰ 정보경찰의 의의

(1) 정보경찰의 임무

치안정보국장은 다음 사항을 분장한다.(경찰청과 그 소속기관 직제 제14조 제3항)<22승진>

1. **공공안녕에 대한 위험의 예방과 대응**을 위한 정보업무 기획 · 지도 및 조정
2. 국민안전과 국가안보를 저해하는 위험 요인에 관한 정보활동
3. **국가중요시설** 및 **주요 인사의 안전 · 보호**에 관한 정보활동
4. 집회 · 시위 등 **공공갈등과 다중운집**에 따른 질서 및 안전 유지에 관한 정보활동<22승진>
5. 국민의 생명 · 신체의 안전이나 재산의 보호 등 생활의 평온과 관련된 **정책에 관한 정보**활동
6. 국가기관 · 지방자치단체 · 공공기관의 장이 요청한 **신원조사 및 사실확인**에 관한 정보활동
7. 외사정보의 수집 · 분석 및 관리 등 외사정보활동
8. 그 밖에 범죄 · **재난** · 공공갈등 등 공공안녕에 대한 위험의 예방과 대응을 위한 정보활동으로서 제2호부터 제6호까지에 준하는 정보활동[♣재난정보활동에 대해서는 명시하지 않고 있다.(×)]

Ⅰ. 각국의 정보기관<12경위>

국가	기관	내용
미국	중앙 정보국 (CIA)	① 미국의 중앙정보국(CIA)은 대통령 직속기관으로 미국 의회의 통제를 받지 않는 유일한 기관이며 외부감사에서 제외된다. ② 경찰활동 · 소환장발부 등 법집행이나 국내치안단속의 기능은 갖지 아니한다. [♣수사권을 갖는다.(×)]<12경위> ♣ 미국의 중앙정보국(CIA)은 미국 의회의 통제를 받지 않는 유일한 기관이고, 연방수사국(FBI)과 대등한 수준의 수사권을 보유한 연방법집행기관이다.(×)<12경위>
영국	비밀 정보부 (SIS)	① 국외정보수집 · 분석과 공작활동 담당, 법적 근거 없이 운영하다 1994년 정보국법 제정, 일명 MI-6(Military Intelligence)가 정보국의 전신 ② 형식상으로 외무성에 소속되어 있으나 실제로는 수상에게 직접 보고할 의무 있음.
프랑스	해외안전 총국 (DGSE)	① 국방성 산하에서 국외정보와 방첩업무 담당 ② 프랑스 안보에 유리한 정보를 추구하고 이용하며, 국토전역에 걸쳐 프랑스의 이익에 반대되는 간첩활동을 탐자하고 분쇄하는 임무 수행
독일	연방헌법 보호청 (BVS)	① 국내 스파이활동의 방지 및 제거와 연방헌법에 적대적인 혁명분자의 감시업무를 담당한다. ② 수사권이 없는 것이 특징이다.<12경위>

일본	내각 조사실	내각의 중요정책에 관한 정보수집, 보고 및 국내외 언론의 논조분석, 국내치안관련 정보 취급 ※ 일본경찰의 정보활동은 경비경찰에 소속되어 있는 공안경찰이 담당[♣경찰은 정보수집업무를 담당하지 않는다.(×)]<12경위>
한국	국가 정보원	국가정보원은 2020년 국정원 개혁안에 의해 국가보안법관련 범죄와 국정원 직원의 직무관련 범죄에 대한 수사권을 경찰에 이관하였다.[♣수사권 있다.(×)]<12경위>

Ⅱ 정보경찰활동의 근거와 한계

Ⅰ. 근거

(1) 정보활동은 비권력적 사실행위로서 법률유보의 원칙이 엄격하게 적용되지 않아 **조직법적 임무규정만으로도 활동이 가능**하다고 본다.[♣정보활동은 법률에 근거를 두고 있지 않다.(×)]

(2) **일반규정:** 정보경찰활동은 조직법인 **국가경찰과 자치경찰의 조직 및 운영에 관한 법률과, 작용법인 경찰관직무집행법,** 대통령령인 **경찰관의 정보수집 및 처리 등에 관한 규정**에도 규정되어 있으며 모두 **조직법적 임무규정**으로 보는 것이 일반적 견해이다.

① **국가경찰과 자치경찰의 조직 및 운영에 관한 법률(제3조), 경찰관직무집행법(제2조)** ⇨ **4. '공공안녕에 대한 위험의 예방과 대응을 위한 정보의 수집 · 작성 · 배포'**를 규정하고 있다.(**경찰관직무집행법 1차 개정**[1981]**에서 규정**하였다.)

② **정보의 수집**: 경찰관은 범죄 · 재난 · 공공갈등 등 **공공안녕에 대한 위험의 예방과 대응을 위한 정보의 수집 · 작성 · 배포**와 이에 **수반되는 사실의 확인**을 할 수 있다.(경찰관 직무집행법 제2조 제1항)

※ 정보의 구체적인 **범위**와 처리 **기준**, 정보의 수집 · 작성 · 배포에 수반되는 사실의 확인 **절차와 한계**는 대통령령으로 정한다.(경찰관직무집행법 제2조 제2항) ⇨ **대통령령: 경찰관의 정보수집 및 처리 등에 관한 규정**

(3) **개별규정:** '정보경찰 활동규칙'(경찰청 훈령), '경찰청과 그 소속기관 직제'가 있다.[♣통합방위법(×)]

① **견문수집업무의 법적 근거: '정보경찰 활동규칙**(경찰청 훈령)'

② 경찰청장이 **지문정보를 보관**하는 행위 근거 **: 개인정보보호법, 주민등록법, 국가경찰과 자치경찰의 조직 및 운영에 관한 법률 및 경찰관직무집행법**이 있다.

> **판례** 1) [경찰청장의 지문정보 보관 ⇨ 개인정보자기결정권 침해(×)] **경찰청장이 지문정보를 보관하는 행위는 공공기관의 개인정보보호에 관한 법률(개인정보보호법으로 변경)** 제5조, 제10조 제2항 제6호에 근거한 것으로 볼 수 있고, 그 밖에 **주민등록법** 제17조의8 제2항 본문, 제17조의10 제1항, **국가경찰과 자치경찰의 조직 및 운영에 관한 법률** 제3조 및 **경찰관직무집행법** 제2조에도 근거하고 있다......경찰청장이 지문정보를 보관하는 행위의 법률적 근거로서 거론되는 법률조항들은 모두 경찰청장이 지문정보를 범죄수사목적에 시용하는 행위의 법률적 근거로서 원용될 수 있다. ..이 사건 지문날인제도가 과잉금지의 원칙에 위배하여 청구인들의 개인정보자기결정권을 침해하였다고 볼 수 없다.(2004헌마190)

판례 2) [구경찰법 수명자 ⇨ 일반국민(×)] "**구경찰법(警察法)**"은 경찰의 기본조직 및 직무범위 등을 규정한 조직법(組織法)으로서 원칙으로 그 조직의 구성원이나 구성원이 되려는 자 등 외에 **일반국민을 수범자(受範者)로 하지 아니**하므로, 일반국민은 위 구**경찰법(警察法)의 공포(公布)로**써 헌법에 규정된 자기의 **기본권이 현재 직접적으로 침해되었다고 할 수 없다.**(91헌마162)

③ '**경찰청과 그 소속기관 직제**'

④ '**경찰관의 정보수집 및 처리 등에 관한 규정**'(대통령령)

㉠ 공공안녕에 대한 위험의 예방과 대응을 위한 정보의 수집·작성·배포와 이에 수반되는 사실의 확인을 위해 경찰관이 수행하는 활동(이하 "정보활동"이라 한다)은 국민의 자유와 권리를 보호하는 것을 목적으로 해야 하며, **필요 최소한의 범위에 그쳐야** 한다.(제2조 제1항)

㉡ **금지:** 경찰관은 정보활동과 관련하여 다음 각 호의 행위를 해서는 안 된다.(제2조 제2항)

1. 정치에 관여하기 위해 정보를 수집·작성·배포하는 행위<24.1채용>
2. 법령의 직무 범위를 벗어나 개인의 동향 등을 파악하기 위해 사생활에 관한 정보를 수집·작성·배포하는 행위
3. 상대방의 명시적 의사에 반해 자료 제출이나 의견 표명을 강요하는 행위
4. **부당한 민원이나 청탁**을 직무관련자에게 **전달**하는 행위[♣정당한 민원이나 청탁(×)]
5. 직무상 알게 된 정보를 누설하거나 개인의 이익을 위해 사용하는 행위
6. 직무와 무관한 **비공식적 직함을 사용**하는 행위<24승진>

㉢ **수집 등 대상 정보의 구체적인 범위:** 경찰관이 「경찰관직무집행법」 제8조의2 제1항에 따라 수집·작성·배포할 수 있는 정보의 구체적인 범위는 다음과 같다.(제3조)<19경위·23·24승진>

1. **범죄의 예방과 대응**에 필요한 정보[♣범죄정보 제외(×), ♣범죄수사에 필요한 정보 포함(×)]<19경위·23승진>
2. 「형의 집행 및 수용자의 처우에 관한 법률」 제126조의2 또는 「보호관찰 등에 관한 법률」 제55조의3에 따라 통보되는 정보의 대상자인 수형자·가석방자의 재범방지 및 피해자의 보호에 필요한 정보
3. 국가중요시설의 안전 및 **주요 인사(人士)의 보호**에 필요한 정보<24승진>
4. 방첩·대테러활동 등 국가안전을 위한 활동에 필요한 정보
5. 재난·안전사고 등으로부터 국민안전을 확보하기 위한 정보
6. 집회·시위 등으로 인한 공공갈등과 다중운집에 따른 질서 및 안전 유지에 필요한 정보
7. 국민의 생명·신체·재산의 보호와 공공안녕에 대한 위험의 예방과 대응을 위한 정책에 관한 정보[해당 정책의 입안·집행·평가를 위해 객관적이고 필요한 사항에 관한 정보로 한정하며, 이와 직접적·구체적으로 관련이 없는 사생활·신조(信條) 등에 관한 정보는 제외한다]
8. 도로 교통의 위해(危害) 방지·제거 및 원활한 소통 확보를 위한 정보
9. 「보안업무규정」 제45조 제1항에 따라 경찰청장이 위탁받은 신원조사 또는 「공공기관의 정보공개에 관한 법률」 제2조 제3호에 따른 공공기관의 장이 법령에 근거하여 요청한 사실의 확인을 위한 정보
10. 그 밖에 제1호부터 제9호까지에서 규정한 사항에 준하는 정보

㉣ **신분공개 및 목적설명의무 :** 경찰관은 법 제8조의2 제1항에 따라 정보를 수집하거나 정보의 수집 · 작성 · 배포에 수반되는 사실을 확인하려는 경우에는 상대방에게 자신의 **신분을 밝히고 정보 수집 또는 사실 확인의 목적을 설명해야** 한다. 이 경우 **강제적인 방법을 사용해서는 안 된다.**[♣강제적인 방법을 사용할 수 있다.(×)](제4조 제1항)<19경위 · 23승진>

※ 예외 : **신분공개 및 목적설명규정**에도 불구하고 다음 각 호의 어느 하나에 해당하는 경우에는 같은 항 전단에서 규정한 절차(신분공개)를 **생략할 수** 있다.(제4조 제2항)<23승진>

1. **국민의 생명 · 신체의 안전이나 국가안보에 긴박한 위험**이 발생할 우려가 있는 경우
2. **범죄의 대응을 위한 정보활동에 현저한 지장을 초래할 우려**가 있는 경우<23승진>

㉤ **정보수집 등을 위한 출입의 한계 :** 경찰관은 다음 각 호의 장소에 상시적으로 출입해서는 안 되며, 정보활동을 위해 필요한 경우에 한정하여 **일시적으로만 출입해야** 한다.(제5조)<21경위 · 22.2 · 24.1채용>

1. **언론 · 교육 · 종교 · 시민사회 단체 등 민간단체**<22.2채용>
2. **민간기업**<22.2 · 24.1채용>
3. **정당의 사무소**[♣공기업(×)]<24승진 · 21경위 · 22.2채용>

㉥ **관계기관 통보 :** 경찰관은 **공공안녕에 대한 위험의 예방과 대응을 위해** 필요한 경우에는 수집 · 작성한 정보를 **관계 기관 등에 통보할 수** 있다.[♣통보하여야(×)](제7조 제2항)

㉦ **정보 폐기 :** 경찰관은 수집 · 작성한 정보가 그 목적이 달성되어 **불필요**하게 되었을 때에는 **지체 없이 그 정보를 폐기해야** 한다. 다만, 다른 법령에 따라 보존해야 하는 경우는 제외한다. (제7조 제3항)<24.1채용>

Ⅱ. 한계

비권력적 사실행위, 광범위 ☞ 정보활동은 비권력적 사실행위로서 법률유보의 원칙이 엄격하게 적용되지 않아 조직법적 임무규정만으로도 활동이 가능한 반면 정보경찰의 활동범위는 광범위하여 법적 규제가 미약하고 어려울 수밖에 없다. 이러한 특성으로 인해 불문법원인 조리에 의해 통제를 가할 필요성이 부각된다.

1. 법적한계

(1) **실정법적 한계 :** 헌법과 법률이 허용하는 범위 내에서의 활동이어야 한다.

(2) **헌법상의 한계**

① 헌법상 인간의 존엄성과 기본인권보장(제10조), 사생활의 비밀과 자유의 존중(제17조), 기본권 제한의 한계(제37조 제2항)는 **치안정보의 수집과 충돌할 가능성**이 있다.

② 따라서 사생활의 비밀에 대한 정보활동은 기본권을 침해하지 않는 범위 내에서 법률에 의해서만 가능하다.

(3) **법률상 한계**(개인정보보호법 제1조, 제3조, 경찰관직무집행법 제1조)

① 개인정보의 수집 · 유출 · 오용 · 남용으로부터 사생활의 비밀 등을 보호함으로써 국민의 권리와 이익을 증진하고, 나아가 개인의 존엄과 가치를 구현하기 위하여 개인정보 처리에 관한 사항을 규정함을 목적으로 한다고 규정하고 있다.(개인정보보호법 제1조)

② 개인정보처리자는 개인정보의 처리 목적을 명확하게 하여야 하고 그 목적에 필요한 범위에서 최소한의 개인정보만을 적법하고 정당하게 수집하여야 한다.(개인정보보호법 제3조 제1항)

③ 개인정보처리자는 개인정보의 처리 목적에 필요한 범위에서 적합하게 개인정보를 처리하여야 하며, 그 목적 외의 용도로 활용하여서는 아니 된다.(개인정보보호법 제3조 제2항)

④ "이 법에 규정된 경찰관의 직권은 그 직무수행에 필요한 최소한도 내에서 행사되어야 하며 이를 남용하여서는 안 된다."라는 경찰법상 일반원칙을 선언하고 있다.(경찰관직무집행법 제1조 제2항)

⑤ 경찰관은 **명백히 위법한 지시**라고 판단되는 경우에는 그 **집행을 거부할 수** 있다.(경찰관의 정보수집 및 처리 등에 관한 규정 제8조 제2항)<24승진>

※ 경찰관은 명백히 위법한 지시를 거부했다는 이유로 인사 · 직무 등과 관련한 어떠한 불이익도 받지 않는다.(제8조 제3항)

2. 조리상 한계

(1) **조리상(일반법원칙상)한계 : 필요성 · 상당성 · 타당성**[♣긴급성(×) ⇨ 정보수집의 우선순위 결정]<01 · 03 · 04승진>

(2) 경찰 정보활동의 수행은 그 활동이 경찰의 행정목적 달성을 위하여 어느 정도 필요한가(필요성), 그리고 정보활동의 수단이 필요성과 관련하려 상당한 것인가(상당성), 또 사회적으로 보아 타당한 것인가(타당성)를 고려해서 행하여져야 한다.

(3) 일본 판례의 경우에는 타당성 대신 정당성을 들고 있다.

3. 관련 판례

판례 1) [경찰의 공개집회 녹음은 적법 ⇨ 상해를 가한 것은 정당행위(×)] **경찰이 공개된 집회에서 강연내용을 녹음하는 것**은 경찰의 임무 중의 하나인 경찰정보수집 활동의 일환으로 하는 적법행위라 할 것이므로 ....**국가기관의 적법행위**에 대한 직접적인 저항은 인정할 수 없고, 또 그에 대하여 **상해를 가한 것**은 이러한 저항수단에 있어서도 그 **상당성을 잃었다**고 할 것이니 이를 정당행위라고는 볼 수 없다.(서울고법 1971.9.9 71노454)

판례 2) [기무사의 민간인 불법사찰 정보 미공개 ⇨ 침해발생] 구 **국군보안사령부가** 법령에 규정된 **직무범위를 벗어나 개인의 집회 · 결사에 관한 활동이나 사생활에 관한 정보를 비밀리에 수집 · 관리한 경우**, 이는 헌법에 의하여 보장된 기본권을 침해한 것으로서 **불법행위를 구성**한다.... 소외인이 위와 같이 사찰관계 자료를 공개함으로써 이를 알게 되었다고 할 수는 있으나, 상고이유에서 주장하는바와 같이 그 손해가 소외인에 의한 사찰관계 자료의 공개에 의하여 비로소 발생한 것으로 볼 것은 아니다.(대법원 1998.7.24. 96다42789)

판례 3) [국군기무사령부 수사관은 민간인 첩보수집 및 수사불가] **국군기무사령부**는 **헌법과 법률이 정한 절차에 따라**, 군사보안이나 군방첩과 관련해 민간인의 신상자료가 필요한 경우나 민간인에 대해서도 수사권을 갖는 경우 등 **특별한 사정이 있는 경우 이외**에는 민간인에 대한 첩보의 수집이나 수사를 할 수 없다. ...... 일반 사법경찰과 공조수사를 하는 경우에도 정보의 교류나 공유 등 정보 및 보안업무의 통합기능수행을 위한 필요한 범위를 넘어서 **국군기무사령부 수사관이 직접 민간인에 대한 첩보의 수집이나 수사를 할 수는 없다**.(서울 고법 2011나12547)

판례 4) [국군기무사령부 수사관들의 민간인 동향파악 ⇨ 직무범위를 일탈하여 위법] 국군기무사령부 수사관들이 미행, 캠코더 촬영 등의 방법으로 원고들의 사적 활동에 대한 동향을 감시추적하고 거주지, 출입시각 등 **사적 정보를 수집하는 등의 사찰행위는 직무범위를 일탈한 것으로 위법**하고, 이로써 원고들의 사생활의 비밀과 자유를 침해했으므로 피고는 원들이 입은 정신적 손해를 배상할 의무가 있다.(대법원 2012다45528)

※ 2009년 8월 경기도 평택 쌍용자동차 파업 당시 기무사 수사관 신 모 대위가 집회 현장을 촬영한 이른바 '기무사 민간인 사찰'사건(법률신문. 2012. 9.13 보도)

(1) **주요판결요지**

① **정보기관의 비밀성 있는 정보 수집**은 **일반 국민의 알 권리와 관련된 사안이 아니**라 보았다.

② 소극적인 자기정보 공개거부뿐 아니라 **적극적인 자기정보관리 통제권**을 **법적 기본권으로 인정**하고 있다.

③ 정보기관이 법적 근거 없이 비밀리에 수집·관리하는 개인정보에 따른 손해는 그 정보가 공개되지 않더라도 발생할 수 있다.

CHAPTER

02 정보 일반론

1 정보의 의의

Ⅰ 정보의 개념

① 정보라는 말은 원래 군에서 사용하던 용어로서 '**적국의 동정에 관하여 알림**'이라는 의미를 가짐.

② 현재 우리가 사용하는 정보라는 용어는 일본 메이지 정부가 프랑스식 병제를 채택하여 구 일본 육군을 창설하면서 **프랑스군이 사용하던 군사용어**를 번역해서 만든 것이다.

③ 일상적으로 사용하는 정보라는 용어는 각 분야에서 자기의 분야에 맞게 정의하고 있기 때문에 정보에 대한 정확하고 완전한 일반적 정의를 내리기는 힘들다.

④ **정보개념의 구성요소**: 정보의 제공자와 사용자, 정보의 자료나 출처, 일정한 형태의 처리과정

Ⅰ. 정보개념에 대한 학자들의 정의<06경위 · 13승진>

학자	정의
칼본 클라우제비츠 (Carl von Clausewits)	① 저서 '전쟁론'에서 정보란 '**적과 적국에 관한 지식의 총체**'라고 함. ② 적국과 그 군대에 관한 제반 첩보 등 군사학적 측면을 강조<02 · 13승진>
데이비스 (G. B. Davis)	정보란 '**받아들이는 사람에게 필요한 형태로 처리된 데이터**
위너 (N. Wiener)	정보란 '인간이 외계에 적응하려고 행동하고, 또 그 조절행동의 결과를 외계로부터 감지할 때에 **외계와 교환하는 것**'이라고 정의
셔먼 켄트 (Sherman Kent)	① 저서인 '전략정보'에서 정보란 국가정책 운용을 위한 '**지식이며 조직이고 활동**'이라고 정의[♣마이클 워너(×)]<12승진> ② 정보의 사회일반적 차원의 정의를 내림.<05 · 06승진>
제프리 리첼슨 (Jeffery T. Richelson)	정보는 외국이나 **국외지역과 관련**된 제반첩보자료들을 수집 · 평가 · 분석 · 종합, 판단의 과정을 거쳐서 생성된 산출물[♣마이클 워너(×)]<13승진>
마이클 허만 (Michael Herman)	정부 내에서의 **조직된 지식**
에이브럼 슐스키 (Abram N. Shulsky)	국가안보 이익을 극대화하고, 실제적 또는 잠재적 적대세력의 위험을 취급하는, **정부의 정책수립과 정책의 구현과 연관**된 자료[♣제프리 리첼슨(×)]<13승진>
마크 로웬탈 (Mark M. Lowenthal)	정보란 **정책결정자의 필요에 부응**하는 지식을 말하며, 이를 위해 수집 가공된 것<12경위>
마이클 워너 (Michael Warner)	정보는 아 측에 해악을 끼칠 수 있는 다른 국가나 다양한 **적대세력의 영향을 완화**시키거나, 그에 영향을 미치거나 또는 단지 그들을 이해하기 위한 노력을 지원하는 비밀스러운 그 무엇[♣마이클 허만(×)]<12 · 13경위>

II. 정보와 첩보의 비교<20경위 · 97 · 98승진 · 02채용>

구분	첩보(information)	정보(intelligence)
의의	**1차 정보 · 생(生)정보** 예 관내 기업의 파업 현황	**2차 정보 · 가공정보** 예 관내 기업 파업에 대한 대처방안
정확성	**부정확한 전문지식**을 포함<20경위>	객관적으로 평가된 **정확한 지식**<20경위>
완전성	**기초적 · 단편적 · 불규칙적**이고 미확인된 사실	특정목적에 부합되도록 평가 · 분석 · 종합 해석하여 만든 **완전한 지식**
적시성	시간에 구애를 덜 받으며 **과거와 현재의 것을 불문**	정보사용자가 필요로 하는 때에 제공되어야 하는 **적시성이 요구**됨.
목적성	사물에 대하여 보고 들은 상태 그 자체의 묘사이므로 목적성이 약함.	사용 목적에 맞도록 작성된 지식
생산과정	행동작업이 아닌 **단편적**인 개인의 식견에 의한 지식	정보의 순환과정을 거쳐 여러 사람의 **협동 작업을 통해 생산**(생산과정의 특수성)

참고 자료 · 첩보 · 정보의 비교표

구분	광의의 정보		
	자료(date)	첩보(information)	정보(intelligence)
의미	단순사실 · 신호 · 소재	목적의식에 따라 수집된 자료	일정 절차에 따라 처리된 첩보
용어	데이터(자료)	1차정보 · 생(生)정보	2차정보 · 가공정보 · 지식
활동	입력	수집	평가 · 분석 · 가공
활동특성	임의적	의식적	의식적
활동주체	전임직원	전임직원	정보전문부서
특성	무의미	불확실성	확실성
유용성	소(小)	중(中)	대(大)
시간	자동적	신속성	지연성

III. 국가정보학의 정보의 개념설명 – 국가정보학의 분류<10승진>

첩보	자료(date)	국가정보학에서 자료란 **특정한 목적에 의해 평가되어 있지 않은 단순한 사실**을 말한다. 예 **신문자료, 서적, 광고, 개개인의 신상자료** 등 모든 것이 포함됨.
	정보(information)	**목적성을 가지고 의도적으로 수집된 데이터** ⇨ 1차 정보 · 생(生)정보 예 신문기사, 방송뉴스, 취업자료, 근거나 희박한 풍문, 소문, 루머 등
정보(intelligence)		① "국가정보학에서 다루고 있는 정보(intelligence)는 **국가차원에서의 정책 결정을 위해 가공된 지식**을 말한다." ※ 첩보는 정보생산을 위한 기초자료가 된다. ② 특정한 상황에서 **정책적 목적을 가지고 분석 · 평가 가공된 지식**(체계화된 지식): 2차 정보 · 가공정보 · 지식(첩보를 필요성에 맞추어 가공 · 처리하여 사용가치를 부가시킨 것)

Ⅱ 테마 161 정보의 특성과 효용

Ⅰ. 정보의 특성(질적 요건)

1. 정보의 가치(특성)

정확성	① **사실과 일치되는 성질**[♣완전성(×)] – 정보는 **객관적으로 평가된 정확한 지식**이어야 한다.<05승진 · 15.2채용> 예 영국 총리실이 이라크 전쟁을 합리화하기 위해 **이라크가 45시간 내 대량살상무기를 사용할 것이라고 정보보고서를 조작** ② 정확성을 기하기 위해서는 수집된 첩보가 올바른 것이어야 하며, **다양한 정보원을 활용해야** 한다.(정보수집 경로(출처)의 다양화) 예 **칭기즈칸의 공격전 첩보활동** : 칭기즈칸은 전쟁을 하기 전에 모든 계층과 여러 인종 중에서 선발된 간첩을 대상으로 변장시킨 후 주변 각지의 부족에 침투시켜 첩보를 수집하였으며, 공격에 앞서 수집된 첩보를 여러 경로로 확인하였다.
완전성	① 사용자가 **궁금한 사항이 없도록 6하 원칙에 의거 작성**되어야 하며, 정보는 가능한 주제에 관련되는 **모든 사항을 망라해야** 하고, 부분적 단편적인 정보는 사용자의 의사결정에 도움을 주지 못한다.[♣추가정보 필요(×), ♣사실과 일치되는 성질(×)]<07 · 10승진 · 15.2채용> ② 이는 절대적 완전성이 아니라 상대적 완전성을 의미한다. ※ **첩보와 정보의 구별기준**이 된다.
적시성	① 정보는 정보**사용자의 의사결정에 필요한 시기(사용시기)에 제공되고,** 정책결정이 이루어지는 시점에 비추어 가장 **적절한 시기에 존재**해야 하는 성질이다.(너무 빨리 제공된 정보는 필요한 정보를 모두 포함하지 못하고, 정책결정 후에 제공된 정보는 정책결정에 반영되지 못한다.)<07 · 15.2채용> ※ 정보의 적시성 **평가의 기준시점** : 정보 **사용자의 사용시점**[♣생산자의 생산시점(×)] 예 적시성 결여 – **나폴레옹 사망 후 한 달이나 지나서 파리에 소식전달**(국가안보 위태해짐.) ② 가장 중요한 정보의 속성으로서 정보의 절대적 생명이다. ※ 적시성에 부응하기 위해 완전성은 상대적 개념으로 시간이 허락하는 범위 내에서 완전성을 의미하게 되는 것이다.[완전성보다 우선]
제공빈도	① 정보사용자에게 정보가 제시되는 빈도에 따라 그 가치가 달라지는 특성 ② **빈도** – 정보사용자가 얼마나 자주 필요로 하고, 또 수집 · 생산되는가를 측정하는 기준
객관성	① 정보는 **국익증대와 안보추구라는 차원**에서 완전한 객관성을 유지해야 한다[♣주관적 왜곡(×)]는 것을 의미한다.<15.2채용> ② 정보가 사용자의 요구에 편향되거나, 생산자나 사용자의 의도에 따라 주관적으로 왜곡되면, **선호 정책합리화의 도구로 전락하면 객관성에 문제가 발생**하게 된다.[**선호정책 합리화**] 예 객관성 결여 – 임진왜란 직전 일본을 탐지한 황윤길과 김성일은 상반된 내용을 보고하였다. 김성일은 온 나라가 놀랄 것이라고 예단해서 **전쟁이 일어나지 않을 것이라 보고**하였다. 예 영국 총리실이 이라크 전쟁을 합리화하기 위해 **이라크가 45시간 내 대량살상무기를 사용할 것이라고 정보보고서를 조작**(정확성과 객관성 문제) ③ 정보의 객관성을 높이기 위해 반드시 여론수집 **대상자의 특성을 기재하여야** 한다.

적실성 적합성 관련성	① 정보가 **정보사용자의 사용목적에 얼마나 관련**된 것인가? 즉 정보가 **당면문제와 관련된 성질**이다.<07 · 15.2채용> ② 정보수집의 목적과 작성된 정보보고서의 내용을 비교해서 판단한다.
비이전성	타인에게 전달해도 본인에게 가치가 그대로 남는 성질이 있다.
누적 효과성	생산 · 축적되면 될수록 그 가치가 커짐. 즉 정보가 풍부하게 생산 · 축적될수록 그 가치가 높아진다.
무한가치	**무한가치성** – 정보가 필요한 사람 누구에게나 가치를 지니는 특성<10승진>
신용가치	**신용가치성** – 정보 출처의 신용에 따라 가치가 달라지는 특성<05 · 10승진>
변화성	① **선별적 가치성** – 동일한 정보라도 **사용자에 따라 중요도의 차이**가 있다.<99승 · 07채용> ② 시간에 따른 가치의 체감 : 변화되는 정황을 추적 · 분석하기 위해 계속적인 정보의 보완을 요한다.
필요성	정보사용자에게 **필요한 지식이어야** 한다.
독점성	공개되지 않은 **미공개정보가 더 가치**가 있다.

2. 가치의 의미

(1) 정보의 특성은 대부분 **정보의 가치를 나타내는 개념**으로 정보로서 특성을 충분히 갖게 되는지의 여부가 정보로서의 가치를 결정짓게 되며 효용은 이러한 가치를 극대화시키는 요소라고 할 수 있다.

(2) **완전성과 적시성의 상관관계** : 정보의 특성 중 **적시성과 완전성**은 **상호 충돌가능성이 가장 높은 특징**으로 적절한 안배가 매우 중요하다[♣적시성보다 완전성이 중요(×)].

※ **콜린 파월 전 미 합참의장은 "필요한 정보량의 40 – 70% 안에 들면 일을 배짱 있게 추진한다."는 원칙을 밝힌바** 있는데 이는 **완전성과 적시성의 충돌을 보완하는 룰에 해당**하는 것이다.

II. 정보의 효용<09채용>

1. 효용의 의의

정보의 효용 : 정보의 효용이란 질적 요건을 갖춘 정보를 **어떻게 사용하면 정책결정과정에 기여할 수 있는가**에 대한 기준을 말한다.<12경감>

2. 효용의 평가기준

형식 효용	① **사용자의 요구에 부합하는 형식을 갖출 때** ☞ 정보형태가 의사결정자의 요구사항과 보다 밀접하게 부합될 때 정보의 효용 중 **형식효용이 높아진다.**<12경감> ※ '읽혀지지 않는 정보는 효용이 없음.' ② 정보사용자의 수준에 따라 정보형태의 차별화 – 전략정보와 전술정보는 형식효용에 있어 차이가 있다.(**정보형식의 차별화**)[♣차이 없다.(×)]<09채용> – **전략정보** : 정책결정자에게 제공되므로 주요한 요소만 **축약해 놓은 형태가 바람직**하다.[♣상세하고 구체적일 필요(×)]<12승진> 예 보고서 1면주의 등 형식효용은 전략정보에 유용하다. – **전술정보** : 낮은 수준의 정책결정자나 **실무자에게 제공**되므로 비교적 **상세하고 구체적인 형태가 바람직**하다.[♣축약해 놓은 형태가 바람직(×)]<12승진>

접근효용	① 사용자가 쉽게 접근할 수 있어야 효용이 높아진다. ※ 정보의 **분류 · 기록 · 관리와 가장 관련이 깊은 정보의 효용**이다. ② 접근효용은 **통제효용과 충돌할 수** 있어서 **양자의 조화가 필요**하다.[♣시간효용과 충돌(×)]<09채용> ※ 정보는 쉽게 접근할 수 있어야 하는 접근효용을 확보하기 위해 경찰청은 정보기록실을 운영하고 있다.
시간효용	① 정보는 **사용자가 정보를 필요로 하는 시점에 제공될 때 효용이** 높아진다. ② **적시성의 원칙과 밀접한 관련성**이 있다.
소유효용	① 정보는 상대적으로 많이 소유할수록 효과가 극대화될 수 있다. ② **'정보는 국력이다'**는 표현과 관련성이 높다.[♣정보의 통제효용(×)]
통제효용	① 정보는 정보를 **필요로 하는 사람들에게 필요한 만큼** 제공되도록 통제되어야 한다. ※ **'필요성의 원칙'**, **'차단의 원칙'**, '알 사람만 알아야 하는 원칙'이라고도 한다.[♣차단의 원칙은 정보의 소유효용과 관련(×)]<09승진 · 12경감> ② **방첩활동과 가장 밀접한 관련성**을 가진다.

Ⅲ 테마 162 정보의 분류

기준	내용
성질	전략 · 전술정보, 방첩정보(대정보)
(사용)**수준**	전략정보(국가정보), 전술정보(부문정보)[♣사용목적에 따른 분류(×)]<14승진> ♣ 사용목적에 따른 분류로 전략정보, 전술정보가 있다.(×)<14승진>
출처	보호정도(공개 · 비밀), 주기성 여부(정기 · 우연), 입수단계(근본 · 부차)<14승진>
입수형태	직접정보, 간접정보
대상(목적)	적극정보, 보안(소극)정보[♣목적에 따른 분류(○)]<13승진 · 14경위 · 15.1채용>
기능(분석형태)	기본정보, 현용정보, 판단정보[♣분석형태에 따른 분류(○)]<14승진 · 14 · 15경위>
(사용)주체	내부정보, 외부정보
요소	정치정보, 경제정보, 사회정보, 군사정보, 과학정보, 산업정보<14승진 · 경위>
(수집)활동	인간정보, 기술정보(신호정보 · 영상정보)<14경위>
내용	국내정보, 국외정보[♣사용수준(×)]<14경위>
경찰업무	일반정보, 범죄정보, 보안정보, 외사정보, 교통정보

Ⅰ. 성질[♣목적에 따른 분류(×)]<14승진>

구분	내용
전략·전술정보	전략정보와 전술정보는 **상대적 개념**이지만[♣절대적 개념(×)], 둘 다 **적극적 성격**을[♣소극적 성격(×)] 가지고 있다. ※ 국가정보원은 국가정보기관으로서 국외정보 및 국내공안정보의 수집·작성·배포 업무를 수행하고 있다.
방첩정보	적 또는 제3국의 정보공작에 대항하기 위한 정보(일명 **대(對)정보**)

Ⅱ. 수준<06승진·04경위·04채용>

(1) **의의 :** 정보의 주된 최종사용자가 누구이며 그 목표 및 범위가 어떠한 수준인가에 따른 분류로서 **전략정보(국가정보), 전술정보(부문정보)**가 있다.

구분	내용
전략정보	① 국가가 사용주체로 종합적인 **국가정책과 국가안전보장**에 영향을 주는 **국가수준**의 기본 종합정보로, 국가정책이나 군사작전계획의 기초로 사용된다. ⇨ 국내의 상황과 타국의 능력, 취약성, 가능한 행동방책에 관한 지식이다. ※ 우리나라의 경우 대통령 소속하에 대통령의 지시감독을 받아 국외정보 및 국내보안정보 등에 관한 직무를 수행하는 **국가정보원이 대표적인 전략정보기관**이라고 할 수 있다. [♣전략정보의 사용자는 각 정부부처나 기관의 정책결정자(×)] ♣ 전략정보의 사용자는 각 정부부처나 기관의 정책결정자인 것이 원칙이다.(×) ② 국가정보기관이 생산하는 정보이다. 예 국가정보원이 작성하는 PNIO
전술정보	① 전략정보의 기본적인 방침 하에서 이를 구체적으로 수행하기 위한 **세부적이고 부분적, 하부적인 정보**를 의미 ⇨ **각 정부 부처**가 사용주체 ② 부문정보기관이 생산하는 정보 예 경찰청

(2) **사용수준에 의한 분류(전략·전술) :** 정보의 **형식효용과 가장 밀접한 관계**가 있다.

※ 전략정보는 보고서 1면주의가 바람직하지만, 전술정보는 비교적 상세하고 구체적이어야 한다.

Ⅲ. 출처<01승진>

> **첩보의 출처** : 첩보가 얻어지는 존재원천(存在源泉)을 말하며 이는 기관·인간·사물·사건 등 여러 가지 형태로 존재할 수 있다.

1. 공개여부에 따라(비밀보호의 정도에 따라)

구분		내용
공개출처	의의	① 정보출처에 대한 **특별한 보호조치가 요구되지 않아 상시적으로 정보를 획득할 것으로 기대되는 출처**로부터 얻어진 정보이다.[♣근본출처정보(×)]<20승진> ※ 제한 없이 누구든지 이용할 수 있는 **공개된 출처의 자료**로부터 첩보를 수집하고 분석하여 유용한 국가정보를 생산하는 정보수집기법이고, 획득된 정보 그 자체를 말한다.

구분		내용
공개출처	의의	② 첩보가 공개되어 있어 합법적으로 이용이 가능한 출처, 실제 첩보수집에서 **필요한 대다수(80% 이상)의 첩보가 공개출처에서** 얻어진다. ⇨ '파레토의 법칙' ※ 대중매체나 인터넷의 활용, 시민 · 사회단체의 주장 입수 등이 중요하며 비밀 출처를 개척하여 첩보를 얻는 방법만을 고수하는 것은 비효율적일 수도 있다. ※ 공개출처정보(open source intelligence – OSINT) – 오신트(OSINT) 전문가인 스틸(Robert D. Steel)은 "학생이 갈 수 있는 곳에 스파이를 보내지 말라"고 하여 정보수집 활동은 먼저 공개출처자료의 활용가능성 판단에서 시작되어야 함을 강조했다.
	특색	① 비밀출처보다 **중요도가 낮은 경향**이 있지만, **객관도와 신뢰도가 높고** 활용에 있어 법적 문제가 발생하지 않기 때문에 **원칙적인 첩보수집의 출처**가 된다. ② 공개출처첩보의 **가치가 비밀출처에 비해 떨어지지 않는다.**[♣가치가 떨어진다.(×)]<10승진> ♣ 공개출처에서 얻은 모든 첩보는 비밀출처에서 얻은 첩보보다 가치가 떨어진다.(×) **주의** 외사첩보의 경우 공개출처의 활용성이 크게 떨어진다. ③ 최근에는 자기정보통제권에 대한 각성의 확산으로 정보원에 대한 접근의 곤란성이 높아지고 있으며, 그 결과 공개정보의 중요성이 증대되고 있다. ※ 공개출처정보의 **가장 큰 이점**은 ➡ **접근성**이다. ④ 공개출처정보의 장점이자 가장 큰 단점은 **방대한 양**이다. ⑤ 공개출처자료가 **적시에 공개되지 않아 적시성면에서 한계**가 따른다.
비밀출처	의의	출처가 보안적인 상태로 유지되어 있어 자유로운 접근이 어려운 출처로서, 외부로부터 강력히 보호를 받아야 하는 출처를 의미[**비공개 출처**] 예 정보망 등 인간정보의 활용, 비밀공작, 첩보원, 도청, 감시 등
	특색	① 조작되지 않은 고급가치를 가진 첩보를 얻을 수 있는 장점이 있으나, 많은 유지 비용 및 **법적 문제가 제기될 수** 있어 특별하고 신중한 관리 요구됨.<02승진> ② 사회 전반의 민주화와 정보화로 인해서 비밀출처에의 접근은 점점 어려워지고 있다. ③ 비밀출처정보가 공개출처정보에 비해 **항상 신뢰성이 높은 것은 아니다.**[♣항상 높다.(×)]

2. 주기성여부에 따라(정보획득 시기에 따라)

정기출처	의의	정기적으로 정보를 획득할 수 있는 출처를 말한다. ※ 일반적으로 **정기출처정보가** 우연출처정보에 비해 **출처의 신빙성과 내용의 신뢰성 면에서 우위를 점한다**고 볼 수 있다.[♣볼 수 없다.(×)]<09·20승진>
	예	– **정기간행물, 신문·방송 등 매스컴**, 정기적인 회의나 망원
우연출처	의의	정보관이 **의도한 정보입수의 시점과는 무관하게 얻어지는 정보**로, 우연히 정보가 제공되는 출처로서 소극적 우연출처와 적극적 우연출처가 있다.[♣비밀출처정보(×)]<01·03·05·07·20승진>
	유형	① **소극적 우연출처:** 다중이 모인 장소, 다방·공원·시장 등에서 우연한 기회에 정보를 입수하는 경우 ② **적극적 우연출처:** 원만한 인간관계를 통하여 주변 사람들로부터 정보를 자발적으로 제공받는 경우

3. 입수단계에 따라(정보가 얻어지는 출처에 따라)

근본출처	의의	(직접정보) 첩보가 획득되는 원천 그 자체를 의미하며, 이러한 첩보원천을 이용한 정보활동이 가능하다.<01승진>
	장점	중간기관이나 전달자에 의한 변조 없이 **원형 그대로 입수할 수** 있다.
부차출처	의의	(간접정보) 근본출처에서 입수된 첩보가 **정보작성기관(중간기관)에 의하여 부분적으로 평가·요약·변형된 것**을 제공받는 경우[**제2차 출처**]
	단점	중간매체에 의하여 **역정보나 과장정보·모략정보 또는 조작정보가 산출될 소지**가 높아서 근본출처정보에 비해 출처의 **신빙성과 내용의 신뢰성이 낮게 평가될 여지**가 있다.

Ⅳ. 입수형태<20승진>

직접정보	① 정보입수에 있어 어떠한 매체를 통하지 않고 입수자가 **직접 경험하거나 실험하여 얻는 정보**이다.<20승진> 예 사진기, 직접목격·경험·실험 등 ② 일반적으로 **신뢰성이 가장 높은 정보에 해당**한다.
간접정보	① 책이나 TV·라디오·신문·잡지 등 **중간매체를 통하여 입수**하는 정보 ② 정보통신이 발달할수록 간접정보가 더 많아지는 추세에 있다. ③ 간접정보는 직접정보에 비해 **출처의 신빙성과 내용의 신뢰성이 낮게 평가될 여지**가 있다.<20승진> ※ 내용에 해당 매체의 **주관이나 편견이 개입될 소지**가 있다.<20승진>

PART 05

Ⅴ. 대상(목적)<01 · 05 · 06승진 · 14경위 · 15.1채용>

적극정보	의의	**국가이익을 증대하기 위한 정책의 입안과 계획수립 및 정책 계획의 수행**에 있어서 필요한 정보[♣보안정보(×)]<05승진> ♣ 국가이익 증대를 위한 정책계획의 수행에 있어서 필요한 정보는 보안정보이다.(×)
	예	ⓐ 국가의 경찰기능에 필요한 정보 이외의 모든 정보 ⓑ **국가정보기관이 생산하는 대부분의 정보는 적극정보**이며, 보안정보는 적극정보의 특수한 하나의 분야에 해당한다.
보안(소극)정보	의의	① **국가의 안전을 유지**하는 **국가경찰기능의 기초가 되는 정보**를 말한다.(소극정보)<20경위 · 01 · 06승진> ※ 소극정보, 방첩정보 또는 대정보 등의 용어들과 혼용가능 ② **방첩을 위한(간첩활동에 대비한) 국가의 보안적 취약점의 분석 · 판단에 필요한 정보**를 의미하며, 자국에 관계되거나 영향을 미치게 될 국내외의 보안사항을 망라한다.[♣적극정보(×)]<17경위> ♣ 간첩활동에 대비할 국가취약점의 분석과 판단에 관한 정보는 적극정보이다.(×) ③ **국가정보원** ⇨ 국외정보 및 국내보안정보(대공, 대정부전복, 방첩, 대테러, 국제범죄조직)의 수집 · 작성 및 배포의 직무를 수행한다.(국가정보원법 제3조)
	예	ⓐ **밀입국자 · 밀수입자 · 마약거래자의 예방과 적발**을 위한 정보 ⓑ 자국민 또는 자국내 거주 외국인의 국내법 위반 **범죄정보** ⓒ 자국영역 내에서 이루어지는 폭동, 내란, 강 · 절도에 대한 정보 ⓓ 침투 **간첩 및 내란혐의자(비밀활동자) 색출을 위한 정보** ⓔ 산업스파이대응 ⇨ 산업스파이 등에 의한 첨단산업기술의 해외유출방지를 위한 정보 **(회사거래비밀이 디스켓으로 외부 유출된 뒤 인터넷에 업로드되어 회사의 통제범위를 벗어나는 경우 ⇨ 보안정보)** [♣국익증대를 위한 정책계획 수행정보(×)]

Ⅵ. 기능(분석형태)(분석형태에 따른 분류-셔먼 켄트)<14승진 · 07 · 14경위 · 14.1채용>

기본정보	의의	과거의 사건이나 사실 등, 모든 사상(事象)의 정적(靜的)이고 기초적인 상태를 기술한 정보로, 기본적 · 서술적 또는 **일반자료적인 유형**의 정보(과거에 대한 기초자료)
	예	개인택시 면허 발급현황, **2011년 인구통계**[♣현용정보(×)], 학교시설이나 학교주변의 지리 등에 관한 정보
	특징	① 본래적인 정보사용자가 사용하는 정보가 아니라 **현용 또는 판단정보의 작성자가 사용**하게 되는 정보<03승진> ② 기본정보로 취급될 내용은 현용정보와 판단정보의 기초가 된다.

<table>
<tr><td rowspan="3">현용정보</td><td>의의</td><td>① 모든 사상(事象)의 동태를 현재의 시점에서 객관적으로 기술한 정보로 의사결정자에게 그때그때의 동향을 알리기 위한 정보이다.
② 매일매일 국내외의 주요 정세 가운데 국가안보나 정책결정에 영향을 미치는 내용을 선별하여 보고하는 형태의 정보이다.</td></tr>
<tr><td>예</td><td>노사분규상황, 일일중요상황정보(일일정보보고서)<01승진></td></tr>
<tr><td>특징</td><td>① 시사정보 · 현행정보 · 현상정보라 한다.
② 실무상 '속보'와 가장 관련성이 높고, 정보사용자가 가장 관심을 가지는 정보</td></tr>
<tr><td rowspan="3">판단정보</td><td>의의</td><td>기본정보와 현용정보를 기초로 특정문제를 체계적이고 실증적으로 연구하여(과거와 현재를 바탕으로) 미래에 있을 어떤 상태를 추측 판단한 정보 (일명 '기획정보') – 미래에 대한 예측 · 평가 또는 보고적 유형의 정보<17경위 · 14승진></td></tr>
<tr><td>예</td><td>– 2019년 현재 장래인 2020 치안전망과 과제[♣현용정보(×)]
– 노조의 최근 동향과 향후 운동예상 방향
– 북 핵관련 6자회담을 앞두고 각국의 협상전략 및 전망보고서의 작성</td></tr>
<tr><td>특징</td><td>① 정보생산자의 능력과 재능을 가장 많이 필요로 하는 정보임.[♣더 많이 필요 아니(×)]
♣ 장래에 있을 어떤 상태에 관한 지식이라고 해서 정보생산자의 능력과 재능을 더 많이 필요로 하는 것은 아니다.(×)
② 과거와 현재를 바탕으로 하여 미래의 가능성을 예측한 평가정보로서 정책결정자에게 정책의 결정에 필요한 사전적인 지식을 제공하고, 분석자료를 제공하는 것이 주된 목적인 정보이다.
♣ 어떤 사실 또는 사상(事象)에 대한 장래를 예고하고 책임 있는 사용자에게 적당한 사전 지식을 주는 것이 주목적인 정보는 기본정보이다.(×)
③ 통상 정보사용자는 판단정보보다 현용정보에 관심이 더 높아, 정보사용자의 관심을 덜 끌기 때문에 자칫 소외될 수가 있다.</td></tr>
</table>

Ⅶ. 기타<13승진>

<table>
<tr><td rowspan="2">사용주체</td><td>내부정보</td><td>하나의 개체, 즉 독립기관 자체에서 생산(발생)되는 정보
예 국가 정보기관, 연구소, 기업체, 사회단체 등</td></tr>
<tr><td>외부정보</td><td>다른 개체 또는 기관에서 발생되거나 생성되어 전달되는 정보
※ 문제의 해결을 위해서는 내부정보뿐만 아니라 외부정보도 필요</td></tr>
<tr><td rowspan="5">요소</td><td>정치정보</td><td>개인 또는 집단의 정치권력의 획득 · 유지 · 행사 등에 대한 정치적인 능력과 취약성 및 가능한 행동방책에 관한 지식</td></tr>
<tr><td>경제정보</td><td>개인 또는 조직체가 재화를 얻어 욕망을 충족시키는 활동에 대한 경제적인 능력과 취약성 및 가능한 행동방책에 관한 지식</td></tr>
<tr><td>사회정보</td><td>사회적 제 요소에서 개인 또는 조직체 등이 공동생활을 영위하는 데 있어 사회적 현상에 관한 능력과 취약성 및 가능한 행동방책에 관한 지식</td></tr>
<tr><td>군사정보</td><td>군사역량에 관계되는 제 요소로서 전투 · 전술 등에 관한 지식</td></tr>
<tr><td>과학정보</td><td>한 국가의 과학적 제 요소에 관한 정보로서 과학적 능력과 취약성 및 가능한 행동방책에 관한 지식<13승진></td></tr>
</table>

<table>
<tr><td rowspan="4">수집 활동</td><td>인간정보</td><td colspan="2">인적 수단을 사용하여 수집한 정보 예 정보관(intelligence officer-io)의 활용, 주재국 정보를 수집하는 해외주재관
※ 최첨단 정보수집 장비가 속속 등장하는 현대에도 인간에 의해서가 아니면 수집할 수 없는 첩보가 있으며, 인간정보는 첩보수집의 시작이자 마지막이라고 할 수 있다.</td></tr>
<tr><td rowspan="3">기술정보</td><td colspan="2">① 기술적 수단을 사용 수집한 정보 예 첩보 위성, 각종 신호 등
② 감청 등 국내에서 기술정보 수집을 위해서는 법원(법률)의 통제를 받아야 한다.</td></tr>
<tr><td>신호 정보</td><td>- signal intellegence(SIGINT) ⇨ 상대방으로부터 전파 및 전자적 신호를 탐지하고 수집하여 얻은 정보를 말한다.
예 인간의 음성, 모르스 부호, 전화회선, 이메일 등의 각종통신수단, 레이더신호, 레이저 등의 유도에너지, 적외선의 방사현상, 방사능 물질의 방사현상 등
예 소련이 대한항공기의 격추 사실을 시인한 것은 일본 자위대가 레이더와 전파도청으로 소련요격기와 지상과의 교신기록을 확보하고 있었기 때문이다.</td></tr>
<tr><td>영상 정보</td><td>- Imagery intellegence(IMINT) ⇨ 재래식 항공촬영으로 수집한 정보, 레이더·적외선 센서 등의 기술적 수단을 이용하여 수집한 사진이나 영상, 정찰위성에 의하여 얻는 정보 등이 있다.[♣신호정보이다.(×)]<12경감>
예 걸프전 당시 미국은 레이타 정찰위성을 통하여 이라크군의 장비와 지하 벙커의 위치를 탐지하였고, 이를 토대로 전략목표를 무력화시켰다.</td></tr>
<tr><td rowspan="2">기타</td><td>내용</td><td colspan="2">국내정보, 국외정보</td></tr>
<tr><td>경찰업무</td><td colspan="2">외사정보, 교통정보, 일반정보, 보안정보, 범죄정보<05승진></td></tr>
</table>

2 정보의 순환과정

① **첩보가 수집되고 다시 정보로 되기 위해서**는 순환과정을 거쳐야 하며, 정보는 **정보요구** ⇨ **첩보수집** ⇨ **정보생산** ⇨ **정보배포**, 4단계의 순환과정을 거치게 된다(경찰정보이론, 강원준 견해).<21경위·97·08승진·01채용>

♣ 정보의 요구단계는 첩보수집계획서 작성 ⇨ 첩보의 기본요소결정 ⇨ 명령하달 ⇨ 사후검토 순으로 이루어진다.(×)

※ 정보의 순환과정에 대한 제 견해

- 로웬탈(M. M. Lowenthal) ⇨ 6단계 분류: 요구, 수집, 처리·이용, 분석·생산, 배포·소비, 환류
- 베르코위츠(B. D. Berkowiz) ⇨ 5단계 분류: 요구와 임무의 발생, 수집, 분석, 배포, 요청
- 존슨(L. K. Johnson)과 **미국 CIA(중앙정보국)** ⇨ 5단계: 기획·지시, 수집, 가공, 분석·생산, 배포[♣미국의 중앙정보국(CIA)은 요구, 수집, 생산, 배포로 분류(×)]

② 정보순환과정은 **일반적 · 계속적 · 반복적**인 순환과정으로서 **연속적**으로 또는 **동시**에 이루어질 수도 있다.

> ※ 정보순환과정을 **다이아몬드형이나 원형으로 이해** – 정보순환이 직렬형태로 이루어지지 않고 정보요구에 의해 곧바로 정보분석 과정으로 가기도 하고 정보분석과정에서 첩보수집을 요구하는 등 정보순환과정에서 각 단계가 순서를 뒤바꾸거나 상호 교류하는 현실을 고려

③ 각 단계는 단계마다 소순환과정을 거치며 이는 **전체 순환과정에 연결**된다.[♣전체 순환과 무관(×)]<01승진>

♣ 정보의 순환과정에서 각 단계는 각각 소순환과정을 거치며 전체 순환과 무관하다.(×)

④ **정보순환과정 개관**(경찰정보이론, 강원준 견해)

정보요구	**첩보기본요소의 결정 ⇨ 첩보수집계획서의 작성 ⇨ 첩보수집명령하달 ⇨ 사후검토** <21경위 · 09 · 10승진>
첩보수집	첩보수집**계획** ⇨ 첩보출처의 **개척** ⇨ 첩보수집활동(획득) ⇨ 첩보의 전달<21경위>
정보생산	**선택 ⇨ 기록 ⇨ 평가 ⇨ 분석 ⇨ 종합 ⇨ 해석**<21경위 · 09승진>
정보배포	필요성, 적시성, 적당성, 계속성, 보안성

Ⅰ 정보의 요구

1. 정보요구의 형태

(1) **요구의 의의 :** 효과적인 첩보수집활동을 위한 자원지원과 첩보의 수집활동을 지시하는 단계로서 정보 산출 과정의 기초가 되는 가장 중요한 단계이며, 첩보수집활동의 적정성을 위해 정보 요구자의 지속적인 지시 · 감독이 필요하다.

> ※ **정보의 사용자는** 대부분의 경우 자신들이 필요로 하는 사항을 하나라도 빠트리지 않기 위해 거의 **모든 내용에 대해 첩보를 수집할 것을 요구하는 경향**이 있다.[♣정보사용자는 제한된 자원을 감안하여 제한된 요구를 한다.(×)] 이에 반해 정보기관이 가지고 있는 자원, 즉 **인원 · 예산 · 장비 등은 제한**되어 있기 때문에 적절한 계획, 수집에 투여되는 자원의 효율적 배분, 지속적인 사후 통제가 필요하고 여기에 첩보의 요구과정의 중요성이 있다.

(2) **정보요구의 형태(수요) :** 정보의 요구자가 누구인가의 문제는 **첩보수집의 우선순위 · 수집기관의 선정 등에 영향**을 미치게 된다.<02 · 05승진>

① **종적 요구 : 국가지도자 및 정책입안자가 요구**하는 정보수요, 행정부 수장은 국가정보의 최우선적 소비자가 된다.

② **횡적 요구 : 횡적 기관에서 요구**하는 정보수요, 국가정보기관이 모든 횡적요구를 수용할 수는 없는 것이어서 정보기관이 **선택적으로 '협력'여부를 결정**하게 된다.[♣모든 횡적요구를 수용해야(×)]

예 외교, 국방, 통상, 통일 등 부서들이 정보수집기능이 없거나 전문성 부족 등의 경우 국가정보기관에 요구

③ **내적 요구**: 정보생산자 **자체의 판단**에서 오는 정보수요[♣하급기관으로부터 요구(×)]

♣ 일반적인 정보요구의 형태로 하급기관으로부터의 제안이 있다.(×)

주의 **하급기관으로부터의 제안**은 참고사항으로 자체 판단과정을 거쳐 결정되므로 하급기관의 제안을 별도의 정보요구형태로 볼 수는 없다.

※ 어떠한 형태의 정보요구이든지 우선 필요한 정보의 내용이 '일반적인 분야인가 또는 특수한 분야인가'와 '일시적 사항인지 또는 계속되는 사항인지'를 먼저 검토해야 하며, 정보의 생산은 정보사용자의 특별한 요구가 없더라도 PNIO에 근거하여 첩보를 수집하고 정보를 생산할 수 있다.

II. 소순환 과정 [☻요계명검, 요기지배식별]<21경위 · 09승진>

정보요구단계는 정보사용자가 필요로 하는 정보내용이 무엇인지를 **파악**하고 각급 사용자가 필요로 하는 시기에 정확한 정보가 제공될 수 있도록 적절한 **운용계획을 수립**하여 수집기관에 첩보의 수집을 **명령, 지시**하는 단계

첩보기본 요소결정	요구의 내용을 한정하고 구체적인 요구를 가능하게 하기 위해 정치 · 경제 · 사회 등 **어느 부문의 정보를 요구할 것인가를 결정**하는 단계<02승진>
첩보수집 계획서 작성	① 사전에 첩보수집 지시의 편리성을 위해 어떤 내용을, 누가, 언제까지, 어떤 방법으로 수집 · 보고할 것인가에 관한 계획서를 작성하는 단계<05승진> ② 첩보수집계획서에서는 요구하고자 하는 ⓐ **요소**, ⓑ **첩보수집기관**, ⓒ **구체적 활동지침(시기)**, ⓓ **관련된 배경첩보**, ⓔ **식별기호** 등을 명시해야 함.<02 · 08 · 12승진> ※ 첩보수집계획서를 작성할 때에는 첩보가 입수되어야 할 예정 일자와 보고시기 등 임무수행에 소요되는 시간에 대한 고려는 있어야 하나, 첩보의 출처는 첩보수집단계에서 고려할 사항으로 첩보수집계획서와는 관련이 없다.<12경감> ※ **배경첩보**는 첩보수집 주제(세부사항)에 대한 명확한 이해를 돕기 위해 제시한다.
첩보수집 명령하달	상황에 따라 **서면 또는 구두 등** 알맞은 방법으로 수집기관에 첩보수집책임을 부여하는 단계 [♣보안을 위해 구두로 하여야(×)]<12경감> ♣ 정보요구단계에서 수집계획서가 완성되면 수집활동에 적합한 시기에 요구내용을 명령하는데 이 명령은 보안을 유지하기 위해 구두로 하여야 한다.(×)<12경감>
사후검토	수집기관이 요구된 내용을 잘 수집하고 있는지, 보완 · 변경사항이 없는지 지속적인 **감독 · 조정**이 요구된다.

III. 정보요구의 방법(정보활동의 우선순위)<14.2채용>

① **정보활동의 우선순위 : 국가정보목표우선순위(PNIO) ⇨ 첩보기본요소(EEI) ⇨ 특별첩보요구(SRI),**
– **기타정보요구(OIR)**는 정책변경의 필요성에 의한 것으로 **PNIO에 우선**한다.

② **우선순위의 확정이유** : 정보기관의 **제한적인 물적 · 인력자원을 활용하여 최대의 효과**를 달성해야 하기 때문에 정보활동의 우선순위를 먼저 확정하게 된다.

※ **선취권 잠식** ⇨ 우선권 있던 정보가 영향력 있는 정책담당자 또는 정보책임자에 의해 우선권을 박탈당하고, 후순위였던 다른 부분이 우선권 확보하는 현상

※ **임시 특별권** ⇨ 급박한 상황에서 정보활동의 우선순위 변경을 요구할 수 있는 정책수요자나 정보책임자의 권한

1. 국가정보목표우선순위(PNIO : Priority for National Intelligence Objective)

(1) **의의 :** 일정한 기간에 걸쳐 정보기관이 지향하게 될 국가정보활동의 목표에 대한 우선순위를 결정한 정보활동 지침으로, **국가안전보장이나 정책에 관련**되는 **국가정보목표**이며 **해당 국가의 전 정보기관 활동의 1년간 기본정보 운용지침**이 된다.<15승진 · 18경위 · 14.2채용>

※ 국가정보기관인 **국가정보원에서 작성**한다. 예 국정지표 등

(2) **특징 :** 국가의 **모든 정보기관이 계획하고 수행해야** 할 **정보활동의 기본방침**이고, 국가정책수립자의 질문에 대한 응답을 하기 위하여 선정된 우선적인 정보목표이며, **경찰청**이 정보수집계획을 수립할 때 **가장 중요한 지침**이 된다.[♣EEI(×)]<01 · 19승진 · 06경위>

※ 정보기관의 활동은 주로 국가정보목표우선순위(PNIO)에 의한다.[♣EEI(×)]<19승진>

※ PNIO는 국정원에서 작성하고, 경찰청은 **PNIO를 기초로 EEI를 작성**하며[♣EEI를 기초로 PNIO작성(×)] **해당부서의 정보활동을 위한 일반지침인 EEI**와 PNIO는 구분된다.<02승진>

2. 첩보기본요소(EEI : Essential Elements of Information)

(1) **의의 :** 국가지도자 또는 정책수립자가 임무를 효과적으로 수행하기 위하여 **우선적으로 필요**로 하는 가장 **기본적인 정보요구사항**으로 첩보수집계획서의 핵심을 이루는 기준이다.<15 · 19승진>

※ EEI는 **해당 부서, 해당 정보기관 또는 정보부서의 정보활동을 위한 일반지침**이다.[♣PNIO는(×)]<18경위>

(2) **특징 : 계속적 · 반복적으로 전국적 지역에 걸쳐** 수집되어야 할 사항으로서, **일반적 · 통상적 · 장기적인 문제해결을 위한** 첩보요구이다.<99 · 03 · 04 · 19승진 · 09경위 · 01 · 14.2채용>

① **EEI는 국가정보목표(PNIO)에 따라 결정**되므로[♣EEI를 토대로 PNIO작성(×)] EEI와 PNIO는 직접적인 관련이 있다고 할 수 있다.<97승진>

② 첩보수집을 위해서 사전에 **반드시 첩보수집계획서가 필요**하며[♣사전 첩보수집계획서는 작성하지 않음.(×)] 서면요구가 원칙이고, 통상의 첩보수집계획서는 EEI계획서라고 할 수 있다.<19승진 · 18경위 · 01채용>

※ 대부분 통계표와 같이 공개적인 것이 많고 사회연구기관에서 주로 정보생산을 담당한다.

3. 특별첩보요구(SRI : Special Requirements for Information)

(1) **의의 :** PNIO나 EEI가 미래의 **정보수요를 완전히 예측하는 것은 현실적으로 불가능**하므로, 어떤 **임시적 돌발사항**에 해당하는 **특수한 지역적 사건을 단기적으로 해결하기 위해** 필요한 범위 내에서 임시적이고 단편적인 첩보를 요구하는 것이다.[♣ SRI는 EEI를 지침으로 작성(×)]<05 · 07 · 08 · 15 · 20승진 · 18경위 · 01 · 14.2채용>

① 지금은 의미가 다소 변화되어 **첩보수집 지시나 요청**을 SRI라고 한다.

※ 통상 정보기관의 활동은 주로 SRI에 집중이 되며, **정보사용자들은 필요시 수시로 SRI를 활용하여 정보를 요구**하며[♣실용적이고 편리하다는 이유로 정보사용자들은 주로 EEI를 적극 활용(×)], 일상적 경찰업무에서 활용되는 정보요구도 주로 SRI에 의해 이루어지고 있다.<03승진>

예 특정지역의 댐 건설에 반대하는 환경단체들의 현황파악, 특정 집회에 대한 상황파악, 명절을 앞둔 특정 물건의 가격폭등에 따른 첩보요구

(2) **특징 :** SRI는 **수시로** 단편적 사항에 대하여 명령(지시)되는 것이 원칙이며, SRI의 요구형식은 **서면과 구두 모두 가능**하나 구두로 하는 경우가 많고, 사전에 **첩보수집계획서가 필요하지 않다**.[♣필요하다.(×)]<01승진 · 07 · 18경위 · 01채용>

① 정보수요가 발생한 배경이 되는 지식, 수집하여야 할 첩보의 내용, 첩보획득 가능성을 기준으로 한 **수집기관별 주요 목표, 첩보의 보고 시기 등을 명확히 정해줄 필요**가 있다.[♣정해줄 수 없는 한계(×)]

② **단기적 효용**으로 인해 PNIO나 EEI에 포함되지 않았거나 우선순위가 뒤에 있더라도 다른 첩보에 비해 **가장 우선적으로 수집되어야** 한다.

※ 첩보수집지침은 사안과 대상에 따라 상이하므로 비교적 **구체성 · 전문성이 요구**되며 SRI의 수집에는 정보의 신뢰성도 중요하지만, **정보사용자가 적시에 사용 가능할 수 있도록 제공하는 것이 가장 중요**하다.[♣신뢰성 확보 위해 부여된 시간 초과(×)]

4. 기타 정보요구(OIR : Other Intelligence Requirement)

(1) **의의 :** 급변하는 정세의 변화에 따라 **정책상 수정이 필요**하거나 또는 이를 위한 자료가 요구될 때 **PNIO에 우선**하여 이를 충족시키기 위한 정보요구이다.<06 · 15승진 · 05 · 14.2채용>

예 국민연금제도에 대한 국민여론의 악화로 정책수정을 위한 자료를 요구하는 경우

(2) **특징 :** 일반적으로 OIR은 PNIO에 포함되어 있지 않거나 우선순위가 늦게 책정되어 있기 때문에, OIR로 책정되는 정보는 **PNIO에 따른 우선순위를 변경하는 효력**을 갖게 되어 **PNIO에 우선하여 작성**이 된다.

정리 첩보기본요소(EEI)와 특별첩보요구(SRI)의 비교

첩보기본요소(EEI)	특별첩보요구(SRI)
계속적 · 반복적 · 전국적 사항	**임시적 · 돌발적 · 특수지역적**인 특수사항
일반적 · 통상적 · 장기적인 문제해결 ⇨ 첩보의 **신뢰성이 중요**함.	돌발적 · 단기적인 급박한 문제해결 ⇨ 첩보의 **적시성이 중요**함.
서면요구가 원칙	요구형식은 서면과 구두 모두 가능
사전에 반드시 **첩보수집계획서가 필요**	사전에 **첩보수집계획서가 필요하지 않음.**

Ⅱ 첩보의 수집<21경위 · 01승진>

(1) 필요한 자료를 획득하여 사용자에게 전달하는 단계로서 정보 산출 중 **가장 중요하고 어려운 단계**로서 협조자가 필요한 단계이다.<97승진>

※ 가장 어려운 단계는 첩보수집단계, 가장 전문적 단계는 정보생산과정, 다만 외사정보의 경우 첩보수집단계를 가장 전문적인 단계로 본다.

(2) **첩보수집활동의 원칙** ⇨ 중요성 · 유용성 · 가능성 · 신빙성

(3) **첩보의 질의 결정요인** ⇨ 첩보수집 기법, 수집자의 자질, 망원의 자질

Ⅰ. 첩보수집계획

작성요령 : ① 정보요구의 결정, ② 첩보수집목표 설정, ③ 목표의 분석, ④ 첩보수집의 우선순위 책정, ⑤ 첩보획득이 가능한 출처 파악, ⑥ 첩보수집방법의 결정, ⑦ 첩보수집계획서의 작성

※ 첩보수집계획서에는 첩보획득에 관계되는 기관, 방법, 수집활동의 진행상황과 성과 등 첩보수집에 참고할 사항을 작성한다.(반드시 작성하는 것은 아님.)

Ⅱ. 첩보출처의 개척

(1) 첩보출처란 첩보가 얻어지는 원천을 의미한다.

(2) **출처의 신뢰성**

① 획득한 첩보 내용의 신뢰성을 검토하기 위해 비교대상이 필요하므로, 비교평가를 위해 둘 이상의 출처를 개척하고 이들로부터 얻어진 첩보들을 대상으로 상호 검증과정을 거쳐야 한다.

② 단일출처만을 이용하는 것보다 첩보의 **출처를 다양화(이중출처의 개척)시킬 때** 보다 더 신뢰성 있는 첩보를 수집할 수 있다.(‘**이중출처 개척의 원칙**’, ‘**가외성**(이중성)의 원칙’)<01승진>

예 쓰레기 소각장 건설관련 여론을 파악하기 위하여 **찬성파 A와 반대파 B**를 만나 관련첩보를 이중으로 듣는 것

Ⅲ. 첩보수집활동

1. 기본자세

목적의식을 가지고, 표면뿐이 아닌 첩보수집의 배경을 파악하는 노력과 정보배경의 분석이 요구되며, 다각적이고 종합적인 시각과 개방적 자세가 필요하고, 고정관념을 버리고 정보의 수용력을 넓혀야 한다. 아울러 **비공개정보만큼 공개정보도 중시해야** 하며 우선순위에 따른 정보 수집을 해야 한다.<03채용>

※ **첩보수집의 객관성** ⇨ 첩보수집자의 **주관적 의사가 개입될 가능성을 배제**시켜서 과학적이고 타당한 첩보자료로 선택하게 하는 요소이다.

참고 첩보수집의 우선순위 결정요인<02 · 03 · 05승진>

긴급성의 원칙	긴급한 정보부터 수집해야!
고이용정보 우선의 원칙	이용가치(중요도)가 높은 정보부터 수집해야!
참신성의 원칙	이제까지 알려지지 않은 정보부터 수집해야!
수집가능성의 원칙	수집가능성이 있는 정보부터 수집해야!
경제성의 원칙	경제성이 있는 정보부터 수집해야!

※ 접근성 – 정보사용자의 관심과 욕구에 부응할 수 있는 사항부터 수집하는 것<01채용>

2. 수집수단<01승진>

<table>
<tr><td>국내에서</td><td>
① 각종 인쇄물, 방송 등 공개적 자료를 통한 수집
② 인간정보(휴민트) ⇨ 다양한 첨단 정보수집 장비가 속속 등장하는 현대에도 인간에 의하지 않고서는 수집할 수 없는 첩보가 있으며, 인간정보는 첩보수집의 시작이자 마지막이다.(HUMINT-human intelligence)
ⓐ 휴민트는 영상정보나 신호정보 같은 태킨트(TECHINT)에 비하면 분야가 상당히 적으나 과학 · 기술적 정보수집 기법이 획기적으로 발달한 현대에도 여전히 중요성을 가진다.
※ 예컨대 아직까지 인간의 심리상태를 파악할 수 있는 기계가 발명되지 않았고, 역공작은 휴민트만 가능하다. 또한 테러, 마약, 국제범죄조직은 영상정보와 신호정보로 파악하는데 한계가 있으며 휴민트는 비용이 적게 든다.
ⓑ 휴민트는 이중스파이 배신과 음모의 가능성이 상존하며, 수집된 정보가 주재국 방첩기관의 뛰어난 공작활동의 결과로 기만정보이거나 역이용 정보일 위험성이 있다.
③ 영상정보 ⇨ 이민트(immint)는 영상이나 사진을 정보인자로 하는 것으로, 레이더, 적외선 센서 등의 기술적 수단을 이용하여 사진이나 영상을 수집하고 그것을 분석하여 얻는다.(IMMINT-imagery intelligence)
※ 영상정보는 정찰 인공위성이나 항공사진을 통해 첩보를 획득하는 정보수집 기법이다.
예 두 번의 세계대전에서 공군의 영웅이었던 미첼(william michell)은 '전선 위를 한 번 비행해 보는 것이 지상을 수백번 돌아다니는 것보다 적군이 어떻게 포진하고 있는 가를 분명하게 파악할 수 있게 해주었다.'라고 그 중요성을 회고했다.
예 걸프전 당시 미국은 정찰위성을 통하여 이라크군의 장비와 지하벙커의 위치를 탐지하였고, 이를 토대로 공격목표를 무력화시켰다.
④ 신호정보 ⇨ 상대방으로부터 전파 및 전자적 신호정보를 탐지 · 수집하여 얻는 활동 또는 그렇게 수집된 정보자체를 의미한다.(SIGINT-siginals intelligence)
※ 신호정보는 영상정보로는 도저히 획득할 수 없는 상대방의 내심과 목적을 원거리에서 파악할 수 있다는 점에서 매우 중요하다. 다만 신호정보는 어떠한 형태로든 당사자 쌍방의 통신이나 통화가 전제되어야 한다.
예 소련이 대한항공기를 격추 사실을 시인한 것은 일본 자위대가 레이더와 전파도청으로 소련요격기와 지상파의 교신기록을 확보하고 있었기 때문이다.(신호정보)
</td></tr>
</table>

국외에서	① 외교관의 활동, 무관의 활동, 기타 정부관리 및 민간인, 특수인간정보 등 ② **백색정보관** ⇨ 합법적 신분을 가진 외교관, 공행간첩의 일종, 적발될 경우 **면책특권으로 처벌되지 않고 국외추방에 그치지만 외교적 문제가 발생할 수** 있다.[♣간첩죄 처벌(×)] ♣ 상대국에 적발된 경우 백색정보관과 흑색정보관은 간첩죄로 처벌된다.(×) ③ **흑색정보관** ⇨ 상사원 · 언론기자 등 신분이 노출되지 않아 활동이 용이하나, 간첩활동으로 적발되는 경우 **간첩죄로 형사 처벌**된다.

3. 유의사항

오늘날에는 정보활동의 합법성이나 프라이버시권의 보장 등이 강조되고 있기 때문에 정보활동에 대한 민주적 통제가 강화되고 있어 **합법성을 통한 인권침해방지**가 요구되며<01승진>, 여론 수집과정에서 **녹취는 금물**이고, 핵심 keyword를 기억했다가 최단시간 내에 기록해 두어야 한다.

※ 녹취내용이 외부에 공개되었을 경우에, 정보기관에 대한 신뢰성 문제와 상대방의 명예훼손 문제가 발생할 우려가 있기 때문이다.

Ⅳ. 첩보의 전달

첩보의 사용자, 보고시기, 보고형태, 전달수단 등이 고려되어야 한다.

(1) **보고서 :** 입수한 첩보를 바탕으로 보고할 사항을 정확하고 간결하게 정리 · 작성하고, 첩보수집계획에 의하여 수집된 첩보는 정해진 시기 내에 보고하는 것이 통상적이지만 첩보의 중요성과 긴급성에 따라 필요한 기관에 신속히 전달되어야 한다.<12경감>

(2) **첩보전달자의 기본적 자세 :** 보안유지 능력과 신속히 보고하는 능력이 요구되며, 주관적 의사를 배제하고 객관적으로 보고하여야 하고, 사실과 추리를 구별하여야 한다.

Ⅲ 정보의 생산 – 정보생산의 소순환과정<21경위 · 01 · 03 · 04 · 07 · 09승진 · 05 · 06 · 07 · 08 · 11.2채용>

① 수집된 첩보를 정보생산기관에 전달하여 **사용자의 요구에 맞도록 정보보고서를 작성**하는 단계이다.<98승진>

– **과정 ⇨ 분류(선택) 및 기록 ⇨ 평가 ⇨ 분석 ⇨ 종합 ⇨ 해석**

– **특징** ⇨ 정보생산의 소순환과정은 항상 순차적으로 이루어지는 것이 아니라, 거의 동시작용으로 이루어진다.

– **평가 · 분석과정** ⇨ 수집한 첩보의 정보생산 자료로서의 가치와 적격성을 분석하는 과정

② 정보순환과정에서 가장 **중심**이 되며, **학문적 성격**이 가장 많이 지배하는 단계로서 고도의 전문성을 요한다.<02 · 08승진>

Ⅰ. 분류(선택)

(1) **선택 :** 수집된 첩보 중에서 긴급성 · 유용성 · 신뢰성 · 적합성 등을 기준으로 **필요한 첩보와 불필요한 첩보를 분류하고 걸러내는 1차적, 초기적 평가과정**이다.<11경위>

(2) **첩보분류의 원칙**<06승진>

병치의 원칙	유사하거나 관계되는 자료는 **가깝게 위치**하도록 분류<02승진>
상호배제의 원칙	분류의 세부항목을 확실하게 하여 **중복이 없이** 분류
점진의 원칙	**일반적인 것부터 특수 · 복잡한 것으로** 순차적 분류<01승진>
통합의 원칙	다른 사항과의 **관계를 고려**하여 분류
일관성의 원칙	**동일한 분류기준**에 따라 끝까지 동일하게 분류

Ⅱ. 기록

(1) **기록 :** 수집된 첩보 중 즉각 사용되지 않거나 이미 사용된 첩보를 기록하여 관리하는 과정이다.<11경위>

① **정보기록 :** 정보기록이란 정보활동의 결과 얻은 제반 자료를 **경찰 목적에 사용할 수 있도록 문서화한 것**이다.

※ 정보기록은 필요한 시기에 적절하게 사용할 수 있도록 체계적으로 관리되어야 하며, 보안을 유지하여야 한다.

② **국가정보자료** : 국가정보정책의 수립에 기여할 수 있는 국내외 정치 · 경제 · 사회 · 문화 · 군사 · 과학 · 지리 · 통신 등 각 분야별 기본정보와 각 분야에 영향을 미칠 수 있는 인적 · 물적 정보 등의 내용이 수록된 자료를 말한다.(국가정보자료관리규정<대통령령> 제2조 제1호)

- 국가정보자료는 각급 기관이 공동 활용할 수 있도록 체계적으로 관리하여야 한다.(국가정보자료관리규정 제5조 제1항)
- 국가정보자료는 파손 또는 오손되지 아니하도록 관리하여야 하며 근거를 명시하지 아니하고 그 내용을 임의로 수정 또는 추가하여서는 아니 된다.(국가정보자료관리규정<대통령령> 제5조 제2항)

※ **정보기록의 관리방법 – 집중관리 :** 정보기록은 일정한 장소에 집중적으로 보관함으로써 **안전성을 확보**하는 동시에 **체계적인 관리**를 할 수 있다.<14경위>

Ⅲ. 평가

(1) 신뢰성, 가치 등을 1차적으로 평가, 첩보의 출처 및 내용에 대하여 **타당성을 판정하는 과정**이다.[♣분석과정(×)]

(2) **첩보평가의 기준**(Michael Herman)

적절성	현재나 장래에 있어 그 첩보가 어느 정도로 **유용한 것인가**를 검토
신뢰성	① 출처의 능력 및 지식, 수집자의 훈련과 경험, 성실성, 수집환경, 과거 제공된 첩보의 정확도, 문서에 의한 증거 등을 토대로 검토한다.<03승진> ② 첩보를 제공한 **출처 및 기관에 대한 신뢰성이 검토의 대상**이다.

<table>
<tr><td rowspan="7">가망성</td><td colspan="2">① 내용에 대한 견실성과 상세성, 일반적인 지식과 경험에 비추어 본 타당성, 그리고 동일하거나 연관되는 타 첩보와의 일치성을 검토(가존성 · 정확성)
② 첩보의 가망성은 출처의 신뢰성과 관계없이 검토되어야 함.<03 · 05 · 07승진></td></tr>
<tr><td colspan="2">가망성 평가기준</td></tr>
<tr><td>일치성</td><td>타 출처의 입수된 첩보와 얼마나 내용이 일치하는지 여부</td></tr>
<tr><td>타당성</td><td>평가자의 보유정보로 보아 얼마나 타당성이 있는지 여부</td></tr>
<tr><td>상세성</td><td>보고 내용이 얼마나 내용을 상세히 포함하는지의 여부</td></tr>
<tr><td>견실성</td><td>내용이 얼마나 충실하고 전후에 모순이 없는지의 여부</td></tr>
</table>

※ 첩보의 **적합성**, 출처의 **신뢰성**, 첩보내용의 **정확성**을 드는 견해도 있고, 첩보의 **적절성**, 출처의 **신뢰성**, 첩보내용의 **가망성**<07승진>을 제시하는 견해도 있다.(이 세 가지의 기준은 각각 **독립적으로 검토되어야** 한다.)

Ⅳ. 분석

1. 의의

(1) **재평가과정 :** 첩보를 정보로 만들기 위해 수집한 첩보를 요소별로 분류하여 **상호 관련성을 발견**하고 다른 사실과 비교하여 모순을 보충하는 **재평가 과정**이다.<02승진>

(2) **검증과정 :** 평가단계에서 간추려진 첩보를 가지고 정보요구권자 또는 정책결정자의 정보요구를 해결하기 위한 **가설들을 논리적으로 검증하는 일련의 과정**이다.<08승진 · 11경위>

(3) **일련의 결론도출과정 :** 수집된 첩보에 의미를 부여하고 이미 알려진 사실과의 대조를 통하여 일련의 결론을 도출해 내는 단계

Ⅴ. 종합

(1) 부여된 주제에 대한 정보를 생산하기 위하여 **동류의 것끼리 분류된 사실을 하나의 통일체로 결합하는 과정**이다.<11경위>

(2) 분석과 종합은 정보처리의 핵심과정으로서 양자는 흔히 동시에 이루어진다.

Ⅵ. 해석

(1) 평가 · 분석 · 종합된 생정보에 대하여 **의의와 중요성을 결정**하고 **건전한 결론도출**을 가능하게 하는 과정이다.<11경위>

(2) 종합된 첩보를 근거로 **미래에 대해 예측판단**을 하는 해석 단계이다.

(3) **분석관의 주관이 개입할 가능성이 많으므로** 타당한 해석을 위한 객관적인 관찰과 예리한 판단력이 필요하다.

PART 05

Ⅳ 정보의 배포

(1) 생산된 정보를 수요기관에 **유용한 형태**와 **내용**을 갖추어서 **적당한 시기**에 제공하는 과정을 말하는 것이다.[♣적합한 형태를 갖출 필요가 없다.(×)]<19.2채용>

(2) 정보배포의 주된 목적은 정책입안자 또는 정책결정자가 정보를 바탕으로 **건전한 정책결정에 이르도록 하는 데** 있다.<19.2채용>

(3) 배포된 정보는 정보의 사용자가 정책결정을 하는 과정에서 **정책결정이라는 결과를 낳거나 추가적인 정보의 수요를 발생**시키게 된다.

※ 배포된 정보가 정책결정이라는 결과를 낳은 경우에도, 정책시행결과 **오류의 개연성**이 발견되거나 **정책수정이나 변경**을 위해 새로운 정보가 요구되는 등 정보는 **환류를 계속**하게 된다.

1. 정보배포원칙<01·02·05·15·20승진·11.2·24.1채용>

※ 정보의 배포에는 **필요성·적시성·적당성·계속성·보안성의 원칙**이 요구된다.[♣보충성 요구(×)]

필요성	① **알아야 할 필요가 있는 대상자에게만** 알려야 하고, 알 필요가 없는 대상에게는 알려서는 안 된다는 원칙(차단의 원칙)이다.<10승진·04·24.1채용> ② 배포기관은 어떤 정보를 누가·언제·어떻게 사용할 것인지를 파악하고 있어야 한다.<11.2채용>
적시성	① 정보는 사용자가 **필요로 하는 적당한 시기(언제 필요로 하느냐에 따라)에** 배포되어야 한다는 원칙이다.<15승진·11.2·24.1채용> ⓐ 우선 해당정보와 관련된 **정보 상황이 변화되어 정보가치가 상실될 경우 배포 자체가 무의미해질 수 있으므로 그 이전에 배포**가 이루어져야 한다. ⓑ 최종 정보사용자가 정보를 평가하고 해석하는 등 정책결정에 필요한 계획을 수립하는데 **필요한 시간이 고려되어야** 한다.[♣바로 직전 배포(×)](사용자에게 **시간적 여유 보장**) ⓒ 정보의 **배포 순위는** 정보의 생산순서가 아니라 **정보의 중요성과 긴급성에 따라 결정**된다.[♣먼저 생산된 정보를 우선배포(×)]<19.2·24.1채용> ② **적시성의 원칙이 중요시되는 이유**: 정보는 의사결정의 자료가 되기 때문이다.
적당성	정보는 사용자가 필요한 만큼 **적당량이 배포되어야** 한다는 원칙이다.<11.2채용>
계속성	계속성의 원칙은 정보가 정보사용자에게 배포되었다면, 그 정보의 **내용이 변화되었거나 관련 내용**이 **추가적으로 입수되었거나 할 경우 계속적으로 사용자에게 배포되어야** 한다는 원칙을 말한다.[♣적시성의 원칙(×)]<15·20승진·11.2·19.2·24.1채용>
보안성	정보연구 및 판단이 **누설**되면 즉 **누설위험성이 있으면**, 정보로서의 가치를 상실할 수 있으므로 이를 예방하기 위해 **보안대책을 강구해야** 한다는 원칙을 말한다.[♣필요 여부를 떠나 다수에게 배포되어야 한다는 것(×), ♣정보의 누설위험성과 관련이 깊은 것은 계속성의 원칙(×) ⇨ 보안성]<10·15승진·11.2·19.2·24.1채용> 예 구두(口頭)배포: 가장 보안성이 우수하다.<97승진> ※ 설사 정보의 내용이 누설되지 않았다고 하더라도 그러한 **정보가 수집되거나 배포되었다는 사실 자체가 외부로 알려질 경우**에도 정보관이나 정보부서의 **신뢰가 실추될 수** 있다.[♣보안에 문제가 있었다고 볼 수 없다.(×)] ※ 현용정보는 **적시성**이 생명이지만 **보안성**도 동시에 중시되어야 한다. ☞ 우측 페이지 표 참조

정리 보안의 원칙(보안성)<18 · 20승진>

정보의 분류조치	① **의의 :** 주요문서와 같은 정보들을 여러 **등급으로 분류**하여 각각의 관리방법과 열람자격 등을 규정함으로써 정보의 유출을 막는 일련의 조치를 말한다.<18승진> ② **내용 :** 문서의 **비밀임을 표시**하거나 관련 정보나 문서를 **열람하는 자격을 제한**하는 등의 조치, 관련 문서의 **배포 범위를 제한**하거나 폐기 대상인 문서를 **파기**하는 등의 관리방법을 말한다.[♣물리적 보안조치(×)]<18 · 20승진>
인사 보안조치	① **의의 :** 민감한 정보를 취급할 가능성이 있는 **공무원을 채용하고 관리**하는 데 있어서 해당 정보들이 **공무원이 될 자 또는 공무원에 의해 유출될 가능성을 차단**하는 것을 말한다.<18승진> ② **내용 :** 정보의 배포과정에서는 배포 담당 공무원의 채용과 임명 과정에서의 **보안심사** 또는 **보안서약**의 징구, 이들에 대한 **보안교육** 등의 조치이다.
물리적 보안조치	① **의의 :** 보호가치 있는 정보를 보관하는 **보호구역을 지정**하여 **관리**하고, 그 시설에 대한 **보안조치**를 실시하는 방안을 총칭하는 것 ② **분류 :** 일반적으로 정보관리 부서가 속한 건물에 대한 **보호구역의 설정과 시설보안의 분야**로 분류됨. ③ **대상 :** 정보부서의 소재지 또는 소재 시설물에 대한 보안조치의 성격이 강한 분야로서 배포과정에는 적용될 여지가 낮으나, **정보배포기관 또는 부서, 정보배포를 위한 이동수단 등**에 대해서는 적절한 물리적 보안조치가 필요함.
통신 보안조치	① **의의 :** 종래 전선과 전파를 이용한 통신이 **도청당하는 것을 방지하는 일련의 조치**들을 의미했으나, 정부의 주요한 통신수단으로 **컴퓨터 통신**이 등장함에 따라 이에 대한 **침입을 방지하기 위한 일련의 조치들을 포함**하는 개념으로 **확장**되었다. ※ **컴퓨터 네트워크에 대한 보안조치**는 오늘날 통신보안의 가장 중요한 분야에 해당한다.<18승진> ② **내용 :** 정보의 배포수단으로 **전선과 전파 또는 컴퓨터 네트워크**를 이용할 경우 **정보 유출을 방지**하기 위한 **보안조치는 필수적**이다.

II. 테마 163 정보 배포수단

(1) **적시성과 완전성**: 정보배포의 수단 선택에 있어 가장 중요한 고려사항은 적시성과 완전성이다.

(2) **배포수단의 종류**<01 · 03 · 13 · 16승진 · 17.1채용>

보고서	일반적으로 가장 많이 활용되는 방법으로 생산된 정보의 내용을 서류형태로 보고서화하여 정보 수요자에게 배포하는 방법<13승진>
비공식적 방법	① 통상 개인적인 **대화의 형태로**[♣통상 메모의 형태로(×)], 질문에 대한 답변이나 토의 형태로 직접 전달이 이루어진다.<17.1채용> ② 분석관과 정책결정자 사이, 정보기관의 대표 사이, 분석관 사이에 사용된다.
일일 정보보고서	① 매일 24시간에 걸친 경제 · 사회 · 문화 등 제반 정세의 변화를 중점적으로 망라한 보고서[♣브리핑(×)]<01 · 03 · 16승진 · 17.1채용> ※ 대부분 현용정보의 성격을 가지므로 **신속성이 강조**된다.[♣신속성보다 신뢰성 강조(×)] 예 대통령 일일보고서[♣판단서, 대책서(×)] ② 일일 정보보고서는 **사전에 고안된 양식**에 의해[♣형식에 구애받지 말고(×)] **매일 작성**되며 **제한된 범위에서 배포**된다.<16승진 · 17.1채용>
특별 보고서	① 축척된 정보가 **다수의 사람이나 기관에게 이해관계가 있거나 가치가 있을 때** 발행한다.<16승진> ※ 생산이 **부정기적**이라는 면에서 일일정보보고서나 정기간행물과 차이가 있다. ② 형식면에서 통일성이 낮고, 정보의 내용, 긴급성, 정보사용자의 필요에 따라 다양하다.
지정된 연구과제 보고서	① 특정한 정보사용자 또는 어떤 기관이 요청한 문제에 대하여 정보를 작성하고 배포하는 것 ② 비교적 심층적인 분석을 통해 작성되는 장문의 보고서로, 사안과 관련된 현황은 물론 향후의 정책대안까지 제시한다.(주로 판단정보)<13승진>
브리핑	① **정보사용자 또는 다수 인원에 대하여** 개인이 정보내용을 **요약하여 구두로 설명**하는 것으로 현용정보가 중심이 된다.[♣ 매일 24시간에 걸친 정세변화 보고(×)]<04 · 08 · 16승진 · 17.1채용> ※ 시간을 절약할 수 있어 **현용정보의 배포수단으로 많이 이용**된다.[♣현용정보 배포수단으로 거의 이용되지 않는다.(×)]<17.1채용> ② 통상 강연식이나 문답식으로 진행되며 시간이 절약된다.<16승진> ※ 치밀한 사전준비와 구술능력을 요구하며 **시각적인 보조자료를 적절히 활용**하는 것이 효과적이다.<16승진> ③ 긴급한 경우에 주로 사용하는데 **서면보고에 비해 완전성이나 책임성은 떨어지지만, 보안성이나 신속성에서는 장점**을 가진다.
도표(사진)	① 내용을 이해하는 데 효과적이며 타 수단의 설명을 보충, 요약하기 위하여 사용 ② 시각적으로 증명하거나 체계적으로 이해할 수 있도록 하는 효과가 있다.

메모	① 정보분석관이 가장 많이 활용하는 방법이다.[♣전보.... 가장 많이 활용(×)]<16승진 · 17.1채용> ② 긴급한 경우에 내용을 **요약하여 서면으로 기록을 전달**하는 방법으로 **구두보고와 서면보고의 중간형태의 보고방법**이다. ③ **정기간행물에 적절히 포함시킬 수 없는 긴급한 정보**, 즉 **현용정보를 전달하는데 주로 사용**[♣전화(×)], **신속성은 뛰어나고 중요**시되지만 **정확도가 떨어지는 단점**<01 · 13 · 16승진 · 17.1채용>
서적	다수인의 참고나 교범을 위하여 요구될 때 사용
정기간행물	① 통상 광범위한 배포를 위하여 출판되며 방대한 정보를 수록하고, 광범위한 배포를 위하여 주 · 월간 등으로 발행<13승진> ② 공인된 사용자가 가장 최근의 중요한 진행상황을 알 수 있도록 하는 배포수단이다.
전화(전신)	① 돌발적이고 긴급한 정보의 배포를 위하여 사용, **신속을 요하는 경우 1차적으로 전달하는 방법** ② 특히 **해외에 주재하는 기관이나 요원에게 상황을 전달하는 데 효과적**인 정보 배포수단[♣정보분석관이 많이 활용(×)] ② 배포되는 정보가 **단편적**이며, **전시에 많이 이용**되고, 누설(탐지)의 위험이 커서 보안유지가 특히 요구되는 방법
필름	① 슬라이드 필름을 만들거나 녹화를 하여 배포하는 방법으로 반복하여 계속적인 전달이 요구되는 경우 이용 ② 시각적인 효과가 높으며, **교육적 전달 방법**으로 이용<03승진>
문자 메시지	정보사용자가 공식회의 · 행사 등에 참석하여 '**물리적인 접촉이 용이하지 않은 경우**'나 '**사실 확인 차원의 단순보고**'에 활용(최근 활용도가 점차 높아지고 있음.)[♣전화(×)]
기타	① **구두전달 : 보안성이 가장 우수**한 정보의 배포방법 ② **연구 참고용 보고서**: 정보사용자에게는 배포되지 않고 정보분석관 상호간의 연구를 돕기 위하여 작성되고 배포되는 보고서

PART 05

3 정보의 기능

Ⅰ 정보와 정책의 관계

① 정보와 정책이 어느 정도 밀접한 관계를 유지하는 것이 바람직한가에 대해 **전통주의와 행동주의가 대립**한다.

※ **미국 CIA '정보사용자 지침'** ➡ 정보개념 정의에서 **정보와 정책과의 관계를 잘 설명**하고 있다.

② **CIA의 창설 시에는 전통주의자들의 시각이 팽배하여 1947~1955년까지는 전통주의적인 시각을 추구**하였다.

참고 CIA의 창설 당시 팽배했던 전통주의자들의 견해

※ **셔먼 켄트(Sherman kent)**: "정보는 정책결정을 안내하기 위해 **필요한 만큼 밀접해야 하지만**, 판단의 독립성을 보호하기 위해 **충분한 이격을 유지해야** 한다."라고 주장[♣행동주의(×)]

※ **윌리엄 도노반 장군(CIA창설에 기여)**: "수집된 첩보가 사용자의 시각에 의해 왜곡되지 않도록 하기 위해 정보는 정보를 지원하고 있는 사람들과 **반드시 독립적이어야** 한다."라고 주장

☞ 현용정보에 과도하게 치중하고 정보들이 정책결정에 미치는 영향이 미진하다는 문제점이 줄곧 제기됨. ⇨ 정보역량이 현용정보에 과도하게 집중되는 문제점을 극복하고 장기적 사안에 대한 판단정보를 생산하기 위해 **CIA는 1982년부터 행동주의**[♣전통주의(×)]**를 채택**하게 된다.<09승진>

Ⅰ. 전통주의와 행동주의의 관계비교<09·10·13승진·12경위>

구분	**전통주의**(Mark M. Lowenthal)	**행동주의**(Roger Hilsman)<12경위>
의의	**분리** ⇨ 정보와 정책에 대한 일정수준의 **분리의 필요성**을 강조<12경위>	**공생** ⇨ **정보와 정책의 공생관계**에 주목하여 상호간의 밀접한 연결성을 강조<12경위>
특징	① **의존** ⇨ 정보는 정책에 의존하여 존재하지만, 정책은 정보의 지지 없이도 존재할 수 있는 것이다. ② **구분** ⇨ 정보생산자는 정보의 제공과 정보의 조작을 구분해야 한다.[♣행동주의(×)]<12경위> – **부응** ⇨ 정보는 **정보사용자의 자료나 분석의 요구에만 부응해야**<09경위>	① **연구·이해** ⇨ **정보생산자는 정책과정에 대해 연구하고 이해해야** 한다.[♣행동주의(×)]<13승진> ② **역량동원** ⇨ 정보생산자는 **정보사용자에게 의미있는 사안들에** 정보역량을 동원해야[♣전통주의(×)]<12경위> – **판단정보를 중시**함.[♣현용정보(×)]

<table>
<tr><td rowspan="2">특징</td><td>③ 자문 ⇨ 고위정책결정자들은 고위정보관에게 자문을 구할 수 있어야 한다.[♣행동주의(×)]<12경위>

④ 조언 ⇨ 정보는 정책결정에 조언을 주는 방향으로만 분리적으로 기능해야 한다.

☞ 전통주의에 따를 경우 현용정보에 역량을 치중하는 결과초래</td><td>③ 환류체계 ⇨ 정보와 정책 간에 환류체제가 필요[♣전통주의(×)]<12경위>

정보분석관이 정보사용자와 밀착하여 일할 경우 나타나는 장·단점
– 장점 ⇨ 정보의 적실성이나 적시성이 높아질 수 있다.[♣떨어진다.(×)]
– 단점 ⇨ 정보와 정책의 지나친 밀착은 정보의 사유화, 정치화, 예속화, 정책판단의 독립성 저해 등 문제유발
– 대책 ⇨ 경쟁적 분석시스템 구비</td></tr>
</table>

II. 정보의 장애요인<10·15승진·13경위>

정보사용자로부터의 장애요인	정보생산자로부터의 장애요인
① **정책결정자의 자존심** ⇨ 분야의 최고라는 자신감 때문에 자기견해에 반대하는 정보들을 무시하게 됨. – **정책결정자의 선호정보** ⇨ 정책결정자는 선호정책을 뒷받침할 정보를 기대	① **편향적 분석의 문제** ⇨ 정보분석관의 자기 선호에 따른 객관적 분석의 결여, 정보기관의 집단적 **편견** 등[♣생산자는 사용자의 선호정보를 최우선 고려해야 한다는 것은 생산자로부터 장애요인(×)]<15승진·13경위>
② **정책결정자의 시간적 제약성** ⇨ 정보결정자들은 많은 문서·구두보고로, 항상 시간적 제약성을 가지고 있다.	② **적시성의 문제** ⇨ 완벽한 보고서를 만들기 위해 시간변수를 간과하면 좋은 정보보고서를 만들 수 없다.<15승진·13경위> 예 시간을 맞추지 못해 **다른 이슈에 집중하고 있을 때 정보가 전달되면 방치**될 수 있다.
③ **정보의 대한 과도한 기대** ⇨ 정책결정자들은 **정확하게 예측할 수 없는 것임에도 불구**하고, 정보가 문제에 대한 **명쾌한 해답과 지침을 주기를 기대**(그러지 못할 경우 정보 불신으로 이어짐.) ※ **정치적인 이유로 수집수단을 조정하려** 하거나 **제시된 대안으로 인해 불안감**을 가지거나 다양한 대안으로 혼동에 빠질 수도 있다.	③ **적합성의 문제** ⇨ 정책결정자가 바라는 요청에 부합되지 않는다면 정책수립에 도움이 되지 않는다.<13경위> ④ **판단의 불명확성** ⇨ 정보속성상 정보는 애매하고 불명확한 사안을 다루고 있어 명확하지 않은 **여러 가능성을 언급**하는 경우가 많다.<13경위>
④ **판단정보의 소외**[♣생산자로부터 장애요인(×)] ⇨ 정책결정자들은 **현용정보를 가장 높이 평가하며, 판단정보는 그보다 낮게 평가**한다.<10·15승진>	⑤ **다른 정보와의 경쟁** ⇨ 신문·방송 및 인터넷, 사설정보지 등을 통해 수많은 정보들이 거의 실시간으로 전파되고 있음.<15승진>

CHAPTER

03 정보경찰활동

Ⅰ 첩보수집 및 작성

① 경찰관이 오관의 작용을 통하여 근무 또는 일상생활을 통하여 보고(見) 들은(聞) 국내외의 정치·경제·사회·문화·군사·외교·과학 등 제 분야에 관한 각종 보고 자료의 처리를 의미한다.

② 견문보고는 보고 들은 바의 보고이므로 현용정보나 첩보의 성격이 강하고 사안에 따라 다를 수 있지만 일반적으로 적시성이 중요한바, 신속한 보고가 이루어져야 한다.

※ **정보보고의 주요목적** ⇨ **'사실의 명확한 전달'과 이를 통한 '이해'**<03승진>

③ **법적근거**: **'견문수집 및 처리규칙', '수사첩보활동규칙'**

1. 첩보활동 일반

(1) 정보활동의 범위(정보경찰 활동규칙 제4조)<20경위>

① **범죄 정보**(제1호)<20경위>

② 국민안전과 국가안보를 저해하는 위험 요인에 관한 정보(제2호)

③ 국가중요시설·주요 인사의 안전 및 보호에 관한 정보(제3호)

④ 집회·시위 등 사회갈등과 다중운집에 따른 질서·안전 유지에 관한 정보(제4호)

⑤ 국민의 생명·신체의 안전이나 재산의 보호 등 생활의 평온과 관련된 정책의 입안·집행·평가에 관한 정보(제5호)

⑥ 공공기관의 장이 요청한 신원조사 및 사실확인에 관한 정보(제6호)

⑦ 그 밖에 **공공안녕에 대한 위험의 예방과 대응**에 관한 정보(제7호)<20경위>

(2) 정보수집활동 시 금지사항

① 법령 또는 이 규칙을 위반하는 행위(정보경찰 활동규칙 제5조 제3항 제1호)

② 정치에 관여할 목적으로 정보를 수집하는 행위(제2호)

③ 법령과 이 규칙의 직무범위를 벗어나서 개인의 사상이나 동향 등을 파악하기 위해 지속적으로 사생활에 대한 정보를 수집하는 행위(제3호)

④ 상대방의 명시적 의사에 반해 자료의 제출 또는 의견표명을 강요하는 행위(제4호)

⑤ 부당한 민원이나 청탁을 직무관련자에게 전달하는 행위(제5호)

⑥ 직무상 알게 된 정보를 누설하거나 사익을 위해 이용하는 행위(제6호)

⑦ **직무와 무관한 비공식적 직함을 사용하는 행위**(제7호)

(3) 정보 수집활동시 준수사항

① 정보관이 정보를 수집할 때에는 **신분을 밝히고** 정보수집의 **목적을 설명**하여야 하며, **임의적인 방법**을 사용하여야 한다.[♣모든 상황에서 신분을 밝히고(×)](정보경찰 활동규칙 제6조 제1항)<20경위>

※ 정보관은 국민의 생명·신체의 안전과 국가안보에 긴박한 위험이 발생할 우려가 있는 경우와 범죄정보를 수집하는 경우에는 **신분 밝힘과 목적 설명을 생략할 수** 있다.[♣모든 상황에서 신분을 밝히고(×)](제2항)<20경위>

② 정보관은 정보를 제공한 자가 불이익을 받지 않도록 비밀유지 등 필요한 조치를 할 수 있다.(제3항)

③ 정보관은 정보수집의 목적이 달성되어 그 정보가 불필요하게 되었을 때는 지체 없이 이를 폐기하고, 정기적으로 감사 기능의 감독을 받도록 한다.(제4항)

II. 정보보고서의 종류<03승진·01채용·13경위>

<table>
<tr><td rowspan="12">첩보 수집 및 작성</td><td rowspan="12">견문 보고서</td><td colspan="2">① 경찰관이 공·사생활을 하면서 오관의 작용을 통해 지득한 국내·외의 정치·경제·사회·문화 등 제 분야에 관한 각종 자료(제 견문)를 기술한 보고서를 말한다.[♣정보판단서(×)]<19승진·14경위>
♣ 정보판단서는 경찰공무원이 오관의 작용을 통해 근무 및 일상생활 중 지득한 제 견문을 신속·정확하게 수집·보고하는 보고서이다.(×)<14경위>
② 견문이란 경찰관이 공·사 생활을 통하여 보고 들은 국내외의 정치·경제·사회·문화 등 제 분야에 관한 각종 보고자료를 말하는 것이다.<19승진>
③ 경찰관은 견문을 수집하여 보고할 의무가 있으며 이렇게 생산한 보고서를 '견문수집보고'라고 한다.
※ 의경, 기동대 요원, 교육기관 입교자, 타 부처 파견자, 공상관련 장기 병(휴)가자, 국외여행자 등은 견문보고의무가 면제된다.</td></tr>
<tr><td colspan="2">☞ 견문보고의 분류(분류되고 나면 정보자료가 된다.)</td></tr>
<tr><td>정책자료</td><td>정부의 정책 및 치안행정 시행 과정에서 나타나는 제반 문제점과 개선책 또는 관련 여론 등을 수집·분석한 견문</td></tr>
<tr><td>중요보고</td><td>집회·시위 및 행사, 중요사건 등 특별한 상황을 종합(속보 포함)한 견문</td></tr>
<tr><td>판단대책</td><td>집회·시위 등 치안상황 관련, 조치 및 판단을 하도록 제공하는 견문</td></tr>
<tr><td>보완자료</td><td>내용이 불확실하거나 출처의 신빙성이 약하여 재확인을 요하는 견문</td></tr>
<tr><td>기록자료</td><td>계속보존의 가치가 있어 존안 철 등에 기록을 요하는 견문</td></tr>
<tr><td>통보자료</td><td>① 업무를 주관하는 부서에서 처리하도록 하거나 시책자료로 사용할 수 있도록 하기 위하여 당해 부서에 통보하는 견문
② 타 기관과의 공조 및 조정을 위하여 필요하거나 타 사용자에 의하여 효율을 더욱 높일 수 있는 내용의 자료<04채용></td></tr>
<tr><td>참고자료</td><td>정보업무에 참고가 될 뿐 사용가치가 적은 견문(가치가 가장 낮음.)</td></tr>
<tr><td>범죄자료</td><td>각종 범죄로부터 국민의 생명과 재산을 보호하고 범죄의 예방 및 검거와 관련하여 수사의 단서로 사용될 수 있는 모든 견문(수사과로 보고)</td></tr>
</table>

첩보 수집 및 작성	정보 상황 보고서 (속보)	① 일반적으로 '**상황속보**' 또는 '**속보**'로 불리며 **사회갈등이나 집단시위상황, 관련** 첩보, 기타 우리나라에서 발생하는 모든 사건, 심지어는 발생이 우려되는 사안까지도 경찰 내부에 **그때그때** 전파하고[♣반드시 완전한 내용(×)], 필요하다고 판단되는 경우 **경찰 외부에도 전파**하는 시스템으로 운용되고 있다.(상황정보)<16승진> ※ **현용정보**의 일종으로 속보라고도 한다. ※ 특별한 사안에 대한 그때그때의 현실에 관하여 보고되는 정보이다. ② **속보**의 생명은 신속성이기 때문에 경우에 따라서는 보고의 **일정한 형식이 배제될 수**도[♣반드시 형식을 갖춘 보고서(×)] 있지만 **6하의 원칙에 따라 보고하는 것이 원칙**이다.[♣신속성이 생명으로 6하 원칙 무시(×)]<16승진> ※ 특별한 사안에 대해 일시적인 상황 그 자체를 보고할 수도 있고, **1보 · 2보 등의 형식**으로 진행과정을 순차적으로 보고하기도 한다.<16승진> ※ 속보 시스템은 첩보수집, 생산, 배포의 정보순환을 5분~30분 단위로 24시간 내내 시현하고 있다.
정보 분석	중요상황 정보	매일 전국의 사회갈등이나 집회시위 상황을 정리하여 그 **다음날 아침에 경찰 내부와 정부 각 기관에 전파**하는 보고서를 말한다.[♣정보상황보고서(×)]<19승진 · 13경위>
	정보 판단서	① '정보판단(대책)서'란 **신고된 집회계획 또는 정보관들이 입수한 미신고 집회 개최 계획 등을 파악**하고 이 중 **경찰력을 필요로 하는 중요 집회에 대해 미리 작성하여 경비 · 수사 등 관련기능에 전파**하는 보고서이다.(집회시위 대책, 정보대책)<19승진> ※ 이렇게 만들어진 정보판단서를 **집회시위대책 또는 정보대책**이라고 한다.<19승진 · 13경위> ② 타 견문과 자료를 **종합 · 분석**하여 작성한 보고서로서 **지휘관으로 하여금** 경력동원 등 **상황에 대한 조치를 하게** 하는 보고서로, 중요 집회임에도 정보대책이 전파되지 않은 경우에는 정보기능에서 책임을 져야 하는 문제가 발생한다.(정보과 작성)<03 · 19승진 · 01채용> 예 관내 주민들의 '**방사능폐기물처리장**' **유치 반대집회, 또는 골프장 건설관련 반대집회에** 대해 **경력배치가 요망된다는 보고서**
	정책 정보 보고서	**중요시책에 공할 사항에 관한 보고서** ⇨ 국내 치안상 중대한 위해를 미치거나 사회에 물의를 일으킬 사항, **정부의 정책 및 치안행정 시행 과정에서 나타나는 제반 문제점과 개선책** 또는 관련 여론 등 수집 · 분석한 보고서로 '**예방적 상황정보**'라고 볼 수 있다.<19승진 · 13경위> 예 **현행 '집회 및 시위에 관한 법률'의 문제점 및 대책**

III. 정보의 종류[내용을 기준으로]<01 · 03 · 06 · 07승진>

구분	내용
민심정보	주요정책이나 현안사항에 대한 **국민여론**을 파악 · 보고하여 정책조정이나 후속조치 등에 반영할 수 있도록 하는 정보
범죄정보	각종범죄관련 수사의 단서로 사용될 수 있는 정보
상황정보	① 현 상태에 관한 정보를 보고하는 것으로, **특별한 사안에 대한 그때그때의 일시적인 상황이나 진행과정**을 신속하게 보고하는 정보(**현용정보**로서 일명 '**속보**'라 함.) 예 대학 내에서 진행되고 있는 집회의 진행상황을 보고하기 위한 정보 ② 정보의 신속성이 중요하며, 경우에 따라서는 **일정한 형식이 배제될 수도** 있다. ※ 상황속보의 경우 적시성**(신속성)을 생명으로** 하는바, **1보, 2보 형태를 띄는 경우가 많으며, 전화나 메모 등의 형태**로 보고가 이루어지는 경우도 많은 등, 특별한 형식 없이 이루어진다.[♣반드시 형식을 갖춘 보고서에 의해(×)]<07승진> ③ **종류** : ㉠ 상황속보, ㉡ 정보판단서(대책서)
정책정보	주요 정부시책의 효과 및 현실적 타당성 등을 판단하고 시행과정에서 발생하는 문제점을 파악, 개선방안을 제시하는 정보(일명 시책정보)<02승진> 예 개정되는 국민연금법의 시행의 효과 및 문제점에 대한 정보보고
치안정보	**치안정책**의 수립 · 집행, 치안행정 전반에 걸친 문제점 및 제도개선 사항에 관한 정보 ※ 일명내부시책 보고라고도 하며, 경찰청장이 정보사용자이다.<08승진>

IV. 정보보고서의 작성<02 · 03 · 05승진 · 09경위>

(1) 정보경찰은 지득한 견문을 일정한 형태의 보고서로 작성하여 보고하여야 한다. 정보보고서는 사안의 요점을 중심으로 핵심적 내용만을 기술하며 특정사안에 대한 해결책을 제시하여야 한다.

① 같은 뜻을 가진 **말을 반복해서는 안 된다.**

예 "대통령 방미**기간 동안에**..." ⇨ "대통령 방미**기간에**(또는 방미동안에)"[기간, 동안 – 반복]

예 "**날조**된 **조작**극이라고 단정" ⇨ "**조작극**이라고 단정"[날조, 조작 – 반복]

예 "**이미 기정**사실로 판정되었음." ⇨ "**기정**사실로 판정되었음."[이미, 기정 – 반복]

예 "**대략** 100**여점**" ⇨ "**대략** 100점" 또는 "100여점" / "LPG **가스**" ⇨ "LPG"

② 복수 어미의 중복 사용은 피해야 한다.

예 "부상한 시민들이 **속출**" ⇨ "부상한 시민이 **속출**"

③ **무리한 생략은 바람직하지 못**하다.

예 "**구호와 노래를 부르면서**" ⇨ "**구호를 외치고 노래를** 부르면서"

④ 가급적 적극적 · 능동적 표현을 사용하고, 어색한 한자 사용을 피하며, "제 문제점을 검토하여" 따위의 권위적인 표현, 문어체적인 표현을 지양하는 것이 바람직하다.

(2) 정보보고서의 작성은 일반적인 보고서의 작성과 큰 차이는 없으나 경찰의 보고서의 경우 정례화되어 어떠한 판단을 나타내는 **특수한 용어**가 있는데 이러한 용어를 **사용함으로써 내용을 정확하게 전달할 수** 있다.[♣특수한 용어를 사용해서는 안 된다.(×)]<13경위>

♣ 정보보고서의 작성은 일반적인 보고서의 작성과 큰 차이가 없으므로 어떠한 판단이나 경찰 조치를 나타내는 특수한 용어를 사용해서는 안 된다.(×)<13경위>

(3) **정보보고서의 용어**<02 · 03 · 05 · 13승진 · 09경위>

판단을 나타내는 용어 ※ 확률 높은 순서 – **[판단 ⇨ 예상 ⇨ 전망 ⇨ 추정 ⇨ 우려]**	
판단됨	징후가 나타나거나 상황이 전개될 것이 거의 확실시되는 **근거가 있는 경우**[♣예상됨.(×)]
예상됨	**단기적으로** 어떤 상황이 전개될 것이 **비교적 확실**한 경우
전망됨	과거의 움직임이나 현재동향, 미래의 계획 등으로 미루어 **장기적**으로 활동의 윤곽이 어떠하리라는 **예측**을 할 경우
추정됨	구체적인 근거는 없이 현재 나타난 동향의 원인 · 배경 등을 다소 **막연히 추측**할 때
우려됨	구체적 징후는 없으나 전혀 그 **가능성을 배제하기 곤란**하여 **최소한의 대비가 필요**한 때 [☻ 판예전 추우, 판근, 예단비, 전장예, 추막추, 우가최대]
조치를 나타내는 용어	
설득 · 반발 최소화	합법적인 활동이지만 방치하게 되면 그 파급영향이 심각한 경우 또는 경고해야 할 사안이지만 그 대상이 경고가 적합하지 않은 경우에 한정해서 사용. 단, 불법행위에는 가급적 사용하지 않는다.
경고	불법적인 상황이나 불법으로 흐를 우려가 있을 때

Ⅱ 채증활동

1. 개요

(1) **의의 :** 각종 집회나 시위 및 치안 위해사태의 발생 시에 위법상황을 촬영 · 녹화 · 녹음(감청 · 도청)등의 방법으로 채증을 하여 정확한 상황파악과 사법처리를 위한 자료를 확보하는 활동이다.

※ 정보활동과 수사 활동의 성격을 모두 가지며 실제로 수사부서와의 긴밀한 협조가 이루어진다.

(2) **목적 :** 사후 진상파악 및 사법처리(수사 활동)<99승진>

(3) **수단 :** 사진(비디오)촬영, 녹취, 도청 등

(4) **근거 : 경찰관직무집행법**(제2조 제4호), **국가경찰과 자치경찰의 조직 및 운영에 관한 법률**(제3조 제5호), **채증활동규칙**(경찰청예규), **형사소송법**(제216조 제3항), [♣집회 및 시위에 관한 법률(×)]

> **판례** 누구든지 자기의 얼굴 기타 모습을 함부로 촬영당하지 않을 자유를 가지나 이러한 자유도 국가권력의 행사로부터 무제한으로 보호되는 것은 아니고 국가의 안전보장 · 질서유지 · 공공복리를 위하여 필요한 경우에는 상당한 제한이 따르는 것이고, 수사기관이 범죄를 수사함에 있어 현재 범행이 행하여지고 있거나 행하여진 직후이고, 증거보전의 필요성 및 긴급성이 있으며, 일반적으로 허용되는 상당한 방법에 의하여 촬영한 경우라면 위 촬영이 **영장 없이 이루어졌다 하여 이를 위법하다고 단정할 수 없다**.(99도2317 판결)

Ⅲ 테마 164 신원조사

Ⅰ. 의의(보안업무규정 제33조 – 제34조)

(1) **개념 :** '보안업무규정'에 의거하여 **보안의 대상이 되는 인원**(국가안전에 관련되는 임무에 종사하거나 이에 관련되는 행위를 하는 자 및 그 예정자)에 대하여 실시하는 **대인적 정보수집활동**이다.<10승진 · 14경위>

(2) **신원조사의 종류**

구분	내용
정보기능	일반적인 신원조사는 경찰서 정보과에서 처리함이 원칙이다.
외사기능	외국인 및 교포 · 출입국자 및 외국기관 종사원에 대한 신원조사
보안기능	긴급조회 · 긴급신원조사(경호목적 24시간 이내)

(3) **구별개념**

구분	내용
긴급 신원조사	경호행사시 요인의 안전을 확보하기 위해 참가자의 신원을 파악하여 24시간 내에 결과를 보고하는 것(보안기능에서 담당)<01채용>
범죄 경력조회	수사기능에서 개인이 요청 시 본인확인 후 범죄경력을 통보해 주거나, 법령에서 관계기관의 장이 소속직원 등에 대하여 범죄경력을 확인할 수 있게 한 경우 개인의 범죄 경력을 통보해 주는 제도
신원조회	호적부를 관리하는 시 · 구 · 읍 · 면장이 개인의 수형사실 및 피성년후견 · 피한정후견 등을 조회하여 통보해 주는 제도(개인은 신청할 수 없음.)

(4) **목적 :** 국가정보원장은 **'국가안전보장에 한정된 국가 기밀을 취급하는 인원'**에 해당하는 사람의 **충성심 · 신뢰성 등**을 확인하기 위하여 신원조사를 한다.[♣객관성(×)](보안업무규정 제36조 제1항)<19경위 · 12 · 17 · 18승진 · 13.2채용>

(5) **성질 :** 권력적 사실행위로서, 모든 신원조사는 **간접조사가 원칙**이며 부득이 **직접조사를 할 경우에는 보안에 유의해야** 한다.<03 · 05승진>

※ 신원조사는 헌법상의 **인격권 내지 프라이버시권을 침해할 소지**가 있다.

(6) **법적근거**

① **국가정보원법 : 학설이 대립**

> ※ 신원조사의 법적 근거는 국가정보원법 제3조 제1항 '국가기밀에 속하는 문서 · 자재 · 시설 및 지역에 대한 보안업무' 인데, 동 조항에는 **'인물'에 대한 내용이 없어**, 신원조사의 법적 근거가 될 수 없다는 논란이 있다. ⇨ **신원조사의 직접적 근거는 보안업무규정**이다.

② **보안업무규정** 및 시행규칙

③ 정보 및 보안업무 기획 · 조정규정

④ 신원조사업무처리 규칙

⑤ 여권발급신청자 신원조사업무처리 규칙<02 · 03승진>

PART 05

II. 조사권자

(1) **국가정보원장: 국가정보원장**은 '**국가안전보장에 한정된 국가 기밀을 취급하는 인원**'에 해당하는 사람의 충성심 · 신뢰성 등을 확인하기 위하여 **신원조사를 한다.**[♣요청에 의해서만(×)](제36조 제1항)<17 · 18승진 · 17.2 · 18.2채용>

① **법규**(보안업무규정)**와 요청**에 의해서 신원조사를 해야 하는 **의무사항**으로 볼 수 있다. 다만 직권이라는 표현을 삭제하였으나, 수사권처럼 의무에 해당하는 사항도 다른 기관에는 없는 것이 어서 권한의 성격을 가지고 있으므로 **직권 또는 요청에 의한다고 해도 틀린 표현이라고 보긴 어렵다.**

※ 과거 '**직권 또는 요청으로** 신원조사를 한다.'라고 규정하였던 것을 **삭제**하여, 권리로서의 성격은 없어지고, **의무로서의 성격**을 강화하여 국정원에 의한 무단 신원조사의 위험을 제거했다.

(2) 국가정보원장은 **신원조사와 관련한 권한의 일부를 국방부장관과 경찰청장에게 위탁할 수** 있다.(제45조 제1항)<12경감 · 14경위>

(3) 국가정보원장은 신원조사 결과 **국가안전보장에 해를 끼칠 정보가 있음이 확인된 사람**에 대해서는 관계기관의 장에게 그 사실을 **통보하여야** 한다.[♣통보할 수 있다.(×)](제37조 제1항)<17 · 18승진 · 17.2 · 18.2채용>

(4) 신원조사 결과를 통보받은 **관계기관의 장**은 신원조사의 결과에 따라 **필요한 보안대책을 마련하여야** 한다.[♣보안대책을 마련할 수 있다.(×)](보안업무규정 제37조 제2항)<17 · 18승진 · 13.2 · 17.2채용>

III. 조사대상

관계 기관의 장은 다음 각 호에 해당하는 사람에 대하여 국가정보원장에게 **신원조사를 요청해야** 한다.(보안업무규정 제36조 제3항)<17 · 18승진 · 12.3 · 13.2 · 17.2 · 18.2채용>

1. **공무원임용예정자**(국가안전보장에 한정된 **국가 기밀을 취급하는 직위에 임용될 예정인 사람으로 한정**)[♣공무원임용예정자는 신원조사 대상 아니다.(×)](제1호)<12.3 · 17.2채용> [☻공비 국보정]
2. **비밀취급인가예정자**(제2호)<17.2채용>
3. **국가보안시설 · 보호장비를 관리하는 기관 등의 장**(해당 국가보안시설 등의 관리 업무를 수행하는 소속 **직원을 포함**한다.[♣제외한다.(×)](제4호)<17승진 · 17.2채용>
4. 그 밖에 다른 법령에서 **정하는 사람이나 각급기관의 장이 국가보안상 필요하다고 인정**하는 사람(제6호)

주의 훈 · 포장 대상자는 신원조사 대상 아니다.

IV 테마 165 집회 및 시위에 관한 업무

정보경찰의 임무는 집회신고 접수, 관련 첩보수집, 정보대책서 작성 등 집회 · 시위 전 단계에 집중되어 있으며 집회 개최 당일에는 속보전파, 중요상황정보 작성 등으로 상황 전파와 결과보고를 담당한다. 만일 집회 · 시위 관리에 큰 허점을 노출하거나 실패한 사례가 있을 경우 평가보고서를 작성하기도 한다. 또한 집회 및 시위에 관한 법률의 제 · 개정과 운용을 맡고 있다.

Ⅰ. '집회 및 시위에 관한 법률' 일반

1. 제정 목적: 합법적인 집회 및 시위 보호 및 공공의 안녕질서 조화

이 법은 **적법한 집회(集會) 및 시위(示威)를 최대한 보장**하고 **위법한 시위로부터 국민을 보호**함으로써 **집회 및 시위의 권리 보장과 공공의 안녕질서가 적절히 조화**를 이루도록 하는 것을 목적으로 한다.[♣적법한 집회 및 시위 보호보다 위법한 시위의 규제에 중점(×)](제1조)

(1) 합법적인 집회 및 시위 보호

① '집회 및 시위에 관한 법률'은 모든 집회를 제한하는 데 목적을 둔 것이 아니라, **합법적 집회 및 시위를 보호**하자는 데 목적을 두고 있다.

② 집회 및 시위가 평화적이고 자유스러운 분위기에서 개최되고 있을 때에는 폭행·협박 기타 어떠한 방법에 의해서도 방해를 받지 않도록 이를 철저히 보호해야 하며, 행사가 평온하게 진행될 수 있도록 보호자 역할을 한다.[♣수색(×)]

③ 행사장 주변 원거리에 경력을 배치하고, 행사를 방해할 우려가 있는 자의 합류를 차단한다.

판례 1) [시위의 자유] 집회의 자유는 집회를 통하여 형성된 의사를 집단적으로 표현하고 이를 통하여 불특정 다수인의 의사에 영향을 줄 자유를 포함하므로 이를 내용으로 하는 **시위의 자유** 또한 **집회의 자유**를 규정한 **헌법 제21조 제1항에 의하여 보호되는 기본권**이다.(헌재 2004헌가17)

판례 2) [금지·해산 - 직접적인 위협이 명백] .. 집회의 금지와 해산은 원칙적으로 **공공의 안녕질서에 대한 직접적인 위협이 명백하게 존재하는 경우에 한하여 허용**[♣위협이 우려되는 경우(×), ♣위협이 잠재적으로 존재하는 경우(×)]될 수 있다. 집회의 금지와 해산은 집회의 자유를 보다 적게 제한하는 다른 수단, 즉 조건을 붙여 집회를 허용하는 가능성을 모두 소진한 후에 비로소 고려될 수 있는 최종적인 수단이다.(2000헌바67, 83 결정)

♣ 집회의 금지와 해산은 원칙적으로 공공의 안녕질서에 대한 위협이 우려되는 경우에 허용될 수 있다.(×)

판례 3) [집회참가자에 대한 검문의 방법으로 시간을 지연 ⇨ 집회장소에 접근하는 것을 방해하는 것은 금지] 집회의 자유는 집회의 시간, 장소, 방법과 목적을 스스로 결정할 권리를 보장한다. 집회의 자유에 의하여 구체적으로 보호되는 주요행위는 집회의 준비 및 조직, 지휘, 참가, 집회장소·시간의 선택이다. 따라서 집회의 자유는 **개인이 집회에 참가하는 것을 방해하거나 또는 집회에 참가할 것을 강요하는 국가행위를 금지**할 뿐만 아니라, 예컨대 집회장소로의 **여행을 방해**하거나, 집회장소로부터 **귀가하는 것을 방해**하거나, 집회참가자에 대한 **검문의 방법으로 시간을 지연시킴으로써 집회장소에 접근하는 것을 방해**하는 등 집회의 자유행사에 영향을 미치는 **모든 조치를 금지**한다.(2000헌바67, 83 결정)

⑵ 공공의 안녕과 질서유지

① 집회나 시위의 사회적 영향력을 감안하여 필요한 최소한의 범위 내에서 시간과 장소 기타 준수사항 등을 규정하여 공공의 안녕과 질서를 유지하는 데 있다.

② 집회 및 시위가 공공의 안녕과 질서를 해할 우려가 있는 경우 제약을 받게 된다.

판례 **1)** 헌법상 보장된 집회의 자유는 **'평화적 · 비폭력'집회에 국한**되는 것으로 불법 · 폭력시위의 자유까지 보장한다는 의미가 아니다.(헌재 2006헌바67, 83)

판례 **2)** 집회의 자유를 빙자한 폭력행위나 불법행위 등은 **'집회 및 시위에 관한 법률', '형법', '국가보안법', '폭력행위 등 처벌에 관한 법률', '도로교통법' 등**에 의하여 형사처벌된다.(2008헌가25 결정)

판례 **3)** [경찰버스로 시청광장을 둘러싸는 통로 없는 통행제지 ⇨ 통행자유권 침해] **서울특별시 서울광장을 경찰버스로 둘러싸면서 일반시민들이 통행할 수 있는 통로를 내지 않은 통행제지행위는** 서울광장에서 개최될 여지가 있는 일체의 집회를 금지하고 일반시민들의 통행조차 금지하는 전면적이고 광범위하며 극단적인 조치이므로 집회의 조건부 허용이나 개별적 집회의 금지나 해산으로는 방지할 수 없는 **급박하고 명백하며 중대한 위험이 있는 경우에 한하여 비로소 취할 수 있는 거의 마지막 수단**에 해당한다. 서울광장 주변에 노무현 전 대통령을 추모하는 사람들이 많이 모여 있었다거나 일부 시민들이 서울광장 인근에서 **불법적인 폭력행위를 저지른바 있다고 하더라도** 그것만으로 폭력행위일로부터 4일 후까지 이러한 조치를 그대로 유지해야 할 급박하고 명백한 불법 · 폭력 집회나 시위의 위험성이 있었다고 할 수 없으므로 과잉금지의 원칙을 위반하여 청구인들의 **일반적 통행자유권을 침해한 것**이다.[♣불가피한 조치(×)](2009헌마406)

판례 **4)** [경찰버스로 시청광장을 둘러싸는 통행제지 ⇨ 거주 · 이전의 자유 제한(×)] **경찰버스들로 서울특별시 서울광장을 둘러싸 통행을 제지한 행위**가 청구인들의 **거주 · 이전의 자유를 제한했다고 볼 수 없다.**(2009헌마406)

2. 용어 정리(집회 및 시위에 관한 법률 제2조)

집회	'집회'란 특정 또는 불특정 **다수인**이 공동의 의견을 형성하여 이를 대외적으로 표명할 **공동의 목적** 아래 **일시적**으로 일정한 장소에 모이는 것(**회합**)을 말한다.[♣위력 또는 기세(×) ⇨ 시위의 개념요소](대법원 2008도3014판결)<22승진> ① 집회가 성립하기 위한 최소한의 인원에 대해 종래 학계와 실무에서는 **2인설과 3인설이 대립**하고 있었으나 판례는 **'2인이 모인 집회도 「집회 및 시위에 관한 법률」의 규제대상'**이라고 판시하였다.[♣3인 이상 모여야(×)](대법원 2010도11381)<21승진> ② 특정한 **공동의 목적이 없이 우연히 만나는 것은 집회에 해당하지 않는다.**(2010도11381) ※ 여기서 말하는 공동목적은 합법적이어야 한다. 따라서 집단행동이 금지된 공무원의 집회 · 시위가 **불법행위를 목적으로 하는 경우** 등은 비록 집회의 외관을 갖추고 있다고 하더라도 '집회 및 시위에 관한 법률'의 **보호대상이 되지 않는다.**(집회에 해당하나 금지통고 등 규제대상)

집회	③ **일시적 회합을 위해 대기하는 모임**은 집회 참가를 위한 준비단계에 불과할 뿐 「집회 및 시위에 관한 법률」상의 **집회라고 할 수 없다**.(판례) ※ '집회'는 사람의 집합이라는 점에서 결사와 같으나 **집회는 비교적 일시적이며 일정한 장소를 전제**로 하는 데 대하여, **'결사'는 비교적 계속적이며 장소를 전제로 하지 않는다**는 데 차이가 있다.(경찰청 매뉴얼 집회 및 시위에 관한 법률 운용 19p) 판례 1) [외형상 기자회견, 수사기록 공개의견 형성과 표명 ⇨ 집회 및 시위에 관한 법률상 집회(= 시위)(○)] **외형상 기자회견**이라는 형식을 띠었지만, **용산 철거를 둘러싸고 철거민의 입장을 옹호하면서 검찰에 수사기록을 공개하라는 내용의 공동 의견**을 형성하여 이를 대외적으로 표명할 목적 아래 일시적으로 일정한 장소에 모인 것은 **집회 및 시위에 관한 법률상 집회에 해당**한다.(대법원 2011도6301)<21승진> 판례 2) [특정단체의 회원 약 10여 명과 함께 과거청산에 관한 입법 촉구구호 등 ⇨ 집회 및 시위에 관한 법률상 집회(= 시위)(○)] **특정단체의 회원 약 10여 명과 함께** 정당 대표의 자택 앞에서 **과거청산에 관한 입법을 촉구하는 구호**를 외치고 기자회견문을 배포한 뒤 **정당 대표의 차량의 진행을 방해하는 등의 방법으로 약 25분에 걸쳐 옥외집회를 개최한 사안**은 「집회 및 시위에 관한 법률」상 신고의무의 대상인 **'집회'에 해당**한다.(대법원 2007도1649) 판례 3) [일시적 회합을 위해 대기하는 모임 ⇨ 집회(×)] 적법한 신고 없이 집회를 개최하려던 사회단체 회원 등이 **집회예정장소가 사전봉쇄되자 인근 교회에 잠시 머문 것**이 구 집회 및 시위에 관한 법률(2007. 5. 11. 법률 제8424호로 전문 개정되기 전의 것)상 해산명령의 대상인 **'집회'에 해당하지 않는다**.(대법원 2008도3014 판결 [집회 및 시위에 관한 법률위반])
옥외 집회	**천정이 없거나 사방이 폐쇄되지 않은** 장소에서의 집회[♣천장이 있고, 사방이 폐쇄된 장소(×)]<13.1 · 16.1채용>
시위	여러 사람이 공동의 목적을 가지고 도로, 광장, 공원 등 **일반인**이 자유로이 통행할 수 있는 장소를 **행진**하거나 **위력(威力) 또는 기세(氣勢)**를 보여, 불특정한 여러 사람의 의견에 영향을 주거나 제압을 가하는 행위를 말한다.[♣집회(×)](제2조 제2호)<96 · 04 · 13 · 19승진 · 13경위 · 12.3 · 16.1채용> ※ 「집회 및 시위에 관한 법률」은 옥외집회와 시위를 구분하여 개념을 규정하고 있고, 순수한 1인 시위는 동법의 적용 대상에 해당하지 않는다.<21승진>
주최자	① 주최자란 **자기 이름으로** 자기 책임 아래 집회 또는 시위를 개최하는 **사람 또는 단체**를 말한다.[♣주관자(×), ♣단체는 포함(○)](제2조 제3호)<09 · 13 · 19경위 · 13 · 14 · 15.1 · 16.1 · 17.2 · 20.1채용> ② 주최자의 자격에는 **특별한 제한이 없어 외국인이나 범죄관련 수배자도 주최자가 될 수** 있으며, 단체인 경우 법인격 유무를 불문한다.[♣단체 불가능(×)](유권해석)<09 · 18.2채용> ※ 단체 결성 이전의 단계에 있는 준비위원회 등도 단체로 볼 수 있을 만한 조직형태를 갖추고 있으면 주최자가 될 수 있다. 대체적으로 주최자가 단체(대표)인 경우 주관자는 사무처장이나 집행위원장이 되는 경우가 많다.(경찰청 매뉴얼) ※ 외국인도 집회 · 시위의 주최자가 될 수 있다는 것이 다수설적 견해이나 출입국관리법(제17조 제2항)은 외국인의 정치활동을 제한하고 있다.

주최자

판례 1) [단순참가 ⇨ 주최자(×)] 사전신고를 요하는 "시위의 주최자"라 함은 시위를 주창하여 개최하거나 이를 주도하려는 자를 의미하고 시위의 목적에 뜻을 같이하여 그 시위에 **단순히 참가하였음에 불과한 자를 모두 시위의 주최자라고는 할 수 없다**.(대법원 83도1930)

판례 2) [즉흥적 구호와 노래 제창 ⇨ 주최자(×)] 사전에 아무 계획이나 조직한바 없이 **즉흥적으로 현장에 모인 사람들과 함께 구호와 노래를 제창**한 것에 불과한 자는 **주최자로 볼 수 없다**.

– 대학생들에 의하여 학교 강당에서 개최중이던 토론회에 참석하려던 피고인들이 학교당국과 경찰의 정문출입 봉쇄로 뜻을 이루지 못하게 되자, 학교당국과 경찰에 항의하는 의미로 위 집회에 참석하려던 다른 사람들과 함께 피고인들의 선창으로 즉석에서 즉흥적으로 약 20분간의 단시간 내에 그 당시 일반적으로 성행하던 구호와 노래를 제창한 경우, 피고인들이 집회 및 시위에 관한 법률 제6조 제1항에 의하여 사전 신고의무가 있는 옥외집회 또는 시위의 "주최자"라고는 볼 수 없다.(대법원 90도2435 판결 [집회 및 시위에 관한 법률위반])

판례 3) [가장 많이 참가한 단체 부위원장이 대신 집회의 사회를 본 경우 ⇨ 주최자(○)]
다수의 단체의 대표들이 공동대표를 겸하고 있는 연합단체가 개최한 집회였다면 연합단체의 집행위원장을 대신하여 **가장 많은 인원이 참가한 단체의 부위원장이 집회의 사회를 본 사실**로 그 사회자를 **집회의 주최자로 인정할 수** 있다.
[♣주최자로 인정할 수 없다.(×)]

– 한미FTA저지범국민운동본부는 300여 개 단체의 5,000여 명이 참석한 가운데 "한미FTA저지 제3차 범국민 총궐기대회"를 개최한 사실, 민주노총의 위원장인 공소외인 등 300여 개 단체의 대표들은 모두 위 본부의 공동대표를 겸한 사실, 당시 위 본부의 집행위원장이 수배 중이어서 사회를 볼 사람이 없게 되자 가장 많은 인원이 참가한 민주노총에서 사회를 맡기로 한 사실, 이에 따라 민주노총의 부위원장인 피고인 1이 위 집회의 사회를 본 사실 등을 인정한 뒤, 위 집회의 사회자는 실질적으로 위 집회를 주도하는 지위에 있고, 참가 인원이 가장 많은 민주노총의 간부로서 위 집회를 사회한 피고인 1은 위 집회 당시 위 본부의 공동대표인 공소외인 등과 공모하여 위 집회를 주최한 것으로 볼 수 있다고 판단하여 피고인 1의 구 집회 및 시위에 관한 법률 위반(미신고옥외집회주최)의 점을 유죄로 처단한 제1심판결을 유지한 조치는 정당하고, 피고인 1이 상고이유로 주장하는바와 같은 법리오해 등의 위법이 없다.(대법원 2007도6188 판결 [폭력행위등 처벌에 관한 법률위반(집단·흉기등상해)])

주관자

주최자는 주관자(主管者)를 따로 두어 집회 또는 시위의 실행을 맡아 관리하도록 **위임할 수** 있다. 이 경우 **주관자는 그 위임의 범위 안에서 주최자로 본다**.[♣질서유지인(×)](제2조 제3호)<12승진·14.1·16.1·18.3·20.1채용>

※ 주관자는 집회 및 시위에 관한 법률상 **주최자에 관한 조항을 적용**받게 된다.

질서유지인

주최자가[♣관할서장이(×)] 자신을 보좌하여 집회 또는 시위의 질서를 유지하게 할 목적으로 **임명한 자**를 말한다.[♣주관자(×)](제2조 제4호)<17승진·13.2·16.1·23.2채용>

※ 주최자는 **18세 이상**의 사람을 질서유지인으로 **임명할 수 있다**.[♣임명하여야(×)](제16조 제2항)<01·13승진·13·21경위·12.1·17.2채용>

질서 유지선	관할 경찰서장이나 시·도경찰청장이 **적법한 집회 및 시위를 보호**하고 질서유지나 원활한 교통 소통을 위하여 집회 또는 시위의 장소나 행진 구간을 일정하게 구획하여 설정한 **띠, 방책(防柵), 차선(車線) 등의 경계 표지**(標識)를 말한다.[♣인도경계석·차선 등 지상물은 사용할 수 없다.(×), ♣사람의 대열(×) ⇨ 판례](제2조 제5호)<17승진·16.2채용>
경찰 관서	① 집회 및 시위에 관한 법률 제2조 제6호의 경찰관서란 **국가경찰관서를 의미**한다.[♣제주자치경찰(×)] ※ 집회 및 시위에 관한 법률 제2조 제6호 ⇨ 제주특별자치도 설치 및 국제자유도시 조성을 위한 특별법이 제정되면서 신설된 규정 ② 제주자치경찰 기관 ⇨ 집회 및 시위에 관한 법률상 경찰관서에 해당하지 않는다.

Ⅱ. 요건(신고대상 집회)<09경위>

1. 옥외집회

(1) **옥외집회일 경우**에 '집회 및 시위에 관한 법률'상 **신고 대상**이다.(제6조 해석)<13.1채용>

– 집회에서 장소나 **사람의 다과에는 제한이 없다**.(判)

– 집회의 최소인원수: 3인설(多), 실무상 2인 이상이면 집회로 보고 규제

① **대학구내·회사시설 구내·종교시설 구내에서의 옥외집회:** 이 경우에도 **신고의 대상이 되지만**, 시설당국의 **자치권을 인정하여 학교 및 회사·종교 시설 주에게 일임**하고 있다. 따라서 시설이용권이 없는 **외부인이 위 시설에서 집회를 개최하는 경우에는 집회신고를 해야** 한다.

– **집회의 강제해산**: 공권력 투입요청을 받은 후에 투입하는 것이 바람직하나, 예외적으로 긴급을 요하는 경우에는 **투입요청이 없어도 현장지휘관이 판단하여** 경찰력을 투입할 수 있다.

② **고속도로 및 자동차 전용도로에서의 집회·시위**: 이러한 도로는 자동차만이 통행할 수 있는 도로로서 사람의 보행이 금지된다. 따라서 이들 도로에서의 옥외집회·도보시위·행진은 당연히 **금지**된다.

※ '집회 및 시위에 관한 법률'의 적용대상이 아니므로 '민원사무처리에 관한 법률'에 의해 신고의 접수가 거부된다.

③ **공중시위, 해상시위:** 경찰청의 관할 **대상이 아니**라고 보고 집회신고를 받지 않고 있으며 일반적인 집회 시위의 자유권(기본권)에 의해 시위를 하는 경우 특별한 규율이나 보호를 하지 않고 있다.

(2) **옥내집회:** 내용상 금지규정에 해당하지 않는 한 **자유로이 개최 가능**하다.

판례 1) **[단시간, 평화로운 시위(KBS본관현관앞 계단과 도로) ⇨ 신고대상 옥외집회·시위)] 천정이 없거나 사방이 폐쇄되지 않은** 건물 현관 앞 계단과 도로에서의 집회나 시위도 옥외집회 또는 시위에 해당한다. 시위에 **소요된 시간이 단시간이라거나 시위가 평화롭게 이루어졌다 하여도** 옥외시위를 주최함에 있어서 관할 경찰서장에게 사전신고 의무가 없는 것은 아니다. **KBS본관현관 앞 계단과 도로**는 천정이 없거나 사방이 폐쇄되지 않은 장소로서 이곳에서의 집회나 시위는 바로 집회 및 시위에 관한 법률 제2조 제1호에 규정된 **옥외집회 또는 시위에 해당**한다.(대법원 91도944)

판례 2) **[집회장소나 사람의 다과에 제한(×)]** 집회 및 시위에 관한 법률상 집회란 특정·불특정 다수인이 특정한 목적아래 일시적으로 일정한 장소에 모이는 것을 말하고 그 모이는 **장소나 사람의 다과에 제한이 있을 수 없다.**(대법원 83도2528)

판례 3) [기자회견 표방 집회 ⇨ 옥외집회(○)] **실질에 있어 집회의 형태**를 갖추고 있었다면 그 **행사의 명칭에 불구**하고 집회 및 시위에 관한 법률 소정의 **옥외집회에 해당**한다.....
기자회견을 표방한 경우라도 사전에 플래카드, 마이크 등을 준비하여 불특정 다수인이 보거나 들을 수 있는 상태로 연설을 하거나 구호를 제창하는 경우 **옥외집회로 볼 수** 있다.[♣볼 수 없다.(×)](대법원 2010도6388전합)

2. 시위

여러 사람이 공동의 목적을 가지고 도로, 광장, 공원 등 **일반인**이 자유로이 통행할 수 있는 장소를 **행진**하거나 **위력(威力) 또는 기세(幾歲)**를 보여, 불특정한 여러 사람의 의견에 영향을 주거나 제압을 가하는 행위를 말한다.[♣집회(×)](제2조 제2호)<96 · 04 · 13 · 19승진 · 13경위 · 12.3 · 16.1채용>

(1) 시위에 해당할 경우 **신고대상**이 된다.<96 · 04 · 13승진 · 13경위 · 12.3채용>

① **행진**: 집회 및 시위에 관한 법률상 **여러 사람이 공동의 목적을 가지고 도로를 행진하는 것은 시위의 구체적인 행위태양**이다.

※ 헌법재판소 의하면 **행진의 경우 장소적 제한**이 있지만 **위력 또는 기세를 보이는 것은 개념상 장소적 제한이 없다**.[♣공중이 자유로이 통행할 수 없는 대학구내에서의 시위는 규제대상이 되지 않는다.(×), ♣'공중이 자유로이 통행할 수 있는 장소'라는 요건을 반드시 충족하여야 한다.(×)](헌재 91헌바14)<21승진>

판례 ... **"공중이 자유로이 통행할 수 있는 장소"라는 장소적 제한개념은 '시위'라는 개념요소라고 볼 수 없다**.(91헌바14결정)

② **자동차 · 건설기계 · 농기계 등을 동원한 차량시위**: 시위개념에 해당하지만 도로교통법상 공동위험행위에 해당하여 신고대상이 아니다.(경찰청 업무매뉴얼)

※ **플래시몹(Flashmob)** – 2003년 6월 미국 뉴욕에서 시작된 시위 형태로 '**불특정 다수가 휴대전화나 전자 우편을 이용해 이미 정해진 시간과 장소에 모여 현장에서 주어진 행동을 짧은 시간에 하고 곧바로 흩어지는** 새로운 시위형태'를 말한다.<16승진> ⇨ 집단유희에 그칠 경우 처벌할 여지가 없으나 집회 및 시위에 관한 법률 제15조가 규정한 친목, 오락, 예술 등의 범위를 벗어난 경우 미신고집회로 처벌이 가능하다.(경찰청 매뉴얼)

(2) '**시위**'는 넓은 의미의 '**집회**'**의 개념에 포함**되는 집회의 일종이다.

※ **1인 시위**의 경우 집회의 개념에 포함되지 않으므로 '**집회 및 시위에 관한 법률**'상 '**집회**'**는 물론이고 '시위'의 개념에**도 **해당하지 않는다**.[♣해당(×)]<21승진>

판례 1) [공중이 자유로이 통행할 수 있는 장소 ⇨ 시위개념(×)] '집회 및 시위에 관한 법률' 제2조 제2호의 '시위'는 그 문리와 개정연혁에 비추어 다수인이 공동목적을 가지고 (1) 도로 · 광장 · 공원 등 공중이 자유로이 통행할 수 있는 장소를 진행함으로써 불특정다수인의 의견에 영향을 주거나 제압을 가하는 행위와 (2) 위력 또는 기세를 보여 불특정다수인의 의견에 영향을 주거나 제압을 가하는 행위를 말한다고 풀이되므로, **위 (2)의 경우 '공중이 자유로이 통행할 수 있는 장소'라는 장소적 제한개념은 시위라는 개념의 요소라고 볼 수 없다**.[♣위력 또는 기세를 보이는 장소는 일반인이 자유로이 통행할 수 있는 장소여야(×) → 공중이 자유로이 통행할 수 있는 장소여부 불문](헌재 91헌바14)

판례 2) [신고대상 시위여부 ⇨ 객관적 · 주관적 측면 종합판단].. **신고대상인 시위에 해당하는지는** 행위의 태양 및 참가 인원 등 **객관적 측면과 아울러 그들 사이의 내적인 유대 관계 등 주관적 측면을 종합**하여 전체적으로 그 행위를 다수인이 위력 또는 기세를 보여 불특정 다수인의 의견에 영향을 주거나 제압을 가하는 행위로 볼 수 있는지에 따라 **평가하여야** 한다.(대법원 2011.9.29. 선고 2009도2821 판결)

판례 3) [10인이 피켓, 다른 2~4인은 그 옆에 서 있는 방법 ⇨ 신고대상 '시위'] **10인이 갑 회사 정문 앞 등에서 1인은 고용보장 등의 주장 내용이 담긴 피켓을 들고 다른 2~4인은 그 옆에 서 있는 방법**으로 6일간 총 17회에 걸쳐 미신고 옥외시위를 공모, 공동주최하였을 경우 .... 신고대상인 옥외시위에 해당한다고 보기에 충분하고, 피켓을 직접 든 1인 외에 그 주변에 있는 사람들이 별도로 구호를 외치거나 전단을 배포하는 등의 행위를 하지 않았다는 형식적 이유만으로 **신고대상이 되지 아니하는 이른바 '1인 시위'에 해당한다고 볼 수 없으며**[♣1인 시위에 해당한다.(×), ♣시위에 해당한다.(○)] .... 미신고 옥외집회 또는 시위의 주최에 관하여 공동가공의 의사와 그 공동의사에 기한 기능적 행위지배를 통하여 그 실행을 공모한 자는 비록 구체적 실행행위에는 직접 관여하지 아니하였다 하더라도 다른 공범자의 미신고 옥외집회 또는 시위의 주최행위에 대하여 **공모공동정범**으로서의 죄책을 면할 수 없다.(대법원 2011.9.29. 선고 2009도2821 판결)

판례 4) [회사 구내 옥외 주차장에서 5회에 걸쳐 집회 개최 ⇨ 미신고집회로 처벌(×)] **근로자 30여 명이 관할 경찰서장에게 신고하지 아니하고 회사 구내 옥외 주차장에서 5회에 걸쳐 집회를 개최한 경우**, 매번 약 40분씩 한정된 시간 동안 개최된 것이고, 집회의 목적도 오로지 노조활동과 관련하여 회사에 대한 요구사항을 주장하기 위한 것이며, 집회 장소가 회사 안마당 주차장 공간으로서 옥외이기는 하지만 **외부인의 출입이 통제 · 차단**되어 그곳에서 위와 같은 목적과 규모 및 방법으로 집회를 개최하더라도 인근 거주자나 일반인의 법익과 충돌하거나 공공의 안녕질서에 해를 끼칠 것으로는 예견되지 아니할 뿐 아니라 **일반적인 사회 생활질서의 범위 안에 있는 행위로 평가**되므로, 피고인들의 행위를 집회 및 시위에 관한 법률상 **미신고 옥외집회 개최행위로 처벌할 수 없다.**(대법원 2012도11518)

판례 5) [추모행사 ⇨ 미신고집회, 해산가능(○)] **추모행사에서 정권을 비판하고 특정 방면으로 행진을 유도**하는 등 단순 관혼상제 집회 범위를 넘어설 경우 **행진 차단 및 해산절차 진행이 가능**하다.(2004도7480) ⇨ 미신고 집회 및 해산명령불응죄 인정

판례 6) [노제 도중 추모 수준을 넘어서는 행진 ⇨ 시위(○)] 장례에 관한 옥외집회 도중 노제를 하면서 **망인에 대한 추모 수준을 넘어서는 내용의 현수막과 피켓을 들고 행진을 한 것**은 '집회 및 시위에 관한 법률'상 **'시위'에 해당**한다.(대법원 2011도6294)<22승진>

- 관혼상제에 해당하는 장례에 관한 집회가 옥외의 장소에서 개최된다고 하더라도 그 집회에 관해서는 사전신고를 요하지 아니하나, 예컨대 그 집회참가자들이 망인에 대한 추모의 목적과 그 범위 내에서 이루어지는 노제 등을 위한 이동 · 행진의 수준을 넘어서서 그 기회를 이용하여 다른 공동의 목적을 가지고 일반인이 자유로이 통행할 수 있는 장소를 행진하거나 위력 또는 기세를 보여, 불특정한 여러 사람의 의견에 영향을 주거나 제압을 하는 행위에까지 나아가는 경우에는, 이미 집회 및 시위에 관한 법률이 정한 시위에 해당하므로 집회 및 시위에 관한 법률 제6조에 따라 사전에 **신고서를 관할 경찰서장에게 제출할 것이 요구된다**고 보아야 한다.(대법원 2011도6294 [집회 및 시위에 관한 법률위반])<22승진>

판례 7) [노제 도중 추모 수준을 넘어서는 행진 ⇨ 시위(○)] 피고인이 특정 인터넷카페 회원 10여 명과 함께 불특정 다수의 시민들이 지나는 명동 한복판에서 퍼포먼스(Performance) 형태의 **플래시 몹(flash mob) 방식으로 노조설립신고를 노동부가 반려한 데 대한 규탄 모임을 진행**함으로써 '집회 및 시위에 관한 법률'상 미신고 옥외집회를 개최하였다는 내용으로 기소된 사안에서, 위 모임의 주된 목적, 일시, 장소, 방법, 참여인원, 참여자의 행위 태양, 진행 내용 및 소요시간 등 제반 사정에 비추어 볼 때 집회 및 시위에 관한 법률 제15조에 의하여 신고의무의 적용이 배제되는 오락 또는 예술 등에 관한 집회라고 볼 수 없고, 그 실질에 있어서 **정부의 청년실업 문제 정책을 규탄하는 등 주장하고자 하는 정치 · 사회적 구호를 대외적으로 널리 알리려는 의도하에 개최**된 집회 및 시위에 관한 법률 제2조 제1호의 옥외집회에 해당하여 집회 및 시위에 관한 법률 제6조 제1항에서 정한 **사전신고의 대상**이 된다.[♣집회 및 시위에 관한 법률상 집회에 해당하지 않는다.(×)](대법원 2011도2393 판결 [집회 및 시위에 관한 법률위반])

⑶ **성질상 제외사유 : 학문 · 예술 · 체육 · 종교 · 의식 · 친목 · 오락 · 관혼상제 및 국경행사에 관한 집회**에는 집회 및 시위에 관한 법률 제6조부터 제12조(**신고 등, 금지 · 제한통고, 금지시간, 금지장소, 교통소통을 위한 제한**)까지의 규정을 적용하지 아니한다.(제15조)<12.1채용>

3. 신고<07 · 11승진 · · 09경위 · · 07채용>

⑴ **사전신고제** : 우리 '집회 및 시위에 관한 법률(제6조)'은 집회 · 시위의 **사전신고제를 채택**하고 있다.[♣사전허가제(×)]

※ 언론 · 출판에 대한 허가나 검열과 **집회** · 결사에 대한 **허가는 인정되지 아니한다**.(헌법 제21조 제2항)<24승진>

⑵ **미신고 효과 : 신고를 하지 아니하였다**는 이유만으로 옥외집회 또는 시위를 헌법의 보호 범위를 벗어나 개최가 **허용되지 않는 집회 내지 시위라고 단정할 수 없다**.[♣단정할 수 있다.(×)](대법원 2010도6388)<23.2채용>

판례 1) 1) [사전신고제 ⇨ 허가제로 운영(×)] 집회 및 시위에 관한 법률 제6조가 **옥외집회 및 '움직이는 집회'인 시위에 관하여 사전신고제를 규정**한 것은 신고를 받은 관할 경찰서장이 그 신고에 의하여 옥외집회 또는 시위의 성격과 규모 등을 미리 파악함으로써 적법한 옥외집회 또는 시위를 보호하는 한편 그로 인한 공공의 안녕질서에 대한 위험을 미리 예방하는 등 공공의 안녕질서를 함께 유지하기 위한 조치를 마련하고자 함에 그 취지가 .... 이러한 사전신고제가 옥외집회 또는 시위의 자유에 대한 **허가제처럼 운용되는 등 실질적으로 옥외집회 또는 시위의 자유를 침해하는 일이 있어서는 아니 될 것**이다.

♣ 집회에 대한 허가제는 인정되지 아니한다.(○)

2) [신고범위 일탈 ⇨ 시위해산 · 저지(×) / 직접적 위험초래 ⇨ 제한조치 가능] 관할 경찰관서장으로서는 **단순히 신고사항에 미비점이 있었다거나 신고의 범위를 일탈하였다는 이유만으로** 곧바로 당해 옥외집회 또는 **시위 자체를 해산하거나 저지하여서는 아니될 것**이고......, 타인의 법익 기타 공공의 안녕질서에 대하여 **직접적인 위험이 초래된 경우에 비로소 그 위험의 방지 · 제거에 적합한 제한조치를 취할 수** 있되, 그 조치는 법령에 의하여 허용되는 범위 내에서 필요한 최소한도에 그쳐야 할 것이다.<22승진>

3) 양심수를 시민들에게 알리기 위한 것이라는 시위목적에 비추어, 시위자들이 죄수복 형태의 옷을 집단적으로 착용하고 포승으로 신체를 결박한 채 행진하려는 것은 시위의 방법과 관련되는 **사항으로 사전 신고의 대상이 된다**.[♣신고대상 아니다.(×)]

4) [포승으로 신체 결박 · 행진 ⇨ 곧바로 저지(위법)] 시위자들이 신고되지 아니한 죄수복 형태의 옷을 집단적으로 착용하고 **포승으로 신체를 결박한 채 행진하였다는 이유로 경찰이 곧바로 시위를 저지한 것**은 시위의 자유를 과도하게 제한하는 조치로서 **위법하다**.......

5) [시위허용 · 저지여부 판단 ⇨ 즉시 결정할 문제(○)] 시위의 적법 여부에 관하여 시위관여자와 다툼이 있을 경우 **시위를 허용할 것이냐 아니면 이를 저지할 것이냐의 판단**은 경찰공무원이 **많은 시간을 두고 심사숙고하여 결정할 수 있는 성질의 것이 아니라 현장에서 즉시 허용 여부를 결정하여 이에 따른 조치를 신속하게 취하여야 할 사항**이다.,......(대법원 98다20929판결)<22승진>

판례 2) [금지통고 및 이의신청제도 ⇨ 합헌] **헌법이 보장하는 집회의 자유도** 스스로 한계가 있어 **무제한의 자유가 아닌 것**이므로[♣무제한적 자유(×)], 공공의 안녕과 질서를 유지하기 위하여 집회 및 시위의 주최자로 하여금 **미리 일정한 사항을 신고하게 하고** 신고를 받은 관할 경찰서장이 제반 사항을 검토하여 일정한 경우 위 **집회 및 시위의 금지를 통고할 수 있도록** 한 집회 및 시위에 관한 법률 제6조, 제8조 및 그 **금지통고에 대한 이의신청절차를 규정**하고 있는 같은 법 제9조가 **헌법에 위반된다고 할 수 없다**.(91도1870)

판례 3) [모든 옥내외 집회 부당금지 ⇨ 미신고집회 ⇨ 죄 됨] **당국이 피고인이 간부로 있는 전국교직원노동조합이나 기타 단체에 대하여 모든 옥내 · 외 집회를 부당하게 금지하고 있다고 하여** 그 집회신고의 기대가능성이 없다 할 수 없으므로, 위와 같은 이유만으로 관할경찰서장에게 **신고하지 않고 옥외집회를 주최한 것이 죄가 되지 않는다고 할 수 없다**.[♣특정단체 집회 모두 금지 → 미신고집회죄 안 된다.(×)](92도1246판결)<11승진>

판례 4) [신고(×) ⇨ 개최가 허용되지 않는 집회 · 시위 단정(×)] 집회의 자유가 가지는 헌법적 가치와 기능, 집회에 대한 허가 금지를 선언한 헌법정신, 신고제도의 취지 등을 종합하여 보면, **신고**는 행정관청에 집회에 관한 구체적인 정보를 제공함으로써 공공질서의 유지를 협력하도록 하는 데 의의가 있는 것으로 집회의 **허가를 구하는 신청으로 변질되어서는 아니** 되므로, **신고를 하지 아니하였다는 이유**만으로 옥외집회 또는 시위를 헌법의 보호 범위를 벗어나 **개최가 허용되지 않는 집회 내지 시위라고 단정할 수 없다**.[♣단정할 수 있다.(×)](대법원 2010도6388)<23.2채용>

PART 05

정리 신고의 필요여부<12.1 · 2채용>

신고 대상	☞ 신고를 요하는 경우 – **옥외집회(○) 및 시위(○)** ① **군 작전 관할 구역 내**에서의 옥외 집회 ⇨ **해당 군부대장에게 신고**<12.2채용> ② **대학구내 · 회사구내 · 종교시설 구내** 등 소위 성역에서의 옥외집회 ③ **도로 · 역 · 광장 등 공공장소**에서의 가두서명 유인물 배포 등 집단행위 ④ **옥내 집회 후 행진**하는 경우(또는 집회 없는 행진) ⑤ **지하철 · 철도 역사나 대합실 등**에서 개방된 시간에 개최되는 주관 집회 ※ 집회 및 시위에 관한 법률 제6조는 '옥외집회'와 '시위'만 신고대상으로 하고 있고, 행진은 시위의 한 부분 내지 형태라 할 수 있으므로 옥외집회 및 시위의 신고에 행진이 포함되어 있는 경우에는 별도로 행진을 신고할 필요가 없으나, 옥내집회 후 행진을 하는 경우 또는 행진만을 주최하는 경우에는 별도로 신고를 하여야 한다.[♣신고할 필요가 없다.(×)] 집회 및 시위에 관한 법률 제15조는 학문 · 예술 등에 관한 집회에 대해서는 신고대상이 아닌 것으로 규정하고 있는데 행진에 대해서는 본법을 적용하지 않는다는 규정이 없으므로 신고를 해야 한다고 해석한다.(학문 · 예술집회에 시위도 포함된다고 해석하여 신고가 필요하지 않다는 견해도 있음.)(경찰청 매뉴얼) ♣ 옥내집회 후 행진을 하는 경우 신고할 필요가 없다.(×) ⇨ 옥외집회 및 시위에 대한 신고제도는 시위 자체가 공공의 안녕질서에 위험을 초래할 우려가 있는 경우 보호하겠다는 의미와 폭력사태를 예방하겠다는 의도를 담고 있으므로 이러한 위험이 사실상 없는 학문 · 예술집회에서 행진을 하는 경우 신고해야 한다고 해석하는 것은 입법취지와 동떨어진 면이 있다.
신고 대상 아님	① **옥내집회 :** 대학구내 · 회사구내 · 종교시설 구내 등 소위 성역에서의 옥내집회 등 ② **학문 · 예술 · 체육 · 의식 · 친목 · 오락 · 관혼상제 · 국경행사**에 대한 집회<12.1채용> ♣ 학문, 예술, 체육, 종교, 의식, 친목, 오락, 관혼상제 및 국경행사에 관한 집회는 신고대상이 아니다.(○)<12.1채용> ③ **공중시위, 해상시위**(신고대상으로 해야 한다는 논문 다수)(시위가능)<12.2채용> ④ 자동차 · 건설기계 · 농기계 등을 동원한 **차량시위**(시위 불가능)<12.2채용> ⑤ **자동차 전용도로에서의 행진**(시위 불가능)[♣자동차전용도로에서 법률상 행진가능(×)] ※ 도로법 제49조, 도교법 제63조, 고속국도법 제9조 – 고속도로, 자동차 전용도로에 자동차 이외의 보행자는 통행 또는 출입금지(행진금지) ※ **차량 등을 이용한 시위** : ☞ 경찰청 매뉴얼에 의하면 차량 등을 이용하여 위력 또는 기세를 보이는 것도 집회 및 시위에 관한 법률상 시위에 해당한다. ➡ **그러나** 차량을 이용한 시위는 자동차 관리법상 자동차의 용도(운행목적)에 부합하지 않고 도로교통법상 공동위험행위에 해당하여 위법하므로, 신고하는 경우 반려한다.

판례 1) [경찰서에서 알고 있거나 평화로운 집회 · 시위 ⇨ 신고의무면제(×) ⇨ 사전제지 가능 ⇨ 긴급피난(×)]
1) 옥외집회 또는 시위가 개최될 것이라는 것을 관할 **경찰서에서 알고 있었다거나 그 집회 또는 시위가 평화롭게 이루어진다 하여 신고의무가 면제되는 것이라고는 할 수 없으므로** 소정의 신고서 제출 없이 이루어진 옥외집회 또는 시위를 사회상규에 반하지 않는 정당한 행위라고 할 수 없다.[♣신고의무가 면제된다.(×)]<11승진>

2) 집회장소 사용 승낙을 하지 않은 **갑대학교 측의 집회 저지 협조요청에 따라** 경찰관들이 갑대학교 출입문에서 신고된 갑대학교에서의 집회에 참가하려는 자의 **출입을 저지한 것은 경찰관직무집행법 제6조에 의거한 주거침입행위에 대한 사전 제지조치**로 볼 수 있고 ....

3) 비록 2)의 사전조치 때문에 소정의 신고 없이 '을'대학교로 장소를 옮겨서 집회를 하였다 하여 그 신고 없이 한 집회가 **긴급피난에 해당한다고 할 수 없다**.[♣긴급피난에 해당(×)](대법원 90도870판결)<11승진>

판례 2) [단시간 평화로운 시위 ⇨ 신고의무 배제(×)] 옥외시위를 주최함에 있어서 관할 경찰서장에게 사전신고를 하도록 의무화한 집회 및 시위에 관한 법률 제6조 제1항의 규정은 그 **시위에 소요된 시간이 단시간이라거나 시위가 평화롭게 이루어졌다 하여 그 적용이 배제된다고 볼 수 없다**.(대법원 1991.6.28. 선고 91도944 판결)

판례 3) [하위1개 차로, 2회, 15분 연좌 ⇨ 신고범위 뚜렷이 벗어난 경우(×)] 신고한 행진 경로를 따라 행진로인 **하위 1개 차로에서 2회에 걸쳐 약 15분 동안 연좌하였다는 사실** 외에 이미 신고한 집회방법의 범위를 벗어난 사항은 없고, 약 3시간 30분 동안 이루어진 집회시간 동안 연좌시간도 약 15분에 불과한 사안에서, 위 옥외집회 등 주최행위가 **신고한 범위를 뚜렷이 벗어나는 경우에 해당하지 아니**한다.[♣신고범위를 뚜렷이 벗어난 경우에 해당한다.(×)](대법원 2009도10425)<22승진>

판례 4) [꽃마차 사용신고 ⇨ 상여 · 만장 등 사용 ⇨ 신고범위 현저한 일탈(×)] 마을이장이 사찰의 납골당 설치 반대를 목적으로 한 옥외집회와 시위를 주최하면서 **꽃마차를 사용한다고 신고**하고서, 신고하지 아니한 **상여 · 만장 등을 사용**한 경우 "신고한 범위를 **현저히 일탈한 행위**"**에 해당하지 않는다**.[♣현저히 일탈한 것으로 보아야 한다.(×)](대법원 2008도3974)

판례 5) [신고하지 않은 삼보일배 ⇨ 정당행위] 차도의 통행방법으로 **신고하지 아니한 삼보일배 행진은 사회상규에 위배되지 않는 정당행위에 해당**한다.(대법원 2009도840)

판례 6) [현저히 일탈 ⇨ 미신고 집회(×) / 다른 주최자나 참가단체 교체, 다른 내용 ⇨ 미신고집회(○)] (1) 신고 후 개최한 옥외집회 또는 시위가 신고의 범위를 벗어남에 따라, 신고된 옥외집회 또는 시위와 동일성이 여전히 유지되는 상황인지 아니면 **동일성이 인정되는 정도를 벗어나 신고를 하지 아니한 옥외집회 또는 시위로 보아야 하는지가 문제된 때**에는,....... 당초 신고한 여러 가지 사항 등과 현실로 개최된 옥외집회 또는 시위의 실제 상황을 구체적 · 개별적으로 비교하여 살펴본 다음, 이를 **전체적 · 종합적으로 평가하여 동일성이 인정되는지를 판단하여야** 한다.

PART 05

(2) 신고한 후의 옥외집회 과정에서 신고한 목적 · 일시 · 장소 · 방법 등의 **범위를 현저히 일탈하는 행위에 이르렀다고 하더라도, 이를 신고 없이 옥외집회 또는 시위를 주최한 행위로 볼 수 없고,** [♣곧바로 신고 없이 집회시위를 주체한 행위로 볼 수 있다.(×)] 처음부터… 신고된 것과 **다른 주최자나 참가단체 등의 주도** 아래 **신고된 것과 다른 내용**으로 진행되거나, …… **중간에 주최자나 참가단체 등이 교체되고** 이들의 주도 아래 신고된 것과는 다른 내용의 옥외집회 또는 시위로 변질되었음에도 불구하고, 이미 이루어진 옥외집회 또는 시위의 신고를 명목상의 구실로 내세워 옥외집회 또는 시위를 계속하는 등의 경우에는 그 주최 행위를 **'신고 없이 옥외집회 또는 시위를 주최한 행위'로 보아 처벌할 수** 있다.(대법원 2006도9471)

판례 7) **[신고없이 타워크레인 무단 점거 등 ⇨ 미신고집회(○)]** 집회신고를 하지 아니하고 **타워크레인을 무단으로 점거한** 후 플래카드를 내걸고 부당해고 철회 등을 요구한 경우 (점거한 경위 및 그 이후 한 행동, 타워크레인 주변의 상황 등 여러 사정들에 비추어 보면 불특정 다수와 접촉하여 제3자의 법익과 충돌하거나 공공의 안녕질서에 끼칠 상황에 대한 충분한 예견 가능성이 있어) **미신고 옥외집회 개최에 해당**한다.(대법원 2015도4496)

판례 8) **[옥외집회 신고 후 옥내집회 개최 ⇨ 신고범위 일탈처벌(×)]** 당초 **옥외집회를 개최하겠다고 신고**하였지만 신고 내용과 달리 아예 옥외집회는 개최하지 아니한 채 신고한 장소와 인접한 건물 등에서 **옥내집회만을 개최한 경우**에는, 그것이 건조물침입죄 등 다른 범죄를 구성함은 별론으로 하고, 신고한 옥외집회를 개최하는 과정에서 그 **신고범위를 일탈한 행위를 한 데 대한 집회 및 시위에 관한 법률 위반죄로 처벌할 수는 없다**.[♣처벌할 수 있다.(×)](대법원 2010도14545 [폭력행위등 처벌에 관한 법률위반(공동주거침입) · 집회 및 시위에 관한 법률위반])<19승진>

III. 집회 · 시위의 제한사유(소극적 요건)

1. 필요적 금지

(1) **특수장소상 금지:** 누구든지 아래의 청사 또는 저택의 **경계지점으로부터 100미터**[♣200미터 이내(×)] **이내의 장소에서 옥외집회 또는 시위**를 하여서는 아니 된다.[♣50m 이내 행진불가능(×)](위반시 처벌)(제11조) <02 · 17승진 · 14경위 · 01 · 08채용>

♣ 외교기관이나 외교사절 숙소로부터 200미터를 넘어야 집회 · 시위가 가능하다.(×)

※ 100미터 이내는 청사나 저택의 울타리로부터 **직선거리 100미터 이내인 지점의 장소만을 의미한다**고 엄격히 해석해야 한다.(직선거리설 – 매뉴얼)

※ 경계지역을 기준으로 하며 일시적으로 100미터 이내의 장소에 위치한 경우, 시위대 일부가 100미터 이내에 들어간 경우는 모두 금지장소에서의 집회 · 시위에 해당하며, 작은 공원등 협소한 공간 일부가 100미터 이내의 장소에 해당하더라도 시위대가 경계지점으로부터 100미터 이내에 들어가지 않은 경우 금지장소에서의 집회 · 시위라고 볼 수 없다.(매뉴얼)

① **대통령 관저(官邸)(헌법불합치), 국회의장 공관(헌법불합치), 대법원장 공관, 헌법재판소장 공관** [♣대통령 사저(×)](제11조 제3호)<01 · 02 · 07 · 15 · 17승진 · 14 · 22경위 · 09 · 12.1 · 15.3채용>

憲裁 대통령 관저, 국회의장 공관 ⋯→ 헌법불합치(24. 05. 31까지 적용)(2018헌바48, 2019헌가1, 2021헌가1)

② **국회의사당**. 다만, 아래 어느 하나에 해당하는 경우로서 **국회의 기능이나 안녕을 침해할 우려가 없다고 인정**되는 때에는 그러하지 아니하다.(제11조 제1호)

가. 국회의 활동을 **방해할 우려**가 **없는** 경우

나. 대규모 집회 또는 시위로 **확산될 우려**가 **없는** 경우

③ **각급 법원, 헌법재판소**. 다만, 아래 어느 하나에 해당하는 경우로서 각급 법원, 헌법재판소의 **기능이나 안녕을 침해할 우려**가 없다고 인정되는 때에는 그러하지 아니하다.(제11조 제2호)

가. 법관이나 재판관의 **직무상 독립**이나 구체적 사건의 **재판에 영향을 미칠 우려**가 **없는 경우**

나. 대규모 집회 또는 시위로 **확산될 우려**가 **없는** 경우

④ **국무총리 공관**. 다만, 아래 어느 하나에 해당하는 경우로서 **국무총리 공관의 기능이나 안녕을 침해할 우려**가 **없다고 인정**되는 때에는 그러하지 아니하다.(제11조 제4호)

가. 국무총리를 **대상**으로 하지 **아니**하는 경우

나. 대규모 집회 또는 시위로 **확산될 우려**가 **없는** 경우

憲裁 1. 집회 및 시위에 관한 법률상, **국무총리공관, 각급법원, 국회의사당으로부터 100미터 이내**에 장소에서 **옥외집회 또는 시위를 절대적으로 금지하고 있는 조항**은 **헌법에 합치되지 아니**한다.

2. 위 법률조항들은 2019. 12. 31.을 시한으로 개정될 때까지 계속 적용한다.[2015헌가28, 2016헌가5(병합), 2018헌바137, 2013헌바322]

⑤ **국내 주재 외국의 외교기관이나 외교사절의 숙소**. 다만, 아래 어느 하나에 해당하는 경우로서 외교기관 또는 외교사절 숙소의 **기능이나 안녕을 침해할 우려**가 **없다고 인정**되는 때에는 그러하지 아니하다.[♣예외 없이 불가능(×)](제11조 제5호)<05승진 · 22경위>

가. 해당 외교기관 또는 외교사절의 숙소를 **대상**으로 하지 **아니**하는 경우

나. 대규모 집회 또는 시위로 **확산될 우려**가 **없는** 경우

다. 외교기관의 업무가 없는 **휴일에 개최**하는 경우

※ 외교사절의 숙소에서 **호텔 등과 같은 공중이용시설은 제외**된다.[♣호텔 포함(×)]

참고 집회 및 시위에 관한 법률상의 외교기관 범위

(1) 외교관주재공관

① 외교관 ⇨ **접수국 정부가 발행하는 '외교관명부'에 등재된 자**(예 **대사 · 공사 · 영사**)를 의미

② 전임영사가 아닌 명예영사는 외교관에 포함되지 않는다.

(2) 일부국제기구

국제기구 중 외교통상부(접수국 정부)의 **'외교관 명부'에 등재되고 우리나라와 조약을 통하여 특권과 면제를 인정**받고 있는 국제기구

예 용산 미8군 사령부 내 **미공보원**(U.S.I.S)[♣국제기구 제외(×)]

(3) 일부외국문화원

문화원 중 **미국 · 일본 · 중국**의 경우에는 양국 간의 사전협의를 통하여 공관의 일부로서 외교기관으로 인정받고 있다.[♣외교기관 아니다.(×)]

⑵ **기타 금지**(집회 및 시위에 관한 법률 제5조) : 아래 집회 · 시위는 주최하여서는 아니 된다.

① 헌법재판소의 결정에 따라 **해산된 정당의 목적을 달성하기 위한 집회 또는 시위**(제5조 제1항 제1호) <14경위 · 11 · 15.1 · 19.1채용>

② 집단적인 폭행, 협박, 손괴(損壞), 방화 등으로 **공공의 안녕 질서에 직접적인 위협을 끼칠 것이 명백한 집회 또는 시위**

판례 1) 시위가, 참가인원이 40여 명에 불과하고, 그 장소가 하천부지로서 교통소통이나 일반인의 생활에 아무런 지장을 주지 않는 것이며, 또한 시위 당시의 구호나 노래의 내용 등에 과격한 면이 보이지 않고 달리 다중의 위력을 통한 폭행이나 협박이 없었다면 집회 및 시위에 관한 법률 제5조 제1항 제2호 소정의 **공공의 안녕질서에 직접적인 위협을 가할 것이 명백한 시위에 해당하지 아니**한다.(91도2440)

판례 2) "집회 및 시위에 관한 법률 제5조 제1항 제2호가 정하는 **집단적인 폭행, 협박 등으로 공공의 안녕질서에 직접적인 위협을 가할 것이 명백한 집회 및 시위**라고 판단되는 경우, 그 집회 및 시위의 **장소가 대학교 구내라고 할지라도** 같은 법 제19조 제2항 및 제4항(현행 제22조의 금지집회 주최 및 참가 처벌규정)의 적용을 면할 수 없다."(2003도604 판결)

판례 3) 피고인이 약 70명의 근로자들과 함께 골리앗크레인에 들어가 ....화염병시위를 전개하고 있는 야전지휘부와 무전기로 수시로 연락하면서 경찰력 진입에 대비 화염병, 볼트 등을 준비하고 일부 근로자들이 그 아래쪽에 있는 위 회사 경비원을 향해 볼트 등을 투척하여 경비원 1명에게 상처를 입히는 등의 행위를 하였다면 집회 및 시위에 관한 법률 제5조 제1항 제2호(**안녕질서에 직접적 위협을 가할 것이 명백한 시위)에 해당**한다.(91도753 판결)

2. 임의적 금지

⑴ **교통소통을 위한 제한**(제12조)

원칙	관할경찰관서장은 **대통령령으로 정하는 주요 도시의 주요 도로에서**의 집회 또는 시위에 대하여 교통소통을 위하여 필요하다고 인정하면 이를 **금지하거나** 교통질서 유지를 위한 조건을 붙여 **제한할 수 있다**.[♣제한만 가능하고 금지는 불가능(×)](제12조 제1항)<03 · 09승진> ※ **조건통보는 지체없이 하여야 한다고 해석한다**.[♣조건통보는 12시간 이내 서면 송달하여야(×)]<03 · 09승진>
예외	집회 또는 시위의 주최자가 **질서유지인을 두고 도로를 행진하는 경우**에는 교통소통을 위한 **금지를 할 수 없다**. 다만, 해당 도로와 주변 도로의 교통 **소통에 장애를 발생**시켜 심각한 **교통 불편을 줄 우려**가 있으면 **금지를 할 수 있다**.[♣금지한다.(×)](제12조 제2항)<01승진 · 11.2 · 14.2채용>

판례 교통소통에 지장을 초래할 우려가 있다는 이유로 시위 자체를 원천적으로 금지한 경찰서장의 처분이 원할한 교통소통을 위해서는 시위 참가인원 및 행진노선과 행진방법의 제한 등 **조건을 부과하는 것만으로도 그 목적을 달성할 수 있는 경우**라면 이를 이유로 한 **금지통고는 재량권의 범위를 일탈하여 위법**하다.(서울고법 1998.12.29)

(2) **일반장소상의 제한**(제8조 제5항)

① **'집회금지 요구권' : 일반장소상 제한지역**의 경우에 그 **거주자나 관리자가 시설이나 장소의 보호를 요청하는 경우에**는 집회 또는 시위의 **금지 또는 제한을 통고할 수** 있다.[♣시설보호요청 없이 금지 · 제한(×), ♣금지 · 제한통고하여야(×)](제8조 제5항)<11경위 · 21승진 · 11.2채용>

※ 다만 금지통고는 신고접수 시로부터 48시간 이내에 가능하며, 다만, 집회 또는 시위가 집단적인 폭행, 협박, 손괴, 방화 등으로 공공의 안녕 질서에 직접적인 위험을 초래한 경우에는 신고접수시로부터 48시간이 지난 경우에도 금지 통고를 할 수 있다.(제8조 제5항 단서)<21승진>

㉠ **요청방식 :** 서면 또는 구두로 할 수 있으며 일반적으로 '시설보호요청서'를 제출받는다.(구두의 경우 지체 없이 서면을 제출하여야 한다.)<01승진>

㉡ **집회제한통고 내용을 위반한 경우 :** 교통소통 등 **질서유지에 직접적인 위험을 명백하게 초래**한 경우 **해산사유**가 된다.[♣위반 시 곧바로 해산사유(×)](집회 및 시위에 관한 법률 제20조 제1항 제3호)

※ 주최 측 외의 이해관계인의 개입여지를 만들어 놓음으로써 양자의 권리조화를 도모

② **일반장소상의 제한지역**(법 제8조 제3항)

㉠ **다른 사람의 주거지역이나 이와 유사한 장소** ⇨ 집회 또는 시위로 인하여 재산 또는 시설에 심각한 피해가 발생하거나 사생활의 평온을 뚜렷하게 해칠 우려가 있는 경우[♣상가밀집지역(×)](제8조 제5항 제1호)<14 · 19승진>

대상(○)	주택의 일종인 **가정보육시설, 지역아동센터, 기숙사**와 준주택의 일종인 **고시원 · 오피스텔 · 노인복지주택**은 적용대상
대상(×)	**병원 및 호텔 · 여관 등 숙박시설, 도서관**은 적용 곤란(경찰청 법률운용 매뉴얼) ※ 주택법 제2조, 주택법 시행령 제2조, 건축법 시행령 제3조의4 참조

※ **이와 유사한 장소** ⇨ 주택 또는 사실상 주거의 용도로 사용되고 있는 건축물이 있는 지역 및 인접한 공터 · 도로 등을 포함한 장소로 **엄격히 제한적으로 적용해야** 하며, 주거지역이라 하더라도 **주거에 사용하지 않는 건축물이 있는 지역은 적용대상이 아니다.**[♣포괄적 적용(×)]

※ '국토의 계획 및 이용에 관한 법률' 제36조 제1항 제1호는 주거지역을 "거주의 안녕과 건전한 생활환경의 보호를 위하여 필요한 지역"이라고 규정하고 있으나 집회 및 시위에 관한 법률과 목적이 다르므로 동일하게 해석할 필요가 없다.

㉡ **초 · 중등교육법의 규정에 의한 학교의 주변지역 ⇨ 집회 또는 시위로 인하여 학습권을 뚜렷이 침해할 우려가 있는 경우로 대학교는 제외**된다.[♣유치원 포함(×)](제8조 제5항 제2호)<11.2채용>

대상(○)	초등학교 · 공민학교, 중학교 · 고등공민학교, 고등학교 · 고등기술학교, 특수학교, 각종학교, 외국인 학교나 대안학교는 각종 학교에 포함된다.(초중등교육법 제2조) ※ 주변지역 – **학교의 출입문, 담장 및 이와 인접한 공터 · 도로 등을 포함한 장소**를 말한다.(집회 및 시위에 관한 법률 시행령 제4조)
대상(×)	'유아교육법'상 학교에 해당하는 **유치원**, '고등교육법'상 **전문대학 · 대학** 등[♣유치원 주변지역(×)]

㉢ **'군사기지 및 군사시설보호법'의 규정**(제2조 제2호)**에 의한 군사시설의 주변지역** ⇨ 집회 또는 시위로 인하여 시설이나 군작전의 수행에 심각한 피해가 발생할 우려가 있는 경우[♣금지통고하여야(×)](제8조 제5항 제3호)<11.2채용>

대상(○)	군사시설이란 전투진지, 군사목적을 위한 장애물, 폭발물 관련 시설, 사격장, 훈련장, 군용전기통신설비, 그 밖에 군사목적에 직접 공용되는 시설(군사기지 및 군사시설보호법 제2조) ※ **군사시설의 주변지역** – 용산 미군기지와 같은 **외국군의 군사시설도 포함**된다. ※ 주변지역 – 군사시설의 출입문, 담장 및 이와 인접한 공터 · 도로 등을 포함한 장소를 말한다.(집회 및 시위에 관한 법률 시행령 제4조)

판례 **집회 제한 또는 금지**는 요건 및 절차를 한정하여 집회의 자유와 집회 신고장소 주변지역 주민의 법익을 합리적인 범위 내에서 조정하고 있으므로, **헌법**[제21조 제2항(집회의 자유)]에 **위배된다고 볼 수 없다.** 나아가 **집회 금지통고**는 관할 경찰서장이 집회신고를 접수한 후 집회 및 시위에 관한 법률상 집회 사전금지조항에 근거하여 집회 주최자 등에게 해당 집회를 금지한다는 사실을 알리는 행정처분이므로 그 자체를 **헌법에 위배되는 제도라고 볼 수 없다.**(대법원 2009도13846)<24승진>

3. 시간상 제한(집회 및 시위에 관한 법률 제10조, 제23조 제1항/ 제10조 일부 – 위헌결정으로 효력 상실)

(1) 규정 : 누구든 일출시간 전 일몰시간 후에는 **옥외집회 또는 시위**를 해서는 안 된다. 집회의 성격상 부득이 하여 주최자가 질서유지인을 두고 미리 신고하는 경우에는 관할경찰관서장은 질서유지를 위한 조건을 붙여 허용할 수 있다.(제10조 위헌)

(2) **판례**

① **야간 옥외집회 :** 야간**옥외집회**에 대한 허가를 규정한 것으로, 이는 **집회의 사전허가제를 금지한 헌법 제21조 제1항에 정면으로 위반**된다.

② **야간 시위 :** 제10조 본문 중 '시위'에 관한 부분은 '**해가 진 후부터 같은 날 24시까지의 시위**'에 **적용하는 한 헌법에 위반**된다.(2010헌가2 · 2012헌가13)

예 주최자가 질서유지인을 두고 부득이 새벽 1시에 집회를 하겠다고 미리 신고한 경우에는 집회의 성격상 부득이하다면 관할 경찰관서장은 질서유지를 위한 조건을 붙여 옥외집회를 허용할 수 있다. (○)<22경위> ⇨ 22경위 시험에서 판례기준으로 오답처리하였으나 2012헌가13에 의하면 옳은 지문이라고 보아야 한다.

(3) 해석 : 야간의 경우에는 **일몰 이후부터 24시까지만 시위를 할 수** 있다.

판례 1) **[야간옥외집회 금지] – 제10조 헌법불합치결정**

1) **[위헌의견 5인]**...결국 야간옥외집회에 관한 일반적 금지를 규정한 집회 및 시위에 관한 법률 제10조 본문과 관할 경찰서장에 의한 예외적 허용을 규정한 단서는 그 전체로서 야간**옥외집회**에 대한 허가를 규정한 것으로, 이는 **집회의 사전허가제를 금지한 헌법 제21조 제1항에 정면으로 위반**된다.

2) **[헌법불합치의견 2인]**....관할서장이 일정한 조건하에 허용할 수 있도록 규정....허용여부를 행정청에 맡기고 있는 이상...집회 및 시위에 관한 법률 제10조는 **침해최소성의 원칙에 반하고 법익균형성도 갖추지 못하였다.** 따라서 집회 및 시위에 관한 법률 제10조 중 '옥외집회'에 관한 부분은 **과잉금지 원칙에 위배**하여 집회의 자유를 침해하는 것으로 헌법에 위반되고, 이를 구성요건으로 하는 집회 및 시위에 관한 법률 제23조 제2항 제1호의 해당부분 역시 헌법에 위반된다.

3) **[헌법불합치결정]** 위헌의견과 헌법불합치의견을 합하여 **헌법에 합치되지 아니한다고 선언**한다. 이 사건 법률조항들에는 위헌적인 부분과 합헌적인 부분이 공존하고 있으므로 입법자가 2010.6.30 이전에 **개선입법을 할 때까지 계속 적용되어 그 효력을 유지**하도록 하고, 만일 위 일자까지 개선입법이 이루어지지 않는 경우 이 사건 법률조항들은 **2010.7.1부터 그 효력을 상실하도록** 한다.(2008헌가25)

판례 2) [일몰부터 같은 날 24시까지 시위금지는 위헌] **야간시위**를 금지하는 집회 및 시위에 관한 법률 제10조 본문.. 전부의 적용이 중지될 경우 공공의 질서 내지 법적 평화에 대한 침해의 위험이 높아, ... 심판대상조항들은, 이미 보편화된 야간의 일상적인 생활의 범주에 속하는 **'해가 진 후부터 같은 날 24시까지의 시위'에 적용하는 한 헌법에 위반**된다.[♣질서유지인 두고 미리 신고한 경우 자정 이후 시위가능(×), ♣일몰부터 같은 날 24시까지 시위가능(○)](2010헌가2 · 2012헌가13(병합))

판례 3) [미군의 환경파괴행위를 규탄하는 주장을 전달하고자 개최한 집회 ⇨ 음악회라는 형식 ⇨ 예술, 친목, 오락에 관한 집회(×)] 비록 '열린음악회' 명칭으로 집회가 진행되었고, 참가자들의 노래자랑 행사 성격이 포함되었다고 하더라도, 당시 제반 정황에 비추어 볼 때 순수한 의미의 음악회 행사였다고 보기 어렵고, **음악회라는 형식을 빌려 미군의 환경파괴행위를 규탄하는 주장을 전달하고자 개최한 집회**였다고 봄이 상당하므로 일몰 후의 옥외집회가 허용되는 **예술, 친목, 오락에 관한 집회에 해당하지 않는다.**[♣예술에 관한 집회에 해당하여 사전신고가 필요 없다.(×)](대법원 2005도1543)

♣ 비록 미군의 환경파괴행위를 규탄하는 주장을 전달하고자 개최한 행사였다고 해도 '열린음악회'라는 명칭을 사용하고 음악회의 형식을 빌어 개최되었다면 예술에 관한 집회에 해당하여 사전신고가 필요 없다.(×)

IV. 집회시위의 절차(신고 및 처리절차)<14·20승진·06·09·15경위·09·12·14·16·17.1채용>

옥외집회·시위의 '720시간 전부터 48시간 전에' 관할경찰관서장에게 신고 <14·15경위·09·10·11·12채용> **(∴신고할 수 있는 '집회의 최장기간' ⇨ 29일)**

1의 경찰서 관할	**⇨ 관할 경찰서장에게 제출**
2 이상의 경찰서 관할	**⇨ 관할 시·도경찰청장에게 제출**[♣ 주최지 경찰서장에게(×)]<12·14.1채용>
2 이상의 시·도경찰청 관할	**⇨ 주최지 관할 시·도경찰청장에 제출** [♣ 경찰청장에게(×)]<96·98·20승진·11경위·12.3·14.1채용>

⇩

접수증 교부

⇩

① **보완통고(접수증을 교부한 때부터)** **(12시간 이내에 24시간을 기한으로)** <10승진·09·13.1·14.1채용·13·15경위>	⇨	② **금지통고(신고서를 접수한 때부터)** **(원칙 : 48시간 이내)**<14·15경위>

⇩ **(불복)**

10일 이내 바로 위(직근) **상급관청에 이의신청**<14승진·15경위> **⇨ 24시간 이내 결정**

1. 신고의 세부절차

(1) 신고 및 접수 절차

① **옥외집회·시위의 '720시간 전부터 48시간 전에'**[♣24시간 전(×)] 관할경찰서장에게 신고서를 제출하여야 한다.**(∴신고할 수 있는 '집회의 최장기간' ⇨ 29일)**(제6조 제1항)<14·15경위·17·18·19·20승진·09·10·11·12·16.2·17.1채용>

예 A단체는 2011. 1. 15.(토) 13:00에 과천정부종합청사 앞 운동장에서 축산관련 구제역 대책요구집회를 개최하고자 하는 경우 ⇨ 집회장소를 관할하는 과천경찰서장에게 2011. 1. 13.(목) 13:00 이전까지 집회신고서를 제출해야 한다.<11승진>

※ 만일 집회 시작 일시가 이에 해당하지 않을 경우 **일시를 조정하여 제출하도록 행정지도**하고, **거부할 경우에는 신고서를 반려해야** 한다.(매뉴얼)

※ 신고하지 않고 집회시위를 개최한 자는 **처벌**(2년 이하의 징역 또는 200만원 이하의 벌금)**한다.**(제22조 제2항)

② **관할 경찰서에 집회신고**를 하여야 한다.(제6조 제1항)

㉠ 옥외집회 또는 시위 장소가 **두 곳 이상의 경찰서의 관할**에 속하는 경우에는 **관할하는 시·도경찰청장**[♣경찰서장(×)]**에게** 제출하여야 하고,(제6조 제1항 단서)<18승진·12·17.1·20.1채용>

※ **관할위반의 경우** : 2 이상의 경찰서의 관할에 속하는 집회·시위의 신고를 경찰서에 제출한 경우 ➡ 신고인에게 **관할 시·도경찰청장에게 집회신고서를 제출하도록 안내**해야 한다.

예 A노동조합이 **남대문서 관할에서 종로서 관할**까지 행진하려는 경우 집회 주최측은 **서울시 · 도경찰청에** 신고서를 제출하여야 한다.

ⓛ **두 곳 이상의 시 · 도경찰청 관할**에 속하는 경우에는 **주최지를 관할하는 시 · 도경찰청장에게**[♣경찰청장에게(×)] 제출하여야 한다.(제6조 제1항 단서)<20승진 · 14.1 · 17.1 · 18.3채용>

♣ 옥외집회 또는 시위장소가 두 곳 이상의 시 · 도경찰청 관할에 속하는 경우에는 상급기관인 경찰청장에게 신고서를 제출하여야 한다.(×)<11경위 · 14.1 · 17.1채용>

※ 집회 후 행진 또는 집회 없이 행진 후 정리집회를 하는 경우에는 집회지 시 · 도경찰청장에게, 옥외집회 없이 행진만 하고 정리집회가 없는 경우는 출발지 시 · 도경찰청장에게 신고하여야 한다.(매뉴얼) 관할이 달라도 즉시 접수하여 초동조치를 하고 이첩해야 하는 민원신고 접수와 구분해야 한다.

③ **요건에 부합하지 않을 경우**: 절대적 금지장소에서의 집회일 경우, 개최일시가 '48시간 이후부터 720시간 전 사이'에 해당하지 않을 경우 등 ➡ 장소 · 일시를 **조정**토록 행정지도를 하고, 조정을 거부할 때에는 집회신고서를 **반려**해야 한다.

정리 집회신고서 기재내용 [☻목일장 참시주]

① 목적, ② 일시(필요한 시간을 포함),
③ 장소, ④ **참가예정단체 및 참가예정인원**[♣시위방법(×)]<11경위>
⑤ **시위방법**(진로 및 약도를 포함)
⑥ 주최자(단체인 경우에는 그 대표자 · 연락책임자 · 질서유지인의 주소 · 성명 · 직업 · 연락처)

♣ 참가예정단체 및 참가예정 인원은 집회신고서의 "시위방법"에 기재할 사항이다.(×)<11경위>

정리 시위방법란의 기재내용

① **시위의 대형**
② 차량 · 확성기 · 입간판 기타 주장을 표시한 **시설물의 이용여부와 그 수**
③ 구호제창의 여부
④ 진로(출발지 · 경유지 · 중간행사지 · 도착지 등)
⑤ 약도(시위행진의 진행방향을 도면으로 표시한 것)
⑥ **차도 · 보도 · 교차로의 통행방법**
⑦ 기타 시위의 방법과 관련되는 사항<01승진>

④ **접수증의 교부**: (옥외집회 · 시위는 **허가사항이 아니고 신고사항**이므로), 관할 경찰관서장은 신고서를 접수하면 신고자에게 접수일시를 적은 접수증을 **즉시 내주어야** 한다.[♣미비점 있으면 보완서류를 받은 후 교부(×), ♣접수증을 12시간 이내에 내주어야(×)](집회 및 시위에 관한 법률 제6조 제2항)<19 · 24승진 · 11.1 · 13.2 · 14.1 · 17.1 · 2채용>

♣ 집회신고서에 미비점이 있으면 보완서류를 받은 후 접수증을 교부하여야 한다.(×)<11.1채용>

※ 집회신고서상의 각종 기재사항에 누락이 없는지, 요건에 부족한 점이 없는지 잘 검토하여 가급적 기재사항을 보완통고를 하는 일이 없도록 해야 한다.

정리 집회 · 시위의 경합 시 처리문제<01 · 05 · 10 · 18승진 · 09경위 · 08 · 14.2 · 17.2채용>

(1) **평화적 개최 노력 및 후행 집회의 금지통고**

① 관할 경찰관서장은 시간과 장소가 중복되는 2개 이상의 신고가 있는 경우 서로 상반되거나 방해가 된다고 인정되면 각 옥외집회 또는 시위 간에 **시간을 나누거나 장소를 분할하여 개최하도록 권유**하는 등 각 옥외집회 또는 시위가 서로 방해되지 아니하고 **평화적으로 개최 · 진행될 수 있도록 노력**하여야 한다.(제8조 제2항)

② 관할 경찰관서장은 시간과 장소가 중복되는 2개 이상의 집회신고가 서로 상반되거나 방해가 된다고 인정되고, 분할개최 등 위 권고가 받아들여지지 아니하면 **뒤에 접수된 집회 · 시위에 대해 금지통고를 할 수 있다.**[♣금지통고하여야 한다.(×)](제8조 제3항)<11승진 · 08 · 14.2채용>

♣ 관할경찰관서장은 집회 또는 시위의 시간과 장소가 중복되는 2개 이상의 신고가 있는 경우 그 목적으로 보아 서로 상반되거나 방해가 된다고 인정되면 뒤에 접수된 집회 또는 시위에 대하여 그 집회 또는 시위의 금지를 통고하여야 한다.(×)<14.2채용>

※ 먼저 신고된 집회 · 시위사항이 우선한다.

예 1. 15(토) 11:00부터 A단체의 집회신고가 이루어진 장소에서 B노동조합의 신고된 집회가 예정되어 있다면, 관할경찰서장은 먼저 신고한 B노동조합 집회의 평화적 개최보장을 위하여 뒤에 접수된 A단체의 집회신고에 대해 금지통고할 수 있다.<11승진>

(2) **먼저 신고한 자의 집회개최 시 통지의무**: **뒤에 접수된 옥외집회 또는 시위가 금지 통고된 경우** 먼저 신고를 접수하여 옥외집회 또는 시위를 개최할 수 있는 자는 **집회 시작 1시간 전에 관할 경찰관서장에게 집회 개최 사실을 통지하여야** 한다.(집회 및 시위에 관한 법률 제8조 제4항)

(3) **철회신고서 제출의무**: 집회 · 시위의 주최자가 **신고한 옥외집회 또는 시위를 하지 아니할 경우**에는 신고서에 기재된 집회일시 **24시간 전**에 그 철회사유 등을 적은 **철회 신고서**를 **관할 경찰관서장에게 제출하여야** 한다.[♣12시간 전에(×)](제6조 제3항)<09경위 · 05 · 10 · 17 · 18 · 19 · 20 · 24승진 · 17.2 · 20.2채용>

♣ 주최자는 신고한 옥외집회 또는 시위를 하지 아니하게 된 경우에는 신고서에 적힌 집회 일시 12시간 전에 그 철회사유 등을 적은 철회신고서를 관할경찰관서장에게 제출하여야 한다.(×)<19승진>

※ 나중에 신고된 집회시위에 대해 **금지통고된 경우에만,** 먼저 신고된 옥외집회 또는 시위의 주최자가[♣모든 옥외집회 또는 시위의 주최자(×)] 정당한 사유 없이 **철회신고서 제출의무**(제6조 제3항) **에 위반한 경우**에는 **100만 원 이하의 과태료**를 부과한다.(제26조 제1항)<18승진>

♣ 정당한 사유 없이 철회신고서를 관할경찰관서장에게 제출하지 아니한 모든 옥외집회 또는 시위의 주최자에 대해서는 100만 원 이하의 과태료를 부과한다.(×)<18승진>

(4) **미개최 집회의 통지**: 먼저 신고된 집회의 **철회신고서를 받은 관할경찰관서장은** 목적충돌로 금지통고를 받은 **뒤에 신고된 집회 · 시위의 주최자에게** 그 사실을 **즉시 알려야** 한다.[♣12시간 이내(×) → 즉시](제6조 제4항)

♣ 경합된 집회에서 집회를 개최하지 않는다는 통보를 받은 경찰서장은 12시간 이내에 통보받은 사실을 금지통고된 집회 · 시위의 주최자에게 통보해야 한다.(×)

(5) **금지된 집회의 개최**: 통지를 받은 주최자는 그 금지통고된 집회 또는 시위를 **최초에 신고한 대로 개최할 수** 있다. 다만, **시기를 놓친 경우**에는 집회 또는 시위의 **24시간 전에 관할경찰서장에게 신고서를 제출하고 집회 또는 시위를 개최할 수** 있다.(제6조 제5항)

憲裁 1) 1) [집회 사전허가제 금지] 우리 헌법은 모든 국민에게 집회의 자유를 보장하고 있고, **집회에 대한 사전허가제를 금지**하고 있는바.............

2) [신고 접수만 하면 ⇨ 집회가능] 옥외집회를 주최하고자 하는 자는 집회 및 시위에 관한 법률이 정한 시간 전에 관할경찰서장에게 **집회신고서를 제출하여 접수시키기만 하면 원칙적으로 옥외집회를 할 수 있다....**

3) [법정 방식에 의하지 않은 집회 제한 ⇨ 위헌] 집회의 자유에 대한 제한은 법률에 의해서만 가능하므로 **법률이 정하지 않는 방법으로 이를 제한할 경우 그것은 과잉금지의 원칙에 위배되는지 여부를 반드시 판단할 필요도 없이 헌법에 위반**된다.[♣법률이 정하지 않는 방법으로 제한 → 과잉금지의 원칙에 위배되는지 판단하여야(×)]............

4) [2개 집회 모두 반려 ⇨ 위법](상호 충돌한다는 이유로 두 개의 집회신고를 모두 반려하였는데....) 법의 집행을 책임지고 있는 00경찰서장으로서는 집회의 자유를 제한함에 있어 실무상 아무리 **어렵더라도 법에 규정된 방식을 따라야할 책무**가 있다..........

5) [신고경합 ⇨ 접수순위 확정노력 후 후순위에 금지 · 제한해야] 00경찰서장은 적법한 절차에 따라 **접수순위를 확정하려는 최선의 노력을 한 후**, 집회 및 시위에 관한 법률 제8조 제2항에 따라 **후순위로 접수된 집회의 금지 또는 제한을 통고해야** 한다.

※ 관할경찰관서장은 집회 또는 시위의 시간과 장소가 중복되는 2개 이상의 신고가 있는 경우 그 목적으로 보아 서로 상반되거나 방해가 된다고 인정되면 뒤에 접수된 집회 또는 시위에 대하여 그 집회 또는 시위의 금지를 통고할 수 있다.<15.1채용>

6) [집회신고 경합 ⇨ 모두 반려 ⇨ 위헌 · 위법] 만일 접수순위를 정하기 어렵다는 현실적인 이유로 중복신고된 모든 옥외집회의 개최가 법률적 근거 없이 불허되는 것이 용인된다면, 집회의 자유를 보장하고 집회의 사전허가를 금지한 헌법 제21조 제1항 및 제2항은 무의미한 규정으로 전락할 위험성이 있다. 결국 이 사건 **반려행위는 법률의 근거 없이 청구인들의 집회의 자유를 침해한 것**으로서 헌법상 법률유보원칙에 위반된다고 할 것이다.[♣모두 반려 허용(×)](2007헌마712결정)<11승진>

판례 2) [가장 집회신고(먼저) ⇨ 뒤에 신고집회 금지통고 ⇨ 그대로 개최 ⇨ 적법] **먼저 신고된 집회**가 다른 집회의 개최를 봉쇄하기 위한 허위 또는 **가장 집회신고에 해당함이 객관적으로 분명**해 보이는 경우에는, 뒤에 신고된 집회에 다른 집회금지 사유가 있는 경우가 아닌 한, 관할경찰관서장이 단지 **먼저 신고가 있었다는 이유만으로 뒤에 신고된 집회에 대하여 집회 자체를 금지하는 통고를 하여서는 아니** 되고, 설령 이러한 **금지통고에 위반하여 집회를 개최**하였다고 하더라도 그러한 행위를 집시법상 **금지통고에 위반한 집회개최행위에 해당한다고 보아서는 아니 된다.**[♣뒤에 신고된 집회에 대한 금지통고에 위반하여 집회를 개최한 행위는 집회 및 시위에 관한 법률에 위배된다.(×)](대법원 2011도13299 판결 [집회 및 시위에 관한 법률위반])<22.2채용>

판례 3) [애매한 경우 ⇨ 주최지 시 · 도경찰청 중 한 곳에 신고서 제출 ⇨ 적법] 집회 및 시위에 관한 법률 제6조 제1항 단서 '두 곳 이상의 시 · 도경찰청 관할에 속하는 경우에는 주최지를 관할하는 시 · 도경찰청장에게 제출하여야 한다.'에 대해 **주최지의 정의를 규정하지 않고 있는데,** 위 규정이 집회나 시위 장소의 관할 시 · 도경찰청장에게 모두 신고서를 제출하도록 하고 있지는 않을 뿐 아니라 두 곳 이상의 관할 시 · 도경찰청장 중 어느 쪽이 주최지 관할 시 · 도경찰청장에 해당한다고 규정하지도 않고 있으므로, 헌법상 집회의 자유에 대한 규정과 '집회 및 시위에 관한 법률'상 신고절차에 관한 규정에 비추어 볼 때, **주최지 중 어느 한 곳의 시 · 도경찰청장에게 두 곳 이상의 시 · 도경찰청 관할에 속하는 옥외집회나 시위의 신고서를 제출하고, 법 소정의 신고 사항이 실제 개최한 내용과 실질적으로 부합하는 경우**에는 **적법한 신고**가 있다고 볼 수 있다.(2009도591)

⑵ 보완통고절차

① 신고를 접수한 **경찰관서장은** 신고서에 미비점을 발견하면 **접수증을 교부한 때로**부터 **12시간 이내**에 **주최자에게 (송달 시로부터**[♣발송된 때로부터(×) → 송달 시로부터]**) 24시간을 기한**으로 그 기재사항을 보완할 것을 **통고할 수** 있다.[♣하여야 한다.(×), ♣질서유지인에게(×)](제7조 제1항)<...17 · 18 · 19 · 20 · 21 · 24승진 · 13경위....13 · 14 · 15.1 · 2 · 17.1 · 19.1 · 20.1 · 23.2채용>

※ 신고한 내용을 검토하여 보완 또는 금지통고의 사유 없는 경우 별도의 통지는 필요 없다.[♣그 취지를 서면으로 주최자에게 통지한다.(×) → 통지할 필요 없다.]

예 1. 10(월) 13:00경에 A단체의 집회 신고를 접수한 과천경찰서장은 그 자리에서 접수증을 교부하였고, 신고서를 검토한 결과, 기재사항에 미비점이 있다고 판단되는 경우, 1. 11(화) 01:00까지 보완통고를 할 수 있다.<11승진>

※ 보완통고는 접수증을 교부한 때로부터 12시간 이내에 송달하여야 한다.

② 보완 통고는 보완할 사항을 분명히 밝혀 **서면**으로 **주최자 또는 연락책임자에게 송달하여야** 한다.[♣서면 또는 구두로(×), ♣문자메시지로(SMS)(×)](제7조 제2항)<20 · 21 · 24승진>

③ 신고자가 보완통고서 수령 시로부터 24시간 이내에 신고서의 미비점에 대한 **보완통고를 이행하지 않을 경우**에는 신고서를 **접수한 때로부터 48시간 내에 집회의 금지를 통고할 수** 있다.[♣접수증을 교부한 때로부터(×)](제8조 제1항 제2호)<09 · 14경위>

④ 경찰서장은 집회신고서의 **형식적인 미비점에 대해서만 보완통고가 가능**하고 **내용에 대해서는 보완통고를 할 수 없다**고 해석한다.[♣내용에 대해서도 보완통고를 할 수(×)](서울고등법원 98누11290)<18승진>

※ 보완통고 불이행을 이유로 하는 금지통고의 경우, **사전허가가 되지 않기 위해서**는 경찰관서장이 집회의 **실질적인 내용에까지 들어가 그 위법여부를 판단하여 금지통고의 여부를 결정해서는 안 된다**.[♣내용에 대해서도 보완통고를 할 수(×)](서울고등법원 98누11290 [시위금지통고처분취소])<18승진>

⑶ 금지통고절차

① **원칙** : 신고서를 접수한 관할 경찰관서장은 일정한 경우 **신고서**를 **접수한 때부터 48시간 이내**에 집회 또는 시위의 **금지**를 주최자에게 **통고할 수** 있다.(제8조 제1항)<14경위 · 21승진>

※ 신고서 **접수시부터 48시간 이내에 송달되어야** 함을 의미한다.[♣24시간 이내 송달(×)]

※ 다만, 집회 또는 시위가 **집단적인 폭행, 협박, 손괴, 방화 등으로 공공의 안녕 질서에 직접적인 위험을 초래한 경우**에는 남은 기간의 해당 집회 또는 시위에 대하여 신고서를 접수한 때부터 48**시간이 지난 경우에도 금지 통고를 할 수** 있다.[♣48시간 경과 시 금지통고 절대 불가(×)](제8조 제1항 단서)<19.1채용>

예 10일간 집회 신고 후 **집회 첫날 경찰관들에게 집단 폭력을 행사하고, 차량 등을 파손한 경우, 신고된 남은 기간 집회 · 시위에 대하여 금지통고를 할 수** 있다.

② **금지 · 제한 · 보완 통고 사유가 없는 경우 :** 관할경찰관서장은 신고내용을 검토하여 보완 또는 금지통고의 사유가 없는 경우에는 별도의 통지를 하지 않는다.<14승진>

(4) 이의신청 등

<table>
<tr><td>이의
신청</td><td>(1) 집회 또는 시위의 주최자는 금지통고를 받은 날로부터 10일 이내에 당해 경찰관서의 바로 위의 상급경찰관서의 장(직근 상급경찰관서의 장)에게 이의를 신청할 수 있다.[♣금지통고를 한 해당 경찰관서장에게(×), ♣7일 이내(×)](제9조 제1항)<06 · 09 · 10 · 12 · 13 · 14승진 · 11 · 14 · 19경위 · 02 · 08 · 09 · 12.1 · 13.1 · 14.1 · 2 · 15.2 · 16.2 · 20.2채용>

예 A단체가 과천경찰서장으로부터 1. 12(수)에 금지통고를 받았다면, 경기도경찰청장에게 이의를 신청할 수 있는 때는 1. 22(수)까지이다.[♣이의를 신청할 수 있는 때는 1. 19(수)까지이다.(×)]<11승진>

(2) 이의신청을 받은 경찰관서의 장은 접수일시를 기재한 접수증을 즉시 이의 신청인에게 교부하고 접수 시부터 24시간 이내에 재결을 하여야 한다.[♣12시간 이내에(×), ♣재결할 수 있다.(×)](제9조 제2항)<01 · 09승진 · 11.1 · 12.3채용>

※ 이때 접수 시부터 24시간 이내에 재결서를 발송하지 아니한 때, 관할경찰관서장의 금지통고는 소급하여 그 효력을 상실하게 된다.(제9조 제2항 단서)<09승진 · 12.3채용>

① 이의 신청을 받은 경찰관서장은 즉시 집회 또는 시위의 금지를 통고한 경찰관서장에게 이의 신청의 취지와 이유(이의 신청시 증거서류나 증거물을 제출한 경우에는 그 요지를 포함)를 알리고, 답변서의 제출을 명하여야 한다.[♣24시간 이내(×)](시행령 제8조 제1항)<20.2채용>

(3) 재결의 효과

① 각하재결 또는 기각재결 : 금지통고는 유효하여 불복 시에는 행정소송을 제기해야 한다.

② 인용재결, 발송지연으로 실효 : 금지통고가 위법 또는 부당한 것으로 재결(인용재결) 되거나 (발송지연으로) 그 효력을 잃게 된 경우에는 이의신청인은 다시 신고할 필요 없이 최초에 신고한 대로 집회 · 시위를 개최할 수 있다.[♣새로이 신고(×)](제9조 제3항 단서)<02 · 03 · 09승진 · 03 · 11.1채용>

– 금지통고 등으로 시기를 놓친 경우에는 일시를 새로이 정하여 집회 · 시위의 24시간 전에 관할 경찰서장에게 신고함으로써 집회 · 시위를 개최할 수 있다.[♣12시간 전에(×)](제9조 제3항 단서)<05 · 09승진 · 08경위 · 11.1채용></td></tr>
<tr><td>행정
소송</td><td>① 이의신청의 결과에 불복할 때에는 행정소송을 제기해야 한다.
② 이의신청을 거치지 않고 즉시 행정소송의 제기도 가능하다.
③ 행정소송의 피고는 금지통고를 한 경찰관서장(처분청)<04승진></td></tr>
</table>

판례 **[근접하지 않은 지역에서 제지 ⇨ 적법한 직무집행(×)]** 집회 및 시위에 관한 법률에 의하여 금지되어 그 주최 또는 참가행위가 형사처벌의 대상이 되는 위법한 집회 · 시위가 장차 특정지역에서 개최될 것이 예상된다고 하더라도, 이와 **시간적 · 장소적으로 근접하지 않은 다른 지역에서 그 집회 · 시위에 참가하기 위하여 출발 또는 이동하는 행위를 함부로 제지하는 것**은 경찰관직무집행법 제6조 제1항의 행정상 **즉시강제인 경찰관의 제지의 범위를 명백히 넘어 허용될 수 없다.** 따라서 이러한 제지 행위는 공무집행방해죄의 보호대상이 되는 공무원의 **적법한 직무집행이 아니다.**(2007도9794)<14승진>

(5) 제한(조건)통고

① **통고대상 :** 신고된 집회가 군사시설 등 **일반장소상 제한**(제8조 제3항), **주요도시 주요도로에서의 집회 · 시위**(제12조)에 해당되는 경우에 '질서유지를 위한 조건'을 통보한다.

② **통고기한 : 기간적 제한이 없고,** 성질상 집회개최 1일 전 또는 집회개최 직전까지 통고서를 전달하면 된다.[♣반드시 개최 전 송달(×)]<03승진>

③ **내용(조건) 위반**

㉠ 질서유지 조건을 위반하여 교통소통 등 질서유지에 **직접적인 위험을 명백하게 초래**한 집회 또는 시위의 경우에는 **해산사유가 될 수** 있다.

㉡ 위반만으로는 처벌의 대상이 되지 않으나, 향후 금지통고의 판단자료로 사용될 수 있다.

※ 신고서 접수 후 **48시간이 경과한 경우** 금지통고는 할 수 없으나, 제한통고는 할 수 있다.<09경위>

정리 금지통고 · 제한통고 · 조건통고의 방식

(1) 집회 또는 시위의 금지 또는 제한통고는 그 이유를 분명하게 밝혀 **서면으로 주최자 또는 연락책임자에게** 송달하여야 한다.(도달주의 적용)[♣서면 또는 구두로(×)](제8조 제6항)<20승진>

(2) 직접송달이 불가능한 경우에는 **대리송달이나 유치송달도 가능**하다.[♣유치송달은 효력이 없다.(×)] (집회 및 시위에 관한 법률 시행령 제3조)<14승진>

① **주최자가 단체인 경우**: 주최자 또는 연락책임자의 대리인이나 단체의 사무소에서 근무하는 직원에게 전달하되, 주최자나 연락책임자의 귀책사유로 통고서를 직접 송달할 수 없는 경우, 대리인 또는 사무소에서 근무하는 직원에게 **전달할 수 없는 때**에는 단체의 사무소가 있는 **건물의 관리인**이나 건물 소재지의 **통장 또는 반장**에게 전달할 수 있다.

예 금지통고서를 전달하려고 하였으나 주최자 등이 **사무실 내에서 문을 열어주지 않는 경우** ⇨ **건물관리인이나 건물소재지 통 · 반장에게 전달**한다.

② **주최자가 개인인 경우**: 주최자 또는 연락책임자의 **세대주나 가족 중 성년자**에게 전달하되, 주최자 또는 연락책임자의 세대주나 가족 중 성년자에게 전달할 수 없는 때에는 주최자 또는 연락책임자가 거주하는 **건물의 관리인**이나 건물 소재지의 **통장 또는 반장**에게 전달할 수 있다.

(3) 유의사항

① 집회신고서 접수 시 주최자 또는 연락책임자의 주소와 건물소재지 · 건물명을 구체적으로 기재

② 통고서의 수령인이나 대리수령인으로부터 **수령증을 받아 놓거나** 수령증 작성 **거부 시 유치송달 규정에 따라 송달장소에 두고 오되, 전달 장면을** 사진촬영하고, **목격자 진술 등을 증거로 확보**해두는 것이 좋다.

참고 집회 · 시위 자문위원회(법 제21조)

설치	① **설치**: 집회 및 시위의 자유와 공공의 안녕 질서가 조화를 이루도록 하기 위하여 각급 경찰관서에 경찰관서장의 자문 등에 응하는 집회·시위자문위원회를 둘 수 있다.<06승진> ② **설치기준**: 시·도경찰청 및 1급 지 경찰서에는 특별한 사유가 없는 한 위원회를 설치하여야 되나, 2·3급 지 경찰서에는 집회신고건수 등을 고려하여 해당 시·도경찰청장이 위원회 설치여부를 결정한다.
구성·운영	① 위원장 1인과 위원장을 포함한 5명 이상 7명 이하의 위원으로 구성 ② **위원의 임기**: 위원장 및 위원의 임기는 **2년**으로 하되 연임할 수 있다. ③ 위원장과 위원은 각급 경찰관서장이 다음 각 호의 사람 중에서 위촉한다. – 변호사, 교수, 시민단체에서 추천하는 사람, 관할지역 주민대표 ④ **정족수**: 재적위원 **과반수의 출석**으로 개의, 출석위원 **과반수의 찬성**으로 의결
자문사항	① 집회 또는 시위의 금지 또는 제한통고 ② 이의신청에 관한 재결 ③ 집회 또는 시위 대한 사례 검토 ④ 집회 또는 시위 업무의 처리와 관련하여 필요한 사항

PART 05

V. 주최 측의 준수사항

1. 주최자의 준수사항

(1) **질서유지 의무**: 집회·시위의 주최자는 집회·시위에 있어서 질서를 유지하여야 한다.(제16조 제1항)

① **질서유지인 임명**: 집회 또는 시위의 주최자는 집회 또는 시위의 질서유지에 관하여 자신을 보좌하도록 **18세 이상의 사람을** 질서유지인으로 **임명할 수** 있다.[♣임명하여야(×)](제16조 제2항)<01·13승진·13·21경위·12.1·17.2·18.2·3채용>

※ 집회 및 시위에 관한 법률은 질서유지인의 **자격·능력·전문성에 관한 규정을 두고 있지 않다.**

② **종결선언의무**: 집회 또는 시위의 **주최자**는 **질서를 유지할 수 없으면** 그 집회 또는 시위의 **종결(終結)을 선언하여야** 한다.(제16조 제3항)<21경위·18.3채용>

(2) **금지사항**: 집회 또는 시위의 주최자는 다음 각 호의 어느 하나에 해당하는 행위를 하여서는 아니 된다.(제16조 제4항)

① 총포·폭발물·도검·철봉·곤봉·석괴 기타 타인의 생명·신체의 위해를 가할 수 있는 기구를 휴대 또는 사용하거나 휴대 또는 사용하게 하는 행위

② 폭행·협박·손괴·방화 등으로 질서를 문란하게 하는 행위

※ 집회시위도중 **인공기를 소훼**하는 경우 방화 등에 해당하여 처벌받을 수 있다.

③ 신고한 목적·일시·장소·방법 등의 범위를 뚜렷이 벗어나는 행위

(3) **옥외집회참가 유발 금지**: 옥내집회의 주최자는 확성기 설치 등 주변에서의 옥외참가를 유발하는 행위를 하여서는 아니 된다.<03승진>

판례 [토론회 불참사유와 옥중근황 전달 ⇨ 시위선동 고의(×)] ... 범국민 대토론회에 참석할 수 없게 되자 .....토론회에 참석할 수 없게 된 사유와 당시 이른바 시국사건으로 구속되어 자신이 변호를 맡고 있던 **학생의 옥중근황 등을 전달**하였는데 .... 위 피고인으로서도 그 토론회가 장차 위와 같은 집회 · 시위로 발전하리라고 예측할 수 없었고, 자신의 언동으로 인하여 그 토론회가 그와 같은 집회 · 시위로 발전되도록 의욕하였다거나 미필적으로라도 이를 인식하면서 위 행위를 하였음을 인정할 만한 자료가 없어, **피고인에게 시위선동의 범의가 있다고 단정하기 어렵고**......[♣미필적 고의가 있다.(×)](90도2435판결)

♣ 판례에 의하면 토론중인 학생들에게 토론회에 참석할 수 없게 된 사유와 자신이 변호를 맡고 있던 학생의 옥중근황을 전달한 경우 시위선동의 미필적 고의가 있다고 볼 수 있다.(×)

2. 질서유지인의 준수사항

(1) **질서유지 의무 :** 질서유지인은 주최자의 지시에 따라 집회 또는 시위의 질서가 유지되도록 하여야 한다.(제17조 제1항)

(2) **완장 등 착용의무 :** 질서유지인은 참가자등이 질서유지인임을 쉽게 알아볼 수 있는 **완장 · 모자 · 어깨띠 또는 상의 등을 착용하여야** 한다.(제17조 제3항)<21경위>

(3) **경찰관서장의 협의권** : 관할경찰관서장은 질서유지인의 수를 집회 또는 시위의 주최자와 협의하여 적정 수로 조정할 수 있다.(제17조 제4항)<21경위>

(4) **주최자 금지사항과 동일 :** 질서유지인에게 금지되는 행위는 주최자에게 금지되는 행위와 동일하다.(제17조 제2항)

※ 집회시위도중 인공기를 소훼하는 경우 방화등에 해당하여 본조항에 해당할 수 있다.

3. 참가자의 준수사항

(1) 집회 또는 시위에 참가하는 주최자 및 질서유지인의 질서유지를 위한 지시에 따라야 한다.

(2) 참가자에게 금지되는 행위는 주최자에게 금지되는 행위와 동일하다.

판례 1) [절차와 방식 준수한 해산명령불응 ⇨ 처벌] 1) **미신고 옥외집회에서 적법한 해산명령**을 받았을 때에는 모든 참가자는 **지체 없이 해산하여야** 하고, 이를 위반한 사람은 형사처벌의 대상이 된다.
2) **해산명령 불응의 죄책**을 묻기 위하여는 **적법한 해산명령의 절차와 방식을 준수하였음이 입증되어야** 한다.(대법원 2010도15797)

판례 2) [신고된 범위 현저히 일탈(×) → 일반교통방해죄(×) / 현저히 일탈 ⇨ 일반교통방해죄] 1) 모든 국민은 헌법 제21조 제1항에서 정한 바에 따라 집회나 시위의 자유를 보장받는다.
2) 도로에서의 집회나 시위의 권리의 보장은 공공의 안녕질서와 적절히 조화되어야 한다.
3) 집회 또는 시위가 신고된 범위를 **현저히 일탈하지 않는 경우**에는 그로 인하여 **도로의 교통이 방해를 받았다고 하더라도** 특별한 사정이 없는 한 형법 제185조 소정의 **일반교통방해죄가 성립한다고 볼 수 없으나**, ...현저히 일탈하거나.........통행을 불가능하게 하거나 현저히 곤란하게 한 경우....... 일반교통방해죄가 성립한다.[♣신고된 범위 현저히 일탈하지 않은 경우 → 일반교통방해죄(×)]

♣ 집회 또는 시위가 신고된 내용과 다소 다르게 행하여져 도로교통을 방해하였다면 특별한 사정이 없는 한 일반교통방해죄가 성립한다.(×)

4) 행진시위의 참가자들이 일부 구간에서 감행한 **전차선 점거행진, 도로점거 연좌시위 등의 행위**는 당초 신고된 범위를 **현저히 일탈**하거나 집회 및 시위에 관한 법률의 조건을 중대하게 위반한 것으로서 그로 인하여 **도로의 통행이 불가능하게 되거나 현저하게 곤란하게 된 이상 일반교통방해죄에 해당**한다고 할 것이다.[♣도로의 통행을 일부 지연시켰다면 일반교통방해죄가 성립한다.(×)](대법원 2006도755 판결)<14승진>

♣ 차선 점거행진, 도로점거 연좌시위 등으로 도로의 통행을 일부 지연시켰다면 일반교통방해죄가 성립한다.(×) ⇨ 통행을 불가능 혹은 현저히 곤란하게 해야 성립

판례 2-1) [통행불가능, 현저 곤란 ⇨ 당연히 일반교통방해죄 성립(×)] 「집회 및 시위에 관한 법률」에 따른 신고 없이 이루어진 집회에 참석한 참가자들이 차로 위를 행진하는 등 도로교통을 방해함으로써 **통행을 불가능**하게 하거나 **현저하게 곤란하게 하는 경우라도** 참가자 모두에게 **당연히 일반교통방해죄가 성립하는 것은 아니**다.<23.2채용>
실제로 참가자가 위와 같이 신고 범위를 현저하게 벗어나거나 조건을 중대하게 위반하는 데 가담하여 **교통방해를 유발하는 직접적인 행위**를 하였거나, 참가자의 참가 경위나 관여 정도 등에 비추어 그 참가자에게 **공모공동정범의 죄책을 물을 수 있는 경우라야 일반교통방해죄가 성립**한다.(대법원 2017도11408 판결 [일반교통방해])<23.2채용>

판례 3) [수인되어야 할 교통방해 ⇨ 위법(×)] 필연적으로 발생하고 회피하기 어려운 일정한 **교통방해가** 헌법상 보장되는 집회의 자유에 의하여 **국가와 제3자에 의하여 수인되어야 할 것으로 인정되는 범위**라면, **사회상규에 반하지 아니하는 행위로서 위법성이 인정될 수 없고** 형사처벌의 대상이 될 수 없는바, 이는 구체적 사안을 전제로 법원이 판단하여야 할 개별사건에서의 법률의 해석 · 적용에 관한 문제일 뿐, 집회의 자유의 실질적 침해문제가 발생하지 않는다.(헌재 2009헌가2 결정)

♣ 집회의 자유의 행사로 인하여 필연적으로 발생하고 회피하기 어려운 일정한 교통의 방해는 사회상규에 반하지 아니하는 행위로서 위법성이 인정될 수 없다.(○)

판례 4) [걷기 대회 ⇨ 일반교통방해죄(○)] **'걷기대회' 명목의 미신고 집회**에서 500명이 우회로가 없는 **도심 도로의 진행방향 3개 차로를 모두 점거**한 채 오후 4시경 4분 동안 700m를 진행하였다면, 집회참가자들의 도로 점거로 인해 단시간이나마 일반 차량의 교통이 불가능하거나 현저히 곤란한 상태가 발생하였으므로 **일반교통방해죄가 성립**한다.(대법원 2015도13782)

판례 5) [이미 다른 참가자 교통흐름 차단, 암묵적 · 순차적 공모로 위법상태 지속 ⇨ 일반교통방해죄 성립] 교통방해를 유발한 집회에 참가한 경우, 참가 당시 **이미 다른 참가자들에 의해 교통의 흐름이 차단된 상태**였더라도 교통방해를 유발한 **다른 참가자들과 암묵적 · 순차적으로 공모하여 교통방해의 위법상태를 지속시켰다고 평가할 수** 있다면 **일반교통방해죄가 성립**한다.(대법원 2017도11408 판결 [일반교통방해])

4. 확성기 사용제한(제14조)

(1) **사용제한 : 집회 또는 시위의 주최자**는 확성기, 북, 징, 꽹과리 등의 기계 · 기구(이하 이 조에서 "확성기등"이라 한다)를 사용하여 타인에게 심각한 피해를 주는 소음으로서 **대통령령**으로 정하는 기준을 위반하는 소음을 발생시켜서는 아니 된다.(집회 및 시위에 관한 법률 제14조 제1항)<12경감 · 21.2채용>

① **모든 집회 :** 집회 및 시위에 관한 법률 제14조 해석상 학문 · 예술 · 종교 등에 관한 집회 등 신고대상이 아닌 집회 · 시위는 물론 미신고 집회 · 시위 등 **모든 집회 · 시위가 사용제한의 대상**이 된다고 해석한다.[♣학문 · 예술등 ..적용되지 않는다.(×), ♣1인 시위 포함(×)](집회 및 시위에 관한 법률 제14조 제1항)<10승진 · 09 · 19경위 · 09 · 18.2 · 21.2채용>

♣ 학문 · 예술 등에 관한 집회는 신고대상이 아니므로 소음을 측정할 수 없다.(×)<10승진 · 09채용>

② 집회 · 시위로 볼 수 없는 **1인 시위**인 경우 집회 및 시위에 관한 법률상 **확성기 등 사용의 제한을 적용할 수 없다.**[♣1인 시위는 집회가 아니므로 확성기 사용제한 적용대상 아니다.(○)]

(2) **경찰조치 :** 관할경찰관서장은 집회 또는 시위의 주최자가 **기준을 초과하는 소음**을 발생시켜 타인에게 피해를 주는 경우에는,

① 그 기준 이하의 **소음유지 명령**을 하거나,

② 확성기 등의 **사용중지를 명**하거나,

③ **일시보관 등 필요한 조치를 할 수** 있다.[♣일시보관 등의 조치를 할 수는 없다.(×)](제14조 제2항)<15 · 22승진 · 21.2채용>

※ 이 경우, **선택사항**으로 **순서대로** 소음유지명령, 사용중지 명령, 일시보관 등 조치를 **해야 하는 것은 아니다.**[♣일시보관 등 조치 시, 명령을 선행조건으로 한다.(×)]

⇨ **소음기준 초과로** 곧바로 **처벌되는 것이 아니라, 소음유지 또는 사용중지명령에 위반하거나 일시보관 등의 조치를 거부 · 방해 시 처벌**한다.(6개월 이하 징역 또는 50만 원 이하 벌금 · 구류 · 과료에 처한다.)[♣처벌규정은 존재하지 않는다.(×), ♣친고죄로 신고가 있어야 측정가능(×)](제24조 제4호)<15승진>

참고 확성기 등 소음기준(시행령 제14조 별표2)<06 · 07 · 12 · 15 · 22승진 · 15경위 · 12.2 · 16.2 · 18.1 · 21.2채용>

소음도 구분		대상 지역	시간대		
			주간 (07:00~해지기 전)	야간 (해진 후~24:00)	심야 (00:00~07:00)
대상 소음도	등가 소음도 (Leq)	주거지역, 학교, 종합병원	60dB 이하	50dB 이하	45dB 이하
		공공도서관	60dB 이하	55dB 이하	
		그 밖의 지역	70dB 이하	60dB 이하	
	최고 소음도 (Lmax)	주거지역, 학교, 종합병원	80dB 이하	70dB 이하	65dB 이하
		공공도서관	80dB 이하	75dB 이하	
		그 밖의 지역	90dB 이하		

1. **등가소음도**는 **10분간**(소음 발생 시간이 **10분 이내**인 경우에는 그 발생 시간 동안을 말한다) **측정**한다.(10분간 평균치)

※ 다만, 다음 각 목에 해당하는 대상 지역의 경우에는 등가소음도를 **5분간**(소음 발생 시간이 **5분 이내**인 경우에는 **그** 발생 **시간** 동안을 말한다) 측정한다.

가. **주거지역, 학교, 종합병원** / 나. **공공도서관**

2. **최고소음도**는 확성기등의 대상소음에 대해 매 측정 시 발생된 소음도 중 **가장 높은 소음도**를 측정하며, 동일한 집회 · 시위에서 측정된 최고소음도가 **1시간 내에 3회 이상** 위 표의 **최고소음도 기준을 초과**한 경우 소음기준을 **위반한 것**으로 본다.[♣순간적으로 발생한 소음의 세기에 관해서는 규제할 수 없다.(×)]

※ 다만, 다음 각 목에 해당하는 대상 지역의 경우에는 **1시간 내에 2회 이상** 위 표의 최고소음도 기준을 초과한 경우 소음기준을 위반한 것으로 본다.

가. **주거지역, 학교, 종합병원** / 나. **공공도서관**

3. **'국경일의 행사(국경일에 관한 법률), 국가보훈처(호국 · 보훈–국가보훈처 주관)의 기념일'의 행사**의 진행에 영향을 미치는 소음에 대해서는 그 행사의 **개최시간에 한정**하여 위 표의 **주거지역의 소음기준을 적용**한다.[♣'그 밖의 지역'의 소음기준(×)](시행령 별표2 비고7)<22승진>

※ '집회 및 시위에 관한 법률'상 확성기 소음기준은 주간과 야간을 달리 규정하고 있다.<15승진>

※ 소음을 측정할 때는 소음으로 인한 피해자가 위치한 건물 등이 주거지역, 학교, 종합병원, 공공도서관의 경우와 그 밖의 지역일 경우로 구분하여 기준치를 적용한다.<15승진>

※ A단체에서 상업시설만 밀집해 있는 시내 한복판인 00백화점 앞에서 고성능 확성기 등을 사용하여 장시간 계속하여 집회를 하자, 주변 상인들이 영업에 방해되어 피해를 보고 있으니 이를 제한해 달라는 진정서를 경찰서에 접수한 경우 ⇨ 소음유지, 사용중지 명령, 보관조치가 가능하나 일반 장소 상 제한의 대상이 아니므로 **사용금지를 내용으로 하는 제한통고는 불가능**하다.

측정 기준	① 확성기 등의 소음은 **관할 경찰서장(현장 경찰공무원)이 측정**한다.(시행령 별표2)<18.1 · 21.2 채용> ② **피해지역 기준 측정**[♣집회장소 기준(×)]<12경감> – 소음 측정 장소는 피해자가 위치한 **건물의 외벽에서** 소음원 방향으로 **1 ~ 3.5m 떨어진 지점**으로 하되, 소음도가 높을 것으로 예상되는 지점의 **지면 위 1.2~1.5m 높이**에서 측정한다.[♣건물 내에서 측정(×)](시행령 별표2)<19경위 · 18.1 · 21.2채용> ※ 부속 건물, 광장 · 공원이나 도로상의 영업시설물, 공원의 관리사무소 등은 소음 측정 장소에서 제외한다.[♣포함된다.(×)](시행령 별표2)<19경위 · 18.1 · 21.2채용> ※ 집회 장소가 **상업지역**인 경우 **주거지역에서 신고가 있으면 주거지역의 소음기준치를 적용**한다.[♣상업지역 소음기준치 적용(×)] – 모두 퇴근한 사무실 등 피해자가 없는 건물은 측정지점이 아니다.
주의 사항	① 시행령상 집회 및 시위의 소음처벌규정에 대해 **친고죄 규정은 없다.** 다만 구성요건에 '타인에게 심각한 피해를 주는 소음'으로 규정되어 있으므로, 현실적으로 피해사실을 특정하기 위해 피해자의 신고에 의해 소음을 측정하는 것이 바람직하다.[♣친고죄로 신고 없으면 소음 측정 불가능(×)] ② 가급적 **시 · 군 · 구청 담당공무원을 참여**시켜 **객관성을 유지**하고, 주최 측의 참여를 보장하여 측정결과를 두고 마찰이 생기지 않도록 유의한다.(실무관행)<12경감>
측정 방법	① **측정소음도 ⇨ 확성기 등의 대상소음이 있을 때 측정**한 소음도를 **측정소음도**로 하고 ② **배경소음도 ⇨ 확성기 등의 대상소음이 없을 때 5분간 측정**한 소음도를 배경소음도로 한다.(1회 측정)<22승진> ※ 시행령 별표2에 따라 적용 ㉠ **(측정소음도 – 배경소음도) ≧ 10dB : 측정소음도가 배경소음도 보다 10dB 이상 크면, 보정 없이 측정소음도를 대상소음도로** 사용 ㉡ **(측정소음도 – 배경소음도) = (3.0dB 이상 – 9.9dB 이하)** : 측정소음도가 배경소음도보다 3.0~9.9dB 차이로 크면, 별표2에 따라 **보정치를 대상소음도로** 사용

측정 방법	ⓒ **(측정소음도 − 배경소음도) < 3.0dB**: 측정소음도가 배경소음도보다 3dB 미만으로 크면, **다시 한 번 측정**하고 다시 측정하여도 3dB 미만일 경우 **확성기 등의 소음으로 보지 아니**한다. 예 A단체 50여 명이 시청앞 노상에서 미신고 집회시 500미터 떨어진 아파트 입주민 갑이 오전 11시에 신고하여 측정한 결과 배경소음이 65dB인 경우 ⇨ 집회 및 시위에 관한 법률상 확성시 사용제한 대상 ⇨ 측정소음도가 75dB인 경우, 대상소음도는 75dB[♣65dB(×)] → 주거지 주간, 65dB 초과로 규제대상[♣규제대상이 아니다.(×)] ⇨ 측정소음도가 67dB인 경우 다시 1회 측정하여 67dB인 경우 → 확성기 소음으로 보지 않아 처벌대상이 아니다.

Ⅵ. 집회 · 시위 과정의 여타규율

질서 유지선 설정	(1) **설정**: 집회**신고를 받은**[♣신고불문(×)] **관할경찰관서장**(경찰서장 또는 시 · 도경찰청장)은 집회 · 시위의 보호와 공공의 질서유지를 위하여 **필요하다고 인정하면 최소한의 범위**를[♣최대한의 범위(×)] 정하여 **질서유지선을 설정할 수** 있다.[♣모든 집회 반드시(×), ♣적법하게 신고했거나, 질서유지인을 둔 경우 설정할 수 없다.(×)](제13조 제1항)<17 · 22 · 24경위 · 03 · 07 · 16 · 19 · 23승진 · 21.1채용> **참고** **질서유지선을 설정할 수 있는 경우**(시행령 제13조 제1항)<17 · 24경위 · 03 · 06승진> ① 집회 · 시위의 **장소를 한정**하거나 집회 · 시위의 참가자와 일반인을 **구분할 필요**가 있을 경우 ② 집회 · 시위의 **참가자를** 일반인이나 차량으로부터 **보호할 필요**가 있을 경우[♣질서유지선 설정사유에 해당하지 않음.(×), ♣경찰관의 신체를 보호(×)]<17경위> ③ 일반인의 **통행** 또는 **교통 소통** 등을 위하여 **필요**한 경우 ④ '집회 · 시위의 금지장소, 통신시설 등 중요시설, 위험물시설, 그 밖에 안전유지 또는 보호가 필요한 재산 · 시설' 등에의 접근 · 행진을 **금지**하거나 **제한**할 **필요**가 있을 경우 ⑤ **집회 · 시위의 행진로를 확보**하거나 이를 위한 **임시 횡단보도를 설치할 필요**가 있을 경우 ⑥ 그 밖에 **집회 · 시위의 보호와 공공의 질서 유지를 위하여 필요**한 경우 ① **고지**: 경찰관서장이 질서유지선을 설정할 때에는 **주최자 또는 연락책임자에게 이를 알려야** 한다.[♣고지할 필요 없다.(×), ♣질서유지인에게(×)](제13조 제2항)<17경위 · 15 · 16 · 20 · 23승진> ※ **예외** ⇨ 질서유지선의 **설정 고지는 서면으로**[♣구두 또는 서면으로(×)] 하여야 한다. 다만, 집회 또는 시위 장소의 상황에 따라 질서유지선을 **새로 설정하거나 변경하는 경우**에는 집회 또는 시위의 장소에 있는 국가경찰공무원이 **구두로**[♣서면으로(×)] **알릴 수** 있다.[♣변경할 수 없다.(×)](시행령 제13조 제2항)<13 · 15 · 16 · 20 · 23승진 · 24경위 · 21.1채용> ※ 질서유지선 설정사실을 주최자 등에게 **고지하지 않은 경우 질서유지선으로서 법적 효력을 상실**한다.(해석)

② **설정방법 : "질서유지선"**이란 관할 경찰서장이나 시·도경찰청장이 적법한 집회 및 시위를 보호하고 질서유지나 원활한 교통 소통을 위하여 집회 또는 시위의 장소나 행진 구간을 일정하게 구획하여 설정한 **띠, 방책(防柵), 차선(車線) 등의 경계 표지(標識)**를 말한다.[♣사람의 대열(×), ♣인도경계석·차선 등 지상물은 사용할 수 없다.(×)](제2조 제5호)<15·17승진·24경위>

※ **인도경계석·차선, 가로수 등의 지상물도** 경계 표지에 해당하여 질서유지선으로 볼 수 있다.(실무)

③ **효력**: 질서유지선은 집회신고를 받은 경우에 한하여 관할 경찰관서장이 설정할 수 있으므로 **미신고 집회의 경우에는 질서유지선은 법적 효력이 없다.**[♣침범한 자 처벌(×)](집회 및 시위에 관한 법률 제13조 제1항)

(2) **처벌 :** 질서유지선을 경찰관의 경고에도 불구하고 정당한 사유 없이 상당시간 침범하거나 손괴·은닉·이동 또는 제거하거나 그 밖의 방법으로 그 효용을 해친 자는 **6개월 이하의 징역 또는 50만 원 이하의 벌금·구류 또는 과료에** 처한다.[♣처벌규정이 없다.(×), ♣6월 이하의 징역 또는 벌금형으로만 처벌가능(×)](제24조3)<01·06·15·16·23승진·11·17경위·20.1·21.1채용>

※ **미신고 집회**에 설정한 **질서유지선은 효력이 없어 훼손해도 처벌대상이 아니다.**[♣미신고 집회의 질서유지선도 처벌(×)]

판례 1) **[법적요건(○) ⇨ 집회시위장소 안, 질서유지선(○)]** 집회 및 시위에 관한 법률상 질서유지선이 집회 및 시위의 보호와 공공의 질서유지를 위하여 필요하다고 인정되는 최소한의 범위를 정하여 설정되고 같은 법 시행령 제13조 제1항에서 정한 **사유에 해당**하는 경우, 집회 또는 시위의 **장소 안에도 이를 설정할 수** 있다.(대법원 2016도19464 판결 [특수공무집행방해치상·특수공무집행방해·일반교통방해·집회 및 시위에 관한 법률위반·모욕])<22.2채용>

판례 2) **[경찰관배치, 질서유지선 ⇨ 집시법상 질서유지선(×)]** 집회 및 시위에 관한 법률(이하 '집회 및 시위에 관한 법률'이라 한다) 제2조 제5호가 정의하는 **질서유지선**은 **띠, 방책, 차선 등 물건 또는 도로교통법상 안전표지로 설정된 경계표지**를 말하므로, **경찰관을 배치하는 방법으로 설정된 질서유지선**은 집회 및 시위에 관한 법률상 질서유지선에 **해당하지 아니**한다.[♣해당(×)](대법원 2016도21311 판결)<17승진·24경위·22.2채용>

집회 시위 방해 금지

(1) **평화적인 집회 및 시위의 보호 :** 누구든지 폭행·협박 기타의 방법으로 평화적인 집회 또는 시위를 방해하거나 질서를 문란하게 하여서는 아니 된다.(집회 및 시위에 관한 법률 제3조 제1항)

(2) **주최자 및 질서유지인의 보호 :** 누구든지 폭행·협박 기타의 방법으로 집회 또는 시위의 주최자 및 질서유지인의 평화적인 임무의 수행을 방해하여서는 아니 된다.(제3조 제2항)

※ 현행 집회 및 시위에 관한 법률은 폭행, 협박, 그 밖의 방법으로 평화적인 집회 또는 시위를 방해하거나 질서를 문란하게 하는 것과 집회 또는 시위의 주최자나 질서유지인의 임무수행을 방해하는 것을 금지하고 있다.

(3) **보호요청 :** 집회 또는 시위의 **주최자는** 평화적인 집회 또는 시위가 방해될 염려가 있다고 인정되면 **관할 경찰관서에** 그 사실을 알려 **보호를 요청할 수** 있다. 이 경우 관할 경찰관서의 장은 **정당한 사유 없이 보호요청을 거절하여서는 아니** 된다.(제3조 제3항)<17승진·13.2채용>

※ 관할 경찰서장이 정당한 이유없이 보호요청을 거절한 경우 별도의 처벌규정은 없으나 **직무유기의 죄책**을 물을 수 있을 것이므로 적절한 조치를 취하여야 한다.(매뉴얼)

집회 시위 방해 금지	(4) **가중처벌 : 군인 · 검사 또는 경찰관이** 폭행, 협박, 그 밖의 방법으로 평화적인 집회 또는 시위를 방해하거나 질서를 문란하게 한 경우에는 가중 처벌한다.[♣국정원 직원(×)](제22조 제1항)<06 · 19.1채용> ※ 1항과 2항 위반에 대해서는 **3년 이하의 징역 300만 원 이하의 벌금**, 군인 · 검사 · 경찰관은 **5년 이하의 징역**[♣3년 이하의 징역(×)]에 처한다.(제22조 제1항)<19.1채용> ※ 개정전 집회 및 시위에 관한 법률의 경우 군인 · 검사 또는 경찰관이 집회나 시위를 방해할 목적으로 집회나 시위를 방해한 경우에는 가중 처벌한다고 규정하였으나 **목적범 규정을 삭제**하여 단순 고의범의 경우에도 처벌하도록 하고 있다.[♣집회나 시위를 방해할 목적으로(×)]
특정인 참가 배제	(1) 집회 또는 시위의 **주최자 및 질서유지인은** 특정한 **사람이나 단체**가 집회나 시위에 참가하는 것을 막을 수 있다.[♣주관자(×) ♣단순 참가자는(×)](제4조 본문)<04승진 · 12 · 13 · 14.1 · 18.2채용> ① 경찰관의 경우 공익적 목적으로 집회 · 시위 장소에 출입하려는 것이고, **집회 · 시위 참가자에 해당하지 않으므로 경찰관은 참가배제의 대상이 아니**라고 해석한다.[♣경찰관은 참가할 수 없다.(×)](제4조 해석) ② 참가 배제했는데도 참가 시, **6개월 이하의 징역 또는 50만 원 이하의 벌금, 구류, 과료**에 처한다.(제24조 제1호) (2) 다만, 언론기관의 **기자는 그 출입이 보장되어야** 하며, 이 경우 기자는 **신분증을 제시하고** 기자임을 표시한 **완장을 착용하여야** 한다.(제4조 단서)<12.2 · 13.1 · 14.1 · 18.2채용> ① 언론사 기자라고 하더라도 **신분증의 제시, 기자완장 착용 등의 조치 없이** 집회 · 시위 장소에 출입하는 것은 **제한될 수** 있다. ② **언론사 기자**는 취재를 위해 출입하는 것이고 집회 · 시위 참가자가 아니므로 주최자 등의 **참가배제 통보를 받았음에도** 취재를 위해 집회 · 시위에 **참가한 경우 처벌**(제24조)**할 수 없고**, 출입제재조치(제4조)가 가능할 뿐이다. ※ "언론사"란 방송사업자, 신문사업자, 잡지 등 정기간행물사업자, 뉴스통신사업자 및 인터넷신문사업자로서 관련법령에 따라 허가 · 승인을 받거나 등록을 마친 자를 말한다.(언론중재 및 피해구제 등에 관한 법률 제2조)
경찰관 출입	(1) **정복출입 :** 경찰관은 **주최자에게 통보한 후 정복을 착용하고** 출입할 수 있다. 단, **옥내집회**에서의 출입은 직무집행에 있어서 **긴급성이 있는 경우**에 한한다.(제19조)<05 · 06 · 13.2채용> ※ **경찰관의 사복출입** ⇨ 경찰관직무집행법 제2조나 국가경찰과 자치경찰의 조직 및 운영에 관한 법률 제3조에 의한 **치안정보의 수집과 같은 일반적인 정보활동이나 범인검거 등을 위한 경우에는 사복출입이 가능**하다.[♣사복출입 불가능(×)] (2) **협조의무 :** 집회나 시위의 주최자 · 질서유지인 또는 장소관리자는 질서를 유지하기 위한 **경찰관의 직무집행에 협조하여야** 한다.(**협조의무 위반에 대한 처벌조항은 없음.**)[♣처벌조항 있다.(×)] ※ 불심검문 당시 경찰관이 정복을 착용하고 불심검문 상대방이 검문이유를 알고 있었던 경우 **신분증을 제시하지 않았더라도, 적법**하다는 것이 **판례**(2014도7976)의 입장이므로 집회 시위 현장에서도 **반드시 신분증을 제시해야 한다는 것이 판례의 입장이라고 보기는 어렵다.**[♣반드시 제시가 법원의 입장(×)]

경찰관 출입

※ **대화경찰의 역할**

① 대화경찰은 인근 주민·상인들의 불만·요구도 청취하여 이들의 기본권과 집회의 자유가 조화를 이루도록 대화를 통한 해결방안을 모색한다.

② 집회·시위 참가자들에게 집회·시위 상황을 설명해 주는 것도 중요하겠지만 대화경찰의 역할은 집회·시위 참가자들의 입장을 충분히 들어주는 것이 중요하다고 할 수 있다. [♣설명에 더 집중(×)]

③ 대화경찰은 집회 종료 후 해산과정에서 참가자들이 무사히 귀가하도록 안내자 역할을 수행하고, 안전사고 예방활동도 병행한다.

④ 집회시위 참가자들의 이야기를 잘 들어주기만 해도 감정이 어느 정도 해소되는 긍정적인 효과가 있다.

Ⅶ. 집회 및 시위의 해산<03승진>

1. 집회·시위의 해산사유(집회 및 시위에 관한 법률 제20조①)

① **옥외집회 및 시위 금지장소에서**의 옥외집회 또는 시위(필요적 금지통고장소)(제11조)

② 헌법재판소의 결정에 의하여 **해산된 정당의 목적을 달성하기 위한** 집회 또는 시위(제5조 제1항)

③ 집단적인 폭행·협박·손괴·방화 등으로 **공공의 안녕질서에 직접적인 위협을 가할 것이 명백한** 집회 또는 시위(제5조 제1항 제2호)

예 '한미FTA 반대 범국민본부'의 경우 집단적인 폭력·방화 등 불법시위 전력과 미신고집회의 개최 등의 불법행위를 반복하여 **금지통고의 대상**으로 한바 있다.

④ **자정 이후부터 해뜨기 전의 시위**[일출시간 전·일몰시간 후의 옥외집회 또는 시위(제10조) ⇨ 헌법재판소 : 헌법불합치결정(2010년 7월에 효력 상실) ⇨ '해가 진 후부터 같은 날 24시까지 부분실효' ☞ 24시부터 해뜨기 전까지 부분 유효]

⑤ **주최자가 질서를 유지할 수 없어 종결선언을 한 집회 또는 시위**(제16조 제3항)

⑥ **미신고 옥외집회·시위**(제6조 제1항) - 미신고 집회의 해산명령에 대해 **별도의 요건규정이 없다.** [♣요건으로 '질서유지의 위험초래'를 규정(×)]

※ 미신고 불법집회라 하더라도 타인 법익이나 공공의 안녕질서에 **직접적인 위험이 명백하게 초래된 경우**(예 도로점거)**에 한하여** 해산명령 및 해산명령불응죄로 **처벌가능**(종로구 청운동에서 대통령관저에 해당하는 청와대 경계로부터 100미터 이내로 진입하려는 시위대를 경찰이 제지하자 도로를 점거한 사안에서 도로점거는 안녕·질서에 직접적 위험을 명백하게 초래한 경우로 해산명령과 이에 불응시 처벌이 가능하다고 판시 - 대법 2010도6388)<22.2채용>

※ **미신고 집회의 주최자**에 대해서는 **처벌이 가능**하다.(제22조 제1항)

예 관할 경찰관서에 집회 신고 없이 15명이 장례식이 이루어지는 기회를 이용해 망인에 대한 추모의 범위를 넘어서 피켓 등을 이용하여 다른 공동의 목적을 가지고 불특정한 여러 사람의 의견에 영향을 주거나 제압을 하는 행위를 하며 경찰의 해산명령에 불응한 경우 ⇨ 미신고 집회로 주최자 처벌가능(제6조), 해산요건은 법에 규정이 없고, 판례는 '직접적인 위험이 명백하게 초래'된 경우로 한정하고 있다.

⑦ **금지통고된** 집회 또는 시위・행진[♣해산명령요건으로 질서유지의 위험초래를 규정(×)](제8조 및 제12조) – 금지통고된 집회에 대해서도 해산명령의 대상으로 규정하고서, 미신고 집회처럼 해산명령에 대해 **별도의 요건규정이 없다.**[♣요건으로 '질서유지의 위험초래'를 규정(×)]

※ **사전 금지 · 제한된 집회**가 **직접적이고 명백한 위험을 초래하지 않은 경우, 해산명령 불응** ⇨ **처벌불가능**(대법원 2009도13846)[♣주요도로의 모든 집회(×) → 주요도로의 집회 중 금지통고된 집회(○)] ➡ "타인의 법익이나 공공의 안녕질서에 명백한 위험을 초래한 경우에 한해 해산명령 가능(헌재판례 해석)"

⑧ **시설보호요청**에 따른 경찰관서장의 **제한**(일반장소상 제한 – 제8조 제5항) 또는 관할 경찰관서장이 붙인 **교통질서유지 조건**(교통소통을 위한 제한 – 제12조)을 위반하여 **질서유지에 직접적인 위험을 명백하게 초래**한 집회 또는 시위

⑨ **다음의 주최자의 준수사항을 위반하여 질서를 유지할 수 없는 집회나 시위**(제16조 제4항)

1. 총포, 폭발물, 도검(刀劍), 철봉, 곤봉, 돌덩이 등 다른 사람의 생명을 위협하거나 신체에 해를 끼칠 수 있는 기구(器具)를 휴대하거나 사용하는 행위 또는 다른 사람에게 이를 휴대하게 하거나 사용하게 하는 행위
2. 폭행, 협박, 손괴, 방화 등으로 질서를 문란하게 하는 행위
3. 신고한 목적, 일시, 장소, 방법 등의 범위를 뚜렷이 벗어나는 행위

⇒ **판례**는 미신고집회나 금지통고된 집회에 대해서 '타인의 법익이나 공공의 안녕질서에 **직접적인 위험이 명백하게 초래**할 것'을 **해산명령의 요건으로 일관되게 요구**하고 있다.(대법원 2011도6294)

※ **옥내집회**의 경우 신고대상이 아니지만 타인의 법익 침해나 기타 공공의 **안녕질서에 직접적이고 명백한 위험을 초래**한 경우 **해산명령의 대상**이 된다.[♣해산명령 대상 아니다.(×)](대법원 2010도14545)

⇨ 관할 경찰관서장은 위에 해당하는 집회 또는 시위에 대하여는 상당한 시간 이내에 자진 해산할 것을 요청하고 이에 응하지 아니할 때에는 해산을 명할 수 있다.

판례 1) [**직접적인 위험을 명백하게 초래 ⇨ 금지 · 해산 가능**] 특히 **집회의 금지와 해산**은 원칙적으로 공공의 안녕질서에 대한 **직접적인 위협이 명백하게 존재하는 경우에 한하여** 허용될 수 있다. 집회의 금지와 해산은 집회의 자유를 보다 적게 제한하는 다른 수단, 즉 조건을 붙여 집회를 허용하는 가능성을 모두 소진한 후에 비로소 고려될 수 있는 최종적인 수단이다.(2000헌바67)<14 · 24승진>

판례 2) [**평화롭게 개최되거나 집회 규모를 축소 ⇨ 해산을 명하고 이에 불응하였다 하여 처벌불가**] **사전 금지 또는 제한된 집회**라 하더라도 실제 이루어진 집회가 당초 **신고 내용과 달리 평화롭게 개최되거나 집회 규모를 축소하여 이루어지는 등** 타인의 법익 침해나 기타 공공의 안녕질서에 대하여 **직접적이고 명백한 위험을 초래하지 않은 경우**에는 이에 대하여 사전 금지 또는 제한을 위반하여 집회를 한 점을 들어 처벌하는 것 이외에 더 나아가 이에 대한 **해산을 명하고 이에 불응하였다 하여 처벌할 수는 없다.**(대법원 2009도13846 판결 [집회 및 시위에 관한 법률위반])<20경위 · 19승진>

판례 3) [**화염병, 쇠파이프, 구호, 의경 체포시도 ⇨ 직접적인 위험을 명백하게 초래(○)**] **피고인이 100여 명의 학생들과 함께 화염병, 쇠파이프 등을 들고 구호를 외치면서 시위를 하고 의경들을 체포하려** 했다면 이는 집회 및 시위에 관한 법률 제5조 제1항 제2호 소정의 "집단적인 협박 등의 행위로 인하여 공공의 안녕질서에 직접적인 위험을 가할 것이 명백한 시위"에 해당한다.(90도470)

참고 집회시위현장 천막 철거절차, 민사강제집행과 원조

(1) **행정대집행**: **무단 설치된 천막을 철거**하기 위해 **행정대집행을 하는 과정**에서 집행공무원 측과 피집행자 간에 충돌이 일어나 경찰의 개입이 요구되는 경우가 있다.

① **대집행절차 특례** ☞ (서울특별시 등) 공무원은 반복적·상습적으로 **도로를 불법 점용하는 경우**나 **신속하게 실시할 필요가 있는 경우** 계고 및 대집행영장에 의한 통지절차를 거치면 그 목적을 달성하기 곤란하면, **대집행 절차**(계고·통지 등)**를 생략**하고 무단 설치된 천막을 철거할 수 있다.(도로법 제65조 제1항, 2009도11523 판결-도로법 제65조 제1항은 행정대집행 특례인정취지)

② (도로법 제65조 제1항의) **대집행절차특례는** "일반인의 교통을 위하여 제공되는 도로로서 **도로법**(제8조에 열거된)**상 도로를 불법 점용하는 경우 등에 적용**될 뿐이다."(2009도11523 판례)

※ '**서울광장**'은 토지대장상 지목이 도로로 되어 있어도 도로법(제8조)상 **도로가 아니므로** 행정대집행이 정한 **대집행절차**(계고·통지 등)**를 거치지 않고 천막을 철거할 수 없으며**, 이러한 절차를 거치지 않은 행정대집행에 대항하여 공무원들을 폭행·협박한 경우 **특수공무집행방해죄는 성립하지 않는다**.[♣지목이 도로이므로 특수공무집행 방해죄 성립(×)] (2009도11523 판례취지)

(2) **민사집행**: 민사집행은 민사집행법에 따라 채권자의 신청에 의하여 국가의 집행기관이 채무자에 대하여 강제력을 행사하는 것으로 법원의 집행관은 필요시 수색, 문을 열거나 기타 필요한 **강제조치가 가능**하여 피집행자와 **물리적 충돌이 일어나는 경우 경찰력의 개입이 요구**된다.

① 법원의 집행관이 강제집행을 하기 위하여 필요한 조치를 함에 있어 저항을 받으면 **경찰 또는 국군의 원조를 요청할 수** 있다.(민사집행법 제5조 제2항)

② 법원 집행관은 **경찰에 대해 원조 요청을 하는 경우** 사전에 직무수행 장소를 **지정서식에 의해 관할 서장에게 통지**하되 **긴급을 요하는 경우** 가까운 파출소 등의 경찰관에게 **구두로** 원조요청을 할 수 있다.[♣경찰에 요청은 반드시 서면으로(×)](대법원 재판예규 제943-39호, 민사집행법 규정 없음.)

※ **국군의 원조 요청은** '원조 필요사유와 내용'등을 적시하여 **반드시 서면으로** 하도록 규정하고 있다.(민사집행법 제5조 제3항이 대법원규칙에 위임 ⇨ 민사집행규칙 제4조)

③ 경찰은 법원 집행관의 원조 요청을 받으면 응할 **의무가 있다**.(집행관법 제17조 제2항)

※ 그러나 원조불응 시 제재규정은 없으며, 지원규모나 현장의 방해제거 조치는 경찰판단 사항이며, 경찰이 강제집행 현장에서 피집행자 측의 **방해 행위**(공무집행방해죄)**를 제지·차단·이격하는 조치**는 **경찰상 즉시강제**이며 경찰관직무집행법 등에서 별도의 수권규정이 필요하고, 철거등 강제집행을 경찰이 대리하는 것은 아니다.(대집행에서 천막 내 사람을 경찰관이 들어낸 조치는 대집행의 일부분으로 법적근거가 없다는 취지 판례-2012도8814)

2. 집회 · 시위의 해산절차<12 · 15 · 16 · 17승진 · 07채용>

(1) 해산절차: ① **종결선언 요청** ⇨ ② **자진해산 요청** ⇨ ③ 3회 **해산명령** ⇨ ④ **직접해산**(시행령 제17조) <15 · 16 · 23승진 · 07채용> [☻ 결자해지]

(2) **해산권자는 경찰서장**이지만, **해산절차의 대리가 가능**하다.(시행령 제17조)<12승진>

종결 선언 요청	① **대상**: 관할경찰서장이 **주최자에게** 집회 또는 시위의 종결선언을 요청해야 한다. ※ 주최자의 소재를 알 수 없는 경우, **주관자 · 연락책임자 또는 질서유지인에게 요청할 수** 있다.(시행령 제17조 제1호)<15 · 17승진> ② **생략**: 일정한 집회 · 시위의 경우와 주최자 · 주관자 · 연락책임자 및 질서유지인이 집회 또는 시위 장소에 없는 경우에는 종결선언의 **요청을 생략할 수 있다**.[♣생략할 수 없다.(×), ♣반드시 요청(×)](시행령 제17조)<12경위 · 17.1채용> ※ **미신고 집회나 금지사유에 해당하는 집회**의 경우에는 **종결선언이 필요가 없다**.
자진 해산 요청	**요건 · 대상**: 종결선언 요청에 따르지 아니하거나 종결선언에도 불구하고 집회 또는 시위의 참가자들이 집회 · 시위를 계속하는 경우에는 **직접 참가자들에 대하여** 자진해산할 것을 **공개적으로** 요청한다.[♣직접 주최자에게(×)](시행령 제17조 제2호)<17.1채용> ※ 비록 **'자진해산'을 요청한다는 용어를 사용하지 않았다고 하더라도** 스스로 해산할 것을 **설득하거나 요구하였다**면 자진해산할 것을 요청한 경우에 해당한다.[♣반드시 자진해산이란 용어를 사용해야(×)](대법원 2000도2172)<17승진> **판례** **[반드시 '자진해산'이라는 용어 ⇨ 필요(×)]** 1) 해산명령 이전에 자진해산할 것을 요청하도록 한 입법취지에 비추어 볼 때, 관할경찰서장이 **반드시 '자진해산'이라는 용어를 사용하여 요청할 필요는 없고**, 그때 해산을 요청하는 언행 중에 스스로 해산하도록 청하는 취지가 포함되어 있으면 된다.[♣반드시 '자진 해산을 명령한다'는 용어가 사용되거나 말로 해산명령임을 표시해야 한다.(×)]<20경위 · 19승진> 2) **자진해산 요청 후 약 40분 후에 해산명령을 10분간에 걸쳐 3회 이상 발령** 후 검거한 것은 적법하다.(대법원 2000도2172)<19승진>
해산 명령	① **요령**: 자진해산 요청에 따르지 아니하는 경우에는 (경찰서장이나 권한을 부여받은 자가 시간적 여유를 두고) **세 번 이상** 자진 해산할 것을 명령한다.(시행령 제17조 제3호)<15승진 · 17.1 · 20.2채용> ※ **참가자들이 충분히 인식할 수 있어야** 하며, 집회 · 시위의 해산명령을 받았을 때에는 모든 **참가자는** 지체 없이 해산하여야 한다.(처벌 및 강제집행 가능)[♣인식 못해도 유효(×)]<12경위> ② **대리**: 해산명령은 대리가 가능하므로 **경찰관서장으로부터 권한을 부여받은 국가경찰공무원은 해산명령을 할 수** 있다.[♣서장만 가능(×), ♣경비과장도 해산명령의 주체가 될 수 있다.(○)](시행령 제17조)<15 · 17승진 · 17.1채용> ※ 법에 규정이 없더라도 해산 명령 시 **해산사유를 고지하여야** 한다.(판례)<14승진> ③ **고지**: 집회 및 시위에 관한 법률 및 동 시행령이 해산명령을 할 때 그 **사유**를 구체적으로 고지하도록 **명시적으로 규정하고 있지는 않다**. ※ 그러나 법원은 '해산명령은 **자발적인 종결선언요청과 자진해산을 전제로 하므로**, 해산명령을 할 때 해산사유가 집회 및 시위에 관한 법률(제20조 제1항 각 호 중)상 어느 **사유에 해당하는지를 구체적으로 고지하여야 한다**(대법원 2011도7193)**고 판시**하고 있다.

해산명령

④ 집회 또는 시위가 해산 명령을 받았을 때에는 **모든 참가자**는 지체 없이 해산하여야 한다.(법 제20조 제2항)

판례 1) [해산사유 고지의무 – 긍정] 「집회 및 시위에 관한 법률」 제20조 제1항과 「집회 및 시위에 관한 법률 시행령」이 해산명령을 할 때 그 사유를 구체적으로 고지하도록 **명시적으로 규정하고 있지 아니하나, 해산명령을 할 때에는** 해산 사유가 「집회 및 시위에 관한 법률」 제20조 제1항 각 호 중 **어느 사유에 해당하는지에 관하여 구체적으로 고지하여야** 한다.[♣고지하여야 하는 것은 아니다.(×)](대법원 2011도7193) <20경위 · 14승진>

판례 2) [직접적인 위험이 명백하게 초래된 경우의 해산명령만 ⇨ 처벌가능] 「집회 및 시위에 관한 법률」 제20조 제1항 제2호가 **미신고 옥외집회 또는 시위를 해산명령 대상으로 하면서 별도의 해산 요건을 정하고 있지 않더라도**, 그 옥외집회 또는 시위로 인하여 타인의 법익이나 공공의 안녕질서에 대한 **직접적인 위험이 명백하게 초래된 경우에 한하여** 위 조항에 기하여 **해산을 명할 수** 있고, 이러한 **요건을 갖춘 해산명령에 불응하는 경우에만** (「집회 및 시위에 관한 법률」 제24조 제5호에 의하여) **처벌할 수** 있다.(대법원 2011도6294 판결, 유사판례-2009도13846)<12경감 · 22.2채용>

판례 3) [공안질서에 직접적인 위험 명백하게 초래한 옥내집회 ⇨ 해산명령의 대상] 타인이 관리하는 건조물에서 **옥내집회를 개최하는 경우에도**, 그것이 "폭행, 협박, 손괴, 방화 등으로 질서를 문란하게 하는 행위로 질서를 유지할 수 없는 집회"에 해당하는 등 그 집회의 목적, 참가인원, 집회 방식, 행태 등으로 볼 때 타인의 법익 침해나 기타 공공의 안녕질서에 대하여 **직접적이고 명백한 위험을 초래**하는 때에는 **해산명령의 대상이 된다**고 보아야 한다.[♣해산명령의 대상이 될 수 없다.(×)](대법원 2010도14545 판결 [폭력행위 등 처벌에 관한 법률위반(공동주거침입) · 집회 및 시위에 관한 법률위반])<19승진>

예 옥내집회는 신고의무가 없기 때문에 **관공서 건물 내에 무단 집단 진입**하여 로비에서 **구호를 외치고 노래를 부르며 퇴거요구에 불응**하는 경우 ⇨ 공공의 안녕과 질서에 직접적인 위험을 명백하게 초래한 경우로 **해산명령의 대상**이다. [♣해산명령의 대상이 될 수 없다.(×)]

예 관공서 마당에 **무단으로 집단 진입 후 옥내 집회를 강행**한 경우 **'폭력행위 등 처벌에 관한 법률' 위반(공동퇴거불응)이나 집회 및 시위에 관한 법률위반(해산명령불응)의 대상**이 된다.[♣될 수 없다.(×)]

판례 4) [자진 해산 요청과 해산명령의 대상 ⇨ '집회 또는 시위' 자체] **자진 해산 요청과 해산명령의 대상은 '집회 또는 시위' 자체**이므로 자진 해산 요청과 해산명령의 방법은 그 대상인 **집회나 시위의 참가자들 전체 무리나 집단에 고지, 전달하는 방법으로 행하여야** 하고, 해산명령 불응의 죄책을 묻기 위한 요건인 '세 번 이상의 해산명령'이 있었는지 여부도 그 집회나 시위 참가자들 전체 무리나 집단에 대하여 위와 같은 방법으로 적법하게 해산을 명한 횟수를 기준으로 판단하여야 한다.(대법원 2017도19737 판결 [일반교통방해 · 집회 및 시위에 관한 법률위반])<20경위>

직접해산

참가자들이 세 번 이상 해산명령에도 불구하고 해산하지 아니하면 **직접 해산시킬 수** 있다.(시행령 제17조 제3호)<12승진 · 17.1 · 20.2채용>

※ 강제집행 중 직접강제에 해당한다.

※ 6개월 이하의 징역 50만원 이하의 벌금 · 구류 · 과료로 처벌도 가능하다.(제24조)

PART 05

판례 1) [질서를 유지할 수 없는 옥내집회 ⇨ 해산명령의 대상(○)] **집회의 장소가 신고대상이 아닌 옥내**라 하더라도 이를 무단 점거하여 그 건조물의 평온을 해치거나 정상적인 기능의 수행에 위험을 초래하고 나아가 **타인의 법익침해나 기타 공공의 안녕질서에 대하여 직접적이고 명백한 위험을 초래**하여 **질서를 유지할 수 없는 정도**에 이른 경우에는, 집회의 자유에 의하여 보장되는 활동의 범주를 넘는다 할 것이므로 그것이 **해산명령의 대상**이 되는 것은 마찬가지이다. [♣해산명령의 대상이 될 수 없다.(×)](대법원 2010도14545)

판례 1-1) [관공서 청사 ⇨ 관리자의 출입의 금지 제한 가능(○)] 일반인이 **관공서 청사에의 출입**이나 체제가 허용된다고 하더라도 정당한 용무의 범위를 벗어나거나 다른 목적을 위하여 출입하거나 체재하는 것은 청사관리자의 **포괄적 · 묵시적 승낙의 범위를 넘는 것**으로서 관리자의 별도의 승낙이 없는 한 함부로 출입하거나 체재할 수 없고 **관리자가** 그러한 사람의 **출입이나 체재를 금지하거나 제한할 수** 있다.[♣퇴거불응죄의 건조물에 해당하지 않는다.(×)](대법원 2011도2327, 2011도12440) ⇨ **퇴거불응죄 성립**

※ **관공서**는 일반인의 출입이나 제재가 허용되므로 **퇴거불응죄의 건조물**에 해당한다.

판례 1-2) [부속된 건물 및 위요지 ⇨ 퇴거불응죄 성립(○)] **퇴거불응죄의 건조물**은 **건물과 이에 부속된 구조물 및 위요지**(건조물에 인접한 그 주변 토지로서 외부와의 경계에 문과 담 등이 설치되어 그 건조물의 이용을 위하여 제공되었다는 것이 명확히 드러난 토지)**를 포함**한다.[♣주차장 등 건조물에 인접한 주변토지는 포함되지 않는다.(×)](대법원 2009도12609 판결 [집회 및 시위에 관한 법률위반 · 퇴거불응])

판례 2) [신고 미비, 신고범위 일탈 ⇨ 동일성 유지 ⇨ 미신고(×)] **신고사항에 미비점이 있었다거나 신고의 범위를 일탈하였다 하더라도 그 신고내용과 동일성이 유지되어 있는 한 신고를 하지 아니한 것이라고 볼 수는 없다.**[♣신고를 하지 아니한 것으로 보아야 한다.(×)](대법원 98다20929)

판례 3) [다른 집회 참석차 이동 저지 ⇨ 옥외집회 시위의 자유 침해(○)] 집회를 마친 **참가자가 다른 행사에 참석하기 위해 이동하는 것을 경찰이 저지**한다면 실질적으로 **옥외집회 또는 시위의 자유를 침해하는 것에 해당**한다. ...(옥외집회 또는 시위에 있어 단순히 신고사항 미비 또는 범위 일탈만으로는 곧바로 해산하거나 저지하여서는 안 될 것이며, 공공의 안녕질서에 직접적인 위험이 초래된 경우에 제한조치를 할 수 있되 필요 최소한도에 그쳐야 한다.)(2016다254696)

Ⅷ. 집회시위 현장에서의 채증활동

(1) **의의**(집회 등 채증활동규칙 제2조)

① **"채증"**이란 집회등 현장에서 **범죄수사를 목적**으로 촬영, 녹화 또는 녹음하는 것을 말한다.(제1호)

② **"채증요원"**이란 채증 또는 이와 관련된 업무를 **담당하는 경찰공무원**(의무경찰 포함)을 말한다.(제2호)

※ **편성 :** 채증요원은 사진 촬영담당, 동영상 촬영담당, 신변보호원 등 **3명을 1개조**로 편성하는 것을 원칙으로 하되, 현장 상황 등을 고려하여 증감 편성할 수 있다.(규칙 제4조 제2항)<24승진>

③ **"주관부서"**란 채증요원을 관리 · 운용하는 **경비 부서**를 말한다.(제3호)

④ **"채증자료"**란 채증요원이 채증을 하여 **수집한 사진, 영상녹화물 또는 녹음물**을 말한다.(제4호)

⑤ **"채증판독프로그램"**이란 범죄수사를 목적으로 범죄혐의자의 인적사항 확인을 위하여 채증자료를 입력, 열람, 판독하기 위한 **전산 프로그램**을 말한다.[♣채증자료(×)](제5호)

(2) **법적근거 : 국가경찰과 자치경찰의 조직 및 운영에 관한 법률(제3조) 및 경찰관직무집행법(제2조), 채증활동규칙**(경찰청 예규)[♣집회 및 시위에 관한 법률(×)]

① **긴급검증 :** 불법폭력 집회 · 시위 현장에서의 채증은 형사소송법상 '영장에 의하지 아니한 강제처분'에 의한 긴급검증에 해당되어, 긴급을 요하여 판사의 영장을 받을 수 없는 때에 해당하므로 **영장 없이 사진촬영이 가능**하다.(형소법 제216조 제3항)

② 불법집회와 합법집회를 구분하여 합법집회의 경우에는 **불법집회로 변질이 우려**되는 상황의 경우에만 **선별적으로 채증활동**이 이루어져야 한다.

> **판례** 경찰이 납치된 의경들을 구출하기 위하여 농성장소인 대학교 도서관 건물에 진입하기 직전 동 대학교 총장에게 이를 통고 .... 현행의 불법감금상태를 제거하고 범인을 체포할 긴급한 필요가 있다고 보여지므로, 경찰이 **압수수색영장 없이 도서관 건물에 진입한 것은 적법한 공무원의 직무집행**이라 할 것이다.(대법원 1990.6.22. 90도767)<07채용>

(3) **채증의 범위**

① 채증은 폭력 등 범죄행위가 **행하여지고 있거나 행하여진 직후**에 하여야 한다.(집회 등 채증활동규칙 제7조 제1항)<24승진>

② 범죄행위로 인하여 타인의 생명 · 신체 또는 재산에 대한 위해가 임박한 때에 범죄에 이르게 된 경위나 그 전후 사정에 관하여 긴급히 증거를 확보하여야 할 필요가 있는 경우에는 **범죄행위가 행하여지기 이전이라도 채증을 할 수** 있다.[♣범죄행위 이전에는 채증할 수 없다.(×)](제7조 제2항)<24승진>

(4) **채증사실의 고지**

① 집회등 현장에서 채증을 할 때에는 사전에 채증 대상자에게 **범죄사실의 요지, 채증요원의 소속, 채증 개시사실**을 **직접 고지하거나 방송 등으로 알려야** 한다.(제9조 제1항)

② 20분 이상 채증을 계속하는 경우에는 **20분이 경과할 때마다** 채증 중임을 고지하거나 알려야 한다.(제9조 제2항)

(5) **채증자료 송부 :** 범죄혐의자의 인적사항이 확인되어 **범죄수사의 필요성이 있는 채증자료**는 지체 없이 **수사부서**에[♣경비부서에(×)] 송부하여야 한다.(규칙 제11조)<24승진>

한쌤의 이해하는 경찰학개론 각론

합격까지 박문각

PART

06

안보경찰

제1장 안보(보안)경찰 일반

제2장 북한의 전략전술

제3장 방첩활동

제4장 안보수사

제5장 보안관찰

제6장 남북교류협력 및 북한이탈주민보호

CHAPTER

01 안보(보안)경찰 일반

(1) **관련기관 및 업무조정**

국가정보원	① 대통령 직속의 국가안전보장에 관한 핵심기관이다. ② 국정원장은 각 정보기관에 대한 정보 및 안보업무에 관한 조정을 한다.	
국정원 조정 대상	국방부	① 국내·외 정보수집 / ② 정보사범 수사 등
	법무부	① **정보사범 등의 보도·교도** / ② **공소보류된 자의 신병처리** ③ **출입국자 보안 등** [♣행정안전부 업무(×)]
	외교부	① **국외정보 수집** / ② **출입국자의 보안** 등
	통일부	① **남북대화** / ② 통일에 관한 국내외 정세의 분석
	경찰청	① **국내보안정보**(외사정보 포함)의 수집·작성에 관한 사항 ② **정보사범** 등의 내사·수사 및 시찰에 관한 사항 ③ **신원조사업무**에 관한 사항 등
	해양경찰청	해양에서의 대간첩 작전
	문화체육관광부	공연물 및 영화의 검열·조사·분석 등

Ⅰ. 법적 근거

직접적 활동근거 ⇨ 국가경찰과 자치경찰의 조직 및 운영에 관한 법률 제3조(경찰의 임무), 경찰관 직무집행법 제2조(직무의 범위), 국가보안법, 보안관찰법, 형법 제98조(간첩) 등은 안보경찰의 직접적 활동근거가 된다.

(1) **일반규정**

① **'국가경찰과 자치경찰의 조직 및 운영에 관한 법률'(제3조)과 '경찰관직무집행법'(제2조) : '기타 공공의 안녕과 질서유지'에** 안보경찰활동은 포함된다고 본다.

② **명시(×) :** '안보경찰활동'이라는 직무범위는 명문으로 명시되어 있지 아니하다.<05승진>

(2) **개별규정 : '형법 제98조(간첩), '국가보안법', '보안관찰법'**, '북한이탈주민의 보호 및 정착지원에 관한 법률', '정보 및 보안업무 기획·조정규정'등이 있다.

※ 경찰공무원 임용령에서는 일반경과, 수사경과, 특수경과와 함께 보안경과를 규정하고 있다.<02채용>
[♣경찰공무원법은 안보경찰의 직접적 활동근거(×)]

II. 안보경찰 임무

(1) 안보 수사국장은 다음 사항을 분장한다.(소속기관 직제 제22조 제3항)<98 · 00 · 22승진 · 13경위>

1. 안보수사경찰업무에 관한 기획 및 교육
2. **보안관찰 및 경호안전대책 업무**에 관한 사항<22승진>
3. 북한이탈주민 신변보호<13경위>
4. 국가안보와 국익에 반하는 범죄에 대한 수사의 지휘 · 감독
5. 안보범죄정보 및 보안정보의 수집 · 분석 및 관리
6. 국내외 유관기관과의 안보범죄정보 협력에 관한 사항
7. 남북교류와 관련되는 안보수사경찰업무
8. 국가안보와 국익에 반하는 중요 범죄에 대한 수사

※ **보호감호 · 치료감호 · 보호관찰 등 보안관찰 외의 다른 보안처분은 법무부에서 관할**하고 있다.

(2) **경호행사관련 안보기능의 업무**

① **경호안전대책서** ⇨ 관내 **대통령 경호행사가 있을 경우 안보기능에서 작성해야 하는 보고서**로 경호안전대책서가 있다.<08승진>

예 M 경찰서 관내 모범 중소기업에 대한 0월0일 외국원수 시찰을 경호하는 경우에도 안보기능에서 작성해야 하는 보고서가 경호안전대책서이다.

② **긴급신원조사** ⇨ 경호행사시 참가 대상자의 신원을 파악하여 24시간 이내에 결과를 보고하는 것으로 **경호실에서 안보기능에 하명**하여 이루어진다.

PART 06

CHAPTER 02

북한의 전략전술

Ⅰ 북한의 이념과 전략 · 전술

Ⅰ. 북한의 지도이념 등

1. 주체사상

(1) **북한사회의 공식적 이데올로기**: 인간의 자주성 · 창조성 · 의식성을 강조<01승진>

(2) **주체사상의 4대 기본노선**: ① **사상**에서의 주체 ② **정치**에서의 자주 ③ **경제**에서의 자립 ④ **국방**에서의 자위<03 · 04승진>

(3) **조선로동당 규약**

> ① 조선로동당의 당면목적은 ➡ 공화국 북반부에서 **사회주의 강성대국을 건설**하며, 전국적 범위에서 **민족해방, 민주주의 혁명의 과업을 수행**하는 데 있다.
>
> ② 조선로동당의 최종목적은 ➡ 온 사회를 **주체사상화**하며 인민대중의 **자주성을 완전히 실현**하는 데 있다.[♣공산주의 사회를 건설하는 데 있다.(×)]
>
> ③ 조선로동당은 **위대한 수령 김일성 동지의 당**이고,[♣맑스 레닌의 당(×)] 위대한 영도자 김정일 동지는 당 건설 사상과 업적을 계승 발전시키었다.
>
> ※ 북한에서 '헌법'위에 존재하는 규범이 바로 조선로동당 규약과 수령의 교시(김정일 시대에는 장군님의 방침, 말씀이라고 표현)이다.
>
> ※ 2010년 개정으로 맑스 레닌의 당이란 표현을 삭제하고, 로동당은 김일성 동지가 창건하였고, 김일성 동지의 당이라고 표현하고 있다.

2. 북한의 대남전략: 북한의 **대남전략은 적화통일**에 있다.

(1) **대남 투쟁좌표: 자주 · 민주 · 통일** – 북한이 1970년 11월 제5차 노동당 대회 이래 **자주 · 민주 · 통일**을 대남 투쟁좌표로 설정하였다.(자주 · 민주 · 통일은 1985년 7월 27일 한민전의 3대 투쟁 강령으로 구체화된다.)

① 북한은 **'자주 = 반외세'라는 개념으로 간주**하여 **주한미군철수 주장**에 **초점**을 맞추고 있다.

② **민주는 반파쇼 민주화로** 대남선전선동에서 민주화 구호를 외치는 것은, **민주주의 구호를 앞세우는 공산혁명가들의 전술**이다.

※ **북한의 민주주의 〈민주〉** ⇨ 프롤레타리아 민주주의를 뜻하는 것으로 **프롤레타리아에 의한 독재주의를 의미**하므로 **현대 법치국가의 이념과는 전혀 다른 의미**이다.[♣현대법치국가와 같은 의미(×)]

♣ 북한의 민주주의 개념은 현대 법치국가의 이념과 그 근본을 같이 한다.(×)

③ **통일은 연방제 통일 방안**을 말하는 것으로 북한과 국내 좌익권이 사용하는 자주, 민주, 통일의 이면에는 **미군철수, 현정부 타도, 공산화 통일이 함축**된 것이다.

④ **조국통일 3대헌장**

제1원칙	자주 · 평화 · 민족대단결의 원칙 <조국통일 3대 원칙>
제2원칙	고려민주연방공화국 창립방안
제3원칙	민족대단결 10대 강령

⑤ **선군정치(김정은이 사실상 선군정치를 폐지하고 당을 전면에 세우고 있음.)**

㉠ 선군정치는 1998년 인민군 창건 66주년 기념 **노동신문 사설에서 처음으로 등장**하였으며, 2008년 북한 **헌법 개정 시 핵심적인 이념으로 채택**되었다.

㉡ **김정일 시대의 새로운 정치방식** ⇨ 군(軍)은 1차적으로 군사적 역할이라는 **본연의 임무 외에도 정치 · 사상 · 경제적 기능을 수행해야** 한다는 것

㉢ 선군은 군대를 앞세운다는 뜻으로, **군대를 경제 및 사회개발 등의 전면에 내세워 효율성을 높이겠다**는 군대중시 사상이다.

㉣ 군이 약화된 **당 조직의 사상성을 강화하기 위한 역할**을 하고, 경제건설의 직접적인 담당자 · 지원자 역할을 해야 한다는 것[♣군이 당의 사상적 지도에 따라(×) ⇨ 군이 당조직의 사상성을 강화]

♣ 선군정치는 주체사상을 강화하는 과정에서 대두되었으며, 군은 강화된 당의 사상적 지도에 따라 군사적 역할에만 충실해야 한다.(×)

㉤ '생산도 학습도 생활도 인민군대처럼'이라는 구호로 **혁명적 군인정신을 전체사회로 확산**시키려 한다.

※ 김일성 사망 이후 정치혼란과 경제위기로 인한 사상적 해이와 사회혼란을 방지하기 위한 의도가 깔려 있다.

⑵ **남조선 혁명전략**

민족해방 민주주의 혁명 : 북한은 2010년 제3차 당대표자회의 시 **당규약을 수정하면서 남한혁명을 '민족해방 민주주의 혁명'으로 변경**하였다.

Ⅱ. 북한의 대남 전략 · 전술

1. 전략과 전술<01 · 09승진 · 07채용>

구분	전략(戰略)	전술(戰術)
특징	⑴ **역사적 단계에 따라 변화**하는 **장기적** 정치 노선을 의미(거시적) 예 북한의 **대남전략은 적화통일** ⑵ **기본목표이나 큰 행동지침**[♣전술(×)]<07채용> ⑶ **거시적**이면서 불변의 목적[♣수시변화(×), ♣미시적(×)]<09승진 · 07채용>	⑴ **단기간**에 적용되는 **세부적 행동지침**[♣전략(×)]<07채용> ⑵ **전략에 종속된 구체적 방법** ① **전략적 요구에 따라 전술은 변경 가능** ♣ 전술적 요구에 따라 전략목표를 수정할 수 있다. ⑶ **미시적, 정세(그때 상황)에 따라 그때그때 수시로 변화**가능하다.

예 역사가 봉건사회라면 전략은 봉건사회 타파이고, 전술은 봉건사회 타파를 위해 어느 편과 연합하는가 하는 것이다.<07채용>

2. 통일전선전술

(1) **의의 :** 공산주의 세력이 약한 경우 비공산 세력과도 연합하는 전술이며, 북한의 대남 공작전술로서 대한민국 내 학생·지식인 등을 통한 투쟁을 기폭제로 하여 개인이나 단체 또는 **반대노선과도 연합**하여 **혁명세력을 집결하여 궁극적으로 적화통일을 이루려는 전술**을 의미한다.<05·07승진>

※ 북한이 남북한교류협력 과정에서 이용가능성이 가장 높다.

예 **중국의 국·공 합작, 남북 연방제 통일방안, 남부 베트남 민족해방전선** 등

※ **남북교류협력 승인제** ⇨ 통일전선전술은 남북한교류협력 과정에서 **북한의 이용가능성이 가장 높다고 보이는 전술**로 북한당국이 교류협력대상자를 통일전선전술의 대상으로 취급할 가능성이 있기 때문에 현 단계의 남북관계에서 정부의 승인제는 불가피하다.

① 남조선혁명의 주체는 남한인민이라고 하면서 혁명역량을 **주력군**(노동자·농민·노동계급의 당)과 **보조역량**(각종 통일전선)으로 구분하여 편성하고 있다.

(2) **통일전선전술의 전개**

① 통일을 앞세워 동조세력과 제휴하여 남한 내 이간질을 통해 갈등을 심화시킨다.

예 통일, 민주화 등 민족적 대명제를 내세워 동조세력과 주한미군철수 등 공동투쟁을 전개하는 것도 이와 관련된다.<08승진>

② 반정부세력과 제휴하여 정부전복 후 용공정권을 수립하며,

③ 동맹 가능한 부동층과도 타협하거나 협조한다.[♣불확실하고 조건적인 세력과는 타협하지 않는다.(×)]<08승진>

④ 제휴할 세력이 정치적 이념과 투쟁목적을 달리하더라도 투쟁대상만 같으면 일단 공동전선을 펴서 그 적을 타도한다.

⑤ 혁명의 완결단계에서는 제휴했던 비공산세력을 제거한다.

참고 **남북한의 통일방안 비교**<01·03·07승진>

구분	한민족공동체 통일방안 (남한)	고려민주연방공화국 방안 (북한)
의의	남북이 자주·평화·민주의 3원칙을 바탕으로 화해협력을 시작하여 남북연합의 중간과정을 거쳐 궁극적으로 통일민주공화국(1민족… 1국가… 1정부 형태)을 실현	기존의 통일된 완성형연방제에서 변화한 '1민족… 1국가… 2제도… 2정부'의 연방제통일방안 ⇨ 낮은 단계의 연방제 통일방안이다.
특색	통일의 3단계 : **신뢰구축 ⇨ 체제연합 ⇨ 단일국가**	조국통일 3대 원칙 ① 자주 ② 평화 ③ 민족대단결

3. 북한의 대남혁명전술

(1) **지하당 구축전술 :** 혁명의 참모부 구축 및 남한 내 자체 혁명으로 위장하기 위한 수단으로 한나라의 공산혁명을 위해서는 소수정예의 직업혁명가로 구성되는 전위당 건설이 우선적인 혁명과업이라고 본다.

(2) **대중투쟁전술 :** 각종 투쟁의 유형과 방법을 잘 배합해야 한다는 것이다.

예 합법·반합법·비합법투쟁의 배합, 경제투쟁과 정치투쟁의 배합, 폭력투쟁과 비폭력투쟁의 배합 등

(3) **국군와해전취전술 :** 국군을 인민군대로 전환시키고자 하는 것으로 전취대상은 병사대중과 중·하층장교로서, 결정적인 시기에 혁명군으로 활용하고자 한다.

(4) **전위조직 침투전술 :** 공산당은 공산화혁명의 상급전위가 되고 그 아래 하급전위로 각종 노동조합, 농민조합, 청년단체 등을 거느리게 된다.

4. 기타 전략 · 전술

(1) **혁명기지 전략 :** 북한지역을 혁명의 근거지로 구축한 다음, 그 역량을 바탕으로 전 한반도에서 공산혁명을 완수한다는 것

(2) **남조선혁명전략 : 조선혁명은 남한의 혁명세력이 주체가 되어 수행해야** 한다는 것으로 급진운동권 등 남한 내에서 친북혁명세력을 촉발시키기 위해 제시되었다.[♣북한 내 혁명세력이 주체(×)]

(3) **연방제통일전략 :** 남과 북의 사상과 제도를 그대로 인정한 채 각각 지역자치제를 실시하는 연방공화국을 창설하여 조국을 통일한다는 전략이다.

※ 남한의 대한 남침 · 공산화 공포를 해소시키고 주체사상을 중심으로 중간단계 없는 연방정부의 수립을 주장한다.

(4) **평화공존전술 :** 공산화혁명과정에서 불리할 때 확고한 전쟁준비기간을 벌기 위한 계급투쟁의 특수한 형태

(5) **폭로전술 :** 정치폭로를 통한 위신실추, 여론교란 등으로 타도 대상 정부에 타격을 입히는 것이다.

Ⅲ. 북한의 대남공작기구

노동당 계열

① **통일 전선부 :** 1977년 김일성의 교시에 따라 설치된 대남사업부서이다.

㉠ **담당업무 : 남북대화 주관 및 대남심리전과** 조총련 및 해외교포공작, 통일전선 공작, 반제민전 활동을 담당하는 핵심적 대남공작부서이다.<01 · 03승진 · 07경위 · 07채용>

㉡ 외곽단체로 **반제민족민주전선**, 조국평화통일위원회(조평통), 조국통일민주주의전선(조국전선), 조선아세아태평양평화위원회(아 · 태평화위) 등을 두고 있다.

참고 반제민족민주전선(반제민전)

① 통일혁명당(1961년 창설, 1964년 통일혁명당 창당준비위원회 조직, 68년 와해 - 통혁당 사건)

② **한국민족민주전선**(1985. 7. 27 재건 - 한민전) : 통혁당의 명칭을 한민전(한국민족민주전선)으로 개칭하고 '통혁당 목소리 방송'도 '구국의 소리 방송'으로 개명<07승진>

※ **한민전 :** '구국의 소리' 방송을 운영하면서(2003년 8월 1일부터 방송중단) 마치 남한의 지하당인 것처럼 선전하며 한국의 좌익세력을 배후 조종했던 대남혁명투쟁의 전위조직

※ 구국전선 운영 ⇨ 인터넷 사이트 '구국전선'을 운영하고 있다.<07승진>

③ **반제민족민주전선(반제민전)** : 2005년 한국민족민주전선을 반제민족민주전선으로 개명

② **문화교류국(구225호실,** 구 대외연락부 또는 사회문화부)[♣35호실 또는 해외정보국이 명칭을 변경한 것(×)] : 공작원 밀봉교육, 당계통의 간첩남파 조종 및 공작사명 부여, **남한 내 지하당조직 공작**으로 혁명토대 구축과 **우회침투를 위한 해외공작** 및 조총련을 담당하고 있다.<10 · 13승진 · 07경위 · 07채용>

※ 문화교류국은 구225호실, 대외연락부 또는 사회문화부가 명칭을 변경한 것이다.[♣35호실 또는 해외정보국이 명칭을 변경한 것(×)]<13승진>

<table>
<tr><td>노동당 계열</td><td colspan="2">

예 문화교류국(구225국)과 연계되어 반국가활동을 한 사례 ➡ 225국에 포섭되어 지하당활동을 한 1968년 통일혁명당사건, 1992년 남한조선노동당사건, 1994년 구국전위사건, 2006년 일심회사건, 2011년 "왕재산 사건" 등<13승진>

※ **왕재산 사건** ☞ 왕재산은 함경북도 온성군에 소재하며, 북한에서 '김일성의 불멸의 혁명 업적이 깃들어 있는 혁명 사적지'로 미화하고 있는 곳이다.<13승진>

① 북한 구225국(현 문화교류국)과 연계되어 반국가활동을 한 사례이며, 그간 225국에 포섭되어 지하당활동을 한 사례

② 위장사업체를 운영하며 각종 반국가활동을 전개하고, 김부자 생일 등에 충성결의문 제출 등의 활동을 해왔으며, 그 공로를 인정받아 지도부는 북한의 훈장을 수수하였다.<13승진>

</td></tr>
<tr><td rowspan="9">최고 사령관</td><td colspan="2">**정찰총국 산하(구35호실과 작전부를 정찰국에 통합하여 정찰총국으로 확대 개편)**
※ 최근 국방위원회 정찰총국위주로 개편</td></tr>
<tr><td>1국[작전국]</td><td>남파공작원과 전투원에 대한 정규 기본훈련 및 **호송 · 침투 · 안내 · 복귀**, 대남테러공작 및 대남침투로 개척 등을 주임무로 한다.(구 작전부)<10승진 · 07경위 · 07채용>
※ 남파공작원 파견기지인 해상연락소를 청진 · 원산 · 남포 등에 두고 있으며 98년 유고급 잠수정으로 속초지역에 침투한 바 있다.</td></tr>
<tr><td>2국[정찰국]</td><td>① 448부대 · 907부대 · 남포해상특수부대 등을 관장하며 특공부대의 후방침입과 잠수함 침투 · 유격활동 등 **군사정찰 임무**를 담당하고 있다.<13승진 · 07경위 · 07채용>
② **무장공비의 양성 · 남파**, 주요시설 파괴, 요인암살 · 납치 등 게릴라 활동, **대남군사정보 수집** 등을 주 임무하고 있다.<05 · 13승진 · 07경위 · 07 · 08채용>
※ 미얀마 아웅산 암살폭파사건(1983)<13승진>, 강릉무장공비사건(1996)을 자행<10승진></td></tr>
<tr><td>3국[기술국]</td><td>해킹, 도청, 암호제작 등 통신관련 업무</td></tr>
<tr><td>5국
[해외정보국]</td><td>공작원 남파 및 정보 수집을 수행하는 부서와 해외간첩공작 및 테러를 전담한다.(**구 35호실, 대외정보조사부**)<03 · 04 · 07 · 08 · 10승진 · 07경위 · 07채용>
※ **KAL858기 공중폭파테러** 자행(1987)</td></tr>
<tr><td>6국(정책국)</td><td>대남군사정책, 군사회담</td></tr>
<tr><td>7국(후방지원국)</td><td>보급 등 후방지원</td></tr>
<tr><td colspan="2">보위국</td></tr>
<tr><td colspan="2">① 대내 : 군내 사상 · 반체제 동향 감시, **김정은 경호**, 요인 사찰 및 무관 감시
② 대남 : 탈북민 등 공작원 포섭, 우리 국민 납치 · 테러, 정보 수집</td></tr>
</table>

	국가 보위성
국무 위원회	① 73. 5월 김일성 지시에 따라 사회안전부에서 분리 ⇨ 82년 국가보위부로 개칭 ⇨ 93년 국가안전보위부 ⇨ 16년 국가보위성으로 개칭 ② **반당 · 반혁명 분자 및 간첩색출**, 주민감시, 반체제사범 수사, 정치범 수용소 관리, 대간첩(반간) · 해외공작, 국경 경비, 요인 사찰 등 – 수명의 부부장, 직할시와 도 · 시 · 군 등 각 지방에 지부 운영 – 법적 절차 없이 용의자를 구속, 재판없이 처단 권한 보유

※ **사회안전성** ☞ 북한 내의 사회 안전 · 질서유지 및 국가와 인민의 생명과 재산을 보호하는 것을 목적으로 하는 우리의 경찰청과 유사한 조직이다.(구 인민보안성)

☞ 대남공작기구가 아니다.<03승진>

참고 대남 공작기구 조직도

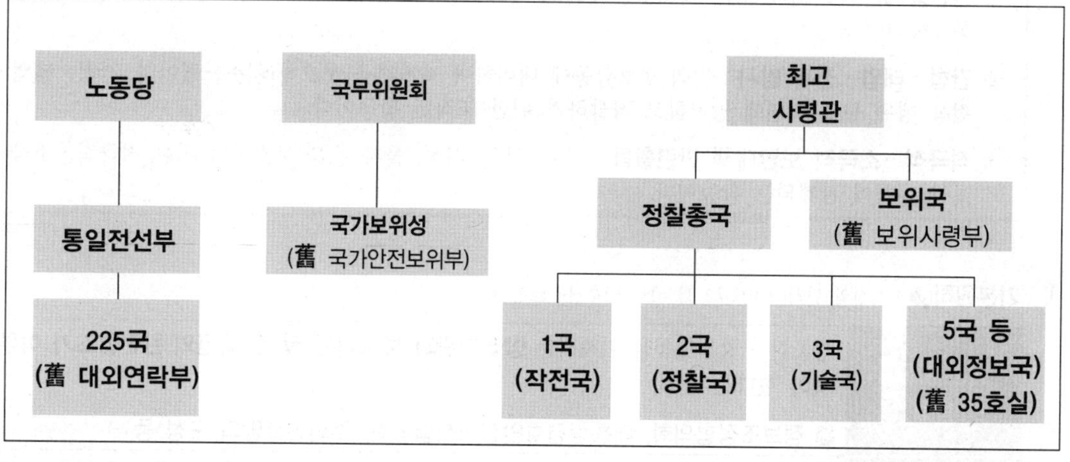

PART 06

CHAPTER

03 방첩활동

안보경찰의 활동은 예방작용에 해당하는 방첩활동과 이러한 방첩망을 뚫는 행위를 포함 국가보안법 등 안보관련법률 위반 등에 대한 안보수사활동....유죄판결과 형집행 이후에 출소한 보안관찰대상자 중 보안관찰처분을 받을 사람을 대상으로 하는 보안관찰활동 등으로 구성된다.

I 방첩활동 일반<99 · 08승진 · 06경위 · 01 · 02 · 04 · 07채용>

방첩 : 기밀유지, 보안유지라고도 하며 상대방으로 하여금 **우리 측의 의도를 간파하지 못하게** 하고, 상대에게 우리 측의 **어떤 상황도 전파되어서는 안 된다**는 것을 의미한다.<01경위 · 04 · 07채용>

① **안전통제방책 : 외세 또는 국내불순세력의 국가 위해행위로부터** 국가안전을 보장하기 위한 안전통제방책이다.

② **간첩 · 태업 · 전복 방지** : 적의 정보활동에 대비하여 자기편을 보호하려는 노력이며, 간첩 · 태업 · 전복 행위 등을 미연에 방지하고 적발하기 위한 조직된 활동이다.

③ **적극적 · 소극적 보안대책 관련활동** : 첩보, 인원, 시설, 물자 등을 보호하기 위한 적극적 · 소극적 보안 대책에 관계되는 활동이다.

1. 기본원칙[♣적시성의 원칙(×)]<97 · 98 · 08 · 10승진 · 14경위>

완전협조의 원칙	성공적인 방첩활동을 위해서는 **방첩기관과 보조기관 및 전 국민의 완전협조가 이루어져야** 한다는 원칙 예 정보조정협의회, 대통령경호안전대책협의회, 주민신고망의 구성 등
치밀의 원칙	간첩활동은 치밀한 계획 하에 교묘한 방법을 사용하므로 이에 대한 방첩활동은 **더욱 치밀한 계획과 준비로써 활동하여야** 한다는 원칙
계속접촉의 원칙	① 혐의자가 발견되더라도 즉시 검거하지 말고, **조직망 전체가 완전히 파악될 때까지 계속해서 유 · 무형의 접촉을 해야** 한다는 원칙<14경위> ♣ 간첩 등의 용의자를 발견하였을 때는 도주방지를 위하여 즉시 검거하여야 한다.(×) ② **계속접촉의 단계** : **탐지 ⇨ 판명 ⇨ 주시 ⇨ 이용 ⇨ 검거(타진)**<02 · 10승진>

II. 방첩수단

(1) **방첩수단 :** 방첩의 수단이란 국가위해 행위에 대한 국가안전 통제수단을 의미한다.

(2) **종류 :** 방첩의 수단에는 ① 적극적 수단 ② 소극적 수단 ③ 기만적 수단이 있다.

(3) **방첩수단**<구분-99 · 06 · 07 · 09 · 10 · 12승진 · 14경위 · 06 · 07채용>

구분	내용
적극적 수단	침투되어 있는 적과 적의 공작망을 분쇄하기 위하여 취하는 **공격적 수단**이다.[♣허위정보유포(×)]<07경감> ① **대상인물 감시, 침투공작 전개, 간첩신문** ⇨ 검거된 간첩을 신문 ② **적에 대한 첩보수집** ⇨ 여러 가지 방법이 있지만, 가장 중요한 것은 '기록검토'이다. ③ **적의 첩보공작분석** ④ **역용공작** ⇨ 전향된 적을 역이용하여 적의 첩보를 수집하거나 다른 간첩을 검거하는 활동 [♣소극적 수단(×)]<14경위>
소극적 수단	적의 공작으로부터 우리 측을 보호하기 위해 **자체보안의 기능**을 발휘하는 **방어적 수단**이다. ① **인원보안의 확립** ⇨ 완벽한 인원보안을 위해 '**비밀취급인가제도**'를 확립하고, 비밀사항의 취급인원에 대한 철저한 '**신원조사**'가 필요하다. ② **정보 및 자재보안의 확립** ⇨ 비밀사항에 대한 **표시방법 또는 보호방법을 강구**하는 것 ③ **시설보안의 확립** ⇨ 비밀보관 시설의 출입자에 대한 통제 ④ **보안업무의 규정화** ⇨ **소극적 방첩수단을 통일성 있게 통제**할 수 있는 **가장 효과적인 수단**<08 · 10승진> ⑤ **입법사항의 건의**
기만적 수단	비밀이 적에게 노출될 가능성이 있는 상황 하에서 우리 측이 기도한 바를 적이 오인 · 판단하도록 하는 **방해조치**이다.[♣적극적 수단(×)]<09 · 10 · 12승진> ① **허위정보의 유포**[♣적극적 수단(×)]<14경위> ♣ 허위정보의 유포는 적극적 방첩수단에 해당한다.(×)<14경위> ② **유언비어의 유포**[♣적극적 수단(×), ♣소극적 수단(×)] ⇨ 유언비어는 **정치 · 경제 · 사회 등이 불안할 경우**에 인간의 기본감정인 불안 · 공포 · 희망 등과 맞물려 발생되거나 조작되어 전파된다.[♣사회가 안정적인 경우(×)]<14경위> ♣ 사회가 안정적인 경우에 사회혼란과 구성원간의 불신을 야기하여 혁명의 단초를 만들기 위해 주로 사용한다.(×) ③ **양동간계시위(陽動奸計示威)** ⇨ 거짓행동을 적에게 시위함(보임)으로써 우리가 기도한 바를 적이 오판하게 하는 방법을 말한다.(성동격서) ♣ 적극적 방첩수단에는 첩보수집, 정보 · 자재보안의 확립, 대상인물 감시, 역용공작, 양동간계시위, 침투공작 등이 있다.(×)<12경위유제>

Ⅲ. 대상

방첩의 대상으로는 ① **간첩** ② **태업** ③ **전복** 행위가 있다.<02승진>

1. 간첩

대상국의 **국가기밀을 수집하거나 태업 · 전복을 하는 모든 조직적 구성분자**(같은 목적으로 잠입한자, 이에 동조, 지원, 협조)를 의미하며 방첩의 대상이 된다.<10승진 · 14경위>

판례 간첩은 조직적 구성분자로서 가능하며, 형법 98조 간첩죄의 간첩행위는 '북한을 위하여 군사상 기밀뿐만 아니라 정치, 경제, 사회, 문화, 등 각 방면에 걸쳐 우리나라의 국방정책상 **북한에 알리지 아니하거나 확인되지 아니함이 우리나라의 이익이 되는 모든 기밀사항**을 수집하는 것'을 말한다.(83도1109)

※ 간첩처벌의 근거 법규 ⇨ 형법 · 국가보안법 · 군형법

(1) **분류**<13승진 · 07채용>

구분	유형	내용
사명임무	일반간첩	일반적 정보수집 또는 태업 · 전복공작 등 가장 **전형적인 형태**의 간첩
	보급간첩	일정장소에서 거점을 구축하거나 공작 활동에의 물적 지원을 수행하는 간첩 ※ 이미 침투한 간첩에게 필요한 활동자재를 보급지원하는 간첩[♣증원간첩(×)]<10승진>
	증원간첩	이미 구성된 간첩요원의 보충(간첩 침투시키는 것) 또는 **간첩으로 이용할 양민의 납치 · 월북 등 인적자원을 확보**하기 위하여 파견된 간첩[♣보급간첩(×)]<02 · 10 · 13승진>
	무장간첩	**암살 · 파괴, 간첩의 호송 · 연락 · 월북안내**를 담당하며, 부차적으로 휴전선 일대의 군사정보 수집을 사명으로 하는 간첩[♣무장간첩은 활동방법에 따른 분류(×)]<01 · 13승진>
활동방법형태	고정간첩	**일정 지역** 내에서 영구적으로 간첩임무를 부여받고 활동하는 간첩<13승진> ※ 일정한 공작기간이 없음, 합법적인 신분을 유지, 장기적 · 고정적 간첩활동
	배회간첩	고정간첩과 비교되는 간첩으로 일정한 주거 없이 전국을 배회하면서 임무를 수행하며, 일정한 **공작기간**이 있다.<13승진> ※ 합법적인 신분을 취득하면 고정간첩으로 변할 수 있다.
	공행간첩	타국에 **공용의 명목 하에 입국**하여 합법적인 신분을 유지하면서 상대국에 대한 각종 정보를 수집하는 것을 목적으로 하는 간첩<10 · 13승진> 예 상사주재원 · 외교관 · 대학교수 등 ※ 대상국에 입국할 때 합법적인 신분을 소지하고 입국한다.
활동범위	대량형 간첩	간첩으로 교육을 받은 다수의 인원이 대상국가에 밀파되어 특수한 대상의 지목이 없이 광범위한 분야에서 정보를 입수하는 간첩<13승진> ※ 전시에 많이 파견되며 색출이 용이하다.<03승진>
	지명형 간첩	특정한 목표와 임무를 부여받아 특수한 정보를 수집하는 간첩<13승진> ※ 평시에 많이 파견되며 색출이 곤란하다.

구분	종류	내용
손자 병법 분류	**향간(鄕間)**	적국의 시민을 이용하여 정보활동을 하는 간첩[♣적의 관리 매수(×)]<07채용> 예 수집목표가 위치한 지역에 장기간 거주하여 그 지역 실정에 밝은 사람이 첩보원으로 기용되어 첩보수집, 비밀공작 등 정보활동을 전개하는 것<14승진>
	내간(內間)	적의 관리를 매수하여 정보활동을 시키는 것[♣적국 시민 활용(×)]<14승진 · 07채용>
	반간(反間)	적의 간첩을 역으로 이용하여 아군을 위해 활동하게 하는 것[♣적의 관리 매수(×)]<08 · 14승진 · 07채용> 예 소련 KGB가 미국 CIA의 對KGB 비밀요원인 에임즈를 매수하여 십여 년간 CIA의 각종 비밀활동에 관한 정보를 얻어오다가 발각된 사례<08승진>
	사간(死間)	배반할 염려가 있는 아군의 간첩에게 고의로 조작된 사실을 주어 적에게 전언 또는 누설하게 하는 것<02 · 14승진 · 07채용> 예 적을 교란하기 위해 적지에 파견하여 적에 붙잡혀 죽게 만든 간자로 어떤 편에서 기만정보를 작성하여 공작원을 통해 다른 편에 전파하는데, 공작원은 자신이 지득한 정보가 고의로 만들어진 기만정보라는 사실을 모른 채 진실이라고 믿고 적진에 전파시킴으로써 적에 붙잡혀 살해당하게 되는 경우<14승진>
	생간(生間)	적국 내에 잠입하여 첩보활동을 하고 **살아 돌아와 보고하는 간첩**<14승진 · 07채용>

(2) 침투전술

① **북한의 이중성 :** 북한은 역사적으로 남북관계가 악화되었던 시기보다는 남북화해가 조성되는 시기를 이용해 간첩을 침투시키는 이중성을 보이고 있다.

♣ '무하마드 깐수(정수일)' 사건은 남북관계악화시기를 이용한 간첩침투의 특징을 보인다.(×)

예 '무하마드 깐수' 사건

사례 '무하마드 깐수(정수일)' 사건 특징

> '무하마드 깐수(정수일)'가 1984년 필리핀 국적으로 들어와 외국어대학교 교수로 재직하면서 간첩활동을 하다가 1996년 검거된 사건
>
> ① 이중성 ⇨ 1984년 남북화해 분위기 속에서 간첩을 침투시키는 이중성
>
> ② 대담성 ⇨ 정보보고를 할 때 호텔 FAX를 이용하는 등 수법의 대담성
>
> ③ 약점 이용 ⇨ 외국인에 대해서 비교적 관대한 우리 사회의 약점을 이용
>
> ④ 장기적 공작준비 ⇨ 간첩교육, 국적세탁에 10여년을 투자하는 등 공작준비기간의 장기성

② **침투전술의 유형 ☞ 육상침투전술 / 강상침투전술 / 해상침투전술 / 우회침투전술**

㉠ **간첩의 해상침투 조건 :** ㉮ **무월광기**(음력 21일~익월 8일),[♣10시(×)] ㉯ 해상의 파도가 **1.5m 이내의 잔잔**한 때(3~6월, 9~11월)[♣파도가 2m 이상 높을 때(×)], ㉰ **해안이 인가와 밀접**하여 위장침투가 가능하고 **내륙과 교통수단의 연계**가 잘 되어 있는 장소,[♣인파 많은 해수욕장(×)] ㉱ **어망, 양식장 등 해상장애물이 없는 지점** 등, ㉲ 경계가 허술하기 쉬운 **주말**

♣ 강릉 해안가에 무장간첩으로 의심되는 괴한이 출현했다는 신고가 있을 경우 무월광기이며 파도가 높지 않았다는 사실에 근거하여 간첩침투가 아니라는 결론을 내렸다.(×)

㉡ 북한의 **3단계 해상침투전술**

– 1단계 ☞ 상륙지 부근 공해까지는 **공작모선**으로,

– 2단계 ☞ 우리나라 영해까지는 **공작자선**으로,

– 3단계 ☞ 상륙지 부근 접근은 **수중추진기**로 침투하는 수법을 쓰고 있다.

(3) **잠복전술**<07채용>

① **잠복전술 :** 잠복전술이란 **침투 간첩들이 남한지역에 체류하는 동안 정보수사기관의 인지를 피하여 활동거점을 마련하고 은신하는 기술과 활동**을 의미한다.

② **잠복전술의 종류 :** 잠복전술에는 비트를 굴설하거나 자연지물을 이용하여 은신하는 '**비합법 잠복**'과 합법적 인물인 것처럼 공개적으로 활동하는 '**반합법 잠복**'이 있다.

※ **반합법 투쟁**은 **법적으로 금지**되어 있으나 **대인관계 · 사회 관습적인 측면에서 용인**되어 온 제반 관례에 편승하는 투쟁방식이다.<08승진>

③ **잠복전술의 유형**

비합법 기술잠복	가장 기본적인 잠복으로 침투지점부터 공작지역까지 침투 · 복귀시, 공작지역에 체류하는 전 기간에 **비트를 굴설하여** 기본적으로 은거하는 잠복 ※ **임시비트, 영구비트** ⇨ 잠복장소를 비트라고 하며, 공작지역까지의 침투과정에서 만드는 임시비트와 공작지역에서 활동거점으로 만드는 영구비트가 있다. ※ **비트** ⇨ 간첩들이 사용하는 비밀회합 장소, 비밀연락 장소를 말하는 것으로, 최근에는 일반적으로 **땅을 파고 들어가 은신**하는 **비합법적 활동의 잠복거점**을 말한다. [♣아지트(×)]<06 · 13승진> ♣ 땅을 파고 들어가 은신하는 비합법적 활동의 잠복거점을 아지트라 한다.(×)<06 · 13승진>
비합법 자연잠복	비트를 만들 시간적 여유가 없거나, 토질 조건의 불량 등 비트 제작여건이 못되는 경우에 **자연지리적인 조건과 지형지물을 이용**하여 잠복하는 유형
반합법 기술잠복	유흥접객업소의 종사자와 동거 · 동숙하는 등 신분확인이 곤란함 점을 이용하여 **합법적인 인물처럼 공개적으로 잠복**하는 방법<02 · 05승진 · 07채용>
반합법 엄호잠복	침투간첩들이 **포섭된 대상의 엄호를 받으며** 그의 거주지나 영업소에 은거하여 합법적인 인물로 가장하여 잠복하는 방법

참고 투쟁방식<08승진>

합법투쟁	법의 테두리 안에서 행하는 투쟁방식을 말한다.
반(半)합법투쟁	법적으로 금지되어 있으나 대인관계 · 사회 관습적인 측면에서 용인되어 온 제반 관례에 편승하는 투쟁방식을 말한다.<08승진>
비(非)합법투쟁	지하당, 간첩조직에 의한 지하활동 등에 의하여 파괴 등을 행하는 불법적 투쟁방식을 말한다.

(4) **간첩망 형태**<03·05·08·09·16·17승진·14경위·01·06·15.2·16.1·17.1채용>

간첩망: 대상국의 기밀탐지, 전복, 태업 등을 효과적으로 수행하기 위한 지하조직 형태이다.

유형	특징	장점	단점
단일형	**특수목적 수행을 위해 종적·횡적으로 개별적인 연락을 일체 회피**하고, **단독으로 활동**하는 점조직형태<09·17승진·18경위·15.2채용>	① 보안유지 및 신속한 활동이 가능<09승진·18경위·15.2채용> ② **대남간첩이 많이 사용**	① 활동범위가 좁고 ② 공작성과가 낮음.[♣활동범위가 넓고, 공작성과가 높다.(×)]<09·16승진·18경위·15.2·17.1채용>
삼각형	간첩이 **3명 이내의 행동공작원을 포섭**하여 직접지휘하고, 공작원간 **횡적 연락을 차단**하는 형태로 **지하당 구축**을 하명 받은 경우 사용[♣피라미드형(×)]<09·14·16·17승진·18경위·15.2·16.1·17.1채용>	① 횡적 연락이 차단되어 **보안유지에 유리** ② **일망타진이 곤란**<10승진·14경위>	① 행동**공작원 검거 시** 주공작원(간첩)의 **정체를 쉽게 노출**[♣노출되지 않음.(×)] ② 활동범위가 좁다.<10승진·14·18경위>
서클형	간첩이 **합법적 신분을 이용**하여 적국의 이념이나 사상에 동조토록 유도하여 공작목표를 달성하기 위한 조직형태[♣레포형(×)]<09·14·17승진·18경위·15.2·16.1채용>	① **활동이 자유**롭고 **대중적 조직·동원이 가능**<16·17승진·18경위> ② **전선조직**(첩보전)에 많이 이용<03승진>	간첩의 정체가 폭로되었을 때 **외교문제가 제기될 수** 있음.<16·17승진·18경위>
피라미드형	**간첩 밑에 주공작원 2~3명**을 두고, 주공작원 아래에 각각 **2~3명의 행동공작원을** 두는 조직형태[♣삼각형(×)]<09·14·17승진·14·18경위·16.1·17.1채용>	① 입체적 공작으로 ② **활동 범위가 넓다.**	조직구성에 시간이 많이 걸리고[♣시간이 소요되지 않는 장점(×)], 노출이 쉬워 일망타진 가능성이 높음.<18경위·17.1순경>
레포형	피라미드형 조직에[♣삼각형 조직에(×)] 있어서 **간첩과 주공작원 간, 행동공작원 상호간에 연락원**을 두고 종횡으로 연결하는 방식으로 현재는 사용되지 않고 있다.[♣써클형(×)]<14·16승진·06·14경위·15.2·17.1채용> ※ 레포는 연락, 연락원을 뜻하는 공산당 용어로서 현재는 사용하지 않음.		

※ **단일형** ⇨ 장기간 잠복하면서 인간관계의 형성 또는 합법적인 지위를 확보하고 은신하다가 결정적인 시기에 부여된 특수목적을 수행하는 간첩으로 대남간첩형태에서 가장 일반적이다.<06승진>

예 **김동식, 최정남 부부간첩사건의 간첩망 형성을 위한 포섭방법** ☞ 김동식(95년), 최정남(97년) 부부간첩의 경우 남한 내 지하당 구축을 위하여 포섭 대상자를 선발하고, 그 대상자를 접촉하여 북에서 온 공작원이라는 신분을 밝히고 통일사업에 협력할 것을 요구함으로써 **직접적인 포섭방법**을 사용하였다.

PART 06

2. 태업<08채용>

대상국가의 **방위력 또는 전쟁수행능력을** 약화시키기 위하여 행하여지는 **직·간접의 모든 손상·파괴행위**를 뜻한다.<14경위·08채용>

① **원래 노동쟁의 수단**: 원래는 노동쟁의의 수단이었으나, 공산주의자들이 침략전술로 이용하여 방첩활동의 주요대상이 되고 있다.

② **노동쟁의 수단으로서 태업**: 보다 좋은 근로조건과 환경을 유지·개선할 목적으로 단결하여 의식적으로 작업능률을 저하시키는 노동쟁의 행위

③ **태업에 대한 가장 근본적인 대책: '안보유지'**

(1) 대상

① **전략·전술적 가치:** 전략·전술적 가치가 있을 것을 요한다.[♣전술적 가치가 없고(×)]<08채용>

② **기구입수용이, 접근 가능:** 태업에 필요한 기구를 용이하게 입수할 수 있고 접근이 가능할 것

③ **수리·대체 곤란:** 일단 파괴되면 수리, 대체하기 어렵고 많은 시간이 소요될 것<08채용>

(2) 유형[♣태업은 심리적 태업과 경제적 태업으로 분류한다.(×)]<08채용>

<table>
<tr><td rowspan="4">물리적 태업</td><td colspan="2">목표: 수송기관·통신시설·산업시설을 들 수 있고,</td></tr>
<tr><td>방화태업</td><td>가장 파괴력이 크고, 우연한 사고로 위장이 용이하다.[♣심리적 태업(×)]<06·08승진·08채용></td></tr>
<tr><td>폭파태업</td><td>파괴가 전체적이고 즉각적이어야 할 때 주로 사용된다.</td></tr>
<tr><td>기계태업</td><td>범행이 용이하며 사용자가 사전에 결함을 발견함이 곤란하다.<06·08승진·08채용>
※ 물리적 태업으로서 주로 장기공작원에 의하여 행하여지며 목표물에 접근해 있는 자가 실행하며, 용이하게 발견되지 않는 태업이다.<98·08승진></td></tr>
<tr><td rowspan="4">심리적 태업</td><td colspan="2">목표: 허위사실이나 유언비어의 유포가 있다.</td></tr>
<tr><td>선전태업</td><td>서클형 간첩망이 유언비어의 유포 등으로 사회불안이나 국민의 사기저하를 유도하여 방위력을 약화시키는 것이다.<08승진></td></tr>
<tr><td>경제태업</td><td>화폐위조, 악성 노동쟁의 야기 등으로 경제질서의 혼란을 초래하기 위한 태업이다.</td></tr>
<tr><td>정치태업</td><td>정치적 갈등, 부당한 물의를 유발하여 국민의 일체감을 약화시키는 태업이다.</td></tr>
</table>

3. 전복<04·14경위>

(1) **의의:** 헌법질서에 위반하여 국가변혁·국가기능 소멸·정권타도를 추구하는 모든 행위, 특히 **헌법에 의하여 설치된 국가기관을 강압에 의하여 변혁시키거나 기능을 저하**시키는 활동

(2) 전복의 형태

국가전복	**피지배자가 지배자를 무력으로 타도**하여 정권을 탈취<04경위>
정부전복	**동일 지배계급**의 일부세력이 집권세력을 폭력으로써 타도하여 정권을 탈취<14경위>

⑶ **수단 : 당 조직, 통일전선, 선전 · 선동, 테러전술, 파업과 폭동, 게릴라 전술 등 다양**하다.[♣정치태업(×)]<98승진>

⑷ **대책 :** 국민 계몽활동, 대전복활동의 전문적 연구, 반공단체육성 등이 있다.

Ⅱ 공작(工作)

Ⅰ. 공작일반

① **공작** : 공작이란 정보기관이 어떠한 목적 하에 주어진 목표에 대하여 계획적으로 수행하는 비밀활동으로서, 방첩업무에 현저히 가치가 있는 보안정보의 수집이나 간첩 · 반국가단체에 대한 범증 수집 및 범인색출 등 **국가 안전보장을 위한 비노출적 안보활동을 의미**한다.

② **비밀공작의 성패요소** : 장비 · 기술 · 자금 등의 요인이 있으나, 1차적으로 적의 저항요소와 위협으로부터 '**안전이 보장되느냐**'가 비밀공작의 성패를 좌우하는 결정적인 요소가 된다.

③ **특징** : 비밀공작의 성격으로 국가를 위한 헌신성, 하급자의 이의 없는 복종을 요구하는 전제성, 비밀성, 복선성, 변화성, 다양성, 장기성, 고도의 과학기술 등을 특징으로 한다.

1. 4대 요소[♣연락(×)]<02 · 04 · 05 · 07 · 08 · 16승진>

구분		내용
공작원		비밀조직의 일선에서 철저한 가장과 통제 하에 공작목표에 대하여 공작관을 대행하여 비밀을 탐지하거나 기타 부여받은 임무를 수행하는 사람(⇨ 아래 참고) **공작원 종류**<03 · 08 · 16승진>
	주공작원	**공작관 밑에 위치하는 공작망의 책임자**로서 공작관의 명령시달에 의하여 자기 공작망 산하의 공작원에 대한 지휘 · 조종의 책임을 담당한다.<03 · 08 · 16승진>
	행동공작원	통상 주공작원의 지휘 · 조종을 받아 공작목표에 대하여 실제로 첩보수집 기타 공작임무를 직접 수행한다.[♣보조공작원(×)]
	지원공작원	통상 **주공작원의 지휘 · 조종**을 받아 비밀활동을 수행하는 **공작원 · 조직체에 공작에 필요한 기술 · 물자 등을 지원하는 활동**을 수행한다.
공작금		선정된 공작목표의 달성을 위한 제한을 극복하고, 공작활동을 효율적으로 수행하기 위하여 **막대한 공작금이 필요**하다.<03 · 08승진>
주관자		상부로부터 받은 지령을 계획하고 수행하는 집단으로서 **공작의 책임자**이다. ※ 주관자의 대표자는 공작관이다. ※ **공작은 공작관이 임의적으로 수행하는 것이 아니라, 상부의 지령에 의하여 수행되는 것**이다.[♣상부의 지령없이 곧바로 수행(×)]<16승진>
목표		공작상황에 따라 결정되며, 개괄적이고 광범위한 것부터 구체적이고 특정된 것까지 있으나, **공작의 진행에 따라 구체화 · 세분화됨이 보통**이다.[♣계획단계부터 세부적(×)]<03 · 07 · 08승진>

2. 분류<06승진 · 05채용>

공작 목적	첩보수집 공작	정보 분석 활동에 필요한 제반 첩보를 수집하는 활동으로서 주로 비공개출처로부터 첩보를 입수하게 된다.
	태업공작	비우호적인 국가나 집단을 반대하여 어떤 물자 · 물건 · 시설 · 생산 공정을 일시적 또는 항구적으로 사용하지 못하도록 기도하는 공작
	지원공작	제3국에서 아국의 정책을 해당국 정부나 국민에게 이해시키고, 적국의 정책을 폭로 · 규탄하여 국제사회에서 우리를 **지지하도록 하는** 활동
	와해모략 공작	대상자로 하여금 자기의 진정한 목적과 신분을 노출케 함으로써, 자신을 불명예스럽게 폭로 내지 행동하도록 유혹하는 심리적 공작
공작 운영 기구	통합공작	둘 이상 국가의 정보기관이 상호간의 이익을 위하여 공식적으로 협동하여 비밀공작을 수행하는 것(일명 연락공작 · 연합공작)
	합동공작	우방국가 정보기관이 상호간의 이익을 위하여 개별적인 공작을 **사안별로 협력하여 진행시키는 형태**이다.<03승진>
지역	대상	대(對)북공작 / 대(對)공산권공작 / 대(對)우방국공작

※ **역용공작** → 검거된 간첩을 전향시키거나 자수한 간첩을 활용하여 적의 첩보를 수집하거나 다른 간첩을 검거하는 데 이용하는 공작

3. 공작 순환

(1) 방첩공작승인

① 방첩활동을 위한 보안정보의 수집은 안보경찰의 업무 중 가장 중요한 부분이고, 보안정보의 수집에는 공개출처뿐만 아니라 비공개출처도 적극 활용해야 한다.

② 방첩공작을 진행하기 위해서는 보안첩보를 입수한 후, 내사공작을 거쳐 방첩공작의 가치가 있다고 판단되면, **'보안사업 평가보고서(공작평가보고서)'를 작성**하여 **시 · 도경찰청장의 공작승인(보안사업승인)을 받아야** 한다.

※ 시 · 도경찰청에서는 사안에 따라 ABC급으로 분류하여 공작을 승인하고 예산을 배정한다.

③ 보안첩보 **수집** ⇨ **내사** ⇨ 보안사업평가보고서(공작평가**보고서**) **작성** ⇨ 시 · 도경찰청장의 보안사업**승인**(공작승인) ⇨ 방첩**공작** 순으로 방첩공작을 진행한다.<05승진>

(2) 공작순환과정

① **순환과정 : ㉠ 지령 ⇨ ㉡ 계획 ⇨ ㉢ 모집 ⇨ ㉣ 훈련 ⇨ ㉤ 브리핑 ⇨ ㉥ 파견 및 귀환 ⇨ ㉦ 디브리핑 및 보고서 작성 ⇨ ㉧ 해고**<96 · 98 · 07 · 10 · 16승진>

지령	상부로부터 받은 지령에 따라 공작을 시작한다.[♣상황과 임무에 상세한 지시(×)]
계획	지령을 수행하기 위한 **수단 · 방법을 조직화**하는 것을 계획이라고 한다.[♣보고서 작성(×)]<21승진>
모집	공작계획에 따라 **공작을 진행할 사람을 채용**한다.[♣파견 및 귀환(×)]<21승진>
훈련	임무수행에 필요한 **능력을 배양**시키고, **지식과 기술을 습득**하게 한다.[♣모집(×)]<21승진>

브리핑	파견 전에 공작원에게 **구체적인 공작임무를 부여하는 과정**(새로운 상황과 임무에 대한 상세한 지시)으로서 공작 수행에 관하여 명확하고 소상한 **최종적인 설명**을 하는 단계이다.<21승진>
파견 및 귀환	공작원을 공작대상 지역에 파견하고, 공작임무를 수행한 후 귀환
디브리핑	최근 첩보와 공작진행 상황을 알리기 위하여 **공작임무를 마치고 귀환한 공작원이 공작관에게 공작상황을 보고하는** 과정<16승진>
보고서 작성	보고서를 작성하여 제출한다.

② **공작은 공작관이 임의적으로 수행하는 것이 아니라, 상부의 지령에 의하여 수행되는 것**이다.[♣상부의 지령없이 곧바로 수행(×)]<16승진>

③ 상부에서는 **공작관의 보고서**에 의해서 공작의 계속성 여부 및 공작방향을 결정하게 된다.

4. 비밀 공작망<97·99·01·02·04승진>

① **비밀 공작망 :** 공작임무를 효과적으로 수행하기 위하여 주공작원을 중심으로 공작원과 그의 세포로 구성된 조직을 의미한다.

② **종류 :** 직접망, 주공작원망, 혼합망이 있다.

구분	특징		장점	단점
직접망	① 최일선에서 활동하는 공작원이 직접 공작관과 연락되어 공작관의 조정·통제를 받는 망형태(북한의 점조직간첩망)	[공작관] ↓ 공작원	① 공작원에 대한 **직접적인 조정·통제가 용이**하고, 공작원에 대한 평가가 용이 ② 공작비가 절약 ③ 양질의 첩보수집과 보안유지에 유리	① 공작원 업무량 과중 ② 많은 목표를 대상으로 할 수 없음.<06승진> ③ 공작원이 체포되었을 때 조직 노출의 위험이 큼.
주공작원망	① 공작관으로 부터 공작임무를 직접 위임받은 주공작원(현지에서 채용)이 일선에서 공작원을 조정·통제하는 망형태	공작관 ↓ [주공작원] ↓ 공작원	④ 간접적으로 **많은 공작원의 조정이 가능** ⑤ 공작관의 노출위험 적음. ⑥ 유능한 공작원 활용 가능 ⑦ 공작관의 언어장벽 해소	① 공작관이 공작원을 직접 통제함이 불가 ② **공작비가 많이** 듦. ③ **공작원**에 대한 테스트나 가치 **평가가 어려움.**
혼합망	① **직접망과 주공작원망을 혼합**해서 조직하는 형태<07·08승진>	[공작관] ↙ ↘ 주공작원 공작원 ↓ 공작원	① 공작관이 주공작원 통제가능<07·08승진> ② 공작관이 직접 공작원 통제가능<08승진> ※ 공작관이 첩보보고의 **진위 확인 용이**<07·08승진>	① **주공작원망의 단점을 거의 그대로** 지니게 됨.[♣직접망과 단점 비슷(×)]<07·08승진>

II. 공작활동

> **공작보안 2대 필수요소(가장, 신호)** ⇨ 공작활동에서 공작보안(노출방지 · 비노출성)을 위한 2대 필수 요소가 **가장과 신호**이다.

1. 가장(假裝)<98 · 01승진>

(1) **가장 :** 정보활동에 관계되는 제요소(인원 · 물자 · 시설 등)의 장체가 **외부에 노출되지 않도록 하는 내적 · 외적인 활동**이다.<18승진>

※ 외관만을 다르게 꾸미는 위장과는 구별된다.

(2) **필요성 :** 비밀공작은 은밀성을 요하기 때문에 적으로부터 정보활동을 완전히 보호하기 위해서는 공작보안이 필요하며, 이러한 보안공작의 수단이 가장이나 위장이다.

※ 가장과 위장은 비밀공작의 성패를 결정한다.

(3) **가장의 종류**

중가장	가장을 충분히 입증할 수 있는 증명문건 등을 완전히 구비하여 일반적 수사에서 정체가 쉽게 폭로되지 않는 가장이다.**(완벽한 가장)**<08승진>
경가장	입증문건 등의 구비 상태가 완벽하지 못한 가장
개인가장	개개인을 비밀활동에 적합하게 가장하는 것
집단가장	정보기관 종사자가 집단적으로 행동할 때 취하는 가장
조직가장	비밀공작조직 자체를 정보활동 수행에 적합한 보통의 기관이나 기업체처럼 가장하는 것(명칭 · 사업 등)
자연적 가장	신분 · 직업 등 기존의 사실을 그대로 활용하여 가장하는 것
인공적 가장	새로운 신분이나 직업 · 생활 등을 조작하여 허위의 가장을 하는 것
신분가장	공작지역에 체류함이 자연스럽도록 신분을 가장하는 것
행동가장	정보활동 수행상 제반 행동사항을 보호하여 주는 가장
기본적 가장	정보활동에 있어서 1차적이고 기본이 되는 가장
부차적 가장	기본적 가장이 폭로되거나 사용할 수 없는 경우에 대비해 마련된 2차적 가장

2. 연락<98 · 99승진>

(1) **연락 :** 비밀공작을 수행함에 있어서 상 · 하급 인원이나 기관 간에 비밀을 **은폐하려고 기도**하는 방법으로, 첩보 · 문서 · 관념 · 물자 등을 **전달하기 위하여** 강구된 수단 · 방법의 유지 및 운용을 말한다.<18 · 20승진>

① **연락의 3대 요소 :** 정확성 · 신속성 · 안전성<98승진>

② **연락계획의 4대요건 :** 유동요건 · 통제요건 · 연락요건 · 안전요건

(2) **연락선 조직 :** 변동하는 각종 상황 하에서도 비밀조직 내의 인원이나 기관 간에 상호 연락할 수 있도록 체계를 구성하는 것을 말한다.<03 · 07승진>

① **연락선 ⇨ 정상선, 비상선, 예비선**

구분	내용
정상선	정상적인 공작상황에서의 연락선으로 기본선 · 보조선 · 긴급선이 있다. ① 기본선 ⇨ 정기적인 접촉을 목적으로 하는 최초의 선 ② 보조선 ⇨ 기본선의 과중한 사용을 피하거나, 기본선의 사고발생을 대비하여 조직하는 선 ③ 긴급선 ⇨ 긴급한 지령이나 첩보를 전달할 경우 기본선과 보조선을 이용할 시간적 여유가 없을 때 사용하는 선
비상선	위급상황 하에서 공작의 중단이나 정지를 알리기 위한 연락선(경고선)<04승진>
예비선	조직원의 교체 또는 조직의 변동 등에 대비하여 최초 접촉을 위한 것

② **연락수단**

구분	내용
개인회합	비밀조직 내의 두 **구성원 간에** 접촉의 유지, 첩보보고, 지령, 공작 자료의 전달 또는 연락을 위하여 **직접 대면하여 임무를 수행하는 연락수단**이다. ① **장점** : 공작원의 **능력파악 및 조정 · 통제가 용이, 첩보의 대량전달이 가능**하고, 즉시 **착오의 시정이 가능**하다. ※ 하급 공작원의 사기문제 및 이중간첩인지의 여부파악이 용이하다. ※ 연락의 **정확성과 신속성**을 높일 수 있다. ② **단점** : **부분화의 원칙을 적용하기 어렵고, 가장 구축이 곤란하며, 장소선택이 어렵고, 상급자가 하급자에 의하여 함정에 빠질 우려**가 있다.[♣부분화의 원칙을 적용하기 용이(×)] ※ **노출의 위험이 크다.**
차단	조직원의 **직접 접촉 없이 매개자 · 매개체를 이용**하여 연락하는 수단이다. ① **직접위험 방지** : 개인회합과 같은 직접적인 위험을 방지할 수 있다. ② **차단의 수단 : 무인포스트(수수소), 유인포스트(수수자), 편의주소 관리인, 연락인, 우편물, 방송, 전보 등**[♣개인회합(×)]<02 · 08승진> ㉠ **수수소(무인포스트)** : 직접 접촉 없이 물품을 전달할 수 있도록 **은닉 · 비장하는 장소**를 말한다.[♣우편물을 이용(×)] ♣ 수수소는 우편물을 이용하여 필요한 물건을 받기 위해 선정된 장소를 말한다.(×) 예 공중변소, 전화박스, 자동차, 선박 등 ㉡ **수수자(유인포스트)** : 조직성원간의 접촉이 없이 문서 · 물건 등의 전달을 매개하여 주는 제3자인 중간 연락자를 의미한다. 예 구멍가게 주인(고정수수자), 우편배달부 · 통학생(이동수수자) 등 ※ 노출의 가능성이 커서 보안에 불리하므로 비상시에만 사용함이 보통이다.

차단	ⓒ **편의주소 관리인**: **우편물을 이용**해 물건이나 통신을 주고받기 위해 편의상 선정된 제3자를 말한다.[♣수수소(×)] ♣ 수수소는 일반우편을 이용하여 필요한 물건이나 통신문을 받기 위하여 편의상 선정한 주소관리인을 말한다.(×) ⓓ **연락원**: 물자나 문서의 전달을 담당하는 공작원
드보크	사람을 통하지 않고 **자연지물을 이용한 비밀함**에 의하여 문건이나 물건·공작금·무기 등을 주고받는 연락수단<07·13승진·01경위> ① **장소선정기준**: 찾기 쉽고 쌍방에 모두 편리하며, 안전한 지점이 선정된다. ② **장·단점(보안성·식별곤란)**: 대인접선으로 인한 위험성을 방지하고 안전하게 연락을 실현할 수 있어 **보안성이 높은 반면, 매몰 장소의 식별이 곤란**한 단점도 있다.[♣식별이 어렵지 않다.(×)]<12승진> ※ 드보크는 러시아어로 참나무를 뜻하는 '두푸'에서 유래된 공작용어로 참나무를 표식으로 하여 편지나 연락물건을 가져다 놓았던 것에서 유래한 것이다.
난수표	간첩이 **지령이나 보고의 내용을 은닉·보호하기 위하여** 아라비아 숫자로 **상호 약정한 암호 문건**

정리 연락과 관련된 기타 개념

손질접선	비밀 문건을 일방에서 타방으로 순간적으로 전달하는 방법(순간접선)
A-3 방송	북한이 남파간첩에게 지령을 하는 수단으로 사용하고 있는 방송, 북한은 2000년 12월 이후로는 A-3 방송을 중단하고 있다.
아지트	비합법적인 **(노동)운동이나 간첩행위 등을 지휘하는 지하본부(근거지)로 사용**하는 집회소나 지도본부를 의미한다.[♣땅을 파고 들어가 은신(×)](**선동지령본부의 약칭**) ♣ 땅을 파고 들어가 은신하는 비합법적 활동의 잠복거점을 아지트라 한다.(×) **예 노동쟁의를 지휘하는 지하본부** ♣ 아지트는 선동지령본부의 약칭으로 노동쟁의를 지휘하는 지하본부를 말한다.(○) ① **아지트의 종류** ⇨ ⓐ **무전아지트**, ⓑ **교육아지트**, ⓒ **비상아지트** ② **요건** ⇨ 아지트는 공작원이 **외부로부터 보호될 수 있는** **고도의 차단성을 구비하여야** 한다.

3. 신호 : 비밀공작활동에 있어서 공작원 상호간에 의사를 전달하기 위하여 **사전에 약정해 놓은 표시**를 말한다.[♣공작(×)]<18 · 20승진>

(1) 신호의 종류

인식신호	처음 만나는 자가 **상대방을 상호식별하기 위해서 사용하는 신호**이며, **약정된 동작, 착의, 소지품 등**으로 약속한다.
확인신호	인식신호로써 대상자임을 인식하고 접근한 후, **다시 확인하기 위해 약속된 신호**로서 통상 물자교환이나 약속된 대화를 한다.[♣처음 만나는 상대방을 서로 확인하기 위해(×)] ♣ 처음 만나는 상대방을 서로 확인하기 위해 물자교환이나 약속된 대화를 하는 것을 말한다.(×)
안전 · 위험 신호	공작활동에 있어서 인원 · 시설 · 지역 또는 단체의 현재상태가 안전 또는 위험하다는 것을 알리기 위한 신호이다.
행동신호	① **회합, 이동, 특정행동의 개시나 중지를 알리는 신호**이다. ② 계획상의 행동수행이나 변경, 공작활동 가능 여부를 연락하기 위한 신호이다.

(2) **요건 :** 자연성 · 명백성 · 공개성 · 간단한 · 확실성 · 안전성

※ 신호는 자연스럽고 상대방이 뜻을 정확히 알 수 있도록 명백하고 간단해야 한다.

4. 감시 : 공작대상에 대한 **정보를 획득할 목적으로 관찰하는 기술**을 말한다.

(1) **의의 :** 시각 · 청각을 통하여 공작대상인 **인물, 시설, 물자 및 지역 등에 대한 정보를 획득하는 기술**이다.<12승진>

(2) 감시의 유형

신중감시	① **대상자가 감지하지 못하도록** 행하는 감시이다. ② 신중감시 도중 대상자가 **접선 등 어떤 용의사실이 발견되면** 근접감시의 형태로 전환된다.
근접감시 (직접감시)	대상자가 감시당하고 있음을 **감지하여도 계속 감시**하는 것(**직접감시**)을 말한다.[♣간접감시(×)] ♣ 근접감시는 대상자가 감시당하고 있음을 감지하더라도 계속 감시하는 것을 말하며, 간접감시라고도 한다.(×) ※ 대상자를 절대 놓쳐서는 안 될 경우, 대상자의 공작을 방해하기 위한 경우에 사용되는 감시방법이다.
완만감시	대상자가 이미 알려져 있는 자로서 **계속감시를 필요로 하지 않는 자**에 대하여 **필요한 시간 · 장소를 정하여 실시**하며, 감시할 인적 · 물적 · 시간적 사정이 여의치 않아 적은 인원으로 많은 감시효과를 올리고자 할 때 적합하다.<12승진>

(3) **법적근거 :** 감시는 **비권력적 사실행위**에 해당하지만, **국민의 기본권침해의 우려가 크기 때문에 감시에는 반드시 법적 근거를 요**한다.[♣현행법상 직 · 간접 근거규정 없다.(×)]<12승진>

♣ 감시는 사실상의 행위로서 이에 대한 법적 근거규정은 불필요하며 현행법상 그 근거규정을 찾아볼 수 없다.(×)

① **근거규정 : '대통령경호법**(대통령 등의 경호에 관한 법률)**, 통신비밀보호법, 국가정보원법, 정보 및 보안업무 기획 · 조정규정'** 등

(4) **한계 : 대인감시**는 헌법상 기본권 보장문제와 관련하여 국가목적 수행을 위한 **최소한의 범위 내에서 실시되어야** 한다.

(5) **용도 : 신문의 기초자료 수집, 입수된 첩보의 확인, 중요인물의 신변보호, 제보자의 신뢰성 검토,** 공작대상자의 신원파악, 불법행위자 검거 등을 위해서 이용된다.<12승진>

5. 사전정찰

(1) **사전정찰 :** 장래의 공작활동을 위하여 공작목표나 공작지역에 대하여 **예비지식을 수집하는 사전 조사 활동**을 의미한다.[♣감시(×)]<20승진>

(2) **필요성 :** 비밀용도를 위한 건물 · 장소 · 지역 등의 적부를 심사할 목적으로 그러한 목표물의 내부 · 외부 등 주변을 파악하기 위하여 행하여짐.

(3) **내용 :** ① 회합을 위한 적당한 장소의 선정, ② 보안성이 유지되는 수수소의 선정, ③ 공작 대상지역의 선정

(4) **절차 :** ① 계획서 작성, ② 공작원 선정, ③ 안전대책 점검, ④ 정찰실시, ⑤ 보고서 작성 순<01 · 05 · 08승진>

6. 관찰묘사 : 일정한 목적 하에 **사물을 감지하고 이를 재생하여 표현**하는 것이다.

(1) **관찰 :** 일정한 목적 하에 사물의 현상 및 사건 전말을 감지하는 과정[♣묘사(×), ♣사전정찰(×)]<18 · 20승진>

(2) **묘사 :** 관찰한 경험을 재생 · 표현하는 기술[♣관찰(×)]<18승진>

♣ '관찰묘사'란 경험을 재생하여 표현 · 기술하는 것을 의미하는 관찰과 일정한 목적 하에 사물의 현상 및 사건의 전말을 감지하는 과정을 말하는 묘사로 구분된다.(×)<18승진>

(3) **관찰의 원칙 :** ① 관심의 원칙, ② 분류의 원칙, ③ 연상의 원칙, ④ 비교의 원칙, ⑤ 종합의 원칙

Ⅲ 심리전(心理戰)

(1) **심리전 : 선전 · 선동 · 모략 등의 수단**으로 직접 상대국의 국민 · 군대에 정신적 자극을 주어 **사상 혼란과 국론분열을 유발시킴으로써 자국의 의도대로 유도**하는 **비무력 전술**이다.[♣무력전술(×)]<17경위>

♣ 심리전은 선전 · 선동 · 모략 등의 수단에 의해 직접 상대국의 국민 또는 군대에 정신적 자극을 주어 사상의 혼란과 국론의 분열을 유발시킴으로써 자국의 의도대로 유도하는 무력전술이다.(×)<17경위>

(2) **심리전의 3대 원칙** : 단순 · 단일성, 반복성, 권위성 ≪선전주체에게 신뢰성을 줌.≫

(3) **심리전의 수단** : 선전, 선동, 모략, 유언비어, 전단, 불온선전물 등이 있다.

1. 유형<17경위 · 03 · 06 · 09승진>

주체	(1) **공연성 심리전**, (2) **비공연성 심리전**[♣목적에 의한 분류(×)]<09승진>	
목적	선무심리전	아측 후방지역의 사기를 앙양시키거나 수복지역 주민들의 협조를 얻고 질서를 유지하기 위한 선전활동이다.(일명 **타협심리전**)<04승진 · 09 · 17경위>
	공격심리전	적측에 대해 특정의 목적을 달성하기 위해 공격적으로 행하는 심리전[♣운용에 따른 분류(×)]<09승진>
	방어심리전	적측에서 가해 오는 공격을 와해 · 축소시키기 위해 방어적으로 행하는 심리전

운용	**전략심리전**	광범위하고 **장기적인 목표** 하에 대상국의 전 국민을 대상으로 실시하는 전략심리전이다.[♣전술심리전(×)]<17경위> 예 **자유진영국가들이 공산진영국가에 대해** 실시하는 **대공산권방송**<17경위 · 09승진>
	전술심리전	**단기적인 목표** 하에 즉각적인 효과를 기대하고 실시하는 심리전 예 **간첩을 체포한 후 널리 공개**하는 것[♣전략심리전(×)]

II. 심리전 수단<99승진>

불온선전물	① **불온선전물 : 북한이** 대남심리전의 목적(민심교란, 사회불안 조성 등)으로 각종 문제를 그때그때의 시사성에 민감하게 맞추어 왜곡 · 선전하여 **살포하는 선전물인 전단**을 말한다.[♣국내의 단체 및 개별인사가 공산주의 체제를 지지하는 화보(×)]<12승진> 예 전단 · 책자 · 화보 · 신문 · 삐라 등이 있다.<02승진> ※ 북한불온선전물 처리요령 ⇨ 수거한 북한불온선전물은 보고용과 자체 분석용을 제외하고는 유언비어 유포를 막기 위해 신속히 소각 처분하고 그 결과를 근무일지에 기재해야 한다.[♣전량보관(×)]<12경감> **정리** 안보와 甲경장의 **북한불온선전물 발견시 처리요령** – 불온선전물수거처리규칙 ① 수거상황을 지휘계통으로 보고한다. ② 수거한 북한의 불온선전물을 보고용, 자체 분석용을 제외하고는 유언비어 유포를 막기 위하여 **신속히 소각처분하고 그 결과를 근무일지에 기재**하여야 한다.[♣전량보관(×)]<12경감> ③ 선전물 내용을 정밀 분석한다. ④ **신종**의 선전물인 경우는 수거 후 **즉시 보고하고 견본 10부를 경찰청에 송부**한다.<12경감> ② **안보위해문건 : 국내에서** 좌익폭력 세력이 제작하여 배포한 좌익 · 용공 내용의 유인물을 의미하며, '불온선전물'과는 구별되는 개념이다.<99승진> ※ **이적표현물의 규제법률** ⇨ **'국가보안법 제7조(찬양 · 고무)', '경범죄처벌법 제3조 제1항 제9호**(광고물 무단부착 등)', **'옥외광고물 등 관리법 제4조**(광고물 등의 금지 · 제한위반)',[♣남북교류협력에 관한 법률(×)]
선전	① 선전은 주최 측의 **일정한 사상 · 판단 · 감정 · 관심 등을 대중에게 일방적으로 표시**하여 의식 · 무의식 간에 그들의 **태도에 일정한 경향과 방향을 부여**하는 것이다. ② **특정집단을 자극하여 감정이나 견해 등을** 자기 측에 **유리한 방향으로 유도**하기 위한 계획된 심리전의 일종이다.<10승진> ※ 행위자 : 특정문제에 대한 이론적인 분석능력이 있는 전문가 · 학자에 의해 행해진다.

구분	종류	항목	내용
선전	백색선전	의의	**출처를 공개**하고 행하는 선전
		특색	국가 또는 공인된 기관이 공식적인 보도기관을 통하여 공연한 심리전의 형태로 행하게 되므로 주제·용어 등에 제한을 받지만 **신뢰도가 높다.**<09·10승진>
	흑색선전	의의	**출처를 위장**하면서 암암리에 실시하는 선전<04승진·08채용> 예 반제민전(구 한민전)의 '구국의 소리' 방송<07승진>
		장점	적국 내에서도 행할 수 있고 특정한 목표에 대해 **즉각적이고 집중적인 선전이 가능**하다.[♣즉각적이고 집중적인 효과를 기대하기 어렵다.(×)]
		단점	출처 노출을 피하기 위해 많은 주의가 요구되며 정상적인 통신망을 이용할 수 없다.[♣적이 역선전할 경우 대항하기 어렵다.(×)]<10승진>
	회색선전	의의	**출처를 밝히지 않고** 행하는 선전<16승진>
		장점	선전이라는 **선입관을 주지 않고 효과를 얻을 수** 있음.
		단점	적의 **역선전에 취약**하고, **출처의 은폐로 선전의 효과를 거두기 어렵다**.<10승진>
선동			대중의 **심리를 자극하여 감정을 폭발**시킴으로써 군중심리에 의한 **폭력을 유발**하게 하는 활동으로서 대중의 주체의식과 개성을 상실시키는 특징이 있다. ※ 대중의 감정을 간파하고 호소할 수 있는 웅변·예언이 뛰어난 대중인기인에 의해 행해진다.
모략			계획적·날조적으로 상대측의 특징 개인·단체에게 누명을 씌우거나, 상대국세력을 약화 또는 단결력을 파괴시키는 활동 ※ **모략의 최적기** ☞ 목표 집단의 지도이념이나 가치가 파괴되어 정치상황이 급변하거나 중대한 전환기에 있을 때
유언비어	의의		**국론분열 등을 목적으로** 확실한 근거가 없고 **출처가 불분명한 풍설을 퍼뜨리는 심리전 방법** ※ 유언비어는 **정치·경제·사회 등이 불안할 경우**, 인간의 기본적인 불안·공포·희망 등과 맞물려 발생되거나 조작되어 전파된다.[♣안정적인 경우에(×)]
	원인		'**인위적**'으로 조작하여 전파시키는 경우와 '**자연적**'으로 발생하는 경우가 있다.
	대책		정확한 보도, 사전방지, **근원지의 색출·추적**, 역유언의 전개, 비공식적 해명 등
전단	의의		심리전 주체가 의도한 선전내용을 간단히 문자·그림 등으로 수록한 유인물
	장점		소지가 쉽고, 타인에게 보여줄 수가 있어 다량전파가 가능하며, 사용이 자유로움.
	단점		많은 시간이 걸리며, 적의 역대응에 약하고, 기상 등의 영향을 받음.

Ⅳ 대공상황

Ⅰ. 대공상황 조치요령

> **대공상황 :** 국가안보와 관련된 새로운 제반사태 중 안보경찰의 업무영역에 해당되는 상황을 의미한다.
>
> 예 간첩 출현, 거동수상자 발견 신고, 대형화재사건 등

(1) **출동 · 통보 · 초동조치**

① 분석요원과 안보책임간부는 통신장비, 분석장비를 휴대하고 현장에 신속히 출동하여 분석판단 및 사건처리에 임한다.<19경위>

※ 휴대장비 – 작전지도, 취약지 분석자료, 채증장비(카메라, 녹음기, 족적 및 지문채취도구 등), 손전등, 소형삽, 금속탐지기, 나침반, 분도기, 삼각자, 통신장비, 무기 등

② **출동조치와 더불어(동시에)** 군 · 안보부대 등 **유관기관에 통보**가 이루어져야 한다.[♣출동 전에 통보(×), ♣판단되면 안보부대 통보(×)]<19경위>

③ **현장확보, 목배치로 도주로 차단 등 초동조치는 사건처리의 중요한 관건**이다.

(2) **보고**

① **탐지 · 보고 · 전파 · 대책수립 :** 대공상황이 발생 · 탐지되면 즉각 신속 · 정확하게 보고 · 전파하고 이에 대한 적절한 대책을 조속히 수립하여야 한다.

② **보고 · 전파 시 고려사항 :** 대공상황의 보고와 전파 시에는 **적시성 · 정확성 · 간결성 · 보안성 등이 고려되어야** 한다.<19경위 · 15승진>

③ **보고요령 :** 상황이 발생하면 **신속하게 우선 개요를 보고**하고, **의문점에 대하여는 2보 · 3보로 연속하여 보고**하되 일관성을 유지해야 한다.[♣1회 보고 종결(×)]<19경위 · 15승진>

※ 적시성이 강조되므로 대공상황은 파악되는 대로 **즉시 보고**한다.

II. 대공상황의 분석 · 판단<03 · 08승진>

> 정책결정권자에게 사태에 따른 처리방향과 결심을 주기 위한 활동
>
> ※ 분석요원과 안보책임간부는 통신장비, 분석장비를 휴대하고 현장에 신속히 출동하여 분석판단 및 사건처리에 임한다.<15승진>

(1) **목적 :** 안보경찰의 업무수행에 필수적인 기본과정으로서, 이론적 방향의 제시보다는 **정책결정자에게 사태에 따른 처리 방향과 결심을 주기 위한 활동**이다.<02승진>

※ 정보기능의 정보판단서와 유사한 목적

(2) **구비요건**

① **사실 그대로를 수집하고 수집된 자료를 종합**

② 모든 사태를 객관적으로 관찰하여 종합 판단

③ 반드시 실제 증거와 사실을 근거로 할 것

④ **유관기관과 협조하여 의견을 종합 판단**

⑤ 신속성(시간성)

⑥ **과대한 표현방법의 지양**[♣지향(×)]

⑦ **객관적 자료를 제시하고 간명하게 기술**

⑧ 사소한 의아점이라도 끝까지 확인

(3) **특색 :** 상황발생과 전개과정에 대한 체계적 인식의 과정이며, 이 과정에는 일반형사사건과 마찬가지로 **현장조사의 중요성이 부각**된다.[♣현장조사할 필요가 없다.(×)]<15승진>

(4) **분석 :** 상황발생 및 발전과정을 세밀히 파악하고 그 내용을 확인하며 관련성을 검토 · 체계화하는 것을 의미

① 상황을 내용별로 분류한다.<08승진>

② 관련 사항에 대한 비교 대조가 정밀하게 이루어져야 한다.<08승진>

③ 종합분석평가를 다각도로 정확히 한다.<08승진>

④ 객관적으로 해석한다.[♣주관적으로(×)]<08승진>

(5) **합신조 운용**

개념		적의 부대 및 요원의 출현, 기타 대공상황 발생시 국정원 · 군부대 · 경찰 등 조사요원이 합동으로 현지상황을 조사분석 대공용의점 유 · 무를 도출
합동 신문조		① 통합방위본부장은 통합방위 업무를 담당하는 공무원 또는 통합방위작전 및 훈련에 참여한 사람이 그 직무를 게을리하여 국가안전보장이나 통합방위 업무에 중대한 지장을 초래한 경우에는 그 소속 기관 또는 직장의 장에게 **해당자의 명단을 통보**할 수 있다. ② 제1항에 따른 통보를 받은 소속 기관 또는 직장의 장은 특별한 사유가 없으면 징계 등 적절한 조치를 하여야 하고, 그 결과를 통합방위본부장에게 통보하여야 한다. ③ 통합방위본부장은 국가중요시설에 대한 방호태세 유지를 위하여 필요하면 제21조 제1항 및 제2항에 따라 수립된 국가중요시설의 자체방호계획 및 방호지원계획의 시정을 요구할 수 있다.(통합방위법 제23조)
대상	대공상황	거수자, 간첩선, 불온선전물, 총기류, 대형화재, 폭발사건, 밀입국, 탈북자, 귀순자, 의아선박 등
	일반 안보상황	국가중요시설 대형화재사건, 총기 · 폭발물 등에 대한 대형사건, 기타 안보상 의심되는 사건 등

(6) **판단 :** 상황을 분석한 내용을 전개과정과 결과발생을 종합하여 결론을 도출하는 것을 의미한다.

※ 상황의 분석과 판단은 다른 의미를 가지지만, 절대적 상관관계를 가지고 있다.

① **분석 · 판단 시 주의사항**

> ㉠ **전체적인 관련성 유지**
> ㉡ 사태에 대한 적절하고 정확한 분석과 해석
> ㉢ **여러 출처에서 나온 많은 정보를 활용**
> ㉣ **합리적이고 논리적인 분석이 필요**
> ㉤ **주어진 상황과 결론이 일치할 것**[♣일치할 필요 없다.(×)]

CHAPTER

04 안보수사

1 안보수사 일반

(1) **정보사범(안보위해사범) :** 안보경찰의 안보수사의 대상이 되는 범죄를 범한 자를 정보사범 또는 안보위해사범이라고 하는바, 정보사범의 범위는 아래 "**정보 및 보안업무 기획 · 조정규정**"에서 **국가보안법위반범죄 등을 범한 자를 '정보사범 등'으로 정의**하고 있다.

① **안보위해사범의 범위**(정보 및 보안업무 기획 · 조정규정 제2조 5호)<02승진>

㉠ **형법**('내란의 죄, 및 '외환의 죄')[♣폭력행위등 처벌에 관한 법률에도 정보사범 규정(×)]

㉡ **군형법**('반란죄' · '이적죄' · '군사기밀누설죄' · '암호부정사용죄')

㉢ **군사기밀보호법**

㉣ **국가보안법**에 규정된 죄를 범한 자와 그 혐의를 받고 있는 자

② **정보사범의 특성**

구분	내용
확신범	자기가 지키는 규범이나 질서를 현행 국가의 질서보다 상위의 것으로 평가하고, 애국자로서 범죄를 수행할 의무가 있다고 확신하는 특성을 갖는다.(**정치적 성향**을 가진다.) ① 국가의 질서보다 **자신의 신념을 더 상위의 것으로 평가**한다. ② 수사 전 과정을 통해서 피의자에게 감명을 줄 수 있도록 해야 한다.
조직적 범행	**지하당 조직과 같은 조직적 · 집단적 범행**의 경우가 많다. ※ 안보수사에 관한 사항은 국가정보원장이 조정하며 **합동신문 제도가 채용**된다.
보안성	**위장술 · 변장술 · 은닉술 등 자체 보안대책을 강구**하는 등 범죄수법이 고도로 지능화되어 있다. ※ 치밀의 원칙이 요구된다.
비노출 범행	범행의 **결과가 노출되지 않아** 범죄의 인식이 매우 어렵다.<02승진> ♣ 안보위해사범은 조직적으로 활동하여 범행의 결과가 쉽게 노출된다.(×)<02승진> ※ 정보사범은 **비노출 범행**을 저지르는 특성을 갖는다.[♣공개적 범행(×)]
비인도적 범행	안보위해사범은 많은 경우에 있어 목적 달성을 위해 수단 · 방법을 가리지 않기 때문에 살인, 방화, 폭행, 폭파 등 비인도적 범행을 자행하는 등 수단 · 방법을 가리지 않는다.
동족간의 범행	우리나라의 경우 정보사범은 외국과는 달리 역사적 · 문화적으로 같은 정신존재임을 인식할 수 있는 동족 간에 이루어지는 특징이 있다.

PART 06

(2) **안보수사 :** 안보수사란 **정보사범**(안보사범)을 **인지 · 색출 · 검거 · 신문하는 일련의 활동**을 의미한다.

① 정보사범은 **국가존립의 기본질서를 해하는, 즉 국가안전보장과 관련된 반국가사범**이다.

② **정보사범 통신제한조치**(통신비밀보호법 제7조)

대통령 허가	정보수사기관의 장이 국가안보를 위한 정보수집이 필요하여 통신제한조치를 하는 경우 **대통령의 허가**를 얻어야 한다.(작전을 위한 군용전기통신과 적대국, 반국가활동의 혐의가 있는 외국 기관 · 단체 · 외국인, 대한민국 통치권이 미치지 않는 한반도내 집단이나 외국소재 산하단체 구성원의 통신인 경우)
고법 수석부장 판사 허가	통신의 **일방 또는 쌍방당사자가 내국인**일 경우 ⇨ **고등법원 수석부장판사 허가**를 얻어야 한다.
기간	① 통신제한조치의 기간은 **4월**을 초과하지 못하고, 그 기간중 통신제한조치의 목적이 달성되었을 경우에는 즉시 종료하여야 하되, ② 요건이 존속하는 경우에는 소명자료를 첨부하여 고등법원 수석부장판사의 허가 또는 대통령의 승인을 얻어 **4월의 범위 이내**에서 통신제한조치의 기간을 **연장할 수** 있다. 다만, 제1항 제1호 단서의 규정에 의한 통신제한조치는 전시 · 사변 또는 이에 준하는 국가비상사태에 있어서 적과 교전상태에 있는 때에는 작전이 종료될 때까지 대통령의 승인을 얻지 아니하고 기간을 연장할 수 있다.(제7조 제2항)

2 안보수사 대상(국가보안법위반사범 중심)

안보수사의 대상은 안보위해사범(정보사범)이며 안보위해사범은 형법, 군형법 등에도 규정이 되어 있으나 특별법으로서 이를 전문적으로 규율하고 있는 법률이 국가보안법이라고 할 수 있다.

I 테마 166 국가보안법

안보위해사범(정보사범)을 집중적으로 규율하고 있는 국가보안법은 국가안보라는 목적의 특수성으로 인해 일반 형법과는 다른 특징들을 내포하고 있다.

(1) **국가보안법 성격** : 공법(公法), 형사사법법(刑事司法法), 형법과 형사소송법에 대한 특별법

(2) **목적(보호법익)** : 국가보안법은 국가의 안전을 위태롭게 하는 반국가활동을 규제함으로써 국가의 안전과 국민의 생존 및 자유를 확보함을 목적으로 한다.(제1조)<21경위 · 98승진 · 12.3채용>

※ 국가보안법을 해석 · 적용함에 있어서는 필요한 최소한도에 그쳐야 하며, 이를 확대해석해서는 아니 된다.<98승진>

Ⅰ. 국가보안법상 범죄의 유형

1. 반국가단체 구성 · 가입 · 가입권유죄(제3조)

⑴ **반국가단체를 구성하거나 이에 가입한 자**는 다음의 구별에 따라 처벌한다.(제3조 제1항)

1. **수괴의 임무**에 종사한 자는 **사형 또는 무기징역**에 처한다.
2. **간부 기타 지도적 임무**에 종사한 자는 **사형 · 무기 또는 5년 이상**의 징역에 처한다.
3. 그 이외의 자는 2년 이상의 유기징역에 처한다.

※ 반국가단체를 구성하거나 이에 가입하거나 타인에게 반국가단체에 가입할 것을 권유하는 행위

⑵ **성립요건**

① **반국가단체 : '정부를 참칭'하거나 '국가를 변란'할 것을 목적**으로 하는 **국내외**의[♣국내의(×)] **결사 또는 집단**으로서 **지휘통솔체제**를 갖춘 단체를 말한다.[♣지휘 · 통솔체계를 갖출 필요 없다.(×)](국가보안법 제2조 제1항)<08 · 14 · 16승진 · 12 · 13 · 21 · 23경위 · 02 · 09 · 10 · 13.2채용>

예 **조선민주주의 인민공화국**은 반국가단체이다.(대법원 93도1951)

예 **위계 · 분담 등의 체계가 존재하지 않는 스터디 그룹**이라면 그 목적이 정부 참칭이라도 **반국가단체라고 할 수 없다**.[♣할 수 있다.(×)]

② **반국가단체 개념요소**<03승진 · 10채용>

구분	내용
정부 참칭	합법적인 절차에 의하지 아니하고 **임의로 정부를 조직하여 진정한 정부인양 사칭**하는 것으로 **정부와 동일한 명칭을 사용할 필요까지는 없고 일반인이 정부로 오인할 정도이면 충분**하다.<10채용>
국가 변란	① **정부를 전복하여 새로운 정부를 조직하는 것을 의미**한다.<03승진> ② **자연인 사임교체(×), 조직 · 제도의 파괴 · 변혁**: 정부전복은 정부를 구성하고 있는 **자연인의 사임이나 교체만으로는 부족**하고 정부**조직이나 제도 그 자체를 파괴 또는 변혁하는 것**을 의미한다.<10채용> ※ 형법상 내란죄(제91조)의 '국헌문란' ⇨ '헌법 또는 법률에 정한 절차에 의하지 아니하고 헌법 또는 법률의 기능을 소멸시키는 것, 헌법에 의하여 설치된 국가기관을 강압에 의하여 전복 또는 권능행사를 불가능하게 하는 것'으로 규정하고 있다. 따라서 **'국가변란'은 '국헌문란' 보다는 좁은 개념**이다.[**국가변란< 국헌문란**][♣국헌문란보다 더 넓은 개념(×)]<10채용>
결사 · 집단	① **국내외**의 결사 또는 집단[♣국내의(×)]<08승진 · 13경위 · 02 · 09 · 13.2채용> ② **결사**: 계속적인 집합체 / **집단**: 일시적인 집합체[♣집단은 계속적인 집합체(×)]<08승진> ※ 결사란 일정한 공동목적을 수행하기 위하여 조직된 특정 다수인의 계속적인 결합체를 의미하나, 영구히 존속하거나 사실상 계속하여 존속할 것은 요하지 아니한다. ※ **산하단체** ⇨ 주된 결사의 산하단체라 해도 결사의 요건을 갖추고 있다면 별개의 결사로 인정될 수 있다. ③ **반드시 지휘통솔체계**를 갖추어야 한다.[♣갖출 필요 없다.(×)]<02 · 09 · 10 · 13.2채용> **판례** 반국가단체로서 지휘통솔체제를 갖춘 단체라 함은 2인 이상의 특정 다수인 사이에 단체의 내부질서를 유지하고 그 단체를 주도하기 위하여 **일정한 위계 및 분담의 체계를 갖춘 결합체**를 의미한다.(대법원 95도1121)<12 · 17승진>

③ **구성 · 가입 : 반국가단체 구성 · 가입은 필요적 공범**[♣가입권유는 필요적 공범(×)]**으로 행위자의 지위와 역할의 차이에 따라 법정형의 차등**을 두고 있다.

④ **가입권유 :** 타인에게 반국가단체에 가입할 것을 **새롭게 결의하게 하거나 기존의 가입의사를 더욱 확고하게 하는 것**이다.[♣새롭게 결의하는 경우에 한한다.(×)]

㉠ **수단** : 협박, 기망, 이익제공 등 권유의 **수단에는 제한이 없다.**

㉡ **대상** : 권유의 대상은 **특정한 타인이어야** 한다. 신문 · 방송 · 벽보를 통해 불특정인에 대해 권유하는 것은 가입권유에 해당한다고 할 수 없다.[♣불특정 다수인에 대한 권유이어도 무방하다.(×)]

㉢ **성립** : 피권유자가 실제로 반국가단체에 **가입하지 않더라도 본죄가 성립**한다.[♣가입하여야 성립(×)]

2. 목적수행죄(제4조)

⑴ **목적수행죄 :** 반국가단체의 구성원 또는 그 지령을 받은 자가 그 **목적수행을 위한 행위**를 한 때에는 다음의 구별에 따라 처벌한다.(제4조 제1항)

※ 목적수행을 위하여 자행하는 **간첩 · 인명살상 · 시설파괴 등의 범죄**를 특별히 중하게 처벌하기 위한 조항이다.

⑵ **주체 : 반국가단체의 구성원 또는 그 지령을 받은 자**[♣주체가 될 수 없다.(×), ♣행위주체에 제한이 있다.(○)]<11승진 · 17경위 · 14.2채용>

※ 주체는 신분범이므로 **간첩행위를 방조한 비신분범**은 **편의제공죄를 적용**한다.

① **반국가단체 구성원**이라 함은 반국가단체에 소속된 사람을 의미하는데, 반드시 수괴, 간부 기타 지도적 임무에 종사할 것을 요하지 않고, 특정 임무에 종사하지 않는 **일반 구성원이라도 본죄의 주체가 될 수** 있다.

② **반국가단체의 지령을 받은 자**란 반국가단체로부터 **직접 지령을 받은 자뿐만 아니라 위 지령을 받은 자로부터 다시 지령을 받은 자도 포함**된다.

㉠ **받은 지령의 내용**은 구체적이고 독립적일 필요까진 없고, 어떤 **지령이 있었다고 인정할 수 있을 정도**면 되고,

㉡ **지령의 내용**과 간첩행위의 **목적수행 내용이 어느 정도 합치되어야** 한다.[♣연계성이 없어도 적용(×)]

㉢ **남파공작원**은 신분과 목적에 비추어 전반적인 기밀 탐지 · 수집활동의 수행이 예정되어 있으므로 **지령내용이 특정되어 있지 않더라도 목적수행죄를 구성**한다.[♣제4조 위반이라고 할 수 없다.(×)]

⑶ **형법과의 관계**

① **특별법적 성격**

② **법정형의 통일 · 가중 :** 목적수행죄의 대상이 되는 형법상의 각 범죄는 유형에 따라 법정형에 차등을 두고 있지만, 국가보안법에서는 법정형을 통일 · 가중하고 있다.

③ **간첩 :** 반국가단체 구성원 또는 지령을 받은 자가 형법 제98조(간첩)의 행위를 하거나 국가기밀에 대한 탐지 · 수집 등을 하는 것이다.

※ **기밀등급에 따른 법정형 구분** : 국가보안법은 **간첩죄에 대한 법정형**을 기밀의 등급에 따라 구분하고 있다.

(4) **목적수행죄의 행위태양**[♣금품수수(×), ♣잠입 · 탈출(×)]<11.1채용>

제1호	외환의 죄, 존속살해, 강도살인, 강도치사 등의 범죄
제2호	간첩죄, 간첩방조죄, 국가기밀 탐지 · 수집 · 누설 등의 범죄
제3호	소요, 폭발물사용, 방화, 살인 등의 범죄
제4호	중요시설파괴, 약취 · 유인, 항공기 · 무기 등의 이동 · 취거 등의 범죄
제5호	유가증권위조, 상해, 국가기밀서류 · 물품의 손괴 · 은닉 등의 범죄
제6호	선전 · 선동 허위사실 날조 · 유포 등의 범죄 ※ **사기 · 공갈은 제외**

① 간첩죄의 주요개념(제2호)

간첩죄	실행의 착수시기	① **남파간첩의 경우**: 간첩을 목적으로 **대한민국에 잠입했을 때**(잠입시설)[♣잠입 시 착수로 볼 수 없다.(×)] ② **국내에서 기밀수집지령을 받은 경우**: 기밀**탐지 · 수집의 행위로 나아갔을 때** ㉠ **무인포스트의 설치나 암호 해독**은 실행행위가 아닌 **준비행위에 해당**한다. ㉡ 군사시설 위치 파악을 위해 **GPS기기를 구입**하는 정도는 **착수로 볼 수 없다**.
	기수시기	국가기밀을 **탐지 · 수집(지득, 입수)**한 때<02승진> ※ 원칙적으로 기밀에 대한 물색에 착수하엿으나, 입수에 이르지 못하였다면 미수죄가 성립된다고 볼 수 있다.
미수		원칙적으로 기밀에 대한 **물색에 착수**하였으나, **입수에 이르지 못하였다면** 미수죄가 성립된다고 볼 수 있다. 판례 **간첩미수죄**는 국가기밀을 탐지수집하라는 **지령**을 받았거나 소위 **무인포스트를 설정하는 것만으로는 부족**하고 그 지령에 따라 국가기밀을 탐지수집하는 행위의 실행의 착수가 있어야 성립된다.(대법원 74도2662 판결 [국가보안법위반등])
예비 음모		예비 · 음모를 처벌한다. ※ 지령자와 기밀 수집을 위한 **구체적인 계획을 논의**하였다면 **예비 · 음모**이다.
간첩 방조		간첩의 임무수행과 관련하여 실행행위를 용이하게 하는 것으로서 유 · 무형의 방조를 모두 포함하는 개념이다.
군사 기밀 · 국가 기밀 기준		(1) **간첩**: 간첩이란 대한민국의 **국가기밀이나 군사상 기밀을 탐지 수집하는 것**이다. ※ 간첩죄는 적국을 위하여 군사상 기밀은 물론 적국에 알려짐으로써 우리나라에 불이익이 되는 정치, 경제, 사회, 문화 등 모든 분야에 걸친 기밀을 탐지, 수집함으로 성립되는 것(대법원 82도2201) (2) **기밀 : 일반인에게 널리 알려져 있지 않아야** 하며, **보호할 실질적 가치가 있어야** 한다. – 요건: 기밀의 요건에는 **정보성, 비공지성, 실질비성** 등이 있다.[♣비공지성, 실질비성 등을 요건으로 하지 않는다.(×)] ※ **참석범위가 한정된 세미나 · 박람회 등에서 입수한 정치 · 군사동향** 등은 공개행사에서 수집한 자료이므로 **비공지성이 인정**된다.[♣인정되지 않는다.(×)](대법원 98도82)

<table>
<tr><td rowspan="3">군사
기밀
·
국가
기밀
기준</td><td colspan="2">▶ 기밀종류</td></tr>
<tr><td>군사상
기밀</td><td>군사상 기밀이란 적국에 알리지 아니하거나 확인되지 아니함이 우리나라의 국가이익 내지 국방정책상 필요한 기밀을 말한다.
ⓐ **사회, 정치, 경제 등에 대한 기밀도 군사기밀이 될 수** 있다.
ⓑ **신문 · 라디오에 보도된 공지의 사실**은 군사기밀로 볼 수 없다.(대법원 97도985)
ⓒ **휴전선 부근의 지리상황**, 군사 관련 잡지 등의 **군사평론** 등은 **군사상 기밀에 해당**한다.(대법원 97도1656, 대법원 98도82)
※ **실질설(通 · 判)** ⇨ 기밀로서 보호할 **실질적 가치가 있어야** 하며, **사회, 정치, 경제 등에 대한 기밀도 군사기밀이 될 수** 있으며 **신문 · 라디오에 보도된 공지의 사실은 군사기밀로 볼 수 없다**.[♣법령에 따라 비밀로 분류된 것에 한한다.(×)](대법원 97도985 판결)<07승진 · 09채용></td></tr>
<tr><td>국가
기밀</td><td>간첩죄의 대상이 되는 국가기밀이란 순전한 **군사기밀에만 국한되는 것이 아니고 정치, 사회, 경제 등 각 분야에 걸쳐 적국에 알려짐으로써 우리나라에 군사상 불이익이 되는 일체의 기밀을 포함**한다.(대법원 82도2201)
예 대법원 판례에 따르면 **청와대 주위의 산세, 관망에 관한 정보**는 **기밀에 해당**한다.</td></tr>
<tr><td>처벌</td><td colspan="2">가. **군사상 기밀 또는 국가기밀**이 국가안전에 대한 중대한 불이익을 회피하기 위하여 한정된 사람에게만 지득이 허용되고 **적국 또는 반국가단체에 비밀로 하여야 할 사실, 물건 또는 지식**인 경우에는 사형 또는 무기징역에 처한다.(제4조 제1항 제2호, 가목)
나. **가목 외의 군사상 기밀 또는 국가기밀**의 경우에는 사형 · 무기 또는 7년 이상의 징역에 처한다.(제4조 제1항 제2호, 나목)
※ 법 제4조 제1항 제2호 나목의 기밀도 가목의 기밀과 함께 **"비공지성", "실질비성"**을 **요건으로 한다**. [♣요건으로 하지 않는다.(×)]</td></tr>
</table>

3. 자진지원죄(제5조 제1항)

(1) **자진지원 : 반국가단체나 그 구성원 또는 그 지령을 받은 자**를 **지원할 목적**으로 자진하여 **목적수행죄**(제4조 제1항 각호)**에 규정된 행위**를 한 자는 목적수행죄(제4조 제1항)의 예에 의하여 처벌한다.(제5조 제1항)

※ **목적수행죄에 규정된 행위를** 함으로써 성립하는 범죄

(2) **주체 : 반국가단체의 구성원 또는 그 지령을 받은 자를 제외**한 모든 사람이 행위주체[♣반국가단체의 구성원 또는 지령을 받은 자 포함(×)](제5조 제1항)<17경위 · 03 · 04 · 06 · 09승진 · 14.2채용>

※ 타인의 요구에 의한 범행인 경우 그가 반국가단체의 구성원이나 그 지령을 받은 자가 아니라면 자진지원죄가 성립한다.

(3) **목적범 : 반국가단체나 그 구성원 또는 그 지령을 받은 자를 지원한다는 목적**이 있어야 하므로 목적범이다.<09승진>

※ 주관적 구성요건에 해당하는 목적범의 목적 특성상, **목적의 달성여부는 본죄의 성립과 아무런 관련이 없다**.[♣목적의 달성여부는 본죄의 성부에 영향을 미친다.(×)]<09승진>

⑷ **행위태양**

① **자진하여 : 반국가단체의 구성원 또는 그 지령을 받은 자와** 아무런 **의사의 연락 없이** 자기 스스로의 의사에 의하여 범행을 해야 한다.<09승진>

② **타인의 요구나 권유 등에 의한 범행 :** 이 경우에도 **그 타인이 반국가단체의 구성원이나 그 지령을 받은 자가 아니라면 본죄가 성립**한다.

③ **구성요건 :** 국가보안법 제4조 제1항 각호에 규정된 행위(목적수행행위)를 하여야 한다.

⑸ **처벌 :** 목적수행죄와 그 위험성에 있어서 아무런 차이가 없으므로 제4조 제1항(목적수행죄)의 예에 의하여 처벌한다.

비교 **목적수행죄, 자진지원죄 비교**

구분	목적수행죄	자진지원죄
주체	**반국가단체 구성원 또는 지령을 받은 자**	**반국가단체 구성원 또는 그 지령을 받은 자 제외**
기타	행위태양, 처벌은 동일	

4. 금품수수죄

⑴ **금품수수죄 :** 국가의 존립・안전이나 자유민주적 기본질서를 **위태롭게 한다는 정을 알면서 반국가단체의 구성원 또는 그 지령을 받은 자**로부터 금품을 수수한 자는 7년 이하의 징역에 처한다.[♣특수직무유기죄를 범한 자에게 금품제공(×)](7년 이하의 징역)(제5조 제2항)<11・17승진>

예 A는 「국가보안법」 제11조(특수직무유기)를 위반한 B에게 B가 동 범죄를 저질렀음을 알면서도 금품을 제공한 경우(×) ⇨ 국가보안법 제5조의 금품수수는 반국가단체의 구성원 또는 그 지령을 받은 자로부터 수수를 의미한다. 설문에서 「국가보안법」 제11조(특수직무유기)를 위반한 자로부터의 금품수수는 여기에 해당되지 않는다.<12승진>

① **지령**은 지휘와 명령으로 상명하복의 지배관계가 있을 것을 필요로 하지 아니하고 형식에도 제한이 없다.

② **금품수수**란 **금품을 취득하여 자기 또는 제3자의 지배하에 두는 것**이다.

※ 금품을 받기로 **약속하거나, 제공의사 용인만으로는 기수를 인정하기 힘들다**.

⑵ **구성요건**

① **주체에 제한(×)**: 반국가단체의 구성원이나 그 지령을 받은 자도 주체가 된다.<14.2채용>

② **단순고의범(목적불문)** ⇨ 그 목적**(금품수수목적이나 대한민국을 해할 의도)**을 묻지 아니한다.[♣대한민국을 해할 의도가 있어야(×)]<11・12・17승진>

> 판례 금품수수죄는 국가의 존립・안전이나 자유민주적 기본질서를 위태롭게 한다는 **정을 알아야 하나** 그 수수가액이나 가치는 물론 그 **목적도 가리지 아니**하고, 그 **금품수수가 대한민국을 해할 의도가 있는 경우에 한하는 것도 아니**다.(대법원 95도1624)<12・17승진>

③ **가액불문 :** 금품은 반드시 **환금성이나 경제적 가치가 있어야 하는 것은 아니**다. 반국가단체로부터 **무기나 무전기를 수령하는 것, 음식물 접대 등 향응을 수수하는 것도 금품에 해당**한다.[♣경제적 가치가 있어야(×)]<11・12・17승진>

5. 잠입 · 탈출죄(제6조)

(1) **단순 잠입 · 탈출죄 :** 국가의 존립 · 안전이나 자유민주적 기본질서를 위태롭게 한다는 **정을 알면서 반국가단체의 지배하**에 있는 지역으로부터 **잠입하거나 그 지역으로 탈출**한 자는 **10년 이하의 징역**에 처한다.(국가보안법 제6조 제1항)<01 · 12승진 · 23경위 · 02채용>

※ **반국가단체의 지배하**에 있는 지역으로부터 **잠입(북한⇨한국)**하거나 **탈출(한국⇨북한)**함으로써 성립한다.

예 甲이 사업실패와 이혼을 비관하여 자유민주질서에 위배된다는 점을 알면서도 사업을 가장하여 북한에 들어갔다가 이용가치가 없다는 이유로 추방당한 경우

① **주체에 제한이 없음 : 반국가단체의 구성원, 그 지령을 받은 자, 일반인을 불문하고 모두 본죄의 주체**가 된다.<14.2채용>

※ 외국인의 경우 단순잠입죄의 경우 반국가단체 지배하의 지역으로부터 대한민국에 들어온 이상 어디에 체류하다 왔는가와 상관없이 성립한다.

그러나 단순탈출죄의 경우 국내 거주 **외국인이** 반국가단체 지배하의 지역으로 들어가는 것은 성립하지만 **외국에서 반국가단체 지배하의 지역으로 들어가는 행위는 탈출의 개념에 해당하지 않기** 때문에 본죄가 성립하지 않는다.[♣외국인도 어떤 경우건 성립(×)]

② **단순고의범** : 정을 알면 성립하며, **지령을 받을 목적은 불필요**하다.[♣지령을 받을 목적 필요(×)]

③ **반국가단체의 지배하에 있는 지역 :** 북한공산집단이 사실상 지배하고 있어, 대한민국의 통치권이 실제로 미치지 못하고 있는 지역을 의미한다.

※ **외국에 있는 북한 공관, 공작원교육 · 공작에 사용되는 안전가옥과 공작선도 포함**한다.[♣다른 국가영토는 이에 해당할 가능성 없다.(×)]

④ **기수시기 :** 육로는 **휴전선 월경 시,** 해상 · 공중은 **영해 · 영공침범 시** 기수가 되며, **제3국을 통한 입국**도 기수성립에 무방하다.

㉠ 단순잠입죄는 대한민국으로 진입하는 데 필요한 **밀접한 행위가 개시되었을 때가 착수시점**이고, **진입에 성공하는 순간에 기수**에 이른다.

㉡ 일단 반국가단체 지배지역으로 들어간 이상 **다시 돌아올 의사가 있었다고 하더라도 단순탈출죄의 성립에는 아무런 영향이 없다.**

(2) **특수잠입 · 탈출죄 :** 반국가단체나 그 구성원의 **지령**을 받거나 받기 위하여 또는 그 **목적수행을 협의하거나 협의하기 위하여** 잠입하거나 탈출한 자는 **사형 · 무기 또는 5년 이상의 징역**에 처한다.[♣10년 이하의 징역(×)](제6조 제2항)<23경위>

※ 목적수행을 위해 잠입 · 탈출함으로써 성립

① **목적범 : 지령을 받거나 받기 위하여 또는 그 목적수행을 협의하거나 협의하기 위한 목적이 있어야** 한다.[♣반국가단체 구성원만 주체가 될 수(×), ♣은밀히 잠입할 경우에만(×)]<17경위>

예 간첩행위를 할 목적으로 대한민국이 지배하는 지역으로 잠입하였다면 잠입 즉시 **"특수잠입죄"**의 **기수**가 되고, **"목적수행죄"의 미수죄**가 성립되며, 두 범죄는 **상상적 경합관계**에 있다.

② **대상지역 :** 단순 잠입 · 탈출죄와 달리 특수잠입 · 탈출죄는 목적범으로 **반국가단체의 지배하에 있는 지역이 아니라도 무방**하다.

6. 이적동조(찬양고무죄)

(1) **이적 동조: 국가의 존립 · 안전**이나 **자유민주적 기본질서**를 **위태롭게** 한다는 **정을 알면서** 반국가단체나 그 **구성원 또는 그 지령을 받은 자**의 활동을 ① **찬양 · 고무 · 선전 또는 이에 동조**하거나 ② **국가변란을 선전 · 선동**한 자는 7년 이하의 징역에 처한다.(제7조 제1항)<02 · 03승진>

※ **동조:** 반국가단체 등의 활동과 **동일한 내용의 주장**을 하거나 이에 **합치되는 행위**를 하는 것이 "**동조**"에 해당한다.

예 북한에서 만주에 있는 우리 선조들의 **문화유적지 답사 · 발굴 작업을 공동으로 수행하자고 제의**한 것에 호응한 것은 **이적동조에 해당하지 않는다**.[♣해당한다.(×)]

> 판례 1) 북한당국과 대화 중 **이의를 제기한 부분이 있다고 하여도** 전체로 보아 고무, 동조, 찬양을 한 것이라면 **범죄의 성립에는 영향이 없다**고 본다.(대판 90도1613)

> 憲裁 2) **[합헌: 찬양 · 고무, 이적표현물 제작 처벌 ⇨ 국가존립과 자유민주질서에 명백한 위험만 요구]** 국가보안법 제7조 제1항(찬양 · 고무) 및 제5항(이적표현물제작)은 각 그 소정 행위가 **국가의 존립 · 안전을 위태롭게 하거나 자유민주적 기본질서에 위해를 줄** (**명백한 위험만** 있는) 경우에 적용된다고 할 것이므로 이러한 해석하에 **헌법에 위반되지 아니**한다.(89헌가113)
> ⇨ 이유: **명백한 위험만 요구**하고 있다.[♣명백하고 현존하는 위험이 있는 경우에 적용(×)]

(2) **구성요건**

① **주체:** 행위 주체에 대한 아무런 제한이 없다.

② **행위태양: ㉠ 찬양 · 고무 · 선전 또는 이에 동조, ㉡ 국가변란을 선전 · 선동**[♣국가변란 선전 · 선동 제외(×)]<02 · 03승진>

※ 이를 **특정 또는 불특정인이 인식할 수 있는 상태 하에서 행하여야** 하며, 해당 여부는 전체적으로 평가 판단하여야 한다.<03승진>

③ **주관적 요건(단순고의범):** 국가의 존립 · 안전이나 **자유민주적 기본질서를 위태롭게 한다는 '정을 알면서'** 행하는 경우로, 반국가단체를 이롭게 할 **목적의식은 요하지 않으나**, 그와 같은 사실에 대한 확정적 인식일 필요는 없고, 최소한 **미필적 인식이 있어야** 한다.(이적지정 필요)[♣목적의식이 있어야(×), ♣개연성이 있으면 족(×)]<02승진>

㉠ **'국가의 존립 · 안전을 위태롭게 한다'는 것**은 대한민국의 **독립을 위협 · 침해하고, 헌법과 법률의 기능 및 헌법기관을 파괴 · 마비시키는 것**을 의미한다.

㉡ **'자유민주적 기본질서를 위태롭게 한다'는 것**은 우리나라의 **법치주의적 통치질서와 경제체제 등을 파괴 · 변혁시키는 것**을 의미한다.

④ **이적성 판단(判斷)**

이적성	① **이적지정**: 이적지정이란 **국가의 존립 안전이나 자유민주적 기본질서를 위태롭게 한다는 정(점에 대한 인식)**을 말한다. ※ 이적지정의 인식은 확정적일 필요는 없고, **미필적 인식으로 충분**하다. ② **이적목적**: **'반국가단체 등의 활동을 찬양 · 고무 · 선전 또는 이에 동조하거나 국가변란을 선전 · 선동하는 행위를 할 목적'**을 말한다.

이적성	③ **이적성 있는 표현물**: '**반국가단체 등의 활동을 찬양·고무·선전 또는 이에 동조하거나 국가변란을 선전·선동하는 내용이 포함되어 있는 표현물**'을 말한다. ※ 표현물의 내용이 대한민국의 존립·안전과 자유민주주의 **체제를 위협하는 적극적이고 공격적인 것**이라면 이적성이 인정된다.(대법원 90도2033) ④ **법원적용**: '이적지정', '이적목적'에 대한 법원의 **판례는 국가안보라는 점에서 점차 엄격하게 적용**되고 있다.[♣이적목적 등에 대한 판례는 점차 완화(×)] ※ 행위자에게 이적행위를 할 목적이 있었다는 점은 검사가 증명하여야 하며, 행위자가 이적표현물임을 인식하고 제7조 제5항의 행위(이적표현물 제작등)를 하였다는 사실만으로 그에게 이적행위를 할 목적이 있었다고 추정해서는 아니 된다.(대법원 2010도1189)
긍정	① 한국을 미국의 식민지로 규정하고 반미투쟁을 선동한 경우 ② 자본가계급 타도를 위한 프롤레타리아혁명을 선동한 경우 ③ 주체사상과 마르크스·레닌주의를 선전하는 경우
부정	① **미군기지 이전 요구** ② 미국범죄에 대한 단순한 비난

(3) **헌법재판소 판례입장**

① **이적동조, 이적표현물제작 등 위헌(×)** ⇨ **제7조 제1항, 제5항**은 각 그 소정의 행위가 **국가의 존립, 안전을 위태**롭게 하거나 **자유민주적 기본질서에 위해**를 줄 **위험성이 실질·명백한 경우에 한해서 적용**되는 것이므로 **헌법에 위배되지 아니**한다.

② **제7조가 표현의 자유 위배(×)** ⇨ 제7조는 독자적 존재의의가 있는 것이어서 표현의 자유에 대한 **필요 최소한도의 제한원칙에 반하는 것이 아니다**.

③ **이적표현물제작 등이 양심·사상의 자유 침해(×)** ⇨ 제7조 제5항이 **양심 또는 사상의 자유를 본질적으로 침해하는 것이 아니다**.

7. 이적단체 구성·가입(제7조 제3항)

(1) **이적단체 구성·가입 : 이적찬양·고무·선전**의 행위를 목적으로 하는 단체를 구성하거나 이에 가입한 자는 1년 이상의 유기징역에 처한다.(제7조 제3항)

※ **이적 단체를 구성**하거나 이에 **가입**함으로써 성립한다.

① **이적단체 :** 이적단체는 별개의 반국가단체의 존재를 전제로 하여 반국가단체나 그 구성원 또는 지령을 받은 자의 활동을 찬양, 고무, 선전, 동조하는 것을 목적으로 하는 단체이다.

※ **'반국가단체'와 '이적단체'의 구별기준** ⇨ 직접 달성하려는 목적(判)

② **단체성 인정**: 단체성을 인정하기 위해서는 **특정 다수인의 계속적이고 독자적인 결합체**가 요구된다.(대법원 2007도7257)

③ 초기에는 **합법단체로 출발**하였다 하더라도 결성 이후에 **이적행위를 목적으로 하는 단체로 그 실체가 변경**되었다면 그 시점부터는 **이적단체 구성죄가 성립**한다.

④ **이적단체 가입의사를 표시**하고 이에 대해 대표자 등의 **묵시적 승인은 있었다면, 가입서 등의 서류를 작성하지 않았더라도** 이적단체 가입죄로 **처벌할 수** 있다.[♣처벌할 수 없다.(×)]

⑤ **지휘통솔체계**를 갖춘 이상 **단체명, 회칙, 강령 등이 없어도 무방**하다.[♣미수로 처벌(×)]

> **판례** 어느 단체가 표면적으로는 **강령 · 규약 등에** 반국가단체 등의 활동을 찬양 · 고무 · 선전 · 동조하는 등의 활동을 목적으로 **내걸지 않았더라도** 그 단체가 주장하는 내용, 활동 내용, 반국가단체 등과 의사 연락을 통한 연계성 여부 등을 종합해 볼 때, 그 단체가 실질적으로 위와 같은 활동을 그 단체의 목적으로 삼았고 그 단체의 실제 활동에서 그 단체가 국가의 존립 · 안전이나 자유민주적 기본질서에 실질적 해악을 끼칠 위험성을 가지고 있다고 인정된다면 그 단체를 **이적단체로 보아야** 한다.(대법원 2003도758 전원합의체 판결 [국가보안법위반(잠입 · 탈출)등])

⑵ **특징**

① **'찬양 · 고무죄'의 가중적 구성요건 :** 법정형이 **1년 이상 유기징역**으로 찬양 · 고무보다 중하다.

② **법정형 차등(×) :** 필요적 공범이나, 반국가단체구성죄와는 달리 **지위와 역할에 따른 법정형의 차등이 없다.**[♣법정형의 구별을 두고 있다.(×)]

⑶ **주체 :** 아무런 **제한이 없다.**

① **반국가단체의 구성원**은 물론 **그로부터 지령을 받거나 그러한 자들로부터 다시 지령을 받은 자도** 주체가 될 수 있다.[♣직접지령을 받은 자만(×)]<14.2채용>

② 주체에 아무런 제한이 없으므로 **기존 이적단체원들**이 **별도 이적단체를 구성하는 경우 범죄가 성립**한다.[♣성립하지 않는다.(×)]

⑷ **성립시기 :** 범죄의 성립 시기는 이적성이 표출된 때가 아니라, 그러한 목적으로 하는 단체가 **통솔체제를 갖춘 계속적 결합체로 결성될 때**에 범죄가 성립한다.[♣이적성이 표출된 때(×)](대법원 2007도7257)

※ 이적단체 가입죄의 **공소시효는 가입하였을 때부터 기산**한다.[♣탈퇴 시부터 기산(×)]

> **판례** **1)** 단체가 정부참칭이나 국가변란을 자체를 직접적인 1차 목적으로 삼고 있다면 반국가단체이고, 별개의 반국가단체의 존재를 전제로 하여 그 **반국가단체의 활동을 찬양하는 방법으로 동조하는 것을 목적으로 하는 경우에는 이적단체**이다.(대판 1998.5.15. 98도495)

> **판례** **2)** '**제5기 한총련**'은 학생들의 순수한 뜻이 모아진 자치단체라고 볼 수 없고, 현정권의 타도와 연방제 통일방안 등을 주장하는 정치적 단체이고, 반국가단체인 북한의 대남적화통일노선에 부합하는 폭력혁명노선을 채택함으로써 그 활동을 찬양 · 고무 · 선전하며 이에 동조하는 행위를 목적으로 하는 단체로서 국가보안법 제7조 소정의 **이적단체**이다.(대판 1998.5.15. 98도495)
> ♣ 한총련은 반국가단체이다.(×)

8. 허위사실 날조 · 유포

⑴ **허위사실 날조 · 유포 :** 반국가단체를 이롭게 하는 것을 목적으로 하는 단체(**이적단체**)의 **구성원**으로서 사회질서의 혼란을 조성할 우려가 있는 사항에 관하여 **허위사실을 날조하거나 유포**한 자는 2년 이상의 유기징역에 처한다.(제7조 제4항)

※ **허위사실을 날조하거나 유포**함으로써 성립한다.

⑵ **구성요건**

① **주체 : 이적단체의 구성원에 한정**된다.

② **허위사실 :** 객관적 진실에 맞지 않는 사실로 건전한 사회생활을 하는 데 혼란을 초래할 가능성이 있는 것이면 충분하다.

9. 이적표현물 제작 등(제7조 제5항)

제7조(찬양 · 고무등)
① (이적 동조 등) / ② 〈삭제〉
③ (이적단체 구성 가입죄)
④ (이적단체 구성원의 허위사실 날조 · 유포)
⑤ (안보위해문건 제작 등)

(1) **이적표현물 제작 등 : 이적동조 · 이적단체구성가입, 허위사실 날조유포**(제7조 ①②③항)를 할 **목적**으로 **문서 · 도화 기타의 표현물을 제작 · 수입 · 복사 · 소지 · 운반 · 반포 · 판매 또는 취득**한 자는 그 각항에 정한 형에 처한다.(제7조 제5항)

※ **이적표현물** – '반국가단체 등의 활동을 **찬양 · 고무 · 선전** 또는 이에 **동조**하거나 **국가변란을 선전 · 선동**하는 내용이 포함되어 있는 표현물'(판례)

예 인공기 – **인공기는 이적 표현물에 해당하지 않는다.**(2009도9152)[♣인공기는 이적표현물이다.(×)]

※ 치외법권 지역인 **미국 대사관에 정을 알면서 이적표현물을 뿌리는 등의 행위**도 **국가보안법 적용이 가능**하다.[♣적용 불가능(×)]

판례 [이적성 – 종합결정] [1] 국가보안법상 이적표현물로 인정되기 위해서는 표현물의 **내용이 국가보안법의 보호법익인 국가의 존립 · 안전과 자유민주적 기본질서를 위협하는 적극적이고 공격적인 것**이어야 하고, 표현물에 이와 같은 이적성이 있는지는 표현물의 **전체적인 내용뿐만 아니라 작성의 동기는 물론 표현행위 자체의 태양 및 외부와의 관련 사항, 표현행위 당시의 정황 등 제반 사정을 종합하여 결정**하여야 한다.
[인공기 – 이적표현물(×)] [2] 피고인이 '북한 인공기' 2개와 '김일성 부자의 인물사진' 및 계간지 '시대평론'에 게재된 남북공동선언실천연대 정책위원장 명의의 '촛불항쟁과 국민 주권시대'라는 제목의 기고문을 자신의 주거지 등에 보관하였다고 하여 국가보안법 위반(찬양 · 고무등)으로 기소된 사안에서, 제반 사정을 종합할 때 피고인이 소지한 '**인공기**', '**김일성 부자 사진**' 및 '**촛불항쟁과 국민 주권시대**'가 국가보안법상 **이적표현물에 해당하지 않는다.**(대법원 2009도9152 판결 [국가보안법위반(잠입 · 탈출) · 국가보안법위반(찬양 · 고무등) · 국가보안법위반(회합 · 통신등)])

(2) **주체 : 이적동조 · 이적단체구성가입, 허위사실 날조유포**(제7조 ①②③항)를 **목적**으로 이적표현물을 제작하는 **목적범**이므로 행위의 주체는 목적이 있는 자로 제한된다.[목적범][♣반국가단체구성원 또는 그로부터 지령을 받거나 다시 지령을 받은 자에 한정(×)]

(3) **객체 : 문서 · 도화 기타의 표현물**(컴퓨터 디스켓, 조형물, 영화나 사진의 필름, 음반 등)

① **명의유무 불문**: 형법상 문서와는 달리 명의의 유무를 불문하며 **초안 · 초고 · 사본도** 사람의 의사나 관념을 표시한 것이면 **이에 해당**한다.<01승진>

② **이적성 필요 :** 표현물의 내용자체도 객관적으로 이적성을 지니고 있어야 하며 북한의 대남적화통일 전략에 따른 선전·선동 내용을 그대로 전파·선전하는 경우에 본 죄에 해당한다고 판시한 바 있다.<08승진>

※ 반드시 당초부터 이적행위 등의 목적으로 제작된 것임을 요하지 않는다.

※ 표현물이 이미 알려졌거나, 판매중인 것, 합법적인 절차를 통해 취득한 경우에도 본죄의 성립에는 영향이 없다.

③ **기타표현물 :** 문서·도화 이외의 사람의 의사나 관념을 표현한 일체의 물건으로서 **컴퓨터 디스켓, 영화나 사진의 필름, 음반 등**이 있다.[♣해당하지 않는다.(×)]

⑷ **주관적 구성요건**

① 초과 주관적 구성요건인 **'이적목적'은 증거에 의하여 증명되어야** 한다.[♣이적성을 인식하면서도 취득·소지한 이상 이적 목적이 추정(×)] 다만 표현물의 이적성 정도, 행위자의 신분·연령·지식정도, 표현물 소지 동기와 경위 등 **제반 사실을 종합적으로 고려하여 이적목적을 증명**하는 것이 인정된다.[♣직접 증거로 엄격하게 증명되어야(×)](대법 2010도1189)

② **표현물의 내용**이 국가의 존립·안전이나 자유민주적 기본질서를 **위태롭게 한다는 정을 요**한다.[♣개연성이 있으면 족(×)]

10. 회합·통신죄(제8조)

⑴ **회합·통신죄 :** 국가의 존립·안전이나 자유민주적 기본질서를 위태롭게 한다는 정을 알면서 **반국가단체의 구성원 또는 그 지령을 받은 자**와 **회합·통신 기타의 방법으로 연락**을 한 자는 10년 이하의 징역에 처한다.(제8조 제1항)

① 회합·통신 기타의 방법으로 연락을 하는 행위는 **반국가단체에 이익을 줄 수 있는 한 성립**한다.

② **목적 :** 연락행위를 차단함으로써 반국가단체의 조직유지·확대·목적수행 활동을 철저히 봉쇄하고자 함에 그 목적이 있다.

⑵ **단순고의범 :** 국가의 존립·안전이나 **자유민주적 기본질서를 위태롭게 한다는 정**을 알면서,

① 판례는 **사교적, 의례적 행위가 아닌 경우 기본적으로 위험성을 인정**하고 있다.(대법원 93도1951)

② 군인이 **군사분계선 밖에서 북괴 군인을 만나 회합**하였더라도 그들의 **선전적 주장을 공박·봉쇄하고 대한민국의 우위를 역설한 경우**에는 **처벌할 수 없다**.

※ 이적지정이 인정되지 않는다.

⑶ **주체·상대방 : (주체에 제한×) 상대방이 반국가단체의 구성원 또는 그 지령을 받은 자이면 충분**하고, **본죄의 주체에는 제한이 없다.**

① 주체에 제한이 없어 **외국인**도 주체가 될 수 있지만 **국외에서 회합·통신했다면 처벌할 수 없다**.

② **북한 거주민**이라는 사실만으로 본죄의 상대방이 되는 것은 아니다.

③ **상대방**이 **반국가단체의 구성원 또는 그 지령을 받은 자**라는 **인식이 있어야** 한다.

⑷ **회합·통신 기타의 방법으로 연락을 하는 행위**

① 회합은 **단순한 만남이 아니라 의사를 전달하거나 전달받아야** 한다.

② **단순한 신년인사, 안부 편지 등, 목적수행 활동과 관련이 없는 경우**에는 **본죄가 성립하지 않는다**.

③ **기타의 방법에 의한 연락 :** 인편, 무인포스트, 낙서, 광고, A3방송 **지령수수, 잡지 · 기자회견 등이 이에 해당**한다.[♣제8조를 적용하지 않는다.(×)]

④ **통신과 회합 양자는 행위의 태양을 각기 달리**하고, 통신행위가 회합을 위해 전형적으로 수반되는 것이라고 볼 수도 없으므로 양자는 **실체적 경합**이 성립한다.(대법원 2009도329)

※ **회합을 목적으로 통신**을 하였더라도, 회합과 통신은 실체적 경합에 해당한다.[♣통신행위는 회합죄에 흡수(×)]

(5) **헌법재판소 입장 :** 국가보안법 제8조(회합 · 통신 등)는 국민의 거주이전의 자유, 신체의 자유, 통신의 자유, 행복추구권 및 인간의 본질적 가치를 침해하지 않는다.<10승진>

11. 편의 제공죄(제9조)

(1) **무기 등 제공 :** 이 법(제3조 내지 제8조)의 죄를 범하거나 범하려는 자라는 정을 알면서 **총포 · 탄약 · 화약 기타 무기를 제공**한 자는 5년 이상의 유기징역에 처한다.(제9조 제1항)

(2) **기타제공 :** 이 법(제3조 내지 제8조)의 죄를 범하거나 범하려는 자라는 정을 알면서 **금품 기타 재산상의 이익을 제공**하거나 **잠복 · 회합 · 통신 · 연락을 위한 장소를 제공**하거나 **기타의 방법**으로 **편의를 제공**한 자는 10년 이하의 징역에 처한다. 다만, 본범과 친족관계가 있는 때에는 그 형을 감경 또는 면제할 수 있다.(제9조 제2항)

(3) **주체 :** 본죄의 주체에는 제한이 없으므로 **반국가단체구성원 상호간에도 가능**하다.

(4) **대상 :** 본죄의 대상은 국가보안법 **제3조에서 제8조까지의 범죄**이다.

(5) **제공 :** 제공은 **적극적인 행위를 요**하기 때문에 부작위 같은 **소극적 행위는 해당하지 않는다**.(대법 71도1124)

(6) **성립 :** 금품 제공 시 **유상제공**이라도 편의 제공 결과가 발생하면 **처벌가능**하다.

(7) **특징**

① 원래 **종범의 형태**에 해당하는 것을 별도의 조문으로 규정하여 **정범으로 처벌**하고 있다.[♣금품 재산적 이익 제공시 정범으로 처벌되지 않음.(×)]

※ 편의제공죄는 '형법'상 종범과는 달리 **본범의 실행 착수 전 또는 범행종료 후에도 성립**한다.[♣종료될 때까지만 성립(×)]

② 본범과 친족관계가 있는 때 : **임의적 감면**[♣필요적 감면(×)] 사유에 해당한다.<07기동대 · 04 · 03경위>

12. 불고지죄(제10조)

(1) **불고지죄 : 반국단체구성 등**(구성 · 가입 · 가입권유), **목적수행, 자진지원죄와 각 죄의 미수 · 예비 · 음모**(반국가단체 가입권유는 예비 · 음모 처벌규정 없음.)의 죄를 범한 자라는 정을 알면서 수사기관 또는 정보기관에 **고지하지 아니한 자**는 5년 이하의 징역 또는 200만원 이하의 벌금에 처한다. 다만, 본범과 친족관계가 있는 때에는 그 형을 감경 또는 면제한다.[♣이적단체구성죄(×)](제10조)<97 · 00 · 03 · 09 · 10 · 14 · 17승진 · 13경위 · 11채용>

※ 본조에 규정된 범죄 외의 불고지행위에 대한 **일반적 처벌규정은 없다**.<96승진>

(2) **입법취지 :** 국가보안법을 위반한 중요 범인에 대한 **불가비호성**에 입법취지가 있다.

> **판례** 불고지죄는 세계관 · 신조 등 개인적 양심의 자유를 침해한 것이 아니며, **헌법상 과잉금지원칙에도 어긋난다고 볼 수 없다**.[**합헌**](헌재 96헌바36)

(3) **주체 :** 신고대상인 **본범이 타인의 범죄인 경우에 한하여 발생**하며, 이미 고지 의무가 생겼다면 그 주체는 **반국가단체 구성원이나 외국인 등을 불문**한다.

※ 본범을 저지른 자의 경우 '**자기부죄금지**'에 위배되어 고지의무가 발생하지 않는다.

(4) **성립 :** 고지의무는 본범의 범행사실을 알게 된 때부터 발생한다고 보아야 한다.

(5) **선택형 : 법정형이 5년 이하의 징역 또는 200만 원 이하의 벌금**으로 국가보안법 중 **유일하게 벌금형**을 두고 있다.[♣300만원 이하 벌금(×), ♣특수직무유기죄는 벌금형(×)](제10조)<17승진 · 12경위 · 09 · 12.1 · 14.1채용>

(6) **필요적 감면 : 본범과 친족관계**가 있는 때에는 그 형을 **감경 또는 면제한다.**[♣할 수 있다.(×), ♣임의적 감면(×)](국가보안법 제10조 단서)<11경위 · 03 · 04 · 12 · 14 · 17승진 · 07채용>

예 A는 자신과 친족관계에 있는 B로부터 「국가보안법」상 반국가단체로 확정판결이 난 단체에 가입할 것을 권유받고 이에 불응하였으나, B가 자신의 친족이기 때문에 수사기관 또는 정보기관에 이를 고지하지 않았다. 이 경우 A에게는 형을 감경 또는 면제한다.<11승진>

13. 특수직무유기죄(제11조)

(1) **특수직무유기 :** 범죄수사 또는 정보의 직무에 종사하는 공무원이 이 법의 죄를 범한 자라는 정을 알면서 그 직무를 유기한 때에는 **10년 이하의 징역**에 처한다. 다만, **본범과 친족관계**가 있는 때에는 그 형을 감경 또는 면제**할 수** 있다.[♣면제한다.(×)](제11조)<23경위>

※ **범죄수사 또는 정보의 직무에 종사하는 공무원**이 이 법의 죄를 범한 자라는 정을 알면서 그 직무를 유기하는 행위

(2) **주체 : 범죄수사 또는 정보의 직무에 종사하는 공무원에 국한**된다.

(3) **임의적 감면 : 본범과 친족관계**가 있는 때[♣필요적 감면(×)]<03 · 04승진 · 11 · 23경위 · 07기동대>

14. 무고날조죄

(1) **무고날조 :** 타인으로 하여금 **형사처분을 받게 할 목적**으로 이 법의 죄에 대하여 **무고 또는 위증**을 하거나 **증거를 날조 · 인멸 · 은닉**한 자는 그 각조에 정한 형에 처한다.(제12조 제1항)<15승진 · 02채용>

예 M은 평소 자신의 돈 100만원을 빌려간 C가 돈을 갚지 않자 앙심을 품고 경찰서에 'C는 북한에서 온 간첩이다.'라고 신고한 경우처럼 특정인을 무고할 목적으로 **간첩으로 신고한 경우**[⇨ ♣국가보안법 위반 처벌(○)]<15승진>

(2) **직권남용 무고날조 :** 범죄수사 또는 정보의 직무에 종사하는 공무원이나 이를 보조하는 자 또는 이를 지휘하는 자가 **직권을 남용하여 무고날조의 행위**를 한 때에도 동일

(3) **주체 :** 타인으로 하여금 **형사처분을 받게 할 목적을 가진 자**에 국한된다.[♣형사처분을 받게 할 목적을 요하지 않는다.(×)]<02 · 14.2채용>

II. 국가보안법의 특성

(1) **고의범만을 처벌**[♣과실범 처벌규정(×)]<17경위 · 09채용>

(2) 범죄의 성립범위 확장

♣ 국가보안법은 군사기밀보호법과 마찬가지로 과실범 처벌규정을 두고 있다.(×)<17경위>

(3) 중형주의

(4) 수사의 효율성 보장

(5) 범인의 사회복귀 및 범죄예방 도모

1. 범죄의 성립범위 확장

(1) **예비 · 음모 · 미수의 확장 : 고의범만 처벌**하며, 불고지죄 · 특수직무유기죄와 같이 부진정부작위범으로 그 미수 및 예비 · 음모가 예상되지 않는 경우와 무고죄와 같이 침해법익이 경미한 경우를 제외하고는 기본적으로 **대부분의 반국가적 범죄에 대하여 미수 · 예비 · 음모를 처벌**하고 있다.[♣미수 · 예비 · 음모죄가 원칙적으로 처벌된다.(×) ⇨ 실제 기출에서 옳은 문장으로 처리되고 있으나 예외규정이 있어야 하므로 대부분 처벌이라고 해야 옳다.]<19승진 · 08 · 13경위>

※ **원칙적으로 미수 · 예비 · 음모를 처벌한다고 출제**되고 실무종합에도 그렇게 표현되어 있지만 개별규정이 있어야 하므로 개별규정이 대부분 있는 경우 **대부분 처벌한다고 해야** 정확한 표현이며 19년 승진시험에서 기본적으로 처벌한다고 표현하고 옳은 지문으로 처리하였으나 역시 개별규정이 있어야 처벌된다는 점에서 대부분 개별규정이 있다고 해도, 기본적으로 처벌한다는 표현은 옳지 못하다.

① **반국가단체구성 · 가입죄**(가입권유는 미수만 처벌), **목적수행죄, 자진지원죄, 잠입 · 탈출죄, 편의제공죄**(제9조 제1항), **이적단체구성죄 등의 범죄**에 대하여 예비 · 음모 · 미수를 처벌한다.[♣자진지원죄의 예비 · 음모는 처벌하지 않음.(×)]<06 · 08 · 09승진 · 07 · 08 · 23경위 · 11채용>

② **예외 : 불고지죄, 특수직무유기죄, 무고날조죄 등**[♣불고지죄 미수 · 예비 · 음모 처벌(×), ♣모든 범죄 미수 처벌(×), ♣편의제공죄(×)]<09 · 14 · 15승진 · 11.1채용>

(2) **종범의 정범화 :** 범인에게 각종 **편의를 제공**하거나 범죄를 **선전 · 선동 및 권유**한 경우 **교사 · 방조가 아닌 별도의 처벌규정을 두어** 독립된 범죄인 **정범으로서 처벌**하고 있다.[♣정범으로 처벌되지 않는다.(×)](제7조, 제9조)<01 · 09 · 19승진 · 18경위>

① **편의제공죄** : 범인에게 **금품 · 재산적 이익만을 제공한 경우**

② **선전 · 선동 및 권유죄** : 반국가단체 가입권유죄(제3조 제2항), 목적수행을 위한 선전 · 선동행위죄(제4조 제1항 제6호), 국가변란 선전 · 선동행위죄(제7조) 등

(3) **불고지의 형사책임 : 대상범죄(반국가단체구성 · 가입 · 가입권유죄, 목적수행죄, 자진지원죄)**에 대해서 형법 · 형사소송법과는 달리 **모든 국민에게 범죄 고지(신고)의무를 부과**하고 이를 **어길 경우 처벌**하고 있다.<98 · 00승진 · 11.1채용>

2. 중형주의(重刑主義)

(1) **재범자 특수가중**(제13조)

① **주체 :** '국가보안법', '군형법', '형법'에 규정된 일정한 반국가적 범죄('찬양 · 고무죄', '이적표현물제작' 제외 – 헌재)로 **금고**[♣벌금(×)] **이상의 형의 선고**를 받고, 그 형의 집행을 종료하지 아니한 자 또는 그 집행을 종료하거나 집행을 받지 아니하기로 확정된 후 **5년이**[♣10년이(×)] **경과하지 아니한 자**(제13조)<08 · 09승진 · 07경위 · 02 · 03채용>

② **처벌 : 다시 국가보안법상의 일정범죄를 범한 때**에는 그 죄에 대한 **법정형의 최고를 일률적으로 사형으로 규정**하고 있다.(제13조)<18경위>

※ 찬양고무, 이적표현물제작(제7조 제1항, 제5항) 부분은 명확성의 원칙 위배(2002헌가5)

(2) **자격정지의 병과가능 :** 국가보안법의 죄에 관하여 **유기징역형을 선고할 때에는 그 형의 장기 이하의 자격정지를 병과할 수** 있다.(제14조)<12경위 · 12.3 · 13.2채용>

(3) **필요적 몰수 · 추징 :** 국가보안법 위반의 중대성과 압수물의 위험성을 고려하여 본법의 죄를 범하고 그 보수를 받은 때에는 **필요적으로 몰수 · 추징**하도록 하고 있다.(제15조 제1항)

(4) **압수물의 처분 :** 검사는 이 법(국가보안법)의 죄를 범한 자에 대하여 **소추를 하지 아니할 때**에는 압수물의 폐기 또는 **국고귀속을 명할 수** 있다.(형소법에서는 환부결정함이 원칙)(제15조 제2항)<08경위 · 13.2채용>

3. 수사의 효율성 보장

(1) **참고인의 구인 · 유치 : 검사 또는 사법경찰관으로부터** 이 법에 정한 죄의 참고인으로 출석을 요구받은 자가 **정당한 이유없이 2회 이상 출석요구에 불응한 때**에는 관할법원판사의 구속영장을 발부받아 구인할 수 있다.[♣사법경찰관리로부터(×), ♣출석요구에 불응한 때(×)](제18조 제1항)<01 · 09 · 10 · 11 · 14 · 15승진 · 12 · 13 · 15 · 21경위 · 12.1 · 3 · 14.1채용>

예 검사 A는 「국가보안법」상 이적행위를 한 B와 관련된 사건의 중요참고인인 C가 정당한 이유 없이 2회 이상 출석요구에 불응하자 관할법원 판사로부터 C에 대한 구속영장을 발부받아 C를 구인하는 경우<11승진>

(2) **구속기간의 연장 :** 사법경찰관의 구속기간은 **1차 10일 연장으로 20일**, 검사의 구속기간은 **2차 20일 연장으로 30일, 도합 50일의 구속이 가능**하다.[♣경찰 · 검사 각각 1차 연장가능(×), ♣형사소송법 제203조의 구속기간-경찰, 검찰 각각 10일(○)](제19조 제1항, 제2항)<04 · 08 · 09승진 · 06 · 07 · 18경위 · 01 · 09 · 12.1채용>

※ **예외(구속기간 연장 불가능) ⇨ '찬양 · 고무죄 등' 및 '불고지죄', '특수직무유기죄'와 '무고 · 날조죄'**[♣찬양 · 고무죄 구속기간은 50일(×)]<03 · 05승진 · 09 · 12.1채용> **[☻ 찬불특무연불]**

① **찬양 · 고무죄 등**(제7조) **및 불고지죄**(제10조)**의 경우 :** 위헌판결(90헌마82)로 구속기간의 연장이 불가능하다.<03 · 05승진 · 09 · 12.1채용>

② **'특수직무유기죄'와 '무고 · 날조죄'의 경우 :** 처음부터 국가보안법 제19조에 의해 구속기간 연장 대상이 아니다.

(3) **자수, 방해의 필요적 감면 :** 범죄예방을 위해 이 법의 **죄를 범한 후 자수**한 때, 이 법의 죄를 범한 자가 이 법의 죄를 범한 타인을 **고발**하거나 타인이 이 법의 죄를 범하는 것을 **방해**한 때에는 그 형을 **감경 또는 면제한다.(필요적 감면)**[♣감경 또는 면제할 수 있다.(×), ♣예비 또는 음모한 자가 실행에 이르기 전에 자수한 때(×)](제16조)<02 · 14 · 15 · 17 · 19승진 · 12 · 17 · 18경위 · 13.2 · 14.1채용>

법령 국가보안법의 필요적 감면규정<02 · 14승진 · 12경위 · 13.2 · 14.1채용>

제16조(형의 감면) 다음 각 호의 1에 해당한 때에는 **그 형을 감경 또는 면제한다.**

1. 이 법의 죄를 **범한 후 자수**한 때[♣예비 · 음모한 자가 실행에 이르기 전에 자수한 경우(×)]
2. 이 법의 죄를 범한 자가 이 법의 죄를 범한 타인을 **고발**하거나 타인이 이 법의 죄를 범하는 것을 **방해**한 때

4. 범인의 사회복귀 및 범죄예방도모

(1) **공소보류제도**[♣공소유예(×)]

① **검사는** 이 법의 죄를 범한 자에 대하여 (형법 제51조의 사항을 참작하여) **공소제기를 보류할 수** 있다.(제20조 제1항)<11 · 13 · 14 · 19승진 · 07 · 15경위 · 05 · 09 · 12 · 14.1채용>

② 공소보류를 받은 자가 공소의 제기없이 **2년을 경과한 때에는 소추할 수 없다.**[♣2년 경과 시에도 소추가능(×), ♣1년 경과시 소추불가(×) ♣공소시효의 차이와 관계없이 항상 2년(○)](제20조 제2항)<11 · 13 · 14승진 · 07 · 15경위 · 05 · 09 · 12 · 14.1채용>

③ **공소보류의 취소 :** 공소보류를 받은 자가 **법무부장관이 정한 감시 · 보도에 관한 규칙에 위반**한 때에는 공소보류를 취소할 수 있다.(제20조 제3항)<14승진>

④ **재구속 · 소추 : 공소보류가 취소된 경우**에는 **'재구속의 제한**(형소법 제208조)**'규정에도 불구**하고 **동일한 범죄사실로 재구속할 수** 있다.[♣공소취소해도 재구속 불가능(×)](제20조 제4항)<03 · 14 · 19승진 · 15경위 · 05채용>

⑤ **공소시효와 무관 :** 공소보류기간에 해당 범죄에 대한 **공소시효의 변화는 없다.**(공소시효 차이 없음.)

(2) **자수 등의 필요적 감면 :** '이 법의 죄를 범한 후 **자수**한 때, 이 법의 죄를 범한 자가 이 법의 죄를 범한 타인을 **고발**하거나 타인이 이 법의 죄를 범하는 것을 **방해**한 때'에는 그 형을 **감경 또는 면제한다.**[♣예비 또는 음모한 자가 그 실행에 이르기 전에 자수(×)](제16조)

※ 자수 등의 필요적 감면규정은 **수사의 효율성**을 위한 것이기도 하지만, 다른 한편으로는 본법의 죄를 범한 범죄인의 **사회복귀를 도모**하거나 또는 **범죄를 예방**하는 것을 목적으로 하기로 한다.

정리 국가보안법의 처벌특례(형의 감경과 면제)<03 · 04 · 07승진 · 11 · 23경위 · 13.2채용>

임의적 감면	필요적 감면
(1) **편의제공**(제9조 제2항 : 재산상 이익제공 등) - 본범과 친족관계에 있을 때	(1) **불고지죄**(제10조) - 본범과 친족관계에 있을 때 (2) **자수한 때**(제16조)(감경 또는 면제)
(2) **특수직무유기**(제11조)<23경위 · 07채용> - 본범과 친족관계에 있을 때	(3) **고발 · 방해한 때**(제16조) - 국가보안법상의 죄를 범한 타인을 **고발하거나** 동법상 죄를 범하는 것을 **방해**한 때

[☻불자방필 특편임]

5. 보상과 원호

(1) **상금 :** 이 법의 죄를 범한 자를 수사기관 또는 정보기관에 **통보하거나 체포**한 자에게는 **대통령령(국가보안유공자 상금지급 등에 관한 규정)**이 정하는 바에 따라 **상금을 지급한다.**[♣지급할 수(×)](제21조 제1항) <21경위 · 18.1채용>

(2) **보로금**

① 상금의 경우에 **압수물**이 있는 때에는 상금을 지급하는 경우에 한하여 그 **압수물 가액의 2분의 1에 상당하는 범위 안에서** 보로금을 **지급할 수** 있다.(제22조 제1항)

② 반국가단체나 그 구성원 또는 그 지령을 받은 자로부터 금품을 취득하여 수사기관 또는 정보기관에 제공한 자에게는 그 **가액의 2분의 1에 상당하는 범위 안에서 보로금을 지급할 수** 있다. 반국가단체의 구성원 또는 그 지령을 받은 자가 제공한 때에도 또한 같다.(제22조 제2항)<18.1채용>

③ 보로금의 청구 및 지급에 관하여 필요한 사항은 대통령령으로 정한다.(제22조 제3항)<18.1채용>

(3) **국가보안유공자 심사위원회**

① 이 법에 의한 상금과 보로금의 지급 및 제23조에 의한 보상대상자를 심의 · 결정하기 위하여 **법무부장관소속하**에 **국가보안유공자 심사위원회**를 둔다.[♣행정안전부장관 소속(×)](제24조 제1항)<18.1채용>

CHAPTER

05 보안관찰

1 테마 167 보안관찰법

의의 : 보안관찰법은[♣국가보안법은(×)] 특정범죄를 범한 자에 대하여 **재범의 위험성을 예방**하고 건전한 사회복귀를 촉진하며, 국가의 안전과 사회의 안녕을 유지함을 목적으로 한다.(제1조)<97 · 07승진 · 13경위 · 11.2채용>

※ **대인적 보안처분**<07승진> : '반국가사범'에 대해 관찰 · 지도 · 경고 등의 조치를 취하는 보안관찰처분은 대인적 보안처분으로서 행정처분의 성격을 가지며 현존하는 행위자의 위험성으로부터 사회를 방위하기 위한 합목적적 강제조치이다.

Ⅰ. 보안관찰처분 요건

1. 해당범죄(제2조)<.... · 08 · 13 · 17 · 18 · 20승진 · 09 · 14경위 · 03 · 05 · 10 · 14.2 · 17.1채용>

형법	해당범죄	내란의 죄 및 외한의 죄 중 **내란목적살인죄** 및 **외환유치죄 · 여적죄 · 모병이적죄 · 시설제공이적죄** · 시설파괴이적죄 · **물건제공이적죄 · 간첩죄** 및 동죄의 미수범과 예비 · 음모 · 선전 · 선동죄(제2조 제1호)<09 · 14경위 · 17 · 20승진 · 03 · 05 · 10 · 14.2 · 17.1채용>
	제외범죄	**내란죄, 일반이적죄 · 전시군수계약불이행죄**[♣물건제공 이적죄(×), ♣해당(×)]<09 · 14경위 · 18승진 · 03 · 05 · 10 · 14.2 · 17.1채용> ♣ 「형법」상 일반이적죄는 「보안관찰법」상 보안관찰해당범죄에 해당한다.(×)<22승진>
군형법	해당범죄	반란죄, 반란목적 군용물탈취죄, 반란불보고죄, 군대 및 군용시설제공죄 · 군용시설등파괴죄 · 간첩죄 · **일반이적죄** 등(제2조 제2호)<20승진 · 17.1채용>
	제외범죄	**단순반란불보고죄** 등<17승진>
국가보안법	해당범죄	**목적 수행죄,** 자진지원죄, 금품수수죄, **잠입 · 탈출죄,** 편의제공죄(제2조 제1호)<13 · 17 · 20승진 · 17.1채용>
	제외범죄	**반국가단체구성죄 등, 찬양 · 고무죄 등, 회합 · 통신죄,** 불고지죄, 특수직무유기죄, 무고날조죄<09 · 14경위 · 13승진 · 03 · 05 · 10 · 14.2채용> [☻ 내일전단 반찬회 불특무]

2. 처분대상자

(1) **대상자 요건 : '보안관찰처분대상자'**라 함은 보안관찰 **해당범죄 또는 경합된 범죄로 금고 이상**의[♣징역 이상의(×)] 형을 받고 그 형기합계가 **3년 이상인** 자로서/ 형의 **전부 또는 일부의 집행을 받은 사실이 있는 자**를 말한다.[♣실형여부 불문(×), ♣징역 이상의 형 선고(×), ♣형기합계가 5년 이상인 자(×)](제3조)<07 · 13 · 17 · 19 · 24승진 · 11 · 13경위 · 03 · 05 · 10 · 11 · 12 · 13 · 14.1 · 2 · 15.1 · 3 · 16.2 · 17.2 · 23.1채용> [☻ 해금3집]

※ 보안관찰처분은 보안처분의 일종으로 본질, 추구하는 목적 및 기능에 있어 형벌과는 다른 독자적 의의를 가진 사회보호적 처분이므로 형벌과 병과하여 선고한다고 해서 **일사부재리 원칙에 위반하였다고 할 수 없다.**<20경위>

(2) **위험성 :** 보안관찰처분 대상자에 해당하는 자 중 보안관찰해당범죄를 **다시 범할 위험성이 있다고 인정할 충분한 이유**가 있어 재범의 방지를 위한 관찰이 필요한 자에 대하여 보안관찰처분을 한다.<15승진>

※ 보안관찰 용의자를 조사할 때에는 검찰청과 복역교도소 등에 대한 조회, 공안전과조회 등을 통해 재범의 위험성 유무를 조사하여야 한다.

3. 면제

(1) **면제요건** : 법무부장관은 보안관찰처분대상자 중 다음 각 호의 요건을 갖춘 자에 대하여는 보안관찰처분을 하지 아니하는 **결정을 할 수 있다.**[♣면제결정을 하여야(×)](법 제11조)<08승진 · 04 · 12.2채용>

① **준법정신이 확립**되어 있을 것

② 일정한 **주거와 생업**이 있을 것

③ 2인 이상(대통령령이 정하는) **신원보증**이 있을 것(2인 이상의 신원보증)[♣사회단체에 가입하여 활동할 것(×)]<08승진 · 04채용>

※ **처분면제** : 보안관찰처분 대상자 중 일정한 요건을 갖춘 자에 대하여 보안관찰처분을 하지 아니하는 결정을 하는 것을 말한다.

(2) **면제절차**

① **신청 :** 법무부장관은 요건을 갖춘 보안관찰처분대상자의 신청이 있을 때에는 부득이한 사유가 있는 경우를 제외하고는 3월내에 보안관찰처분 면제 여부를 결정하여야 한다.(제11조 제2항)

② **청구 :** 검사는 보안관찰처분대상자의 정상을 참작하여 위험성이 없다고 인정되는 때에는 법무부장관에게 면제결정을 청구할 수 있다.(제11조 제3항)<10승진>

③ **면제결정의 취소 :** 면제결정을 받은 자가 그 면제결정요건에 해당하지 아니하게 된 때에는 검사의 청구에 의하여 법무부장관은 면제결정을 취소할 수 있다.(제11조 제4항)

II. 보안관찰 처분절차

(1) **기본절차(취소 및 기간갱신의 절차도 동일) : 청구(검사) ⇨ 심의 · 의결(보안관찰처분심의위원회) ⇨ 처분의 결정(법무부장관)**<99 · 10 · 13승진 · 02채용>

(2) **세부절차** : 대상자신고 ⇨ 보안관찰처분 사안조사 ⇨ 보안관찰처분 사안송치 ⇨ 보안관찰처분 청구(검사) ⇨ 보안관찰처분 결정(법무부장관) ⇨ 기간갱신

※ 법무부장관은 위원회의 의결과 다른 결정을 할 수가 없다.(단, 유리한 결정은 제외)

1. 대상자 신고 주의 피보안관찰자의 신고와 구분<09승진 · 03 · 12.2 · 13.1 · 14.1 · 16.2 · 17.1 · 2채용>

출소전 신고	(교도소장은 **출소 2개월 전까지 송부**하여야) 보안관찰처분대상자는 그 형의 집행을 받고 있는 교도소, 소년교도소, 구치소, 유치장 또는 군교도소에서 출소 전에 거주예정지 기타(대통령령으로 정하는) 사항을 **교도소등의 장을 경유하여 거주예정지 관할경찰서장에게** 신고하여야 한다.(법 제6조 제1항, 시행령 제6조, 시행규칙 제5조 제3항)<24승진 · 13.1 · 16.2채용> ※ 출소 전 신고서를 송부 받은 거주예정지 관할경찰서장은 보안관찰처분대상자가 출소 후 거주예정지에 거주하지 아니할 것이 명백한 때에는 지체 없이 그 사유를 교도소등의 장에게 통보하여야 한다.(시행규칙 제5조 제4항)<11승진> ※ 교도소등의 장은 보안관찰처분대상자가 생길 때에는 지체 없이 보안관찰처분심의위원회와 거주예정지를 관할하는 검사 및 경찰서장에게 통보하여야 한다.(제6조 제3항)<16.2채용>

출소후 신고	출소사실 신고	보안관찰처분 대상자는[♣피보안관찰자는(×)] 출소 후 **7일 이내**에[♣2개월 이내에(×)] 그 거주예정지 관할경찰서장에게 출소사실을 신고하여야 한다.(법 제6조 제1항)<08·09·24승진·03·12.2·13.1·14.1·17.1·2채용>
	변동사항 신고	보안관찰처분 대상자는 출소한 후 신고사항에 변동이 있을 때에는 **변동**이 있는 날부터 **7일 이내**에 그 변동된 사항을 관할경찰서장에게 신고하여야 한다.[♣지체없이(×)](제6조 제2항)<16.2·17.1채용> ※ 다만, (제20조 제3항에 의하여) 거소제공을 받은 자가 주거지를 **이전**하고자 할 때에는 **미리** 관할경찰서장에게 (제18조 제4항 단서에 의한) **신고**를 하여야 한다. 판례 [헌법불합치] 제6조 제2항 전문 및 제27조 제2항(2년 이하 징역 200만원 이하 벌금) 중 제6조 제2항 전문에 관한 부분은 **각 헌법에 합치되지 아니**한다. 위 **법률조항들은 2023. 6. 30.을 시한으로 개정될 때까지 계속 적용**한다.(헌재 2021.6.24. 2017헌바479) ※ 사생활의 비밀과 자유를 침해한 것으로 보았다.[♣사생활의 비밀과 자유를 침해하지 않는다.(×)]

※ **신고의무불이행**: 처분대상자가 신고하지 않은 경우 경찰서장은 지체 없이 검사에게 보고한다.

※ **입건 및 보안관찰처분 신청**: 검사의 신고 유도에도 계속 거부할 경우에는 지체 없이 보안관찰처분을 신청하고 동시에 보안관찰법 위반으로 입건한다.

판례 [출소사실 신고의무 ⇨ 합헌] **보안관찰처분대상자**에게 출소 후 **7일 이내**에 거주예정지 관할경찰서장에 대하여 **출소사실을 신고하여야 한다는 의무를 부과하고 위반시 이를 처벌하도록 규정**한 보안관찰법 제6조 제1항 전문 중 후단 부분 및 제27조 제2항 부분은, ... 헌법 및 보안관찰법의 각 규정에 비추어 그 입법목적의 정당성이 인정되고, ... 보안관찰법의 입법목적 달성을 위하여 필요·적정한 수단이며, 신고의무의 내용 및 신고기간, 처벌내용에 비추어 침해의 최소성 및 법익균형의 원칙에도 위배된다고 할 수 없으므로, 위 각 법률조항은 **과잉금지의 원칙 내지 평등권에 위반되지 아니**한다.(헌재 2001.7.19 2000헌바22)

2. 사안의 조사(제9조)<13승진>

인지 절차	① 검사는 보안관찰처분청구를 위하여 필요한 때에는 **보안관찰처분대상자, 청구의 원인이 되는 사실과 보안관찰처분을 필요로 하는 자료**를 조사할 수 있다.(제9조 제1항)<13승진> ② 사법경찰관리와 특별사법경찰관리는 **검사의 지휘를 받아** 조사를 할 수 있다.(제9조 제1항)
조사 절차	① **재범위험성 유무조사**: **검찰청과 복역교도소 등에 대한 조회, 공안전과조회 등을 통하여 재범 위험성 유무를 조사하여야** 한다. ② **유의사항**: 검사 또는 사법경찰관리는 용의자 또는 그 관계인과 친족 기타 특별한 관계로 인하여 **조사의 공정성을 잃거나 의심을 받을 염려**가 있다고 인정되는 사안에 대하여는 **소속관서장의 허가**를 받아 그 **조사를 회피하여야** 한다.[♣검사의 허가를 받아(×)](보안관찰법 시행규칙 제14조)<12승진> ③ **출석요구**: 사안 조사를 위해 관계인의 출석을 요구할 수 있다. ④ **공사단체에 조회**: 공무소나 공사단체에 조회나 자료제출을 요구할 수 있다.

3. 사안의 송치

(1) **송치서류작성 :** 송치서류는 **형사사건기록과 같은 요령**으로 작성한다.(의견서는 **사법경찰관의 명의로** 작성)

(2) **송치 :** 사법경찰관리는 조사를 종결한 때에는 지체 없이 사안을 관할검사장에게 송치하여야 한다.

(3) **송치 후 조사 :** 사안 송치 후 용의자 조사를 계속하고자 할 때는 **미리 주임검사의 지휘를** 받아야 하며, 송치 후 용의자에 대한 다른 보안관찰 **해당범죄경력을 발견**한 때는 즉시 **주임검사에게 보고**하여야 한다.[♣소속관서의 장에게 보고하여야(×)](보안관찰법 시행규칙 제30조)<11 · 12승진>

예 A경찰서 보안계장 丙 경감은 보안관찰처분 사안을 송치한 뒤 조사를 계속하고자 하므로 미리 주임검사의 지휘를 받은 경우

※ 보안관찰처분에 관한 사안과 보안관찰처분 면제결정 신청사안은 국가정보원장의 의견조정 결과 통보일부터 3일 이내에 송치하여야 한다.

4. 청구 · 결정

(1) **처분의 청구 :** 보안관찰처분청구는 **검사가**[♣사법경찰관이(×)] 보안관찰처분청구서를 **법무부장관에게** 제출함으로써 행한다.(제8조 제1항)<24승진 · 01 · 13.1 · 15.3 · 17.1 · 23.1채용>

① **청구서 기재사항**: 보안관찰처분을 청구받은 자의 성명 기타 피청구자를 특정할 수 있는 사항, 청구의 원인이 되는 사실, 기타사항(대통령령으로 정하는 사항)을 기재하여야 한다.(제8조 제2항)

② 보안관찰 처분청구서를 제출할 때에는 청구의 원인이 되는 사실을 **증명**할 수 있는 **자료와 의견서를 첨부하여야** 한다.(제8조 제3항)<01 · 13.1 · 15.3채용>

③ **처분청구서등본송달**: 검사가 보안관찰처분 청구를 한 때는 지체 없이 처분청구서**등본**[♣사본(×)]을 피청구인에게 송달하여야 한다. 이 경우 송달에 관하여는 민사소송법 중 송달에 관한 규정을 준용한다.(제8조 제4항)<10승진 · 12.3 · 13.1채용>

⑵ 처분의 결정

※ 법무부장관은 위원회의 의결과 다른 결정을 할 수가 없다.(단. 유리한 결정은 제외)

① **보안관찰처분에 관한 결정**은 **위원회의 의결을 거쳐 법무부장관이** 행한다.[♣서장이 보안관찰처분 결정 후, 검사에게 통보(×), ♣행정안전부장관이(×)](제14조 제1항)<11 · 12 · 13 · 17 · 19승진 · 03 · 13경위 · 02채용>

※ 위원회의 의결은 이유를 붙이고 위원장과 출석위원이 기명날인하는 문서로써 행한다.(제15조 제1항)

※ 법무부장관의 결정은 이유를 붙이고 **법무부장관이 기명 · 날인하는 문서로**써 행한다.(제15조 제2항)

② **법무부장관은** 위원회의 의결과 **다른 결정을 할 수 없다**. 다만, 보안관찰처분대상자에 대하여 위원회의 의결보다 **유리한 결정을 하는 때에는 그러하지 아니**하다.(제14조 제2항)<11 · 12 · 13 · 17 · 19승진 · 03 · 13 · 20경위 · 02채용>

③ **보안관찰처분 심의위원회**<12.2채용>

설치	보안관찰처분에 관한 사안을 심의 · 의결하기 위하여 **법무부에** 보안관찰처분심의 위원회를 둔다.(제12조 제1항)<11.2 · 12.2채용>
구성	① 보안관찰처분 심의위원회는 **위원장(법무부차관) 1인과 6인의 위원으로 구성**한다.[♣법무부장관이 위원장(×)](제12조 제2항)<13 · 20승진 · 11경위 · 12.2 · 3채용> ※ 위원장은 **법무부차관이** 되고, 위원은 학식과 덕망이 있는 자로 하되, 그 **과반수는 변호사의 자격**이 있는 자이어야 한다.(제12조 제3항)<13승진 · 11경위 · 12.2 · 3 · 17.1채용> ② 위원장이 사고가 있을 때에는 미리 그가 지정한 위원이 그 직무를 대행한다.
임명	① 위원은 **법무부장관의 제청으로**[♣법무부차관의 제청(×)] **대통령이 임명 또는 위촉**한다.(제12조 제4항)<20승진> ② 위촉된 위원의 **임기는 2년**으로 한다.
의결 사항	아래 사항을 심의 · 의결한다.<12.3채용> ① 보안관찰처분 또는 그 기각의 결정 ② 면제 또는 그 취소 결정 ③ 보안관찰처분의 취소 또는 기간의 갱신결정
운영	위원회의 회의는 위원장을 포함한 **재적위원 과반수의 출석으로 개의하고 출석위원 과반수의 찬성으로 의결**한다.

Ⅲ. 처분의 효과

처분 기간	⑴ **처분기간 :** 보안관찰처분의 **기간은 2년**으로 한다.[♣1회에 한해 갱신(×), ♣갱신할 수 없다.(×), ♣기간 3년(×)](제5조)<10 · 13 · 15 · 19 · 24승진 · 03 · 11 · 13 · 20경위 · 01 · 05 · 10.2 · 11 · 13.1 · 14.1 · 2 · 23.1채용> ⑵ **기간계산 :** 처분기간은 보안관찰처분 결정을 집행하는 날부터 계산한다.(초일산입) ⑶ **기간 진행의 정지 :** 보안관찰처분의 **집행중지결정**이 있거나 **징역, 금고, 구류, 노역장유치 중**에 있는 때, **'사회보호법'에 의한 보호감호의 집행 중**에 있는 때, **'치료감호법'에 의한 치료감호의 집행 중에 있는 때**에는 **보안관찰 처분의 기간은 그 진행이 정지**된다.(법 제25조 제3항)

기간 갱신	(1) **판단 : 검사**는 기간만료 3월 전까지 관할경찰서장의 피보안관찰자 동태조사서, 보안관찰처분 사안기록 등 관계 자료를 종합, **기간갱신 필요 유무를 판단한다.** (2) **청구 :** 검사는 보안관찰처분 **기간만료 2월 전까지 법무부장관에게** 보안관찰처분 기간갱신을 청구하여야 한다.(보완관찰법 시행규칙 제33조 제3항)<22승진> (3) **결정 :** 검사의 청구 ⇨ **보안관찰처분심의위원회의 의결** ⇨ **법무부장관은 결정**으로 그 기간을 갱신할 수 있다.(제5조 제2항)<13 · 17승진 · 10 · 11.2 · 13.1 · 15.3채용> ※ 갱신결정에 대해서도 행정소송이 가능하다.<05채용> (4) **기간 · 횟수 :** 갱신된 기간도 역시 **2년**이며, 갱신 **횟수에는 제한이 없다.**[♣1회에 한해 갱신(×)](횟수제한 규정이 없음.)<20경위>
불복	**보안관찰처분에 대한 불복 :** 그 결정이 **집행된 날부터 60일 이내**에[♣30일 이내(×)] **서울고등법원에**[♣서울지방법원에(×)] **행정소송을** 제기할 수 있다.(제23조)<98 · 03 · 04 · 10승진 · 11 · 20경위 · 01 · 03 · 05 · 10.2 · 12.2채용> ※ 다만, 면제결정신청에 대한 기각결정을 받은 자가 그 결정에 이의가 있을 때에는 그 결정이 있는 날부터 60일 이내에 서울고등법원에 소를 제기할 수 있다.(제23조 단서) ※ 보안관찰처분의 기간은 보안관찰처분 결정을 집행하는 날부터 계산하며 초일을 산입한다.[♣초일불산입원칙 적용(×)]

Ⅳ. 보안관찰처분 집행

(1) **검사지휘, 경찰서장 실시 :** 보안관찰처분의 집행은 **검사가 지휘**한다. 검사의 지휘는 결정서등본을 첨부한 **서면으로 하여야** 한다.(제17조 제1항, 제2항)

(2) **서장의 조치 :** 관할서장은 피보안관찰자에게 결정서 등본을 교부하고 그때부터 집행이 개시되며, 피보안관찰자가 결정서 등본의 수령을 거부하는 경우에는 구두로 고지하고, 보고서를 작성하여 사안기록에 편철한다.

※ 피보안관찰자의 주거지 "**관할경찰서장**"은[♣안보담당 과장은(×)] 피보안관찰자의 동태를 관찰하고 사회에 복귀하도록 **선도**하여 보안관찰해당범죄를 다시 범하지 아니하도록 **예방하여야** 한다.(시행령 제4조 제1항)<15승진>

(3) **피보안관찰자의 의무 :** 보안관찰처분을 받은 자는 소정의 **신고의무와 지시이행의무**를 지게 된다. <15승진>

1. 신고의무 ※ 처분대상자의 신고의무와 피보안관찰자의 신고의무 구분

(1) **피보안관찰자의 신고의무 :** 보안관찰처분을 받은 자(피보안관찰자)는 일정한 신고의무[**최초, 정기, 수시(변동 · 이전)**]가 있다.<01 · 05 · 08 · 09 · 15승진 · 03채용>

※ 보안관찰처분을 받은 자는 이 법이 정하는 바에 따라 소정의 사항을 주거지 **관한경찰서장에게 신고**하고, 재범방지에 필요한 범위 안에서 **그 지시에 따라 보안관찰을 받아야** 한다.[♣지구대 또는 파출소장의 지시에 따라 보안관찰을 받아야 한다.(×), ♣ 검사에게 신고(×)](제4조 제2항)<13경위 · 15.3 · 23.1채용>

(2) **신고유형**[♣출소사실신고(×), ♣처분취소 시 결정사항을 신고(×)]<99 · 01 · 04 · 20승진 · 03.2 · 17.2채용>

구분		내용
최초신고		'피보안관찰자'는 보안관찰처분결정고지를 받은 날부터 **7일 이내**에[♣10일 이내에(×)] '등록기준지 등' 일정사항을 주거지를 관할하는 지구대 또는 파출소의 장을 거쳐 관할경찰서장에게 신고하여야 한다.(제18조 제1항)<17경위 · 01 · 04승진 · 17.2채용>
정기신고		피보안관찰자는 보안관찰처분결정고지를 받은 날이 속한 달부터 **매 3월이 되는 달의 말일까지** '3월간 주요 활동사항, 회합 · 통신 관련사항, 3월간 여행에 관한 사항'을 지구대 · 파출소장을 거쳐 관할경찰서장에게 신고하여야 한다.(제18조 제2항)<20승진 · 17경위>
수시신고	변동신고	최초 신고사항에 변동이 있을 때에는 **7일 이내**에 지구대 · 파출소의 장을 거쳐 관할 경찰서장에게 변동사항을 신고하여야 한다.[♣10일 이내(×)](제18조 제3항)<17경위 · 01 · 04승진>
	이전신고	**주거지를 이전하거나 국외 또는 10일 이상**[♣7일 이상(×)] **여행하고자 할 때,** 미리 거주지 관할 경찰서장에게 신고하여야 한다.(제18조 제4항)<17경위 · 01 · 04 · 13 · 19 · 20 · 22승진 · 17.2채용> ※ 신고 받은 서장은 이전 **예정지 또는 여행목적지 관할 서장에게 통보**하여야 한다.(시행령 제24조 제3항)<01 · 04경위>

2. 지시이행의무<07 · 15승진 · 01 · 03 · 05채용>

(1) **보안관찰의 수단 : 지도 · 보호 · 경고**(주의 – **주거제한 및 보안감호처분은 폐지**되었다.)

※ 국가보안법상의 보안처분에는 감시 · 보도(保導) 등의 수단이 규정되어 있다.

(2) **가택보호처분(×)** : 보안관찰처분에는 여행의 자유제한 등 **주거 제한적 요소는 있지만**[♣자유박탈적 보안처분(×)], 보안관찰처분을 **가택보호처분이라 볼 수는 없다**.[♣가택보호처분(×)]<03경위 · 01 · 03 · 05채용>

(3) **재범방지를 위한 보안관찰수단**<00 · 07 · 11승진 · 05채용>

구분		내용
지도	관찰	피보안관찰자와 긴밀한 접촉을 가지고 항상 행동 및 환경 등을 관찰하는 것
	지시	피보안관찰자에 대하여 **신고사항을 이행함에 적절한 지시**를 하는 것
	조치	기타 피보안관찰자가 사회의 선량한 일원이 되는데 필요한 조치를 취하는 것 ① **회합 · 통신금지** : **보안관찰해당범죄를 범한 자**와의 **회합 · 통신을 금지**<11승진> 예 A경찰서 보안계장 丙 경감은 甲이 피보안관찰자로 선정된 후 재범방지를 위하여 특히 필요한 경우에 甲으로 하여금 보안관찰해당범죄를 범한 자와의 회합 · 통신을 금지<11승진> ② **출입금지** : 집단적인 폭행 · 협박 · 손괴 · 방화 등으로 공공의 안녕질서에 직접적인 위험을 가할 것이 명백한 집회 또는 시위 장소에의 **출입을 금지**하는 것[♣주거이전 금지(×)]<00승진> ③ **출석요구** : 피보안관찰자의 보호 또는 조사를 위하여 특정장소에의 **출석을 요구**하는 것

보호	검사 및 사법경찰관리는 피보안관찰자가 자조노력을 함에 있어, 개선과 자위를 위하여 필요하다고 인정되는 아래 적절한 보호를 할 수 있다.(법 제20조) ① 주거 · 취업의 알선<05채용> ② 직업훈련의 기회제공<05채용> ③ 환경의 개선 ④ 기타 본인의 건전한 사회복귀를 위하여 필요한 원조를 하는 것 ※ 법무부장관은 보안관찰처분대상자 또는 피보안관찰자 중 국내에 가족이 없거나 가족이 있어도 **인수를 거절**하는 자에 대하여는 **거소를 제공할 수** 있다.[♣..거절하는 자에 대해서는 가택보호처분을 할 수도 있다.(×)](보안관찰법 제20조 제3항)<22승진 · 05채용>
경고	검사 및 사법경찰관리는 피보안관찰자가 의무를 위반하였거나 위반할 위험성이 있다고 의심할 상당한 이유가 있을 때에는 그 이행을 촉구하고 형사처벌 등 불이익한 처분을 받을 수 있음을 경고할 수 있다.(법 제22조)

3. 집행중지

(1) **집행중지 :** 피보안관찰자의 도주나 소재불명 등으로 인하여 사실상 보안관찰을 할 수 없는 경우에 처분기간의 도과를 방지하기 위한 제도이다.

(2) **요건 : 피보안관찰자가 도주**하거나 / **1개월 이상 소재불명**[♣15일 이상 소재불명(×)]일 경우에는 **검사는** [♣관할서장은(×)] 보안관찰처분의 **집행중지결정을 할 수** 있다.[♣집행중지를 청구할 수(×)][♣하여야 한다.(×)](보안관찰법 제17조 제3항)<02 · 04 · 05 · 10 · 12 · 17승진 · 09 · 11경위 · 05 · 12.3 · 14.1 · 2 · 17.1채용>

① **처벌 :** 보안관찰대상자 또는 피보안관찰자를 은닉하거나 도주하게 한 자는 2년 이하의 징역에 처한다. 다만, 친족이 본인을 위하여 본문의 죄를 범한 때에는 벌하지 않는다.

(3) **절차 :** 집행중지의 사유가 발생하면 **관할경찰서장이 검사에게 신청**하고, **검사는 집행중지의 결정** 후 지체 없이 **법무부장관에게 보고**한다.[♣법무부장관이 결정(×), ♣경찰서장이 결정(×), ♣검사가 법무부장관에게 신청(×)]<12경위 · 14.2채용>

(4) **효과 :** 집행중지 결정일로부터 그 결정이 취소될 때까지 **보안관찰처분 기간의 진행이 정지**된다.<09경위>

※ 집행중지의 사유가 소멸된 때에는 검사는 **지체 없이**[♣7일 이내에(×)] 그 결정을 **취소하여야** 하며 잔여기간에 대한 집행지휘를 하여야 한다.(보안관찰법 제17조 제3항 단서)<14.1채용>

CHAPTER

06 남북교류협력 및 북한이탈주민보호

1 남북교류협력에 관한 법률

⑴ **목적**: 남북교류협력에 관한 법률은 군사분계선 이남지역과 이북지역 간의 상호 교류·협력을 촉진하기 위해 필요한 사항을 규정하여 한반도의 평화와 통일에 이바지하는 것을 목적으로 한다.(제1조)

⑵ **용어**(제2조)

1. "**출입장소**"란 군사분계선 이북지역("북한")으로 가거나 북한으로부터 들어올 수 있는 군사분계선 이남지역("남한")의 항구, 비행장, 그 밖의 장소로서 대통령령으로 정하는 곳을 말한다.
2. "**교역**"이란 남한과 북한 간의 물품, 대통령령으로 정하는 용역 및 전자적 형태의 무체물("물품등")의 반출·반입을 말한다.
3. "**반출·반입**"이란 매매, 교환, 임대차, 사용대차, 증여, 사용 등을 목적으로 하는 남한과 북한 간의 물품등의 이동(단순히 **제3국을 거치는 물품등의 이동을 포함**)을 말한다.[♣단순히 제3국을 거치는 물품 등의 이동은 포함하지 않는다.(×)](제2조 제3호)<19.2채용>

   ※ 물품등의 반출·반입 승인을 받으려는 자는 반출·반입 **7일 전까지** 반출·반입 승인 신청서에 다음 각 호의 서류를 첨부하여 **통일부장관에게** 제출하여야 한다.(시행령 제25조 제1항)

   ※ 통일부장관은 물품등의 반출·반입을 승인하는 경우 1년 이내의 범위에서 승인의 유효기간을 정할 수 있다.(시행령 제25조 제5항) 사안에 따라 다르지만 유효기간은 통상 3개월이다.
4. "**협력사업**"이란 남한과 북한의 주민(법인·단체를 포함한다)이 공동으로 하는 환경, 경제, 학술, 과학기술, 정보통신, 문화, 체육, 관광, 보건의료, 방역, 교통, 농림축산, 해양수산 등에 관한 모든 활동을 말한다.(제2조 제4호)

⑶ **남북한 거래의 원칙**: 남한과 북한 간의 거래는 **국가 간의 거래가 아닌 민족내부의 거래**로 본다.(제12조)<19.2채용>

⑷ **타법과의 관계**: 남한과 북한의 왕래·접촉·교역·협력사업 및 통신 역무(役務)의 제공 등 남한과 북한 간의 **상호 교류와 협력을 목적으로 하는 행위에 관하여**는 이 법률의 목적 범위에서 **다른 법률(국가보안법)에 우선**하여 이 법을 적용한다.[♣보충적으로 적용(×)](제3조)<12·20승진>

① 남북한을 왕래하는 행위가 '남북교류협력에 관한 법률' 제3조에 해당되어 국가보안법의 적용이 배제되기 위해서는 **그 왕래행위가 남북교류와 협력을 목적으로 하는 것이어야** 한다.[♣항상 우선 적용(×)]

♣ 남북교류협력에 관한 법률은 국가보안법과 상충되는 법으로 항상 국가보안법보다 우선하여 적용된다.(×)

⑸ **남북교류협력의 주관자**: **통일부장관**(남북교류협력추진협의회 위원장)

※ 남·북간의 교류·협력관계에는 기본적으로 '통일부장관의 승인'을 요한다.

PART 06

(6) **문제점**

① **국가보안법과 충돌**: 남북교류 · 협력에 관한 행위 중 일부는 '국가보안법'상의 ㉠ **잠입 · 탈출, ㉡ 금품수수, ㉢ 회합 · 통신 규정에 각각 저촉될 수** 있다.

※ 기타의 '국가보안법'상의 조항인 반국가단체구성 · 가입죄, 목적수행죄, 찬양 · 고무죄 등에 대해 법리상 충돌하는 문제가 발생치 않는다.

② **해결**: '국가보안법'과 '남북교류협력에 관한 법률'의 충돌문제는, 문제되는 행위가 **국가의 안전 · 존립이나 자유민주적 기본질서를 위태롭게 하는 것인지 여부에 따라** 판단해야 한다.<02 · 09승진>

ⓐ **남북교류협력 목적의 정당성 인정 요건**: 남북한을 왕래하는 행위가 '남북교류협력에 관한 법률'에 해당되어 **국가보안법의 적용이 배제되기 위해서**는 그 왕래행위가 **남북교류와 협력을 목적으로 하는 것이어야** 한다.[♣방문증명서를 소지하였다면 그 목적에 상관없이 국가보안법 적용 배제(×)]

※ 「남북교류협력에 관한 법률」에 의해 남북을 왕래하면서 승인없이 금품을 수수한 경우 정당성이 인정되면 「국가보안법」이 적용되지 않는다.<12승진>

♣ 통일부 장관이 발급한 방문증명서를 소지하고 북한을 왕래하였다면 그 목적에 상관없이 국가보안법 적용이 배제된다.(×)

ⓑ **재외국민**: 재외국민이 단순히 재외공관장에 신고하지 않고 북한을 왕래하였다면 국가보안법의 적용은 받지 않고 '남북교류협력에 관한 법률'을 적용받아 처벌(과태료 등)받는다.<09승진>

③ **북한의 통일전선전술 이용가능성**: 교류협력의 북측 상대는 북한 당국으로 일원화되어 있는데 반해, 우리 측 당사자는 완전경쟁상태의 민간이기 때문에 남북당사자의 형평을 유지하기 위해서 정부의 승인이 필요하다. 즉, 북한당국이 교류협력대상자를 통일전선전술의 대상으로 취급할 가능성이 있어 현단계의 남북관계에서 정부승인제가 불가피한 것이다.

(7) **북한의 성격 및 남북교류협력에 관한 법률과 국가보안법의 관계에 대한 판례 입장**

① 남북합의서의 채택이나 UN 동시가입 등과 관계없이 **북한은 반국가단체**이다.(大判)<98승진>

② **7 · 4남북공동성명이 있었고 남북 사이의 화해와 불가침 및 교류 협력에 관한 합의서가 체결 · 발효**되었다고 하여도 그로 인해 **국가보안법이 규범력을 상실한 것으로 볼 수는 없다.**(대법원 99도4027 판결 [국가보안법위반(잠입, 탈출 · 찬양, 고무등 · 회합, 통신등)])<19승진>

③ 남북교류협력에 관한 법률이 시행됨으로써 **북한에의 잠입 · 탈출 · 회합 등의 행위에 대하여 형의 폐지나 변경이 있었다고 볼 수는 없다.**[♣형의 폐지나 변경이 있었다고 볼 수 있다.(×)](大判)<12경감>

Ⅰ. 남북한 왕래

1. 남 · 북한의 주민

남한의 주민이 북한을 방문하거나 북한의 주민이 남한을 방문하려면 **대통령령**으로 정하는 바에 따라 **통일부장관의 방문승인을 받아야** 하며, 통일부장관이 발급한 **"방문증명서"를 소지하여야** 한다.(제9조 제1항) <03 · 06승진 · 19.2채용>

(1) **방문승인**

① 법에 따라 북한을 방문하기 위하여 통일부장관의 **방문승인을 받으려는** 남한의 주민과 재외국민은 **방문 7일 전까지** 방문승인 신청서에 일정 서류를 첨부하여 **통일부장관에게 제출**하여야 한다.(가족인 북한주민을 방문하기 위하여 미리 일정 서류를 제출한 경우 예외)[♣10일 전까지(×)](남교법 시행령 제12조 제1항)<19·20승진>

② **통일부장관은** 방문승인을 받은 사람이 다음 각 호의 어느 하나에 해당하는 경우에는 그 승인을 취소할 수 있다.(다만 제1호의 경우에는 그 승인을 취소하여야 한다.)(제9조 제7항)<20승진>

1. **거짓이나 그 밖의 부정한 방법**으로 방문승인을 받은 경우(**취소하여야**)(제9조 제7항 제1호)<20승진>
2. 규정에 따른 조건을 위반한 경우(취소할 수)
3. 남북교류·협력을 해칠 명백한 우려가 있는 경우(취소할 수)
4. 국가안전보장, 질서유지 또는 공공복리를 해칠 명백한 우려가 있는 경우(취소할 수)

(2) **방문증명서**

① 방문증명서는 유효기간을 정하여 북한방문증명서와 남한방문증명서로 나누어 발급하며, 다음 각 호와 같이 구분한다.(제9조 제2항)

1. 한 차례만 사용할 수 있는 방문증명서
2. 유효기간이 끝날 때까지 여러 차례 사용할 수 있는 방문증명서(이하 "복수방문증명서"라 한다)

② 복수방문증명서의 유효기간은 5년 이내로 하며, 5년의 범위에서 연장할 수 있다.(제9조 제3항)

③ 다음 각 호의 어느 하나에 해당하는 자는 **3년 이하의 징역 또는 3천만 원 이하의 벌금**에 처한다.(제27조 제1항)<19승진>

1. **방문승인**(목적 외 방문 시 별도 방문승인)**을 받지 아니하고 북한을 방문**한 자
2. **거짓이나 그 밖의 부정한 방법**으로 **방문승인**(목적 외 방문 시 별도 방문승인)을 받은 자
3. 승인을 받지 아니하고 물품등을 반출하거나 반입한 자
4. 승인을 받지 아니하고 협력사업을 시행한 자
5. 승인을 받지 아니하고 남한과 북한 간에 수송장비를 운행한 자
6. 거짓이나 그 밖의 부정한 방법으로 물품반출, 협력사업, 수송장비 운행의 승인을 받은 자(제13조 제1항, 제17조 제1항 또는 제20조 제1항)

④ 통일부 장관이 발급한 **증명서를 소지하고 북한을 왕래하는 경우에도 정당성이 인정되지 않으면 국가보안법의 적용이 배제되지 않는다**.[♣언제나 국가보안법 적용배제(×)]

⑤ **남북교류협력에 관한 법률에 의해 남북을 왕래**하면서 **승인 없이 금품을 수수한 경우에도 정당성이 인정되면 국가보안법의 적용을 받지 않는다**.[♣금품수수에 국가보안법 적용(×)]<12경감>

⑥ **단순히 증명서를 발급받지 않고 남북을 왕래하거나 신고 없이 회합**하는 경우 '**남북교류협력에 관한 법률**'을 **적용**하여 처벌한다.

※ 재외국민이 재외공관장에게 단순히 **신고하지 않고 북한을 왕래**한 경우 **남북교류협력에 관한 법률**을 적용받는다.

⑦ 방북 및 북한주민 접촉 **승인을 받고 북한을 방문**하였더라도 그 기회에 이루어진 **반국가단체 구성원과의 만남**은 국가보안법으로 **처벌**할 수 있다.[♣처벌할 수 없다.(×)](대법원 2003도758)

2. 재외국민

(1) **외국에서 북한을 왕래하는 경우 :** 외국에서 북한 왕래를 신고하려는 재외국민은 **출발 3일 전까지 또는 귀환 후 10일 이내**에 북한방문 신고서에 통일부장관 또는 재외공관의 장이 필요하다고 인정하는 서류를 첨부하여 **통일부장관 또는 재외공관의 장에게 제출하여야** 한다.(시행령 제14조 제1항)<19 · 20승진>

※ 재외국민이 재외공관장에게 **단순히 신고하지 않고 북한을 왕래** ⇨ **남북교류협력에 관한 법률 적용**하여 과태료 부과 등 처벌한다.[♣국가보안법 적용(×), ♣남교법 적용을 받지 않는다.(×)]<12승진>

(2) **외국을 경유하지 않고 직접 왕래하는 경우**: 방문증명서를 소지하여야 한다.

※ 재외국민의 범위 ⇨ **외국정부로부터 영주권을 취득하였거나 이에 준하는 장기체류허가를 받은 자** 또는 제3국에 소재하는 외국법인 등에 취업하여 업무수행 목적으로 북한을 방문하는 자

3. 외국거주 동포의 출입보장

(1) **무국적 해외동포 :** 외국 국적을 보유하지 아니하고 대한민국의 여권(旅券)을 소지하지 아니한 외국 거주 동포가 남한을 왕래하려면 (외교통상부 장관이 발급한) **여행증명서를 소지하여야** 한다.(제10조)

(2) **북한으로의 물품 반출 · 입시 법적 절차(순서문제)**

> ① 북한주민 **접촉신고** ⇨ ② 거래를 위한 **접촉 및 협의** ⇨ ③ 계약**체결** 및 승인 대상 여부 **확인** ⇨ ④ 반출 · 반입 **승인신청** ⇨ ⑤ 관련서류 **구비 및 통관** ⇨ ⑥ **교역 보고** [☻신접확신구보]

II. 주민접촉

1. 사전신고

(1) **사전접촉신고 :** 남한의 주민이 북한의 주민과 회합 · 통신, 그 밖의 방법으로 접촉하려면 **통일부장관에게 미리 신고하여야** 한다. 다만, 대통령령으로 정하는 **부득이한 사유에 해당하는 경우에는 접촉한 후에 신고할 수** 있다.[♣승인(×)](제9조의2 제1항)<19.2채용>

① 북한주민접촉신고를 하려는 남한 주민은 **접촉 7일 전까지 북한주민접촉 신고서를 통일부장관에게 제출하여야** 한다.(시행령 제16조 제1항)

② 접촉신고를 받은 통일부장관은 남북교류 · 협력의 원활한 추진을 위하여 대통령령으로 정하는 바에 따라 **북한주민접촉결과보고서 제출 등 조건**을 붙이거나, **3년 이내의 유효기간**을 정하여 수리**할 수** 있다.(제9조의2 제4항)

※ 다만, 대통령령으로 정하는 가족인 북한주민과의 접촉을 목적으로 하는 경우에는 5년 이내의 유효기간을 정할 수 있다. 통일부장관은 필요하다고 인정할 경우 유효기간을 3년의 범위에서 연장할 수 있다.(제9조의2 제4항, 제5항)

※ 신고한 목적범위 내에서는 유효기간 중에 횟수에 제한 없이 접촉 가능하며, 북한주민접촉결과보고서 제출 등 조건이 부여되어 접촉이 수리된 경우, 부여된 조건에 따라 결과보고를 해야 한다.

(2) **신고 간주 :** 방문증명서를 발급받은 사람이 그 방문 목적의 범위에서 당연히 인정되는 접촉을 하는 경우 등(대통령령으로 정하는 경우)에 해당하면 접촉신고를 한 것으로 본다.(제9조의2 제2항)

(3) **신고의 수리 거부 :** 통일부장관은 접촉에 관한 신고를 받은 때에는 남북교류 · 협력을 해칠 명백한 우려가 있거나 국가안전보장, 질서유지 또는 공공복리를 해칠 명백한 우려가 있는 경우에만 신고의 수리(受理)를 거부할 수 있다.(제9조의2 제3항)

2. 사후신고

(1) **사후신고 :** 아래 일정한 사유로 신고 없이 북한주민과 접촉한 사람은 **접촉 후 7일 이내에** 통일부장관이 정하는 바에 따라 신고하여야 한다.(시행령 제16조 제3항)

(2) **사후신고사유**(시행령 제16조 제2항)

1. 가족인 북한주민과 회합·통신하거나 가족의 생사 확인을 위하여 북한주민과 접촉한 경우
2. 교역을 목적으로 긴급히 북한주민과 접촉한 경우
3. 사전 계획 없이 전자우편·전자상거래 등 인터넷을 통하여 북한주민과 접촉한 경우
4. 편지의 접수 등 사전 신고가 불가능하거나 그 밖에 부득이한 사유로 사전에 신고의 수리를 받지 아니하고 북한 주민과 접촉한 경우
5. 외국 여행 중에 우발적으로 북한주민과 접촉한 경우

※ 남한과 북한간의 거래는 국가간의 거래가 아닌 민족내부의 거래로 본다.(제12조)

2 테마 168 북한이탈주민의 보호 및 정착지원

(1) **정의**(제2조)

1. **"북한이탈주민" :** 군사분계선 이북지역(이하 "북한"이라 한다)에 **주소, 직계가족, 배우자, 직장 등**을 두고 있는 사람으로서 **북한을 벗어난 후 외국 국적을 취득하지 아니한 사람**을 말한다.[♣외국 국적을 취득한 사람(×)](제2조 제1호)<19·20경위·15·18·19·21·24승진·19.1·20.2채용>

   ※ **중국동포(조선족)**란 **중국에 주소와 국적을 둔 조선족을 의미**하며 출입국관리사무소에 의한 밀입국 지역합동조사의 대상이다.

   ※ **북한국적 중국동포(조교)**란 북한 정부의 **해외공민증**과 중국정부의 **외국인 거류증**을 소지한 채 **중국에 거주하는 북한 국적자**를 말한다.[♣여권 소지(×)]<18승진>

2. **"보호대상자" :** 이 법에 따라 **보호 및 지원을 받는 북한이탈주민**을 말한다.[♣관리대상자(×)](제2조 제2호)<24승진·18경위>

☞ **기본원칙**(제4조)

① 대한민국은 보호대상자를 **인도주의에 입각**하여 특별히 보호한다.[♣상호주의에 입각(×)](제4조 제1항)<20경위·15.1채용>

② 대한민국은 외국에 체류하고 있는 북한이탈주민의 보호 및 지원 등을 위하여 **외교적 노력을 다하여야** 한다.(제4조 제2항)<20경위·15.1채용>

③ 보호대상자는 대한민국의 자유민주적 법질서에 적응하여 건강하고 문화적인 생활을 할 수 있도록 노력하여야 한다.(제4조 제3항)<15.1채용>

④ **통일부장관**[♣국정원장(×)]**은** 북한이탈주민에 대한 보호 및 지원 등을 위하여 북한이탈주민의 실태를 파악하고, 그 결과를 정책에 반영하여야 한다.(제4조 제4항)<18경위·15.1채용>

3. **"정착지원시설": 보호대상자의 보호 및 정착지원을 위하여** 제10조 제1항에 따라 **설치·운영하는 시설**을 말한다.

※ **하나원** – 국내입국 북한이탈주민이 우리 사회의 일원으로 조기에 안정적으로 정착할 수 있도록 도와주는 종합교육·지원센터의 역할을 하는 시설로 "정서안정 및 건강증진", "진로지도 및 직업훈련", "우리사회의 이해 증진", "초기정착지원" 등을 내용으로 하는 12주간의 사회적응 교육을 실시한다.

4. **"보호금품"**: 이 법에 따라 보호대상자에게 **지급하거나 빌려주는 금전 또는 물품**을 말한다. [♣구호물품(×)](제2조 제4호)<19·21승진·18경위>

☞ 기타(**비법률 용어**)

– 탈북자: 언론기관 등에서 일반적·편의적으로 통상 사용하는 용어

– 새터민: 정부내부문서, 보도자료 등에는 북한이탈주민을 "새터민" 또는 "새터민(탈북자)"으로 병기하도록 권장함.

– 귀순자: 「월남귀순용사특별보상법」(1979, 원호처) 및 「귀순북한동표 보호법」(1993, 보건복지부)에 규정되어 있던 용어

※ 귀순자 – 국내입국한 경우만, 탈북자 – 국내입국 여부를 불문

– 자유북한인, 북한이주민: 북한이탈주민들이 임의로 사용하는 용어

※ 관련법이 개정되지 않는 한 「북한이탈주민」 호칭이 타당

(2) **국가의 책무**

① 국가는 보호대상자의 성공적인 정착을 위하여 보호대상자의 보호·교육·취업·주거·의료 및 생활보호 등의 지원을 지속적으로 추진하고 이에 필요한 재원을 안정적으로 확보하기 위하여 노력하여야 한다.(제4조의2 제1항)<20경위>

② 국가는 보호대상자에 대한 지원시책을 마련하는 경우 아동·청소년·여성·노인·장애인 등에 대하여 특별히 배려·지원하도록 노력하여야 한다.(제4조의2 제2항)

(3) **북한 이탈주민 문제: 발생·입국단계 ⇨ 보호·관리단계 ⇨ 배출·정착단계**로 구분한다.<15경위>

(4) **기본계획 및 시행계획: 통일부장관은** 제6조에 따른 **'북한이탈주민보호 및 정착지원협의회'의 심의를 거쳐** 보호대상자의 보호 및 정착지원에 관한 '기본계획'을 **3년마다** 수립·시행하여야 한다.(제4조의3 제1항)<18.2채용>

Ⅰ. 신변보호

(1) **의의**: 신변보호란 거주지에 편입된 보호대상자에게 가해질 수 있는 각종 위해로부터 신변을 안전하게 보호하기 위한 신변보호기관의 활동이다.

(2) **신변보호업무의 내용**(지침 제5조)

① 보호대상자의 신변 위해 관련 정보수집 및 위해로부터 신변보호

② 보호대상자의 사회정착에 필요한 중대한 변화를 초래할 수 있는 신상변동사항 및 범죄가담 등 관련 정보수집

③ 보호대상자가 물의야기 없이 건전한 민주시민으로 우리 사회에 순조로이 정착하도록 계도

⑶ **신변보호의 필요성**

① 보호대상자에 대한 북한 공작원 등이 보복테러 가능성을 배제할 수 없으므로 이를 사전에 방지하기 위해 필요하다.

② 보호대상자가 우리사회에 조기 정착할 수 있도록 지도역할을 하면서 아울러 위장 탈북 등 대공상황에 대비하기 위해서도 필요하다.

Ⅱ. 보호신청

⑴ 북한이탈주민으로서 이 법에 따른 보호를 받으려는 사람은 **재외공관이나 그 밖의 행정기관의 장**(**각급 군부대의 장을 포함**한다. 이하 "재외공관장등"이라 한다.[♣각급 군부대의 장은 제외(×)])**에게 보호를 직접 신청하여야** 한다. 다만, 보호를 직접 신청하지 아니할 수 있는 (대통령령으로 정하는) 사유가 있는 경우에는 그러하지 아니하다.(제7조 제1항)<21승진 · 09 · 18.2 · 19.1 · 21.2채용>

⑵ **통보 :** 보호신청을 받은 재외공관장등은 지체 없이 그 사실을 소속 중앙행정기관의 장을 거쳐 **통일부장관과 국가정보원장에게 통보**하여야 한다.(제7조 제2항)<21.2채용>

⑶ **외교부장관**은 제1항에 따라 외국에서 재외공관의 장에게 보호를 신청한 북한이탈주민에 대하여 대통령령으로 정하는 바에 따라 **국내 입국에 필요한 지원을 할 수** 있다.(제7조 제3항)

⑷ **조치 및 통보 :** 통보를 받은 **국가정보원장은**[♣경찰청장은(×)] 보호신청자에 대하여 보호결정 등을 위하여 필요한 조사 및 일시적인 신변안전조치 등 **임시보호조치**를 한 후 지체 없이 그 **결과를 통일부장관에게**[♣국가정보원장에게(×)] **통보하여야** 한다.(제7조 제4항)<21.2채용>

※ **국가정보원장**은 제4항에 따른 조사 및 임시보호조치를 하기 위한 시설(이하 "**임시보호시설**")을 **설치 · 운영하여야** 한다.(제7조 제5항)

정리 북한이탈주민의 국제법적 지위

① **난민은 인종, 국적 또는 정치적 이유로 박해를 받을 공포 때문에 자국 밖에서 그 국가의 보호를 받을 수 없는 경우**이다.

② **정치적 의견을 이유로 박해받을 공포 때문에 자기 국가의 보호를 원하지 않는 것도 난민에 해당**한다.

③ **난민수용 여부는 접수국의 정책에 달려** 있다.[♣북한당국에 달려 있다.(×)]<11승진>

※ 대부분의 북한이탈주민은 러시아 벌목공으로 가거나, 중국으로 탈출하고 있어 접수국인 중국과 러시아의 정책에 따라 난민으로 수용 여부가 결정된다.

Ⅲ. 보호결정(제3조)

⑴ **보호여부 결정 : 통일부장관**은[♣법무부장관은(×), ♣국가정보원장은(×)] 보호신청에 따른 통보를 받은 날로부터 **30일 이내**에 '북한이탈주민보호 및 정착지원협의회'를 거쳐 보호 여부를 결정한다.(제8조 제1항)<21승진 · 19경위 · 09 · 19.1채용>

※ 다만, 국가안전보장에 현저한 영향을 줄 우려가 있는 사람에 대하여는 **국가정보원장**[♣통일부장관(×), ♣국방부 장관(×)]**이** 그 보호 여부를 결정하고, 그 결과를 지체 없이 **통일부장관**[♣국가정보원장(×)]**과 보호신청자에게 통보**하거나 알려야 한다.(제8조 제1항 단서)<15 · 19경위 · 19.1채용>

(2) **신변보호 대상**(제9조, 제10조~14조)

<table>
<tr><td rowspan="4">신변
보호
등급
구분</td><td>'가'급</td><td>(1) 의의 : 재북 시 고위직 종사자, 북한의 테러기도 예상자 등 신변위해를 당할 상당한 우려가 있는 자를 대상으로 한다.
(2) 신변호보 방법 및 기간
① 시·도경찰청장(또는 경찰서장)은 「가」급 신변보호 대상자에 대해 신변보호 담당관을 1명 이상 지정하여 직접·상시적으로 보호
② 「가」급 신변보호기간은 거주지 보호기간(5년)의 범위 내에서 보호대상자의 신변위해도를 감안하여 결정(기간연장 가능)
③ 시·도경찰청장(또는 경찰서장)은 매년 6월 말과 12월 말까지 신변보호 계속 여부 및 보호등급조정 필요성 등 의견을 경찰청장에게 보고</td></tr>
<tr><td>'나'급</td><td>(1) 의의: 거주지 보호대상가 가운데 재북 시 중요직책에 종사하여 신변위해를 할 잠재적인 우려가 있는 자와 사회정착생활이 심히 불안정하여 특별한 관찰과 계도가 필요한 자를 대상으로 한다.<18승진>
(2) 방법 및 기간
① 시·도경찰청장(또는 경찰서장)은 「나」급 신변보호 대상자에 대해 신변 보호 담당관 1명을 지정하되, 직·간접적인 방법으로 보호
② 「나」급 신변보호기간은 거주지 보호기간(5년)의 범위 내에서 보호대상자의 신변위해도를 감안하여 결정(기간연장 가능)
③ 시·도경찰청장(또는 경찰서장)은 매년 6월 말과 12월 말까지 신변보호 계속 여부 및 보호등급조정 필요성 등의 의견을 경찰청장에게 보고</td></tr>
<tr><td>'다'급</td><td>(1) 의의 : 거주지에 편입된 보호대상자 가운데 재북시 경력을 감안할 때 신변위해를 당할 우려는 희박하나 초기 사회정착 계도 차원에서 일정기간 보호가 필요한 자를 대상으로 한다.
(2) 방법 및 기간
① 시·도경찰청장(또는 경찰서장)은 신변보호 업무를 담당할 담당관을 지정하되, 신변보호 담당관 1명이 여러 명의 보호대상자를 동시에 간접적인 방법으로 보호
② 「다」급 신변보호기간은 거주지 보호기간(5년)의 범위 내에서 정하되, 특별한 사유가 없는 한 거주지 편입 후 6개월이 경과되면 신변보호를 종료</td></tr>
<tr><td>신변보호 종료자</td><td>거주지 편입시 연소자(15세 이하)·연장자(65세 이상)·중증질환자 등 신변위해를 당할 우려가 극히 희박한 자로, 가·나·다·급 종료자[♣10세 이하, 70세 이상(×)]</td></tr>
<tr><td>보호
기준</td><td colspan="2">① 보호대상자에 대한 보호 및 지원 기준은 나이, 세대 구성, 학력, 경력, 자활 능력, 건강 상태 및 재산 등을 고려하여 합리적으로 정하여야 한다.(제5조 제1항)
② 이 법에 따른 보호 및 정착지원은 원칙적으로 개인을 단위로 하되, 필요하다고 인정하는 경우에는 대통령령으로 정하는 바에 따라 세대를 단위로 할 수 있다.(제5조 제2항)
③ 보호대상자를 정착지원시설에서 보호하는 기간은 1년 이내로 하고, 거주지에서 보호하는 기간은 5년으로 한다. 다만, 특별한 사유가 있는 경우에는 '북한이탈주민보호 및 정착지원협의회'의 심의를 거쳐 그 기간을 단축하거나 연장할 수 있다.(제5조 제3항)</td></tr>
</table>

결정 제외 사유	(비보호결정 기준) 보호 여부를 결정할 때 다음 각 호의 어느 하나에 해당하는 사람은 보호대상자로 **결정하지 아니할 수** 있다.[♣결정될 수 없다.(×)](제9조 제1항)<19경위·18·19·20·21승진·18.2·21.2채용> 1. 항공기 납치, 마약거래, 테러, 집단살해 등 **국제형사범죄자**<19승진> 2. 살인 등 **중**대한 **비정치적 범죄자**<20승진> 3. **위장탈출 혐의자**<18·20·21승진·18·19경위·18.2·21.2채용> 4. 삭제(체류국에 10년 이상 생활 근거지를 두고 있는 사람)(2021년 6. 9부터)<20·21승진·18·19경위> 5. 국내 입국 후 **3년이 지나서** 보호신청한 사람[♣1년이 지나서(×)](제9조 제1항 5호)<18·19·20·21승진·15·18·19경위·20.2·21.2채용> 6. 그 밖에 **국가안전보장·질서유지·공공복리에 대한 중대한 위해 발생 우려, 보호신청자의 경제적 능력 및 해외체류 여건 등을 고려**하여 보호대상자로 정하는 것이 **부적당**하거나 **보호 필요성이 현저히 부족**하다고 **대통령령으로 정**하는 사람 [☻국중위 상부적]

(3) **결정 후 절차 :** 보호 여부를 결정한 통일부장관은 그 결과를 지체 없이 관련 중앙행정기관의 장을 거쳐 재외공관장등에게 통보하여야 하고, 통보를 받은 재외공관장등은 이를 보호신청자에게 즉시 알려야 한다.

① 해외 보호대상자의 입국을 위한 당해 주재국과의 교섭, 신병이송에 관한 사항은 **외교부 장관이 국가정보원장과 협의**한다.

Ⅳ. 지원사항

(1) 초기 정착지원 : 북한이탈주민보호센터에서 입국 경위 등에 대한 조사를 마친 북한이탈주민은 **하나원에서 12주간 사회적응 교육**을 받는다. 아울러, 가족관계 등록 및 주민등록신고를 하게 되며 정착금 및 임대주택이 제공된다.

(2) 거주지 보호 : 북한이탈주민에게는 직업훈련과 사업장 알선 등 취업이 지원되며, 교육지원을 위해 초·중·고등학교 및 대학교 수업료 등이 면제된다. 또한 소득 인정액이 최저 생계비에 미달하는 경우 생계비와 의료해택이 지원되며, 사회적응을 돕기 위해 지역적응센터를 통한 교육이 이루어지고 각종 보호담당관이 적응을 돕는다.

(1) **지원 사항 : 통일부장관은** 보호대상자에게 추가지원, 정착금 지급, 교육지원, 의료보호 등 **각종 지원을 제공할 수** 있고 직업훈련을 실시할 수 있으며 직업을 알선할 수 있다.[♣희망할 경우 직업알선을 하여야(×)](제16조, 제17조 등)<11승진·09채용>

① 이 법에 따른 보호 및 정착지원은 원칙적으로 **개인을 단위**로 하되, 필요하다고 인정하는 경우에는 대통령령으로 정하는 바에 따라 **세대를 단위**로 할 수 있다.(제5조 제2항)<20.2채용>

② 보호대상자를 **정착지원시설**에서 **보호하는 기간은 1년 이내**로 하고, **거주지**에서 **보호하는 기간은 5년**으로 한다. 다만, 특별한 사유가 있는 경우에는 제6조에 따른 '북한이탈주민보호 및 정착지원협의회'의 심의를 거쳐 그 기간을 단축하거나 연장할 수 있다.(제5조 제3항)<20.2채용>

정리 지원 내용(배출 · 정착단계)

(1) 정착지원시설의 설치 (2) 북한 또는 외국에서 취득한 **학력 · 자격 인정**<11 · 15승진> (3) 사회적응교육 (4) 고용촉진지원(**직업훈련실시**)<15승진>	(5) 취업알선 · 영농정착지원 (6) **공무원 · 군인** 특별임용<11승진> (7) 주거지원<09채용> (8) 정착금 등의 지급 (9) 거주지보호<09채용>	(10) 교육지원 (11) 의료지원 (12) 생활보호 (13) 생업지원

(2) **특별임용 :** 보호대상자 중 북한의 공무원 · 군인이었던 자로서 임용 · 편입을 희망하는 자에 대하여는 공무원 · 군인으로 특별 임용할 수 있다.[♣군인이었던 자는 희망해도 임용할 수 없다.(×)](제18조 제1항, 제2항)<15승진 · 18.2채용>

(3) **정착금 등의 지급**

① 통일부장관은 보호대상자의 정착 여건 및 생계유지 능력 등을 고려하여 정착금이나 그에 상응하는 가액의 물품("정착금품")을 지급할 수 있다. 이 경우 정착금품의 **2분의 1을 초과하지 아니하는 범위에서 감액할 수** 있다.(제21조 제1항)

② 통일부장관은 보호대상자가 제공한 정보나 가지고온 장비(재화를 포함한다)의 활용 가치에 따라 등급을 정하여 보로금(報勞金)을 지급할 수 있다.(제21조 제2항)

(4) **거주지 보호 : 통일부장관**은 보호대상자가 정착지원시설로부터 그의 거주지로 전입한 후 정착하여 스스로 생활하는 데 장애가 되는 사항을 해결하거나 그 밖에 **자립 · 정착에 필요한 보호**를 **할 수** 있다.(제22조 제1항)<24승진>

① **협조요청 : 통일부장관**은 보호대상자가 거주지로 전입한 후 그의 신변안전을 위하여 **국방부장관이나 경찰청장에게 협조를 요청할 수** 있으며, 협조 요청을 받은 국방부장관이나 경찰청장은 이에 협조한다.(제22조의2 제1항)<24승진 · 19 · 20경위 · 19.1채용>

② 협조요청(제1항)에 따른 신변보호에 필요한 사항은 **통일부장관**이 **국방부장관, 국가정보원장** 및 **경찰청장**과 협의하여 정한다. 이 경우 해외여행에 따른 신변보호에 관한 사항은 **외교부장관**과 **법무부장관**의 의견을 들을 수 있다.(제22조의2 제2항)

PART

07

외사경찰

제1장 외사경찰 일반

제2장 외사경찰의 대상

제3장 외사경찰 활동

제4장 국제경찰공조 활동

CHAPTER 01 외사경찰 일반

I 외사경찰의 의의

(1) 법적 근거

① **일반규정 :** 국가경찰 및 자치경찰의 조직 및 운영에 관한 법률(제3조), 경찰관직무집행법(제2조), **경찰청과 그 소속기관 직제** 제15조의2

② **개별규정 :** 국제형사사법공조법, **여권법**, **출입국관리법**, **범죄인인도법**, **외국환거래법**, 외자도입법, 해외이주법, 외국인토지법, 대외무역법, 밀항단속법, 부동산거래 신고 등에 관한 법률, SOFA협정, 범죄인인도조약, 형사사법공조조약 등

(2) 외사국 임무범위(경찰청과 그 소속기관 직제)

외사국장은 다음 사항을 분장한다.[♣외국인 관련 범죄에 대한 통계 및 수사자료 분석(×)](제15조 제3항)<22승진>

1. 외사경찰업무에 관한 기획・지도 및 조정
2. 재외국민 및 외국인에 관련된 신원조사
3. 외국경찰기관과의 교류・협력
4. 국제형사경찰기구에 관련되는 업무
5. 외사정보의 수집・분석 및 관리
6. 외사보안업무의 지도・조정
7. 국제공항 및 국제해항의 보안활동에 관한 계획 및 지도

(3) 테마 169 다문화 사회의 접근유형

① **급진적 다문화주의**(radical multiculturalism)

다문화주의는 '**차이에 대한 권리**'로 해석되며, 다문화주의는 **소수자의 문화적 권리와 결부**되어 이해된다. 그리고 **소수집단의 자결의 원칙**을 내세워 문화적 공존을 넘어서는 **소수민족 집단만의 공동체 건설**을 지향한다. 다민족 다문화사회에서 **주류 사회의 문화, 언어, 규범, 가치, 생활양식을 부정하고 독자적인 생활방식을 추구**하는 것이 그들의 입장이다.[♣다원주의(×)]<12・13・19승진・20.1채용>

예 미국에서 흑인과 원주민에 대한 격리주의 운동, 아프리카의 소부족 독립운동 등

② **자유주의적 다문화주의**(liberal multiculturalism) = **동화주의**(assimilationism)

다문화주의의 차별을 금지하고 사회참여를 위해 기회평등을 보장하는 것으로, 사회통합을 이룩하기 위해 국가내부의 문화적 다양성을 허용하고, **소수 인종집단 고유의 문화적 가치를 인정하지만, 시민생활이나 공적생활에서는 주류 사회의 문화, 언어, 습관에 따를 것을 요구**한다.<13 · 19승진 · 20.1채용>

③ **조합주의적 다문화주의**(corporate multiculturalism) = **(또는 다원주의)**<13승진> [☻ 자동 조원]

자유주의적 다문화주의와 급진적 다문화주의의 절충적 형태로서 다문화주의를 **결과에 있어서의 평등보장**이라는[♣기회에 있어 평등(×)<13승진>] 측면에서 접근, 문화적 소수자가 현실적으로 문화적 다수자와의 경쟁에서 불리한 위치에 있다는 것을 전제로 하여, **소수집단의 사회참가를 촉진하기 위해 적극적인 재정적, 법적 원조**를 한다.<13 · 19승진 · 20.1채용>

♣ 조합주의적 다문화주의는 자유주의적 다문화주의와 급진적 다문화주의의 절충적 형태로서 다문화주의를 기회에 있어서의 평등이라는 측면에서 접근한다.(×)<13경감>

예 다언어방송, 다언어의사소통, 다언어 및 다문화 교육 등 추진, 사적 영역에서 소수민족학교나 공동단체에 지원 [☻ 주급 공자 원조]

※ 다문화가족 : 우리 사회에 거주하고 있는 **외국인노동자, 국제결혼 이주자, 새터민 등에서 태어난 자녀**들을 비차별적으로 부르는 용어이다. 법률에서는 재한외국인처우기본법 제2조 제3호의 결혼이민자와 국적법 제2에 따라 출생 시부터 대한민국 국적을 취득한 자로 이루어진 가족을 말한다.

Ⅱ 국제화와 외사경찰

Ⅰ. 다자간 무역협상(무역과 노동, 환경, 기술문제의 연계)<17경위>

구분	내용
노동라운드	Blue round ⇨ 열악한 노동환경과 저임금에 의한 **사회적 덤핑을 규제**한다.<17경위>
기술라운드	Technology round ⇨ **개도국의 기술경쟁력 확보를 저지하기 위한 선진국의 연대움직임**으로, **주로 지적재산권 보호에 중점**을 두고 있다.[♣개발도상국들의 연대(×)]<17경위> ♣ 기술경쟁력을 확보하기 위한 개발도상국들의 연대움직임으로, 선진국들의 지적재산권 보호 움직임과 충돌하기도 한다.(×)<17경위>
경쟁라운드	Competition round ⇨ 각국의 국내규제와 정책의 차이가 무역 장애로 등장함에 따라 **개방과 내국인 대우를 통한 경쟁조건의 평균화를 추진**한다.<17경위>
환경라운드	Green round ⇨ 엄격한 환경기준을 가진 선진국들이 자국의 통상 관련 입법을 통하여 **생태적 덤핑을 규제**한다.<17경위> ※ 환경라운드는 때로 일방적 무역제한 조치로 통상 분쟁을 초래하기도 한다.

Ⅱ. 국제질서에 대한 사상변천<01 · 06 · 07승진>

이상주의	18세기	국가도 국제관계에 이익에 봉사해야 함.(이익의 조화)
자유방임주의	19세기	전 세계적 자유무역의 주장
제국주의	19세기말	보호무역, 열강들의 식민지 쟁탈전
이데올로기적 패권주의	1차 세계대전 이후	자유주의(미)와 공산주의(소)의 이데올로기적 대립
경제패권주의	1980년 이후	냉전종식, WTO체제, 자국의 경제적 이익 추구

참고 통역의 종류

순차통역	연사의 발언을 청취하면서 **노트 테이킹**(note taking)**하다가 발언이 끝나면 통역**하는 가장 보편적인 통역방법이다.<18경위>
동시통역	통역부스(booth)안에서 통역사가 헤드폰으로 연사의 발언을 들으면서 동시에 다른 언어로 통역하는 것을 말한다.
생동시통역	별도의 **통역부스나 장비 없이 통역**하여 현장감을 살릴 수 있는 장점이 있으나 **말하는 소리와 통역하는 소리가 섞이는 단점**이 있다.
릴레이통역	**3개 국어 이상의 언어가 통역되어야 할 때** 이용되는 방법이다.<18경위>
방송통역	tv 화면과 함께 음성을 동시통역하는 것으로 뉴스통역에 사용된다.<18경위>
위스퍼링	동시통역이 필요한 상황에서 한두 명의 청자 옆에서 소곤소곤 동시통역하는 것을 말하며 주로 의전대상에게만 통역을 제공해야 할 때 사용한다.
화상회의 통역	원격지에 있는 사람들과 화상회의를 할 때 사용되는 통역으로 고도의 기술과 장비가 필요하다.[♣생동시 통역(×)]<18경위>

CHAPTER 02

외사경찰의 대상

1 외국인의 지위

Ⅰ 외국인의 개념

협의	외국국적을 갖고 있는 모든 사람을 의미한다. ※ 무국적자는 제외된다.
광의	**대한민국의 국적을 가지지 않은 자(출입국관리법 제2조)** – 일반적인 국제법상의 외국인으로서 **외국국적**을 가진 사인을 의미한다. – **무국적자**도 외국인에 포함된다. – **복수국적자** ⇨ (자국국적과 외국국적을 동시에 보유하는 경우) **내국인으로 취급**된다.

Ⅰ. 국적법<국적취득의 형태-01 · 07승진>

국적법의 특징

① **단일국적주의**

② **속인주의**(혈통주의) 원칙 : 예외적 속지주의(출생지주의), **부모양계 혈통주의**

③ **귀화의 허가주의** : 법무부장관의 허가를 요한다.

④ **부부별개 국적주의** : 여성의 독자적인 국적선택권을 보장

1. 국적취득형태 – 출생, 인지, 귀화

(1) 선천적 취득사유(출생)

출생	다음의 어느 하나에 해당하는 자는 **출생과 동시**에 대한민국 **국적을 취득**한다.(제2조 제1항) ⇨ **속인주의** 1. 출생 당시에 **부 또는 모**가 대한민국의 **국민**인 자(제2조 제1항 제1호) 2. 출생하기 전에 부가 사망한 경우에는 그 **사망 당시에 부가 대한민국의 국민**이었던 자(제2조 제1항 제2호) ⇨ **속지주의(예외)** 3. 부모가 모두 분명하지 아니한 경우나 국적이 없는 경우에는 **대한민국에서 출생**한 자(제2조 제1항 제3호) ※ **대한민국에서 발견된 기아**(棄兒)는 대한민국에서 **출생**한 것으로 **추정**한다.(**출생과 동시에 국적을 취득**한다.)(제2조 제2항)

PART 07

(2) **후천적 취득사유**(인지, 귀화)<14승진 · 15.2채용>

<table>
<tr><td>인지</td><td colspan="2">대한민국의 국민이 아닌 자("외국인")로서 대한민국의 국민인 부 또는 모에 의하여 인지(認知)된 자가 다음 각 호의 요건을 모두 갖추면 법무부장관에게 신고함으로써 대한민국 국적을 취득할 수 있다.(제3조)
1. 대한민국의 「민법」상 미성년일 것[♣미성년 요건만 갖추면(×)]
2. 출생 당시에 부 또는 모가 대한민국의 국민이었을 것</td></tr>
<tr><td rowspan="4">귀화</td><td colspan="2">대한민국 국적을 취득한 사실이 없는 외국인은 법무부장관의 귀화허가(歸化許可)를 받아 대한민국 국적을 취득할 수 있다.(제4조 제1항)</td></tr>
<tr><td>일반
귀화</td><td>1. 5년 이상 계속하여 대한민국에 주소가 있을 것[♣10년 이상 주소(×)](제5조 제1호)<14 · 17승진 · 15.2 · 19.2채용>
♣ 일반귀화를 하기 위해서는 3년 이상 계속하여 대한민국에 주소가 있어야 한다.(×)<14승진>
1의2. 대한민국에서 영주할 수 있는 체류자격을 가지고 있을 것(제5조 제1의2호)<19.2채용>
2. 대한민국의 「민법」상 성년일 것<14 · 17승진 · 15.2 · 19.2채용>
3. 법령을 준수하는 등 법무부령으로 정하는 품행 단정의 요건을 갖출 것[♣대통령령(×)](제5조 제3호)<14 · 17승진 · 15.2 · 19.2채용>
4. 자신의 자산(資産)이나 기능(技能)에 의하거나 생계를 같이하는[♣생계를 따로 하는(×)] 가족에 의존하여 생계를 유지할 능력이 있을 것<14 · 17승진 · 15.2채용>
5. 국어능력과 대한민국의 풍습에 대한 이해 등 대한민국 국민으로서의 기본 소양(素養)을 갖추고 있을 것(국적법 제5조 제5호)
6. 귀화를 허가하는 것이 국가안전보장 · 질서유지 또는 공공복리를 해치지 아니한다고 법무부장관이 인정할 것(국적법 제5조 제6호)<19.2채용></td></tr>
<tr><td>간이
귀화</td><td>① 3년 이상 주소
1. 부 또는 모가 대한민국의 국민이었던 자
2. 대한민국에서 출생한 자로서 부 또는 모가 대한민국에서 출생한 자
3. 대한민국 국민의 양자(養子)로서 입양 당시 대한민국 「민법」상 성년이었던 자
② 배우자가 대한민국의 국민인 외국인
1. 2년 이상 주소 ⇨ 그 배우자와 혼인한 상태로 대한민국에 2년 이상 계속하여 주소가 있는 자
2. 1년 이상 주소 ⇨ 그 배우자와 혼인한 후 3년이 지나고 혼인한 상태로 대한민국에 1년 이상 계속하여 주소가 있는 자
3. 법무부장관 인정 ⇨ 그 배우자와 혼인한 상태로 대한민국에 주소를 두고 있던 중 그 배우자의 사망이나 실종 또는 그 밖에 자신에게 책임이 없는 사유로 정상적인 혼인 생활을 할 수 없었던 자로서 제1호나 제2호의 잔여기간을 채웠고 법무부장관이 상당(相當)하다고 인정하는 자</td></tr>
<tr><td>특별</td><td>① 대한민국에 주소가 있는 외국인으로서 아래에 해당하는 자
1. 부 또는 모가 대한민국의 국민인 자. 다만, 양자로서 대한민국의 「민법」상 성년이 된 후에 입양된 자는 제외한다.
2. 대한민국에 특별한 공로가 있는 자
3. 과학 · 경제 · 문화 · 체육 등 특정 분야에서 매우 우수한 능력을 보유한 자로서 대한민국의 국익에 기여할 것으로 인정되는 자</td></tr>
</table>

※ 모든 귀화는 대한민국에 주소가 있을 것을 요건으로 하고 있다.<10채용>

Ⅱ 외국인의 법적지위

원칙: 외국인의 지위에 관한 원칙으로는 상호주의와 평등주의가 있으며, 우리 헌법은 국제법과 조약이 정하는 바에 의하여 외국인의 지위를 보장한다고 규정하고 있다.

① **상호주의 ⇨ 외국이 자국민에 대해 인정하는 것과 동일한 정도**의 권리 · 의무를 인정

② **평등주의 ⇨ 자국민과 동일한 정도**의 권리 · 의무를 인정

Ⅰ. 권리<11경위 · 97 · 13승진>

1. 공법상 권리

⑴ **금지 · 제한 :** 외국인의 공법상 권리는 금지되거나 제한되는 경우가 많다.<97승진>

⑵ **외국인에게도 인정 : 자유권(신체 · 재산)과 재판청구권**

생명권 · 성명권 · 정조권, 재산권인 물권 · 채권 · 무체재산권과 신분권인 상속권 등은 내국인과 동일하게 인정된다.

⑶ **외국인에게 원칙적 부정 : 참정권과 수익권**

① 외국인은 원칙적으로 **공무담임권 · 선거권 · 피선거권** 등과 생활권인 **근로의 권리 · 교육을 받을 권리** 등은 인정되지 않으며, **생활보장청구권도** 없다.[♣상속권(×)]<11경위 · 13승진>

② 단 영주 **체류자격 취득일 후 3년이 경과한 18세 이상의 외국인**으로서 당해 지자체의 **외국인등록대장에 등재된 자**는 공직선거법에 의하여 **지자체의원 및 단체장 선거권**을 가진다.[♣대통령 · 국회의원 선거권(×)](공직선거법 제15조)

※ 선거권을 가진 외국인은 **해당 선거에서 선거운동이 가능**하다.(공직선거법 제60조①1호)

③ **18세 이상 외국인**으로 대한민국에 **계속 거주할 자격**을 갖춘 자에게 **지방자치단체의 조례가 정하는 바에 따라 주민투표권을 부여할 수** 있다.(주민투표법 제5조)[♣20세 이상(×)]<11경위>

2. 사법상 권리

⑴ **상호주의 :** 원칙적으로 상호주의에 입각하여 보호받고 있다.

예 토지소유권[신고주의], 저작권 등 무체재산권

⑵ **절대적으로 제한되는 권리 :** 국가안전 · 공공질서 · 국가의 중대이익에 관련되는 재산권 및 직업은 향유할 수가 없다.

예 선박 · 항공기 소유권, 도선사가 되는 권리<96 · 97 · 99승진>

Ⅱ. 의무

⑴ **동일한 의무 :** 외교사절을 제외하고는 내국인과 동일한 의무를 부담한다.

외국인은 사법상권리에 대응하는 사법상 의무와 공법상 **체류국의 통치권(경찰권 · 과세권 · 재판권)에 복종**할 의무를 지닌다.<11경위>

⑵ **부담하지 않는 의무 : 병역의무, 교육의무** 등 **신분상의무와 사회보장 가입의무** 등은 부담하지 않는다.<98 · 13승진>

PART 07

(3) **특수한 의무 : 지방적(국내적) 구제의 원칙에 대한 의무**, 추방의 원인이 되는 행위를 하지 않을 의무, **외국인 등록을 할 의무**<13승진>

> ※ **지방적 구제(국내적 구제)의 원칙** ⇨ 외국인인 피해자가 체류국의 국가기관 또는 사인에 의한 불법행위로 손해를 입은 경우 그 나라에 대하여 구제를 청구하여 그 절차를 다한 후가 아니면 국제법상 책임추궁을 하지 못한다는 원칙<13승진>

Ⅲ 내 · 외국인의 출입국[여권법, 출입국관리법]

(1) **출입국관리** : 법무부의 '출입국 · 외국인정책본부'에서 담당하고 있다.<98승진>

(2) **출입국절차** : 외국여행 시에는 반드시 출입국 항에서 출입국에 필요한 **C.I.Q.과정을 거쳐야 한다.**<05 · 08 · 10승진>

※ **C.I.Q.과정** ⇨ 세관공무원의 **통관절차(Customs)**, 출입국관리공무원의 **출입국심사**(Immigrations), 검역관리 공무원의 **검역조사(Quarantine)**를 말한다.

※ **주한미군**, 외교관, 국제기구직원 등은 출입국에 있어 **여권법이나 출입국관리법 등의 적용이 면제**되어 여권 · 비자 없이 신분증으로 출 · 입국이 가능하다.<10승진>

Ⅰ. 외국인의 입국

1. 요건

(1) **여권 · 사증 구비 :** 외국인이 입국하고자 할 때에는 **그 소속국가에서 발급받은 유효한 여권 또는 이에 갈음할 수 있는 여행증명서**, 국제연합통행증과 함께 **여행하고자 하는 국가의 법무부장관이 발급한 사증(Visa)**을 가지고 있어야 입국할 수가 있다.[♣법무부장관이 발급한 사증(×)]<05승진>

① **사증발급 :** 외국인이 입국하기 위해서는 그의 소속국가로부터 발급받은 여권을 입국하려는 국가 당국에 제출하여 입국허가(통상VISA)를 받아야 한다. 또한 외국인의 입국을 허가할 경우에 여러 가지 조건을 부여할 수 있다.

② **외국인 입국시 생체정보제공**(출입국관리법 제12조의2)

정보제공	**입국하려는 외국인**은 제12조에 따라 입국심사를 받을 때 법무부령으로 정하는 방법으로 **생체정보를 제공**하고 **본인임을 확인하는 절차에 응하여야** 한다.(출입국관리법 제12조의2 제1항)
예외	생체정보의 제공 **예외**(출입국관리법 제12조의2 제1항 단서) 1. **17세 미만**인 사람[♣19세 미만(×)] ♣ 19세 미만인 사람, 외국정부 또는 국제기구의 업무를 수행하기 위하여 입국하는 사람과 그 동반 가족은 입국시 지문 및 얼굴 정보제공 대상에서 제외된다.(×) 2. **외국정부 또는 국제기구의 업무를 수행하기 위하여 입국하는 사람과 그 동반 가족** 3. 외국과의 우호 및 문화교류 증진, 경제활동 촉진 또는 대한민국의 이익 등을 고려하여 **생체정보의 제공을 면제하는 것이 필요**하다고 대통령령으로 정하는 사람

입국 불허	출입국관리공무원은 외국인이 제1항 본문에 따라 **생체정보를 제공하지 아니하는 경우에는 그의 입국을 허가하지 아니할 수** 있다.(출입국관리법 제12조의2 제2항)
정보 요청 · 관리	① **요청**: **법무부장관은** 입국심사에 필요한 경우에는 관계 행정기관이 보유하고 있는 **외국인의 생체정보의 제출**을 요청**할 수** 있다.[♣요청하여야(×)](제12조의2 제3항)<20승진> ※ 협조 요청받은 관계행정기관은 정당한 이유 없이 그 요청을 거부하여서는 아니 된다. ② **활용**: 출입국관리공무원은 제1항 또는 제3항에 따라 제공 또는 제출받은 **생체정보를 입국심사에 활용할 수** 있다.(제12조의2 제5항) ③ **관리**: **법무부장관**은 제1항 또는 제3항에 따라 제공 또는 제출받은 **생체정보**를 **「개인정보 보호법」에 따라 보유하고 관리**한다.(제12조의2 제6항)

정리 **입국의 자유**<10승진>

영미법계	외국인의 입국을 **'국내문제'로 봄**: **원칙적으로** 외국인의 입국**금지 가능**
대륙법계	외국인의 입국을 **'국가 간 교통권의 문제'**로 봄: **금지 불가**

※ **외국인의 입국허용** ⇨ 두 국가 간 통상조약을 체결하고 **조약에 근거하여 체약 당사국이 상호입국을 허용하는 것이 일반적**이지만, **통상조약이 체결되어 있지 않은 경우에도** 외국인의 입국을 허용하는 것이 일반적이다.

2. 테마 170 입국금지

(1) **법무부장관은** 다음 각 호의 어느 하나에 해당하는 외국인에 대하여는 **입국을 금지**할 **수** 있다.(출입국관리법 제11조)<22경위 · 08 · 10 · 17.2채용>

① 감염병환자, 마약류중독자, 그 밖에 **공중위생상 위해를 끼칠 염려**가 있다고 인정되는 사람<22경위 · 10.2 · 17.2채용>

② 총포 · 도검 · 화약류 등 단속법에서 정하는 **총포 · 도검 · 화약류 등을 위법하게 가지고 입국하려**는 사람

③ **대한민국의 이익이나 공공의 안전을 해치는 행동을 할 염려**가 있다고 인정할 만한 상당한 이유가 있는 사람

④ **경제질서 또는 사회질서를 해치거나 선량한 풍속을 해치는 행동을 할 염려**가 있다고 인정할 만한 상당한 이유가 있는 사람<10.2 · 17.2채용>

⑤ 사리 분별력이 없고 국내에서 **체류활동을 보조할 사람이 없는 정신장애인, 국내체류비용을 부담할 능력이 없는 사람,** 그 밖에 **구호(救護)가 필요**한 사람<10.2 · 17.2채용>

⑥ **강제퇴거명령**을 받고 출국한 후 **5년이 지나지 아니한** 사람[♣강제퇴거명령을 받고 출국한 후 5년이 지난 사람(×)]<22경위 · 17.2채용>

⑦ **1910년 8월 29일부터 1945년 8월 15일까지** 사이에 정부의 지시를 받거나 그 정부와 연계하여 인종, 민족, 종교, 국적, 정치적 견해 등을 이유로 **사람을 학살 · 학대하는 일에 관여**한 사람

⑧ **법무부장관이** 그 입국이 적당하지 아니하다고 **인정**하는 사람[☻공총이 경선구강 5인]

♣ 상륙허가 없이 상륙 혹은 상륙허가조건위반(×)

PART 07

(2) **입국거부 :** 법무부장관은 입국하려는 외국인의 본국(本國)이 위의 사유 외의 사유로 국민의 입국을 거부할 때에는 그와 동일한 사유로 그 외국인의 입국을 거부할 수 있다.

(3) **입국금지에 대한 구제**(이의신청, 손해배상청구) **불가**

> ① **불복** ⇨ 입국금지 대상자는 즉시퇴거를 원칙으로 하며, 외국인의 입국금지 처분은 국가의 **주권행사인 행정처분**에 해당하므로 이에 대한 **불복절차는 없다.**
>
> ② **손해배상청구** ⇨ 입국금지처분으로 손해가 발생해도 대한민국에는 손해발생의 예견가능 없고, 귀책사유도 없으므로 **손해배상을 청구할 수가 없다.**(**비용은 본인부담**)<12경위>

II. 여권(여권법)

의의	① **확인 · 증명, 보호의뢰**: 대한민국정부 · 외국정부 또는 권한 있는 국제기구에서 발급한 것으로 외국을 여행하고자 하는 사람의 **신분과 국적을 국제적으로 확인 · 증명**하고 그에 대한 보호를 의뢰하는 문서이다.<12경위> ② 여권은 외교부장관이 발급하는 것으로 국외여행을 인정하는 본국의 일방적 증명서에 그친다.<12경감> ③ 외국인은 **여권을 입국하려는 국가의 당국에 제출하여 입국허가를 받아야** 한다.<12경위> ※ 여권을 대신할 수 있는 증명서<03 · 07승진 · 01채용> ① **여행증명서** ② 난민여행증명서 ③ UN여권[국제연합 발급] ④ 외교관신분증(외교사절) ⑤ 군인신분증(SOFA 대상자) [♣선원수첩(×)]
성격	**여권발급의 법적 성격**: 준법률행위적 행정행위인 공증에 해당한다. ※ 여권은 사증이 있어야 그 효력이 발휘하므로 **여행을 할 수 있음을 증명하는 본국의 일방적인 증명서(문서)일 뿐**이다.<12승진>
종류	일반여권, 관용여권, 외교관여권, 긴급여권 / 단수여권(1회에 한함), 복수여권(횟수제한×) ※ **관용여권과 외교관여권의 발급대상자**는 **대통령령으로** 정한다.(여권법 제4조 제3항) ① **관용여권 발급대상**: 정부에서 파견하는 **의료요원, 태권도 사범, 재외동포의 교육을 위한 교사**와 그 **배우자 및 24세 미만의 미혼인 자녀**에게 관용여권을 발급할 수 있다.[♣일반여권(×), ♣발급해야(×)](여권법 시행령 제7조 제3호)<12승진> ② **외교관 여권 발급대상** 1. 대통령(전직 대통령을 포함), 국무총리와 전직 국무총리, 외교부장관과 전직 외교부장관, 특명전권대사, 국제올림픽위원회 위원, 외교부장관이 지정한 외교부 소속 공무원, 재외공관에 근무하는 다른 국가공무원, 지방공무원 및 다음 각 목의 어느 하나에 해당하는 사람 가. 다음에 해당하는 사람의 배우자와 27세 미만의 미혼인 자녀 1) 대통령, 2) 국무총리

종류	나. 다음에 해당하는 사람의 배우자, 27세 미만의 미혼인 자녀 및 생활능력이 없는 부모 1) 외교부장관, 2) 특명전권대사, 3) 국제올림픽위원회 위원 4) 공무로 국외여행을 하는 외교부 소속 공무원 5) 「외무공무원법」 제31조에 따라 재외공관에 근무하는 다른 국가공무원 다. 전직 국무총리와 전직 외교부장관이 동반하는 배우자. 다만, 외교부장관이 인정하는 경우에만 해당한다. 라. 대통령, 국무총리, 외교부장관, 특명전권대사와 국제올림픽위원회 위원을 수행하는 사람으로서 외교부장관이 특히 필요하다고 인정하는 사람 2. **국회의장**과 전직 국회의장 및 다음 각 목의 어느 하나에 해당하는 사람 가. **국회의장의 배우자와 27세 미만의 미혼인 자녀** 나. 전직 국회의장이 동반하는 배우자. 다만, 외교부장관이 인정하는 경우에만 해당한다. 다. 국회의장을 수행하는 사람으로서 외교부장관이 특히 필요하다고 인정하는 사람 3. **대법원장, 헌법재판소장**, 전직 대법원장, 전직 헌법재판소장 및 다음 각 목의 어느 하나에 해당하는 사람 가. 대법원장과 헌법재판소장의 배우자와 27세 미만의 미혼인 자녀 나. 전직 대법원장과 전직 헌법재판소장이 동반하는 배우자. 다만, 외교부장관이 인정하는 경우에만 해당한다. 다. 대법원장과 헌법재판소장을 수행하는 사람으로서 외교부장관이 특히 필요하다고 인정하는 사람 4. **특별사절 및 정부대표와 이들이 단장이 되는 대표단의 단원** 5. 그 밖에 원활한 외교업무 수행이나 신변 보호를 위하여 외교관여권을 소지할 필요가 특별히 있다고 외교부장관이 인정하는 사람 ③ **단수여권 발급대상: 25세 이상의 병역을 마치지 아니한 사람**으로서 지방병무청장이 발행하는 **국외여행 허가서의 허가기간이** 6개월 미만인 자에게는 단수여권을 발급한다.(여권법 시행령 제13조)<12승진>
발급	① **발급권자**: **외교부장관**(여권법 제9조)<04 · 12승진 · 12.1채용> ② **사무의 대행**: 외교부장관은 여권의 **발급 · 재발급과 기재사항 변경에 관한 사무의 일부**(예 신청접수, 여권교부 등)를 대통령령이 정하는 바에 따라 **지방자치단체의 장에게 대행하게 할 수** 있다.(여권법 제21조 제1항)<02 · 12승진> ♣ 여권은 외교부장관이 발급하며, 영사나 지방자치단체장도 일반여권을 발급할 수 있다.(○) ※ 다만 **외국에서는** 영사가 **일반여권이나 여행증명서를 발급할 수** 있으나 **외교관여권**에 대하여는 **발급신청 및 교부만을 대행할 뿐** 외교부에서만 **발급할 수** 있다.[♣영사가 발급(×)] ♣ 국외에서 필요한 경우 영사가 외교관 여권을 발급할 수 있다.(×)

유효 기간	① **일반여권**: **10년**(시행령 제6조 제1항)<07승진> – 18세 미만인 자: 18세 미만 자에 대한 일반여권의 유효기간은 5년(시행령 제6조 제2항 제1호) ② **관용여권 · 외교관여권**: **5년** 이내[♣외교관 여권 3년(×)] ※ 여권이 발급된 날부터 **6개월**이 지날 때까지 신청인이 그 여권을 받아가지 아니한 때에는 여권의 **효력이 상실**된다.(여권법 제13조 제1항 제2호)
발급 거부	**외교부장관**은 다음 각 호의 어느 하나에 해당하는 사람에 대하여는 **여권의 발급 또는 재발급을 거부할 수** 있다.(제12조 제1항) ① **장기 2년 이상**의 형(刑)에 해당하는 죄로 인하여 **기소**(起訴)되어 있는 사람[♣장기 1년 이상(×)](제1호) ② **장기 3년 이상**의 형에 해당하는 죄로 인하여 **기소중지 또는 수사중지(피의자중지로 한정)**되거나 **체포영장 · 구속영장**이 발부된 사람 중 **국외에 있는 사람**(제1호) ♣ 폭행피의자가 해외로 도피하여 기소중지된 경우 여권의 발급 등 거부 · 제한 대상이 된다.(×) ※ 국외도피 기간 동안은 **공소시효가 정지**된다.(형사소송법 제253조) ③ **여권법** 제24조부터 제26조까지에 규정된 죄를 범하여 **형을 선고**받고 그 집행이 종료되지 아니하거나 집행을 받지 아니하기로 확정되지 아니한 사람(제2호) ④ **여권법위반 이외의 죄**를 범하여 **금고 이상의 형을 선고**받고 그 집행이 종료되지 아니하거나 그 집행을 받지 아니하기로 확정되지 아니한 사람(제3호) ♣ 여권법 제24조 내지 제26조 외의 죄를 범하여 자격정지 이상의 형을 선고받고 그 집행이 종료되지 아니한 자는 여권의 발급 등 거부 · 제한 대상이 된다.(×) ⑤ 국외에서 **대한민국의 안전보장 · 질서유지**나 **통일 · 외교정책에 중대한 침해**를 야기할 우려가 있는 경우로서 다음 각 목의 어느 하나에 해당하는 사람 – 출국할 경우 **테러 등으로 생명이나 신체의 안전이 침해될 위험**이 큰 사람 – 「보안관찰법」 제4조에 따라 **보안관찰처분을 받고 그 기간 중**에 있으면서 같은 법 제22조에 따라 **경고를 받은 사람**[☻기도 여형선, 외금선, 안질 테보] ※ **여권발급 등의 거부 · 제한과 반납명령의 요청** ⇨ **관계 행정기관의 장**은 그 소관 업무와 관련하여 여권발급 거부사유 등에 해당하는 사람이 있다고 인정할 때에는 외교부장관에게 여권 등의 발급 · 재발급의 거부 · 제한이나 유효한 **여권의 반납명령을 요청할** 수 있다.
소지 의무	① **휴대의무**: 대한민국에 체류하는 외국인은 항상 **여권 · 선원신분증명서 · 외국인입국허가서 · 외국인등록증 또는 상륙허가서("여권등")**를 지니고 있어야 한다. 다만, **17세 미만인 외국인**의[♣18세 미만(×)] 경우에는 그러하지 아니하다.(출입국관리법 제27조 제1항)<22경위 · 17승진> ② **제시의무**: 제1항 본문의 외국인은 출입국관리공무원이나 권한 있는 공무원이 그 직무수행과 관련하여 여권등의 제시를 요구하면 여권 등을 제시하여야 한다.(출입국관리법 제27조 제2항)<17승진> ③ 여권등의 **휴대 또는 제시 의무를 위반**한 사람은 **100만원 이하의 벌금**에 처한다.[♣50만원 이하 벌금(×)](출입국관리법 제98조)<17승진> ♣ 여권 등의 휴대 또는 제시의무를 위반한 사람은 50만 원 이하의 벌금에 처한다.(×)

※ **선원수첩**(선원신분증명서) ⇨ 종래에는 여권에 준하는 효력을 인정하였으나, 현재는 **여권기능은 배제**되고 다만 **신분증명 기능만 인정**되고 있다.

(1) **여행증명서**(여권법 시행령 제16조)<12승진>

구분	내용
의의	**외교부장관**은 국외에 체류하거나 거주하고 있는 사람으로서 **여권의 발급 · 재발급이 거부 또는 제한**되었거나 **외국에서 강제 퇴거된 사람** 등 **대통령령으로 정하는 사람**에게 여행목적지가 기재된 서류로서 여권을 갈음하는 증명서("여행증명서")를 발급할 수 있다.(법 제14조 제1항)
발급 대상	외교부장관은 법 제14조에 따라 다음 각 호의 어느 하나에 해당하는 사람에게 여행증명서를 발급할 수 있다.(여권법 시행령 제16조 제1항) ① 출국하는 **무국적자**(無國籍者)(제1호)<12승진> ② **해외 입양자**(제4호)<12승진> ③ 「남북교류협력에 관한 법률」 제10조에 따라 여행증명서를 소지하여야 하는 사람으로서 여행증명서를 발급할 필요가 있다고 **외교부장관이**[♣법무부 장관(×)] **인정하는 사람**(제5호) ④ 국외에 체류하거나 거주하고 있는 사람으로서 **여권의 발급 · 재발급이 거부 또는 제한**되었거나 **외국에서 강제퇴거된 경우**에 귀국을 위하여 여행증명서의 발급이 필요한 사람(제5의2호) ⑤ 대한민국 밖으로 **강제퇴거 되는 외국인**으로서 그가 국적을 가지는 국가의 여권 또는 여권을 갈음하는 증명서를 발급받을 수 없는 사람(제6호) ⑥ 그 밖에 위 규정에 준하는 사람으로서 긴급하게 여행증명서를 발급할 필요가 있다고 **외교부장관이 인정**하는 사람(제7호) [☻무해 강퇴 외인]
효력	여행증명서의 유효기간은 **1년 이내**로 하되, 그 여행증명서의 발급 목적을 이루면 효력을 잃는다.(법 제14조 제2항)

(2) **여행경보제도**(법령과 무관하게 외교부에서 운용하는 제도)

① **의의**: 여행경보제도란 특정 국가(지역) 여행 · 체류시 특별한 주의가 요구되는 국가 및 지역에 경보를 발령하여 위험수준과 이에 따른 안전대책의 기준을 안내하는 제도

㉠ 발령권자 – **외교부장관**(미국 · 영국 · 캐나다 · 호주 · 뉴질랜드 등의 국가에서 유사한 제도를 운영하고 있다.)

② **여행경보의 유형**: 1단계[**유의**] ⇨ 2단계[**자제**][♣삼가(×)] ⇨ 3단계[**제한**] ⇨ 4단계[**금지**]<21승진 · 12경위>

구분	발동요건	권고내용
남색경보 [여행유의]	① 강 · 절도, 납치 및 금품요구 등 사건 · 사고가 자주 발생 ② 특별한 이상 징후 및 첩보는 없으나 테러발생 가능성	신변안전 **유의**
황색경보 [여행자제] <21승진>	① 치안 악화로 살인 · 납치 등 강력사건 등이 상당히 빈번하게 발생, 인접국에 상황 확산 가능성(내란 · 전염병 등) ② 테러집단의 징후 · 첩보 입수, 지역정세상 테러발생 가능성 고조, 제한된 일부지역 테러발생	신변안전 **특별유의**, 여행필요성 신중 검토

적색경보 [철수권고]	① 전쟁발발 가능성, 치명적 전염병 발생, 광범위한 치안불안 등 ② 다수 및 전체 지역에서 테러 및 사상자 산발적 발생, 구체적 테러 정보 다수 입수 등 우리 국민에 대한 테러 위험 고조	가급적 여행**취소 · 연기**, 긴급한 용무가 아닌 한 **철수**
흑색경보 [여행금지]	① 전쟁 임박, 광범위한 치안부재 및 무정부 상태로 발전가능성 ② 사상자 다수 발생 및 대규모의 인명 피해가 예상되는 급박한 상황 예 아프가니스탄, 소말리아, 이라크 ※ 여권법 제17조, 제1항 제2항, 제26조에 의해 처벌	방문**금지**, 즉시 **대피 · 철수**
	주의 흑색 경고는 권고사항이 아니라 여권법에 의해 **강제되는 사항**이다.	

III. 사증(visa)(출입국관리법)

의의	**입국추천서**: 사증은[♣여권은(×)] 여권이 합법적으로 발급된 유효한 것임을 확인하는 동시에 그 나라에의 **입국 및 체류가 적당하다는 것을 인정**할 경우에 목적지 국가에서 발급하는 입국추천서이다.<03 · 04 · 07승진> ※ 예외적으로 우리나라에 사증 없이 입국할 수 있는 경우(예 사증면제협정)가 있다. ※ 미수교 국가의 경우: 우리와 미수교국가의 경우에는 사증대신 **외국인입국허가서**를 받아 입국할 수 있다.<10승진>
성격	① **입국추천서로 보는 국가**: 입국심사 후 입국을 허가한다.(예 우리나라, 미국) ② **입국허가서로 보는 국가**: 사증소지 시에는 당연히 입국을 허가한다.
종류	사증은 사용횟수에 따라 '**단수사증(1회에 한하여 입국이 가능)**'과 '**복수사증(2회 이상 입국이 가능)**'으로 나누어진다.(사증은 통상 제출된 여권에 표시되고 따로 발급되지는 않는다.) **외국인의 장기체류자격**(출입국관리법 시행령 별표1의2)<10 · 17 · 18승진 · 12 · 18경위 · 16.1 · 19.2채용> ① **외교(A-1)** ⇨ 대한민국정부가 접수한 외국정부의 외교사절단이나 영사기관의 구성원, 조약 또는 국제관행에 따라 외교사절과 동등한 특권과 면제를 받는 사람과 그 가족(국적법 시행령 별표1의2)<18경위 · 19.2채용> ② **공무(A-2)**: 대한민국정부가 승인한 외국정부 또는 국제기구의 공무수행(가족포함)<17 · 18승진> ③ **협정(A-3)**: 대한민국정부와의 협정에 따라 외국인등록이 면제되거나 면제할 필요가 있다고 인정되는 사람과 그 가족 ④ **사증면제(B-1)**: 대한민국과 사증면제협정을 체결한 국가의 국민으로서 그 협정에 따른 활동을 하려는 사람(국적법 시행령 별표1)

	⑤ **관광 · 통과(B-2) :** 관광 · 통과 등의 목적으로 대한민국에 사증 없이 입국하려는 사람(국적법 시행령 별표1) ※ 출입국관리공무원은 입국허가를 하는 때에는 여권에 입국심사인을 찍거나 입국심사증을 발급해야 한다. 이 경우 입국심사인 및 입국심사증에는 **관광통과(B-2)의 체류자격**과 **30일 범위**에서의 **체류기간을 부여**하되, 법무부장관이 국제관례, 상호주의 또는 대한민국의 이익 등을 고려하여 체류기간을 따로 정하는 때에는 그에 따라야 한다.(시행령 제15조 제2항) ⑥ **유학(D-2)** ➪ 전문대학 이상의 교육기관 또는 학술연구기관에서 정규과정의 교육을 받거나 특정연구를 하려는 사람(국적법 시행령 별표1의2)<17 · 18승진 · 18경위 · 19.2채용> ⑦ **회화지도(E-2)** : **외국어 전문학원**, 교육기관, 어학연수원, 회화지도 종사<10 · 17승진 · 18경위 · 16.1채용> ⑧ **예술흥행(E-6)** : 음악 · 미술 · 문학 · 연극, 운동경기, 광고 · 패션모델[♣E-2(×)](국적법 시행령 별표1의2)<17 · 18승진 · 12 · 18경위 · 16.1 · 19.2채용> ⑨ **비전문취업(E-9)** : 「외국인근로자의 고용 등에 관한 법률」에 따른 국내 취업요건을 갖춘 사람(일정자격이나 경력 등이 필요한 전문직종 종사자 제외)(국적법 시행령 별표1의2)<18경위> ⑩ **재외동포(F-4) :** 「재외동포의 출입국과 법적 지위에 관한 법률」상 대한민국의 국적을 보유하였던 자(대한민국정부 수립 전에 국외로 이주한 동포를 포함) 또는 그 직계비속으로서 외국국적을 취득한 자 중 대통령령으로 정하는 자(단순 노무행위 등 법령에서 규정한 취업활동에 종사하려는 사람은 제외)(국적법 시행령 별표1의2)<19.2채용> ⑪ **결혼이민(F-6)** ➪ 한국인과 결혼하여 국내에 거주하고자 하는 외국인(국적법 시행령 별표1의2)<18승진>
발급	① **법무부장관**이 발급권자이며 법무부장관은 **재외공관장에게 위임할 수** 있다.[♣외교부장관이 발급(×)](제8조 제2항)<01 · 02 · 17승진 · 12 · 14.2채용> ② 사증은 통상 **사증인을 찍거나 사증을 붙이는 등의 방법으로 여권에 표시**한다.[♣여권과는 별도수첩 형태(×)]
유효 기간	① **단수사증** : 발급일로부터 **3개월**(출입국관리법시행규칙 제12조 제1항)<06승진> ② **복수사증**(출입국관리법 시행규칙 제12조) – **체류자격이 외교(A-1), 공무(A-2), 협정(A-3)에 해당하는 자** ⇨ 3년 이내 예 범죄인을 인도받기 위해 한국으로 입국한 **영국 경찰관이 복수사증을 받은 경우 유효기간은 3년**이다. – 방문취업(H-2)에 해당하는 자 ⇨ 5년 이내 – 복수사증발급협정 등에 의하여 발급된 복수사증 ⇨ 협정상의 기간 – 상호주의 기타 국가이익 등을 고려하여 발급된 복수사증 ⇨ 법무부장관이 따로 정하는 기간

PART 07

무사증 입국 (제7조 ②)	① **재입국허가(면제)기간 내**: 재입국허가를 받은 사람 또는 재입국허가가 면제된 사람으로서 그 허가 또는 면제받은 기간이 끝나기 전에 입국하는 사람(제1호)<03 · 08승진 · 15경위> ② **사증면제협정: 대한민국과 사증면제협정을 체결한 국가의 국민**으로서 그 협정에 따라 면제대상이 되는 사람(제2호)<15경위> ③ **친선 · 관광 · 이익관련**: 국제친선, 관광 또는 대한민국의 이익 등을 위하여 입국하는 사람으로서 **대통령령(아래)으로 정하는 바에 따라 따로 입국허가**를 받은 사람[♣법무부 장관이 정하는 바에 따라 입국허가(×)](출입국관리법 제7조 제2항 제3호) – **외국정부 또는 국제기구의 업무를 수행하는 자**로서 부득이한 사유로 사증을 가지지 아니하고 입국하고자 하는 자(시행령 제8조 제1항 제1호) – **30일 이내의 기간**[법무부령(15조)]내에 대한민국을 **관광 또는 통과할 목적**으로 입국하고자 하는 자(시행령 제8조 제1항 제2호) – 그 밖에 **법무부장관**이 대한민국의 **이익 등을 위하여** 그 입국이 필요하다고 인정하는 자 [♣외교부장관이 인정하는 자(×)](제3호)<20승진 · 15경위> ④ **난민여행증명서 유효기간 내**: 난민여행증명서를 발급받고 출국한 후 그 유효기간(2년이며, 1년 연장가능-법76조의5)이 끝나기 전에 입국하는 사람<15경위>[☻재사 친관이 난민]

(1) **상륙의 종류(출입국관리법)**<11 · 14경위...05 · 06 · 08 · 09 · 17 · 18 · 20승진 · 08 · 12 · 16.2채용>

유형	기간	의의
관광 상륙	3일 이내	출입국관리공무원은 관광을 목적으로 운항하는 여객운송선박 중 법무부령으로 정하는 선박에 승선한 외국인승객에 대하여 그 선박의 장 또는 운수업자가 상륙허가를 신청하면 **3일의 범위**에서[♣5일 범위에서(×)] 승객의 관광상륙을 허가할 수 있다.(제14조의2)<17승진 · 16.2채용>
승무원 상륙	15일 이내	출입국관리공무원은 외국인승무원이 다른 선박에 **옮겨 타거나 휴양** 등의 목적으로 상륙하고자 할 때 **15일 범위** 내에서 승무원 상륙을 허가할 수 있다.[♣30일 범위 내에서(×)](제14조)<17 · 20승진 · 14경위 · 08채용>
긴급 상륙	30일 이내	출입국관리공무원은 선박 등을 타고 있는 외국인이 **질병 기타 사고**로[♣조난(×)] 긴급히 상륙할 필요가 있을 때 **30일** 이내의 긴급상륙을 허가할 수 있다.[♣재난상륙(×)](제15조)<17승진 · 16.2채용>
재난 상륙	30일 이내	**지방출입국 · 외국인관서의 장**은 **조난한 선박** 등에 타고 있는 외국인을 긴급히 구조할 필요가 있다고 인정할 때, **30일** 이내의 재난상륙을 허가할 수 있다.[♣긴급상륙(×)-질병 · 사고, ♣90일 이내(×)](제16조)<17승진 · 14경위 · 14.2 · 16.2채용>
난민 임시 상륙	90일 이내	**지방출입국 · 외국인관서의 장**은 선박 등에 타고 있는 외국인이 생명 · 신체 또는 자유를 침해받을 공포가 있는 영역으로부터 도피하여 곧바로 한국에 비호를 신청하는 경우 **90일** 이내의 난민임시상륙을 허가할 수 있다.[♣60일(×)](제16조의2)<11 · 14경위 · 16.2채용> ※ 외교부장관과 협의 후에 **법무부장관의 승인**이 필요하다.[♣외교부장관의 승인(×)]<09승진 · 14경위 · 12.1채용> ※ 난민자격 결정주체 ⇨ **난민을 접수한 접수국의 정책**에 달려있다.<04승진>

상륙 : **사증 없이** 출입국 공항이나 만(灣)에서 지방출입국 · 외국인 관서장의 허가를 받아 일시 상륙하는 것

※ **기간연장 ⇨ 각각 원래의 허가기간만큼 기간연장이 가능**하다.(연장시 각각 30일, 60일, 60일, 180일)

Ⅳ. 외국인의 체류

(1) **여권 등 휴대 및 제시의무**

(2) **체류자격 부여 :** 아래의 어느 하나에 해당하는 외국인이 체류자격을 가지지 못하고 대한민국에 체류하게 되는 경우에는 각각의 구분에 따른 **기간 이내**에 대통령령으로 정하는 바에 따라 체류자격을 받아야 한다.(출입국관리법 제23조 제1항)

1. 대한민국에서 출생한 외국인은 **출생**한 날부터 **90일 이내**에(출입국관리법 제23조 제1항 제1호)<13승진>
2. 대한민국에서 체류 중 대한민국의 **국적을 상실하거나 이탈하는 등** 그 밖의 사유가 발생한 외국인 : 그 사유가 **발생**한 날부터 **60일 이내**(출입국관리법 제23조 제1항 제2호)<13승진>

(3) 외국인은 **사증에 기재된 체류자격과 체류기간의 범위 내**에서 대한민국에 **체류할 수** 있다.(출입국관리법 제17조)<16승진>

① **정치활동 금지 :** 대한민국에 체류하는 외국인은 이 법 또는 다른 법률에서 정하는 경우를 제외하고는 정치활동을 하여서는 아니 된다.

※ 불법체류 외국인 단속의 법적 근거 ⇨ 출입국관리법<02승진>

(4) **체류자격 외 활동 :** 대한민국에 체류하는 외국인이 그 체류자격에 해당하는 활동과 함께 다른 체류자격에 해당하는 활동을 하려면 대통령령으로 정하는 바에 따라 **미리 법무부장관의**[♣외교부장관(×)] **체류자격 외 활동허가를 받아야** 한다.(제20조)<03 · 16승진 · 12.1채용>

(5) **체류자격 변경허가 :** 대한민국에 체류하는 외국인이 그 체류자격과 다른 체류자격에 해당하는 활동을 하려면 대통령령으로 정하는 바에 따라 미리 **법무부장관의 체류자격 변경허가를 받아야** 한다.(제24조 제1항)

(6) **등록의무 :** 대통령령으로 정하는 바에 따라 입국한 날로부터 **90일 이내에 체류지를 관할하는 지방출입국 · 외국인 관서의 장에게 외국인등록을 하여야** 한다.(제31조)<04 · 11채용 · 04승진 · 10승진>

등록대상	**등록대상**(법 제31조)<11.1경위 · 11채용> ① 외국인이 **입국한 날부터 90일을 초과하여 대한민국에 체류**하게 되는 경우,(입국시로부터 90일 이내 등록) ② **체류자격을 부여받고 그 날로부터 90일을 초과**하여 체류하게 되는 경우,(체류자격 부여 시 등록) ③ 체류자격 **변경허가를 받고 입국한 날로부터 90일을 초과**하여 체류하게 되는 경우[♣변경허가일로부터(×)](변경허가시 등록)<11채용 · 경위>

PART 07

<table>
<tr><td>체류
자격</td><td>입국하려는 외국인은 다음의 하나에 해당하는 체류자격을 가져야 한다.(출입국관리법 제10조)
① 일반체류자격 : 이 법에 따라 대한민국에 체류할 수 있는 기간이 제한되는 체류자격
– 일반체류자격은 다음의 구분에 따른다.(제10조의2)
㉠ 단기체류자격 : 관광, 방문 등의 목적으로 대한민국에 90일 이하의 기간(사증면제협정이나 상호주의에 따라 90일을 초과하는 경우에는 그 기간) 동안 머물 수 있는 체류자격(등록불필요)
㉡ 장기체류자격 : 유학, 연수, 투자, 주재, 결혼 등의 목적으로 대한민국에 90일을 초과하여 법무부령으로 정하는 체류기간의 상한 범위에서 거주할 수 있는 체류자격(등록필요)
② 영주자격 : 대한민국에 영주(永住)할 수 있는 체류자격</td></tr>
<tr><td>등록
제외
대상</td><td>등록제외대상: ① 외교관, ② 국제기구의 직원, ③ 이에 준하는 자(출입국관리법 제31조 제1항)<04.1채용>
① 주한외국공관(대사관과 영사관을 포함)과 국제기구의 직원 및 그의 가족(출입국관리법 제31조 제1항 제1호)<20승진>
② 대한민국정부와의 협정에 의하여 외교관 또는 영사와 유사한 특권 및 면제를 누리는 자와 그의 가족
③ 대한민국정부가 초청한 자 등으로서 법무부령이 정하는 자<08승진 · 10 · 11채용></td></tr>
<tr><td>발급</td><td>외국인 등록증 발급: 외국인등록을 받은 지방출입국 · 외국인 관서의 장은 그 외국인에게 외국인등록증을 발급하여야 한다.(법 제33조)
※ 다만 그 외국인이 17세 미만인 때에는 이를 발급하지 아니할 수 있다.</td></tr>
</table>

V. 테마 171 출국금지 · 출국정지

출국: 내국인(출국금지), 외국인(출국정지)

① **외국인의 자발적 출국**: **원칙적으로 자유**이므로 **외국인의 출국을 금지할 수는 없다.**<05경위 · 16승진>

② **외국인의 강제출국**: **추방이나 범죄인 인도 등** 강제출국은 주권의 행사로서 허용되지만 **정당한 이유가 요구**되며, **정당한 이유 없는 강제출국은 권리남용**에 해당한다.

♣ 추방, 범죄인 인도는 강제출국의 경우이며 추방은 주권행사로 특별한 이유가 필요 없다.(×)

※ 외국인의 강제출국의 성격은 **행정처분에 해당**한다.[♣형벌이다.(×)]<16승진 · 14.2채용>

♣ 외국인의 강제출국은 행정행위가 아닌 형벌에 해당한다.(×)<14.2채용>

※ 강제출국 조치된 자가 **출국을 거부하거나 출국 후 재입국할 때에는 이를 체포 · 처벌할 수** 있다.

구분		내용
사유		중앙행정기관의 장 및 법무부장관이 정하는 관계 기관의 장은 소관 업무와 관련하여 다음 각 항의 어느 하나에 해당하는 사람이 있다고 인정할 때에는 법무부장관에게 출국금지를 요청할 수 있다.[♣금고 이상 형 선고받고 석방된 자(×), ♣출국심사규정을 위반하여 출국하려고 한 사람(×)](제4조 제3항)<17승진 · 14.2채용> ① **수사목적**: 범죄 **수사**를 위하여 출국이 적당하지 아니하다고 인정되는 사람**(1개월 이내)**(제4조 제2항)<17.1채용> ② **형사재판**: **형사재판에 계속**(係屬) 중인 사람**(6개월 이내)**(제4조 제1항 제1호)<19 · 15승진 · 14.2 · 17.1채용> ③ **형 집행**: **징역형이나 금고형의 집행**이 끝나지 아니한 사람**(6개월 이내)**(제4조 제1항 제2호)<15 · 17 · 19승진 · 17.1채용> ④ **벌금 · 추징금**: **대통령령**으로 정하는 금액 이상[**벌금(1천만 원 이상)**이나 **추징금(2천만 원 이상)**]을 내지 아니한 사람**(6개월 이내)**(령 제1조의3 제1항)<17승진> ⑤ **세금미납**: **대통령령**으로[♣법무부령으로(×)] 정하는 금액 이상의 **국세 · 관세 또는 지방세**를 정당한 사유 없이 그 납부기한까지 내지 아니한 사람**(6개월 이내)**(5천만 원 이상)[♣강퇴대상(×)](제4조 제1항 제4호)<23승진 · 21.2채용> ♣ 조세 기타 공과금을 체납한 자는 외국인 강제퇴거 대상이다.(×) ⑥ (양육비 이행확보 및 지원에 관한 법률 제21조의4 제1항에 따른) **양육비 채무자**[♣채권자(×)] **중 양육비 이행심의위원회의 심의 · 의결**을 거친 사람 ⑦ **기타**: 대한민국의 이익이나 공공의 안전 또는 경제질서를 해칠 우려가 있어 그 출국이 적당하지 아니하다고 법무부령으로 정하는 사람**(6개월 이내)**
기간	출국금지 – 내국인	① 법무부장관은 다음 출국금지사유(**형사재판계속**, **형집행미종료**, 벌금 · 세금 · 추징금 미납 등, 출국이 적당하지 않다고 법무부령으로 정하는 자)에 해당하는 국민에 대하여 **6개월** 이내의 기간을 정하여 **출국을 금지할 수** 있다.(제4조 제1항)<17경위 · 13 · 19 · 20승진 · 17.1채용> ⇨ 출국금지 대상

<table>
<tr><td rowspan="2">기간</td><td>출국
금지
–
내국인</td><td>② 법무부장관은 범죄 수사를 위하여 출국이 적당하지 아니하다고 인정되는 사람에 대하여는 1개월 이내의 기간을 정하여 출국을 금지할 수 있다.[♣4개월 이내(×), ♣하여야(×)](출입국관리법 제4조 제2항)<17경위 · 13 · 15 · 19승진>
⇨ 다만, 다음 각 호에 해당하는 사람은 그 호에서 정한 기간으로 한다.(제4조 제2항 단서)<17경위 · 13 · 15 · 19승진 · 21.1채용>
㉠ 소재를 알 수 없어 기소중지 또는 수사중지(피의자중지로 한정), 도주 등 특별한 사유가 있어 수사진행이 어려운 경우 ⇨ 3개월 이내[♣6개월 이내(×)](제4조 제2항 제1호)<17경위 · 13승진 · 17.1 · 21.1채용>
㉡ 기소중지 또는 수사중지(피의자중지로 한정)된 경우로 체포 · 구속영장이 발부된 사람 ⇨ 영장유효기간 내(사실상 공소시효만료 시까지 연장)[♣1개월간(×)](출입국관리법 제4조 제2항 제2호)<17경위 · 15 · 19승진>
※ 출국금지예정기간은 확정기한으로 표시하여야 한다.(제4조 제2항)</td></tr>
<tr><td>출국
정지
·
외국인</td><td>출국정지 기간 : 원칙적으로 외국인의 출국은 금지하지 못하며 예외적으로 출국을 정지할 수 있다.(출입국관리법 제29조, 시행령 제36조 제1항 제2호)
① 범죄 수사를 위하여 그 출국이 적당하지 아니하다고 인정되는 사람 ⇨ 1개월 이내(제2호)
② 도주 등 특별한 사유가 있어 수사진행이 어려운 경우 / 소재를 알 수 없어 기소중지 또는 수사중지(피의자중지로 한정)가 된 외국인 ⇨ 3개월 이내(제2호 가, 나)
※ 기소중지 또는 수사중지(피의자중지로 한정)된 사람의 소재가 발견된 경우에는 출국정지 예정기간을 발견된 날부터 10일 이내로 한다.(시행령 제36조 제2항)
③ 기소중지 또는 수사중지(피의자중지로 한정)가 된 경우로 체포 · 구속영장이 발부된 사람 ⇨ 영장유효기간 내(사실상 공소시효만료 시까지 연장)(제2호 다)
④ 기타 출국금지사유(형사재판계속, 형집행미종료, 벌금 · 세금 · 추징금 미납 등, 출국이 적당하지 않다고 법무부령으로 정하는 자)에 해당하는 자(법 제4조 제1항) ⇨ 3개월(시행령 제36조 제1항 제1호)</td></tr>
<tr><td>연장</td><td colspan="2">① 법무부장관은 출국금지기간을 초과하여 계속 출국을 금지할 필요가 있다고 인정하는 경우에는 그 기간을 연장할 수 있다.(출국금지, 정지기간 초과할 수 없다.)
② 출국금지를 요청한 기관의 장은 출국금지기간을 초과하여 계속 출국을 금지할 필요가 있을 때에는 출국금지기간이 끝나기 3일 전까지 법무부장관에게 출국금지기간을 연장하여 줄 것을 요청하여야 한다.(법 제4조의 2)</td></tr>
<tr><td>긴급
출국
금지</td><td colspan="2">① 수사기관은 범죄 피의자로서 사형 · 무기 또는 장기 3년 이상의 징역이나 금고에 해당하는 죄를 범하였다고 의심할 만한 상당한 이유가 있고, 다음 각 호의 어느 하나에 해당하는 사유가 있으며, 긴급한 필요가 있는 때에는 출국심사를 하는 출입국관리공무원에게 출국금지를 요청할 수 있다.(법 제4조의6, 외국인에게는 적용 안 됨.)
1. 피의자가 증거를 인멸할 염려가 있는 때
2. 피의자가 도망하거나 도망할 우려가 있는 때
② 수사기관은 긴급출국금지를 요청한 때로부터 6시간 이내에 법무부장관에게 긴급출국금지 승인을 요청하여야 한다. 이 경우 검사의 검토의견서 및 범죄사실의 요지, 긴급출국금지의 사유 등을 기재한 긴급출국금지보고서를 첨부하여야 한다.(출입국관리법 제4조의6 제3항)<20경위></td></tr>
</table>

긴급출국금지	③ 법무부장관은 수사기관이 **긴급출국금지 승인 요청을 하지 아니한 때**에는 수사기관 요청에 따른 **출국금지를 해제하여야** 한다. 수사기관이 **긴급출국금지 승인을 요청한 때로부터 12시간 이내에**[♣24시간 이내에(×)] **법무부장관으로부터 긴급출국금지 승인을 받지 못한 경우**에도 또한 같다.(출입국관리법 제4조의6 제4항)<22경위 · 21.1채용> ④ ③에 따라 출국금지가 해제된 경우에 수사기관은 동일한 범죄사실에 관하여 다시 긴급출국금지 요청을 할 수 없다.
외국인 긴급 출국 정지	① 수사기관은 범죄 피의자인 외국인이 **긴급출국금지사유**(피의자로서 **사형 · 무기 또는 장기 3년 이상**의 징역이나 금고에 해당, 증거인멸 염려 또는 도망하거나 도망할 우려 – 제4조의6 제1항)에 해당하는 경우에는 제29조 제2항에도 불구하고 출국심사를 하는 출입국관리공무원에게 **출국정지를 요청할 수** 있다.(제29조의2 제1항) ② 제1항에 따른 외국인의 긴급출국정지에 관하여는 내국인 **출국금지규정**(제4조의6 제2항부터 제6항까지의 규정)**을 준용**한다. 이 경우 "출국금지"는 "출국정지"로, "긴급출국금지"는 "긴급출국정지"로 본다.(제29조의2 제2항)
이의 신청	① 출국이 금지되거나 출국금지기간이 연장된 사람은 출국금지결정이나 출국금지기간 연장의 **통지를 받은 날 또는 그 사실을 안 날부터 10일 이내**에 **법무부장관에게** 출국금지결정이나 출국금지기간 연장결정에 대한 **이의를 신청할 수** 있다.[♣15일 이내에(×)](제4조의 5)<21.1채용> ② 법무부장관은 이의신청을 받으면 그 날부터 **15일 이내에** 이의신청의 타당성 여부를 결정하여야 한다. 다만, 부득이한 사유가 있으면 **15일의 범위**에서 한 차례만 그 기간을 연장할 수 있다. ③ 법무부장관은 이의신청이 이유 있다고 판단하면 즉시 출국금지를 해제하거나 출국금지기간의 연장을 철회하여야 하고, 그 이의신청이 이유 없다고 판단하면 이를 기각하고 당사자에게 그 사유를 서면에 적어 통보하여야 한다.

VI. 테마 172 강제퇴거

의의	**강제퇴거**: 체류 중인 외국인이 체류자격 외의 활동을 해서 국내법 질서를 위반한 경우에 체류국 정부가 합법적으로 외국인을 체류국 영역 밖으로 퇴거를 명하는 **행정행위**이다.<04승진> ※ 외국인의 강제퇴거 사유가 동시에 형사처분 사유가 되는 경우 상호 구속력이나 기판력이 적용되지 않아 **강제퇴거와 형사처분을 병행할 수** 있다.<20승진>
절차	① **출입국관리공무원**은 강제퇴거 대상자에 해당된다고 의심되는 외국인(용의자)에 대하여는 그 사실을 **조사할 수** 있다.(법 제47조)<18경위 · 14승진> ② **강제퇴거사유**에 해당한다고 의심할 만한 상당한 이유가 있고 도주하거나 도주할 염려가 있으면 지방출입국 · **외국인관서의 장**으로부터 **보호명령서**를 발급받아 그 외국인을 보호할 수 있다.(제51조 제1항)<18경위> ※ 강제퇴거 대상자 여부를 심사 · 결정하기 위한 보호기간은 **10일 이내**로 한다. 다만, 부득이한 사유가 있으면 10일을 초과하지 아니하는 범위에서 **한 차례만 연장할 수** 있다.(최장 20일)(제52조 제1항)<06 · 14승진>

PART 07

<table>
<tr><td>절차</td><td>
③ 지방출입국 · 외국인관서의 장은 심사 결과 용의자가 대상자에 해당한다고 인정되면 강제퇴거명령을 할 수 있다.(제59조 제2항)

④ 지방출입국 · 외국인관서의 장은 강제퇴거명령을 하는 때에는 강제퇴거명령서를 용의자에게 발급하여야 한다.(제59조 제3항)

⑤ 강제퇴거명령서는 출입국관리공무원이 집행한다.(제62조 제1항)<18경위 · 23승진>

※ 지방출입국 · 외국인관서장은 사법경찰관리에게 강제퇴거명령서의 집행을 의뢰할 수 있다.
[♣사법경찰관리에게 강제퇴거명령서의 집행을 의뢰할 수 없다.(×)](동법 제62조 제2항)<18경위 · 14 · 23승진>

⑥ 지방출입국 · 외국인관서의 장은 강제퇴거명령을 받은 사람을 여권 미소지 또는 교통편 미확보 등의 사유로 즉시 대한민국 밖으로 송환할 수 없으면 송환할 수 있을 때까지 그를 보호시설에 보호할 수 있다.(제63조 제1항)

⑦ 지방출입국 · 외국인관서의 장은 즉시 송환할 수 없어(1항에 따라) 보호할 때 그 기간이 3개월을 넘는 경우에는 3개월마다[♣1개월마다(×)] 미리 법무부장관의 승인을 받아야 한다.(제63조 제2항)<23승진>
</td></tr>
<tr><td>대상</td><td>
① 지방출입국 · 외국인 관서의 장은 이 장에 규정된 절차에 따라 다음 각 호의 어느 하나에 해당하는 외국인에 대해 대한민국 밖으로 강제퇴거명령을 할 수 있다.(출입국관리법 제46조 제1항, 제2항)<18 · 19경위 · 10.2 · 14.1 · 2 · 21.2채용>

1. 여권 · 사증: 유효한 여권 또는 사증 없이 입국한 사람(제1호)<14.1채용>

2. 허위초청: 허위초청금지 규정에 위반한 외국인 또는 허위초청 등의 행위에 의하여 입국한 외국인

4. 출입국 심사규정, 선박등 제공금지규정 위반: 출입국심사 규정이나 절차에 위반한 사람 [♣출국금지사유(×)](제4호)<17승진>

3. 입국금지사유: 입국금지 사유가 입국 후에 발견되거나 발생한 사람(제3호)<02승진 · 05 · 08 · 14.1채용>

5. 입국허가조건: 조건부 입국허가 규정에 따라 지방출입국 · 외국인 관서의 장이 붙인 허가조건을 위반한 사람(제5호)<21.2채용>

6. 상륙허가: 관광상륙, 승무원 상륙 등..상륙허가를 받지 아니하고 상륙한 사람(제6호)<14.1채용>

7. 상륙허가조건: 지방출입국 · 외국인 관서의 장 또는 출입국관리공무원이 붙인 상륙허가조건을 위반한 사람[♣입국금지사유(×)](제7호)<10.2 · 14.1채용>

8. 체류자격외 활동, 체류기간경과: 체류자격외의 활동을 하거나 체류기간 연장허가를 받지 않고 체류기간이 경과한 사람(제8호)<14.1채용>

9. 근무처변경허가 규정: 근무처 변경허가 규정을 위반하여 허가를 받지 아니하고 근무처를 변경 · 추가하거나 같은 규정을 위반하여 외국인을 고용 · 알선한 사람(제9호)<19경위>

10의2. 제26조(허위서류 제출 등의 금지)를 위반한 외국인(체류, 근무 등 관련 허위서류 제출 외국인)

10. 법무부장관 준수사항: 법무부장관이 정한 거소 또는 활동범위의 제한이나 그 밖의 준수사항(중지명령 등)을 위반한 사람[♣외교부 장관이(×)](제10호)<19경위 · 21.2채용>

12. 등록의무: 외국인등록 의무를 위반한 사람(제12호)<11 · 21.2채용>
</td></tr>
</table>

대상

12의2. 제33조의3(**외국인등록증 등의 채무이행 확보수단 제공 등의 금지**)를 **위반한 외국인**<19경위>

13. **금고 이상의 형을 선고받고 석방**된 사람 [♣구류의 선고를 받고 석방(×), ♣출국정지사유(×)](제13호) <18 · 19경위 · 23승진 · 14.1 · 2 · 21.2채용>

♣ 벌금 이상의 형을 선고받고 석방된 자는 외국인의 강제퇴거 대상이다.(×)

♣ 형사재판에 계속 중이거나 금고 이상의 형의 선고를 받고 석방된 자는 출국을 정지할 수 있다.(×)<14.2채용>

14. **자살, 자해, 위해**, 출입국 공무원의 직무집행의 **거부, 기피, 방해**, 시설 및 다른 사람의 **안전과 질서를 현저히 해치는 행위**(제76조의4 제1항 각 호의 어느 하나에 해당하는 사람)(제14호)

15. 그 밖에 **법무부령으로 정하는 사람**

② 영주의 체류자격을 가진 사람은 1~14에도 불구하고 강제퇴거되지 아니한다. 다만, **다음** 각 호의 어느 하나**에 해당하는 사람은 그러하지 아니**하다(출입국관리법 제46조 제2항)

01. **영주자격**을 가진 사람으로 형법상 **내란의 죄 또는 외환의 죄**를 범한 사람(제1호)

02. **영주자격**을 가진 사람으로 **5년 이상의 징역 또는 금고의 형을 선고받고 석방**된 사람 중 **법무부령으로 정**하는 사람(제2호)

03. **영주자격**을 가진 사람으로 **선박 등의 제공 금지 규정을 위반**하거나 **교사 또는 방조**한 사람(제3호)

※ **선박 등의 제공 금지 :** 외국인을 불법으로 입국 또는 출국하게 하거나 대한민국을 거쳐 다른 국가에 불법으로 입국하게 할 목적으로 선박 등이나 여권 또는 사증, 탑승권이나 그 밖에 출입국에 사용될 수 있는 서류 및 물품을 제공하는 행위 및 이를 알선하는 행위 [☻ 여사허위출입 상체근무 준수 등 제공 석방, 내5선]

③ 강제출국 조치된 자가 출국을 거부하거나 출국 후 재입국할 때에는 이를 체포 · 처벌할 수 있다.

통보의무면제

① 국가나 지방자치단체의 공무원이 그 직무를 수행할 때에 **강제퇴거사유**(제46조 제1항)에 해당하는 사람이나 **출입국관리법에 위반**된다고 인정되는 사람을 발견하면 그 사실을 지체 없이 **지방출입국 · 외국인관서의 장에게 알려야** 한다.(제84조 제1항 본문)

② 다만, 공무원이 통보로 인하여 그 직무수행 본연의 목적을 달성할 수 없다고 인정되는 경우로서 **대통령령으로 정하는 사유**에 해당하는 때에는 **그러하지 아니**하다.(제84조 제1항 단서)

1. (「초 · 중등교육법」 제2조에 따른 학교에서) 외국인 **학생의 학교생활과 관련하여 신상정보**를 알게 된 경우(시행령 92조의2 제1호)

2. (「공공보건의료에 관한 법률」 제2조 제3호에 따른) 공공보건의료기관에서 담당 공무원이 **보건의료활동과 관련하여 환자의 신상정보**를 알게 된 경우(시행령 92조의2 제2호)

3. 그 밖에 **공무원이 범죄피해자 구조, 인권침해 구제 등** (법무부령으로 정하는 업무를 수행하는) 과정에서 해당 **외국인의 피해구제가 우선적으로 필요하다고 인정하는 경우**(시행령 92조의2 제3호)

※ **통보의무 면제대상 공무원**에는 범죄피해자 구조, 인권침해 구제업무를 수행하는 **검찰, 경찰, 국가인권위원회 공무원 등**이 해당한다.

- **검찰 · 경찰공무원의 통보의무 면제사항**은 면제대상 범죄의 피해자 구조 업무를 수행하는 과정에서 알게된 **범죄피해자 외국인의 신상정보**이다.
- **국가인권위원회 공무원의 통보의무 면제사항**은 면제대상 인권침해를 구제하는 업무를 수행하는 과정에서 알게 된 **인권침해(차별행위 포함) 외국인의 신상정보**이다.[♣차별행위 제외(×)]

2 외국군대의 지위

Ⅰ 외국군함

Ⅰ. 군함의 지위

구분	내용
치외법권	(1) **특권: 타국의 영해 · 항만에서 특권**을 향유하며, 타국 정박 시 연안국의 **재판 관할권(민사 · 형사, 군함자체 사건)으로부터 면제**된다.<12경위> ① **공무상** 외국영토에 상륙한 승무원의 **육상에서 공무수행 중 범죄는 관할권이 면제**된다. ② **공무상** 외국영토에 상륙한 승무원의 **일시적 신체구속은 가능하나 처벌할 수는 없다**. ③ **공무 외** 외국의 영토에 상륙한 승무원은 **연안국의 관할권이 인정**되나, **관례상 범인을 군함에 인도**한다. ④ 경찰관은 외국군함에 속하는 군인이나 군속이 그 군함을 떠나 **대한민국의 영해 또는 영토 내에서 죄를 범한 경우**에는 신속히 **국가수사본부장에게 보고하여** 그 지시를 받아야 **한다**.(범죄수사규칙 제212조)<23.2채용> ※ 다만, 현행범 그 밖의 급속을 요하는 때에는 체포 그 밖의 수사상 필요한 조치를 한 후 신속히 국가수사본부장에게 보고하여 그 지시를 받아야 한다.(범죄수사규칙 제212조 단서) (2) **행정규칙 준수**: 항해 · 위생 · 경찰 등 연안국의 행정규칙은 준수해야 하며, 이의 위반 시에는 퇴거요구가 가능하다.[♣탈주 승무원 발생 시 육상에서 함장의 직접 체포(×)] (3) **공해상**: 공해상에서는 **본국 이외의 어느 국가의 관할권으로부터도 면제**된다.
불가침권	(1) 경찰관은 외국군함에 관하여는 해당 군함의 **함장의 청구가 있는 경우 외**에는 이에 **출입해서는 아니** 된다.[♣들어가 체포 후 동의(×), ♣급속을 요하는 경우 신분을 밝히고 출입할 수(×)](범죄수사규칙 제211조 제1항)<24승진> (2) 경찰관은 중대한 범죄를 범한 사람이 도주하여 대한민국의 영해에 있는 **외국군함으로 들어갔을 때**에는 신속히 **국가수사본부장에게 보고하여 그 지시를 받아야** 한다. 다만, 급속을 요할 때에는 해당 군함의 함장에게 범죄자의 **임의의 인도를 요구할 수** 있다.[♣추적 포기(×)](범죄수사규칙 제211조 제2항) (3) **인도거부 시**: 이 경우 함장이 출입 또는 인도를 거부하면 외교경로를 통해 범인의 인도요구가 가능하다.
범죄인 비호권	**인도의무와 퇴거요구**: 군함은 **범죄인 비호권이 없기 때문에** 일반범죄인의 인도의무가 있으며, **인도불응 시에는 연안국은 외국군함에 대하여 퇴거요구를 할 수** 있다.[♣비호권 있다.(×)]<04승진>

Ⅱ. 무해통항권

(1) **무해통항권**: 영해 내에서 외국선박이 연안국의 안녕 · 질서 또는 안전 등 국가의 제 이익을 해하지 않는 한 자유로이 항해할 수 있는 권리(Right of innocent passage)

(2) **사전 통고제 · 허가제**: 무해통항권은 모든 국가의 선박에 대해 인정이 되나, **군함의 경우에는 예외적으로 보통 사전 통고제 또는 허가제**를 취하고 있다.[♣군함은 타국의 영해에서 무해통항권(×)]

※ **우리의 경우에는 3일전 사전통고를 요건**으로 하고 있다.<08승진>

3 주한미군의 지위 – 주한미군지위협정(SOFA : Status of Forces Agreement)

(1) **SOFA에 의한 지위인정** : 일반적으로 외국군대는 주둔국의 법을 준수해야 하지만, 주한미군은 수행하는 임무의 효율적 수행을 위해 '한미행정협정(SOFA)'에 의해 일정한 편의를 제공받는다.

※ 'SOFA'는 미국에서는 행정협정이지만 우리나라에서는 국회의 비준을 거친 조약으로 **국내법과 동일한 효력**을 가진다.(형사소송법에 대해서는 특별법 지위)<19승진>

(2) **SOFA규정의 기본원칙** : 다른 SOFA 규정과 마찬가지로 영토주권의 원칙에 입각하여 '**접수국 법령 존중의 원칙**'과 예외적인 배분을 **규정**하고 있다.

(3) **예외적 배분**

① 공무중 미군범죄에 대한 재판관할권의 미군당국 귀속

② 한국이 재판권을 행사하는 경우에도 미군당국에 의한 SOFA 대상 범죄자 신병관리

③ 미군 영내에 대한 일정한 불가침권 인정(동의에 의한 영내 압수·수색과 현행범인 추격)

④ 출입국의 편의 등

(4) **주한미군의 출입국관리 및 신분증명서 관련 사항**

① 주한미군의 구성원(미군·군속·가족)의 여권 및 사증에 관한 사항 ⇨ **여권법이나 출입국관리법 등 대한민국 법령의 적용이 면제**된다.<10채용>

② 주한미군의 구성원은 외국인의 등록 및 관리에 관한 법으로부터도 면제를 인정받는다.

③ 합중국 군대 구성원은 대한민국에 입국하거나 대한민국으로부터 출국함에 있어서 성명·생년월일·계급과 군번 군의 구분을 기재하고 사진을 첨부한 신분증명서 등을 소지해야 하고, 합중국 군대의 구성원은 대한민국에 있는 동안 그들의 신분을 증명하기 위하여 동 신분증명서를 소지하여야 하며, 대한민국의 관계당국이 요구하면 이를 제시하여야 한다.

Ⅰ. 'SOFA'의 연혁 – 주한미군지위협정(SOFA)

구분	내용
체결	① **1966년 'SOFA' 체결 이전 :** 주한미군지위협정이 체결되기 전에는 1950년 7월 12일 '**대전협정**'과 1952년 5월 24일 '**마이어 협정**'에 의해 주한미군의 지위를 인정하였다.<13경위> [☻ 대마주] ② **주둔군 지휘협정의 구성 :** 66년 체결된 주한미군지위협정은 **전문 및 31개조로 구성된 본협정 및 합의의사록, 양해사항,** 대한민국 외무장관과 주한미국대사 간의 **교환서한**이라는 **3가지 부속문서로 구성**되어 있다.(1966/07/09)[♣한국인 고용원의 우선고용 및 가족 구성원의 취업에 관한 양해각서(×), ♣환경보호에 관한 특별양해각서(×)]<11경위> [☻ 합본 교양]
1차 개정 (1991)	**불평등 조항 폐기 :** '한국 당국이 능동적으로 **재판권 행사 의사를 표명하지 않는 한 미군 당국이 재판권을 행사**한다는 **교환각서**'와 '**한국당국의 재판권 행사를 살인·강간 등 중대한 범죄에만 국한**시켰던 합의 **양해사항**'을 폐기하였다.(1991/01/04) [☻ 1차 교양 폐기]
2차 개정 (2001)	**신병인도시기 조정, 조항신설 :** 주요 범죄에 대한 미군피의자 **신병인도 시기가 재판 후에서 기소 후로 앞당겨졌으며, 환경조항·노무조항·민사소송절차 등이 신설**되어 **노무 및 환경보호에 대한 양해각서가 포함**되었다.(2001/01/18)[☻ 노민환 양 2차 신병재기]<13경위> ※ **개정** ⇨ 한국과 미합중국 모두가 어느 때든지 협정에 대한 개정을 요청할 수 있다.<02승진>

II. 'SOFA'의 적용범위(대상)<02·03·05·07·08승진·06·13경위·05·07채용>

1. SOFA 사물관할[대상범죄]

① **재판권의 접수국 귀속**: 외국군대의 구성원은 국가면제를 누리지 못하여 원칙적으로 영토국인 접수국의 재판 관할권에 속하게 된다.

※ **예외**: 그러나 주한미군의 경우 **'SOFA'규정에 의해** '재판권 분장의 원칙'이 적용되어 대한민국 이외에 예외적으로 미군당국도 재판권 행사의 주체가 된다.(협정 제22조 제1항)

② **수사권행사의 제약**: 형사재판권은 외사경찰 업무와 가장 밀접한 관련성을 가지고 있으며, SOFA 규정에 의해 미군범죄에 대한 **한국경찰의 수사권은 많은 제약**을 받고 있다.

③ **한국이 계엄령을 선포할 경우**: 계엄선포지역 내에서는 형사재판권의 모든 규정의 효력이 즉시 정지되고, 계엄이 해제될 때까지 **미군당국이 재판권을** 행사한다.<01·03승진>

(1) 전속적 재판권

① **전속적 재판권**: 미군당국은 **미국법령에 의하여서는 처벌할 수 있으나 대한민국 법령에 의하여서는 처벌할 수 없는 범죄(미국의 안전에 관한 범죄를 포함**한다.)에 관하여 전속적 재판권을 행사할 권리를 가진다.[♣1차 재판권(×)](주한미군지위협정 제22조 제1항 (나))

예 **미군이 한국군의 중요기밀을 탐지하여 북한에 제공한 경우는 한국당국의 전속적 재판권의 대상으로 한국당국에만 재판권**이 있다.

② **재판관할권 문제**: 원칙적으로 전속적 재판권에 속하지 않아 다툼이 있는 경우 1차 재판권의 귀속이 문제가 된다.

(2) 경합적 재판권(미군당국의 1차재판권 – 주한미군당국이 1차 재판권을 갖는 경우)

① **대상**: 주한미군 당국은 SOFA 대상자에 대해 오로지 **합중국의 재산이나 안전에 관한 범죄, 또는 오로지 합중국 군대의 타구성원이나 군속 또는 그들 가족의 신체나 재산에 대한 범죄, 공무집행중**의 작위 또는 부작위에 의한 범죄에 관해 주한 미군 당국이 제1차적 재판권을 행사한다고 명시하고 있다.<13경위>

※ 계엄선포 시 모든 사건관할이 미군당국으로 이관된다.

② **내부적 범죄**: 오로지 **합중국의 재산이나 안전에 관한 범죄**, 또는 오로지 합중국 군대의 **타구성원이나 군속** 또는 그들 **가족의 신체나 재산에 관한 범죄**

예 부대내무반 관물절도, 미군하사관의 소속부대 군속 폭행, 미군에 의한 미국대사관 건물 파괴, **협정 대상자 상호간 폭행(카투사 포함)**

③ **공무집행중의 범죄: 공무집행 중의 작위 또는 부작위에 의한 범죄**[♣전속적 재판권(×)]<22승진>

ⓐ **공무의 개념**: 미군의 공무집행중의 작위 또는 부작위에 의한 범죄에 대하여 미군 당국이 1차적 재판권을 가지며, **공무집행의 범위에는 공무집행으로 인한 범죄뿐만 아니라 공무집행에 부수하여 발생한 범죄도 포함**된다.[♣공무수행에서 실질적으로 이탈하여 행하여지는 범죄(×), ♣공무수행에 부수한 범죄는 대한민국이 재판(×)]<11경위·20승진>

예 미군 운전병이 보급품을 운반하다 교통사고를 일으킨 경우

ⓑ 공무수행 중 범죄의 경우 **미군 측의 요구가 있을 경우 신병을 미군에 인도해야** 한다. 다만 판단은 검찰에서 하는 것이므로 판단절차를 거쳐 공무중 범죄로 인정될 경우 인도한다.

(3) 한국당국의 1차 재판권

① **원칙적 재판권 :** 미군 당국의 1차적 재판 관할권에 속하지 않는 모든 범죄에 대해 원칙적으로 대한민국 당국이 재판권을 가진다.

ⓐ **전속적 재판권 :** SOFA 대상자의 범죄로서 한국 법에 의해서는 처벌이 가능하나 미국 법에 의하여서는 처벌할 수 없는 범죄는 한국이 전속적 재판권을 행사한다.

ⓑ **대한민국의 안전관련 :** 대한민국의 안전에 관한 범죄[**간첩 · 태업 · 전복, 반역행위나 국방상 비밀에 관한 사항**]는 한국의 전속적 재판권에 속한다.<02승진>

② **재판권 포기 :** 미군당국의 요청에 의해 한국은 재판권의 포기가 가능하다.
※ 재판권 포기의 요청에 있어서 미국은 최대한 자제를 하여야 한다.(양해각서)

(4) 경합시 판단기준 – 1차 재판권 경합시 공무판단의 기준<03채용>

① **재판권 경합 :** 특정 범죄에 대하여 재판권이 어느 국가에 귀속되는지 분명하지 않은 경우 재판권이 경합하게 되며 **공무집행 중의 범죄인지 여부가 가장 논란**이 된다.

② **공무판단의 기준**

ⓐ **1차적 기준 :** 미군당국이 발행한 **공무증명서**(주한미군 장성급 이상의 장교가 발행)[♣미법무감이 발행(×)]<11경위>

ⓑ **검사가 공무증명서를 거부한 경우 :** 이의제기기간(10일) · 조정기간(30일)을 거쳐 미군과 의견조정을 한다.

ⓒ **의견조정의 실패 시 : 한미 동수가 참여하는 한미합동위원회의 결정**에 따르게 된다.

(5) 재판권의 포기요청

① **규정 :** 합중국 당국이 재판권 포기를 요청할 경우, 재판권 행사가 "특히 중요하다고 결정한 경우를 제외하고는 이를 호의적으로 고려하여야 한다."라고 규정하고 있다.

※ 우리의 재판권이 사실상 제한을 받고 있다.

② **중요범죄 제외 :** 우리나라의 안전에 관한 범죄 · 살인 · 강도 · 강간 및 강간의 미수 · 공범 등

③ **포기요청 :** 재판권 포기의 요청은 발생일로부터 21일 이내에 서면으로 하여야 한다.

④ **검찰의 판단 :** 재판권의 불행사가 예상되는 사건이라 해도 이는 검찰에서 판단할 사안이므로 경찰에서는 피의자신문조서를 작성하여 기소의견으로 송치해야 한다.<06승진>

2. SOFA 인적관할(대상자)<07 · 20승진 · 01채용>

합중국 군대 구성원	① **대한민국 영역 내 복무** : 대한민국의 영역 안에 있는 **합중국 군대의 구성원(미국의 해군 · 육군 · 공군)**으로서 현역에 복무하고 있는 자를 말한다. ② **제외** : ⓐ **주한미대사관에 부속된 미군(주한미 대사관에 근무하는 미군사병), ⓑ 주한미군사고문단원, ⓒ 주한미대사관에 근무하는 무관** 등은 SOFA적용 대상에서 **제외**된다.(이들은 **준외교특권을 향유하여 현행범인 경우에도 체포가 불가능**하며 지구대에서는 **인적사항 기록하여 즉시 경찰서 외사계에 보고**한다.)[☻ 대고무]<09채용> – **대한민국 영역 내 복무(×)** ⇨ 관광목적으로 우리나라에 여행 중인 미군(**NATO에 근무 중 한국에 여행 중인 미군**)은 물론 공적인 목적(훈련참가)으로 우리나라를 방문한 미군은 대상에서 제외된다.

PART 07

합중국 군대 구성원	– **카투사(KATUSA)** ⇨ 카투사의 인사・행정권은 한국군에 있고 지휘・감독권은 미군에 있으므로, 미군으로 간주되지 않아 'SOFA'가 적용되지 않고 대한민국 군인으로 간주되는 바, 한국군사법정의 재판을 받는다.
군속	**고용, 근무, 동반하는 민간인**: **합중국(또는 대한민국 외의)의 국적을 가진 민간인**으로서 대한민국에 주재하고 있는 합중국군대에 **고용**되거나 **근무** 혹은 **동반**하는 자를 의미한다.<20승진> ※ **이중국적자** ⇨ 한・미 양국의 국적을 모두 가진 이중국적자인 군속의 경우에도 그가 주한 미군사령부의 지휘・통제를 받는 자라면 본 협정의 적용대상이 된다.<03승진>
가족	① **무조건**: **배우자(SOFA대상 미군과 결혼하여 미국시민권을 취득한 한국인) 및 21세 미만의 자녀**<07・20승진・01채용> ② **조건 적용**: **부모 및 21세 이상의 자녀 또는 기타 친척** ⇨ **생계비의 반액 이상**을 합중국 군대의 구성원 또는 군속에 의존할 경우 대상이 된다.[♣생계비 1/3 이상(×)] ※ **이중국적 가족 등은 적용되지 않는다.**
초청 계약자	**범위**: 합중국군대 등과의 계약이행만을 위하여 대한민국에 체류하는 자로 **합중국 정부가 지정한 자**를 대상으로 한다.[♣미합중국 군대의 구성원과 군속 및 그 가족만 대상(×), ♣초청계약자는 대상자가 아니다.(×)]<11・13・20경위> ※ 법인・고용인 및 그 가족을 포함한다.

3. SOFA 토지관할 – 미군시설 및 구역 내・외의 경찰권[대상지역]

① **경찰권 인정**: 원칙적으로 미군 당국의 **부대 내, 영내・외에서의 경찰권행사를 인정**하고 있다.

② **SOFA 대상자가 아닌 자**: SOFA 대상자가 아닌 자가 미군영내에 있을 경우 한국경찰은 인도를 요청할 수 있다.

③ **SOFA 대상자**: 대한민국이 형사재판권을 행사할 수 있는 SOFA 대상자가 미군 측에 있을 경우 이들은 대한민국 측에 인도하여야 하는 대상에서 제외하고 있다.(신병확보 곤란)

(1) 시설 및 구역내부 경찰권

① **구역 내 범죄자 체포권: 미군당국**은 그 **시설 및 구역 내에서 범죄를 행한 모든 자를 체포할 수 있다.**

② **동의・중대현행범 체포:** 미군당국이 **동의한 경우**와 **중대한 죄를 범하고 도주하는 현행범인을 추적하는 경우**에는 대한민국 당국도 **미군시설 및 구역 내에서 체포권이 인정**된다.[♣미치지 못한다.(×)]<04채용・11경위>

※ 중대 현행범인 추적 중 월담을 하는 경우 월담을 할 것이 아니라 경비근무자의 동의를 받아 계속 추적하는 것이 일반적

③ **SOFA 대상자가 아닌 범죄자: SOFA 대상이 아닌 범죄자를 미군시설 내에서 미군이 체포했을 경우 대한민국이 요청하면 그 자를 즉시 인도하여야** 한다.

(2) 시설 및 구역주변 경찰권

① **부대시설 및 구역안전:** 부대의 시설 및 구역의 안전에 대한 미군당국의 현행범인 체포・유치권을 인정하고 있다.

② **SOFA 대상자 아닌 현행범 :** 단, 현행범인이 **SOFA 대상자가 아닌 경우 즉시 대한민국에 인도해야** 한다.

※ SOFA 대상자는 미국이 구금하거나 미군시설 내에 있는 경우 한국 당국에 인계하여야 하는 범죄자에서 제외되어 경찰은 이들의 신병을 넘겨주도록 요청하는 외에는 신병을 확보할 방법이 없게 되어 있다.

(3) **압수 · 수색 · 검증**

① **동의 필요 :** 대한민국 당국은 미군당국이 **동의하는 경우가 아니면** 미군부대의 내부시설과 구역 내에서 사람이나 재산에 관하여 또는 시설 및 구역 내외를 불문하고 미국재산에 관하여는 **압수 · 수색 또는 검증을 할 수 없다.**

② **필요한 조치 :** 단, 압수 · 수색 · 검증에 관한 대한민국 당국의 **요청이 있는 때에는 미군 당국은 필요한 조치를 하여야** 한다.

③ SOFA 적용대상 범죄현장에 한국 수사기관이 먼저 수사에 착수하여 현장을 관리하는 때에는 **미군 수사기관이 독자적인 현장조사를 희망할 경우** 필요한 때에는 **협조 제공이 가능**하다.[♣미군수사기관의 독자적인 수사를 불허하여야 한다.(×)]

Ⅲ. 피의자 신병처리

1. 피의자 체포

(1) 112신고를 접하고 현장에 출동했는데 외국인이라고 보이는 남성이 자신이 **SOFA 대상자임을 주장**하는 경우에는 **관할 미헌병대로 연락하여 대상자 이름, 나이, 소속 등을 알림**으로서 **SOFA 대상자인지 여부를 확인**한다.

(2) **상호조력 의무 명시 :** SOFA 대상자에 대한 체포와 인도에 있어서 **상호조력의 취지가 명시**되어 있다.

(3) **통지의무 : SOFA 대상자를 체포한 경우 상호 통지의무를 명시**하고 있다.

한국	**모든 사건 통고의무** ☞ 즉결심판 사안을 제외한 모든 사건(합중국이 전속적 재판권이나 1차적 재판권을 가지는 경우는 불문함)을 미군 측에 통고해야 한다.<05승진> ※ 체포사실은 가장 인접한 주한미군 헌병감에게 통고한다.
미군	**한국이 1차적 재판권을 가질 경우에만** ☞ 한국 측에 통고한다.

※ 지체 없이 통보하도록 규정하고 있다.

2. 피의자 구속

대상범죄	살인, 강도, 강간, 마약류, 중대 관세법 위반 등<97승진>
구속절차	① **현행범** ☞ 구속영장 신청 ⇨ 최단거리 미 헌병대장에게 통고 ② **비현행범** ☞ 구속영장 발부 ⇨ 피의자 소속부대의 헌병대장에게 제시
유의사항	① **신병인도 요청 시** ☞ 구속대상인 피의자의 경우에도 신병인도 요청이 있으면 일단 신병을 인도한 후 구속영장을 발부받아 신병을 인도받아 구속하게 된다. ② **구속 전 피의자 신문** ☞ 피의자를 구속하고자 하는 경우에는 피의자의 의사와 관계없이 반드시 '구속 전 피의자 신문'을 하여야 한다.

3. 구금 및 인도 절차

(1) 미군이 체포한 경우

① **원칙 :** 기타 범죄자는 재판절차가 종결되고 **대한민국 당국이 구금을 요청할 때까지 미군당국이 계속 구금할 수** 있다.

※ 대한민국의 인도요청이 있으면 **합중국은 이를 '호의적으로 고려'해야 한다고 규정**하고 있으며, **미군당국의 요청이 있을 시 한국당국은 '인도하여야 한다'고 규정**하고 있어 강제성을 내포하고 있다.(살인이나 나쁜 강간 혹은 12개 중요범죄를 제외한 일반범죄에 대한 규정)[♣범죄 후 미군부대로 도주하는 경우 기소 전 신병을 구속할 방법이 없다.(×)]

♣ SOFA 대상자 중 피의자가 미군의 수중에 있는 경우 한국의 요청이 있으면 무조건 한국에 인도해야 한다고 규정되어 있다.(×)

※ 미군 측에 신병이 있는 경우에 **경찰 수사단계에서도 미군 측으로부터 신병인수가 가능**하며, SOFA 개선안에 의해 우리 측의 **신병인수 후 '24시간 내 기소의무'가 삭제**되었다.[♣신병인수 후 24시간 내 기소하여야(×)]

② **예외 :** 처음부터 한국이 구금하도록 한 **살인 · 나쁜 강간**과 신병을 **기소 시에 신병을 인도하도록 한 12개의 중요범죄**를 제외,

SOFA 대상자가 **살인 등 12개 유형의 범죄**를 저지르고 미군 당국의 수중에 있는 경우 대한민국이 미군당국에 **'기소 후 구금인도'를 요청할 수** 있으며, 구금에 상당한 이유와 필요가 있는 경우 **미군당국은 대한민국 당국에 구금을 인도해야 한다고 규정**하고 있다.

(2) 한국이 체포한 경우

> 피의자가 대한민국의 수중에 있는 경우 '**대한민국에 의한 수사와 재판이 가능할 것을 전제로 미군당국의 요청에 따라 피의자를 인도한다.'고 규정**(2001년 2차 SOFA개정내용)

<table>
<tr><td>처음부터 구금</td><td>체포 시부터 계속구금권의 행사<02승진>
① 살인이나 나쁜 강간을 한 미군 피의자를 우리 측이 체포하였을 경우에, 증거인멸 · 도주 · 피해자나 증인에 대한 가해 가능성 때문에 피의자를 구금해야 할 필요성이 있을 경우에는 신병을 인도하지 않고 계속 구금이 가능하다.
※ 이에 대한 판단은 '한미합동위원회'에서 결정한다.
② 중요 12개 범죄의 피의자는 미군 당국에 '신병인도요청 자제'를 요청, 미군 당국에서 신병인도요청 자제를 결정시 구속영장을 신청한다.
③ 우리 측이 체포 후 계속 구금권을 행사하는 경우에는 변호사 출두 시까지 신문할 수 없으며, 변호사 부재 시 취득한 증언 · 증거는 재판과정에서 사용할 수 없다.
※ 신속한 수사와 제한을 위해 미군측은 미정부대표의 신속한 출석을 보장한다.</td></tr>
<tr><td>기소시 신병 인수</td><td>기소 전 구금 인도요청 : 12개 중요범죄의 경우 경찰의 조사가 끝나고 검찰에 송치한 후, 검찰이 구속의 상당한 이유와 필요가 있고 재판확정 전에 신병을 인도 받는 것이 상당하다고 판단되는 경우 검찰총장의 승인을 받아 구속영장을 청구(= 기소 전 인도요청)한다.
※ 이 경우에는 검찰이 기소를 하게 되면 신병을 인도 받게 된다.</td></tr>
</table>

재판 확정 후 신병 인수	**원칙 : 미군의 요청**이 있으면 대한민국에 의한 수사와 재판이 가능할 것을 전제로 미군당국의 요청에 따라 '피의자를 **미국당국에 인도해야 한다.'라고 규정**하고 있다. ※ 인도 후에는 미군이 계속 구금하게 되고, 우리나라는 재판이 종결된 후에 미군 당국에 인도 요청을 하게 되면 신병을 인도받게 된다. ※ 대한민국의 구금인도 요청은 호의적 고려를 규정하고, 미군당국의 구금인도 요청에 대해서는 강제성을 내포하고 있다.

Ⅳ. 실무상 사건처리절차<03 · 08승진>

1. 지구대에서 할 일

(1) **신병처리 :** 피의자를 지구대로 동행하면 신분증을 제시받아 **SOFA 대상자 여부를 확인 후 현행범인체포서(또는 피의자동행보고서)등을 작성**하여 **경찰서외사계로 신병을 인계**한다.

① 피의자가 도주한 경우 ⇨ SOFA 대상범죄로 의심이 가는 경우라 해도 통상의 범죄발생보고양식에 따라 범죄발생보고서를 작성하여 보고한다.

② **세부절차** ⇨ 현행범인 경우 체포대상이면 변호인 선임권 등 고지절차 후 현행범 체포하여 신병확보하고 → 목격자 등 참고인의 인적사항을 파악하여 → 지구대에 동행 후 신분증 등의 제시를 요구 · 신원을 확인한 후 → **피의자가 공무집행 중에 일어난 사건이라고 주장하더라도 검찰판단사항이라는 것을 설득하고 경찰서 외사계로 신병을 인계**한다.

(2) **공무증명서 제출 및 석방요구 :** 미군 측이 **공무증명서를 제출하며 석방을 요구하는 경우 공무중의 범죄인지 여부는 검찰판단사항임을 고지하고 경찰서 외사계에 인계하여 예비조사를 마친 후 요건에 따라 신병인계**를 하도록 해야 한다.

2. 경찰서 외사계

(1) **최초 처리사항**

① **기초사실 조사 :** 최초 신병인수 시, 신분증과 대조하여 SOFA 대상자 여부확인, 인적사항, 범죄사실 등을 조사하여 **기초사실조사서를 작성**한다.

② **미군당국 및 검찰 관계 :** 미군당국(인접 또는 소속부대 헌병대)에 체포 또는 피고소 · 고발 사실을 즉시 통보하고, 미정부대표 출석을 요구한다.

㉠ 사법경찰관은 주한 미합중국 군대의 구성원 · 외국인군무원 및 그 가족이나 초청계약자의 범죄 관련 사건을 인지하거나 고소 · 고발 등을 수리한 때에는 **7일 이내**에 **한미행정협정사건 통보서**를 **검사에게**[♣미군당국에(×)] **통보해야** 한다.(경찰수사규칙 제92조 제1항)<23.2채용>

㉡ 사법경찰관은 주한 미합중국 군당국으로부터 **공무증명서를 제출받은 경우 지체 없이** 공무증명서의 **사본을 검사에게 송부해야** 한다.(경찰수사규칙 제92조 제2항)<23승진>

㉢ 사법경찰관은 검사로부터 주한 미합중국 군당국의 재판권포기 요청 사실을 통보받은 날부터 **14일 이내에 검사에게 사건을 송치 또는 송부해야** 한다. 다만, 검사의 동의를 받아 그 기간을 연장할 수 있다.(경찰수사규칙 제92조 제3항)

③ **예비조사(신병인도 전 수사) :** 사안이 중대하고 증거인멸의 우려가 있는 경우에는 **미합중국대표(미정부대표)를 입회시킨 후 신분확인 및 증거조사를 실시**한 후에 인도해야 한다.<07승진>

PART 07

참고 미국정부대표

⇨ **통상 미군 장교 또는 하사관 이상의 자로 임명**[♣변호사일 필요(×)]**되며,**

⇨ 미군 피의자가 **한국경찰에 연행 시부터 접견·교통권**을 가지고 **한국수사관에 의한 가혹행위나 편파수사, 재판절차의 공정성 여부를 감시하는 역할**을 수행하며,

⇨ 특히 **대표의 참여나 서명이 없이 작성된 조서는 유죄의 증거로 채택되지 않**는다.

⇨ 또한 **재판에 참석할 권리**도 보유한다.

㉠ **1시간 이내 출석** ⇨ SOFA규정에 따라, 미정부대표는 출석요구를 받은 때로부터 **1시간 내로 출석**하고, 미정부대표가 출석할 때까지 현행범체포나 긴급체포의 경우 형사소송법에 따라 **48시간 이내 유치장 입감이 가능**하다.

㉡ **예비조사의 범위** ⇨ 피의자의 신분확인 및 증거조사 등 공소제기에 필요한 초동수사를 포함하며 수사상 일정한 제약은 없다.

(2) **신병인도**

① 미 헌병의 신병인도요청이 있더라도 미국 정부대표가 출석하여 **1차 조사가 완료될 때까지 '형사소송법'상 체포 가능시한 내에서 경찰이 신병을 구금**한다.

② 1차 조사완료 후 미군당국이 신병인도를 요구하면 ⇨ **책임 장교 서명**과 **신분인수증을 받은 후 미군당국에 인도하여야** 한다.

※ 신병인도 예외에 해당하는 경우를 제외하고 미군당국에 재판권이 있건 한국에 1차 재판권이 있건 간에 미군당국의 요청이 있으면 신병을 인도하여야 한다.

③ **신병인도의 예외 :** 살인, 나쁜 강간의 경우 한국 측에서 계속 구금하여 조사할 수 있으므로 신병인도를 하지 않을 수 있다.

(3) **신병인도 후 피의자조사**

① **출석요구 :** 수사당국은 **적어도 48시간 전**에 미군당국에 피의자출석을 요구해야 한다.

② **피의자 신문조서의 작성**

ⓐ **요령** ⇨ 우리나라 **형사소송법상 피의자 신문조서 작성요령과 유사하며, 조서는 한글로만 작성**하되 **소속과 성명은 반드시 영문으로 병기**해야 하며, 조서 말미에 **입회한 통역과 미국 정부대표의 서명**을 받는다.

ⓑ **미국정부대표 입회** ⇨ 미국정부대표는 한국수사관에 의한 가혹행위 여부를 감시하는 역할도 겸하며, **미정부대표의 피의자 접견·교통권은 피의자가 한국경찰에 연행된 때부터 보장되고 미정부대표 입회 없이 작성된 조서는 증거능력에 영향을 미친다.**

ⓒ **서명·날인** ⇨ 조서에 피의자의 서명·날인은 반드시 요구되지 않는다.(**피의자가 서명·날인을 거부할 경우** 미정부대표의 서명·날인으로 갈음) ⇨ **미정부대표의 서명·날인이 있으면 조서의 효력에는 영향이 없다.**[미정부대표에게 변호사자격 필요 없음.]

※ 피의자신문조서는 한글로만 기재되므로 내용을 알 수 없어 피의자는 거의 대부분 서명·날인을 거부하는 바, 미정부대표의 입회와 서명을 받아야 하고 미정부대표의 입회 및 서명이 없는 조서는 효력이 없어 유죄의 증거로 채택되지 않는다.

ⓓ **변호인 선임** ⇨ 피의자가 변호인을 선임하고 **변호인의 참여를 원하는 경우**에는 **변호인의 출석 없이는 피의자신문이 불가능**하다.

※ 피의자가 변호인을 선임하지 않는 경우 피의자로부터 포기서에 서명을 받고, 미국정부대표에게도 피의자의 권리를 고지한 후에 포기서에 연명으로 서명케 해야 한다.

※ **미군속 · 초청계약자 및 이들의 가족** ⇨ 아무리 경미한 사건이라도 **대한민국에 전속적 재판권**[03승진]이 있으므로 반드시 피의자 신문조서를 작성해야 한다.

ⓔ **통역참여** ⇨ 미군측이 통역을 별도 대동한 경우 우리 측 통역과 **동시에 조사에 참여시켜 공정성을 확보**하고 이를 조서내용에 기재한다.

Ⅴ. 형사절차상 유의사항

1. 범죄수사 · 증거수집

⑴ **상호협력 의무 :** 양 당국의 상호협력 의무를 규정하고 있다.

⑵ **미정부대표의 입회 :** 대한민국 당국은 미정부대표 입회하에 신문을 할 수 있다.

※ 정부대표의 입회를 흠결하거나 정부대표의 서명이 없어 작성된 신문조사는 효력을 상실<96승진>

2. 미군피의자의 법적권리

⑴ **미군 당국의 통보받을 권리 :** 미군 피의자를 체포할 경우 한국은 미군에 즉시 통보해야 한다.

⑵ **절차적 권리 :** 미군 피의자(피고인)는 **대한민국의 형사소송법상 모든 절차적 권리를 보유**하게 된다.

⑶ **신병인도 연기 :** 질병 · 부상 · 임신 등의 경우 재판 전 신병인도의 연기에 대한 호의적 고려가 가능하다.

⑷ **광범위한 접견 · 교통권 : 합중국 정부대표와의 접견 · 교통권을 보유**한다.<11경위>

① **무제한적인 접견교통권 :** 언제든지 접견이 가능하다.

② **물건 제공 :** 접견 시 보조적인 보호와 **음식 · 침구 · 의료 등의 제공이 가능**하다.<11경위>

⑸ **증인심문, 불출석 :** 자신에 불리한 증인과 대면하고 그를 심문하고 재판에 출석하지 아니할 권리를 인정한다.

⑹ 죄수복 · 수갑을 거부할 수 있는 권리를 인정

⑺ **재판입회권 : 합중국 정부대표의 재판입회권 인정**

⑻ **무죄추정 규정 :** 현장검증 과정에서의 피의자의 인권보호와 무죄추정의 원칙을 규정하고 있다.

⑼ **미군 측 특별요청 고려 :** 형집행에 관한 미당국 측의 특별요청에 대해 우리 측은 충분한 고려를 해야 한다.

Ⅵ. 손해배상문제 – 협정(SOFA)상 제3자에 대한 손해배상(국가배상)책임<03승진>

1. 공무 중 발생

⑴ **간접적 배상 : 공무집행 중 입힌 손해**에 대해서는 **대한민국의 법령에 따라 대한민국이 1차 소송당사자**로서 **피해자에게 배상을 한 뒤에, 다시 미국에 대해 구상권을** 행사한다.

※ 접수국이 1차 배상을 하는 것은 일본 · 독일도 유사하며, 우리나라가 1차 보상을 하는 금액은 **원화로 지불**된다.

① **신청 : 지역 정부배상심의위원회에 손해배상을 신청**하면 미군 또는 한·미합동으로 피해조사를 한 후 심사하게 되며, 미군을 상대로 민사소송도 가능하다.

② **미군 측 이의 : 미군측이 이의를 제기하면 소송을 거쳐 최종 판단**한다.

③ **구속력 :** 우리나라의 '국가배상법'이 적용되고, 손해배상에 대한 대한민국 법원의 최종결정은 양당사국에 대해 구속력을 가지게 된다.

(2) **배상액(소요비용)의 부담**<04·05·07·08승진>

① **전적으로 미군의 책임인 경우: 미군이 75%, 한국정부가 25% 배상**한다.<04·05·07·08·20승진>

② **미군과 한국정부의 공동책임인 경우: 양측이 각각 50%씩 배상**

2. 공무 이외에 발생

(1) **미군당국의 직접배상 : 대한민국 당국이 심사를 하여 배상금 보고서를 작성하여 미군당국에 통고**하고, **미군은 이 보고서를 토대로 보상여부 및 보상액을 결정하게 되고, 청구인이 이 보상액을 수락하면 보상절차가 종결**되게 된다.

※ SOFA 대상자의 공무 외에 발생한 손해에 대한 배상은 **미국정부가 100% 부담**한다.

(2) 보상금의 지급은 청구인의 대한민국 법원에 대한 재판권에 영향을 미치지 아니한다.

(3) 미군의 군용차량을 허가 없이 사용하여 발생한 손해에 대해서도 이를 적용하게 된다.

※ 손해배상소송

① **공무 중 사건 :** 공무 중 사건의 경우 배상신청기한은 피해행위가 있던 날로부터 **5년 이내**(국가재정법)이며, 배상신청과 별도로 국가를 상대로 손해배상소송이 가능하다.

② **비공무 중 사건 :** 비공무중 사건의 경우 배상신청기한은 피해행위가 있었던 날로부터 **2년 이내**(미육군규정)이며, 배상신청과 별도로 미군 개인을 상대로 손해배상소송이 가능하다.

Ⅶ. 주한미군지위협정의 문제점

(1) **적용대상의 광범성**: 가족의 범위가 불분명하고 다른 나라에 없는 **초청계약자까지 대상으로 포함하고 있어 그 범위가 지나치게 넓다.**

(2) **재판권 포기 규정의 남용 :** 미군의 요청에 의해 재판권을 포기할 수 있도록 하고 있어, 한국정부가 1차적 재판권을 가지는 경우에도 **특히 중요하다고 인정되는 경우 외에는 1차적 재판권을 포기하는 경우가 많다.** 지난 30여 년간 우리가 재판권을 행사한 경우가 4%에 불과하다.

(3) **피의자 신병확보의 불형평성 :** 미군이 SOFA 대상 피의자에 대해 **신병인도 요청을 하는 경우 살인, 나쁜 강간죄**를 범하여 '**체포 후 계속 구금'할 수 있는 때를 제외**하고는 **즉시 신병을 인도**하게 되어 있다.

① 한국이 재판권을 행사할 사안에 있어서도 기소될 때까지 혹은 재판확정시까지는 미군이 신병을 구금하도록 하고 있어 일반 피의자와의 형평성에서 문제가 되고 초동수사에 어려움이 크다.

② 재판종결 후 한국정부가 구금을 요청하는 경우에도 단지 '호의적으로 고려하여야 한다'라고만 규정되어 있다.

(4) **영어본 우선 :** 협정에 있어서 국어본과 영어본의 차이가 있을 때에는 영어본이 우선하도록 되어 있다.

(5) **재판상 권리의 남용 : 미군 피의자 · 피고인은 재판에 출석하지 아니할 권리, 죄수복 · 수갑을 거부할 수 있는 권리 등이 사실상 재판을 거부할 권리를 부여하는 결과**를 초래하고 있다.

4 외교사절의 특권

I 외교사절(外交使節)

(1) **정치적 임무**: 접수국과의 외교교섭, 자국민 보호, 기타 주재국의 정세를 본국에 보고하는 등 **정치적 임무를 수행하기 위해** 외국에 파견되는 **국가의 대외적 대표기관**으로 외교사절의 사실적 · 법률적 행위의 효과는 국가에 귀속된다.<98승진>

① **직무**: 파견국 대표, 외교교섭, 자국민의 보호와 감독, 우호관계 촉진, 관찰과 보고(합법적인 정보수집)<02승진>

② **임명**: 외교사절은 예외적으로 접수국 국민이나 제3국인을 임명할 수 있으나, 이 경우에는 **접수국의 동의를 받아야** 한다.<02승진>

(2) **비엔나 협약에 근거**: 외교사절의 파견 · 접수 · 직무 · 특권 등은 포괄적으로 비엔나협약에 근거하고 있다.<04승진>

(3) **역할 비교**

① **외교사절**: 그 접수국이나 국제조직과의 관계에서만 그가 속하는 국가를 대표한다.

② **국가원수나 외무부장관**: 모든 국가나 국제조직과의 관계에서 그가 속하는 국가를 포괄적으로 대표한다.

Ⅰ. 종류

상주사절	국가를 일반적으로 대표할 자격을 가지고 접수국에 상주하여 본국과의 외교관계를 처리하는 외교사절을 말한다.<10승진>
임시사절	일시적으로 외국에 파견되는 사절로서 **사무사절과 예의사절**이 있으며 **전권위임장을 휴대**한다. ※ 외교관계가 수립되어 있지 않은 경우라 해도 접수국의 동의를 얻어 파견할 수 있다. – **사무사절**: 특정 외교교섭, 조약체결, 국제회의 참가 등 특정한 사무로 일시적으로 파견하는 사절 – **예의사절**: 외국의 축전 · 의식에 일시적으로 파견하는 사절

Ⅱ. 계급

(1) **계급종류 :** 대사(국가원수에게 파견), 공사(국가원수에게 파견), 대리공사(외무부장관에게 파견)가 있다.<10승진>

※ 외교사절의 계급은 의례적 절차에 차이가 있을 뿐, 외교사절의 직무 · 대우 · 특권에 영향을 주지는 않는다.

(2) **합의사항 :** 어느 계급의 외교사절을 파견할 것인가는 파견국과 접수국의 합의에 의한다.

(3) **외교공관근무자 유형**<10승진>

공관장		**대사 · 대사대리**
공관직원	외교직원	**공사, 참사관, 각급서기관, 각종 주재관(무관 · 상무관 · 공보관 · 노무관)** 등 외교관 신분이 부여된 자
	행정 · 기술직원	부기사 · **속기사** · 타자수, **개인비서, 기록보관사, 교정사** 등
	업무(노무)직원	**요리사** · 운전사, 사환 · 하인 등
개인사용원		사용(使用) 노무종사자로 공관직원의 가사에 종사하는 자로서 파견국의 피고용인이 아닌 자

① **외교관 ⇨ 공관장 +외교직원** / 공관원 ⇨ **공관장 + 공관직원**

② 공관장 이외의 직원은 파견에 아그레망을 요하지 않음.<04승진>

③ 대사관 무관(military attache) ⇨ 외교사절의 보조기관으로 파견되는 군인으로서 외교특권을 향유하므로 일반적인 외국군대의 구성원에는 제외됨.(∴ SOFA의 적용대상이 아님.)<08승진>

※ **외국문화원** ⇨ 자국의 문화를 전파하고 주재국과의 문화교류를 증진시킬 목적으로 주재국에 설치한 비정부기관

III. 파견

(1) **외교사절의 파견절차**<08승진 · 01채용> **: 아그레망의 요청 ⇨ 아그레망의 부여 ⇨ 임명 ⇨ 신임장 부여 ⇨ 파견**

① **외교특권의 부여시기 :** 아그레망 부여 후 정식임명 된 외교사절이 그 자격을 증명하는 **신임장을 휴대하고 입국한 때**<07승진 · 01 · 04채용>

② **외교사절의 직무 개시시기 : 신임장의 원본이 정식으로 접수되었을 때**

③ **전권위임장 :** 임시외교사절이 휴대 · 수행한다.

(2) **접수국의 판단 :** 파견국의 아그레망 요청에 대해 접수국은 스스로의 판단으로 부여나 거부를 할 수 있다.

참고 Agrément / Persona grata / Persona non grata

(1) **아그레망** ⇨ 외교사절을 파견하는 데는 상대국의 사전 동의가 필요하며, 이 상대국의 동의를 아그레망이라고 한다.

(2) **아그레망 요청** ⇨ 외교사절로 파견하기 전에 상대국의 동의를 구하는 절차

(3) **아그레망 부여** ⇨ 사절의 임명 그 자체는 파견국의 권한에 속하나 외교사절을 받아들이는 접수국은 개인적 이유를 내세워 기피할 수 있고, 현재의 관행으로는 미리 접수국의 의향을 확인하게 되는데, 이 조회에 대해 이의가 없음을 회답하는 것을 '아그레망을 부여한다.'라고 한다.

(4) **명칭** ⇨ 이 경우에 아그레망을 받은 사람을 페르소나 그라타(persona grata), 아그레망을 받지 못한 사람을 페르소나 논 그라타(persona non grata)라고 한다.

⑸ **거부** ⇨ 아그레망의 부여를 거부할 경우에 파견국에 대하여 그 이유를 통지할 의무는 없으나, 정당한 이유 없이 거부할 경우 양국 관계에 악영향이 발생할 수 있다.

⑹ **선언과 조치** ⇨ 접수국은 외교사절과 직원에 대해서 언제든지 'Persona non grata' 선언을 할 수 있고, 이러한 통지를 받은 파견국은 당해 직원을 소환하던지 또는 해임을 하여야 한다.<08승진>

Ⅱ 외교특권(外交特權)

⑴ 일반적으로 외교관 등 **주한 외국공관원**은 신체·주거의 불가침, 형사 재판관할권 면제 등 **다양한 특권과 면제를 향유**한다.

① **불가침권과 면제권**: 외교특권은 신체(명예), 공관, 문서(통신 포함)의 침해를 받지 않을 권리인 **불가침권**과 재판권(형사·민사), 경찰권, 과세권으로부터 면제되는 **면제권**을 말한다.

② 외교특권인 치외법권은 **'불가침권'과 '면제권'**으로 이루어진다.<03승진>

⑵ **준외교특권**: 주한미대사관에 부속된 합중국 군대의 인원과 주한미연합군사고문단원, 대사관 무관의 경우에는 '준외교특권'을 향유하고 있다.

⑶ **기타의 특권**: 여행의 자유, 통신의 자유, 종교의 자유, 사회보장규정으로부터의 자유, 국기·국장 등 사용의 자유가 있다.

Ⅰ. 근거

⑴ **법적 근거**

① **'외교관계에 관한 비엔나 협약'**: 외교특권은 국제관습법으로 인정되어 오다가 **'외교관계에 관한 비엔나 협약(1961)', '영사관계에 관한 비엔나 협약(1963)'**등에 의해서 명문화되었다.<03승진>

② **국제관습법**: 따라서 비록 비엔나 협약과 같은 성문의 조약이 존재하지 않게 된다 해도 국제관습법에 의해 외교특권을 인정할 수가 있다.

※ **효력** ⇨ 외교특권은 헌법 제6조에 의해 국내법과 동일한 효력을 가진다.

⑵ **이론적 근거**

기능설(통설): 외교특권은 외교관에게 있어 개인적 특권으로서가 아닌, 외교사절의 직무수행의 효율성 보장 등 그의 기능을 능률적으로 수행할 필요가 있기 때문에 특권을 인정한다는 견해이다.

※ **'상호주의 원칙'** ⇨ 외교특권을 인정하는 본질적인 근거는 '상호주의 원칙'이라 할 수 있다.

참고 외교특권의 포기

⑴ **포기 가능**: 외교특권은 구체적인 경우에 포기할 수 있다.(기능설)

⑵ **파견국의 권한**: **파견국 측에서는** 접수국에 대해 명시적 의사표시를 통해 **외교관의 면책특권을 그의 의사에 반해 포기할 수** 있다.(외교관 개인의 포기는 금지된다.)<03승진>

II. 내용

1. 불가침권 특권<99승진 · 01 · 02채용>

(1) 신체의 불가침

① **의의 :** 외교사절은 **어떠한 경우에도 형태불문하고 체포 · 구금을 당하지 아니**한다.

② **접수국의 의무 :** 접수국은 상당한 경의를 가지고 외교관을 대우해야 하며 그 신체의 자유 및 존엄성에 대한 침해를 방지하기 위하여 적절한 조치를 취하여야 한다.

ⓐ 접수국에서는 외교사절에 대한 가해행위를 방지하기 위해 모든 조치를 취하여야 한다.

ⓑ **외교사절에 대한 보호**: 우리의 경우 **"외교사절에 대한 폭행 · 협박" 등의 죄**는 형법 제107 · 108조에 의해 **일반범죄보다 가중 처벌**하고 있다.[♣일반폭행죄로 처벌(×)]

③ **예외(불가침성 상실)**: 정당방위 또는 범죄의 예방 · 제지와 같은 **긴급사태 시에는 일시적인 신체의 구속은 가능**하나 필요가 없어지면 즉시 석방해야 한다.(∴ 긴급 시 일시 구금은 가능)

※ **은행강도사건이 발생**하여 검문검색을 하던 중에 **수배차량과 유사한 번호의 외교관 운전차량을 발견**하더라도 긴급사태로 보기 어려우므로 **강제적인 차량수색은 바람직하지 않다.**[♣차량 트렁크 수색은 가능하다.(×)]

(2) 관사의 불가침

① **의의 :** 외교사절의 **공관(개인주택 · 교통수단 포함) 등**에 대해서는 외교사절의 동의 없이 출입 · 압수 · 수색 · 강제집행 등을 할 수가 없다. ⇨ 관사의 불가침권으로부터 접수국의 관사보호의무가 도출된다.

> ※ **접수국의 "관사 보호의무"**: 경찰은 외교관과 관사에 대해 보호 의무를 부담하게 되며, 이는 '공관저 경비'로서 **경비경찰의 중요시설경비의 내용에 해당**한다.(관사의 보호는 경비경찰의 임무)

② **범위 : 사저, 공관을 불문하고 건물의 소유 또는 임차를 불문하며 본 건물뿐만 아니라 부속건물 · 차고 · 정원, 승용차 · 비행기 · 보트 등 개인교통수단을 모두 포함**한다.

※ 대중교통수단 제외: 교통수단의 경우 개인교통수단을 의미하며 대중교통수단은 제외된다.

③ **접수국 관헌의 출입금지 : 외교사절의 요구, 동의 없이** 접수국의 관헌은 외교사절 관사에 들어갈 수 없는 것이 원칙이다.

※ **예외(불가침성 상실) : 화재나 전염병의 발생과 같은 긴급사태 시**에는 사절의 **동의 없이** 관사출입이 가능하다.[♣국제법규로 인정(×)](국제적 관습으로 인정)

④ **수색 · 징발 · 압류 · 강제집행 금지 :** 공관과 공관 내의 시설, 비품, 운반수단은 수색 · 징발 · 압류 · 강제집행의 대상이 되지 않는다.[♣강도사건 발생으로 검문검색 중 트렁크 수색(×)]

참고 범죄인 비호권

> 관사의 불가침은 파견국의 외교기능을 보호하기 위한 것으로 형법상 범죄인이나 정치적 도망자에 대한 **비호권은 인정되지 않는다.**[♣범죄인 비호권은 외교특권의 핵심내용(×)]
>
> – 정치범의 경우 폭도로부터의 일시적 보호는 가능하지만, 급박한 위험성이 없어지고 접수국이 요구하면 **접수국 경찰에게 인도하거나 관사 밖으로 추방해야** 한다.
>
> – 외교사절이 **자국의 범죄인을 본국에 송환하기 위하여** 일시 유치할 목적으로 **관사 내에 감금하는 것도 허용되지 않는다.**

⑶ **문서의 불가침**

① **의의 :** 외교사절의 문서는 **언제 · 어디에서나 불가침**이며 **수색 · 검열 · 압수 또는 제시 요구를 받지 않는다.** ⇨ 외교관의 개인서류 · 통신문서 및 개인재산도 불가침의 대상이다.

② **범위 :** 문서의 불가침성은 심지어 **외교단절의 경우에도 불가침이 인정**되고, 외교행낭 · 통신도 문서에 준하여 불가침성을 가진다.<03승진 · 03채용>

ⓐ **금지 :** 외교공관에서 **대화의 도청이나 녹취를 위한 기술적 도구의 투입은 불허**한다.

ⓑ **통신의 자유 :** 외교관은 본국정부 또는 자국공관과 자유로이 비밀리에 모든 공용통신을 행할 권리를 가지며 접수국은 이를 압수 · 수색하지 못한다.

ⓒ **외교행낭 :** 공문서만이 내용물에 포함될 수 있으며, 배달인 및 행낭은 불가침권을 가지게 된다. 따라서 **외교행낭은 개봉 · 유치될 수가 없다.**<99승진>

③ **예외(불가침성 상실)**

ⓐ **간첩행위 서증 :** 문서가 **간첩행위의 서증(書證)이 되는 경우 불가침성을 상실**한다.

ⓑ 외교사절과 동일국적의 간첩이 주재국에서 절취 · 복사한 문서

2. 치외법권(면제권)<99승진 · 01 · 02채용>

① **통치권 복종(×) :** 외교사절은 원칙적으로 **접수국의 통치권(경찰 · 과세권 · 재판)에 복종하지 않는다.**[♣접수국 통치권에 복종해야(×)]<11승진>

♣ 외교특권으로 불가침권과 치외법권이 인정되나 접수국의 통치권에는 복종해야 한다.(×)

② **절차법적 면제 :** 재판권의 면제는 실체법적 면제가 아닌 절차법적 면제를 의미한다.(⇨ 관할권의 면제)

※ **외교특권(불가침권과 치외법권)** ⇨ 상호주의에 입각하여 외교사절의 대표성과 독립적 기능수행을 위하여 영토관할권의 적용을 면제해 주는 예외적 조치이므로, 접수국의 국내법과 규칙을 준수하는 것은 외교관 및 외교사절단이 특권과 면제를 누리기 위한 의무라 할 수 있다.

⑴ **경찰권 면제**

① **의의 :** 원칙적으로 경찰의 명령이나 규칙은 외교사절을 구속하지 않지만, 외교사절도 **주재국의 법질서를 존중할 의무는 있으며,** 특히 공공의 안녕과 관련된 교통신호 등의 **기초질서에 대한 준수의무는 존재**한다.[♣적색교통신호 위반해도 무방(×), 주재국 법질서 존중의무에서 해방(×)]

ⓐ **외교사절에 대한 면허행정처분 :** 면책특권이 적용되지 않고 내국인과 동일하게 처리됨.<02승진>

ⓑ **외교사절이 교통법규에 위반한 경우 :** 과속운전 등 교통법규 위반은 통고처분의 대상(**범칙금 납부고지서 발부 가능**)이 되지만 이를 공권력으로 관철할 수는 없다.(경찰벌이 면제되기 때문)

② **예외 : 긴급방어나 긴급사태의 상황**이 존재할 경우에는 **경찰강제가 허용**된다.

ⓐ **행위책임 :** 음주 운전자에 대한 위험방지 조치, 술에 취해 시민을 향해 맥주병을 휘두르는 행위 등에 대한 **경찰강제로서 제지**

ⓑ **상태책임 : 화재나 전염병의 발생 시** 동의없이 **관사출입 가능**[♣동의를 얻어(×)]

♣ 화재나 전염병 발생 등의 경우에도 대사관의 동의가 있어야만 출입할 수 있다.(×)

(2) **과세권 면제**

① **원칙 :** 외교사절은 접수국의 과세권으로부터 면제되어 각종 조세로부터도 면제된다.

※ 전기 · 가스 · 수도 등 공익사업의 사용료는 원칙적으로 면제되지 않으나 국제예양상 면제하는 경우가 많다.

② **예외 :** 간접세 · 사유부동산에 대한 조세 · 수수료 등은 면제되지 않는다.<07승진>

(3) **재판권 면제**

형사 재판권	① **면제** : 외교관은 어떠한 경우에도 체포 · 구금 · 소추 또는 처벌되지 아니한다.<02승진> ※ 사안이 중대할 경우에는 외교사절에 대한 소환요구나 추방조치가 가능하다. ② **범위** : 공무+개인자격의 행위 모두 포함한다. ≪포괄적≫<03승진> ※ 주한 외국공관원 범죄를 **수사**할 경우 국가 간 **외교문제로 비화될 수 있음을 감안, 특권 · 면제를 존중하고 대외 보안에 유의**한다.
민사 재판권	① **원칙** : 외교사절에 대한 민사소송 · 강제집행 등은 일체 불허된다. ※ 면제의 범위는 형사 재판권에 비하여 매우 제한적이다. ② **예외** : 자진출소 · 응소(應訴), 개인소유 부동산에 관한 소송 · 상속에 관한 소송, 공무 이외의 영업 및 사업에 관한 소송은 면제되지 않는다. ※ 본국정부의 허가를 얻어 민사재판 면제권을 포기할 수 있다.
증언 의무	① **증언의무(×)** : 외교사절은 재판과 관련하여 재판정에 출석하여 증언할 의무가 없다. ② **예외** : 자발적인 자진출석 또는 증언은 상관이 없고, 재판 당사자로서의 증언의무는 면제되지 않는다.

III. 범위

시간적 범위	① **시기** : 외교사절이 **신임장을 휴대하고 접수국에 입국하는 즉시 외교특권이 부여**된다. (또는 임명사실의 통고 시)<06승진> ② **종기** : 외교사절이 접수국의 영토를 출국할 때까지	
공간적 범위	① **통치권이 미치는 범위** : 접수국의 배타적 통치권이 미치는 일체의 영역(영토 · 영해 · 영공을 모두 포함) ② **무해통항권** : 외교사절이 국제회의 참석과 같은 공적인 목적으로 제3국에 체류하는 경우에는 무해통행권(無害通行權)을 향유한다.	
인적 범위	**주한 외국공관원 범죄**란 국내 공공기관에 근무하는 **외교관, 영사관원, 행정 · 기능직원 및 그 가족, 노무 · 사무직원에 의한 범죄**를 말한다.	
	외교관	**모든 특권** : **비엔나 협약의 모든 특권을 향유**한다.(외교관 = 공관장+외교직원)<10승진> ※ **공관장 및 공관장의 가족** ⇨ 국적여부와 관계없이 외교특권을 향유한다. ※ **외교직원 및 외교직원의 가족** ⇨ 외교직원 및 직원의 가족이 접수국의 국민이 아닐 때에만 특권과 면제를 향유한다.<02승진>

인적 범위	행정 · 기술직원	① **행정 · 기능직원 및 가족**: 접수국의 국민이 아닌 경우에 기본적으로 **외교직원과 같은** 특권과 면제를 향유 받아 **공 · 사불문 형사재판권이 면제**된다. ② **민사 · 행정재판권**: **공무집행 중의 행위에 한해서** 면제가 인정된다.<10승진>
	업무 · 노무직원	**직무 중 행위**: 접수국의 국민이나 영주권자가 아닌 노무직원은 직무 중에 행한 행위에 관하여 면제를 향유한다.<10승진> ※ 보수에 대한 조세의 면제는 인정되나, 기타 특권의 인정여부는 각국의 재량이다.
	개인 사용원	**조세면제**: 접수국의 국민이나 영주권자가 아닌 한, 보수에 대한 부과금이나 조세로부터 면제받는다. ⇨ 그 외의 것은 접수국의 재량에 의한다.
	외교신서사	**형사재판권 면제**: 형사재판권 면제 외에 특별한 보호(예 무해통행권)가 인정된다.

정리 외교특권의 인적 향유범위<07승진>

구분	불가침권			면제권				
	신체	관사	문서	재판권			경찰권	과세권
				형사	행정	민사		
외교관	○(공사불문)							
행정 · 기술직원	○(공사불문)				**△(공무 중)**		○(공사불문)	
업무(노무)직원	△(공무 중)							
개인사용원	각국의 재량							보수면세
외교신서사	×	×	×	○(공사불문)			×	×

주의 공관장 및 공관장의 가족을 제외하고는 접수국 국민일 경우 면제권은 인정되지 않는다.

Ⅲ 영사(領事)

⑴ **비정치적 목적**: 국가 간의 **경제적 목적수행**과 자국민 보호 등 **비정치적 임무**수행을 위해 파견된 기관으로서, **영사는 정치적 대표성이 없고 기능적 성격만** 가지고 있다.[♣외교사절은 외교부장관을 대표(×)]

※ 영사는 외교사절에 포함되지 않는다.<98승진>

⑵ **위임장교부**: 영사의 파견에는 **아그레망을 요하지 않으며,** 외교사절의 파견 시에는 신임장을 부여하지만 영사의 파견 시에는(국가원수 또는 외교부장관 명의의) **위임장을 교부**한다.

※ **임명** ⇨ 보통 상급영사에게는 국가원수 명의로, 하급영사에게는 외무부장관 명의로 각각 위임장을 교부하여 파견한다.

구분	내용
종류	(1) **전임영사:** 본국으로부터 일정한 봉급을 받고 영사의 직무에 종사하는 자로서 파견국의 국민이자 관리의 지위를 가진다. (2) **명예영사:** 접수국의 국민 중에서 선임되며 단순히 위촉을 받아 영사직무에 종사하나 이에 전임되는 것은 아니며 수당성격의 보수를 받는다. ① 명예영사에게는 특권과 면제가 일부 적용된다. ② 계급: 총영사, 영사, 부영사
특권	(1) **제한적 특권과 면제:** 영사는 일반적인 외교특권을 가지고 있지 않으나, **제한적인 일정한 특권과 면제**를 부여받게 된다. (2) **특권 부여시기:** 입국한 때(이미 접수국 내에 있을 때는 직무를 개시한 때) **정리 영사에 관한 수사상 특칙** ① **신체:** 경찰관은 임명국의 국적을 가진 대한민국 주재의 **총영사, 영사 또는 부영사**에 대한 사건에 관하여 **구속 또는 조사**할 필요가 있다고 인정될 때에는 미리 **국가수사본부장에게 보고하여 그 지시를 받아야** 한다.(범죄수사규칙 제213조 제1항) ② **공관:** 경찰관은 총영사, 영사 또는 부영사의 사무소는 해당 영사의 청구나 **동의가 있는 경우 외**에는 이에 **출입해서는 아니** 된다.(범죄수사규칙 제213조 제2항)<06 · 24승진> ③ **공관등:** 경찰관은 총영사, 영사 또는 부영사의 **사택이나 명예영사의 사무소 혹은 사택**에서 **수사**할 필요가 있다고 인정될 때에는 미리 **국가수사본부장에게 보고**하여 그 지시를 받아야 한다.[♣경찰청장에게 보고(×)](범죄수사규칙 제213조 제3항)<03승진> ④ **문서:** 경찰관은 총영사, 영사 또는 부영사나 명예영사의 **사무소 안에 있는 기록문서**에 관하여는 이를 **열람**하거나 **압수**하여서는 **아니 된다**.[♣열람은 허용(×)](범죄수사규칙 제213조 제4항, 영사관계에 관한 비엔나 협약 제33조)<23승진>
직무	(1) **행정업무 등:** 자국민 보호, 우호관계 촉진, 정보수집(정치 · 군사정보는 제외), 여권 및 사증발급(이는 외교사절도 수행할 수 있다.), 제반 공증 · 호적사무, 자국민의 분쟁조정, 서류송달 · 증인조사, 선박 · 항공기 · 승무원의 감독 등<03승진> (2) **외교교섭업무 제외:** 정치적 대표성이 없으므로, 접수국 정부와의 **외교교섭은 영사의 직무가 아니다.**<97승진> ※ 여러 곳 ⇨ 외교공관은 통상 접수국의 수도에 한 곳뿐이지만, **영사관은 여러 곳에 둘 수** 있다. (3) **'영사관계에 관한 비엔나 협약'** ① 외국인을 체포 · 구속한 때에는 해당국 대사관(영사기관)에 **영사기관 통보요청을 할 수 있음을 고지하여야** 한다.<19승진> ② 체포 · 구금된 자의 **요청이 있는 경우** 해당국가의 **영사에게 영사기관 통보를 하여야** 한다. ※ **외국인 변사자도 영사통보 대상**이며, 통보절차는 외국인 체포 · 구속에 대한 영사통보 절차와 동일하다.

비교 **외교사절과 영사 비교**

구분	외교사절	영사
성질(목적)	**정치적 기관(정치목적)**	**통상기관**(**경제목적**, 행정적 성격)
외교교섭	**가능**	**불가능**
국적	원칙적으로 자국민(파견국)	자국민일 필요 없다.
아그레망	**필요**	**불필요**
임무개시	신임장 정본의 제출 시	접수국의 영사인가장 부여 시
공관	통상 수도 **한 곳에 설치**	**여러 개**의 영사관 설치 가능
규제법규	**일반 국제법**(국제관습 · 협약)	**개별적 조약**(영사조약 등)
신체의 불가침	**포괄적**(일시적 구속가능)	**공무에 한해서**(이외 체포 · 구속 기소가능)
공관의 불가침	포괄적(공관 · 사저)	공관만 향유(추후 보상을 전제로 징발할 수 있음.)
문서의 불가침	포괄적(공 · 사문서)	공문서만 보호(영사직원 입회하에 개봉요구 할 수 있다.)
면제권	**포괄적**으로 향유	**제한적**(공무상 행위만 해당)

CHAPTER

03 외사경찰 활동

※ 외사요원 관리규칙

(1) 이 규칙은 자질이 우수한 외사요원을 선발하여 효율적으로 임무를 수행할 수 있도록 관리함에 있어서 필요한 사항을 규정함을 목적으로 한다.(제1조)

(2) **외사요원**이라 함은 아래 업무를 취급하는 경찰공무원을 말한다.(제2조)<20경위>

1. 외사기획　　2. 외사정보　　3. 외사수사　　4. 해외주재 업무　　5. 국제협력업무

(3) 이 규칙은 외사요원으로서 **경정 이하**의 경찰관에게 적용한다.[♣총경 이하(×)](제3조)

I 외사경찰 주요 업무

Ⅰ. 외사기획업무

외사경찰에 관한 기획 및 지도, 재외국민 · 외국인 및 이에 관련되는 **신원조사**, 외국경찰기관과의 교류 · 협력, 기타 다른 과의 주관에 속하지 않은 사항을 담당한다.

Ⅱ. 외사정보업무

(1) 외사활동의 객체를 대상으로 **외사첩보를 수집 · 판단 · 분석 · 제공**하는 작용

(2) 외사정보활동은 간접접촉을 통한 비공개 · 비노출 활동을 수행해야 한다.

(3) **활동상 유의사항**

① **접촉 · 출입의 일부제한**: 외국공관 등 접촉제한, 기타 중요대상 접촉제한

② **공개 첩보활동의 지양**: 출처는 다양화해야 하지만, 공개첩보는 활용성이 크게 떨어지므로 **비밀출처를 통해 가치 있고 신뢰도가 높은 첩보를 수집해야** 한다.

③ **보고형식의 융통성**: 정식 보고서를 원칙으로 하고 **긴급 시 전화보고 등 약식보고** 활용 후 외사상황보고 등 정식보고형식을 활용한다.

④ **외신보도의 직접 인용 지양**: 외신보도가 항상 신뢰성이 있는 것은 아니므로, 직접인용은 피하고 보도내용의 사실여부를 확인 후 종합적으로 작성해야 한다.

Ⅲ. 외사수사업무

외사수사활동 ⇨ 외사객체를 대상으로 공소를 제기하고 이를 유지하기 위한 준비절차로서 범죄사실을 탐지하고 범인의 검거 · 조사, 증거수집 · 보전하는 활동이다.

※ **외국인 범죄 특징: 조직적이고 계획적**이며 **광역적**이며, 외교특권이 이용되기도 하고, 국가적 법익의 침해로 국민의 직접적 피해의식이 약하며, **비공개성 · 비노출성**(사실파악이 어렵다.)을 특징으로 하고<98 · 02승진>, 수사상 '국제범죄에 관한 특칙'이 적용된다.<02 · 10승진>

1. 외국인 범죄의 처리

(1) 개요

① 모든 외국인 범죄는 경찰서장·시·도경찰청장에게 **즉보하여야** 한다.

② 경찰관은 외국인 등 관련범죄의 수사를 함에 있어서는 **국제법과 국제조약에 위배되는 일이 없도록 유의하여야** 한다.(범죄수사규칙 제207조)<20경위>

③ 경찰관은 외국인 등 관련범죄 중 **중요한 범죄**에 관하여는 **미리 국가수사본부장에게 보고**하여 그 **지시를 받아** 수사에 착수하여야 한다. 다만, 급속을 요하는 경우에는 필요한 처분을 한 후 신속히 국가수사본부장의 지시를 받아야 한다.[♣시·도경찰청장의 지시(×)](범죄수사규칙 제208조)<20경위>

④ 사법경찰관은 주한 미합중국 군대의 구성원·외국인군무원 및 그 가족이나 초청계약자의 범죄 관련 사건을 인지하거나 고소·고발 등을 수리한 때에는 **7일 이내**에 **한미행정협정사건 통보서**를 **검사에게**[♣미군당국에(×)] **통보해야** 한다.(경찰수사규칙 제92조 제1항)<23.2채용>

⑤ 경찰관은 외국인 등 관련범죄를 수사함에 있어서는 '외교관 또는 외교관의 가족, 그 밖의 외교의 특권을 가진 사람'에 해당하는 사람의 **외교 특권을 침해하는 일이 없도록 주의하여야** 한다.(범죄수사규칙 제209조 제1항)

⑥ 경찰관은 피의자가 **외교 특권을 가진 사람인지 여부가 의심스러운 경우**에는 신속히 **국가수사본부장에게 보고**하여 그 **지시를 받아야** 한다.[♣지시를 받을 수(×)](범죄수사규칙 제209조 제3항)<23승진>

⑦ **대·공사등에의 출입**

㉠ 경찰관은 대·공사관과 대·공사나 대·공사관원의 사택 별장 혹은 그 숙박하는 장소에 관하여는 해당 대·공사나 대·공사관원의 **청구가 있을 경우 이외**에는 **출입해서는 아니 된다.**(범죄수사규칙 제210조 제1항)

※ 다만, 중대한 범죄를 범한 자를 추적 중 그 사람이 위 장소에 들어간 경우에 지체할 수 없을 때에는 대·공사, 대·공사관원 또는 이를 대리할 권한을 가진 사람의 사전 **동의**를 얻어 **수색하여야** 한다.(범죄수사규칙 제210조 제1항 단서)

㉡ 경찰관이 제1항에 따라 **수색**을 행할 때에는 지체 없이 **국가수사본부장에게 보고**하여 그 **지시를 받아야** 한다.(범죄수사규칙 제210조 제2항)

⑧ **속지주의 원칙**에 따라 우리나라 형사소송절차에 따르는 것이 원칙이다.

※ 국제법규나 조약에 따라 속지주의가 제한되는 외국인도 있으며, **외국선박**에 대해서는 **기국주의**에 의해 원칙적으로 **외국영토로 취급해야** 한다.

참조 외국선박 내 발생한 범죄수사

경찰관은 대한민국의 영해에 있는 외국 선박 내에서 발생한 범죄로서 다음 어느 하나에 해당하는 경우에는 **수사를 하여야** 한다.(범죄수사규칙 제214조)<23.2채용>

1. 대한민국 **육상이나 항내의 안전**을 해할 때(제1호)
2. **승무원 이외의 사람**이나 **대한민국의 국민에 관계**가 있을 때[♣승무원과 관계(×)](제2호)
3. **중대한 범죄**가 행하여졌을 때(제3호)

⑨ **통역**

㉠ **외국인에 대한 조사 :** 사법경찰관리는 외국인을 조사하는 경우에는 조사를 받는 외국인이 **이해할 수 있는 언어로 통역해 주어야** 한다.(경찰수사규칙 제91조 제1항)<23.2채용>

㉡ 경찰은 외국어를 구사하는 경찰관과 민간인을 통역요원으로 지정하여 활용하고 있으며, 경찰통역요원의 구성은 경찰관보다 민간인이 더 많으며 사건수사 현장에서는 객관성 확보 등을 위해 민간인 통역요원을 주로 활용한다.[♣경찰관을 활용하도록 한다.(×)]

※ 실무상 외국인 피의자를 신문할 때에는 조사관이 외국어에 능통하더라도 **공정성 확보를 위해** 통역요원을 참여시키고 있다.<02 · 03승진>

㉢ 형사사법정보시스템(KICS)에서 통역요원 명단을 검색하여 외국인 관련 수사에 활용할 수 있다.

㉣ 전화통역이 필요한 경우 티티콜(1330), BBB서비스, 피커폰 등의 이용이 가능하다.

참고 전화통역서비스

구분	내용
티티콜 (02-1330)	① 한국관광공사에서 운영(365일 24시간 이용이 가능하다.) ② 내 · 외국인 관광객에게 국내여행에 대한 다양한 정보를 제공하기 위해 운영 ③ 현장치안업무 중 외국인 관광객을 대상으로 활용하기에 용이 ④ 지원언어(3개어) : 영어, 일본어, 중국어
이주여성 긴급 지원센터 (1577-1366)	① (재)한국여성인권진흥원에서 운영(365일 24시간 통역제공) ② 가정폭력, 성폭력 등 긴급한 상황의 이주여성에게 자국어 상담 및 통역지원 ③ 지원언어(10개어) : 영어, 중국어, 일본어, 러시아어, 우즈벡어, 베트남어, 몽골어, 캄보디아어, 태국어, 필리핀어
외국인종합 안내센터 (1345)	① 출입국 · 외국인정책본부에서 운영(평일 09:00~18:00) ② 재한외국인의 국내 생활적응에 필요한 민원상담과 정보안내를 제공 ③ 현장치안업무 중 출입국관리사무소 소관업무에 관련된 경우 활용에 용이 ④ 지원언어(20개어) : 영어, 중국어, 일본어, 러시아어, 프랑스어, 독일어, 스페인어, 베트남어, 태국어, 몽골어, 인도네시아어, 말레이어, 방글라데시어, 파키스탄어, 네팔어, 캄보디아어, 미얀마어, 필리핀어, 스리랑카어, 아랍어
BBB 통역서비스 (1588-5644)	① 사단법인 BBB Korea에서 운영(365일 24시간 통역제공) ② 통역을 필요로 하는 전화가 걸려오면 해당 언어권 담당 자원봉사자에게 연결 ③ 지원 언어(19개어) : 영어, 일본어, 중국어, 프랑스어, 독일어, 스페인어, 이탈리아어, 러시아어, 포르투갈어, 폴란드어, 터키어, 스웨덴어, 태국어 , 베트남어, 인도네시아어, 말레이어, 몽골어, 인도어, 아랍어
피커폰	① ㈜피커폰에서 운영(평일 07:00~22:00, 주말 · 공휴일 : 09:00~18:00) ② 별도의 전용전화기를 설치해야 하고, 서비스 이용료를 지불해야 한다. ③ 지원언어(7개어) : 영어, 일어, 중국어, 러시아어, 독일어, 프랑스어, 스페인어

⑩ **통역인 참여**

㉠ 경찰관은 **외국인**인 피의자 및 그 밖의 관계자가 한국어에 능통하지 않는 경우에는 통역인으로 하여금 통역하게 하여 **한국어로 피의자신문조서나 진술조서를 작성하여야** 하며 **특히 필요**한 때에는 **외국어의**[♣한국어의(×)] **진술서를 작성하게 하거나 외국어의**[♣한국어의(×)] **진술서를 제출하게 하여야** 한다.(범죄수사규칙 제217조 제1항)<23승진>

㉡ 경찰관은 외국인이 **구술로써 고소 · 고발이나 자수를 하려** 하는 경우에 한국어에 능통하지 않을 때의 고소 · 고발 또는 자수인 진술조서는 ㉠의 규정에 준하여 작성하여야 한다.(범죄수사규칙 제217조 제2항)

⑪ **번역문 첨부 :** 경찰관은 다음의 경우 **번역문을 첨부하여야** 한다.(범죄수사규칙 제218조)<23승진>

㉠ 외국인에 대하여 **구속영장 그 밖의 영장을 집행**하는 경우(제1호)<23승진>

㉡ 외국인으로부터 압수한 물건에 관하여 **압수목록교부서를 교부**하는 경우(제2호)<23승진>

(2) **영사통보**

① 영사관원은 파견국의 국민과 자유로이 통신할 수 있으며, 또한 접촉할 수 있다.

② **외국인 체포 · 구속 시 :** 사법경찰관리는 외국인을 체포 · 구속하는 경우 국내 법령을 위반하지 않는 범위에서 **영사관원과** 자유롭게 **접견 · 교통할 수** 있고, **체포 · 구속된 사실**을 영사기관에 **통보해 줄 것을 요청할 수** 있다는 사실을 알려야 한다.(경찰수사규칙 제91조 제2항)<01 · 24승진>

※ 이 경우 '영사기관 통보요청확인서'를 작성하여야 한다.

※ 경찰관은 외국인에 대하여 구속영장 그 밖의 영장에 의하여 처분하는 경우에는 **되도록 번역문을 첨부하여야** 한다.

ⓐ **요청** ➟ 사법경찰관리는 체포 · 구속된 외국인이 통보를 요청하는 경우에는 영사기관 체포 · 구속 통보서를 작성하여 지체없이 해당 **영사기관에 체포 · 구속 사실을 통보해야** 한다.(경찰수사규칙 제91조 제3항)

ⓑ **거부할 경우(영사기관 통보 및 접견을)** ➟ 통보할 의무가 없지만 해당 영사기관과의 관계를 고려하여 통보를 해도 무방함. / 이 경우 해당 영사기관의 접견신청에 대해서는 응할 필요가 없다.

ⓒ 이중국적자의 경우에는 해당 피의자가 희망하는 영사관에 통보하거나 해당 영사관 모두에 통보하여야 함.

③ **예외적 통보 :** 별도의 외국과의 조약에 따라 피의자 의사와 관계없이 해당 영사기관에 통보하게 되어 있는 경우에는 반드시 이를 통보하여야 한다.

예 **러시아인**이 한국에서 구속된 경우에는 본인의 의사와 상관없이 해당 영사기관에 통보해야 함.

※ 원칙적으로 영사관계가 없는 국가의 외국인 피의자의 경우 통보할 필요가 없다.<03승진>

④ 영사관원은 구금, 유치 또는 구속되어 있는 파견국의 국민을 방문하여 동 국민과 면담하고 교신하며 또한 그의 법적대리를 주선하는 권리를 가진다.(영사관계에 관한 비엔나 협약 제36조)

PART 07

참고 **영사특약**<19 · 20 · 23승진>

(1) **대한민국과 중화인민공화국간의 영사협약**

① 한 · 중 영사협정의 발효로 아래 **체포 · 구금된 자의 요청이 없어도 영사통보 등을 의무화**함으로써 '영사관계에 관한 비엔나 협약'상 의무보다 **강화된 의무를 부담**하게 되었다.

1. 중국인 피의자 체포 · 구속 시, 피의자에게 **영사관원 접견권 등 권리를 의무적으로 통지하여야** 한다.<19 · 23승진>

2. **체포 · 구속**된 피의자의 요청이 없는 경우에도 **4일 이내**에 해당사실을 **영사기관에 통보하여야** 한다.[♣7일 이내에(×)]<19 · 20 · 23승진>

3. 영사관원의 **요청시** 수사기관은 체포 · 구속된 피의자와 영사관원 간 **접견을 주선하여야** 한다.

4. 체포 · 구속된 피의자와 영사관원 간의 **문서 수 · 발신의 권리를 보장하여야** 한다.

② 한 · 중 영사협정에 따른 **권리통지**를 **형사사법정보시스템(KICS) 서식으로 활용할 수 있도록 개선**되었다.

(2) **대한민국과 러시아연방 간의 영사협약 :** 「대한민국과 러시아연방 간의 영사협약」상 파견국 국민이 영사관할 구역안에서 구속된 경우, 접수국의 권한 있는 당국은 **지체 없이** 파견국의 영사기관에 **통보한다.**<19 · 22승진>

⑤ **외국인 변사사건 통보 :** 사법경찰관리는 외국인 변사사건이 발생한 경우에는 영사기관 사망 통보서를 작성하여 지체없이 해당 **영사기관에**[♣검사에게(×)] 통보**해야** 한다.(경찰수사규칙 제91조 제4항)<24승진>

2. 국제조직범죄

(1) **국제범죄조직 :** 국경에 상관없이 경제적 이익만을 추구하기 위해 계속적으로 불법적인 활동을 일삼는 자들의 집단 또는 조직체(국제형사경찰기구)

① **국제테러조직 : 터키의 쿠르드 노동자당(PKK), 팔레스타인의 하마스(Hamas), 필리핀의 아브샤아프 그룹(ASG), 스리랑카의 타밀엘람 해방 호랑이단(LTTE), 서독의 적군파인 바더-마인 호프단,** 야쿠자(일본), 삼합회(중국계), 러시안 마피아등이 있다.

※ 테러리즘은 **정치적 · 종교적 · 사회적 목적**달성을 위한 수단으로, 사람이나 건물 · 물건 등 그 대상에는 제한이 없다.<15승진>

② 기타 최근 문제가 되는 국제범죄: **인종혐오범죄**로 **신나치주의(Neo-Nazism), 백인우월주의(white supremacy), 스킨헤드(Skin head)** 등이 있으며, 이러한 인종혐오 범죄가 증가하고 있다.

(2) **특징**

① **배타적 · 전문화 · 분업화** ⇨ **구성원의 자격요건이 제한적이거나 배타적인 경우가 많으며,** 조직원의 **담당임무와 활동영역이 상당히 전문화 · 분업화**되어 있다.<15승진>

② **영속적 집단** ⇨ 국제조직범죄는 주로 비이념적, 비정치적인 성격을 띠고 있으며, 금전과 권력의 획득이 주된 동기이고, 통상 **영속성을 가진 집단의 성격**을 지닌다.[♣일시적 조직(×)]<15승진>

3. 출입국 위반사범<02 · 05승진 · 06경위>

(1) 신고접수

① '단순 불법체류자가 있다'는 전화 신고접수에 대해서는 **법무부 불법체류자신고센터 및 관할 출입국 사무소 또는 정부민원안내콜센터**로 **신고토록 안내**한다.

② '불법체류자라고 밝힌 자'로부터 피해관련 고충처리 민원상담 전화를 받은 경우 출입국사무소에 자진 방문하는 경우 **피해회복 시까지 체류기간을 연장**해주고 있음을 고지하고 우선 **출입국사무소에서 상담토록 안내**한다.

(2) 단순 출입국위반사범의 경우

① 출입국사범에 관한 사건은 지방출입국 · 외국인관서의 장의 **고발이 없으면 공소(公訴)를 제기할 수 없다**.(출입국관리법 제101조 제1항)

② 출입국관리공무원 외의 수사기관이 출입국사범에 해당하는 사건을 **입건(立件)하였을 때**에는 지체없이 관할 **지방출입국 · 외국인관서의 장에게 인계하여야** 한다.(출입국관리법 제101조 제2항)<22경위 · 20승진>

예 경찰관이 거동수상자를 발견 신분확인한 바, 밀입국자였고, 국가정보원 등 관계기관과 합동으로 **대공혐의점을 조사**하였으나 **혐의점을 발견하지 못한 경우 ⇨ 지방출입국 · 외국인 관서로 인계**한다.

예 **불법체류자가 임의동행을 거부하는 경우** ⇨ 지방출입국 · 외국인관서장의 고발이 있어야 공소를 제기할 수 있는 친고죄라 해도, 고소나 고발이 있기 전의 수사가 위법한 것이 아니기 때문에, 불법체류자가 임의 동행을 거부하는 경우에는 **불법체류 및 여권 휴대 및 제시의무 위반으로 현행범 체포 후** 그 신병을 지방출입국 · 외국인 관서에 인계하여야 한다.[♣현행범 체포해서는 안된다.(×)](출입국관리법 제98조, 제27조)

> **판례** 친고죄나 세무공무원 등의 고발이 있어야 논할 수 있는 죄에 있어서 고소 또는 고발은 이른바 소추조건에 불과하고 당해 범죄의 성립요건이나 수사의 조건은 아니므로, 위와 같은 범죄에 관하여 고소나 고발이 있기 전에 수사를 하였다고 하더라도, 그 수사가 장차 고소나 고발이 있을 가능성이 없는 상태 하에서 행해졌다는 등의 특단의 사정이 없는 한, **고소나 고발이 있기 전에 수사를 하였다는 이유만으로 그 수사가 위법하다고 볼 수는 없다**.(94도252)

PART 07

Ⅳ. 해외주재업무

공관장의 지휘를 받아 현지 교민이나 내국인 관광객에 대한 **형사상 권익을 보호**하고 우리나라와 관계된 국제범죄, 국제테러, 불순세력의 위해행위 및 국내침투 저지를 위해 **현지 경찰과의 공조업무**를 수행한다.

※ **해외경찰주재관 :** 대통령의 임명에 의하여 해외공관에 파견된 경찰청 소속 경찰관으로 임시로 외교부에 소속되고 외교특권을 인정받게 되며, 재외국민 권익보호와 수사공조활동 등을 수행한다.

Ⅴ. 국제협력업무

외국경찰이나 인터폴 등 국제경찰 관련기구와 협력관계를 증진하고, 정보를 상호교환하며, 국제범죄에 효과적으로 대처하기 위한 업무이다.

참고 코리안데스크 활동

① 우리 교민 및 기업활동 등으로 치안수요가 증가함에 따라 재외국민보호를 위한 한국경찰의 치안역량강화 필요성이 대두되고 있다.

② 필리핀 코리안데스크 활동을 통해 현지 전화금융사기 총책을 검거하거나 중요 피의자를 국내로 송환하는 등 현지경찰과의 협력이 강화되고 있다.

③ 필리핀 코리안데스크의 경우 **필리핀 마닐라와 암헬레스에 우리 경찰관이 파견**되어 **주요 사건 관련 정보교류 및 피의자 송환 등 협력활동을 수행**하고 있다.[♣해외 파견형태가 아닌(×)]

♣ 코리안 데스크는 우리 경찰의 해외 파견형태가 아닌 경찰 상호간의 사건 정보 교환이나 수사 협력 등의 방식으로만 이루어지고 있다.(×)

참고 치안한류(k-police wave) 프로그램

① 2015. 4월 **외사국에 '치안한류센터'를 개소**하여 **치안한류 프로젝트 컨트롤 타워 역할**을 담당하게 하는 한편, 치안한류 사업의 고도화를 통해 경찰은 물론 국격(國格) 향상에 기여하고 있다.[♣2016년 개소(×)]

② 경찰청은 **2017년 국제협력과를 신설**하고, 글로벌 치안협력을 통한 재외국민 보호, 국격제고, 치안분야 활성화 지원을 목표로 다양한 형태의 '치안한류'사업을 추진하고 있다.

③ 치안한류 프로그램은 외국경찰 초청 연수, 경찰교육기관 간 교육협력, 디지털 포렌식 전수단 파견(과테말라), 폭발물 처리 전수단 파견(UAE), 퇴직경찰관 대상 개도국 경찰 중장기 자문단 파견, 시니어 봉사단 파견 등 다양한 형태로 사업이 추진되고 있다.

④ 치안한류센터를 통해 치안한류 사업의 대외협력 창구를 일원화하고, 각 기능 간 협조가 필요한 사항은 '치안한류 실무위원회(**위원장 : 외사국장**, 위원 : 경찰청 각 국관 서무과장)'에서 협의토록 하고 있다.[♣위원장 경찰청 차장(×)]

⑤ 치안한류 전문가 발굴·관리, 교육교재 출간 등 내실화를 추진하고 있으며, **한국국제협력단**(KOICA)·외교부 등 주요 협력기관**과의 협업**을 통한 신규 사업 발굴에도 노력하고 있다.

※ 한국국제협력단(KOICA)과 공공협력 방식으로 '중미 3개국 치안역량 강화사업'과 '필리핀 경찰 수사역량 강화사업'을 진행해 왔다.

Ⅵ. 외사보안활동

외사보안활동이란 외사활동의 객체인 체류외국인 및 외국관련 기관·단체 등을 대상으로 국가보안법 위반사항이나 산업스파이 기타 **반국가적 행위의 여부를 파악**하고 동향을 관찰하는 외사경찰활동이다.<06승진>

CHAPTER 04 국제경찰공조 활동

절차에 따른 국제경찰공조활동 분류[♣국제무역상사를 통한 공조(×)][☻외 인해]

① **외교경로를 통한 공조**: 범죄인인도조약, 형사사법공조조약 등 형사사법분야 조약체결국과 조약의 범위 내에서 행하는 외교경로를 통한 경찰공조

② **인터폴을 통한 공조**: 인터폴 가입국 자격으로 인터폴사무총국 및 각국의 국가중앙사무국을 통해서 행하는 인터폴 회원국 간의 공조인 인터폴을 통한 경찰공조

③ **해외경찰주재관을 통한 공조**: 각국에 파견된 해외경찰주재관을 통한 경찰공조<01승진>

I 테마 173 국제형사사법공조

Ⅰ. 의의

협의	**일반적 개념**: 국제형사사법공조법상의 공조는 형사사건에 있어서의 수사·기소·재판절차와 관련하여 어느 한 국가의 요청에 의하여 다른 국가가 행하는 형사사법상의 협조를 의미하며 **강제력을 수반하는 공조를 제외한 사항**에 대한 폭넓은 공조를 의미한다.(제5조)<07승진·09·24.2채용> ※ 국제형사사법공조는 원칙적으로 법무부장관의 권한과 책임 하에서 수행된다.
광의	협의의 공조 + **범죄인 인도** = 광의의 공조

Ⅱ. 국제형사사법공조의 기본원칙<19경위·14승진·19.1채용>

상호주의	공조조약이 체결되어 있지 아니한 경우에도 **동일하거나 유사한 사항에 관하여 대한민국의 공조요청에 따른다는 요청국의 보증이 있는 경우에는 이 법을 적용**한다.(제4조)<20경위> ※ 형사사법공조에 있어서 **외국이 사법공조를 해주는 만큼 자국도** 동일 또는 유사한 범위 내에서 당해 외국으로부터 공조요청에 응하는 원칙을 말한다.<06·14승진>
쌍방가벌성의 원칙	형사사법공조에 있어 대상이 되는 범죄는 요청국과 피요청국에서 **모두 처벌 가능한 범죄이어야** 한다는 원칙을 말한다.
특정성의 원칙	① **공조 요청한 범죄에 대해서만** 공조한다. ② '요청국이 공조에 따라 **취득한 증거**를 공조 요청한 범죄 **이외 범죄에 관한 수사나 재판에 사용하여서는 안 된다**.'는 원칙이다.<19경위·14승진·19.1채용>

PART 07

III. 공조의 근거

1. 형사사법공조조약

(1) **조약체결국 :** 현재 우리나라와 미국, 캐나다, 멕시코, 브라질 / 프랑스, 스페인 / 러시아, 몽골, 베트남, 우즈베키스탄, 인도, 일본, 중국, 쿠웨이트, 필리핀, 홍콩 / 뉴질랜드, **호주(1992년 가장 최초)**, 알제리 등 19개 국가와 형사사법공조조약이 발효 중에 있다.

(2) **조약우선주의**: 공조에 관하여 **공조조약에 이 법과 다른 규정이 있는 경우**에는 그 규정에 **따른다**.(국제형사사법공조법 제3조)<20경위 · 01 · 03승진 · 19.1채용>

※ 공조에 관하여 '국제형사사법공조법'의 규정과 '형사사법공조조약'의 내용에 상호충돌이 있는 경우에는 **형사사법공조조약이 우선 적용된다.**<01 · 03승진 · 19.1채용>

(3) **공조조약의 장점**

① **협력강화 :** 국제법상 의무를 부담하므로 **국제적 협력이 강화**된다.

② **공조범위 확대 :** 조약을 통해 공조법상의 공조사항보다 **공조범위가 확대**된다.

③ 신속 · 효율적 공조: 신속하고 효율적인 공조를 가능하게 한다.

※ 조약의 종류는 총론 경찰법학 파트 법학기초이론 성문법원 참조

2. 국제형사사법공조법<공조제한 사유 – 03 · 06 · 09승진 · 06 · 13경위 · 10.2채용>

구분	내용
입법 목적	이 법은 형사사건의 수사 또는 재판과 관련하여 외국의 요청에 따라 실시하는 공조 및 외국에 대하여 요청하는 공조의 범위와 절차 등을 정함으로써 범죄 진압 및 예방에 있어서 국제적인 협력을 증진함을 목적으로 한다.
공조 범위 (제5조)	① 사람 또는 물건의 소재수사 ② 서류 · 기록의 제공 ③ 서류 등의 송달 ④ 증거수집, 압수 · 수색 · 검증<24.2채용> ⑤ 증거물 등 물건의 인도 ⑥ 진술청취 기타 요청국에서 증언하게 하거나 수사에 협조하게 하는 조치
공조 거절 – 임의 (제6조)	다음 각 호의 어느 하나에 해당하는 경우에는 공조를 하지 **아니할 수** 있다.[♣아니해야 한다.(×)] (제6조)<14승진 · 13 · 19경위 · 10.2 · 19.1채용> ♣ 국민의 재산상 손실을 초래할 우려가 있는 경우도 국제형사사법공조법에 규정된 임의적 공조거절사유이다.(×) ① **대한민국의 주권, 국가안전보장, 안녕질서, 미풍양속을 해할 우려**가 있는 경우[♣범죄인인도 거절사유(×)]<14 · 19승진 · 13경위 · 10.2채용> ② **인종 · 국적 · 성별 · 종교 · 사회적 신분 또는 특정 사회단체에 속한다는 사실이나 정치적 견해를 달리한다는 이유로 처벌되거나 형사상 불이익한 처분을 받을 우려**가 있다고 인정되는 경우[**평등원칙 침해우려**]<13경위 · 10.2채용> ③ 공조범죄가 **정치적 성격을 지닌 범죄**이거나 공조요청이 **정치적 성격을 지닌 다른 범죄에 대한 수사 또는 재판을 할 목적**으로 행하여진 것이라고 인정되는 경우<13경위 · 09 · 10.2채용>

구분	내용
공조거절 - 임의 (제6조)	④ 공조범죄가 **대한민국의 법률에** 의하여 **범죄를 구성하지 아니하거나 공소를 제기할 수 없는** 범죄인 경우[**쌍방가벌성의 원칙 위배**][♣요청국 법률(×)](제4호)<13 · 19경위 · 10.2 · 19.1채용> ♣ 국제형사사법 공조법상 공조범죄가 요청국의 법률에 의하여 범죄를 구성하지 아니하거나 공소를 제기할 수 없는 범죄인 경우 공조거절 사유에 해당한다.(×)<10.2채용> ⑤ **보증이 없는 경우**: 이 법에 요청국이 보증하도록 규정되어 있는데도 불구하고 요청국의 보증이 없는 경우[☻주인정 구보]
공조연기	외국의 공조요청이 **대한민국에서 수사진행 중이거나 재판에 계속된 범죄에 대하여** 행하여진 경우, 그 수사 또는 재판절차가 종료될 때까지 공조를 **연기할 수** 있다.[♣공조해야 한다.(×), ♣연기하여야(×), ♣연기할 수 없다.(×)](제7조)<19 · 20경위 · 06 · 15승진 · 19.1채용> ♣ 「국제형사사법공조법」상 대한민국에서 수사가 진행 중이거나 재판에 계속된 범죄에 대하여 외국의 공조요청이 있는 경우에 수사의 진행, 재판의 계속을 이유로 공조를 연기할 수 없다.(×)<19.1채용>
검사 등 처분	① 검사는 공조에 필요한 자료를 수집하기 위하여 관계인의 출석을 요구하여 진술을 들을 수 있고, 감정 · 통역 또는 번역을 촉탁할 수 있으며, 서류나 그 밖의 물건의 소유자 · 소지자(所持者) 또는 보관자에게 그 제출을 요구하거나, 행정기관이나 그 밖의 공사단체(公私團體)에 공조에 필요한 사실을 조회하거나 필요한 사항의 보고를 요구할 수 있다.(제17조 제1항) ② 검사는 공조에 필요한 경우에는 판사에게 청구하여 발급받은 영장에 의하여 압수 · 수색 또는 검증을 할 수 있다.(제17조 제2항) ③ 검사는 요청국에 인도하여야 할 증거물 등이 **법원에 제출되어 있는 경우**에는 **법원의 인도허가 결정을 받아야** 한다.[♣법무부장관의 인도허가 결정(×)](제17조 제3항)<19경위> ④ 검사는 사법경찰관리를 지휘하여 제1항의 수사를 하게 할 수 있고, 사법경찰관은 검사에게 신청하여 검사의 청구로 판사가 발부한 영장에 의하여 제2항에 따른 압수 · 수색 또는 검증을 할 수 있다.(제17조 제4항)

Ⅳ. 공조의 절차

1. 외국의 공조요청[외국 ⇨ 대한민국]

(1) 수사에 관한 공조

① 공조요청 접수 및 요청국에 대한 **공조 자료의 송부**는 **외교부장관이** 한다.[♣법무부장관이(×)] 다만, 긴급한 조치가 필요한 경우나 특별한 사정이 있는 경우에는 **법무부장관이 외교부장관의 동의를 받아** 이를 할 수 있다.[♣외교부장관이 법무부장관의 동의를 받아(×)](국제형사사법공조법 제11조)<20경위>

② 외교부장관은 요청국으로부터 형사사건의 수사에 관한 공조요청을 받았을 때에는 공조요청서에 관계 자료 및 의견을 첨부하여 **법무부장관에게 송부하여야** 한다.(국제형사사법공조법 제14조)

③ 법무부장관은 이 법 또는 공조조약에 따라 **공조할 수 없거나 공조하지 아니**하는 것이 타당하다고 인정하는 경우 또는 공조를 **연기**하려는 경우에는 **외교부장관과 협의하여야** 한다.(국제형사사법공조법 제15조 제3항)

외교부장관 ⇨ 요청국의 수사공조요청 접수 및 법무부장관에게 공조요청서 송부

▼

법무부장관 ⇨ 공조여부 결정 및 관할 지방검찰청 검사장에게 공조명령

▼

지방검찰청 검사 ⇨ 공조자료 수집 및 외교경로에 따라 요청국으로 송부

2. 외국에 대한 공조요청[대한민국 ⇨ 외국]<07·08승진·07경위·09채용>

(1) 수사에 관한 공조

① **검사 또는 고위공직자범죄수사처장**은 외국에 수사에 관한 공조요청을 하려면 **법무부장관에게 공조요청서를 송부**하여야 하고, **사법경찰관은 검사에게 신청**하여 법무부장관에게 공조요청서를 송부하여야 한다.(국제형사사법공조법 제29조)<09채용>

② 공조요청서를 받은 **법무부장관은** 외국에 공조요청하는 것이 타당하다고 인정하는 경우에는 그 공조요청서를 **외교부장관에게 송부하여야** 한다. 다만, 긴급한 조치가 필요한 경우나 특별한 사정이 있는 경우에는 외교부장관의 동의를 받아 공조요청서를 직접 외국에 송부할 수 있다.(국제형사사법공조법 제30조)

③ **외교부장관은** 법무부장관으로부터 공조요청서를 받았을 때에는 이를 **외국에 송부하여야** 한다. 다만, 외교 관계상 공조요청하는 것이 타당하지 아니하다고 인정하는 경우에는 이에 관하여 **법무부장관과 협의**하여야 한다.(국제형사사법공조법 제31조)

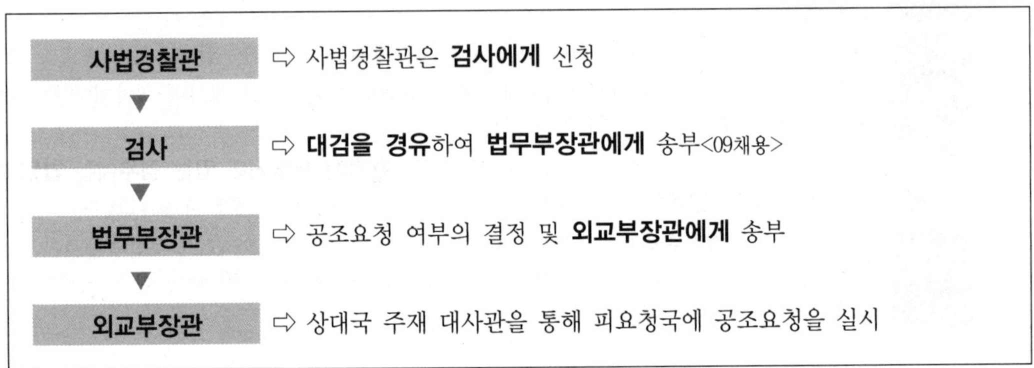

※ 경찰서 ⇨ 검사 ⇨ 대검찰청 ⇨ 법무부장관 ⇨ 외교부장관 ⇨ 상대국 주재 한국대사관 ⇨ 상대국 외무부장관 ⇨ 상대국 경찰기관

Ⅱ 테마 174 범죄인 인도

Ⅰ. 법적 근거

(1) **범죄인 인도법 :** 범죄인인도법은 **범죄인 인도(引渡)에 관하여 그 범위와 절차 등을 정함**으로써 범죄 진압 과정에서의 국제적인 협력을 증진함을 목적으로 한다.(제1조)<24.2채용>

> ※ **조약우선주의 : 범죄인인도법**상 범죄인 인도에 관하여 **인도조약에 이 법과 다른 규정이 있는 경우에는 그 규정에 따른다.**[♣범죄인인도법 우선(×)](제3조의2(인도조약과의 관계))<20경위·12.1·2채용>
>
> ♣ 범죄인인도법은 범죄인 인도에 관하여 인도조약에 범죄인인도법과 다른 규정이 있는 경우 범죄인인도법이 우선함을 명시하고 있다.(×)<12.1채용>

(2) **인도규정 :** 동법에서는 '대한민국 영역 안에 있는 범죄인은 동법에 정하는 바에 따라 소추, 재판 또는 형집행을 위해 청구국에 인도할 수 있다.(동법 제5조)'고 규정하고 있다.

※ **구별개념** ⇨ 국내질서 유지를 위해 외국인을 국외로 추방하는데 주된 목적이 있는 '강제퇴거'와는 구별된다.

II. 성질

(1) **조약상 의무 또는 국제예양 :** 오늘날 범죄인인도를 강제지우는 일반국제법은 존재하지 아니하며, 범죄인인도는 **조약상의 의무 또는 국제예양(國際禮讓 : Comity)에 의하여** 행하여지는 제도이다.<03승진>

(2) **특별조약 당사국간의 의무 :** 따라서 특별조약의 당사국 간에만 범죄인 인도의무가 발생하게 된다.

정리 범죄인인도조약 / 형사사법공조조약 체결국

(1) **우리나라와 범죄인인도조약이 체결 · 발효 중인 국가**(2010년 1월 기준) – **24개국 : 홍콩, 일본, 미국**, 인도, 호주, **프랑스, 몽골**, 중국, **필리핀**, 뉴질랜드, 브라질, **캐나다**, 알제리, 우즈베키스탄, 멕시코, 베트남, 스페인 –(공통17국) / 페루, 인도네시아, 아르헨티나, 파라과이, 태국, 칠레, 과테말라[♣피지(×)]

♣ 캐나다, 미국, 중국, 피지는 범죄인인도조약과 형사사법공조조약을 모두 체결한 국가들이다.(×)

⇨ 체결 미발효 중인 6개 국가 –카자흐스탄, 코스타리카, 쿠웨이트, 남아공, 불가리아, 캄보디아

(2) **형사사법공조조약(2010년 1월)** – 19개국 : **캐나다, 미국**, 호주(최초), **프랑스, 몽골**, 중국, **홍콩, 필리핀, 일본**, 알제리, 우즈베키스탄, 멕시코, 베트남, 스페인, 뉴질랜드, 브라질, 인도 –(공통17국) / 쿠웨이트, 러시아

⇨ 체결 미발효 중인 7개 국가 – 카자흐스탄, 인도네시아, 페루, 벨기에, 남아공, 불가리아, 아르헨티나

III. 범죄인 인도의 원칙

범죄인인도의 원칙은 범죄인인도를 제한하는 기능을 한다.

※ **범죄인인도법에 명시적 규정이 없는 범죄인인도의 원칙**<08 · 09 · 10채용 · 12경위>

– **군사범 불인도의 원칙**[♣범죄인 인도법 제9조에 군사범 불인도의 원칙 규정(×)]

1. 쌍방가벌성의 원칙

'인도청구가 있는 범죄가 **청구국과 피청구국(인도국) 쌍방의 법률에 의하여 범죄를 구성하지 않는 경우**에는 그 범죄에 관하여 범죄인을 **인도하지 않는다**.'는 원칙이다.<16 · 21승진 · 14.1채용>

※ **인도범죄 ⇨ 대한민국과 청구국의 법률에 따라** 인도범죄가 사형, 무기징역, 무기금고, **장기 1년 이상**의 징역 또는 금고에 해당하는 경우에만 범죄인을 인도할 수 있다.[♣단순도박피의자(500만원 이하 벌금)는 인도할 수 있다.(×), ♣명문규정이 없다.(×)](범죄인인도법 제6조)<02승진 · 18.3 · 20.2채용>

※ **최소한의 중요성의 원칙과의 관련성** ⇨ 동조문은 1년 이상의 징역 또는 금고에 해당할 것을 동시에 요건으로 규정하고 있어 일반적으로 **쌍방가벌성의 원칙의 근거**로 보고 있으며 "1년 이상"을 **최소한의 중요성의 원칙과 관련**이 있다고 할 수 있다.<20.2채용>

2. 상호주의 원칙

조약 미체결국의 경우 : 인도조약이 체결되어 있지 아니한 경우에도 범죄인의 인도를 청구하는 국가가 **같은 종류 또는 유사한 인도범죄에 대한 대한민국의 범죄인 인도청구에 응한다는 보증을 하는 경우**에는 범죄인인도법을 적용한다.[♣명문규정이 없다.(×)](제4조)<04 · 11 · 12 · 15승진 · 24경위 · 13.1 · 17.1 · 20.1채용>

※ 우리나라와 범죄인 인도조약이 체결되지 않은 경우에도 **상호주의에 입각**하여 **범죄인인도법을 적용하고 범죄인을 인도할 수 있다**는 원칙

3. 정치범불인도의 원칙

일반범죄에 한정 : (인도대상인 범죄는 일반범죄에 한정하고), 인도범죄가 **정치적 성격을 지닌 범죄이거나 이와 관련된 범죄인 경우에는 범죄인을 인도하여서는 아니**된다.[♣명문규정을 두고 있지 않다.(×)](제8조 제1항)<98 · 03 · 16승진 · 15 · 17경위 · 20.2채용>

① **명문규정 : 정치범 불인도의 원칙은 범죄인인도법에 명문으로 규정**하고 있다.<12.2채용>

※ 인도청구가 범죄인이 범한 정치적 성격을 지닌 다른 범죄에 대하여 재판을 하거나 그러한 범죄에 대하여 이미 확정된 형을 집행할 목적으로 행하여진 것이라고 인정되는 경우에는 범죄인을 인도하여서는 아니 된다.(제8조②)<12.1채용>

예 특정 국가의 정치질서 변혁을 목적한 범죄인, 반정부운동 주동자 등

② **개념정의(×) :** 우리나라는 범죄인인도법에 정치범 불인도의 원칙을 규정하고도 피청구국의 판단을 존중하여 **정치범의 개념정의는 하지 않고** 있다.[♣정치범 개념을 열거적으로 규정(×)]<12.2채용>

※ 정치범에 해당하는지의 여부는 전적으로 **피청구국의 판단에 의존**한다.

법령 예외적 인도사항 – 범죄인인도법 제8조<20승진 · 12 · 15경위 · 20.2채용>

① **'범죄인인도법'상 정치범의 예외적 인도**(제8조 제1항 단서)<03승진>

㉠ **국가원수(國家元首) · 정부수반(정부수반) 또는 그 가족의 생명 · 신체를 침해하거나 위협하는 범죄**[♣미국 국가원수를 살해하고 대한민국으로 도주한 범인은 인도하지 않아도 되는 예외(×)][♣인도대상(○)](제8조 제1항 제1호)<03 · 20승진 · 12경위 · 20.2채용>

㉡ 다자간 조약에 따라 대한민국이 범죄인에 대하여 재판권을 행사하거나 **범죄인을 인도할 의무를 부담**하고 있는 범죄(제8조 제1항 제2호)<03승진>

㉢ **여러 사람의 생명 · 신체를 침해 · 위협**하거나 이에 대한 위험을 발생시키는 범죄(제8조 제1항 제3호)<03승진>

※ **기타 예외적 인도사항 ⇨ 국가원수 암살, 항공기 불법납치, 집단학살, 전쟁범죄, 야만 · 약탈행위**, 해적행위, 노예 · 인신매매, 위조, 마약거래, 인종차별, 고문 등의 경우에는 정치범 일지라도 인도의 대상이 된다.[♣정치질서에 변혁을 목적한 범죄인(×)](범죄인인도법 제8조 제1항)<12 · 15경위>

② **인도청구가** 범죄인이 범한 정치적 성격을 지닌 다른 범죄에 대하여 재판을 하거나 그러한 범죄에 대하여 이미 확정된 형을 집행할 목적으로 행하여진 것이라고 인정되는 경우에는 범죄인을 인도하여서는 아니 된다.(제8조 제2항)

☞ **가해조항(암살조항)** ⇨ 정치범에 해당하는 범죄의 경우라도 국가원수나 그 가족을 살해한 자는 정치범으로 인정하지 않는다는 원칙

4. 자국민 불인도의 원칙

임의적 인도거절사유 : 자국민은 원칙적으로 인도하지 아니할 수 있다.[♣자국민은 인도하지 않는다는 원칙(×), ♣절대적 거절사유(×)](제9조)<16·21승진·12경위·07·12.2·15.2·20.2채용>

※ 보편적인 국제원칙이 아님. ⇨ 대륙법계 국가에서는 채택되고 있으나, 영미법계 국가에서는 속지주의를 원칙으로 하여 자국민 불인도의 원칙을 채택하지 않고 있다.[♣영미법계 국가도 자국민불인도 원칙 채택(×)]<15경위>

> 제9조(임의적 인도거절 사유) 다음 각 호의 어느 하나에 해당하는 경우에는 **범죄인을 인도하지 아니할 수 있다.**
> 1. **범죄인이 대한민국 국민인 경우** ....

5. 특정성의 원칙

인도된 범죄인이 **인도가 허용된 범죄 외의 수사나 재판에 사용하여 범죄로 처벌받지 아니**하고 **제3국에 인도되지 아니**한다는 **청구국의 보증이 없는 경우**에는 범죄인을 인도하여서는 아니된다는 원칙[♣상호주의(×)](제10조)<12·16·21승진·07채용>

예 살인범으로 청구를 해서 인도해 주었는데, 실제로는 내란죄로 처벌하는 경우

6. 최소한의 중요성의 원칙<09승진>

경미한 범인까지 인도의 대상으로 삼으면 낭비이기 때문에 일반범죄라도 최소한의 중요성은 있어야 한다는 원칙으로 **관련규정이 있다.**(인도 기술상 요구되는 원칙)[♣유용성의 원칙(×)]<21승진·15경위>

> ※ **최소한의 중요성 :** 대한민국과 청구국의 법률에 의하여 인도범죄가 **사형·무기·장기 1년 이상의 징역 또는 금고에 해당하는 경우에만 범죄인을 인도할 수 있다.**[♣장기 3년 이상(×)](범죄인인도법 제6조)<10·20승진·12·17·20·21경위·07·12·17.1·20.2채용>
>
> ♣ 대한민국과 청구국의 법률에 의하여 인도범죄가 사형, 무기, 단기 1년 이상의 징역 또는 금고에 해당하는 경우에 한하여 범죄인을 인도한다.(×)<12.1채용>
>
> ☞ 범죄인인도법 제6조는 **최소한의 중요성의 원칙을 선언한 규정**으로 볼 수 있다.<20.2채용>

7. 군사범 불인도의 원칙

군사범죄, 즉 탈영·항명 등의 범죄자는 인도하지 않는다는 원칙을 말하며 **범죄인인도법에 명시적 규정이 없다.**[♣범죄인 인도법에 군사범불인도의 원칙을 명문으로 규정(×)]<12경감·12·15경위>

※ 군대 내의 범죄라 해도 일반범죄로서의 성격을 동시에 가지는 경우는 인도의 대상이 될 수 있다.

8. 유용성의 원칙

(1) **의의 :** 범죄인 인도는 실제로 처벌하기 위한 것이므로, 인도가 이런 처벌 목적에 유용해야 한다는 원칙으로 **관련 규정이 있다.**<09승진>

(2) 따라서 시효가 완성되거나 사면을 내린 경우에는 범죄인이 인도대상에서 제외된다.[♣쌍방가벌성의 원칙(×)]<12승진>

절대적 인도거절 사유 : 다음 각 호의 어느 하나에 해당하는 경우에는 범죄인을 인도하여서는 아니 된다.(범죄인인도법 제7조)

1. 대한민국 또는 청구국의 법률에 따라 인도범죄에 관한 공소시효 또는 형의 시효가 완성된 경우 <17.1채용>.......

※ **유용성의 원칙에 부합하는 규정**이지만 유용성의 원칙을 선언한 명시적 규정으로 보는 것은 논란의 소지가 있다.

9. 형벌 종류에 따른 제한

(1) **사형범죄 :** 사형범의 범죄인의 인도에 관하여 **사형을 집행하지 않는다는 보증**을 받고 청구국의 인도에 응하는 것이 국제적 관례이다.

(2) **비인도적 형벌 :** 인도범죄의 성격과 범죄인이 처한 환경 등에 비추어 범죄인을 인도함이 비인도적이라고 인정되는 경우에는 임의적으로 거절이 가능하다.

Ⅳ. 범죄인 인도거절 사유

1. 절대적 인도거절 사유(제7조)

형사소송절차와 관련된 사유 및 평등원칙관련에 의한 제한 : 다음 각 호의 어느 하나에 해당하는 경우에는 범죄인을 **인도하여서는 아니 된다**.[♣아니할 수 있다.(×)](제7조)<04 · 19승진 · 07 · 14 · 17 · 24경위 · 14.2 · 15.2 · 17.1 · 18.1채용>

1. 대한민국 또는 청구국의 법률에 따라 인도범죄에 관한 **공소시효 또는 형의 시효가 완성**된 경우(유용성의 원칙과 관련)[♣임의적 인도거절사유(×)](범죄인인도법 제7조 제1호)<14 · 17 · 24경위 · 14.2 · 15.2 · 17.1 · 18.1 · 22.1채용>
2. 인도범죄에 관하여 대한민국 법원에서 **재판이 계속(係屬) 중이거나 재판이 확정**된 경우(범죄인인도법 제7조 제2호)<17 · 20경위 · 14.2 · 22.1채용>
3. 범죄인이 인도범죄를 범하였다고 **의심할 만한 상당한 이유가 없는** 경우. 다만, 인도범죄에 관하여 청구국에서 유죄의 재판이 있는 경우는 제외한다.(범죄인인도법 제7조 제3호)<14경위>
4. 범죄인이 **인종, 종교, 국적, 성별, 정치적 신념 또는 특정 사회단체에 속한 것 등을 이유로 처벌**되거나 그 밖의 **불리한 처분을 받을 염려**가 있다고 인정되는 경우[♣인도하지 않을 수 있다.(×)](범죄인인도법 제7조 제4호)<14경위 · 13.2 · 14.2 · 15.3 · 18.1 · 22.1채용>

2. 필요적 인도거절 사유(제8조) – 정치적 성격을 지닌 범죄 등의 인도거절

(1) 인도범죄가 정치적 성격을 지닌 범죄이거나 그와 관련된 범죄인 경우에는 범죄인을 **인도하여서는 아니 된다.**[♣반정부 운동 주동자는 인도할 수(×)]

(2) 인도청구가 범죄인이 범한 정치적 성격을 지닌 다른 범죄에 대하여 재판을 하거나 그러한 범죄에 대하여 이미 확정된 형을 집행할 목적으로 행하여진 것이라고 인정되는 경우에는 범죄인을 인도하여서는 아니 된다.(제8조)<12.1채용>

3. 임의적 인도거절 사유

다음 각 호의 어느 하나에 해당하는 경우에는 범죄인을 **인도하지 아니할 수** 있다.[♣인도하여서는 아니된다.(×)](제9조)<20경위 · 09승진 · 07 · 15 · 20 · 24경위 · 13.2 · 15.2 · 17.1 · 18.1채용>

1. 범죄인이 **대한민국 국민**인 경우[♣절대적 인도거절사유(×), ♣인도하여서는 아니된다.(×), ♣인도하지 아니할 수 있다.(○)](범죄인인도법 제9조 제1호)<20경위 · 13.2 · 15.2 · 3채용>
2. 인도범죄의 전부 또는 일부가 **대한민국 영역에서 범한** 것인 경우[♣절대적 인도거절사유(×)](범죄인인도법 제9조 제2호)<13.2 · 15.2 · 3채용>
3. 범죄인의 **인도범죄 외의 범죄에 관하여** 대한민국 법원에 **재판이 계속 중**인 경우 또는 범죄인이 형을 선고받고 그 **집행이** 끝나지 아니하거나 면제되지 아니한 경우[♣인도하여서는 아니된다.(×)](제9조 제3호)<24경위 · 15.2 · 17.1 · 18.1 · 3채용>
4. 범죄인이 **인도범죄에 관하여 제3국**(청구국이 아닌 외국을 말한다. 이하 같다)**에서 재판을** 받고 처벌되었거나 처벌받지 아니하기로 확정된 경우[♣절대적 인도거절사유(×)](범죄인인도법 제9조 제4호)<20승진 · 13.2 · 18.1채용>
5. 인도범죄의 성격과 범죄인이 처한 환경 등에 비추어 범죄인을 **인도하는 것이 비인도적**(非人道的)이라고 인정되는 경우[♣절대적 인도거절사유(×)](범죄인인도법 제9조 제5호)<14.2 · 22.1채용>

정리 인도거절 사유의 비교<17 · 19 · 20승진 · 07 · 14 · 15경위 · 13.2 · 14.2 · 15.2 · 16.2 · 17.1 · 22.1 · 24.1채용>

절대적 인도거절 사유(제7조)<14경위 · 17승진>	임의적 인도거절사유(제9조)
1. 인도범죄에 관한 **공소시효 또는 형의 시효**가 **완성**된 경우 2. 인도범죄관련 대한민국 법원에서 **재판이 계속**(係屬) 중, 재판확정된 경우 3. **의심**할 만한 상당한 **이유가 없는** 경우(다만, 인도범죄에 관하여 청구국에서 유죄의 재판이 있는 경우는 제외) 4. **평등원칙 위배(인종, 종교, 국적, 성별, 정치적 신념 또는 특정 사회단체에 속한 것 등을 이유**로 처벌되거나, 그 밖의 불리한 처분을 받을 염려) 5. **정치적 성격**을 지닌 범죄(예외-가해조항)(제8조-필요적 거절사유) [☻완성(품을) 계속 의심(하는 건) 절대 평등 정치(아님)]	1. 전부 또는 일부가 **대한민국영역에서 범한** 것 2. 범죄인이 **대한민**국 **국민**인 경우 3. **인도범죄 외의 범죄에 관하여** 한국 법원에 **재판이 계속 중, 집행 중**[♣집행이 끝나거나 면제된 경우(×), ♣절대적 거절사유(×)] 4. 인도범죄로 **제3국에서 재판을** 받고 확정된 경우 5. 범죄인을 **인도하는 것이 비인도적**(非人道的)이라고 인정되는 경우 [♣대한민국의 주권, 국가안전보장, 안녕질서 또는 미풍양속을 해칠 우려가 있는 경우(×)]<19승진> [☻영국 외 계집 3인]

Ⅴ. 범죄인인도 절차

1. 외국에 대한 범죄인인도 청구

(1) **범죄인인도 또는 긴급인도구속 청구 : 법무부장관**은 국내법을 위반한 범죄인이 외국에 소재하는 경우 그 외국에 대해 범죄인인도 또는 긴급인도구속을 청구할 수 있다.

① **검사의 법무부장관에 대한 건의 :** 법무부장관에 대해 범죄인 인도청구를 건의할 수 있는 기관은 검사이다.<09승진>

정리 범죄인인도청구요령(청구하는 경우 청구받는 경우 동일)

조약체결국가	조약체결 국가는 **외교경로를 통하여 청구**하거나 법무부로 긴급인도구속청구를 한다.
조약미체결국가	조약미체결 국가는 **상호보증서를 첨부하여 청구해야** 한다.<10승진>

② **동의 요청 :** 법무부장관은 외국으로부터 인도받은 범죄인을 인도가 허용된 범죄 외의 범죄로도 처벌할 필요가 있다고 판단하는 경우 그 외국에 대하여 처벌에 대한 동의를 요청할 수 있다.

(2) **대상 :** 인도범죄에 관하여 청구국에서 **수사 또는 재판을 받고 있는 자** 또는 **유죄의 재판을 받은 자**를 의미한다.[♣한국에서 내사중인 자(×), ♣중요범죄의 유력한 증인(×)]

참고 대체수단

협의	① 추방요구 ② 인터폴 수배를 통한 강제송환<03승진>
광의	① 제3국에서의 인도 ② 여권의 무효처리 ③ 외국에서의 사법처리(기소)

※ 강제추방 : 질서유지를 위하여 자국 내의 외국인을 강제로 나라 영역 밖으로 추방하는 행정행위로 외교경로를 거치지 않는다.[강제출국, 강제퇴거]

2. 외국의 인도청구에 대한 심사절차(범죄인인도법 제11조)

인도청구서의 접수(외교부) ⇨ 외교부장관의 조치 ⇨ **법무부장관의 인도심사청구명령** ⇨ **서울고등검찰청의 인도심사청구** ⇨ **서울고등법원의 심사 · 결정**<01 · 05승진>

외교부장관 ⇩	외교부장관은 청구국으로부터 범죄인의 인도청구를 받았을 때에는 (**범죄인 인도조약의 존재 여부, 상호보증 여부, 인도대상범죄 여부** 등 형식적 요건을 확인하고) 인도청구서와 관련 자료를 **법무부장관에게 송부하여야** 한다.[♣실질적 요건(×)](범죄인인도법 제11조)<21경위 · 10 · 19승진 · 18.1채용> ※ 인도청구서의 경우 **조약체결국가**는 **외교경로**를 통하여 청구하고, **조약미체결국가**는 **상호보증서를 첨부**하여 청구한다.<10경위 · 18.1채용>
법무부장관 ⇩	① 법무부장관은 외교부장관으로부터 인도청구서 등을 받았을 때에는 이를 **서울고등검찰청 검사장(檢事長)에게 송부**하고 그 소속 검사로 하여금 서울고등법원에 범죄인의 "인도심사"를 청구하도록 명하여야 한다.(범죄인인도법 제12조 제1항)<18.1 · 2채용> ※ 다만, **인도조약 또는 이 법에 따라 범죄인을 인도할 수 없거나**(인도거절사유) **인도하지 아니하는 것이 타당하다고 인정되는 경우**에는 그러하지 아니하다.[♣인도거절사유는 서울고등법원 판사가 판단(×)](범죄인인도법 제12조 제1항 단서) ② **법무부장관**은[♣외교부장관은(×)] 둘 이상의 국가로부터 동일 또는 상이한 범죄에 관하여 동일한 범죄인에 대한 인도청구를 받은 경우에는 **범죄인을 인도할 국가**를 결정하여야 하며, 필요한 경우 **외교부장관과**[♣법무부장관과(×)] **협의할 수** 있다.(제16조 제1항)<24경위>

법무부장관 ⇩	③ 법무부장관은[♣외교부장관은(×)] 인도조약 또는 이 법에 따라 범죄인을 **인도할 수 없거나 인도하지 아니하는 것이 타당하다고 인정**되어 **인도심사청구명령을 하지 아니하는 경우**에는 그 사실을 **외교부장관에게**[♣법무부장관에게(×)] **통지하여야** 한다.(제12조 제2항)<10 · 19승진 · 09채용> ※ 인도거절사유(인도할 수 없거나)에 해당하거나 임의적 인도거절사유(인도하지 아니하는 것이 타당)에 해당하는 경우 법무부장관이 판단하여야 한다.[♣서울 고등법원 판사가 판단한다.(×)] ④ 이 법에 따라 법무부장관이 검사장 등에게 하는 명령과 검사장 · 지청장 또는 검사가 법무부장관에게 하는 건의 · 보고 또는 서류 송부는 **검찰총장을 거쳐야** 한다. 다만, 고위공직자범죄수사처장 또는 그 소속 검사의 경우에는 그러하지 아니하다.(제47조)<21경간> ⑤ 검사는 긴급인도구속영장에 의하여 구속된 범죄인에 대하여 그가 구속된 날부터 **2개월 이내**에 법무부장관의 인도심사청구명령이 없을 때에는 범죄인을 석방하고, 법무부장관에게 그 내용을 보고하여야 한다.(제30조)<24경위>
서울고검 검사장 (소속 검사)	① **소속 검사에 대한 심사청구명령**: 소속 검사로 하여금 **서울고등법원에 범죄인의 인도허가 여부에 관한 심사를 청구**하도록 명하여야 한다.(제12조 제1항)<12경위 · 11승진 · 12.1채용> ② 범죄인이 인도구속영장에 의하여 구속되었을 때에는 구속된 날부터 **3일 이내**에 인도심사를 청구하여야 한다.[♣48시간 이내에(×)](제13조 제2항)<18.3채용>
⇩ 서울고등법원 (심사 · 결정)	① **관할**: 이법에 규정된 인도심사 및 그 청구와 관련된 사건은 **서울고등검찰청**과 **서울고등법원 전속관할**사항이다.[♣경찰청 외사국 전속관할(×)](범죄인인도법 제3조)<12 · 21경위 · 11승진 · 12.1 · 15.3채용> ② **심사개시**: 법원은 인도심사의 청구를 받았을 때에는 지체 없이 인도심사를 시작하여야 한다.[♣인도거절사유 및 임의적 인도거절사유에 해당되는 경우 상당성 유부 판단(×) ⇨ 법무부장관이 판단](제14조 제1항)<10경위 · 18.1채용> – **변호인 선임** ⇨ 범죄인 또는 범죄인의 법정대리인, 배우자, 직계친족, 형제자매, 가족이나 동거인 또는 고용주는 **언제든지 변호인을 선임할 수** 있다.(범죄인인도규칙 제9조 제1항) – **심문기일 절차 공개원칙** ⇨ 다만 국가의 안전보장 · 안녕질서 또는 선량한 풍속을 해할 염려가 있는 때에는 법원은 결정으로 이를 공개하지 아니할 수 있다.(동규칙 제13조) – **외국어로 기재된 서면에는 그 번역문을 첨부하여야** 한다.(범죄인인도규칙 제4조) ③ **결정**: 서울고등법원은 범죄인도 심사 후 사안에 따라 청구각하결정 · 인도거절결정 · 인도허가결정을 한다.(제15조) – **기한** ⇨ **법원은**[♣법무부장관은(×)] 범죄인이 인도구속영장에 의하여 구속 중인 때에는 구속된 날로부터 **2월 이내에 인도심사에 관한 결정을 하여야** 한다.(제14조 제2항)<20 · 승진 · 18.3채용> – **불복** ⇨ 결정에 대하여는 **불복신청이 인정되지 아니한다.**

Ⅲ 테마 175 인터폴을 통한 공조

Ⅰ. 인터폴(ICPO) 일반<08승진>

(1) **목적 :** 범죄의 예방과 진압을 위한 범죄에 대한 자료의 수집, 범죄인이 소재수사 등 **(국제)범죄정보 및 자료의 교환을** 주된 목적으로 하여 설립된 기구이다.<04경위>

※ **인터폴의 공식명칭** ⇨ '**국제형사경찰기구 :** International Criminal Police Organization'

(2) **발전과정**<08 · 20승진 · 18.3채용>

주의 발전과정 ⇨ 국제형사경찰**회**의 ⇨ 국제형사경찰**위**원회 ⇨ 국제형사경찰**기**구		
국제형사경찰회의 (1914)	**국제형사경찰회의 개최 : 1914년 모나코에서 국제형사경찰회의(International criminal police congress)가 개최되어 국제범죄 기록보관소 설립, 범죄인 인도절차의 표준화 등에 대하여 논의**하였는데 이것이 국제경찰협력의 기초가 되었다.<11 · 21경위 · 18.3채용>	
국제형사경찰위원회 (1923)	**창설**	**1923년 비엔나에서** 19개국 경찰기관장이 참석한 가운데 제2차 국제형사경찰회의가 개최되어 **국제형사경찰위원회(ICPC : International criminal police commission)를 창설**하게 되었다.[♣헤이그에서(×)]<21경위 · 20승진 · 18.3채용>
	한계	국제형사경찰기구의 전신이라 할 수 있으나, 근본적으로 유럽대륙 위주의 기구였다는 **지역적 한계성을 가지고 있었다.**<09경위> ♣ 국제형사경찰위원회는 국제형사경찰기구의 전신이라 할 수 있으며, 제2차 세계대전 전까지 성공적으로 운영되어 전 세계적인 경찰협력기구로 평가되었다.(×)
국제형사경찰기구 (1956)	**국제형사경찰기구(ICPO) 발족 : 1956년 비엔나에서 제25차 국제형사경찰위원회가 개최되어 국제형사경찰기구(International criminal police organization)가 발족**하였고, **사무총국을 파리에** 두었다.(현재는 리옹에)[♣리옹에(×)]<21경위 · 18.3채용> [☻ 회 위기] / [☻ 모비비 파]	

(3) **인터폴 조직**

구분	내용
총회	① 인터폴의 **최고의결기관**, 매년 1회 개최, 총재는 1명(임기 4년)<10승진> ② 인터폴 가입은 총회에서 출석위원 2/3 이상의 찬성을 얻어야 가능하다.
집행위원회	집행위원회는 **총재 1명, 부총재 3명, 집행위원 9명**으로 구성되며, **13명의 집행위원회 구성원**들은 서로 다른 국가 출신으로 **대륙별로 안배**된다.
사무총국	상설 행정기관 및 기술기관으로서, 총회의 결정사항을 이행하고 범죄정보를 집중 관리하며 회원국 및 국제기구와의 연락 · 협력 업무를 수행하여, **각 회원국 등과 긴밀한 협조관계를 유지하는 총본부이자 추진체**이다.<03승진> ※ **현재 프랑스 리옹에 본부**를 두고, 5년 임기의 사무총장 아래에 2관 · 6실 · 6국을 두고 있다.<21경위 · 06승진> ※ 기타 집행위원회, 고문 등으로 구성된다.

국가중앙 사무국 (NCB)	**모든 회원국 내에 설치된 상설기구**로 **회원국 간의 각종 공조업무**와 자국 내의 법집행 기관들과의 협력업무 수행(National Central Bureau)[♣사무총국(×)]<01 · 10승진 · 11경위 · 12.1채용> ♣ 인터폴의 사무총국은 모든 회원국에 설치된 상설기구로서 타국으로부터 수신되는 각종 공조요구에 응할 수 있도록 설치된 것이다.(×)<11경위 · 12.1채용> ※ 국가중앙사무국에는 경찰 외의 관계기관 공무원들도 함께 근무하고 있다.

※ **인터폴 헌장** ⇨ 국제조약이나 협약이 아니라 경찰기관들의 국제적 공조기구의 헌장일 뿐이므로 **외교적 서명이나 정부의 비준을 필요로 하지 않는다**.

※ **인터폴의 헌장의 개정** ⇨ 총회에서 재적회원 2/3 이상의 찬성을 얻어야 한다.<03승진>

⑷ **운영**

① **인터폴 가입 :** 총회에서 **출석회원 2/3 이상의 찬성**을 얻어야 된다.<03 · 08승진> 우리나라는 1964년에 가입하여, 현재 **경찰청 인터폴국제공조과**에서 KNCB(한국국가중앙사무국)의 업무를 수행하고 있다.[♣국제협력과(×)]<18.3채용>

※ **KNCB의 국장** ⇨ 경찰청 외사국장이 담당하고 있다.(북한은 인터폴 회원국이 아님.)

② **인터폴의 공용어 :** 영어 · 불어 · 스페인어 · 아랍어

③ **인터폴 운영경비 :** 회원국의 단위별 분담금에 주로 의존하고 있다.

참고 기타 국제경찰협력기구

① **아세아나폴** : 아세안 회원국 간의 국제경찰협력을 위하여 1981년에 만든 **치안총수간의 협의체 기구**(ASEANAPOL)이며 인터폴이나 유로폴과 달리 사무총국이 별도로 설치되어 있지 않다.

- **마약 · 무기밀매, 신용카드 · 여권 위 · 변조, 경제범죄분야 등** 논의를 위해 **3개의 특별위원회**를 두고 있다.
- **회원국 순번제 연례행사** ⇨ 10개 회원국(**태국, 필리핀, 캄보디아, 브루나이, 인도네시아, 미얀마, 라오스, 말레이시아, 베트남, 싱가포르**)이 순번제로 연례행사를 개최하여 아세안 치안총수들이 치안현안을 논의하며, 친목도모를 위한 다양한 문화행사를 가지고 있다.[☻ 태필 캄브인 미라말 베싱]<12경위>

※ 아세아나폴에서는 한국, 중국, 일본, 호주, 뉴질랜드 등 **아세안 인접국과 인터폴, 유로폴 등 국제기구를 초청**하고 있으며, 우리나라는 2005년부터 회원국은 아니지만 **대화국 자격으로 참석**하고 있다.

② 유로폴(Europol) : 유럽연합조약에 근거하여 네덜란드 헤이그(Hague)에 본부를 두고 테러의 예방과 진압, 마약의 불법적 거래, 돈세탁에 관련된 정보교환 등과 함께 각국 경찰 등 법집행기관의 활동을 보조하는 것을 임무로 하는 단체이다.<04승진>

※ 기타 다자간 경찰협력기구 – 트레비그룹(group trevi), k–4위원회(comitee k–4), 솅겐조약에 의한 경찰협력, 대마약진압 유럽위원회(CELAD), 임시 이민그룹(ad hoc immigration group), 상호협조그룹(mutual assistance group), 조정그룹(coordinators group), berne 클럽(berne club), pompidou그룹(pompidou group) 등<06 · 08승진>

II. 인터폴을 통한 공조

1. 공조의 기본원칙(인터폴 협력의 원칙)<20승진>

(1) **주권의 존중 :** 회원국의 **국내법에 따라 행하는 통상적 업무수행의 범위 내**에서 협조<20승진>

(2) **일반형법의 집행 : 일반 범죄와 관련된 범죄의 예방 및 진압에 국한**된다.<20승진>

(3) **보편성** : 회원국은 **지리 · 언어 등 요인에 방해받지 않고** 타 회원국과 협력할 수 있다.<20승진>

(4) **평등성** : 회원국은 **재정분담금의 규모와 관계없이** 동등한 협조와 지원을 받는다.[♣보편성(×)]<02 · 10 · 20승진 · 11경위>

(5) **타 기관과의 협력 :** 각 회원국은 국가중앙사무국을 통해 일반범죄의 예방과 진압에 관여하고 있는 타 국가기관과도 협력할 수 있다.

(6) **협력방법의 융통성(유연성) :** 협조방식은 규칙성 · 계속성이 있어야 하나 회원국의 국내실정을 충분히 고려하여 협조의 방식을 변경할 수 있다.

2. 공조절차와 내용

(1) **공조사항 : 행정안전부장관**은 국제형사경찰기구로부터 외국의 형사사건 수사에 대하여 협력을 요청받거나 국제형사경찰기구에 협력을 요청하는 경우에는 다음 각 호의 조치를 취할 수 있다.[♣법무부장관은(×)](국제형사사법공조법 제38조)<12 · 13 · 20 · 22승진>

① **국제범죄의 정보 및 자료교환**

② 국제범죄의 **동일증명과 전과조회**

③ 국제범죄에 관한 **사실 확인 및 그에 대한 조사**[♣사람 또는 물건의 소재에 대한 수사, 서류 · 기록의 제공, 증거물 등 물건의 인도(×) ⇨ 국제형사사법공조법 제5조의 공조의 범위]<13승진> [☻정자 동전 사조]

정리 인터폴 국제협력활동

(1) 인터폴 사무총국은 1995년 **도난문화재 D/B를 구축**하고, 인터폴 회원국 및 유네스코 등 국제기구에 제공하고 있다.

① 인터폴은 도난문화재 D/B 약 4만여 점을 구축하여 인터폴 및 유네스코 등 국제기구에 제공하고 있으며, 약 2,000여 점의 도난문화재를 발견하였다.

② 한국은 인터폴 **도난문화재 D/B에 그림 · 조각 등을 등재**하여 중요문화재의 소재파악에 주력하고 있다.[♣현재 도난문화재 D/B에 등재된 우리 중요 문화재는 없다.(×)]

(2) 인터폴은 '**REAL 프로젝트**'를 통해 한국, 중국 등 10개국이 참여하는 **지적재산권 침해사범에 대한 정보교류 및 단속활동**을 진행하고 있다.

(3) 인터폴 회원국 간의 **국제스포츠 행사 경험을 공유**하기 위해 '**인터폴 STADIA 프로젝트**'를 시행하고 있다.

(2) **공조절차**

지구대 등 ⇨ 경찰서 외사계 ⇨ 시 · 도경찰청 외사과 ⇨ 인터폴국가중앙사무국 ⇨ 인터폴 사무총국 ⇨ 상대국 국가중앙사무국 ⇨ 상대국 경찰관서 <03승진 · 06채용>

※ 우리나라의 인터폴 국가중앙사무국 ⇨ 경찰청 인터폴 국제공조과

※ 인터폴을 통한 공조는 회원국이 24시간 운영하는 인터폴 전용통신망(I-24/7)을 이용하여 인터폴 사무총국 및 각국 국가중앙사무국(NCB)을 포함한 인터폴 186개 회원국과 신속하게 세계의 구석 구석까지 광범위한 분야에서 국제경찰공조가 가능하다.

3. 공조(협력) 한계

주권이 없는 국제기구에 불과해 **임의적 협력에 기초**하고 있다.[♣강제적 협조의 성격(×)]<24.2채용>

(1) **수사권(×) :** 인터폴 자체는 범죄수사권이 없으며 수사권은 회원국 자체 내의 국내 경찰에 의해서 행사될 뿐이므로, 인터폴은 **국제수사기관이 아닌 국제공조수사기구에 불과**하다.[♣자체수사관(×), ♣구속 · 체포권(×)]<01 · 12승진 · 11.2 · 24.2채용>

① **자체수사관(×)** ⇨ 인터폴 내에는 **자체적인 국제수사관이 없다.**

♣ 인터폴은 기구내의 자체수사관을 동원하여 적색수배자를 추적수사 및 검거한다.(×)

② **구속 · 체포권(×)** ⇨ 인터폴은 체포나 구속 등에 대한 권한을 가지지 않는다.<97승진 · 01채용>

(2) **관여금지 사항 : 정치 · 군사 · 종교 · 인종적 성격을 가진 사항**에 대한 관여나 활동은 **엄격히 금지**되고 있다.<03승진 · 09경위>

4. 국제수배서(협력 수단)

(1) **용도 :** 국외도피범 · 실종자 · 우범자 · 장물 등 국제범죄와 관련된 **수배대상의 인적 · 물적 사항에 관한 정확한 자료를 회원국에 통보**하여 국제적으로 범죄수사에 공동대응하기 위한 자료이다.

(2) **발행 : 신속한 국제공조 수사체제를 유지할 목적**으로 **인터폴 사무총국에서 발행**한다.

(3) **국제수배서의 종류**<..07 · 14 · 16 · 18 · 20승진 · 04 · 07 · 13 · 14경위 · · 12 · 13 · 15.1 · 17.1채용>

적색수배서	Red notice	**국제체포수배서** ⇨ 가장 중요한 수배로서 체포영장이 발부된 **범죄인에 대하여 범죄인 인도를 목적**[♣새로운 범죄수법 발견 시(×)]**으로** 하는 경우에 한하여 발행(Form1)<16승진 · 11경위 · 12 · 15.1채용> ♣ 일반형법을 위반하여 구속영장 또는 체포영장이 발부된 범죄인에 대하여 범죄인 인도를 목적으로 하는 경우에 한하여 발행하는 것은 흑색수배서이다.(×)<11경위>
		※ 인터폴의 적색수배의 요청기준 **장기 2년 이상 징역이나 금고**에 해당하는 죄를 범하여 **체포영장 · 구속영장이 발부**된 자 중 • 살인, 강도, 강간 등 강력범죄 관련사범 • 조직폭력, 전화금융사기 등 조직범죄 관련 사범 • 다액(5억 원 이상) 경제사범<09경위> • 사회적 파장 및 사안의 중대성을 고려하여 수사 관서에서 특별히 적색수배를 요청한 중요사범 [☻살인, 강간 조 오욕]

청색수배서	Blue notice	범죄관련인 소재확인 목적 발부: **국제정보조회수배서(피수배자의 신원 · 전과 · 소재확인)**(F2)<16 · 17 · 18 · 20승진 · 13경위> ♣ green notice는 국제정보조회수배서로 피수배자의 신원과 소재확인을 목적으로 발행한다.(×)
녹색수배서	Green notice	**우범자** 정보제공 목적 발부: **상습국제범죄자**의 **동향파악 수배서**[♣상습적으로 범행한 사람을 체포하기 위한 것(×), ♣청색수배서(×)](F3)<16 · 18 · 20승진 · 13경위 · 13.1채용> ※ 수배요건: **공공안전에 위험**이 되는 인물로 평가될 것, 우범자 판단에 **전과 등 충분한 자료**가 뒷받침될 것
황색수배서	Yellow notice	실종자 소재확인 목적 발부: 가출인수배서(**가출인 · 기억상실자**의 **소재 및 신원파악**)(F4)[♣녹색수배서(×), ♣사망자 신원확인(×)]<14 · 16 · 18 · 20승진 · 12 · 15.1 · 17.1채용>
흑색수배서	Black notice	변사자 신원확인 수배서(**사망자** 신원확인을 목적으로 발행된다.)[♣황색수배서(×)](F5)<14 · 16 · 18 · 20승진 · 13경위 · 12 · 13 · 15.1채용> ♣ 해변에서 국적불명, 신원불명의 사망한 흑인여성을 발견한 경우 신원확인을 위해 황색수배서를 사용할 수 있다.(×)<13.1채용>
오렌지수배서 (보안경고)	Orange notice (Security alert)	**폭발물 · 테러범(위험인물) 등**에 대하여 **보안을 경고**하기 위하여 발행<04 · 08 · 10승진 · 08 · 09 · 12 · 15.1채용 · 11 · 13경위>
장물수배서	Stolen property notice	**도난** 혹은 **불법 취득한 것으로 보이는 물건에 대해 수배**를 하는 것<14 · 18경위 · 18경감>
자주색 수배서	Purple notice (Modus operandi)	범죄수법 정보제공 목적 발부: 범죄수법수배서(새로운 **범죄수법** 등을 회원국에 배포할 때) 발행[♣적색수배서(×)]<14 · 18승진 · 12.3 · 17.1채용>
INTERPOL -UN 수배서	INTERPOL-UN Special notice	UN과 INTERPOL이 협력하여 국제테러범 및 테러단체에 대한 제재를 목적으로 발행

(4) **관할 경찰관서 조치요령:** 관련 서류를 구비하여 각 **시 · 도경찰청 외사과(계)를 경유**하여, **경찰청 인터폴국제공조과(NCB)로** 피의자에 대한 **국제공조수사를 요청**한다.(수배서 관련)<15승진>

※ 국제공조요청은 **경찰서 · 시도경찰청 등 수사관서를 경유함이 원칙**이며, 경찰청(인터폴국제공조과)에서 **개인 또는 민간기업 등 비수사관서로부터 직접 공조요청 접수는 불가능**하다.[♣직접 접수도 가능(×)]

① **국제공조수사시 구비서류**

㉠ 피의자 인적사항(**여권상 영문성명 및 여권번호를 명기**)[♣인적사항은 한글 및 한자로 표기(×)]
㉡ 범죄사실(송치의견서 사본 등 첨부)
㉢ 도주예상국 및 은신처(**영문 등 현지어 표기**), 출국기록(일시 · 국가)
㉣ 구속 또는 체포영장 사본
㉤ 여권 행정제재 공문 사본(외교부 여권과에 요청)
㉥ 출입국 규제(입국 시 통보요청) 공문 사본(경찰청 수사과 ⇨ 법무부)

> ⓢ 피의자 특정 관련 자료(최근 사진, 십지지문, 신체 특이사항 등)
> ⓞ 기타 관련사항

(5) **경찰청의 해외도주 지명수배자 등 조치요령**

① **도주 예상국이 있는 경우 :** 경찰청에서는 **피의자 도주 예상국 인터폴에 피의자 소재수사 및 강제추방을 요청**해야 한다.<15승진>

> ※ **긴급할 경우 :** 인터폴 회원국은 **24시간 운영**하는 **인터폴 전용 통신망(I-24/7)**을 이용하여 인터폴 사무총국 및 각국의 국가중앙사무국(NCB)과 신속하게 광범위한 분야에서 국제경찰**공조가 가능**하다.<13승진>
>
> ※ 해외경찰주재관을 통해서 주재국 관련 당국과의 협조조치를 수행

② **도주국이 불분명한 경우 :** 중요 수배자는 **인터폴 사무총국에** 인터폴 **전회원국에 범죄인 체포를 요청**하는 **인터폴 적색수배를 하도록 요청**해야 한다.[♣도주 예상국에만(×), ♣아무런 조치도 할 수 없다.(×)]<01 · 15승진>

③ **국제수배서 발행 :** 사무총국은 각 회원국에서 수배 의뢰한 내용을 종합하여 월1회 국제수배서를 발행하여 우편 또는 인터폴 통신망(긴급을 요할 경우)을 이용하여 회원국에 배포한다.<15승진>

※ 청색 및 황색수배서 ⇨ 사무총국 재량으로 발행하고 있으며 요청건수가 많아 수시로 발행한다.

④ **국제수배서 취소 :** 수배자 검거, 시효완료, 범인인도, 소재확인, 신원파악, 장물회수 등 수배취소사유가 발생한 때에는 사무총국에 통보하고, 사무총국은 이를 종합하여 **월2회 수배해제를 각 회원국에 통보**한다.<02 · 07승진>

※ **녹색수배서** ⇨ 그러나 녹색수배서의 경우에는 특별한 경우 외에는 취소되지 않으며 수배요청국의 재량에 의해 취소될 수 있을 뿐이다.

⑤ **해외 경찰주재관**을 통한 주재국 관련 당국과의 협조조치를 한다.<15승진>

(6) **국제수배서 관련 조치사항**

① **국제수배자 및 장물 발견시의 조치사항 : 각 국제 수배서에 기록**되어 있다.

② **적색수배서의 경우 조치요령**<06승진>

적색수배를 긴급인도구속 청구서로 인정하는 국가	**즉시 체포 후 서울고등법원에 인도심사청구가 가능**하다.(범죄인 인도법 제26조, 제27조 참조)
적색수배를 긴급인도구속 청구서로 인정하지 않는 국가	**수배국에 입국사실을 통보해야 하며, 수배국에서 범죄인 인도를 청구할 수 있도록 적절한 조치를** 취해야 한다.[♣체포(×)] ♣ 적색수배자 발견시 긴급인도구속청구서로 인정하지 않는 국가의 경우라도 사안이 중할 경우 즉시 체포 후 수배국이 범죄인 인도를 청구할 수 있도록 조치하여야 한다.(×)

PART 07

정리 인터폴 적색수배자 입국 시 관할 경찰서 조치요령

㉠ **수배자 여부를 컴퓨터로 재확인 후 수배자의 동향을 24시간 감시**한다.

㉡ 지원이 필요할 경우에는 관할 시·도경찰청 외사과에 보고하여 필요한 인원을 지원받음.

㉢ 수배자가 타관할로 이동한 경우 이동한 경찰서 외사요원에게 동향감시를 인계한 후 경찰청으로 즉보한다.

㉣ **인수받은 경찰서**는 수배자 출국 시까지 동향감시하고 그 결과를 **매일 경찰청에 즉보**한다.[♣출국 후 보고(×)]

③ **청색수배서** ⇨ 피수배자를 발견하여도 경찰력을 행사하지 않으며 신원과 소재를 파악하여 관련 정보를 요청국에 제공한다.

④ **녹색수배서** ⇨ 계속 동향을 감시하여 범죄행위에 대해 사전예방조치를 할 필요가 있다.

⑤ **장물수배서** ⇨ 대상물인 장물을 발견할 때에는 사무총국 및 수배요청국에 통보하여 **외교적 절차를 밟아 해결**한다.

사례 해외로 도피한 지명수배자 수사방법(종합)

(1) 관할 경찰관서에서는 관련 서류를 구비한 뒤 각 시·도경찰청 외사과(계)를 경유하여, 경찰청 인터폴국제공조과(NCB)로 피의자에 대한 국제공조수사를 요청한다.<15승진>

(2) 경찰청에서는 피의자 도주 예상국 인터폴에 피의자의 소재수사 및 강제추방을 요청한다.<15승진>

(3) 해외 경찰주재관을 통해 주재국 관련 당국과의 협조조치를 한다.[♣중요 수배자라도 도주국이 불명확할 경우 아무런 조치를 할 수 없다.(×)]<15승진>

MEMO

MEMO

한상기

주요 약력

- 경찰대학 졸업
전) 서울 중부 형사·수사반장
전) 서울지방경찰청 상황실장
전) 경찰청 순경공채시험 출제위원(동작교육청 인증)
전) 중앙경찰학교 교수
전) 수사보안연수원 외래교수
전) 유원대학교 교수
전) 노량진 우리경찰, 이그잼, 메가스터디, 해커스 경찰학 개론 전임
전) 연성대학교 경찰학 교수
현) 박문각(남부) 경찰학원 경찰학 전임

주요 저서

한쌤의 이해하는 경찰학개론 총론
한쌤의 이해하는 경찰학개론 각론
한쌤 경찰학 기출총정리
한쌤 경찰학 핵심출제 요약노트

한쌤의 이해하는 경찰학개론 ✧✦ 각론

초판 인쇄 2025. 2. 28. | **초판 발행** 2025. 3. 5. | **편저자** 한상기
발행인 박 용 | **발행처** (주)박문각출판 | **등록** 2015년 4월 29일 제2019-000137호
주소 06654 서울시 서초구 효령로 283 서경 B/D 4층 | **팩스** (02)584-2927
전화 교재 문의 (02)6466-7202

저자와의
협의하에
인지생략

정가 38,000원
ISBN 979-11-7262-614-3 | ISBN 979-11-7262-612-9(세트)